心理学经典译丛

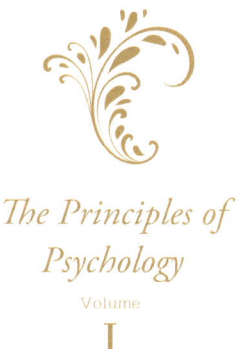

The Principles of
Psychology
Volume
I

心理学原理

第 1 卷

［美］威廉·詹姆斯（William James）◎ 著

方双虎 等 ◎ 译

译 者 序

一、重译之意义

　　《心理学原理》是"美国心理学之父"威廉·詹姆斯用十二年(1878—1890)时间写成的,全书共二十八章,是哲学史和心理学史上的不朽之作,是人类思想史上的经典名著,也是心理学史上文笔最优美的著作,在心理学和哲学等领域产生了广泛而深远的影响。英国哲学家怀特海将詹姆斯列为与柏拉图、亚里士多德和莱布尼茨齐名的人类历史上四大思想家之一,詹姆斯的心理学和哲学思想通过这部著作得以形成和流传。该书出版后,赞誉一直不断,已被译成德文、法文、俄文、意大利文等。我国在五十多年前就开始寸积铢累地译介这本书,但迄今为止没有一个全译本,最多的是田平先生翻译了其中十三章,可见难度之大。

　　翻译出版《心理学原理》有助于推动国内对詹姆斯心理学思想的全面研究。由于一直没有《心理学原理》(全译本),国内关于詹姆斯心理学思想的研究与其在心理学史上的地位很不相称。詹姆斯在《心理学原理》中建构了一种多元整合的心理学,但此后心理学的百年发展并未沿着这种整合道路走下去,而是从詹姆斯整合的心理学中找到了各自发展的依据,造成了现代心理学发展的分化和分裂现象。这种现象的形成,是由于现代心理学的发展偏离了詹姆斯"源初"的方向。詹姆斯对心理学的理解和架构远远没有过时,一直散发着富有生命力的气息,具有深刻的当代性。当代心理学问题的解决,仍然要回归詹姆斯,这就是詹姆斯心理学思想中活的灵魂。

翻译出版《心理学原理》有助于推动国内对詹姆斯哲学思想的深入研究。詹姆斯是美国著名哲学家、实用主义哲学的奠基者,他的哲学著作《实用主义》《多元的宇宙》《彻底的经验主义》和《宗教经验之种种》均被翻译成中文,并以"汉译世界学术名著丛书"出版。詹姆斯在《心理学原理》中建构了一种实用主义心理学,詹姆斯的心理学思想和哲学思想是一脉相承、融为一体的。因此,要深入理解詹姆斯的哲学思想,就必须阅读詹姆斯的《心理学原理》,因为詹姆斯实用主义和彻底经验主义等哲学思想的基本架构和雏形在《心理学原理》一书中就已经确立了。正如心理学家塞格弗瑞德所言:"《心理学原理》是詹姆斯的最伟大著作,书中几乎囊括了他所有的哲学思想。"[1]

北京大学出版社出版的"科学素养文库·科学元典丛书"收录了唐钺先生在1963年翻译出版的詹姆斯《心理学原理》(选译了其中七章内容),这套丛书所谓的科学元典,是指科学经典中最基本、最重要的著作,是在人类智识史和人类文明史上划时代的丰碑,是理性精神的载体,具有永恒的价值。由于詹姆斯《心理学原理》原著写作除了英文外,还用了德语、法语、拉丁语、意大利语、希腊语等语言,且引用

---

[1] Viney, W.: "The Cyclops and the Twelve-Eyed Toad", *American Psychologist*, 1989, Vol. 44, No. 10, 1261-1265.

了大量古典原著和俚语，翻译的工作量大、难度大。并且该书出版距今已有一百二十多年了，让深邃的心理学和哲学思想在古老的语言中遇合，其意义及其难度都同样巨大。仅仅就语言学方面的困难来说，翻译本书对脑力和体力都是一场巨大的考验，甚至称得上是为了嘉惠学界而投身于"炼狱"之中。因此翻译出版詹姆斯《心理学原理》（全译本）具有重要的学术价值和理论意义。

二、《心理学原理》的重要观点

詹姆斯凭借其对英文、德文和法文等多国语言的精通，在《心理学原理》一书中对他以前的心理学研究成果进行了总结和概括，考察了当时人们知道的有关科学心理学的所有知识，涉及的心理学主题非常广泛，主要包括大脑功能、心理现象的生物学基础、习惯、意识流、自我意识、注意、概念、辨别和比较、联想、记忆、感觉、时间知觉、空间知觉、事物知觉、现实知觉、想象、推理、情绪、意志、本能、催眠术等，确立了他以后的美国心理学的研究主题，对他以后心理学的发展产生了重大影响。《心理学原理》一书关于自动机理论、心灵与其他事物的关系、必然的真理和经验的作用等章节的论述，是詹姆斯对心理学理论的哲学思考，为哲学心理学向科学心理学的过渡奠定了理论基础。《心理学原理》出版后，被许多人认为是最具启发性和激励性的一部作品。约翰·杜威认为詹姆斯是任何国家任何时代里最伟大的心理学家。行为主义创始人约翰·华生认为詹姆斯是世界上有史以来最出色的心理学家。第二代心理学家在为《自传体的心理学史》一书编纂相关章节时，至少有十二位心理学家明确提到詹姆斯的《心理学原理》是引发他们对心理学产生最早兴趣的主要原因，如桑代克、安吉尔和武德沃斯等人都是因为阅读了这本书而走上了心理学的研究之路,最终成为一代心理学大师。

詹姆斯的生活经历是多元的,詹姆斯所接受的教育是多元的,詹姆斯精通的语言是多元的,詹姆斯的阅读是多元的,詹姆斯的朋友圈是多元的,詹姆斯的思想来源是多元的,这些多元性使得詹姆斯在《心理学原理》中建构了一种多元整合的心理学,这种心理学在学科性质、研究对象、研究方法、研究主题和研究内容等方面都是整合的。《心理学原理》一书的影响也是多元的,不同的心理学流派都从詹姆斯那里吸收了使自己得以产生和发展的营养,并时常把詹姆斯作为自己的主要拥护者和出色见证人。由于詹姆斯在心理学整合问题上所做的开创性工作,美国心理学会第一分会(即普通心理学分会)设立了威廉·詹姆斯奖,以鼓励为心理学的统一工作做出贡献的人。

在心理学的科学观方面:詹姆斯坚持心理学的人学性质,坚持心理学的中间科学定向——心理学兼具自然科学和人文科学的性质。也就是说,他主张的是一种"大心理学观"。在《心理学原理》一书中,科学取向的心理学与人文取向的心理学二者是整合的。他在序言中写道,"我在整本书中始终都与自然科学的观点保持一致……我认为本书的创新之处就在于这种严格的实证观点",书中用了近二百页的篇幅来论述冯特和赫尔姆霍茨等人的实验研究成果。但詹姆斯反对把能够用量化的数据进行分析的实验研究方法当作唯一科学合理的方法。他认为"唯科学主义"是一种狭隘的知识观,因为人的心理现象是一个复杂的开放系统,是一个多层次、多维度的有机实体,所以,对人的研究绝不能囿于某种固定的模式之中。詹姆斯用实用主义来解决科学主义与人文主义之间的张力,实用主义愿意承认任何东西,因此,作者在书中讨论了很多人文取向的心理学问题,如信仰与自由意志的关系问题(详见第二十一章"现实知觉"第1101-1103页和第二十六章"意志"第1348-1354页①)。

在心理学的研究对象方面:詹姆斯坚持彻底的经验主义,认为心理学应处理包括人类经验在内的所有现象,因此他的心理学范围很广,包括心理学的基础问题和应用问题、宗教心理学、心理病理学甚至是超自然现象。对经验主义者来说,上帝或灵魂附体的观念是空洞的、毫无意义的,但对詹姆斯来说,这些观念能使我们的生活方式发生变化。詹姆斯是一个彻底经验主义者,他所指的经验事实不只是传统经验主义的物理事实,还包括情感事实、宗教事实等,由此极大地拓展了心理学的研究对象,使它涵盖了人的全部生活经验以及实践中所有活生生的现象。因此该书中既包括反应时、注意、记忆、感觉、知觉、推理这些自然科学心理学的研究对象,也包括无意识、潜意识、自动书写、催眠术、灵魂附体这些人文科学心理学的研究对象,詹姆斯认为"对于这种灵魂附体现象进行认真研究,是心理学研究的最大需要之一"(第十章"自我意识"第419页)。

在心理学的研究方法方面:詹姆斯反对实证主义者的方法中心论,因为坚持方法中心论,就会丢失很多有价值的心理学研究问题,导致心理学与现实生活的脱节。詹姆斯从实用主义角度出发,认为任何有助于解决心理学问题的方法都可以使用。詹姆斯以博大的胸怀来容纳多种研究方法,鼓励用科学方法研究人类经验的各个方面,包括那些神秘的、边缘的和半成形的经验——詹姆斯常称之为"边缘"。詹姆斯本人虽然不适合实验室研究工作,但他并不反对自然科学的实验研究法,他在《心理学原理》中用了将近20%的篇幅来描述实验室的研

---

① 译者序中出现的页码为本书页码。——编者注

究成果。他反对的是唯科学主义，即认为实验法是心理学唯一合法的研究方法。书中有六处引证人文科学取向的心理学家布伦塔诺的研究成果，詹姆斯承认自己受到了现象学家斯顿夫思想的影响（第1036-1038页），书中还使用了描述的、解释的方法对自动书写、人格异常、精神疾患、灵魂附体等现象进行研究。由此可见，詹姆斯显然是一位方法学上的多元论者，既重视心理学研究中的科学方法，也强调心理学研究中的人文方法。

在心理学的研究主题和内容方面：《心理学原理》的主题和内容充分体现了詹姆斯心理学的整合观。詹姆斯创造性地整合了德国心理物理学、法国心理病理学和英国心理测验的研究成果，还考察了行为紊乱如分裂的人格、歇斯底里症、灵魂附体等现象，在"自我意识""情绪"和"催眠术"等章节，他把这些作为心理学的合法主题，而闵斯特伯格、铁钦纳和卡特尔等实验心理学家则认为它们与科学心理学无关。如作者在第十章第391-422页用了32页的篇幅来讨论精神病的妄想、交替的自我以及灵媒或灵魂附体现象。

综上所述，在《心理学原理》一书中，科学取向的心理学与人文取向的心理学二者是整合的，詹姆斯并未因强调科学方法而牺牲心理学对象的完整性。也就是说，在严格的科学方法（实验和数量方法）不能有效地研究全部人性的情况下，可以使用人文学科的方法，即文献的、内省的、解释的方法去研究高级的心理现象。如詹姆斯关于实验心理病理学、心灵现象、人格异常等现象的研究，它们是与实验心理学相对的另一条腿。

詹姆斯心理学整合观的理论基础是他的实用主义、彻底经验主义和多元论，这三者是融为一体的，是理解詹姆斯《心理学原理》思想体系的关键。詹姆斯心理学的主要特点之一是对一元论与多元论问题的深度关注，只有坚持方法学上的多元论，通过多样化方法的使用，才能够对心理生活的各个侧面有所了解，进而提供一个有关心理现象的更为全面的阐述。彻底经验主义是詹姆斯的世界观，代表着詹姆斯哲学的精髓，詹姆斯在《心理学原理》一书中考察了人类经验的所有方面，既包括事实经验，也包括情感经验、异常经验等，彻底经验主义的雏形已经显现于《心理学原理》中。在詹姆斯看来，实用主义是一种方法，一种真理的理论，一种思考世界的方式。这种实用主义的精神，使得詹姆斯心胸极其开阔，具有包容性的精神和多元整合的视野。詹姆斯的一生都在为心理学的整合努力着，他在《心理学原理》的序言中曾明确指出，"一门科学所能呈现出来的最好的健康标志，就是这种似乎未完成的状态"。

詹姆斯的心理学思想是一个由多元心理学构成的兼收并蓄、和谐共存的统一整合体。这些不同的乃至异质的心理学思想相互限定，珠联璧合，又彼此砥砺，相得益彰，保持了恰到好处的"必要的张力"，从而显得磊落轶荡、气象万千。这种独特而绝妙的心理学思想很难用一两个"主义"或"论"来囊括或指称，我们不妨称其为"多元整合心理学"。这种心理学具有巨大的解释力量，这种心理学也具有巨大的启迪力量。正如心理学家尤根·泰勒所言，"詹姆斯的贡献被认为是广泛的且整合的，以至于后来现代心理学各个领域的发展都可以追溯到他……行为主义者、现象学家、精神分析学家、认知科学家、灵魂研究者，甚至人本主义者都认同詹姆斯思想的许多部分"[1]。

---

[1] Margart, E. D.: *"Reinterpreting the legacy of William James"*, Washington, D. C., American Psychological Association, 1992, 5.

三、《心理学原理》与当下

詹姆斯的《心理学原理》，在美国心理学史上是一部划时代的著作，确立了詹姆斯以后美国心理学的研究主题，对他以后心理学的发展产生了重大影响。这部著作使詹姆斯赢得了"美国心理学之父"的称号。1903年，卡特尔要求心理学家们罗列出同行中的杰出人物，詹姆斯位居第一。1991年，在史学家们关于心理学中最重要的贡献者的民意测验中，詹姆斯排名第二。正因为詹姆斯及其《心理学原理》影响深远，后来出现了一系列的纪念活动。1942年是詹姆斯诞辰100周年，美国哥伦比亚大学出版社编辑出版了《纪念詹姆斯》文集。1943年，美国《心理学评论》杂志开辟了专栏"威廉·詹姆斯诞辰100周年纪念"。1967年，美国心理学会专门召开了詹姆斯心理学研讨会，以庆祝该学会成立75周年，开幕式讲演人戴卫·克莱奇称詹姆斯是"培养了我们的父亲"。1990年是詹姆斯《心理学原理》出版100周年，美国心理学会为此专门出版了《〈心理学原理〉反思》和《重新评价詹姆斯的遗产》这两本书。1999年，美国成立了威廉·詹姆斯研究会（网址http：//society.wjsociety.org，现任主席为宾夕法尼亚大学詹姆斯·鲍威斯基教授），创办了刊物《詹姆斯的意识流》和《威廉·詹姆斯研究》，定期举办学术年会，如2013年年会于12月27日至30日在马里兰州巴尔的摩市召开，2014年年会于12月29日在宾夕法尼亚州费城市召开，2015年于11月21日至24日在佐治亚州亚特兰大市召开，2016年于1月6日至9日在华盛顿特区召开，2017年1月4日至7日于马里兰州巴尔的摩市召开。2010年是詹姆斯逝世100周年，也是《心理学原理》出版120周年，德国多特蒙德大学在2010年6月开放了威廉·詹姆斯研究中心，美国、英国、葡萄牙分别于 2010 年的 8 月、9 月和 11 月举办了詹姆斯思想研讨会。2011 年，美国发行了电影《威廉·詹姆斯：心理学的可能性》。

《心理学原理》中所体现出的多元整合思想是解决当代心理学现实问题不可或缺的思想资源。《心理学原理》一书是詹姆斯真诚而独特的创造，焕发着真正天才的洞见，蕴藏着丰富的宝藏，是值得人们挖掘的"思想金矿"。当代心理学问题的解决，仍然要回归詹姆斯，这就是詹姆斯心理学思想中活的东西。

序　言

　　本书的大部分内容得益于作者的心理学课堂教学，由于有些章节的内容过于形而上学，有些章节的内容又过于细致，所以对于那些首次阅读本书的学生们来说并不是非常合适。其结果是，即使除去愉快和痛苦、道德和审美的情感与判断这些重要的主题，这本书冗长的篇幅还是让作者本人比其他任何人都感到十分遗憾。在这个极速前进的时代，希冀这么大部头的著作会拥有很多读者的人必定是十分乐观的。但是，谁阅读得越多，谁的收益就会越多。我可以确信不同类型的读者，甚至那些刚刚开始学习这些内容的人，按照各自的需要进行明智的跳读，都将会发现本书的作用。由于初学者最需要指导，我建议他们在初次阅读时完全省略掉第六、第七、第八、第十、第十二、第十三、第十五、第十七、第二十、第二十一和第二十八章。为了更好地唤起初学者的兴趣，明智的顺序可能是读完第四章就直接开始阅读第二十三、第二十四、第二十五和第二十六章，然后从那里返回。第二十章"空间知觉"的撰写是一件十分麻烦的事，如果不写得那样详细，就根本不能清楚地对它加以处理。它的一个删节版本《空间感觉质》发表在《思辨哲学杂志》第13卷第64页上，一些读者可能会觉得那是第二十章的一个有用的替代版本。

我在整本书中始终都与自然科学的观点保持一致。每一门自然科学都不加批判地假定某些特定的论据，拒绝对它自己的"法则"所由以成立、它自己的推论所由以展开的要素进行质疑。心理学这一有限个体心灵的科学，假定它有以下的论据：①思想和感受，②与它们共存并存在于时间和空间之中的物质世界，③它们知道这物质世界。当然，这些论据本身是可以讨论的，但是对这些论据以及其他要素的讨论是形而上学的，超出了这本书的讨论范围。这本书假设思想和感受存在，是知识的工具，并因此承认，一旦心理学确定了各种思想或感受与大脑确定条件之间的经验关系之后，就不能走得更远了——也就是说，作为一门自然科学的心理学不能走得更远了。如果走得再远一些，它就变成形而上学。所有将现象界赋予的思想解释为深层实体（不管人们称之为"灵魂""先验自我""理念"还是"意识的基本单元"）的产物的尝试，都是形而上学的。因此，本书拒绝联想主义者和唯灵论者的理论，我认为本书的创新之处就在于这种严格的实证观点。当然，这绝不是终极的观点。人类必须保持思考，而且心理学所假设的论据，就像物理学和其他自然科学所假设的论据一样，必须在未来的某个时间彻底检查一遍。对它们进行清晰和彻底的检查，是形而上学的事情；但是形而上学只有在清楚地意识到它那超乎寻常的范围时，才能很好地完成它的工作。不完整的、不负责任的、半清醒的和没有意识到自己是形而上学的形而上学，当它将自己注入自然科学时，就会把两种好的事物都弄坏。在我看来，心理学书籍中出现的关于精神能动者的理论和联想"观念"的理论正是这样的形而上学。即使它们的结果是真实的，最好还是让如此呈现的它们远离心理学，如同让唯心主义的结果远离物理学一样。

因此，我将我们逝去的思想看作一个整体，并将这些思想与大脑状态共存的单纯法则当作这门科学的终极法则。在这本书中，读者不会找到任何一个封闭的体系。本书包含了大量描述性的细节，而它们引起的质疑，只有能够承担重任的形而上学才能有希望成功地解决。那可能是许多世纪以后的事情了，同时，一门科学所能呈现出来的最好的健康标志，就是这种似乎未完成的状态。

这本书的写作十分缓慢，有些章节相继在《心灵》《思辨哲学杂志》《大众科学月刊》和《斯克里布纳杂志》上发表过了，我在适当的地方做了说明。

我很遗憾地指出，本书的参考文献很不系统。我习惯性地引证了一些特殊的实验事实，但除此之外，我主要旨在引用普通美国大学生在辅助阅读中会实际用到的书籍。W. 沃尔克曼·冯·沃尔克玛的《心理学教科书》(1875)中的参考文献是迄今为止非常全面的一个，我们不需要对其进行劣等的复制。较为新近的参考书目，我们可以阅读萨利的《提纲》、杜威的《心理学》和鲍德温的《心理学手册》。

最后，如果一个人对太多的人有所亏欠，那么从中挑选出几个特别的债权人似乎是十分可笑的，但是在第一次写作活动的最后，我还是忍不住要对那些帮助过我或者对我有所助益的学者表示敬意和感谢。感谢约翰·斯图亚特·穆勒、陆宰、雷诺维叶、霍奇森和冯特，我从他们的著作中获得了灵感；感谢我过去交往的朋友昌西·奈特和查尔斯·皮尔士，感谢我近期交往的朋友斯坦利·霍尔、詹姆斯·普南特和乔赛亚·罗伊斯，我在与他们的智力交往中获得了启发。

威廉·詹姆斯
哈佛大学
1890 年 8 月

目　录

译者序 …………………………………………………… 1
序　言 …………………………………………………… 1
第一章　心理学的范围 ………………………………… 1
第二章　大脑的功能 …………………………………… 12
第三章　大脑活动的条件 ……………………………… 80
第四章　习惯 …………………………………………… 105
第五章　自动机理论 …………………………………… 133
第六章　心理元素理论 ………………………………… 152
第七章　心理学的方法和陷阱 ………………………… 196
第八章　心灵与其他事物的关系 ……………………… 213
第九章　意识流 ………………………………………… 240
第十章　自我意识 ……………………………………… 313
第十一章　注意 ………………………………………… 439
第十二章　概念 ………………………………………… 506
第十三章　辨别与比较 ………………………………… 533
第十四章　联想 ………………………………………… 608
第十五章　时间知觉 …………………………………… 669
第十六章　记忆 ………………………………………… 714
第十七章　感觉 ………………………………………… 769

第十八章	想象	812
第十九章	事物知觉	852
第二十章	空间知觉	912
第二十一章	现实知觉	1065
第二十二章	推理	1112
第二十三章	活动的产物	1159
第二十四章	本能	1169
第二十五章	情绪	1228
第二十六章	意志	1276
第二十七章	催眠术	1385
第二十八章	必然的真理和经验的作用	1407
附录	威廉·詹姆斯与《心理学原理》	1481
译后记		1521

第一章

心理学的范围[1]

心理学是一门关于心理生活及其现象和条件的科学,这些心理现象包括情感、欲望、认知、推理、决定等。然而,若只是肤浅地考虑这些现象,其多样性和复杂性就会让观察者感到杂乱无章。最自然也是最早地整合这些心理现象的方法是:首先,尽量正确地对它们进行分门别类;其次,把由此发现的各种心理形式归纳入一个简单实体——个人灵魂,将这些心理形式当作个人灵魂的众多随机显现。例如,灵魂有时展现出记忆能力、推理能力,有时展现为意志力、想象力或者欲望。这就是经院哲学和常识理论提到的"唯灵论"。还有另外一种较为隐晦的方法能够整合这些混乱的心理现象:寻找不同心理事实之间的相同元素,而不是这些事实背后的相同行为者,通过研究这些元素不同形式的排列组合,从而建设性地解释心理事实,就好像一个人用石头和砖块来解释房子。德国的赫尔巴特(Herbart)以及英国

---

[1] 《心理学原理》共二十八章,原书第一章至第十六章为上册,正文旁边插入的页码是英文原著的页码,有些页码相距很近,是因为有些页的注释内容很多,中文稿将注释放置在每一章的最后。——译者注

的休谟（Hume）、穆勒父子（the Mills）和贝恩（Bain）的"联想主义"学派已经用这样的方式建立了一种无灵魂的心理学，他们研究分散的或模糊或清晰的"观念"，并通过考察这些观念彼此结合、相互排斥或不同的序列形式，来阐释记忆、感知、情绪、意志、激情、理论以及个体心灵的其他所有活动是怎样得以产生的。通过这种方式，个体的自身（self）或者自我（ego）就不再被当作这些表征的来源，而被认为是它们最终和最复杂的结果。

现在，假定我们严格地按照上述任何一种方式来简化这些心理现象，我们很快就能意识到这些方式的缺陷。例如，任何一种特定的认知或者记忆，都是通过特定的认知或者记忆的心理能力而被"灵魂理论"加以解释。这些能力本身被认为是灵魂的绝对属性，以记忆为例，那便是说，这个理论只告诉我们组成记忆能力的本质是记住发生的事实，却没有告诉我们当一个事实发生时我们应该记住它的理由。正如唯灵论者的观点，我们也许可以通过次级原因来尝试解释记忆的失误和差错，但是记忆之所以能够成功，一方面是因为存在客观事实，另一方面是人类拥有记忆能力，除此之外无任何其他因素。例如，当我回忆我的毕业典礼时，从沉寂的漫漫长夜中搜寻出当时所有的事件和情感，没有任何机械的原因可以解释这一过程，也没有任何分析可以将它还原为较低层次的元素，或者使其性质看上去不是一种终极资料，也就是说，无论我们是否对这种资料的神秘性感到反感，如果要对它进行心理学研究，就必须理所当然地认可它们。不论联想主义者通过何种途径将当前的观念描绘成它们自己的集聚和排列，唯灵论者都坚持认为，联想主义者最终不得不承认，某种东西不管是大脑还是"观念"或是"联想"，它知晓过去的时间已经过去，并且用各种各样的事件来填满它。当唯灵论者把记忆看作"不可还原的能力"时，他们只是重复了联想主义者已经认可的事实。

然而,这种认可并没有对具体事实做出令人满意的简化。为什么"记忆"这种神赐的绝对能力对一小时前发生的事情记忆效果最好,对昨天发生的事情记忆效果其次,对去年发生的事情记忆效果最差呢?却又为何年老时对童年时期事件的记忆似乎最牢固?为什么疾病和疲劳会使记忆力减退?为什么一种经验的重复会强化我们对它的记忆?为什么药物、发热、窒息和兴奋能使原本早已遗忘的事情重新被回忆起来?假如我们只用这样一种断言来满足自己,即自然是如此独特地构造了记忆的能力以使它展现出这些奇妙的特性,那么,我们似乎并没有利用这种断言取得更大的进展,因为对记忆进行这样的解释只会让事情变得和当初一样复杂。还有一种假设认为,灵魂本身拥有像记忆这样天才性的复杂的基本能力,这种假设也蕴含着某些奇怪的和非理性的东西。为什么记忆对近期的事情要比远期的事情更容易掌握?为什么它更容易遗忘专有名称,而不是抽象名称?这些特性看起来非常奇特,而且我们如若从先验的角度去理解,这些特性可能与它们的实际表现相反。很显然,记忆能力并不是绝对地存在,而是在一定的条件下发生作用,对这些条件的探求就是心理学家最有趣的任务。

然而,无论一个人怎么坚守灵魂及其记忆的能力,他都必须承认灵魂在没有诱因的情况下是不可能让记忆的能力表现出来,并且某些事情总是发生在回忆之前并提示我们所要回忆的内容。"一个观念!"联想主义者说,"一个与已记住的事物形成联系的观念,它解释了为什么反复出现的事物更容易回忆,因为它们在各种场合下的联想关系提供了很多不同的回忆途径"。但这并没有解释发热、疲劳、催眠术、年老等因素对记忆力的影响。总的来说,纯联想主义者对于我们心理生活的解释与纯唯灵论的解释一样令人困惑。大量的观念绝对地存着，就如同持续变化着的多米诺骨牌，或者万花筒中的玻璃块一样，它们连接在一起，编织成由无数观念自身组成的无边无尽的地毯——那相互连接的奇妙法则是从哪里获得的？为什么它们恰好以这样的形式连接在一起？

4　　因此，联想主义者引入了外部世界中的经验，认为观念是现象的一种残缺不全的复制品，并且这种复制多多少少发生了一些变化。但即使是最微妙的反思也表明，现象绝对没有能力对我们的观念产生影响，除非现象给我们的感官和大脑留下了印象。过去事实的简单存在不是我们记住它的理由。我们永远不会得知它存在这个事实，除非我们看到它或经历它。因此身体的经验便成为那种记忆能力的条件之一。我们对事实略做反思就会知道，人体中被称作大脑的那一部分所得到的经验是直接与此相关的。如果大脑和身体其他部分之间的神经传导被中断，那些其他部分的经验对于心灵来说就是不存在的。眼睛是失明的，耳朵是聋的，手则是无知觉和无动作的。相反，如果大脑受到损害，虽然身体内的其他器官都能够执行正常功能，但意识还是丧失了，或者发生变化了。头部遭受重击、血液的突然减少、中风出血造成的压迫可以使得意识丧失；同时，饮用少许酒精，吸食鸦片或大麻制品，吸入氯仿或一氧化二氮，一样会使意识发生变化。发烧时的精神错乱，疯癫时的自我扭曲，都是由于外物侵扰了大脑或大脑自身发生了病变。事实上，大脑是心理活动的一个直接身体条件的观点已经得到了非常普遍的认可，我没有必要花费更多的时间来对它加以解释，我只是将其作为一个基本假定并由此展开论述。这部书的其他章节都或多或少地证明了这一假定的正确性。

所以，身体得到的经验，尤其是大脑得到的经验，必须在心理学所研究的心理活动的条件中占有较为重要的地位。唯灵论者与联想主义者都必须承认，只有当大脑的活动法则成为一切结果的共同决定因素时，他们自己所相信的理论在运作中遭遇的某些奇怪现象，才能得以解释。至少在这种程度上，他们都必定是"大脑主义者"。

在这里，我们得到的第一个结论是，必须把脑生理学作为心理学的基础，或者说它必须包含在心理学之中。[1]

另一方面，心理学家在某种程度上还必须成为神经生理学家。心理现象不仅在前面以身体变化过程为条件，而且在后面还会引起身体变化的过程。心理现象引起行为活动是人们最熟悉的道理，但这里的行为活动并不仅仅是指主动性和有意性的肌肉运动。伴随着心理状态的变化，血管的粗细和心跳会发生变化，腺体和内脏也会发生更精细的变化。如果考虑到这些，再加上在某一较早时期出现的心理状态之后而发生的行为，我们就可以安心提出一条普遍定律，即心理的变化必然有身体方面相伴随或紧跟其后的变化。例如，通过印刷出来的文字在读者心中引起的想法和感情，不仅表现出眼睛运动和内部的初始发音动作，而且能够使得他在某天说话，或者在某次讨论中赞成某方的观点或给予建议，甚至会挑选一本书籍来阅读。假如视网膜上从未留下有关这些文字的印象，情况将会大大不同。因而，心理学不仅要考虑到心理状态的先决条件，还必须考虑到这些心理状态导致的结果。

但是，开始是由意识所促使的动作，久而久之可能凭借习惯的力量而不知不觉地表现出来，但却没有被意识到。站立、行走、系扣、解扣、弹钢琴、讲话，甚至祈祷，都可以在心灵沉浸于其他事情的时候完成。动物的本能活动好像是半自动的，自我保护的反射动作也是这样。然而，这些动作与意识动作的相似之处在于，这些动作的结果与其他情况中动物有意识、有目的的动作所引起的结果是相同的。那么，心理学应该把这类机械般的，但却是有目的的动作纳入研究范围吗？

心理现象的边界的确是模糊不清的。最好不要过于迂腐，就让这门学科和其主题一样模糊，如果将某些现象包括进来能使我们更好地完成手中的工作，就把它们囊括进来吧。我相信，不久之后人们就会了解到我们已经可以这么做了，通过对主题广义化而不是狭义化的理解，我们才能获得更多。在任何一门学科发展的某一个特定的阶段，某种程度的模糊性会蕴含多产性。整体看来，这种模糊性在心理学当下研究中的实际贡献并未超过斯宾塞（Spencer）的理论。该理论的主张是：灵魂与肉体的本质为一，即"内部关系适应外部关系"。这种主张具有典型的模糊性，然而，因为它认为心灵存在于周围的环境之中，这个环境塑造心灵，心灵又反过来作用于环境；简而言之，就是由于它把心灵放在其全部具体关系之中加以考虑，因此它自然显得比旧式的"理性心理学"更有成就，这种理性心理学将灵魂看作超然存在的、能够自足的东西，而且试图只考察其本质和属性。所以，假如在动物学和纯神经生理学领域中畅游能够对我们的目标有益，我就会尝试这一做法，否则，我会将这些科学交给生理学家。

关于这一点，即心理生活如何干涉外部环境对身体的印象以及身体对外部世界的反应方式，我们还可以表述得更清晰些吗？让我们来看以下几个例子。

假如拿一块磁铁接近撒在桌面上的铁屑，铁屑将在空中飞起一段距离，紧接着就可以看见它们依附在磁铁上。愚昧无知的人把这种现象理解为磁铁和铁屑之间的吸引或者爱的结果。然而，如果磁铁的两极被纸片遮住，铁屑就会一直附着在纸片的表面，并且永远也不会发生铁屑从纸片的两边绕过去从而能与它们所爱的对象直接接触的现象。通过一根管子向一桶水的底部吹气泡，产生的气泡会慢慢地上升直到与空气混合为止。对于气泡的工作有一种诗意的解释，即它们有与水面之上的空气母亲再度结合的渴望。但是，假如你把一只罐子盛满水，并将它倒扣在水桶里，气泡将会上升并且待在罐子底部，它们与外面的空气隔绝，如果它们一开始就在其上升路线做稍微的改变，产生少许的偏斜，或者一旦原有的上升路线行不通了便再向水罐的边缘下降，它们就能轻而易举地获得自由。

现在，如果我们从上述行为转向生物体的行为，我们会注意到一种明显的不同。罗密欧（Romeo）向往朱丽叶（Juliet）正如铁屑向往磁铁，假如中间没有障碍物，他就会沿直线向她走去如同铁屑靠近磁铁一样。然而，如果在他们两人之间存在如一面墙一般的障碍物，罗密欧和朱丽叶就不会像磁铁和铁屑对纸片那样一直愚蠢地向前走，直到两人的脸贴在墙的两面。罗密欧很快就会发现一种间接的方法，如跃过墙壁或通过其他方式来达到亲吻朱丽叶的目的。对铁屑而言，道路是既定的，它能否实现目标取决于偶然性。对相爱的人而言，目标是既定的，而道路则可以不断地进行修改。

设想一只活青蛙待在一瓶水的底部，即那些出现气泡的地方。呼吸的需要会使它渴望拥抱空气母亲，通过最短的途径与空气母亲重新相聚。但是假如你把一只瓶子盛满水，并将其倒扣在水桶里，青蛙就不会像气泡那样一直用它的鼻子顶着那坚硬的瓶底，而是会不安地摸索周围的环境直到找到实现目标的道路：通过再次下降发现一条绕过瓶子边缘的出路。这个事例同样是既定的目标，变化的手段！

有生命与无生命之物的行为反应的这种差异，导致人们完全否认物质世界中存在终极目的。爱和欲望现在已不再被视为铁或空气的微粒了。现在没有人设想他们所表现的任何行为结果都是有理想的目的，这种目的从最初就开始指挥行为，并且由一种前面的力量诱发它或实现它的目的。相反，人们认为目标是随后形成的，只是一种被动的结果，可以说对其产生无任何发言权。对无机物而言，改变不同的先决条件，便会实现不同的目标。但是对于智能行为者，伴随条件改变的是所表现出来的行为变化，而不是目标，因为在这里，未完成的目标观念与条件共同决定着要进行的活动是什么样的。

对目的的追求和选择是心灵存在的标志。

对未来目标的追求和对实现目标的手段的选择，是我们判断心理状态是否存在的标志和标准。我们都在用这种标准来区分智能活动与机械活动。我们不把心理状态归于棍子和石头的原因是：它们缺乏主动性，总是在被动地运动，而且是完全没有任何迹象的运动，它们似乎从来不会为了任何缘由而自主运动。所以，我们可以果断地认为它们是无意识的。

由此，我们对所有哲学问题中最深刻的问题做出判断：宇宙到底是对其内在本性中智能的理性表达，还是纯粹而简单的无理性的外部事实的表达？在对这个问题进行思考的过程中，假如我们无法消除它是一个终极目的领域这样的印象，它是因为某种东西而存在，我们就把智能放在它的中心，于是宗教就产生了。相反，如果在考察它那不可逆的变化中，我们只能将现在看作从过去单纯机械地发展过来的，而与未来无关，那我们就是无神论者和唯物主义者。

低等哺乳动物能表现出多少智能，或者爬行动物神经中枢的功能涉及多少意识，心理学家进行了大量的讨论，而相同的检验始终被运用着：这些活动的性质是否在于我们必须相信它们是为了其结果的缘故而进行的吗？这里所说的结果，正如我们此后会不断了解的那样，通常是有用的——总体来说，动物在产生出结果的情境之下会更加安全。至此，活动具有一种目的论的性质。但是，这种单纯的外在目的论仍然可能是后面力量的盲目结果。植物的生长和变化，动物的发展、消化、分泌等过程，提供了大量对个体有用的活动的例子，然而这些活动可能是，而且我们大多数人认为它们就是由自动机械装置制造出来的。生理学家不能自信地断定青蛙的脊髓具有意识的智能，除非他能表明，在给定刺激下青蛙的神经机制所产生的有用结果在那个机制变化的时候仍然保持不变。我在这里举一个常见的例子，如果对一只无头青蛙的右膝给予酸的刺激，它的右脚会将酸擦去。但是，假如这只脚被切除了，青蛙通常会将它的左脚伸到那里，把那种讨厌的东西擦掉。

弗吕格（Pflüger）和路易斯（Lewes）借助下述方法对上述这类事实进行了推论，即假如最先开始的反应只是单纯机械装置的结果。如果皮肤上那个受到酸刺激的部位激活了右腿，就如同扳机使得猎枪的枪管被激活一样，那么切除右脚就自然会导致擦拭动作消除的结果，但却不会使左腿运动。它只会导致右边的残肢在空洞的空气中移动（实际上，这恰好是我们有时观察到的现象）。如果右边的枪管被卸下了，右边的扳机不会费力使左边的枪管开火；一台电机也不会由于它不能像缝纫机那样工作而变得焦虑不安，因为它存在的目的是释放瞬间的火花。

相反，假如右腿运动的最初目的是擦去酸液，当用来达到这一目的的最简便方法被证明无效时，那么它就会理所当然地探索其他方法。每当遭遇失败时，青蛙的希望就会落空，继而变得失望，而这种情绪状态又会使青蛙拥有动力去不断尝试新的方法，直到找到一种方法能够实现目标，内心才能变得心平气和。

戈尔茨(Goltz)依据相同的方式把智能归于青蛙的视叶和小脑。在前面部分，我们曾提到过一只健全的青蛙在水中被困时是如何找到通向空气的出路的。戈尔茨发现，青蛙在失去大脑半球的情况下，也能表现出同样的灵活性，这只从底部上升的青蛙，发现有阻碍物挡在它继续上升的道路中，即倒扣在它上面的玻璃壁，它不会用鼻子碰撞那个阻碍它上升的物体直到窒息而死，而是寻找其他出路：它经常会在玻璃罐的边缘处来回地上上下下，它并不受某种确定的向上的机械推动力而驱使，更确切地说，是一种有意识的欲望使它想要通过各种途径接触到空气，构成了其活动的主要原动力。戈尔茨由上述现象得出结论说：大脑半球并非青蛙智能存在的唯一场所。从下述观察中他得出了相同的结论：当一只无脑青蛙的一条腿被缝起来时，它会从背部着地的姿势翻转向腹部着地，尽管此时所需的动作与在正常情况下同样令它厌恶的姿势所激起的动作存在很大不同。由此他认为，这些活动并不仅仅是由先行刺激决定，而是由最终目的决定的——尽管毫无疑问是那种刺激使目的值得向往。

另一位著名的德国学者李普曼(Liebmann)[2]，通过非常相像的思考，提出论证来反对用大脑机制来解释心理活动。他说，一架机器能根据它们所处的条件来产生必然性的结果，即在正常状态下产生正确的结果，而当它处于破损状态时则会产生错误的结果。我们无法设想这样一个钟表装置，即它的结构不可避免地决定了它的运动速率，它能根据速度的快慢，徒劳地要去校正它。它的意识(如果它有意识的话)应当和最好的计时器一样运行良好，因为两者都很好地遵循了相同的永恒机械定律——来自背后的规律。但是，假如大脑失控，即某人说"二四得二"，而不是"二四得八"，或者说"我必须到煤去买码头"，而非"我必须到码头去买煤"，则错误的意识立刻就出现了。错误的行为活动,尽管和正确的一样遵循着相同的机械定律,却仍然受到责难——人们责难它违背了内部规律——来自前面的规律,即大脑应当为了目的或最终目标而行动,不管它是否做出了这样的行动。

这里我们没有必要谈论这些学者在做出其结论时是否已经在他们探讨的案例中对涉及的前提做出了公正地处理。这里引用他们的论证只是为了说明一个他们都同意的共同原则,即只有那些为了目的而进行,并且对方式有所选择的活动,才能被称为心理活动。

因此,我将这一原则作为一种标准,对本书涉及行为活动的主题加以限定。由于许多神经运动是纯生理学的,本书不会涉及这些内容。神经系统和感觉器官的解剖学也不会再被描述。读者可以在马丁(H. N. Martin)的《人的身体》、莱德(G. T. Ladd)的《生理心理学》以及所有标准的解剖学和生理学的书籍中找到大量信息,这些信息是本书论述的前提。[3] 然而,由于大脑半球的功能直接为意识服务,对它们稍作解释是恰当的。

注 释

1　参见莱德,《生理心理学基础》(1887),第 3 部分,第 3 章,第 9、12 节。

2　《论现实的分析》,第 489 页。

3　用哺乳动物的大脑来与自己的大脑产生联系是再容易不过的事了。取一个羊头、一个小锯子、凿子、解剖刀和镊子(这几样最好能从外科手术器械制造者那里获得),然后在人体解剖书如霍尔登(Holden)的《解剖学指南》的帮助下,或者根据在诸如福斯特(Foster)和兰利(Langley)的《实用生理学》或莫雷尔(Morrell)的《比较解剖学和哺乳动物解剖》这些书中所特别给出的具体指导,将羊头的各个部分拆开。

第二章

大脑的功能

当我开始砍一棵树的树根时,它的树干并不会因为我的行为而发生移动,它的树叶也会如平常一样在风中窃窃私语。但是,当我对一个人的脚施加暴力时,他身体的其他部分会立即通过警惕或者自卫动作对我的攻击行为进行反应。产生区别的原因是人具有树木所没有的神经系统,而神经系统能使身体各部位相互合作、协调一致地进行工作。当传入神经受到某种物理刺激而兴奋时,不论这种刺激如同斧头那么强烈还是如同光线那么细微,它都会将因刺激而产生的兴奋传入神经中枢。如果源于神经中枢的神经冲动真的很强烈的话,它并不会就在那里终止,而是会释放自己,通过传出神经传递到肌肉和腺体,从而激起四肢或内脏的活动或者分泌活动,这些活动因动物种类的不同而不同,因所受刺激的不同而不同。这些反应动作一般具有相同的特征。它们可以避开有害刺激而趋向有利刺激,与此同时,如果某一种看似无关利弊的刺激具有长远的实际意义,那么动物就自然而然会趋向这种刺激来确保利益或避免危险,这要依具体情况而定。举一个常见的例子,当我走进火车站时,突然听到列车长喊:"请大家上车!"我的心跳首先会暂时停止一会儿,紧接着又快速地跳动,作用在我鼓膜上的声波促使我的双腿通过加快运动来对此做出反应。如果我在跑的过程中摔倒了,那种向下的感觉会使我的双手朝跌倒的方向移动,这样可以达到避免身体受到突然冲击的效果。正如一块煤渣掉入我的眼中,我的眼皮会用力地闭合,然后流出大量的眼泪把煤渣冲洗出去。

但是,这三种对感觉刺激的反应在很多方面都存在不同。眼睛的闭合和流泪是非自主性的,受到干扰的心跳也是如此。我们把这种非自主性的反应称为"反射"。用来减少摔倒的冲击的手臂运动也被称为"反射",由于它发生得太快以至于来不及细细思考。这一行为是本能的作用还是童年时期接受教育的结果,仍然是未解之谜。不管怎样,它与前面的动作相比缺少了自动化,因为一个人能通过有意识地学习和训练,熟练地掌握用手撑地,甚至能完全避免摔倒。人们把如同这类由本能和意志以同等条件进入其中的行为称为"半反射"。另一方面,向火车方向跑的动作只是单纯教育的结果,就不牵涉本能的成分了,而且在这个动作发生之前,有意识的目的和意志的明确指令就已经存在了。所以,动物的反射和随意动作慢慢地交融在一起,常常与那些可以自主发生的行为产生联系,但也可以被意识调节。

一名外部观察者,正因为对相伴随的意识无法进行觉察,所以在区分本能行动和有意识相伴随的行动时会有一种不知所措的感觉。然而,假如对实现目标的方法进行适当的选择是心灵存在的标准,那么所有这些动作好像都是由智能引发的,因为它们都具有适当性的特征。现在,这一事实的存在,使得关于神经功能和意识关系的理论有两种完全相反的观点。有些作者发现,较高级的随意动作似乎需要感觉的指导才可能产生,于是有了这样的结论:虽然某种感觉可能是某种我们一直都意识不到的，但这种感觉也管理着最低级的反射。还有一些人发现，尽管反射和半自动动作存在适当性，却可以完全无意识地发生，于是他们走向另一个极端，并且坚持认为甚至连随意动作的适当性也与意识的伴随毫无关系。这些人认为，这些动作是纯粹、简单的生理机制的产物。我们将会在后面的一章中再次探讨这一问题。现在让我们更详尽地探讨大脑，以及大脑状态可以被认为是心灵状态的条件。

第一节 青蛙的神经中枢

大脑仔细准确的解剖学和详细的生理学是当代人的成就，或者更准确地说是从梅纳特（Meynert）开始的过去20年的成就。虽然很多见解仍然是模糊的和具有争议的，但大家对了解大脑的一般方法已经达成了一致，从其主要特征来看，这种方法是能够站得住脚的，而且它还对大脑和心理同时运作的方式提出了一种最具可行性的方案。

对较低级动物的研究是进入这一主题的最佳途径，如一只青蛙，其不同神经中枢的功能可以使用活体解剖的方法来研究。青蛙的神经中枢的构成如图2-1所示，我们没有必要对这个图进行更多的解释。我想首先说明，对于青蛙而言，前面的部分被切掉不同的量会发生什么不同的结果，切除方式和普通学生采用的切除方式一样，也就是说，操作的纯净度方面没有必要特别小心。应用这种方法，我们得到了非常简单的各个神经中枢功能的概念，涉及包括大脑半球和较低级脑叶间可能存在的最强烈的对比。这一鲜明的概念具有教学上的优势，因为它始于一个简单的公式进而再修正它，这是非常有教育意义的。根据对青蛙和鸟类所做的更为精细的实验结果，以及近期对狗、猴子和人类观察的结果,我们的第一个方案会变得弱化一些,就像在后面的部分将会看到的那样。然而它从一开始就使我们明确地掌握一些基本概念和区别,这是我们用其他方法所不能获得的,并且此之后的任何更加完善的观点也不能推翻它。

那么,如果我们把青蛙颅骨底部后面的脊髓和延髓之间的连接切断,就分离了青蛙大脑和身体其余部分的所有联系,从而将青蛙的神经系统缩减到仅剩脊髓,虽然青蛙能继续存活,但它的行为发生了古怪的变化,如它不再呼吸和吞咽,肚皮贴地无精打采地趴着,而不是像其他青蛙那样用前脚撑着坐下,尽管它的后腿还像以前一样贴着自己的身体折叠着,而且后腿一旦被拉出来就会立即恢复成原来的姿势。假如让它背部接触地面,它不会像正常

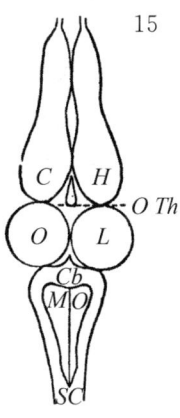

图 2-1 *CH*,大脑半球;*O Th*,视丘;*OL*,视叶;*Cb*,小脑;*MO*,延髓;*SC*,脊髓

的青蛙那样把身子翻转过来,而是只会安静地待在那里,不运动,也不发出任何声音。如果我们用挂钩挂住青蛙的鼻子而将其吊起来并且在身体的不同部位施加酸刺激,它就会做出一组独特的"防御动作"擦拭掉这个刺激。如果将酸施加于它的胸部,它的两只前爪就会不停地触碰那里;如果施加于它肘部的外侧,同侧的后脚就会直接触碰那个地方去擦掉它。如果膝盖受到攻击,脚的后部就会来抚摸它,而如果那只脚被切除了,剩下的残肢会做出无效的动作。然后,在实验中,我们观察到的许多青蛙,有一阵停顿,好像是为了深思,接着另一只没有受伤的脚会快速擦拭遭受酸刺激的皮肤。

除了其目的性意义上的适当性之外,所有这些动作最令人意想不到的特点就是它们的精确性。把一定量的刺激作用于有感觉的青蛙,

那么这些行为几乎没有什么差异,就如同你不论何时拉动"跳娃娃"①上的那根线,它的腿都必定会抽动一样,它们拥有相同的机械规律。青蛙的脊髓包含一些细胞和纤维的排列,它们具有将皮肤所受刺激适当地转化为防御动作的功能。这些脊髓被我们命名为青蛙的防御动作中枢。事实上,我们可以通过切除不同地方的脊髓来使研究更进一步,那么我们便可以发现它的不同部分具有独立的机制,分别负责头部、臂部和腿部的适当活动。雄性青蛙控制臂部活动的脊髓部分会在繁殖季节时变得特别活跃,尽管其他部分都切除掉了,仅剩下两条前腿和与它们相连的胸部和背部,它们依旧可以积极地抓住放在它们之间的一只手指,并且在相当长的一段时间内紧握着它。

不只是青蛙,其他动物的脊髓也有相似的功能,甚至人类的脊髓也能产生防卫动作。给截瘫患者挠痒,他们的腿会翘起来,罗宾(Robin)给被斩首一小时之后的罪犯的胸部挠痒,发现他的胳膊和手都向被挠痒的部位移动。戈尔茨和其他人对哺乳动物脊髓的较低级功能做了很好的研究,这里就不多阐述了。

我们对另一只青蛙的视叶后面进行切割,但保留小脑和脊髓的连接,我们不仅能看到先前观察到的那些行为,还可以看到吞咽、呼吸、爬行和明显变得无力的跳跃和游泳动作。[1] 而其他反射仍然存在,使这只动物背部向下,它马上就会翻转身体到肚皮朝下的姿势。把碗放在水面上并使其旋转,再把青蛙放在碗中。它最开始的反应是转过头去,紧接着,它的身体按照与碗的旋转方向相反的方向来进行转圈,从而对旋转做出反应。假如支撑它的物体是倾斜的以至于它的头部向下,它会抬起头部,如果迫使它的头部朝上,它就会低下头部,

---

① 一种儿童玩具——译者注。

如果迫使头部朝向左边，它会使头部朝右，等等。但是它的反应仅限于这些头部动作。它不会与保留丘脑的青蛙那样，沿着倾斜的木板向上爬，而只是会顺着木板滑到地上。

假如在另一只青蛙的丘脑和视叶之间进行切割，那么它在地面和水里的动作都会趋于正常，除了表现出较低级中枢的反射之外，当它的臂下遭受刺痛时，它都会发出有规则的叫声。它通过一些途径对旋转等进行抵消，如头部的运动和翻转身子等，但仍然不能避免它从倾斜的木板上掉下来的结果。因为在手术中它的视觉神经中枢被毁坏了，我们无法得知它在行走的过程中能否避开设置的障碍。

最后，如果在青蛙的大脑半球与丘脑之间进行切割，将丘脑保留下来，只是切除它的两个大脑半球，这时，经验不足的观察者最开始并不会猜想到这只青蛙的异常之处。它不仅在适当的刺激下可以做出上面我们已经描述过的动作，而且还可以利用视觉指引自己，所以如果在它的道路上摆放一个阻碍物，并且强迫它前进，它也许会跳过障碍物或者会转向另一边。这只青蛙会在一定的季节表现出性的激情，并且不像一个完全没有大脑的青蛙那样，抱住放在它前臂之间的任何东西，而会推迟它的反射行为直到获得了一个与它同类的雌性。由此可知，一个不熟悉青蛙的人也许会认为这只青蛙与正常青蛙没有什么区别，但他很快就会注意到那些不是由当前感官刺激引起的自发动作几乎完全消失了。这只青蛙之所以持续地在水中做着游泳运动，似乎是因为水与它的皮肤相接触而导致的必然结果。比如，当用一根棍子碰它的腿时，它就会停止游泳的动作。这根棍子是一个可以被感觉到的刺激物，青蛙通过反射行为将它的脚自动地伸向棍子，然后在棍子上保持着坐姿。它没有表现出饥饿，并且容忍一只苍蝇爬过鼻子而不会咬住它。它似乎也没有表现出恐惧。总而言之，就它目前的行为来看，它是一台操作非常复杂的机器，它做出的动作具有自我保护的倾向；但是，它似乎不包含任何无法预测的因素，在这个意义上说，它也不过只是一台机器。只要它被施加恰当的感官刺激，我们就极其确定必然会获得固定反应，就好像管风琴家拉出某根音栓确信自己必然会听到某个音高。

然而，现在如果我们在低级中枢上再加上大脑半球，或者换句话说，如果我们的观察对象是一只完整无缺的正常动物，所发生的一切就全都改变了。除了前面那些对当前感官刺激的反应之外，我们的青蛙还能够主动地做出长时间的和复杂的动作，或者好像是被我们应该称为观念的东西所指引。它对外部刺激的反应在形式上也是多种多样的。当它被触碰时，它既不像无头青蛙那样通过后肢做出简单的防御动作，也不像没有大脑半球的青蛙那样，跳跃几下然后继续静止不动地坐在那里，而是坚持尝试各种各样的逃跑方法，就好像此时它受的刺激是关于这种触碰所暗示出的危险观念，而不是生理学家的简单碰触。同样，由于饥饿感的驱使，会产生一种力量激励它寻找诸如昆虫、鱼或者更弱小的青蛙这样的食物，并且它还会根据猎物种类的不同而采取不同的捕食方法。生理学家无法随意操纵它，迫使它发出声音、在木板上爬行、游泳或者停止游泳。它的行为变得没有办法预测了。我们无法再对它的行为做出准确的预测。它主要的反应是逃跑，但它也可能做出任何别的事情，甚至让自己的身体鼓起来，在我们手中完全被动地任人摆布。

这些是大家普遍观察到的现象，而且也是自然而然得到的印象。某种一般性的结论会随之而来。

首先，一切中枢动作都涉及相同肌肉的使用。当一只无头青蛙的后肢擦去酸液时，它使用了腿部所有肌肉，这也是拥有完整的延髓和小脑的青蛙从背部着地的姿势翻向腹部着地时使用的相同肌肉。然而，在这两种情形中，这些腿肌的收缩是以不同的方式结合的，以致结果有很大的差异。于是我们得出结论，细胞和纤维的特殊排列存在于脊髓中负责擦拭的动作，也存在于延髓中负责翻身的动作，等等。同样，在负责跃过所见障碍物和平衡移动身体的丘脑之中也存在这种排列，在负责向后爬行的视叶之中也存在，等等。但是在大脑半球中，因为这些器官的出现只是以不同的方式决定那些运动应当发生的时机，而并没有与之相伴随的新的基本运动形式出现，所以使通常的刺激不那么具有关键作用也不那么机械了。我们没有必要设想存在一类直接协调肌肉收缩的机械装置，我们可以假设，当擦拭动作的命令从大脑发出时，一股神经流直接通向脊髓中的擦拭排列并将其作为整体加以刺激。同样，如果一只大脑未受损伤的青蛙想要越过它看见的石头，它所需要采取的行动，也只是从大脑半球发出对丘脑或其他的跳跃中枢的刺激，后者会提供如何实施的具体细节。这就如同一个将军向陆军上校下达某种任务，而并不告诉他应该如何完成这一任务。[2]

然后，同一块肌肉在不同的高度会有不同的表现，而且在每一个高度，它都会与其他肌肉进行组合，从而在某种特殊形式的运动中相互协调。在每一个高度，某种特殊形式的感觉刺激都能激发运动。在脊髓那里，运动会被皮肤激发；在视叶的上半部分，眼睛也会起到作用；在丘脑，半规管似乎发挥某种作用；而激发大脑半球的刺激，应该是构成确定的对象或者事物的感觉整体，而不是基本类型的感觉。无大脑半球的普通青蛙，既不会逃避敌人，也不会追捕猎物。我们把这些对复杂情境所做出的反应称为本能而不是反射。在动物学等级中，青蛙这级动物就已经是依赖于大脑的最高级脑叶了，高级动物的情形就更是如此了。

如果我们像在教室中展示时进行的普通切割那样，用鸽子代替青蛙，切掉它的大脑半球，产生的结果也是一样。如果对这只鸽子明确地施加刺激，这只无脑的鸽子能够做出所有自然动作。它缺乏的似乎只是内部动力，将这只鸽子自己放在那里，在大部分时间里它看起来就像睡着一样，蜷缩在地上，将头埋在两个翅膀之间。

第二节　关于大脑半球的一般观点

每当我们对这些事实进行思考的时候，便会得出某种诸如这样的观点，即低级中枢单纯依据当前的感觉刺激做出反应，知觉和思考是大脑半球行动的依据，它们接收到的感觉只充当知觉和思考的线索。除了组合在一起的感觉之外，什么是知觉呢？并且，在想象中，由于各种行为而感受到的不同感觉，除了这种感觉的预期之外，思考是什么呢？如果我眼前出现了一条响尾蛇，通过思考得知，这是一个非常危险的动物，因此我会躲避在一边，它头部的运动、我腿部的突然疼痛、我肢体的肿胀、一种令人害怕的状态、一阵战栗、心理一时混乱、意识不清楚以及我的希望破灭的表象等，这些构成我谨慎反应的心理材料。但构成所有这些表象的是过去的经验，这些表象是我之前感受过或者看到过的东西的重现。简单地说，这些表象是遥远的感觉，我们可以这样精要地表述，无大脑半球的动物与大脑未受损伤的动物之间的区别是：一个服从于不在场的对象，而另一个只服从在场的对象。

这样来说，记忆的场所似乎是大脑半球。以往经验的痕迹必然会以某种方式保留在其中，并且一旦因当前刺激的出现而被唤起，必然会展现出过去经验的好与坏，紧接着就进入负责确保趋利避害的运动经通道。假如把神经流比作电流，我们就能把大脑皮层下面的神经系统 C 看作图 2-2 中沿着 S-C-M 这条由感官通往肌肉的直接回路。大脑半球 H 添加进了长回路或者环路，不管是什么原因，只要直接回路未能得到使用，电流就可以从 H 环形线路通过。

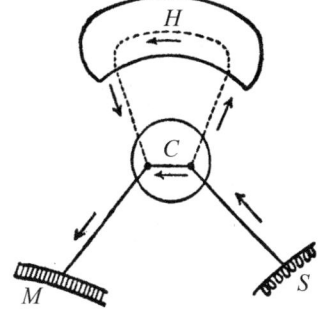

图 2-2

因此，在炎热的天气里，一个疲惫的徒步旅行者躺在枫树下潮湿的土地上，令人舒适的休息和凉爽的感觉在回路中流动着，自然地渗透到完全舒展开的肌肉里，他会放纵自己沉溺于这种危险的休息之中。然而，回路是开放的，当前部分神经流会沿着这条线路流动，并且会使他关于风湿病或黏膜炎的记忆被唤醒，这些记忆战胜了当前感官的刺激，从而能使这个人站立起来继续向前行走，去寻找一个地方，可以让他安全地享受休息。现在我们将考察一种方式，在该方式下，大脑半球的回路可以被看作充当了这类记忆的储存场所，与此同时，我还要请读者观察它作为一个储存场所带来的一些必然结果。

首先，任何动物进行考虑、停顿、延迟、仔细权衡不同动机的优劣，或者进行比较，都需要这样一个储存库，简言之，对这样一种动物来说，审慎都是不可多得的一种美德。相应地，我们看到，自然将审慎的美德从低级中枢移除了，并把它们交给了大脑。不论什么情况下，动物在处理环境中的复杂特征时，审慎是一种优点。较高级动物尤其需要处理这样的环境特征，而且，这些特征的复杂度越高，这些动物的等级也越高。因而，在没有相关器官帮助的情况下，这类动物能够完成的动作也就变少了。青蛙的很多动作的完成要完全依赖低级中枢,而鸟类的这些动作就要少一些,啮齿动物那里就还要少些,在狗的身上就更少了,而在猿类和人那里几乎就没有了。

这一点的优势非常显著。以获取食物为例,假设获取食物是低级中枢的一种反射操作,那么无论情况如何,一旦食物出现,哪怕有惩罚动物都会不可避免地扑向食物,如同壶下烧着火时壶里的水不能拒绝沸腾一样,它必须向这种刺激低头。它的生命会不断地为它的贪食而付出代价。面对报复、其他敌人、陷阱、毒药和贪食的危险,一定是其生存时经常发生的事。它完全没有权衡危险和诱惑物的吸引力谁优谁劣的观念,也没有一种能支撑饥饿的意志。这表明在心理水平中,这类动物处于较低级水平。而有些鱼,像青鲈和杜父鱼,哪怕是它们刚从钩子上被摘下来重新扔进水里,它们也仍然会主动地咬住钩子,由于其超常的生育能力弥补了它们的鲁莽行为,这些鱼才不至于因为受到智力低下的惩罚而面临灭绝的危险。在所有高级脊椎动物那里,食欲以及由它引起的行为,就构成大脑的功能。当在生理学家的刀下只有次级中枢保留下来时,这些功能就不存在了。无脑鸽子即使被放在谷堆上也会饿死。

我们再来看性功能。鸟类的性功能专门依赖于大脑半球。在大脑半球被切除的情况下,鸽子会出现对其配偶求爱的叫声无动于衷的现象。戈尔茨发现,失去大量脑组织的雄狗无法对处于发情期的雌狗产生任何情绪。阅读过达尔文(Darwin)《人类的由来》(*Descent of Man*)的读者都清楚,在鸟类繁殖能力的改善方面,作者赋予了性选择这个单纯的事实以很大的重要性。当情境和情感的每一个条件都能够得到实现,而时间、地点以及配偶又合适时,性行为才会发生。然而,青蛙和蟾蜍的性激情是由低级中枢负责的。其结果是,它们对当前的感官刺激展示出顺从,就如机器一般,而且选择的能力几乎完全丧失了。在公路上的水坑中，或者通常是与已死亡的雌性动物，偶尔在雄性动物之间，交配竟然发生了，雄性动物可能在得手之前就已经被压成两半。仅仅因为这些原因的存在，导致每年的春天都会有大量的蛙类动物失去生命。

我们没有必要向任何人说教，告诉他们人类社会的提升是多么依赖于贞洁的盛行。相比其他任何因素来说，这是最能表明文明和野蛮之间存在的差别的。从生理学的角度来解释，贞洁仅仅说明这样的事实，情境在大脑中唤起的审美和道德适应性的暗示压倒了当前的感官诱惑，这些暗示的禁止或者许可的作用直接支配行为。

在由大脑自身引起的心理生活中，考虑较为新近的事情和较为遥远的事情时，也存在同样的区别。从古至今，如果一个人的决定受到最远大的目标的影响，人们就认为他拥有最高智慧。乞丐过一时算一时，吉普赛人过一天算一天，单身汉只需要考虑自己的生活，而父亲为了下一代而努力奋斗，爱国者考虑整个社会以及许多代人的生存和发展，哲学家和圣人关心的则是人类与永恒——这些人自身排列成一个连续的等级，在这里，每一个相继的级别都来自于特殊行为方式的进一步表现，大脑中枢正是通过这行为方式区别于其他低于它的器官。

人们认为关于遥远事物的记忆和观念就存在于此的环路中，行为（就它是一种物理过程而言）就一定以低级中枢的行为类型为依据来解释。如果它在这里被当作反射过程，那么在那里也一定是反射过程。这两个地方的神经流必须先流进来后才能再流到肌肉中去，但是，在低级中枢那里，它流出的路径是由细胞排列中少有的固定反射负责的，大脑半球的反射数量多且不固定。我们将会知道，这不是种类的差别，只是在程度上有所不同，因而这里并不改变反射的类型。所有行为都与这种反射类型的概念相适应,这是现代神经生理学的基本概念。对神经中枢的初步看法,我们在这里就谈这么多!在我们详细考察生理学如何彻底证实了这种看法之前,让我们对它做出一个更清楚的说明。

第三节 大脑半球的教育

神经流由感觉器官流入,在低级中枢那里激起反射动作,但在大脑半球则引起观念,这些观念或者允许相关的反射发生,或者制止它们,或者用其他反射代替。到最后所有的观念都会成为记忆,然而所要回答的问题是:如何在大脑半球中将符合心理记忆的过程组织起来?[3]

只要我们对以下这四个假设持肯定的态度,那么设想这种情形得以实现的可能途径就不是一件很难的事了。这四个假设(无论在什么情况下最终都不可避免的)是:

①同一个大脑过程,从外部被感觉器官引起时便产生对某一客体的知觉,当它通过其他的大脑过程从内部被激发时,便产生对同一对象的观念。

②如果过程1、过程2、过程3、过程4曾经被同时激发,或者被相继激发,随后其中任何一个过程的激发(无论是从外部还是内部),都倾向于以原来的顺序激发其他几个过程。(我们称之为联想律)

③每一个传递到低级中枢的感觉刺激都倾向于向上传递并且唤起一个观念。

④每一个观念最终都倾向于引起一个动作,或抑制一个将会发生的动作。

在认同以上四个假设的前提下,现在我们设想有一个婴儿,当他第一次看见烛光时,由于某一特定年龄的婴儿普遍具有的反射倾向,他会伸出手去抓火焰,造成的结果自然是他的手被烧伤了。目前在这个过程中起作用的反射流有两个,即一条是从眼睛到伸展动作,沿着图 2-3 中 1-1-1-1 的线;另一条是从手指到缩回手的动作,沿着图 2-3 中 2-2-2-2 的线。

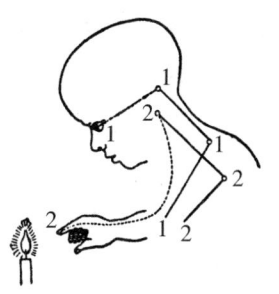

图 2-3

假如这就是婴儿的全部神经系统,而且反射动作完全是因为器官的,那么,即使这种经验频繁地得到重复,我们都不会在他的行为中观察到变化。火焰在视网膜中的图像将使手臂总是向前伸出,手指的灼痛将总使它缩回来。但是我们知道,"被灼伤的孩子害怕火焰",我们还知道,一次灼痛的经验会让孩子学会保护手指。重要的是我们要了解大脑半球是怎样使这样的事情发生的。

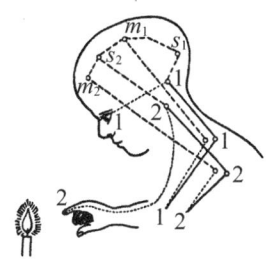

图 2-4

由点组成的虚线表示传入的路径;断开的线表示中枢之间的路径;实线表示传出的路径。

我们有必要使图 2-3 变得复杂一些,见图 2-4。神经流 1-1 从眼睛开始,当它到达视觉的低级中枢时,它既向上释放,也向下释放,并且能使知觉过程 s_1 在大脑半球中被激发;让手臂伸展出的感觉也会发出一条保留它自己痕迹的神经流,即 m_1;而且,让被灼伤的手指留下相类似的痕迹,即 s_2;同时,使手指缩回的动作留下痕迹 m_2。依据假设 2,现在这 4 个过程就由路径 s_1-m_1-s_2-m_2,从第一个传到最后一个,共同联系了起来,这样,不论任何东西激发了 s_1,一系列的观念,即

第二章 | 大脑的功能

伸展的观念、灼伤手指的观念和收回手臂的观念,就会快速相继地在心中出现。那就很容易想象当烛光再次出现时对婴儿造成的影响了。当然,看见烛光激发起抓握反射,但它同时也激发起关于其后的疼痛、缩回手的观念,如果这种情况发生时,即这些大脑过程在强度上超过了低级中枢中直接的感觉,那么最后那个观念就将成为一种刺激,并且将成为执行最后动作的线索。抓握的动作将被阻止,手缩回来,婴儿的手指也就得到保护了。

我们在此设想,大脑半球并不是天生就能将任何特殊的感觉印象与任何特殊的动作相匹配。它们只记录和保存诸如在低级反射中枢下已经匹配起来的印象和动作的痕迹。但这必然会给它带来一个结果,即当一条经验链已被记录,且第一个链环再次从外部被引发时,最后的链环一般就会早在它成为事实之前就先在观念中被激发。并且,假如最后的链环曾与一种动作存在联系,那么就可能造成这样的结果:动作无须等待实际的印象,而现在就可能通过单纯的观念提示发生。所以,拥有大脑半球的动物是依据对未来事物的预期而行动,或者,用前面的话说,它通过对未来利益的权衡而采取行动。假如我们认为最开始以反射方式相结合的一对印象和动作是搭档,那么我们就能认为实现搭档之间的交换是大脑半球的功能。运动 m_n 天生是感觉 s_n 的搭档,它也可以通过大脑半球而变成感觉 s_1、s_2 或者 s_3 的搭档。这正如电话中心的巨大的交换台。这里没有新的基本过程被涉及,也没有为大脑半球所独有的印象或者任何动作,只有低级机制独自运作时无法具有的无限的结合方式,及由此而来的生物体行为可能性的无止境的增长。

仅仅作为一种方案[4],这一切是如此清晰并且与一般人眼中的事实是如此和谐,使我们几乎快要相信它了,但是,在细节上一点儿也不清晰。近年来，大脑生理学耗费巨大精力尝试着在大脑半球与低级中枢中找到这些感觉与动作相结合的路径。

所以，下一步的做法是通过在这个方向上已发现的事实对我们的方案进行验证。我认为，当这一切都被我们慎重考虑后，我们就会得出这样的结论，即这个方案可能使低级中枢太像机器了，而大脑半球又不太像机器，因而我们必须将它变得更加温和。我现在能说的就这么多了。与此同时，在进入研究那些细节之前，假如我们把看待这个问题的现代方法与最近才走在它前面的颅相学观念做一些对比，我们的想法又会清晰一些。

第四节　颅相学的观念

从某种意义上说，加尔（Gall）是首次尝试详细地解释大脑如何能够促进心理活动的学者，但是他选择的研究途径过于简单。他把官能心理学当作其心理方面的最终结论，却没有对其做更深入的心理学分析。不管在什么情况下，只要他发现一个人存在某种非常明显的性格特征，加尔就会去检查这个人的头部，一旦如果他发现这个人的头部在某一个区域突起，他就立即说那个区域就是相关特质或者官能的"器官"。那些特质在结构上各有不同，一些是简单感受性，如"重量"或"颜色"之类，另一些是人的本能倾向，如"食物供给"或"求爱"之类，还有一些是复杂合成物，如"良知""个性"。颅相学之所以在科学家的心中变得声名狼藉，是因为观察好像表明大的官能和大的"肿块"可能不会同时存在；由于加尔的方案太庞大，所以对其进行准确的测定几乎是完全不可能的——我们中有谁可以确定自己的兄弟在重量和时间知觉上是否发展完善呢——加尔和施普茨海姆（Spurzheim）的后继者们无法对这些错误进行令人信服的改进；最后，站在心理学的角度来看，对官能的分析不仅是模糊不清的，而且是不正确的。然而，在这门学问的研究上，受大众欢迎的教授们还会继续赢得大众的欣赏；而且，似乎可以肯定的是，我们对大脑不同部分的功能的科学好奇心虽然无法通过颅相学得到满足，但它在精明从业者的手中仍然可以作为解读性格特征的有用工具。钩状鼻和坚硬的下颌骨通常是具有实干精神的标志；柔软、纤细的双手通常被认为是精细感受性的标志；凸出的眼睛甚至可能表示控制语言的能力；短粗的脖子象征着好色。然而，位于眼睛和脖子后面的大脑无法代表特殊的官能，这正如下颌骨无法代表毅力，手无法代表精致一样。然而，身心之间是密切相连的，以至于颅相学家们指出的"品格"，时常会表现出非同一般的理解力和洞察力。

  颅相学所做的只是重新阐述问题，除此之外别无其他。比如，颅相学用"因为你有一个具有爱子女能力的大器官"来回答"为什么我喜欢儿童"，这不过是对问题的重述，却并没有给出解释。什么是我的爱子女能力？它是由什么心灵元素组成的？大脑的一个部分怎么能成为它的器官呢？作为一门关于心灵的科学，必须将像"爱子女性"这样的复杂形式还原为它们的简单元素。作为一门关于脑的科学，必须指出它的元素功能。心灵和大脑关系的科学，必须表明心灵的基本组成部分是如何与大脑的基本功能保持一致的。但是颅相学，除了偶然的巧合外，丝毫没有考虑过这些因素。一般说来，它的"官能"是在一种特殊的心理状态中被赋予有充分能力的人。例如，语言"官能"，它在现实中涵盖了许多不同的能力。首先，我们要拥有具体事物的表象以及抽象性质和关系的观念，然后我们要拥有对语词的记忆，紧接着还要具有将特殊词汇与表象和观念相结合的能力，当我们听到那个语词时,那个观念就会立刻进入我们心中的能力。相反,那个观念在我们心中一出现,我们就必须将那个语词的心理表象与之相联系,通过这一表象,我们让神经控制我们的发声装置,以使那个语词作为物理的声音重现。阅读或书写一种语言还必须引入其他一些元素。然而很清楚的是口头语言的官能之所以非常复杂,是因为它几乎调用了心灵具备的全部基本能力,如记忆、想象、联想、判断和意志。如果大脑的某个部分能拥有这种能力,它就必须是一个微型的完整大脑——实际上,正如官能本身就是对整个人的一种具体化,就像一种小矮人。然而,这些小矮人在很大程度上就是颅相学研究的器官。正如兰格(Lange)所说:

"有一个由小矮人组成的议会,就像在真实的议会中发生的那样,他们每一个人都拥有一个简单单一的观念,并且不遗余力地试图使这一观念获胜,这是他们最终的目的"——仁慈、坚定、希望等。"颅相学赐予我们40个灵魂而不是1个,其中每一个都像完整的心理活动一样令人惊奇。它不是将心理活动划分为有效元素,而是将它划分为具有特定个性的人格存在……'牧师先生,在那里面一定有一匹马',在精神引导者持久地向他们解释火车头的构造之后,农夫们朝 X 喊起来。如果有一匹马在里面,所有事情就都变得清楚了,即使它是一匹很奇怪的马——我们无须对这匹马进行解释!颅相学的观点始于超越幽灵般的灵魂实体,但最终却以同样状态的幽灵塞满大脑而终结。"[5]

现代科学以一种完全不同的方式来思考这个问题。大脑和心灵都由简单的感觉元素和运动元素构成。修林斯·杰克逊（Hughlings Jackson）博士说，"所有神经中枢从最低级到最高级（意识的基础），完全是由神经排列构成的，这些神经排列表征印象和运动……我看不出大脑还会由什么其他材料构成"[6]。梅纳特表达了相同的意思，他将大脑半球的皮层称为身体的每一块肌肉和每一个敏感点的投射平面。皮层点表征每一块肌肉和每一个敏感点，所有这些皮层点的总和就是大脑；在心理层面，同样有许多观念与这些皮层点相对应。另一方面，联想主义心理学认为感觉观念、运动观念是构成心灵的基本元素。这两种分析完全相似，由圆点、圆圈或者三角形再加上一些线条构成的图示，同样充分地表达了大脑和心理的过程：细胞或者观念由圆点表示，纤维或者联想由线条表示。至于这种分析涉及心灵，我们将在后面对它提出批评；但是毋庸置疑，这种假说是最便捷、最实用的，它以一种极为自然的方式阐述了事实。

如果我们承认以不同的方式联系起来的运动和感觉观念是构成心灵的材料，为了得到一个完整的心灵和大脑的关系图表，我们要做的所有事情，就应该是确定哪个感觉观念对应于哪个感觉投影表面，以及哪个运动观念对应于哪个肌肉投影表面。那么联想就应该对应于不同表面之间的纤维连接。这种对各种基本类型的观念所进行的特殊的大脑定位，曾被像芒克（Munk）这样的许多生理学家当作一种"基本假定"。大脑定位问题是当代人看到的神经生理学中最激烈的论战。

第五节　大脑半球中的功能定位

直到 1870 年，弗洛伦斯（Flourens）对鸽子大脑进行实验得到的似乎正确的观点一直盛行着，即大脑半球的不同功能并不是由不同部位执行的，而是在整个器官的协助下进行的。然而，希齐格（Hitzig）在1870年指出，在狗的大脑中，高度专门化的运动是由皮层特定区域的电刺激引起的；六年后，费里尔（Ferrier）和芒克通过刺激或切除术，又或者两种方法兼用，证明好像真的有与感官的视觉、触觉、听觉和嗅觉相联系的特定区域存在。然而，芒克的特殊感觉定位却与费里尔的不一致，而且戈尔茨从他的切除实验得出的结论与任何形式的严格定位都相反。争论尚未结束。对此我不打算提及更多历史性的东西，我只想从现在的立场来对相关的情况做一个简要的说明。

完全可以确定的一件事是，罗朗多沟（the fissure of Rolando）两边的中央回和胼胝体额上回（至少猴子的情况应是如此，它在两个大脑半球相互接触的正中表面处与它们相连接），构成了这样的区域，所有离开大脑皮层的运动刺激由此出发，从而通向到达位于脑桥、髓质和脊髓（正是由于它们肌肉收缩才在此得到释放）区域中的那些执行中枢的道路。下面给出的一系列证据证明了这一所谓"运动区"的存在。

（1）皮层刺激。在狗、猴子和其他动物中，让低强度电流作用于上文已提及的脑回表面，根据受刺激的区域不同，这些动物的面部、前腿、后腿、尾巴或躯干就会相应产生既定的运动。在与大脑所受刺激相反的那一边，几乎总是出现这些运动：如果刺激左半球，右腿、右脸就会发生运动等。最初质疑这些实验有效性的反对意见都被击败了。运动当然不是由于向下传递的电流刺激大脑基底而形成的，因为：①尽管不如电刺激那么容易，机械刺激也会引起这些运动；②将电极移动到表面上邻近的一点从而改变了运动，在这种方式下，完全无法通过改变物理电流的传导来解释这一变化；③如果某种运动的皮层中枢被锋利的手术刀切下，但是却被保留在原来的位置，尽管电传导没有因为手术而发生物理性的改变，但是生理传导已经消失，并且相同强度的电流不再产生曾经会发生的运动;④电刺激施加于大脑皮层和最后引起动作之间的时间间隔,与皮层不仅仅是物理且是生理地传输这个刺激的时间间隔是一样的。这是一个众人皆知的事实,当神经流必须进入脊髓而通过反射行为去刺激一块肌肉时,时间要长于它直接向下传递到运动神经;脊髓细胞需要一定的时间去释放。同样,当一个刺激直接作用于皮层时,与那个区域的皮层被切除并且电极直接作用于下面的白纤维相比,肌肉的收缩要晚百分之二或百分之三秒。[7]

(2)皮层切除。如果控制狗前腿运动的皮层点被切除(见图2-5中的点5),那条腿就会奇怪地受到影响。它一开始好像瘫痪了,但是不久,它与其他腿一起运动,只不过很困难。它不再使用这条腿承受体重,而允许它依靠脚背着地,让这条腿和另一条腿交叉站立,如果这条腿悬挂在桌子边缘,狗也不会去移动它。在手术前,这只狗会在听到命令时"伸出脚爪",手术后却无法这样做了。它也不会像以前那样在抓地和夹住骨头时使用那条腿了。当在平坦的地面上奔跑,或抖动自己时,狗就让这条腿待在一边,这样的情况比比皆是。各种类型的感受性和运动性似乎都消失了,我在后面还会谈这个问题。而且,这只狗在随意运动中倾向于朝着大脑受损的对侧偏斜,而非向前直行。但是所有这些症状都会逐步减轻,以至于在八周或十周以后,一只大脑损伤非常严重的狗与一只健全的狗在外观上甚至可能无法区分。不过,在那时,障碍同样也会因为轻微的氯仿麻醉而再度出现。此外,某种共济失调方面的不协调现象也会在运动中出现——这只狗要用比平常更大的力气才能将它的前脚抬起,然后再将它放下,而麻烦不在于协调性的一般缺乏,也不存在瘫痪。事实上,不管做出什么动作,狗的力量和以前一样大,运动区域广泛受损的狗可以和以前跳得一样高,和以前咬得一样猛,但是要让它利用受到影响的部分做任何动作，似乎就不那么容易了。洛布（Loeb）博士曾经比任何人都更加细致地研究过狗的运动障碍，他认为这些障碍的产生，是由于受到了与损伤相反一侧的所有神经支配过程中增加了的惯性的影响。诸如此类运动的发生都需要付出异常的努力，当只付出了像往常一样的一般努力时，它们在成效上就差远了。[8]

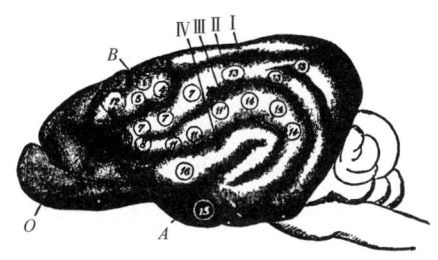

图 2-5　狗脑左半球，依照费里尔制作

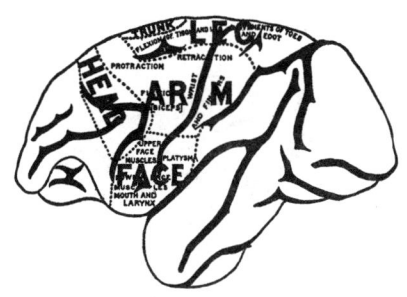

图 2-6　猴脑左半球，外表面

LEG—腿（股和腿的弯曲，脚趾和腿的运动）；TRUNK—躯干；ARM—臂［伸展，收缩，屈肌（二头肌），腕和手指］；HEAD—头；FACE—脸（脸上部肌肉，颈阔肌，脸下部肌肉、嘴和喉）

甚至切除掉一只狗的全部运动区域时，也不会在任何部位出现永久性瘫痪，只是在我们比较身体的两边时，才会发现这种奇特的相关惯性，而数周之后，这种情况几乎一点儿也看不出来。戈尔茨教授描述过这样一只狗，它的整个大脑左半球都被损坏了，身体的右半部分仅保留了一点点运动惯性。特别的是，它在啃骨头时能用右爪握住一根骨头或者一块肉。如果在手术前它就被教会做伸出脚爪的动作，那么看看这个能力能否恢复应该是一件有趣的事情。它右边的触觉感受性永久性地削弱了。[9] 切除猴子的运动皮层之后，会使猴子真正瘫痪。依据大脑被切除的部位不同，这种瘫痪将会影响身体的不同区域。猴子相反一侧的胳膊或腿无力地垂着，或最多在相关的动作中起很少的作用。当切除整个区域时，会出现真正的永久性瘫痪，其中胳膊受到的影响远远大于腿受到的影响；随后的几个月就会出现肌肉挛缩，就和人在长期偏瘫①后会出现的情况一样。谢弗（Schaefer）和霍斯利（Horsley）认为两边的缘回都受损以后，躯干肌肉也会瘫痪（见图2-7）。狗和猴子之间的这些差异表明，我们根据任何一种动物所做的实验得出的普遍性结论是不可靠的。最后附加上，在猴子大脑的运动区域中提及的作者给予的图示。[10]

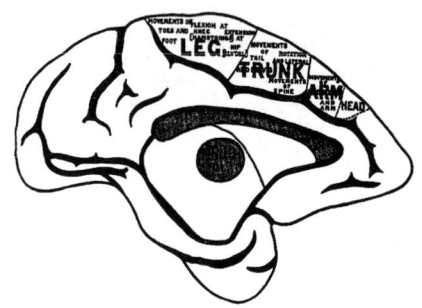

图 2-7 猴脑左半球，中央表面

LEG—腿[脚趾和腿的运动，膝盖的弯曲（腿筋），髋部伸展（臀肌）]；TRUNK—躯干（尾部的运动，脊柱的旋转和侧向运动）；ARM—臂（肩和臂的运动）；HEAD—头

---

① "偏瘫"是指一边瘫痪。

在人这里，我们只能对因事故或疾病（肿瘤、出血、软化等）造成的皮层丧失进行事后观察，这样必然缩小了我们的观察范围。这类情况在人的一生中导致的结果，不是局部痉挛，就是相反一侧部分肌肉的瘫痪。导致这些结果的皮层区域，和我们在狗、猫、猩猩等动物那里刚研究过的那些区域是一致的。图2-8和图2-9是埃克斯纳（Exner）对169个病例进行细致研究的结果。阴影部分是发生损伤后没有引起运动障碍的区域。相反，剩下的白色部分一旦受到损伤，就会引起某种运动障碍。如果人的大脑皮层物质遭到深层损伤，就会导致永久性的瘫痪，并且在瘫痪的部位会发生肌肉僵化，就和在猴子那里发生的情况一样。

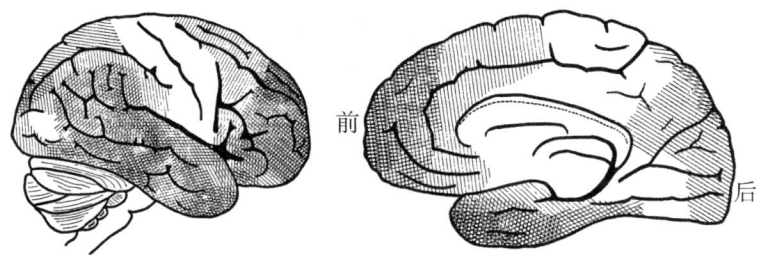

图2-8　人脑右半球，侧面　　**图2-9　人脑右半球，中央表层**

（3）下行退化现象显示出皮层的罗朗多区域与脊髓运动束之间的关系十分密切。不管是人还是较低级动物，一旦这些区域受损，我们就会发现一种特殊的所谓次级硬化的退行性病变，它通过一种非常确定的方式从大脑纤维白质向下延伸，从而影响某些通过内囊、脑脚和脑桥而进入延髓前椎体的独特的束，并由此（有一部分交叉到另一侧）向下进入脊髓前柱（直接的）和侧柱（交叉的）。

（4）罗朗多区域和这些脊髓运动柱的连续性也在解剖学上得到清晰的证明。弗莱西格（Flechsig）的"锥体束"构成连续的索（这些索可追溯至人类胚胎时期，那时纤维还未获得白色"髓鞘"），这个锥体束沿着髓质椎体向上延伸，经过内囊和辐射冠抵达相关脑回（图 2-10）。大脑的次灰质好像与这条重要的纤维束不存在任何联系。这条纤维束从皮层直接到达脊髓中的运动排列，脊髓的部分营养依靠着皮层细胞的影响（退化的事实表明的亦是如此），恰如运动神经的营养依靠着脊髓细胞的影响一样。在狗身上的实验证明，如果对这条运动束的任何易接近的部分施加电刺激，可以产生同刺激皮层表面一样的动作。

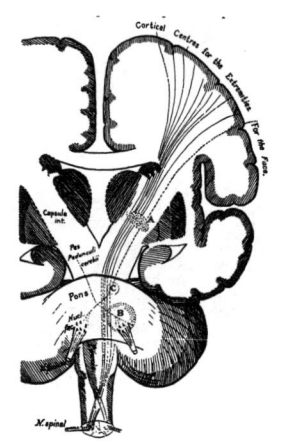

图 2-10　人类大脑横截面运动索

［依照埃丁格（Edinger）做出。

Cortical—大脑皮层；Centres for the Extremities—锥体束。］

关于皮层运动定位的一个最有益的证据，是由目前称为失语症或运动失语症的疾病所提供的。运动失语症既非失声，也非舌头或嘴唇的瘫痪。失语症患者的声音依旧洪亮，除了为讲话所必需的神经支配之外，所有舌下神经和面部神经都可以正常运行。他能笑能哭，甚至能唱歌，但是，他根本不能表达任何言语或者只能表达一些几个没有意义的普通短语，或者只是表现为没有语序的表达，存在不同程度上的错误发音、语词乱置和语词误用。有时，他的表达仅仅是一堆无法理解的音节。在单纯运动失语症的病例中，患者认识到自己的错误，并为此深感痛苦。现在，在这种情况下，只要病人死去，并且获得允许对他的大脑进行检查，人们就会发现损伤发生在最下面的额回（图 2-11）。1861 年，布洛卡（Broca）最早发现这个事实，从那时开始，这一脑回就被称为布洛卡区。

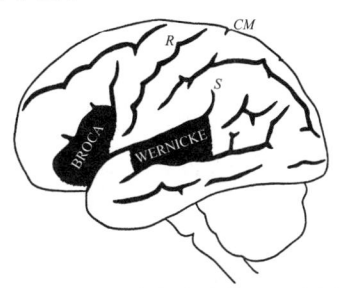

图 2-11　大脑左半球侧面示意图

（阴影部分的损坏会导致失语症。

BROCA—布洛卡区；WERNICKE—威尔尼克区。）

右利手的人其损伤部位为大脑左半球，左利手的人其损伤部位为大脑右半球。事实上，大部分人都是左脑发达的，即由大脑左半球负责他们所有精巧的和专门化的动作。人们通常用右手完成这些动作，这就是上述事实的结果。这个结果在表面上显示出，由于那些纤维的大量交叉，从大脑左半球出来的大多数纤维仅仅只能通向身体的右侧。然而左脑发达的操作性却可能在同等的程度上存在，但表面上却显现不出来。两侧的器官都能由左脑控制时，这类情况就会出现，在那种高度精致和专门化的说话动作中，发音器官恰好给出了一个例子。任何一个大脑半球都能对它们进行双向神经支配，就像每一个大脑半球似乎都能对躯干、肋、横膈膜的肌肉进行双向神经支配一样。但是，就大多数人而言，似乎左半脑是说话这种特殊运动的完全主宰

（从失语症的事实可以看出）。如果左半脑出现了障碍，人便不能说话了，即使右半脑仍然从事着较少专门化的动作，如吃东西时需要的各种动作。

我们将会注意到的是，布洛卡区与人们用电流刺激猩猩时产生嘴唇、舌头和喉部运动的确定区域是一致的（参见第 24 页图 2-6）。因此，我们发现对这些器官的运动刺激，通过比较靠下的额部区域离开大脑，关于这一点已经有充分的证据了。

运动失语症的受害者通常也会存在其他方面的紊乱。在这一点上令我们感兴趣的是失写症：患者没有了写字的能力。尽管他们可以阅读和理解文字，然而他们要么完全不能用笔，要么一用笔就会犯异乎寻常的错误。由于缺乏好的案例，因此无法确定损伤的具体部位。[11] 然而毫无疑问的是，（对于右利手来说）损伤部位在左侧，并且几乎可以肯定的是，损伤发生在专门负责那种职能的手臂区域。当手在做其他事情时，尽管没有缺陷或缺陷轻微时，这种症状也可能存在。如果它没有恢复健康，病人通常会训练他的大脑右半球，即学习用左手写字。我们会在后面提到一些其他的案例，在这些案例中，病人能够自发地书写和听写，但是却不能读出他自己写的东西。现在，我们可以通过负责各种感觉和运动的不同大脑中枢以及把它们联系起来的神经束来清晰地解释这些现象。但是对它们的详尽讨论是医学方面的任务，而不是普通心理学的任务，我只能在这里使用它们来阐述运动定位的原理。[12] 还有更多的讨论留在视觉和听觉的标题下来说。

我所采用的一系列不同的证据，最终确立了这样一个主题，即在健康的动物那里，所有运动刺激离开皮层之后都从罗朗多沟周围的脑回中出来。

然而，当要对离开皮层的运动刺激进行精确定义时，事情就变得更加模糊了。刺激是独立地由相关脑回中产生,还是由其他地方产生且只是经过此处?这些中枢的活动与哪个特殊心理活动的状态相对应呢?权威人士对此意见不一,但是我们在进入更深层次的问题之前,最好要来了解一下在皮层与视觉、听觉和嗅觉的关系方面已经知道的事实。

一、视 觉

费里尔是视觉研究领域的第一人。他发现,当猴子的角回(处于"内顶骨"和"外枕骨"沟之间,并且沿着西尔维厄斯沟顶部弯曲,如图2-6所示)受到刺激时,眼睛和头部的运动看上去好像产生了视觉。当角回被切除后,另一侧的眼睛就出现了完全永久性失明的情况。芒克也立即宣称,破坏狗和猴子的枕叶会引起完全永久性的失明。他还指出角回与视觉无关,它只是负责眼球触觉感受性的中枢。芒克以绝对的口吻和傲慢的态度来谈论自己的发现,使他丧失了权威。但他却做了下述两件具有永恒价值的事情。首先,在这些活体解剖中,他是第一个区分了感觉失明和心理失明的人,并且描述了在手术损伤视觉功能以后这种功能可以复原的现象;其次,他是第一个注意到仅有一侧大脑半球受损而造成的视觉障碍的偏盲特性。感觉失明是指对光完全失去感受性,而心理失明则是无法识别视觉印象的意义,就好像我们看到一张印有文字的纸,但却完全无法明白它的意义。视觉偏盲障碍是指,两个视网膜总体上都没有受到影响,但是,比如说每个视网膜的左边部分都是盲的,这样动物就看不见空间中朝向它右边的任何东西。后来从单个大脑半球受损的高级动物中证实了所有视觉障碍的偏盲特性。在所有涉及视觉功能的观察中,动物明显的失明是感觉的还仅仅是心理的这一问题,从芒克最初发表其观点以来,一直是最迫切需要回答的问题。

与此同时,戈尔茨也报告了自己的实验,实验结果使他否认视觉功能在本质上与大脑半球任何一个确定的部分有密切的关系。此后不久,来自不同领域的实验又得出了其他相异的结论,因此不用再进一步考察这个问题的历史,我就能够对它的现状做如下报告[13]:

在鱼、青蛙和蜥蜴身上,当两个大脑半球都完全切除时,它们的视觉仍然存在。芒克也承认青蛙和鱼的情况是这样,但是他并不承认鸟类也是这样的。

在芒克的实验中,所有的鸟在做过大脑半球切除手术后似乎都完全失明了(感觉失明)。头部追随着蜡烛,对威胁性的打击眨眼睛,这些通常被证明是切除了大脑半球的鸽子的低级中枢保留了原始的视觉,但芒克则将它们归因于不完善的手术导致皮层的视觉区域留有残余。但是在芒克之后也做了同样实验的施拉德(Schrader),使手术的完善性得到了明显保证,他发现所有的鸽子在两三个星期过去之后都恢复了视觉,并且由创伤导致的抑制作用也都消失了。它们甚至总能避开最小的障碍,非常有规律地飞回它们栖息的某个树枝等,在这些方面,与它们饲养在一起作为对照的那些完全失明的鸽子则相差甚远。然而,它们不会去啄食撒在地上的食物。施拉德发现,如果大脑半球保留了一小块额部区域,它们就会做这样的事情,所以他没有将鸽子的非自动进食行为归因于丧失大脑枕叶导致的视觉缺陷,而是归因于运动缺陷——一种进食失语症。[14]

面对芒克和他的对手之间观点的不一致,我们必须注意到,大脑手术后一种功能的丧失与保存有多么不同的意义。功能的丧失并不一定意味着它就是依赖于切除的那个部分,但它的保存则一定说明了它并不依赖于被切除的部分。即使在100次类似的切除实验中,我们观察了 99 次功能丧失的行为，而只需要观察一次功能被保存的情况，这一点也是正确无误的。毫无疑问，通过切除鸟和哺乳动物的皮层会导致其失明；唯一的问题是，它们一定会失明吗？只有这个命题被证明为真时，皮层才能被理所当然地称为"视觉的处所"。失明常常可能是由于远处部位的创伤、抑制、炎症的扩展而导致，总之，是由这些遥远影响中的一个干扰而引起的，布朗-西夸（Brown-Séquard）和戈尔茨一直坚持这个观点，并且这一观点的重要性变得日益明显了。这样的影响是短暂的，而戈尔茨将由被切除区域的真正丧失而导致的剥夺症状称为机能缺失现象，就这一现象的性质而言，必定是永久性的。鸽子的失明因为能消失，所以不能肯定地将其归因于鸽子视觉处所的丧失，而只能归因于那个视觉处所的活动被某种影响暂时抑制了。虽然手术的所有其他效果，在细节方面有所不同，但也都是这样，当我们讨论哺乳动物时，我们将发现这一现象有更加重要的意义。

在兔子身上，即使丧失了整个皮层，它们似乎还保存着足够的视力来指引自己的行动，并且避开障碍物。克里斯蒂安尼（Christiani）的发现和讨论似乎得出了这一结论，尽管芒克发现他实验过的所有动物都因此完全失明了。[15]

芒克发现被切除枕叶后的狗出现了真正的全盲。由此，他更进一步标出了皮层的确定部位，并且认为这部位与两个视网膜确定的部位相关联，这样，大脑皮层特定部分的损伤就会引起同侧或异侧眼睛的视网膜中心、上部、下部、右侧、左侧的失明。毫无疑问，学者们虚构了这种确定的相互关系。其他观察者，如希齐格、戈尔茨、卢西亚尼（Luciani）、洛布、埃克斯纳等人发现，无论切除大脑皮层哪个部分的一侧，通常都会造成双眼的偏盲。当前叶受损时，偏盲是轻微、短暂的；当枕叶受损时，偏盲就严重了，其持续的时间与枕叶受损的程度成正比。洛布认为,视觉缺陷不过是视觉模糊(偏侧弱视),不管多么严重,视网膜中心依然是看得最为清楚的部分,就像在正常的狗身上一样。两个视网膜的侧面或者颞侧的部分,好像都与它自己那一侧的皮层有专门的联系。相反,每个视网膜的中心和鼻侧的部分似乎是与相反一侧的大脑半球的皮层相联系。洛布的眼界比其他人更为宽广,他用思考运动障碍的方法来思考偏侧弱视,认为这是整个视觉机制中增加了的惯性的表现,结果使动物需要更大的努力对来自受损相反一侧的印象做出反应。例如,如果一只狗是右侧偏侧弱视,将两块肉同时挂在它的面前,它总是先转向左边的那块肉。但如果损伤是轻微的,微微晃动它右边的那块肉(使这块肉成为一种较强的刺激),就会使它首先转向右边的那块肉。如果只有一块肉,不管这块肉是在它的哪一边,它都会吃了它。

如果这只狗两边的枕叶都受到大范围的损伤,就可能导致全盲。芒克明确地标出了他的"视觉区域",并且指出当整个阴影部分(在图 2-12,图 2-13 标志为 A、A)都受到损伤时,就一定会失明。关于其他

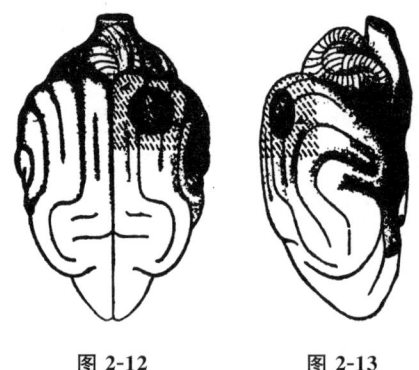

图 2-12　　　　图 2-13

狗的视觉中枢(芒克)整个有条纹的区域 A, A 是唯一的视觉处所,暗的中心圆 A′与对侧眼睛的视网膜中枢相关联。

观察结果所得出的不同报告，他的解释是由于切除的不完全导致的。但是，卢西亚尼、戈尔茨和兰格雷斯（Lannegrace）宣称，他们曾多次对芒克实验中的视觉区域进行过完全的双侧切除，并且发现实验对象在几个星期之后，一种原始的、无辨别能力的视觉就恢复了。[16]关于狗是否失明这个问题，比最开始看来更加难以解决。因为完全失明的狗在它们习惯的地方很少表现出错误，并且可以避开所有障碍物；而失去了枕叶的狗，尽管它们能够看得见，但是却经常撞上东西。它们可以看得见的最好证据来自戈尔茨实验的狗：它们似乎是在小心地避开光线或地面上的纸片，就如同它们是坚固的障碍物一样。真正失明的狗是不会做出这些行为的。卢西亚尼通过在饥饿（集中其注意力的一个条件）的狗的面前撒一些肉块和软木块来进行实验，如果它们直接朝着这些肉块和木块走去，则说明它们是能够看得见的；如果它们选择肉块而留下木块，则说明它们能够看得见且具有辨别能力。辩论非常激烈，确实，大脑功能定位问题好像格外挑战实验研究人员的神经。一方面，戈尔茨和卢西亚尼所报告的保留下来的视觉，好像弱得几乎不值得考虑；另一方面，芒克在他倒数第二篇文章中承认，在85只狗身上做的关于完全切除"视觉区域"的手术中，只有四次成功地引起了全盲。[17]对我们来说，稳妥的结论是卢西亚尼的图解揭示了某种近似真理的东西（见图2-14）。对于视觉来说，枕叶比皮层的其他任何部位都重要得多，以至于枕叶的完全损坏会导致动物几乎失明。至于那时可能保留下来的对光的原始感受性，我们对其性质和处所都不能确切地了解。

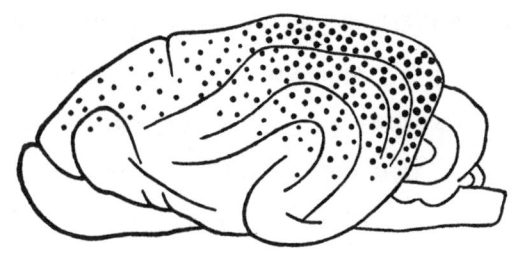

图 2-14　大脑皮层中视觉功能的分布（根据卢西亚尼）

在猴子那里，专家们的意见也有分歧。然而，事实似乎是，猴子的枕叶同样也是与视觉功能联系最为紧密的部分。当保留极小部分的枕叶时，视觉功能似乎得以继续保存。因为费里尔发现，即使两侧枕叶几乎完全被损坏，也无法观察到动物的视觉功能有明显的问题。另一方面，他发现，当两侧枕叶和角回都被损坏时，动物就完全永久性失明了。芒克、布朗（Brown）和谢弗发现，只是角回受损并不会引起视觉障碍，尽管费里尔发现随后会发生失明。这种失明可能是因为远距离施加的抑制引起的，或是由于在角回下面通往枕叶的白色视觉纤维被切掉所致。布朗和谢弗将一只猴子的两侧枕叶完全损坏，从而得到了完全和永久性失明的结果。卢西亚尼和塞皮里（Seppili）对两只猴子做了同样的实验，发现它们只出现了心理上的失明而没有出现感觉上的失明。几周后，它们就又看见了食物，但却不能凭借视觉分辨无花果和软木块。然而，卢西亚尼和塞皮里好像并没有切除整个枕叶。所有研究者都认可：如果只有一侧枕叶受到损伤，在猴子身上对视觉造成的影响就是偏盲。总之，后来的实验证据证实了芒克最先将视觉定位在枕叶的观点。[18]

由于我们不是被迫从外部行为来解释视觉，所以在人的身上，我们能得出更准确的结果。但是，另一方面，我们无法对活体进行解剖，而是一定要等病理病变的出现。病理学家们讨论过这些问题（文献十分单调乏味）并得出结论说，枕叶对人的视觉来说是不可缺少的一部分。任何一侧的枕叶受到损伤，都会使双眼出现偏盲障碍，而两侧枕叶受到破坏就会导致全盲，包括心理失明和感觉失明。

偏盲也可以由其他部位受损引起，尤其是临近的角回和缘上回，它还可能伴随着皮层运动区域的大面积损伤而加重。在这些病例当中，原因似乎可能是远距离作用导致的，也可能是从枕叶出来的纤维中断导致的。记录中似乎还存在几个枕叶受损并没有出现视觉缺陷的病例。费里尔收集了尽可能多的病例，用来证明他的角回定位主张。[19]逻辑法则的精确使用能够使其中一个病例的价值超过一百个相反病例的价值。但是别忘了，观察可能是多么的不完善，不同的大脑之间可能存在相当大的差异，因此，抛弃大量的关于枕叶定位的积极证据肯定是草率的。个体的可变性始终是某种反常病例的可能原因。没有比"椎体的 X 形交叉"更突出的解剖学事实了，其结果是左边的血管出血流入运动区域而引起右边的瘫痪，也是最平常的病理学事实。但是，X 形交叉在一定程度上是可以变化的，而且有时几乎完全消失。[20] 在最后这类病例中，如果中风的所在地在左脑，左半部身体就会遭遇瘫痪而不是右半部分。

从塞甘（Seguin）博士那里拿来的方案（图 2-15），在整体上表述了关于视觉所涉及区域的大致真相。皮层中最为密切相关的部分不是整个枕叶，而是人们所说的楔叶和第一脑回。在对基本神经束的这种限制方面，诺斯内格尔（Nothnagel）与塞甘看法是一致的。[21]

心理失明是皮层失调的一个最有趣的结果。这种情况与其说是对视觉印象没有感受性，还不如说是无法理解视觉印象。依照心理学的说法，它可以被解释为丧失了视觉与视觉象征的对象之间的联系，切

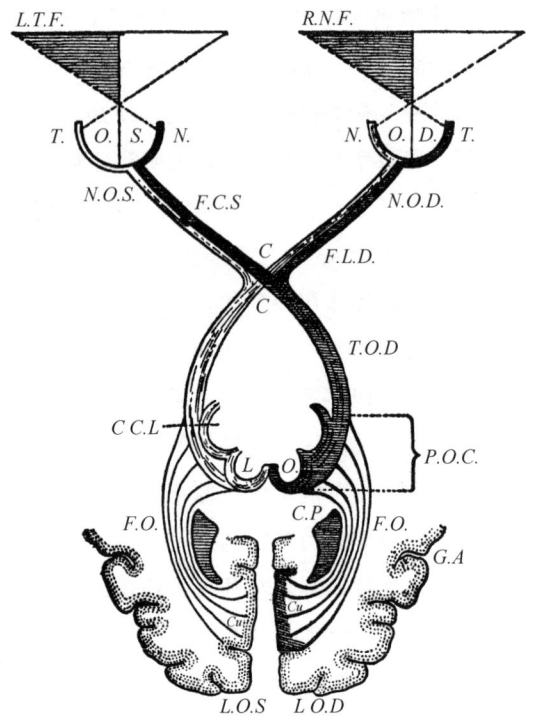

图 2-15 视觉机制图解

根据塞甘。右枕叶的楔状回(Cu)被设想为受损了,所有通向它的部分都涂上了暗色,以表明它们未能执行其功能。$F.O.$ 是大脑半球内部的视觉纤维;$P.O.C.$ 是低级视觉中枢区域(膝状体和四叠体);$T.O.D$ 是右视束;C 是交叉;$F.L.D.$ 是通向右视网膜的侧面或者颞部 T 的纤维;$F.C.S$ 是通向左视网膜中心或者鼻部的纤维;$O.D.$ 是右眼球;$O.S.$ 是左眼球;这两个眼球的右半部分是盲的。换句话说,右眼的鼻域 $R.N.F.$ 和左眼的颞域 $L.T.F.$ 对于在(Cu)处受损的被试来说是不可见的。

断任何视觉中枢与其他观念中枢之间的通路都会导致这一现象。所以字母表中印出来的字母或者词汇,都代表特定的声音和特定的发音动作。假如切断发音或者听觉中枢和视觉中枢之间的联系,我们很自然地就能预测到对词汇的视觉将不能唤起关于它们声音的观念,也不能引起发出其声音的动作。总之,我们会有失读症或者无能力阅读:这正是我们在许多额—颞区域附近大面积损伤(作为失语症的并发症)的病例中所遇到的情况。诺斯内格尔认为,楔叶是视觉处所,枕叶的其他部分可能是视觉记忆和观念的处所,失去这些部分就会引起心理失明。事实上,所有医学专家说起心理失明,好像都认为它一定是记忆中视觉表象的缺失所导致的。但是,我认为这是一种心理学上的误解。一个视觉想象能力已经衰退的人(在其程度较轻时,不会出现不正常的现象)并不就是心理失明,因为他完全能认出所有他看见的东西。另一方面,他有可能心理失明了,但他的视觉想象力却保存完好,正如1887年威尔布兰德(Wilbrand)发表的那个有趣的病例中的情况一样。[22]最近利索尔(Lissauer)报告了一个更有趣的心理失明的病例[23],在这个病例中,虽然病人犯了十分荒唐的错误,如称一把衣刷为一副眼镜,称一把雨伞为一株带花的植物,称一个苹果为一位女士的肖像,等等。但是根据报告者所说,患者似乎将心理表象相当完好地保存下来了。实际上,非视觉表象的瞬间缺失导致了心理失明,就如同非听觉表象的瞬间缺失导致了心理失聪。如果在听到铃响时,我回忆不出那个铃是什么样子的,我就是心理失聪;如果在看到那个铃时,我回忆不出它的声音或者它的名称,我就是心理失明。事实上,如果我所有的视觉表象都丧失了,我将不仅仅是心理失明,而是完全的失明。因为如果我的左枕区域受损,那么我的右视野就会失明;如果我的右枕区域受损,我的左视野就会失明,但是,这种偏盲并不会使我丧失视觉表象。经验似乎表明,未受影响的那个大脑半球足以产生这些视觉表象。如果要彻底丧失视觉表象,我就必须失去两个枕叶,这不仅会使我丧失内部视觉表象,而且还会使我彻底丧失视觉。[24]

最近的病理学记录似乎提供了一些这样的病例。[25]同时,还存在一些心理失明的案例,尤其是阅读语言方面的心理失明,它们通常是伴随着视觉右侧领域的偏盲而发生的。对于这些现象我们通常可以解释为由于疾病损坏了枕叶和大脑其他部分之间的连接束(尤其是那些通向大脑左半球额颞区语言与中枢的束)。我们可以将它们纳入传导或者联想障碍一类,我不可能找到任何事实使我们相信在心理失明中视觉图像必须丧失[26],或者负责这些形象的大脑中枢与负责视觉的大脑中枢占据的位置完全不同。[27]

当一个物体不能被视觉觉察时,病人只要用手的触摸就能识别和叫出这个物体的名字。这种有趣的方式表明,由大脑出发经过语言渠道的全部关联通路数量相当庞大。尽管眼睛通道是关闭的,但手的通道是开放的。在心理失明最严重的情况下,视觉、触觉和听觉都无法为病人提供什么帮助,其结果就是产生一种曾被称为失示意能或精神性失用症的痴呆现象。病人甚至无法理解最简单的文章。他会将他的马裤搭在一侧肩上,将帽子搭在另一侧,他会去咬肥皂而且将鞋放在桌子上,或者用手将食物抓起,然后再将食物扔下,甚至不明白用它来做什么,等等。只有大面积的脑损伤才能导致这类失调。[28]

退化方法为视束定位提供了其他的证据。年幼的动物会由于损伤一个眼球而导致枕部区域的次级退化,反之亦然,枕部区域的损伤会引起视神经退化。在这些病例当中,通往枕叶的膝状体、丘脑和皮层下纤维也萎缩了。现象并非完全一致,但却无可争议[29],因此,将各类证据整合在一起考虑,就可以非常清楚地理解视觉与枕叶的特殊联系了。补充一句,在长期失明的病例中,常常伴随着枕叶萎缩。

二、听 觉

听觉定位不像视觉定位那样明确。在对狗的研究中,卢西亚尼的图解(图 2-16)说明了一旦受损就会直接或间接地导致听觉恶化的区域。一侧损伤将产生双侧症状，这与视觉是一样的。图解中黑点和灰点的混合就是为了描绘出"交叉的"和"非交叉的"连接的混合，当然我们的目的并不是为了获得局部解剖的精确性。颞叶在所有区域中，是最重要的部分，然而在卢西亚尼对狗的研究中，即使完全损坏双侧的颞叶，也不会导致绝对的永久性失聪。[30]

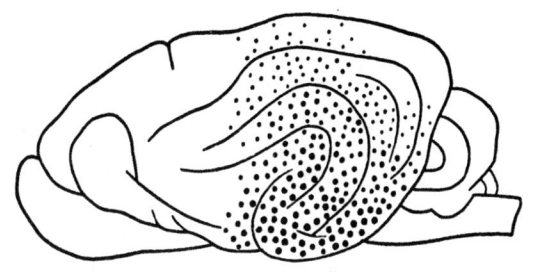

图 2-16 卢西亚尼的听觉区域

在对猴子的研究中，费里尔和约(Yeo)一度发现，对两侧颞上回(图 2-6 恰好处于西尔维厄斯沟下面的部分)的破坏会导致永久性失聪。反过来，布朗和谢弗发现，对几只猴子施行这一手术之后，它们的听力也不会受到显著影响。实际上，一只猴子的双侧颞叶都完全被破坏掉了。这只动物的心理能力在衰退了一两个星期以后，得到了恢复，可能还会成为最聪明的猴子之一，对它的所有配偶耀武扬威，并且所有见过它的人都认为，这只猴子的所有感觉器官都"极其敏锐"，包括它的听力。[31]和往常一样，研究人员之间又开始了激烈争论。费里尔认为布朗和谢弗的切除是不彻底的[32]，谢弗则认为费里尔的猴子并非真的聋了[33]。尽管看起来没有理由怀疑布朗和谢弗谁的观察更重要，但在这种令人不满意的情况下，这个问题必须搁置。毋庸置疑，在对人的研究中，颞叶是听觉功能的区域，而且最重要的部分是邻近西尔维尼斯沟的上回。失语症现象表明了这一点。在前面，我们研究过运动失语症，现在我们必须对感觉失语症进行考察。

54 　　我们关于这个疾病的认识经历了三个阶段：布洛卡阶段、威尔尼克（Wernicke）阶段和沙可（Charcot）阶段。我们已经知道了布洛卡的发现。威尔尼克是第一个把听不懂说话的病例和听得懂说话但无法说话的病例区分开来的，前一种情况被他归因于颞叶的损伤[34]，该情况是词聋，所以这种疾病是听觉失语症。艾伦·斯塔尔（Allen Starr）博士对这个主题进行了最新的调查统计。[35]在他所搜集的七个单纯词聋病例中，病人能够阅读、谈话和书写，但却听不懂别人说的话，所损伤的部位局限于第一和第二颞回后面三分之二处。就像运动失语症的损伤一样，在右利手、左脑人那里损伤部位总是在左侧。天生的听觉依然存在，因为即使对其进行控制的左侧中枢被彻底损坏，右侧中枢仍会起作用。然而，听觉在语言上的使用显示出：或多或少都只与左侧中枢的完整性联系在一起。这里的情况必然如此，一方面，听到的语词与它们所表征的事物相联系；另一方面，必须进行必要的运动来说出这个词语。在斯塔尔博士对50个病例的研究中，大部分患者叫出物体名称的能力或者连贯说话的能力都被削弱了。这表明，在大部分人中（就像威尔尼克所说的），说话一定来自于听觉刺激才能继续，也就是说，观念不会直接激活运动中枢，而是只有先唤起那些词语的心理声音后，才对运动中枢进行支配。这是对发声动作的直接刺激，并且当左颞叶的正常通道被破坏时，这种可能性就不存在了，而发音一定会受到损伤。在为数不多的几例通道被破坏，但没有给说话带来不良影响的病例中，我们只能设想这是由于患者身体的特异性而导致的。病人或者是由另一侧大脑半球的相应位置，或者是直接通过观念中
55 枢，即视觉、触觉等中枢，对其言语器官进行神经支配，而对听觉区

域不产生依赖。在这类个体差异的基础上对事实所进行的细致分析，就是沙可对明确这一问题所做的巨大贡献。

每一个可命名的事物、动作或者关系，都存在数不清的属性、性质或方面。在我们心中，每一个事物的属性都与它的名字相联系从而形成一个联想群。如果大脑的不同部分分别与若干个特性相联系，而另外一部分与听觉相关，再另外一个部分与名称的发声相关，那么，在所有这些大脑部分之间就会必然产生（我们后面要研究的联想律）一种动态关系，以至于它们中的任何一个部分的活动都很有可能会唤起其余部分的活动。当我们边思考边说话时，最终的步骤就是发声的步骤。如果负责发声这一步骤的大脑部分受损了，说话就是不可能的或者是紊乱的，尽管大脑的其他部分都未受损伤：这正是我们发现的结果，即左额下回受到的有限损伤（参见第 26 页）。但是，在一个谈话者的观念联想中，做出最后的动作之前，可能有着各种相继的顺序。较为常见的顺序似乎是从思考事物的触觉、视觉或者其他方面的属性，到其名称的声音，再到发出这声音。但是如果就某个个体而言，在习惯性地发声之前，会有一个关于客体的样子或者关于它那印出来的名称的样子的思考，那么，在这个范围内听觉中枢的丧失就不会影响那个个体的讲话。他将会心理失聪，即他在理解谈话方面会受到影响，但是他不会患失语症。通过这种方式，我们就有可能解释斯塔尔博士的那七个单纯词聋的病例了。

如果这种联想的顺序在那个个体那里是根深蒂固的和习惯性的，那么，其视觉中枢受损，就会使他不仅变成词盲，而且还会患上失语症。由于枕部损伤的缘故，他的说话会变得混乱。因此，农因（Naunyn）在一个大脑半球图上标出了他可以收集到的 71 例失语症患者的准确报告，他发现损伤集中在三个区域：第一个是在布洛卡中枢；第二个是在威尔尼克中枢；第三个是在缘上回和角回，其下通过那些将视觉中枢和大脑其余部分相连接的纤维（见图 2-17）。[36] 其结果与斯塔尔博士对单纯感觉病例的分析相符合。

在后面的章节中,我们将再次回到不同个体感觉区域的效力的差异上来。同时,我们关于失语症的认知史几乎能够较好地表明,众多被蒙着双眼的工作者如何能够用其睿智与耐心及时地将这些混乱的状态分析成为有序的现象。[37]正如心灵中没有言语官能一样,大脑中也没有"言语中枢"。在一个使用语言的人那里,整个大脑或多或少都在工作。罗斯(Ross)的附图表明了联系最为紧密的四个部分,而且,鉴于本文的考虑,无须对此再做进一步的解释(见图2-18)。

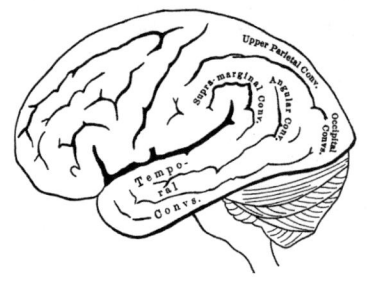

图 2-17

Upper parietal Conv. —顶叶;Occipital Convs. —枕叶;
Angular Conv. —角回;Supramarginal Conv. —缘上回;
Temporal Convs. —颞叶

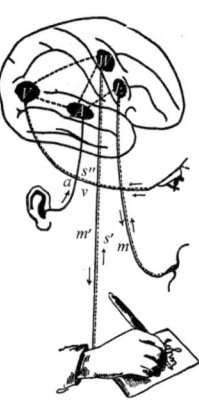

图 2-18

三、嗅　觉

所有观察都认为嗅觉的器官在颞叶中间向下的部分。甚至费里尔和芒克都对海马回持有一致的意见,尽管他们的观点有所不同,费里尔则是将嗅觉局限于海马回的小叶或者沟的凸起,将其余部分留给了触觉。解剖和病理学也指向了海马回。但是从人类心理学的观点来解释这个问题就不像视觉和听觉那么有趣,我就不再多说了,在此附加上卢西亚尼和塞皮里关于狗的嗅觉区域的图示(见图2-19)。[38]

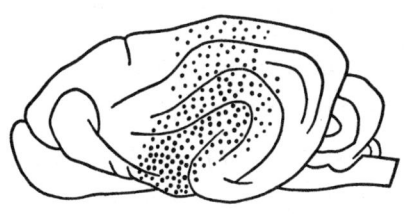

图 2-19

四、味 觉

关于味觉,我们了解的确切的东西很少。我们所知道的那一点点东西又一次表明,味觉与靠下的颞部区域相关。参考后面费里尔的内容。

五、触 觉

当我们思考触觉和肌肉感受性的所在地时,有趣的问题就出现了。我们现在讨论的全部问题都是起源于 15 年前希齐格对狗的大脑所做的实验,他将把运动区域切除后观察到的运动障碍归因于肌肉意识的丧失。假如那些动物注意不到其四肢的古怪位置,它们会双腿交叉着站立,并且让受到影响的脚背部着地或者悬挂在桌子边缘,等等,当我们弯曲以及拉直那只受到影响的脚时,它们不会出现反抗,但是当我们对没有受到影响的脚这样做时,它们就会做出反抗。戈尔茨、芒克、希夫(Schiff)、赫茨恩(Herzen)等人迅速地确定受伤的腿部皮肤对于疼痛、触碰、寒冷的感觉都丧失了,受伤的脚被夹住时不会往回退缩,仍然站在冷水中,等等。与此同时,费里尔否认了通过切除运动区域会产生任何真正感觉的缺失,并且他将这种现象解释为受影响一侧的运动反应迟钝。[39] 与此相反,芒克[40]和希夫[41]认为"运动区域"本质上是感觉的,并且用不同的方法将运动失调解释为一直存在于那里的感觉缺失的次级结果。芒克将运动区域称为动物四肢等的触觉区域,并且将它与视觉区域、听觉区域等相并列,按照他的观点,整个大脑皮层只不过是各种感觉的一块投射表面,并没有专门和本质的运动区域。这种观点如果是真的,它就会很重要,因为它涉及意志心理学。什么才是真实情况呢?关于剥离运动区域而引起的感觉麻木的事实,其他所有观察者都不同意费里尔的观点,所以他否认感觉真正丧失的观点可能是错误的。另一方面,芒克和希夫认为那些运动失调的症状依赖于感觉缺失也是错的,因为在某些罕见的病例中,人们观察到那些运动失调症状的存在并没有伴随着感觉缺失,而是伴随着感觉过敏。[42]因此,运动和感觉症状似乎是独立的变量。

霍斯利和谢弗对猴子做了最新的实验[43],费里尔认可了这些实验的结果。他们发现,海马回的切除会产生对侧身体感受性的暂时缺失,而永久感受性的缺失是通过破坏其向上至胼胝体以上的延续部分,即所谓的穹隆状回(在图2-7中正好处于"胼胝体额上沟"下面的那个部分)而导致的。当包含两个脑回的整个区域都被损坏时,感受性的缺失就达到了最大的限度。费里尔认为切除运动区域"完全不影响"猴子的感受性[44],而霍斯利和谢弗却认为这种情况的出现一定是没有得到必要的切除[45]。卢西亚尼在对黑猩猩做的三个实验中发现了感受性减弱的现象。[46]对于人类,我们获得了这样的事实,即由对侧运动区域疾病引起的身体一侧的瘫痪,可能会伴有,也可能不会伴有瘫痪部位的感觉缺失。

卢西亚尼认为运动区域也是感觉的,他试图通过指出病人的检查是不充分的,而降低这一证据的价值。他认为,狗的触觉区域从直接易激的部分向前和向后伸展至顶叶和额叶(见图2-20)。诺斯内格尔认

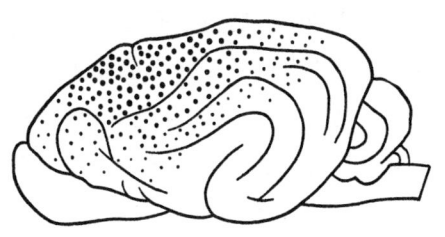

图 2-20　卢西亚尼的狗的触觉区域

为病理证据也指向了同一方向[47]，米尔斯（Mills）博士仔细地回顾了这一证据，在人的皮肤—肌肉区域上又补充进了穹隆状回和海马回[48]。如果我们把卢西亚尼的图示放在一起进行比较（图 2-14、图 2-16、图 2-19、图 2-20），我们就会发现，狗脑的整个顶部区域为视觉、听觉、嗅觉和触觉（包括肌肉感觉）所共有。在人脑中的相应区域（顶上回和缘上回——见第 39 页图 2-17）有些类似的汇合之地。视觉失语症以及运动和触觉障碍都源于这里的损伤，尤其是当这种损伤发生在左侧时更是这样。[49]越往下来，动物序列中的等级越低，大脑不同部分的功能就似乎越少分化。[50]可能我们所讨论的那个区域，在我们自己这里仍然代表着某种像这样的原始条件一样的东西，而其周围的部分则在使自己越来越适应于专门化和有限功能的过程中，使这一区域变成一个交叉路口，通过这里，它们传送神经流并且相互交流。然而，它应当与肌肉—皮肤感觉相联系这一点，并不能成为运动区域本身不应当存在这样联系的理由。无须对那个区域的全部感觉功能加以否认，也许可以解释由运动区引起的，但是没有感觉缺失现象相伴随的瘫痪病例。因为［正如我的同事詹姆斯·普特南（James Putnam）博士告诉我的那样］感受性的消除永远比运动性更难，甚至当我们明确地了解到神经束的损伤影响到的区域既是感觉也是运动的区域时，情况也是这样的。睡眠过程中由于臂神经受到压迫而导致手臂麻痹的人，他们的手指依然有感觉,而且,当他们的腿由于脊髓损伤而瘫痪时,他们的脚依然有感觉。因此,运动皮层的感受性可能和运动神经是一样的,并且由于感觉流更加微妙的精确性(或者无论这种奇特之处是什么),感受性才可能会在使运动性受到相当大的破坏之后,仍然留存下来。诺斯内格尔认为,我们有理论依据猜想肌肉感觉只与顶叶相联系,而不与运动区相联系。"这个叶的疾病会引起单纯共济失调而不伴有瘫痪现象,运动区疾病会引起单纯瘫痪而不伴有肌肉感觉缺失。"[51]然而,它没有能够说服更多有力的批评者,除了当前的笔者以外[52],因此,我和他们推断出结论,这就是到现在为止我们还没有决定性的理论依据将肌肉和皮肤的感觉定位分开。关于肌肉—皮肤感受性和大脑皮层之间的关系,我们仍有许多东西需要了解,但有一点是确定的:在人身上,枕叶、额前叶和颞叶似乎都与它没有任何实质性的关系。它是与运动区及其后部和中部脑回的活动紧密联系的。当我们进入"意志"这一章时,读者一定要记得上面的结论。

我必须再论述一下失语症和触觉之间的联系。前面,我讨论过的那些病例,患者不能阅读他自己写下的东西,却能够书写这些东西。他不能用眼睛阅读,但他能够通过他手指上的感觉阅读,他可以在空中再描画出那些字母。对于这样的患者来说,当他在以这种方式阅读时,手中拿着一支笔就很方便,这会使他写作的正常感觉更加完备。[53]对于这种病例,我们必须假设视觉中枢和文字书写中枢之间的通道一直是畅通的,而视觉中枢和听觉、发声中枢之间的通道则是封闭的。只有这样,我们才能理解,书写出来的文字的外形为什么未能对患者的心灵提示出文字的声音,但却仍能提示出模仿文字书写的那些恰当动作。这些动作一定会被感觉到,而对它们的感觉一定与负责文字的倾听和发音的中枢相联系。我们应该始终认为,在这种特殊组合无效，而其他组合都正常如故的病例中，其受伤的本质是增加了对某些联想流通过的阻力。如果心理功能的任何元素被损坏了，能力丧失的情况都会严重得多。一个用手指阅读和书写的患者，很可能使用着一个相同的"文字书写"中枢，这个中枢对于这两种操作来说既是感觉的也是运动的。

在本书允许的范围内，我已经大体上对定位问题给出了完整的说明。它在主要观点的论述方面是清晰的，但还有很多问题待我们去发现。比如说，就目前的状况看，额前叶尚未有确切的功能。戈尔茨发现，两侧额前叶被切掉的狗，会持续地运动，每个极其微弱的刺激物都能刺激到它。它们变得容易发怒、好色，而且由于长期反射性的抓挠，使得其两侧躯体变得光秃，但是它们没有显示出运动性或感受性的局域性问题。对猴子而言，这种抑制能力的缺乏并未显现，并且刺激和切除额前叶也不会引起任何症状。霍斯利和谢弗所研究的一只猴子，在手术前后是一样地顺从他们，也会玩一些小花招。[54]通过解剖低等动物我们已经相当了解大脑功能了，或许现在我们应该将注意力放在研究人类病理学上了。人的大脑左半球中，存在分离的说写中枢；大脑皮层受损而导致的瘫痪在人和猴子身上比狗更彻底和持久；将人类的大脑皮层切除比在低等动物那里更容易导致完全失明，所有事实都表明：伴随着进化，大脑的功能定位越来越专门化了。功能定位几乎不存在于鸟类，定位在啮齿动物身上也不像食肉动物那么明显。然而，即便是对人类而言，芒克的方法，即把皮层分为专门区域，每个区域只控制一种运动或感觉，一定是错的。事实可能是尽管大脑的某些区域和身体的某些区域之间存在对应关系，但是每个身体区域内的单独的部分都是通过整个相应的大脑区域而得以表现的，就像是从同一个调料瓶中撒出的胡椒粉和盐一样。然而，这并不会妨碍每一个部分在大脑区域中聚焦于一点。不同的大脑区域以相同的混合方式彼此交融。正如霍斯利所言:"边缘中枢是存在的,并且表征面部的区域和表征上肢的区域是融合在一起的。那一点若受到集中的损伤,那么这两个部分就会一起开始运动。"[55]帕内斯(Paneth)的图如图2-21所示,表明了这种情况在狗身上也是存在的。[56]

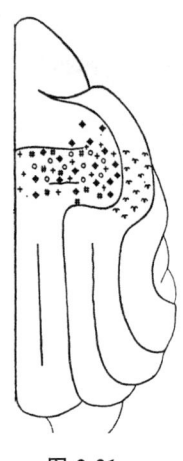

图 2-21

狗脑右半球的运动中枢,根据帕内斯——运动区域上的点以下述方式与肌肉相关联:搭环与环状眼睑肌肉相关联;普通的十字形与屈肌相关联,标在圆圈中的十字形与前爪指伸肌相关联;普通的圆圈与拇指展肌相关联;双十字与后肢伸肌相关联。

我现在谈论的是大脑皮层的横向定位。可以想象,大脑皮层的纵向定位也可能存在。越是大脑表层的细胞就越小,越是大脑深层的细胞就越大;还有人曾经指出,表层的细胞是感觉的,而深层的细胞是运动的[57];或者运动区的表层细胞与运动器官的末端(手指等)相联系,深层细胞则与较中间的部位(手腕、肘部等)相联系[58]。但是,所有这些理论现在都还只是猜测。

因此，我们发现从第 21 页开始讨论的梅纳特和杰克逊的假设总体上而言是由随后的客观实验所证明了的。高级中枢可能只包含了表征印象和运动排列，以及将这些排列的活动联系起来的其他排列。[59]感觉器官涌入的神经冲动首先刺激一些排列，这些排列进一步刺激其他排列，直到发出某种向下的运动为止。当我们理解了这一点，以前那种关于运动区是运动的还是感觉的，就没有什么讨论的必要了。整个大脑皮层，由于所有的神经流都由此通过，因而它既是感觉的，也是运动的。所有的神经流都伴随着感觉，并且迟早会产生运动。一方面，每个中枢都是传入的；另一方面，也是传出的，甚至脊髓中的运动细胞也同时具有这两方面的性质。马克（Marique）[60]、埃克斯纳和帕内斯[61]表明，切割一个运动中枢的周围部分以隔开其他部分的影响，与切割这个中枢所引起的紊乱是一样的。所以说，它就像一个漏斗口，神经冲动流经这里，并且也流向其他部分[62]，伴随着意识活动，流过枕部时最活跃的是视觉意识，流过颞部时最活跃的是听觉意识，流过运动区时最活跃的是触觉意识。在我看来，依据目前的科学发展水平，实际上我们可以安全地尝试这种宽泛又模糊的解释。在后面的章节，我会给出支持自己观点的根据。

第六节　局限于大脑半球的人的意识

但是，伴随大脑皮层活动的意识是人类唯一的意识吗？人的低级中枢是有意识的吗？

这个问题很难回答，等我们理解下文后就会知道到底有多难了。一个容易受到催眠的被试，他的大脑对某些对象的皮层意识会因催眠师单纯地挥挥手就消失掉，然而相关证据显示这种意识在分离的状态下还依然存在。对于催眠者意识的其他部分而言,它是"在外的"[63],就像这个被试的心灵对于其旁观者的心灵来说也是"在外的"[64]。低级中枢可能拥有分裂的意识,它对于皮层意识来说也是"在外的",但是它们是否具有这样的意识,我们若仅通过反省的方法是无法证明的。同时人的枕部受到损伤会造成完全失明(一半以上的视野感受不到黑暗或光明),因而我们可以做出这样的假设:若低级视觉中枢、四叠体、丘脑真的具有意识,那么这种意识肯定与大脑皮层的意识没有任何关联,并且与个人自我无关。低等动物身上可能不存在这一现象。狗和猴子的枕叶受到完全破坏后的种种视觉迹象(参见第32页)可能让我们发现一个事实:这些动物的低级中枢可以看见,它们看见的对其他的大脑皮层而言不是"在外的"而是主观的,即它们看到的与那个大脑皮层感知的事物是同一个内部世界的部分。这种现象也可能是因为负责动物的视觉皮层中枢延伸出枕部,枕部若是遭到破坏,也无法像对人类那样将这一皮层中枢彻底地去除。据我们所知,这都是实验者们自身的观点。然而,我们为了实用性,把意识这个术语的意义局限于个体的个人自我,就能明确地回答之前的那个问题:对人而言,大脑皮层是意识的唯一器官。[65]如果低级中枢存在任何意识,那些意识也是无法被自我意识到的。

第七节 功能的复原

还存在一个问题,不是那么形而上学。关于皮层受损的最普遍、最惊人的事实是功能的复原。之前已经失去的功能会在几天或几周后恢复,我们该怎样理解这种恢复呢?

这里存在两个理论。

①功能复原是由于大脑皮层的其他部分或低级中枢对已破坏脑区的替代作用，这种功能是直到那时都没有使用过的。

②剩余中枢（无论是大脑皮层还是低级中枢）恢复了本来就有的，但由于受伤暂时受限的功能。戈尔茨和布朗-西夸是这个观点最著名的拥护者。

抑制无疑是真正的原因。迷走神经抑制心脏，内脏神经抑制肠运动，喉上神经抑制呼吸运动。有无数的神经刺激可以抑制细动脉的收缩，反射行为时常会因其他感觉神经的兴奋而被抑制。关于这些事实，读者需参考生理学的论著。在这里我们关心的是，神经中枢的不同部位在受到刺激时对身体的其他较远部位活动的抑制作用。切除青蛙的延髓后，由于休克引起了一分钟左右的软弱无力，这是由于受损区域的抑制，但很快就会消失。

人类手术导致的休克指的是无意识、脸色苍白、内脏血管扩张、一般性的昏厥和虚脱。这种休克的抑制时间很长。戈尔茨、费罗斯伯格（Freusberg）和其他人切除狗的脊髓后，证明了存在一些功能，它们由于损伤而被抑制的时间更长，但如果这些动物还能存活，则这些功能即可得到恢复。脊髓的腰椎区包含独立的血管收缩中枢、控制勃起的中枢、控制括约肌活动的中枢等，这些中枢会因触觉刺激而产生活动，同样也会因其他同时施加的刺激而抑制。[66]因此我们可以这样认为，最初由于皮层被切除而消失的活动、视觉，之所以能够快速恢复是因为伤口表面导致的抑制作用渐渐消失了。唯一的问题在于，是不是必须用这一简单的方法来解释所有的功能恢复，或者是不是有些功能的复原不是因为剩余中枢形成了全新通道，它们通过被"训练"而承担了原本没有承担的责任？为支持抑制理论的无限发展，我们可以引用以下事实：狗由于大脑皮层受损而造成的抑制作用已经消失了，可是某些内部或外部的意外事件可以使最大强度的抑制作用再现约 24 小时，随后又一次消失。[67]一只狗由于手术而失去一半的视力，且被关进暗房，它与每天进行系统性视觉训练的狗的视觉恢复速度是一样的。[68]一只已经学会乞求动作的狗在切除运动区双侧手术的一周后，又完全自发地重新开始这一动作。[69]有时，我们对鸽子甚至是狗进行手术后，半小时之后的功能障碍比刚做完手术时更加显著。[70]这些功能障碍的产生不可能是由于正常情况下执行这些功能的器官被切除的缘故。最近生理学和病理学研究趋向于将抑制看作有序活动中的一种永远存在且必不可少的条件。在"意志"这一章中，我们将了解到其重要性。查尔斯·默西埃（Charles Mercier）认为所有的肌肉一旦开始收缩，若无抑制的产生将永不停止，除非系统耗尽枯竭。[71]布朗-西夸曾耗费多年时间收集能够表明抑制影响深远的案例。[72]在这样的情形下，对大脑皮层损伤现象的错误解释，可能更多的是因为过分缩小了它的范围，而不是过分扩大。[73]

另一方面，如果我们否认中枢的再训练，那么就不仅要公然对抗一种先天的可能性，还会发现我们被事实所迫，不得不假设还有许多令人惊讶的功能，先天存在于丘脑下面的中枢里，甚至存在于四叠体下的中枢里。我将首先审查心中所想到的事实，然后再考虑那种先天的异议。当我们自问，在使复原能够发生的充足时间过去之后，哪些部分执行了被手术破坏的功能这个问题时，就会面临这些事实。

最初的观察者认为，执行这些功能的一定是相反一侧或未受损的大脑半球的相应部分。但是，早在 1875 年，卡维尔（Carville）和杜莱特（Duret）就检验过这一假设，他们切去一只狗一侧的前腿中枢，等待功能恢复后，再切去对侧的前腿中枢。戈尔茨和其他人也做过同样的实验。[74]如果对侧真的是恢复了功能的处所，那么应当会再次出现瘫痪，而且是永久性的。但并没有出现永久性的瘫痪，只出现了未受影响一侧的瘫痪。下一个假设是，被切除区域周围的那些部分替代性地执行了那个区域的功能。但是，至少就运动区而言，实验似乎又一次推翻了这个假设，因为等受影响的肢体的活动性恢复以后，刺激伤口周围的皮层，却不能激起那个肢体的运动，或者切除这部分皮层，却不能让已经消失的瘫痪再次出现。[75]因此，似乎皮层下方的大脑中枢就是重新获得活动的处所。但是，戈尔茨破坏了一只狗的整个大脑左半球以及那一侧的纹状体和丘脑，并让这只狗存活下来直到它只剩下令人惊讶的少许运动和触觉障碍为止。[76]这些中枢无法引起复原。他甚至切除了一只狗的两个半球，并让它在能够行走和站立的情形下活了51天。[77]这只狗的纹状体和丘脑实际上都不存在了。鉴于此，我们似乎与弗朗西斯-弗兰克（M. Francois-Franck）一样[78]，只能退回到更低级的神经节，或者甚至退到脊髓，将其作为我们所寻找的那个"替代性"器官。如果在手术和功能恢复的过程中，功能终止完全是由于抑制，那么，我们必须假定这些最低级中枢事实上是极为完善的器官。它们一定总是在做着我们此时发现它们在功能恢复之后所做的事情，甚至当大脑半球完整无缺时也是这样。当然，这是可以想象的情况，但却似乎不太可能。而且，之前我提到并强调的那种先天意见，使这种可能性更小了。

因为，大脑首先是神经流在组织通道内流动的处所。功能的丧失意味着两种可能性：一种是神经流不能再流入；另一种是神经流虽然流入了，但不能从以前的通道流出。两种功能丧失都可能由于局部切除而引起；而"复原"就只能意味着，尽管有短暂的堵塞，流入的神经流最终还是从以前的通道流出去了——比如，"伸出前爪"的声音在几周之后又流入与手术前所作用的相同犬肌中。就皮层本身运行的情况而言，实际上它存在的目的之一就是新通道的产生[79]，在我们面前的唯一问题是：形成这些特别的"替代"通道，是否对皮层可塑能力的期望过高？如果我们认为，大脑半球内视觉神经流的所在地已经损坏的情况下，半球还能接收到从视觉神经传来的神经流，或者椎体索纤维的所在地已经损坏，却仍然能将神经流释放到纤维中，那么这就是一种过高的期望。在大脑半球内的此类损伤是绝对无法修复的。尽管如此，通过另一半球、胼胝体以及脊髓中的两侧联系，我们可以设想一些神经流通路支配着的肌肉，可能最终能被原路径受阻前刺激它们的神经流所支配。对于所有既不涉及"向皮层"纤维的进入之地，也不涉及"离皮层"纤维的离开之地的小的中断而言，由于受半球自身影响，某种迂回的通路一定存在，因为它的每一个点，至少是遥远地和其他每一个点存在潜在的交流。正常的通路一定是阻力最小的通路。如果正常的通路被阻塞或者被切除，在改变了条件之后，以前的阻力较大的通路就变成阻力最小的通路。必须记住一点，流入的神经流必须要从某个地方流出去，而一旦它偶然再次成功地进入它过去经过的地方，那么由与全部残留大脑相联系的意识所接收到的满足的震颤，就会强化和固定那一时刻的通路，并使它们更有可能再次成为正常通路。最后那种过去的习惯性行为终于成功地回来了的这样一种感受，既是一种结果，又是一种新的刺激物，使所有现存神经流都流进来了。无论引发它们的是什么过程，这种成就感确实趋向于将这些过程固定在记忆中，这是一个经验问题，在本书第二十六章"意志"中，我们将对这一主题有更多的阐述。

我的结论：一些功能复原（特别是在皮层损伤不是很严重的地方）可能真的是由于存留下来的那部分中枢的替代性功能所致，而还有一些是由于抑制的逐渐消失而造成的。换句话说，替代理论和抑制理论在它们各自的范围内都是正确的。但是要确定出范围,确定哪些中枢是替代的,以及在什么程度上它们可以学习新的技能,目前我们尚未可知。

第八节　对梅纳特方案的最后修正

在认清这些事实后,我们要怎样去思考婴儿和蜡烛火焰,以及因青蛙的动作实验而被我们暂时接受的方案呢?(参看前面第 18~19 页)记得当时整个低级中枢被我们认为是专门回应当前的感觉印象的机器,我们把大脑半球认为是专门根据内心思考或观念而行动的器官。而且,继梅纳特之后,我们认为大脑半球没有决定动作的本能倾向,只是用来打破由低级中枢执行的各种反射行为,并以新的方式将感觉和运动要素联合起来的附加器官。还记得我曾做过这样的预言:在对事实进一步研究后,我们需要去弱化这一区分。现在就是修正的时候了。

更加广泛和完善的观察表明,与梅纳特方案所赞同的情况相比,低级中枢的活动更有自发性,而大脑半球则更加自动。在戈尔茨实验室中,施拉德对切除大脑半球的青蛙[80]和鸽子[81]进行了研究,提供了一种完全不同于目前流行观点的结论。斯坦纳(Steiner)[82]已经在同一个方向上的研究中取得了很多成绩,例如,他认为位置移动是延脑的一个良好的发展了的功能。但是,施拉德通过极为细致的手术,让青蛙存活很久以后发现,当被刺痛时,至少部分青蛙的脊髓会产生移动;即使去除延脑以上的部分,有些青蛙仍然能游泳和蛙鸣。[83]施拉德实验中切除大脑半球的青蛙能自发移动、捕食飞虫、把自己藏在地下,总而言之,在施拉德的观察中,这些青蛙做了很多行为,而人们一直认为这些行为必须保留大脑半球才能完成。斯坦纳[84]和武尔皮安(Vulpian)注意到,没有大脑半球的鱼有更大的活力。武尔皮安说[85],在术后三天,其中一条无脑鲤鱼朝着食物和系在绳子一端的结冲去,把结紧咬在双颌之间,它的头都因此露出了水面。接着,"它们看见了蛋白碎片,这些蛋白碎片刚出现在它们面前,就被它们追上并咬住,有时它们会在碎片沉入水底之后去咬,有时在沉入水底之前就已经咬住了。在捕食食物的过程中,这些鱼和同一鱼池中完好的鲤鱼的动作是一样的。唯一的区别在于,它们似乎只在较近的距离看到食物,在养鱼池底部的各个地方追逐食物时,不怎么迅速,没有太多耐性,但它们有时会与正常鲤鱼争夺那些蛋白碎片。它们肯定没有将蛋白碎片与其他白色物体,如小鹅卵石相混淆。那条术后三天咬住绳结的鲤鱼,此时不会去咬绳结了,但是如果拿绳结靠近它,它会在绳结碰到它的嘴之前向后游,来躲开绳结"[86]。读者应该记得在前面的第6～7页,我们列举了那些与青蛙的脊髓和丘脑相关的对新条件的行为适应,这让弗吕格、路易斯和戈尔茨都把类似以大脑半球为区域的智能定位在这些器官中。

有相当令人信服的证据表明,切除两个大脑半球的鸟类的一些行为存在有意识的目的。施拉德发现,鸽子的嗜睡状态只持续了三四天,然后就开始在房里不知疲倦地来回走动。它们爬出盒子,跳过或飞过障碍物,且它们的视力极好,无论是走路还是飞行,都不会撞上房间里的任何障碍物。它们还有确定的目标和意图,当栖息地受到运动的影响而变得不适时,它们会径直飞向更适宜的栖息地,且它们总是能在几个可以成为栖息地的选择中挑选最适合的那一个。"如果我们让鸽子选择停在一条水平横木或一张同样距离的桌子,它一定会停在桌子上。事实上,即使桌子比横木或椅子远几米,它还是会选桌子。"如果把鸽子放在椅子的靠背上,它会先飞到椅座,再飞到地上,而且一般来讲"就算高的位置能十分牢靠地支撑它,它也会放弃高的位置,为了安全着陆,它会把附近物体当作飞行的中间目标,且能完全正确地判断这些物体之间的距离。虽然它能直接飞到地板,它还是宁可把旅程划分为几个步骤……一旦落地,它就几乎不会再自发地飞到空中了"[87]。

幼兔被切除两个大脑半球后依然能站立,跑步,具有噪声惊吓反应,逃避途中的障碍,受到伤害时会发出痛楚的叫声以做出反应。老鼠也一样,并且处于一种防卫的状态。同时切去两个大脑半球的狗绝对无法存活下来。但是在第 47 页提到的戈尔茨最后的那只狗(据说这只狗在通过一系列的手术切除了两个大脑半球,而且纹状体和丘脑都软化了,却仍存活了 51 天)表明,即使是犬类,中脑中枢和脊髓也可以起巨大作用。总之,我们在这些实验中观察到的处于低级中枢的反应数量,有力地证实了将梅纳特方案应用于低等动物的正确性。那个方案认为大脑半球仅仅只是增补物或重复的器官,而根据这些实验观察,两个大脑半球明显在很大程度上的确如此。但是梅纳特方案还认为低级中枢的反应都是先天的,我们不能绝对地相信,因为一些我们已考虑过的反应并不是在受伤后获得的,他还进一步认为它们应当是机械的,但有一些表现使我们产生疑惑:它们是否不被低级智能引导。

即使在低等动物那儿,我们也有理由将方案中所要求的大脑半球和低级中枢之间的对立弱化。的确,大脑半球可能只是低级中枢的补充物,但是在性质上后者与前者相似,并且至少具有少许的自发性和选择性。

但是当研究猴子和人时,这个方案几乎就完全没有用了;因为我

第二章 | 大脑的功能 67

们发现,大脑半球并非只是重复低级中枢作为机器时的自动动作。低级中枢自身是完全无法行使许多功能的。当人或猴子的运动皮层受损时,接着就会发生真正的瘫痪,人的这种瘫痪是无法治愈的,猴子似乎也是这样,甚至完全瘫痪。塞甘博士认识一个因皮层损伤而导致偏盲的人,偏盲的症状持续了23年,一直没有变化。"创伤抑制"无法解释他这种症状。这种失明是一种"机能缺失现象",肯定是由于基本视觉器官的丧失而导致的。情况似乎如此,这些高等动物的低级中枢与处于动物学等级更下方的动物的低级中枢相比,其作用似乎并不那么大,大脑半球的协作对运动和印象的某些基本结合,甚至从一开始就是必须的。实际上,当鸟和狗的额叶被切除时,就丧失了吃东西的正常能力。[88]

事实是,对人和兽类而言,大脑半球都不是方案中所称的未开发的器官。在它们出现时并不是无组织的,相反的它们肯定具有一种先天的确定种类的反应趋向。[89]这些趋向就是我们所称的情绪和本能,在这本书后面的章节中我们将会对此做些详细的介绍。情绪和本能都是对某种特殊知觉对象的反应,它们依赖于大脑半球。而且,它们首先是反射的,也就是说,在第一次遇到刺激对象时它们就产生了,没有伴随任何预谋和思考,而且是无法抗拒的。但是,在某种程度上,它们可以被经验改变,后来再遇到刺激对象,本能就会比第一次遇到时有更少的盲目冲动的成分。在第二十四章"本能"中,所有这些问题都会得到比较详细的解释。与此同时,可以说,人的情绪和本能反应的多样性以及广泛的联想能力,使得将最初的感觉和运动匹配进行广泛的再次联结成为可能。一种本能反应的结果通常被证明是一个相反反应的刺激物,其后受到最初对象的提示则可能完全抑制最初的反应,就像那个婴儿和火焰的情况一样。大脑半球不需要像梅纳特方案所要求的那样一开始就作为一块白板来进行训练,它们不仅仅只接受低级中枢的训练,也会自我训练。[90]

我们已注意到,被切除大脑的青蛙没有恐惧和饥饿反应。施拉德对无脑鸽子的本能丧失行为(这些鸽子在移动和发声方面与大脑没有被切除时一样活跃)做出了惊人的论述,"无大脑半球的动物在一个所有物体……对于它来说都具有同等价值的世界中活动……使用戈尔茨对猴子的措辞来说,它是无人格的……对于它来说,每一个对象都只是一个占有空间的东西,跑向一只普通鸽子与跑向一块石头没什么不同。它可能会尝试着爬到这两个东西上面去。所有观察者都认为,无论是一个无生命物体、一只猫、一只狗,还是一只被捕食的鸟出现在这些无脑鸽子面前,那些无脑鸽子从来不会发现有什么区别。无脑鸽子无法分辨敌人和朋友,在稠密的鸽群中,像隐士一样生活着。雄性鸽子渴望的咕咕声,或者与豌豆的响声,或者与在鸽子手术前用来催促鸽子吃食的呼叫口哨相比,无法唤起它更多的印象。与早期的观察者一样,我也很少看到无大脑半球的雌鸟对雄鸟求爱的回应。无大脑半球的雄鸟会一整天都在求爱,并且表现出明显的性兴奋,但它的活动没有任何对象,对它来说,雌鸟是否在它面前完全无关紧要。如果将一只雌鸟放在它的身旁,它也完全注意不到雌鸟的存在……雄鸟不关注雌鸟,雌鸟也不关心她的后代。被切除大脑的幼鸟们会追随着母亲不停地要求喂食,但它们也会向一块石头要求喂食……无大脑半球的鸽子十分温顺,它们像猫和被捕的鸟一样不怕人类"[91]。

现在将所有讨论过的事实和思考放在一起,我认为,严格意义上,我们不能再支持梅纳特方案了。梅纳特方案只适用于最低等动物,但是即使在这些最低等动物的低级中枢里,好像也存在某种程度的自发性和选择性。总之,我认为,我们不得不用下述的一般性结论来取代梅纳特方案，这个结论能够容纳我们所了解的动物学差异，且具有足够的模糊性和弹性去接受未来更为具体的发现。

第九节 结 论

动物身上的所有中枢，一方面是机械装置，另一方面它们可能是或至少曾经是意识的器官，尽管意识无疑在大脑半球中比其余任何地方都更加发达。无论在何种地方，意识一定都会优先选择它得到的一些感觉而非其他感觉；如果意识能在这些感觉不存在时回忆起它们，无论这些感觉是多么模糊，它们一定是欲望的目标。而且，如果意识能够在记忆中找到任何可达成这类目标的运动而释放，并且将二者联系起来，那么这些运动释放本身就可能反过来成为欲望的手段。这就是意志的发展，当然，它的实现与意识的复杂程度是成正比的。在这个意义上，脊髓也可能拥有一些意志力，这点儿意志力是由于新的感觉经验而产生的努力改善行为的力量。[92]

首先，所有神经中枢就有一种基本的功能，即"智能"行为的功能。它们感受、偏爱一个东西而不是另外一个，并且还有"目标"。然而，和所有其他器官一样，从祖先到后代，它们进化着，它们的进化有两个方向，低级中枢向下进化成更加快捷的自动化，而高级中枢则向上进化成更全面的智能。[93]因此，情况可能是这样的，那些能够安全地发展成一致的和不可避免的功能，最少得到心灵的伴随，而它们的器官——脊髓成了越来越没有灵魂的机器；同时相反的是，那些曾使动物适应环境微小变化的功能，则慢慢转移到了大脑半球，随着动物学进化的进程，大脑半球的解剖结构和与之相伴随的意识变得越来越精细了。按照这种进化发展，人们可能会想，人和猴子的基底神经节自身所能够做的事情应当比狗做得更少，狗比兔子做得更少，兔子比鹰做得更少[94]，鹰比鸽子做得更少，鸽子比青蛙做得更少，青蛙比鱼做得更少，而相应的，大脑半球应当做得更多。功能迁移到不断扩大的大脑半球的这种路径本身，就是进化带来的变化之一，这种变化是可以得到解释的，像大脑半球自身的发展一样，要么由于幸运的变异，要么由于遗传下来的使用效果。依据这种观点，人类大脑半球的训练所依赖的反射活动就不能仅仅归因于基底神经节的作用。它们是大脑半球自身的趋向，与延髓、脑桥、视叶和脊髓的反射活动不同，可以通过训练而改变。如果这类大脑反射活动存在的话，能够构成一种用来获得记忆和在心理世界中产生各种变化的联想，这与梅纳特方案所提供的几乎一样好。如果有必要的话，婴儿和蜡烛的图示（参见第18页）可以被重新编辑为完全的大脑皮层交换。最初的触摸趋向是一种皮层本能，灼伤在皮层的另一个部分留下印象，在下一次感知到蜡烛时，这种印象由联想而被回忆起来，就会抑制触摸的趋向，并激发起缩回手的趋向——如此一来，那一次视网膜图像就会与疼痛的最初运动搭档配成对。由此，我们就得到了梅纳特方案中包含的心理学真相，避免自己卷入一种模棱两可的解剖学和生理学之中。

在我看来，我们似乎可以安全地满足于这些关于中枢进化、关于意识与中枢以及大脑半球与其他脑叶关系的模糊观点。如果没有其他的好处，至少也使我们认识到，在试图要用任何一种一般性的方案来解释所有事实时，我们的知识漏洞有多么巨大。

注　释

1　应当指出，这样的特殊切割通常来说是致命的。本文指的是切割后动物仍存活下来的罕见例子。

2　为了简单易懂，我将局限于对青蛙的讨论。对更高级的动物而言，尤其是黑猩猩和人，大脑半球似乎不仅能使确定的肌肉组合活动，而且能使有限的肌肉群甚至单块肌肉活动。

3　将物理的和心理的东西混合起来，几乎同时地谈论着反射行为、大脑半球和记忆，就好像它们是同质的量和一个因果链条上的因素，我这样做，希望读者不会感到不快。我是故意这样做的，因为虽然我承认，从激进的物理观点出发，人们很容易假设细胞和纤维中所发生的事件的链条自身是完整的，而且在这样想时人们无须提及观念，我怀疑那个观点是一种虚假的抽象。中枢反射甚至在相伴随的感觉或观念指引它们的地方也会发生。在另外一章中我将试图表明我不放弃这一常识立场的理由，同时，这种混合的描述方式对语言来说十分容易适应，我将继续使用后者。内心较为激进的读者可以始终将"观念形成过程"读作"观念"。

4　此后为简短起见，我将其称为"梅纳特方案"，因为那个婴儿与火焰的例子，以及整个一般观念——那关于大脑半球是另外的一个表面，负责对先天地结合在下面的中枢中的感觉和运动进行投射和联想，这些都是由奥地利解剖学家梅纳特提出来的。关于其观点的通俗阐释，阅读他的小册子《论大脑结构的构造》(维也纳，1874)。他在《精神病学》中有对这些观点的最新探讨，这是一部关于前脑疾病的临床学论文，由萨克斯(B. Sachs)翻译，纽约，1885年。

5　《唯物论史》，第2版，第2卷，第345页。

6　《西区精神病院报告》，1876年，第267页。

7　关于各种异议的彻底讨论，参见费里尔，《大脑的功能》，第2版，第227-234页；弗朗西斯·弗兰克，《大脑功能作用教程》，1887年，第31讲。关于皮层点刺激的最详细精确的实验是帕内斯的实验，参见《弗吕格文库》，第37卷，第528页。——最近，外科医生勇敢地打开了人类头盖骨，并对大脑施行手术，有时取得了令人满意的结果。在这样一些手术中，为了准确地给一点定位，人们对大脑皮层施加电刺激，而最初对狗和猴子观察到的那些动作此时在人这里得到了证实。

8　洛布,《大脑生理学论文集》;《弗吕格文库》,第 39 卷,第 293 页。我简化了作者的论述。

9　戈尔茨,《弗吕格文库》,第 42 卷,第 419 页。

10　《哲学学报》,1888 年,第 179 卷,第 6、10 页。在后面的一篇论文中(同前,第 205 页)比弗尔(Beevor)和霍斯利先生更加精确地讨论了定位问题,表明了一些点可以引起单块肌肉或者单个手指、脚趾收缩。

11　诺斯内格尔和农因,《关于大脑疾病的定位》,1887 年,第 34 页。

12　在哈蒙德(W. A. Hammond)《论神经系统的疾病》的第 7 章,可以看到对我们关于运动失语症的认识史的解释。

13　在克里斯蒂安尼的《大脑生理学》(柏林,1885)中,我们可以看到直至 1885 年的历史。

14　《弗吕格文库》,第 44 卷,第 176 页。芒克(《柏林科学院会刊》,1889 年,第 31 卷)又重新反驳施拉德,否认其所做的切除是完全的:"显微镜可见的视觉区域部分一定留了下来。"

15　克里斯蒂安尼,《大脑生理学》(柏林,1885),第 2、3、4 章;芒克,《柏林科学院会刊》,1884 年,第 24 卷。

16　卢西亚尼和塞皮里,《大脑皮层功能定位》[冯·弗伦克尔(Von Fraenkel)德文版,莱比锡,1886],狗 M、N 和 S。《弗吕格文库》第 34 卷,第 490-496 页,第 42 卷,第 454 页中的戈尔茨。并参见芒克,《柏林科学院会刊》,1886 年,第 7 卷,第 8 卷,第 113-121 页;以及洛布,《弗吕格文库》,第 39 卷,第 337 页。

17　《柏林科学院会刊》,1886 年,第 7 卷,第 8 卷,第 124 页。

18　芒克,《大脑皮层功能》(柏林,1881),第 36-40 页。费里尔,《功能》,第 2 版,第 9 章,第 1 部分。布朗和谢弗,《哲学学报》,第 179 卷,第 321 页。卢西亚尼和塞皮里,前面所引的书中,第 131-138 页。兰格雷斯发现在两侧枕叶都被破坏后有视觉的迹象,而且他发现当一只猴子的角回和枕叶都被破坏后也有视觉的迹象。他的文章收在 1889 年 1 月和 3 月的《实验医学文库》中。我只是从1889年《神经病学中心报》第108-420页的摘要中了解它的。关于猴子视觉的证据受到报告者的怀疑。它似乎是在躲避障碍，以及在人出现时表现出情绪上的不安。

19　《大脑疾病定位》，1878年，第117-118页。

20　案例参见弗莱西格，《大脑和脊髓中的传导通道》(莱比锡，1876)，第112、272页；埃克斯纳，《研究》，第83页；费里尔，《定位》，第11页；弗朗西斯-弗兰克，《大脑动力》，第63页的注释。

21　塞甘，《由大脑起因的偏盲》，参见《神经与精神疾病杂志》，第13卷，第30页。诺斯内格尔和农因，《关于大脑疾病的定位》(威斯巴登，1887)，第10页。

22　《心理失明》第51页后面的内容。在这个女人的病例中心理失明的程度中等。

23　《精神病学文库》，第21卷，第222页。

24　诺斯内格尔(在上述引文中的第22页)说："但是这却不符合实际情况。"然而，他没有提供两侧皮层损伤可使一个人成为全盲，而不破坏视觉表象的病例来支持他的这个观点；所以我不知道它是来自于对事实的观察，还是一种先验的假定。

25　弗洛恩德(C. S. Freund)在《精神病学文库》第20卷发表的病例中发现，两侧枕叶都受损了，但其皮层未受破坏。视觉仍然存在。参见第291-295页。

26　我并不否认这两种症状可能共存的情况，所以我说"必须"。视觉联想会受到大脑损伤而阻塞，并且视觉想象力也会受到损害，但并不完全使视觉丧失。沙可教授似乎有一个这样的显著的病例，我将在关于想象力的那一章更充分地讨论这一病例。

27　弗洛恩德(在前面引用过的一篇文章"视觉失语症与心理失明")和布伦斯(Bruns)("一个失读症病例"等，参见1888年的《神经病学中心报》，第581、509页)用传导障碍来解释他们的病例。威尔布兰德(前不久我们提到过他那历经艰辛而完成的关于心理失明的专论)对他关于视觉"记忆区"与感觉区必须占有完全不同位置的信念只给出了先验的理由(参见第84、93页)。这些先验理由本质上是矛盾的。莫特纳(Mauthner)(《大脑与眼睛》,1881,第487页以后的内容)尝试说明,芒克的狗与猴子在枕叶切除后并未出现真正的"心理失明",而是视觉的真正模糊。已经得到报告的最好的心理失明病例是下面将提到的利索尔的病例。读者还可以阅读伯纳德(Bernard),《失语症》(1885),第5章;巴利特(Ballet),《内部语言》(1886),第8章;以及詹姆斯·罗斯(Jas. Ross)关于失语症的小书(1887),第74页。

28　病例参见威尔尼克的《大脑疾病教程》(1881),第2卷,第554页。

29　冯·莫纳科(von Monakow)在《精神病学文库》中发表的"论视觉中枢与通道"一文中有关于这些现象的最新讨论,第20卷,第714页。

30　参见《功能定位》,第161页。

31　《哲学学报》,第179卷,第312页。

32　《大脑》,第11卷,第10页。

33　同上,第147页。

34　《失语症综合征》,1874年,参见图2-11中标为威尔尼克的脑回。

35　《感觉失语症病理学》,《大脑》,1889年7月。

36　诺斯内格尔和农因,前面所引的书,插图。

37　前面引用的巴利特和伯纳德的著作是我们最容易得到的关于沙可学派的文献。巴斯琴(Bastian)关于《作为心灵器官的大脑》的最后三章也很好。

38　要想了解详细的内容,参见费里尔的《功能》,第9章,第3部分,以及米尔斯(C. K. Mills),《美国内科医师和外科医生协会学报》,1888年,第1卷,第278页。

39　《大脑的功能》,第10章,第14节。

40　《论大脑皮层的功能》,1881年,第50页。

41　《大脑神经系统实验生理学教程》,1873年,第527页后面的内容。还有《大脑》,第9卷,第298页。

42　贝克特莱尔(Bechterew)(《弗吕格文库》,第35卷,第137页)发现切除了乙状回而出现运动症状的猫没有感觉缺失现象。卢西亚尼观察一只将脊髓对半切开的狗而导致的皮层运动缺陷时,发现感觉过敏也同样存在(卢西亚尼和塞皮里,前面所引的书,第234页)。戈尔茨常常发现在双额叶切除后整个身体的感觉过敏与运动缺陷相伴随,而且有一次他发现这种情况出现在运动区切除以后。(《弗吕格文库》,第34卷,第471页。)

43 《哲学学报》,第179卷,第20页及其后面的内容。

44 《功能》,第375页。

45 第15-17页。

46 卢西亚尼和塞皮里,前面所引的书,第275-288页。

47 前面所引的书,第18页。

48 《协会学报》,第272页。

49 参见埃克斯纳,《定位研究》,插图25。

50 参见费里尔,《功能》,第4章和第10章的第6-9节。

51 前面所引的书,第17页。

52 例如,斯塔尔,在上述引文中,第272页;莱登(Leyden),《大脑定位原理论文集》,1888年,第72页。

53 伯纳德,前面所引的书,第84页。

54 《哲学学报》,第179卷,第3页。

55 《美国内科医师和外科医生协会学报》,1888年,第1卷,第343页。迄今为止,比弗尔和霍斯利关于对猴脑进行电刺激的文章是精确性方面最好的文章。参见《哲学学报》,第179卷,第205页,特别是插图。

56 《弗吕格文库》,1885年,第37卷,第523页。

57 这个观点是卢伊斯(Luys)在其一般来说甚为荒谬的《大脑》中提出的,霍斯利也这么认为。

58 默西埃,《神经系统与心灵》,第124页。

59 额叶到现在为止还是个谜。冯特(Wilhelm Wundt)试图将它们解释为"统觉"的器官(《生理心理学的基本特征》,第3版,第1卷,第233页以后),但我承认一旦这个术语进入冯特哲学,我就不能清楚地理解这一哲学,因此,我只能满足于简单地提及这一问题。——直到最近人们还在普遍谈论"观念作用中枢",将其看作是某种与其他中枢的集合不同的东西。幸运的是,这种习惯已经在逐渐消退了。

60 《关于心理动力中枢功能的实验研究》,布鲁塞尔,1885年。

61 《弗吕格文库》,第44卷,第544页。

62 然而,我应当补充一句,弗朗西斯-弗兰克(《驱动功能》,第370页)由于这堵"围墙"从两只狗和一只猫的实验中得到了不同的结果。

63 关于这个词,参见克利福德(T. K. Clifford)的《演讲与论文集》(1879),第2卷,第72页。

64 参见本书的第8章。

65 参见费里尔的《功能》,第120、147、414页。也可参见武尔皮安,《神经系统生理学教程》,第548页;卢西亚尼和塞皮里,前面所引的书,第404-405页;莫兹利(H. Maudsley),《心之生理学》(1876),第138页以后,第197页以后,以及第241页以后。路易斯的《心的物理基础》,问题4"反射理论"对这个问题的历史做了非常全面的回顾。

66 戈尔茨,《弗吕格文库》,第8卷,第460页;费罗斯伯格,同上,第10卷,第174卷。

67 戈尔茨,《大脑的日常工作》,第78页。

68 洛布,《弗吕格文库》,第39卷,第276页。

69 同上,第289页。

70 施拉德,同上,第44卷,第218页。

71 《神经系统与心灵》(1888),第3、4章;以及《大脑》,第11卷,第361页。

72 布朗-西夸曾在1889年10月的《生理学文库》中给出了其观点的概要,第5集,第1卷,第751页。

73 戈尔茨最先在他的《大脑的日常工作》中将抑制理论应用于大脑,第39页以后。关于一般的抑制哲学,读者可以参见布伦顿(Brunton),《药物学与治疗学》,第154页以后,以及《自然》,第27卷,第419页。

74 参见赫茨恩、赫尔曼(Herman)和施瓦柏(Schwalbe)的《生理学年刊》

(1886)第 38 页，关于新生小狗的实验。

75　弗朗西斯-弗兰克，前面所引的书，第 382 页。结果有些矛盾。

76　《弗吕格文库》，第 42 卷，第 419 页。

77　《神经病学中心报》，1889 年，第 372 页。

78　前面所引的书，第 387 页。关于整个问题的讨论，参见第 378-388 页。同时比较冯特的《生理心理学》，第 3 版，第 1 部分，第 225 页以后；以及卢西亚尼和塞皮里，第 243、293 页。

79　关于习惯、联想、记忆和知觉的章节将把我们现在关于这是它的基本用处之一的初步推测变为一个不可动摇的信念。

80　《弗吕格文库》，1887 年，第 41 卷，第 75 页。

81　《弗吕格文库》，1889 年，第 44 卷，第 175 页。

82　《蛙脑生理学研究》，1885 年。

83　在上述引文中，第 80、82、83 页。施拉德还发现当延脑在正好是小脑后面的地方被切下来时，仍然会有刺痛反射。

84　《柏林科学院会刊》，1886 年。

85　《报告》，第 102 卷，第 90 页。

86　《科学院报告》，第 102 卷，第 1530 页。

87　在上述引文中，第 216 页。

88　戈尔茨，《弗吕格文库》，第 42 卷，第 447 页；施拉德，同上，第 44 卷，第 219 页以后。然而，这种症状有可能是创伤抑制的结果。

89　几年前，索特曼（Soltmann）那经常被人引证的观察被认为是关于大脑半球是完全多余的东西的理论的最强论证之一，即对新出生小狗的皮层运动区施加电刺激不能使它兴奋，而只是在两个星期之后（大概是在低级中枢的经验教育它承担起运动的责任之后）才变得可以这样了。然而，帕内斯后来的观察似乎表明，索特曼可能被其实验对象的过度麻醉所误导了（《弗吕格文库》，第 37 卷，第 202 页）。在 1889 年《神经病学中心报》的第 513 页，贝克特莱尔站在索特曼一边返回到这一主题，但却没有注意到帕内斯的工作。

90　闵斯特伯格（Münsterberg）（《意志行为》，1888 年，第 134 页）在整体

上对梅纳特方案提出了挑战,他说最初是随意的行为变成了次级自动地或反射的,这种情况在我们的个人经验中有大量这样的例子,但是我们没有一个关于最初的反射行为变成随意行为的有意识的记录。——就涉及有意识的记录而言,即使梅纳特方案完全是对的,我们也不可能获得这样的记录,因为那个方案所要求的大脑半球训练必然要发生在回忆之先。但是在我看来,就来自于低级中枢的反射而言,闵斯特伯格对那个方案的拒绝似乎也许可能是正确的。在心理发生学这一领域中,我们处处感觉到自己实际上是多么的无知。

91　《弗吕格文库》,第 44 卷,第 230-231 页。

92　自然,正如希夫很久以前指出的(《肌肉神经生理学教科书》,1859 年,第 213 页以后),"脊髓精神"如果它真的存在的话,不可能具有更高级的感觉意识,因为进来的神经流完全来自于皮肤。但是它能以其模糊的形式来产生感觉、偏爱和欲望。关于支持这种论述的观点,参见路易斯,《普通生命生理学》,1860 年,第 9 章。戈尔茨(《青蛙的神经中枢》,1869 年,第 102-130 页)认为,青蛙的脊髓不具有适应能力。在他的这类实验中,真实的情况可能是这样的,因为无头青蛙的短暂生命没有给它学习所要求的新技能的时间。但是罗森塔尔(Rosenthal)(《生物学中心报》,第 4 卷,第 247 页)和门德尔松(Mendelssohn)(《柏林科学院会刊》,1885 年,第 107 页)在他们对青蛙脊髓简单反射的研究中表明,存在一些对新条件的适应,因为当通常的传导通路由于切除而阻断了时,新的通路又会形成。根据罗森塔尔的观点,随着这些通路更经常地得到利用,它们也就相应地更加顺畅了(即所需的刺激更小了)。

93　这种进化是通过对获得习惯的遗传还是通过对幸运变异的保存而发生的,我们无须在此讨论这个问题。我们将在这本书的最后一章探讨这个问题。进化的运作方法对于我们现在的目的来说是无关紧要的,只要它能够发生就可以了。

94　参见施拉德的《观察》,在上述引文中。

第三章

大脑活动的条件

81　　大脑功能依赖的神经组织的基本性质是什么？目前我们对这个问题的理解还远远无法达到令人满意的程度。最先出现在我们心中的方案（因为它太明显了）是错误的：我所指的观点是，每个细胞代表一个观念或者是观念的一部分，并且这些观念都是通过纤维相互联系或者说是"绑在一起的"[洛克（Locke）的说法]。如果我们在黑板上对观念之间发生联系所遵循的规律进行象征性的图解，我们一定免不了画出圆形或者某种闭合的图形，并且将它们用线段连接起来。当我们得知神经中枢包含传送纤维的细胞，我们就认为是自然为我们做出这个图示的，并且思维的机械基础是简单的。在某种程度上，这是对的，我们的图示必定能在大脑中以某种方式实现，但是一定不像我们最初假设的那样明显。[1] 在大脑半球中，大量的细胞体都是没有纤维的。纤维一旦被送出就会变成无迹可寻的分支，而且在解剖学上，我们无法看到两个细胞间存在就像黑板上的一条线一样简单粗糙的联系。甚至连解剖学家都认为，大多解剖学的目的都是支持理论，并且关于细胞和

82　纤维的大众科学的看法几乎完全偏离了真理。因此让我们把大脑内部机制的问题交给未来的生理学吧，现在我们只谈几个要点。

第一节　刺激的聚合

首先要谈及的是同一神经束中的刺激聚合，它对于理解大量神经现象和心理现象非常重要，因此在深入探讨这个问题之前，我们有必要对它的含义形成一个清楚的概念。

这一原理是：一个刺激本身无法刺激神经中枢进行有效的释放，当它通过与一个或多个其他刺激（它们在单独情况下同样是无效的）合作时，神经中枢的有效释放才能发生。用自然的方法思考这个原理，就是将其看作是最终克服了阻力的张力的聚合。最初的刺激产生一个"潜在的兴奋"或者说是"提高了的兴奋性"——就其实际的结果而言这并没有什么实质意义，最后的刺激成为压死骆驼的最后一根稻草。如果神经过程伴随着意识，那么最后的爆发总是好像或多或少包含着一种真实存在的、生动的感受状态。但是没有理由因为这些刺激不是最大的或者说表面上是无效的，就认为它们不能够参与决定个体当前的意识。在之后的章节中我们将会发现有充足的理由可以假设它们确实参与其中，并且没有它们，作为心理对象至关重要的组成部分的关系边缘，将根本无法上升到意识层面。

详细的证据将要在这几页中被引用，但是，这个主题的内容大多属于生理学。我将为对这一主题感兴趣并有意愿对它进行深入研究的读者们提供一系列的参考资料[2]，我只想在这里简单地说说，直接电刺激皮层中枢可以充分证明这一点。因为早期的实验者发现，尽管使用单一的诱导电击时，只有极强的电流才可以引起行动，但是当电流相对较弱时，快速连续运用诱导电击（"感应电流疗法"）也会产生运动。一项出色研究中的一段引文，可以进一步展示这一规律。

"如果我们用能够使狗的肌肉（狗的伸肌肌肉）产生最小收缩的电流强度以较短的时间间隔来刺激它的大脑皮层，肌肉收缩的量会逐渐增加到最大值。一个较早刺激的消失会引起随后刺激效果的增强。关于这种刺激的聚合，应注意以下几点：①一个单一的完全没有效力的刺激可通过足够的、快速的重复变得有效。如果所使用的电流比能引起第一次肌肉收缩的电流小很多，那么，要产生运动就需要进行大量的连续电击——20次、50次，曾经有一次甚至需要106次。②刺激聚合发生的容易程度与刺激间隔的时间成正比。一个不能引起刺激有效聚合的电流，当其电击间隔由3秒缩短为1秒时便能产生有效的聚合。③不只是电刺激能够增大随后刺激的变化，任何一种能够引起收缩的刺激都能做到。如果以任何方式使接受实验的那块肌肉产生了反射收缩，或者如果那个动物自发收缩（如经常发生在深呼吸中由'共感'而引起的收缩），人们发现，一直不曾起作用的电刺激，如果立即施加，其作用也是强有力的。"[3]

还有：

"在因吗啡麻醉而昏迷的特定阶段，如果在电刺激立即施加于运动中枢之前，身体特定的皮肤部位就受到了轻微的触觉刺激，那么一个微弱无效的电刺激也会变得拥有强大的效力……如果在确定电流为亚极小强度，并且多次证明其无效时，我们将手放在大脑皮层中枢接受电刺激的皮肤上，就会发现电流立刻就变得十分有效了。这种兴奋性的增加将会持续几秒才会消失。有时轻轻抚摸手爪一下就足够使先前没有效力的电流产生一个微小的收缩。一般来说,重复这一触觉刺激就会增大收缩的程度。"[4]

我们在实际生活中常常使用刺激的聚合。假如,一匹拉车的马停滞不前,让这匹马前进的最终办法就是同时运用几种它习惯的刺激。如果车夫用缰绳拉并吆喝,一个人拉马的头,另一个人抽打马的屁股,同时指挥者不停地摇铃,下车的乘客一起推马车,所有这一切都在同时发生,通常它就不会那么固执,而是会高兴地上路了。如果我们努力地去回忆忘记的姓名或者事实,我们会尽可能地思考更多的"线索",从而通过它们的共同作用回忆起只通过单一"线索"而无法回忆起的东西。一个已经死了的猎物不能够刺激野兽去捕食它,但是如果野兽看到猎物还有动作,追捕就发生了。"布吕克(Brücke)发现一只无脑母鸡不会尝试去啄食在它眼皮下静止的谷粒,但是如果将谷粒扔在地上产生咔嚓咔嚓的声响,那么它就会去啄食。"[5]艾伦·汤姆逊(Allen Thomson)博士曾经在地毯上孵出一窝小鸡,并且将它们在地毯上养了几天。起初这些小鸡没有表现出刮地毯的倾向……但是,当汤姆逊博士在地毯上撒了一些沙砾时……这些小鸡立刻就开始了刮擦动作。"[6]陌生人和黑暗,对狗来说(其实对人也一样)都是引发恐惧感和不信任的刺激物。这两者中任何一个单独的情境都不会唤起外在的行为表现,但是当二者联合起来,即当一个陌生人出现在黑暗的环境下,狗才会因受到刺激而猛烈地吠叫。[7]街上的小贩十分明白聚合的效用,因此他们沿着人行道排成一队,因为受到反复的诱惑,拒绝从队首小贩那买东西的过路者往往在最后一个小贩那买相同的东西。失语症展现出许多聚合的事例。一个病人无法叫出摆在他面前的物体的名称，但是，让他看到的同时也触摸这个物体，他就能说出它的名称，等等。

聚合的例子可以无限的增加，但是我们将相关内容放在后面的章节中。后面关于本能、意识流、注意、辨别、联想、记忆、审美和意志的章节中涵盖大量从纯心理学角度进行分析的范例。

第二节　反应时间

近年来实验研究最致力追随的思路之一，就是探查神经事件所需要的时间。赫尔姆霍茨率先发现青蛙坐骨神经流的速度而开启了这方面的研究。他使用的研究方法很快就被应用于感觉神经和神经中枢。当研究的结果被描述为测量"思想速度"时，这一结果得到了科学界的广泛赞赏。"像思想一样快"这个短语从远古时期就意指一切在速度测定方面奇妙的、难懂的东西，科学将其厄运之手伸向这一神秘事物的方法，让人想起"从暴君手中夺取权杖"的富兰克林（Franklin），最先预示更新和更无情的诸神统治的日子。我们将在更合适的章节里逐步探讨得到测量的各种操作。然而，现在可以这样说，"思想的速度"这个短语是一个误导，因为在任何一个案例里，在测定时间中将会发生什么特殊的思想活动还不清楚。"神经活动的速度"也许会遭到同样的批判，因为在绝大多数的案例中，我们不知道会发生什么特殊的神经过程。在这个问题中时间代表的真正含义是对刺激的反应所持续的时间。反应的某些特定条件是预先设定好的，它存在于我们称为期待状态的那些运动和感觉的张力的假定中。不管是从神经的还是从心理的角度，在反应所占据的时间中究竟发生了什么（换句话说，究竟是什么东西添加到了先在的张力之上而引起了实际的释放），目前尚不知晓。

所有这些研究方法在本质上都是相同的。某种类型的信号被传达给被试,与此同时在一个计时装置上记录该信号。然后让被试做出某种类型的肌肉运动,就是所谓的"反应",而且会自动地记录它自己。两个记录之间所经历的时间就是观察的总时间。计时工具是多种多样的。

一种类型就是,在旋转鼓上面覆盖熏纸,同时用一支电笔在纸上面画线,信号会使它中断画线,反应又使它继续;与此同时另一支电笔(连接已知速度振动的摆或者金属棒)将会在之前线段的旁边描绘出"时间线",在这段线上,每一个震动或者连接就代表一秒钟的一个具体片段。反应线上的中断可依据"时间线"测量出来。对比图3-1,那条线在第一个箭头处因信号而中断,在第二个箭头处又因反应而继续。路德维希(Ludwig)的转筒记录器与马瑞(Marey)的计时器就是这类工具的良好范例。

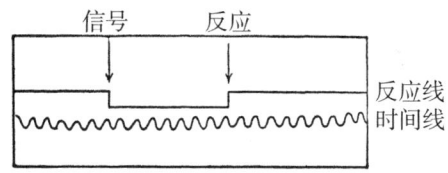

图 3-1 计时器

记秒表是另一种类型工具的代表,其中最为完善的是来自希普(Hipp)的千分秒表。表盘上的指针能测量千分之一秒的时间间隔。信号可以(通过一种恰当的电连接)启动它,反应又会使其停止。通过读取它最初和最终的位置,我们便能迅速地、不费吹灰之力地得到我们想要知道的时间。一种更简单的工具(虽然它的运作不是很令人满意)是埃克斯纳和奥博斯坦纳(Obersteiner)的"心理反应测时器",我所画出的是经我的同事鲍迪奇（H. P. Bowditch）教授改造后的装置，它运行良好（图 3-2）。

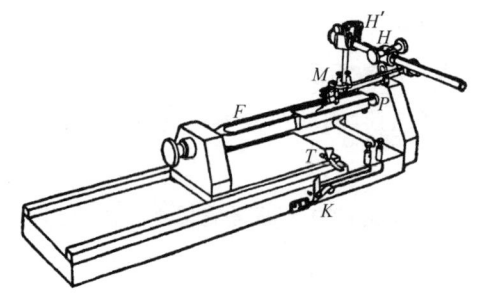

图 3-2　鲍迪奇的反应测时器

F 转叉，它带着一个托着纸、在纸上电子笔 M 做着图录的小金属板，并且滑入底板凹槽中。P 是一个栓，当被向前推至它的极限时，它就将转叉的叉头分开，当被拉回到特定的点位时，就将叉头放开，这样转叉就会振动，它向后的运动持续着，一道波形线就由那支笔在熏纸上画了下来。在 T 处有一个固定在转叉架 L 的舌，在 K 处有一个可以由舌开启，而且与那支电子笔相连的电子栓。在开启的瞬间，笔改变它的位置，就在纸的不同高度画出了那条波形线。开启可以以各种不同的方式充当给反应者的信号，而他的反应则可以用来让笔停下来，此时那条线就回到了它最初的高度。反应时间＝在第二高度图录下的波的数量。

在不同的实验中，信号、反应与计时装置的连接方式是不确定地变化着的。每个新的问题都要求装置有某种新的电学或力学上的配置。[8]

众所周知，最简单的时间测定是简单反应时。在简单反应时里，只有一种可能的信号和可能的反应，并且二者都是提前知道的。这个反应通常都是用手关闭一个电键。脚、下巴、嘴唇甚至是眼睑，都会被轮流作为反应的器官，同时计时装置也会相应改变。[9] 在刺激与反应之间经历的时间会持续十分之一到十分之三秒，这要依据当时的环境，我们随后会涉及这一点。

只要反应是短暂和规律的，实验的被试就都会处于一种极度紧张的状态。当信号出现时，被试感觉好像是以某种不可避免的方式开始了反应，而且知觉和意志的心理过程都没有机会介入。整个持续的过程是如此快速以至于知觉好像成了反省式的，并且事件的时间顺序似乎也是在记忆中完成的，而不是在那一刻被知晓的。这至少是我个人在这个问题上的经验，并且我发现其他人也赞同。问题是，我们大脑和心灵内部究竟发生了什么？为了回答这个问题，我们必须分析反应过程到底包含了什么。很明显，以下的每个阶段消耗了一部分时间：

①刺激使外周的感觉器官足够兴奋以使神经流进入感觉神经；

②刺激信号的电流通过了感觉神经；

③在中枢中，将感觉流转化为运动流；

④脊髓和运动神经被打通；

⑤运动流刺激肌肉使其收缩。

刺激物在肌肉之外的关节、皮肤等地方消耗了一些时间，并且在设备的不同部分之间消耗了一定的时间。当刺激作为信号施加于躯体或四肢的皮肤时，脊髓的感觉传导也会消耗一些时间。

在这里我们唯一感兴趣的是标记为③的阶段，其他阶段都是用来回答纯生理的过程，标记为③的是心理—物理过程，也就是说，这是更高级的中枢过程，并且极大可能伴随着某种意识。是何种意识呢？

冯特(Wilhelm Wundt)轻而易举地确定了那是一种非常精细的意识，他将有意识接受印象划分为两个阶段，一个是知觉，另一个是统觉。知觉是指一个刺激信号进入刺激对象的纯过程，统觉是指刺激信号占据知觉主体的过程。我认为，对一个对象的无注意觉知和对这个对象的有意注意，这二者似乎等同于冯特所说的知觉和统觉。在这两种对印象觉知的形式之上，冯特又添加进了"有意识意志"，并将这三者起了一个名字叫作"心理—物理"过程，并且设想它们在时间上是按照其被命名的顺序相继发生。[10]所以至少我能理解他。确定这个心理—物理过程中阶段③所占据时间最简单的方法,就是分别确定几个纯生理过程(①、②、④和⑤)的持续时间,并将它们从总的反应时间里扣除。像这样的方法已经有人尝试过了。[11]但是,对我们而言用来统计的数据太不精确,正如同冯特所承认的那样,目前为止[12],阶段③的确切持续时间还必须和其他阶段一起计入总的反应时间里。

在我个人看来,阶段③不会发生像冯特所说的那种有意识感受的相继现象,它就是一个中枢的兴奋与释放的过程,并且无疑伴随着某种感受,只是现在我们还无法明白这是一种什么样的感受,因为它如此地短暂,而且当印象涌入时会立刻被刺激信号进入时产生的更精确、更持久的记忆和反应动作所干扰。关于印象的感受、注意,反应的思想、反应的意志,毫无疑问,在其他条件下都会成为这个过程的环节[13],并且在一段较长的时间之后会产生相同的反应。但是,这里所说的其他条件不是我们正在讨论的实验的条件,是神话心理学(我们将会在后面的例子中看到)推断出来的,因为两个心理过程导致了相同的结果,那它们的内部主观构造方面一定是相似的。阶段③中的感受必然不是清晰的知觉,它仅仅是对反射释放的一种单纯感觉。简单地说,时间已得到测定的反应,不过是单纯和简单的反射行为,而不是一个心理活动。确实,事前就存在的心理状态是这种反射动作的前提条件。注意力和意志的准备,被试对信号的期待,信号来临前的瞬间手臂已对运动准备就绪,被试在等待时的神经紧张,所有这一切都是在被试者体内形成新的反射释放弧形路径的条件。从接收刺激的感官到释放反应的运动中枢之间,已经受到预先的神经刺激,它通过预期注意而获得了很强的兴奋性,从而使信号发出的瞬间就足以引发高度的反应。[14]此时此刻,在神经系统中,没有其他神经束处于这种一触即发的状态。结果就是，一个人会对错误的信号做出反应，特别是当它与我们期待的信号会给我们产生相似的印象时。[15]但是如果我们偶尔疲劳，或者信号出乎意外地微弱，那么我们就不会立刻做出反应，而只有当我们明确地知觉到信号的来临并且有明确的意志出现，才会做出反应，这时反应时间就会不成比例地变得很长（根据埃克斯纳的研究[16]，会是一秒钟或更长），我们就会感到这个过程在本质上完全不同。

事实上，我们能够马上将刚刚学到的刺激聚合的知识应用在反应时的实验上。"预期注意"只是一个主观的名称，在客观上来说是特定通道的局部刺激，这个通道从信号中枢开始到释放中枢结束。在第十一章中，我们将看到，所有注意都涉及来自对注意对象知觉的相关的神经束内部的兴奋。这里的神经束就是将要被打通的兴奋，即运动弧。这个信号就是点燃已经铺设好的导火索的火花。在这些条件下，这种行为与所有的反射行为类似。唯一的不同就是，在一般的所谓的反射活动中，反射弧是器官成长的永久结果，在这里它却是先前大脑条件状况的暂时结果。[17]我很高兴地说，由于之前写的几段（以及属于那一段落的注释），冯特已经转向了我所支持的观点。现在，他承认在最短的反应里"没有统觉和意志，它们只是因练习导致的大脑反射"。[18]导致他转变的是赫尔·兰格（Herr L. Lange）在他实验室中做的某些实验[19]，赫尔·兰格率先区分了在对信号做出反应时调整注意的两种方式，并且发现这两种方式所产生的结果有很大的差异。在兰格称之为"纯粹感觉"的反应方式中，个体使自己在预期的信号上尽可能专注，并"有目的地避免"[20]考虑将要做出的动作；在"纯粹肌肉"的反应方式中，个人对信号"完全不去考虑"[21]，但尽可能地为将要做出的动作做好准备。"纯粹肌肉"的反应要比"纯粹感觉"的反应快很多，二者之间的平均差异为十分之一秒。因此冯特将肌肉反应称为"被缩短了的反应",并和兰格一起认为它们是单纯的反射;与此同时,他将感觉反应称为"完全的",并且就它们而言,冯特依然坚持原来的观点。然而,以我所见,这些事实好像并不支持冯特最初的立场。当我们开始以"纯粹感觉"的方式做出反应时,兰格认为这一反应时太长,因此不具有代表性而被排除在考虑之外。"反应者只有通过重复和认真的练习,并且成功地使其随意冲动和感觉印象极为精确地协调起来之后,我们才得到能够被看作是典型的感觉反应时间。"[22] 现在,我认为,这些过长的和不具有代表性的时间似乎是真正的"完全的时间",是真实的知觉和意志过程中产生的时间(参见前面第 64~65 页)。由练习产生的典型的感觉时间似乎是另一种类型的反射,与个人注意力集中于活动而得以准备的反射相比,这种反射没有那样完美。[23] 感觉方式上的时间与肌肉方式上的时间比起来,显得更加灵活。几种肌肉反应彼此之间差异甚少。只有在这些反应中,才会发生当对错误信号做出反应或者提前对信号做出反应的情况。如果注意力无法专注于两种中的任何一个极端,就会发生处于这两种类型中间的时间。很明显,赫尔·兰格对两种反应类型之间做出区分是相当重要的,并且因为"纯粹肌肉的方式"能给予二者最为短暂、最为恒定的时间,这种方法应该被用于所有比较研究中。赫尔·兰格本人的肌肉时间平均为 0.123 秒,感觉时间平均为 0.230 秒。

所以反应时间的实验绝非是对思想速度的测量。只有我们将其复杂化的时候,才可能有机会发生诸如智能活动的这类东西。将其复杂化的方式有很多种。反应可能会一直被抑制,直到被试被信号有意识地唤起一个独特观念(冯特的联想时间和辨别时间),反应才会发生。或许存在着多种可能的信号,每一种信号都被指定了一种不同的反应，而且被试不确定他将会接收到哪一种信号。如果没有初步的辨别和选择，那么反应几乎不会发生。然而，在相应的章节中，我们将会看到，这类反应中涉及的辨别和选择，与我们在这些名称下通常意识到的智能操作截然不同。与此同时，增加了的复杂反应时依旧以简单反应时为起始点。在所有的时间测量中，简单反应时都是基本的生理学常数。就其本身而言，它自身的变化很有趣，有必要对其做一个简要的回顾。[24]

反应时间随被试个体和被试年龄的变化而有所差异。某个个体可能对某种感觉信号的反应时间特别长[布科拉（Buccola），第147页]，而对其他感官信号的反应时间可能就没那么长。年纪大、文化水平低的人群的反应时长（埃克斯纳通过观察发现一个年老的乞丐反应时间接近一秒，《弗吕格文库》，第7卷，第612～614页）。儿童的反应时间也长（半秒，布科拉书中提到的"赫茨恩"，第152页）。

练习会缩短反应时，大量的练习会使反应时间降低到个体的最低值。经过多次训练之后，之前所述的年老乞丐的反应时间缩短到了0.1866秒（在上述引文中，第626页）。

疲劳会延长反应时间。

注意力的集中会缩短反应时间。在"注意"这一章将会对具体的细节加以讨论。

刺激信号的性质也会使反应时间产生差异。[25]冯特曾写道[26]：

> 我发现皮肤因电刺激产生印象的反应时间要比真正的触觉反应时间短，如表1平均值所示：

表 1

	平均值	平均变化值
声音	0.167 秒	0.0221 秒
光	0.222 秒	0.0219 秒
皮肤电感觉	0.201 秒	0.0115 秒
触摸感觉	0.213 秒	0.0134 秒

表 2 是其他观察者获得的平均值：

表 2

	赫希(Hirsch)	汉克尔(Hankel)	埃克斯纳
声音	0.149 秒	0.1505 秒	0.1360 秒
光	0.200 秒	0.2246 秒	0.1506 秒
皮肤感觉	0.182 秒	0.1546 秒	0.1337 秒

1887年，戈德施艾德(A. Goldscheider)和温特施高(Vintschgau)对温度反应进行了测量，他们发现温度反应比触觉反应慢。尤其对热的反应非常慢，甚至比对冷的反应还慢。根据戈德施艾德的观点，具体的时间差异取决于皮肤的神经末梢。

温特施高对味觉反应进行了测量。味觉反应时根据所使用材料的不同而有所差别，当识别发生时，反应时间最大值可达到0.5秒。被试对舌尖上呈现物质的味觉反应时间变化从0.159秒至0.219秒不等(《弗吕格文库》，第14卷，第529页)。

温特施高、布科拉和博尼斯(Beaunis)对嗅觉反应时间进行了研究。被试对嗅觉的反应很迟缓，平均反应时间大约为0.5秒钟(参见博尼斯，《大脑活动实验研究》，1884年，第49页以后)。

我们将观察到，被试对声音的反应比起对视觉或触觉要迅速得多。味觉和嗅觉则要更慢。一个人对舌尖的触觉反应时间为0.125秒，对放在相同位置上的奎宁的味觉反应时间为0.993秒。对另一个人来说，在舌根部，触觉的反应时间是0.141秒，而对糖的味觉时间是0.552秒(温特施高，由布科拉引用，第103页)。布科拉发现根据所使用的香水不同及个体差异，嗅觉的反应时间也从0.334秒至0.681秒不等。

刺激信号的强弱也会对反应时间产生影响。刺激信号越强，反应时间就越短。赫茨恩(《普通心理生理学概要》，第101页)将同一被试从脚趾上的鸡眼而来的反应和从手上的皮肤而来的反应进行了比较。两个位置同时接受刺激，并且被试试图用手和脚同时反应，但是脚的反应总是最快的。当被刺激的是脚上健康的皮肤而不是鸡眼时，总是手的反应最快。冯特试图去说明当信号仅仅是可觉察的，所有感官的反应时间很可能都是一样的，大约是0.332秒(《生理心理学》，第2版，第2卷，第224页)。

如果是触觉信号，那么刺激的位置也会对反应时间产生影响。斯坦利·霍尔(Granville Stanley Hall)和克里斯(V. Kris)发现(《解剖学和生理学文库》，1879年)，指尖的反应时间与上臂中部的反应时间相比，指尖的反应时较短，尽管在后一情况中通过神经主干的距离更长。这项发现使得对人类神经流传输速率的测量变得毫无价值，因为比较四肢根部附近和四肢末端附近的反应时间是这些测量方法的基础。这些观察者还发现，通过视网膜边缘看到的信号比通过直视看到同一信号需要花费更长的时间。

季节也会影响反应时，反应时间会在寒冷的冬天缩短百分之几秒(温特施高，根据埃克斯纳，《赫尔曼手册》，第270页)。

麻醉剂也会影响反应时间，咖啡和茶会缩短反应时间。少量的葡萄酒或者酒精一开始会缩短反应时间，接下来又会延长反应时间，而如果被试喝下大量的酒，先前的缩短过程就会趋向消失。以上是两个德国观察者给出的报告。沃伦（J. W. Warren）博士的观察要比以往的任何观察都要彻底，他发现普通的剂量不会产生明确的效果（《生理学杂志》，第8卷，第311页）。吗啡会延长反应时间。亚硝酸戊酯也会延长反应时间，但是被试者吸入后反应时间可能会低于正常水平。乙醚和氯仿也会延长时间（关于权威的论述，参见布科拉，第189页）。

某些疾病状态会延长反应时间。

由催眠导致的恍惚状态没有固定的效果，有时会缩短反应时间，有时则会延长反应时间（霍尔，《心灵》，第8卷，第170页；詹姆斯，《美国心灵研究会论文集》，第246页）。

抑制一种动作（例如，停止下巴肌肉的收缩）所消耗的时间似乎和产生一种动作的时间相等［盖德（Gad），《解剖学和生理学文库》，1887年，第468页；奥查斯基（Orchansky），同上，1889，1885］。

人们在反应时的研究上做了大量的工作，我只是引用了非常小的一部分。这项工作需要有特别的耐心和严谨的态度，上述案例中的研究者都具备这样的条件。

第三节　大脑供血

接下来我们将关注与大脑活动相伴随的血液循环的变化。

皮层所有部位当受到电刺激时，就会引起呼吸和循环的变化。一般来说，无论皮层的刺激作用于哪个部位，全身的血压都会升高，尽管运动区域是造成血压升高最敏感的区域。电流必须达到足够强度，才能在皮层部位引起癫痫病的发作。[27] 与此同时，我们还可以观察到被试加快或减慢的心跳，并且它们与血管收缩现象相互独立。莫索（Mosso）在用他独创的"体积描记器"作为指示器时发现，在智力活动期间，到达胳膊的血液供应量减少了。而且他还进一步发现，动脉压（如脉搏描记器所示的那样）在这些肢体中升高了（见图3-3）。

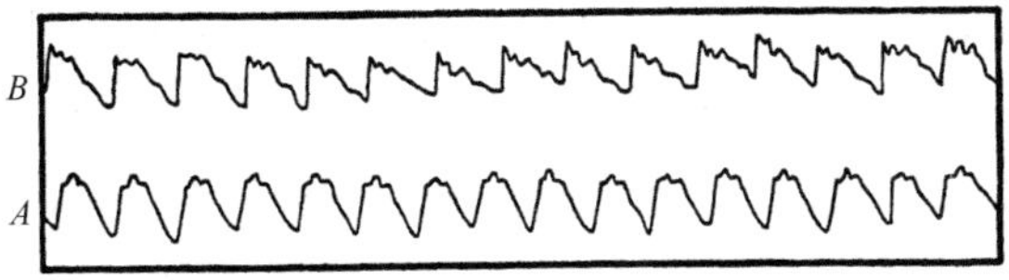

图3-3　脉搏描记器记录的脉搏图录
A—安静状态，B—智力活动状态

　　比如说像路德维希教授进入实验室而产生的非常细微的情绪也会马上引起胳膊供血的减少。[28] 大脑本身是一个血管很多的器官，甚至可以说是一块充满血液的海绵体；而且莫索的另一项研究显示：当到达胳膊的血液减少时，脑部的供血就会相应地增多。让被试躺在一张非常平衡的桌子上，当头部或者脚部任何一方的重量有所增加时，桌子就会朝增重的一方倾斜。在被试开始情绪或智力活动时，由于他体内的血液重新分布，桌子就会朝头的部位倾斜。但是最能证明血液在心理活动期间立刻流入大脑的是，莫索对三个因脑部受伤而导致大脑暴露的病人的观察。这个生理学家能够用他书中所描述的设备[29] 使脑脉冲通过画线直接记录下来。只要有人跟被试说话，或者当他进行积极的思维活动如心算，颅内血压就会马上升高。莫索在他的书中将图录进行了大量的复制，它们表明，无论心理活动是因为理性的还是因为情绪的原因变得活跃，供血都会发生瞬时性变化。他讲述他的一个女性被试的例子：在追踪她的大脑脉冲时，观察到一个没有明显内部或外部原因的突然升高。然而，该女性被试之后向莫索承认，当她看到房间里一个家具的上方放置的头盖骨时，她的情绪有微微的波动。

大脑供血的波动起伏，与呼吸的变化是相互独立的[30]，并且在心理活动加快之后产生。我们必须设想一个非常微妙的调节，凭借着这种调节血液循环会满足大脑活动的需求。对于每一个大脑皮层区域来说，血液在它最活跃的时候，很有可能会流向该区域的各个角落，但是我们对此却一无所知。毋庸置疑，大家都知道神经物质的活动是初级现象，而血液的流入是它的次级结果。许多知名作者在谈论这一问题时似乎持有不同的观点，认为心理活动是血液流入导致的。但是，正如马丁教授所言："这种观点没有任何生理学根据，甚至直接与我们知道的细胞生命的所有知识相悖。"[31]慢性病理充血的确会产生次级结果，然而我们现在研究的是初级充血，它通过适应性反射血管舒缩机制的作用跟随脑细胞活动而发生，这种适应性反射的血管舒缩机制与所有肌肉和腺体中调节供血和细胞活动的机制同样精细。关于睡眠期间大脑血液循环的变化，我将在涉及该主题的章节中阐述。

第四节　大脑测温

大脑活动好像伴随着局部的放热。1867年，隆巴德（J. S. Lombard）最早完成了这一方向上的精细研究。隆巴德最新的研究结果包含了超过六万份的观察记录。[32]他注意到贴在人的头皮上的精密温度计和电池组的变化，并且发现任何一项智力劳动，诸如计算、写作、大声或者默默地背诵诗歌，尤其是情绪上的兴奋，像一次愤怒的发作，都会引起大脑温度的普遍升高，但很少会超过1°F。在绝大多数情况下，大脑中间区域的升高要比其他区域更加显著。奇怪的是，默背诗歌时温度的升高大于有声背诵。隆巴德博士是这样解释的："有声背诵时，一部分额外的能量，被转换成神经和肌肉力量，而默背诗歌时，这部分额外的能量以热量的形式呈现出来。"[33] 如果一定要提出某个理论，我要进一步指出的是，个体背诵时所剩余的热量是由于一种抑制过程导致的，而这种抑制过程在我们有声背诵时是不存在的。在"意志"这一章中，我们将看到简单的中枢过程就是当我们思考的同时将思考的内容表达出来，无声地思考涉及一个额外的抑制。1870年，希夫教授开始不知疲倦地从事这一主题的研究，用狗和鸡来做实验，为了消除当温度计放置在头皮上时由皮肤血管变化带来的可能性误差，他将温差电针插入动物的大脑物质当中。当习惯形成后，希夫对动物的多种感觉如触觉、视觉、嗅觉和听觉进行了测试。他发现了电流计快速的偏转很有规律，预示着颅内温度的突然改变。例如，当他将一卷空白的纸拿到静止不动的狗的鼻子下，电流计只会出现微小的偏转，但是当一块肉放在纸上后再拿到狗的面前，电流计就会发生很大的偏转。希夫从这些和其他实验中总结出，感觉活动可以加热大脑组织，但是他只是发现，无论涉及哪种感觉，发热都发生在两个大脑半球中，却没有对发热的地方作出定位。[34] 1880年，阿米登（R. W. Amidon）博士对随意肌肉收缩产生的发热部位定位，做出了更进一步的研究。他将一些精密的体表温度计同时紧贴头皮后发现，当身体不同部位的肌肉进行10分钟或者更长时间的有力收缩，就会引起头皮不同部位的温度升高，这些部位的定位很容易，并且温度的升高也常常会大大超过1°F。基于他的研究，他画出了一个图表，在这个图表上，已经编号的区域代表着由被研究的多种特定运动导致的最高温度的中心。这些区域和费里尔及其他人根据其他背景所指定的相同运动的中枢在很大程度上是一致的，只不过它们覆盖了头盖骨的更多区域。[35]

磷与思维

大脑活动必定伴随着化学作用。但是对其确切的本质我们却知之甚少。胆固醇和肌氨酸都是分泌物，并且大脑中都含有这两种成分。这一课题属于化学而非心理学，我之所以在此提到它，仅仅是为了对关于大脑活动和磷的一个广为传播的错误认识，提出我的观点。在19世纪60年代，"没有磷，就没有思维"是整个德国都对其感兴趣的课题，也是由"唯物主义者"提出的著名口号。大脑，如同身体的其他部位一样，除含有磷以外还含有许多其他化学元素。无人知晓为何磷会被挑选出来作为大脑的基本成分。我们说："没有水就没有思维"或"没有盐就没有思维"也同样正确，因为如果大脑失去了水分或氯化钠就好像失去了磷一样，思维就会立刻停止。在美国，对磷的误解与阿加西斯（L. Agassiz）教授那里引来（正确地或错误地）的一句谚语有关，渔夫之所以比农民聪明是因为他们吃了更多的鱼，而鱼富含大量的磷。这些事实似乎都值得怀疑。

唯一能确定磷对思维重要性的直接方法，是找出心理活动期间磷的分泌是不是比休息期间的多。很遗憾的是，我们对此不能直接进行研究，而只能测量尿液中五氧化磷的含量，用它来代表大脑和其他器官中磷的含量。而正如同伊兹（Edes）博士所说的，这就像通过测量密西西比河入口的水上涨来推断明尼苏达是否发生过暴风雨。[36]这种方法已经被很多研究人员采用了，但是，他们中一些人发现，在从事脑力活动时，尿液样本中磷酸盐减少了，与此同时，另一些人发现尿液中磷酸盐增多了。总而言之，追踪其恒定的关系是不可能的。在兴奋状态下，磷的分泌似乎比平常要少。在睡眠状态下，磷的分泌更多。我在此就不讨论碱性的磷酸盐和自然的磷酸盐之间的区别了，因为我的唯一目的就是说明看待这个问题的流行看法是没有确切依据的。[37]磷制剂对治疗神经衰弱可能有效果,这一事实无法对磷在心理活动中所起的作用进行证明。如铁、砷以及其他药物一样,它是一种刺激物或滋补剂,我们完全不清楚它在其系统内部的运作方式,并且在用磷制剂作为处方药的病例中,只有极少数是有疗效的。

那些思考磷的哲学家们常常将思维比作分泌。我们有时能听到人们这样说,"大脑分泌思维就像肾脏分泌尿液,或者说是像肝脏分泌胆汁"。这种类比显然没有任何的说服力。大脑注入血液中的物质(胆固醇、肌氨酸、叶黄素或无论什么东西),作为实际上的排泄物,才是与尿液和胆汁相似的物质。大脑对于这些物质而言就是一种内分泌腺。然而,是否存在任何肝脏和肾脏活动的分泌物,能在最低程度上与大脑的物质分泌相伴随的意识流进行比较,我们对此一无所知。

在这里还遗留一个普通大脑生理学中的一个特征没有进行讨论,它对心理学目的来说的确是所有特征中最重要的特征。我的意思是大脑天生有获得习惯的能力。我将在第四章中讨论它。

注 释

1 对于这个图解,我会在后面给予更多的关注。读者会把它一劳永逸地理解成是象征性的,而且对它的运用最多只能说明,心理过程和某种机械过程之间存在着多么深刻的一致性。

2 瓦伦丁(Valentin),《生理学文库》(1873),第458页。斯特林(Stirling),《莱比锡科学院报告》(1875),第372页(《生理学杂志》,1875年)。沃德(J. Ward),《解剖学和生理学文库》(1880),第72页。休厄尔(H. Sewall),《约翰·霍普金斯研究》(1880),第30页。克罗耐克(Kronecker)与尼古莱德斯(Nicolaides),《解剖学和生理学文库》(1880),第437页。埃克斯纳,《生理学文库》(1882),第28卷,第487页。埃克哈德(Eckhard),赫尔曼(Hermann)的《生理学手册》，第 1 卷，第 2 册，第 31 页。弗朗西斯-弗兰克，《大脑驱动功能作用教程》，第 51 页以后，第 339 页。有关神经与肌肉二者的聚合过程，参见赫尔曼，同上，第 1 册，第 109 页，和第 1 卷，第 40 页。以及冯特，《生理心理学》，第 1 卷，第 243 页之后；里奇特(Richet)，《莫雷实验室的业绩》(1877)，第 97 页；《人与智能》，第 24 页以后，第 468 页；《哲学评论》，第 21 卷，第 564 页。克罗耐克与霍尔，《解剖学和生理学文库》(1879)；舍恩雷(Schönlein)，同上，1882 年，第 357 页。瑟托利(Sertoil)，《霍夫曼和施瓦尔伯年刊》(1882)，第 25 页。沃德特威尔(De Watteville)，《神经病学中心报》(1883)，第 7 期。格伦哈根(Grünhagen)，《生理学文库》(1884)，第 34 卷，第 301 页。

3 巴诺夫(Bubnoff)与海登汉(Heidenhain)，"论大脑运动中枢的兴奋与抑制过程"，《生理学文库》(1881)，第 26 卷，第 156 页。

4 《生理学文库》(1881)，第 26 卷，第 176 页。埃克斯纳提出该处的聚合发生在脊髓中(同上，第 28 卷，第 497 页，1882)。从聚合的普遍哲学思考来说，这个特殊的聚合无论发生在哪里都不重要。

5 路易斯，《心灵的物理基础》，第 479 页，这里列举了许多类似的例子，第 487-489 页。

6 罗马尼斯(Romanes)，《动物的心理进化》，第 163 页。

7 参见马赫(Mach)的《感觉的分析》第 36 页的一个类似的例子。假如孩子们上床熄灯之后，哈巴狗进入了他们的房间，那么年幼的孩子们就会对它产生恐惧。也能与这个表述进行比较："针对农民的首次提问往往仅被确证为是一个拍击声，让他开始缓慢地对其耳朵进行调整。对此，一位苏格兰农民的固定回答是：'你在鸣什么？'——当说完这句话以后，他迷茫地盯着你。假如要获得一个答案就需要进行第二甚至第三次提问。"[福勒(R. Fowler)，《对盲、聋、哑人心理状态的一些观察》，索尔兹伯里，1843 年，第 14 页]

8 在马瑞的《图解法》第 2 部分第 2 章里面，读者能够找到很多有关测时装置的资料。仅通过一只手表而不依靠其他的装置，人们就能进行很好的测量，这里所需要的方法就是要做出很多反应，将每个反应作为下一反应的信号，而且将其花费的全部时间除以反应的个数。霍尔姆斯(O. W. Holmes)博士首次提出了这个方法，贾斯特罗(Jastrow)教授应用了该方法，并对此进行了独创性的详细阐述。参见《科学》，1886年9月10日。

9 有关针对它们的一些修改，参见卡特尔(Cattell)，《心灵》，第11卷，第220页以后。

10 《生理心理学》，第2卷，第221-222页。也可以参见第1版，第728-729页。必须承认的是，我发现冯特有关"统觉"的全部说法既不清晰又不果断。我觉得他运用的术语在心理学上没有一点儿用处。注意、知觉、概念、意志全是他完美的等价物。我们为何要用一个单一的词汇来轮番代表所有的东西，冯特阐述得并不清楚。但是，我们能以他学生的文章，"统觉的概念"等为参考，他在冯特的期刊《心理学研究》第1卷，第149页上发表文章可以被视为权威。对于冯特"统觉"的详尽批判，参考马蒂(Marty)，《科学哲学季刊》，第10卷，第346页。

11 比如，埃克斯纳对此进行了尝试，《弗吕格文集》，第7卷，第628页后面的内容。

12 第222页，也可参见里奇特，《哲学评论》，第6卷，第395-396页。

13 假如一个人在前一天决定在信号到来的时候对其进行反应，可是现在，我们正在忙着做其他事情，而它来了，这个信号就使我们回忆起了之前的决定。

14 "我几乎不需要提到的是，这些实验的成功在相当大的程度上是由我们注意力的集中所决定。假如我们的注意力不够集中，就会获得差异很大的数据……这种注意力的集中最让人感到疲惫不堪。在做完一些我想获得尽可能一致的结果的实验后，虽然实验期间我始终静静地坐在椅子上，但我满身是汗，非常疲惫。"(埃克斯纳，在上述引文中，第7卷，第618页。)

15 冯特，《生理心理学》，第2卷，第286页。

16 《弗吕格文库》，第7卷，第616页。

17 简单地说，德尔博夫(M. Delboeuf)把它称作"外感官"。并且，反应时间和它自己本身作为反射次序的反应是十分相符的。一些反射，例如，打喷嚏，是相当慢的。埃克斯纳的眨眼测量是我所知道的唯一一个对人类被试反射动作的时间测量(《弗吕格文库》，1874年，第8卷，第526页)。他观察到，当把闪光作为刺激物时，眨眼发生所耗费的时间为0.2168秒。对角膜实施强电击使时间缩短至0.0578秒。提出的"反射时间"处于这两个数字之间。埃克斯纳以消除生理传导时间的方式来"缩短"时间。如此，他的"缩短了的眨眼最短时间"是0.0471秒(同上，第531页)，与此同时，缩短了的反应时间为0.0828秒(同上，第7卷，第637页)。依据埃克斯纳的观点(第7卷，第531页)，这些数据其实无任何科学的价值，除了能说明反应时间与反射时间的进行拥有本质上同样的次序。并且，他对于该过程的阐述是对反射动作的一种非常好的阐述。他说："每个首次做反应时的实验者，都会惊奇地发现一旦遇到要以最快的速度来执行自己动作的情况时，驾驭这个动作是多么困难。不仅他们的力量好像不在控制范围之内，并且甚至连动作产生的时间也仅有一部分由他们自己决定。我们的手臂痉挛了，之后我们可以用令人吃惊的准确性说出，与前一次相比，痉挛速度是更快还是更慢了，尽管无法让手臂刚好在我们想使它痉挛的时候发生痉挛。"冯特承认，当我们紧张地做好等待一个强信号的准备时，任何对"统觉"与运动反应的二元意识在这里都不存在，二者是不间断的(《生理心理学》，第2卷，第226页)。——卡特尔先生所提出的观点与我所辩护的观点相一致。他说："我认为假如出现了知觉与意愿过程，它们也只是相当初步的……在信号到来前，被试经过主动的努力把'刺激'中枢与运动协调中枢间的沟通通道置于一种不稳定的平衡状态中。所以，在一个神经刺激抵达'前一个中枢'的时候，它造成了两个方向的大脑变化；一个刺激来到皮层并且引起刺激物相对应的知觉，与此同时一个刺激沿着带有少量阻力的路径来到运动协调中枢，而且已经准备好的并且正在等待信号的适当的神经刺激已经由中枢被送到手的肌肉中了。如果经常做出这样的反应，整个大脑过程就变得自动化了，刺激本身通过经常穿越的道路来到运动中枢，并且释放运动刺激。"(《心灵》，第11卷，第232-233页)——最后，利普斯(Lipps)教授用详细阐述的方式(《基本事实》，第179-188页)驳倒了阶段③涉及有意识的知觉或有意识的意志这种观点。

18　《生理心理学》(1887)，第 3 版，第 2 卷，第 266 页。

19　《哲学研究》(1888)，第 4 卷，第 479 页。

20　在上述引文中，第 488 页。

21　在上述引文中，第 487 页。

22　在上述引文中，第 489 页。

23　关于与后者相关的大脑过程，兰格曾经提出一个有意思的假说，对此我只能参考他的论文。

24　想要更多地了解这个问题的过程，在布科拉的《时间法则》中可以找到对所有已有工作的最忠诚的编辑，以及一些更为原始的材料。还可以参见冯特的《生理心理学》第 16 章；《赫尔曼手册》中的埃克斯纳，第 2 卷，第 2 册，第 252-280 页；还有里博(Ribot)的《当代德国心理学》，第 8 章。

25　运动的性质似乎也使反应时间发生变化。吉尔曼(B. I. Gilman)先生和我用简单举手，以及将手伸向后背，来对同一个信号做出反应。记录下的时刻总是手在开始运动时断开电接触的时刻。但是，当要做的是更大的动作时，它就会晚百分之一或百分之二秒开始。另一方面，奥查斯基对嚼肌的收缩做了实验，发现所想要的收缩幅度越大，反应的时间就越短（《解剖学和生理学文库》，1889 年，第 187 页）；他是这样解释这种情况的：收缩幅度越大，对注意力的要求就越高，而这就会缩短反应时间。

26　《生理心理学》，第 2 卷，第 223 页。

27　弗朗西斯-弗兰克，《驱动功能》，第 22 讲。

28　《恐惧》，1884 年，第 117 页。

29　《论人脑中的血液循环》(1881)，第 2 章，导论部分考察了我们以前对这一问题的认知史。

30　格雷(M. Gley)在这一结论上与莫索教授的意见一致(《生理学文库》，1881 年，第 742 页)。格雷发现在艰苦的脑力工作中，他的脉搏加快了 1～3 下，他的颈动脉扩张了，他的桡骨动脉收缩了。

31　《内科医生和外科医生的演讲》，马里兰协会，1879 年。

32　参见他的著作，《关于头部局部温度的实验研究》，伦敦，1879 年。

33 在上述引文中，第 195 页。

34 赫茨恩教授对希夫的实验做出了最适宜的说明，参见《哲学评论》，第 3 卷，第 36 页。

35 《对大脑皮层定位的新研究》（纽约，普特南出版社，1880），第 48-53 页。

36 《医学文库》(1883)，第 10 卷，第 1 期。

37 为了不增加参考书目，我只引用了门德尔(Mendel)《精神病学文库》，第 3 卷，1871 年；梅莱特(Mairet)《神经病学文库》，第 9 卷，1885 年；博尼斯《大脑活动实验研究》，1887 年。里奇特在《科学评论》(1886 年)第 38 卷第 788 页中给出了部分参考书目。

第四章

习　惯[1]

当我们从外部来观察有生命的动物时，最先让我们印象深刻的就是它们有无数的习惯。野生动物的日常行为好像是与生俱来的，但是在被驯养的动物身上，尤其是在人那里，日常行为很大程度上是教育的结果。带有先天倾向性的习惯被称作是本能，一些由于教育而形成的习惯则被称作是理性行为。由此看来，似乎习惯占据了人类生活中很大的一部分，而对致力于研究心灵客观表现的人来说，他在一开始就应该对其界限做出清晰的规定。

当一个人试图对习惯下定义的时候，就必须面对物质的基本属性问题。自然法则只是不同元素种类的物质之间在相互作用和反作用的过程中所遵循的固定习惯。然而，在有机界，习惯要比这更加容易变化。甚至同一种类不同个体之间的本能也不同，就像我们后面将要看到的那样，为了适应紧急情况，这些本能在同一个体中也会被改良。根据原子论哲学，一个单纯物质微粒的习惯不会变化，因为微粒本身是不可变化的，但是由那些物质组成的复合物的习惯是可以变化的，因为习惯最终是由于复合物的结构而确定的，并且结构随时会因为外部的力量或内部的张力变得和以前不一样。也就是说，假如身体所具有的可塑性足以使其保持它的完整性，并且就算它的结构发生改变也不会受到破坏，那么其习惯就会发生变化。这里提及的结构变化不涉及外部形状的变化，变化可能是不可视的，且是分子的变化，就像一块铁由于某种外部原因而变成磁铁或晶状体，或者正如一块印度橡胶变脆或变成膏状。所有这些变化都是十分缓慢的，相关的物质形成阻力对抗形成变化的因素，克服这种阻力需要时间，然而逐渐变化的过程常常使得物质免于解体的命运。当结构发生变化时，相同的惯性变成保持新形态相对持久性的条件，同时也变成身体上显现出来的新习惯的条件。因而，可塑性在广义上意味着结构具有足够的弹性，能够在外力的影响下保持足够韧性，使自身不会一下子被完全改变。每一个相对稳定的平衡状态在这种结构中，都可能被我们作为一组新的习惯。在很大程度上，有机物特别是神经组织拥有这种可塑性，所以我们可以毫不犹豫地提出接下来的第一个观点，即生物具有习惯现象是因为组成其身体的有机物具有可塑性。[2]

习惯在最初是物理学中的一章，而不是生理学或心理学中的。因此从根本上说，它就是一条物理原理，并且被最近研究这个主题的所有优秀作者所认同。他们将人们的注意力转向了无生命物质所展示出来的获得性习惯这种类似情况。杜蒙（M. Léon Dumont）先生关于习惯的论文可能是至今已经出版的最具哲理的论述，他写道：

"大家都知道，一件衣服在穿过一定时间之后为什么比新衣服更加贴身？这是因为织物内部发生了变化，而这种变化就是新的结合习惯。新锁在用过一段时间后会变得更加好开，它最初需要更大的外力来克服机械装置的粗糙所产生的阻力。对这些阻力的克服就是一种习惯形成的现象。一张已经折叠过的纸再折起来就会少很多麻烦。麻烦的减少是由习惯的基本属性导致的，正是因为它，当重新产生结果时，就不需要那么大的外因了。小提琴的音质经有才华的艺术家的手使用过会得到提高，因为木头纤维最终会养成与和声一致的振动习惯。正是这些习惯使大师手中的乐器变成无价之宝。从水道流过的水使这条水道越来越宽、越来越深，而当它停止流动一段时间后再重新开始流动时，它仍会沿着之前的路径流动。正是如此，外部刺激在神经系统中留下了越来越深刻的印象，并且它们被中断了一段时间后，在相似的外部条件刺激下，这些重要的现象也会再现。"[3]

这些情况不仅仅在神经系统中存在。任何伤处的疤痕都是一个抵抗力微弱的部位，与它周围的部位相比，更容易擦伤、发炎和感到疼痛与寒冷。踝关节扭伤、胳膊脱臼使踝关节和胳膊处于再次扭伤和脱臼的危险之中，以前患过风湿或痛风的关节，患过黏膜炎的黏膜，任何一次新的复发都会提高其再复发的概率，直到原来的健康状态转变为慢性的病态状态。而且如果我们把问题追溯到神经系统，就会发现很多我们所说的功能性疾病仅仅由于它们恰好患过一次就容易反复发作，利用药物强制性地阻止了疾病的发作，而这又足够使生理的力量回到健康状态，并且使器官恢复正常功能。这一现象的病例有很多，如癫痫症、神经痛、各种痉挛性疾病、失眠症。还有，举个更典型的关于习惯的例子，对于沉溺于不健康情绪当中的患者，和沉溺于过度抱怨或者有易怒倾向的病人，通常可以采用"断念"疗法对其进行成功的治疗。它的成功向我们指出了：病态的行为表现常常是由于神经器官的一次失常之后产生纯粹的惯性而导致的。

器官的活动习惯由一种变成另一种时，其内部会发生怎样的变化，我们对此有结论吗？换言之，当"习惯的改变"被应用于神经系统时，我们能够说出它所涉及的机械事实吗？当然，我们无法用任何详尽的和确定的方式来表述这一点。然而，由可见的宏观事物进行类比，从而对隐藏着的分子事实进行解释，这是我们惯用的科学习惯，这使得我们可以更轻易地构建一种抽象的和一般性的图式来代表这里所说的物理变化的过程。而且，只要某种机械解释的可能性被确立，以机械科学现在的状态，它将把所有权的标签立即贴在这一问题上，而且，找出对该问题确切的机械解释，仅是时间问题。

假如习惯是由于物质本身对外部作用呈现出来的可塑性，我们马上就能知道大脑物质对何种外部作用（如果存在的话）来说是可塑的。外部作用并非机械压力、温度变化，也非我们身体中所有其他器官所接触的力，因为自然已经很谨慎地把大脑与脊髓封锁在骨头匣子里了，这类影响不可能到达那里。它们悬浮于液体中，只有受到极为激烈的震荡才会冲击它们，并且自然用一种极为特别的方式对它们进行覆盖和包裹。要想对它们造成影响，只能通过血液和感觉神经末梢来完成。正是由于从这些感觉神经中流入的无限减弱的神经流，大脑皮层才表现出它自己是非常容易受到影响的。神经流一旦流入，就一定会找一条渠道流出来，并在其流过的地方留下印记。简单来说，它们唯一能做的事情就是加深原来的通道或制造新的通道；假如我们把大脑看成是这样的一个器官：在感觉器官中涌入的神经流开辟出非常便捷且难以消失的通路时，那么我们就可以用两个词来概括大脑的所有可塑性。因为一个简单的习惯，如同其他神经事件一样——比如，抽鼻子、把手放进口袋里或咬指甲的习惯——当然只是一种机械的反射释放，它的解剖学基础必定是该系统中的一条路径。正如我们不久之后可以更加充分地了解到的那样,从相同的角度来看,再复杂的习惯也只不过是神经中枢的连锁释放,我们把这些释放归因于存在于其中的反射通路。这些通路是如此组织在一起的,它们可以相继唤起彼此——前一次肌肉收缩产生的印象刺激下一个印象的唤醒,直到这一过程被最终的印象抑制,使整个链条关闭为止。唯一困难的机械问题是,如何解释在先前存在的神经系统中,重新开始形成一个简单的反射或者通路。如同其他的情形那样,它只是开头困难。因为整个神经系统不过是感觉末梢和肌肉、腺体以及其他末梢的通道系统。一旦一条神经流穿过通道,就会被期待遵循我们所知的大部分通路的法则,被挖掘开来使它比以往更易通过[4],这种情况在每次新的神经流通过时都会得到重复。不论最初使它无法成为一条通道的障碍是什么,它们被一点一点地、越来越多地清扫出去,直到最终它也许能形成一条自然的通道。这是不论固体还是液体穿过时都会发生的情形,这些穿过的东西只是一种物质重新排列的波,这种物质不会消失,仅仅发生化学改变或者自己发生转向,又或者在界线的两边震动。关于神经流最可信的观点就是将其看作某种重新排列的波。假如通路中仅有一部分物质能够重新排列自己,而它周围的部分保留着惰性,那么我们很容易就会发现它们的这种惰性是怎样与阻力对抗的,这种阻力需要更多的重新排列的波才可以被分解并克服。假如把通道叫作"器官",把重新排列的波叫作"功能",那么,这一情况明显重复了法国的俗语:功能造就器官。

所以,不难想象,一股神经流一旦穿过一条通路时,它如何在第二次时会更容易地穿过。然而,是什么使它能在第一次时完成穿越的任务呢?[5] 我们要回答这个问题,就只有返回到有关神经系统的一般概念上来,即神经系统作为物质组合,这些物质的各个部分一直处在不同的压力状态之下，而且始终不停地寻求平衡状态。不管在哪个通道，只要可以促使神经流任何两点之间达到平衡状态，神经流就可以轻易通过。然而，因为系统中所给定的点也许会在实际上或潜在地归属于许多不同的通路，而且会因为营养的影响而发生偶然变化，所以，阻塞会不定期地发生，迫使神经流流入陌生的通路中去，从而开辟出一条新的通路。假如这种陌生的通路被反复使用，那么它将作为一条新的反射弧开端而存在。所有这些都是极为不清晰的，大概就是说，新通路的形成是由神经物质中发生的某些偶然事件所导致。虽然很模糊，却是在我们智慧的碰撞之下对这问题的最新的认识。[6]

我们必须注意，有生命物质的结构变化进程比任何无生命物质要快，因为在有生命物质中持续不断地营养更新往往倾向于强化并固定在组织中留下印象的变化，而不是通过更新原始结构来对抗这种变化。因此我们发现，当我们通过一种新的方式训练肌肉或大脑后，我们在那时就不能再做这项训练了，但是，我们休息一到两天之后，再次开始训练时，技能的增进会令我们大吃一惊，在学习一个曲调时我时常有这样的发现。正如一位德国作家所说的：我们应该在冬天学游泳，夏天学溜冰。

卡彭特（Carpenter）博士写道[7]：

"这种经验非常普遍，即就'成长中的'生物体而言，对其进行各种特殊能力的训练都比成年生物体更有效，并且留下的印象更为持久。这种训练的效果通过器官倾向于'生长成'它所习惯的模式而表现出来；就像如下所证实的：由于体操表演的早期训练，特殊肌肉群的体积和力量获得了增加，并且关节也拥有了不可思议的灵活性……在人这种生物体中的任何部位，只有大脑神经节这种物质在整个生命过程的'重建活动'中最为活跃。这一点可以通过其获得大量的血液供应得以表明……除此之外,神经物质具有非常显著的'修复'功能,这个事实具有重要意义。因为其他组织,如肌肉,其结构和能力具有特殊性,因此其损伤可通过更低级或不那么专门化的物质进行修复,但是神经物质的修复是需要通过正常组织的完全再生而实现的,新生皮肤和移植皮肤的感受性的恢复也能证实这一点:新生的皮肤可以覆盖一个裂开的伤口,一块被'移植'的皮肤由于神经的连贯性被中断而导致它在一段时间内失去感觉。然而,最经典的这种再生例子是由布朗-西夸先生[8]的实验结果所提供的,这是一项关于脊髓完整性组织被破坏后其功能活动逐渐恢复的实验,实验结果产生的方式表明整个脊髓或脊髓的下半部分以及由它发出的神经再生,而不只是分裂面的简单再愈合。这种再生是神经系统中'始终'产生的重建性变化的特殊表现,对理性的人来说,因为神经系统的功能性活动而引起的'耗损'必须持续通过新组织的产生而得以修复,这是显而易见的。而对感性的人来说,这种修复实际上弥补了由于疾病和损伤而造成的物质'消损',这同样是显而易见的。

"如今,在这样持续活跃着的神经系统的重建之下,我们看到了一种与生物体提供整体物质营养时所表现出来的一般设计的显著一致性。因为,首先神经组织显然存在一种产生确切结构类型的趋势,通常这种结构类型不只是物种的类型,更是物种类型的某种特殊变化,这样的变化表现了个体及其祖先一两个特征。然而,这一类型在早期特别容易发生变化,在这个早期时段，神经系统的功能性活动(特别是大脑的功能性活动)尤其活跃，而重建的过程也相应地非常活跃。而且这种可变化性是表现在机制的形成之中，通过这些机制，那些次级自动化的模式才能得以形成。对人来说，这种运动模式取代了大部分低级动物中的先天运动模式，感知觉模式在其他方面表现出来的是本能，但它也可以被获得。毫无疑问，在这两种情况下，神经机制都是在自我训练的过程中发展的，这与低等动物继承其父母的神经机制相对应。因此重建过程能不断变化，这种变化对于一般性地保持生物体的完整性来说是必要的，并且它与生物体中的一部分特定行为同时发生，而且，凭借着这样的方式，生物体中掌控人和整个动物王国普遍共享的外部感觉和运动的所有部位，在其成年阶段演变成了个体在成长和发展过程中获得的习惯表达。在这些习惯中，有一些通常往往是生物体家族所共同拥有的，而其他一些是个体所独有的，前一种习惯(如直立行走)是所有人都能获得的，但身体方面有缺陷的人除外，而后一种特殊习惯的获得需要专门的培训，通常这种训练开始得越早越有效，例如，我们很容易就发现，人们在训练个体的灵活性时需要同时对知觉和运动能力进行综合训练。而且当个体在成长时期经过训练的习惯变成个体成年后身体素质的一部分时，其获得的机制便在营养作用的日常过程中保留下来，即使很长时间没有进行活动，当需要时，就可以随时使用。

"对于个体生命中的神经机制而言是非常清晰真实的东西，而对于负责心灵的自动化活动的神经机制而言也是一样的。因为，正如我们已经知道的那样，心理学的研究还没有得出比下面更确切的结果,即存在一些精神活动的一致性,它们完全与身体保持一致,这表明它们与'思维和感受机制'有着密切的关系,这个机制与感觉和运动机制在相同条件下发生着作用。确实如此,心理的联想原理和生物的营养原理只是说明了这样一个普遍认可的现实——前者属于心灵方面,后者属于大脑方面,也就是曾经经常被重复使用的心理活动系列,都偏向于使自己永久不变,从而我们察觉到自己自发地去思考、去感受或是去做我们以前在类似情况下已经习惯于思考、感受和做的事情,而不含有任何有意识形成的目的或对结果预期的成分。因为我们没有任何理由将大脑排除于一般原理之外,即当生物体的每一部位都倾向于根据其习惯性训练的模式来形成自身时,这种倾向在神经机制中非常强烈,这是因为那种不停地重建,而此重建是其功能活动的绝对条件。确实,我们几乎可以毫无疑问地说,不论是非常深刻还是习惯性重复着的观念意识状态都会在大脑中留下一种有机印象;这是因为在对一个适当的刺激暗示做出反应时,同样的状态可以在未来的任何时间被重现出来……这是一个被普遍公认的事实——'早期联想强度',它使得这种表达变得耳熟能详了;并且它正好与这种生理学原理相符合,即在成长和发展期间,大脑的形成活动受控于引导性影响。正是凭借这样的方式,早期'默记'的东西被印刻于大脑中,即使是对它的有意识记忆已经全部失去了,可它的'痕迹'却从没消失过。因为,一旦有机变化在成长着的大脑中根深蒂固,它就成了正常大脑组织的一部分,并且通过营养代谢的过程被有规律地维持着,就好比一块伤疤,使它可以持续到生命的终止方才结束。"

卡彭特博士有句话，"神经系统成长于其习惯性练习的模式中"，这句话简单明了地表达出了习惯哲学，我们可以由此追溯关于这一原理对人类生活实际应用的实例了。

它的第一个结果是：习惯使达到一个特定结果所需要的运动简化了，同时使动作更精确，并且减少了劳累感。

"初学钢琴者不仅会上上下下地移动他的手指去按下琴键，还会动整只手、前臂，甚至整个身体，尤其是其身体中最灵活的头部，就好似他要用那些器官按下琴键一样，通常情况下，也会出现腹部肌肉收缩的情形。但是，神经脉冲的目的是使手和单个手指运动。首先，这是由于手指的运动是被思考所支配的运动，其次，因为我们要尽量去感知手指的运动、琴键的运动，以及琴键运动在我们耳朵中产生的影响。因为投入神经流的渗透性增加，这一过程被重复得越频繁，动作就越容易发生。

"然而动作越容易发生，开始时这动作所需要的刺激就越小，而刺激越小，其作用越是单独限定在手指上。

"所以，神经脉冲最初把其效用遍布全身，至少是遍布许多能够移动的部分的神经脉冲，然后逐渐转移到一个明确的单一器官，而且它只造成有限的几块肌肉的收缩。在这一变化过程中，引发神经脉冲的思维和知觉得到了一种同一组特定运动神经愈发密切的因果联系。

"假如把神经系统比作排水系统，该系统在整体上朝某些肌肉倾斜，但是在出口处却有点堵塞了。这时水流很可能会流向这些肌肉的水沟并试图冲破那边的出口。但是，若是突然间'奔流'，水流将会泛滥于整个通道中，然而，假如流入系统中的水是适量的，那么它将会单独由指定的出口流出去。

"钢琴家的情形也是如此。他已经逐步把神经脉冲控制在个别肌肉里，一旦这种脉冲达到顶端，它就会扩散到更广泛的肌肉区域里。他通常用手指弹奏着，并且使身体放松，一旦他变得兴奋起来，他的全身就会变得'朝气蓬勃'，特别是运动起来的头和躯干四肢，就好像它们也要来敲击琴键。"[9]

人类有一种本能倾向，尽管神经中枢已经安排好了更多的事情，但他们会比这做得更多。而其他动物的多数行为都是原始自发的。但对于人类来说，如此多的行为中很大一部分都是努力学习的结果。若是训练的过程不够标准，习惯也没有降低神经和肌肉能量的消耗，将会使他处于十分遗憾的困境中。正如莫兹利（Maudsley）博士所言[10]：

"如果一个行为在尝试了很多次后还无法变得更容易，如果每一次完成这个行为都需要有意识地耐心指导，那么，很明显，一生中的全部行为将局限在一种或两种行为中——在人生发展的进程中也无法进步。一个人可能会整天忙碌于穿衣服和脱衣服的过程中，同时他身体的姿势可能会占据其全部的注意力及能量，每一次的洗手或扣纽扣这种行为动作对他来说就像小孩初次尝试这些事情那样困难，并且，他也会在不断地努力尝试过后'疲惫不堪'。请试想教会一个孩子站起来所要经历的痛苦吧，想想孩子必须付出的各种努力吧，再想想他最终不需要意志努力就能站起来的那份从容吧。由于完成次级自动动作相对比较轻松（考虑到它接近器官运动，或者最初的反射运动），但是有意识的意志却会很快让人感到疲劳。没有记忆的脊髓简直就是白痴。对于生物体说来，除非他的自动机制功能被疾病削弱，否则他还意识不到自己已经离不开这个自动机制了。"

接下来的一个结果是：由于习惯的存在，我们在做出动作的进程中所需要的有意注意被减少了。

人们可以抽象地对此提出一个这样的假设：执行一个动作需要连续的神经事件链条A、B、C、D、E、F、G……那么在首次执行这个动作时，有意意志必须在许多错误的、倾向把自己表现出来的事件中挑选出每一个事件，但是习惯的存在很快会导致这样的结果，即每一个事件都引起最适合的后继事件，而不是引起其他的任何事件，并且无须有意意志，最终，只要A一发生，整个链条B、C、D、E、F、G……就轻快地展开了，就像是A与链条中的其他环节已经融合成一条连续的流。在我们学习走路、骑马、游泳、滑冰、剑术、写字、游戏或者唱歌时，我们在每一次练习时总会因为不必要的动作以及错误的音符而中断。反过来，当我们熟练后，不仅最小的肌肉动作会引起那些结果，甚至连瞬时的"提示"也会产生那样的结果。神枪手看见了鸟，在他意识到之前，他已经把这只猎物瞄准了，并且将它射了下来。击剑者只要察觉到对手眼中的一丝光芒以及剑上的瞬间压力，就会立即做出正确的躲避和回击。钢琴家只要瞥一眼乐谱，他的手指就能流畅地弹奏出流动的音符。如果它是我们习惯做的事情，我们不仅会自动地在正确的时间做着正确的事，也会做错误的事。有的人会在白天脱去背心时顺便给自己的怀表上紧发条，或者在快到朋友家时拿出自己家的钥匙。我们几乎都知道有一些漫不经心的人，本打算更衣去吃晚餐却走进卧室，把自己的衣服一件件脱下，最后躺到了床上。这只是最初几个动作的习惯性结果（那最初几个动作是在稍晚些时候做出的）。我还清晰地记得在离开巴黎十年后再次访问那里时，发现自己走在一条路上，而这条路是我整个冬季去上学时的必经之路，我已经迷失在过往的事情中了。当我从迷失中回过神来，就发现自己在台阶上，台阶通向几条街外的一所公寓的楼梯，我曾住在那里，从学校回家时会习惯性地朝那个方向走。我们所有人在做日常生活事务（梳洗、开关熟悉的碗橱等）时，都习惯性地以确定的常规方法进行。如果物体的变化使得运动必须以其他方式进行，那么知道这些相关动作顺序的低级中枢就通过它们的"惊奇"，向我们表明它们对这些动作的了解。但是相反的，我们的高级中枢对此很陌生。人们几乎没有预先想到自己会先穿哪一只短袜、哪一只鞋、哪一条裤腿。虽然他们必定会在心中对这个动作进行预演。就算这样我们还是不能够完全做出那个动作。我先打开双折门的哪一扇？门向哪边摆动？这类问题也是如此。我不知道答案，但是我的手却从未犯错。人们都无法描述自己梳头或刷牙的顺序，然而这种顺序可能对所有人而言都是极其固定的。

我们对这些结果的描述如下：

在已经成为习惯的行为中，使肌肉产生每一次新的收缩并且指定顺序发生的既不是思维也不是知觉，而是刚刚完成的肌肉收缩所产生的感觉。在整个过程中，严格意义的随意动作必须由观念、知觉和意志所指导。在习惯性行为中，仅仅感觉就足以进行指导，而大脑和心灵的高级区域是比较自由的，用图 4-1 可以清楚地表明这个问题。

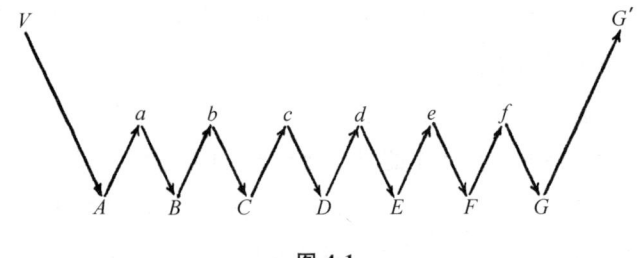

图 4-1

用 A、B、C、D、E、F、G 来代表肌肉收缩的习惯性链条，同理，也用 a、b、c、d、e、f 来代表当这些肌肉收缩时相继发生在我们身上被激起的感觉。这些感觉通常来自于运动部位的肌肉、皮肤或者关节，但是这些感觉也可能是运动对眼睛或者耳朵产生的效果。通过且仅通过这些感觉，我们可以知道是否产生了收缩现象。当我们理解了 A、B、C、D、E、F、G 这个序列时，任意一个感觉就成为单独的心灵知觉对象。我们可以用它来检验每一个行为动作，判断它在进入下一个行为动作之前是否正确。我们凭借着智力的手段来进行犹豫、比较、选择、撤销、拒绝等，而经过这样的考虑后，下一个动作的命令就是由观念中枢发出的明确指令。

截然相反，在习惯性动作中，初始刺激，即开始的命令，是观念或者知觉中枢需要传递下去的唯一刺激。在图 4-1 中，由 V 表示，它可以是关于最初动作或最后结果的想法，或者只是对链条和一些习惯条件的知觉，比如，知觉到了手边的键盘。在现在这种情况中，动作 A 一旦被有意识的思想或者意志激发起来，A 就通过自身出现的感觉 a，反射性地激起 B，B 又通过 b 激起 C，然后一直到这个链条的终点，这时智力就注意到了最终结果。事实上，这个过程很像内脏里一段"蠕动"运动的波。在图 4-1 中，最后的知觉由 G 的结果显示出来，它位于单纯观念线上的观念中枢中的 G' 处。感觉印象 a、b、c、d、e、f 的位置应该都位于观念线下。观念中枢如果受到 a、b、c、d、e、f 的影响,也是最低程度的影响。因为注意力能完全集中于其他事情上,这一事实证明了这一点。例如,我们能够在注意力不集中的情况下进行祷告,或者重复字母表。

演奏者能够一边愉快地谈话或持续专注于一系列很有意思的想法,一边演奏一首由于重复已变得熟练的曲调,如果这首乐曲是根据记忆演奏的,那么成为习惯的动作顺序可以直接地由对乐符的视觉或者由记忆中的音调顺序唤起,在这种情形下,其肌肉自身的引导感也为他提供了帮助。除此之外,更高程度的相同训练(这种训练作用特别适合于因此获益的生物体)可以让有造诣的钢琴家尝试弹奏难度很大的曲子,手和手指紧随着所看到的音符如此快速地运动着,以至于人们必须相信只有最短和最直接的神经束才能够成为它们被由以唤起的神经交流的通道。罗伯特·霍丁(Robert Houdin)提供了关于习得性能力的奇特例子,这些例子与本能的不同之处只在于它们是被意愿所促使的:

"为了训练视觉和触觉的敏捷性,以及提高反应动作的精确性(对于任何一种杂技的成功演示来说是十分必要的),霍丁最初练习过空中抛球的技艺,练习一个月之后,他已经完全掌握了同时抛接四个球而不使它们落地的技术要领。甚至,他在自己面前摆放一本书,培养自己当球在空中运动时还可以专心阅读的习惯。他说,'我的观众对此可能感到十分惊讶,但令他们感觉惊讶的是,我可以在重复这项杂技时自娱自乐,非常开心。尽管距离我写作这本书已有 30 年了,而且在这 30 年里

我几乎没有再碰过这些球,然而我依旧可以做到让三个球在空中运动的同时进行轻松地阅读'。"(《自传》,第26页)[11]

我们把这些连续肌肉收缩①的前提条件 a、b、c、d、e、f 叫作感觉。一些作者似乎不承认它们是感觉。若它们连感觉都不算的话,就只能是传入神经流,虽然无法引起感受,但可以引起运动反应[12],而且我们可以即刻否认它们是明显的意志。即使有任何意志出现,这意志也只会将自己限制在允许它们产生运动效果之中。卡彭特博士写道:

"可能还会有形而上学者坚持认为,最开始由带有明显目的意志促使,而且依然在其控制之下的行动将一直都在意志的完全控制下,并且一旦这些行为逐渐开始,持续这些行为的意志或者变得无穷小,或者像钟摆一样在两种行为(保持思想序列和保持运动序列)之间摇摆。然而,如果仅有极小的意志来维持行为是必要的,那也就是说它们通过自己的力量继续运动下去的吗?而且我们在做习惯性动作的同时,有关思想序列的完美连续性的经历不是正好完全否定了摆动假设吗?还有,假如确实存在这种摆动,那么每一个动作凭借自身进行运动时必然会有时间间隔,事实上这已经承认了自动化的本质特征。和其他习惯性动作相类似的运动机制,一步步地融入它早期训练的模式之中,接着在意志的完全控制和指引下自动地行动,这

---

① 原文是"attractions",疑为"contractions"之误。在此是根据上下文的语境翻译为"收缩"。

种生理学的解释,任何具有假定的必然性假设根本无法把它推翻,这些假设的基础仅仅建立在对我们复杂本质某一方面无知的基础之上。"[13]

然而,若不是明显的意志动作,链条上每一个动作紧接着的前面的事件,都会有某种意识相伴随。它们是我们通常忽略的感觉,一旦动作出错,它们会立刻引起我们的注意。施耐德关于这些感觉的说明值得我们引用,他说:

"在行走这个动作中,即便是我们的注意力完全不在这上面时,某些来自肌肉的感觉也能被我们觉察到,而且还能感受到一种使我们保持平衡,先放下哪只脚及后放下哪只脚的神经冲动。如果对身体姿势没有感觉,那么我们再也不能直接肯定是否能保持平衡了。如果对脚的动作没有感觉,也没有迈出脚的冲动,那么能否行走也是一个疑问了。编织这种行为对于编织者似乎是机械化的动作,他们甚至可以同时进行阅读或者生动的谈话。但是如果问他这是如何实现的,他不会说编织是独自进行的,而会回答他对此有所感觉,他用手感受到自己在编织并且知道编织的步骤,那些与之相联系的感觉唤起和控制着那些编织的动作,即使注意力不集中时也是这样。

"这对长期以来自动地从事一项熟悉的手工艺的人来说也是这样。打铁时旋转着钳子的铁匠,挥动着刨子的木匠,拿着卷线筒的花边工匠,织机旁的织布工,这些人对这个问题的回答是相同的。他们会说,自己对手中工具的正确操作有一种感觉。

"在这样的情况下,作为适当行为的条件的感觉是极其微弱但却是十分必要的。试着去想象一下你的手无法感觉这些东西了,那么你的动作只能受观念的驱使,而如果在那时你的观念离开了,相应的动作就停止了,但这种现象却十分少见。"[14]

此外还有:

"例如,一个观念使你用左手握起小提琴。但是,你的观念没有必要一直固定在左手的肌肉收缩上,以便于牢牢地握紧小提琴。手中的感觉因紧抓乐器的动作而被唤起,因为它们和'抓握'动作的神经冲动相联系,所以这些感觉本身就足以产生这一冲动,并且和神经冲动持续同样长的时间,或者直到被某种对抗的运动观念抑制时才会停止。"

这种解释也同样适用于右手持弓的方式:

"有时候会发生这样的情况,在同时进行两个动作时,如果意识对其中的一个动作或者神经冲动加以特别关注,那么另一个动作或神经冲动将会慢慢停下来,这是因为在开始时,指导性的感觉必然会被鲜明地感知到。一些肌肉的放松,会使弓从手中脱落。然而,滑落的动作又引出了手中新的感觉,于是注意力又立刻转移到持弓上面。

"下面的实验恰好说明了这个问题:当某人开始练习拉小

提琴时，为了避免他在拉小提琴时提起右肘，会让他在右腋窝下夹一本书，并且用右臂的上半部分紧贴着身体。肌肉的感觉以及同那本被夹着的书相接触的感觉，引发夹住书的神经冲动。然而，对刚入门就这样练习的初学者来说，他们腋下夹着的书会经常掉下来，只因他们把注意力都集中到了演奏乐曲上。但是，往后这种现象就很难发生了；注意力可以完全被乐谱和左手的手指运动吸引，只因最微弱的触觉就足以唤起夹起书的神经冲动。所以，动作的同时性结合是以熟练为条件的，因此，这种熟练性和智力过程一起使得无注意的感受得以保持。"[15]

而这很自然地把我们转到习惯规律的道德含义上来。这些含义为数众多，意义重大。卡彭特博士（我们曾引用过他写的《心理生理学》中的一些内容）尤其突出地强调了这一原则，即我们的器官逐渐习惯了它们所受训练的方式，并且保持着这样的结果，仅凭这一点，他的著作几乎完全可以称得上是一部道德启蒙的作品。所以我们无须辩解，就能对相应的结果进行追溯："习惯是第二自然，是十倍的自然"，人们说威灵顿（Wellington）公爵曾经这样呐喊过。但这一句话到底有几成是真的，用下面这个退伍的老兵来解释最好不过了。一个人的行为最终会因为每日的操练和年复一年的训练而完全重新被塑造。

"有这样一个故事，虽然可能不太真实，但却值得思考，一个有实际经验且爱开玩笑的人看到一个退伍的老兵正带着晚餐回家，他突然叫道，'立正！'那个老兵立马垂下双手并将其紧贴着裤管,他的羊肉和马铃薯顺势滚进了水沟里。曾经的训练是如此彻底,它的作用已经渗透到了老兵的神经结构中。"[16]

我们在诸多战斗中看见过这样的现象。即使是没有人骑的战马,一旦听到军号声,也会聚集到一起,并且做出自己的一系列习惯动作。绝大部分受过训练的牲畜,如狗、牛、拉公共马车和小马车的马,它们几乎接近纯粹和简单的机器,无论在什么时候都是坚决地、毫不犹豫地履行着主人交代的职责,看不出在它们的心中曾经出现过做任何其他事情的可能性。在监狱中生活到老的犯人,曾经在释放后渴望重新回到监狱中。在1884年的美国,一家旅行动物园中曾经发生一起铁路事故,老虎从被撞开的笼子里趁机逃了出来,之后它似乎觉得出来的任务太繁重,不知道该怎么办才好,于是它很快又灰溜溜地爬回去了,以致它很容易地就被工作人员发现并重新关了起来。

所以,习惯是庞大的社会调速轮,是社会最宝贵的守旧力量。只有它把所有人限制在传统风俗习惯内行事,它使富人的孩子们免受嫉妒的穷人发起暴动的厄运。它使那些最艰苦和最受人排斥的工作能够被在那里成长起来的人们接受。因为它,渔夫和甲板水手才可以整个冬天都待在海上,它让矿工坚守在黑暗中,让农场人连续几个月都固守在漫长雪天中的小木屋和寂寥的农场里,它保护了我们,使我们免受居住在沙漠和严寒地带的土著人的侵袭。它使我们依据教养或早期的选择在生活中闯荡,并尽力处理好那些与教养和选择不太一致的追求,由于没有其他更适合我们的东西,而重新开始的话又为时已晚。它让不同社会阶层维持着良好的秩序。你会发现,年轻的旅行推销员、医生、牧师和法律顾问在25岁时都已经形成职业习惯。你会看到他们的性格、思维方式、成见以及"购物"方式上有一些差异,简单来说，就如同外衣袖子不能突然适应新的折痕一般，人们最终还是无法挣脱这些习惯。总体来说，他最好还是不要挣脱。大多数人到了30岁后，性格会像一块石膏般被固定下来，它再也不能变软，但这未尝不是件好事。

如果形成智力和职业习惯的关键时期是20岁到30岁，那么20岁以后这段时间对养成个人习惯来说显得尤为重要，这些个人习惯包括发声和发音方法、姿势、动作、言谈举止等。20岁以后学会的语言在讲出来时通常带有国外口音。对于一个进入其上层圈子的年轻人来说，他将会在很长的一段时间内保持着在他成长的岁月中所处的圈子给他带来的鼻音和其他讲话的坏毛病。确实如此，不管他多有钱，他还是无法学会把自己打扮成绅士名门。商人们把他当成真正的"头面人物"推销商品，但是他却无法买到适合自己的东西。一条似地心引力般强大的无形法则，让他停留在自己的固定轨道上，这一年间他把自己装扮得看上去是那么差劲，而他一直到死，都不会知道那些出身良好的人是如何买到得体的服饰。

因此，在整个教育体系中，重要的事情不是让神经系统站在我们的对立面，而在于使其成为盟友。教育的目的在于向我们收获的东西进行投资并且最后将其转变成资本，然后靠这项投资的利息轻松过活。为此，我们务必要在早期时尽可能多地将有用的行为动作转变成自动的、习惯的行为，而且我们还要如同警惕瘟疫一般谨防自己染上什么不好的行为。如果我们交给自动机制看管的细节越多，那么我们思想中的那些高级能力将会被释放得越多，从而使它们做自己的专有工作。对那些没有优良习惯而只有优柔寡断的人来说，他每点一根烟、每喝一杯水、每天起床和睡觉的时间、开始每一项工作，都需要依靠意志力进行一番深思熟虑，这样的人是最悲惨的。这种人对一些问题做出决定都要花费掉他一半的时间，甚至后悔于一些实际问题，而这些问题对他来说本该是牢固的习惯，若是他还没有养成习惯，那么从现在开始他就要着手去解决眼前这件事了。

贝恩教授在"道德习惯"一章中，写下了一些令人钦佩的、很实用的论述。他的论述中有两大座右铭，第一个是，在获得一个新的行为习惯或抛弃一个旧的行为习惯中，值得注意的是，我们一开始时就要有一种尽可能坚定和明确的主动性。把所有能提高正确动机的情境积累起来；努力地将你自己置身于能够激励新习惯形成的条件之中；许下与旧习惯不相容的誓言；假如情况允许的话，可以进行公开地保证，总之，用你认为对它有帮助的每一件事来坚定你的决心。这将会给你的开始带来这样一种动力，避免导致你失败的诱惑出现；这样的诱惑每推迟一天，都增大了它最终不会发生的可能性。

第二个座右铭是，除非有新的习惯已经牢固地存在于你的生活中，否则永远不能容忍意外情况的发生。每次犯错就如同松开一个正在缠绕的线团，线条只要松开一点儿，就会让前面缠绕好几次才能缠好的线功亏一篑。能让神经系统准确无误地正确行动的主要手段是连续的训练。正如贝恩教授所说：

"与智力上习得的东西相对应，道德习惯的特性存在两股对抗力量，一个将逐渐提升到可以超越另一个的高度。首先，在这种情况下，最重要的是连续不断的胜利。错误一方的每次胜利都会瓦解掉正确一方由多次征服而产生的效果。因此，基本的防范就是怎样去管束这两股对抗力量，来保证一方可以获得一系列的成功，直至不断地将它强化到无论何时都能战胜对方。从理论上看，这是心理进步的最好道路。"

在刚开始时就要强制性地确保其成功。最初的失败很容易对未来所有努力的力量产生抑制作用，而过去成功的经验激励个体，给个体增添未来的活力。有一个不相信自己的能力却硬要从事一项事业的人，他去向歌德（Goethe）请教，歌德就对他说："啊！你只需向手里吹一口气就可以了！"这句话表明了歌德习惯性的成功生涯对他自己的精神产生的深刻激励。鲍曼（Baumann）教授说（我从他那儿引用这段轶事用来说明问题[17]），当欧洲入侵时，野蛮国家的灭亡是因为他们对胜利已经绝望，而侵略者却一直获胜。旧的习惯已经解体，但新的习惯还尚未形成。

如涉及戒除酗酒、吸食鸦片这样一些习惯中的"逐渐停止"问题。在一定范围内，对具体个案而言什么是最好的办法，专家们对此存在分歧。但总体上来说，所有专家都同意，如果有可能去执行，那么最好的方法就是获得新习惯。我们必须要足够细心，不要把太过艰巨的任务交给意志，以至于它在一开始时就注定失败，然而，在一个人能承受的范围内，先让他经历一段困苦的时期，再给他一段自由的时光，这对戒毒或改变起床和工作时间都是最好的选择。如果一种愿望从未得到实现，那么它会迅速因空虚致死。

"一个人必须先学习站立不动，不左顾右盼，坚定地沿着笔直的路向前走，然后才能'重新做人'。每天都要做一个新决定的人，就如同每一次到达了想要越过的水沟边缘，却又停下想要重新开始的人。假如没有坚定的前进，伦理力量就无法得到积累，日常规律的工作让积累成为可能，并使我们在其中练习从而形成习惯。"[18]

除此之外，再加上第三个座右铭：抓住任何一个可能的机会把你所下的每一个决心付诸实践，并且依从形成习惯的道路上体验到的胜利情绪的激励。决心和渴望不是在它们的形成时刻而是在产生运动结果的时刻，将新的"定势"传递给大脑。正如上文的作者所说：

> "实践机会的真实出现本身就为杠杆提供了得以支撑的支点，因此，道德意志可以增加其强度以提升自己。假如一个人没有值得依靠的坚实基础，他就永远只能处于空洞姿态的阶段。"

125　无论一个人拥有多少座右铭或具备多么高尚的情操，如果他不能抓住每一个机会去行动，那么他的性格就不会朝着好的方面发展。众所周知，仅有好的意图而不行动，就会走向地狱。这是我们已经提出的那些原则产生的一个明显结果。而且正如詹姆斯·穆勒（James Mill）所说，"性格是一种被彻底塑造了的意志"，而意志是对生活中以坚定、迅速和确定的方式行动的倾向之和。一种行为倾向完全根植于我们心中，它是与行为不断发生的次数成正比的，而且大脑也能为它们所用。每当一次决心和一种美好的情感闪现在没有获得任何实际结果时就消失比失去一次机会更糟糕，它会使未来的决心和情绪得不到正常的释放。无力的伤感主义者和梦想家是最可怜的，它们终其一生都只在情感和情绪的大海上翻滚，却不曾有果断的行动，在人类的品格中没有比他们更令人鄙视的了。卢梭（Rousseau）用他的口才鼓动法国所有的母亲去遵循自然原则亲自哺乳自己的孩子，然而他却把自己的孩子送进了育婴院，这是我上文提及内容的典型例子。然而，无论什么时候，我们每个人如果都像他那样被一个抽象形成的善性所激发，而忽视了卑劣的"其他事物"，就会走上卢梭的道路，其实善性是伪装在其中的。平凡的世界中一切善性都被其伴随物的粗俗所掩盖，然而有些人只能以单纯和抽象的方法去识别善性，这是多么悲哀啊！过多地阅读小说和看戏剧的坏习惯会造就真正的恶人。一位俄国女人为剧中虚构的人物而悲泣，而她的马车夫却在剧院外的门口因寒冷而冻得要命，这种事情随处可见，只是没有那么惹人注目而已。对那些不是表演家，也没有音乐才华而完全以一种精神角度去欣赏它的人来说，即使是过度沉溺于音乐的习惯也会对这个人的性格造成松懈的影响。这样的人内心充斥着只是习惯性的却不能激起行动的情绪，因此会一直保持着这种毫无生气的感伤性的情境。一个补救的方法就是，在音乐会上永远不要让自己遭受某种情绪之苦，之后也不要对此有任何积极的表示。[19]如果没有更崇高的事情来表达的话，我们可以从细微的事情中表达出，比如，同自己的姨妈愉快地聊聊天，或者在马车上给别人让座，但就是不要让这类微小的事情消失。

  后面的这些例子使我们明白，被印刻在我们大脑中的习惯不仅是释放的特殊路线，而且更是一般的释放形式。就如同我们若让自己的情绪消失，它们就会习惯于消失，所以我们可以做出这样的假设，如果我们总不付出努力，那么付出努力的能力就会在我们知道它消失之前就消失了，并且，假如我们一直让注意力涣散，不久它就会一直涣散下去了。就像我们后来所看到的那样，注意力和努力只是同一个心理现象的两种表达方式而已。我们只是不知道它们和什么大脑过程相对应。我们相信它们完全依赖于大脑过程，而非单纯的精神活动，正是这样的事实强有力地支持着这种信念，即它们好像在一定程度上遵循习惯规律（其实是一个物质规律）。最后一个与意志习惯相关的座右铭是：通过每天做一些训练从而保持努力行动的能力。即在一些微不足道且非必要的地方有规则地克制欲望并且变得勇敢起来,每隔一两天就去做一些你不情愿但没有理由不去做的事情,这样,当面临可怕的情形时,你将发现自己会非常勇敢和训练有素地接受这样的考验。这种禁欲就像一个人为其房屋和财产买的保险。保险金不会马上给他回报,而且可能永远不会有回报。但是,如果真的发生火灾了,他的保险赔偿会帮他幸免于一无所有。如果一个人每天都让自己习惯于集中注意力进行有意识的思考并拒绝那些不必要的事情,那么当他周围所有的事情都发生动摇时,他会如铁塔般岿然不动,而那些软弱的其他人就像谷壳一样被风吹走了。

因此,生理学上关于心理条件的研究是规劝伦理道德最强大的盟友。神学所说的来世要忍受的地狱,并不比我们在现世为自己所造就的地狱更可怕,而这个地狱是我们通过错误的形式习惯性地塑造我们的性格而形成。如果年轻人能够意识到自己将会很快就会被习惯所塑造,那么他们会在习惯可塑性阶段更加注意自己的行为。我们编织着自己的命运,无论是好是坏都无从避免。每一个细微的善行或恶行的冲撞过后都会留下很大的伤痕。醉酒的范·温克尔(Van Winkle)[杰弗逊(Jefferson)剧中的主人公]在每放弃一次后都去找借口说"这次不算",他自己可以不算数,仁慈的上帝可以不算数,但它仍然还是要算数的。在神经细胞和纤维细胞中的分子会将这一次算上,并记录和贮存起来,方便下次诱惑到来时用它来应付。从严格的科学意义上来说,我们所做过的任何事情都不会被轻易抹掉。当然,这也是各有利弊吧。多次的酗酒会使我们成了永远的酒鬼,而经过很多次的努力和多年的工作,我们也会成为道德上的圣人和科学领域中的权威和专家。无论年轻人接受的是什么样的教育,都不要让他们对所受教育的结果感到忧虑。如果他在工作的日子里时刻都勤勉地忙碌着,最后的结果就不重要了。他可以确定地期待，在某个美好的清晨醒来时发现：在他做出的选择里，无论追求的是什么，他都是当代人中最优秀的那一个。在做这些事情的时候，他的心中就会对所有的事情产生判断力，这一能力是他的财产且永不消失。年轻人应该提前了解这个真理。对于正从事艰辛事业的年轻人来说，若缺少对这一真理的了解，会使他们产生更多的沮丧和懦弱。

注　释

1　这一章已发表在1887年2月的《大众科学月刊》上。

2　从上文的解释来看，它不仅适用于内部结构，而且适用于外部形式。

3　《哲学评论》，第1卷，第324页。

4　有一些路径确实在过大的压力之下被通过的物体阻塞而不再通畅。我们在此对这些特殊情况不予考虑。

5　我们不能说是意志，是因为尽管很多甚至可能大多数人类的习惯都曾经是主动的行为，但是就像在后面的章节中了解到的那样，任何行为起初都不是这样的。虽然一个习惯行为曾经可能是主动的，但在此之前，主动的行为必须至少有一次是冲动的或反射的。我们在文章中考虑的就是所有习惯行为中最初发生的事。

6　那些想要获得更明确解释的人可以参考菲斯克(J. Fiske)的《宇宙哲学》，第2卷，第142-146页，以及斯宾塞的《生物学原理》，第302、303节，以及他的《心理学原理》中标题为"物理综合"的部分。在其中，斯宾塞先生不仅尝试去解释新的行为在神经系统中是如何产生并在那里形成新的反射弧，而且还试图说明神经组织如何可以通过新的静力转化波穿过一团最初无关紧要的材质而实际产生出来。我禁不住认为，斯宾塞先生的材料显示出极大精确性的背后隐藏着模糊性和疑惑，甚至还有自相矛盾的东西。

7　《心理生理学》(1874)，第339-345页。

8　参见范·本尼登斯(Van Benedens)和范·班伯克(Van Bambeke)，《生物学文库》(列日，1880)第1卷中的马修斯——威廉·詹姆斯。

9　施奈德(G. H. Schneider),《人的意志》(1882),第 417-419 页。就排水沟这一比喻,也可参见斯宾塞的《心理学》,第 5 部分,第 8 章。

10　《心灵生理学》,第 155 页。

11　卡彭特,《心理生理学》,1874 年,第 217、218 页。

12　冯·哈特曼(Von Hartmann)在其《无意识哲学》(英译本,第 1 卷,第 72 页)中,用了一章的内容来努力证明它们不仅必须是观念,而且还必须是无意识的。

13　《心理生理学》,第 20 页。

14　《人的意志》,第 447、448 页。

15　《人的意志》,第 439 页。最后一句话是在保持原文意义的基础上意译的——威廉·詹姆斯。

16　赫胥黎(Huxley),《生理学基础教程》,第 12 讲。

17　参见他那值得赞美的关于成功的开始的段落,《道德手册》,第 38-43 页。

18　巴恩森(J. Bahnsen),《性格学论文集》(1867),第 1 卷,第 209 页。

19　关于这一问题的评论可参见斯卡德(V. Scudder)的一篇易读的文章《音乐热爱者与道德》,《安多瓦评论》,1887 年 1 月。

第五章

自动机理论

我们在前面的章节中论述了大脑半球的不同功能，那时我们是从身体和心理活动这两方面来论述的，比如说，现在这个动物做了无目的性和无法预测的反应，在这之后，它又会因为对未来善恶的诸多考虑而摇摆不定。从心理学视角来看，我们将动物的大脑半球看作是其进行记忆和思维的场所，而有时又将其说成是反射机制中的一个复杂附属物。在这种摇摆不定的观点下进行讨论，这样的结果显然是致命的。但是此时，我一定要向读者实现我曾许下的诺言，因为在前面的论述中，我曾留下了伏笔（参见第二章第三个注释），读者从那时起或许就对我的言论并不满意，所以我需要在这里详加解释。

我们将自己的观点局限于同一个等级的事实之上，即身体上的等级，那么是不是所有关于智力的外部现象都无法得到详尽的描述呢？我们所说的那些心理表象、那些"思考"等，假如没有神经过程与之同时产生，那么这些心理表象及"思考"可能就不会发生，而且也许每一种思考都与某种特定的过程相对应，并且与其他的过程都不相同。换言之，不管观念序列在数量上有多么庞大，它们之间的区分有多么的精细，与它同行的大脑事件的序列也一定要在数量和区分上与之相匹配。同时，我们必须要假设存在这样一种神经机制，它会为其拥有者的心灵历史的每一块底纹（无论是多么的细微）提供一个鲜活的副本。不管心灵历史有多么的复杂，神经机器也应当与之相适应，它也会和心灵历史一样复杂。不然我们就要承认，一定存在大脑事件与心理事件不相对应的情况。但是生理学家并不承认这一点，因为这会与他所有的信念相违背。"没有神经冲动就没有心理表现"，这是连续性原则在他心中的一种表现形式。

但这条原则迫使生理学家不得不做进一步思考。假如神经活动如同心灵那样复杂；假如我们在交感神经系统和脊髓下部发现了无意识的神经活动，就我们现在的认识来说，这些无意识的神经活动产生了对于所有外部意向而言可以称为智能的行为，那么，是什么妨碍我们做出推论：在我们所知道的有意识存在的地方，存在被我们认为是与意识不可分离的伴随物的更加复杂的神经活动，这种神经活动是无论何种智能行为出现的真正动因吗？"如果某种复杂程度的动作是因为纯粹的机械装置所引发的，那么为什么更复杂程度的动作不能由更精致的机械装置所引发呢？"毫无疑问，反射动作的观念是生理学理论的最佳成果之一，那为何不能在这一点上更激进一些？为什么不这样认为：脊髓是一种很少做出反射的机器，而大脑半球是能够做出更多反射的机器，这就是二者的全部区别？连续性原则使我们不得不接受这个观点。

但是基于这个观点，那什么才是意识自身的功能呢？它没有机械的功能。大脑细胞会被感觉器官唤醒，它们又会以合理有序的次序彼此相互唤醒，直到动作的发生，接着，最后的大脑振动向下传递到运动束中。但是，这是一个自动发生的链条，而且不管有什么样的心理活动与之相伴,也都只能是一种"依附现象",是一种没有自动力的观众,就像霍奇森(Hodgson)所说,如同一系列"泡沫、气味或音调",它的阻碍或促进都对事件起不到作用。因此,作为生理学家,我们在前面的谈论,不应该说以"思考"来引导动物,而应该说"此前的神经流在大脑皮层留下了道路",除此之外,别无其他。

现在,从前后一致的生理学角度来看,这个观念非常简单且富有吸引力,但我非常惊奇地发现,它这么晚才引起哲学的注意,甚至是在向他们做了解释之后,也只有很少的人能够完全并且轻松地认识到它的重要性。许多撰文批判这个观念的作者都是那些不能理解这个观念的人。既然这已成事实,那么在我们批判它之前,再多花一点时间审视其更合理之处,这样似乎是有必要的。

笛卡尔(Descartes)首次大胆设想了一个完全自足的神经机械装置,该装置能够执行复杂的智能行为。由于一些令人无法理解的限制,笛卡尔不得不突然停止有关人类方面的研究。他主张对于兽类来说,神经机械装置就是一切,而人类的高级行为则是由理性灵魂的能动作用而引起的。当然,认为兽类完全没有意识的观点太狭隘以至于它不能长期维持,而只能作为哲学史上一个有趣的话题一闪而过。随着该观点被抛弃,神经系统可能会承担智能行为的观点(它是整个理论一个必要的,尽管是可以分离的部分),也似乎逐渐淡出了人们的考虑范围。直到19世纪,反射动作学说的详细阐述才使这一理论再次兴起。然而我确信,直到1870年,霍奇森先生才迈出了关键的一步,他说无论感受表现得如何强烈,都不会有任何因果效力,他还将感受与涂在马赛克表面的颜色相比较,神经系统中所发生的事件就如石头一般。[1] 显然,石头是由于彼此间的相互支撑才能够保持在原位,而与涂在其表面的那些颜色无关。

第五章 | 自动机理论

同时，斯波丁（Spalding）以及不久之后的赫胥黎（Huxley）和克利福德（Clifford）教授，都大力宣传相类似的学说，尽管他们通过一个不那么完善的形而上学的考虑来支持各自的观点。[2]

赫胥黎和克利福德的一些观点可以作为补充来使问题更加清楚。赫胥黎教授说：

"兽类的意识似乎只是作为其工作的一个副产品而与身体机械装置相关联，而且完全没有使其工作发生任何改变的能力，就像伴随着火车发动机工作的汽笛不会对火车的机械装置产生影响一样。如果说兽类是有意志的话，那它们的意志也只是一种预示物理变化的情绪，而不是这些变化的原因……灵魂与身体的关系正如闹钟的铃声与其工作部件的关系，而意识就相当于闹钟被敲击时的铃声……因而一直到现在，我的研究严格地限制在兽类的自动机制中……根据我的最佳判断，那些适用于兽类的争论也同样适用于人类，这一观点相当正确。所以，就像兽类一样，我们所有的意识状态，都是直接由大脑物质分子的变化而引起的。据我所知，对于人类和兽类，没有证据证明意识的任何一个状态是有机体物质运动变化的原因。假如这些观点有很好的依据，那么据此来说，我们的心理状态只不过是意识到变化的象征，而变化是自动发生在组织机制中。并且用一种极端的说法，我们称之为意志的感受不是随意动作的原因，而是作为随意动作直接原因的大脑状态的符号。我们是有意识的自动装置。"

克利福德教授这样写道：

"我们所拥有的证据都倾向于表明，物理世界完全是按照普遍规则自行其是……进入我们眼睛或者任何一个感官的刺激与伴随其发生的动作间的物理事实的序列，甚至是在没有受到任何刺激和动作而在大脑中运行的物理事实序列，这些都是极为完善的物理序列，而它们运作的每个步骤都可以用机械条件加以解释……这两个事物在完全不同的平台——物理事实与心理事实都是各自运行。它们之间的关系是相互平行，也就是说是互不干扰的。此外，如果有人说物质会受意识的影响，这个论点有一定的合理性，但却是没有任何意义，因为这是属于野蛮人的原始唯物主义的论断。唯一对物质产生影响的东西是周围物质的位置或是其周围物质所做的运动……有人所谓的另一个人的意志，即他意识中我无法察觉的一种感受，是我可以察觉的物理事实序列的一个方面——这既不对也没错，而是毫无意义的，这种观点纯粹是一种词语的组合，但与其相应的观念是不能被组合起来的……有时候我们对其中的某个序列很了解，有时候又对其中的另一个序列很了解，所以在叙述一个故事时，我们有时会涉及心理事实，有时又会涉及物质事实。感觉到寒冷时会使一个人跑起来，如果从物质事实的角度来说，严格来讲是与寒冷感觉并存的神经干扰使他跑起来；如果从心理事实而言，就是寒冷的感觉使其产生了与腿的动作共存的潜意识形式……所以，我们想问：'在皮肤感到寒冷时，所传入的信息与腿移动外出的信息之间的物理联系是什么呢？'答案是：'一个人的意志'。这样的问答就好比我们拿着一张画问一位朋友，我们问他处于显著位置的大炮使用的颜料是什么，而他的答案是这是'熟铁'制作的，前后这两种回答都会让我们开怀大笑。作为对前面的学说所要求的心理运用的极好练习，我们可以想象一列火车，前面部分是发动机和由铁质离合器连接在一起的三节车厢，后面是同样的三节车厢，而这两部分是由司炉和列车员间所维持的友好感情来连接的。"

为全面理解人们如此自信地阐述的信条所造成的后果，我们需大胆将其应用于最复杂的例子之中。我们的舌头和笔的动作，我们在交谈过程中眼睛的闪烁，这些都是物质序列事件，因此它们的先行原因也必定全部是物质的。假如我们对莎士比亚（Shakespeare）的神经系统和他的所有环境条件完全理解，那么我们应该能够说明为什么在他生命的某一时期，写出一些晦涩难懂的纸片，并用黑色字体做了标记，而这些被我们称之为哈姆雷特的手稿。我们应该理解其中每一处删除和改动的理由，并且，在我们理解这里所有一切的同时，应该丝毫不提及莎士比亚心中思想的存在。词语和语句不应该被看作是它们本身以外的其他东西，它们就是纯粹而简单的外部事实。以同样的方式，我们也能详细地写出关于马丁·路德（Martin Luther）的大约两百磅重量的传记，而根本不用指出关于马丁·路德的内心感受。

然而此外，所有这一切中，没有任何东西可以阻止我们对莎士比亚或马丁·路德的精神历史做出全面完整的论述，在这一论述中，思想和情绪的每一个闪光点都各有自己的位置。每个人的心灵历程都与他的身体历程相伴随，心灵历程的某个点都与身体历程的某个点相对应，而不是对那个点做出反应。因此，旋律从竖琴上飘出，但它并不阻止或加快琴弦的振动；影子伴随着行人，但从不影响行人的脚步。

在这里还需要谈到另一种更加荒谬的推论，尽管就我所知，霍奇森博士是唯一明确做出这个推论的作者。该推论是，感受不能引发神经活动，甚至连彼此唤醒也不行。根据我们的常识来看，感受到的痛苦本身，不仅是流泪和哭泣之类的外部事件的原因，而且也是诸如悲伤、悔恨、欲望或创造性思维之类的内部事件的原因。因此，对好消息的意识是产生愉悦感受的直接原因，关于前提的意识会产生对结论的信仰。但依据自动机理论，上面所提及的这些感受都仅仅只是与神经活动相关，此刻的神经活动是由上一个神经活动引起的，换句话说就是第一个神经活动唤起第二个神经活动，不论第二个结果上会产生什么样的感受，它都会发现其实自己是跟随着附加在第一个神经活动上的感受而来的。例如，如果好消息是与第一个神经活动相关联的意识，而由于听到好消息而产生的愉悦感就是跟第二个神经活动相关的意识。如果是这样的话，那么只有神经序列里的项目才处于因果关系连续性之中，而意识序列中的项目不管内在如何合理，都只是附带而产生的。

第一节 支持该理论的理由

人们常常称呼这一观念为"意识自动机理论"，这是一种关于某些事实可能发生的方式的激进而简单的观念。然而在观念与信念之间应该存在一些证据来证明其存在。如果有人问："有什么可以证明所有这一切并非只是一种关于可能发生的事情的纯粹观念呢？"对此想要得到一个令人信服的答案是困难的。如果我们从青蛙的脊髓着手，依据连续性来进行推论，当我们说青蛙所做的动作很聪明（虽然是无意识的），因此就推导出高级中枢（虽然是有意识）所表现出来的智能的基础同样也是完全机械的，这样的推导立刻就会遭到前面所论述的连续性原则的反对。这样的推论实际上是由弗吕格和路易斯所极力主张的，他们从大脑半球的活动开始论述，他们这样说道："如果将产生那些活动的智能归因于意识的作用，那么脊髓行为的智能也应由一个较低等级的意识所控制。"来源于连续性原则的所有论证都可以从两方面来加以论证，通过连续性原则的方法，你可以和上面或下面保持一致，并且很显然，这种争论会一直持续下去，无法分出胜负。

我们在这里还需提及一种哲学信仰，它同大多数信仰一样是由于审美的需求而产生的。在任何方面，心理事件与物理事件之间呈现出的差别可以说在自然界中是最大的，因为若要通过心灵在这两者之间构筑一座桥梁来弥合缺口，这种难度比我们知道的任何其他中间事物都更难。如果是这样的话，那么为什么我们不称之为绝对的裂缝，并且说它们是完全不同且相互独立的呢？这就像那些简单而绝对正确的公式一样，会带给我们某种舒适感，并且可以使心灵当中的每一条链条都与我们的思考相同质。当我们谈论神经颤动和身体动作时，对于来源于不相干的心理事件的侵扰，我们会产生一种免疫而不受到其影响。此外，当我们谈论感受之时，就会同样地使用同一种类的术语，并且不会被亚里士多德（Aristotle）称为"滑进另外一个种类"的事物所烦恼。在实验室中培养出来的人们，有一部分人会拥有这样一种强烈的愿望，他们不希望将自己在实验室中所得到的物理推论与诸如感受这种不能量化的因素混淆起来。我曾听到一位非常伟大的生物学家这样说过："科学界的人们是时候在科学的调查研究中反对承认诸如意识这样无法量化的东西了。"总的来说，感受构成了"非科学"的那部分存在，任何一位喜欢称自己为"科学家"的人，在他所偏爱的研究中，都极不愿意以承认二元论的微小代价，来换取这种术语使用上的不受阻碍的同质性。二元论在承认心灵作为一个单独存在状态的同时，又将它驱逐到了无因果效力的边境，在那里从来都不必畏惧任何源于心灵这方面的干扰或阻碍。

除了假定事物必须保持简单这条伟大的基本原理以外，我们还不得不承认一点，那就是还存在另一个高度抽象的理由否认我们感受的因果作用力，那就是我们对影响大脑分子的意志或其他的思维运作方式无法形成确定的表象。

"让我们尝试想象一下，有个观念（如关于食物的观念）会产生一种动作（如把食物拿到嘴边的动作）……那么这种观念是以什么样的方式来运作的呢？对于大脑皮层中的灰色物质分子，这一观念是促使其分解还是延缓其分解呢？或者是改变了分子的震荡分布方向了吗？让我们来想象，大脑皮层灰色物质分子的组合方式是这样的，即它们会在偶发力量的冲击下变为更加简单的化合物。让我们现在来设想这种偶发力量，从某一个别的中枢发出震荡的方式去冲击这些分子。依据假设，这些分子将会被分解成更简单的化合物。那么关于食物的观念是怎样阻止这些分解的呢？很显然，它只能通过增强力量来将这些分子黏合在一起。非常好！如果有人尝试通过想象一个有关牛排的观念来把两个分子黏合起来，这是不可能的。同样的，通过想象一个相似的观念去削弱两个分子间的吸引力也是行不通的。"[3]

该段落是一位极其聪明的作者写的，他极好地阐述了我暗指的困境。这种困境的感受、两个世界间"裂缝"引起的强烈感受和对反射机制的坚定信仰,它们三者结合在一起,使人们在做出其解释时很轻易将意识作为一种多余物而赶出门外。一些人可能会礼貌地鞠躬请它出去,允许它作为一种"伴随物",但是人们却坚信物质应该拥有全部的力量。

"对于心理学研究者来说,他们已经很清楚地认识到要想将心理和物质分开是不可思议的,这一观念已经融入他的自然本性之中,并且永远铭记于心,让它充分渗透到他的意识当中。接下来,他们开始欣赏这两种现象(心理和物质)序列间的联系了……它们以一种非常密切的方式联系在一起,以至于一些伟大的思想家认为它们是同一过程的两个不同方面……当分子在大脑高级区域中重新排列时,意识的变化也同时发生……大脑中的分子如果不发生变化,意识也将不会发生变化,同时,大脑的变化也永远离不开意识的变化。然而这两种变化为什么会同时发生,是什么介质将它们联系起来,我们还未曾得知,并且大多数权威人士也觉得我们永远不会知道这一点。如果学者们明白了上述两种观点,即关于精神和物质绝对分离的观点,以及心理变化和身体变化永远相互伴随的观点,那么他们开始心理学研究时,就已经克服了一半的困难。"[4]

我需要指出的是,他还有一半的困难没有被考虑到。因为"绝对分离"中的"相互伴随"是一种完全不合理的观点。意识应该与它自身所关注的事物没有任何关系,这一点对于我来说是完全没有办法想象的。"意识与什么相关?"这一问题是心理学研究所无法忽视的,因为对该问题的思考是心理学研究的基本责任。事实上,这一关于事物间相互作用和相互影响的问题,是形而上学的,并且,那些不愿意彻底进入这个问题的人们可以不用讨论该问题。"想象一个有关牛排的观念来把两个分子黏合起来",这确实已经够困难的了,然而从休谟时代到现在,想象任何东西将两个分子黏合起来的这类问题都很困难。这个有关"黏合"的整个观点都是一个谜,解决问题的第一步是扫清学术垃圾。大众科学在谈到"力""吸引力""亲和力"时都把它们当作将分子黏合在一起的东西,然而,对于清晰的科学则不需要这些观念,虽然它也会使用这些词语来简化表述。当能够用简单的"规则"把分子的纯粹空间关系描述为分子间的相互作用和时间作用时,它就满足了。但是,对于那些充满好奇且爱追究的人来说,对单纯事实的这种简化解释是绝对不够的,还必须找到"理由"和决定那些规则的某种东西。 137
当一个人坐下来,认真考虑他在探寻"理由"的过程中,所指的东西是什么时,这就意味着他进入了遥远的领域,远离大众科学和经院哲学,所以,他明白在宇宙中像"牛排的观念"存在或不存在的事实,都有可能与同一宇宙中其他的事实相关,尤其可能与宇宙中确定它的那两个分子间的距离有关。如果真的如此,即使因果关系和宇宙中事物的基本联系超出了心理学的范围,只要相信感受与观念就是其原因,那么它就掌握着事实的根源和要旨。不管我们关于因果效力的观点如何不足,但当我们说我们拥有的观念和感受具备因果效力时,比起那些机械行为理论者,我们更接近目标。就像晚上每只猫都是灰色的一样,在批判形而上学的阴影下,所有原因都是不清晰的。但是正如机械行为理论者们所做的那样,我们无权用幕布仅仅盖住物质精神的一面,并且说那些因果关系是无法了解的,同时瞬间又武断地提出物质

第五章 | 自动机理论 143

的因果关系，就好像休谟、康德（Immanuel Kant）和陆宰（Lotze）从来就没有存在一样。一个人不能如此变化无常，他需要毫不偏倚地保持率真或者苛求。假如是后者，那么重塑一定要是彻底的或者"形而上学"的，并且也许会保存一些常识的观点，也就是说在一些转变的形式中，观念就是力。但是心理学仅仅只是自然科学，不加批判地接受一些特定的术语作为它的资料，并且在形而上学重塑前停止前行。像物理学，它必须是朴素的，如果它发现在它们独特研究领域里，观念貌似变成了原因，它还是继续以这种方式来谈论会更好。在这件事上，因为违背了常识，它什么都没有得到，至少它不能完全依据本性谈话。假如感受是原因，那么理所当然，它的作用必定是促进或阻止大脑内部的活动，对于大脑活动本身，我们几乎什么都不知道。可能在很长的时间里，我们都要从我们自身的感受或我们观察到的运动结果，来推断大脑内部发生了什么。对我们来说，器官有点像一个容器，感受和运动像被以某种方法放在里面一起蒸煮，并且伴随着无数的事情发生，而我们只能获得一些统计学上的结果。我不能想象，为什么在这种情况下我们必须抛弃儿时的语言，尤其是当它能完美地与生理学的语言相匹配时。感受不能产生任何新的东西，它们只能加强或阻碍反射流，而由生理力量完成的对这些反射流的最初组织必定会成为心理学方案的基础。

我的结论是，在心理学的现阶段，在纯粹先天和准形而上学的基础上，极力向我们陈述自动机理论，是一种不可行的鲁莽行为。

第二节 反对该理论的理由

但还有比这更多的积极原因来解释，为什么我们要继续从心理学的视角来剖析关于意识存在的因果效应。据我们所知，意识分布的细节说明了其效力。因此我们需要继续对此进行进一步的探索。

随着我们在动物生态链中等级的升高，意识也随之变得更为复杂和强烈，虽然这个观点很难被证明，但是它却被人们普遍接受。人的意识肯定是胜过牡蛎的意识。根据这种观点，意识看起来就像一种器官，并与其他的器官一起服务于生物的生存。显然可以这样推断：意识毫无疑问在生物生存之战中使之存活下来，就如同其他器官一样。然而，假如意识不能在某种程度上发生效力并且影响他的身体的历史进程，那么它就没有帮助作用。假如现在能够解释意识是以某种特定的方式来帮助他的，以及在他的其他器官存在缺陷时，意识也能给予帮助，而且这一帮助是有效的，那么，我们能得出下述结论：意识出现是因为它的效力——换言之，它的有效性就被证明了。

我们在本书其余部分关于意识现象的论述向我们表明，意识自始至终都是一个选择机制。[5] 无论是最低级的感觉中的意识，还是最高级的智能中的意识，它始终都在做一件事情，即意识会从呈现在它面前并引起它注意的几种材料中选择出一种，强调并注重这一材料，并且尽可能地抑制所有其他材料。得到强调的东西，总是与某种兴趣紧密联系着，这种兴趣是意识感受到在当时极为重要的。

但在那些意识似乎得到高度发展的生物中，不稳定性是当前神经系统的一个主要的缺陷。我们知道大脑半球是典型的"高级"神经中枢，而且我们发现，与基底神经节和脊髓相比，它们的表现充满着不确定性和不可预测性。但这种模糊性恰恰是它们的优势所在。它们使其所有者的行为可以适应周围环境最细微的变化，对它来说其中的每一个变化都可能代表着一个标记，与当前任何感觉所发出的诉求相比，它暗示了一种更为强烈的动机。因此，我们可以得出一个结论，那就是一个随微小的印象而摇摆的器官，其自然状态往往是一种不稳定的平衡状态。我们可以想象，就可渗透性而言，大脑中的各种释放路线都具有同等地位，那么对于一种既定的印象所产生的释放，同样也被认为是偶然的，这种意义上的偶然性就和落在山坡上的雨点是从东边还是从西边的山坡流下去是一样的。就从这个意义上来说，也与一个将要出生的孩子是男孩还是女孩的偶然情况类似。卵子是如此的不稳定，以至于一些细微的因素也可以决定其最后的走向。以这种方式构成的器官的自然法则也是毫无规律可言的，仅仅只是一种反复无常的变化。我不认为一个人能够理性地预测一系列有用的反应，类似于预测出低级中枢在其狭窄的范围内做出的那些少量的且无法避免的行为。有关神经系统的两难问题似乎属于下述情况：我们可以构建出一个神经系统，虽然它能够准确无误地做出反应，但是它仅仅对环境中很少的变化进行反应——也就是说它不能适应所有变化；此外，我们还可以建构另一种神经系统，它能够对环境中许多的微小特征做出反应；然而，该系统反应的出错率由于它的复杂性而变得很高，我们永远不能确定的是，它的平衡将在哪一方向上被破坏。总的来说，一个高级大脑能做很多事情，并且仅仅依据极其微小的线索就能完成任何事情。然而，由于其灵敏的组织结构使其成为一个随遇而安、无预见性的东西。在任何指定的时刻里，它既可以做出疯狂举动也可以做理智的事情。一个低级大脑一般只做非常少的事情，并且在做这些事情时，其他的用途都完全丧失了。一个高级大脑的运行，正如在桌子上不断地掷骰子。除非将铅灌入其中，否则最大的数字比最小的数字更常出现的概率会是多少呢？

以上所说都把大脑看成是一架纯粹而简单的物理机器。意识能够通过类似于往骰子里灌铅来增加其效力吗？这是个问题。

给骰子灌铅就意味着带来一种能够持续的压力，该压力对大脑主人因最长久利益而做出的行为有利，它意味着要持续抑制大脑偏向正轨的行为。

这种持续的压力和抑制是意识一直以来的任务，并且它执行这两个任务所获得利益就是意识拥有者所获得的利益，这种利益可以让意识拥有者得以更好地生存，否则这种利益在其存在领域将无任何地位。不可否认的事实是，如果思考时运用达尔文的理论，那么我们所说的就好像是拥有着大脑的身体获益，我们谈到各种器官的作用以及它们怎样对身体的生存产生帮助或者阻碍，我们似乎将生存看作一个终极目的，真正存在于物理世界之中，是某种真实的存在，它负责管理动物并且评判它的反应，而且不在乎外部的任何评论。我们忘了一点，就是若缺乏这些外部添加的评价（不论它是动物自己本身的，还是我们的或达尔文先生的），把反应说成是"有用"或"有害"就完全不合适。如果仅从物理角度来思考，这些反应按一定的方式出现，我们只能说，生存实际上是它们的附加结果。但是，器官自身和全部物理世界的其余部分将对这一结果始终毫不关心，如果环境变化了，那么它们将一样高兴地接受生物的毁灭。总之，假如生存要进入纯粹的生理学讨论中，那么它就只能作为一种由旁观者提出的有关未来的假说。然而，一旦意识被你带入其中，生存就不只是一个假说了。它不再是"假如要实现生存，那么大脑与其他器官就一定要如此工作"。如今该命令已经变成了强制性的："生存要实现，器官就必须如此工作。"现在，真正的目的首次出现在世界舞台上。将意识作为一种单纯认知形式的存在，这是许多近代和古代唯心主义学派的主张，就像该书其他部分展示的那样，该观念是彻底反心理学的。任何一个实际存在的意识好像本身就是为目的而战的斗士，假如没有意识的存在，其

第五章 ｜ 自动机理论

中的很多目的都将无法成为目的。意识的认知能力主要帮助这些目的辨别出哪种事实能够起促进作用，而哪些又不能。

现在就把意识还原成为其本身呈现出来的样子吧，意识将帮助不稳定的大脑实现其适当的目的。大脑的自身运作机械性产生了实现这些目的的途径，但是也舍弃了很多其他目的（如果我们可以这样称呼它们）作为代价，这些其他目的并不是动物适应生存的目的，而是常常与之相反的目的。大脑是一种具有可能性工具，但其没有确定性。然而当意识本身的目的在大脑面前呈现时，大脑还不知道哪些可能性能导致这些目的产生，哪些不能，因此如果意识被赋予因果效力之后，那么就可以加强有利的可能性并且抑制不利的或无关紧要的可能性。在这种情况下，通过细胞和纤维的神经流可以激活一种意识的事实从而使之强化，并通过激活另一种意识的事实从而使之抑制。我们现在还无法解答意识对神经流的反应是怎样产生的：就我所要论述的目的来说，意识不是没有作用地存在，而且所呈现的事实不像大脑自动机理论的支持者所认为的那么简单，这就足够了。

所有关于意识自然史的事实都使这一观点显得更加可信。举个例子，意识反而在神经过程犹豫不定时最为强烈。在快速、自动和习惯性的行为中它又降到最小。假如意识拥有我们所猜想的目的论功能，那么就没有什么比这个更恰当了。假如意识没有目的论功能，那么它就毫无意义可言。习惯性动作是确定的，并且不会脱离正确道路而陷入迷途，它不需要外界的帮助。而犹豫不决的动作，最终神经释放的方式有很多可能性。由每条不同的神经束的兴奋而唤起的感受，似乎可以通过它的吸引或者排斥的特性来决定中断还是完成该兴奋。就像人们在做每一次危险的跳跃前，由于自己总是犹豫不决，那么意识就会表现得很强烈。由这个观点可以看出，感受就像神经释放链的横切面，在确定它的链条已经断开后，而在呈现于它眼前的新末端里探寻，从中找到与当前情况最合适的一个。

我们在第二章中阐述的"替代功能"现象似乎形成了另外一些间接证据。从某种意义上来说，一台处于正常工作状态下的机器必定要以某种特定方式来运转。我们的意识把它称为正确的方式。拿掉机器中的一个阀门，扔掉一个车轮，或者使一个曲轴变弯曲，它就变成一个完全不同的机器，它会以另一种我们称为错误的方式运转。但是机器本身不会知道对或错：物质当然不会追求理想。一个火车头可以高兴地拉着它的车厢驶向一个敞开的吊桥，正如它驶向其他任何目的地时一样的高兴。

部分被切除的大脑事实上就是一台新的机器，并且在手术后的开始那几天，大脑运行的方式会完全不正常。但事实上，随着时间的推移，它一天天恢复正常，一直到最终需要一双经过训练后的眼睛才可以觉察出术后大脑运行中的错误，其中某些恢复无疑是因为"抑制"的停止。然而假如大脑所剩下的部分也产生意识，那么它绝不只是为了识别任何功能的错误，并且也是为了在出现滥用的错误时施加更高效的压力进行阻止，并在其出现软弱或疏忽的错误时提供动力给予有效的帮助——那么在这种帮助下，因为习惯法则，大脑剩余部分的组织会回到一开始执行时采取的目的论运行模式上来，这就变得最自然不过了。反之，它们应该对已经失去的那一部分担当起替代性的责任，但是这些责任自身并不具备任何说服力或强制力。乍一看，这最自然不过了。在第二十七章的结尾部分，我们会再次重申这个问题。

下面还有另外一组事实似乎能够解释意识拥有因果效力这一假定。我们都知道这样的事实：快乐往往和有益的经验联系在一起，而痛苦往往和有害的经验联系在一起。所有的基本生命过程都阐明了这一事实。饥饿，窒息，缺少食物、水和睡眠，在极度疲劳时工作，烧伤，创伤，炎症，毒药，都是令人难受的经验；填饱饥饿的肚子，疲劳时享受休息和睡眠，休息后的锻炼，还有一直拥有健康的皮肤和完美的骨骼都是令人感到快乐的经验。斯宾塞和其他人认为，这些巧合并非因为任何预先设定的和谐导致的，而是由单纯的自然选择引起的，那些对有害的经验感到愉悦的物种最终会被毁灭掉。如果一个动物喜欢一种窒息的感觉，而且这种感觉有足够的效力使它将头浸入水中，它的寿命只能维持四五分钟。然而，假如快乐与痛苦没有效力，我们就不可能了解（假如没有那些自动机理论科学支持者所找到的理性和谐），为什么大多数有害的动作，如烧灼，不可能造成快乐的激动；而大部分必要的动作，如呼吸，不可能造成极大的痛苦。的确，对于这一规律，有很多例外情况，可是与它们联系的都不是至关生死的或不与普遍的经验相关联。醉酒就是一个很好的例子，虽然它本身是有害的，但它带给很多人的经验是愉悦的。然而，正如伟大的生理学家菲克（A. Fick）所说的那样，假如在全部的山泉和河流里流动的都是酒而不是水，那么现在或者所有人在出生时就会憎恨酒，或者我们的神经已经使得饮酒无害了。事实上，只有格兰特·埃伦（Grant Allen）在他极具启发意义的短篇著作《生理美学》中，做出了巨大的努力，并试图解释我们感受的分布，而他的推论完全基于快乐与痛苦的因果效力，这恰恰是"双重观点"的倡导者坚决否认的。

所以，从各个角度来看，反对那一理论的间接证据是很有力的。对大脑活动和意识活动的先天分析表明，假如意识活动很有效力，那么它就通过对选择的强调以弥补大脑活动的不确定性；而意识分布的后天研究表明，它与我们的期待一样，该期待就是意识有助于我们对复杂神经系统进行较好的管理。综上所述，我所提出的意识是有用的，这一结论就非常合理了。然而假如意识是有用的，那么它必须在整个因果效力中保持其有用性，而且自动机理论也一定要服从常识理论。至少我(把还未取得成功的形而上学的重建放在一边)将在全书中坚决地使用常识的语言。

注 释

1 《实践理论》，第 1 卷，第 416 页以后。

2 本书的作者回忆，在 1869 年，当时他还是一名医学院的学生，他开始写一篇论文，表明几乎所有思考大脑过程的人，都在自己对它们的解释中不正当地插入了源自整个异质感受世界的联系。他引证说，斯宾塞、霍奇森(在《时间与空间》中)、莫兹利、洛克哈特·克拉克(Lockhart Clarke)、贝恩、卡彭特博士以及其他作者都曾犯过这样的混淆错误。写作很快就终止了，因为他察觉到，他所支持的用来反对这些作者的观点是一个纯粹的观念，有关它的真实性没有证据可以说明。后来，他似乎觉得所有现存的证据事实上都支持他们的观点。

3 默西埃，《神经系统与心灵》，1888 年，第 9 页。

4 前面所引的书，第 11 页。

5 尤其参考第 9 章的结束部分。

第六章

心理元素理论

145　　在上一章中，如果读者觉得很多内容过于形而上学，并因此而感到晦涩难懂，那么在本章的阅读中将会遇到更大的困难，因为这一章的内容完全是形而上学的。形而上学的意思并不是指别的什么，而是指以一种超乎寻常的努力来保持清晰的思考。对我们而言，心理学的基本概念在实际上已经相当清晰了，但它们在理论上却是非常混乱的，而且在这门科学中，人们很容易不知不觉地做出一些模糊的假设，除非这些假设本身受到了质疑，否则人们是很难意识到这些假设涉及了什么样的内在困难。一旦确立这些假设（因为它们在对心理学事实的描述中发挥了作用），那么之后再想摆脱它们或者想让人们知道它们并不是问题的本质特征，就变得几乎不可能了。唯一可以阻止这一灾难的方法就是，在通过这些假设之前，先对它们进行仔细地考察和研究，并对它们给出一个清晰的、让大家都能接受的说明。在那些假设中最模糊的一个便是：我们的心理状态是由更小的状态结合在一起而形成的复合物。这个假设有一些外在的优势，因而对于学者来说，具有几乎不可抗拒的吸引力，但其从本质上来说却是相当令人费解的。然而，有半数的心理学研究者似乎并没有觉察到该假设在理解上的困难。由于我们的目标是在可能的条件下进行理解，因此选出这一观点并加以非常明晰的探讨，然后再开始描述性工作，这应该是合乎情理的。这一观点以其最激进的形式来表达，即"心理元素理论"认为我们的心理状态是复合物。

第一节　心理进化论需要心理原子

一般进化论的观点认为在自然界中最先出现的是无机物，然后是最低级形式的动物和植物，进而是具有心理状态的生命形式，最后是像我们这样在更高程度上具有心理状态的生命形式。对进化论者而言，只要我们坚持考虑纯粹的外部事实，哪怕是生物学中最复杂的事实，那我们的任务也就相对轻松得多。我们一直都在与物质、物质的聚合和分离打交道，尽管我们的方法是假设性的，也不会阻止它的连续性。对进化论者而言，我们所要坚持的观点便是：所有使其显现的新的存在形式，无非就是由于原始的和不变的质料经过重新分布而出现的结果。组成星云的自我同一的原子尽管混乱分散，但它们被挤压在一起并且暂时处于特殊的位置，就有可能会形成我们的大脑。大脑的进化如果可以理解的话，也不过是说明了原子如何逐渐地被置于这样的位置并且是这样挤在一起的。在这样的说明中，没有出现新的性质，也没有在任何随后的阶段中引入那些在开始时没有出现的要素。

但是随着意识的出现，似乎又出现了一种全新的性质，而它在最初混乱分散着的原子那里尚未获得任何能量。

对于这种不可否认的非连续性，进化论的反对者们很快就提出了强烈的质疑，由于进化论在解释这一点上的失败，他们中的许多人进而认为这一理论在沿着这一线索而产生的所有问题上都不具有说服力。所有人都承认感受和物质运动之间具有完全不可通约性。"运动变成了感受!"——没有任何语言比这句话更难理解了。因此,即使是进化论的最含混的拥护者,在认真比较物质事实和心理事实之后,也会和其他人一样激进地强调内部世界和外部世界之间存在的"裂缝"。

斯宾塞先生说:"分子的振动能够和神经的震颤(他是指心理的震颤)互相表征且被视为同一个东西吗?我们所做的任何努力都不能将它们同化,当我们将感受单元和运动单元放在一起时,二者之间没有共同点这一事实就变得比任何时候都更加清楚了。"[1]

此外:

"设想意识中的震颤和分子的运动是同一事物的主观和客观的两个方面,这一事实已经相当清楚了;但我们要将这两者完全统一起来,以便思考关于它们是两个相反方面的那种事实,仍然是不可能的"[2]

换言之,我们在它们身上无法找出任何共同的特征。所以,廷德尔(Tyndall)在那个经常被人引用、被每个人铭记于心的段落里这样写道:

"从脑物理学到相应的意识事实之间的通道是不可想象的。即使承认大脑中某一特定的思想和某一特定的分子运动同时发生;我们并没有那种智力器官,或者显然是那种器官的雏形,从而使我们可以借助于推理从一方到达另一方。"[3]

在其他段落中他又提到:

"我们可以追踪一个神经系统的发展，并且使其与平行的感觉和思维现象相关联。我们毫不怀疑地确信它们是共同发展的。但是，当我们试图了解它们两者之间的联系时，我们就好像在真空中飞翔一样……将两种类别的事实融合在一起的可能性根本不存在——在人们的智力中没有这样一种动力，在不出现逻辑断裂的情况下，可以从一方到达另一方。"[4]

然而，当进化论的灵感降临到这些作者身上的时候，尽管那条裂缝的恶名是他们最先宣布的，但以上两位作者还是很容易就跃过了那条裂缝，而且谈起话来就好像心灵是以一种连续的方式从身体内产生出来的。斯宾塞在回顾自己对心理进化的考察时告诉我们，"在追踪这种增长的过程中，我们是如何发现从身体生活现象到达心理生活现象是一个连续的过程"[5]。廷德尔在我们上文引用过的《贝尔法斯特演讲》中，提出了他的另一个著名观点：

"放弃所有的伪装，我认为有必要在诸位面前承认，我将视野向后延伸进而越过了实验证据的边界，发现了每一种生命形式及其性质的希望和力量，然而，在此之前由于我们的无知和对造物主的崇敬，我们对其加以非难并将其掩盖。"[6]

——当然，这也包括心理生活在内。

连续性是一个非常强大的假设。现在，本书将试图向大家说明，对心理的假设通常来说是应当受到认可的。在广泛的科学领域中，对连续性的要求已经证明它自己拥有真正的预言力。因此，我们应该尝试各种可能的方法，以构想出意识开始出现的方式，以使它不会看上去像是一种闯入宇宙中的新性质。

仅仅将意识称为"初生的"无益于我们的研究。[7] 诚然，这个词代表着尚未完全出生，因此它在存在与非实体之间建起了一座桥梁。但那是一种言语上的诡辩。问题在于如果出现了一种新的性质，非连续性也就会随之出现。后来出现的新性质的量是非实质性的。《海军军校学生小憩》中的女孩无法用"它是一个很小的孩子"来为其私生子做辩护。意识，不管多么微小，如果开始时没有它，却声称用连续的进化对所有事实都做出了解释，在这样的哲学中诞生的理论都是不合法的。

如果进化要顺利地进行，那么某种形式的意识一定在事物的最初起源时就已存在。同时我们发现，那些比较有眼光的进化哲学家已经开始将意识定位于那里。他们假设，星云中的每一个原子都一定有一个与之相连的原始的意识原子；而且，正如物质原子通过聚合形成了身体和大脑，心理原子也通过类似的聚合过程形成了更大的意识。我们知道这种意识存在于我们自身当中，并且设想它也会存在于其他动物身上。一些像这样的原子物活论学说对彻底的进化论哲学是不可或缺的。根据这种学说，原始的心理原子在不同程度上进行聚合，从而形成无数不同的意识等级。由于我们无法直接获得这些意识等级的直觉，因此，用间接证据来证明它们的单独存在就成了心理进化论的首要任务。

第二节 心理元素存在的论证

我们发现，有很多哲学家尽管对进化丝毫不感兴趣，但是却履行了这样的职责，他们还是以独立的理由来说服自己深信有大量的潜意识心理活动的存在。我们稍后再对这种观点及其理由进行批评。现在，让我们仅仅探讨那些试图证明"少许心理原子可以聚合为被清楚觉察到的感受"的论点，其论证非常清晰，而且我们也能对此做出明确的回答。

据我了解，1862年德国生理学家菲克首先提出了这个论点。他做了一项关于辨别温热和触碰的实验。在实验中，仅仅有一小部分皮肤通过卡片上的小洞而受到刺激，其他部分的皮肤受到卡片的保护。他发现在这种情况下，病人会经常犯错[8]，从而得出结论：这一定是由于受影响的基本神经末梢的感觉数量太过稀少，以至于它们不能形成独特的聚合来产生相关的感受。他还试图证明，不同的聚合方式如何在一种情况下引起对温热的感受，而在另一种情况下则引起对触碰的感受。

他说："当感受单元的强度均匀地增加，以至于在 a 和 b 两个元素之间，不存在其他的单元（其强度也不在 a 和 b 的强度之间）能够在空间上介入时，那么对温热的感受就会出现。触碰的感受也许在这个条件未得到满足时而出现。但是，这两种感受都是由相同的元素构成的。"

但是，将这种强度的均匀增加解释为大脑事实，显然比解释为心理事实要清楚得多。如果大脑中的一个神经束，它在刚开始以菲克教授所提到的方式之一受到刺激，然后受到另一种方式的刺激，由于我们说不出任何相反的东西，那么就很可能会发生下面的情形，即在一种情况下心理伴随物是热，而在另一种情况下则是痛。然而，痛和热的感受不是由心理元素构成的，而是由整个大脑过程直接产生的。只要这后一种解释存在，我们就不能认为菲克已经对心理元素的聚合做

第六章 ｜ 心理元素理论　157

出了证明。

后来，斯宾塞和泰恩（Taine）先生分别进行了类似的论证。斯宾塞的论证值得我们对其进行详尽的引证。他写道：

"尽管组成意识的个别感觉和情绪（真实的或者想象的），单独看上去是简单、同一、不可分析的，或者具有无法探察的性质，然而事实却并非如此。至少有一类感受是基本的，像人们通常体验到的那样，似乎是基本的，但却被证明不是基本的。而且在将这种感受分解为不同的组成部分之后，我们完全可以怀疑，其他明显的基本感受也是复合的，并且它们的组成部分被我们分解后，也有可能具有我们在这个例子里可以识别出来的组成部分。

"我们以乐音来命名那些表面上看起来简单的感受，毫无疑问，这种感受可以被分解成更简单的感受。已经有著名的实验证明，以不超过每秒16次的速率依次进行吹气或敲击时，每次的效果都是被视为一个单独的声音；但是，当依次吹气的速度超过了每秒钟16次时，这些单独的声音将不会再在分离的意识状态中被感受出来，取而代之的是一种被称作乐音的连续的意识状态。如果再进一步增加吹气的速度，就会伴随着音调也随之上升的性质变化；随着吹气不断地增加速度，乐音也不断地提高音调，直到其达到一种再提高就会被感受为尖锐的刺耳声，这时它就不属于乐音了。因此，根据同类感受单元聚合程度的变化，从那些单元中会产生许多性质不同的感受。

"但这并非全部。赫尔姆霍茨（Helmholtz）教授的研究表明，如果随着一个快速反复发出的声音序列产生了另一个更快但却不那么响亮的声音序列，那么就会导致音色的性质发生改变。许多不同的乐器已经证明，音调和强度相同的乐音也可以通过声音的刺耳或甜美、洪亮或柔和的特性来加以区分；而它们所有的独特性质，都被证明是来自将一个、两个、三个，或者更多反复声音的增补序列组合，最后合并到反复发出的声音的主序列当中。因此，被人们称之为乐音音调差异的感受的不同，是由于一个序列反复发出的声音的主序列当中。因此，人们对于乐音音调差异的感受的不同，是由于一个序列反复发出的声音的聚合的不同使然。而人们对于音色差异的感受的不同，则是由于这一序列与聚合不同的其他序列同时聚合使然。因此，许多单独看上去是基本的并且在性质上形成对比的各种意识，实际上却是由一种简单的意识通过与自己进行多种方式的组合而形成的。

"我们可以在这里戛然而止吗？如果被称为声音的不同感觉是由一个共同单元构成的，那么我们还可以合理地认为，被称为味道、气味和颜色的不同感觉不也是如此吗？不仅如此，难道我们不能认为可能存在一种单元为这些对比强烈的感觉种类所共有吗？如果每一类感觉中的不同都可能是由于它们共同的心理元素聚合方式的不同，那么我们对每一个种类的感觉和其他种类感觉之间的更大的差异也可以归因于此。可能存在一个原始的心理元素，通过这一元素与其自身的聚合，再由它的聚合物在更高程度上进行聚合而产生大量的意识。这样就产生了更多重性、多样性和复杂性的感受。

"对于这个原始的心理元素,我们是否能够清晰地认识呢?我认为能够。那种被证明是乐音感觉的构成单元的简单的心理印象,与某些有着不同来源的其他简单的心理印象是关联在一起的。由无法感知其持续时间的咯吱声或噪音只不过是一次神经的震荡。尽管我们将这种神经震荡归入我们称为声音的范畴中而加以区别,但是它和其他种类的神经震荡没有什么不同。流经身体的电流的释放,会引起类似于响亮的突然爆炸声所引起的感受。强烈而意外的印象经过眼睛,如通过闪电引起的印象,也会发生神经的震荡。尽管被如此命名的感觉,像电击一样,似乎存在于整个身体,并且因此可能被认为与传出的干扰相关,而和传入的干扰不相关,但在回忆由对象在视野中瞬间经过而造成的心理变化的时候,我认为可以知觉到的是,与传出干扰相伴随的感觉自身,已经还原到了非常接近于同一种形式的程度。事实上,这样产生的意识状态在性质上是可以与由一次吹气而引起的最初的意识状态(与瞬间之后开始的疼痛或其他感受相区别)相比较的;由一次吹气而引起的意识状态可以被认作是神经震荡的原始的和典型的形式。当我们想起感受的可区分性在一定程度上意味着可以感知的持续时间时,就不会对以下这个事实感到陌生了,即由来自不同神经束的不同刺激所产生的突然而短暂的干扰,引起的感受在性质上几乎无法区分;而且当持续时间被急剧缩减了时,我们所能知道的只是某个心理变化发生了、又停止了。要产生一种红色的感觉,要知道一个音调是尖锐还是低沉,要对甜味产生感知,都需要这些刺激的长时间持续。如果刺激的持续时间不足以令它进入人的意识，它就不能被分类到不同的感觉种类中，这时只会发生瞬间的变化，与其他原因产生的瞬间变化非常相似。

"那么，很有可能某种被我们称作神经震荡属于相同种类的东西，是意识的最终单元。我们感受中的所有差异都来自于这一最终单元的不同聚合方式。我说属于相同的种类是基于以下两点考虑：首先，是因为在由不同原因导致的神经震荡中存在着明显的差异；而原始的神经震荡很可能与它们中的每一个都存在差异。其次，虽然我们可以将一种性质上的一般相似性归于它们，但是我们必须假定它们在程度上存在巨大的差异。被如此认识的神经震荡是激烈的——那么在能够从突然被它们打断的一系列种类多样的生动感受中被感知到之前，它们必须是激烈的。但是，我们必须假定不同感受中所包含的迅速反复的神经震荡相对较为温和，甚至强度很轻。如果组成各种感受和情绪的那些快速反复发生的震荡和普通的震荡一样强烈，那么它们将会令人无法忍受，生命甚至就会立刻停止。我们必须将它们看作是相继发生的主观变化的微弱波动，每一个微弱波动都与神经震荡这一强烈的主观变化在性质上相似。"[9]

第三节　对这些论证的辩驳

初次阅读时，我们可能会觉得斯宾塞先生的这一论证能使人很信服，但事实上它却十分脆弱，不堪一击。[10]确实，当我们研究一个音调和其外在原因之间的关系时，我们的确发现音符是简单连续的，而外在的原因却是复合且分散的。原因是在其中的某个地方存在着转化、缩减或者融合。问题在于这些变化发生于神经世界还是在心理世界呢？确实，我们还没有实验证据可以用来做出判断；而如果我们必须要做出一个判断的话，我们只有依靠类推和先验的指导。斯宾塞认为这种变化一定发生于心理世界，因为物理过程经过空气、耳朵、听觉神经、髓质、大脑下部和大脑半球后，它们的数量并没有减少。图 6-1 就清楚地解释了这一问题。

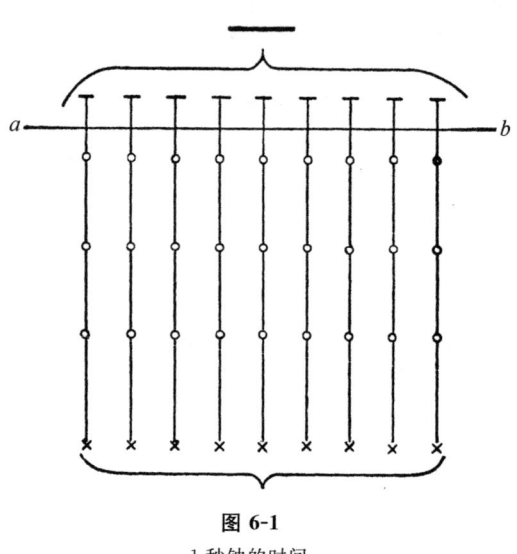

图 6-1
1秒钟的时间

假设图 6-1 中线段 *a-b* 代表意识的阈限，在 *a-b* 线下面的东西代表着物理过程，在 *a-b* 线上面的东西代表着心理事实，×代表物理过程的吹气，圆圈代表发生在神经细胞当中的不断增加的事件，短横线代表感受事实。斯宾塞的观点认为每一个等级的细胞给它上面的细胞传输的刺激和它所接受到的刺激是一样多的。因此，如果以每秒两万次的速率吹气，那么皮层细胞也以同样的频率在释放，而这两万次释放中的每一次，都有一个感受单元与之相对应。那么只有在这种情况下，"聚合"才会发生，它是通过这两万个感受单元"与它们自身相复合"为"连续的意识状态"来完成的（图形顶部的短线代表"连续的意识状态"）。

斯宾塞的这样一种解释与物理推理和逻辑推理都是相矛盾的。首先我们从物理推理的角度来进行思考。

在一次吹气后，一只钟摆会偏离出去，然后再摆回来。是不是我们吹气的次数越多，它的摆动次数就越多呢？其实并不是的，因为对它吹得太快了的话，它会完全摆不回来了，而是以一种明显的固定状态一直偏离在那里。换句话说，明显增加的外界刺激不会造成结果的明显增加。向一根管子里吹气，你会得到某个乐音；若你加大吹气的量，那么在一定的时间内，就会使音调的响度得以提高。这样的情况可以无限地持续下去吗？当然不会。因为当达到一定的力度时，音调的响度并不是变得越来越高，而是突然消失了，并由被比它高八度的音调所代替。稍微打开一点儿燃气并点燃它，你会看到一个微小的火焰。燃气开得更大后，火焰的幅度也随之增长。它会无限地增长吗？还是不会的。因为在到了某一特定时刻，火焰会向上射出，变为粗糙不规则的流光，并开始嘶嘶作响。慢慢地连续向青蛙腓肠肌肌肉神经施加一个微弱的电击，你将看到青蛙连续的抽搐。随着电击次数的增加，抽搐的次数并不随之增加；相反的是，它会使青蛙的抽搐停止，我们会看到肌肉处于明显的固定收缩之中，这个状态被称为肌肉痉挛。肌肉痉挛的情况与在神经细胞和感觉纤维之间发生的情况相类似。确实，纤维比细胞更活跃，而且，纤维的快速振动只能在神经细胞中引起相对比较简单的过程或状态。高级细胞甚至比较低级细胞的反应速度更慢，因此在一秒钟之内，那假定的两万次外部空气的吹动可能在皮层中被"聚合"为非常少量的细胞释放。图 6-2 正是用来把这种推测与斯宾塞的观点相对照。在图 6-2 中，所有的"聚合"都是在意识阈限之下发生的。当我们接近与感受联系最为直接的细胞时，细胞事件的频率逐渐减少，直到最后我们到达由那个较大的椭圆所象征的事态的状况中，这个椭圆代表皮层中枢大量缓慢的紧张和释放过程，作为一个整体，由图形顶部的直线所代表的对乐音的感受简单且完整地与它相对应。就好像人们一个接着一个地开始走向遥远的地方。由于在刚开始时路况很好，人们之间保持着跟原来一样的固定距离。不久后，道路就开始被泥沼所阻碍隔断，沼泽会越来越糟，这迫使前面的人行动越来越慢，因此后面的人就追赶上了前面的人，这样所有的人最终都会一起到达目的地。[11]

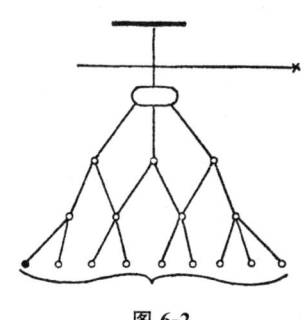

图 6-2
1 秒钟的时间

根据这种假定，没有被感知到的心理元素单元，并非先于完整的意识而存在，也并不构成完整的意识。意识本身是一种直接的心理事实，并且与无条件伴随的神经状态有直接联系。如果每一次神经震动都会引起它自己的心理震荡，然后这些心理震荡就结合起来，我们就无法理解：为什么中枢神经系统中的一个部分与另一部分的分离就会破坏意识的完整性，而这种分离并未涉及心理世界。心理原子应当从神经物质的两侧浮现，在它上方聚集和融合，就像分离从来不曾做过一样完好。然而我们知道，它们并非如此；人类左听觉中枢或者视觉中枢和大脑皮层其他部分之间的传导路线的中断，将会阻挡他听见或看见写下的语词与他的其他观念之间的交流。

此外，如果感受可以混合成为一种中间物，那么我们为什么不用一种对绿色的感受和一种对红色的感受来获得一种对黄色的感受呢？为什么光学忽略了通向真理的康庄大道，却花费数个世纪的时间去争论颜色构成理论，而这个问题是本来用两分钟的内省就可以得到解决的。[12]我们不能将感受做这样的混合，尽管我们可以混合所感受到的对象，并且从它们的混合中获得新的感受。我们大脑中甚至无法同时拥有两种不同的感受，这一点在第九章还会得到更清晰的阐述。我们最多可以在明显不同的感受中，把之前展现给我们的对象结合起来进行比较。但是，这时我们就会发现，不管比较的结果如何，每一个对象在意识面前都会顽固地保持其独立的特性。[13]

第四节　心理事实的自我复合是不可接受的

对心理元素"与它们自身复合"或者"聚合"的理论，还有一个更加具有说服力的反驳。在逻辑上，这种复合是无法理解的，它没有考虑所有我们实际了解的"聚合"的基本特征。

所有我们实际知道的聚合，都是在与它们自己不同的实体上，由所谓被"聚合"的单元而产生的结果。没有这种中介或者媒介物的特征，那么聚合的概念事实上就毫无意义。

"例如，大脑中一群会收缩的单元，通过联合的行动，并且通过都和一个单一的肌腱相连接,将会一起拉动,并且会引发一种动力学的效果,毫无疑问,这效果就是它们个别能量的矢量和……总之,肌腱对于肌肉纤维、骨骼对于肌腱,都是机械能量的联合接受者。能量聚合的必要条件是合成媒介。要了解机械的合成对于结合基质的完全依赖性,我们可以想象一下,所有单独收缩的肌肉要素都被从它们的附着物上切断。这样,也许它们依然能够用和以前相同的能量进行收缩,然而却不能产生协作的效果。所缺失的是动力结合的媒介。那么多重能量单独地作用于不同的接受者,也会在完全孤立和分离的行为下丧失自己。"[14]

换言之,无论有多少个实体(根据你的喜好,可以称它们为力、物质粒子或心理元素)都无法将它们自己聚合在一起。在总体中,每种实体都始终是它永远所是的东西;而只有对一个旁观者来说总体自身才是存在的,这个旁观者恰好忽视了那些单元,并且以此来理解总体;或者,它以对外在于那个总体自身的一种实体所表现出的某种其他作用的形式而存在。我们不要去反驳 H_2 和 O 将它们自身结合成"水",然后表现出了新的性质。它们没有这样的。"水"仍然是旧原子(H-O-H),只是处在一个新的位置中;"新的性质"只是处于这一位置时对外部的媒介(例如,我们的感觉器官和各种为人所知的可以让水表现出其性质的试剂)所表现出的联合效果。

"只有当聚合物在其他事物面前做出这样的行为表现时,它们才是有组织的整体。雕像是大理石微粒的聚合物,但是它作为雕像并不具有统一性。因为对观众而言，它是一体的，但它自身却又是一个聚合物；正如对于一只爬到它上面的蚂蚁的意识而言，它又可以显现为一个单纯的聚合物。部分间的聚合无法产生出大量分离成分的统一体，除非这个统一体对于其他某个主体来说，而不是对于那一堆东西自身来说是存在着的。"[15]

同样，在平行四边形中力本身并不能结合为对角线的合力，需要有一个它们可以撞击的实体来表现它们的合力效果。乐音本身也不会结合形成音调，音调只是乐音结合后对于外部媒介——耳朵所产生的效果。

假设将基本单元设想为"感受"，那么情况也是一样。我们先取出100个感受，搅乱它们，并且竭尽所能地将它们紧紧地捆扎在一起（不论这意味着什么）。这时，每一个感受依然是其所是的同一个感受，封闭在自己的空间里，也不知道其他感受是什么。如果建构一组或一系列的这种感受，那么，一个属于这个感受序列的意识就会出现，即第101个感受会存在于那里，且这第101个感受是一个全新的事物。依据一个有趣的物理法则，前100个原初感受的聚合就可能是第101个感受出现的一个信号，但是它们与它之间并不存在实质上的同一性，人们永远也不能通过那100个感受推导出第101个感受，也不能说（在任何可理解的意义上）它们进化出了它。

有一个句子是由12个词组成的，并且告诉12个人中的每个人一个词。然后让这些人站成一排或围成一圈，每个人都集中精力去想他自己的那个词，这些人绝对不会拥有关于整个句子的意识。[16]我们谈论"时代精神""公民道德"，还以各种方式使"公众意见"具体化。但是我们知道这些不过是象征性的话，我们从来也不指望这种精神、道德、意见等会形成一种意识，它不同于"时代""人民"或"公众"这些词所指的那些单独个人的意识，并且成为这些意识的补充。个人的心理元素不会聚合成更高级的复合心理。这一直是心理学中唯灵论者战胜联想主义者的论点——在第十章我们将更详细地讨论这一问题。联想主义者认为，心理是由许多联结为一个统一体的独特"观念"构成的。他们认为存在一个观念a和一个观念b，因此就会存在一个a+b的观念，或者存在一个a和b在一起的观念。这就等于说，a的平方加上b的平方等于a+b的平方，这是一个明显错误的观点。观念a加上观念b不等于观念(a+b)。(a+b)是一个观念，a和b是两个观念；在前者那里，知道a者也知道b；在后者那里，知道a者是被清晰地假定为不知道b。总之，无论通过任何逻辑都无法使两个分离的观念变成一个像"联想"观念这样的同一个东西。

这就是唯灵论者一直坚持的观点，但事实上我们确实拥有"复合"的观念，并且确实既知道a也知道b，因此联想主义者就采取了更进一步的假说来解释这一观点。他们说，分离的观念是存在着的，但它们影响着另一个实体，即灵魂。它包含了一个"复合"的观念（如果你愿意这样称呼它的话），并且这一复合的观念是一个全新的心理事实，分离的观念与它的关系不是构成的关系，而是它得以产生的诱因。

唯灵论者反对联想主义者的这个论证，联想主义者也没有对此给予回应。它适用于反对任何主张感受自我复合的言论，有效地反对任何"聚合""复杂化""心理化学"或"心理综合"的概念（它假设一种合成意识从其组成部分自身浮现出来，而没有可以对其产生影响的额外意识法则）。简单来说，心理元素理论是很难去理解的。单个的感受原子不能组成更高级的感受，就像单个的物质原子不能组成物质事物一样。对一个思维清晰的原子进化论者来说,"事物"是不存在的,它们都不过是永恒的原子。当原子以不同形式聚合在一起时,我们将其命名为此"事物"或彼"事物",但我们所命名的事物在心灵之外并不存在。那些由于同时了解许多事物而被人们称为复合的心理状态也是如此。由于这种状态的存在是毋庸置疑的,所以它们就必须作为独立的新事实而存在,或者像唯灵论者说的那样,它是通过对心灵产生新效果(在这里我们将不对这一点做出论断)而存在的,但无论如何它们都是独立和完整的,并且不是由心理原子复合而成的。[17]

第五节 心理状态可以是无意识的吗

有些人强烈地追求统一性和平稳性,尽管这些推理和结论在逻辑上都非常清晰,很多人还是无法接受它们。他们把事情弄得杂乱无章,在某些领域这个状态似乎让人无法接受。他们清除了所有从物质到心理,或者从较低级心理到较高级心理的"不间断地过渡"的机会,并将我们推回到了意识多元论之中——每一个意识不连续地分别从物质和精神这两个分离的世界中产生——这甚至比过去每一个特殊灵魂都是单独创造出的观点要更加糟糕。但是反对者几乎不会试图通过直接的攻击来反驳我们的推理。他们更有可能会完全无视这些推理,并且对之进行迂回和破坏,直到它的逻辑变得一团糟,在这种情况下任何结论都无法成立。

我们曾经假定,1 000个心理单元的"聚合",要么是那些已经被重新命名的单元的重复,要么是某种实在的东西,这样它就有别于那些单元,对那些单元来说它就是另外的。如果某一个存在的事实是那1 000个感受的事实,那么它就不能同时又是关于一个感受的事实;

因为感受的本质是被感受，而且是作为一个心灵的存在的感受，它就必须如此。如果一个感受不同于那1 000个感受中的任何一个感受，它在什么样的意义上能够被说成就是那1 000个感受呢？一元论者想要推翻这些假设，这些人中信奉黑格尔(Hegel)理论的人会立刻高调地宣扬心理生活的崇高和美好就在于它调和了所有的矛盾；而且正是因为我们所思考的事实是关于自我的事实，所以它们同时既是一又是多。我承认我无法辩驳这样一种观点，就好像用棍子来打一个没有抵抗力的蜘蛛网，力气再大，其目标也毫发无伤。因此我对这一学派不加任何评论。

其他的一元论者则尖锐地表达了这样一种倾向：他们试图通过做出一种区分(即把心理状态区分为无意识的心理状态和有意识的心理状态)，来打破心理状态之间的区别。这听起来自相矛盾，却是一种极其聪明的做法。在心理学中，它是一种最高手段，可以让人坚信自己的信仰，也可以将本来可以成为科学的东西变成奇异想法的竞技场。它的支持者无数，并且它有充足的理由支持自己。因此我们必须对它进行一定的思考。

第六节　无意识的心理状态存在吗

在对这个问题的讨论中，我首先尽可能简明地列出所谓的证据清单，然后对每个证据进行反驳，如同在经院哲学家的书中所看到的那样。[18]

第一个证据：最小可视物和最小可听物都是由部分组成的。如果每一个部分无法影响感官，那么整体如何能影响感官呢？而且，在它们各自都是不可感知的情况下，每一个部分都影响了感官。莱布尼茨

(Leibnitz)用"统觉"来指代整个意识,用"微知觉"来指代不可感知的意识。

他说,"我通常用大海咆哮的冲击声作为例子来对后者做出说明。当大海咆哮时,接近海岸的人会受到冲击,听到大海怒吼声音的人,就一定能听到组成其全体的部分的声音,也就是每一个波浪的声音……如果只有一个波浪,人们就不会注意到这个声音。他必须受到一个波浪运动的一点点影响,他必须对每个个别的声音都有少许的知觉,而不管这个声音是多么的微弱。否则,他不会听到那 10 万个波浪的声音,因为 10 万个零无法形成一个真实的量"[19]。

反驳:这就是"区分谬误",它也是断定如果聚合物为真,那么聚合物中的每一个成分也为真的一个绝佳的例子。如果 1 000 个东西聚合起来能引起感受,那么其中一个东西也必定能独自引起那种感受,这种断言在此是不成立的;就好像如果一磅①的重量能使天平移动,那么一盎司②的重量也一定能使它在较小的程度上移动一样,这一断言在此同样也不成立。一盎司的重量完全无法使天平移动,它的移动从磅开始。我们最多可以说,每一盎司以某种形式帮助那一运动出现。因此,每一个对神经的亚可感刺激无疑影响了那个神经,并且当其他刺激到来的时候,会有助于引起感受。但是,这种影响是一种神经影响,我们没有理由认为它是一种对自己无意识的"知觉"。对于一种心理状态,"特定量的原因可以是产生任何结果的一个必要条件"[20]。

第二个证据:在所有习得的机敏和习惯(人们称之为次级自动操作)中,我们做了本来需要一系列有意识的知觉和意志参与才能做到

---

① 1 磅=0.453 6 千克。——编辑注
② 1 盎司=28.349 5 千克。——编辑注

第六章 | 心理元素理论 171

的事情，因为在这种条件下动作依然保留了它们的智力特性，智力也依然在指挥这些动作。但是由于我们的意识似乎在关注其他的方面，这种智力就一定是由无意识的知觉、推论和意志所构成。

反驳：这里有多种可供选择的解释与大量的事实相符合。其中一种解释是，习惯性动作中的知觉和意志可以有意识地运作，只是它们运作得很快并且未被注意以至于未留下关于它们的任何记忆。另一个解释是，关于这些动作的意识真实存在着，但是它却从脑半球的其他意识中分离了出去。我们将在第十章中发现大量关于意识成分分离的实例。由于人的大脑半球确实参与了这些次级自动动作，说它们在无意识的情况下发生，或者说它们的意识是低级中枢的意识（对此我们全然不知），都是不正确的。但是，记忆的缺失或者分离的大脑皮层意识肯定能解释这些事实。[21]

第三个证据：当我们在想起 A 的时候，立刻就发现自己想起了 C。尽管 B 是 A 和 C 之间很自然的逻辑链接，但是我们却意识不到自己想到了 B。它曾经一定"无意识地"在人们的心中存在并且在那样的状态下影响人们的观念序列。

反驳：对于这个结论，我们有以下更可信的解释。一是，B 曾经有意识地存在于那里，但在下一个瞬间就被遗忘了；二是，不管是有意识的还是无意识的，它完全不需要观念 B 的产生，因为大脑神经通道就可以独自完成联结 A 和 C 的全部工作。

第四个证据：有些问题在我们睡觉前还无法解决，但在早晨醒来时却发现已经解决了。梦游者也会做出理性的行为。我们能在前一天晚上预定的时间准时醒来等。这些事实一定都由无意识思维、意志和时间感知等在掌控。

反驳：和催眠恍惚状态一样，意识只是被遗忘了而已。

第五个证据：一些癫痫病患者发作时尽管是无意识的但却能完成很复杂的行为，如到一家餐厅吃饭并买单，或是进行暴力行凶。在精神恍惚状态中（人为的或是病理的），患者会完成长时间的复杂操作，并且运用推理能力，而自己却对这些一无所知。

反驳：迅速的和彻底的遗忘就是对上述现象的解释。催眠状态也与之类似。告诉一个处于恍惚状态中的被催眠者他可以记住某件事情，那么当他醒来时他就可能会对那件事情记得很清楚，但是如果你不告诉他，他就不会有任何记忆。迅速地遗忘我们平日睡眠时所做的梦是一个很常见的现象。

第六个证据：在一个音乐和弦中，几个音符按照相对简单的比率振动。心灵会无意识地计算那些振动，然后再因它所发现的简单性而感到高兴。

反驳：由简单的比率所产生的大脑过程，可能和将这些比率进行比较的意识过程一样，会直接令人感到愉快，这里不需要计算（无论是有意识的还是无意识的）。

第七个证据：我们时刻都在做出理论判断和情绪反应并同时显现出实践的倾向，但我们对此无法进行清晰的逻辑辩护，可它们却是来自于某些假设的正确推论。我们所知道的多于我们能够说出来的，我们的结论也先于对原因的分析。例如，与同一个事物相等的两个事物彼此也相等，即使一个孩子完全不知道这条公理，也能在他做出具体判断时正确地应用它。一个农夫无法用抽象的术语去理解高深的理论，但却可以运用它。

"我们很少会有意识地思考到我们的房子是如何装潢的，它是什么样的色调，家具是什么样的款式，或者门是向右还是向左开，是向外还是向里开。但是这些事情中任何一件发生变化时，都会很快地引起我们的注意！想想你最经常开的那扇门，并且说出（如果你能的话）它是向右还是向左开，是向外还是向里开。虽然想不清，但在你开门时，你永远都不会把手放在错误的一边去找门锁，也不会去推开一扇本应是拉开的门……朋友的脚步有着怎样的特性才能让你识别出他的到来？'如果我撞上一块坚硬的东西，我是会受伤呢，还是会被迫停止前进呢？'这个观念你曾经有意识地思考过吗？是因为你曾经清楚地构想过那个观念，或者有意识地获得并思考过那个观念，而使你避免撞上障碍物的吗？"[22]

我们大多数的知识一直是处于潜伏状态的。我们的行为符合我们所习得的东西，但是当我们做出行为时，只有极少数的东西可以进入我们的意识中。然而我们可以随意回忆起其中的很多东西。这些未被认识到的原理和事实，以及这些潜在的知识与我们思想的协作，我们想要做出解释是不可能的，我们只能假设有大量无意识的观念永久地存在于大脑中，这些观念都对有意识的思维产生稳定的压力和影响，其中许多观念仍然与意识存在着连续性，并且不久就会变成意识本身。

反驳：无法想象有如此大量的观念。但是，各种各样的捷径确实存在于大脑中。有些过程的唤起强度没有那么强烈，所以无法产生任何明确的"观念"，不过这些过程可以帮助确定一种作为结果而发生的过程，而这些过程的心理伴随物，即所说的观念可以是一个前提，如果这个观念真的存在的话。某种泛音可能是我朋友声音的一个特征，它可以与其他声音一起向我的意识提示出我朋友的名字。然而我却可能并没有意识到那个泛音本身，甚至在我的朋友讲话时，我也无法分辨它是否出现了。这个泛音让我想起朋友的名字，但是它并没有使我产生与那个泛音相符的大脑过程。学习的情况也与之相似。我们学习的每一个问题都会让大脑发生变化，这使得大脑将不会对事情做出和以前一样的反应；而且这种差异的结果可能就是一种行动倾向，虽然不存在观念相伴随，但是和我们一想到那个问题就会立刻去做的情况是一样的。后者随意地成为有意识的，也同样可以解释为大脑变化的结果。正如冯特所说，这是一种产生关于原初问题的有意识观念的"倾向"，一种其他刺激和大脑过程可以将其转变为真实结果的倾向。但这种倾向并不是"无意识观念"，它只是大脑某些神经束的分子的一种特殊排列。

第八个证据：本能是智能行为的表现，比如，它会用适当的途径去追求目标；但因目标是无法预知的，所以那种智能肯定是无意识的。

反驳：我将在第二十四章"本能"中表明，所有的本能现象都能解释成神经系统的活动，通过刺激机械地释放到感官那里。

第九个证据：在感官知觉中，我们有大量的结论是从给予感官的资料中通过无意识的推理过程获得的。比如，视网膜上的小人形象不会感知为一个小矮人，而只是一个站在远处的身材正常的人。我们会将暗淡光线下的某种灰色物体感知为白色物体。这样的推论时常会误导我们，例如，以淡绿色为背景的淡灰色看上去是红色的，是因为我们使用了一个错误的前提去推理。我们知道一层绿膜可以覆盖在一切东西上面，并且知道在这样一层绿膜之下的红色物体看上去是灰的，于是就错误地推论出灰色外观下一定存在着红色物体。在第十八章中我们将给出大量关于空间知觉研究的例子，这些例子涉及曾被人们解释为是由无意识逻辑运算所致的真实的和虚幻的知觉。

反驳：在许多情况下第十八章的内容也可以反驳这一解释。颜色对比和光对比完全是感觉事件，因此推论在其中没有任何作用。赫林（Hering）曾经对此做出了一个较好的论证[23]，我们在第十七章还要对此进行讨论。我们对大小、形状、距离等的快速判断，最好应解释为简单的大脑联结过程。某些感觉印象直接刺激大脑的神经束，现成的有意识知觉与大脑神经束活动在心灵上直接匹配。这个行为是依据先天的或由习惯获得的机制来完成的。冯特和赫姆霍尔茨在他们的早期著作中为了使无意识推论在感官知觉中成为一个至关重要的因素而做了大量的工作，后来他们认识到需要更改这个观点并承认，即使在没有任何真实的无意识推理过程的条件下，推理结果也仍然会产生。[24] 也许是哈特曼（Hartmann）对他们的原理的过度滥用导致了他们的转变。很自然的，他们对哈特曼的感受，就像故事中把脚放在马镫里的水手对那匹马的感受一样——"如果你还准备继续前进，我一定得下来。"

哈特曼坚持无意识思维原理从起点又回到了原点。对他而言，一切可命名事物都可以证明这一原理。但他的逻辑是如此不严密，而且他完全忽视了明显的不同观点，所以，总的来说仔细研究他的论证只会浪费时间。叔本华（Schopenhauer）的观点也是这样，神话在他的研究中达到了顶峰。例如，他认为，人们对空间中的物体的视知觉来自于智力执行了下述完全无意识的操作：第一，研究倒转的视网膜形象并将其转正，以此作为初步操作，并形成了一个平面空间；第二，由眼球的视差角计算出两个视网膜形象必定只是一个物体的投影；第三，创造出三维图像，并看到这个物体是立体的；第四，确定这个物体的距离；第五，在所有的这些操作中，它都无意识地将物体视为自身无意识感受到的某种感受的唯一原因，并由此获得自身建构的物体的客观属性。[25] 我们对此几乎无须做出评论，正如我所说的，它纯粹就是个神话。

在证明无意识状态的观念存在的情况下，人们所使用的这些事实都无法直接回答这类问题。它们要么证明有意识的观念出现了，而在下一刻又被遗忘了；要么证明了某些类似于推理的结果，可以通过好像没有观念作用附着在其上的快速的大脑过程就形成了。但是还有一个论据要提出，它的论证比我们之前探讨过的更具有说服力，我们对此必须给出一种新的解释。

第十个证据：我们心理生活中的很多经验可以描述为：我们一直具有的主观条件与我们在实际中所推测的并不相同。例如，我们突然发现我们认为感兴趣的事情使我们厌烦，或者是爱上了一个我们认为只是喜欢的人，或者我们有意识地分析自己的动机，发现它们包含了我们从未意识到的嫉妒和贪婪。我们对人的感情是动机的最好源泉，它本身并不自知，只能通过内省显现出来。我们的感受也是这样：我们不停地在每天习惯接收的感受中发现新元素，这些元素最初就存在，否则我们就无法将包含这些元素的感受和其他相近的感受进行区分。这些元素必须存在，因为我们用它们来进行区分；但是它们必须存在于无意识状态下，因为我们完全无法将其挑选出来。[26] 分析学派的心理学书籍中有很多这样的例子。谁知道与他的每一个思想混合在一起的无数的联想呢？谁能撇开每时每刻从他的各种内部器官、肌肉、心脏、腺、肺等流出的难以形容的感受，并且在其整体上形成他对肉体的感觉呢？谁又能意识到神经支配的感受和可能的肌肉运作的暗示对距离、形状和大小的判断起到什么样的作用呢？请想一下我们拥有的感受和我们注意到的感受之间的差异。注意会产生出似乎是新创造的结果，而它揭示出来的感受和感受的元素一定以一种无意识的状态存在了。我们实际上都知道在 D、B、Z、G、V 和 T、P、S、K、F 之间存在着所谓的浊辅音和清辅音之间的区别。但是，在理论上来说，除非人们准备好了要去感知它们，并将其注意力放在它们之所是之前，否则只有极少的人了解这一区别。浊辅音只不过是清辅音再加上某个元素，这个元素在所有的浊辅音中都是一样的，是外加上去的。这个元素是浊辅音从喉咙里发出的音，而清辅音则没有这种音的伴随。因此，当我们听到浊辅音字母时，它的两个组成要素都必须在大脑中出现；但我们一直没有意识到它们到底是什么，并且只有通过注意让我们了解到它的两个组成要素时，我们才不会把那个字母当成一种简单的声音性质。现实中存在着许多感受，而很多人一生也从未注意过，因此只是以一种无意识的方式存在着。例如，打开或关闭声门的感受，拉紧耳朵鼓膜的感受，调节眼球的晶体以适应近距离视觉对象的感受，中断从鼻孔到咽喉的通道的感觉，等等。每个人每小时都会多次拥有这样的感受，但可能很少有人能准确意识到这些感受是什么。所有这些事实以及其他大量的事实，似乎都在证明：一个观念能够以完全有意识的方式存在，还能够以一种无意识的方式存在。毫无疑问，同一个观念能以这两种方式存在。因此，所有反对"心理元素理论"的论证就失去了存在的基础，这个论证认为在我们心理生活中的存在就是感受，一个观念必须被有意识地感受为它之所是的东西。

　　反驳：以上的推理过程是很混乱的。两种指向同一个外部实在的心理状态，或者后者指称前者的两种心理状态，被描述为同一种心理状态或"观念"，以两个版本分别发表出来。这样，在第二个版本中可以发现第一个版本中明显不存在的特征，这些特征解释为只不过是以一种"无意识"的方式真实地存在着。如果不是有心理学的历史作证，我们根本不会认为有智慧的人会犯这么明显的错误，一些心理学研究者常用的是这种信念：同一个对象的两种思想事实上是同一个思想，而这同一个思想在后来的反省中对其本质越来越有意识。但是，一旦某人在观念出现时就将简单获得的观念，区别于后来了解到与此观念相关的所有事实，并且进一步将被我们当作主观事实的心理状态自身区别于它所知道的客观事物，他就可以轻松地走出迷宫了。

首先，让我们探讨第一个区别：所有以感觉和注意力揭示出来的新的感受特征为基础的论证都是没有立足点的。当我们注意 B 和 V 的声音，并且分析出它们与 P 和 F 的不同是喉部发音时，我们对 B 和 V 的感受将不同于以简单的方式获得的对 B 和 V 的感受。它们的确代表相同的字母，因此意味着相同的外部实在；但它们是不同的心理作用，并且确实依赖于相差甚远的大脑活动过程。将两种如此不同的心理状态归因于完全相同的过程是难以置信的——其中一种是将声音作为一个整体来被动地接收，而另一种是通过有意注意将声音的整体分解成不同的部分。这一主观差别并不在于先命名的状态就是以"无意识"形式存在的后一种状态。这是一种纯粹的心理差别，甚至比两种不同清辅音之间的差别还要大。其他例子的感受也是这样。第一次体会到关闭声门是何种感受的人，在这次发现中感受到一种他以前从未体验过的全新的心理改变。他以前有过另一种感受，一种不断变化的感受，而且这种感受器官的起点是同一个声门；但那不是在"无意识"状态下的后来的感受；它是一种完全不同的感受，尽管它关注的是同一个身体器官——喉部。此后我们将会发现同样的实在能被无数的心理状态所认识，尽管这些心理状态之间有天壤之别，却一直保持着指向那个实在。每一个心理状态都是一个意识事实，它们只有这一种存在方式，也就是它们出现的那一瞬间被我们感受到的方式。因为它们指向同一个外部实在，所以它们就必定是同一个"观念"的不同版本，

第六章 | 心理元素理论　179

有时处于意识状态，有时处于无意识状态，而这仅仅是一种令人难以理解和捕风捉影的说法。一个观念只能以一种完全有意识的状态存在。如果它不是以有意识的状态存在，那么它就根本不存在，而是别的某种东西取代了它。那种别的东西可能只是一种纯粹的大脑过程，或者是另一种有意识的观念。这些东西具有和第一个意识观念相似的作用，能指向同一个对象，并且和思维的结果处于一种相似的关系中。但是，那并不是我们在心理学中抛弃逻辑同一性原理的理由，不管它在外部世界中经历了什么，心灵始终都是这样：一个东西可成为各种其他东西，但同时还能保证是它自己。

现在我们来讨论另一种区别，即拥有一种心理状态和它所了解的客观事实之间的区别。这个讨论会更加简明。当我说我没有意识到自己已经恋爱了好几个星期时，我只是将之前没有命名但完全有意识的状态命名罢了。除了有意识的方式外，这种状态没有其他的存在方式。而且，虽然它是我当下对我所爱之人的感受，且持续地向后者发展，它与后者相似得可以用同一个名称来称呼，但它与后者绝不是同一的，更不是以一种"无意识"的方式与后者同一。此外，来自于我们的内脏和其他器官的模糊感受，对神经支配的感受（如果有这样的感受），以及对肌肉运动的感受（在空间判断中，我们将这些感受无意识地设想为决定着我们所感知的东西），就是我们对它们所感受到的东西，是完全确定的意识状态，而不是其他意识状态的不清晰的版本。它们可能是不清晰的和微弱的；它们可能只是模糊地认识到其他意识状态能够确切认识且命名的一些同样的实在的非常模糊的认识物；它们可能对其他状态能意识到的实在中的许多事物是无意识的。但是这并不使它们本身变得模糊、微弱或者无意识。只要它们存在，它们就一直是它们所感受的样子，而且不管是实际地还是潜在地，它们除了微弱的自身以外,无法与其他任何事物相同一。在意识流中,依据一个微弱的感受和在它之前或之后的东西的关系,它可能被回顾、归类和理解。但是它本身和了解关于它全部这些事情的后来的心理状态,肯定不是同一心理事实的两种状态,其中一种是有意识的,另一种是无意识的。大体上来说,思想的命运是:前面的观念被后面的观念所取代,同时对同样的实在给出更全面的解释。但是前面的观念和后面的观念,与大量单独的、相继的心理状态一样依旧保持其自身单独的实体性身份。如果不相信这一点,我们就无法形成确定的心理学。在我们相继的观念中所发现的唯一的同一性,就是它们在处理同样的对象方面存在认知或表征功能上的相似性。这里的同一性就是无。我相信在这部书的后面章节中,从这里开始的简洁地陈述这些事实的简单方式将会使读者受益。[27]

因此,我们可以确定"一个心理事实可以同时是两个东西"这一观点是不可理解的。同时,我们也发现了能够以其他方式表达所有观察到的事实,并且那种看上去像是一种感受的东西,如蓝色的感受或憎恨的感受可以真实地和无意识地是成千上万种与蓝色或憎恨完全不同的基本感受。然而我们可以肯定地说,心理元素理论尽管遭受抨击,却没有被摧毁。如果我们将意识归于单细胞微生物,那么单个的细胞就可以拥有意识,以此类推我们可以得出每一个大脑细胞都有自己独立的意识。如果通过将不同剂量的这种单独细胞意识结合起来,心理学家就能够将思想当作某种能够测量的原料或材料,可以增加或者减少它,甚至可以自由打包,那么这对心理学家来说是多么方便呀!他迫切地渴望能够对他所描述的连续心理状态进行综合建构。这种建构很容易就得到了心理元素理论的认可,"人的不可征服的心灵"将会在未来付出更多的顽强与机智而再次恢复过来,并使它进入某种貌似科学的工作秩序，这看起来是毋庸置疑的。因此，我最后将对目前存在的困扰这个问题的剩余难题作一些探讨，并以此来结束这一章。

第七节 陈述心理和大脑之间关系的困难

我们应该还记得，曾批判过连续意识单元聚合为乐音音高感受的理论，我们认为无论发生什么样的聚合过程，随着神经系统中物质变化的分布越来越广泛，这个过程都会将空气波动聚合为一种越发简单的物理结果。我们还曾提到（参见第17页），在与乐音音高感受整体相符的大脑皮层的听觉中枢，大面积地产生了一些简单的过程，而乐音音高的感受直接与这个过程相对应。在讨论大脑功能定位时，我已经说过（参见第121～122页），意识伴随着神经刺激流通过大脑，并且随着神经流性质的变化，其性质也不同。如果大量的枕叶参与其中，大脑反应的就是人们看到的东西；如果神经活动集中于颞叶，大脑反应的就是人们听到的东西，等等。还需要补充一句，这是人们在生理学发展的现状之下所能提出来的保守的论题，这种方案就是这么的模糊不清。心理失聪和心理失明，以及听觉失语症和视觉失语症，这些事实告诉我们，如果要产生某种思想，整个大脑必须一起活动。意识自身是一个完整的而不是由部分组成的东西，意识的发生对应于大脑当下的整体活动，而不管这些活动是什么。这种表达心理和大脑之间关系的方法将会在这部书的其余部分一再被提及，因为它不含假设，而完全是事实，并且不会遭受像观念结合理论所遭受的那种逻辑反驳。

然而我们发现，从科学的、实证的角度而言，尽管粗略地将这一方案作为我们的心理和大脑相伴随的单纯的经验法则不存在可辩驳之处，但是如果让它代表更本质或更终极的东西，它就会完全被推翻。当然，心理和大脑关系研究中的最终极问题，就是理解如此不相干的事物为什么有联系，又是怎样联系的。但是在这个问题被解决之前（如果它终究会得到解决的话），我们首先要解决一个不那么终极的问题，即在心理和大脑之间的联系可以被解释之前，它至少必须先以一种基本的形式被陈述；而要做到这一点是一件非常困难的事情。因为，如果要以一种基本形式去陈述它，就必须把它还原成最低级的关系，进而去了解哪种心理事实和哪种大脑事实是属于直接并列的关系。这样，我们就必须找到最小的心理事实，其存在直接依赖于大脑事实，并且我们必须同样找到最小的大脑事实，它无论如何都有一个心理对应物。在如此找到的心理和物理的最小事实之间存在一种直接的关系，对这种关系的描述（如果我们有这样的描述），就应该是基本的心理—物理法则。

  我们的方案是将整个思想（甚至是关于复杂对象的思想）视为处理心理问题的最小元素，从而避免了心理原子的不可理解性。但是在将整个大脑过程当作其物质方面的最小事实时，这个方案同样会遇到很大的困难。

  首先，它忽视了整个大脑过程的组成和思想对象的组成之间的类推，这是某些批评家所特别强调的。整个大脑过程是由部分组成的，它包括在视觉、听觉、触觉和其他中枢中同时进行的过程。而思想的对象也是由部分组成的，有些是我们看到的，有些是我们听到的，还有一些是通过触觉和肌肉运动感知到的。对此，批评家就会说，"为什么思想不是由部分组成，其中每一个部分就是对象的一个部分和大脑过程的一个部分的对应物呢？"产生这种观点也是很自然的，这也因此产生了所有心理学体系中最为强大的一个体系——即主张观念联想

178

第六章 | 心理元素理论 183

的洛克学派，心理元素理论不过是这一学派中最后的、最微妙的一个分支。

第二个困难更难以应对。"整个大脑过程"根本不是一个物理事实，它是一个旁观的心灵所感受到的无数物理事实。"整个大脑"其实就是我们对无数个分子的一种称呼，这些分子排列在某种特定位置上，并以一定的方式影响着我们的感官。依据微粒论哲学或机械论哲学的原理，唯一的实在就是单个分子或者至多是细胞。它们聚合为"大脑"的说法是人们自己的虚构。这样一种虚构将无法成为任何心理状态的客观的真实对应物，只有真正的物理事实才适合，而唯一真实的物理事实就是分子事实。于是，如果我们要有一条基本的心理—物理法则，我们似乎又回到了与心理元素理论类似的观点上来，因为作为大脑元素的分子事实，似乎很自然地与思想中的元素相对应，而不是与整个思想相对应。

那么，我们应该怎么做？许多人此时会赞美那不可知事物的神秘，他们也会在对我们心生敬畏的同时得到慰藉，因为我们用这样一种原则最终解决了我们的困惑。还有些人则会感到高兴，因为我们最初关于事物的有限的和分离主义式的看法，最终揭示了它的矛盾，并将以辩证法的手段引领我们到达某种"更全面的观点"中去。在这种观点中矛盾的东西不再使人们困惑，逻辑也开始不起作用。这可能是一种本性上的脆弱，但这种让智力受到挫败的方法并不能使我感到欣慰。它们只是心理上的氯仿麻醉剂。通向真理的道路越是曲折，我们就越是要坚持不懈地努力！

第八节　物质单子理论

　　最合理的事情就是去猜想也许存在第三种可能性，一种我们还未曾思考过的不同假设。确实存在这样一种假设，这一假设在哲学史上曾多次出现，并且比我们曾讨论过的那两种观点都更能避免逻辑的反驳。这一假设可以被称为"多元物活论"或"复合单子论"，它是这样思考这一问题的：

　　每一个大脑细胞都具有它自己的单独意识，其他的所有细胞对此都全然不知，所有的单独意识对彼此来说都是"在外的"。然而，在这些细胞中间还有一个中心或主宰细胞，我们的意识依附于这一细胞。所有关于其他细胞的事件都对这个中心细胞产生物理影响，这些其他细胞通过对它产生共同影响而被说成是在"结合"。实际上，那个中心细胞就是一个"外部媒介物"，一系列事物的融合或聚合只有通过这种媒介物才能发生。因而，这个中心细胞的物理变化，通过每一个细胞都参与的产生影响的过程，形成了一系列的结果。因此，我们可以说每一个其他细胞都在它那里得到了表征。同样地，和这些物理变化有关的意识构成一个思想或感受的序列，其中每一个思想和感受就其实体性存在而言，都是一种完整的和非复合的心理事物，但这每一个思想和感受都可能会意识到事物，这些事物在数量和复杂程度上与影响中心细胞发生变化的其他细胞的数量成正比。

　　把握了这样的观点，人们就不会面临困扰其他两种理论的那些内在矛盾了。一方面，人们无需对那种心理元素的不可理解的自我结合进行解释；另一方面，人们也无需将并不是真实物理存在的"整个大脑活动"作为他们所观察的意识流的物理对应物。然而，即使拥有这些优势，人们仍然会遭遇生理学上的困难和不可能性。在大脑中，不存在结构上或功能上十分卓越足以担当整个系统的基石或引力中心的细胞或细胞群。即使存在这样的细胞，复合单子论从严格的思维意义上也无权止步于此，将这样的细胞视为一个单元。从物质的角度来说，正如整个大脑不是一个单元那样，这个细胞也不再是一个单元。它是分子的复合物，就像大脑是细胞和纤维的复合物那样。根据物理学理论，分子又是原子的复合物。所以，如果要彻底贯彻相关理论的话，这种理论就一定要确立其基本的且无法还原的心理—物理对应物，它不是细胞及其意识，而是最初的和永恒的原子及其意识。这样，我们就回到了莱布尼茨提出的单子论，并因此把生理学忽略了，进入了经验和实证无法到达的地方。尽管我们的理论没有自相矛盾，但却变得那么遥远和不真实，以至于和自相矛盾一样糟。只有思辨的心灵才会对它产生兴趣，是形而上学，而非心理学将会为其未来负责。我们要承认它的未来有成功的可能性，曾经被莱布尼茨、赫尔巴特和陆宰认可的理论必然会有它胜利的一天。

第九节　灵魂理论

然而，这是我最后所说的吗？当然不是。在阅读上述内容的时候，许多读者一定曾自言自语："为什么这个可怜的人不提到灵魂，并用它来解决问题呢？"其他接受过反唯灵论教育并偏爱过它的读者、进步的思想家或者是受欢迎的进化论者也许会感到吃惊。因为他们发现在这种连续生理学思维的链条最后，居然会突然出现这个备受轻视的词汇。然而，事实是，所有支持"中心细胞"或"主要单子"的论证，同样也支持了那些经院哲学心理学和常识所一直信奉的众所周知的心灵动作者的论证。我之所以一直到处寻求答案，而没有一开始就提出灵魂理论并将其作为解决困难的一种方案，是因为通过这种做法，我也许能迫使一些这样的唯物主义者更强烈地感受到唯灵论者的立场在逻辑上有一些值得尊重的地方。实际上，我们不能轻视任何传统的信仰对象。不管我们是否能认识到，总是有大量正面或负面的理由把我们拉向它们。假如在宇宙中的确有像灵魂之类的实体，那么它们很可能会受到神经中枢中发生的大量事件的影响。它们可能会通过自身内部的调整来回应某个特定时间整个大脑的状态。这些状态的变化可能是意识的瞬时波动，是对各种对象的认知。所以，灵魂就是一种媒介物，通过这种媒介物，各种形式的大脑过程能将它们的结果结合了起来。没有必要将它看成是任何主宰分子或大脑细胞的"内在方面"，我们就因此避开了生理学上的不可能性；并且因为其意识的瞬时波动在最开始就是单一和完整的事物，我们又因此避开了设想单独存在的感受自身"融合在一起"的荒谬性。依据这一灵魂理论，个别性存在于大脑世界，而统一性则存在于灵魂世界。现在，唯一困扰我们的难题是一种形而上学的问题，也就是理解一种类型的世界或存在物是如何影响另一种类型的世界或存在物的。由于这一难题同时存在于两个世界的内部，而且既不包括物理上的不可能性，也不包括逻辑上的矛盾，因此它面临的困难相对较小。

对我而言，假定有一个以某种神秘的方式受到大脑状态影响并且通过它自己的意识作用对这些大脑状态做出反应的灵魂，似乎是一条逻辑阻力最小的思路。

即使从严格意义上来说，它没有对任何事情进行解释，但它至少不会像心理元素理论或物质单子理论那样必然会受到反驳。但是，那个赤裸裸的现象，那个在心理上与整个大脑过程相并列的直接被感知的事物是意识状态,而不是灵魂自身。许多坚持灵魂论者都承认,人们都是在体验灵魂状态的基础上通过推论而了解它的。相应地,我们在第十章中不得不又一次回到这种思考上来,并问自己,逐一地确定意识状态序列和全部大脑过程序列之间的完全无媒介的对应,这确实不是最简明的心理—物理法则,也不是那种满足于实证法则、追求清晰、逃避危险假说的心理学所做的最后表白。这种承认经验的心身并行论是一种最明智的做法。坚持这一做法,心理学将依然是实证的而非形而上学的。尽管这仅仅是权宜之计,事情一定会在某一天得到彻底地解决,但在这部书中,我们将会停留在那里,而且正如已经拒绝了心理元素或心理原子那样,我们也不再考虑灵魂。假如唯灵论读者愿意,仍然能够相信灵魂;而意欲在他的实证主义阐述中增添一些神秘气息的实证主义者,可以继续说自然在它那鬼斧神工的设计中已经用土和火、大脑和心灵将人类混合而成,这些东西不容置疑地结合在一起并且相互决定着彼此的存在,至于怎么会这样以及为何会这样,是一般人永远也无法知道的。

注　释

1　《心理学》,第 62 节。

2　同上,第 272 节。

3　《科学片段》,第 5 版,第 420 页。

4　《贝尔法斯特演讲》,《自然》,1874 年 8 月 20 日,第 318 页。我不禁要指出的是,这些作者所重点强调的运动与感受二者之间的不一致,似乎没有它最开始看上去那样绝对。有一些范畴是两个世界共同拥有的,不仅是时间上的连续性(就像赫尔姆霍茨承认的那样,《视觉生理学》,第 445 页),还有类似于强度、体积、简单性或复杂性、平稳或受阻碍的变化、平静或兴奋这样的属性,都具有物理事实和心理事实的属性。在这种类比成立的地方,事物确实具有一些共性。

5 《心理学》，第 131 节。

6 《自然》，同上，第 317-318 页。

7 "初生的"是斯宾塞先生的重要措辞。在阐明意识是怎样必须在某一点出现于进化现场的时候，他在模糊性方面完全超越了他自己。

"本能在它的高级形式中也许伴随着一种初步意识。只有某种能把刺激全部联系起来的神经节才可能有这些刺激间的协调。在联系它们的过程中，这种神经节必须经受每个刺激的影响——必须要经历各种变化。这种发生在神经节中变化的快速演替，如它所暗示出的对差异性和相似性的永久持续的经验那样，组成了意识的*原材料*。此处的*含义*是，某种意识随着本能的快速发展而成了初生的。"(《心理学》，第 195 节)

我把上面变成斜体的"原材料"和"含义"这两个词作为解答进化的词。它们被期望具有"综合哲学"所要求的全部精确性。在下文中，当"印象"依次穿过一个共同的"交流中心"时(如同人们穿过十字门进入一个剧场那样)，直到那时还不存在的意识就应该出现了。

"单独的印象通过感官(身体的不同部分)接收，假如它们到达了接收地就不往前再走了，那么它们就是无用的。又或者，假如其中仅有一部分事实相联系，那么它们也是无用的。一定要进行一种有效的调整，从而使它们全部相关联。然而，这就意味着某种交流中心对它们来说是共有的，它们各自从中穿过；并且因为它们无法同时穿过，所以它们不得不依次穿过。所以，因为对其做出反应的外部现象在数量上逐渐变多，在性质上逐渐复杂，这一共有的交流中心所要发生的变化的种类与速度也必须随之增加——这些变化的连续的序列必定会产生——意识也必定会出现。"

"所以，生物体与它所处环境之间的一致性的发展，使感觉的改变慢慢被还原成一种必要的相继性；因此就演化出了一种特别的意识——这是一种随着相继性变得更迅速，一致性变得更完善，它就变得更高级的那种意识。"

的确，在《双周评论》(第 14 卷，第 716 页)里，斯宾塞先生完全否定了通过这一段落他想要告诉我们关于意识起源的任何问题。但是，这一段落与他

第六章 | 心理元素理论 189

《心理学》中的很多地方(如第43、110、224节)相类似，导致我们不得不把它看作是对解释意识是怎样必须在某一点"进化出来"而进行的一次认真的尝试。当有一个批评者使他注意到其空洞措辞的时候，斯宾塞先生便会说他使用这些词从来不意味着任何特别的东西，这仅仅是令人反感的含糊性的一个实例，而正是由于这种含糊性，这种"颜色哲学"才得以继续下去。

8 用他自己的话说:"所犯的错误是这样的，即当实际上是辐射的热量刺激了他的皮肤时，他却认为是被触碰的。在上文提及的实验中，整个手掌和面部从来没有受过任何欺骗。在手背的两个案例中，其中一个进行的60次连续刺激中有4次出现了错误，而另一个在45次连续刺激中出现了2次错误。在上臂伸肌一侧的案例中，其中一个在48次连续刺激中有3次受骗，而另一个在31次连续刺激中只有1次受骗。在脊骨的案例中，其中一个进行的11次连续刺激中有3次受骗，而另一个19次连续刺激中有4次受骗。在腰椎处的案例中，其中一个29次连续刺激中有6次受骗，而另一个7次连续刺激中有4次受骗。显然，这里还没有能够做出概率计算的足够资料，然而每个人都能很轻易地使自己相信，针对背部的一小部分皮肤而言，不可能存在对温暖与轻度压力的适度的精确辨别力。要做出相应的关于寒冷的感受性的实验至今都是不可能的。"(《感觉器官的解剖学和生理学教科书》，1862，第29页)

9 《心理学原理》，第60节。

10 特别奇怪的是，斯宾塞先生好像一点儿也不知道在进化哲学中心理元素基本单元理论的基本功能。我们认为，假如那种哲学要起作用的话，设想星云中的意识——最为简便的办法就是假定所有的原子都是有生命的，就是绝不可少的。但是，斯宾塞先生会觉得(如《第一原理》，第71节)意识仅仅是和它"相当的"一定量的"物理力"转化的偶然结果。可能在任何这类"转化"发生之前，大脑必须已经在那里存在了。所以，文中所采用的论证仅能作为揭示局部的细节而存在，而不具有普遍的意义。

11 颜色的混合可以用完全相同的方式加以处理。赫尔姆霍兹已经表明，假如绿光和红光在同一时刻落在视网膜上，我们看见的颜色是黄色。心理元素理论将会这样解释,即绿色的感受和红色的感受"结合"成一种中间的感受,即黄色的感受。实际上发生的情况无疑是,当组合的光落到视网膜上时,第三种神经过程就建立起来——而非简单地是红光的过程加上绿光的过程,而是某种不同于两者或其中任何一个的东西。当然,在那时,红色或者绿色的感受完全没有出现在心理中;而只有黄色的感受存在于那里,直接和那时存在的神经过程相对应,就如同绿色和红色的感受如果恰巧发生的话,它们会和各自的神经过程直接相对应一样。

12 参见穆勒的《逻辑学》,第 6 卷,第 4 章,第 3 节。

13 在我的学生中,我发现了一种几乎无法改变的倾向,认为我们能够立刻觉察到感受确实结合了。"什么!"他们说道,"柠檬水的味道难道不是柠檬的味道和糖的味道结合而成的吗?"这是将对象的结合当作感受的结合了。物理状态的柠檬水包括柠檬与糖,然而它的味道不包含这二者的味道,因为假设有任意两样东西在柠檬水的味道中肯定没有出现,那它们一个就是柠檬的酸味,另一个就是糖的甜味。这两种味道是根本不存在的。显现的新味道确实像这两种味道,然而,我们将会在本书的第 13 章中看到那种相似性不能总是被认为涉及了部分的同一。

14 蒙哥马利(E. Montgomery),《心灵》,第 5 卷,第 18-19 页,第 24-25 页。

15 罗伊斯(J. Royce),《心灵》,第 6 卷,第 376 页。陆宰比其他任何作者都要更加清楚和更加充分地阐述了这一规律的真相。可惜的是,由于他的论述太长了,所以没能在这里引用。参见他的《微观宇宙》,第 2 卷,第 1 章,第 5 节;《形而上学》,第 242、260 节;《形而上学纲要》,第 2 部分,第 1 章,第 3、4、5 节。也可参见里德(C. F. Reid),《智能》,论文 5,第 3 章的最后;鲍恩(B. P. Bowne),《形而上学》,第 361-376 页;米瓦特(St. J. Mivart),《自然与思想》,第 98-101 页;格尼(E. Gurney),"一元论",《心灵》,第 6 卷,第 153 页;还有刚引用过的罗伊斯教授的论文《心理元素与实在》。

对心理元素看法的辩护,参见克利福德(W. K. Clifford),《心灵》,第 3 卷,第 57 页(在其《演讲与论文》中重印,第 2 卷,第 71 页);费希纳(G. T.

Fechner),《心理物理学》,第 2 卷,第 45 章;泰恩,《论智力》,第 3 卷;黑科尔(E. Haeckel),"细胞精神和精神细胞",《通俗演讲集》,第 1 卷,第 143 页;邓肯(W. S. Duncan),《意识物质》,所有地方;佐尔纳(H. Zollner),《彗星的性质》,第 320 页以后;阿尔弗雷德·巴勒特(Alfred Barratt),"物理伦理"和"物理先验论",所有地方;索瑞(J. Soury),"物活论",在《宇宙》中,第 5 卷,第 10 期,第 241 页;梅因(A. Main),《心灵》,第 1 卷,第 292、431、566 页,第 2 卷,第 129、402 页;《哲学评论》,第 2 卷,第 86、88、419 页,第 3 卷,第 51、502 页,第 4 卷,第 402 页;弗兰克兰(F. W. Frankland),《心灵》,第 6 卷,第 116 页;惠特克(Whittaker),《心灵》,第 6 卷,第 498 页;莫顿·普林斯(Morton Prince),《心的性质与人的自动作用》,1885 年;里尔(A. Riehl),《哲学批评》(1887),第 2 卷,第 2 册,第 2 部分,第 2 章。就所有这些论述而言,其中最为清晰的是普林斯的论述。

16 "有人可能会说,尽管一个盲人或者一个失聪的人确实不能自己将声音和颜色加以比较,然而,因为一个人听到了而另一个人看到了,因此他们可以两个人一起来完成这件事……可是,不论他们是分开的还是紧靠在一起的,这并不重要;即使他们永远住在一起也不行;即使他们是孪生双胞胎,甚至比孪生双胞胎更亲密,而且是无法分离地长在一起的,这些都无法让这一设想具有可能性。只有当声音与颜色在同一个实在得到表征的时候,才能够对它们进行比较。"[布伦塔诺(Brentano),《心理学》,第 209 页]

17 读者必须注意到,我们完全是在推论心理元素理论的逻辑。我们把高级的心理状态看作和聚合在一起的低级心理状态一样,从而去推论这种理论是否能对高级心理状态的构成进行解释。我们认为这两种事实不是同一的:一个高级状态不是许多个低级状态,它只是它自身。然而,当很多低级状态一起发生时或当某些大脑条件同时发生时(如果在大脑中,这些条件单独出现的话,它们会产生很多低级状态),我们暂时还没有说高级状态不会出现。事实上它的确在那些条件下出现了,本书的第 9 章将主要用来证明这一事实。但是,这是新的心理实体,而且它与心理元素理论所断言的那种低级状态的"聚合"完全不同。

如果人们把对关于一个事实的某种理论批判误认为对那个事实本身的怀疑，这好像显得很奇怪。然而，来自高层人士的混淆能完全证明我们的评论是正当的。沃德先生在《不列颠百科全书·心理学卷》中提到"一个感受序列能意识到其自身是一个序列"这一假设时说道（第39页）："用悖论来称呼它太委婉了，甚至连矛盾这个词都不够用来形容它。"于是，贝恩教授这样指责他说："对于'一个状态的序列意识到它自己'，我承认我看不出有任何无法克服的困难。它可以是一个事实，也可以不是一个事实；它可以是对其适用对象的一种非常粗略的表达；它既非悖论也非矛盾。一个序列仅仅和一个个体相矛盾，或它可以和共存着的两个或多个个体相矛盾；但这太普遍化了，因而无法排除自我知识的可能性。当然，它虽然没有突显自我知识的性质，也不能就这样否认它。一个代数序列可能是了解其自身性质的，而且不存在任何矛盾，对它提出质疑的唯一东西就是其缺乏事实依据。"（《心灵》，第6卷，第459页）因而，贝恩教授认为，一切麻烦源于这样的困难：了解一个感受序列怎样将关于它的知识加到它自己之上。好像所有人都曾为此困扰。那是一个非常臭名昭著的事实：我们的意识是一个感受序列，这些来回往返的内省意识不停地加诸其上。心理元素论者和联想主义者不断地强调，"状态的序列"是"对它自己的觉知"；如果单独对待那些状态，那么它们的聚合意识就相当于产生了；并且我们无须做更深入的解释，也不需要"事实的证据"。沃德先生和我只是被他们在这件事上的愚蠢所困扰。

18 谈论"无意识用脑"的作者有时指的是这个，有时指的是无意识的思想。后面的论证是从各个层面精选出来的。读者会发现，它们在哈特曼的《无意识哲学》第1卷和科尔塞尼（E. Colsenet）的《精神的无意识生活》(1880)中得到了最为一贯的倡导。还可参见莱科特（T. Laycock），《心灵与大脑》(1860)，第1卷，第5章；卡彭特，《心理生理学》，第13章；柯伯（F. P. Cobbe），《伦理道德中的达尔文主义及其他论文》，论文11，《无意识大脑作用》(1872)；鲍温（F. Bowen），《现代哲学》，第428-480页；赫顿（R. H. Hutton），《当代评论》，第24卷，第201页；J. S. 穆勒，《汉密尔顿研究》，第15章；路易斯，《生命与心灵的问题》，第3卷，问题2，第10章，以及问题3，第2章；

汤普森(D. G. Thompson),《心理学体系》,第 33 章;鲍德温(J. M. Baldwin),《心理学手册》,第 4 章。

19　《新评论》,序言。

20　J. S. 穆勒,《汉密尔顿研究》,第 15 章。

21　参见杜格尔德·斯图尔特(Dugald Stewart),《原理》,第 2 章。

22　莫德(J. E. Maude),"教育中的无意识",《教育》,1882 年,第 1 卷,第 401 页。

23　《光感原理》,1878 年。

24　参见冯特,《论哲学的影响及其他——就职演说》,1876 年,第 10-11 页;赫尔姆霍茨,《感觉中的事实》,1879 年,第 27 页。

25　参见《基本原理》,第 59-65 页。比较佐尔纳的《彗星的性质》,第 342 页以后各页和第 425 页。

26　参见本书第 13 章中赫尔姆霍茨的相关论述。

27　本章写于我获得利普斯教授的《精神生活的基本事实》(1883)之前。在那本书的第 3 章中,无意识思想的观点得到了最清晰和最透彻的批判,其中的某些段落非常类似于我自己正在写的东西,我不得不在注释中引用它们。证明模糊和清晰、不完全和完全不是同样地属于一种心理状态——因为每一个心理状态必须完全是其所是,而非别的东西——而仅仅属于心理状态在不同的程度上模糊地或清晰地表征客体的方式之后,利普斯列举了那些据说注意力能使之更清晰的感觉事例。他说:"我分别在晴朗的白天和夜晚知觉一个对象。把白天知觉的内容称作 a,把夜晚知觉的内容称作 a1,在 a 和 a1 之间的差别很可能非常大。a 的色彩斑斓并且亮丽,另外这些颜色之间的界限很明显;a1 的颜色则黯淡一些,对比没有那么强烈,并且与一种共同的灰色或褐色相类似,由更多的颜色混合而成。然而,像这样的两种知觉都完全是确定的,并且与所有其他的知觉完全不同。相比较 a 的颜色的明亮与界限清晰来说,a1 的颜色并不是绝对黯淡和模糊的。但是现在我知道,同一个实在的客体 A 与 a 和 a1 都相符合。而且我认为,a 比 a1 更好地表征了 A。然而,我没有用这种唯一正确的表述来表达我的信念,并且让我的意识内容与真实的客体 A，表征与它的意义，都彼此区分开来，相反，我把实在的客体替换成了意识内容，并且在谈论经验时就好像它包含在同一客体中（即被偷偷摸摸地引入进来的实在的客体），它在我们的意识内容中创建了两次，一次是以清晰和明显的方式，另一次是以相对模糊的方式。现在我谈到的关于 A 的意识有两种，一种是比较明显的，而另一种则不那么明显，然而我只能正当地谈论 a 和 a1 这两种意识，它们是两种同样清晰的意识，而且所假定的外部客体 A 以不同的清晰程度与它们相符合。"（第 38-39 页）

第七章

心理学的方法和陷阱

现在,我们已经完成了为学习这门学科而做的生理学方面的准备工作。此前,我们一直都在探讨心理状态的大脑条件及其伴随物,在剩下的章节,我们必须对心理状态自身进行考察。然而,在大脑之外还存在一个与大脑状态自身"相对应"的外部世界。我想在进一步考察之前,对心灵与这一更大范围的物理事实之间的关系加以探讨,是很有必要的。

第一节 心理学是一门自然科学

心理学是一门自然科学,因为心理学家研究的心灵,存在于真实时空中,而且是在真实时空确定部分之中的独特个体的心灵。任何其他类型的心灵,如绝对智能、独立于特殊身体的心灵,或者不受时间进程影响的心灵,心理学家与它们没有任何关系。心理学家所表述的"心灵",只是众多心灵的类名称。如果由于心理学家适度地探索而发现的任何普遍性结论可以被研究绝对智能的哲学家所使用,那将是一件幸运的事情。

对于心理学家来说，他们所研究的心灵就是对象，存在于充满其他对象的世界之中。即使他们用内省的方法来分析自己的心灵，并且说出在那里的发现，也是在以一种客观的方式来探讨它的。例如，他们说在特定的情况下灰色看起来像绿色，并且称这种现象为假象。这意味着，他们对这两种对象做了比较，一种是在特定条件下看到的真实颜色，另一种是他们认为表征这颜色的心理知觉；这还意味着，他们认为这两种对象之间存在某种特定的关系。做出这一批判性的结论时，心理学家如同对待颜色时所做的一样，同样站在他们所批判的知觉之外。二者都是他们的对象。而且，要是他们在对自己的意识状态进行反省时情况如此，那么当他们讨论其他人的意识状态时，情况就更是如此了。自康德以来的德国哲学界，知识理论（即对认识能力的批判）扮演着重要的角色。现在，心理学家理所当然地成了这样一种知识理论家。但是，他们研究的知识不是康德所批判的那种纯粹的认识功能——他们探讨的不是认识究竟是如何可能的。他们设想这是可能的，不怀疑在讲话的时候知识就在那里存在。他们批判的知识，是特定的人对他们周围的特定事物的认识。有时，他们根据自己确信的知识去宣告认识的真伪，并追溯认识变成真的或假的理由。

非常重要的是，在最开始就应当了解这种自然科学的观点。要不然，人们对心理学家的要求就会很多，从而超出了期望他们应当完成的任务。

表7-1能够更加有力地说明心理学的假设应该是怎么样的。

表7-1 心理学的假设

1	2	3	4
心理学家	被研究的思想	思想的对象	心理学家的实在

这四个方格涵盖了心理学不可还原的材料。第1个方格中的心理学家相信第2、3、4方格中的内容（这三者构成了他们研究的全部对象）是实在的，并尽可能客观地报告这三项及其相互间的关系，却不会因究竟如何能够报告这样的难题而困扰。关于这样的终极难题，心理学家和那些作出同样假设的几何学家、化学家或植物学家一样，不必自寻烦恼。[1]

由于心理学家独特的出发点——同时是主观事实和客观事实的报告者，使得他们很容易犯错。但是，我将首先考察他们用什么方法来确定相关事实，然后再来讨论这个问题。

第二节 研究方法

一、内省法

内省观察是我们必须最先探讨的并始终依赖的研究方法。内省这个词几乎是不需要界定的，它显然是指审视我们自己的心灵并且陈述我们在那里发现了什么。所有人都认为我们在那里发现了自己的意识状态。因此，我还从未听说过这类状态的存在被任何批评者怀疑过，无论是多么喜欢怀疑的批评家。当大部分其他事实在哲学怀疑中摇摇欲坠时，我们仍然坚信自己能够进行某种思考这一事实。所有人都毫不怀疑，他们感受到自己在思考，他们将作为内部活动或者激情的心理状态，与这种心理状态可以在认识上加以处理的所有对象区分开来。我将这个信念视为所有心理学假定中最为基本的一个，并且对其确定性不再怀疑和探索，因为就本书的范围来看，这种怀疑和探索太过于形而上学了。

首先来探讨一下有关术语方面的问题。我们应当用某个概括性术语来命名所有的意识状态,并且远离它们的特殊性质和认知功能。不幸的是,我们所使用的大部分术语都有严重的不足之处。"心理状态""意识状态""意识变化"的使用都不是非常恰当,并且都没有类似的动词。"主观条件"也是如此。"感受"既有名词性质也有动词性质,既是主动的,又是不及物的,并且还有诸如"感动地""被感受到""感觉性"等派生词,这使得人们用起这个词来非常方便。另一方面,它不仅有一般的意义,而且还有具体的意义。有时它表示愉悦和痛苦,有时又与和思想相对立的"感觉"是同义词;而我们想要的是一个不加区别地包含感觉和思想的术语。而且,"感受"一词对于信奉柏拉图哲学的思想家而言具有一系列非常消极的含义;此外,由于哲学中相互理解的最大阻碍之一就是褒义地或贬义地使用语词,所以,如果可能,我们应该首先选择较为中性的词。"精神"这个词首先被赫胥黎先生提议使用,因为它的优点是与神经相关联(同样的作者将这一名称应用于相应的神经过程),并且是专业术语,全无倾向性的含义;然而却没有动词或者其他语法形式与它相关联。"灵魂的倾向""自我的变化"这些表达像"意识状态"一样也不好用,并且它们暗中维护了一些理论,在这些理论没有得到公开讨论和认可之前就将它们体现在术语中是不好的。"观念"是一个很好的模糊的中性词,并且被洛克在最广泛的意义上使用过。但是,尽管有洛克的权威,这个词还是没有在语言学中进行自我调整以致将身体感觉包含进来,而且它也没有动词的形式。如果能够让"思想"包含感觉的话,它就是迄今为止可以使用的最好的词了。它不具有像"感受"所具有的那种负面的含义,而且它还直接提示了认知(或者是对一个对象的指称,而不是对心理状态自身的指称)的普遍性,我们很快将会明白这种认知就是心理生活的本质。但是,

"牙疼的思想"这一表达能够向读者提示任何真实出现的疼痛吗？这几乎是不可能的。因此，如果我们试图涵盖所有的领域，似乎就要被迫采用像休谟的"印象和观念"或者是汉密尔顿（Hamilton）的"呈现和再现"，或是普通的"感觉和思想"这样成对的术语。

我们进退两难，无法作出最终的选择，而是必须根据上下文，有时使用已经提到过的同义词中的某个术语，有时则使用另一个。我更喜欢使用"感受"或者"思想"。我可能会在一种比平常更广泛的意义上经常地使用这两个词，并且会用它们那独特的发音，轮流让两类读者感到惊奇。但是，若是在与上下文的联系中，它们是笼统的心理状态而不是具体类型的心理状态，那么这种做法就不会有弊处，也许还会带来一些好处。[2]

内省观察的不精确性曾使其饱受争议。因此，在我们随后的讨论中首先要确定与此相关的想法是非常重要的。

最普通的唯灵论认为，灵魂或者心理生活的主体是一种形而上学的实体，无法被直接知识所认识，我们通过反省而觉知到的各种心理状态和操作，是内在感知的对象，这种内在感知不能把握真实的心理状态本身，就如同视觉或者听觉不能为我们提供关于物质自身的直接知识一样。从这一观点出发，内省除了灵魂的现象之外不能把握任何东西。即便如此，这个问题也依然存在：它在何种程度上能够认识现象自身呢？

一些作者有着坚定的立场去证明它具有一种不可错性。尤伯威格（Ueberweg）说："当一个心理表象自身是我理解的对象时，想要区分它到底是在我的意识之中（在我之内）还是在我的意识之外（它自身）存在的是毫无意义的；因为在这样的情况下，被理解的对象与外部知觉的对象一样，其自身在我的意识之外甚至根本不存在。它只存在于我之内。"[3]

布伦塔诺(Brentano)也说:"在内部被理解的现象自身是真的。由于它们出现了——它们被内部所理解就是它们出现的证明——所以它们是实在的。那么,在这一点上谁能否认心理学相对于物理科学所表现出的极大的优越性呢?"

此外,还有人说:"没有人能够怀疑在他体会自己的心理条件时,这种心理条件是否存在以及是否如此存在。谁开始这样怀疑时,他就是在进行那种完结了的怀疑,这种怀疑在毁灭能够向知识发起进攻的每一个固定立足点的同时,也毁灭了它自己。"[4]

其他人则偏向了另一个极端,主张我们完全不能通过内省去认识自己的心灵。奥古斯特·孔德(Auguste Comte)诸如此类的看法曾经得到人们大量的引证,以至于它几乎成为经典;因此,似乎有必要在这里提及其中的一些内容。

孔德说:"哲学家们近些年来想象他们自己能够以一种非凡的敏锐去辨别两种同等重要的观察,一种是外部的,另一种是内部的,后者完全是用来研究智能现象的……我只想提出一个主要的想法,它清楚地证明了这种所谓的心灵对自己的直接观察是一种纯粹的假象……事实上很显然,有一种无可争议的必然性,即人类的心灵能够直接观察除自身状态以外的所有现象。那么由谁来对这些东西进行观察呢?可以想象到,一个人可以通过激活他自己的情感来观察自己,因为情感的解剖学器官完全不同于那些以观察为主要功能的器官。虽然我们都曾经这样观察过自己,这些观察也没有多少科学价值,而且从外部进行观察始终都是了解情感的最好方法;因为每一种强烈的情感状态……都与观察状态不相容。至于以相同的方式在智能现象真的出现的时候观察这些现象,那就是明显不可能的了。思想者不可能将他自己一分为二，其中的一个在推理，而另一个在观察他推理。在这种情况下，被观察器官和观察器官是同一的，他又如何去观察呢？因此，这种人们所谓的心理学方法完全是无效和空洞的。一方面，他们建议你尽可能将你自己与所有外部感觉（特别是所有智力工作）隔绝开来——因为哪怕是让自己忙于最简单的计算，内部观察会变成什么样呢——另一方面，在小心翼翼地获得了这种智力睡眠的状态以后，你必须在没有做任何思考的情况下，注视你内心的活动！我们的后代们早晚会看到这些主张是站不住脚的。由如此奇怪的过程而得到的结果完全与它的原则相吻合。因为在整个两千年中，形而上学者们以这种方式研究心理学，他们却无法就一个可以理解的和确定的命题形成一致的观点。有多少觉得自己在做'内部观察'的个体就会有多少'内部观察'的结果。"[5]

孔德对英国经验心理学几乎没有任何了解，对德国经验心理学更是一无所知。在写作时，他心里想到的"结果"几乎就是经院哲学家所指的那些结果，如内部活动的原理、机能、自我、无差别的行动自由等。约翰·穆勒(John Stuart Mill)在对他的答复中说：

"孔德或许想到过，一个事实可以通过记忆的媒介，在我们产生感觉之后而不是在我们感觉到的那一刻进行研究，而这确实就是我们获得关于智力活动的最好知识的方式。当那个活动结束之后，趁着它在我们记忆中的印象依然保持清晰的时候，我们应该反省自己做过什么。只有用其中一种方法，我们才能获得那些所有人都承认的、关于在我们心中所经过的事情的知识。而孔德断言：我们意识不到自己的智力操作。我们或者在观察和推理的时刻，或者在其后借助于记忆，来了解我们的观察和推理。在这两种情况下，我们都是通过直接知识而知道这一点的，而不是仅仅通过其结果（像在梦游症状态下我们所做的事情那样）。这个简单的事实驳斥了孔德的所有论证。只要是我们直接意识到的东西，我们都能直接观察。"[6]

现在真相究竟如何？穆勒的这段引文显然已经非常明显地表达了关于这个问题的真实情况。甚至连那些坚持认为"我们对意识状态的直接内在理解具有绝对准确性"的作者，也要把大脑片刻后对意识状态的记忆或观察的易错性与之相对照。布伦塔诺比其他人都更明确地强调了这种区别，即一种感受的直接感受性和通过之后的内省活动而产生的知觉之间是有区别的。但是心理学家究竟要依靠哪种意识方式呢？如果仅仅拥有直接感觉或思想就足够了，那么襁褓中的婴儿也会成为心理学家，而且还是不会出错的心理学家。但是心理学家不仅一定要拥有绝对真实的心理状态，还一定要报告这些心理状态，把它们描写出来进行命名、分类、比较，并探索它们与其他事物的关系。它们只有在运转时是它们自己的所有物；在此之后它们才成为心理学家的猎物。[7]而且在命名、分类和了解事情的过程中，我们很容易犯错，为什么在这里不是这样呢？孔德强调了一个非常正确的事实：一种要被命名、被断定或被感知的感受必须是已经发生过的。主观状态呈现的时候都不是它自己的对象，它的对象永远是某些别的东西。在现实生活中确实有这样的情况，例如，当我们说"我感到疲劳""我感到很气愤"等时，我们似乎说的是我们当时的感受，并因而同时经验和观察着同一个内部事实，其实只要我们稍微注意就会发现这是错觉。当我说"我感到疲劳"时，当前的意识状态并不是疲劳的直接状态；当我说"我感到气愤"时，当前的意识状态也并不是气愤的直接状态。当前的意识状态是说我感到疲劳和说我感到气愤的状态——这是完全不同的事情，它们是如此的不同，以至于显然包含于其中的疲劳和气愤，与在先前的瞬间为人所直接感受到的疲劳和气愤相比，已经有了相当大的改变。当我们说出该感受的名称时，那种感受的力量已经被减弱了。[8]

主张内省判断具有绝对准确性的唯一可靠证据就是它是经验的。如果我们相信它从未欺骗过我们，我们就可以继续信任它。事实上，赫尔·莫尔（Herr Mohr）就坚持这一立场，他说：

"错觉已经破坏了我们对外部世界的真实信念；但是在内部观察的范围内，我们的信心并没有动摇，因为我们从未发现自己在关于思想或者感受活动的真实性上有过失误。当我们处于怀疑或者气愤的意识状态时，我们从来没有误认为自己不在怀疑或气愤。"[9]

如果前提正确，这里的推理就是合理的，但我觉得前提存在问题。不管在诸如怀疑或者气愤这类强烈感受中的情况如何，对于比较弱的感受以及所有感受相互之间的关系来说，当我们要去命名和分类，而不仅仅是感受它们时，我们会经常犯错且处于不确定的状态。当一个人的种种感受非常快地出现时，谁能非常明确它们出现的先后顺序呢？谁能确定在他对椅子的感知中，有多少是来自于眼睛，有多少是由心灵先前的记忆补充进去的呢？谁能将完全不同的感受（特别是在这些感受非常相似时）在量上进行精确的比较呢？比如，我们有时用后背感受一个事物，有时用面部感受一个事物，哪一种感受更强烈呢？谁又能确定两种已经拥有的感受是不是完全一样呢？当两种感受都是瞬间产生，谁能说出哪一种感受更短、哪一种更长呢？谁知道他所做出的许多行动是出于什么动机，或者说他的行为背后是否有动机呢？谁能列举出"气愤"这类复杂感受的所有组成要素呢？谁能立即说出关于距离的知觉是复合的还是简单的心理状态呢？对于以上的这些疑问，如果我们能够通过内省最后确定那些对我们来说看上去是基本感受的东西确实是基本的而不是复合的，那么我们关于心灵要素理论的争论就会停止了。

萨利（Sully）先生在其错觉的著作中，有一章的内容是讨论内省错觉的，我们现在可以从中引用这些内容。但是，由于这一章的其余部分几乎都是在表明通过直接内省发现我们的感受及其关系到底有何困难，其中细节的内容将在后面给大家作介绍，在这里我只需对我们的一般结论做一个陈述：内省不仅是困难的，也是易错的；而这个困难是所有的观察都会遇到的。例如，我们面前有某种东西，我们尽最大的努力去了解它是什么，尽管我们的意愿是好的，但还是可能会错误地给出一种更适用于某种其他类型事物的描述。唯一能避免这类错误发生的措施就在于我们对所讨论事物的进一步知识获得最终一致，后面的观点不断纠正前面的观点，直到最后我们达到了一个连贯一致的和谐体系。这样一种逐渐建立起来的体系，是一种保证心理学家所报告的特殊心理观察的合理性的最好方法。在可能的情况下，我们必须自己努力去建成这样的体系。

英国的心理学者和德国的赫尔巴特学派，总的来说对单独个体的直接内省结果表示满意，并且表明了他们可以提出一些什么样的学说。洛克、休谟、里德（Reid）、哈特莱（Hartley）、斯图亚特·布朗（Stewart Brown）和穆勒父子的著作是这方面的经典之作；而在贝恩教授的论文中，我们最终明白了这种方法被单独使用时能产生什么结果——这门年轻科学的最后纪念碑，依然是非专业性的和可以理解的，如同拉瓦锡的化学和显微镜出现之前的解剖学一样。

二、实验法

但是，心理学正进入一个不太简单的阶段。德国在几年之内就出现了微观心理学的研究。这个研究通过实验方法进行，时刻都需要内省材料，但是通过大规模的实验和运用统计学的方法来避免其不确定性。这种方法需要极大的耐性，如果一个国家的国民对其感到厌烦，那么它是很难实施的。但是像韦伯（Weber）、费希纳（Fechner）、维尔罗特（Vierordt）和冯特这样的德国人显然不可能对其感到厌烦，而且他们在这个领域的成功吸引了一大批更年轻的实验心理学家。他们爱好研究心理生活的元素，将它们从大量的观察结果中提取出来，并尽可能还原为量的等级。他们认为这种简单而开放的研究方法已经力所能及，忍耐、绝食以及折磨至死的方法也尝试过了；心灵一定会屈从于持久的围攻，那些微小的优势都是通过围攻它的势力持续地发挥作用而获得的，最后必定会汇总起来将它颠覆。上述方法对于那些经常使用多棱镜、摆钟、计时器的研究者来说，几乎不算是什么高贵之法。他们的目的是功利性的，而不是秉承科学的精神。有些高尚的预言或者借助于西塞罗（Cicero）所认为的赋予人对自然的最佳洞察力的优越性都无法做到的事情，迟早有一天会在他们那极度的韧性和智慧、不断地窥探和挖掘中得以完成。

我们不会浪费笔墨去向那些不熟悉实验心理学的人来进行一般性描述，因为这对他们来说没有什么帮助。迄今为止，主要的实验领域有：①意识状态与其物理条件的关系，包括整个大脑生理学，以及近来得到详细研究的感官生理学，还有被专业地称为"心理—物理学"的东西，或者说是关于感觉与其外部刺激之间相互关系的法则；②将空间知觉分析为感觉元素；③测量最简单心理过程的持续时间；④测量感觉经验和空间、时间间隔在记忆中再现的准确性；⑤测量简单心理状态相互影响、相互唤起或者相互抑制对方再现的方式；⑥测量意识能够同时辨别的事实数量；⑦测量遗忘和记忆的基本法则。然而，值得强调的是，到目前为止，在其中的一些领域里，与耗费在获得结果上的艰辛劳动相比，那些结果几乎没有多少理论价值。但是，只要我们获得了足够的事实，它们一定会结合起来。新的领域将会不断被开拓出来，而且理论成果也会随之增长。就科学本身不过是对已完成工作的记录而言，实验法已经彻底地改变了心理学这门学科的面貌。

三、比较法

最后，要谈谈对内省方法和实验方法具有补充功能的比较法。这种方法预先假定一种正规的内省心理学应该在其主要特征中得以确立。但是，这些关于特征的来源以及这些特征之间的相互依赖关系还在争论之中，从所讨论的现象在类型和结合方面可能发生的变化来对这种现象进行探索是非常重要的。因此就出现了这样一种情况：我们观察动物的本能来研究人的本能；通过蜜蜂和蚂蚁的推理能力，以及对原始人、婴儿、疯子、白痴、聋哑人、盲人、罪犯、行为古怪的人的研究，用以支持关于我们自己心理生活中的某些特殊理论。科学史、道德、政治制度以及语言，作为不同类型心理活动的产物，也同样被我们所用。有的人将问题用数以百计的信函发送给了那些他们认为能够做出回答的人，达尔文和高尔顿（Galton）就是这一研究方法的榜样。这一做法得到推广，如果这些信函无害于公众生活，对我们下一代人来说也是一种可取的方法，它使信息得以被发现，研究得以取

194

得成果。比较法中会产生许多错误。对动物、原始人和婴儿的"精神活动"的解释必然是一种随意的做法，其中，研究者的个人因素在很大程度上影响着一切。如果原始人的行为使观察者过于震惊的话，这个原始人就会被报告为没有道德和宗教感。当一个孩子用第三人称谈论自己时就会被观察者看作是没有自我意识的等。人们不能预先设立任何规则。需要明确的是，人们通常使用比较法来检验一些预先存在的假设，此时唯一要做的就是尽可能多地运用你的智慧，并尽可能地保持公正。

第三节　心理学谬误之源

　　心理学第一个谬误之源来自于言语的误导性影响。语言并不是心理学家创造的，而且现今大多数人使用的词汇几乎全部都是关于外部事物的。现在的语言只能指出我们生活中的主要情感——气愤、爱、恐惧、憎恨、希望，以及我们智力活动中最常用的部分——记忆、预期、思维、认识、做梦，还有最主要的美感类别——喜悦、悲伤、快乐、痛苦，这些主观状态的事实是用这些特定的词汇来表达的。确实，感觉的基本性质——明亮、响亮、红、蓝、热、冷等是允许在主观和客观的意义上来使用的；它们表示外部的性质，也表示这些性质所引起的感受。但是，客观意义是最初的意义；而且现在我们大量的感觉仍然要通过使用最频繁地引起感觉的客体的名称来描述。例如，橙色、紫罗兰味、奶酪味、雷鸣般的响声、灼痛等这些词汇，都表明了我想要表达的意思。正是这种描述主观事实的特殊词汇的缺乏，导致我们无法对最粗糙的主观事实以外的所有主观事实进行研究。经验主义作家非常喜欢强调那些由语言在心灵中所造成的错觉。他们说，无论何时用一个词来指示一个现象群时，我们都倾向于假定一个实体性的本体存在于现象之外，而这个词就是这个本体的名称。但是词汇的缺乏也同样会导致直接相反的错误。于是，我们倾向于假定那里没有本体存在，因此我们便忽略了这样的现象：如果我们在成长的过程中常常听见它在谈话中被提及，那它的存在对我们来说就是很明显的现象。[10]因为将我们的注意力集中到没有名称的事物上是很难的，这就导致了在大部分心理学的描述中都存在一定程度的空洞。

但是，心理学对公共言语的依赖是一个比这种空洞更加糟糕的缺陷。当使用思想自身的对象来命名我们的思想时，我们几乎都认为对象是什么，思想也必须是什么，并且认为几个不同事物的思想只能由几个不同的思想或"观念"所组成；抽象对象或普遍对象的思想，只能是一个抽象的或普遍的观念。由于每一个对象都可出现和消失，甚至被忘记后又被想起来，因此，对每一个对象的思想也具有一种完全类似的独立性、自我同一性和灵活性。人们认为这种对象反复发生的同一性的思想，被看作是其反复发生的思想的同一性；人们认为关于多样性、共存性和连续性的知觉则分别是由知觉的多样性、共存性和连续性所产生的。当一种原子论、一种砖块式的构建计划，在牺牲掉意识流连续流动的基础之上得以宣扬，而且没有任何好的内省证据能够证明它的存在，所以目前从这里产生出来的各种悖论和矛盾，就是心灵研究者们不幸的遗产。

这些话就是用来对来自洛克和休谟的整个英国心理学，以及来自赫尔巴特的整个德国心理学提出质疑的，因为他们都将"观念"当作一个分离的、来去不定的主观实体。然而一些例子将很快使这个问题更加清晰。与此同时，我们在心理方面的洞察力还会遭遇其他陷阱。

心理学家最大的一个陷阱就是混淆了他自己的观点和他所表达的

心理事实，后来，我把这种情况称作典型的"心理学家的谬误"。对于一些此类错误，语言的影响也应该受到谴责。正如我们在前面所提到的(参见第143页)，心理学家处于他所谈论的心理状态之外，心理状态自身和心理状态的对象都是他的研究对象。当它是一种认知状态(知觉、思想、概念等)时，只能通过对那个对象的思想、知觉等方式对它进行命名，除此以外就没有任何其他方式了。同时，心理学家以他们的方式去了解自我同一的对象，于是会很容易地假设，关于那个对象的思想同样以他们知道对象的方式知道它，但情况并非如此。[11]最为虚伪的迷惑就是通过这种方式被引入这门科学中的。而那些所谓关于呈现的或再现的知觉的问题；关于一个对象是通过它自己虚假的意象呈现在思想面前，还是直接地、完全不借助任何意象呈现在思想面前的问题；关于唯名论和概念论的问题；关于当事物只有一种一般概念出现在心灵面前时，事物以什么样的形态呈现出来的问题；当我们一旦摒弃了心理学家的谬误，这些问题就比较容易解决了——正如我们将在第十二章"概念"中会看到的那样。

心理学家谬误的另一种类型是心理学家意识到被研究的心理状态必然能意识到它自身。心理状态只能从内部意识到其本身，它把握的仅仅是我们称之为它本身内容的东西。与之相反的是，心理学家是从外部意识到心理状态，并且了解其与其他各种事物之间的关系。思想看到的只是它自己的对象；心理学家看到的除了思想的对象以外，还有思想自身和世界上与它相联系的其他东西。因此，当从心理学家的观点讨论一种心理状态时，我们必须谨慎地避免在这种心理状态下，从自身内容中私自添加进来那些仅仅是为我们而存在的东西。我们必须避免用"一个意识是关于什么的"来取代"我们知道这意识是什么"，并且避免将它与世界上其他事物的关系，或者说是物理关系纳入到我们知觉的对象内。从抽象意义上来说，虽然这种表达会有点混乱，但心理学家们却很难一直避免这个陷阱，而且这一陷阱几乎构成某些心理学派的理论观点。因此，我们对其巧妙的腐蚀作用应保持高度警惕。

综上所述，心理学认为思想是相继产生的，并且思想在心理学家也认识的世界中认识对象。这些思想是心理学家所处理的主观材料，并且这些思想与其对象、与大脑、与世界其余部分的关系构成了心理科学的主题。心理学的研究方法包括内省法、实验法和比较法。但是内省法不是通向真实心理状态的可靠向导；尤其是心理学词汇的贫乏，使我们无法描述某些状态，并将其他状态看作好像是它们知道它们自己，也知道它们的对象，就如同心理学家也知道这两者一样，对于科学研究来说，这是一种灾难性的谬误。

注　释

1　关于心理学和一般哲学的关系，参见罗伯逊（G. C. Robertson），《心灵》，第 8 卷，第 1 页，以及沃德，同上，第 153 页；杜威（J. Dewey），同上，第 9 卷，第 1 页。

2　比较穆勒的《逻辑学》，第 1 卷，第 3 章，第 2、3 节中的评论。

3　《逻辑学》，第 40 节。

4　《心理学》，第 2 卷，第 3 章，第 1、2 节。

5　《实证哲学教程》，第 1 卷，第 34-38 页。

6　《奥古斯特·孔德与实证主义》（1882），第 3 版，第 64 页。

7　冯特说："使用内部观察的首要规则是：尽量获得更多的偶然的、意外的和不经意间产生的经验……首先，最好能尽量依赖记忆，而不是即刻的理解……其次，内部观察更适合于把握明显的意识状态，尤其是随意心理活动；那些像有模糊意识的和不随意的内部过程几乎完全避开了这种内部观察，因为它们被观察所阻碍，还因为它们很少遗留在记忆中。"(《逻辑学》，第2卷，第432页。)

8 在这类情况中，即这种状态比为它命名的活动持续的时间长，存在于它之前，并且当它过去的时候又重新出现，那么当我们认为这种状态好像能自知，我们实际上就可能很少有犯错误的风险。感受状态和命名感受的状态是不间断的，并且这种即刻的内省判断可能具有很强的绝对可靠性。但即使是在这里，在心理学中，我们知识的确定性也不应该在下述这一先天的根据之上得到论证，即被感知的和存在是相同的。这里的状态确实是两个：命名状态和被命名状态是分开的；"被感知的就是存在"这种原则在此是不适用的。

9 莫尔，《经验心理学基础》(莱比锡，1882)，第47页。

10 在英语中，我们甚至没有在被思想的事物与思想着它的思想之间做出一般性的区分；在德语中，这种区分由 gedachtes(被思想者)和 gedanke(思想)这两个词之间的对立而得以表达，在拉丁语中由 cogitatum(被思想者)和 cogitatio(思想)而得以表达。

11 比较鲍恩的《形而上学》，1882年，第408页。

第八章

心灵与其他事物的关系

对心理学而言,心灵是一个对象,其所处的世界还拥有其他的对象,那么,接下来它与那些其他对象的关系就必须要得到考察。

第一节 时间关系

据我们了解,心灵的存在是暂时性的。心灵是否存在于我们的身体出生之前,或者在我们死亡之后是否还仍然存在,这些问题应该由普通哲学或神学来回答,而非由我们所称的"科学事实"来回答——我在这里省去了所谓唯灵论的事实,因为这些事实仍然会引起人们的争议。心理学作为一门自然科学,它只限于研究当前的生活。在这里,每一个心灵都和一个身体相对应,只有通过身体,心灵的各个现象才得以显现出来。在当前的世界中,众多心灵在共同的时间容器里相互共存或相继延续,而它们与时间、空间的关系也没什么可说的。但是,个体意识的生命从时间上看似乎是中断的,因此人们会提出下面的问题。

一、我们时常完全无意识吗

这是我们不得不讨论的一个问题。睡眠、昏厥、昏迷、癫痫和其他"无意识"状态，可以轻易地闯入我们的心理历程中，有的还持续比较长的时间。假如承认了这样一种非连续性的事实，它难道不能以一种连续的和精细的形式存在于我们没有察觉到的地方吗？

这是有可能发生的，但主体自身永远也不会知道这一点。我们常常使用麻醉药物进行手术，却从不怀疑我们的意识已经产生了裂缝。两端越过裂缝顺利地连接了起来，只有看到了伤口时才确信，我们一定是经历了一段对于当前的意识来说不存在的时间。即使在我们睡眠的时候，这种情况也时有发生：我们觉得自己并没有睡着，但是钟表却让我们意识到我们是错误的。[1] 因此，我们确实会经历一种真实的外部时间，这是一种心理学家了解和研究的时间，然而我们却无法感受到或者无法从任何内部迹象中推断出这个时间。问题在于，这一情况的发生频率是怎样的？在心理学家的立场上看，意识难道真的是非连续的、总是被中断继而又重新开始的吗？它仅能通过一种类似于万花筒的假象才让它自己看上去是连续的吗？还是在大多数的时间里，它的外部连续性看起来和它的内部连续性是一样的？

不得不承认的是，我们无法就这个问题给出严谨的答案。笛卡尔主义者（即认为灵魂的本质是思维）显然能够先验地解决这个问题，他们把无意识的时间间隔现象，要么解释成日常记忆的失误，要么解释成意识降至最小状态。在该状态下，也许意识能感觉到的仅仅是一个存在，这种存在没有任何可以回忆的东西。但是，假如一个人对灵魂及其本质没有任何信仰，那么他就可以自由地将那种现象看作是它们表面上显现的样子，而且承认心灵和身体一样，都是要休息的。

洛克是后一种看法的杰出支持者,他对笛卡尔主义信念的批判和他的《人类理解论》这本书中的其他内容一样富有活力,"每一次昏昏欲睡的打盹,都对那些主张灵魂是始终在思考着的理论产生了动摇"。他不相信人们会这么健忘。朱弗罗伊(M. Jouffroy)和汉密尔顿爵士在用同样的经验方法批判该问题时,得出了截然相反的结论。简而言之,他们有下述理由。

在自然的或诱导的梦游症中,通常会表现出大量的智能活动,随之就彻底遗忘了自己所经历过的全部事情。[2]

突然醒来的时候(不管之前睡得多么沉),我们总会发觉自己正在做梦。醒来后,普通的梦境一般能在记忆中维持几分钟,然后就消失了并很难再恢复。

有时在我们醒着并且精神恍惚的时候,一些一闪而过的想法和表象会闯入我们的大脑,往往一会儿就消失,让我们再也想不起来了。

我们清醒的时候,对那些习惯了的声响会"充耳不闻",这种现象表明,我们能够忽略那些被感受到的东西。在睡眠中也如此,我们逐渐习惯了声音、寒冷、触碰等感觉在场,并能在这些环境中酣然入睡,尽管这些东西在最初曾阻碍我们的睡眠。我们学会了在睡眠时不去注意它们,就如同在清醒时不去注意它们一样。不管睡眠程度如何,单纯的感觉印象都是一样的。这其中的差别在于沉睡中的心灵做出了它们不值得注意的判断。

在照顾病人的护士和婴儿的母亲身上也表现出了这种辨别力,即使在大量不相关的噪声中她们也能够入眠,但她们会被病人或者婴儿最轻微的响动唤醒。这个事实表明,在睡眠状态中的感官是可以接受声音的。

很多人拥有在睡眠状态中感知时间流逝的超常能力,他们能习惯地每天在同一时刻醒来,或者在睡觉之前设定的时间准时醒来。假如这段时间内不存在心理活动,又怎么能对时间产生认知呢(通常比清醒的时候表现得更准确)?

这些可以被我们当作经典的论据来承认下述观点:即使一个人后来忽略了那个事实,心灵在那一时刻却是活跃的。[3] 近些年来,或更具体地说,近几个月来,大量对歇斯底里症患者和催眠被试的观察使这些理由更加有说服力,这些观察证明,在之前人们没有觉察到的地方存在着高度发达的意识。我们通过这些观察进一步了解了人的本性,所以我要对它们进行详细的讨论。假如至少有四个不同的观察者,并且在某种意义上说,他们彼此之间存在着竞争,但他们却对同一个结论有一致的观点,那么我们就有理由认为该结论可被当成真理来接受。

二、歇斯底里症患者的"无意识"

身体不同部分和器官的感受性发生变化,是严重的歇斯底里症患者最常见的症状之一。常见的变化是出现缺陷或感觉缺失,例如,一只或两只眼睛失明了,或发生色盲、偏盲现象,或视野变窄了。类似地,听觉、味觉和嗅觉也会部分或全部丧失。更惊人的则是皮肤感觉的缺失。寻找"恶魔标志"的巫师对患者哪些皮肤部位存在感觉缺失非常了解,然而,直到近代医学中精确物理检查的出现,才让人们开始关注这方面的问题。感觉缺失能分散在身体的任何部位,但更加倾向于集中分布在身体的一侧,从头到脚分布于整个半边身体的情况也很常见。人们发现,在左侧无知觉的皮肤和右侧敏感的皮肤之间存在一条泾渭分明的隔离线将两侧分开。最让人感到吃惊的是,所有部位,包括全部皮肤、手、脚、脸,以及黏膜、肌肉和关节,都完全丧失了知觉,但其他重要功能却并未受到严重干扰。

可以通过各种奇怪的方法来消除歇斯底里症患者的感觉缺失症状。人们最近发现，如果皮肤上放置了磁铁、金属板或其他的电极，这种神奇的力量就会产生。而且，通过这种方式消除了皮肤一侧的感觉缺失时，它通常又会转移到原本没有感觉缺失的另一侧。磁铁和金属所产生的神奇效果，究竟是它们直接的生理效果还是由于病人先入为主的观念所致（"预期注意"或"暗示"），还有待进一步讨论。另一种更好的唤起患者感受性的方法就是催眠，患者很容易进入催眠状态，他们消失了的感受性在催眠状态下彻底恢复是很常见的。这种感受性的恢复发生在感觉缺失的后期，并与它们交替出现。但是皮埃尔·詹尼特（Pierre Janet）[4]和比奈（A. Binet）[5]先生曾表明，在感觉缺失期间，缺失部位的感受性仍然存在于那里，但它是以次级意识的形式存在着，并且与主要或正常的意识相隔离，但对敲击有反应，且多种新奇的方式能够证明它的存在。

在证明感受性的存在中，詹尼特先生所说的"分散注意力法"是最主要的一种方法。这些歇斯底里症患者的注意范围通常是极其有限的，并且无法同时思考两件以上的事情。如果他们与其他人交谈，那么他们就会忘记所有其他的事情。詹尼特先生说："当露西（Lucie）与某人面谈时，她就听不见别人讲话。你在她身后喊她，甚至在她的耳边说辱骂的话，她也不会回头；你在她面前让她看一些东西，触碰她等，她也不会注意到你。最后，当她注意到你的时候，她会认为你是刚刚才来的并向你问候。这种不正常的健忘，会让她很容易不受场合与听众的限制而大声说出她自己的隐私。"

如今，詹尼特先生在一些与之相似的被试中发现，假如他走到那些正在与他人谈话的患者身后，低声对他们说，让他们举起手或做出一些简单动作，他们会按照指导语来做，尽管他们接收这一指导语是完全无意识的。可以引导他们从一个物体到另一个物体,并且让他们使用手势来回答他低声说出的问题,而且如果他们手里有笔,最后还可以让他们用书写的方式来回答那些问题。患者的主意识与此同时还继续同他人进行着谈话,完全没有察觉到双手做出的这些动作。那个高级意识的活动几乎不影响负责手部动作的意识。"自动"书写实验最有力地证明了次级意识的存在。次级意识的存在也被许多其他事实证明了。假如我能很快地将这些事实展现一遍,读者或许就会相信。

首先,感觉缺失患者的双手能有区别地适应放在手中的任何东西。让患者手中握着笔,他会做出写字的动作;在他手中放一把剪刀,他会拿起这把剪刀,做出剪东西的开合动作等。而此时如果被试的视野中没有出现这些动作,个体的主意识(我们可以这么称呼)就无法让他说出手里是否有东西。"我在雷奥尼(Léonie)感觉缺失的手上放了一副眼镜,于是他的手就打开了眼镜架并且准备戴上眼镜,当他举到接近鼻子的时候,他的视野中就出现了手中的这副眼镜,雷奥尼立马惊讶地叫道:'我的左手里怎么会有一副眼镜?'"通过对萨彼里埃(Salpêtrière)医院病人的观察,比奈发现在感觉明显缺失的皮肤和心灵之间存在一种神奇的联系。被试虽然无法感觉到放在手里的东西,却能被想起来,并且被试绝不会提到它们最初在手上引起的感觉。一把钥匙、一把小刀放在手中会引起有关钥匙与小刀的观念,然而手却什么也没感觉到。同样地,假如实验者让被试把手或手指弯曲三次或六次,或是敲击被试的手或手指三次或六次,三、六这样的数字就会让被试想起。

人们在某些个体那里发现了一种更加奇特的现象,这使我们想到"色听"这种特殊的能力,近年来,一些外国作者已经对这方面的例子进行了详细的描述。这些特殊个体的视野中虽然能出现手中所拿的东西，但却感觉不到它。而且眼睛看见的东西好像与手毫无关系，却更像一种独立的视觉，患者通常对这种情况产生兴趣，并且感到惊奇。如果把患者的手藏在隔板后面，指导她去看另外一块隔板，并且让她说出有可能投射在那上面的所有视觉形象。患者无感觉部位被抬起、触碰的次数，会与隔板上出现的数字相对应；在患者手掌上画出的线条和图形也对应了她在隔板上看到的线条和图形；假如操作她的手或者手指，那么隔板上就会出现她的手或者手指；最终，那里会出现放在手中东西的意象。然而，手本身却从来没有感受到任何东西。当然，在这种实验中患者可以作假，但是比奈先生认为这一解释并不能令人信服。[6]

  医生常使用罗经点来测量我们的触觉敏感程度。如果仪器上的两个点距离太近以至于无法分辨，往往会被感觉为一个点。然而，在皮肤某个部位上"太接近"的两个点，在皮肤的另一个部位也许就显得相距很远。在后背或者在大腿部，不足三英寸[①]的距离也许就会显得很近。而在指尖上，1/10英寸的距离已经显得比较远了。目前，用该方式来进行测试，如果诉诸主意识（它用嘴说话，而且好像是在独立运行），某个人的皮肤就没有任何感觉，而且对罗经点也毫无感觉。然而，假如诉诸其他的次级意识或潜意识（它通过书写或者手的动作自动地表达它自己），这同一部位的皮肤将被证明具有完全正常的感受性。比奈、皮埃尔·詹尼特和朱尔斯·詹尼特（Jules Janet）等人都发现了这种现象。在任何时候触碰被试，他都会像一个正常人一样准确指出是"一点"还是"两点"。他只会用这些动作指出这些点，而他的主要自我对这些动作本身是无意识的，对它们所代表的事情同样也是无

---

  ① 1英寸＝2.54厘米。——编辑注

意识的，这是由于用嘴说话的主意识不知道潜意识让手自动去做的事情。

伯恩海姆（Bernheim）和皮特斯（Pitres）等人证明了歇斯底里症患者的失明并不是真正的失明。有些歇斯底里症患者的一只眼睛在另一只能够看见的眼睛闭上时就全盲了，然而，这只眼睛在两只眼睛都睁开时却能很好地完成它的视觉任务。但是，自动书写的方法还是向我们证明了：就算是在双眼都因歇斯底里症而半盲的情况下，知觉仍然存在，只是与主意识的沟通被阻断了。比奈先生发现，患者的手无意识地写下一些词，而这些词是他们无法"看见"（即带到主意识那里）的词。当然，这些词肯定被他们的潜意识感知到了，否则手就无法那样书写。同样地，无法由歇斯底里症患者色盲的眼睛带到主意识中来的颜色，也会被潜意识自我所感知。主体自我意识无法注意到感觉缺失皮肤上被刺、烧和戳的行为，然而，假如被试进入催眠的恍惚状态，那么次级自我就会将这些痛苦回忆起来，并且对其产生抱怨。

因此，我们必须承认，至少有些人全部可能的意识能被分裂成不同的部分，这些部分共同存在却相互忽视，并且它们感受着共同的对象。更让人吃惊的是，它们是互补的。把一个对象呈现在其中一个意识的面前，那么，该对象就被你从另一个或另一些意识那里移除了。关闭了某种共同的信息资源，如语言运用等，主体自我所知道的，次级自我就不知道，反之亦然。詹尼特先生在其被试露西那里巧妙地证明了这一点。下面这个实验可被看作是该实验的典型：在露西被催眠的过程中，他将纸片覆盖在她的大腿上，每一张纸片上有一个数字。然后詹尼特对她说，她在醒来时将不会看见任何数字为 3 的倍数的纸片。这就是通常所说的且被人熟知的"后催眠暗示"，而露西是一个对此适应良好的被试。相应地，当她醒来被询问到其腿上的纸片时，她数过之后说，她只看到了那些数字不是 3 的倍数的纸片。对于 12、18、9 等，她是看不见的。然而，通过让主意识专注于另一场谈话的普通方法时，对潜意识进行询问，这个时候她的手便会写出只有数字为 12、18、9 等的纸片，当要求她拾起那里的全部纸片时，她只捡起这几张纸片，而不管其余的纸片。类似地，当用某些事物的视觉形象暗示给潜意识状态下的露西时，正常状态的露西就会瞬间变得部分或全部失明。当詹尼特轻声告诉她的潜意识让她运用双眼的时候，主意识会迫使她在交谈过程中突然大喊出来："发生什么了？我看不见了！"歇斯底里症患者所经受的感觉缺失、瘫痪、挛缩以及其他异常症状，仿佛因为他们的潜意识掠夺了主意识应该保持的一种功能来充实自己所致。治疗的暗示效果很明显：运用诱导催眠或者其他方法到达潜意识那里，让潜意识拒绝影响眼睛、皮肤、胳膊或受到侵袭的身体部位。由此，正常的主意识就恢复了自己的功能，又能够看见了、感受了或者移动了。朱尔斯·詹尼特先生以这种方式很容易地治好了萨彼里埃医院那个有名的年轻女性患者威特的各种痛苦。这些痛苦在詹尼特找出她深层恍惚意识状态中的秘密以前，一直是难以克服的。詹尼特对她的潜意识说："结束这种低俗的玩笑。"潜意识顺从了。在患者威特身上，不同意识相互分享可能的感觉材料的方式似乎得到了更有趣的说明。当她觉醒时，她的皮肤除手臂上佩戴手镯的部位有感觉以外所有的地方都没有知觉。然而在最深度的催眠恍惚状态中，当她身体的所有其他部位都有感觉时，这一特殊部位就变得毫无感觉了。

　　有时，不同意识之间的不协调会造成非常奇怪的事情。由潜意识自我实施的动作和运动在主意识那里消失了，而且被试会做出各种他始终完全没有意识的、不协调的事情。"我让露西(使用分散注意力的

208

方法)做一个拇指放在鼻尖处并且晃动其余四个手指的动作,她的手就会立刻照做。当被问及在做什么时,她回答说什么都没做,而且长时间地继续谈话,她对自己的手指在鼻子前面的运动没有明显的觉察。我让她在房间里来回走动,但她在谈话中,依然坚信自己是坐着的。"

詹尼特先生从一个处于酒醉后谵妄状态的男子那里观察到了类似的现象。当医生问该男子问题时,詹尼特先生在他耳边低声地暗示他,让他走动、坐下、跪下,甚至面部朝下趴在地上,然而他却始终坚信自己是站在床边的。除非我们亲眼看到了类似的事情,否则这种奇怪的举动听上去是如此的不可思议。很多年以前,当我对这种情况还不理解时,就见过一个这样的小事例,表明了一个人的知识可以被两个不同的自我所分享。一位一直坐在那里自动书写的年轻妇女,手里拿着一支铅笔,按照我的要求,尝试着回忆她曾经见到过的一位先生的姓名。她仅能回想起名字的第一个音节。与此同时,她的手却在她不知晓的情况下写下了最后两个音节。最近我在一位完全健康的可以在占卜板上写字的年轻男人那里观察到,他在做书写动作时手毫无感觉,我能够用力刺它,而被试却并不知道我在刺他。但是,写在占卜板上的字迹却用强硬的措辞谴责我刺痛了他的手。当我刺他另一只不写字的手时,他就发出了强烈的抗议声,然而与此同时,在占卜板上负责写字的手却否认了这一事实。[7]

在所谓的后催眠暗示中,我们也得到了完全一致的结果。这一事实是人们所熟知的,即告诉某个处在催眠恍惚状态中的被试,醒后要做一个动作或体验一种幻觉,他将在时间到来时服从那个指示。这个指示是如何被知晓的?他们对指示的执行怎么会如此准时?这些问题始终是一个谜团,因为主体自我对催眠恍惚状态或暗示都毫无记忆,并且经常会即兴编造一个借口,作为他屈服于如此突如其来地支配他,并让他无法抗拒的无法解释的冲动的托词。埃德蒙·格尼(Edmund Gurney)首次通过自动书写的方式发现次级自我是清醒的,而且始终能够让自己的注意集中在那个指示上,并且时刻注意着执行指示的信号。将某些处于催眠恍惚状态同时也能自动书写的被试,从催眠状态中唤醒并用占卜板写字的时候——他们当时不知道自己写的是什么,因为大声朗读、谈话或者解决心算问题占据了他们当前的注意——但是,他们所写的内容是催眠时曾接收的指示,并且用符号记录下了已经过去的时间和在指示执行前还要经历的时间。[8]所以,这类动作的产生原因并非机械意义上的"自动机制",而是由一个分裂的、有限的、隐秘的却完全有意识的自我管理着这些行为。此外,当动作正在执行时,这个隐秘的自我就会浮现出来去赶走另一个自我。换句话说,当要执行命令时,被试就重新进入了恍惚状态之中,并且对后来所做的事没有印象。格尼和博尼斯首先发现了这种现象,此后这种现象得到了更大范围的证实。格尼还发现,在执行动作的短时间内,被试又可以轻易地被暗示了。詹尼特先生的观察很好地阐释了这一现象。

"我让露西醒来后把胳膊一直举着。她并未注意到在刚进入正常状态时,她的胳膊就早已举过了头。她高举胳膊,并来来回回地走动并交谈着。假如被问及她的胳膊在干什么,她会感到惊讶,而且十分诚恳地说:'我的胳膊就像你的一样,什么也没做。'……我在催眠时让她哭泣,她醒来时真的哭了起来,并且一边哭着一边说着开心的事。哭过之后,一点也不悲伤,这悲伤仿佛根本就是潜意识的。"

主体自我时常会出现一种幻觉，这种幻觉可以掩盖和隐瞒次级自我正在做的行为。雷奥尼三号[9]实际上在写字母，而雷奥尼一号却相信她在编织。或者，露西三号实际上去了医生的办公室，而露西一号却相信她自己在家里。这是一种短暂的谵妄状态。当有人把字母或数字序列交给次级自我注意时，那么正常的主体自我就可能忘记这些字母。例如，被试的手会按照指示书写着字母表，却非常茫然地发现自己忘记字母表了。没有比这种相互排斥的关系更令人好奇的了，在单独的局部意识间存在着这些关系的各种等级。

我们每一个人身上究竟在多大程度上存在着心灵分裂为单独的意识现象，这依然是个问题。詹尼特先生认为，这种情况只有在神经功能异常的虚弱和由此导致的统一或协调能力不足时才会产生。一位女性歇斯底里症患者由于神经异常的虚弱，不能将其意识统一起来，因此会放弃一部分意识。而与此同时，被放弃了的意识将会固结成为一种次级自我或潜意识自我。此外，在一个很健康的被试身上，某一时刻从意识中放弃的东西将会在另一个时刻回来。他全部的经验和知识依旧是完整的，而那些被分裂了的部分也未能固结起来，也就无法形成次级自我。这些次级自我的稳固性、单一性和愚蠢性往往很惊人。后催眠潜意识好像只想获得自己最后得到的指示，全身僵硬症患者的潜意识仅想获得肢体的最后一个姿势。詹尼特先生暗示他的两个处于催眠状态的被试，一个任何特殊形状的芥末药膏都能在被试身上造成界线分明的皮肤红肿。暗示起效以后，再次让被试进入恍惚状态，这时被试说："我一直都在想着您的芥末治疗法。"詹尼特先生给另一个被试N以较长时间间隔的治疗……N在治疗期间偶尔会受到另一个观察者的影响，当詹尼特先生让他再次进入催眠状态时，他说他目前位于阿尔及尔，距离太远接收不到指示。另一个给予这种暗示的医师，却不记得在被试从催眠状态中醒来前消除这一暗示，结果导致这个可怜的被试好几个星期都处在这同一个梦境中。雷奥尼的潜意识活动曾在一个访客那里得到了说明。她在交谈过程中用左手做了一个"拇指顶住鼻尖晃动其他四个手指"的动作，一年后，当她又一次见到他时，她将同一只手又一次举到鼻尖，而正常的主体自我对此却毫无觉察。

　　这所有的事实整合在一起就意味着一项探究的开始，这一探究过程必定会将人性中一些新的特质揭示出来。正因如此，我才在本章中对这一事实进行了详细的引证。它们最后证实了一件事，就是我们永远也不要相信一个人说他什么感受也没有，无论他说得多么真诚，都不能证明曾经没有感受存在。它可以作为次级自我意识的一部分而曾经存在于那里，对于它的经验，我们的主体意识自然不能给出任何说明。如同我们将在后一章了解到的那样，在歇斯底里症患者身上运用简单的暗示就很容易让他的动作或身体的某个部分变得瘫痪，通过命令的词语产生所谓的系统性感觉缺失也相当容易。系统性感觉缺失是感觉不到某些具体事情或者某一类事物，而不是对事物的任何一个要素都没感觉。被试仅仅无法看见或听见房间内的某个人，但是却可以感受到其他人，并因此认为那个人不在场或没说话等。詹尼特先生的实验被试露西对她腿上写着一些数字的卡片失明就是一个例子（参见前面的第160页）。现在，假如物体是诸如红色圆片或黑色十字形的简单物品时，那么就算被试在看着它时也会否认可以看到它，但是当他把视线转向别处的时候，还是会对物体产生一个"负后像"，这说明被试依旧能够接收到物体的视觉印象。并且，深入的观察发现，在该实验中，被试一定要把这个物体和与之相似的其他物体区分开来，这样才可以使被试对这个物体产生失明的现象。如果告诉被试忽视房间里的某个人，并让大家都站成一排，接着让被试数人数，结果他只会数除了那个人之外的其他人。然而，假如他不认识那个人，他怎么知道不去数那个人呢？同样地，在纸或黑板上画一笔，对他说那一笔不存在，那么他仅能看到空白的纸或黑板。接着（不让他看见）在第一笔旁边增添与之完全相同的其他笔画，然后问他看见了什么。不管新增的笔画有多少，它们是以怎样的顺序排列，他都会逐一地指出新增的笔画而每次都无视那第一笔。同样地，假如在他一只眼睛前面（他的双眼都睁开着）放一个约16°的棱镜，以此方式把他忽视的那第一笔变为两笔，那么他会说他目前看到了一笔，并指向从棱镜中看见的那一笔所在的方向，依然无视最开始的那一笔。

他显然能看到那一笔。只是他看不到位于黑板上或者纸上某一特殊位置的单一笔画——也就是无法看到一个特殊的复杂物体。并且，这样说好像是自相矛盾的，被试必定可以非常精确地将这一特定的笔画与其他笔画相区分，这样才可以在其他笔画画在它周围时依旧无视它。他首先辨别出了这个对象，然后就完全看不到它。

此外，通过放在一只眼睛前的棱镜，这只眼睛可以看见一个最初无法看见的笔画，并且闭上或遮住另一只眼睛，它的闭合与否都不会产生任何实质性的影响，那一笔画仍然能被看到。然而，假如这时候把棱镜撤掉，那么刚刚还可以看见的笔画现在就消失了，双眼又都回到原来的失明状态。

在上述例子中，我们所要解决的并非眼睛本身的失明或单纯的注意缺乏，而是某种更复杂的东西，也就是把某些物体主动计算在外或确切地排除在外。这就相当于一个人在冷落了某个熟人、忽视了一个要求或拒绝被某种思考所影响时所发生的情形。然而引起这一结果的知觉行为却与被试个人的意识相分离，而且把暗示所涉及的对象变为其私有物。[10]

那位只对她孩子的动静敏感的母亲，其听觉感受性与孩子有关的部分显然是清醒的。与此相对，她心灵的其他部位处在一种系统性的感觉缺失状态中。那个从睡眠部分分离并与之断开联系的部位，依然可以在必要时唤醒睡眠部分。所以，总的来说，笛卡尔与洛克有关心灵是否沉睡的争议就更加难以解决了。从先天思辨方面来说，洛克的有关思想和感受有时会彻底消失的观点好像更合理。有时腺体会停止分泌，有时肌肉会停止收缩，因此大脑有时也停止传送神经流，而最低程度的意识很可能与大脑的这种最低程度的活动共存。此外，我们看到的现象是多么具有欺骗性，并因此不得不承认一部分意识能够与其他部分断连之后仍然继续存在。总之，现在我们最好还是不要给出结论。不久的将来，科学必定能比我们目前更好地解答这一问题。

现在，让我们来考虑。

第二节　意识与空间的关系

这就是人们在哲学史上讨论的灵魂处所问题。这方面的相关文献有很多，我们在此只做简明的探讨。任何事情都取决于我们如何看待灵魂问题，它是一个广延的实体还是非广延的实体？假如灵魂是广延的，它可能就会占据一个处所。假如灵魂是非广延的，它可能就不占据处所，尽管人们曾经认为，即使这样灵魂也还是可能有一个位置。有关无广延的东西以特定大小的广延而呈现的可能性问题，引起了人们广泛而又细致的讨论。我们一定要对不同类型的呈现进行区分。我们的意识通过某一方式呈现给所有与它相关的事物。每当我感知星座时，在认知上我呈现在星座面前，但不是动力学地呈现在那里，我产生不了任何影响。然而，我是动力学地呈现在我的大脑面前，因为我的思想和感受似乎对其中的过程起着作用。假如"心灵的处所"这个词语的含义仅指与心灵有着直接动力学关系的位置,那么,我们说心灵的处所位于大脑皮层的某一地方,就必然是正确的。正如大家普遍了解的那样,笛卡尔认为非广延的灵魂直接呈现给松果腺。陆宰和沃尔克曼(W. Volkmann)等人认为,灵魂的位置必定处在解剖学上的大脑元素的无结构矩阵中的某一点,他们推测所有的神经流都可能在该点上相交和聚合。经院哲学的学说认为,灵魂完全呈现给全部身体及身体的每一个部分,这是由灵魂的非广延特性及其简单性决定的。两个广延实体只能在空间中彼此之间以及部分之间相互对应。然而,这并不适用于灵魂,因为灵魂无法分为部分和身体相对应。汉密尔顿爵士和鲍温(Bowen)教授支持这类观点。费希特(I. H. Fichte)、乌尔里希(Ulrici)和美国哲学家沃尔特(J. E. Walter)[11]等人认为,灵魂是一种占据空间的本原。费希特将它称为内部身体,乌尔里希将它比作一种不是由分子组成的流体。这些理论让我们想起了"通神主义"学说,并把我们带回到灵魂作为意识媒介物的时代,在那个时代,灵魂与负责身体形成的生命本原还没有区分开来。柏拉图(Plato)把头部、胸部和腹部分别看成是灵魂的理性、勇气和欲望的处所。亚里士多德则认为,心脏是灵魂的唯一处所。也有其他人认为,血液、大脑、肺、肝脏甚至肾脏,是全部或部分灵魂的处所。[12]

事实上,假如思想本原是广延的,我们不仅不知道它的形状,还不知道它所在的位置;而假如它是非广延的,那么我们说它有任何空间关系就很荒谬。在第二十章"空间知觉"中我们将会看到,空间关系是能被感知到的事物。在空间中能够具有相互位置关系的唯一对象,是那些被感知为存在于同一个感知空间中的对象。像无广延的灵魂这样一个完全无法被感知的事物,不可能与任何被感知的事物以这种方式共存。我们无法感受到任何路线从灵魂这里伸展到其他事物那里。它无法构成任一空间间隔的终点。所以,它无法在任何易于理解的意义上占据位置。它的关系不可能是空间的,只能是认知或大脑动力学的,如同我们看到的那样。就它们是动力学的而言,说灵魂呈现出来仅仅是一种修辞式的说法。汉密尔顿有关灵魂呈现给整个身体的学说是完全错误的,因为从认知角度来说,它的呈现大大超出了身体的范围,而从动力学角度来说,其呈现还未超出大脑的范围。[13]

第三节　心灵与其他对象的关系

心灵与其他对象的关系,也可以说是心灵与其他心灵或心灵与物质事物的关系。这里的物质事物可以是心灵自身的大脑,也可以是其他任何事物。心灵与它自己大脑的关系是独特而神秘的,在前面两章中我们已经讨论过,对此也没什么要补充的了。

我们所了解到的是,心灵与大脑以外其他对象的关系完全是认知的和情感的。心灵知道这些事物,并在内部接纳或拒绝它们,除此之外就没有别的关系了。当心灵看上去对这些事物起了作用时,它只是以身体作为媒介而做到的,所以对这些事物起作用的不是心灵而是身体,而且大脑必须首先对身体产生作用。当其他事物对心灵发生作用时,也是首先作用于身体,然后再通过身体作用于大脑。[14]心灵能够直接做的只是认识、误解或忽视这些事物,并且发现它们以这样或那样的方式使它感兴趣。

认识关系是世界上最神秘的关系。如果我们探究一个事物如何能认识另一个事物,我们就完全进入了知识论和形而上学的核心。心理学家并不觉得这个问题有任何好奇之处。他发现当他面对一个世界时，他只能相信自己认识这个世界，并开始认真研究他过去的思想，或者来自同一个世界中的其他人的思想。他只能得出这样的结论：那些其他思想按照它们的方式来认识世界，正如他按照他自己的方式来认识世界一样。对他来说，不管是否得到了解释，知识都变成了一个必须被承认的终极关系，就像没有人想要解释差异或相似一样。

如果我们研究的主题是绝对心灵，而不是自然界中某个人的具体心灵，那么像认识被普遍理解的那样，我们就不能了解这种绝对心灵是否具有认识的功能。我们可以了解绝对心灵的思想情况，但是由于我们不存在心灵之外的事实（如果存在的话，那么这种心灵就不是绝对的了）来与这些思想进行比较，所以我们无法发现这些思想的对与错，于是我们只能将它们称为绝对心灵的思想，而不是绝对心灵的知识。然而我们可以用不同的方式来判断有限的心灵，因为心理学家自身可保证他们所思考的对象的独立实在性。他知道这些对象既存在于心灵之外，也存在于心灵之内。因此，他知道心灵是既思想又认识，或仅仅只是思想。而且，虽然他的知识是凡人易犯错误的知识，但这并不会导致这种知识在这种情况下比在其他任何情况下更易出错。

现在，心理学家依据什么样的方法来确定他所研究的心理状态是知识，或只是一种不指称它自身之外的任何事物的一种主观事实呢？

其实心理学家使用的是我们都在使用的测试。如果那种心理状态和他关于某个实在的观念具有相似性；或者如果不具相似性但能暗示那个实在，并可通过身体器官影响它进而对它进行指称；或者它类似于某个暗示、指向和终止于第一个实在的其他实在，或对其产生影响，在所有这些情况下或其中任何一种情况下，心理学家都会认为，那种心理状态能够直接地或遥远地、清楚地或模糊地、真实地或错误地认识到那个实在的性质及其在世界中的位置。另一方面，如果所观察的心理状态与心理学家所了解的任何实在既没有相似性,也不会对其产生影响,他就将其称为纯粹且简单的主观状态,不具有任何认知价值。另外,如果它与他知道的一个或一组实在具有相似性,但完全没有引起心理学家可观察到的身体运动来影响它们或者改变其进程,那么心理学家会和我们一样感到困惑。例如,让这种心理状态发生于主体的睡眠中,主体先梦见某人的死亡,并且发现这个被梦见的人真的死亡了。那么这个梦到底是一个巧合,还是关于死亡的真实认知呢?美国心灵研究会正在搜集这方面的案例,并且试图以最合理的方式来进行解释。

如果这种类型的梦在个体的一生中只出现过一次,而且梦中死亡事件的全部过程与真实死亡事件过程在许多细节上都有所不同,如果那个梦没有引起关于死亡的任何行动,毫无疑问,我们就只能称它为奇怪的巧合。但是,如果梦中的死亡有着很详细的过程,其中每一个情节都和真实死亡相伴随的每一个特征相符合;如果那个人总是做这样的梦,且每次的梦境都与现实一样精确;如果他醒来时习惯于立即采取行动,就好像梦中的一切都是真的,并且惊动了那些消息不灵通的邻居们。此时,我们就不得不承认,他拥有某种神秘的感知未来的能力,他的那些梦以一种不可理解的方式预先描绘了那些事实,"巧合"这个词并不适合用来解释问题的本质。而且,如果他在梦中有能力妨碍现实的进展,让现实中的事件按照他梦里的那样向某个方向发展,那么任何人对此都不会再产生疑问了。至少有一点是确定的,即他和心理学家在做的是同样的事情。正是通过这样的测试,我们才相信其他人清醒的心灵和我们自己的心灵所认识的是同一个外部世界。

心理学家对待认知的态度会产生很重要的结果,所以我们必须继续讨论这一话题直到弄清楚为止。心理学家的这种态度是一种彻底的二元论。它假设有两个要素,即认识的心灵和被认识的事物,并认为这两者是不可还原的。这两个要素都无法脱离自身,进入对方的世界中,无论怎样都无法成为对方,更不能通过任何方式产生对方。它们只是面对面地活在同一世界中,一方只是认识对方,或被对方所认识。我们不能用任何更低级的术语来表达这种单一关系,也不能用任何通俗易懂的名称来指称它们的关系。事物必须向心灵的大脑发出某种信号,否则我们就无法认识它们。事实上我们发现,一个事物在大脑之外的单纯存在这一点并不是让我们认识它的充分原因,它还必须以某种方式冲击大脑,才能被认识。但是在大脑受到冲击的情况下,知识却由完全发生在心灵中的一种新的结构组成。不管是否被认识,那个事物都保持不变。[15] 而且,只要知识产生了,不管那个事物发生什么变化,知识都会保持在那里。

前人和当代一些缺乏反思的人将知识解释为某种东西从外部进入到心灵的通路。这心灵,至少就其可感觉的特性而言,是被动的和接受性的。但是内部结构对对象的复制就算是在单纯的感觉印象中也必然会发生。让我们和鲍恩(Bowne)教授一起设想一下,如果两个正在谈话的人都知道彼此的心灵,那将会发生什么呢?

"思想不会离开一个人的心灵而进入另一个人的心灵之中。当我们说交流思想时,即使最简单的心灵也知道这只是一个修辞说法……想觉察另一个人的思想,我们只有在自己的内部建构他的思想……这个思想是我们自己的,并且完全是我们自己的独创。同时,我们应该把它归功于另一个人,如果他那里没有产生这样的思想,那么我们这里也不会产生这样的思想。但是那另一个人做了什么?他通过一种完全神秘的世界秩序,制造出一系列与那个思想完全不同的标记，但是这些标记通过同一个神秘的世界秩序的作用，能够对听者形成一系列的刺激，这样就使听者能够在自身内部建构起相应的心理状态。说话者的行为在于利用那些合适的刺激，听者的行动则是灵魂对那种刺激的反应。所有有限心灵之间的交流都与此类似，也许所有会反思的人都会承认这个结论。但是，当我们说对于感知另一个人的思想这种情况也适用于感知外部世界时，许多人就会产生疑问，而且还有不少人会完全否定这种看法。然而，我们没有其他选择，我们只能确认，为了感知世界，我们必须在思想中建构它，而且我们关于世界的知识只不过是心灵内在性质的展开。如果将心灵描述为一个蜡块，那么事物就是留在蜡块上的印记。我们似乎是获得了一种伟大的见解，直到我们想要询问这蜡块在哪，事物如何留下印记，以及即使留下了印记，我们又如何解释这种知觉行为？感觉和知觉的直接先行者是大脑中的一系列神经变化。无论我们知道外部世界的什么东西，它都在神经变化中又通过神经变化呈现出来。但是，这些神经变化完全不同于人们所认为的引发这变化产生的对象。如果我们能够假设心灵处于光明之中且心灵与其对象之间存在直接联系，这至少会给那种想象带来一些期望。但是，当我们假设心灵只是在头盖骨这个黑屋里与外部世界产生联系，并不与被觉察的对象发生联系，却仅仅与一系列它对其一无所知的神经变化相关，那么很明显，这个对象离它很远。所有关于图画、印象等的谈论都因为缺少给这类描述赋予任何意义而终止了。我们甚至不清楚最终是否能从黑暗中找到出路，并再一次进入光

220

第八章 │ 心灵与其他事物的关系　233

明和现实世界中。我们完全相信物理学和感官，由此我们被这些东西引领着远离了对象并进入了神经的迷宫，在这个迷宫里，一系列神经变化完全取代了对象，这些神经变化与其他任何事物都没有相似性，并具有十分独特的性质。最后，我们来到了头盖骨这个黑屋子里，对象完全消失了，而知识还未出现。根据最坚定的实在论观点，神经标记是有关外部世界的所有知识的原材料。但是为了超越这些标记，进入外部世界的知识中，必须有一个人能解读出这些神经标记的客观意义。但是那个人又必须含蓄地将世界的意义包含于其自身中，而这些标记实际上仅仅是一些刺激，这些刺激促使灵魂将它的内在呈现给外部世界。由于大家一致赞成灵魂只是通过这些标记与外部世界进行交流，并永远只能到达这些标记将它带到的地方，而不会比这里离对象更近，因而我们可以断定，解释的原则一定是存在于心灵本身，作为结果而发生的结构主要只是为了去表达心灵自身的性质。所有的反应都属于这一类，它表达的是反应者的性质，知识也同样如此。这一事实让我们必须承认思想的法则和性质与事物的法则和性质之间存在某种预定的和谐关系，或者我们要承认知觉的对象、本来的宇宙纯粹是现象的，只是心灵对其感觉基础做出反应的方式。"[16]

客体和主体的二元论及其预先设定的和谐，是心理学家的假设，不管作为一个有权利成为形而上学者的个人内心会支持怎样隐蔽的一元论。我希望现在大家已经清楚这个基本观点了，这样我们就可以放开它来进行一些细节的区分。

有两种类型的知识是可以广泛地和真正地加以区分的，我们可以分别称它们为相识的知识（knowledge of acquaintance）和相知的知识（knowledge-about）。许多语言都表达出这种区别，因而我们有 γνῶναι, ειδεναι; noscere, scire; kennen, wissen; connaître, savoir①。[17] 我知道许多的人和事，它们除了在我曾经遇见过它们的地方出现以外，我对它们的了解不多。当我看见蓝颜色时，我知道这是蓝色；当我吃梨时，我知道这就是梨的味道；当我将手指移动一英寸的距离，我知道这个间距是一英寸；当我感觉到一秒钟流逝时，我知道一秒钟的时间有多久；当我努力去注意时，我感受到那种努力；当我注意两个事物之间的区别时，我知道这个区别。但是我却说不出任何关于这些事实的内在特性以及是什么使这些事实形成现在的性质。我不能将这些事情的知识告知给任何不曾熟悉这些事情的人。我不能描述它们，不能让一个盲人猜测蓝色是什么样子的，不能向一个儿童解释三段论的概念，也不能告诉一个哲学家在什么方面是距离并且区别出其与其他形式的关系。我至多能告诉朋友们到某些地方去，并且以某些方式行动，这些对象就可能会出现。世界中全部的基本性质，其最高的种属，物质和心灵最简单的性质，以及它们之间存在的关系，要么完全不被知晓，要么也只能以这种无声的方式被知道，而不带有相知的知识。确实，在能够说话的心灵中，关于每一个事物都具有某种知识。至少人们能对事物进行分类，并说出它们出现的时间。但是总体而言，我们对一个事物分析得越少，对它的关系感知得越少，对它了解的就越少，而且我们对它的了解就越是那种类型上的了解。因此，这

---

① 它们分别是希腊语、拉丁语、德语和法语中"知道"的意思，前面一个相对于"相识的知识"，后面一个相对于"相知的知识"。

两类知识是相对的术语，就像人类心灵实际上对它们运作的那样。也就是说，关于一个事物的同一个思想，与一个更简单的思想相比，就可以说我们对这个事物具有相知的知识；而与一个更加清楚明确的思想相比，就可以说我们对这个事物具有相识的知识。

合乎语法的句子表达了这个意思。句子的"主语"代表一个相识的对象，加上谓语就是试图引出我们对对象的了解。当我们听到主语的名称时——它的名称可能有丰富的内涵——我们可能已经知道了许多东西。但是不管我们那时知道多少，当句子完成时我们知道的比先前知道的更多。我们可以通过分散注意力，并以一种注意力不集中的恍惚状态凝视一个客体而随意地复原到对那个客体的单纯相识状态。我们可以重新集中我们的智力开始注意、分析和思考，那么我们就能上升到有关那个客体的相知的知识。我们所认识的事物只呈现在心灵中，我们拥有它或者关于它的观念。但是当我们知道（相知的知识——译者注）它的时候，我们所做的就不仅仅是单纯地拥有它，因为我们思考它的各种关系，我们似乎是对它进行着某种处理，并且用我们的思想操作它。感受和思想这两个词表达了这种对比。我们通过感受开始熟悉（相识的知识——译者注）事物，通过思想来理解（相知的知识——译者注）事物。感受是最初的认知状态，思想是成长起来了的大树。语法上的主语、客观的呈现、被认识的实在的最小值以及知识的纯粹开端，一定要由表达意义最少的语词来命名。像 lo! there! ecco! voilà 这样的插入语就是这样的语词，或者是引出句子的冠词或者是指示代词，像 the, it, that。在第十二章中我们将会更深入地分析，对一个对象的单纯心理拥有或者感受（即相识的知识），与关于它的思想（即相知的知识）之间的区别意味着什么。

通常被区分为感受的心理状态就是情绪和来自皮肤、肌肉、内脏、眼睛、耳朵、鼻子和上颚的感觉。一般意义中的思想是指概念和判断。在我们对这些心理状态进行专门讨论时，我们必定会提及它们各自的认知功能和价值。现在我们也许可以认识到，我们的感官只是使得我们对身体方面的事实有所了解，而对于其他人心理状态的事实我们只有概念性的知识。我们以一种特殊的方式去认识我们自己过去的心理状态。它们是"记忆的对象"，并且在我们看来还带有某种温暖和亲密的性质，这使得对它们的知觉更像是一种感觉过程，而不是思想。

注　释

1　佩顿·斯彭斯（Payton-Spence）《思辨哲学杂志》，第 10 卷，第 338 页，第 14 卷，第 286 页）和加弗（M. M. Garver）《美国科学杂志》，第 3 系列，第 20 卷，第 189 页）（一个基于思辨，另一个基于实验）证明，神经振动是意识的物理基础，因此意识不得不连续地被无意识打断——依据加弗的说法，每秒约 50 次。

2　在此展现的心理活动是真实的，下述方法可以证明这一点：提示"受到催眠"的梦游被试被唤醒的时候可以记得，那么通常他都会记得。

3　更多的细节请参见马尔布兰奇（Malebranche）《关于真理的研究》，第 3 卷，第 1 章；洛克《人类理解论》，第 2 卷，第 1 章；沃尔夫（C. Wolf），《理性心理学》，第 59 节；汉密尔顿，《形而上学演讲》，第 17 讲；巴斯科姆（J. Bascom），《心灵的科学》，第 12 节；朱弗罗伊，《哲学杂谈》，"论睡眠"；霍兰德（H. Holland），《心理生理学》，第 80 页；布罗迪（B. Brodie），《心理学研究》，第 147 页；切斯利（E. M. Chesley），《思辨哲学杂志》，第 11 卷，第 72 页；里博，《人格疾病》，第 8-10 页；陆宰，《形而上学》，第 533 节。

4　《心理自动作用》，巴黎，1889 年，书中各处。

5　参见他在《芝加哥公开法庭》中的文章，1889 年 7 月、8 月和 11 月。还有 1889 年和 1890 年的《哲学评论》中的文章。

6　这整个现象表明，使自己处于某种有意识自我的阈限之下的观念，是如何可能在那里引起联想效果。病人的主意识感觉不到的皮肤感觉，还是由它们在那里的通常的视觉联想物所唤起了。

7　《美国心灵研究会论文集》，第1卷，第548页。

8　《伦敦心灵研究会论文集》，1887年5月，第268页以后。

9　詹尼特先生用数字来指明被试可能展现出来的不同人格。

10　如何构想这种心理状态，这是一件很困难的事情。如果加上新的笔画会使被试看见那一笔，这样理解那个过程就要简单得多。上面有一个笔画的纸和上面有许多笔画的纸，这样就会有被理解为整体的两种不同的物体；而且，虽然对前者而言他是盲的，但是他却会看见后者上面的所有东西，因为他起初将它领悟为一个不同的整体。

当新的笔画不是最初那一笔的单纯重复，而是与那一笔结合在一起形成一个完整对象的线条时（比如说一张人脸），这样的过程有时就会发生（但并非总是）。此时处于催眠恍惚状态的被试，通过将他先前看不见的那个线条看作是那张脸的一部分，就可以恢复他对那个线条的视觉了。

11　《空间和物质知觉》，1879年，第2部分，第3章。

12　一种非常好的对各种观点的历史的浓缩，参见W. 沃尔克曼·冯·沃尔克玛（W. Volkmann von Volkmar），《心理学教科书》，第16节，备注。关于汉密尔顿爵士的全部参考书目，参见沃尔特，《空间和物质知觉》，第65-66页。

13　当代大部分作者都忽视了灵魂处所的问题。陆宰似乎是唯一的曾经非常关注这个问题的人，而他的观点发生过变化。参见《医学心理学》，第10节。《微观宇宙》，第3卷，第2章。《形而上学》，第3卷，第5章。《心理学概要》，第2部分，第3章。还可参见费希纳，《心理物理学》，第37章。

14　我故意忽略"千里眼"和通过"媒介物"对远方物体发生作用，因为这些仍然没有得到普遍认可。

15　我没有去理会一个事物被认识的事实后来可能会给这个事物带来的结果。认识本身绝不影响那个事物。

16　鲍恩,《形而上学》,第 407-410 页。参见陆宰,《逻辑学》,第 308、326-327 节。

17　参见约翰·格罗特(John Grote),《哲学探索》,第 60 页;赫尔姆霍茨,《通俗科学演讲》,伦敦,第 308-309 页。

第九章

意识流[1]

现在,我们开始从内部来研究心灵。大多数的书籍将感觉作为最简单的心理事实开始研究,接着再综合地继续下去,每个更高级的阶段都是由比它低一级的阶段构成,但这样做就抛弃了经验的研究方法。没有人经历过一个自身就很简单的感觉。从我们出生的那一天起,意识就是关于各种对象和关系的复合体,而我们称之为简单感觉的东西,只是我们的注意力常常厚此薄彼而产生的结果。让我们诧异的是,如果我们在研究的开始阶段就肯定了一个看似正确,但实际上却包含错误的假设,这将会在心理学研究中产生非常严重的破坏。这个破坏会渗透到这项研究工作的整个结构之中,并且无法挽回。"感觉(作为最简单的事物)当作心理学中首先要处理的对象"的观点,就是这样的一种假设。心理学有权利在一开始就进行假定的唯一对象就是意识本身,而且这一点必须最先得到处理和分析。如果最后感觉被证明是意识的要素,那么对感觉的考虑而言,我们的情况并不会比如果一开始就对它们信以为真时的情况更糟糕。

心理学家所要面临的第一个事实就是某种思想在进行着。我用思想这个词，是为了与第七章第145页一样，可以不加区分地表示每一种意识形式。如果在英语中我们可以像说"下雨了"(it rains)或者"刮风了"(it blows)那样说"思想了"(it thinks)，我们就能够以最简单的并且最少的假定来陈述这个事实。但是我们不能这么说，所以我们只能简单地说思想在进行中(thought goes on)。

思想的五个特性

思想是如何进行的？我们立即注意到这个过程中的五个重要特性，在这一节，我们将对这五个特性做一个概括的讨论。

①每一个思想都是个人意识的一部分；
②在每一个个人意识中，思想都在不断地变化；
③在每一个个人意识中，思想都是可感知的连续的；
④它似乎始终在处理独立于自身的对象；
⑤它对这些对象的某些部分感兴趣，而对另一些则不感兴趣，并且始终对他们进行选择。

相继思考这五个特性，我们将陷入词汇的旋涡，并且这里使用的心理学术语也只有在本书后面的章节中才能得到充分定义。但是，每个人都知道这些术语的大概意思，而且现在我们也只是粗略地使用这些术语。这一章就像是画家用炭笔在画布上一开始画下的草图，但细节还没有显现出来。

一、思想趋向于个人的形式

当我说每一个思想都是组成个人意识的一部分时，"个人意识"就是一个需要解释的术语。只要没有人让我们为其下精确的定义，我们都知道这个术语的大概意思。但是如果要对它做出准确的解释,那对我们来说就是一项最困难的哲学任务了。在下一章"自我意识"中,我们必须要完成这一任务;现在这里只做初步解释就可以了。

在这个房间里(比如说这个教室)存在许多思想,既包括你们的也包括我的,其中有一些相互连贯,而另一些并非如此。正如它们并不是都归属一处一样,它们既不是自足的也不是彼此独立的。它们中间没有一个是独立的,每一个都只与某些其他思想有联系。我的思想与我的其他思想有联系,你的思想与你的其他思想有联系。我们无法确定在这个房间里的任何地方是否存在一种不隶属于任何人的纯粹思想,因为我们没有经历过这样的事情。被发现存在于个人的(具体而特殊的你的和我的)意识、心灵和自我的意识状态,这些是我们能够自然处理的唯一意识状态。

每一个心灵都坚守着它自己的思想,它们彼此之间没有交换或给予,除了他自身意识以外,思想甚至不能直接进入他人意识的视域。它们的法则是绝对的孤立和不可还原的多样性。似乎基本的心理事实不是思想,既不是这个思想,也不是那个思想,而是我自己的思想,每一个思想都是个人所拥有的。同时性、空间上的邻近、性质和内容的相似性都不能将思想融合在一起,这些思想由于从属不同的个人心灵而产生了分离。存在于这些思想之间的裂缝是自然中最绝对的裂缝。只要我们坚持认为与"个人心灵"对应的东西是存在的,而且没有暗示任何关于其本质的特殊观点,那么所有人都会认可这一事实。从这个观点出发,我们就有可能把个人的自我(而不是思想)当作心理学的直接资料。普遍的意识事实不是"感受和思想存在",而是"我思想"和"我感受"。[2] 不管怎样,任何心理学都不能质疑个人自我的存在。在对这些自我性质进行解释的过程中,使它们失去了自身价值,这是心理学中最糟糕的事情。一位法国作者在一次反唯灵论中提及我们的观点时很激动地说道：我们由于被它们表现出来的某些独特之处误导，所以我们"以人格化而终止了"它们制造出来的进程——他将这种"人格化"看作是我们犯下的一个很大的哲学错误。只有当人格的概念意味着与在心理过程中所发现的任何事物有本质上的区别时，它才可能是一种错误。但是，如果那种进程本身就是人格观点的原型，那么将它人格化就没有错。它已经被人格化了。思想序列中找不到的人格标记，在思想序列之外也无法找到，它已经具有这些特征了。因此，无论我们对思想表现所具有的个人自我方式做什么样的分析，但有一点一直是正确的，即心理学研究的思想永远趋向于呈现为个人自我的组成部分。

我们在上一章讨论过像潜意识人格、自动书写这样的潜意识存在，所以我说"趋向于呈现"而不是"呈现"。现在存在于歇斯底里感觉缺失症患者、后催眠暗示接受者中那些被隐藏的思想已被证实是次级个人自我的组成部分。这些次级个人自我大多是非常愚笨和缩小了的，在正常情况下，它与正常的个体是没有联系的；但是，它们同样能形成意识的统一体，可以连续地记忆、谈话、书写，可以为自己创造独特的名字，也可以用被暗示的名字；简单来说，它们完全配得上次级人格这个名称。詹尼特先生认为这些次级人格自始至终都是异常的，它们由一个完整的自我分裂为两个部分，其中一个潜藏于背后，而另一个作为男人或女人所唯一拥有的自我浮现于表面，作为个体拥有的唯一自我。这种关于次级自我来源的解释是否可以应用到所有可能的情况，其实是无关紧要的，因为这个解释肯定是大部分次级自我的真实情况，所以有很大一部分案例是可以适用的。形成次级自我的大小是由主意识中分裂出来的思想数量所决定，但它的形式趋向于人格化，后面的思想还能记住前面的思想，并将前面的思想占为己有。詹尼特先生在患有感觉缺失的梦游者露西那里发现了一种真实的瞬间：这些次级人格中的一个次级意识在这一瞬间浓缩了。当这位年轻女性的注意力完全被第三方的谈话所吸引时，她那只感觉缺失的手会对詹尼特通过耳语小声提出的问题写出简单的回答。"你听到了吗？"他问。她无意识地写"没有"。"但是你必须听到了才能回答我。""是的，就是这样。""那么你是怎么做的？""不知道。""一定有人听到了我说的话。""是的。""谁？""那个人不是露西。""啊！是另一个人。我们给她起个名字好吗？""不。""还是起吧，这样会更方便些。""好吧。那就叫安德里。""有了名字"，詹尼特先生接着说，"潜意识人格的轮廓就变得更清晰了，也能更好地表现她的心理特征了。特别是，她向我们表明了她能够意识到那些排除在正常人格之外的感觉。正是她告诉我们，我正在捏她的胳膊，或者正在触碰她早已失去感觉的小拇指。"[3]

在其他的一些例子中，次级自我能更加自发地使用名字。我见过许多尚未"发展"完善的自动书写者和灵魂，他们能直接而且主动以逝去的灵魂的名义书写和讲话。这些人有的是像莫扎特（Mozart）、法拉第（Faraday）这样的公众人物，有的是被试以前认识的真实的人，还有的是完全虚构出来的人。为了避免对关于进一步发展了的恍惚说话中的真实"精神控制"这一问题持有偏见，我认为这些（通常是愚笨的）尚未发展完善的说话方式，是被试自己天生的心灵的次级部分的产物，这些次级部分从心灵剩余部分的掌控中释放出来，并且依照社会环境中的偏见所形成的固定模式运行。在一个唯灵论的社会中，我们得到的是乐观积极的信息，而在一个无知的天主教村庄里，次级人格被视为一个魔鬼，伴随着亵渎的话语，而没有告诉我们它在这块土地上是多么的幸福。[4]

詹尼特先生认为歇斯底里症患者会出现强制性晕厥的事实使我们

想到，在这些尽管发展得不完善却依然拥有记忆力、习惯和它们自我身份意识而组织起来的思想过程之下，还包括一些无组织和无个人身份的思想。一个处于僵直性晕厥（某些催眠被试可以被人工引起这种状态）状态的病人，醒来时没有记忆，如果持续着一种恍惚状态，他也就好像一直没有感知觉和意识。然而，如果一个人抬起这类被试的胳膊，它就一直保持这个姿势。而且，他的整个身体都可以像操作员手下的蜡块一样被塑造，无论让他做什么姿势他都能保持很长时间。胳膊处于感觉缺失状态的歇斯底里病人也会如此。失去感觉的胳膊会被动地保持在人们摆放它的位置；或者，如果拿起那只胳膊，让它握住一支铅笔并且描绘一个字母，它就会不停地在那张纸上描绘那个字母。直到最近人们还认为，这些动作完全没有意识相伴随：它们只是生理的反射。詹尼特先生的观点似乎更有说服力：这些动作伴随着感觉。这感觉可能只是肢体的位置或者运动的感觉，而且当它释放到使那个姿势得以保持，或者使那种运动不断重复的运动中枢时，它不会引起任何异常的结果，否则，四肢就会不停地运动变化。[5]詹尼特先生说："没有人知道这种类似的感觉，因为分解了的感觉被还原为心灵微粒状态，是无法在任何人格中合成起来的。"[6]然而，他承认，这些非常愚钝的思想趋向于发展出记忆——僵直性晕厥患者很快就能在单纯的暗示下移动她的胳膊；因此，它们并没有逃脱"所有思想都趋向于采取个人意识形式"这一规律。

二、思想在不断地变化

我的看法是：并非所有心理状态都不能持续一段时间——即使这是真的，也难以成立。

我特别关注那种存在于能感知的时间间隔里发生的变化；而我想

要强调的结果是：一种状态一旦消失就不会再重现，并且也无法同之前出现的东西一样了。让我们从沙德沃斯·霍奇森先生的描述开始：

"我直接求助于事实，而不是求助于知觉、感觉、思想或者任何特殊的模式。当我观察自身的意识时发现：有些自己不能摆脱的东西或是我在意识中必须拥有的东西，是一系列不同的感受（如果我有任何意识）。我可以闭上眼睛，静下心来，并且努力避免任何意志中的内容起作用；但是不管我是否在思考、是否在感知外部事物，我总是拥有一系列不同的感受。我可能拥有的任何其他东西（具有更特殊的性质），也可能是这一系列的一部分。没有这一系列的不同感受，也就完全没有意识……意识的链条是不同感受的序列。"[7]

这样的描述不会引起任何人的反对。我们都承认人的意识状态具有一些不同的大类别。我们有时在看，有时在听；有时在推理，有时在渴望；也有时回忆或期待；有时爱，有时恨；而且我们知道心灵还以很多不同的方式在轮流活动着，但这一切都是复杂状态。科学的目标始终是化繁为简。在心理科学中有著名的"观念理论"，这一理论承认心灵的不同具体状态之间存在巨大的差别，它试图表达的观点是：某些始终保持不变的简单意识要素，由于结合上的不同，导致了意识的不同。洛克将这些心理原子或者分子称为"简单观念"。洛克的一些继承者们认为，从严格的意义上来说，唯一的简单观念就是感觉。然而，简单观念可能是哪些观念，现在并不是我们所要关心的问题了。了解下面这一点就足够了，某些哲学家曾经认为，他们能在心灵那类似电影画面般的现象中，发现在流动中保持不变的所有类型的基本事实。

  这些哲学家的观点几乎从来没有受到怀疑，因为我们的共同经验似乎完全证明了这一观点。比如，我们对同一个对象的感觉不都是一样的吗？用相同的力度去按同一个琴键，我们听到的声音不都是相同的吗？同样的草带给我们的不都是同样的绿色感觉吗？同样的天空带给我们的不都是同样的蓝色感觉吗？不管我们多少次闻同一款香水，我们闻到的不都是同一种气味吗？如果说我们没有得到同一个感觉似乎就是一种形而上学的诡辩了；而如果要仔细地研究这一问题，我们发现没有任何证据表明我们曾经两次获得的是同一个感觉。

  我们两次得到的感觉来自于同一个对象。我们一次又一次听到的是一样的音调，看见的是一样的绿色，闻到的是一样的香水味，感受到的是一样的疼痛。各种具体的和抽象的、物理的和观念的、我们所相信的那些永久存在的对象，似乎不断地重现在我们的思想面前，并且在不经意间使我们认为我们关于它们的"观念"也是相同的。当我们进入到后面关于知觉那章时，我们将会发现，下述的习惯是多么根深蒂固，即我们不将感觉视为主观事实，而简单地将它作为我们的一个过渡阶段以便认识它所揭示的实在。现在，窗外树荫下和阳光下的草对我来说是一样的绿，而画家为了表现它真实的感觉效果会将它的一部分画成暗褐色，另一部分画成亮黄色。通常，我们不会留意同一个事物在不同距离和不同情况下看起来、听起来和闻起来有何不同。我们想要证明的是事物的一致性；而任何向我们确定那种一致性的感觉，很可能都会被我们粗略地看作是彼此相同的。因此，关于不同感觉的主观同一性的说明变得没有任何价值和意义。感觉研究的全部历史就是我们没有能力指明我们先后获得的两种感觉是否完全相同。吸引我们注意的不只是一个感觉的绝对质和量，而是我们在同一时刻所持有的其他感觉与它的比率。当所有的东西都是暗色时，稍微亮一点点的感觉就会使我们把它看成白色。赫尔姆霍茨计算过，在日光下看一幅画中月光下的白色大理石比在真正月光照射下的大理石要明亮一至两万倍。[8]

我们永远也不会感性地意识到这样的差异，我们只能通过一系列的间接思考推论出这些差异。我们相信感受性不断地发生着变化，所以我们对同一对象的感受是不可能完全相同的。当眼睛最初暴露在亮光下时，它对光的感受性是最强的，但这种感受性很快就迅速下降。从漫漫长夜中苏醒后，眼睛所见东西的明度，是白天简单地闭眼休息之后再看东西的明度的两倍。[9]我们对事物的感觉在倦怠和清醒时、饥饿和饱腹时、精力充沛和疲惫时是不同的；在夜间和清晨不同，在夏季和冬季不同，特别是在童年、成年和老年时，对事物的感觉明显不一样。然而我们从不质疑自己的感觉所揭示的是同一个世界，这世界上有着相同的可感知性和可感知事物。感受性的差异还表现在：我们在不同的年龄或处于不同的机体精神状态时，对事物会有不同的情绪体验。本来是令人欢快、兴奋的东西，也会因我们情绪的低落而变得令人厌烦、无趣和没有意义。鸟儿的歌声也会因此变得单调乏味，微风也会令人悲伤，天空也是黯淡的。

我们的感觉会随着感受能力的变化发生实质性的改变。在这些间接的假定中还得加上另一个假定，这个假定是建立在大脑中必然发生的事情之上，每一种感觉都与某种大脑活动相对应。要想一种完全相同的感觉再次发生就必须使它在未经变化的大脑中再现。但是，从严格意义上来说，这在生理学上是不可能的。所以不经变化的感觉也是不可能的。因为大脑每一次细微的改变都必然导致大脑所产生的感觉发生变化。

即使我们的感觉是纯粹而单一的,而且没有结合成任何"东西"时,上面的那些话也是真的。就算是在那时,我们也必须肯定,在日常生活中,不管我们如何说自己再次经历了一种相同的感受,从严格的意义上来说,这是不可能的;并且无论对于生命之河、基本感受之流而言哪种情况是真实的,赫拉克利特(Heraclitus)所说的——我们永远也不能两次踏入同一条河流——这毫无疑问是真实的。

对"简单感觉观念以不变的形式再现"这一设想而言,我们非常轻易就能证实其是没有根据的,那么我们就更加容易证实"我们更大范围内的思想也是不变的"这一假设也是毫无根据的!

有一点是显而易见的,即我们的心理状态从来不是完全相同的。严格地说,我们所获得的关于一个既定事实的每一个思想都是唯一的,它与我们关于这同一个事实的其他思想只是在性质上存在相似。当同一个事实再次发生时,我们必须以一种全新的方式进行思维,从略微差异的角度来看待它,在与上次它出现时不同的关系中领会它。而且我们从与它有关的思想来认识它,这些思想充斥着有关那整个模糊关系背景的意识。我们自己也常常会因为我们对同一事物先后产生的不同感觉而感到惊奇。我们很想知道为何上个月我们对某件事会有那样的看法。我们已经无法再拥有那种心理状态了,至于为什么会这样我们自己也不知道。时间一天天过去,我们也学会了从新的角度看待问题。以前那些不真实的东西现在变得真实了,以前那些曾让我们感到激动的事情现在也变得非常平淡了。我们曾经最在乎的朋友现在淡化成影子;曾经那么神圣的女人、星星、森林还有河流,现在却变得那么的普通和乏味。那些曾给我们带来无限光环的年轻女孩现在几乎不存在了;照片变得这么空洞;而在歌德的书籍中人们曾发现的具有如此神秘意义的东西又是什么呢?或者是存在于约翰·穆勒书中那些意味深长的内容又是什么呢?尽管如此,这些作品比过去任何时刻都更有意义，公共责任和公共利益的含义也变得更加深刻。

而且，存在于众所周知的等级之上并且在这里强有力地让我们感到惊奇的东西，也存在于每一个等级之上，向下一直到从此时观点到彼时观点的不可察觉的转变之上。经验时刻都在重塑我们，而我们对每一个给定事物的心理反应，实际上都是我们当下对整个世界的经验。要证明这个观点，我们必须要用大脑生理学进行论证。

我们在前面的章节中已经阐述，大脑会随着我们的思想变化而发生相应的改变，就像北极光一样，它的整个内部平衡随着每一个变化的波动而改变。大脑在一个确定的时间点发生相应的变化是许多因素综合作用的结果。大脑营养和大脑供血的偶然状态可能就是其中的因素。那一时刻感觉器官由于过去的经历造成的特殊感受性也肯定是其中的一个因素，另一个因素是在那个瞬间外部物体作用于感觉器官的影响。大脑的每一个状态都由它过去发生的所有事情决定。改变过去状态的任一部分，大脑的状态就会发生相应的改变。每一个当前的大脑状态都是一份记录，全知的人可以通过这个记录看出这个大脑的全部历史。因此，绝对不会出现一种完全相同的大脑状态。某种相同的事情可能会再次发生；但若认为此状态能再现，就等于荒谬地承认，介于两种表现之间的所有状态都是一种纯粹的非存在，并且在事情发生之后，大脑器官还是和以前一样。而且我们在感觉中（考虑一下较短时间的感觉），感官对同一印象的先后感觉会大有不同。比如，在一种颜色呈现之后又呈现另一种颜色时，我们的视觉会由于对比而发生变化；长时间噪音之后的安静会让人感到愉悦；同一个音符，在音阶向上走时和音阶向下走时听起来是不一样的，就像是在一个图形上添加某些线条会改变其他线条外观上的形状；又比如，在音乐中，全部审美效果都来自于一组声音改变了我们对另一组声音的感觉。所以，我们必须得承认，刚刚还极度兴奋的大脑中仍然保留着一丝忧伤，这种忧伤就是我们当前意识的条件，它共同决定着我们此刻该拥有什么感觉以及如何去感觉。[10]

无论何时，有些神经通道在紧张状态中慢慢地衰退，一些在慢慢地增强，而另一些则活跃地释放。紧张状态对确定整个条件和决定心理状态的表现方面起着积极作用。我们所了解的关于神经刺激的次峰值、显然无效力的刺激聚合都表明：大脑变化在生理学意义上是有效的，并且都能引起心理的变化。但是由于大脑变化从一种相对平衡状态转换到另一种状态，就像万花筒的旋转一样，有时快有时慢，那么大脑与大脑变化相关的心理伴随物会不会比其本来动作更加迟缓？它是否可能通过变换它自己内部的虹彩来与器官的每一次发光相对应？如果它能够做到这一点，它内部的虹彩就必须是无限的，因为大脑的重新分布状态是无限多样的。如果像电话盘这样粗糙的东西都可以工作许多年而从不重复它的内部状态，那么无限精致的大脑不更是如此吗？

我相信，看待心灵变化的这种方式是唯一正确的，因为这种方式不仅具体而且很完整，但是对它进行细致的分析可能会比较困难。即使它看上去还有一些模糊之处，但这些模糊之处会随着我们讨论的进展而变得越来越清晰。同时，如果它是正确的，那么，没有两个"观念"会完全相同，这也必然会是真的。这正是我们已经开始证明的命题。这个命题在理论上比它初看上去更加重要，因为它已经使我们不可能再去恭顺地追随洛克学派或者赫尔巴特学派（这些学派几乎对德国以及我们自身产生了巨大的影响）的脚步了。用一种原子论的方式来阐明心理事实毫无疑问是一种极为方便的方法，这种方法将高级意识状态看作由简单不变的观念组成。通常，将曲线看作好像是由短小

第九章 | 意识流 251

的直线所组成,将电流和神经力当作流体,这常常是很方便的。但是,在这两种情况下我们都必须铭记:我们是以象征的方式进行讨论的,自然界中不存在任何与我们的论述相符合的东西。一个永存的"观念"或"联想"按一定时间间隔让自己登上意识的舞台,就像黑桃杰克一样是虚构的实体。

使用虚构的表述很简便,这是由言语的整个结构决定的。就像我们在前面谈到的,这种结构不是由心理学家建立的,而是由那些只对心理状态所揭示的事实感兴趣的人建立的。他们只将自己的心理状态称为关于这个事物或那个事物的观念。思想最容易在它所具有其名称的事物的规律下而被构想,那么,这也就不足为奇了!假如那个事物是由部分所组成的,那么我们认为关于那个事物的思想也一定是由那些部分的思想组成的。假如事物的某个部分曾经在同一个事物中或者在其他事物中出现过,那么,现在我们也一定拥有关于在那些场合显现的部分的完全相同的"观念"。如果事物是简单的,那么对于这个事物的思想也是简单的。假如事物是多样化的,那么一定有多样的思想与之相对应。假如事物是连续的,那么就只有连续的思想才能认识它。假如事物是永久的,那么对应它的思想也是永久的。如此类推,我们可以一直这样说下去。一个通过名称而称呼的对象应当依据心理的某个特性来认识,究竟是什么让人们做出如此自然的假设呢?但是,假如我们一定要受到语言的影响,那么黏着性的语言是比较好的指导,带有词尾变化的希腊语和拉丁语也是不错的指导。在这些语言中,名称并非是不变的,而是随着上下文改变其形式。那时一定比现在更容易假设,同一个对象在不同时间是由不同的意识状态构思的。

这一点也会随着我们讨论的进展变得更加清晰。同时,永久性自我同一的心理事实周期性地时隐时现,这种观点产生了一个必然结果，这就是休谟的学说，即思想是由很多分离的独立部分所组成，而非一种可感知的连续的流。下面我将要表明这个学说是完全错误的。

三、在每一个个人意识中，思想都是可感知的连续的

我只能将"连续的"定义为无间断、无裂缝或无分离状态的。我说过，自然界中最大的裂缝可能是一个心灵和另一个心灵之间的裂缝。我们能够设想的单一心灵内的唯一裂缝，或者是间断，在其间意识完全丧失，在随后又再次出现的时间间隙；或者就是思想的性质或内容上的间断，这间断是如此的突然以至于其后的部分与前面的部分无丝毫联系。在每一个个人意识中，思想都能感受到是连续的，这个命题有两个含义：

①即使在时间上存在一个间断，间断后的意识也感受到与间断之前的意识是相关的，它是同一自我的另一部分；

②意识的性质从一个时刻到另一个时刻所发生的转变，从来都不是完全突然的。

由于时间间断的情况最简单，所以我们将首先讨论这个问题。首先谈谈意识自身可能没有意识到的时间间断。

在第八章(参见第200页①)中我们看到，这样的时间间断是存在的，而且这种间断的数量可能比通常假设的还要多。假如意识没有觉察到它们，那么它就不会认为它们产生了间断。在由一氧化二氮和其他麻醉药以及癫痫症和昏厥产生的无意识状态中，有感觉力的生命断裂的边缘，可以越过那个断裂处然后相遇并融合，就如同眼中"盲点"相对的两个边缘的空间感觉，可以越过眼睛感受性的客观中断然后相

---

① 正文中出现的页码为原书页码，参见页边页码。——编者注

遇并融合一样。这样的意识（不管它对于旁观的心理学家来说是什么样的）在它自身那里就是连续的。持续清醒一天的意识在这一天内就被觉知为一个单元，从这个意义上来说，它在这里的每段时间本身都是一个单元，并且它们各个部分都前后衔接，没有任何外来东西的入侵。期望意识将它的客观连续性的间断感受为裂缝，就如同期待眼睛感受到安静的间隙，因为它听不见，或者又如同期待耳朵感受到黑暗的间隙，因为它看不见。关于未被感受到的间隙，我就谈到这里。

对我们能感受到的间隙而言，情况就有所不同了。当我们从睡眠中醒来，我们知道自己曾经是无意识的，而且通常对这种状态的持续时间有着准确的判断。这里的判断一定是根据可感觉的迹象而做出的推论，而我们之所以能轻易地做出这种判断，就在于我们对此有着长时间的实践。[11]然而，导致了意识对于它本身来说已经不像之前那样，它是中断的而后又连续的，这是从这两个词（中断和连续）的纯粹的时间意义上来说的。但是从连续性这个词的其他意义来看，这部分的感觉在一个共同整体中内在地联系在一起，并且同属一处，所以意识依然是可感知的连续的和完整的。那么，那个共同整体是什么呢？它的自然名称是我自己、主格的我或者宾格的我。

当保罗和彼得在同一张床上醒来而且知道他们刚刚睡着了，那么当两人各自在心理上回顾过去，并与之前因睡眠而中断的意识流建立联系时，这就像掩埋在地下的电极流不管要穿越多远的距离，都会准确无误地到达其同样掩埋在地下的另一端电极一样，彼得得现在立即找到他的过去，永远都不会将自己的现在错误地与保罗的过去联系起来。同样保罗的思想也不会出错。彼得过去的思想只为现在的彼得所独有。他可能知道保罗在即将进入睡眠状态时那种昏昏欲睡的心理状态，这也是正确的，但这时的知识与他自己最后状态下的知识完全不同。虽然彼得记得他自己的心理状态，但他只能构想保罗的心理状态。记忆就像是一种直接感受，对象中充满了温暖和亲密，这种温暖和亲密是任何纯粹构想的对象未曾拥有过的。这种温暖、亲密和直接的性质也是彼得现在的思想所拥有的。可以确定的是，这个现在就是我，是我的。任何带有这同样的温暖、亲密和直接性质的其他东西，也属于实实在在的我和我的。然而，被称为温暖和亲密的性质自身究竟是什么，这个问题不得不留到以后去思考。但是，必须承认的是，无论何种过去的感受带着这些性质出现，都必须要受到现在心理状态的整合，为它所拥有，并且与它同属于一个共同自我。时间间隙不能够将这个自我共同体一分为二，这种持续性也是现在的思想（尽管知道时间的中断）为何仍然能够认为其自身就是与过去某些部分相连续的原因所在。

　　因而意识并没有以碎块般四分五裂的状态显现。用"链条""序列"这类语词来形容其最初应该呈现出来的样子还不太恰当。意识不是衔接起来的，而是流动的。形容意识最贴切的描述就是将其比喻为"河"或"流"。因此，我们在后面将其称作思想流、意识流，或主观生活流。

　　但现在，在同一个自我界限之内，以及在同一种感受的不同思想之间，我们也发现了部分与部分之间的连接和分离，上述陈述似乎没有考虑到这些。我所指的是，由于意识流的相继部分在性质上突然出现了差异而导致的中断。如果"链条"和"序列"这两个词并没有很贴切地描述它们，那么人们是怎么使用起这两个词的呢？一声巨大的爆炸不会把连续的意识一分为二吗？每一次突然的震动，一个新对象的出现或某个感觉的变化，不是都会引起一种真实的、被感受到的、在它出现时将意识之流切断的中断吗？我们生活中难道不是时刻遇到这样中断的困扰吗？在它们出现时，我们还能把意识称为连续的流吗？

第九章 ｜ 意识流　255

这种异议一部分是源于思想的混淆，一部分是源于肤浅的内省观点。

思想的混淆是指主观事实的思想自身和被思想意识到的事物之间的混淆；出现这种混淆是正常的，但是一旦我们意识到了这个混淆，避免它也不是什么难事。事物是单个的、不连续的；它们确实以一个序列或链条的形式出现在我们面前，并且经常爆发性地显现出来，而使彼此分离开来。但它们的到来、离去和差异并不会中断思想之流，就像它们并不会把其所在的时间和空间中断一样；雷鸣会打破安静，而我们会由于这巨大的声响而一时感到震惊，不知所措和困惑，以至于不能立即明了到底出了什么事。但这种混乱是一种让我们直接从安静过渡到有声响的心理状态。关于一种思想与另一种思想之间的转换，就像竹节不是竹子上的中断一样，这个转换也不是思想的中断。竹节是竹子的一部分，这种转换也属于意识的一部分。

然而，肤浅的内省观念忽略了这一点，也就是在事物之间的差异很大时，在认识这些事物的思想之间仍然存在许多相似的地方。先前对安静的觉知悄悄地进入了对雷声的觉知之中，并且持续着；因为当雷声响起时我们所听到的并不是纯粹的雷声，而是打破了安静并且与安静相对照的雷声。[12]我们对这样获得的雷声的感觉和相继出现的雷声的感觉是不同的。我们认为是雷声打破了安静；但我们对雷声的感觉也是对刚刚过去的安静的感觉；在一个人的真实具体的意识中找到一个只局限于现在，对发生在前面的任何事情都一无所知的感觉是很难的。另外，语言在这里再次妨碍了我们对真实情况的了解。我们简单地根据思想产生的对象来为我们的思想命名，就好像每一个思想都只知道它自己所指的事物，对其他事物一无所知。实际上，每一个思想除了知道被命名的那个事物以外还模模糊糊地知道许多其他的事物。

我们本该依照这些事物来命名，但是我们却从来没有这么做。我们对其中一些事物的认识在片刻之前更清楚，而对另一些事物的认识则是在片刻之后更清楚。[13]我们自己的身体位置、姿势和状态就是这样的一些东西，我们对身体的位置、姿势和状态的觉知通常会被忽略，但它却始终与其他任何事物的认识相伴随。当我们思考时，我们会感觉到身体的自我就是思考的处所。如果这样的思考变成我们自身的思考，那么它的所有部分都充满了一种特别的温暖和亲密（正是这种温暖和亲密使它成为我们的思考）。然而对于这温暖和亲密是否只针对同一个原来身体的感觉，那就是下一章"自我意识"中所要探讨的了。无论自我意识包含着什么内容，人们都习惯性地与其他事物一起感受它，而且它一定在我们先后知觉的事物之间构成一种联系。[14]

　　神经活动原理可以帮助我们进一步理解心理内容变化的这种渐次性。我们在第三章讨论神经活动的聚合时，了解到任何一个大脑状态都不会立即消失。如果新的状态到来了，旧状态会因为惯性仍然存在于那里，并且会相应地影响着最终结果。由于知识的不足，我们无法说出它们在每一瞬间所发生的变化。最常见的感知觉变化就是对比现象。在美学中，它们是由于一系列印象的某些特殊序列而引起的喜悦或不快的感觉。在严格意义上的和狭义上的思维中，毫无疑问，它们是一直伴随着其流动的从何处来和到何处去的意识。如果最近大脑神经纤维束 a 受到明显的刺激，之后是 b，现在又是 c，那么整个当下意识并不仅仅完全是由 c 所引起的，将要消逝的 a 和 b 的振动也对其产生影响。假如我们想要表示这个大脑过程，我们必须这样写——$_a b^c$——三个不同的过程共同存在，而且有一个思想与它们相关联，这个思想并不是这三个过程单独发生时所引起的那三个思想中的任何一个。但是，不管这第四个思想到底是什么，似乎不可能的是，它不和其他三个思想中的任何一个思想相似,这三个思想的神经通道与它的产生是相关的(虽然是以一种迅速衰落的方式)。

243　　这又回到我们前几页(第233页)对另一个问题的讨论上。随着神经表现的变化,精神表现也变化了。但是,由于神经表现的变化是连续的,所以连续的精神也逐渐地发生变化,慢慢地成为对方,尽管它们的变化速度可能在一个时刻比在下一个时刻要快得多。

　　这种变化速度的差异是主观状态差异的基础,我们现在应该立即对后者展开讨论。当速度慢时,我们以相对平静和稳定的方式意识到我们思想的对象;当速度快时,我们意识到一种由它而来或者它与某种其他事物之间的转变、关系和过渡。事实上,当我们对奇妙的意识流采取一种一般观点时,首先吸引我们注意力的就是其各部分的不同速度。就像一只小鸟的一生,似乎只是飞行和栖息的交替。语言的韵律表达了这一点,在语言中,每一个句子表达一个思想并以一个句号作为终结。栖息之地通常被某种感觉想象所占据,这些感觉想象的特殊之处在于,它们能永远地保持在心灵之前,并且人们在思考它的时候也不会发生变化;飞翔之地都是关于静态或者动态关系的思想,这些关系大部分是在比较宁静的期间从沉思的事物之中获得的。

　　让我们将栖息之地称为意识流的"实体部分",将飞翔之地称为意识流的"过渡部分"。这样,我们思想的主要目的就是获得某种与我们刚刚离开的实体部分不同的其他实体部分。因此,可以说过渡部分的主要作用就是将我们从一个实体结论引导到另一个实体结论。

244　　我们很难通过内省的方式了解那些过渡部分的真实状况。如果它们只是向结论飞行,在它们到达结论之前让它们停下来,然后对它们进行观察,这实际上就是让它们消失。但是,假如我们一直等到它们到达了结论,这结论比它们更有强度且更稳定,以至于结论的光芒完全遮盖和吞没了它们。假如让某人去中断一种思想并且来观察这些思想的片段，他就会发现对这个过渡阶段的内省观察有多么困难了。思想的急流迅猛前进，我们总在尚未捕捉到它之前就到达了结论那里。或者如果我们的思想足够敏锐使得我们确实能够捕捉到了它，它也立刻就不再是它自己了。就像一片雪花落到一只温暖的手上，它就不再是原来的一片雪花而变成一滴水了。因此，我们捕捉不到对发展着的关系的感受，而只能捕捉到某个实体部分，通常是我们说出的最后一个词（静态的），而它在那个句子中的功能、趋向和特殊意义已经完全消失掉了。想要在这种情形下做内省分析，就如同想通过抓住旋转着的陀螺来把握它的运动，或等同于想要迅速地打开燃气灯来感受黑暗的样子。心存疑虑的心理学家一定会向任何提倡这种精神存在的人提出挑战，请他呈现出这些精神表现，这就像芝诺（Zeno）对运动提倡者的处理一样不公平，他让这些人指出当箭在运动时，它的位置在哪里，而这些人不能立即回答如此荒谬的问题，芝诺由此就认为他们的论题是错误的。

这种内省困难的后果是不利的。假如捕捉和观察意识流的过渡部分是这么困难，那所有学派都容易犯一个错误：无法将它们记录下来并过分地强调意识流中的实体部分。我们之前不也是险些忽视了安静和雷鸣之间过渡的感受，并将它们的分界线当作心灵上的一种中断吗？这种疏漏在历史上是以两条道路发展着的。一批思想家由它走向了感觉主义。由于不能把握任何与这个世界的事实之间的无数关系和联系形式相对应的粗糙感受，也找不到可命名的反映这些关系的主观改变，所以他们中的大多数人认为对关系的感受是不存在的。而且他们中的很多人，如休谟偏离得更远，甚至否认心灵之中以及心灵之外大部分关系的实在性。这种观点的主要内容是：实体性的精神、感觉及其副本和衍生物就像游戏中的多米诺骨牌一样并列在一起，但实际上是分离的，其他一切都是语词的错觉。[15]另一方面，理性主义者不能放弃超出想象之外的关系的实在性，但同样也不能指出它们在其中得以认识的任何独特的实体性感受，因而他们同样认为这种感受是不存在的。可是他们却得出了相反的结论。他们认为，这些关系必须在某种不是感受，也不是与其他主观状态由以构成的主观材料相连续和相同质的心理改变的东西中被认识。这些关系是通过某种处于完全不同发展水平上的东西，通过思维、知性或者理性的纯粹心理活动而得到认识。思维、知性和理性都是以大写字母开头的，并且都被认为是指某种非言语所能表达的优越于任何感性事实的东西。

但是我们认为理性主义者和感觉主义者都是错的。如果存在像感受这样的东西，那么物理世界中也肯定存在着对象之间的关系，而且认识这些关系的感受也必定存在。在人类的语言中，没有一个连接词或前置词，也几乎没有一个副词短语、句法形式或声音的变形，没有表达关系中这样或那样的细微差别，这些关系有时是我们确实感受到的存在于我们思想中的众多对象之间的关系。客观地说，我们揭示的是真实的关系；主观地说，是意识流通过它自身的内在特色与这些关系中的每一个相匹配。在这两种情况下，关系都是无数的，但现存的语言还不能充分表达各种关系的细微区别。

我们应该谈论"和（and）"的感受、"如果（if）"的感受、"但是（but）"的感受、"通过（by）"的感受，就像我们谈论蓝色的感受、寒冷的感受一样自然，然而我们却不是这样做的。我们只认可实体部分的存在，这种习惯是如此根深蒂固，以至于我们的语言几乎拒绝了其他的用途。经验主义者曾经一直在谈论它对我们的影响，即它使我们设想，只要存在一个单独的名称，就会存在一个与之相对的单独的事物；并且他们正确地否定了一切抽象的实体、原理和力的存在，对它们的存在，这是唯一能够给予支持的证据。但是，他们对第七章（参见第152页）中提到过的那个与之相对的错误（即认为没有名称的地方也没有实体能够存在）不置一词。因为这个错误，所有无声或者无名的心理状态都被冷酷地压制了；或者即使它们得到了认可，也只是以它们所引起的实体性知觉来命名的，命名为"关于"这个对象或"关于"那个对象的思想，"关于"这个单调的语词就将它们所有的精细特征掩盖了，所以对实体部分越来越显著的强调和孤立就一直存在着。

  我们再来看看大脑的功能。我们认为大脑是一个内部平衡在不断变化的器官，并且这种变化影响着大脑的每一个部分。毫无疑问，变化的波动在大脑不同区域的强弱会有所不同，它的节奏快慢在不同的时间里也有所不同。就像在一个匀速旋转的万花筒中，尽管图形总是不断变化的，但总有那样的瞬间，它的变化是细微的并且是有间隙的，甚至是几乎不存在的。这些变化的后面跟随着非常迅速投射出来的其他变化，这样相对稳定的形式就与我们下次见到也识别不出的形式交替着；因此，在大脑中永久的重新排列必然会导致持续较长时间的紧张状态，而其他形式则简单地来回往返。但是，如果意识与重新排列自身的事实相一致，为什么如果重新排列停止了，而意识却还没有停止呢？而且如果一种持续时间较长的重新排列带来了某种意识，那么为什么一种快速的重新排列不会带来与这种重新排列自身一样的另一种意识呢？如果持续时间较长的意识是关于简单对象的，我们将清晰的称为"感觉"，将模糊的称为"表象"；如果是关于复杂对象的，显著时我们就称为"知觉"，模糊时我们就称为"概念"或"思想"。对于快速的意识，我们只有用"过渡状态"或"关系感受"这些我们已经使用过的名称了。[16]因为大脑的变化是连续不断的，所以所有这些意识也是相互融合的，并无间断，就像电影画面一样。准确地说，它们就是时间上一个延伸的意识,一条不间断的流。

249　　对趋向的感受

关于过渡状态我就说到这里。但是还有其他一些未命名的状态及
250　其性质,它们也与那些过渡状态一样重要,一样具有认知能力,而且
同样被传统的感觉主义和理性主义的心灵学说所忽视。感觉主义者完
全忽略了这些状态,而理性主义者只发现了它们的认知能力,却否认
感受方面的任何东西对认知功能的作用。通过例证能使我们明白这些
因大脑渐增或渐退的兴奋而产生的无法用言语描述的精神表现究竟是
什么样的。[17]

假设有三个人依次对我们说:"等等!""听!""看!",虽然这三种
251　情况都没有确切的对象,但我们的意识还是会处于三种不同的期待状
态中。抛开各种实际的身体姿势和这三个词的反映意象(尽管这些意
象是多种多样的),大家都会承认存在着一种残留的意识倾向,这是
一种对印象将要到来的方向的感觉,尽管实际印象还没有在那里出
现。同时,我们不能命名这种精神表现,而只能命名"听""看"和"等
等"这几个名称。

假设我们设法回想一个已经忘记的名字,此时的意识状态会很特
别。有一个间隙存在于此,但这又不仅仅是一个间隙,而是一个非常
活跃的间隙。名称的某种灵魂好像存在于间隙中,并在一个特定的方
向上召唤着我们,使我们在某些瞬间因感到接近目标而激动,然后又
让我们因没有获得所渴望的名字而消沉。如果我们听到错误的名称,
这个奇特的间隙会立即采取行动,否定它们,它们不适合它的模型。
并且一个词语的裂缝与另一个词语的裂缝感受起来有所区别,虽然当
把它们描述为裂缝的时候,它们的内容似乎必然是空的。当我回想斯
伯丁这个名字却又想不起来时,当下的意识与我试图回想鲍尔斯这个

名字的意识相差甚远。会有一些聪明人说："当使得两个意识有所区别的术语不存在时，这两个意识如何可能有所区别呢？我们所有的努力在回忆成功之前都是徒劳的，存在于那里的就只是单纯的努力自身。在那两种情况中，单纯的努力怎么会有所区别呢？尽管根据我们的假设，这些名字还没有出现在我们的意识中，你可以通过过早地填充不同的名字让它看起来有所区别。如果坚持那两种努力，并且不以尚未存在的事实对其进行命名，我们就无法指明它们之间的不同之处。"确实不假，我们只能通过借用尚未出现在心中的对象的名称来指明它们的不同之处。这就说明我们的心理词汇不足以命名那些已经存在的差异，即使这些差异之处是相当明显的。但是，无法命名的东西和存在的东西是可并存的。有无数关于空虚的意识，虽然没有任何一个是有名称的，但是每一个都是不同的。我们通常假定这些意识都是空虚的，所以都是同样的状态。但是，对缺乏的感受与感受的缺乏是完全不同的，这是一种很强烈的感受，丢失的语词韵律可能存在，但没有声音可以覆盖它；或者是词首的元音或辅音逐渐消失的感觉会断断续续地影响着我们，但没有变得很清晰。每个人都知道某些被遗忘的诗句的空白韵律会扰乱人们的心思，它在人们心中不安地跳动并努力想要获得语词进行补充。

　　再来，我们第一次感受的体验与以前感受到的体验，尽管我们不能命名或说出在什么时候或什么地方经历过这种感觉，但我们意识到是相似的体验，二者之间有什么特殊差异呢？一个曲调、一种气味、一种味道，有时承载着那些难以说出的熟悉感觉使其深入意识，以至于这种神秘感的力量深深地震撼到我们。然而，这种精神表现是强烈而显著的——这种情况可能是由于普遍联系着的大脑神经束的亚极大兴奋所致——而我们对其全部细微差别所拥有的唯一名称就是"熟悉感"。

当我们读到这样的短语"没有，但是""或者是这个，或者是那个""a 是 b，但是""虽然它是，然而""它是被排除的中间项，不存在中间项"，以及许多其他表述逻辑关系的语词骨架时，我们的心中除了经历这些词语本身外，不存在其他任何东西了么？如果是这样，那么当我们阅读这些词语的时候，我们认为自己所理解了的那些词语的意义又是什么呢？什么使得这些意义在一个短语中与在另一个短语中有所不同呢？"谁？""何时？""何地？"我们在这些疑问词中感受到的意义的差别仅仅是因为读音差异吗？难道这些词语意义的差异不是由与之对应的意识变化（虽然这个变化很难直接感受）所认识和理解的吗？像"不""从不""尚未"这类否定语词的情形，不是也同样如此吗？

事实上，大部分的人类语言只不过是思维中的导向，虽然这种导向没有明确的感觉表象，但我们仍有敏锐的辨别感。感觉表象是稳定的心理事实，我们能够随意地把握和观察它们。但这些单纯逻辑运作的表象则是心理过渡，它总是处在飞行的状态，所以说只有在飞行时我们才能瞥见它。它们的功能是从一种表象引导到另一种表象。当它们经过时，我们在一种特殊的并且与它们的完整呈现相当不同的方式中，感受到渐渐增强和渐渐减弱的表象。如果我们试着去快速地把握住对方向的感受，那么完整地呈现就会到来，而对方向的感受却消失了。当我们阅读逻辑运作的空白语词结构时，我们会有一种转瞬即逝的感觉，就像一个合理的句子用它所包含的字词引起了明确的意象。

当我们用通俗的短语说我们"了解"它时，我们对其意义的最初一瞥会是什么呢？当然是我们心中完全明确的倾向。当读者在说某事之前，难道就没有问过自己他说这件事情的意图是何种心理事实吗？这是一种意图非常明确的心理，是意识的一种绝对明显的状态，并与其他的意识不同，所以是一种完全不同的心理状态；那么，它包含多少明确的词语表象或事物表象呢？几乎没有！语词和事件随时间的飞逝进入心中，预期和预期的意图就不再存在了。但是当代替它的语词出现时，如果这些语词与它一致，那么它会相继地接纳它们的出现并说它们是对的，如果这些语词与它不一致，那么它会拒绝它们并说它们是错误的。所以，它本身就具有一种明确的性质，如果我们不用后来代替它属于随后的心理事实的语词，我们还能对它说些什么？它唯一能获得的名称就是"如此说的意图（to-say-so-and-so）"。人们可能会承认，我们足有三分之一的心理生活能快速预见还未被表达的思想系统。当一个人首次朗读一篇文章时，之所以能正确地朗读所有词语的重读音节，一定是因为在开始时就对要读的文章有一种感觉，这种感觉与他对词语的意识融合在一起，使他能在心中分辨出词语的重音以便他在朗读时能正确发音，否则他如何才能做到呢？这种强调几乎是一种语法结构。如果我们读到"不多"时，我们期望立刻出现"于"；如果我们在句子的开头读到"然而"，那我们就会期待后面出现"仍然""还是"或者"不过"。在某一确定位置上的一个名词需要某种特定的语态和数量的动词，在其他位置上它就需要一个关系代词。形容词需要名词，动词需要副词等。对即将出现的语法系统的预测，与每一个相继读出的语词相结合，这种结合实际上十分精确，所以读者虽然不能完全理解他朗读的意思，但还是能够用极其微妙的合适语气去朗读。

一些人这样来解释这些事实，即通过联想法则快速地唤起其他表象，以至于我们后来认为我们在感觉到新的表象出现之前，我们就已经感觉到了它产生的趋向。对于这一学派来说，可能仅有的意识素材就是性质明确的表象。这些趋向是存在的，但这趋向是相对于旁观心理学家的事实，而不是观察主体的事实。所以，这种趋向是一种心理上的无，只是它的结果被感受到了。

现在我主张的以及想要呈现的是这种"趋向"，它不仅是从外部进行的描述而且它们也是意识流中的对象，因此，意识流是从内部感知它们的，并且它们在很大程度上必须被描述成由对趋向的感受所形成的(这些趋向的感受往往是模糊的，因此我们无法对其命名)。总而言之，我迫切地希望人们注意，就是为了重新使那些模糊的东西恢复到其在我们心理生活中的固有位置上来。正如我们将在第十八章所看到的，休谟和贝克莱(Berkeley)有一个荒谬的观点：我们只能拥有完全确定事物的意象。高尔顿先生和赫胥黎教授在推翻这一观点上预先迈出了第一步。在推翻同样荒谬的观点中，即简单客观性质是通过我们的主观感受为我们所了解，而关系却不是这样，人们又迈出了一步。但是这些改革并不全面和彻底。我们必须承认传统心理学中的确定意象(或明确表象)只构成了心灵中非常小的一部分。传统心理学的观点就像是一个人说河流是由提桶样、勺样、夸脱罐样、大木桶样以及其他的模子铸造出的形状的水组成的。即使真的把桶和盆都放在河中，流动的水依然在它们之间持续自由地流淌。这种自由的意识流正是心理学家所忽视的。每个存在于心里的明确表象都被流动于其周围的这种流动的水所浸染，与它在一起的还有其近处或远处的关系感觉，以及关于这个意向源地的消逝感和它即将所到之地的显露感。表象的意义和价值全部在于将其环绕并伴随它的晕轮和半影之中——或者说，其意义和价值全部在于和它融为一体并且与它骨肉相连的晕轮和半影之中；如果离开它，一个表象确实还是以前那同一件事物的表象，但这却使得它成为一个以新的方式被接受和理解同一事物的表象了。

关于歌剧、戏剧或者书籍的"形式"的模糊图式一直保留在我们心中，而当这些事情完成后，那些依然留在我们大脑中并让我们做出判断的图式又是什么？我们关于科学的或者哲学的系统看法又是怎样的？在术语之间的关系图式中，伟大的思想家们有着大量的预见，它们甚至在语词表象还没有出现时就产生了，整个过程非常迅速。[18]我们所有人都拥有一种永久的意识：即知道我们的思想将走向何方。它与其他感受一样，都是关于下一次出现的思想是什么（在它们出现之前）的感受。意识视野范围的变化相当大，大多取决于心理方面精力旺盛和疲劳的程度。当精力非常旺盛时，心灵就具有广阔的视野。当前的表象会将预测的范围扩大并超越当前的范畴，甚至扩大到那些尚未形成思想的地方。在通常情况下，被感受到的关系的晕轮是非常有限的。在大脑极度疲劳的情况下，视野几乎缩小到就是当下通过的语词的范围，然而，联想机制为下一个语词有序地出现做好了准备，直到最后这个疲劳的思想者得出了某种结论。在某一时刻，他可能会怀疑他的思想是不是还没有完全停止；但是还有更遥远的不明确的感受使他挣扎着，追求着某种更明确的表达；他缓慢的语言表明了在这种情况下思想的活动必定是非常困难的。

对我们明确的思想已经停止了的感知，与对我们的思想已经明确地完成了的感知，是完全不同的事情。对后一种心理状态的表达是一个降调，它意味着句子的完成，随后便是沉默。对前一种心理状态的表达是"支支吾吾"，或者是像"以及诸如此类"以及"如此等等"这样的短语。但需要注意的是，尚未完成的语句的每一个部分在通过时的感受是不同的，这是由于我们知道我们无法完成它。"如此等等"将它的阴影投射回来，并且和最清楚的意象一样都是思想对象的必要部分。

除此以外，当我们用"人"这样的普通名词去代表任何可能的人时，我们其实完全意识到了自己的意图，将它和我们指示某一特定群体的人或某一个单独个体时的意图区别开来。在第十二章"概念"中我们可以看到意图的不同是多么重要。在"男人"这个词被使用的那个位置的前后,它对整个句子产生着影响。

没有比用大脑活动来描述这些事实更容易的了。就像对所来之处的回音一样,我们思想最初的感觉,可能是由于片刻之前强烈的刺激进程逐渐消失的结果;因此,对所到之处的感觉,对终点的预示,一定是由于逐渐增强的神经束或者过程的兴奋所导致,在某一刻之后就将成为某种生动呈现给思想的大脑相关物。通过曲线描述,那些作为意识基础的神经活动在任何时刻必定如图 9-1 所示。

图 9-1

水平线上的每个点代表某个大脑神经束或进程。线上方的曲线高度代表进程的强度。所有进程的强度都是通过曲线表示出来。但是,曲线顶点之前的过程在前一片刻更强一些,在曲线顶点之后的过程在片刻之后会更强。如果我背诵 a、b、c、d、e、f、g,在发出 d 的片刻,a、b、c 和 e、f、g 都并不是完全在我的意识之外的,而是二者都以它们各自的方式将其微弱的光和 d 的更强烈的光混合在一起,因为它们的神经活动都在某种程度上进行着。

存在一种普遍的错误,它显示了大脑进程怎样在隶属于它们的思想(以实在的和生动的形式出现)到来之前就开始兴奋。我所指的是那些言语或书写中的错误,用卡彭特博士的话来说就是,"我们发错音或写错字是我们在一个单词中引入了一个即将出现的单词的某个字母或音节,或者可能是,被预料到的随后将要出现的语词代替了本来应该用的词"[19]。在这种情况下,两件事之中的一个肯定会发生:要么是某些局部的意外事件阻碍了预期的进程，导致其他刚刚应该被激起的过程释放了；要么是某种相反的局部突发事件促进了随后的进程，并且使它们提前爆发。在关于"观念联想"的那一章节，将呈现大量关于未被最大程度唤起的神经活动对意识产生影响的例子。

这就像音乐中的"泛音"。虽然不同的乐器演奏同样的"音符"，但是每个乐器都以不同的声音发出这个"音符"，因为每个乐器演奏的不仅仅是音符，还有这个音符的上部泛音，这些泛音随乐器的不同而不同。耳朵无法单独地听清它们；它们与基本的音符混合，渗透它，改变它；渐增和渐消的大脑过程更是这样，它们时刻都会与达到最高点过程的心理效果相混合，并浸透它，改变它。

让我们运用"心理泛音""浸透"或者"边缘"这些词，来描述微弱的大脑进程对我们思想的影响，微弱的大脑进程使我们的思想能觉知到那些隐隐约约出现的关系和对象。[20]

如果我们当时考虑到不同心理状态的认知功能，我们就能断定"相识的知识"和"相知的知识"（参见本书第 221 页）之间的区别，可以完全被还原为是否存在心理边缘或泛音。对一个事物相知的知识是对其关系的知识。对一个事物相识的知识则局限于它所造成的单纯印象。在众多关系中，我们只能通过那没有得到明确表达的关于它的亲和性的"边缘"，在半影中我们只能初步意识到它。再转到下一个话题之前，我必须阐述一点有关"亲和性"的话题，因为它原本就是意识流最为有趣的特征之一。

在我们所有的随意思想中，都存在着某种主题或者题目，思想的所有部分都卷入其中。这个主题常常是一个问题，一个我们还不能以确切的图画、语词或者短语来填充的一条裂缝。但是，就像我们前面描述的那样，它以一种强烈的活动和确定的心理方式影响我们。无论什么表象和短语从我们面前经过，我们都能感受到它们与这条令人痛心的裂缝之间的关系。填补这条裂缝是我们思想的宿命。一些表象和短语使我们更接近终点。还有一些被裂缝认为是完全无关的而将其否决。每一个表象和短语都在感受到的关系边缘中旋转，上述的裂缝就是表述这种关系边缘的术语。或者，我们也许不是遇到一个明确的裂缝，可能仅仅带有一种感兴趣的态度。然而，无论这个态度多么不确定，它会一直以同样的方式活动，将一个感受到亲和性的覆盖物投掷到由于与它适合而进入心灵的表象之上，而对于那些无关的表象则感到厌烦和不合。

这样，在这个边缘上我们不断感受到关于我们的主题或兴趣的关系，特别是与主题和谐或不一致的关系、促进或阻碍主题的关系。当我们面对促进的感觉时，我们就会感觉"良好"；当面对阻碍的感觉时，我们则会不满和困惑，并在我们的周围搜寻其他的思想。现在任何其边缘的性质使我们感觉良好的思想，无论它是什么样的思想，都是我们思想中可接受的一部分。只要我们感受到它存在于我们感兴趣的主题所属的关系中，它就能够成为我们观念序列中一个相关且适宜的部分。

因为思想序列最重要的事情就是它的结论。那就是思想的意义，或者像我们说的，是思想的主题。它就是当思想中所有其他成分都从记忆中消逝后，却仍然保留下来的东西。这个结论通常是一个语词或短语，或者一个特殊表象，或者是一种实际态度或决定。无论是给出问题的答案，还是填补一个困扰我们的裂缝，或沉思中的偶然发现，在以上每一种情况中，这个结论因为依附于特殊兴趣而从意识流的其他片段中突显出来。这兴趣捕获了这个结论，当它出现时制造了一种危机吸引我们的注意，让我们认为它是思想的实体部分。

意识流中先于这些实体性结论的部分只是获得结论的手段而已。而且，只要得到相同的结论，手段可以根据我们自己的意愿来决定。因为意识流的"意义"是相同的，采取不同的手段难道又会产生什么区别吗？"喝一点儿小酒，是否就表示要一醉方休？"下面的陈述也向我们表明了采取何种手段并不重要：当我们得出结论时，我们总是忘了获得结论的步骤。当我们说出一个命题时，我们很少能够在后来的时刻去回想我们精确的用词，虽然我们能够轻松地用别的语词表达它。我们能记得一本书的结局，但我们可能不会记得书中的任何一句话。

唯一矛盾的地方似乎就是，感受到的亲和性与不一致性的边缘，在两种完全不同的表象中可以是相同的。一方面是经过心灵并产生某个结论的语词序列，另一方面是几乎不包含语词的触觉表象、视觉表象或其他表象也产生了同一个结论。我们感受到的语词中存在的晕轮、边缘或图示与我们感受到的表象中存在的晕轮、边缘或图示会是一样的吗？语词的差异与感受到这些语词之间关系的差异无关吗？

假如所用的语词被看成是纯粹的感觉，那就是有关系的。例如，语词是可以彼此押韵的，而视觉表象却没有类似的亲和性。但是，假如所用的语词被认为是思想，被认为是理解了的感觉，那么语词相互之间，以及与结论之间的不一致性或者亲和性的联系的边缘就会限制这些语词，这些边缘与视觉的、触觉的以及其他观念中相似的边缘是完全相同的。我要重申的是这些边缘中最重要的成分，是对和谐与不一致、对思想中正确或错误方向的单纯感受。坎贝尔（Campbell）先生提出了迄今为止我所知道的关于这个事实的最好分析，他的论述经常被引用。文章的题目为"是什么原因导致了作者和读者没有觉察到那些没有意义的话？"坎贝尔为了回答这个问题，做出了以下的评论：[21]

"那些说同一种语言的人的心里,渐渐地出现了这种语言中不同语词之间的联系……只是在这种情况中作为结果而出现的,那些语词被用作相联系或相关联事情的符号。与同一个事物相等的事物彼此之间也相等,这是几何学中的一条定理。同样,与同一个观念相联系的观念也相互联系被公认为是心理学中的公理。因此,它会出现这样的情况:假如经历过两个事物之间的联系后,必定会出现对附加于这两个事物之上的观念或看法之间的联系(它会绝对无误地导致这种情况出现),那么关于符号的观念也会相互联系。因此,这声音被认为是一种符号,一种与符号所代表的事物之间的联系相类似的联系。我认为,这声音被认为是一种符号,这种思考它们的方式不断地出现在我们说话、写作、倾听、阅读中。当我们有意地从中提取,认为它仅仅是声音时,那么我们马上意识到除了那些从相似的音调或口音而产生的联系之外,它们没有任何其他联系。但是用这种方式看待它们,一般是先前计划的结果,而且需要做出额外的努力。在平时的使用中,它们被单独地看作符号,或者准确地说它们与它们所表达的事情是混合在一起的;这样的结果就是,我们用上文所解释的方式无意识地构想它们之间有一种联系,这种联系与声音自然产生的联系不同。

"现在这个观念、习惯或心理的趋向(无论用哪个名称),因为经常使用语言和语言的结构而被明显强化。语言是我们与其他人交流知识和发现的唯一途径,他人也通过语言向我们传达知识和发现。通过重复使用这种媒介,往往会出现这样的情况,即当事情是相互关联时,语词所代表的那些事情在谈话中就会经常地被结合在一起。因此，语词和名称通过自身或者通过习惯上的连接，从而在纯粹地源于相关事件的符号而产生的关系之外，形成了另一种关系。除此以外，这种趋向还受到语言结构的强化。无论什么样的语言，即便是最原始的语言，只要已经产生，都是有规律的和相似的结构。结果是，事情的相似关系可能会有相似的表达，这是通过语词的特征或者语法变化、派生、组成、排列或虚词的衔接而被表达出来的。现在，即使语言是不规则的，但由于被人们经常使用，所以只要符号所指代的事物在自然界中是相互联系的，那么代表这些事物的符号在我们的想象中也就变得相互联系了。同理，由于语言是有规则的，因而我们认为这些符号之间的联系是与符号所指代的原本事物之间的联系相类似的联系。"

如果我们同时会用英语和法语，现在用法语开始说一个句子，那么后面所有的语词一定都是用法语，我们很少会无意识地用到英语。法语单词之间的亲和性并不只是大脑定律机械操作的东西，它是我们当时感受到的一些东西。我们对听到的这个法语句子的理解，几乎不会微弱到让我们意识不到它是属于哪一种语言。我们的注意力不可能涣散到一个英语单词的突然介入都没有被我们意识到并为此感到惊讶。像这样一种语词属于一个整体的模糊感觉，如果被"思想"到了的话，就是能够伴随语词的最小边缘。通常，那些我们听到的语词属于同种语言并且属于那种语言中的同一种特殊词汇，并且语法顺序也熟悉，那么这种对它们的模糊知觉实际上等同于我们听到的是意义。但是，如果不寻常的陌生语词被引入了，或语法错误了，或产生了一个不恰当的词汇（例如，在哲学演讲中出现的"捕鼠器"或者"水管工的账单"），这句话就会让我们感到震惊，就像我们被这种不协调的情境所震惊，而那种迷糊的赞同心态也消失殆尽。在这些情况下，合理性的感受看起来是消极的而不是积极的，在思想的关系中毫无冲击感，或者是纯粹思想用语间的不一致。

我们的心灵对这种语词之间彼此联系的认识是非常精细且没有间断的，即使是非常微小的误读，如将"casualty"读成"causality"、将"perpetual"读为"perceptual"，都会被一位没有集中听力而不理解句子含义的读者纠正。

相反地，如果语词确实属于同类的词汇，而且语法结构也没有错误，那么完全无意义的话被说出来可能也不会遭到质疑。信徒在祷告会上的演讲，只是一种重复性的和说教的短语；所有劣等文章和报纸记者的优美措辞，都可以说明这一点。"鸟儿的歌声在清晨响彻枝头，让空气变得湿润了，凉爽了，令人愉快了。"我记得这是从关于杰罗姆公园运动会的一篇报道中读到的一句话。这可能是一位匆忙的记者无意识地写下的，并且被许多读者不加批评地阅读了。波士顿不久前出版的一本784页的书[22]几乎全部都是这些无意义但看上去连贯的语句合成的：

"所有这些导管里传出的液体，从它们核生物的表面的每个顶点链接的末端回路上的端口流出的声音是连续的，它们各自的大气效果达到了它们扩展性的高度限制，由此，当被更高程度的相同却相结合的本质——那些容易被表达为外部形式的本质东西环绕住时，它们会下降并被核生物的传入神经同化。"[23]

每年都有这样的作品出版，这些内容都反映出它们的作者是个疯子。对于读者来说，前面引用来的那本书看起来从头至尾都是纯粹的废话。在这种情况下，很难猜想作者心中可能存在一种什么样的语词间的逻辑推理关系。客观意义和无意义之间的界限很难划分，而主观意义和无意义之间的界限则是不可能划分的。从主观上来说，不管语词如何进行搭配也会有意义——甚至是在梦里出现的最荒谬的话——只要人们对它们之同属一处不加怀疑。就拿黑格尔著作中比较晦涩难懂的段落来说：这是一个很公平的问题，即是否包含在段落中的合理性不只是因为所有语词都属于同一类词汇，并且按照惯性重复发生的论断和关系的图式而连接起来。这似乎没有理由去怀疑什么，当作者写下它们时，这些句子主观感受的合理性对于作者来说是强烈的，或者甚至是一些读者也可以通过自身努力让这种感受在他们身上再现。

总之，某些语词的附属物、某种完成的语法，在很大程度上支持了这种印象——句子是有意义的以及被一个统一的思想所支配。符合语法形式但无意义的话听起来有一定合理性；有意义的话在语法顺序混乱的情况下就会变得无意义了。例如，"埃尔巴·拿破仑的英国信念曾流放破碎对于他的神圣因为海伦娜在那"。最终每个字都有心理上的"泛音"，它使得我们更接近预见的结论。让一句话中所有的字词在说出口时，都弥漫着三个关系的边缘或者晕轮之中，让结论看上去是容易到达的，那么大家都会觉得这句话是完全合理的、统一的思想表达。[24]

在这样的句子里每个语词不仅仅被感受为一个语词，而且还感受为一种意义。在句子中如此动态地感受语词的"意义"，可能完全不同于当它静态地或没有语境时感受到的意义。动态的意义通常被还原到只剩下我们所说的纯粹边缘——与语境和结论相符合或相违背的感受。当语词是具体事物时，如"桌子""波士顿"，静态的意义就是由被唤起的感觉表象组成；当它是抽象物时，如"刑法""谬误"，静态的意义就是由被唤起的其他语词组成，即所谓的"定义"。

黑格尔著名的格言，即纯粹的存在和纯粹的无是同一的，这是由于他只取其静态的意义而不管它在语境中所带有的边缘来对待语词。孤立地来看，它们在词语没有引起感觉表象这一点上是一致的。但是动态地来看，或者把它们看作有意义的——作为思想来看，我们就认为它们的关系边缘、它们的亲和性和不一致性、它们的功能和意义，就都被感受和理解为是截然相反的。

这种看法将所有自相矛盾的现象，都从高尔顿先生让我们意识到其存在的那些极不完善的视觉表象的例子中排除了出去（参见下文）。一个特别聪明的朋友告诉我，他对其餐桌的外观无法形成任何表象。当被问及是怎样记住它时，他说他只是"知道"它可以坐四个人，铺了一块白布，上面有黄油盘子、一个咖啡壶、一些萝卜等。这种"知道"的心理要素似乎完全是语词表象。但是如果语词"咖啡""腌肉""松饼"和"鸡蛋"可以让一个人与厨师对话，付账单，以及准备明天的膳食，对所有实际目的和意图来说，正如视觉的和味觉的记忆一样，它们为什么不能同样成为有效的思维材料呢？事实上，我们怀疑，就大多数的目的而言，它们要比拥有更丰富的想象力的语词更好一些。关系的图式和结论是思想中基本的东西，对于这样的目的来说，最容易获得的心灵素材将是最好的。现在，语词（表达的或者未表达的）是我们拥有的和最容易得到的心灵素材。语词不仅能非常快速地活跃起来，而且作为真实的感觉比我们经验中的其他任何东西都更容易活跃。如果语词没有这样的优势，下面的情况就不大可能属实，即人年纪越大形象化能力也越差，越依赖于语词，他们作为思想者就越会给人留下深刻的印象。皇家学会的成员就是这样的情况，这已经得到高尔顿先生的确认了。本文的作者也在自己身上很清楚地观察到这一点。

另一方面，聋哑人可以像语词使用者一样有效和合理地把他的触觉和视觉表象融进他的思想体系里。"没有语言，思想是否可能"的问题曾经是哲学家们热衷于讨论的话题。华盛顿皇家学院的一位教师巴拉德（Ballard）先生的一些有趣的童年回忆表明它是完全可能的，以下段落是引证：

"由于我在婴儿期就丧失听力，所以无法像健全儿童一样能从学校活动、与日常伙伴和玩伴的每日交谈、与他们父母或其他成年人的谈话中得到益处。

"我可以用自然的标识或手势把我的思想和情感传达给父母和兄弟，我也能通过同样的方式理解他们对我说的话。然而，我们的交流只限于家庭的日常事务，且只能在我的观察范围内……

"我的父亲采取了一种他认为或多或少对我的听力有所弥补的方法，就是当他出差到外地时带着我，比起我的兄弟们他带我去的次数更多，他说这样偏爱我的原因是他们可以通过耳朵获得信息，而我要了解外面的世界只能完全依靠我的眼睛……

"我清晰地记得，在观看我们经过的不同景色和多姿多彩的大自然时（包括有生命的和无生命的），我们可以感受到的那种喜悦；由于我听不见，我们并没有交流。正是由于这些令人愉快的旅行，在将要学习书面语言基础知识的两三年之前，我开始问自己一个问题：世界是怎样形成的？当这个问题出现在我的脑海时，我自己思考了很长时间。我的好奇心被唤醒了，我对在地球上生命最早出现之前，什么是人类生命和植物生命的起源，以及地球、太阳、月亮和行星存在的原因充满了好奇。

"我记得有一次当我的目光落在旅途经过的一个很大的老树桩上时，我问我自己，第一个人类是不是有可能从树桩中出来的？然而树桩仅仅是一棵以前高贵宏伟的树的剩余物。但是那棵树如何来的呢？噢，它仅仅是像那些现在正生长的树一样开始破土生长的。我从思想里排除了人类起源与腐朽的老树桩有关系的荒诞想法⋯⋯

"我忘记了是什么最开始向我提示了事物起源的问题。我之前已经获得了从父母到孩子、动物的繁殖、从种子中孕育植物的一些观念。这个问题出现在我的脑海里：在没有人、动物、植物的最遥远的时代里，第一个人、动物、植物是从哪来的？因为我明白他们都有一个起始和终止。

"确切地说出不同问题出现的准确顺序是不可能的，这些问题有关于人、动物、植物、地球、太阳、月亮等。我对低等动物的思考没有人类和地球那样多；可能是因为我将人和动物归入同类，因为我坚信人终有一死且不会复活走出墓穴。虽然我被母亲那样告诉过，她以一个逝去叔叔为例，母亲让我把他当作睡着了的人，她努力让我理解他在将来会苏醒。我相信人和兽类来自相同的起源并且会以一种死亡的状态躺在泥土里。把兽性的动物看成次等重要的并且在较低级的水平上与人相关，我思考最多的是人类和地球这两类事物。

"我觉得我是5岁时开始了解父母怎样有孩子以及动物怎样繁衍。我大约在11岁时才进入了一家教育机构开始接受教育；我很清楚地记得至少在入学前两年我就已经开始问自己宇宙起源这一问题，那时，我的年龄大概8岁，不足9岁。

"在我童年的时候我对地球的形状没有任何想法，除了从一张地图上的样子，我推测地球是两个彼此相邻的圆盘。我相信太阳与月亮也是由发光材料组成的圆的、扁平的盘子，我怀有一种敬畏的态度因为它们能为地球提供光和热。它们的升起和降落很有规律，所以我认为一定存在某一东西指导它们的行程。我认为太阳进入西边的一个洞又从东边的另一个洞出现，从地球的一个管道里穿过，行走的路线和它在天空中的路线相似。星星则是天空中很小的发光体。

"宇宙起源于何处的问题一直盘旋在我的脑海里，我做了很大的努力去理解它，想得到一个满意的答案，但仍然没有结果。当我在执着于这个问题一段时间之后，我认识到这是一个超出我理解力的问题；我清楚地记得我对它的神秘如此惊奇。对自己无法战胜这个问题感到困惑，所以，我把这个问题搁置一边，逐出我的心中，仿佛为了能够免于困惑而高兴。虽然我得到一种解脱，但我无法拒绝获得真理的欲望；因此，我又一次回到了该问题；然而与之前的结果一样，在思考了一段时间后我又放下了它。在这种困惑中，我始终希望得到事实，而且我仍旧相信对这个问题我思考得越多，我的心灵越接触更深的神秘。于是，我就好像一个羽毛球，返回到这个问题又再次离开，一直到我入学。

"我记得母亲曾有一次告诉我上天的存在，她用手指向天空，带着庄重的神情。我不记得导致这次谈话的情形了。当她提及天上的神秘时，我非常想知道这件事，我不断地提问，询问这个神秘的形状与显现，问她这个是否就是太阳、月亮或者星星之一。我知道她的意思是天上的某个地方存在生命；然而当我明白到她无法回答我的问题时，我失望地放弃了这个问题，感到有点悲伤，因为我不能对天上那个神秘的存在获得一个确定的答案。

"有一天，当我们在田里割草时，传来了很响的雷声。我问我的一个兄弟雷声是哪来的。他指着天空用手指做了一个闪电的姿势。我想象有一个巨人在蓝色的天空里用他的嗓子发出巨大的声音；每次听到[25]雷声我都害怕，我看向天空，怕他正在说一个恐怖的词。"[26]

我们暂且就引用这些。读者看到，他思想的进行凭借的是哪一种心灵要素，凭借的是什么性质的表象，这都没有什么大的不同，或者说都一样。具有内在重要性的唯一表象就是思想的犹豫之处、思想的暂时的或最终的实体性结论。在意识流的所有剩余部分，关系感受就是一切，而与之相关的语词几乎无用。这些关系感受，以及关于语词的心理泛音、晕轮、弥漫或边缘，在完全不同的表象系统里可能都是一样的。图 9-2 有利于加深该印象，假如目标一样，心理手段是无关紧要的。将 A 作为一些思想者开始的某一经历，将 Z 作为由 A 理性推断出来的真实结论。某人从一条线到结论，另一人从另一条线到结论；某人运用英语语词作为表象，另一人运用德语语词作为表象；某人由视觉表象主宰，另一人由触觉表象主宰。一些序列混有情绪，一些序列并非这样；一些序列精简、综合及快捷，一些序列则踌躇，并且分成很多步骤。然而，当全部序列的倒数第二个语词（不管它们之间是多么不同），最终进入同一个结论之中时，我们就可以正确地说，所有这些思想者实质上拥有相同的思想。假如让这些思想者走进其同伴的思想中，他们会惊讶地发现那里的场景和自己所想的场景是多么不一样。

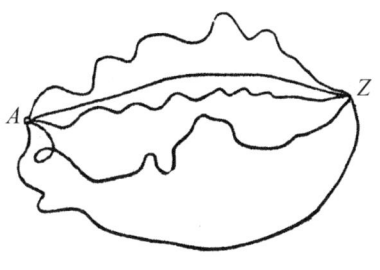

图 9-2

事实上，思想是一种代数，如同贝克莱曾在很多年前说过的一样，"在其中，即使特殊的量是用每个字母代表的，但是想要正确地继续下去，没必要在每一步的计算中都向你的思想提示它所代表的那个特殊的量"。路易斯先生将这一代数的类比进行了很好的拓展，我将在此引用他的话：

"对关系的运算是代数最主要的特性。这也同样是思维最主要的特性。代数离开数值就不可能存在，思维离开感觉也无法存在。运算在赋予值之前就是很多空白的形式。除非语词和观念代表了其值的表象和感觉，否则语词只能是空白的声音，观念只能是空白的形式。但是，一个相当明确和重要的问题是，计算者以空白的形式做非常广泛的运算，在计算完成前，从不停顿为符号赋值；普通人（与哲学家相同）进行长序列的思维时，也从不停顿将其观念（语词）转为表象。……比如，某个人远远地喊了一声'一只狮子！'听到的那个人立马就会惊慌。……对于那个人而言，这个词既表达了他对狮子的所有见闻，能够使他想起众多经历；但在没有唤起任何经历、任何表象（无论多么模糊）的情境下，这个词也能在一个有联系的思维序列占有一席之地——仅仅表示包含在如此称呼的联合体中的某种特定关系的一个符号。类似于代数符号，这个词除了传达一种抽象关系之外，不传达其他意义；它是一个关于危险的符号，其所导致的全部运动序列和恐惧相联系。其逻辑地位是充分的。……观念是一个需要次级过程的替代物，当它们所表示的东西被转化为替代的表象与经验时，观念就成了替代物；这个次级过程经常完全没有得到执行，通常仅在很小的程度上被执行。让任何人仔细检查一下，当他构建某个推理序列的时候，他心中都出现了什么呢，他会对与观念伴随的又少又微弱的表象感到震惊。比如，你跟我说，'当那个人看到敌人时，血液猛烈地从他的心脏喷涌出来，脉搏加快'。在这个句子所包括的许多潜在表象之中，有多少鲜明地呈现在了你与我的脑海中呢？也许有两个——那个人与他的敌人——而这些表象又都是模糊的。有关血液、心脏、猛烈地喷涌、脉搏、加快与看见的表象，要么完全没有被唤醒，要么就只是稍纵即逝的影子。一旦出现了这样的表象，它们就会妨碍思维，以不相关的联系来延缓逻辑判断进程。这些值被符号用关系替代了。……我说'二加三等于五'的时候,我的脑海里没有两个事物或三个事物的表象,存在的只是精确关系的常见符号。……'马'这一语词符号代表了我们全部有关马的经验,可以为所有的思维意图服务,而无须回忆起与马的知觉有关的任一表象;正如有关马的形状的视觉可以为所有的识别意图服务,而没必要回忆起马的叫声或马蹄声,也没必要回忆起它作为一匹运载动物的特性,等等。"[27]

只需再补充说一句,尽管代数学家所用术语的序列是由这些术语的关系确定的,而非其各自的值,但他们还是要将最终的结论赋予一个确切的值。所以,以语词来思考的思想者,一定要把他的结论式语词或短语转化为能被完全理解的感觉表象值,否则,这一系列思想就会变得苍白、不切实际了。

我们的思想是可感知的连续的、完整的,这与思想看上去所有以进行的语词、表象以及其他手段的明显非连续性形成对照。对于思想的连续性我要说的就这么多了。在思想的全部实体性要素之中有"过渡"意识,词语与表象也是有"边缘"的,不像有些观点所认为的那样是不连续的,事实上,它们也是连续的。接下来,让我们来探讨意识流的下一个话题。

四、人的思想显现为处理独立于它自身的对象,即它是认知的,或具有认识功能

对于绝对的唯心主义而言,无限的思想和它的对象是统一的。对象因为被思考而存在;永恒的心灵因为思考它们而存在。假如世界上

只有人的一个思想，那么对它进行任何其他假设都是没有理由的。不管有什么在它面前，那都是它的想象，将会在那里，在它的"那里"，或者将会在那时，在它的"那时"；并且关于它的心外副本是否存在的问题，也永远不可能出现。我们认为思想的对象在外部存在一个副本的原因就是，世界上有许多人的思想，它们具有相同的对象，这正是我们不得不加以假设的。如果我的思想和他的思想是同一个对象，心理学家就认为我的思想是对外部实在的认知。我过去的思想和我现在的思想有同一个对象，这个判断使得我将这个对象从二者中拿了出来，并且通过某种三角测量的方法，将其投射到一个独立位置上，在那里它可以向双方显现出来。所以，我们坚信在思想之外有实在的根据就是，客观现象多样性中的同一性。[28]在第十二章"概念"中，同一性判断的话题将会被深入探讨。

  对于实在是否存在于心灵之外这一问题，在缺少重复的相同经验的情况下，出现的可能性不大，让我们来列举一个未曾经历过的事件来说明。例如，口腔中的一种新味道，它是一种主观性质的感受，还是一种被感受到的客观性质？在这种情况下你甚至都不会问这样的问题。它仅仅是那种味道。然而假如医生听你描述它，并说："哈！现在你明白胃灼热是怎么回事了吧？"这时候，它就成了超越思想事物之外而存在的性质了；反过来说，你遇到它，并且认识了它。儿童首次经历的空间、时间、事物与性质也许类似于首次胃灼热，从绝对意义上来说，这两者都是简单存在着的，既不在思想之内也不在思想之外而显现了出来。然而接下来，一个和目前思想不一样的其他思想出现了，而且对思想对象的同一性进行反复判断，那么有关现在、过去与遥远的实在观念就在他的心里得到了证实，任何一个单一的思想都无法拥有或引起这实在，然而所有的思想都可以对它进行思考和认识。

正如在上一章阐明的那样，这就是心理学的观点，是所有自然科学中相对来说受到批判较少的非唯心主义的观点，本书的讨论不能超越这个观点。一个能够意识到自己认知功能的心灵，相对于自己来说就扮演了所谓的"心理学家"的角色。它不仅知道显现在它面前的事物，而且还知道它知道它们。这一反省状态多多少少就是我们习以为常的成人的心理状态。

但是，我们不能把它看成是原始的。有关对象的意识一定要在前面出现。意识因吸入麻醉剂或昏厥而降到最小值时，我们仿佛就到了这种原始的状态中。许多人都证实，在麻醉中的某一特定阶段，对象仍能够被认知，但关于自我的思想却丧失了。赫茨恩教授这样说[29]：

"处于昏厥状态中，心理状态会完全消失，所有的意识也会消失；接下来在刚刚苏醒的时候，人在某一特定时刻会出现一种模糊的、无限的、毫无边际的感受——一种关于一般存在的感觉，这种感觉在我与非我间没有任何区分的迹象。"

费城的舒梅克（Shoemaker）博士对乙醚引发的麻醉中最深层的意识阶段的一种视觉进行了描述："两条无限延长的平行线……在同样模糊的背景下……迅速地向前延伸……还有一种连续的声响或呼呼声，声音虽然很小，但很清楚……这些声音仿佛和那两条平行线有关系。……整个现象将视野占满了。没有出现任何与人类事物相关的梦境或视觉，也没有任何与过去的经验相类似的观念或者印象，没有情绪，当然也没有人格观念。对于上述两条线是什么或为何会存在，或者对于有任何作为这样一个存在的东西存在着，则毫无概念；线条和波动就是全部。"[30]

同样，赫伯特·斯宾塞先生(《心灵》，第 3 卷，第 556 页中引证的)的一个朋友曾经说过，"所有的地方都处于没有打扰的空虚的宁静之中，只有某一地方存在一个乏味的东西，引起了严重侵扰——打破了这种宁静"。这种客观性的感觉和主观性的丧失，即使是当对象几乎无法确定的时候，在我眼中仿佛也是处于麻醉过程的某个阶段。尽管在我的经历中，它无法在任何一个随后可以表达清晰的记忆阶段中保留下来。我只知道当它突然消失时，我有了一种关于自己存在的感觉，我似乎感觉自己的存在是先前自我存在的某种东西的附加物。[31]

然而，很多哲学家提出，自我反省意识是思想认知功能的基础。他们主张，要全面地认识一个事物，思想就要能清楚地区分那个事物和它的自我。[32]这个假说非常荒谬，没有证据证明它是真的，连假设它为真的微弱理由都不存在。另一方面，假如我坚信，我不可能在不知道我知道的情境下知道，我也能说，我不可能在没有梦到我做梦的情境下做梦，不可能在没有发誓说我发誓的情境下发誓，不可能在没有否认我否认的情境下否认。我可以在未曾想到我自己的情境下，对对象 O 有相识的知识或相知的知识。我想到 O，O 就存在了，这就足够了。假如在想到 O 之外，我还想到我存在以及我知道 O，这样我就又多知晓了一件事，一件我之前一点也不留心的有关 O 的事实。但是，这一点也不影响我对它的了解。O 自身，或 O 加 P，与 O 加我一样，都是很好的知识对象。这里所涉及的哲学家们，仅以某个特别对象代替了全部其他对象，并称其为标准的对象，这是"心理学家的谬误"(参见第 197 页)的一个事例。他们知道对象是一回事，思想是另一回事；他们马上就把自己的知识纳入他们试图正确描述的思想中。总而言之，思想在认识的时候，可以区分却又没必要区分它的对象和自我。

我们始终都在运用对象一词。现在我必须说一些有关"对象"这个语词在心理学中的独特用法。

在通俗用语中,"对象"一词的运用一般与认识活动无关,并且人们把它看作与单独存在的主题具有相同意义。所以,如果谁问道,你说"哥伦布于1492年发现了美洲"时心中的对象是什么,大多数人会这样回答"哥伦布"或"美洲"或至多是"美洲的发现"。他们会指出意识的一个实体性的内核或者核子,并说那思想就是"关于"它的(事实也确实如此),接着他们就将它称为思想的"对象"。实际上,那往往仅仅是你所说的话的宾语,或是主语。它最多是你"部分的对象";或你可以将其称为你思想"主题"或"你的谈话题目",但你的思想对象实际上是它的所有内容或意见,不多也不少。将一个实体性的内核从言语内容里抽离,并且将之称为它的对象,这种言语的使用是错误的;把某个未在其内容中清晰说明的实体性的内核添加进去,并将之称为它的对象,这种言语使用也是错误的。但是,只要我们满足于说一个指定思想仅仅是"关于"某一主题的,或该主题就是其"对象"时,那么我们就犯了上述两个错误里的其中一个。比如,在上面那句话中,我的思想的对象在严格的意义上来说,既非哥伦布,也非美洲,也非美洲的发现。它就是那整句话:"哥伦布于1492年发现了美洲。"假如我们想从实质性角度上谈论它,我们就不得不把这句话的全部语词以连字符相连,使它具有实质的意义。只有以这种方式才有可能表现其微妙的特性。假如我们想感受那种特性,我们就不得不使那个表现出来的思想重现,全部语词、整句话都要处于原初的不清晰的晕轮中,这晕轮正如地平线一样,在它那思想的意义周围扩散开来。

我们的心理学任务,就是努力地接近当前我们研究的思想的真实构造。过度与不足都有犯错的可能性。假如哥伦布这个内核或"主题"

在一种情境下可能会比那个思想的对象少，那么在另一种情境中它也许会比那个思想的对象多，即当心理学家对它命名的时候，它的意义或许比心理学家所报告的思想实际呈现的意义要更多一些。比如，假设你继续思考："他是一位非常勇敢的天才！"一位普通心理学家会果断地说，你的思想对象依然是"哥伦布"。你的思想的确是有关哥伦布的。它"止于"哥伦布，始于并且指向有关哥伦布的直接观念。然而这时候，它并不是完全和直接的就是哥伦布，它仅仅是"他"，或者是"他是一位非常勇敢的天才"；这对于谈话的意图来说并不是重要的差异，然而从内省心理学角度而言，则是个相当大的差异。

每个思想的对象恰好就是那个思想所思考的全部内容，无论问题有多复杂，也无论思想的方式有多大的象征性，它的存在就是思想对它的思考。不用说的是，一旦该对象经过心中，记忆很少能准确地再现它。而这样的再现往往不是不足，就是过度。对表达对象的语句（假如存在这样一个语句的话）进行重复是最好的办法。然而，没有获得清晰表达的思想甚至连这个资源也没有，所以内省对此也无能为力。我们大多数的思想都将永远消失，并且没有恢复的可能性，心理学仅仅是收集宴会上遗落的面包屑。

下一个要清晰说明的问题是，无论对象多么复杂，有关它的思想都是一个完整的意识状态。正像托马斯·布朗（Thomas Brown）所说的[33]：

"我已经说了很多次了，所以不需要再次警告你们，别犯那种错误！我承认，由于语言的贫乏迫使我们不得不运用的那些术语，可能会自然而然地导致我们犯那样的错误；而该错误就是，假设最复杂的意识状态在其本质上并不是真正如同我们运用简单术语所描绘的那样，它们是完整的，并且所包含的复杂性与表面上的共存，仅仅是对于我们的感受[34]而言的，而非它们自己的绝对特性。我坚信不必再对你们说，每一个观念，不管表面上有多复杂，都一定是而且必须是十分简单的，是一个简单实体心灵的一种状态或倾向。比如，有关整支军队的观念，与有关构成一支军队的每一个体的观念一样，都同样是该心灵存在于这一种状态之中。有关抽象数字8、4、2的观念，与我们有关简单个体的观念一样，都同样是心灵的一种感受。"

与上述形成对照的是，普通联想主义心理学假设，无论在什么时候，一旦思想的对象包含很多元素，那么思想自身就必定是由很多的观念组成的，一个观念与一个元素相对应，所有的这些观念在表面上看起来是互相融合的，而事实上是分离的。[35]这种心理学的反对者几乎很容易（就像我们曾看到过的一样）就证明，这样一堆分离的观念不可能形成一个思想。他们认为，必须把自我加入其中才能使它成为一个统一体，并且各种不同的观念之间也有了联系。[36]我们目前还不打算对自我这个问题进行讨论，然而，很明显地，如果事物要在关系中被思想，它们就必须一起被思想，必须在某个东西中被思想，这个东西可以是自我、精神表现、意识状态，或者随你怎么称呼它都行。假如不是一起被思想，那么事物就根本不能在关系中被思想。目前，大部分自我信仰者都犯了与他们所反对的联想主义者和感觉主义者同样的错误。两个阵营的人都赞同，意识流的元素处于离散的和分离的状态，而且形成了被康德称为"杂多"的东西。然而联想主义者提出，"杂多"能构成单一的知识，而自我主义者却不承认这一点，他们说知识只有在杂多受到自我的综合作用时才会出现。双方的初始假设是相同的；

然而，自我主义者发现该假设并未表达事实，他们又加上了另一个假设对它进行纠正。我目前还不想对自我是否存在这一问题提出"我自己的观点"，但我的确认为，我们没必要因这一个特殊理由而提出该问题——换句话说，是因为观念的杂多必须要被还原为单一性。共存观念的杂多并不存在，有关这样的观念是一种不切实际的妄想。无论什么东西在关系中被思想，这些东西最初就是在单一性里，在主体性的单一意向里，在单一的精神表现、感受或心理状态中被思想的。

上述事实之所以在那些书籍中被歪曲，就是我之前（参见第152页后面的内容）所讲的"心理学家的谬误"而导致的。不管何时我们试图内省地来描述我们的思想，我们都有一种根深蒂固的习惯，就是我们会习惯于抛开思想本身而去谈论一些其他东西。我们描绘呈现给那个思想的事物，还描绘关于那些事物的其他一些思想——就仿佛这些与原初的那个思想本身是同样的东西。比如，假如那个思想是"那副牌在桌子上"，我们说道："噢，它难道不是有关那一副牌的思想吗？它难道不是有关那一副牌中的纸牌的思想吗？它难道不是有关桌子的思想吗？它难道不也是有关桌腿的思想吗？桌子有腿——你如何能够在思考桌子的时候而事实上却没有思考到它的腿呢？那么，难道我们的思想不都是这些部分吗？——一部分是有关那副纸牌的，另一部分是有关桌子的？而且在有关那副纸牌的部分思想里难道没有一个部分是有关每张纸牌的思想；在有关桌子的部分思想里难道没有一个部分是有关每一条桌腿的思想？这每一个部分不都是一个观念吗？那么我们的思想除了作为观念的集合或集群（其中每个观念与它所了解的东西的某一元素对应）以外，它还会是什么呢？"

此刻，以上假设全是错误的。被用作例子的那个思想，它首先不是有关"一副纸牌"的思想，而是有关"那副纸牌在桌子上"的思想，这是一个完全不同的主观现象，它其中的对象包含那副纸牌和其中的每张纸牌，但是每张纸牌的意识构造与有关那副纸牌思想本身的意识构造几乎没有相同点。一个思想是什么，与它能发展成什么，或被解释为代表着什么，或等同于什么，是两回事，而不是一回事。[37]

当我们说出"那副纸牌在桌子上"的短语时，我们的心灵会想到什么，我想对此分析会让这一问题变得更加清楚，而且这样还能让之前曾讨论过的很多问题浓缩到这个具体事例中。

说出这个短语是需要时间的。把图 9-3 中的水平直线看作时间。而水平直线上的每一个部分代表一个时间段，每个点代表一个时刻。思想当然也存在时间段。思想的时间段 2-3，尽管和 1-2 是连续的，但是却和 1-2 不同。接下来，对于这些时间段我想说的是，我们最好别把其中的任意一段看得太短，使得无论运用哪一方法，它都不可能成为"那副纸牌在桌子上"这整个对象的思想。它们彼此之间互相融入，正如消融的景色，每两个时间段都不会感受到相同的对象，然而每一时间段都通过统一和完整的方式感受到整个对象。以上就是我想要表达的意思。这就是我为何否认思想中的每一个部分都可以和对象的部分对应，而那些时间部分却不是这样的部分。

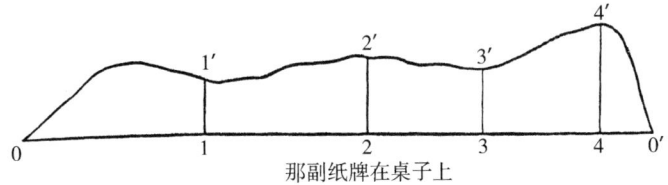

图 9-3 "一副牌"的意识过程

接下来，将图 9-3 的垂直维度作为思想的对象或者内容。那么，与水平线上的点垂直的线，比如 1-1′，就表示在 1 这一瞬间心灵的对象；水平线上方的空间，比如 1-1′-2′-2 就表示在 1-2 的时间段内所有出现在大脑中的对象。自 O 至 O′ 的全部图示表示意识流的一个有限长度。

现在我们是不是可以对图 9-3 的每个垂直截面的心理构成进行明确的说明？我们可以，尽管是以一种十分粗略的方式。紧挨着 O 以后，甚至是先于我们说话，整个思想就已经通过将这个句子说出来的意向形式呈现给心灵。这个意向，就算没有简单的名称，就算它是一个马上就会被第一个词语代替的过渡状态，但它依旧是思想的一个非常确定的阶段，不同于其他任何事物（参见第 253 页）。同样的，紧挨着 O′ 以前，在说出句子的结尾单词之后，大家都赞同，当我们的内心觉察到它已经全部被完成时，我们再次对其所有的内容进行了思想。图 9-3 中任何其他部分组成的垂直截面，都分别由感受这个短语意义的其他方式所填充。比如，通过 2 时，纸牌就会成为呈现于心中的最突出对象；通过 4 时，桌子就成了对象。图示中的意识流在结尾处高于开始处，这是由于感受其内容的最初方式不如最后的方式那样充分、丰富。正如朱伯特（Joubert）所言，"在我们说完了以后，我们才明白刚才说的是什么"。也正像埃格（M. V. Egger）先生说的那样，"人们在说话以前几乎不知道自己想说什么，但说完以后，他们却会为自己可以思考得这么全面、说得这么好而感到自豪与赞叹"。

我认为后一位作者相对于其他意识分析者来说更接近事实。[38] 然而，他也并未完全达到目标，因为根据我对他的理解，他认为每个占据心灵的语词都会取代思想的其他内容。他区分了"观念"（这是我所说的全部对象或意义）和关于语词的意识，将前者称为是一种极其微弱的状态，并将其和语词的生动状态（即使这些语词只是被默默地背诵出来）相对比。他说："在我们的意识之中，对语词的感受要比对句子的感受喧闹10～20倍，从意识角度而言，句子的感受仅仅是一个极其微小的事件。"[39] 而且，他将这两种事物区分完以后，紧接着，又对它们进行了时间上的区分，并且说观念要么在语词之前，要么在语词之后，但是假如设想它们同时产生，那就是"纯粹的错觉"。[40] 我现在相信，在理解了所有语词的情境下，整个观念通常既会在说过的句子前后出现，也会在说出每个词语时出现。[41] 它就是在一个句子中被说出来的语词的泛音、晕轮或边缘。它从未缺席；一个得到理解的句子中的语词不会仅仅作为一个纯粹的声音来到意识中。在它经过时，我们感受到了其意义；相对于它的语词内核或核子而言，我们的对象时刻都在发生变化，但在整个意识流的片段中，它是同质的。这同一个对象在每个地方都得到了认识，有时从这个词（假如我们能够这样称呼它）的观点去认识它，有时从那个词的观点去认识它。并且我们在每个语词的感受过程中，都有其他语词的回音和预示。所以，关于"观念"的意识和关于语词的意识是同质的。它们都是由相同的"心灵要素"构成，且构成一条连续的意识流。在任意时刻停止思想，在思想还没完成时将其切断，并且检验由突然切断而造成的横截面；你会发现，该对象是弥漫着整个观点的词，而非说话中单薄的词。正如埃格先生所说的那样，那一词汇可以非常响亮，我们因此无法说出这种弥漫的感受是怎样的，也无法知道它与下一个词的弥漫有什么不同；然而，它确实不同。并且我们能确定的一点是，如果我们可以看透大脑，那么将会发现在整句话被说出的过程中，存在着活跃程度不同的相同过程，每个过程依次达到最兴奋状态，紧接着出现思想内容的瞬时的语词"内核"，它们在其他时候仅仅处于亚兴奋状态之中，并与其他亚兴奋过程相结合形成泛音或者边缘。[42]

我们可以通过进一步阐述图9-3来说明这一点。我们用平面图来表示意识流的任何一个垂直截面的客观内容,而不再用一条直线,不论与对象的哪个部分对应的最高点,都表示截面所代表的意识之中最明显的东西。这一部分在语词思想中往往就是某个语词。因而,在1、2、3这些时刻截取的一系列的截面1-1'看上去就如图9-4、图9-5和图9-6所示:水平宽度表示每个图形中的整个对象;曲线上方的高度表示对象在思想中的相对显著程度。在图9-4所表示的那个时刻,最显著的部分是"副";而在图9-6中,最显著的部分是"桌子",等等。

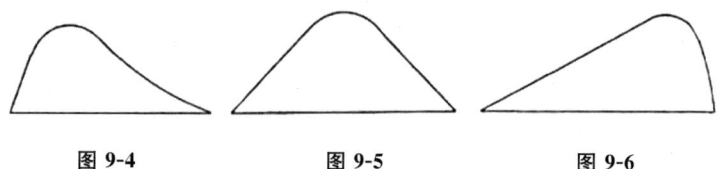

图 9-4　　　　　图 9-5　　　　　图 9-6

我们能轻易地把这些平面的截面部分组合在一起,做成一个立体图(如图9-7所示),该图形的立体维度表示时间,而对该维度所做的垂直切割,就可以获得切割的那个时刻的思想内容。

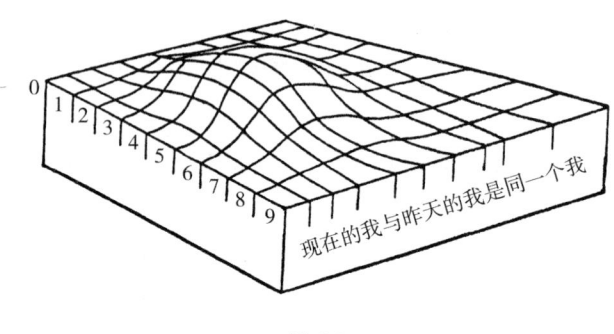

图 9-7

图9-7代表的思想是"现在的我与昨天的我是同一个我"。假如我们在第四个时刻终止思想者的思想,去检查其意识最后的跳动是怎样

完成的，我们会发现那个跳动是对整个内容的意识，而且最显著的是"同一个"，而已知事物的其他部分则相对不那么明显。随着图示在时间上的延伸，截面曲线的顶点会逐渐向句尾靠近。假如我们在立体的木架前写下该语句，而且在其另一条边上写下时间刻度，我们把一块印度橡胶铺于其顶，而且在其上面画上成直角的矩形坐标，接着，将一个光滑的圆球放至橡胶上使之从 0 滚到"yesterday"，在连续的时间里，出现在这条对角线上的隔膜凸起就会通过一种非常简单的方式表示了思想内容的变化，对此不必做更多的解释，因为先前已经论述过了。或者运用与大脑有关的术语来表达它，即在连续的时间里它表示了神经过程的相对强度，这些神经过程对应于思想对象的各部分。

我们对意识流的这种粗略描述中，应该关注意识的最后一个特征。

五、在思想时，它总是对其对象的一个部分比对另一个部分更感兴趣，它一直迎合或拒绝，换言之，意识具有选择性 284

该选择活动的明显例子是选择性注意和有意意志现象。然而，很少人会意识到，在平常不是用该名称来称呼的操作中，它是如何不断地起作用的。着重与强调存在于我们的全部知觉中。我们发现，公平地将注意力分给众多的印象是不可能的。连续响亮而单调的敲击声，通过我们将不同的重音施加于敲击声，被分解成不同的节奏，有时是这种，有时又是那种。滴答、滴答、滴答的两拍节奏是这些节奏中最简单的。散开在水平面上的圆点，我们通过行列与组的方式来感知；线条被分解为各种图形；这些区分在我们的心中无处不在，这个与那个、这里与那里、这时与那时，都是由于我们对地点与时间进行选择性强调而产生的结果。

然而，我们所做的远远不止于强调事物，将一些结合起来，将另一些分离开来。实际上，我们忽略了眼前的大部分事物。让我来简单地阐述一下这是怎样发生的。

让我们从最基本的地方开始，如果我们的感觉器官不是选择器官，那又会是什么？在无限杂乱的运动中（物理学告诉我们外部世界就是这样构成的），每个感官都会选择一种在某种速度范围之内的运动。感官只对这些运动进行反应，完全不理会其余的运动，就好像它们根本不存在一样。因此，它就通过一种在客观上似乎没有正当理由的方式，强调了一些特殊的运动；正如兰格所说的那样，这里没有任何理由认为，自然界中最高与最低声波间的裂缝是一种突然的断裂，就如同感觉之间的裂缝那样；也没有理由认为紫色光线与紫外线二者间的区别，具有如同光明和黑暗之间那样的区别而主观地再现出来的那种客观重要性。从一种其自身无法区分的、密密麻麻的、缺少差异和强调的连续体中，感觉器官以关注这种运动且忽视那种运动的方式为我们建构了一个世界，在这个世界中充满了差异和强调、突然的变化以及逼真的明暗对比的世界。

假如我们从某个特定器官接受感觉是由于这个器官的终端结构为我们选择了那些感觉，那么，从另一方面来说，注意力从产生的所有感觉之中选出一些值得注意的，并抑制其余所有感觉。赫尔姆霍兹的光学著作几乎全部是关于视觉感觉的研究，而那些感觉是一般人不曾意识到的——包括盲点、飞蚊症、后像、晕散、色彩边缘、颜色的边缘变化、双像、散光、调节与会聚运动、视野竞争等。如果没有经受过特殊训练，我们甚至不会知道图像将落在哪一只眼睛上。对于这一点，大多数人都习惯性地忽视了，由于这个习惯根深蒂固，以至于有些人在一只眼睛失明多年后，或许依旧察觉不到这一事实。

赫尔姆霍茨说，我们只关注了那些对我们来说是事物符号的感觉。但这些事物到底是什么呢？就像我们后面将要看到的那样，它们只是特殊的可感知的性质群，它们恰好在实践中或审美中引起了我们的关注，因此我们赋予它们实体性的名称，并且将它们提升到这种独一无二的且高贵的地位上来。但是抛开我的兴趣，就其本身而言，大风天气中被风卷起的一圈尘埃也同样是一个独立的事物，这正如我的身体一样，至少也该有一个独立的名称。

那么，在我们从每个独立的事物中得到的感觉之间又会发生什么呢？心灵会再一次选择。它将那些特定的，能够真实重现事物的感觉挑选出来，并将剩余的感觉当成其现象，而那些现象受当时条件的影响而变化。所以，我们依据桌面产生的无限多的视网膜感觉中的一个，将桌面的形状称为正方形，而其余的感觉都是关于两个锐角和两个钝角的感觉；但是，出于我自己的审美原因，后者被我命名为透视观察法，并将四个直角称为桌子的真正形状，将正方形这种属性植入在桌子的本质中。同样，圆形物的真实形状，就是在视线垂直于其中心的情况下，它给我们的感觉——而全部其他的感觉都是这种感觉的符号。真实的炮声是在耳朵离它很近的时候它引起的感觉。砖头真正的颜色是当我们不在太阳下，也不在暗处并且离它很近的时候得到的感觉；当处于其他情境下时，它产生不同颜色的感觉仅仅是这种感觉的符号，在那种情境下，它的样子似乎比平时更粉红或更黑一些。读者所了解的对象，都是通过优先选择某种典型姿势、某种正常尺寸、某个特定距离、某种标准色彩等而将对象再现给他自己的。然而所有这些本质的特征共同为我们构成了事物的真实客观性，而且对应于它在特定时刻给我们的主观感觉，它们与后者类似。心灵选择了适应按照自己的意愿做事，并确定哪种特殊的感觉应当被认为比其他所有感

286

第九章｜意识流 297

觉更加真实、更加有效。

所以，知觉包含双重选择。在出现的所有感觉中，我们主要注意像这样对不在的感觉有意义的感觉；而且我们又从这些感觉所预示的，全部没有出现的联系之中，挑选极少的一部分来表示典型的客观实在。这是目前关于选择活动最好的例子了。

这样的活动继续处理着在知觉中出现的事物。一个人的经验思想依赖于他经历过的事物，然而这些事物是什么，在很大程度上取决于他的注意习惯。一个事物也许会在他面前展现上千次，但假如他始终未注意到它，那么它就没有进入他的经验。我们都成千上万次地见过苍蝇、蛾子与甲虫，然而，假如不是昆虫学家，其他人有谁可以将它们的差异说出来呢？另一方面，仅仅在人一生中出现过一次的东西，也许会在记忆中留下永不磨灭的经验。设想四个人到欧洲去旅游，他们中的一个人仅仅对诸如服装与色彩，公园、景色和建筑物，绘画与雕塑等有印象；对于另一个人而言，上面所有的那些印象都不存在，取代它们的将是距离与价格、人口与排污系统的设置，门窗零件及其他有意义的统计数据；第三个人除了能够充分解说剧院、饭馆与公共舞会外，也没有其他什么可以说的；而第四个人也许始终都沉浸于其主观沉思中，结果他只能将他经过的地方说出来。他们所有人都在展现于他们眼前的那些大量相同对象中做出了选择，挑选出了那些自己感兴趣的事物，以此形成各自的个人经验。

接下来，假如将物体的经验结合抛开，我们问心灵是怎样理性地将这些经验依次连接在一起的，那么，我们将再次发现选择是无所不能的。我们将会在第二十二章"推理"中看到，所有的推理都是由心灵的这种能力决定的，也就是打破推理现象的整体性，并把它分解成不同的部分，紧接着从这些部分中挑选出一个在给定的情况下可以引导我们得出正确结论的特殊部分。另一种处境需要与其对应的另一种结论,因此需要挑选出另一种要素。天才是这样的一种人,他们总能够在恰当的时候入手,然后取出合适的要素——假如给定的情况是有关理论方面的,那么就挑选出"理由"这一要素;假如是有关实践方面的,那么就挑选出"手段"这一要素。在此我们仅限于给出这种简要的论述,但这足以说明,推理仅仅是另一种形式的心灵选择活动。

假如现在我们从心灵的审美角度来看,那么我们的规律就更加明显了。我们都知道,艺术家挑选自己的内容,排除那些彼此间相冲突及与作品的主题相冲突的音调、色彩与形状。艺术作品由于这样的统一、和谐及"特征趋同"(泰恩先生的叫法)而优于自然作品,这样的统一、和谐及"特征趋同"完全是由于"排除"所导致的。假如艺术家拥有足够的才智可以将自然的某个特征作为它的典型特征,并把所有与这个典型特征相冲突、只是偶然的东西抑制住,那么所有的自然主题都将优于自然作品。

假如进一步提升,我们将会到达伦理学水平,我们都知道,选择在这里具有最大的主导作用。只有在某个行为是从几个具有相同可能性的行为之中挑选出来时,它才能具有与伦理有关的特性。将好行为的理由确定下来,并让那些理由一直保存在我们心中,将我们对更奢侈生活的欲望抑制住,使行走在艰苦道路上的步伐永不退缩,这些全部都是很具代表性的伦理力量。但是,伦理力量还不止这些;因为它们仅仅包括了获得利益的途径,那些利益是人们已经感觉到的至高利益。典型的伦理力量一定要发展得更进一步,并从一些有相同强制性的利益之中,挑选出应当成为至高利益的那一个。这个问题极具深远意义,因为人的整个生涯都取决于它。当他问自己,我应该犯下这种罪行吗?选择那一职业吗?接受那一职位或得到这笔巨额财产

第九章 | 意识流　299

吗？——实际上，其选择是对几个具有同样可能性的将来的品格的选择。他以后会变成什么样的人取决于当前这些行为。叔本华以下面的论点来对其决定论进行强调，一个拥有固定品格的人，在特定情境下，只可能产生一种反应，但他忘记了，在这些关键的伦理时刻，人们意识到似乎正在被讨论的东西，只是品格本身。这个人遇到的问题并非他紧接着应当选择哪一行为，而是他决定接下来要成为怎样的人。

我们对这些思考加以回顾，就会看到，心灵是个剧场，是在每一个阶段都同时存在多种可能性的剧场。意识的作用就是把那些可能性的事物进行相互比较，并在注意力的加强与抑制作用的基础上，从其中挑选出几个可能性事物，并将其余的可能性事物加以抑制。最高级与最精细的心理产物是从低一级机能所提供的资料中过滤来的，而那些资料是从更低一级可以提供的大量资料中挑选来的，而这些大量资料又是挑选于更大量却更简单的资料等。简单地说，心灵对它接收到的资料进行处理非常类似于雕刻家对石块的处理。从某种意义上来说，那个雕像永久存在于那里。然而，除该雕像之外还存在无数的不同雕像，并且只有雕塑家才能使该雕像从其他的雕像中显现出来。我们每一个人的世界也正是这样，不管我们每个人对它的看法有多不同，每一个观点都在感觉的原始混乱中扎根，它们将纯粹的物质毫无差别地给予我们每个人的思想。假如我们愿意，我们能够通过推理把事物重新放到漆黑的和无接缝的空间连续性中，重新放到充满原子的云层中，科学家把它们称为唯一的真实世界。然而，我们所感受与定居的始终都是一个这样的世界，我们的祖先与我们自己通过累积起一次又一次的选择，来使它摆脱混乱，这正如雕塑家一样，通过简单地抛弃指定材料的某几个部分，而让雕塑变成最精美的作品。其他的雕塑家，会从同一块石头中抽取出其他的雕像！其他的心灵，会从同等乏味与缺乏表现力的混乱之中，抽取出其他的世界。我的世界，仅仅是对那些可以抽象出它们的人而言，一样扎根于混乱中，一样是无数的真实世界里的一个。蚂蚁、墨鱼及螃蟹的意识世界一定是不同的！

然而，在你我心中，原始世界材料中被抛弃的与被选择的部分大体上是相同的。总体上来说，人类对该注意与命名什么、不该注意与命名什么的意见很相似。在人类注意到的部分里，通过大体上相类似的方式选择重要与偏好的东西、次要与厌恶的东西。但是，存在一种极其不寻常的情况，在这里从来没有两个人被认为是通过同样的方式来进行选择的。把整个宇宙一分为二是靠我们大家完成的；而且对于所有人而言，几乎所有的兴趣都属于其中的一半；然而我们划分这两半之间的界限都是不一样的。当我说到我们都以同样的名称来给这两个部分命名，而且分别把它们叫作"我"与"非我"，那我想表达的意思就显而易见了。所有人类的心灵在"我"或"我的"的创造部分里所感觉到的极其特别的兴趣，也许是个道德谜团，但却是个基本的心理学事实。不可能会有人对邻居的"我"产生与自己的"我"类似的兴趣，邻居的"我"与剩余的事物共同构成一个异质集群，将它作为背景，那个自己的"我"就脱颖而出了。就像陆宰在某处说过的那样，虽然脚下的蠕虫没有关于它自己与整个宇宙的明确观念，它也会把其苦难的自我与剩下的整个宇宙进行对比。对我们来说，它只是世界的一个部分；对它来说，我也只是世界的一个部分。我们每一个人都在不同的地方把宇宙一分为二。

接下来，让我们进入相对于最初的一般性概述更加精细的工作，在下一章，我们将试着对有关自我意识的心理学事实进行探究，所以我们会再次被引到自我意识上来。

注　释

1　这一章的大多内容引自《关于内省心理学的一些疏漏》，该文章发表在 1884 年 1 月的《心灵》杂志上。

2　鲍恩，《形而上学》，第 363 页。

3　《心理自动作用》，第 318 页。

4　参见康斯坦斯（A. Constans），《论 1861 年的魔鬼附身与歇斯底里传染病的关系》，第 2 版，巴黎，1863 年；弗兰佐里尼（Franzolini），《流行于韦尔兹格尼斯的魔鬼附身》，雷焦，1879 年。还可参见克纳（J. Kerner）的短篇著作《有关意识现象的报告》，1836 年。

5　有关这方面的生理学，可以与"意志"那一章的内容进行比较。

6　在上述引文中，第 316 页。

7　《反映哲学》，第 1 卷，第 248、290 页。

8　《通俗科学报告集》(1876)，第 3 册，第 72 页。

9　菲克，参见赫尔曼的《生理学手册》，第 3 卷，第 1 册，第 225 页。

10　当然不需要由此推论的是，由于整个大脑状态不可能再次出现，因此大脑中的任何一个点都不会两次处于相同状态。这个推断是不可能的，就像大海的波峰不可能两次到达空间中相同的点。几乎不可能发生两次的是，波形与其再次占据相同空间的所有波峰和波谷的完全相同的结合，因为这种彻底结合与造成我们在每一时刻构成真实意识的大脑状态的活动相类似。

11　"多长时间"的精确记录仍然有些神秘。

12　参见布伦塔诺，《心理学》，第 1 卷，第 219-220 页。总之，布伦塔诺有关意识统一性的那一章可与我所知道的任何论述相媲美。

13　向那些应该被尊敬的人致意！我诚挚地感谢尊敬的威尔斯（Jas. Wills）先生写的一篇有关"偶然联想"的文章，这篇被埋葬且被遗忘了的文章发表于《爱尔兰皇家科学院学报》(1846)，第 21 卷，第 1 部分。威尔斯先生这样写道："一定数量的知觉或反映会在每个有意识思维的时刻出现，或二者同时出现，而且共同形成了整个理解的状态。就它们来说，一些确定的部分也许会比每个剩下的部分更加清楚；所以，相应地，剩下的那些部分就更加模糊，甚至几乎快要被消除了。然而，在消除的界限以内，最不清晰的知觉仍然到达了整个当前状态，而且在很小的程度上使该状态发生改变。所以，任何一种感受、情绪或显而易见的注意作用会通过某一方式将该状态改变，那种感受、情绪或注意作用能够突出其任一部分。所以，实际结果会因不同的人或场合而发生最大限度的改变。……在此，也许存在某种特别的注意方向描绘了整个领域的任一部分，而且对于这种特别的注意方向的辨认完全与对于展现给心灵的概念的辨认相同。该概念显然与整个理解状态不相称，并且大量困惑和混乱就是由于未观察到这个事实。无论如何假设任何思想如何深入地吸引注意力，我们还是能够察觉到周围现象的任何显著改变；不管听者怎样集中注意力，即使该房间中最深入的论证也无法阻止该听者对突然熄灭的灯光产生注意。心理状态一直都拥有一种基本统一性，不管每种理解状态的构成有多复杂，它都是一个单一整体，所以，其每一成分都严格地被理解（只要它被理解）成了它的一个部分。这就是知性活动开始的初步基础。"

14　　与泰恩《论智力》（纽约版）第 1 卷第 83-84 页中那极富吸引力的段落比较。

15　　比如："意识流并非一个不间断的流，而是一系列不同的观念，在演替中它们时快时慢；速度可以在指定时间内观念通过心灵的数量而加以测量。"（贝恩，《情绪与意志》，第 29 页）

16　　很少有作者承认，我们通过感受来认知关系。理性主义者已经对该情况的可能性进行了明确的否认——比如格林（T. H. Green）教授（《心灵》，第 7 卷，第 28 页）说："没有像这样的或被感受到的感受是一种关系。……甚至是感受间存在的关系本身也并非一种感受，或被感受到了。"此外，感觉主义者或者把认识偷偷引进却并未进行任何说明，或者彻底不承认关系是可以被认识的，或者连其存在也不承认。但是，值得一提的是，那些感觉主义者中也有例外。德斯杜特·德特拉西（Destutt de Tracy）、拉罗米吉埃

第九章　意识流　303

(Laromiguière)、卡代拉克（Cardaillac）、布朗(Brown)和斯宾塞等人都明确提出存在着关系感受，那些关系感受和上述学者所获得的我们对术语"在……间"的感受或者思想同质。所以德斯杜特·德特拉西说(《意识形态原理》，第1册，第4章)："由于判断力是一种感受观念之间关系的能力，所以它本身就是一种感受性；而且感受关系就是感受。"拉罗米吉埃这样写道(《哲学教程》，第2部分，第3讲)："所有人的理智中都会同时包含很多在不同程度上的观念，它们或清晰，或混乱。现在当我们同时拥有着大量观念时，一种奇怪的感受就产生了：我们发现在这些感受当中，有类同，有差异，也有关系。让我们把这种所有人都共有的感受方式称为关系的感受，或关系感受。有人立刻发现这些因为观念接近而引起的关系感受，必须在数量上远远多于感觉—感受，或者我们对自己的功能产生的感受，数量一定是更加无限地多。一点点数学组合理论知识就可以证明这一点。……关系观念来源于关系感受。它们是我们对其进行比较与推断而产生的结果。"

类似的，卡代拉克(《哲学基础研究》，第1部分，第7章)说道："通过一种自然推断使我们假设，在我们心中同时存在着几个感受和观念时，我们感受到了存在于感觉间的关系及存在于那些观念间的关系……如果我们对关系的感受真的存在，……那么它必定是人类全部感受中最多样和最丰富的感受：①最多样是因为这些关系在数量上多于存在，对关系的感受必定在同样的比例上，数量多于促成这种关系感受形成的感觉，这些感觉的出现促成了关系感受的形成。②最丰富是因为以关系感受为来源的关系观念要比绝对观念重要得多，假如那种绝对观念存在的话。……假如我们考察公共言语，我们会发现关系感受可以通过无数方式表达出来。假如很容易就能抓住这种关系，我们会说这是可感知的，可以把它和另外一种太微小以至于无法被很快感知的一种关系区分开来。一个可感知的差异或相似之处。……对艺术和智力产品的鉴赏力是什么？在构成它们价值的部分中，除了关系感受之外还有什么？……假如我们始终无法感知关系就永远不会得到真正的知识，这是由于我们全部知识几乎都是与关系有关的。……我们未曾有过一种单独的感官；

……所以我们始终都能感知关系。一个对象刺激我们的感官，我们在对象中只看到一种感觉。……关系是如此接近于绝对，关系感受是如此接近于感觉感受，这二者是如此紧密地融合于对象的组成之中，以至于关系在我们看来似乎是感觉本身的一部分。毋庸置疑，关系感觉和关系感受之间的这种融合，导致了形而上学们对关系感受的沉默；而且因为同样的原因，它们顽固地坚持单独向感觉索求感觉没有能力给予的那些关系观念。"

托马斯·布朗博士这样写道（《演讲》，第 45 卷）："我们有很多感受牵涉到了这种关系概念，它们确实是在于对某种关系的纯粹知觉。……无论这种关系是有关两个还是多个外部对象之间的关系，也不论这种关系是有关两种还是多种心灵倾向之间的关系，这种关系感受……就是我所称的关系暗示；这个术语最简单，它也许会在不存在任何理论的条件下，以它来表述那个纯粹事实，即某一种关系感受在先于它们的某一些其他感受之后而出现；因为不牵涉任何特殊理论，所以它仅仅表达了一种毫无疑问的事实。……关系感受在本质上区别了我们对客体简单的知觉或者概念的心理状态，……它们并非孔狄亚克（Condillac）所称的转化了的感觉，我在之前的章节已经证明了这一点，在那时，我驳斥了这个极具创造性但却并不完全正确的哲学家的看法，由于他将问题过于简化了。心灵有一种原始的倾向或者感受性，通过这些倾向和感受性来共同知觉各种客体时，在不存在任何其他心理过程干预的条件下，我们马上就感受到了它们存在于某些方面的关系。同样真实的是，还有一种原始的倾向与感受性，当出现了外部对象并引发感官的某一倾向时，在它们的作用下，主要的基本知觉感受马上就对我们产生了影响；而且，我可以补充一点的是，因为我们的感觉或者知觉的确存在着不同类型，所以关系也有不同类型；——的确，关系的数量，甚至连外部事物之间关系的数量也几乎是无穷无尽的，但是知觉的数量则一定受限于能够引发感官某种倾向的客体数量。……假如不存在心灵由以产生关系感受的那种心灵感受性，意识就会被真正地局限在单一的一个点上，就好像假如有可能我们的身体被束缚为一个单一的原子，那么我们的身体就会真的变成单一的一个点。"

斯宾塞先生则更加直白。他的哲学是粗糙的,这是由于他似乎假定只有在过渡状态中,外部关系才能被认识;然而,事实上正如我们将会看到的那样,空间关系、对比关系等不仅在过渡状态,而且在实体性状态中,都是与表述它们的语词一起被感受到的。但是斯宾塞先生的文章很有条理,所以值得完整引用(《心理学原理》,第65节):

"大体上,心灵存在两个彼此间对比显著的部分——感受和感受间的关系。每组的成员间有很大的差别,其中很多差别的对比极为强烈;然而,相对于组间成员之间的差别而言,组内差别小得多。让我们首先思考一下所有感受有什么共同特性,以及感受之间的所有关系所共有的特性。

"每一个感受都是意识的一个部分,就像我们在此所下的定义那样,该部分占据了能够使其个性被感知的足够大的空间;这个意识部分的特性通过性质对比从其邻近部分的意识中凸显出来。而且在内省式的沉思中,它展现出了相似性。基本要素就是这些。很显然,假如在反省时,某个意识状态能够被分解成要么同时存在,要么相继存在的各个部分,它就不是一个感受,而是两个或更多个感受了。很明显,如果它无法与意识的邻近部分相区别,那么它就和那一部分合二为一——它并非一个单独的感受,而是一个感受的一部分。同样明显的是,假如它没有在意识中占据一个可感知的区域,或一种可感知的持续时间,那么它就无法被当成一种感受来被认识。

"相反,感受之间关系的特征就是不占据可感知的意识部分。将那些由它结合起来的条件拿走,那么它就与它们共同消失了;它不存在单独的位置,也不存在自己的个性。的确,通过最终的分析,那些被我们称为关系的东西自身也是一种感受——一种瞬间感受,它伴随着从一个明显的感受到一个相邻的明显感受的过渡。的确,尽管它非常短暂,但是其性质特征是可感知的;这是由于关系(就像我们以后将会看到的)之间只有通过伴随着瞬间过渡的感受的差异才能被区别。实际上,每个关系感受都能被看成是一次神经震荡,这一震荡被我们怀疑为感受组成单元;而且尽管它是瞬间的,我们还是知道它有或大或小的强度,并且以不同的难易程度发生的。然而,这些关系感受与我们通常称作感受的东西之间的对比极为强烈，导致我们不得不对它们进行区分。其极度短暂性、较少变化以及对其自身结合条件的依赖性，以非常准确的方式对它们进行了区分。

"我们也许应当对这一真理进行更全面地认识，即这种区分永远不会是绝对的。我们除了承认关系作为一种意识的元素，是一种瞬间的感受，还不得不承认，就像某种关系与形成其条件的感受分开后就不存在了那样，一种感受也只能在空间、时间或这二者给其限制的其他感受的关系中才可以存在。从严格意义上说，感受或关系都不是意识的独立元素：依赖性无处不在，即通过感受所占据的能被感受到的意识区域与连接它们的关系相脱离之后，就无法获得任何个性，同样地，关系与其所连接的感受相脱离之后，也无法获得任何个性。所以，似乎二者之间的本质区别就是，因为关系感受是无法再被分割的意识部分，通常所说的一种感受是这样一种意识部分，即它允许在想象中将意识分割为以相继或者共存的方式彼此关联的相同部分。严格意义上的感受要么是由占据时间的相同部分构成，要么是由占据空间的相同部分构成，要么是占据着空间与时间的相同部分构成。无论如何，严格意义上的感受是相关的相同部分的聚合，而关系感受是无法被分解的。假如像我们之前推断的那样，感受是由感受单元或震荡所组成的，这必然会导致二者间的对比。"

17 波尔汉(M. Paulhan)先生(《哲学评论》，第 20 卷，第 455-456 页)在说完对象与情绪的模糊的心理意象以后，又说道："还有一些其他的模糊状态被我们发现了，注意力很少停留在那上面，仅仅只是在一些人那里，情况才并非如此，那些人是因为天性或职业而拥有内部观察嗜好。甚至连对它们进行精确的命名都很困难，这是由于它们很少被认识，并且也未被分类；然而我们能够将特殊印象引用过来当作事例，当对一个特定主题全神贯注时，我们依旧做着和它没有关系的事，而且我们几乎把所有的注意力都集中在这件事情上了，这时，那奇特印象就被我们察觉到了。在那个时刻，我们并未对全神贯注的主题进行深入思考；我们并未通过某种明确的方式将其再现；但是，假如不存在那种全神贯注，那么我们的心灵就不会是这样了。其对象不在意识中，但依然通过一种奇特的、极为准确的印象被再现了，该印象持续时间往往很长，而且是一种强烈的感受，虽然它对于我们的理智而言很模糊。""这种心理迹象是由刚经历过，且目前也许会被遗忘了的使人痛苦的事情引起的，是留在我们心里的一种指向个体的倾向。迹象存在着却未被理解，人们不知道其确切意义。"(第458页)

18 莫扎特是这样描述他自己的作曲行为：他心中最初出现的是作品的碎片，渐渐地连在一起；然后心灵的灵感就出现了，乐曲就变得越来越成熟，"并把它展开得更广泛更清晰，最后几乎在脑中完成了，甚至当其篇幅很长时亦是如此，所以我就可以一眼就看到整个作品，就好像它是一幅美丽的图画或是一个美人；以这种方式，我在想象中听到的这个作品完全不是一个连续的东西——这种方式必须随后出现——而是好像同时听到作品的全部。这是一个罕见的音乐盛宴！所有的发明和制造就像一个美丽而强烈的梦在我的心中进行着。但是最美妙的事情仍旧是同时聆听这部作品"。

19 《心理生理学》，第236节。卡彭特博士的解释与文中给出的解释有很大的区别。

20 参见斯特里克(S. Stricker)，《普通和实验病理学讲座》(1879)，第462-463、501、547页；罗马尼斯，《人类官能的起源》，第82页。让别人明白自己的观点是一件很困难的事，所以我应该注意到已逝的都柏林托马斯·马奎尔(Thos. Maguire)教授对我们观点的误解(《哲学演讲》，1885)。他认为我用"边缘"是指使分离的感觉自身得以结合起来的某种心理材料，并且他还机智地说，我应该"看到，用感觉的'边缘'来结合感觉，比用给牡蛎的须毛编辫子的方法来用牡蛎构造世界，还要更不清楚。"(第211页)然而我所说的"边缘"这个词完全不是他说的意思；边缘其实是被认识的对象的一部分——实体性的性质和事物在关系的边缘中呈现给心灵。我们意识流的一些过渡部分认识的是关系而非事物；但是过渡部分和实体部分一起共同形成了一条连续的意识流，没有像马奎尔教授猜想的那种"分离的感觉"存在其中，而且他还认为我也是那样猜想的。

21 乔治·坎贝尔,《修辞学哲学》,第2卷,第7章。

22 琼·斯托里(Jean Story),《实体论或知识哲学》,1879年。

23 塔德(G. Tarde)先生引用了(德尔博夫,《睡觉和梦》,1885年,第226页)一些梦中出现的无意义诗句,说它们表明了在没有逻辑规则的心灵中韵律的形式如何可以存在。……我能在梦里找到两个押韵的词,欣赏韵律,我甚至还能用其他附加进来的,并且能用正确音韵的词语去填充这个句子,然而我不了解这些句子的意义。……因此我们就得到一个不同寻常的事实,即字词之间能相互唤起对方,然而却无法引出它们的意义。……即使在清醒时,理解一个词的意义也要难于从一个词进展到另一个词;换句话说,做个思想家比做个修辞学家更加困难,总而言之,没有什么东西比一串不被理解的词语更常见了。

24 让我们感到奇怪的是,小孩子能全神贯注地听故事,即使故事表达的词语有一半是他们听不懂的,他们也不会追问这些词的意义是什么。而且当思维在快速运转时,他们的思维形式和我们的是相同的。我们在那些说出句子的大部分上进行着飞一般的跳跃,而且只注意到实体性的出发点、转折点和结论。而其他部分,尽管它们可能是"实体性的"并且是可以单独理解的,实际上只是充当了过渡性材料。这个节间意识使我们觉得思想是连续的,但是它除了填补空隙的功能外,是没有任何意义的。当幼儿在听完一连串无法理解的词语后,很快被带到一个熟悉的和可以理解的终点时,他们大概意识不到有什么样的空隙。

25 当然不是字面意义上的听见。聋哑人能够迅速地知觉到可以被感受到的冲击和震动,即使当冲击和震动是如此微弱以至于没有引起那些听觉正常的人的注意时,他们也能够如此。

26 塞缪尔·波特(Samuel Porter)的引文:"没有语言思想是可能的吗?"参见《普林斯顿研究》,第57卷,第108-112页(1881年1月)。也可参见爱尔兰(W. W. Ireland),《大脑的瑕疵》(1886),第10篇,第2部分;罗马尼斯,

《人的心理进化》，第 81-83 页，以及那里指出的参考书目。马克思·缪勒（Max Müller）在其《思想科学》(1887 年，第 30-64 页）中，对这一争论的历史做了一个很详细的记录。他自己的观点是，思想和言语是不可分的，他将能够想到的所有符号或心理意向都包含在言语范畴之下，但不包括我们所说的对关系和方向系统的无言的简单的一瞥。

27 《生命与心灵的问题》，第 3 卷，问题 4，第 5 章。也可参见维克多·埃格，《内部话语》（巴黎，1881），第 6 章。

28 如果只有一个人看到离奇的东西，我们认为这是他个人的幻觉。假如不止他一个人看见，我们就会开始认为外部世界可能真的存在这种现象。

29 《哲学评论》，第 21 卷，第 671 页。

30 引自《治疗学报》，转引自《纽约半周邮报》，1886 年 11 月 2 日。

31 自我意识在半昏迷状态可能会丧失。一个朋友给我写信道："我们正乘坐四轮马车从某处往回行驶。车门突然打开，并且 X（化名为鲍迪）摔倒在地。我们立刻拉住马车停住，这时他说，'有人摔出去吗？'或'谁摔出去了？'——我不能准确地记得他怎么说的。当我们告诉他说是鲍迪摔出去了，他说，'鲍迪摔出来啦？可怜的鲍迪！'"

32 康德首创这个观点。我在此补述几个有关的英文说明。费里尔，《形而上学原理》，命题 1："伴随任何心灵所知道的任何东西必须也一定了解心灵自身，它是其知识的基础和条件。"汉密尔顿（《讨论》，第 47 页）："我们知道，而且我们知道自己知道——这两个命题在逻辑上截然相反，但实际上是完全相同的；每个命题都蕴含着另一命题。……那句经院哲学的格言是如此真实：假如我们不觉得我们觉得，我们就不觉得。"曼赛尔（H. S. Mansel）（《形而上学》，第 58 页）："不管我的心灵所到之处存在着什么样的材料，只有'我认为它是我的'的情况下，我才能对它们有意识。……因此，与自我意识的关系就是像这样存在的意识状态必须表现出来的永恒的和普遍的特征。"格林，《休谟导论》，第 12 页："人对他自己的意识，与作为其对象的事物处于消极的关系中，并且我们必须把这种意识看作是与知觉活动自身相伴随的。这确实是作为知识开端的任何活动必须要涉及的东西。它是可能的思想或理智的最小值。"

33　《人类心灵哲学演讲》,第 45 讲。

34　不应该说只是相对于我们的感受,而应该说只是相对于我们的对象。

35　"承认联想确实能把无数个体的观念构成一个复杂观念并不困难,因为这是一个公认的事实。难道我们没有关于一支军队的观念吗?难道这观念不正是由无限多的人的观念所构成的一个观念吗?"(詹姆斯·穆勒,《人类心理现象的分析》,第 1 卷,第 264 页。)

36　关于它们的论证,可以参见第 121-124 页的论述。

37　我知道有一些读者无论怎样都无法使他们相信,关于一个复杂对象的思想,并不是由像在对象自身中可以区分开来的那么多部分所组成的。那么很好,姑且先用"部分"这个名称。只是这些部分不是传统心理学所说的分离的"观念"。它们中的任何一个部分都不能离开这一特殊思想而存在,就像我的头不能离开肩膀而存活。在某种意义上,肥皂泡也有部分,它是由许多连在一起的球面三角形组成的聚合物。但是这些三角形不是分离的实物;思想的"部分"也不是独立的实在。碰一下肥皂泡,三角形就毁了。抛开这个思想,它的各个部分也就消失了。正如你不能用旧肥皂泡的三角形形成一个新的一样,你也不能从曾经使用的"观念"中构造出一个新的思想。每个肥皂泡、每个思想都是独一无二的崭新的有机体。

38　参见埃格的著作,《内部话语》(巴黎,1881),尤其是第 6 章和第 7 章。

39　第 301 页。

40　第 218 页,为了证明这一点,埃格先生引用了以下事实:我们常常全神贯注地听某人讲话,却不能理解他到底说的是什么意思,过一会儿,我们突然"领悟"他的意思。当我们从不熟悉的语言中明白一句话的意思时,情形亦是如此,在这种情况下,在观念得到理解以前,语词已经呈现给我们好久了。在这些特殊例子中,语词的确先于观念。相反,当我们表达很吃力的时候，比如，使用一种外语时，或是在一个特殊的知识领域中，观念就先于语词出现。然而这两种情况都有例外，而且埃格先生在深思熟虑之后会承认，在前一种情况下，在观念得到理解时，观念中有某种语词的弥漫，无论它多么容易消散，当我们把握了观念——我们在领悟其意思时就能听到语词的回声。他可能还会承认，在第二种情况下，在如此费力地找到那些语词之后观念仍然持续。在通常情况下，就像他所承认的那样，显然存在着同时性。

41　一种单独理解语词及其意义的很好方式是，把别人的话在心里逐字读出。这样我们就会发现，意义常常是在从句或语句读完之后脉冲式地来到心中。

42　与这里提出的学说最为接近的观点（对此我很熟悉）可以在李普曼的《论现实的分析》第 427-438 页中找到。

第十章

自我意识

让我们从最广义的自我开始,逐步深入到它最细致和最微妙的形式,由德国人所谓的经验自我开始,发展到对纯粹自我的探究。

第一节 经验自我或客体我

我们每个人的经验自我就是所有被称为"我"(me)的东西。可是很显然,一个人称为"我"(me)和其称为"我的"(mine)之间的界限是很难划清的。我们对于属于我们的东西的感受和举动,与我们对于我们自己的感受和举动十分相似。我们的名誉、孩子和作品对我们而言,都和自己的身体一样十分亲切。当它们遭受侵犯时,会使我们产生同样的感受和报复行为。而且就我们的身体来说,到底它只是"我们的"(ours)呢,还是它就是"我们"(us)呢?的确有人曾经愿意舍弃自己的身体,而只把身体当作服饰,甚至认为是人的牢狱,他们非常乐意在某一天能从中逃离。

因而我们发现,我们其实面对的是一个变化多端的对象。同一个事物，有时会被认为是"我"的一部分，有时又认为只是"我的"，而且有时又好像我与它没有丝毫关系。然而，从最广泛的意义上来说，一个人的自我，就是所有能称为他的(his)东西的总和，不仅包括他的身体和心理，还包括他的衣服和房子、妻子和孩子、祖先和朋友、名誉和作品、土地和马匹以及游艇和银行账户。这些东西都能使他产生相同的情绪。如果它们都非常好，那么他会有成就感；如果它们不怎么好，那他会感到沮丧。虽然他对每件事情的反应程度不尽相同，但感受方式却是十分相似的。就这个最广义的自我来说，可以将自我的历史划分为三个部分：①它的构成要素；②这些要素所唤起的感受与情绪——自我情感；③这些要素所激发的行为——自利和自保。

自我的构成要素包括经验自我和纯粹自我这两大类。其中，经验自我又包括物质自我、社会自我和精神自我。

一、物质自我

对我们每一个人来说，身体都是物质自我的最内在部分，并且身体中的某些部分似乎比其他部分与我们更亲切。其次是衣服。古语有云：人格由灵魂、肉体和衣服这三部分组成，这并非只是一句笑话。我们把自己的衣服占为己有，并把自己和这些衣服同一化了。因此假如有人让我们在有个美丽的身体而衣服永远破烂肮脏和身体丑陋有缺陷而衣服总是完美无瑕这两者之间做出选择，大多数人都会在给出确定答案前犹豫片刻。[1] 其次，直系亲属也是我们自己的一部分。父母、妻儿都是我们的至亲。我们自身的一部分会因他们的离世，而随之消逝。如果他们做了任何错误的事情，我们也会因此感到惭愧。如果他们被羞辱，我们的愤怒之情会油然而生，就如同被羞辱的是我们自己一样。再次就是我们的家。家里的情境也是我们生活的一部分，它的样子会唤起我们内心深处最温柔的情愫。而且，假如一个陌生人来我们家参观，却认为家里的布置不合理，或者轻视它，那我们可不会轻易原谅他。所有这些不同的事物，都是本能的偏爱对象，这些本能的偏爱与生活中最重要的实际利益是相互联系的。我们都存在这样一种盲目的冲动，即要照顾好自己的身体，并且用美饰的衣服去装扮它，珍爱父母和妻儿，并寻求一个可供我们居住的家并不断"改善"它。

还有一个本能的冲动，驱使我们积聚钱财。这种积聚以亲密程度的不同，组成我们经验自我的各个部分。与我们关系最为密切的财富是我们为之付出最多努力而获得的那一部分。如果某人在其一生中，用双手和大脑创造的成果（如收集的昆虫标本或一本著作的手稿）突然间化为乌有，那他势必会崩溃。守财奴对他的金子也有同样的感受。虽然因失去财产而产生的沮丧，一部分是因为我们感受到现在必须在没有某些事物的环境下生活，而我们原本是期待用那些财产换来那些事物的。但是除此之外总还存在另一种感觉，即人格缩小的感觉，一种部分的自我消失了的感觉，这本身就是一种独特的心理现象。我们突然就与平日里被蔑视的乞丐和恶棍一样了，同时对于那些世上的幸运儿更是望尘莫及了，他们用财富和权力为自己带来充足的能量，称王称霸，呼风唤雨。在他们面前，虽然我们援引反对势利的大道理自作倔强，但我们终究摆脱不了那种明显的或潜隐的尊敬和畏惧之情。

二、社会自我

一个人的社会自我是他从同伴那里所能得到的认同。我们不仅仅是喜欢与同伴一起生活的群居动物，我们还有一种先天的倾向，即希望自己得到同伴的注意，并且是赞许的注意。如果人们能设计出一种最残忍的惩罚（假设在物理上是存在的），那么莫过于让一个人不被社会规范所约束,并且所有的社会成员都对其视而不见。如果我们进入一个房间,却无人搭理,我们在与别人交谈中得不到回应,也没人在意我们所做的一切;如果我们遇到的每一个人都对我们"非常的怠慢",在他们的举止中就好像我们根本不存在似的,那么,我们内心很快就会充满怨愤与无可奈何的绝望,这时哪怕人间最残酷的肉体折磨对我们来说也会是一种解脱。因为这样的折磨可以让我们感受到,不管处于多么窘迫的境地,也比沦落到完全没人注意的深渊要好。

其实,有多少人认可一个人,并将其记在心里,这个人就有多少个社会自我。他的这么多个形象中任何一个遭到了伤害,他本人也就受到了伤害。[2] 但是,由于装着这些形象的个体分别属于不同类别,因此,有多少个他在意其看法的群体,这个人就有多少个不同的社会自我。通常,个体会在不同的群体面前展现出自我的不同面。很多年轻人在父母和老师面前会表现得很拘谨,而在他同伴面前很可能像个狂妄自大的海盗。我们不会把我们在俱乐部同伴面前的表现展示在我们的孩子面前,也不会拿同样的态度对待顾客和员工,我们在老板和密友前的表现也是很不同的。这就说明个体实际上有着许多不同的社会自我。自我之间可能是不调和的,比如说,一个人可能并不希望他的朋友看到他在其他场合下的表现;自我之间也可能是一种非常和谐的状态,比如,一个对孩子温柔的人也会严厉地对待士兵和囚犯。

对一个人而言,其最特别的社会自我存在于他所爱的那个人心中。这个自我的运气好坏,会带来最强烈的兴奋和沮丧之情,而且只有他本人的器官感受最靠谱,其他任何的衡量标准都是有失偏颇的。在这个特殊的社会自我得到认可之前,对于他自己的意识而言,他是不存在的,一旦这个自我得到了认可,他就会感到十分心满意足。

一个人名声好坏,他的荣誉或者耻辱,都是社会自我的代名词。

被称为荣誉的个体的特殊社会自我,就是之前我们所谈论的众多自我中的一个。它是他在自己的"圈子"中的形象,这个圈子会根据他是否符合特定的要求,来赞扬或者贬低他,而这些要求对这个群体以外的人来说可能无关紧要。因此,一个平民百姓可以因为城市爆发霍乱而离开这里,但是一个牧师或是医生如果这样做的话就会损坏他的名誉。军人的荣誉感要求他在某个情境下战斗或死亡,但是,其他人是可以道歉或逃跑的,而且这不会有损于他的社会自我。对一般人来说,与某人产生金钱关系是无损于荣誉的,但对一个法官或政治家而言,其职业荣誉感不允许他们牵涉其中。听到有人将自我进行这样的区分,是极其正常的事情,比如"作为一个普通人我很同情你,但是,作为一个执法人我却不能宽恕你;作为一个政治家我将他当作盟友,但是作为一个道德主义者,我会唾弃他",如此等等。这种被称作"团体意见"的说法是生活中最强大的一种力量。[3] 小偷不会向其他小偷下手,赌徒必须偿还其赌债,虽然这世界上的任何其他债他都可以不还。任何历史时期的荣誉习俗都充满着容许与不许的戒条,遵从它的唯一理由就是,这样能使我们最大限度地服务于我们的社会自我之一。一般情况下你是不能说谎的,但是如果有人问起你与一位女人的关系,你可以尽量说谎。你必须接受与你同等水平对手的挑战,但如果比你水平低的人向你挑战,你就会嘲笑他。这些便是我以上所述的例证。

三、精神自我

精神自我属于经验自我,是指一个人的内在或者主观存在,具体来说就是他的心理能力或倾向,而不是有待商榷的人格统一性的本原,即"纯粹"自我。这些心理倾向是最真实的自我中最持久、最亲密的部分。我们的说服能力、辨别能力、道德感、良知和不屈的意志，比其他任何财产带来的自我满足感都要纯粹。只有这些东西发生了改变，我们才会说这个人从自身异化了。

我们可以依据不同的方式去理解精神自我。我们可以像上文的例子那样，将它分成各种能力，将这些能力相互分离开来，然后再将我们自己与这些能力中任何一个同一化。这是对待意识的一种抽象方法，当我们处于意识状态时，就和它实际呈现出来的一样，我们能同时发现多种这样的能力。或者，我们可以坚持一个具体的观点，那么，内部的精神自我就是我们本人意识流的全部，或意识流在当下的"片段"或"横截面"，这取决于我们所持的观点是广义的还是狭义的——无论是整个意识流还是它的横截面，在时间上都是具体存在的，而且都是属于它自己独特种类的统一体。但无论我们是抽象地还是具体地来看待精神自我，我们对它的思考始终是一个反思的过程，是"我们放弃向外看的观点而变成能够设想纯粹主观性，能够设想我们自己为思想者"的结果。

对思想的注意本身，以及将我们自己与它同一化，而不是同一于任何由它显示出来的对象，这是一个意义重大却又稍显神秘的操作，对此，我只能说，这种可能性真的存在。并且在人们生活的早期，思想本身和它"相关"的事物之间的区别，已经被心灵所熟知。关于这一区分较为深入的证据可能很难找到，但是表面证据却有很多，并且就在我们身边。几乎所有人都认为思想是一种不同于事物的存在，因为有些思想不是关于事物的，如快乐、痛苦和情绪；有些思想是关于不存在的事物，如错误或虚构的事物；还有些思想虽然是关于存在的事物的，但却是以象征性的、与它们本身并不相似的形式（如抽象观点或概念）来表示事物。同时，在那些的确和事物相像的思想当中（如知觉、感觉），我们可以体会到，与被认识的事物比较起来，关于事物的思想是作为心灵的一种完全独立的活动和操作在进行着。

现在，我们已经对思想和通过思想而认识的对象之间进行了清晰的区分，这个思想就是我们的主观生活（或意识流），在前面我们也说过，这一主观生活可从具体和抽象两个方面来加以考虑。关于具体的方式，我现在没什么好说的，只是想告诉读者，意识流的真实"横截面"将会在有关自我统一性的讨论中扮演十分重要的角色。因此，抽象的方式需要首先引起我们的注意。如果作为整体的意识流比任何外部事物更能同一于自我，那么从意识流的其他部分中抽取的一个特定部分，会与自我在一个非常特殊的程度上相同——所有人都感到它是这个圆圈最深层的中心部分，是大本营里的避难所，这个圆就是整个主观生活。与意识流的这一部分相比，就算主观生活的其他部分也似乎是暂时的外部的所有物，这些所有物都可以依次舍弃，但舍弃它们的那个东西却依然存在。那么，所有其他自我所属的这个自我究竟是什么呢？

也许所有人都能对它做出几乎相同的描述。他们会将其称为所有意识中的能动元素。无论人们的各种感觉有何特性，无论他们的思想里包含着哪些内容，总会有某个精神上的东西出来迎接这些特性和内容，同时，这些特性和内容似乎会融入它并被它所接收。它是欢迎者和抵制者。它控制着感觉的组织领悟过程，并且它的同意与否，还会影响这些感知觉所要唤起的动作。它是兴趣的发源地——不是快乐或痛苦的事物，甚至不是快乐或痛苦本身，而是在我们体内，快乐和痛苦的事物，以及快乐和痛苦本身都能与之诉说的一种存在。它是努力和注意的来源，是意志发号施令的领地。我想，一个从他自身对这件事反省的生理学家不能不多少模模糊糊地将它与观念或进来的感觉被

298

"反射"或转变为外部动作的过程相联系。它并不一定就是这一过程或仅仅是对这一过程的感觉,但它会以某种密切的方式与这一过程产生联系。因为它在心理生活中扮演着一个与该过程相类似的角色,它是一个联结点,感觉观念在此处终结,运动观念则在此处生成,联系两者的纽带也就应运而生。它比其他任何一个心理生活的元素都更为持久地存在,其他元素看起来似乎都是依附于并且从属于它。它与其他元素的对立性,就像永恒不变的事物对立于变化无常的事物一样。

我觉得,人们大可不必担心将来为高尔顿式的循环论证所困扰,人们只要从其余被他称为自己的东西中挑选出一个中心本原,就应该能认识到上述内容是对这个中心本原的一个清楚的一般性描述——至少准确清楚地表达它的意思,并且使它不会与其他事物相混淆。但是,当我们越是接近它,越是想正确而精细地定义其本质,我们就会发现会产生各种分歧。一些人会说,它是一个简单的能动实体,也就是灵魂,他们意识到的就是它;其他人则会说,它是被虚构出来的,是由代词"我"来表示的一种虚幻的存在。在这两个极端意见之间还存在各式各样的中间观点。

以后我们会逐一讨论这些观点,现在,让我们尽量准确地去理解自我的这个中心核子到底是什么样子,而不考虑它到底是一种精神实体还是一个虚幻的语词。

因为自我的这一中心部分的确被感受到了。它有可能就像先验主义者说的那样,也有可能同时像经验主义者所说的那样,但不管怎样,它绝非仅仅是由理性方式得到认识的单纯理性存在,它不是记忆的单纯集合或一个在我们耳边响起的单纯声音。它是一种我们可以直接感觉到的事物,并且,如果它一直真实地存在于意识中任一个瞬间,那么它始终都是完整地存在着,就像在由这些瞬间组合而成的整个一生一样。前不久我们把它称为一种抽象物，但这并不意味着它就像某种一般看法所主张的那样，它无法呈现于特殊经验中，那只能代表它无法在意识流中独自存在。然而它一旦出现，便能被感觉到，这就跟身体被感觉到是同样的道理，身体感觉也是一种抽象物，因为身体同样无法被单独感觉到，总是与其他事物一起被觉察到。现在我们是否能够更加精确地说明，这个处于中心位置的能动自我给我们的感觉是怎样的？——其实没必要去解释能动自我是什么，也不用管它到底是一种存在还是一个本原，只需要考虑当我们意识到它存在时，对它的感觉是怎样的？

我认为我自己是可以说出这种感觉的，但从我所说的话中得出一般性的结论，定会遭到很多反对（因为有些的确对一些人不适用）。因此，我最好还是继续使用第一人称，以便那些通过内省发现我的论断是正确的人们能够接受，并且我也承认我没有满足其他人要求的能力，如果这些人真的存在。

我能意识到自己思想中不断有促进和阻碍、控制和释放的活动，有和欲望以及其他方式一起运动的倾向。在我所思考的事物中，有些符合思想的兴趣，而有些却表现得并不友好。这些客观事物之间彼此的矛盾与和谐，强化与障碍，反过来使我自发性地对它们产生一种不间断的反应，如欢迎或反对、占有或放弃、奋斗或反抗、同意或不同意。对我而言，这种兴奋的内心生活正是我想要用普遍名词来描述的那个中心核子。

但是当我停止一般性描述而转向讨论细节时，当深入到可能是最接近事实的部分时，却很难在这一动作中觉察到任何纯粹的精神元素。每当我开始快速地内省，以跟上这种动作的自发性表现时，所有能够清楚地感觉到的，就是很大程度上发生在头脑中的身体过程。这些内省结果中有些部分尚不完善，我就不多做介绍了，先试着谈谈那些我认为毋庸置疑且显而易见的细节吧。

我感受到的注意、赞同、否定以及努力这类活动都是头脑中某种东西的运动。很多情况下，我们都可以相当准确地描述这些动作。不管是注意一个观念还是一种特有的感觉，这一动作都是对感官的调整，感官调整时事物也就被感觉到了。举个例子，我认为看东西时，如果眼球没有被压迫、聚合、分散以及调节的运动，那么我们就无法通过视觉来进行思考。物体的方位决定了以上这些动作的性质，在我的意识里，对这些动作的感觉，与我准备去看事物的方式是一致的。我的大脑中似乎呈现了很多束指示方向的线条，当我的注意力相继经过外部事物，或追随变化着的感觉观念序列，从一个感官转移到另一个感官时，我就意识到这些方向线了。

当我尝试去回忆或者反省的时候，我们所探讨的这些动作不像是指向外部，而是像从外部指向内部，就像是从外部世界中退回来了一样。据我所知，这种感觉实际上是眼珠向外或向上转动所致，我想在睡眠中眼珠也是如此运动的，而这与注视外部事物时的眼珠运动方向正好相反。在推理时，我发现在脑中很容易形成一种方位不太清晰的图式，思想对象的各个部分分布在这个图式的特殊位置上。同样，当我把注意力从一个物体转向另一个物体时，会明显感觉到发生的动作在脑中做了方向性的改变。[4]

在同意或反对时，在做出心理上的努力之时，这些动作会变得相当复杂而难以对其进行描述。声门的开合在这些动作中起着很重要的作用，还有一些不太明显的动作，像软腭的运动等，以及切断后鼻与口腔间的通路等。声门就像一个灵敏的开关，每当我的思想对事物产生迟疑或感到厌恶的时候，它便会立即控制我的呼吸，而当这种厌恶感消除后则会立即打开阀门，让空气顺畅地进入喉咙和鼻腔。我认为这种空气的流入感，是赞同感的重要组成部分。当我的脑中出现快乐或不快乐的思绪变化时，眉毛和眼皮的肌肉也会非常灵敏地做出反应。

在任何一种形式的努力中，除了眉毛和声门的肌肉收缩以外，还有颚部肌肉以及呼吸肌的收缩，于是我们的感受也就到了严格意义上的头脑之外了。当我们在强烈地认同或者反对某个事物时，这种感受就会超出我们的头脑。于是，一系列来自于身体各部分的感受喷涌而入，全都变成了我的情绪表现，而头脑的感受被淹没在这更大一批的感受中。

因此，至少在某种意义上，我们可以这样说，当仔细研究"自我中的自我"时，我们发现它主要是由头脑以及头脑和喉部之间的各种特殊动作集聚而成的。我先不说这就是它的全部组成部分，因为我很清楚在这个领域进行内省是多么的困难。但我能肯定，这些头部运动是我最清晰地意识到的我的最内心活动的一部分。如果我现在还无法确定的那些部分，和这些我已经明确体察到的部分是一样的，并且其他人也和我得到同样的结论，那么我们对心理活动的全部感受，或是这个名称通常所指的全部感受，实际上就是一种对身体动作的感觉，而这些身体动作的真实性质却被大家所忽视。

现在，我们还不能保证这个假设会被采纳，我们先观望一会儿，看看如果这是真的，它会导致什么结果。

首先，这个处在观念和外在行为之间的自我的中心核子，应该就是在生理学上和外显行为并没有本质区别的活动的集合。如果我们将所有可能的生理行为划分为"调整"和"实施"两大块，那么那个中心自我就应该归为"调整"；而那些不那么亲密的，且容易变化的自我，只要它是能动的，都应被归为"实施"。"调整"和"实施"都属于反射。它们都是感觉和思考过程的结果，这些过程，可能在大脑内部相互渗透到对方中，或渗透到肌肉和大脑外面的其他部分里。而"调整"的特别之处在于，它们是最低程度的反射，它的数量非常少，不断重复，当心灵的其他部分发生巨大变化时，它们却一直保持不变，并且除了它们对于促进或抑制各种各样的事物和行为来到意识这种作用之外完全不重要而且很无趣。这些特性使得我们在内省方面并未给予其细致的注意，同时它们会使我们觉得它们是一组连贯的过程，这样使得它们与意识中包含的其他东西形成强烈的对比，甚至有些情况下还会与"自我"的其他各要素（物质的、社会的或精神的）也形成强烈的对比。它们不仅仅是反应，而且是最初的反应。任何事物都能唤起它们，因为即使是不会引起其他结果的对象，也会短暂地引起眉头收缩和关闭声门的反应。就像是所有心灵的来访者一样，它们必须经历一次入门考试，露出脸来，然后再被决定是通过还是遣回。这些最初的反应就像是开门或关门。它们在所有的心理变化中永远处于转向或转开、接受或阻拦的中心，因此和其他依赖它们而发生的外部事物相比，它们自然会显得更重要和更内在，并且它们占据着仲裁者的决定性地位，与客体我的任何其他构成部分所占据的位置都不相同。如果我们觉得这些基本反应是结论的诞生地和行为的起点，或者它们就是不久前被我们称为个体生活的"避难所"的东西，也就不足为奇了。[5]

假如它们真的是心灵最深处的避难所，是所有我们能直接经验到其存在的所有自我中的最终极的自我，那么，我们可以由此推断，所有被经验到的事物，从严格意义上来说，都是客观的。而这个客观事物可被划分为两个相对的部分，一部分被认为"自我"，另一部分被认为"非我"，除此之外，只是"它们已经被认识"这个事实，以及"意识流是它们能被经验到的必不可少的主观条件"这个事实。但是，这个经验存在的条件，并不在当时被经验的事物中存在。这种认识也不是立刻被认识，只有在接下来的反省中才能被认识。因此，意识流并不是"并识流"(con-sciousness)之一，正如费里尔所说，"将它自己的存在和任何它所想的对象一起想到"的意识流，最好将它叫作纯粹而简单的单独意识流，它是一种思想着的对象，并使其中一些对象成为它称为客体我的东西，而且是以抽象的、假设的或概念化的方式觉知到它的"纯粹"自我。这个流中的每个"横截面"就都成了这样的单独意识或知识，包含并思考着它的"我"与"非我"，但不包含、不思考它自己的主观存在。这里所说的单独意识就是思想者，而它的存在还仅仅是一个逻辑假设，它并不是作为我们认为自己所拥有的心理活动的直接内部知觉。"物质"作为物理现象背后的事物，就是这样的假设。在被假设的物质和被假设的思想者之间，现象是来回摆动的，有些现象（所谓"实在"）属于物质更多些，其他现象（虚构、意见和错误）属于思想者更多些。但是，这个思想者是谁，宇宙中究竟有多少个不同的思想者，这都是将来形而上学需要去研究的问题。

  这样的理论否认常识，其实它们已经不仅是否认常识了（这在哲学中并不是有力的反驳），而且还与各个哲学流派的基本假设相矛盾。唯灵论者、先验主义者以及经验主义者基本都认同下面这个观点，即我们的内部有一种对于具体思想活动的连续的直接知觉。即使他们在其他方面可能有很多不一致的地方，但都非常真诚地认为，我们的思想是怀疑主义所不能打击的一种存在。[6]因此，前面几页的内容就当作一个附加的题外话，从现在到这本书的结束，我将再次回到常识性的路径上来。我的意思是，我将继续假设（就像我一直假设的一样，特别是在上一章）对我们思想自身的作用可以直接觉察到，并坚持这个事实，即它是一个比大多数人所认为的更内在、更精细的现象。但是，在本书的结尾，我将再次回头处理我在此处留下的疑点，并对此做一些形而上学的反思。

目前，得出的唯一结论是：能被清晰感受到的最内在的自我，在很大程度上就是头部"调整"运动的集合。由于我们没有对这些运动进行必要的注意和反省，因此它们没有被感知为它们本身应该被感知的样子，也没能被归为它们本应归属的那一类。在这些运动之外，还有对其他更多东西的模糊感受，但它们究竟是微弱的生理过程，还是并没有任何客观的对象，只是出于纯粹主观性，由于思想成为"它自己的对象"呢，此刻一定还是未解决的问题——就像它是否是一个不可分的能动灵魂实体，或它是"我"这个代名词的人格化，以及其他一切对其本质进行猜测的问题一样。

我已经尽力地对自我成分进行了清晰的分析，暂时就到此为止吧。我们接下来讨论一下由这些成分所引起的自我情感。

第二节　自我情感

这里主要谈一谈自我满足与自我不满。对于所谓的"自爱"，我将会在后面进行讨论。在我们的语言系统中，有很多同义词可以用来分别表示这两种基本情感。前者有骄傲、自大、虚荣心、自尊心、傲慢和自负，后者则有谦虚、谦卑、困窘、缺少自信心、羞辱、懊恼、耻辱和绝望的感觉。这两种相反的倾向似乎是人类本性中最直接、最基础的天赋。但另一方面，联想主义者可能会认为它们是次级现象，是伴随我们对可感知的快乐和痛苦进行快速计算而产生的，人们生活中顺意发达或遭受贬抑的个人境遇，很容易会导致这类的快乐或痛苦，所设想的快乐总和就形成了自我满足，而所设想的痛苦总和则构成了相反的羞耻感。毋庸置疑，当自我满足的时候，我们的确会将自己应得的各种可能奖励在头脑中预演一遍；当陷入绝望的时候，我们也会预感到不幸。但是，仅仅对奖励的期望并不就是自我满足，而仅仅对不幸的担忧也并非自我绝望，因为每个人身上都会带有一种自我情感的一般心境，它一直伴随着我们每一个人，并且它独立于引起我们满足或不满的客观原因。那就是说，一个境遇卑微的人也许富于坚强的自大心理，而一个在生活中已取得了成功并深受他人尊敬的人，却可能一直缺乏自信。

然而，有的人会说，自我感受的正常刺激物是一个人在实际生活中的成功或失败，以及他在世界上所拥有的好的或坏的实际处境。"他伸进他的手指拉出一个李子，并说我是一个优秀的男孩子。"一个人如果拥有了广泛扩展开来的经验自我，拥有始终促使他成功的力量，拥有了地位、财富、朋友和名望，也就不太可能像儿时一样，对自己病态地缺乏自信并自我怀疑。"这难道不是我所创造的伟大的巴比伦吗？"[7] 然而，如果一个人总是在不停地犯错，而且人到中年还依旧一事无成，他就很容易陷入自我不信任的心境中，在他力所能及的事情面前退缩不前。

自我满足和自我不满是比较特别的一类情绪，它们都可以像愤怒或痛苦一样被纳入一类原始情绪中去。它们各有自己独特的面部表情。当个体处于自我满足时，伸肌肌肉受神经支配，使得眼睛明亮有光彩，步伐轻盈灵活，鼻孔扩张，嘴唇呈现一种独特的笑容。在精神病医院里，我们能观察到全部有关这些症状的细致表现。精神病医院里有这样一类病人，他们是幻想狂，他们自满的表情，趾高气扬和大摇大摆的姿态恰恰与其完全没有任何可贵品质的现实，形成悲惨的对比。我们正是在这些令人绝望的地方，观察到相反面部表情的最鲜活的例证。一个善良的人以为自己做了一些"不可宽恕的错事"，并永远地沉沦下去。他们蜷缩着，畏惧着，逃避着人们的注意，不敢大声说话或者看着我们的眼睛。而在与此相似的一些病态条件下，如害怕和生气，这些自我的相反感受，可能会在缺乏充足的刺激条件下被激起。实际上，我们自己也知道，自尊和自信的感受是可以通过内脏和器官，而不是理性的原因而涨落，并且它肯定与我们在朋友中所受尊重的相应变化无关。关于人类的这些情绪，待我们讨论了下面的问题后，就可以探讨得更透彻了。

第三节　自利和自保

这两个名词包含了大量基本的本能冲动。具体来说，包括身体的自利冲动、社会的自利冲动以及精神的自利冲动。

通常对我们来说一切有用的关于觅食和防卫的反射动作和运动，都属于身体上的自保活动。恐惧和愤怒所引起的行为也有相同的作用。如果自利是为了给将来做准备以区别于维持现在的行为，那我们在愤怒、恐惧和打猎、采集、建设家园以及制造工具时所表现出的本能行为，就一定要化为身体的自利冲动。事实上，后面这些本能，以及爱情、父母的爱、好奇心以及好胜心等，追求的不仅仅是身体自我的发展，而是最广泛意义上的物质自我的发展。

人类的社会自利是通过直接和间接的方式体现出来的。直接的方式是指通过恋爱、友情，我们去取悦、吸引注意和受到赞赏的欲望，我们的好胜心和嫉妒心，以及对荣誉、影响力和权力的追求而实现的；而间接的方式则是通过所有被认为能够成为有用的完成社会目的的工具的冲动而实现的。直接的社会自利的冲动，显然是一种纯粹本能，这很容易理解。关于受到他人"认可"的欲望，其值得注意的地方在于，欲望的强度与用感觉和理性的术语计算出来的价值，并无多大关系。我们渴望自己能有很多的客人来访，以便在人们提到一个人的名字时可以说，"噢，我和他熟得很！"我们希望在街上遇到的一大半人都会向我们鞠躬致敬。当然，我们最渴望的还是可以去认识尊贵的朋友以及受到赞美性的认可——萨克雷(Thackeray)曾在某篇文章中让他的读者们坦言，当别人遇见你和一位公爵手拉手走在蓓尔美尔街时，是否会让他们感到异常开心。但是，对一些人来说，既然没有公爵和令人艳羡的致意，那么就随便怎样都可以。现在有这样一种人，他们只热衷于把自己的名字挤进报纸里，却并不在意是在什么样的标题下出现，"人物来往""个人情节""记者采访"等栏目都可以，如果没有更好的选择，那么闲谈甚至丑闻对他们来说也是不错的事情。暗杀加菲尔德(Garfield)总统的吉托(Guiteau)事件就是这种渴望在报纸上成名的欲望陷入极端病态的案例。报纸束缚了他的眼界，这个不幸的可怜虫在绞刑架上祈祷时，最感人的一句话是："主啊，这个国家的报界还有一大笔账单要与您清算呢。"

据我所知，不仅是人，甚至连地点和事物也能通过一种类推作用扩大我们的自我。就像法国工人描述自己可以娴熟使用的工具时所说，"它认识我的"。所以才会出现如下情况，对于那些我们根本不在乎其想法的人，我们也渴望得到他们的注意。而且，许多真正伟大的男人和在很多方面都非常挑剔的女人，会费很大的心思去引起他们根本瞧不起的无赖的注意。

精神自利应该包括每一个追求心理进步的冲动，它可以是理智的、道德的或者狭义的精神的进步。然而我们必须承认，一些通常被认为是狭义的精神自利，只是一种死后的物质自利或社会自利。像伊斯兰教对天堂的渴望和基督教对死后不落地狱的渴望，其追求事物的物质性是不言而喻的。对天国更加积极和细腻的见解中，很多所求福利、圣人和已故亲友的陪伴、上帝显灵等，都是一种最高级的社会福利。只有对得到救赎的内在本性的追求，对无论是生前还是死后无罪的追求，才能称得上是纯粹的精神自利。

可是，如果不对下面问题进行探讨，我们就无法从外部对自我生活事实进行完整的评论。

第四节　不同自我之间的竞争和冲突

面对众多的欲望对象，自然本性使我们只能从所设想的好处中选择一个，当前的问题恰恰也是这样。我就经常偏袒经验自我中的一个而放弃其他。如果可以的话，我当然想自己既英俊富态又穿着体面，而且是一个伟大的运动员，年薪百万、充满智慧、会享受，还是一个俘获女人心的能手，同时又是哲学家、慈善家、政治家、武士、非洲冒险家、诗人和圣人。显然，这是不可能的。百万富翁的工作和圣人的工作是矛盾的，会享受的人和慈善家也一定会互相排斥，哲学家和捕获女人心的能手也不能在同一个屋檐下融洽相处。也许，在生命的开始，一个人可能拥有这些不同的性格特征。但是，要使它们其中的一个成为现实，其他则必然在一定程度上受到抑制。所以，一个人想要追寻其最真实、最强大、最深刻的自我，必须得仔细查阅自己的欲望清单，再选出一个，把自己的命运当作赌注押上去。于是，所有其他的自我就成了虚无，但是这个自我的命运却是真实的。它的失败是真实的失败，它的胜利是真实的胜利，羞愧和快乐与之相伴随。这就是我在本书的前面部分所坚持的心灵选择机制的一个明显的例证（参见第284页后面的内容）。我们的思想总是在同类事物中进行着选择，以决定其中哪一个将成为现实，此时它从诸多可能的自我和性格中选择了一个，而立即认定假如他没有清楚选择的自我中的任何一个遭遇失败，就不再是他的耻辱了。

以心理学家作为赌注的我，此时如果其他人的心理学知识多于我，那我必定会十分懊恼。可是我却对自己丝毫不懂希腊语的现状感到很坦然，我在这方面的无知并不会让我感到任何耻辱。如果我当初是立志要成为一名语言学家，那么情况则会截然相反。因此我们会发现存在下面的情况：一个人会为他仅仅只是全世界第二名的拳击手或划船手而羞愧得要死。至于在拳击方面，他已经是一人之下，万人之上，那也是不足道的。他已经选定好要去打败谁，如果他无法战胜第一名，那么其他所有的事情都不足为道。在他自己看来，他过去好像是不存在的，而事实上，他现在才是不存在的。

然而，有个弱小的家伙，每个人都可以打败他，他却不会为此感到懊恼，因为他好久以前就放弃了朝向那个目标的努力。没有期望也就无所谓失败，没有失败也就无所谓羞辱。因此，在这个世界上，我们的自我情感完全取决于我们想自己成为什么样的人以及所做的事情。它是我们的实际能力和我们潜力之间的比值，即以抱负为分母，成就为分子的分数，因而，自尊 = 成就/抱负。要增大这个分数，既可以减小分母亦可增大分子。[8] 放弃抱负与实现抱负一样，都能让人们享受到如释重负的滋味；并且在连续不断的失望和无止境的挫折面前，人们总是会选择放弃抱负。福音派神学的历史以及对罪孽的承认、它的绝望以及对通过功德而获得救赎方法的放弃，可能是这方面最深刻的例子。其实人们在每一个行业中都能遇见其他这样的例子。

一个人诚心地接受他在某个特殊领域中一无是处，他就会感到非常的轻松。在被爱人最后一个坚决的"不"斥退的命运中，一切都不再痛苦。许多相信经验的波士顿人（可能其他城市的居民也是如此），如果他们可以一劳永逸地放弃维持一个音乐自我的信念，而且毫无羞愧地向人们宣称交响乐是令人讨厌的东西，那他们就会成为更幸福的人。当我们不再想要自己变年轻和变苗条时，那将是多么幸福的一天！我们说，感谢上帝！那些幻想都消失了。任何添加到自我中的东西可以是骄傲，也可能是负担。有个人在南北战争中失去了全部财产，他却跑到泥地里打滚，并声称自出生以来他从未像现在这样的自由和快乐。

所以，我们的自我情感在自己的控制之中。正如卡莱尔（Carlyle）所说的："若你对工资的要求为零，那么你会觉得整个世界都在你的脚下，我们这个时代最睿智的人说得好，只有舍弃时，生活才真正开始。"

威胁或请求只有在影响到一个人可能的或真实的自我时，才能触动他。通常也只有这样，我们才能左右他人的意愿。因此，外交家和君主，以及一切想统治或操控别人的人，首先要做的事情便是找到他人最强烈的自爱要素，并以这个作为其所有要求的支点。但如果这个人已经放弃了那些受外部命运控制的事物，而且不再视它们为自我的一部分，那我们也就几乎拿他们没有办法了。斯多葛（Stoics）学派信徒之所以安然自得，是因为他们预先将一切不在他们控制范围内的东西放弃了——这样的话，即便是命运的打击降临到他们头上也不会有什么感觉了。古罗马著名的斯多葛学派哲学家爱比克泰德（Epictetus）劝我们把自我的范围缩小，并且同时使其坚固到无懈可击："我必定会死，但我一定要呻吟着死去吗？我要主张我认为正义的事情，如果暴君对我说，我要处死你，我会回答：'我何时说过我是长生不老的？你做你的事情，我也做我的；你的工作就是杀戮，而我要做的就是勇敢地死去；你要做的是将我流放，而我则是没有烦恼地离开。'我们在旅行的时候应该怎么做？我们会挑选领航员、水手和开船的时间。后来我们遇到了暴风雨。有什么是需要我关心的？我的职责已经完成了，这是领航员的责任。但是船正在下沉，那我这时该怎么办呢？我唯一可做的就是：顺从被淹死的宿命，不去恐惧，不去叫喊，也不诅咒上帝，就像一个明白有生即有死这个道理的人一样。"[9]

斯多葛学派使用的这种方式，尽管在那个地方和时代十分有效而且很有英雄主义气概，但是我们必须认识到，只有那些心胸狭隘和无同情心的人才会将此作为惯性的态度。它是通过排除法而进行的。如果我是个斯多葛学派主义者，那么我不能占有的物品便不再是我的物品，甚至否定这些物品是物品。我们发现以这种排除和否认来保护自我的方式，并不只存在于斯多葛学派，在其他领域也普遍存在。所有狭隘的人，都会将他们的自我围成深沟固垒，并将其收缩，从而与他们无法完全控制的领域隔绝。与他们不同的人、对他们漠不关心的人、对他们没有影响的人，无论他们的生存是多么有意义，他们对之即使没有厌恶憎恨，也是冷眼否认。不肯和我站在一边的人，我就当他完全不存在。也就是说，只要我那样做了，这些人就会变得好像不存在一样。[10]于是，我的自我的界限便会有一定的绝对性和明确性，这就能够弥补它内容的贫乏了。

相反，富有同情心的人则会采用完全相反的扩充和包容的方式。他们的自我界限经常会变得很不清楚，但其内容的扩充却可以起到弥补的作用。所有人都与我有关。让他们鄙视我这个小人物，把我当狗看待吧，只要我的身体里还有一丝灵魂尚存，我就不会去否认他们的存在。他们和我一样都是实在的，他们身上积极向上的东西也是我的，等等。这些扩张本性的性格经常能真正打动人心。这种人想到自己无论多么体弱多病、多么丑陋、处境低下、被世人所遗弃，却仍旧是这个伟大世界的整体中不可分割的一部分，仍然可以像同伴一样分担拉车马匹的力量，分享年轻人的喜悦，分享智者的智慧，并且大富大贵者的好运也与他们联系在一起，此时，他们就会感受到一种微妙的喜悦。因此，无论是用否定还是包含的方法，自我都可以保持它的实在性。像马可·奥勒留（Marcus Aurelius）那样真诚地说，"宇宙啊，我愿你所愿的一切"，这样的人，他们的自我中绝无否定和阻碍——无论什么风吹来，都能使它扬帆。

有一种观点深得大家赞同，即将一个人"能掌握的"各种不同的自我以及随之而来的各种自我状态按等级排列，身体自我居于最底层，精神自我位列最高，各种身体自我外的物质自我以及社会自我则居于中间位置。单纯、自然的自利会引导我们扩张所有这些自我，我们只会有意地放弃那些自己无法保留的东西。所以我们的无私很有可能是一种"不得已而为之的美德"。愤世嫉俗者会引用狐狸与葡萄的寓言来说明我们在这方面的特点，也并非完全没有道理，这就是人类的道德教育。并且如果我们承认这一点，即从大体上看，我们能保留的自我在本质上是最好的，那我们就无须抱怨通过如此艰难曲折的道路来了解自我的崇高价值了。

当然，这并非是我们学到的让低级自我服从于高级自我的唯一方式。毋庸置疑，还有一种直接的道德判断在发挥着作用。最后，还有一点很重要，即我们可以将起初对别人行为的判断应用到自身。这是人类本性中最奇怪的法则之一，即许多事情，存在于自己身上我们会感到相当满意，而存在于他人身上，则让我们感到厌恶。对于他人身上的"卑鄙"，很少人会抱以同情，同样对于他人的贪婪、社交场合的虚荣与欲望、对他人的嫉妒、他的专制与骄傲，我们也很难报以同情。但若换成是自己，这些自然的倾向绝对会在我们身上不受限制地滋生起来，并且要过很长一段时间，我才能清晰地认识到对这些倾向应该降低的程度。但是我们会经常对熟人下判断。因此，如霍尔伍兹（Horwicz）先生所说的，不久我便会从别人的欲望中看出我自己的欲望，并且会从一个完全不同的角度思考这些欲望，这一角度与仅仅去感受这些欲望是截然不同的。当然，那些自儿时以来就潜移默化到我们身上的道德原则，也大大促进了这一反思性判断的产生。

所以，就像上文所说的，人们对他们所追求的各种自我，按价值将它们排列成了一个层次的等级。某种程度的身体自私是其他一切自我发展的基础。但是过多地追逐感官享受会遭到鄙视，除非这个人身上的其他品质能淡化这种感受而使我们可以容忍它的存在。广泛的物质自我被认为比直接的身体自我要高尚。如果一个人在世界上不能为取得进步而放弃眼前的酒肉、温暖和睡眠，那么他会被视为一个没出息的人。而社会自我作为一个整体，又比物质自我的等级高。我们对健康的皮肤和财富的在意程度，一定不会超过荣誉、朋友以及人际关系。而精神自我则是最为宝贵的，为了它，人们宁可舍弃朋友、名声、财产甚至自己的生命。

每种自我，无论是物质的、社会的还是精神的，人们在直接和真实的与遥远和潜在的东西之间，在狭义和广义的看法之间进行区分，都坚持牺牲前者而利于后者的原则。一个人必须为了长远的健康而舍弃当前的肉体享受，必须为那即将到来的数百美元而舍弃已到手的一美元，必须为了结交更高贵社交圈子的朋友而与当前谈话的这个人为敌，必须为获得灵魂的救赎而舍弃知识、优雅以及智慧。

第十章 | 自我意识 335

在一切更宽广、更潜在的自我中，潜在的社会自我是最有趣的，不仅因为它会引发一些显然自相矛盾的行为，而且还因为它与道德和宗教生活相关联。当我要保全荣誉和良心，毫不客气地责备自己的家人、社团和"朋友圈"时；当我由一个新教徒转变为天主教徒，由一个天主教徒转变为自由思想者时；当我由一个合格的行医者转变为顺势行医者时，等等；我总是会因为想着，除了现在的判断不利于我之外，还有其他更好的社会判断者，才能使我内心坚持自己的行为，而不为我的实际社会自我的损失所动。我们遵循其规范的那些理想化的社会自我也许十分遥远，也许仅仅只是个假设而已，我可能不会渴求在我有生之年得以实现，甚至我会设想：在我去世后，我的后代也会对我一无所知，当然如果他们了解我，必定会赞同我的。但毋庸置疑，那种召唤我情绪的是一种对理想社会自我的追求，这种自我起码值得那个可能的最高尚的判断者投来满意的赞许。[11]这种自我正是我所追求的真实的、亲密的、最终的、永恒的自我。这个判断者就是上帝，是绝对的心灵，是"伟大的伙伴"。在这个科学启蒙的时代，我们听到了大量关于祈祷是否有效的争论。很多理由告诉我们为什么不应该祈祷，而另一些则告诉我们应该祈祷。但是，这些讨论中却很少有理由能告诉我们为什么要祈祷，原因在于我们很多时候是不得不祈祷。看起来除非人性发生了重大变化，即我们的一切并不是我们期望其发生的，否则人类还是要继续祈祷到时间的尽头，不管"科学"如何与它背道而驰地发展。由于人最深刻的经验自我是一种社会自我，而它只有在理想世界里才能寻到合适的伙伴，因此，祈祷的冲动就是这样一个事实所产生的必然结果。

社会自我的一切进步在于将较高法庭代替较低法庭，这种理想化的法庭是最高级别的，而且大多数人时常或有时将其装在心中。哪怕是这个世上最卑贱的流浪者，也可以通过这种高级的认可，而感到他们自己是实在的和有生命力的。另一方面，对我们中的大多数人来说，当外部社会自我失败而丧失时，如果没有这样一个内部避难所，这样的世界将沦为一个悲惨的深渊。我说"对于我们大多数人来说"，是因为可能在受这种意义上的理想观众的控制方面，不同个体在一定程度上是存在差异的。与有些人相比，另一些人的意识中它是一个更加重要的部分。有最多这种感觉的人，可能是最有宗教情感的人。但是我可以断定，那些嘴上说他们完全不需要它的人，都是在自欺欺人，其实他们也在某种程度上拥有它。只有非群居的动物才会完全没有它。如果人们不在某种程度上将自己为之牺牲的正义原则人格化并期待从那儿得到感激，恐怕没有人会为"正义"做出牺牲。换句话说，彻底的社会无私是不存在的，彻底的社会自伤也不会出现在人们的心中。像约伯(Job)说的"纵使上帝要杀死我，可我仍然信奉他"，或马可·奥勒留说的"如果众神憎恨我和我的孩子，也一定有他们的理由"这样的话，也不能用来充当反例。因为约伯的话，毫无疑问地表达了这样的想法，即耶和华(Jehovah)杀了自己之后就会承认自己对其的崇拜；而马可·奥勒留则确信，"绝对理性"对于他的顺受诸神的憎恶，是不会无动于衷的。有一种古老的测试，用来考验信徒是否虔诚——"你是否愿意为了上帝的荣誉而被罚下地狱？"我想，这个考验除了那些在心灵深处相信上帝会因为他们的心甘情愿而赐予荣誉，并且比起在神秘莫测的计划中他们没有被处罚时更加重视他们，就永远没有人对这个问题进行肯定的答复。

所有这些关于自伤的不可能性的谈论，都是预先假定动机是积极的。但是，当个体非常恐惧时，我们就会处于一种消极的心理状态中，也就是说，我们会将自己的欲望仅仅局限于消除一些事物，而不管取而代之的会是什么。在这种心理状态下，毫无疑问，会出现真正的自伤的思想和行动，这种自伤可以是身体的、精神的或社会的。在此时，只要能逃脱，只要能不存在，随便什么事情，什么事情都可以！但是，这种自伤的狂热状态在本质上是病态的，并且完全违反了人们自我生活中的一切正常现象。

第五节 在"自爱"中被爱的是哪一个自我

我们现在必须尝试从内部更细致地来诠释自爱与自利的事实。

任何形式的自利如果在某个人身上得到了极大发展，我们就会认为他是自私的。[12]相反，若是某人非常关心他人的利益，则会被认为是无私的。那么他身上自私情绪的内在本质是什么呢？他关心的首要对象又是什么呢？我们在上文中描述过，个体先是追求或促进一类事物，然后又转向另一类事物，来作为他的自我。我们已经看到，同一类事物在同一个人眼中是产生兴趣还是丧失兴趣，是使他无动于衷还是让他心中充满成功或绝望，这一切都取决于他是否产生占有它的欲望，他是否把它当作自己潜在的或真实的自我的一部分来对待。我们都知道，某个人，一个被随意和抽象挑选出来的人，被证明在生活中是失败者还是成功者都与我们毫不相干——他也许会被吊死，但我们并不在乎，但如果是另外一种情况——若这个人的名字就是我们自己，那么我们就会感受到问题的可怕和严重了。我们每个人内心最响亮的呼声就是：我一定不能是失败者。谁失败都行，但是我必须成功。因此，现在由这些事实启发而得出的第一条结论就是，我们每个人都为自己的纯粹个体而存在的本原的关心所推动，无论这个本原是什么，我们只就它本身而言。自私的所有具体表现似乎都是这类三段论推断的结果，并且每个三段论都以这个本原为大前提的主题，所以：不管什么样的我都是宝贵的；这是我的，所以这是宝贵的；无论什么是我的，都不能失败；这是我的，所以这不能失败，等等。我认为，这个本原似乎将它内在的价值性质都转移到它所触及的事物上，就好像在被它触到以前，所有的东西都毫无意义。任何事物都无法凭其自身使我们对其施加注意，就像我们也不是由于身体本身而关注自己的身体，只有当它是我的身体时，我才会去关注它。

  但是，这个抽象数目上的同一性本原，这个根据公认的哲学我应该时刻关注的内部"第一位"究竟是什么呢？它是精神自我最深处的内在核心，是我们模糊感觉到的各种"调整"的集合，也许还要再加上我们刚才提到的那个更加模糊地感知的主观性自身吗？也许那是我们意识流的全部，或是它的某一个横截面吗？又或者它可能是根据正统看法，我的能力就存在于其中不可分的灵魂实体吗？或者，最后它仅仅是单纯的代名词"我"吗？但我知道，那个它，我对其有着如此热切关注的自我，绝不会是这其中的一个。就算把这些东西全部置于我的内部，我依旧缺乏热情，并且根本不会表现出可以被称为自私或配得上这个"第一位"的热诚的东西。要拥有一个我能在乎的自我，先得由自然提供一个对象，这个对象必须相当有趣以至于我可以本能地为它本身而想占有它，并且由它而产生那些所谓的物质的、社会的以及精神的自我之一。我们将会发现，那些使我们受到如此冲击的各种竞争和替代的事实，被称作客体我和"我的"的范围的转变、扩展和收缩，都是由下述事实导致的，即某些事物会激起我们本性中最原始和本能的冲动，于是，我们会以一种与反省无关的兴奋去追随它们。意识将这些对象当作客体我的原始成分。其他任何对象，无论是通过与这些事物的命运的联系，还是以其他任何方式，引起同样的兴趣，它们都形

319

第十章 | 自我意识 339

成较为疏远、较次级的自我。于是，客体我和"自我"这两个词，就它们所唤起的感受和隐含着的情绪价值来说，都是客观的称呼，意味着一切能在一道意识流里产生某种特殊兴奋的"事物"。下面我们试着更详细地证实这一观点。

一个人最容易感受到的自私，就是身体自私，并且他最容易感受到的自我，就是那种与自私相联系的身体。我认为，一个人与自己的身体同一化，是因为他爱它，而不是因为他知道身体与自己是同一的。回顾到自然发展史的心理学，将有助于我们弄清这一真相。在本书第二十四章"本能"中，我们将会了解到，每一个物种都会对世界中的某个特定部分产生选择的兴趣，并且这样的兴趣既可以是获得性的，也可以是天生的。我们对事物的兴趣意味着，当我们想到它们时会激发自己的注意和情绪，它们出现时会唤起我们的行动。因此，每个物种都会对自己特有的猎物、食物、敌人、配偶以及幼崽有特别的兴趣。这些事物会引起注意，是因为其内在本性就能够这样，它们因为自身的缘故而受到关注。

关于我们的身体，没有丝毫不同。它也是我们客观领域中的知觉——只不过它是最令人感兴趣的知觉。身体所发生的事情在我们心中引起行动的情绪和倾向，比任何由这个"范围"内的其他部分所引起的情绪和倾向都更加有力、更加惯常。我的同人们称之为我的身体自私或自爱的东西，只不过是由于我们对自己身体的兴趣，而自发表现出来的所有外在行为的总和。而我的"自私"只是一个形容的名词，用来把我所表现出的外部行为整合到一起。当我因为这种自爱，不给女生让座，或先抢到某样东西，而让别人空手而归时，我真正爱的东西就是舒适的座位和抢到的这个东西。我原本就爱它们，就好像母亲爱自己的孩子，又或者像一个品格高尚的男人崇尚英勇行为一样。像这里的任何地方，自利是简单的本能倾向的结果，它就只是某些特定的反射动作的代名词。某个事物注定要吸引我的注意，并且注定要唤起我"自私的"反应。如果我们可以把自动机制造得如此精妙以至于它能够模仿这些行为，那么，我们也可以认为自动机和我一样是自私的。当然，我不是自动机，而是一个思想者。但是，在这里，我的思想和行为一样，仅仅关心那些外在的事物。它们不需要知道也不管任何内心纯粹的内部本原。事实上，我越是以这种原始方式"自私"，我的想法就越盲目地专注于欲望的对象和冲动，并且越缺乏内省能力。我们通常认为婴儿关于纯粹自我的意识和关于作为思想者的他自己的意识，还尚未发展起来，如此看来，他就正如一位德国人所说的，是"完完全全的利己主义者"。他的肉体的人以及满足其需要的事物，是他唯一可能爱的自我。他所谓的自爱，只是一个名称，意味着他对这类事物拥有感受性。也许他需要一个纯粹的主体性本原、一个灵魂或是纯粹自我（他当然需要一个意识流），来使其感受到其他任何事物，使他在一般方面鉴别并爱惜——我们不久将会明白这种情况到底是怎样的。但是这个纯粹自我（在当时，它就是他的爱的条件）不必是他所爱的对象，正如它不必是他思想的对象一样。如果他的兴趣完全在他自身以外的其他身体上，如果他的全部本能都是利他的，而且他的行为完全是自伤的，那么他也仍旧像现在这样需要一个意识本原。因此，这样一个本原不是他身体自私的本原，就像它不能是他表现出的其他任何倾向的本原一样。

　　身体上的自爱就说到这儿了。但是我的社会自爱，也就是我对别人心中自我形象的兴趣，也是一种对自己思想之外的对象的兴趣。这些他人脑中的思想在我的心灵之外，对我的关系是"在外的"。它们一

321

会儿来,一会儿去,一会儿扩大,一会儿缩小,并且面对这种结果,我会骄傲到自我膨胀,或者羞愧到满脸通红,正如我追求的物质对象获得成功或失败时的情形一样。所以在这里,也像在前例中一样,纯粹的本原不是我们关注的对象,并且它的存在,只是充当使这种尊重和思想得以进行的一般形式和条件。

但是,这一观点马上就会遭到反对,反对者会说我给出的是一个不完整的事实。那些别人头脑中的我的形象,事实上,是我之外的事情,我对它们变化的感知就像对其他外部变化的感知一样。但是,我所感到的骄傲与羞愧不仅仅与那些变化有关。当我觉得自己的形象在你心中已有所损坏时,那么我心中会感觉到有一个其他什么东西也变了,那个影像属于我心中的一个什么东西,这个东西在一分钟之前还是强大而有生气的,可现在却软弱、收缩甚至崩溃了。难道我所感到的羞愧不就是后面这种变化吗?难道我心中这个东西的状况不就是自我关注和自我尊重的合理对象吗?难道这个对象不是我的纯粹自我,不是将我与他人区别开来的数量化的本原,不是自我经验的一部分吗?

不,它不是这种纯粹本原,它只是我的经验自我的总和,我的历史我,一群客观事实的综合体,你心中被贬抑的那个形象也"属于"这个综合体。我有什么资格要求获得你敬意的招呼而不是蔑视的表情呢?这不仅仅是单纯的我在做这样的要求;而是一个一直备受他人尊敬,属于某个家族或某个"朋友圈",有一定的权力、财富、公职、感受性、职责、目的、优点和功德的我的资格。这些都是你的蔑视所否定和抵触的对象;这些就是我觉得被轻视为可耻的"在我心中的那个东西";这些是刚才还生机勃勃,现在却因你的所作所为而瓦解的东西；并且这些都是绝对的经验性的客观事物。其实，在产生羞愧感时让我觉得变坏的东西比这还要具体一些——它只是我的肉体的人。它是因为你的行为而立即引发了我自己都未意识到的肌肉、腺体以及血管上的改变，而这些改变在一起则组成了羞愧的"面部表情"。在这种本能的、反射的羞愧之中，身体就是自我感觉的表达媒介，就好像在之前我们所讨论的那些比较粗糙的案例，身体是作为自利的表达媒介。我们用简单的"贪婪行为"为例，一块多汁的肉会通过反射机制引起某种行为，这种行为被认为是"贪婪的"并且出于某种"自我关注"。所以在这里，你的蔑视通过类似的反射机制也会立刻引起另一种在旁人看来叫作"羞愧"的行为，且他们认为这是出自另一种形式的"自我关注"。但是在这两个例子中，我们心里可能根本就没有一个特殊的"自我关注"。所以，"自我关注"这个名称也可能只是一个描述性名称，从外面施加给反射动作自身和直接由反射动作的释放所引起的感受。

讨论完身体自我和社会自我后，就开始说精神自我了。我实际关切的是精神自我中的哪一个呢？是我的灵魂实体？是我的"超验自我或思想者"？是代名词的"我"？是我的主体性自身？是脑部"调整"的核心？或者是更显著的更容易消逝的能力、爱和恨、意愿和情感以及诸如此类的东西？答案当然是后者。但是，这个后者（无论它们是什么东西）相对于中心本原来说，都是外在的、客观的。它们来来去去，而中心本原却总是保持不变——"无论怎么摇这块磁铁，磁极都是永恒不变的"。也许这个中心本原必须得存在，因为只有这样，那些外部事物才能被爱，但是它的存在并不等于它本身是被爱的。

总之，我们找不到任何理由认为"自爱"是原本地或次起地，或在任何时候，是对一个人的单纯的意识同一性的本原之爱。它永远是对某一个具体事物的爱，这个事物同那一本原相比，都是表面的、短暂的、容易取得也容易放弃的。

动物心理学再一次促进了我们的理解，并指示我们事实必定如此。其实，在回答一个人的自爱究竟是爱什么时，我们已经隐含地回答了进一步的问题，即他为什么爱这些事物。

除非人的意识还有认知之外的东西，除非意识偏爱某些对象，并且让这些对象连续地占据它，否则它就无法长久存在。因为出于某种不可预测的必然性，每个人的心灵出现在世上，是依靠其自身完整的身体，以及这个身体从他人那里所受到的待遇，并且还要依靠利用这个身体做面具而使身体长寿或毁灭的精神倾向。所以，他的身体排在第一位，朋友其次，最后是精神倾向，这些对象必定是每个人思想中最感兴趣的对象。每一个心灵要存在，就必须有某种最低限度的自私，这自私最初所采取的形式就是身体自利的本能。这个最低限度的自私可以作为所有进一步的意识行为的基础。无论这些行为是自我否定或是更加微妙的自私。如果没有更直接的方法，所有的心灵都会依据适者生存的法则对其齿唇相依的身体产生浓厚的兴趣，而对纯粹自我完全不感兴趣。

它们在其他人心中的形象也是一样的道理。如果我对生活中遇到的各种赞同或不赞同的态度丝毫不敏感，那么我还能存在吗？别人投来的蔑视并不会使我产生某种特定影响。如果我的心理生活完全依赖于他人给出的好处，无论是直接地还是间接地，那么自然选择法则必定会使我像关心自己命运的兴衰变迁一样，去关心此人在社会中的变化起伏。如果这样，我便不会利己，而是自发地去利他。但是，这个例子实际上只在部分人的生活中实现过,虽然我经验地爱惜的自我改变了,但纯粹自我或思想者却仍然保持它原来的模样。

同样的道理,我的精神能力也一定会比其他人的精神能力更使我感兴趣。如果我不培养这些能力而让它们去腐朽,那么我就不会在此了。我以前呵护这些精神能力的法则现在也是同样适用的。

我的身体以及提供给身体需要的事物都是自我兴趣的原始对象,这是由本能决定的。其他事物可能是获取这些原始对象的工具或习惯性的衍生物,而且与它们中的任何一个取得联系,从而变成我所感兴趣的事物。因此,利己情绪的原始范畴可以通过无数种方式得到扩大而改变它的界线。

这种兴趣才真正是单词"我的"(my)的含义。无论这些事物是什么,只要能引起我的兴趣,都是我的一部分。我的孩子或朋友的死亡,会使我感到自我中的一部分随他们永远地逝去了:

"因为这一逝去乃是真正的死亡;
这是高贵的人的长眠;
他就这样缓慢而确定地躺下去,
星星一个跟着一个消失,他的世界消逝了。"

可事实是,一些特殊事物最开始就会使我们产生这种兴趣,并以此构成了自然的我。但确切地说,所有这些事物对于正在思想着的主体而言都是对象。[13] 后面这个事实立刻就会推翻传统感觉主义心理学的观点。该观点认为,利他的热情和兴趣都是与事物的本性相矛盾的,并且这种热情和兴趣如果出现在什么地方,都必定是一种次级的产物,是一种由经验所教授的虚伪的假装。但是,如果说动物学的进化观点是正确的,那就没有理由说某个对象可能不像其他对象那样原始地本能地唤起激情和兴趣。激情现象在起源和本质上是一致的,无论其指向的对象是什么,并且,无论这个对象是什么,都只是一个事实的问题而已。也许我从一开始就会像关心自己的身体一样去关心他人的身体。这种非凡的利他兴趣的唯一阻碍就是自然选择,这种自然选择会将人们身上对于其个体和族群十分有害的兴趣淘汰掉。但是,仍然有很多没有被淘汰——比如,人们对异性的兴趣,就比其实际需要的程度强烈得多;除此之外还有一些兴趣,如对酒精或音乐的兴趣,就我们所知道而言,是完全没有实用性的。因此,同情的本能和利己的本能是同等的。并且就我们所知,二者是在同一心理水平上产生的。它们之间唯一的区别则是利己本能的数量要多得多。

我只知道霍尔伍兹曾讨论过是否能将"纯粹自我"当成关注对象,他所写的《心理分析》是一本极具天赋且极其犀利的著作,在那本书中他也谈到了,其实所有的自我关注就是对客观事物的关注。他将一种驳论处理得非常好,因此,我必须得引用他的一段原话作为结尾。

首先,这个驳论是:

"下面这些事实是毋庸置疑的:人总是认为自己的孩子是最可爱最聪明的,而自己地窖里的酒,至少在它这个价位上总是最好的,自己的房子和马匹也总是最棒的。并且当我们做了一些好事以后,总是会怀着对自己的赞美之情对其念念不忘!可是,当我们注意到自己的种种脆弱和小罪行时,又会神速地以有'减刑条件'为由而赦免自己!我们讲的笑话要比别人有趣得多,别人说的笑话绝对不会像我们的笑话那样经得起十多遍的重复!我们的演说是多么精辟、吸引人和铿锵有力啊！而我们的言辞又是多么的恰如其分！总之，我们的一切都比别人要更好、更聪明、更精美。艺术家和作家们悲哀的自负和虚荣也属于这一类。

"这种对属于自己的一切事物的明显偏爱是普遍存在的，这的确令人感到惊讶。难道这不是自我事先将自己的色彩和气味注入这些事物中以吸引我们的兴趣吗？对这些一致性现象最简单的解释是，这个构成我们思想生活本原和中心的'自我'是我们情感生活的原始和中心的对象，同时也是这些随对象而生的各种特殊观念和特殊情感的产生基础？"

霍尔伍兹随后提出了我们已经在关注的问题，即很多事情如果发生在别人身上就会使我们反感，而发生在自己身上却不会如此。

"大多数人甚至会对别人的体热，比如，别人坐热的椅子感到厌恶，但对自己焐热的椅子却从未感到任何不适。"
在做过其他说明后，他对这些事实及推理进行了如下阐述：

"在大多数场合，我们都会认为自己的所有物更能取悦我们，并不是因为它们是我们的，而仅仅是因为我们对它们'了解'得更密切，感受得更深刻。我们会欣赏自己的一切细节和微小的变化，而对别人就只看个轮廓和粗略的大概。举一些例子：一支曲子，我们感觉自己弹出来的总是比别人的更动听，理解得更深刻。我们能更准确地把握细节，也能更深入地理解歌曲的意境。虽然我们完全明白其他人演奏得更好，但我们能从自己的演奏中获得更大的愉悦，因为自己的演奏能使我们的心更贴近这些旋律与音符。这个例子就是所有的自爱事例中的典型了。我们仔细考虑这个问题会发现，我们对属于自己的事物的情感基于一个事实之上，即我们与自己拥有的东西更接近，所以对它们的感受更彻底、更深刻。以前，我有一位即将步入婚姻殿堂的朋友总是要和我反复地讨论他新家的布置，弄得我十分厌烦。我困惑的是，他这么一个如此聪明的人为何会对这些外表的事情这么上心。但是几年后，当我自己遇到同样的情况时，促使我产生兴趣的想法就与之前完全不同了，因为这次对家居布置喋喋不休的人变成我了……道理其实很简单：前一种情况中，我完全不熟悉这些事物，也不明白它们对舒适家庭生活的重要性；而后一种情况中，这些事物来得十分紧急，还明确地占据了我的思想。同样地，很多人会对勋章和爵位不屑一顾，但轮到他们自己受勋封爵时就不一样了。这也是为什么人对自己的肖像或镜中的样子特别在意，忍不住去注视的原因……这不是完全因为'这就是我'，而是跟我们喜爱自己弹奏的乐曲的道理是一样的。最容易映入眼帘的东西是我们了解得最清楚、理解得最深刻的东西，因为我们自己亲身体会过、经历过它。我们知道是什么造就了这些皱纹，加深了这些暗影，苍白了这些头发。也许其他人的面容更加英俊，但我们只会被自己吸引，像这样与我们倾诉。"[14]

不仅如此，霍尔伍兹还继续指出，我们的东西比别人更丰富，因为这些东西能唤起属于自己的各种回忆，激发各种实际的希望和期待。单单这层关系就足以加深这些事物的重要性，而不用管它们是因为属于我而产生了任何价值。于是，我们便可以与他一起下同样的结论，我们利己情绪的那种充满激情的温暖绝不能用一种原始的中心的自我情感来解释，相反，这种温暖必须直接指向于那些不那么抽象和空洞的特殊事物。只有指代这些事物时才能使用"自我"这个名词，只有指代为获取这些事物而采取的行为时才能使用"自私"这个词，但无论是自我还是自私，纯粹的思想者都不是"主角"。

关于自我关注，还有一点需要提到。上文我们将自我关注称作能动的本能或情绪。我们还可以将其称作冷静的理智的自我评估。我们可以像评价别人那样将自己放在衡量褒贬的天平上——虽然这很难做到。所谓公正的人，就是能不偏不倚地衡量自己的人。做到不偏不倚的前提是必有一种罕见能力，即如霍尔伍兹先生所指出的，把自己的财产和成绩等这些深刻认识的事物从想象的生动性中摆脱出来；另一种同样罕见的能力则是能将他人的事情想象得很生动。可是，即使具备了这两种能力，还是没有理由可以解释，为什么一个人不应该对他自己像对任何人一样，做出客观和适当的评价。所以，无论他对自己感觉如何，是十分得意还是十分沮丧，他都仍然可以运用衡量他人的外部标准来衡量自己，从而真实地认识自己的价值，并将他不能完全避免的感受抵消掉。这种自我衡量过程与我们之前一直在讨论的本能性的自我关注没有关系。它仅仅只是理性比较的一种具体应用，我们无须再加以讨论。但是，请再次注意，纯粹自我似乎只是进行评估的媒介，而被评估的对象则全是各种经验性的事实[15]，如一个人的身体、功绩、名誉、智力、善良以及所有可能被估量的事物。

总之，自我的经验生活如表 10-1 所示。

表 10-1

	物质的	社会的	精神的
自利	身体的欲望和本能，对装饰品的热爱，过分追求衣着打扮，渴求的东西，建设性的东西，对家的热爱等	取悦他人，被关注，被羡慕等的欲望，好交际，竞争，嫉妒，爱，对荣誉的追求，雄心等	理智的、道德的、宗教的渴望，正直
自我评价	个人的虚荣心，谦逊等，对财富的自豪，对贫穷的害怕	社会和家庭的荣耀，自负，势利，谦卑，羞愧等	道德或智力的优越感，纯洁等，自卑感或内疚感

第六节 纯粹自我

我已经将本章到目前为止的主要结论综合在表 10-1 中，也已经对经验自我的构成要素和自我关注的性质进行了应有的说明。也就是说，我们已经为讨论自我同一性的纯粹本原做好了准备，在先前的解释中我们一直不断地与这个本原接触，却总是回避它，并且将其留作未来需要解决的难题。自休谟时代以来，人们都认同这个问题是心理学必须要面对的最令人困惑的谜团；而不管你信奉什么观点，你都必须在极为不利的条件下坚持自己的立场。如果你站在唯灵论者的立场，坚信有一个作为实体的灵魂，或一个超验的统一本原，那么你就不可能对这个问题做出什么积极的说明。如果你站在休谟主义者的立场，否认这个本原的存在，并且认为流过的意识流足以说明全部问题，那么你就违背了人类常识。因为关于独特的自我本原的信念，似乎是这种常识中一个非常重要的部分。不管我们在下文中采用哪种解决方式，我们预先设定这种解决是很难满足致力于研究这一问题的大多数学者的。处理这一问题的最佳方式就是先讨论自我同一性的问题。

一、自我同一性的感受

在上一章中，我们以尽可能极端的方式表明，实际存在的各种思想并不是随意地到处乱飞，每一个思想都属于某一个特定的思想者。每一个思想，都可以从它能想到的大量思想中，将属于它自我的思想与不属于它自我的思想区分开。前者有一种温暖和亲密感，而后者则完全没有。后者是以一种冷漠的、不相关的方式被思想到，并不像骨肉至亲，从过去将它们的问候带给我们。

这种自我同一性的意识可以被视为一种主观现象，也可被视为一种客观的东西，当作一种感受，或者当作一种真理。我们可以去解释，思想的一小部分是如何判定思想的其他部分与它自己同属于一个自我的；或者我们还可以评价这种判断，确定这一判断和事物本性在多大程度上相符合。

这个判断如果仅仅作为一种主观现象，那么就其本身而言是没有什么特别困难或神秘之处的。它属于同一性判断的那一大类，并且以第一人称做出同一性判断，并不会比以第二、第三人称做出这样的判断更加不同寻常。当我说"我是同一的"与"这支笔与昨天那支是同一的"，二者的理智操作在本质上是一致的。我们做出这种判断与我们考虑相反的情况，并且说"我也不同，笔也不同"是一样容易的。

这种把各种事物放在一起作为单个判断对象的做法，当然是所有思想必备的。事物必须在思想中结合，不管这些事物是在什么样的关系中呈现给思想的。思想它们就是一起思想它们，即使结果判明它们并非属于同类。这种对知识（只要它有一个复杂对象）具有实质性意义的主观综合，不能与本身就存在于事物之间的客观综合或结合（而不是差异或断裂）相互混淆。[16]只要思想存在，就会有主观的综合。即便世界实际上是彼此分离的,我们也只能通过暂时将它的各个部分统一于某个意识脉冲的对象内,才能被认识到是分离的。[17]

因此,自我同一性的感觉并不只是这种一切思想都必有的综合形式。它是一种对被思想感知到而且被叙述为所想到的事物的同一性感觉。这些事物就是当下的自我和昨天的自我。思想不仅想到它们,而且想到它们是同一的。心理学家们,在旁观并作批评,也许会证明这种思想并不正确,并且认为事实上根本不存在真正的同一性——也许根本不曾有昨天,或者,无论如何,不曾有昨天的自我;或者,即使真的有这些东西,人们所断言的同一性可能并不存在,或者也可能这一断言缺乏充分的根据。无论哪种情况,自我同一性都不是一个事实。可是,它还可以是实际存在的一种情感,以及思想对于这种情感的意识,心理学家必须做出分析而指明这种意识的错误性出现在哪里。现在,我们就来做心理学家,看看"今天的我和昨天的我是同一个自我"的说法,到底是对还是错。

二、自我同一性感受的依据

就它假定有一个过去的思想或自我的过去时间而言,我们也许立刻就会说它是正确的和可理解的,因为这些是我们在这本书一开始就假定过的。就它想到一个当下的自我,那个我们刚刚研究过其各种形式的当下自我而言,它也是正确的和可理解的。我们面临的唯一问题是,当意识说,"现在的自我与它所想的某个过去的自我是同一个自我时",意识表达的是什么意思呢?

我们之前说到了温暖与亲密,这可以引导我们找到答案。因为不管我们正在评价的哪个思想想到它的当下自我,那个自我都带着温暖与亲密被它所认识,或真实地被它感受到。当然,对于它的身体部分就是这样，我们一直都能感受到身体的整个体积和重量，它使我们不断地感受到自己的存在。同样，我们也能感受到"精神自我的中心核子"，可能以微弱的生理"调整"形式，也可能以思想本身的纯粹活动形式(采用普遍的心理学观点)。我们比较遥远的精神的、物质的和社会的自我，就它们能得到认识的限度来说，也一定伴随着一种温暖和热度。因为关于它们的思想，不可避免地在某种程度上产生了一定的情绪表现，如心跳加快、呼吸急促或某种其他变化的形式表现出来(无论这些变化多么的轻微)。在当下的自我中，"温暖"的性质将自己还原为下面两件事物之一，或是我们对作为思想的思想本身的感受中的某种东西，或是我们对身体在此刻实际存在的感受，或者二者兼有。如果不同时感受到二者之一，我们就不可能认识到当下的自我。任何将二者带入意识中的其他事实，都会像伴随在当下的自我身边的事实一样，被温暖、亲密地思想到。

任何满足这一条件的遥远自我，都能体会到这种温暖和亲密。但是，那些遥远的自我，当它们被想到时，真的能满足这个条件吗？

显然，只有那些在活动时满足这个条件的遥远自我，并且只有那些遥远自我在活动时才能够满足这个条件。我们想象它们带有血肉般的温暖，身上附着芳香，伴着正在作用的思想的回声。而且，因为自然的结果，我们还会将这些自我相互同化，并且同化于我们此刻思想之时所感觉到的这个温热而亲密的自我，并且将它们与其他没有这个标志的自我分离开来。这就像在某一个广阔的西部牧场，家畜的主人在春季赶牲畜的时间到来时，在自由过冬的一群家畜中，把有自己特殊标记的所有牲畜挑选出来，并且赶到一起一样。

如此隔离开来的每一个成员，只要被思想到，它们就都被感受为相互具有同样的地位。血肉般的温暖等是它们的集体标记，它们永远

第十章 ｜ 自我意识 353

也无法摆脱这个印记。这个印记贯穿了所有成分，就像穿过珠子的一条线一样，使它们连成一个整体。无论这些成分的其他方面会有多么不同，我们都认为它们是一个整体。除此之外还有一个特性，即在我们思想看来，那些遥远的自我在之前就彼此相连，并且最近的遥远自我与当下的自我也是相连的，而且它还慢慢融入当前的自我中，所以我们就获得了一种更为强烈的整体联结感。一个持续地呈现于我们眼前的物体，尽管在结构上有所变化，或者它的存在无论怎么常常中断，它再回来时性质却没有变化，我们都认为我们看见了一个同一的物体。和这种情况一样，当自我以类似的方式呈现给我们的时候，我们就认为自己所经验到的是同一个自我。也许会因差异性将其分离时，连续性使其合一；也许不连续性将其分离时，相似性又使其合而为一。因此，最后当与保罗同睡一张床的彼得醒来时，回忆睡前他和保罗共有的思想时，会把"温热的"观念确认为是自己的并占为己有，他绝不会把这些观念与那些归于保罗的观念，如冰冷的、苍白的等，相互混淆。他也有可能把自己的身体与保罗的身体相混淆，但保罗的身体只是看见而已，而自己的身体则是既看到又感受到的。人们在醒来时都会说，这还是那个同一的故我，是这样的没错，这仍然是那张同一的床、同一的房间和同一的世界。

我们对自己的自我同一性的感觉，与我们对现象间同一性的其他任何一种感觉一样。这个结论的依据是：所比较的现象，有一个基本方面的相似性，或这些现象在心灵中是连续的。

但是我们绝对不能超出这个结论所证明的范围，认为自我同一性还意味着更多的东西，或者将其视为一种把一切差别都消灭的形而上的和绝对化的统一体。所比较的那些过去自我与当前自我，只有在属于同一范围内时才是相同的，此外并无其他含义。那种始终如一的关于身体存在的"温热"感(或者是一种始终如一的纯粹的心理能量的感觉?)弥漫其间,就是这种感觉赋予了它们普遍的同一性,而使它们成为同类。但是这种普遍的同一性与那些和它一样真实的普遍差异性是共存的。如果从某个观点看,它们是属于同一个自我,从其他的观点看来,它们却并不属于一个而是多个自我。而且连续性也有类似的情况,它用自己的方式赋予了自我同一性——这仅仅只是一种联系的、不间断的同一性,并且是一个完全确定的现象性——它能赋予的仅此而已,再无其他。自我之流中的这种非间断性,就像活动影片的不间断一样,绝不隐含任何其他的单一性,也不与任何其他方面的多样性相矛盾。

因此,我们会发现,当自己不再感觉到相似性和连续性时,自我同一性的感觉也就消失了。我们从父母那里听到很多我们婴儿时期的各种琐事,可是我们并不像对自己的回忆那样认为这些是我们自己的事情。那些不礼貌的行为并不会让我们脸红,那些机灵的话语也不会引起自我满足。那个小孩是一个陌生人,我们当下的自我和这个小孩并不会融为一体,就像不和某个陌生的活蹦乱跳的孩子具有同一性一样。这是为什么呢?一部分原因是很大的时间缺口隔断了这些幼年经验,我们无法通过连续性记忆去追溯它们;而另一部分原因则是没有关于那个小孩如何感受的表象和那个故事一起出现在心中。我们知道他说了什么,做了什么,但是,没有对他感受过的那小小的身体、他的情绪、他的心理努力的感情,没有给我们听到的叙述带来一点温暖与亲密感,于是,与我们当下自我相关的主要联系就消失了。某些我们模糊记得的经验也是这样。我们几乎不知道是占有它们,还是将它们当作想象或者当作读到或听到但并非经历过的事情。这些经验的血肉般的温热已经消失了,曾经与它们相伴随的感受在回忆中是如此缺乏,或者与我们此刻拥有的感受是极其不同,因此,我们就不能确定

第十章 | 自我意识 355

地做出同一性判断。

那么，我们在经验所有其他方面存在巨大差异的事物时，却体验到了一连串各部分感觉间的相似性（尤其是身体感觉），于是这个相似性便构成了我们感觉到的真实的、可被证实的"自我同一性"。我们曾在上一章中讨论过主观意识"流"，只有这一种同一性，此外并不存在其他的同一性。这个流的各部分之间存在差异，可是虽然存在这么多的差异，它们还是能以两种方式结合在一起，如果任何一种结合方式消失了，统一感也就没有了。如果一个人在晴朗的早晨醒来，却回忆不起自己的任何往事，因而他必须重新去了解自己，但是他可能只能冷漠地、抽象地回忆起自己确实曾经经历过的一些事情片段。又或者，他没有丧失记忆，而是其身体和心理的习性在一夜间全都改变了，所有器官的状况都与以前不同了，而且思想活动本身也感觉到了这些变化，那么他就会觉得自己像变了个人似的，他会否认从前的自己，给现在的自己起一个新的名字，并且确信他现在的生活与之前没有任何关联。这样的案例在精神病学中并不少见。因为我们仍然要做一些推理，所以最好等到这一章的末尾再对这些病态案例作具体的阐述。

受过这方面训练的读者，会认为自我同一性的这种描述是经验学派的普通学说。英国的联想学派、德国的赫尔巴特派都把自我描述成一个集合体，就其存在而言，其中的每一部分都是一个独立的事实。所以，到目前为止以上推论都是正确的。在休谟、赫尔巴特及其继承者的努力下，自我同一性的意义得到如此的澄清，并且使自我成为一个经验性的、可实证的对象，毫无疑问，这是他们所做出的重大贡献。

三、流动着(或判断着)的思想是心理学所需的唯一思想者

但是，这些作者对自我同一性的讨论就到此为止了。如果认为过往的事物的总和就是它的全部内容，他们就忽略了意识统一性的某些更为细微的方面。我们必须在下面对此进行一番讨论。

上文中，我们关于牛群的比喻将有助于读者去理解这个问题。我们还记得，那些牛之所以被赶在一起，是因为它们的所有者在它们的身上都发现他的烙印。"所有者"在这里代表了我们认为是同一性判断的媒介的"横截面"，或者说是思想的波动；"烙印"则象征着温热性和连续性。像牛群的烙印一样，人也是有自我烙印的。每个自我烙印都是我们把某些事物归为一类的标志或原因。但如果这些烙印是我们同属一类的原因，那么我们可以反推，在牛群的这个例子中，同属一类也是这些烙印存在的原因。只有在这头牛属于这个主人时，它才会被打上烙印。而并不是因为它们被打上了烙印所以才属于这个主人，它们是他的所以才被打上烙印。我们将各种自我描述为同属一类时，这种同类感觉只有在随后的思想波动中方能显现出来，这似乎卸掉了整个事件的基础，从而忽略了牛群中最具特色的特性——在自我认同现象中，我们可以用常识发现的这个特性，如果忽略了它，常识是不会轻易放过我们的。因为，常识坚信所有自我的统一性不仅仅是一种由事实决定的相似性或连续性的表面现象。常识认为这种统一性是指真正属于一个真正的主人，而这个主人则是某种纯粹的精神实体。与这个精神实体的联系就是使自我的各个成分黏合在一起以备思想的原因。尽管牛身上烙着相同的印记，但并不意味着它们会自动地聚在一起。每头牛都会跟随偶遇的同伴四处游荡。牛群的统一性只是一种可能性，就像物理学中的"重心"一样，是理想的，一切都要等到主人到

来之时才会发生改变。主人提供了真实的中心，所有牛都被赶到这个中心里来，并且被控制在这里。这些牛之所以黏在一起，是因为每头牛都分别黏附于他。常识坚持说，就是这样，每一个自我都必须有一个真实的所有者，否则它们就永远不会真正地聚合到一个"个人意识"中去。对经验主义关于个人意识的一般解释而言，这可是一个严重的驳斥，因为所有直到现在一直相继出现的单独的思想和感受，都被普通联想主义认为是被某种神秘的方式，以自己的力量结合或黏合在一起，而融合为一条流。在第六章我们描述的那个观念，即事物可以不需要媒介而融合到一起的观念，所带来的一切难以理解的地方，都适合用于经验主义对自我同一性的描述。

但是根据我们自己的观点，这个媒介已经得到明确指定，牧人就在那里，他不是被聚集的事物之一，而是高于所有这些事物，也就是说，是真实的，此刻旁观着的、记忆着的、判断着的思想，或者是意识流认出同一性的"横截面"。这个判断着的思想就是那个集合者，把那些他视察过的过去的事实据为己有，其他都被排除在外——这样统一性就能得以实现并变得稳固，而不只是一种可能了。要记得我们并不是要对它们进行推论或解释，而只是将它们设想为心理学家必须承认其存在的根本事实。

但是，尽管这个假设能衍生出很多结果，但仍然无法满足常识的一切要求。只有当事思想（即当下的心理状态）存在于那里时，才能将每一个过去的单一事实联系起来并将它们与自己相联系而形成一个统一体。这就像野外的牲畜第一次被新到的移居者捕获，而被他拥有一样。但是根据常识，事情的关键在于：过去的思想并不是野外的牲畜，它们一直是有主人的。当事思想并没有去捕获它们，而是当它一到来便发现这些思想已经是它自己的了。如果当事思想与前任主人之间连一个实在的同一性都没有——不是我们所说的连续性或相似性，而是一个真正的统一体——那么这一切又怎么可能会发生呢？实际上，常识驱使我们承认有个"首席自我"（现在暂且这么称呼）的存在，它统治全部的意识流以及表现于其中的全部自我，作为这些自我联合体中永远同一且不变的成分。我们不久将会看到，形而上学的"灵魂"以及康德哲学中的"先验自我"，不过都是为了满足常识的急迫要求而做出的尝试。但是至少在一段时间内，我们仍然可以不做这样的假设，即认为存在一个永远不变的主人。

假如当事思想（即当下的判断性思想），不是以任何方式实质性地或先验地对过去自我的前主人相同一，而是在此刻继承他的"所有权"，并因此而成为他的合法代表，那又会如何呢？如果当事思想的产生与另一个主人的死亡同时发生，那么，一旦它见到那过去的自我，就会发现那已经不是它自己的了，因而过去的自我就永远也不会是"无主"的，而是始终被永不消失的主人所占有。我们可以想象一长串牧人，通过遗赠的方式转换最初的所有权，而迅速相继拥有同一头牛。对一种自我集合体的"所有权"，难道不能也以这种类似的方式，从一个当事思想传到另一个当事思想吗？

事实上，类似这样的传递是存在的，这是一个可以显然意识到的事实。每个认知意识的波动，每个当事思想，都会逝去并被另一个当事思想所取代。那另一个思想所知道的各种事物中，也包括他前任思想所知道的东西，并且他们认为这些东西带有"温热感"，就像我们之前描述过的那样，跟它们打招呼道："你们是我的，并且和我都是同一自我的一部分。"每个后继的当事思想，就是这样了解、占有之前的思想，成为最后的容器——并且通过占有那些当事思想而成为先前当事思想所包含和占有的一切东西的最后主人。每个当事思想天生就是占有者，并在占有中死去，将它所理解为自我的一切都传递给后来的主人。如康德所说，这就像一个有弹性的球，不但自己运动而且还知道这一运动的存在，于是第一个球就将其运动以及关于运动的意识传给第二个球，而第二个球将这两者装入了它自己的意识并且传给了第三个球，直到最后一个球掌握了之前所有的球所掌握的一切，并将这一切视为己有。新生的思想有这种立即吸收先前思想而"作为它的继承者"的妙招，从而成为占有大多数较为偏远的自我成分的基础。谁占有了最后的自我，谁就占有了最后自我之前的所有自我，因为他占有了占有者，也就是占有了那个占有者所占有的一切。

想要从自我同一性中发现任何未包括在这一描述中的可证实的特性，是不可能的。我们无法想象除了这种意识流的产生以外，任何超越知识的、非现象的首席自我（如果其存在）能够将事情组合成任何其他结果，或者最终由任何其他成果而得到认识。这意识流的每一个"横截面"认识一切在它之前的东西，认识了它，就拥抱住它，把它当作一家人，于是它就成为全部过去的意识流的代表；它同样还应该接受这意识流的任何部分所接受的对象。这种作为代表和这种接受，是非常清楚的现象关系。这思想在认识另一个思想和那另一个思想的对象的同时，占有了另一个思想和那另一个思想所占有的对象，它仍然是与那另一个思想完全不同的现象。它可能几乎不像那另一个思想，它也可能在空间和时间上都与之相隔遥远。

唯一让人不明了的就是占有行为本身。在列举自我的各个成分及它们之间的竞争时，我就不得不使用了"占有"这个词。当反应快的读者听到一个成分被放弃或拒绝承认，而另一个被迅速地占据或支持的时候，可能会注意到，如果这些成分不是其他某些事物眼中的对象，那么上面这种放弃或占据就是毫无意义的。因为一个事物不能占有自身，它就是它自身，还不能否认自己就是自己，因此就必须存在一个实行占有或否认的执法者，但是这个执法者我们已经指定了。它就是认识各个"成分"的当事思想。这个当事思想不仅是认知的还是选择的媒介，在它所做的各种选择之中有它"自己"的占有和否定。但是当事思想永远不能将自己当作对象，它永远不能占有或否定自己。它为自己进行占有，它是真正的黏附中心，是摇动过去自我这条锁链的钩子，这个钩子被牢牢地钉在了"现在"，而只有现在才是真实的，这样使得这条锁链没有成为纯粹理想化的东西。这个钩子立刻就带着它所携带的一切沉入过去，又会在新的时刻，被视为一个新的当事思想所占有的对象，而这个新当事思想则反过来成为现存的钩子。因此，正如霍奇森所说，当前一刹那的意识是整个系列中最灰暗的。它可以直接感觉到自己的存在（虽然很难用内省来证实，但我们一直都承认这是可能的），但是，在它死亡和消逝之前我们对其是一无所知的。它占有的东西与其说是给了它自己，还不如说是给了它当前对象的最亲切地被感觉到的部分，即身体以及中枢的调整（这些部分位于头部且都是伴随思想行为而引起的）。这些才是自我认同的真正核心，并且，正因为它们的真实存在，被认为是一件实实在在的当下的事实，才会使我们说"那些过去的事实是我自己的一部分，这就像我存在一样牢靠"。它们是吸收、依附和紧密连接自我表现出来的各部分的中心，并且即使当事思想在思想时完全意识不到它自己，它当前对象的"温热"部分也足以成为自我同一意识存在的坚实基础。[18]于是，这种意识作为一个心理事实，可以得到充分的描述而无须假设除了一系列相继逝去的思想之外的任何媒介，这一系列思想被赋予了占有或拒绝的功能，它们可以认识、占有或拒绝已被以前思想所认识、占有或拒绝的对象。

用图10-1来加以说明，A、B、C代表三个连续的思想，每个思想都包含有自己的对象。如果 B 的对象是 A，C 的对象是 B；那么，A、B 和 C 就代表自我同一性意识中的三个脉冲。每个脉冲都是某种与其他脉冲不同的东西。但是，B 会知道 A 并接受 A，C 会知道 A 和 B 并接受它们。每一个经验在经过时都在其上面留下自己标记的同一个大脑中的三个相继状态，很可能会产生恰恰以这种方式相互有所差异的思想。

 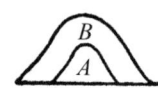 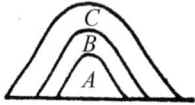

图 10-1

因此，暂现的当事思想似乎就是思想者，虽然在其背后可能还有另一个非现象的思想者，但到目前为止，我们似乎不需要这种思想者来表示这些事实。可是我们对于它还不能明确打定主意，必须等到我们有了历史性地用来证明其实在性的理由以后，才能确定对它的看法。

第七节 纯粹自我——自我同一性的内在本原

下面让我们对有关自我的理论逐一进行探讨，涉及灵魂论、联想论和先验论。

一、灵魂论

在第六章中，我们探讨了唯灵论者关于"灵魂"的学说，认为这样就可以避开心理元素与它自己"结合"的不可理解性，以及"有一个物质单子，附着思想，存在于大脑内"这件事在生理学上的不可能性。

但是在那一章末,我们曾说过,要在后面以批判性眼光来分析"灵魂",看看它作为一种理论,与关于伴随大脑活动流的意识流这种观点相比,是否还有其他任何优点。

关于灵魂的理论是通俗哲学理论,也是经院主义理论(经院主义只是系统化了的通俗哲学)。这种观点断言我们体内的个体性本原必定是实体性的,因为心理现象是活动,而没有一个具体的能动者就不可能有活动。这种实体性的能动者不可能是大脑,而必须是某种非物质的东西。因为思想这种活动本身就是非物质的,而它又能通过一般的、理性的方式或是特殊、感性的方式来认识非物质的事物和物质性的事物——所有这些能力都与构成大脑的物质的本性不相容。此外,思想是单一的,而大脑的活动则是由其各部分的基本活动复合而成。再者,思想是自发和自由的,而物质活动则是由外部决定的;并且意志能够抵制一切物质利益和欲望,因此,如果认为一直是一个物质的功能也是不可能的。出于这些客观原因,这个心理生活的成分必须既是非物质的,又是单一的还要是实体性的,因此也就只能被称作"灵魂",同样的结果也可以从主观性的理由得来。关于自我同一性的意识,使我们确知我们在本质上是单一的:如我们看到的自我的各种组成部分的所有者,我们暂时认为可能的假定的主要自我,是一个自我意识使我们直接觉知其存在的真实实体。物质的能动者不能这样回头去把握它自己——物质活动始终是在把握主体以外的其他东西,而不是那个能动者。如果大脑能够把握它自己,并且有自我意识,那它只会觉得它自己是一个大脑而不是一个其他完全不同的东西。因此,灵魂就作为一个简单精神实体而存在,各种心理能力、操作和倾向都附着于其上的一种实体。

如果我想知道实体是什么,那么答案永远都只有一个:它是一个自我存在的东西，或是一个无须依附于其他主体的存在物。事实上，其唯一完全确定的性质就是存在，即使它很难进行解释，但这个性质是我们都了解的。此外，灵魂还是一种个体性存在，如果想知道这种个体性存在究竟是什么，就要对自我进行内省，如此便可以通过直觉来了解它，这比抽象的回答要好很多。许多人认为，人类对自己内在存在的直接知觉其实是初始的原型，我们关于简单能动实体的一般看法，就是由这种方式形成的。灵魂是简单的和实体的，因此它具有不可污损和自然不朽的特性——只有上帝的直接命令才能将它消除——并且，灵魂始终要为它所做的任何事情负责。

这种灵魂的实体说，究其本源，乃是源自柏拉图和亚里士多德的观点。这种说法在中世纪得到了非常规范的、全面的发展。霍布斯（Hobbes）、笛卡尔、洛克、莱布尼茨、沃尔夫（Wolf）和贝克莱都相信这种观点，现代二元论、唯灵论或常识派都对其进行辩护。康德坚持这个观点，但不同意它具有用来演绎下述可证实结论的前提的作用。康德的后继者，都是绝对唯心主义者，声称要放弃它——我们将会探讨这是怎样的情况。让我们先来看看我们自己对它的看法。

无论如何，我们都不需要将真实主观意识表达为它们显现的那样。在没有主观意识显现的情况下，我们会通过对意识流的假定，对主观意识进行明确的表达。意识流中的每个思想都与其他思想有着本质区别，但不同思想之间可以相互认识，并且这些思想之间还相互"占有"对方的思想内容，如果读者对这种观点感到怀疑，那么他们就很难接受我下面要说的话了。在心理生活中表现出的统一性、同一性、个体性和非物质性会被解释成现象和短暂存在的事实，除了当下的思想和意识流的"横截面"以外，这种解释不需任何更简单或者更实质的能动者。我们已经了解到，当下思想是单一的、独一无二的且没有可以分离的部分(参见第186~187页后面的内容)——也许这就是唯一的灵魂所指的单一性。这种当下思想也有存在性——至少相信灵魂的人会相信这一点——并且如果没有其他它可以依附的事物存在，那么它自己就应该是一个"实体"。如果我们认为灵魂具有简单性和实体性，那么，当我们把当下的思想视为一个能动者、一个主人或其他任何东西的时候，一直都谈论的似乎就是灵魂了，只是我们自己浑然不知。但是这个当下思想是稍纵即逝的，而不是一个不朽不坏的事物。后继的思想不停地接替它，像它一样占有前面的思想，但却不是前面的思想。而灵魂实体则被认为是一个固定不变的东西。灵魂总是指某种高于当下思想的东西，它是另一种实体，处于非现象的层次上。

我们在第六章结尾提到灵魂时，将灵魂看作各种大脑过程同时对其产生影响，灵魂通过其思想的单一脉冲对大脑过程的联合影响做出反应的实体时，一方面是避开聚合起来的心理元素，另一方面是要避开一种不太有可能存在的大脑单子。但是，我们(到目前为止，我们在第六章之后又讨论了那么多内容)现在可以采取两种观点，第一个是关于思想脉冲与其过程相一致的神经通路的解释，第二个是关于灵魂中的思想脉冲与其过程相一致的神经通路的解释，当将这二者放在一起进行比较时可以发现，其实第二种解释只是以比第一种解释更加迂回的方式，表达了相同的枯燥事实：当大脑活动时，思想就会发生。唯灵论的观点是，各种大脑作用将思想从灵魂中撞了出来，灵魂就站在那儿接受大脑的各种影响。更简单的解释是，思想只是出现了。但是细究起来，灵魂除了为思想提供可能出现的基础外，还有其他积极意义吗？而这种"撞"除了使可能性成为现实性以外，又有什么积极意义呢？除此之外，人们还有一个信念，即思想出现在大脑过程发生时，这在事物的本性中有某种根据，除了给出一种具体的形式之外，所有这一切终究又是什么呢？如果灵魂这个词①只是对那个主张的表达，那就是一个比较好的名词。但是，如果我们让灵魂发挥更多的功能，让灵魂为那个主张让步，例如，将出现的思想和发生的过程合理地联系起来，将这两种分立的性质以可理解的方式沟通起来，灵魂就是一个虚妄的术语了。事实上，灵魂这个词和其他表示实体的词情况一样。说现象存在于实体之中，归根结底就是表明反对"现象的赤裸存在就是全部真理"这一观点。我们坚持认为，除非存在现象"以外"的某种东西，否则，现象不会自己存在。我们暂且给这个"以外"取名为实体。因此，在当前这个例子中，我们应当承认除了暂时易逝的思想以及暂时易逝的大脑状态两者共存于这一单一事实以外，肯定还有其他事实的存在。但是当我们说大脑状态影响的是"灵魂"时，我们根本就没有回答"这个以外是什么？"的问题。这种"以外"什么也解释不了，并且当我们尝试着使用形而上学的解释时，就必须竭尽所能，否则就是自作聪明了。因为就自己而言，我得承认当我用形而上学的观点来定义这个"以外"时，我发现，与许多绝对个体灵魂的观点相比，我们所有人思想中存在某种朴素精神的观点，是一个更有前途的假设，尽管这一观点自身也有很多问题。可是作为心理学家，我们根本就不需要采纳形而上学的观点。仅现象就已经足够，稍纵即逝的当事思想本身就是唯一可以实证的思想者，并且它与大脑各种作用在经验上的联系乃是众所周知的根本法则。

对于想要证明"必有灵魂"的其他辩论，我们也可以置之不理。自由意志的论点只能使那些相信自由意志的人信服，并且退一步说，即使是相信自由意志的人也不得不承认，他们的那种自由存在于像"思

---

① 英文原文是 world，根据上下文应为 word，疑为作者笔误。

想"这种暂时的精神能动者之内，与存在于永恒能动者——假设的灵魂之内的可能性是一样的。以认识事物的种类为目的所提出的观点，也同样正确。即使大脑不能认识一般性、非物质性以及它的"自我"，但我们的解释所依靠的"思想"也并不是大脑，无论这两者联系得多么紧密；并且假如大脑能够认识，我们也无法得知它为何不能像认识一种事物那样去认识另一种事物。最大的困难在于，一个事物如何能认识任何事物。把这个具有认识能力的事物称作灵魂，对解决难题也丝毫无益。唯灵论者没有从以其他方式认识灵魂的性质中，演绎出心理生活的任何性质。他们只是在心理活动中找到各种现成的特性，然后把这些特性塞进灵魂里，说"看！看它们从灵魂的源泉中流淌出来！"显然，这种"解释"只不过是空话而已。被召唤来的灵魂根本没有使那些现象更容易理解，它只有通过借用它们的形式，才能使自己变得可以理解——它必须被设想为我们知道的那个意识流的先验意识流的复制品。

总之，灵魂就是那样一种哲学研究的产物，正如霍奇森的伟大格言："无论你对什么东西一无所知，你就宣称它是对所有其他东西的解释。"

洛克和康德在相信灵魂的同时，已经开始对灵魂观念进行了暗中破坏。许多温和的唯灵论或者二元论哲学的现代作者——我们经常把他们称为苏格兰学派——很情愿地自认这种无知，而只专注于我们所说明的可证实的自我意识形象。例如，韦兰（Wayland）博士在其《理智哲学入门》一书的开头便写道，"对于心灵的本质，我们是一无所知的"，他接着说："我们所能确定的是，心灵是一个知觉的、反省的、记忆的、想象的和表现意志的事物；但我们不知道发挥这些能量的事物究竟是什么。我们只有意识到这些能量的作用时，才会意识到心灵的存在。心灵也只有在发挥其能量时,才能认识到这些能量的存在。但是,认识到心灵的能量,并不能使我们认识基于这些能量之上的心灵的本质。在这些领域,我们对心灵的认识和对物质的认识是非常相似的。"苏格兰学派的人喜欢做出我们对这两种无知的相似性评论。只要再进一步,就要将这两种无知并在一起,变成"不可知者"的无知,任何人如果喜欢哲学上的赘疣,只要他高兴,就可以向这种观点送上他热情的信念,但是其他人也完全可以自由地忽视和拒绝它。

那么,灵魂理论对真正可以实证的意识的经验这一点来说,就完全是多余的了。到目前为止,还没有人能够出于明确的科学理由而被迫赞成它。如果不是由于其他更为实际的要求,这个问题就可以到此为止,让读者自由地做出自己的选择。

第一个要求是不朽性,灵魂的单一性和实体性似乎为此提供了坚实的保障。一条意识流,无论它的本质中包含什么,都可以在任何时刻完全终止;但是一个简单实体是不可损坏的,而且,只要那个创造者没有通过直接的奇迹将它熄灭,它就会通过自己的惯性持续存在。无疑,这是唯灵论信念的大本营——确实,所有哲学流行的试金石就是这个问题:"这些哲学与来世有什么关系?"

然而,我们经过详细的考察就会发现,灵魂并不能确保我们向往的不灭。亘古不变地享受他们实体中原子一般的单一性,对大多数人来说似乎不像他们虔诚期盼得那么圆满。为了燃起我们的希望,实体必须产生一道与当下的意识流相连接的意识流,但仅仅实体本身根本无法提供这样的保证。此外,由于道德观念得到了普遍进步,先人以他们实体的单一性作为其不朽基础的希望也变得有点儿可笑了。如今,对于不朽的要求本质上说来是有目的性的。我们相信自己不朽,是因为我们有资格不朽。如果事物的本质是通过一种我们相信的合理方式组织起来的话，那么一个实体如果不值得生存，就必然消亡，并且如果一道非实体性的"流"证明了自己值得被延续，那就应该被延续。实体或非实体，灵魂或"流"，陆宰关于不朽性所说的话，差不多说出了人类智慧所能说出的一切：

"我们没有其他原则可以用来对这个问题做出决定，我们只有这个一般的唯心主义信念：造物主创造的每一个事物的持续存在若具有意义，那么它就会继续存在，并且其继续存在的时间取决于它对于世界的意义。凡是其实在性只是世界进程中一个短暂阶段的事物都会消亡。几乎无须说，这个原则在人类的手中不会得到进一步的应用。我们确实不知道能够给一个存在以不朽权利的美德，也不知道能够结束其他存在生命的缺陷。"[19]

人们宣称的灵魂实体的第二个必要性，是我们在上帝面前的法律责任。洛克曾说，无论意识的统一性是不是被同一个实体支撑着，都能使一个人不成为其他人，并且上帝在末日审判时，不会让一个人对他已经忘却的事情负责的，他的这些言论引发了轩然大波。如果施展来世报应会增添上帝的"荣光"，而我们的健忘又剥夺了上帝施展某些来世报应的机会，那么洛克的说法肯定就是诽谤。这确实是保留灵魂的一个很好的思辨理由——至少对于那些要求完全报应的人来说是这样。带有记忆失误的单纯意识流，不可能像灵魂那样"负责"，后者审判之日仍是它一直所是的东西。但对现代读者而言，由于他们对来世报应的欲望已不如其先人那么强烈，因此这种"负责任"的说法也就不会像从前那样可信了。

第十章 | 自我意识 369

灵魂的一个重大作用始终在于，要解释每个个人意识封闭的个性。人们认为，一个灵魂的各种思想必须联合成一个自我，而且这个自我必须要与其他所有灵魂永远隔离。但是我们已经发现，虽然统一性是人类意识遵循的准则，但是至少有些人，思想可能会从其他思想那里分裂开来，并且形成单独的自我。至于隔离，鉴于当前对心灵感应、催眠以及灵魂附体等现象有了相当权威性的解释，所以若是对灵魂的隔绝太过于自信，也未免有些轻率。个人意识确切的封闭性，也许只是许多条件的平均统计结果，而不是单纯的事实或力量。所以，如果一个人想保存灵魂，那么他越少地从灵魂的封闭性中抽取论据就越好。正如陆宰所言，如果在总体上我们的自我能使自己稳固，并且实际上还能将自己维持为封闭的个体，那还有什么不够的呢？为什么成为一个个体，在某种难以接近的形而上学方面是如此更加值得自豪的成就呢？[20]

关于实体性灵魂的最后结论是，它既不能解释什么也不能保证什么。其连续的思想是其唯一可理解并证实的事物，并且心理学在经验上所做的最大限度就是，确切地探知这些思想与大脑作用之间的相关性。从形而上学的角度出发，人们主张这两者的相关性有一个合理的依据；并且若是灵魂这个词只是用来指代这种模糊的、值得怀疑的依据，也不会遭人非议。但问题是，它以一种不可信的积极方式表现出来。因此我认为我可以在这部书的其他部分完全不用灵魂这个词。如果我用到这个词，也只取其最模糊和最通俗的意义。然而，能够在灵魂这一观念中得到安慰的读者，也完全可以继续相信它。因为我们的推论并没有证明灵魂是不存在的，只是证明它对于科学目的来说是多余的。

我们要探讨的第二个关于纯粹自我的理论就是联想主义理论，简称联想论。

二、联想论

洛克提出了一个假设,即同一个实体有两个连续的意识,或者同一个意识可被一个以上的实体所支持,他的这个假设为联想主义理论奠定了基础。他使其读者认为,自我的重要统一性是其可证实和可感受的统一性,并且,只要有多样性意识的存在,形而上学的或绝对的统一性就毫无意义。

休谟指出了多样性意识的重要性,他在《人性论》关于"自我同一性"的章节中这样写道:

"有一些哲学家认为,我们在每一刹那都亲切地意识到被称为我们的自我的东西,从而我们感受到它的存在和继续存在,并且我们能在论证的证据以外,确信它是完全同一的、单纯的。……不幸的是,所有这些肯定的断言,都与用来为它们辩护的那种经验相矛盾,而且,我们也并非按照这里所解释的方式而具有任何关于自我的观念。……每一个实在的观念都一定是由某个印象引起的。……如果有任何关于自我的观念,那个印象就必须在我们整个生命的进程中持续不变地是同一个,因为自我是被设想为这样永远不变的。可是,实际并没有恒定的和不变的印象。痛苦与快乐、悲伤与喜悦、情感与感觉,相互接续而来,永远也不会全部同时存在……就我自己而言,当我最亲密地进入我所谓的我自己之中时,我总是遇上某个特殊的知觉,如关于热或冷、明或暗、爱或恨、痛苦或快乐的知觉。当没有知觉时，在任何时候我都永远无法抓住我自己，并且除了知觉，我不能观察任何事物。如果在一段时间内我失去了知觉（如由于熟睡导致的），那么在这短时间内，我就不能感觉到我自己，并且可以正当地说我是不存在的。如果死亡使我失去全部的知觉，在我的身体消逝之后，我就不能思想，不能感受，不能看，不能爱，也不能恨，我就是完全消灭。而且我不能设想还需要什么其他条件，才使我成为完全乌有的东西。如果在认真而无偏见的反思之后，还有人认为他对自己抱有一种不同的观念，那我也只能承认我无法再和他辩论了。我能向他做出的让步，只是因为他和我也许都没错，但在这件事情上，我们根本不相同。也许他可以感知到某种他称之为他自己的单纯的连续的本原，不过在我这里是不存在这样的一个本原。

"但是除去这些形而上学者，我可以大胆断言，其他人只不过是一个由不同知觉合成的集合，这些知觉以难以想象的速度此去彼来，并且永远迁流移动着。人们的眼睛在眼窝内转动的时候不可能不改变知觉。人们的思想比视力变化得更快，并且一切感觉功能都会加入到这一变化中来。灵魂的任何一种能量都不会静止不变，哪怕是一刹那都不可能。心灵就像一座剧院，不同的知觉相继出现：它们以万千丰姿在无数种情况下经过、返回、溜走或是结合。恰当地说，心灵在同一时间内没有单一性，在不同的时间中也没有一致性；无论我们拥有什么自然倾向去设想那种单一性和一致性，情况都是这样。千万不要被这个剧场的比喻所误导。这里演出的只是一些先后登场的知觉,它们构成了心灵;至于说布景的地点,以及构成它的材料这些无比遥远的概念我们就一无所知了。"

但是,休谟在完成了这个非常好的内省工作后,就把婴儿和洗澡水一起倒掉了,并跑到和实体论哲学家一样厉害的极端。正像这些哲学家说自我无非是抽象和绝对的统一性一样,休谟则说它无非是抽象和绝对的多样性。但事实上,自我是统一性和多样性结合的产物,并且我们已经发现这个产物是很容易被分开的。在意识流的对象中,某些感觉几乎不会改变,它们在过去就显得温热而生动,就像当下的感觉一样。我们还发现当前的感觉是黏合的中心,而判断的当事思想会认为其他感觉都是附着于这个中心的。休谟对于判断的当事思想只字未提,并且他不承认这个贯穿于自我各成分之间的相似线索,这种同一性的核子穿过自我的各种成分,以作为哪怕是一种现象的东西而存在。对休谟来说,在纯粹的统一性和分离性之间不存在中间状态。一系列先后相继出现的观念"以一种密切的关系相互联结,用精确的观点来看,这种联结提供了一个完美的多样性观念,就好像这些观念之间根本没有联系的方式一样"。

"一切独特的知觉都是独特的存在,而心灵永远不会察觉出这些独特存在之间存在任何真实联系。我们的各种知觉若是存在于一个单一或个别事物中,或者心灵能够感知到各种知觉之间真实的联系,那就没有困难了。就我个人而言,我必须得求助怀疑论而承认这一困难太高了,超出了我的理解范围。但是,我不会冒昧地宣称这个困难是无法克服的。其他人也许可以发现一个假设,能调和这些矛盾。"[21]

353　　休谟在很大程度上其实是一个托马斯·阿奎那(Thomas Aquinas)式的形而上学者,因而他无法发现那种"假设"。意识流各个部分的统一性是一个"真实"的联系,就像其各部分的多样性是真实的分离一样;联系和分离都是过去思想在当事思想中的表现形式——它们彼此在时间和某些性质上有差异,这就是分离;而彼此在其他性质上是相似的,并且在时间上是连续的,这就是联系。休谟追寻一种比这种明显可实证的相似性和连续性更"真实"的联系,无疑是在追寻"镜子后面的世界",他为哲学思想中的一大通病——绝对主义树立了一个鲜明的榜样。

　　休谟将"意识流"分割成了一连串截然不同的存在,而他的继承者则将这作为完整的事实加以采纳,于是创立了联想主义哲学。一些彼此分离、彼此不相识,但却按照一定的法则黏在一起、彼此可以唤起的"观念"可以用来解释所有较高级的意识形式,这其中也包括了自我同一性的意识。该项解释工作可是一个艰巨的任务,被我们斥责为心理学家谬误的观点(参见第 152 页后面的内容)在此负责了主要的工作。一个是"A"观念,继而出现了"B"观念,这两个观念可以变成第三个"B 在 A 之后"的观念。一个去年出现过的观念现在重新出现就会被认为是去年的观念,两个相似的观念就代表着关于相似性的观念,等等;这些是明显的混淆——只有外部的认识者才能发现的一些关于观念的事实,被认定是观念自身固有的、直接的意义或内容了。通过位于一系列不连续观念和感觉中的这类再现和相似性,一种认识就会在一种感觉中产生,即这种感觉是重现的和相似的,并且这一感觉还参与构成其统一性随后被称之为"我"的一系列感觉。在德国,赫尔巴特[22]实际上也以相同的方式试图表明,观念之间的冲突是怎样融合为一种用来表现其自身冲突的方式的,而"我"就是这一方式的神圣化的名称。[23]

　　这些尝试的不足之处在于他们自称是依照某一前提得到的结论，绝不包含在那个前提中。任何一种感受，只要是重新出现，就应该和原先一样。但如果它重新出现时，还附加了之前存在的记忆以及各种各样其他的认知功能，那就和原来不同了，我们就应该将其描述为一种完全不同的感受。我们曾经的确这样描述过它，并且是以一种极其清晰的方式。我们曾说感受是绝不会重现的。但我们从未想过要去解释这一现象，而只是将其记录为一条在经验中已经得到证实的法则，这类似于某些脑生理学法则；并且我们还试图确定新感受是如何区别于旧感受的，已经发现的新感受会认识并占有旧感受，而旧感受也总是认识和占有其他某些感觉。我再次声明，我们的理论只是对事实的详细描述。它没有比联想主义更能解释这些事实。但联想主义的说法在自认为自己能解释事实的同时又歪曲它们，这两方面都是站不住脚的。

　　这只是说，联想主义者通常似乎对自我这个问题有一些愧疚感。而且，尽管他们对自我的性质已经说得很清楚了，即是一个感受或思想的序列，但却非常羞于公开解决"自我是怎样意识到它自己的"这个问题。例如，贝恩和斯宾塞都没有直接接触这个问题。联想主义者大多不停地谈论"心灵"，谈论"我们"做什么。因此，他们是将他们本该公开以当下"判断着的思想"的形式做出假定的东西透露进来，他们之所以这么做，要么就是在利用读者鉴别力的缺乏，要么就是他们自己缺乏鉴别力。

　　汤普森(D. G. Thompson)是我所了解的唯一完全摆脱了这个混淆困境的联想主义者，他公开对它需要的东西做出假定。他说，"所有的意识状态都隐含着并假定有一个主体自我，它的实体是不知道的，也是不可知的，意识状态被认为是属于它的（为什么不说被它归属），然而在这一归属过程中，这个自我被客体化，并且它自身又成为一个更远的主体自我的属性，人类为了进行认知而不断假定这主体自我的存在，但它本身却永远无法被认识"[24]。这正是我们所说的判断性和记忆性的当前的"当事思想"，只不过被描述得更加复杂而已。

在汤普森先生之后，泰恩和穆勒父子都试图将事情说得更明白些。泰恩在其《智力》的第一卷中告诉我们自我是什么——一个由意识事件编织的连续的网。[25]这些意识事件相互之间和用粉笔画在黑板上的菱形、三角形和正方形相互之间一样，并非真正是截然分开的，因为那块板自身是一个整体。在第二卷中，他说所有这些部分都嵌着一种共同的特性，即内心的特性（这就是我们所说的"温热"性质，只是换了一个说法）。一个心理的虚构将这个特性抽象且孤立了出来，这个特性就是我们自己意识到的自己——"这个稳定的内心就是我们每一个人称为我或者客体我的东西"。很显然，泰恩忘记告诉我们，这个突然开始抽象化并且称其产物为"我"的"我们每一个人"究竟是什么。因为这种特性总不会自己抽象自己。泰恩所说的"我们每一个人"仅仅是指带有记忆性和占有倾向的"判断着的思想"，但他说得不够清楚，陷入了幻想中，以至于使整个思想序列、整个"黑板"都沦为反省式的心理学家。

詹姆斯·穆勒将"记忆"定义为从自己过去的自我观念开始至自己现在的自我观念结束，这一连串联结的观念，随后他又将"自我"定义为记忆断定的第一个到最后一个连续联系的一连串观念。先后联结的观念"就像跑到了一个意识的单一点中去了一样"[26]。约翰·穆勒为这一说法加了注释，他说：

"自我和记忆现象只不过是同一事实的两个方面,或者说是对同一事实的两种看法。作为心理学家,我们可以从任一方面出发,去了解另一方面……但是,我们几乎不能从两边出发。我们必须承认,这样做的结果就是到最后哪一边也解释不了。我只是想表明这两个概念在本质上是相同的。我记得自己在某一天登上了斯基多(Skiddaw),与我意识到自己就是在那一天登上了斯基多,其实是对同一事实的两种不同的表述方式。心理学家还不能将这个事实细化到更基础的东西。在分析复杂意识现象时,我们一定会遇到一些根本性的事物,并且似乎已经触及了两个根本性的元素。首先,是事实和关于那个事实的思想之间的区别:这个区别在过去可以为人们认识,然后构成记忆,在将来又构成人们的期望;但是,无论在何种情况下,我们除了说它存在着,无法对其做出任何其他解释。第二,从这样一个信念出发,即现在拥有的观念来源于之前的感觉,我们可以获得一个更进一步的信念,即这个感觉是我自己的,它发生于我的自我。换句话说,我意识到一条长且连续不断的过去感觉的序列,向后可追溯到记忆所能及的地方,向前终止于我此刻所拥有的各种感觉,这一条长长的感觉序列是由一条难以解释的纽带联系起来的,这个纽带不但将思想中任何的连续交替或联合区分了出来,并且还以令人满意的证据区分了发生在我周遭且与我相似的、其他人身上的那些平行的连续感觉。这一连串被我称为过往记忆的感觉,就是我用来区分自我的工具。我自己就拥有这一系列感觉,并且除了知道自己拥有这些感觉之外,我运用直接知识根本无法了解自我。但是在这一序列的所有部分之间存在某种联系，因此，我认为，它始终是同一个人的感受（根据我们的观点，这就是它们此刻被真实感受到的'温暖'），并且是与那些拥有任何平行的感受序列的人不同的那个人的感受。对我而言，这种联系构成了我的自我。我认为，一直到某位心理学家能成功超越所有人已经取得的成就并表明我们能够对问题做出进一步分析之前，这个问题只能到此为止。"[27]

357　必须要让读者判断我们自己在进一步分析上是否成功。我们所做的各种区分都是在这方面所做的一部分努力。约翰·穆勒在他后面的章节中，不仅在分析方面没有取得进展，而且似乎退回险些接近于灵魂的东西那里。他说：

"认识一种感觉，记得它曾经被感觉过，是记忆最简单最基本的功能。那个将当下意识和它使我想起的过去意识联系起来的不可解释的联系，就是我认为人们所能达到的对自我肯定的观念。毋庸置疑，这个联系中有实在性，它就像感觉自身一样真实，存在可以与之相对应的事实，而不仅仅是思想法则的产物。这个原始的元素，除了它自己特有的名字外，我们不能给它冠以任何其他名称，因为这就会暗含着错误的或没有根据的理论，这个元素就是自我或自己。于是，我将一种真实性附加于自我之上——附加于我自己的思想之上——这种真实性与作为永恒可能性的真实存在是不同的，我认为那种永恒可能性是存在于物质之中的唯一事实。无论怎样我们都会意识到，一系列感觉中的每一部分与其他部分都是被联系起来的，而联系它们的共同事物并非感觉本身，正如感觉序列也不是感觉本身一样。由于那个在第一个与在第二个中是同一个、在第二个与在第三个中是同一个、在第三个与在第四个是同一个等等的东西，肯定在第一个和第五十个中也是同一个东西，所以这个共同事物必定是个永恒的元素。对除此之外的情况，我也不甚了解，只能说它是意识本身的状态。属于或曾经属于它的各种感觉和意识，它拥有着更多属性的可能性，是我们唯一能对自我断言的事实——除了永久性以外，我们只能说自我具有上述两种积极属性。"[28]

约翰·穆勒进行哲学探讨的方法，是勇敢认同他父亲的普通学说，然后对其敌人做出许多细节上的让步，就像实际上将这一学说完全抛弃了一样。[29]在这里，让步就等于是承认某种与灵魂非常相像的东西。这一将感受联系起来的"不可解释的纽带"，这一使感受联系起来，自己又不是正在发生的感受自身，而是某种"持久的"、除了其属性和永久性以外我们"什么也不能断言"的"某种共同的东西"，如果不是形而上学实体的复活，还能是什么呢？人们必须得尊敬穆勒的公正性，也不得不为其在这个问题上的迟钝而感到遗憾。其实他犯下了和休谟一样的错误：他认为感觉自身是没有"联系"的，记忆性的当事思想在各种感觉之中发现的相似性和连续性不是一种"真实的联系"，而"仅仅是思想法则的一种产物"。当下思想"占有"它们的事实，也不是真正的联系。但是，休谟愿意承认也许根本就不存在的"真实联系"，而穆勒却不愿意承认这种可能性，他像经院哲学家那样，将它放到了一个非现象的世界。

约翰·穆勒的让步意味着关于纯粹自我的联想论学说的破产,他们是怀着美好的愿望开始这一讨论的,并且隐约意识到前进的路线,但最后看到它所愿意携带的唯一东西,即那些非认知的、不能超越自己以外的"简单感受"不适用,就极度惶惑。人们必须乞求记忆,即感受所拥有的关于自己之外的某种东西的知识。如果这一点得到承认,那么每一个真实的事物就会自然跟随其后,不易走入歧途。当前感觉对于过去感觉的认识是它们之间真实的联系,它们之间的相似性、连续性以及一个感觉对另一个的"占有"都是能在每一时刻的判断着的当事思想中实现的真实联系,假如存在断裂的话,这也是断裂能实现的唯一地方。休谟和穆勒都暗示,断裂能够在那里实现,联系则不能。可是在自我意识之中,联系和断裂恰好是同等重要的。只要其他人没有以一种更真实的方式占有过去思想,只要没有什么更强大的理由能让当事思想不去占有它们,那么当事思想占有过去思想就是一个真实的方式。事实上,其他人从来不会占有我的过去思想;并且我所感知到的占有的理由——即与当下思想的连续性和相似性——比我所感到的拒绝它们的理由——无论是时间上还是在距离上的——都更充分。所以,我的当事思想对于一系列的过去自我享有充分的所有权,它不但是实际上的主人,而且是具有法律效力的主人,是可能存在的最真实的主人,所有这一切都无须假定任何"不可解释的联系",而是以一种完全可以证实的和现象的方式存在着。

我们要探讨的第三个关于纯粹自我的理论就是先验主义理论,简称先验论。

三、先验论

这个理论其实是康德创立的。康德的原话过于冗长和晦涩,不适合逐字逐句地引用，因此我在这里只作简要阐述。在我看来，康德首先是从对象的观点出发，他的这一观点与我们在第 207 页以后关于对象的描述基本一致，即对象是一个包含各种相互联系的事物、性质和事实的系统。"对象是指，在对于它的知识中，一个特定知觉的杂多得以联系起来的东西。"[30] 可是我们只追求所谓的当下思想，也就是意识流的横截面（我们认为这是最基本的心理学事实），作为这种有联系的知识的媒介，而康德否认这个思想是基本事实，并且坚持将意识流分解为大量不同的却同样基本的元素。对象的"杂多性"是由于感性，感性自身是混乱的，而统一性则是由于直觉、理解、想象、悟性以及统觉这些高级官能对这个杂多性的综合处理。这些不同的名称，都是指知性的单一的根本的自发性，这个自发性使感觉的杂多性得到统一。

"事实上，知性只是先天统一的能力，是将特定观念的杂多带到统觉的统一之下。这个统觉就是人类全部知识的最高原则。"（第 16 节）

被联系起来的观点必须由低级心理能力赋予知性，因为知性并非一种直觉能力，其本质是"空的"。而将各种观点置于"统觉的统一性之下"，用康德的话来说，就是总是思想着它，以至于无论存在哪些支配因素，它都可以被认知为被我思想到。[31] 尽管这种意识，即我思想它的时候，并不是时时刻刻都需要被明确了解，但却总是能够被了解。因为如果一个对象不能与一个思想者的观念相结合，它又怎么会被认识呢？又怎么会与其他对象产生联系并组成"经验"的一部分呢？

因此，对于"我思"的觉知就隐含于这所有的经验当中。如果没有关于自我的意识作为它的先决条件和"先验"条件,也就没有对任何事物的有联系的意识!于是,所有事物,在其能够被理解的范围内,就都可以通过这种方式与纯粹的自我意识联系在一起,但如果没有建立这样的联系,这一切就不能为我们所知了。

但是,康德通过演绎法确立了对自我意识的不可缺少的条件,然而,他同时也否认了这个自我具有任何积极的属性。虽然康德为其取名为——"统觉的原始先验综合统一"——名字相当的长,但根据康德的说法,我们对它的意识却非常短。这种"先验"的自我意识告诉我们的"不是我们是怎样出现的,也不是从我们自己的内心看是怎样,而只是我们存在"(第25节)。在我们关于自我的知识的基础之中,只有"这个简单的和内容完全空虚的观念:我。我们甚至不能说自己对它有什么概念,只能说它是一种伴随着所有概念的意识。在进行思考的我、他和它(事物)中,唯一表现出来的只有一个知识=X的先验的认识主体,并且这个主体只能作为其谓语的思想而得到认识,而且,对于它自身而言,我们不能形成任何观念"(第25节,"诡论")。因此对康德而言,所有统觉的纯粹自我都不是灵魂,它只是那个在所有知识中都是对象的密切关联物的"主体"。康德认为灵魂是必然存在的,但仅靠纯粹自我的意识根本无法对其进行解释,也无法说明它是否是实体性的,是否不朽,是否具有单一性以及是否永恒。因此康德的纯粹自我意识理论是极度空洞的,其结果不可能产生任何可演绎的或"理性的"心理学,正是因为这样的原因,为他赢得了"破坏一切者"这一头衔。康德认为,我们对其拥有任何确实知识的唯一自我,是经验自我,而非纯粹的自我;这个自我是众多对象中的一个,我们也已经知道了它的"构成要素",并认为它们是以空间和时间形式存在的现象性事物。

就我们的目的而言，到此为止，对"先验"自我的阐述已经足够了。

我们的目的无非是要确定，在康德的观点之中有没有什么能使我们放弃自己的观点，即"自我就是不断更新的回忆并占有过去的当事思想"这个观点。康德在很多方面的表达都是晦涩的，但是，我们对康德的研究没有必要去咬文嚼字，从而确定他实际上和在历史上到底想要表达什么。如果我们能搞清两三项康德可能曾经表达的意思，那一样有助于我们澄清自己的观点。

总之，对康德观点的一个辩护性解释大致可以采用如下形式。他和我们一样，他也相信在心灵之外有一个实在，可是，他之所以保证有这个实在的存在，是根据信念，因为这个实在不是可以证实的现象性事物。它也不是杂多。由理智的功能结合起来的"杂多"，完全是一种心理的杂多，因而它处于统觉的自我和其他实在之间，但依旧在心灵之内。在认识功能中有一种等待联合的杂多，并且康德将这种杂多带入了心灵之中。而那个实在变成一个空处所，或不可知者，也就是所谓的本体；杂多的现象存在于心灵中。与此相反，我们的观点是将杂多与实在一同置于心灵之外，而让心灵保持单一。两种观点都是在处理相同的元素——思想和对象——问题只在于，我们应该把杂多置于何处。其实无论将其置于何处，一旦它被思想到时，都必须被"综合"起来。假如有一种特殊的存放它的方式，除了对事实进行自然描述以外，还使得"综合的神秘"最容易理解，那就更好了。

康德对事实的描述是带有神话色彩的。他将思想看作是这种精细的内心机械制造厂的观点，根据我们在"意识流"一章中（参见第 207 页后面的内容）所阐述的思想单一性观点来看，他的观点是应该受到质疑的。无论思想的对象是怎样构成的，我们的思想都不是由部分合

363

第十章 ｜ 自我意识　383

成的。思想的内部没有混乱的杂多，有待秩序化。在这么圣洁的功能的体内，孕育着这种康德式的混乱，此观点实在太令人震惊了。如果我们要对思想和实在持二元论的观点，我们就应该将多样性置于实在中，而不是放在思想中。当然，各部分以及它们之间的关系，与其说是属于被知者，还不如说属于知者。

364　　　可是，即使这整个神话都是真实的，综合的过程也不可能通过将心灵的内部称为其处所而得到解释。这样的方法并不会把神秘色彩的程度减轻。"自我"是如何能运用丰富的想象，让知性利用范畴，将认识、联想和理解从感性直觉那里获得的材料联系起来，就像思想是怎样将客观事实联系起来一样，都是那么令人费解。无论采用哪种表达方式，困难总是一样的，就是：这多被这一所认识。或者，人们是不是真的以为，把知者叫作先验的自我，而把其对象叫作"直观的杂多"，会比把前者叫思想，后者叫作事物，能更好地理解知者是如何联系其对象的？认识必须有个媒介。把这个媒介叫作自我或思想、精神、灵魂、智力、意识、心灵、理性、感受——随你喜欢——但前提是，它必须能认识。如果可能的话，"认识"这个动词最合适的语法主语，应该是这样一个主语，即可以根据它的其他性质，而演绎出认识活动。若是没有一个这样的主语，那么最好的就是那个最少模糊性和最不浮夸的名词。而康德承认，先验自我没有任何性质，并且也不要期望能通过它推断出什么来。它的名词是非常浮夸的，而且不久我们就会发现，其意义与实体性的灵魂是容易混淆的。因此，无论如何，我们都有理由不把它，而是把我们自己当下显现的"思想"，作为杂多所由以同时得到认识的本原。

　　　上文所指的先验自我的模糊性在于：康德是否用它指一个能动者，以及用它帮助构造的经验指一种动作；或经验是以一种未经指定的方式产生的事件，而自我仅仅是其中所包含的一个内在元素。如果他指的是操作，那么，自我和杂多就都必须先于那种由一个对另一个的经验而产生的冲突而存在。如果他指的是单纯分析，那就不存在这种在先的存在，而那些元素就只在它们相互结合时才会存在。康德的口气和言语都完全是在谈论操作和从事这些操作的能动者。[32]可是，我们也有理由认为他根本就没有这种想法。[33]对于这种不确定性，我们同样只需要决定，如果他的先验自我是能动者，我们如何去理解这个先验自我。

如果它真是一个能动者，那么先验论就仅仅是一种遮遮掩掩的实体论，自我也就只是灵魂的一个"廉价而不讨喜"的版本罢了。当灵魂退到这步田地时，我们就更有理由舍弃它而采用"当事思想"。实际上灵魂什么也解释不了，它完成的"综合过程"，也只是拿来现成的东西贴在自己身上，作为其照章行事的表现罢了，但至少它还有某种高贵和有前景的外表。它被认为是能动的，可进行选择，能以它的方式负责任和保持永久性。而自我却什么也不是，只是哲学所能展现出的最无益、最空洞的流产。如果尊敬的康德先生以他全部的真诚和艰辛努力，相信这个观念是其思想的一个重要产物，那就真是理性的一大悲哀了。

但是我们已经知道康德几乎完全忽视这个自我的重要性。直到康德的费希特派和黑格尔派的继承者们，才将其称为哲学的第一要素，他们用大写字母书写其名，提及它时带着崇拜之情，总之，无论何时，只要他们想到自我的观念，他们的行为就好像是在乘着氢气球飘上天了一样。但是，在这里，我仍然无法确定历史的事实，并且我知道自己可能误解了这些作者。在我看来，康德和后康德时期，思辨留下的教训是教导我们在处理自我意识这个问题时应力求简单，而康德，无论是在思想还是在语言上都很复杂，这是他天生的弱点，而且这一点还因其长期在哥尼斯堡生活，所染上的陈腐学究气而有所加强。而在黑格尔那里，先天的缺点是狂热。因此那些哲学前辈们吃的酸葡萄，简直要酸掉我们这些后辈的大牙。但是，幸运的是，那些英国和美国与我们同时代的黑格尔派的继承者们的观点就简单多了。然而，由于我们无法从黑格尔、罗森克兰茨（Rosenkraz）和厄尔德曼（Erdmamn）的自我学说那里找到明确的心理学理论，因此，下面开始讨论凯尔德（Caird）和格林教授的学说。

事实上，这些作者与康德的一个不同之处在于，他们完全从旁观的心理学家以及自己所知道的实在中抽离了出来；或者说，他们把这两个不相关的术语都吸收到心理学的讨论范围，即关于被观察状态下心灵的心理经验。实在与有联系的杂多相融合，心理学家与自我相融合，认知过程变成"联系过程"，结果经验不再是有限的或可以评判的，而成为一种"绝对"经验，这种经验的主体和客体总是同一的。我们有限的"当事思想"在本质上可能就是这种永恒的（或者说"无时间限制的"）绝对自我，并且它只是暂时在外表上看上去是它初看起来所是的那个有限之物。"意识流"的较后来的"横截面"——它们到来并占有先来的"横截面"——其实就是先来的"横截面"，就像实体论中的灵魂从头到尾都是同一的一样。[34] 把经验作为绝对化的事物，这种经验的"唯我论"性质的确阻碍了心理学成为一门独立的科学。

心理学是一门自然科学，讨论的是特殊的、有限的意识流，无论它们在时间上是并存的还是前后相继的。当然，按照形而上学的观点，所有这些意识流最终都被认为是属于一个普遍的全能思想者（这显然不是事实）。可是形而上学的观点对心理学毫无益处，即使我们内心的确有个全能的思想者，也不能仅仅从"全能的思想者"这个观点出发演绎出它在我或你那里的思想内容。全能思想者的观点似乎真的对心灵产生了麻痹作用。有限思想的存在被彻底打消了。按照格林教授的说法，思想的性质是：

"无法从短暂生命个体身上的偶然事件中寻求……所有知识以及所有与知识相关的心理活动都不能被称为'意识现象'……因为现象是一种可感知的事件，与发生在它之前或之后的其他事件相关联，但是构成知识的意识……不是一个有关联的事件，也不是由这样的事件构成的。"

他又说，假如

"我们仔细研究被感知对象的成分……也会发现它们仅仅是因为是意识才能够存在，而使它们这样存在的意识，不会仅仅是一系列现象或一系列状态……于是，很显然，意识在最初的经验里行使一种功能（即综合功能），将意识定义为任何一种现象的任何一种序列，都是与这功能不相容的。"[35]

如果我们采纳这些观点，就不得不放弃"当事思想"的观点（随着时间不断地更新，而总是认识时间的），不是去提倡它，而是去提倡一种实体，但是这个实体的所有重要内容都是从思想那里复制过来的，但却在"脱离时间"这一点上与思想不同。心理学究竟能从这种交换中获得什么，我很难预测。何况，这种无时间的自我与灵魂的相似性，通过其他方面的相似性而进一步完善了。这种后康德唯心主义一元论似乎总是毫无例外地陷入一种旧式唯灵论的二元论中去。就像讨论灵魂一样，认为他们的全能思想者是一个能动者，对分离的感觉材料进行着操作。这可能是出于一个偶然因素，即这一学派的英文著作一直以来都是争辩性大于建设性，而读者常常会把想要作为归谬法一部分的仅从个人偏好出发的陈述，作为肯定的主张，或把对知识的分析，误认为是关于知识的创造的戏剧性神话的成分。但我认为这个问题还有更深的根源。格林教授不断地说自我的活动是知识发生的条件。他说只有通过"对感觉材料进行结合的自我意识的活动"，一些事实才与其他事实结合起来。

"我们所知觉的每个对象……为了使其呈现出来，就需要有一种自身不受时间限制的意识本原对相继的现象施加作用，这种作用要能够将各种现象结合在一个事实之中，同时这一事实是得到理解的。"[36]

我们不需要重复说明这样的话，即将我们知识中的事物的联系，变成其本质为自我同一性、存在于时间之外的能动者的动作。这并没有使这种联系得到任何解释。现象性思想的能动性在时间中来来去去，也同样容易理解。而认为进行联系的能动者是同一个"自我区分的主体"，它"以其活动的另一种方式"将杂多对象呈现给自己，那么这就无法理解了。于是我们不得不承认以上所说的所有学派的思想，尽管有时能看到一些比较精细的东西，但还习惯性地停留在神话的思想阶段，在这里，现象被解释为由实体表演的戏剧的结果，这些实体只是复制着现象自身的特性。自我必须不仅仅知道它的对象——那是一种太单调太呆板的关系，不能就这样将它写下来，并让它处在静止的状态。知识必须被描写成一场"惊人的胜利"，在这场胜利当中，对象的独特性以某种方式彼此克服了。

"只有当自我将它自己作为对象与作为主体的自己相对立,并且立刻否定并超越这一对立时,它才能成为一个自我。仅因为它是这样一种具体的统一体,其自身包含了一个已经解决了的矛盾,智力才能应付这宏伟宇宙的一切杂多和分裂,并希望领悟其奥秘。就像沉睡在露珠中的闪电,在自我意识朴素而清晰的统一性之中,对立面的根本敌对被平衡住,这个敌对……似乎要分裂世界。智力可以理解这个世界,或者,换句话说,能够打破其自身和事物间的界限并在其中找到自己,只是因为它自身的存在就暗含了事物间所有分裂和冲突的解决方式。"[37]

这种动态地描述知识的方式有一个优点,就是不会枯燥无味。从这种描述转到我们自己的心理学的说法,就像是从哑剧的烟火、舞台上的地板门和种种变形,转向午夜的枯燥乏味,在这里

"蒙蒙细雨无力地散落在,
空旷的大街上,打破了苍白的一天!"[38]

但是我们必须转变方向,承认我们的"思想"——一种在时间内认知的现象事件——如果存在,那么它本身就是事实所需要的唯一思想者。先验的自我主义为心理学提供的服务只有一个,那就是反对休谟的心灵"包裹"理论。但是这一服务执行得很糟糕,因为自我先验主义者,无论他们怎么说,都相信包裹,并且只是在他们自己的体系中,

用他们专门为这种情况发明的特殊先验之绳将它们"绑起来"了。此外，他们说起话来就好像在这种奇迹一般的捆绑或"关联"之后，自我的义务就履行完了。对自我更加重要的义务，即从它捆绑的事物中挑选出一些并占有它们，排除其他事物，却只字未提。总而言之，我自己对于先验主义学派的观点是，心理学从这一学派中学不到什么东西（无论它能够预示什么未来的形而上学真理），尤其是它关于自我的观点，不可能使我们去修正对意识流的解释。[39]

到此为止，一切可能相互竞争的理论都已被讨论过了。关于自我的文学作品是庞大的，但是，所有的作者都可归为我们所命名的灵魂论、联想论或先验论这三个学派中或激进或缓和的代表。我们自己的观点必须单独归为一类，尽管它从这三个学派中都吸收了一些基本成分。如果联想主义承认每一次思想波动都具有不能分解的统一性，如果它的对立面愿意承认"消逝着的"思想脉冲可以回忆和认识，那么联想派和其他派别便再也不会发生争吵了。

因此，我们可以这样总结，自我意味着两个要素的不断呈现：一个是客观的人，另一个是暂现的主观的当事思想，这个思想认识这个人并知道他在时间上是连续的。所以此后，让我们用"客体我（ME）"来代表经验的个人，用"主体我（I）"来表示判断着的当事思想。

客体我中发生的一些变化，值得我们去注意。

首先，虽然客体我的变化是渐渐的，但到了一定时候，这些变化就变得很强。客体我的中心部分，是对身体和头脑发生的"调整"的感受；在对身体的感受中，应当包括对一般情绪状况和趋向的感受，因为这些实际上只是器官活动和感受性运作的习惯。从婴儿期到老年期，这些感受的集合是最为持久的，但也难免会发生慢慢的变化。我们的身体和心理能力的变化速度至少也和它们一样快。[40]而我们的所有物都是容易消逝的。

主体我在审视这一长长的序列时所发现的同一性，只是一种相对的同一性，这是某种共同的成分在时间的变迁中慢慢保持下来的同一性。[41]所有元素中最共同、最一致之处就是拥有相同的记忆。无论人们和青年时代的自己变化有多大，他们都可以追忆一样的童年时光，将其称为是他们自己的。

所以，主体我在客体我中找到的同一性，是一个含义宽泛的东西，是一种"大体上"的同一，就像任何一个外部观察者都能在这相同的事实集合中发现的东西一样。我们常常说一个人"他变化如此之大以至于人们都不认识他了"；并且有时人们也会这么说起自己，不过没有那么经常罢了。在主体我或外部观察者看来，客体我中发生的变化，可能是巨大的，也可能是轻微的。这些变化值得我们加以关注。

第八节 自我的变化

自我的变化主要包括两大类：①记忆的改变；②当前身体自我或精神自我的改变。

记忆的改变主要包括记忆力的丧失和错误的回忆。无论哪种情况都会使经验自我发生变化。一个人应该为他儿时犯过的错而受罚吗（现在他已经忘了这件事）？一个人需要为他在癫痫发作后的无意识状态或者梦游等其他任何无意识状态中犯的罪而受罚吗（他们并不记得这些状态）？法律和常识一致认为："不用受罚。从法律的角度上看，现在的他和犯罪时的他不是同一个人。"对于年长的人来说，这种记忆的丧失是非常正常的，并且一个人将各种事实忘记得越多，他的经验自我就收缩得越小。

我们会在梦境中忘记清醒时的经验，这些经验好像不存在一样。反过来，清醒时也同样不会记得睡梦中的事情。通常情况下，在被唤醒后处于清醒状态中的人是不会记得催眠状态下发生的事情，虽然这个人被再次催眠后可以清晰记得上次催眠中的经验，却可能忘记那些清醒状态下的经验事实。因此，在健康心理生活的范围内，我们得出了一条了解客体我的变化途径。

记忆错误对大多数人而言是很常见的事，并且，不管它们什么时候发生，都会歪曲关于经验自我的意识。大多数人可能都会对于他们过去经历过的一些事情感到怀疑。他们可能见过这些事情，也可能是说起过它们，做过它们，也可能仅仅是梦见过或者想象过它们。一个梦的内容时常会以一种让人感到混乱的方式把它自己嵌入真实生活中。记忆错误最常见的来源，是我们和其他人谈论我们自身的经历。这些谈论总是会比事实来得更简单和更有趣。我们表述那些我们本来应该说的或应该做的，而不是那些我们真正说过或做过的事情；而且在第一次描述时，我们甚至可以清晰地意识到这两者的区别。但是经过一段时间之后，虚构就会将事实赶出记忆从而独占全局。这就是哪怕证人的意愿是非常诚实的，但证明仍然容易出错的重要原因。尤其是当涉及奇特的事情时，讲述就会朝着有趣和简单的方向倾斜，而记忆也就跟着讲述一起倾斜了。以下是卡彭特博士引用的柯伯（Cobbe）女士的经历，可作为这类非常普遍现象的代表：

"有一次作者偶然听到一位非常严谨负责的朋友叙述玩'桌灵转'的事情，她断言桌子被叩响时，在离桌一码之内是没有人的。但是作者却对后来发生的事情感到疑惑：这位女士，虽然完全确信自己陈述的准确性，还是答应去看看她在十年前对这件事所做的记录。一查看记录,才发现上面清楚地写着,当桌子被叩响时,有6个人的手放在上面!经核查,该女士对这件事的所有其他方面的记忆都是完全正确的,但是这一点她是真的出现了记忆错误。"[42]

想要这种叙述的所有细节都准确无误几乎是不可能的,虽然改变最厉害的是一些不太重要的细节。[43]据说狄更斯(Dickens)和巴尔扎克(Balzac)常常出现将他们的真实经历和自己的小说情节相混淆的现象。任何人曾经必定都认识我们这些凡夫俗子中间的某个典型人物,他对于自己个人的思想和意见是如此陶醉,所以从不质疑其自传的真实性以及可能存在的问题。多么亲切、多么无害而荣光的 J. V. 啊!愿你永远不会觉察到真实的自我与美好想象中自我的区别![44]

当我们讨论完记忆的改变而进入到对当前自我的不正常改变的讨论时,会产生更大的障碍。从便于描述的角度出发,这些改变可分为三大类型。但是,某些现象甚至结合了两个或更多类型的特点;并且我们关于这种自我变化的基础和原因的知识知之甚少,以至于类别的划分不应该被认为是具有什么特殊的意义。这三种类型是:①精神病的妄想;②交替的自我;③灵媒或灵魂附体。

一、精神病的妄想

在精神失常中,我们经常可以看到被认为是对已发生事实的幻想,根据所患疾病特点的不同,这些幻想可以是忧郁的,也可以是乐观的。但是最糟糕的自我改变却来自于当下感受性和冲动的反常,这种反常不会扰乱过去,但是会导致病人认为现在的我是一个崭新的人。这种变化一般发生在青春期以后——人的智力和意志力快速发展的时期。这种病态的人格变化非常奇特,因此更加值得我们讨论。

正如里博(Ribot)所说,人格的基础是对我们自己生命力的感觉,因为这种感觉永远存在,所以它总是保存在我们意识的背景中。

"它所以为人格的基础,因为它经常存在,经常作用,没有休息,睡眠或晕倒时也不绝,与生命共存亡,它就是一种生命。它作为支撑者,为记忆组成的有自我意识的客体我服务,它是联系这个自我其他部分的媒介物……现在假设可以一下子把一个人的身体改换为另一个身体:骨骼、血管、内脏、肌肉和皮肤,每一样都换成新的,除了携带了储存着过去记忆的神经系统。毫无疑问,在这种情形下,陌生生命感觉的注入必定会产生非常大的混乱。雕刻于神经系统之上的旧的存在感,与表现出所有强烈的真实性和新颖性的新存在感之间,将会产生不可调和的矛盾。"[45]

376 在大脑疾病刚开始的阶段,经常会发生一些与上述情况十分类似的症状:

"到目前为止,出现了大量对个体来说陌生的新感觉,以及同样未曾经历过的冲动和观念,如令人恐怖的事物、犯下罪行的表现以及追逐敌人的表现等。一开始,这些新事物与旧的熟悉的我形成了对比,是作为一个陌生的,并且经常是令人惊讶和厌恶的'你'而存在的。[46]通常,它们向后一类感觉的侵入,会让人感觉旧的自我正在被一种黑暗的压倒性力量所占据,并且这种'占据行为'的事实被描述为奇异的想象。这个双重状态是旧的自我反对无法调和的新经验形式,并且伴随着痛苦的心理冲突、激情、激烈的情绪体验。这就是我们常常发现的绝大多数精神病的第一阶段是一种情绪上的改变,尤其是转变为忧郁情绪的重要原因。如果现在大脑疾病即这一系列反常的新观念产生的直接原因没有得到缓解,那么这些观念就会受到自我的确信。渐渐地,这些反常观念会与那些表现旧自我特征的一系列观念产生联结,后者也可能会在大脑发病的过程中渐渐消失,那么这两个有意识的经验自我的敌对局面就会得到缓和,而情绪的风暴也渐渐平息。但是此时,旧的自我本身已经被改造并变成了另一个自我,通过那些联结,通过接收本身那些反常的感觉和意志成分,病人可能再次安静下来,并且他的思想有时在逻辑上也是正确的,但是其思想中总有变态的错误观念,连带着随之而来的感想成为无法控制的前提而不断出现,因而此人再也不是从前那个人了,他完全成了一个新的人,其旧自我被转化了。"[47]

但是,除非在他身上发生的新的身体感觉或旧感觉的丧失占据了支配地位,否则患者本人不会继续用这些语言来描述这一变化。单纯的视觉和听觉的错乱,甚至是冲动的错乱,很快就都不会再与自我统一性相矛盾了。

引起这些矛盾的特殊身体感受性的错乱是什么样的,相信这对于心理健全的人来说几乎是不可想象的。一个病人有另一个不断向他重复自己思想的自我。另一些病人(其中有些甚至是历史上的重要人物)则有一个熟悉的魔鬼和他们交谈,并且会答复他们。还有另一个病人,他说有人在为他"制造"想法。另一个患者说有两个自己躺在不同的床上。一些患者感觉好像他们失去了身体的一部分,牙齿、大脑、胃,等等。还有一些患者觉得身体是由木头、玻璃、黄油等构成的。还有一些患者觉得身体再也不存在了,或者已经死了,又或者是一个与说话者自己完全分离的陌生客体。有时,他们身体的一部分会与其他部分在意识上失去联系,被认为是属于他人的并被一个充满敌意的意志所控制。因而右手可能会跟左手打架,就像和敌人打斗一样。[48]或者患者他自己的哭泣会被视为是其他人的,而患者本人则对其表示同情。有关精神失常的文学里充满着像这样的幻觉的叙述。泰恩引用了来自法国医生克里谢巴(Krishaber)的一个病人对自己痛苦遭遇的说明,从他的说明中我们会看到一个人的体验是如何突然变得与正常体验完全隔绝的:

"在第一天或第二天之后的几周内,我不能观察或分析我自己。胸绞痛实在让人难以忍受。直到一月份的前几天我才能说明自己经历了些什么……这是我仍然清楚记得的第一件事。我孤单一人,而且已经开始遭受不断出现的视力障碍的折磨,突然感觉到视力障碍变得更加严重了,物体变小并且后退到无穷的远处——人和物都一样。我自己同样无限的遥远。伴随着恐怖和惊讶,我四处张望,世界从我身边撤离……同时我意识到我的声音也明显地远离自己,以至于听起来都不像是我了。我用脚跺地板,想感觉一下它的抵抗力,但是这抵抗力似乎是虚幻的——不是因为地面柔软,而是我身体的重量几乎消失了……我有一种失去重量的感觉……不仅距离如此之远,连物体对我来说都是平面的。当我与某人交谈时,他看上去就像是一张从纸上剪出来的图像，没有起伏……这种感觉间歇地出现持续了两年……我经常有一种感觉，仿佛这双腿并不属于我。我的双臂也几乎一样糟糕。至于我的头，就好像并不存在一样……对于我自己来说，我的动作是受到一种外来冲动的驱使而自动化地进行着……在我体内有一个新的物体，而我自己的另一部分，也就是旧的生命，对这个新物体并不感兴趣。我很明确地记得我对自己说过，自己对这个新生命带来的痛苦毫不关心。我从没真正被这些错觉欺骗过，但我的头脑由于要不断地纠正新的印象而经常感到疲惫，于是我干脆就放开自己，去过这个新实体的不幸生活。我强烈地渴望再次看到我以前的世界，找回从前的自我。是这个渴望阻止了我自尽……我成为另一个人，并且我憎恨他，蔑视他。对我而言他极其可憎，所以我肯定，有另一个人夺走了我的身体并且擅行我的职责。"[49]

在与这种情况相似的病例中，当客体我变化时，主体我肯定是没有改变的。那就是说，只要这个患者的记忆保持良好，那么患者的当事思想就会既认识以前的我，也认识新的我。只是在以前的对象领域里，产生了一种奇怪的困惑。在那个领域中，我们看到的现在和过去不能统一起来。哪里才是过去的我？这个现在的我又是什么？它们是相同的吗？或者我有两个自我吗？此类的问题，如果被患者用任何他们能够假想出的似乎合理的理论来回答，那么就会转变为患者精神病生活的开端。[50]

从图克斯伯里的费希尔(C. J. Fisher)大夫那里，我获得了一个案例，它有可能就是以这种方式开始的。一个名叫布里奇特(Bridget)的女人，"已经发疯多年，并且总是将其想象出来的自我称为'老鼠'，同时要求我去'埋了这只小老鼠',等等。她用第三人称把其真实自我说成是'好女人',并且说,'这个好女人认识费希尔大夫,还曾为他工作',等等。有时候她会忧愁地问:'你认为这个好女人将来还会回来吗?'她会做针线活、编织活、洗衣服等,并且还会展示她自己的劳动成果,问道'这对仅有的一只老鼠来说不是很好吗?'在情绪低落时,她会躲藏在建筑物底下,还会爬进洞中或箱子下面。当我们发现她时,她可能会说'她仅仅是一只老鼠,并且想要去死。'"

二、交替的自我

交替型人格现象最简单的状态似乎是以记忆丧失为基础的。正如我们所说的,任何人如果忘记了他的约会、誓约、知识和习惯,那么他就变得前后不一致了;那么具体要到哪一点,我们才能说他的人格发生改变,这仅仅是一个程度方面的问题。在我们所了解的那些双重人格或交替人格的病态情况中,遗忘是突然的,而且一般情况下,之前会持续一段时间不等的无意识或昏厥期。在催眠的精神恍惚状态中我们很容易使被试的人格发生改变,如我们可以告诉被催眠者忘记某一天之前发生的所有事情,那么在这种情况下他就会(有可能)再次变成一个孩子;或者可以告诉他,他是另一个全然想象的人物,在这种情况下所有关于他自己的事实似乎都暂时从脑海中消失了,并且他还会将自己投入一个新的角色中去,其表演的活泼性与他所拥有的戏剧想象力是成正比的。[51]但是在病态情况中这种转化却是自发的。也许记录在案的最出名的案例就是由波尔多的阿扎姆(Azam)大夫所报告的患者斐丽达(Félida)。[52] 在 14 岁时,这个女人开始进入一种"次级"状态,该状态以她的一般性格倾向和特性的改变为特征,就好像某种先前存在的"抑制作用"突然被移走了。在次级状态期间她记得自己的第一状态，但从这种状态进入到第一状态中去后，却不记得次级状态里的任何事了。在44岁时，次级状态的持续时间段（总体上说，次级状态的品质比原始状态要优良一些）已远远超过了第一状态，并占据了她生活的大部分时间。在次级状态中，她记得在原始状态中发生的事件，但当原始状态重现时，却会完全忘记次级状态，这经常使她十分痛苦。例如，当这种转变发生在她坐马车去参加一个葬礼的路途中时，结果她根本不记得死的是谁。实际上，她在其早期的次级状态中怀孕了，但是当她回到原始状态时她根本不知道这是怎么发生的。这些记忆空白所带给她的痛苦有时是非常强烈的，有一次甚至使她想要自杀。

还有一个例子是里格（Rieger）大夫提供的，一个关于患有癫痫的男子的案例[53]，这个男子在17年内过着性格交替的生活，一会儿自由，一会儿在监狱里，一会儿又在疯人院里。他的性格在正常状态下完全有条理，但是随着周期的交替，他会离家几个星期，过着小偷和流浪者的生活，被送进监狱，癫痫发作而且激动，被人家指控为装疯，诸如此类。并且他始终没有任何关于把自己弄得这么不幸的反常情况的记忆。

里格大夫说："这个人给我留下了非常深刻的印象，这种感觉在其他人身上绝对找不到，他无法回忆起过去发生的事……根本无法想象自己是处于这样一种心理状态。他在纽伦堡犯下了最后一桩盗窃罪，自己全然不知，发现自己身在法庭，然后又到了医院，但是丝毫不知为何会如此。他知道自己癫痫发作过，但却坚决不相信那几个小时的胡乱言语和反常行为。"

威尔·米切尔（Weir Mitchell）最近又发表了另一个不寻常的案例——玛丽·雷诺兹（Marry Reynolds）。[54]这个迟钝而忧郁的年轻女人，

1811年居住在宾夕法尼亚的荒野上。

"一天早上,人们发现已经过了她习惯性起床时间好久,而她仍在熟睡并且根本叫不醒。睡了18小时或20小时后她醒了过来,但是却处在一种不自然的意识状态之中。记忆丧失了,事实上她等于是一个刚刚被带到世界上来的人。过去遗留给她的只有说少数几个词的能力,并且这些词就好像婴儿的哭泣一样纯粹是本能的。因为她讲的这些词与其头脑中的观念根本就没有联系。直到她被教会了这些词的意思之前,它们一直都是些无意义的语音。

"实际上,她的双眼是第一次睁开看这个世界。以前的东西烟消云散了,所有的事物都已经变成新的。她都不认识她的父母、兄弟、姐妹和朋友了,或者说是她不承认与他们之间存在关系。之前,她从未见过他们——从不认识他们——没有意识到这些人的存在。现在她是首次被介绍给同伴和熟人。对于她曾经生活的周遭环境来说,她就是个陌生人。房子、田地、森林、丘陵、山谷和溪流——都是新奇的。这风景的美丽都是从未被探寻过的。

"她丝毫没有意识到她在那个神奇的睡眠醒来之前的时刻还存在过。总之,她就是一个刚出生的婴儿,但是一出生就已经处于成熟状态了,有能力领略丰富的、美妙绝伦的、富饶的自然奇观。

"她要上的第一节课就是让她明白自己是通过什么纽带与周围人联系在一起的,以及由此而生的义务。这一点她学习得非常慢，并且确实从来都没学会，或者至少她从来都不承认血缘关系和友谊。她认为这些她曾经认识的大部分人都是陌生人或敌人，而自己是通过一些不寻常的且无法解释的方式掺入他们中间的，不过到底是从哪个地区或哪种存在状态而来，仍是一个没有被解决的问题。

"下面一课就是重新教她阅读和书写。她非常伶俐，两个方面的进步都很迅速，以至于在几个星期之内就轻而易举地重新学会了读和写。在第一节课时，她哥哥把她的名字写下来让她临摹，她用一种非常笨拙的方式拿笔，并且用希伯来式的字体从右抄到左，就像她是从东方土地上移民过来的一样。

"另一个值得注意的是她在性格上发生的变化。她现在十分快乐，替代了之前的悲伤。她现在很活跃且热爱交往，替代了之前的缄默、不合群。她现在欢乐而诙谐，没有了之前的沉默寡言和羞怯。她的性格发生了彻底的改变。当她处于第二状态时，非常喜欢伙伴，更加迷恋大自然的杰作，如森林、小山、山谷和河流。她曾经在清晨的时候就开始出发，步行或者骑马，在整个村庄漫步直到夜幕降临。她不是特别在乎她是走在小路上还是走在没有路的森林中。她对这种生活方式的偏好有可能是由于朋友们对她不得不施加的制约造成的，这种制约使她认为他们是敌人而非伙伴，而她也很乐意和他们保持距离。

"她不知道害怕，因为森林里有很多熊和豹子，并且随处可见响尾蛇和铜斑蛇，她的朋友告诉她有可能会遇到危险，但是这起不到任何效果，只会使她产生轻蔑的笑声，她说：'我明白你们仅仅是想吓唬我，让我待在家里，但是你们错了，因为我总是看到你们所说的熊，并且我相信它们只是一些黑色的猪猡而已。'

"一天傍晚，她从日常的远足返回后，说起了下面这件事：今天当我骑马走在一条狭窄的小路上时，一头很大的黑猪猡从森林里窜了出来挡在我前面。我之前从未见过这么放肆无礼的黑猪猡。它用它的后脚站立着并且朝我龇牙咧嘴。我无法让马儿继续前行。我对我的马说，你真是个笨蛋，竟然怕一头猪猡，并且试图抽它过去，但它不肯走，还要转头。我告诉野猪要它离开这条道路，可它不在意我，我说：'好吧，如果你不说话，我可要揍你了。'于是我下马捡了根棍子，径直向它走去。当我离它非常近的时候，它便四脚着地缓缓地郁闷地走开了，每走几步就停下来往后瞅瞅，还咧嘴咆哮。然后我便上了马继续前行……

"就这样持续了五个星期，在一天清晨，睡了一个长觉后，她苏醒过来又成了以前的她。她承认与父母及兄弟姐妹之间的血缘关系，就好像什么事都没有发生一样，并且立刻着手做她该做的事情，这是她五个星期前就计划好的。对于那一个晚上（她是这么想的）发生的变化，她感到极其惊讶。大自然也与以前不一样了。她之前所经历的那些惊人的事情在其脑海中没有留下丝毫痕迹。她在森林里的游玩，她的恶作剧和幽默，所有的都从记忆中消退，没留下丝毫的影子。她的父母又看到了他们的孩子，她的兄弟姐妹又看到了他们的手足。她现在获得了在变化之前，也就是在第一状态中所拥有的全部知识，它们还是那么鲜明活跃，就像什么也没发生一样。但是她所学到的所有新技能，获得的新观念，现在全都失去了——还不是失去了，只是安全地隐藏于看不见的地方，以备将来之用。她的本性又回来了，而且她的忧郁由于过去发生的那些事情加深了。一切都按照过去的方式进行着，并且人们天真地期望在那五个星期里发生的神秘事件不再重现，可是这些预期并没有实现。在几个星期之后，她又陷入了沉睡，并且醒来后就处于第二状态了，恰好又从她先前离开第二状态的那一刻重新开始了新生活。她现在既不是女儿，也不是姊妹。她现在积累的全部知识都是之前处于第二状态下的那几个星期获得的。她对当中间断的时间一无所知。两段相隔久远的时期被她联系了起来，而她以为只过了一夜。

"在这一状态中，她逐渐清晰地了解了自己的情况，不是通过记忆，而是通过别人提供的信息。可她的性情是如此快乐，这件事并没有使她沮丧。相反的，却使她的心情更加愉快，并且就像其他所有事情一样成为她快乐的基础。

"这种从一个状态到另一个状态的变更是以不同的间歇时间段持续了15年或16年，但是在她35岁或36岁的时候最终停止了，她永远地留在了第二状态。她在第二状态里度过了生命最后的25年，始终没有再发生变化。"

但是，这两种状态在情绪上的对立性似乎在玛丽·雷诺兹身上渐渐地淡化了：

"她由一个快乐的、歇斯底里的、恶作剧的、喜欢说俏皮话并且信奉荒诞信条或虚妄信念的女人，转变为一个保留快乐的气质和对同伴的友爱，但却能清醒地对待实际有用事情的女人，这一转变是循序渐进的。随后25年的大部分时间，她与之前悲伤的、病态的自我，以及她早些年第二状态里热闹的情况不同。她的一些家人说她是处于第三状态。她被描述为讲道理的、勤奋的并且非常快乐的，但却相当的严肃，拥有一个稳定的非常好的脾气，并且没有一点点心理受伤或被打扰的迹象。她在学校教了几年书，她的能力很强，也很让人满意，男女老少都特别喜欢她。

"在最后的25年中，她与牧师兼大夫约翰·雷诺兹(John Reynolds)及其侄子居住在一起，部分时间还替他管家，她表现出良好的判断力，并且彻底地明白处于她这个地位应尽的责任。

"'雷诺兹大夫仍然居住在米德维尔,'米切尔博士说,'并且非常好心地将她的事实材料交给我处理，他在1888年1月4日的信中写道，在她生命的最后时间段，她有时似乎有一个模糊的、如梦境般的关于过去的朦胧印象，她不能完全明白这个过去，并且无法确定这些念头是因一部分记忆的恢复而起，还是因他人对其反常状态下所作所为的描述而起。'

"雷诺兹女士在1854年1月去世，享年61岁。在她去世的那天早上，她像平常那样健康地起床吃早餐，还做了家务。正在这般忙碌时，她突然举起她的手摁她的头，喊道:'哦！我想我知道我的头到底怎么了！'接着就立刻倒在地板上。当把她扶到沙发上时，只喘了几口气便死了。"

在此前谈论过的这类病人其第二人格要优于原来的第一人格，我们似乎有理由认为病人原来的第一人格就是病态的。"抑制"这个词可用来形容这种第一人格的迟钝和忧郁。斐丽达原来的性格相对于她其后获得的性格而言是迟钝而忧郁的，而这种改变可能是早年持续的抑制作用的解除。当我们不能够回忆或以某些其他方式指挥自己的心理资源时，就会临时体验到这种抑制。被催眠者系统化的健忘症（失去记忆）也是这种抑制，不过范围更广，他们被要求忘掉所有的名词，或所有的动词，或是字母表中的一个特定字母，又或是关于一个人全部的信息。它们有时会自然地作为疾病的症状而发生。[55] 现在詹尼特已经指出，当这种抑制对特定类型的感觉（使被试对其感觉缺失）和对这类感觉的记忆产生影响时，它们就是人格改变的基础。感觉缺失并患"健忘症"的歇斯底里（又称为"癔症"）患者是一个人。但是，当你恢复了她的被抑制的感觉和记忆，使她进入催眠状态——换句话说，当你将这些感觉和记忆从它们"分离"和破裂的状态中拯救出来，使它们重新加入到其他的感觉和记忆之中——她就是另一个人了（一个与之前完全不同的人）。如前文所说（参见第 203 页），催眠状态是一种帮助歇斯底里患者修复感觉的方法。但是有一天，一个名叫露西的感觉缺失的歇斯底里患者已经进入了催眠状态，而詹尼特出于某种原因，继续催眠整整半小时，好像她还没有真正入睡一样。结果，她却昏厥了，过了半小时，她苏醒了，但又进入了另一种梦游状态，在这一状态中她的性格与先前完全不像——不同的感觉，不一样的记忆，简而言之是一个不同的人。在清醒的状态下，这个可怜的年轻姑娘所有的感觉都缺失了，耳朵几乎是聋的，视力范围也缩小得非常厉害。虽然

第十章 | 自我意识 405

它很糟糕，但视觉是她最好的感觉，她使用视觉做她的行动向导。眼睛被蒙了绷带以后她变得完全没有办法，就像记录在案的其他类似情况的人一样，在撤除最后的感觉刺激后，她几乎很快就入睡了。詹尼特给这一清醒或原初的状态（一个人几乎不能将这个状态称为"正常"）命名为露西一号。在露西二号状态即第一种催眠状态中，感觉缺失有所减少，但并没有消除。在更深层的催眠状态，也就是用刚刚描述的方法产生的"露西三号"状态中，感觉缺失现象完全消失了。她的感受变得十分完美，她现在不是极端的视觉型，而是变成沙可教授所说的运动型的人了。那就是说，当她清醒时她专门使用视觉来思考，只能通过回忆事物的样子来想象它们，而在这种深层催眠状态中，在詹尼特看来，她的思想和记忆大部分是由运动的和触觉的意象所构成。

在露西身上发现了这种深层催眠状态和人格的改变后，詹尼特非常渴望在其他病人身上也能发现类似情况。后来他在罗丝（Rose）、玛丽（Marie）和雷奥尼等人的身上也发现了这些现象。他的弟弟，萨彼里埃医院的实习医师朱尔斯·詹尼特博士，在病人威特（一个非常有名的女性患者）身上也发现了此种情况。这个医院的很多医生都对此人的催眠状态研究多年，但没人能碰巧唤醒这一十分独特的人格。[56]

随着所有感觉在深度催眠状态里的恢复，这些病人也都恢复成他们原来的样子，变成正常人，尤其是他们的记忆变得更加广泛了。因此，詹尼特由这些现象归纳出一个理论法则。他说，当歇斯底里患者身上的某个特定感觉消失了，那么与之一同消失的还有这类感觉过去的全部记忆。例如，如果听觉缺失了，那么病人会无法去想象声音或语音，并且必须通过运动或者发音提示的方式才能说话。如果运动感觉丧失的话，患者就必须以视觉形式在心里将肢体动作事先确定好，才能做出正确动作，并且必须事先想好词语是怎样发声的，才能发出声音。这个法则的实用价值很大，因为所有属于后来缺失的感觉范畴的经验，比方说触觉，都是以触觉的形式储存和记住的，而且在疾病的进程中当皮肤和肌肉的感觉一旦消失，这些经验就不可控制地被忘记了。另一方面，一旦触觉恢复，那么关于触觉的记忆也就可以重新恢复。而现在，在詹尼特试验的歇斯底里患者中，触觉在催眠状态下确实恢复了。结果，在普通的状态下缺失的所有记忆也得到了恢复，于是它们能够回忆并解释患者生活中许多无法解释的事情。例如，癫痫大痉挛发作时期（法国作者称之为"激情姿态阶段"）内，患者无法说话或者为她自己给出任何解释，只做了一些恐惧、愤怒或一些其他情绪状态的外在动作。通常每个患者经历这个阶段的表现形式都是固定的，以至于像是机械的，在进入这个阶段时，人们甚至怀疑病人是否有意识存在。然而，在较深层的催眠状态中，当患者露西的触觉得到恢复时，她解释道她的歇斯底里症源于孩提时代的一次大惊吓。有一天，一个躲在窗帘后面的男人突然跳出来压在她身上，她说每次发病时这一幕都会重演，她说自己还是个小孩时，会因为发病在梦游中走遍整个屋子，还因为眼疾而被关在一间黑屋子里长达几个月的时间。当清醒时，所有这些事情都无法回忆起来，因为它们主要是关于运动和触觉经验的记忆。

但是，詹尼特的病人雷奥尼是很有趣的，并且很好地展示了记忆和性格特征是如何伴随着感觉和运动的冲动而发生改变的。

"这个女人的生活听起来更像是一个不可能的传奇故事，而不是一个真正个人史。她从 3 岁起就自然而然地患有梦游症。从 16 岁开始她一直被不同的人催眠，而如今她已 45 岁了。她的正常生活是生活在穷乡僻壤中的，而她的第二种生活则是在客厅和医生的办公室里度过的,这自然是朝着一种全然不同的方向发展。现在,当处于正常状态时,这个贫苦的农妇是一个严肃且相当悲伤的人,冷静而缓慢,对任何人都很和善,并且极其腼腆。只要看上她一眼,人们就绝不会怀疑她的人格。但是她一进入催眠状态就改变了常态。她的脸再也不和以前一样了。她闭着眼睛,这是真的,但是她的其他感官的灵敏性会弥补其视觉的缺失。她是愉快的、吵闹的、很少休息的,有时甚至是让人不能忍受的。她仍保持着好脾气,但却非常爱讽刺和犀利的戏谑。最奇怪的事情莫过于听她事后评述那些想来看她入睡的陌生人。她用言语形容他们的外貌,模仿他们的礼仪,自命知道他们那琐细的可笑样子和情欲,还为每个人编了一个故事。除了这一性格,她的这个角色还拥有大量的回忆,当她清醒时绝不怀疑记忆的存在,因为她的健忘症是完全的……她拒绝雷奥尼这个名字而接受雷奥汀(Léontine)(雷奥尼二号),这是她的第一个催眠师使她习惯了的名字。'那个好女人不是我自己,'她说,'她太笨了!'对她自己来说,她把所有感觉和动作归因于雷奥汀或者说是雷奥尼二号,这是一个关于梦游症中她所经历的意识经验的词,并且把这些经验编织在一起,构成其很长的生命史。另一方面,对雷奥尼一号(正如詹尼特称之为清醒时的女人),她专门地将这些在清醒时间经历的事件归因于自己。一开始这个法则的重要例外使我感到很惊讶,并且我倾向认为她对她的记忆的这种分法也许有点任意。在正常状况下雷奥尼有一个丈夫和几个孩子。但是雷奥尼二号,这个梦游症患者,在承认孩子是她自己的同时,却将丈夫归于'其他人的'。这个选择可能是可以解释的，但并不遵循任何法则。直到后来我才知道，早些年她的催眠师们和近些时期的某些催眠师一样蛮横无理的，竟在催眠中让她做了第一次分娩，而且在之后的分娩中，她会自动地慢慢进入那种状态。所以雷奥尼二号相当正确地将孩子们归为自己的——这是自己（而非雷奥尼一号）生了他们，并且她的第一种催眠形式下形成一个不同人格的法则也没有被打破。这和她的第二种或者最深层的催眠状态也是一样的。当被重新催眠、昏厥等之后，她到达了我称为雷奥尼三号的状态，她仍然是另一个人。她严肃而端庄，缓慢地说话，很少活动，取代了先前那个从不休息的人。她再一次将自己从清醒时的雷奥尼一号中分离出来，'一个善良又相当笨的女人，'她说，'那肯定不是我。'并且她也将她自己从雷奥尼二号中分离出来，'你怎能从我身上看到那个疯子的半点痕迹？'她说，'可喜的是我与她没任何瓜葛。'"

雷奥尼一号只知道她自己，雷奥尼二号知道她自己也知道雷奥尼一号，雷奥尼三号知道自己和其他两个雷奥尼。雷奥尼一号只有视觉意识，雷奥尼二号具有视觉和听觉的意识，在雷奥尼三号中，则兼有视觉、听觉和触觉三种意识。詹尼特教授开始认为他是雷奥尼三号的发现者。但是雷奥尼告诉他，她以前就已经时常处于那个状态。就像詹尼特曾经做过的一样，一个先前的催眠师在试图通过催眠来深化雷奥尼二号的睡眠时，偶然发现了这种状态。

"一个熟睡了 20 年的催眠人格居然复活了，真是够奇怪的。在和雷奥尼三号交谈时，我现在可以很自然地采用她的第一个催眠师为她取的雷奥诺尔(Léonore)的名字。"

得到最细致研究的多重人格病例是有关罹患癔症的青年路易斯(Louis),鲍伊(Bourru)和毕莱(Burot)还曾合写了一本有关这个案例的书。[57]这个症状实在太复杂了以至于不能在此阐述它的细节。我们只谈谈以下这个问题:路易斯曾经过着一种不合常规的生活,在军队、医院和感化院里都待过,并且在不同的时间段、在不同的地方生活时,他曾有过很多次不同形式的歇斯底里的感觉缺失、瘫痪以及挛缩发作的情况。18岁时,他在一个农业感化院被一条毒蛇咬了,这使他痉挛发作,他的两条腿也因此瘫痪了三年之久。在这一状态期间,他很绅士,有道德而且勤奋。但是最后,在一次长时间的痉挛发作后,他的瘫痪症状突然消失了,一同消失的还有这一段时间他所经历的事情。而且,他的性格也变了:他变得好争执、贪吃、无礼、偷伙伴们的酒、偷服务人员的钱,最后还逃出了感化院,并在他被追上和抓住的时候猛烈地挣扎。后来,当作者们第一次观察他的时候,他的右侧肢体已经半瘫痪且没有知觉,而且他的性格是让人难以容忍的。我们通过金属制品的应用将其瘫痪的位置转移到了左边,消除了他对另一种状态的记忆,并且将他的心理带回到因同样的身体症状而在比赛特医院就医的时期。他的性格、观点、教育程度都随之转变了。他的人格再也不是这个时刻之前那样了。很快我们就发现他现在身上的任何神经性的疾病都可以用金属制品、磁铁、电疗或其他治疗等暂时消除,并且任何过去的疾病都可以通过催眠得到重现。在每次间隔的痉挛发作后,他也会经历一个快速自动地重复他过去的一系列病症的过程。这两位作者观察到:他每次的身体病态都会使他忘记某些事情,同时也会使他的性格发生明显的变化。他们说:

"这些变化有非常明显的规律性,在身体和心理状态之间存在着精确的、持久的以及必然的联系,以至于不可能改变其中一个而不使另一个发生平行的变化。"[58]

这个多变个体的病例似乎准确地证实了詹尼特所阐述的那条法则,即感觉缺失和记忆缺失是一同发生的。将詹尼特的法则与洛克的"记忆的变化引起了人格的变化"这一说法联系起来,我们至少可以对某些交替型人格的病例给出一个解释。但是仅仅有感觉缺失还不能充分解释性格的改变,性格的改变可能是由于运动通道和联想通道的畅通性的变化,这些变化与感觉通道中的变化是并列的,而不是继那些变化之后发生的。其实,通过查看詹尼特以外的其他案例,就足以证明感觉和记忆的联结并不是一成不变的。[59]詹尼特的法则,对他自己的案例是适用的,但似乎不能适用于一切案例。

当然,要推测出作为自我变化的基础——导致健忘症的原因,就只能是一种猜测工作。人们很自然地援引血液供应的变化来作为解释。很久以前,威甘(Wigan)博士在其《心灵的二重性》一书中提出以大脑两半球的交替作用来进行解释。在讨论过自我变化的第三种类型,即那些被我称为"灵魂附体"的现象后,我将返回到这个解释上来。

我最近认识了一位患有"游走型"交替性人格的病人,他允许我在书中引用其真实姓名。[60]

安瑟尔·伯恩(Ansel Bourne)牧师,是罗德岛格林人,从小学习木工。但是,在他快 30 岁时,突然在非常特殊的环境下一下子暂时性地失去了视力和听力,由此,他从一个无神论者转变成基督教徒,并且从那时起他生活的大部分时间都在做着巡回牧师的工作。在其生活的大部分时间里都遭受着头痛和暂时性精神抑郁的折磨,并且有过那么几次持续几十分钟或一小时的暂时性意识不清的情况。在他左大腿皮肤上也有一个感觉减退的区域。除此之外,他很健康,并且他的肌耐力和容忍性都很强。他性格坚定、负责任,是个说一不二的人,并且他正直的个性使周遭认识他的人都对他病例的真实性没有丝毫怀疑。

1887年1月17日,他从普罗维登斯的一个银行取出了551美元,去购买格林的某块土地以及支付一些账单,然后钻进了一辆波塔基特马车。这是他记得的最后发生的事情。那天他没有回家去,并且接下来的两个月都没有传出任何有关他的消息。报纸上刊登了关于他失踪的消息,人们开始怀疑这是一起恶性事件,警察企图找寻其下落,但最终还是徒劳无获。可是,3月14日的早上,在宾夕法尼亚的诺里斯敦,有一个自称布朗(A. J. Brown)的男子,他在六个星期前租下了一个小商店,在商店里存储了一些文具、糖果、水果和小商品,然后安安静静地做生意,这似乎没有任何的可疑或古怪之处,可就是这名男子突然在惊恐中醒来,并唤来屋里的人确认自己现在在哪。后来,他说他的名字是安瑟尔·伯恩,他完全不熟悉诺里斯敦这个地方,他也不懂如何经营商店,并且他记得的最后一件事——好像就是昨天——在普罗维登斯的银行取了钱,等等。他不相信时间已过去了两个月。屋子里的人认为他疯了,起初,被他们叫来看病的路易斯·H. 雷德(Louis H. Read)大夫也是这样认为的。但电报发到普罗维登斯，男子的话却得到了证实，并且不久后他的侄子安德鲁·哈里森（Andrew Harris）先生就赶到了事发点，将所有的事情处理好，带他回了家。他现在非常虚弱，在这段异常的游走期间体重明显下降了20磅以上，并且对糖果店感到恐惧，以至于他拒绝再次进入糖果店。

我们对这段时间的前两周所发生的事情仍然不太清楚，因为伯恩在重新开始正常的生活后，把这段时间里发生的所有事情都忘了，并且平时认识他的人在他离开家后好像都没有再见到过他。关于这一变化，我们需要注意的是那个"布朗"所从事的特殊职业。伯恩先生在他的一生中丝毫没有接触过贸易。而"布朗"被他的邻居描述为一个沉默寡言的人，生活习惯井井有条，但并不古怪。他去过几次费城，补充他的库存，在店铺后面做饭，在那睡觉，定期去教堂，还曾经在一次祈祷会上做了演讲，听众反映很好，在这次演讲过程中，他讲述了一个他在真实状态下，也就是他作为伯恩时所目击的事件。

一直到1890年6月我们对该病例的了解就这些，我劝伯恩先生去接受催眠，好看看在催眠状态下，他有关"布朗"的记忆是否能够恢复。而这个恢复顺利得让我们吃惊，他几乎完全恢复了，以至于他无法在催眠状态下同时记起任何其正常生活中的事实。他听说过安瑟尔·伯恩，但"不知道他曾经遇见过这个男人。"当面对伯恩夫人时，他说他"以前从未见过这个女人"，等等。另一方面，他讲述了自己在失踪的那两个星期的经历[61]，并且提供了他在诺里斯敦度过的这段奇异经历的所有细节。整个事件十分的单调，布朗这个人格，似乎对伯恩来说只是一段缩小的、沮丧的和被遗忘的生命。在那里他只觉得"自己当时有些麻烦""想要休息"，除此以外他并不了解自己游荡的动机是什么。在催眠状态下他看起来很苍老，他的嘴角下垂，声音是缓慢而虚弱的，他坐在那儿闭上眼睛试图去回忆成为布朗的那两个月之前和之后所发生的事情，却终究是枉然。"我完全被包围在里面，"他说，"我不能走到任何尽头。我不知道是为了什么事要坐到那辆波塔基特马车上，也不知道自己是怎样离开那个商店的，或者它变成什么样子了。"他的眼睛是很正常的，而且在催眠过程中他所有的感觉（除有些反应迟钝外）和清醒时的感觉是相同的。我曾经希望用暗示等方法去促使两个人格合二为一，并使整个记忆连缀起来，但是找不到可以使用的技术，所以伯恩先生的脑内至今仍潜藏着两个不同的个人自我。

这个病例（无论其是否含有癫痫的因素）可以被确定为一次持续两个月之久的自发性催眠恍惚状态。它的特别之处是，类似的情况在此人一生中再未出现过，并且他的性格也没有表现出古怪之处。在大多数类似的病例中，病情是会反复发作的，并且各种感觉和行为会发生明显的变化。[62]

三、灵媒或灵魂附体

在灵媒或灵魂附体现象中，附体状态的来去都比较突然，并且这一状态的持续时间经常是比较短的——从几分钟到几个小时。无论什么时候附体状态发展得多好，在最初的意识回来后，人们都不会记得发生在这一阶段中的任何事情。在附体状态下人的话语、写作或者行为就好像是被一个外人控制了一样，他们还经常能指出这个外人的名字或道出其生平历史。在过去的时间里，这种外部"控制者"通常是一个魔鬼，并且如今在支持这一说法的社会里，情况仍是这样。对我们而言，最坏的情况不过就是病人指出他自己是个印第安人，或是其他怪异的但是无害处的人物。通常，他声称是在场的人知道或不知道的死者的灵魂，而这个被附体的人就是所谓的"灵媒"了。所有程度的灵魂附体，看起来似乎是完全自然地构成交替型人格的一种特殊类型，并且在那些没有明显精神异常的人中，以某种形式感受到灵魂附体绝对不是什么天赋异禀。这种现象十分复杂，并且也是不久才被适当的科学方法加以研究的。灵媒的最低阶段就是自动书写，而自动书写的最低等级是被附体之人知道将要写什么单词，但却会感到好像是被外力驱使而不得不写。接下来就是被附人甚至在忙于阅读或者交谈的时候，都会无意识地书写。有灵感的说话和在奏乐器上演奏等实际上也属于这一类较低级阶段的附体，在这种情况下，虽然它们的始作俑者似乎是来自于外界，但正常的自我不会被排斥于意识之外。在灵媒的最高阶段中，附体状态是完整的，声音、言语和所有一切都改变了，并且除非下一次附体状态到来，否则对此没有任何记忆。奇怪的是，不同的个体在附体状态下的话语大多是类似的。在美国，"控制者"或者是古怪的、爱说俚语和轻浮的人物（"印第安"控制者们，称呼女士为"司夸"，称呼男士为"勇士"，称呼房屋为"棚屋"等，这类现象非常普遍）；或者，如果他敢飞升到更高的智力境界，就会很奇怪地对一种不明确而乐观的哲学滔滔不绝，其中，有关精神、和谐、美、法律、进步以及发展等的词语会反复出现。人们在附体状态下表达出的

394

信息超过半数是出自同一个作者之手,而不管这个作者借助谁来表达它们。我不知道是否所有的潜意识自我都特别容易受某一阶层的时代精神所影响,并且从中得到他们的灵感;但是在招魂者的圈子里,在这样"发展"起来的附体我(即第二自我)的状态下这是显而易见的。在他们那里,附体状态的初始状态和催眠暗示的效果很难进行区分。附体之人承担起灵媒这个角色是因为在那种情况下,在座之人都期望他成为灵媒,并且扮演得是否生动,与他的戏剧天赋是相关的。但奇怪的是,未接触过招魂传统的人,当他们被附体时,其行为通常也是如此,以死者的名义说话,重现一些他们临死前的痛苦动作,传达他们在天国快乐家园的信息,并描绘在座之人的病症。这里有几个我亲眼所见的例子,我对它们不发表什么看法。

我将引用罗得岛沃伦的西德尼·迪恩(Sidney Dean)的亲身经历,这是一个自动书写行为的实例,迪恩先生对自己的经历做出了说明,并很好心地提供给我。他从1855年到1859年曾担任康涅狄格州的国会议员,他的一生都是一个精力充沛的新闻记者、作家和社会活动家。然而他自动书写的行为已持续多年,并收藏了大量当时写下的手稿。他写信给我说道:

"其中的一些字是象形文字,或一些组合很怪的随意字符。每一个系列在大体设计和风格上,都具有表面统一性,还是一些想要翻译为母语英语的译文。我从未尝试过复制这些字符,因为这似乎是一件无法完成的事。他们像是被雕刻师用工具刻出来的那般精密,且一般只是用铅笔快速地一笔而成。这些文字看上去很专业地使用了多种语言,一些已经过时被历史淘汰了。看着这些文字会使你相信除了描摹,否则根本不可能复制它们。

"然而，这些还只是整个现象的一小部分。'自动的'让位给了印刻，并且当印刻进行时，我会处于正常状态，好像实际上在工作的是两个心灵、两种智力或两个人。书写由我自己的手进行，但是口述却不通过自己的内心和意志，但是我无法了解那'另外一个人'所谈论的主题，也很难形成理论。而且，当我的手在一边记录印刻的主题甚至是词语时，我自己还能有意识地评判它们的思想、事实以及表达方式。如果我拒绝去写某个句子，甚至某个词时，印象就会马上停止，在重新开始之前，我只能在精神上表示愿意，只有这样工作才能继续进行，这一继续会起始于前面的终止处，即使是必须止于一句话的中间，它也会正好在那里重新开始。事实上，我从未提前知道过讨论的主题。

"现在进行的工作不定时，不服从我的意志，是一个24章节的关于生活、道德、精神和永恒的科学特色系列。其中7章已经按照上文所说的方式被书写了。在这之前也有24章，是关于肉体死亡之后的生活的简单讲述及它的特性等。每一章都由某个生活在地球上的人署名——其中一些是我本人熟识的，另一些是从历史上知道的……在每个章节完成，出现了名字的印象并且署名之前，我对任意一章的作者都是一无所知的……我不仅对署名作者的身份感兴趣（这些作者我根本就无法证实），而且对其中讲授的哲理也同样饶有兴趣，在这些章节出现之前，我对这些哲理是无知的。从我的生活立场出发，那一直是《圣经》的正统性立场，这些哲理是新颖的，似乎很有道理而且符合逻辑。我承认，我还无法成功地反驳它。

"它是一个有智力的自我在书写，或者是这种影响取得了个性，而这种个性实际上又使这种影响形成了一种人格。在工作中的每一步我都会意识到，这个人格不是我自己。我也仔细研究了所谓的'无意识大脑功能'的所有观点，但在我能够仔细审查的范围内，这些主张作为一个理论，应用到由我完成的这个奇怪作品当中，其实在很多方面都是行不通的。对我来说，还不如接受今日一些招魂者所宣扬的再投胎一说——即古老的轮回学说，并且相信我的前世曾在这世上生活过，这个前世会时不时地支配我的智力能量，并且写下了关于生命哲学的诸多章节，抑或是开了个邮局，让幽灵们各自抒怀，然后将其翻译为英语文稿要合理、满意得多。不，对我来说最简单最自然的方法是承认已提出的各种想法，例如，承认这是一个脱离肉体的智力体在书写。但这个智力体是谁？这是个主要问题。在这样最不合语法、最苍白无力的妄言身后署名的是曾经的大学者和大思想家们……

"我认为——假设一个人在运用他人的心灵和大脑——那么其传达的信息中或多或少含有那个'他人'的风格和语气是合理的，而这种'他人'人格（即将它们印刻到我脑中的那种力量）除了包含语言风格和语气还有想法、事实以及哲学。例如，当这一影响我的力量极为有力和快速地在我脑海中印刻，以至于我的铅笔只有飞快地扫过纸张才能记录下这些思想时，我才意识到，在许多情况下，我对这种思想上的工具——语言——已是非常自然和熟悉，就好像不知是何缘故我充当了传达者的人格，并且已经和传达的信息交错混合在了一起。但是，这风格、这语言、一切的一切对于我来说却是完全陌生的。"

我自己知道很多附体现象，也相信"控制者"能与灵媒在任何清醒状态下的自我完全不同。我记得有一个案例，被控制者自称是某一个死去的法国医生。我相信，他熟知环境的实际情况，并了解在座者的许多在世的和去世的亲人或者他们的熟人，并且我相信这个灵媒从未见过这些人，甚至连名字也未曾听说过。在此我只是记录下个人的意见，而不用证据加以证明，当然不是要所有人都采纳我的意见，因为我认为对于这种灵魂附体现象进行认真研究，是心理学研究的最大需要之一，并且我认为自己对于附体现象的认可，有可能会把一两个读者吸引到这个自命为"科学家"通常拒绝探索的领域中来。

很多人都发现了对他们来说确凿无疑的证据，在某些病例中，被控制者确实是他们自称的死去的灵魂。这种现象在一些例子中逐渐变得荒谬起来，因此我们有理由（完全撇开先入为主的科学偏见）说这种现象是不真实的。鲁兰西·温南（Lurancy Vennum）也许是人们可以在当代找到的最极端的"附体"案例了。[63] 鲁兰西是一个14岁的女孩，和父母住在沃奇卡，在经过各种歇斯底里的精神错乱和自发的附体状态后，她被那种有些怪异的灵魂附身了，最后宣称自己是玛丽·若佛（Mary Rof）的灵魂（一个邻居家的女儿，12年前在一个精神病院去世），并一直坚持要回自己的家。经过了一个星期的"思乡病"和她的一再要求，父母终于同意了，而若佛一家人也同情她，再者他们自己也是相信鬼神之人，于是便让她住了进来。一到若佛家，她就让这一家人相信了，他们死去的女儿玛丽与鲁兰西·温南交换了躯体。她说鲁兰西暂时生活在天堂里，而玛丽的灵魂现在控制了她的身体，并且再一次生活在她以前尘世的家中。

"这个女孩,在她的新家中看起来是完全快乐和满足的,知道12年至25年前玛丽在她原有的身体中时所知道的每一个人和每一件事,认识并能叫出从1852年到1865年(玛丽去世的那一年)家里的所有朋友和邻居的名字,能回忆起几十件,不对,是几百件她平常生活中的事情。当她在若佛先生家的时候她完全不认识任何温南家的人,不管是他们的朋友还是邻居,当温南夫妇和他们的孩子拜访若佛一家时,就像介绍陌生人一样介绍给她。但是经过他们的多次探望,并常常听闻他们的和善后,她开始像喜欢熟人一样喜欢他们了,并且在若佛夫人的陪伴下拜访过他们三次。她一天天地更加安逸、稳重,勤劳地参加家务活动,以一个忠诚淳朴的女儿身份参加唱歌阅读等活动,尽一切机会来与这个家庭的人交谈。"

这个在若佛家所谓的玛丽有时候会"返回天堂",并且同时让身体处于一种完全安详的状态,鲁兰西原来的人格并没有回来。然而在经过八个或九个星期后,鲁兰西的记忆和行为方式有时会部分地而不是完全地返回那么几分钟。一次,鲁兰西似乎在短时间内完全拥有了意识。最后,经过约14个星期以后,就像是验证了玛丽刚接受"控制"时的预言一样,她完全离开了,鲁兰西的意识又永久地回来了。若佛先生写道:

"她想让我带她回家,我这样做了,她叫我若佛先生,跟我谈话时,就像一个和我不熟的年轻女孩一样。我问她感觉怎么样——是否看起来还正常。她说对她而言就像做了一场梦。她见到父母和兄弟时，表现得非常深情，含着喜悦的泪花来拥抱和亲吻每一个人。她用双臂搂住父亲的脖子很长时间，亲得差点快要让人窒息。我刚刚见过她的父亲，他说她回家以来十分自然，并且现在似乎完全健康。"

在几个月后，鲁兰西的妈妈写道：

"她表现得非常健康和自然。在她回到家的两三个星期之中，她似乎对去年夏天生病之前的事有点儿生疏，但这也许是发生在她身上的自然变化。只不过对她来说，似乎一直就是在做梦或睡觉等。鲁兰西变得比以前更机灵、更聪明、更勤快，更有女子气并且更有礼貌了。我们将她的完全康复并且回到自己家庭的功劳归于史蒂文斯（E. W. Stevens）大夫和若佛先生一家，若佛先生让她搬到他们家中，而她也是在那里得到痊愈的。我们坚信，如果她继续留在家里的话，也许会死掉，或者我们将不得不送她去疯人院，如果这样的话，她也会死在那里。更进一步来说，在负荷这么多照料工作的情况下，我也早就累死了。鲁兰西的几个亲戚包括我们自己现在都相信她是被精神力量所治愈的，也相信是玛丽·若佛一度控制了她。"

八年以后，据说鲁兰西已经结婚并成为一名妈妈，身体健康。她显然已经走出了生命中的那一灵媒阶段。[64]

在这些人被附体的情况下，很少有人去研究他们的感受状况。但是我发现在附体状态下的自动书写期间，两个书写者的双手会变得麻木。而另外两个人则不会如此。在自动书写之前，一般臂神经会产生一阵刺痛，且手臂肌肉会没有规律地收缩。我发现一个灵媒在附身状态下说话时，她的舌头和嘴唇对针刺显然是没有感觉的。

我们在推测所有这些不同人格倒错过程中的大脑情况时，会发现一定要事先假设大脑中所有的作用模式都能够连续地改变，并且在转换时会暂时放弃对整套已经充分组织起来的联想通道的使用。否则，我们就无法对一种人格转换到另一种人格过程中发生的记忆丧失现象进行解释。不仅如此，我们还必须承认有组织的通道系统可以与其他系统"失去联系"。这样一个系统中的过程产生一种意识，而另一个系统中的过程产生另一种同时存在的意识。只有这样的解释才能让我们理解被附体状态下自动书写、歇斯底里以及健忘症等各种现象。但是，我们无法推测的是"失去联系"这个短语代表的是何种类型的分离。我只是认为我们不应该说是自我的双重性，这好像就是指通常应该联合的某些观念系统无法联合一样。我们最好是说在有关歇斯底里和自动书写的病例中，对象通常是联合的，而现在却属于两个"自我"。每一个自我都是由通道系统的独立作用而产生的。如果大脑运作正常，而相互分离的系统又重新联合起来，我们就会得到一种新的意识倾向，它表现为第三个"自我"，与前面两个"自我"都不同，但却知晓它们两个的对象——在上一章节已经描述过了，这里就不作进一步阐述了。

低级自动动作的一些特性表明：相互分离的系统分别位于大脑的右半球和左半球。例如，这些人通常会倒着写或颠倒字母顺序或左右反写。所有这些都是失写症的症状。如果让这些人的左手任自然的冲动支配书写，那么大多数人左右反写会比正常书写要容易。迈尔斯（F. W. H. Myers）先生曾经关注过这种类似的情况。[65]他曾经要人们注意，一般的占卜书写通常都含有低级的道德色彩。根据修林斯·杰克逊的原理，与右半球相比，左半球是一个进化程度更高的器官，平时会抑制右半球的活动。但是迈尔斯先生指出，在自动动作过程中这种抑制作用会消失，使得右半球可以自由地独立活动。在某种程度上的确会这样。但是迈尔斯的意思并不是粗糙地用"两个"半球来解释"两个"自我。自我也许不止两个，因此，每个自我的大脑系统一定是以一种细微的方式相互渗透。

第九节　总　结

现在我要对这一章进行一个总结。自我意识实际上是一道意识流，这道意识流的每一部分以"主体我"的资格能够：①记得它前面的部分，并知道它们所知道的事情；②特别注重和关心其中作为"客体我"的部分，并将其余部分也归属于它们。"客体我"的核心，始终是当时感受到的身体存在感。所有记忆中的过去感受与现在这个身体感受相似的，都与它一道被视为属于同一个客体我。凡是与这种感受相联系的其他任何事物，都被认为形成了那个客体我的经验的一部分。并且这些事物中的某些部分，在更广泛的意义上被认为其自身就是客体我的组成成分，例如衣服、物质财产、朋友以及这个人受到的或可能受到的尊敬和荣誉等。这种客体我是客观地得到认识的事物的经验集合。而认识它们的"主体我"不可能是一个集合，并且为心理学的需要考虑，也无须认为它是一个不变的、超越时间之外的形而上的实体，如灵魂，或像纯粹自我那样的本原。它是一种思想，每一刻的思想都与前一刻不同，但它会占有前一刻的思想，以及前一刻思想自己所占有的一切。所有的经验事实都能在上述的描述中找到自己的位置，除了"流动着的当事思想和心理状态的存在"这个假设以外，就不需要任何其他的假设了。同一个大脑可供很多有意识的自我（交替的或并存的）之用。可是，这是由于大脑内部作用的何种变化，或者是否可能有大脑以外的状态介入，目前暂时还无法回答。

假如任何人坚持认为，我对于为什么连续的流动着的思想会继承彼此的所有物，或者为什么这些思想和大脑状态之间会彼此互为数学意义上的函数关系，并没有给出理由。我的回答是，如果有理由的话，那它也必定是在所有真正理由存在的那个地方，就是说存在于这个世界的全部道理或意义之中。如果存在这种意义，或接近它的意义（因为我们不得不相信它的存在），那么只有这个意义才能使我们明白，为什么人类有限的意识流会在这种依靠大脑的函数关系中发生。这就是说，心理学作为一门特殊的自然科学必须停止于单纯的函数关系。如果流动着的思想是直接可证实的事物，迄今也没有任何学派对此发生过怀疑，那么，这个思想自身就是思想者，心理学也就不需要探索到更远的地方了。我所能发现的唯一的要引入一个更先验的思想者的理由，就是否认我们对于这个思想自身有任何直接的知识。这样，思想的存在就成了一种假设，断言必定有个认识者与所认识的一切相关联；而这个认识者是谁就变成了一个形而上学的问题。这个问题如果以这种方式得到陈述，那么，我们必须认为唯灵论和先验论的解决方案就与我们自己的心理学解决方案一样同等重要而应加以无偏见的讨论。可是这就使我们超出心理学的，即自然主义的观点之外了。

注　释

1　参见陆宰《小宇宙》一书中那一段动人的"论服装哲学"的内容，英译本

第 1 卷，第 592 页后面的内容。

2 "谁从我这偷去了我的好名声"，等等。

3 "那些认为褒奖和耻辱并非人类强烈动机的人……似乎是不谙人类天性和历史的。他将会发现支配绝大多数人的主要法则（如果不是唯一法则的话）是这一时尚的法则，因此，他们做那些能在同伴中维持名誉的事，而很少去理会上帝和行政长官的法律。对于触犯上帝的法律而应遭受的惩罚，一些人，甚至是大多数人根本不当成一回事；而在那些能够反省的人中，好多人在违法之时就想到将来可以和解并补救这种罪过；至于来自联邦法律的惩罚，他们通常也抱着脱罪的希望。但是没有人能够逃脱由于冒犯了他所在团体的时尚和意见而受到的责难和厌恶，当然他也不会主动去冒犯。一万个人里也不会有一个人固执和迟钝到能够忍受自己被社交圈子里的人长期的厌恶和谴责，如果他能在这种持续的耻辱和坏名声的社交圈中生存，那他就一定是古怪而与众不同。许多人寻求孤独，而且会安于孤独；但是任何人只要对自己还有一点点的思想或感觉，他就不会在他熟识的朋友们的不断厌恶和非难之下生活于社会中。这个负担太重了，人类无法承担。如果一个人能够在交友中得到乐趣，又不在意其同伴的鄙弃和轻视，那他一定自己就是一个不可调和的矛盾。"（洛克，《人类理解论》，第 2 卷，第 28 章，第 12 节）

4 对于这些运动感觉更为详尽的讨论参见下一章"注意"。

5 我们应当将冯特关于自我意识的解释与此相比较。我称之为"内部调整"的东西，他称之为"统觉"过程。"在意识的这种发展中，有一组特殊的知觉具有特别重要的意义，即其源头在我们自己的那些知觉。我们从我们自己的身体得到感受的表象，以及对我们自己动作的表象，形成了一个持久的群集，而使它们自己与其他所有表象区分开来。由于总是有某些肌肉在紧张或活动，所以我们从来也不会缺乏关于我们身体的位置或动作的模糊或清晰的感受。……而且，这种持久的感受有这样一种奇特之处，即我们觉得我们能够在任何时候有意地唤起这些感受中的任何一个。我们通过其自身将要引起运动的意志冲动来唤起运动的感觉，我们通过感觉器官的有意运动来唤起身体的视觉和触觉的感受。因此，我们认为这种持久的感觉群集，直接或间接地服从于我们的意识,并且称之为关于我们自己的意识。在开始,这种自我意识完全是感觉的。……只是渐渐地,其排在第二位的特性,它受意志的支配,才占据了优势。随着我们全部心理对象的统觉对我们表现为一种意志的内部运作,我们的自我意识才开始同时既扩大自己,也缩小自己。它的扩大在于每个心理活动都与我们的意志发生关系,它的缩小在于它越来越集中于统觉的内心活动。与之相反,我们自己的身体和所有与之联系的表征,都表现为外部对象,与我们严格意义上的自我相区别。这个被缩小到统觉过程的意识,我们称之为我们的自我;而一般心理对象的统觉,根据莱布尼茨的看法,可以被看作心理对象提升到我们的意识之内。因此,自我意识的自然发展,含蓄地涉及在哲学中这一能力得到描述的最抽象的形式;只有哲学才喜欢把抽象的自我放在开端,并由此而颠倒了发展的过程。我们也不应该忽略这样的事实,即完全抽象的自我(作为纯粹活动),尽管为我们意识的自然发展所暗示,我们却永远也不会真正在那里找到它。最思辨的哲学家,也无法将其自我从那些身体感受和表象中分离出来,后者构成他对他自己知觉的不间断的背景。和其他看法一样,对其自我的这种看法本身,就来自于感受性,因为统觉过程自身,主要就是通过与之相伴随的那些紧张感受(我在前文称之为内部调整),而被我们认识的。"(《生理心理学》,第 2 版,第 2 卷,第 217-219 页)

6 我所了解的唯一例外是苏里欧(M. J. Souriau),他在《哲学评论》第 22 卷第 449 页发表了一篇重要文章。他的结论是:意识并不存在(第 472 页)。

7 参见贝恩教授的《情绪与意志》一书中对"权利之情"的精彩评论。

8 参见卡莱尔的《旧衣新裁》一书中"永远的肯定"那一章所说的:"我告诉你,傻子,这一切都是因为你的虚荣心,因为你幻想着那些你应该得到的某些东西。假如你幻想着应该被绞死,那么当你只是被击毙时你就会觉得幸福了;假如你幻想着自己被铰链绞死,那么你就会觉得被绳子绞死也是一种奢望了。……有什么立法机关通过的条文说你应该享有幸福呢?不久前你还没有生存的权利呢。"等等。

9 参见希金森(T. W. Higginson)的译本,1886 年,第 105 页。

10　常见的减轻失望或受轻视的打击方式,如果可能的话,是降低那个使我们失望或轻视我们的人的身价。这是我们对于不同派别和私人恶意的不公正责难的补救办法。(贝恩,《情绪与意志》,第209页)

11　我们必须看到,这种理想化构成的自我品质,实际上最初是为我的伙伴们所认可的。而我现在之所以撇开他们的判断,而诉诸理想法官的评判,是由于眼前这个例子的一些外在特殊性。我曾经受人羡慕的勇气现在也成了他人眼中的鲁莽,坚韧变成固执,忠实变成狂热。现在我相信只有理想的法官才能看出我的品性、意向和能力的真相。我的伙伴们已经被利益和偏见所误导而陷入迷途了。

12　自私的种类随着我们每个人所追求的自我不同而变化。如果仅仅是单纯的身体自我,那么当一个人抢到了最好的食物、温暖的角落、空闲的位置;或者他不为他人腾座位,四处吐痰,还电嚼到我们脸上——我们就会说这人贪婪。如果追求的是名声或威望形式的社会自我,他会以物质方面低人一等的手段来达到目的;在这种情况下,他很容易被视为一个无私的人。如果一个人追求的是"来世的"自我,并且以苦行的方式追求——他宁愿看到全人类永远沉沦,也不愿失去自己的灵魂——他的自私就可能被称为"圣洁"。

13　陆宰,《医学心理学》,第498-501页;《小宇宙》,第2卷,第5章,第3、4节。

14　参见《生理学的心理分析》,第2卷,第2部分,第11节。这一节应该全部阅读。

15　在贝恩教授的"自我情绪"一章中,对于我们大部分的自我情感的原始本性缺乏公正的判断,他似乎把自我情感认为是这种冷静的理智的反省式自我评价——当然自我情感极大部分并非这样。贝恩教授认为当注意力开始向内部转移,到达自身的人格时,我们将这种本来是伴随着思考他人的活动转向了自己。我们习惯于观察周围人们的动作和行为,通过对比,得出一个人的价值高于另一个人的判断,同情苦难中的人们,对某个特殊的人感到满意,祝贺一个获得了我们希望他获得好运的人,崇拜我们中的任何一个伙伴所表现出的伟大或出色。所有这些活动在本质上是社会性的,像爱和憎恨一样，一个孤立的个体无法获得或使用它们。我们可以通过什么方法或虚构手段，使它们作用于我们身上呢？或怎样才能使我们通过把自己放在其他位置上来获得满足呢？也许最简单的思维活动形式是通过自我价值和自我评价来实现的。基于我们对同伴行为方式的观察，然后很快开始在周围的人中进行对比，从而知道某人更加强壮并比其他人做了更多的工作，结果这个人获得了更多的报酬；而某人也许比其他人更加善良，结果获得了更多的爱；或某人会因立下了超越他人的赫赫功绩，从而吸引了群众的注意和羡慕。我们与他人建立了一系列固定的联系，赞美好的，否定不好的。对于强壮和勤劳的人我们估计他会获得更大的报酬，并且会觉得处于他的位置相对来说会幸福得多。出于生存的首要动机，我们会渴望获得好东西，并且注意到别人是通过付出巨大努力获得这些，我们会因为这种努力而体验到一种尊敬感，并希望自己也能这样。我们知道自己也能为了想要的东西而付出努力。看见其他人的努力，我们也能适当地提醒自己，并且拿自己和他人比较，这种比较是由于切实的结果，才使人关切。因为曾经学会了看到别人劳动，就会或多或少地了解到相应的报酬是多少，我们发现对于通过工作获得报酬这种活动并不是一件很难或没有意义的事情……当我们在两个人之间做决定，比较哪一个更加有价值时……正如我们在自己和其他人之间做出判断一样，然而，这些比较的结果却很可能是出于自己的欲望。再过两页我们将会读到"自我安心"和"自我满足"这样的术语，它们指的是想到我们自己的价值和财产时，就会产生的一种积极的享受。这和其他的情况一样，起点都是对其他人身上的才能或愉悦品质的注视，伴随着或多或少的喜欢或爱。贝恩教授在这里将自怜看作是一种以虚幻或不真实的方式从更直接的对象上转移到我们自己身上的情感。同样，因为我们可以从别人身上看到自己，所以我们能在自己身上感到别人在我们的处境下所产生的怜悯之情。

从这里可以看到，贝恩教授的说法是一种传统的解释，即将这些情绪看作是对结果的迅速评估，并且各个对象间由于接近性和相似性而联结起来，情感也因此由一个对象转到了另一个对象。相反，贝恩教授著书之后出现的"动物进化论"使我们看到，许多情感最初一定是由一些特殊的对象引起的。

没有什么能比我们在重大生活事件上的成败而产生的自我满足和自我羞耻更算得上是原始的了。这些感受无须借助外来的反射。因此贝恩教授的理论只适用于自我情感中的一小部分。陆宰在他的《小宇宙》第 5 卷第 5 章第 5 节中有几页讨论了普遍判断对我们自我关注的影响。

16　"只有在我可以把一定观念的杂多统一在一个意识中的时候，我才有可能在这个观念中设想意识的同一性。换言之，只有在某种综合统一的基础上统觉的分析统一才会有可能。"(《纯粹理性批判》，第 2 版，第 16 节)在这篇文章中康德称为分析的统觉和综合的统觉这两个名称，在我们这里分别叫作客观的综合和主观的综合。希望有人可以发明一对词语来表示这些差异——本文中使用的那些名词确实不够好，但我认为康德的名词似乎更糟糕。"范畴统一"和"先验综合"是很好的康德式话语，但却不是好的人类语言。

17　所以我们可以用一种不好的双关语来说，"只有一个处于联系之中的世界，才能被认为是无联系的"。我说是不好的双关语，因此从有联系到无联系，中间有观点的变动。无联系是被认识的实在，有联系是关于这些实在的知识。而从本书所坚持的心理学观点来看，实在和关于实在的知识是两个不同的事实。

18　一些细心的读者将会反对说，如果当事思想不能把其对象中叫作"我"的那部分结合于这个思想自身，那么，它就不能够把它的对象的任何部分叫作"我"，并把其他部分结合到这个部分之上；并且假如不知道它自己，它就不可能将它与它自己结合起来；如此一来我们的(参见上文第 234 页)"当事思想也许对它自己没有直接认识"这一假设就被推翻了。对此，我的回答是，我们一定要小心，不能被辞藻所蒙蔽。我(I)和客体我(me)并非意味着任何神秘的、空前的东西——它们只是表示强调的代名词罢了；并且当事思想也总是在强调一些事情。例如，在它所认知的那一片空间里，它总是拿"这里"和"那里"进行比较；在它所认知的那一个时间里，会拿"现在"和"那时"进行比较；或者在一对事物上，它把一个叫作"这个"，另一个叫作"那个"。就像是我和你，我和它，确切地说就和上述区别是一样的——在客观知识领域才可能有的区分，"我"对于当事思想而言，仅仅意味着身体在顷刻间的感觉。

而我身体所存在的感觉，无论对它的认知有多么模糊，都有可能是我的自我意识的绝对原型，即"我存在"这个基本知觉。所有占有都有可能是被一个无法直接认识到自己的当事思想结合到这个基本知觉上。这些到底是逻辑上的可能性还是实际上的事实，本文仍然没有给出一个定论。

19　《形而上学》，第 245 节结尾处。陆宰在他的早期著作《医学心理学》中，是一个灵魂实体论的强烈拥护者(我是这样理解的)；但在其《形而上学》第 243-245 节中，他对现存的这一理论进行了精妙绝伦的批判。

20　关于经验的和先验的自我统一的观念，参见陆宰，《形而上学》，第 244 节。

21　休谟，《人性论》，第 1 卷附录。

22　赫尔巴特也相信有灵魂，但他认为我们意识到的自我是经验的自我——而非灵魂。

23　参见本书第 121-124 页中的论述。

24　《心理学体系》，1884 年，第 1 卷，第 114 页。

25　他补充道，"只有观察上的不同"。对谁的观察？外界心理学家的呢，自我的呢，意识事件自身的呢，或是其他的呢？这正是争论的焦点！

26　J. S. 穆勒，《人类心理现象的分析》，第 1 卷，第 331 页，这个"好像"是这一学派讨人喜欢的特性。

27　J. S. 穆勒，《人类心理现象的分析》，第 2 卷，第 175 页。

28　《汉密尔顿研究》，第 4 版，第 263 页。

29　他的"关于心灵的心理学理论"那一章就是一个很好的例子，他在那里做出的让步太有名了，所以必须引用，以飨读者。他在结尾处是这样说的（在上述引文中，第 247 页）："因此以各种可能性感受为背景，将心灵分解为一系列感受的理论可以有效地抵挡住反对它的最恶意的争论。但是固有的外部依据仍然难以站住脚，这个理论本质上的困难我们还没有提出来，在我看来，即使是形而上学的分析也不能解决这个困难……"

"组成心灵之现象生活的意识流，不仅由当下的感受所组成，而且还同样部分地包括记忆和期望。那么，这些东西是什么呢？就其自身而言，它们是当下的感受，是当下的意识状态，而且，就这一点而言与感觉没有区别。进一步说，它们和我们曾经经历过的某些感觉相似。但是它们每个还有着自己的独特性，即认为它们除了现在的存在以外还包含有其他东西。一个感觉只涉及其自身当下的存在，但是对于感觉的记忆来说，即使没有指明任何特定的发生时间，也会包含有一种暗示和信念，或是真实存在于过去的复制品或代表。而一个期望则多少有些积极地相信，它直接针对的一个感觉或其他感受会在将来存在。如果不说明这两种意识状态所包含的信念，即我自己曾经记得一些感觉，或者我自己，而非其他人，那么这两种意识状态所囊括的现象就无法得到充分的体现。我们能相信的事实是，这个感觉确实曾经形成或是将要形成同一个自我状态的部分，或是现在这些记忆、期待的感觉所形成的意识流。如果我们从此把心灵看作是一系列的感受，那么就必须补充这一说法，将其称为能够意识到自己是过去和将来的一系列感受。并且我们只能相信以下两者中的一个，是心灵或者自我与任何一系列感受或感受的可能性都不同，还是接受这一矛盾，即那个本来假设为是一系列感受的事物，能够意识到自己是一个系列。"

"事实上，我们在这里所遇到的最无法解释的东西，正如汉密尔顿先生所说的那样，终将要去面对那不可避免的最终事实。总体上说，一种陈述它的方式将会显得比其他的更加难以理解，因为人类的整个语言只能适应于一种，与另外一种方式如此的不相适合以至于不能用任何一个不否认真理的专业名词表达出来。最大的障碍也许不是关于事实的任何理论而是事实本身。真正让人无法理解之处在于，某些已经停止或还没出现的事物，仍然还能够以一种形式呈现出来；这一系列的感受过去或未来的极大部分，像它这样伴随着信念或现实可以被积聚到一个更加简单的概念中。我认为目前为止我们可以做的最明智的事情就是接受这个无法解释的事实；在没有理论解释它是如何发生的情况下，如果我们再提及它时，就不得不采取某个理论的术语，那在使用时说到它们的意义也应该有所注意。"

在同一本书的后面（第441页），穆勒谈到一个理论家到底怎样做才算正确时说道："他不能因为一种现象就去命名一种理论，或者把它扩展到其他并不适合的领域,然后再给自己开脱道:如果我们无法使其相符,那是因为终极事实是无法解释的。"联想主义学派用来建构其自我理论的那类现象,是相互没有觉知的感受。自我所呈现出来的那类现象是这样的感受,这感受的后面部分强烈地觉知到它前面的部分。这两种现象是不相符的,并且无论采用什么巧妙的办法,也无法使二者相符。将没有觉知的感受混合在一起,并不能使它们产生觉知。为了获得这种觉知,我们必须假设存在一种含有觉知的新感受。这种新感受不是现象的"理论",而是一种对其的简单叙述;就像我在文中构思的那种当下流动着的当事思想一样,它作为一个心理整合者,对之前的感受有着充分的了解。

30 《纯粹理性批判》,第 2 版,第 17 节。

31 为了对本书第 207 页上所说的做出公正的评判,我们必须注意到,在任何地方,不管是康德还是他的继承者们都没有将统觉的自我对结合起来的对象的呈现,和那个自我对其自身的呈现的觉知以及对它与它所统觉的东西的区别的觉知区分开来。对象必须为某个思想着的事物所认识,和它必须为某个思想着其在思想着的事物所认识,这二者被认为都是必要的——无法看出这是用什么逻辑推导的。康德试图用下述方法来减缓这个推理的跳跃性,就是说,自我对它自己的思想只需是可能的——这个"我思"必须能够与其他知识相伴随——但仅仅是可能的思想实际上并不是思想,其实就相当于放弃了这个观点。

32 "现在,至于灵魂、我、思想者,康德比休谟和感觉心理学的进步在于,其整体趋势是为了证明知识的主体是个主动者。"[参见莫里斯(G. S. Morris),《康德的批判及其他》,芝加哥,1882 年,第 224 页]

33 科恩(Cohen)说,"在康德的绪论里,他很清楚地说明了问题不在于揭示经验是怎样发生的,而在于它是由什么组成的"(《康德的经验论》,1871 年,第 138 页)。我在康德的这部书中没找到这句话。

34 这种一元论观点与我们自己的心理学观点的差异可以用下图来表示,方格中的条目代表了我们所认为的心理学不可还原的终极资料,上面的括号代表着后康德唯心主义所做的简化。

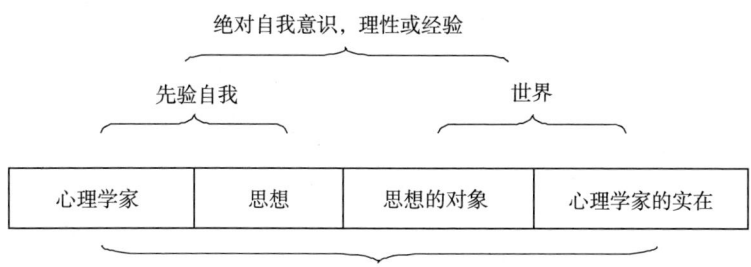

这种简化可以解释为何近代一元论的著作中到处都有"心理学家的谬误"（参见本书第 195 页①）。在我们看来，当谈到思想的知识时（不管是关于对象的还是关于它自身的），忽然不作声就改变术语，并以心理学家的知识作为代替，好像我们仍然在谈论同一件事，这是一个让人无法接受的逻辑错误。对于唯心主义一元论来说，这正是哲学的权利，当然可以纵意地做。

35　格林，《伦理学导论》，第 57、61、64 节。

36　在上述引文中，第 64 节。

37　凯尔德，《黑格尔》，1883 年，第 149 页。

38　人们几乎忍不住要相信看儿童剧的心态和黑格尔辩证法的心态在情绪方面是同一的。在儿童剧中，一切常见的事情都按不可能的方式发生，人们相互从对方的喉咙上跳下来，房子里面翻到外面，老年女人变成少年男子，所有的东西都以不可设想的速度与巧妙"变成与它相反的事物"。这一切远远没有引起困惑，却给观看者的心灵带来了喜悦。黑格尔的逻辑也是这样，在其他地方已表示区别（如认识者与对象、多与一之间的区别）这些无味名词称呼的关系，必须先转化为不可能与矛盾，然后，通过奇迹"超越"它们并将它们化为同一，这样才可以引起愉悦的心境，彻底享受它们所表现的景象。

39　请读者理解，我十分愿意在一般思辨的基础上，让作为流动着的思想之替代物的先验自我假设，经受人们的讨论。只有在这本书中，我才宁愿

---

①　英文原文是第 2 卷，第 1 章，第 32 页，疑为有误，应该是第 195 页。——译者注

坚持这一常识性的假设,即我们具有连续的意识状态,因为所有的心理学家都会做这一假设,没有可以不将这一思想作为其终极资料的心理学。所有自然科学的资料都会依次成为比它本身的批判还要精细的批判的对象,并且这种批判也会伴随着我们流动着的思想。我们已经见证过了(第231-235页)感觉的存在强度通常会没有我们所猜想的那么强烈。我与先验性自我主义者们的主要争执之处在于其信念的证据。假设他们不断地提议用先验自我来代替流动着的思想,如果它们从头到尾都否认后者的存在,我会更加尊重他们的选择。但是目前为止,就我对他们的理解程度来说,他们仍经常相信流动着的思想的存在。他们好像更加相信洛克彼此分流的思想,因为在他们的文章里,自我的主要荣誉在于它的力量可以"战胜"这种分叉,将这些分离的观念"综合""连接"或者"联系"在一起,就像先验主义者们可以同时认识不同的对象一样。在我们心理生活中的困难并不是意识到东西的存在而是意识到许多东西在一起,这才是困难所在,也只有能创造奇迹的自我才能做到。但是,当人们从认识一个对象的明确概念转到综合或链接思想的各个不同的模糊部分时,这个理论又是多么站不住脚!在第十七章"感觉"中,我们将会再次讨论这一点。

  40 "当我们把婴儿的静息状态(即从他进食之后开始睡的时刻到下次需要再次进食而清醒的时刻),与他成年时有可能出现的无穷精力相比较时,会发现他以快到让人眼花缭乱的速度探索了世界的一个又一个真相,或者将帝国的命运把握在他一人之手。他所有之后展示的智慧与之前竟是如此相异,除了仅仅给生命机器提供虚弱动作的能力外我们所能见到的有多少……如果我们可以把生命中的少数几年看作一个阶段的话,那么似乎每个阶段都具有不同的特色。每个阶段都会有独特的对象来激起活跃的情感,情感激发起努力,而这一感情在其他任何时期总会设法引导积极的欲望。一个小男孩在比他的视野水平还要狭窄的区域内发现了一个世界,他在他自己的世界内徘徊,声嘶力竭地追寻后来只会弃而不顾的对象。对他来说吸引了他整个灵魂的注意力的东西注定会和他现在已经拥有的对象一样受到冷漠的对待……每个人都有许多机会来见证智力的衰退过程,来见证我们善良的心被冷漠窃取!我们离开了自己的祖国,也许在生命的早期阶段,我们会带着所有往昔愉快的记忆回到离开多年的故乡,这些记忆因接近思念的对象而变得愈加柔和。我们急切寻找着拥有父亲般声音的人,我们习惯于聆听他的教诲,就好像他的话语拥有着某些预测功能一样——把我们引入知识的殿堂,其形象总是不断地与尊敬和爱意联系在一起。也许我们会发现他的智力已经退化到像低能儿一样,他都认不出我们了——他忽略了过去和将来的相似性,仅仅生活在动物般的感知里。我们寻求着童年时玩在一起的同伴,寻找着他心灵的柔和之情等,我们发现他已成为了一个坚如磐石的男人,接待我们时几乎连虚伪地表现出冰冷的伪善都没有了——在与世界的关系中,他对自己感觉不到的苦难漠不关心。当我们观察到所有这些的时候……即我们在说到他成了一个不同的人,他的心灵和特征已经变了时,难道只是使用了一个没有意义的比喻吗?他的同一性何在呢?同一性假定的验证,一应用到这些心灵的实例中来,就彻底破产了。他不会在相同的情形下以相同的方式施加影响或被其他影响。因此,假如这种验证是正当的,那么心灵就不是同一个了。"(布朗《人类心灵哲学演讲》中的"论心灵的同一性")

41 "约翰·卡特勒(John Cutler)先生有一双黑色的毛袜,被他的女佣用丝线补了很多次以至于最后变成了一双丝袜。现在,假设约翰先生的这些袜子在每次织补时都被赋予了一定的意识,它们将会感觉到自己在缝补的前后仍然是同一个个体。这种感觉在以后所有连续的织补过程中仍然存在。最后,这双袜子可能连一个线头都没有了,于是就像我们前面所说过的那样完全成了丝袜。"(《马丁·斯克立布利》,布朗引用,同上)

42 《工作和游戏的时间》,第 100 页。

43 对于叙述错误的详细研究,参见格尼,《活者的幻觉》,第 1 卷,第 126-158 页。在 1887 年 5 月的《美国心灵研究会论文集》中,理查德·霍奇森先生用一系列离奇的病例表明,无论什么人根据记忆来叙述一串快速发生的事件,肯定是很不准确的。

44 乔塞亚·罗伊斯(Josiah Royce),《心灵》,第 13 卷,第 244 页;《美国心灵研究会论文集》,第 1 卷,第 366 页,以证明某种被他称为"假预感"的记忆幻觉并非罕见。

45　《记忆缺失》，第 85 页。如果所有的感官都停止工作，那个人意识就会所剩无几，这从施特林贝尔（Strümpell）教授报告的那个奇特的感觉缺失青年的话中能得到最清楚的说明（《德国临床医学文库》，1878 年，第 22 卷，第 347 页）。我们将会在之后发现这个青年在很多方面都对我们有启发。不管是他身体的外部还是内部都完全感觉缺失了，他只有一只眼睛能看，一只耳朵能听。当他的眼睛闭上时，他说："如果我不能看，我就根本不存在了。"

46　"患者的心态最好比作毛虫的心态，后者保持着毛虫的所有观念和记忆，但突然变成一只带有蝴蝶感官和感觉的蝴蝶。在旧状态和新状态之间，在第一个自我（毛虫的自我）和第二个自我（蝴蝶的自我）之间，有一道深深的断裂，完全的分裂。新的感觉找不到前面的序列可以将自己结合于其上。患者既不能解释它们，也不能利用它们。患者不认识它们，它们是未知的。因此有两个结论，第一个就是他说的'我不再存在了'；第二个，稍后一些，他说'我是另一个人'。"（泰恩，《论智力》，第 3 版，1878 年，第 462 页）

47　格里辛格（W. Griesinger），《心理疾病》，第 29 节。

48　《美国心灵研究会论文集》第 552 页上那个关于"老树桩"的有趣病例。

49　《论智力》，第 3 版，1878 年，第 2 卷，第 461 页的注释。克里谢巴的《大脑—心脏的神经病》（1873 年）一书中也有很多类似的案例。

50　外部命运的突然变化常常会使客体我跟着变化，相当于自我意识的病态性紊乱。当一个穷人的彩票中了大奖，或者突然继承了一大笔财产；当一个好名声的人在公众场合出丑，一个百万富翁成为一个乞丐，一个仁爱的丈夫和父亲看到家人顷刻丧命，不管造成的是积极还是消极的状态，这时都会突然在和过去所有的习惯之间暂时形成一个隔阂，以至于个体找不到连续和联结的媒介能让他从一个生命阶段过渡到另外一个生命阶段。在这些情况下，常常会发生精神错乱。

51　能够进行多种人格转换的被试数量是很少的。

52　首先出现在 1876 年 5 月 26 日的《科学评论》上，之后又出现在他出版的《催眠术、双重意识与人格变化》（巴黎，1887）一书中。

53　《催眠术》，1884年，第109-115页。

54　《费城内科医学院学报》，1888年4月4日。也可参见《哈珀杂志》，1860年5月，但不甚完整。

55　病例详见里博的《记忆疾病》。也可参见福布斯·文斯洛（Forbes Winslow）的《大脑和心灵的不明疾病》的第13-17章，其中也有不少这类病例。

56　参见詹尼特1888年5月19日在《科学评论》上所做的有趣评论。

57　《人格的改变》，巴黎，1888年。

58　前面所引的书，第84页。在这部书和阿扎姆的书（前文中引用过）中，以及在里博教授的《人格疾病》（1885年）一书中，读者将会发现更多这类病例的信息。

59　他弟弟朱尔斯·詹尼特博士的患者威特……尽管他处于感觉缺失的清醒状态时无法回忆起任何催眠中的状态，但处于浅层催眠状态下时，却记得深层催眠状态下（在这一状态下他的感受性完好无缺，参见前面第207页）的情形。然而，在浅层催眠状态下她仍然和清醒状态一样是感觉缺失的（在上述引文中，第619页）。而斐丽达的感受性在这两种状态下则没有什么差异——至少从阿扎姆的叙述中可以判断她在两种状态下都有某种程度的感觉缺失（前面所引的书，第71、96页）。——在迪飞（M. Dufay）报告的双重人格的案例中（《科学评论》，第18卷，第69页），似乎病人在严重的感觉缺失的情况下记忆力更好。——受催眠者失去视觉以后不一定会失去视觉观念。这样看来，似乎健忘和感觉缺失不一定会彼此相随，尽管它们可能会同时发生。被催眠者会经由暗示言语失去视觉以后，仍然清楚地想象到那些已经看不见的东西。

60　霍奇森先生在1890年的《美国心灵研究会论文集》中对这个案例做出了详细的说明。

61　他在波士顿待了一下午，在纽约待了一晚上，在纽瓦克待了一下午，在费城待了十天或更久，首先是某家酒店然后是一些公寓，接着是某个公寓，没结识什么人，只是休息、阅读、四处看看。不幸的是，我无法确切地证实这些细节，因为酒店的登记簿被销毁了。并且他说的那个公寓也已拆掉，而他又忘了拥有这所公寓的两位女士的姓名。

62 我们可以看到，如果人们怀疑这一案例的真实性，那么整个事件的各个细节也与其假装的完全一致。我只能说，凡研究过伯恩先生的人［包括里德、威尔·米切尔、休斯顿（Guy Hindsdale）和霍奇森等人］，没有哪个人可以质疑他的真诚，而且据我所知，他的熟人也没有对此表示过怀疑。

63 参见史蒂文斯，《沃奇卡奇事》，芝加哥，1887年，宗教哲学出版社。

64 我的朋友霍奇森告诉我，他在1889年4月去沃奇卡调查并仔细询问了案例的见证人。他所获悉的东西，使他更相信原来的叙述；并且很多没有公开的事实也得到了验证，从而增强了从灵魂附体的角度去解释那种现象的可信度。

65 参见他在《美国心灵研究会论文集》发表的一系列关于自动书写的重要文章，特别是第2篇，1885年5月。还可参见莫兹利博士在《心灵》杂志第14卷第161页发表的论文和路易斯（Luys）于1889年在《大脑》杂志上发表的《关于两重性》等论文。

第十一章

注　意

　　说起来很奇怪，选择性注意总是不断地出现，这是显而易见的，但这却从未引起英国经验主义心理学派学者们的注意。德国的学者对选择性注意已经进行了明确的讨论（认为选择性注意是一种能力或是一种结果），然而在洛克、休谟、哈特莱、穆勒父子与斯宾塞这些大师的著作中，这个词却非常罕见，即使出现了也只是轻描淡写地一笔带过。[1] 很显然，他们忽视了注意这个现象。这些作者倾向于讨论为何大脑的高级机能是纯粹"经验"的产物；而经验则是一种完全给予的东西。而注意指的是，在一定程度上的反应的自发性，这似乎超出了纯粹经验可以接纳的范围，因此，一旦谈论到它，就会破坏叙述的流畅性。

　　但是，只要人们稍加注意就会发现，把经验当作外部秩序对感官的纯粹重现是一个非常错误的观点。外部秩序中的很多对象会呈现于我的感官，却永远不会成为我的经验。原因是什么？因为我对它们没有兴趣。"经验是那些我愿意去注意的事情"。只有那些我愿意去注意的东西才能进入我的内心——假如没有选择性注意，经验就彻底混乱

402

了。兴趣导致了一种可理解的远近关系，如注重和强调、光亮和阴影、背景和前景的产生。它在每个人身上都会有差异，但是没有了它，每个人的意识将处于暗淡的混乱状态且无法相互区别，甚至是难以想象的。比如，经验主义者斯宾塞先生，把人比作处于完全被动状态的黏土，而经验就像从天而降的雨滴。在雨滴落下最密集的地方，黏土会留下深深的印记，这就塑造了心灵的形状。那么只要时间充足，每一个有感觉的生物，最后都可以获得相同的心理构造——因为"经验"是唯一的塑造者，它是一个恒定的事实，它的内容顺序就是通过有感觉生物这一被动的镜子来准确反映。如果这是正确的，那么把一个品种的狗，世代圈养于梵蒂冈宫殿里，那些雕刻于大理石上的视觉形象，会通过各种形式和组合呈现在它们眼中，不久之后，这种狗就应该能学会区分这些独特色彩中的细小特征。也就是说，如果时间足够，它们迟早都会变成雕刻鉴赏家。可是，想必大家都知道，这种事情根本不可能发生。因为那些狗对区别这些细小特征没有兴趣，所以，即使拥有永恒的雕塑经验，也无法使这种狗变得比以前更富艺术气息。同时基座底部的气味在这个品种的狗的意识中，形成了能将这些狗联系起来的一种"系统"，即使是狗的看护者也无法接近，因为对人类而言，狗对气味的兴趣是一个永远无法解开的谜题。于是，这些作者就彻底忽略了一个明显的事实，即主体的兴趣，会用其强有力的食指，指向某些特定的经验，去强调它们，并给予那些最不常发生的联系（而不是给予那些经常发生的联系）以更多的力量去塑造我们的思想。而对兴趣本身而言，毫无疑问，其起源是自然的，更确切地说，是它制造了经验，而不是经验制造了它。

　　大家都知道什么是注意。它是心灵用清晰生动的形式，在一系列同时具备可能性的对象或想法中占有其中的一个。注意的实质就是意识的聚焦与集中。注意意味着，将人们从一些事情上拉回来，去处理其他事情。法语中的分心（distraction）、德语中的精神涣散（Zerstreutheit）指的是一种令人迷惑、眩晕且注意力不集中的状态，它与注意是完全不同的状态。

我们都知道那是什么状态，也了解它能到达的极端程度。很多人也许会在一天之内出现好几次这样的状态：双眼呆滞无神，周围的声音融汇在一起，让人进入一种困惑的状态，注意力分散，以至于整个身体似乎在同一时刻被感觉到，意识的前景如果被什么填满的话，应该就是时间空空流逝的感觉。在心灵的模糊背景中，我们知道现在应该做些什么：起床，穿衣服，回应和我们说话的人，试着在推理中进入下一步骤。但是我们却不能开始，隐秘的思想无法冲破套在我们身上的冷漠外壳。我们无时无刻不期盼打破这符咒，因为我们知道没有必要这样继续下去。但是它还是继续下去了，脉搏一次次地跳动，我们随之飘摇，直到——突然一下子，我们没有任何原因地被赋予一种能量——虽然我们自己也不知道那是什么——使我们有精神了，我们眨眨眼，摇摇头，后景的观念有效了，生活的车轮终于又重新转动起来了。

我们可以通过保持双眼呆滞，很快地进入这种古怪的抑制状态中。一些人可以自由清空自己的心灵，做到"什么也不想"。就像埃克斯纳教授谈到自己时说的那样，这是进入睡眠最有效的方式。可想而知，动物在没有积极从事一些事情时，其状态也就和这种精神分散是类似的。疲倦和最终会成为自动化行为的单调机械化活动，会使人们很容易进入那种状态。但这不是睡眠。然而，当某人从这个状态中被唤醒，他往往很难说清楚自己刚刚在想些什么。当被催眠的被试独自待着时，他们就会进入这种恍惚的状态中；我们问他们正在想些什么,他们会回答"没什么特别的事!"[2]

结束这一状态的过程也就是我们所说的唤起注意。当一个主要对象进入了意识的焦点,其余的对象就都被暂时地抑制了。注意的唤醒有时来源于外部刺激,有时是由某种未知的内部变化所导致。它所带来的改变,会使得人们专注于一个单一对象而忽略所有其他对象,或者是处于这种状态和完全涣散状态之间的一种状态。

第一节 我们可以同时注意多少东西

人们经常对注意的"范围"问题进行提问和回答——有时是用先验的方式回答,有时是通过实验的方法。在这里讨论这个问题,似乎是非常合适的;依据我们在第九章中建立的原则,这个问题对我们来说不会太难。我们能注意的事物的数量是完全不确定的,因为它取决于个体智力的高低、理解方式和事物性质等因素。当事物被概念地理解为一个互相联系的系统,那么其数量就会非常多。但是,无论有多少数量的事物,它们都必须在单一的意识脉冲中被人们认识,并对这个意识脉冲形成一个复杂"对象"的观念(参见第276页后面的内容)。因此,准确来说,在心灵之前从来不存在严格意义上的众多观念。

许多哲学家都相信"观念"的独特原子性,他们曾设想"灵魂统一体"每次至多允许一个客观对象——表现在一个观念中——呈现给它。甚至杜格尔德·斯图尔特(Dugald Stuart)也认为,每一个最低可见度的图像"对于心灵都是一个清晰的注意对象,就好像它是用一个空的空间间隔与其他东西隔离开来……心灵不可能在同一时间注意一个以上的点;对这个形象的知觉,其实是意味着对不同点相互之间的相对位置的理解,因此,我们可以得出如下结论:眼睛对事物形象的知觉,是很多不同注意活动的结果。然而,这些注意的行为发生得太过迅速,所以对我们而言,知觉的结果仿佛是瞬间产生的"[3]。

这些光鲜亮丽的人造观点,只能是来自空想的形而上学,或由于"观念"这个词的模糊性而产生。观念有时是指心理状态,有时则代表被认识的事物,这使得人们把属于心理状态的统一性,甚至是属于灵魂的简单性,都归于那个事物。

当事物通过感官被人们理解时,能同时得到注意的事物数量很小,"注意的范围到底有多大呢?"

"查尔斯·邦尼特(Charles Bonnet)认为,心灵能同时对六个对象形成清晰的观念;但是亚伯拉罕·塔克(Abraham Tucker)则将数目限制在四个以内;德斯杜特·德特拉西(Destutt de Tracy)又将数字扩大到六个。我认为第一个和最后一个哲学家的观点是正确的",汉密尔顿先生继续说,"你能很容易地完成这个实验,但你必须仔细地把这些对象分类。假如你扔一把弹珠在地上,你会很难同时注意六个或七个以上的弹珠,且不把它们混淆;但是,假如你把它们分成两组、三组或五组,那么,你分了多少组,你就可以理解多少组;因为心灵把这些组只当作单元——把它们看成是整体,对其部分并不加以考虑"[4]。

杰文斯(Jevons)教授重复了这个观察实验,他通过同时数清扔进盒子内的豆子数的方法发现,猜测数字 6 的 147 次实验中,猜对了 120 次,猜测数字 5 的 107 次实验中猜对了 102 次,而猜测数字 3 与 4 的实验中则是完全正确。[5] 不过这种观察显然无法决定严格意义上的注意力。它只是测量了一部分视觉的清晰性,尤其是原始记忆表象[6],还部分地测量了个体在所见排列和数字名称间的联想数量[7]。

每一个数字的名称都是将这些豆子理解为一个完整对象的方法。在这样的完整对象中,所有的部分都很和谐地汇聚成一个合成概念;

没有哪颗豆子具有独特且不一致的联想；因此，通过练习，它们被我们正确估计的数量会变得更多。但是，如果我们面对的对象分裂成彼此没有联系的部分，并且每个部分好像都构成一个独立的对象或系统，不能在和其他部分的联系中被我们理解，那么，想要理解所有这些部分就会变得很困难，心灵倾向于注意其中一个对象的同时，放弃其他对象。不过，在一定范围内上述情况也是可以做到的。波尔汉（M. Paulhan）对这个问题做过细致的研究，当你大声朗诵一首诗的同时，又在心里念着另一首不同的诗，或者在写一个句子的同时说另一句话，或在纸上做计算时背诵着诗歌。[8]

他发现"心灵能进行双倍工作的最有利条件是，让它同时从事两个简单的却属于不同种类的操作。两项相同种类的操作、两项乘法运算、两种背诵或背诵一首诗且写出另一首诗等，都会使过程变得更不确定和更加困难"。

注意力在这些操作中经常变化（但并不是一直这样），有时，一个任务中的一个词会进入到另一个当中。我发现自己试着一边背诵一些东西一边写出另一些东西时，一个单词或一个短语的开头部分，都是需要注意的部分。一旦开始写了，我的笔就似乎会以它自己的力量写出一个或两个单词。波尔汉比较了同时进行两种操作和相继进行这两种操作所花费的时间，他发现，同时进行会节省相当多的时间。例如：

> "我默写安萨利（Athalie）的前四个诗行的同时，背诵缪塞（Musset）的十一行诗。这整个行为共花了40秒。但是单独背诵要22秒，单独书写要31秒，在一起就要53秒，因此，存在支持同时性操作的差异。"

又如：

"我计算 421、312、212 乘以 2，这项操作花了 6 秒；背诵四个诗行也花了 6 秒。但同时完成这两项操作，则只需 6 秒，可见，这两样工作的结合不会造成时间损失。"

当然，这些时间的测量不够精确。在有三个对象系统时（在背诵的同时，两只手都书写），操作会变得困难很多。

如果那个最初的问题（我们能同时注意多少观念或事物）意味着，有多少完全互不联系的观念系统或过程能够同时进行，那么答案是：数量多于一个就会不容易了，除非过程是非常习惯性的；如果是这样，那就是两个，甚至三个，而注意没有太大变化。然而，如果过程不那么自动化，就像朱利尤斯·凯撒（Julius Caesar）曾经在口授四封信的同时，写第五封信的故事那样[9]，那必须存在心灵从一个过程快速转移到另一过程，且没有时间上的获得。在任何一个系统中，部分都可能会多得数不清，然而当我们将它们当成一个整体来理解时，我们就是在把它们作为一个整体来注意的。

当注意的对象是一些细微感觉，而人们做出的努力是想精确注意它们时就会发现，对一种感觉的注意，会很大程度地干扰对另一种感觉的感知。人们在这一领域内已经做出了大量优秀的工作，我必须对此做些说明。

很久之前人们就已经注意到，当预期注意集中在两种感觉中的一个时，另一个就倾向于暂时从意识那里移开，随后又会出现；尽管事实上这两种感觉可能是同时发生的。那么，拿书中现成的例子来说，外科医生有时会在看见器械刺入病人的皮肤之前，先看到血从他要为其放血的病人手臂内流出。类似地，铁匠会在看见锤子砸向铁块之前就看到了火花四射等。当两种观察对象都不能引起我们的注意，并且是两种完全不同类型的事物时，要想感知二者的确切时间是非常困难的。

埃克斯纳教授关于两种感觉之间在时间上的最小可感知接续的实验，我们将在另一章中介绍，他对在非常短的时间内，注意力必须得到调整以捕捉感觉的间隔以及正确顺序的方法，做出了值得关注的评论。关键在于，区分出两个信号是同时的还是相继的；并且，假如是相继的，那么，它们谁先发生。

他发现自己能进入注意状态的第一种方法是在这两个信号差别不大时——例如，当它们是由两只耳朵分别听到的相似声音时。在这种情况下，他先等待第一个信号，无论它可能是哪一个，然后在记忆中对它进行识别。第二个信号总是能通过缺省而被知道，而其自身常常无法被清楚地辨别。如果时间太短，第一个信号根本无法与第二个信号相分离。

第二种方法是调整注意来适应某种特定信号，下一刻在记忆中觉知它出现于其同伴之前或之后。

"这种方法带来了很大的不确定性。没有准备的印象比其他印象在我们的记忆中将会留下更微弱的印象，仿佛它是模糊的，在时间上也很难确定。我们趋向于把主观上较强的刺激，即我们关注的刺激，当作是先发生的，也正如我们倾向于将客观上较强的刺激当作先发生一样。不过，情况也可能会不一样。对我而言，从触觉到视觉的实验中，似乎当另一个印象出现时，注意力对其没有准备的印象就已经存在了。"

埃克斯纳发现，当印象之间的差异很大时，他就会经常使用这种方法。[10]

很显然，在这种观察中（我们不能把它和那些两个信号是完全相同的、信号的相继性被认为是单纯重复，因而不存在哪一个先出现这种区分的观察相混淆），每一个信号都必须在我们的知觉中稳定地与一个不同的时间瞬间相结合。这是两种不同概念同时占据心灵的最简单的可能情况。两种信号同一时刻产生的情况，似乎是另一种情况。因此，我们必须去冯特那里寻找能更进一步解释这个问题的观察了。

读者应该还记得我们在第三章中讨论过的反应时实验。在冯特的实验中，经常会发生这种情况，即反应时降到了零，甚至是一个负值。翻译为普通语言的意思就是，观察者对信号极其专注，以至于他的反应实际上与信号同时发生，甚至是在这个信号出现之前就发生了，而不是像事物的本性那样，在信号出现后的若干分之一秒才出现。关于这些结果我们随后会做更多论述。同时，对这种结果进行解释时，冯特说道：

"如果两个刺激在强度上差别很小，我们在通常情况下会对这两个刺激的同时性有一个非常准确的感觉。在一系列有预警以固定间隔先于刺激出现的实验中，我们不仅不随意地尝试尽快对这个刺激进行反应，而且我们的行为有可能会和刺激本身同时发生。我们尝试使自己对触觉与神经支配[肌肉收缩]的感受，客观地和我们听见的信号同时发生；经验告诉我们，我们在大多数案例中都大致成功了。在这些案例中，我们对听见信号、对信号做出反应以及感受到我们的反应都有一个清晰的意识——所有的这些都是在同一时刻发生的。"[11]

411

第十一章 ｜ 注 意　447

冯特在其他地方又说道：

"这些观察上的困难和只有在相对较少的情况下才能使反应时间消失的情况表明，当我们的注意处于紧张状态时，想让它同时固定在两个不同的观念上是非常困难的。除此之外，我们还需要注意，当这种情况发生时，人们也一直试着把所有观念都带进某种联系中，并把它们作为某种复杂表征的组成部分来理解。因此，在相关实验中，情形似乎是这样的，我通过我记录的动作，而制造出球掷在地板上发出的声音。"[12]

冯特在案例中所说的"困难"，指的是迫使两个非同时性的事件在同一个瞬间明显地结合在一起。正如他所承认的那样，把我们的注意力分配在两个真正同时发生的印象上，去感受它们是同时的，这并非什么难事。他所描述的案例，其实是时间错误知觉的案例，用他的话来说，就是主观的时间移位。他还认真研究过更多这方面的奇怪案例。这些案例使我们的研究有了更进一步的发展，因此，我将尽可能用他的话来引用这些案例：

"当我们接收一系列被清晰间隔分开的印象中，突然出现了一个异质印象，情况就会变得更为复杂。那么问题来了，我们应该将系列中的哪一个成员感知为与那个附加印象是同时发生的呢？是和真正和它同时发生的成员，还是会发生什么失常？……假如新加入的刺激属不同感官，那么就可能发生相当大的失常。

"最好的实验方法是，用连续的视觉印象（可以很容易地从一个移动物体上获得）作为那个系列，用声音作为异质印象。例如，让一个指针在一个圆形刻度盘以均匀的、足够慢的速度运动，这样它给出的印象就不会混在一起，但是，无论它处于什么时刻的位置都能被清楚地看到。使得指针运转的钟表装置有下面这种机制，即每当齿轮旋转一圈时，这个装置就会响起铃声，但发出铃声的点是会变化的，因此观察者永远不能提前知道铃声会在何时响起。在这类观察中，可能发生三种情况。铃声可以或者就在它响起时，指针指向的哪一刻被感知到——这种情况中就没有出现时间移位；如果我们把它与指针指向的稍后一点的位置结合起来——就称它为'正时间移位'；最后，如果我们把它与声音响起之前指针指向的位置结合起来——就称为'负时间移位'。最自然的显然应该是'正时间移位'，因为统觉总是需要一定的时间——但是，经验告诉我们，事实却是相反的：最常发生的情况是声音出现在它真实发生的时刻之前——而与真实时间同时出现或者稍晚出现的情况则少得多。在所有这些实验中，我们可以发现，要想获得对声音与指针的某个特定位置相结合的清晰知觉，需要一些时间，而指针仅旋转一圈是远远不够的。这个运动必须持续足够长的时间，才能使声音自身形成一个有规律的序列——结果就是，对两个完全不同的时间序列的同时感知，其中任一序列都可以通过改变其速度，来使结果发生变化。人们首先注意到的是声音属于刻度盘上的某个特定范围，然后慢慢地，人们才感知到它和刻度盘上指针所指的一个特定位置结合在一起了。但是，即使是观察了很多圈的转动而获得的结果,也未必那么确定,因为注意的偶然结合会对结果产生很大影响。如果我们想故意将这个铃声与任意选择的指针位置相结合,只要我选择的这个位置没有离真实位置太远,我们很容易就能做到。如果我们遮盖住整个刻度盘,仅留下一个我们可以看到指针转过的部分,那么我们会倾向于把铃声和这个真实可见的位置相结合,而这样做的结果就是,我们可能很容易漏掉超过1/4秒的时间。因此,要想让结果有些价值,就必须依靠大量长期持续的观察,在这些观察中,注意力的无规则变化会因大数法则而相互抵消,并使真正的规律显现出来。虽然我自己的实验进行了很多年(间断性的),但它们的数量仍然不足以达到可以对这个问题进行详尽论述的程度,虽然如此,它们还是说明了在这些情况下,注意力所依据的主要法则。"[13]

冯特相应地区分了铃声的方向和铃声明显的时间移置量。方向是由指针运动的速度和(相应的)铃声接续的速度决定的。当指针一秒旋转一次的时候,他在估计铃声响起时刻的错误就会倾向于最小。如果比这个速度转得快,就开始出现正错误了;假如比这还慢,那么几乎总是出现负错误;此外,假如速度持续变快,错误就变成负的了;假如持续减慢,就变成正的了。总而言之,如果速度和变化越慢,错误就越多。最后,个体间的差异相当普遍,且同一个个体在不同的时间也存在不同差异。[14]

冯特的学生冯·奇希(von Tschisch)在更精确的水平上进行了这些实验[15],他不是只用一个铃声,而是在同一时刻使用两个、三个、四个或五个印象，使得注意力必须注意在一整组事情发生时指针指向的位置。在冯·奇希的实验中，单一铃声总是会被过早听到——所以移置总是"负的"。当其他同时发生的印象出现时，移置首先从负值变为了零，再最终成为正值，也就是说，这些印象与过迟的指针位置联结起来了。当同时发生的印象是迥然相异时（在不同地方施加的电触觉刺激、简单的触觉刺激、不同的声音），相对于同一种类的印象来说，这种情况下延迟的时间更长。随着印象一一添加进来，延迟的增加会相对减少，所以六个印象和五个印象的结果可能并无多少差异，冯·奇希最多只使用了五个印象。

冯特用之前的观察解释了这些结果：即反应有时会先于信号（参见前面的第 321 页）发生。他假设人们的心灵太专注于铃响，以至于每次铃响后，它的"统觉"，都会在期待下一次铃响的过程中，进行着周期性的完善。其最自然的完善速度可能比铃声到来的速度要快或慢。如果更快，它就会过早听到铃声；如果更慢，则过迟听见铃声。同时，指针在刻度盘上指向的位置，也在铃声被主观听到的更早或更晚的时刻被注意到。用几个印象代替单一铃声，使知觉的完备过程延迟了，指针也被过晚地看到。因此，至少我是真的理解了赫伦·冯特（Herren Wundt）和冯·奇希的解释。[16]

关于同时拥有两个完全不同的概念的困难，以及我们能同时注意的事件的数量，我就说这么多了。

第二节 注意的种类

那些得到我们注意的事物被认为是我们感兴趣的事物。我们对它们的兴趣就是注意产生的原因。不久我们将会了解到，是什么使我们对一个对象感兴趣，然后，我们再来探讨，到底在什么意义上兴趣才能引起我们的注意。同时，根据不同的方式，可以将注意划分为以下几类：

①对感官对象的注意（感觉注意）。

②对观念或表征对象的注意（理性注意）。

③直接注意。

④派生注意：当这个主题或刺激并不与其他任何东西有联系，其自身就能引起兴趣，那么此时产生的就是直接注意；当兴趣是来源于和其他直接有趣的事物之间的联系时，产生的就是派生注意。我称为派生注意的东西曾被称为"统觉"注意。

⑤被动的，反射的，无意的，无努力的。

⑥主动的和有意的。

有意注意一直属于派生注意这一类。我们从来都不需要努力去注意一个对象，除非我们必须通过努力才能获得一些远期兴趣时，我们才会这么做。但是，感觉和理性注意既可以是被动的，也可以是有意的。

在被动的直接感觉注意中，刺激是一个感官印象，它要么很强烈、很多，要么猛然出现——无论是在哪种情况下，无论它是视觉、声音、气味、冲击或内部疼痛，它的本质并不会有所不同——若非如此，它就是一种本能刺激，一种因其性质而非纯粹力量吸引我们的普通的先天冲动，并拥有一种直接令人兴奋的特征。在第二十四章"本能"中，我们将会了解到这些刺激在不同动物身上的差异。而发生在人身上的这类刺激主要是一些奇异的事物、运动着的事物、野生动物、明亮的物体、迷人的东西、刺耳的声音、单词、打击、血液等。

对直接令人兴奋的感觉刺激产生感受性，是童年与青年时期注意的特征。在成熟的年龄段,我们通常会选择与一个或者多个永久兴趣相联系的刺激,而对这个刺激以外的其他事物几乎不做反应了。[17]童年时期的特点是,儿童拥有大量活跃的精力,却几乎没有可以用来应对新印象并确定这些新印象是否值得注意的组织起来的兴趣,这样导致的结果就是注意力的极度不稳定,这在儿童时期是很常见的并且使儿童最初的学习成为一件苦事。任何一种强烈感觉都能引起感知它的器官发生调节作用,而暂时性地忘记正在做的事情。一位法国作家曾这样说过,这种使儿童看上去与其说是属于他自己,不如说是属于恰巧吸引了他注意力的事物,这种注意力的反射和被动的特征,正是老师们必须解决的第一个难题。对某些人来说,他们一生都不曾克服这个难题,一直到生命结束,他们的工作都是在心灵迷茫的空隙时间完成的。

当一个印象既不太强烈,又没有本能地让人兴奋的性质,却通过先前的经验和教育与有这些性质的事物产生联系时,被动感觉注意就是派生的。这些事物就是注意的动机。印象从注意的动机中产生兴趣,甚至可能还会与它们融合成一个复杂的对象;结果,印象被带入心灵的中心。一个微弱的敲击声本来并不是使人感兴趣的声音,人们可能不会把它从世间的普通声音中区分出来。但是,若它是一个信号,如情侣在窗户上的轻叩声,就很难不被注意到了。赫尔巴特写道:

"一丁点儿的语法错误会给纯化论者带来多么大的伤害!一个错误的音符会让音乐家感到多么的不适!违反礼节会使上流社会的人多么的难受!当一门科学的基本原理给我们留下了非常深刻的印象,使得我们能够在头脑中能轻松又清晰地再现它们时，这门科学的进步是多么的快啊！另外，当我们对与主题有关的、比原理更基础性的知觉的熟悉度，未能使我们有充分的感受性时，我们对原理本身的学习又是那么的缓慢和不确定！当一个小孩在听长辈们说一些对他们来说很难理解的话时，他们会偶尔捕捉到一个听懂的单词，并且自己复述这个词时，我们就能清楚观察到统觉注意了。是的！甚至当我们讨论一只狗，并喊它的名字时，它回过头来，这也是统觉注意。在课堂上心不在焉的学生，却能注意到老师讲的每一个故事，这和前面的情况也类似。我记得在课堂上，老师说的东西太无趣了，课堂纪律松懈，总是能听到学生们嗡嗡的私语声，但是，只要老师一说起奇闻逸事，这些动静就会立刻消失。那些似乎什么也没在听的男孩们，如何能在奇闻逸事开始时找回自己的注意力呢？其实，他们中的大多数人一直是在听讲的，只是他们听到的大部分内容与他们从前的知识和活动毫无联系，因此这些只言片语一旦进入他们的意识中就脱落了。但是，另一方面，一旦这些内容唤起了旧思想，旧思想就会很容易地与新印象联合在一起形成新的印象，那么一种完整的兴趣就从新旧印象中产生了，它将游离不定的观念驱赶到意识阈限之下，让确定了的注意暂时占据了它们的位置。"[18]

当我们在思想上追随的是一系列本身就很令人兴奋或令人感兴趣的表象时，被动的理性注意就是直接的；当这些表象仅仅是作为达到遥远目的的方法，或者仅仅因为它们需要与别的东西相联系才能变得可爱时，这种注意就是派生的。由于很多真实事物被整合成我们思想的单一对象的方式,因此在直接的理性注意和派生的理性注意之间并没有一个特别明确的界限。当我们专心在理性注意中时,可能就会变得对外部事情非常疏忽了,以至于变得"心不在焉""分心"或"漫不经心"。所有幻想或专心致志的冥想,都容易使我们进入这种状态。

"我们都知道,阿基米德(Archimedes)非常专注于几何学的思考,他通过致命伤才意识到锡拉丘兹风暴的到来,并对罗马士兵的侵入感叹道:别打扰我画圆!还有最博学的约瑟夫·塞利格亚(Joseph Scaliger),当他是巴黎的一个新教徒学生时,也是这样沉浸在对荷马(Homer)的研究中,导致在圣·马塞洛缪大屠杀与之后逃命生涯中,才意识到这是一场灾难。哲学家卡尼德斯(Carneades)习惯性地倾向于进入深刻冥想中,他的仆人意识到必须像孩子一样喂他,才能避免他因营养不良而衰弱。据说,牛顿在进行数学研究时,有时就会忘记吃饭。加尔当(Cardon),最杰出的哲学家与数学家之一,曾在一次旅行中迷失于思考中,以至于不记得路,也不记得旅行的目的。车夫问他是否应该继续前行时,他没有回答;当他在夜幕降临时分清醒后,他惊讶地发现,这辆马车停住了,而且停在一个绞架下。数学家维塔(Vieta)有时会非常专注于沉思中,以至于连续好几个小时,他似乎并非活人而更像一个死人,并且他完全没有意识到发生在他身边的事。伟大的布多伊斯(Budeus)在结婚那天,沉浸在自己的语言学中,忘记了所有的事情,直到一位来自婚宴上的大使,将他唤回外部世界中。这位大使发现他正专注于《评论》的创作中。"[19]

这种专注能达到非常深的程度，不要说通常的感觉，甚至是最严重的剧痛也能被消除。据说帕斯卡尔(Pascal)、韦斯利(Wesley)、罗伯特·霍尔(Robert Hall)曾拥有过该能力。卡彭特教授自述：

"他常常在开始一个演讲时，遭受到严重的神经痛。这种神经痛厉害到让他几乎以为自己无法继续演讲了，但是，只要他坚定地努力着，就能成功进入意识流中，然后发觉自己竟然可以毫不分心地坚持着，一直到演讲结束、注意力松懈为止。直到此时，疼痛又以无法承受的力度发作了，这使他感到惊讶，不知道自己刚才如何能停止对这个疼痛的感受性。"[20]

420　　卡彭特教授说他能通过坚定的努力，使自己继续进行工作。这种努力具有主动或有意注意的特征。这是一种大家都知道的感受，然而，大多数人都觉得它难以形容。当我们设法去捕捉一个极其微弱的印象时，如来自视觉、听觉、味觉、嗅觉或触觉中的一种，就可以在感觉领域获得那种感受；当我们想要把混合在一群类似感觉中的一种感觉辨认出来时，我们就又获得了那种感受；在理智领域，我们也可以在完全相同的条件下获得那种感受：当我们努力要把看似模糊不清的观念变得明确、清晰时；当我们费力地将一种意义从各种与其相似的意义中辨认出来时；当我们坚定地紧抓着一个和我们的冲动不一致的思想，以至于我们一旦放松，它就会迅速被一个令人兴奋和激动的思想取代。在宴会中，假如有一个人决心要倾听旁边的人低声向他提出一些乏味又不受欢迎的忠告，而当下周围的客人们全都在高谈欢笑，谈论种种令人兴奋的趣事，这个人必定会同时努力调动各种形式的注意。

有意注意一次只能维持几秒之久。所谓持续的有意注意，其实是一直重复地努力将主题带回到心灵。[21]一旦主题被带回心灵，若它是符合心意的，就能得以发展；如果它的发展是有趣的，它会在一段时间内被动地引起注意。刚才，卡彭特教授用"坚持着"来描述进入到意识流中的情况。这个被动的兴趣可长可短。一旦它衰退了，注意力就会转移到一些不相关的事情上，此时有意注意就要将它再带回那个主题上；在适宜的条件下，这一过程可以保持几个小时。但是在这段时间里，我们需要明白，注意力的集中之处并不是心理学意义上的同一对象（第207页），而是构成同一主题的相互联系的对象的接续。没有人能对一个不变化的对象保持持续的关注。

但是，有些对象暂时是没有发展的。它们停止了发展；要让心灵持续关注和它们相关的事物，就需要有最坚定的意志，并在短时间内竭尽所能、不断重复地做出努力，然后在他尽可能长时间抵挡住一些更加令人兴奋的诱惑后，再让他的思想去跟随这些诱惑。人们都知道存在这样的主题，人们避开这种主题的样子就和受到惊吓的马一样，只看一眼便要立刻躲开。比如，他不断减少的财产会被快速地挥霍掉。如果对任何被激情所驱使的人来说，那种否定激情兴趣的想法在心灵中最多只是停留一瞬间，那么为何要把挥霍者挑选出来呢？就如同正值年富力强时的"死亡警告"那样。大自然提供了这样的暗示，却并没有让人们去了解它：健康的你能持续多长时间去思考有关坟墓的事情？就算不是那么严峻的情况下，也同样很困难，尤其是当大脑疲乏时。人们会抓住任何一个甚至所有的借口，无论这个借口多么的不重要或表面化，去躲避眼前那烦人的事情。例如，我认识一个人，他会拨火苗，摆椅子，然后从地板上捡起脏东西，整理桌面，叠好报纸，然后拿起他随意瞥到的一本书，修剪指甲，诸如此类。总之，他可以用任何事去打发上午的时间，而且这些事都没有提前计划过——之所以会这样，是因为他唯一需要专心去做的事是为午间的形式逻辑课程做预习，而他厌烦这件事。所以除了这件事，其他什么事都乐意去做！

再强调一次，对象一定要有变化。否则，如果它是一个视觉对象，它就会变得看不见了；如果它是一个听觉对象，也会变得听不见了。赫尔姆霍茨曾经对自己的感觉注意做过严格的测试，就是让眼睛观看日常生活中易被忽视的对象，而且在有关视野竞争这一章中，对此进行过一些有趣的评论。[22] 视野竞争是指，若我们用两眼分别注视两种不同的图形（像附加的立体幻灯片一样），进入意识中的，有时是一个画面，有时是另一个，或者是两个画面的一部分，但是它们几乎不会结合在一起。

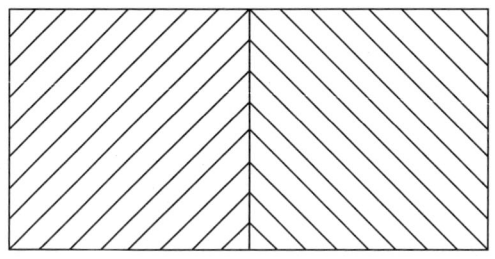

图 11-1

赫尔姆霍茨又说：

"我发现自己能够有意地注意这一个线条，然后又注意另一个线条；但是，在一段时间内，我只能看见这个系统，另一个则完全消失。例如，我试着去数一个系统里的线条，接着再数另一组时，这种情况就会发生。……但是把注意力长久地固定在其中一个系统上是极难做到的，除非我们将注意活动不断更新的明确目的和观察本身联系起来。像数线条的多少，比较线条间的间隔等。注意的平衡（保持任何的时长）在任何情况下都无法达到。如果对注意不加以约束，它的自然趋向会使它不断转移到新的对象上；一旦它失去了对其对象的兴趣，一旦没有新的东西能引起注意了，它便会对我们的意志视而不见，从而转移到其他事物身上。假如我们希望注意能保持在同一个对象上，我们就必须不停地寻找这个对象身上所存在的新的东西，尤其是当有其他强烈吸引我们的对象出现时，更要如此。"

在批评一个认为注意是完全屈服于意识的意志活动的作家时，赫尔姆霍茨写道：

"这个观点只在有限范围内是正确的。我们通过意志转动眼球；然而未经过训练的人，就无法轻松地实现将双眼会聚的目的。但是，他在任何时候都能实现观看近距离对象这一目的，而这包含了眼睛的会聚。我们也很难实现将注意力稳定地固定在一个特定对象上的目的，如果我们已经对这个对象失去了兴趣，且这个目的还是以一种抽象的方式在内部系统中形成的。但是我们能让自己发现有关这个对象的新问题，因此，一个新兴趣将在它内部产生，然后注意力就会一直集中于此。由此可见，与其说意志和注意的关系是直接的，倒不如说它们之间是间接控制的关系。"

赫尔姆霍茨所说的这些话，具有根本性的重要意义。如果说他的话对于感觉注意是正确的，那么，对于理性注意就应当更加正确了！持续注意一个思想主题的必要条件，就是我们应该不断地翻转它，并且依次思考它的不同方面和联系。只有在病态的状态中，固定且无变化的反复出现的观念，才能占据一个人的心灵。

现在，我们就能明白为什么持续注意越简单，心灵的获得物就越丰富，心灵也就越有活力和创造力。在这样的心灵中，各种主题都在发芽、抽枝和成长。在每一个时刻，它们都通过新的结果来获得满足，并重新固定注意力。但一种缺乏素材、停滞又无创造力的理智，就几乎无法在任何主题上维持长久的注意了。只看一眼就消耗了其所有可能产生的兴趣。天才一般都被认为会在持续注意的能力上超于常人。[23]但是，对他们中的大部分人而言，所谓的这种"能力"也是被动的。他们的观念焕发光彩，每一个主题都在其富有创造力的心灵中不断分裂，才使得他们能保持全神贯注长达几个小时。然而，是天赋使得他们专心，而并非是专心使得他们成为天才。当我们探寻问题的根源时，就会发现天才之所以不同于常人，并非是因为其注意力的性质，更多的是在于他们能持续的赋予所注意对象新的性质。对天才而言，那些对象形成了一个连续的序列，它们之间会通过一些合理的法则相互提示。因此，我们将这种注意称为"持续的"注意，把长时间沉思的主题认为是"同一个"主题。对普通人而言，这种序列大多是不连贯的，对象之间也没有合理的联系，我们称这种注意为不固定的、游离的注意。

事实上，天赋可能倾向于阻碍人们形成有意注意的习惯，而中等智力则是一块这样的土地，在那里我们能最大程度的期盼，在严格意义上的意志美德能发扬光大。然而，不论注意是天赋的魅力，还是意志的力量，我们注意一件事物的时间越长，就会对它有越好的把握。而那种一次次有意把游离的注意带回来的能力，就是判断力、品性与意志的根基所在。假如一个人不拥有这种能力，他就不是一个有自制力的人。那么，致力于提高这种能力的教育，将成为至高无上的教育。但是，阐述这个理想要比实现它需要做出的实际指导容易得多。与注意有关的唯一一个通用的教学法则就是，儿童提前对这个主题越有兴趣，他的注意就会维持得越好。因此，可以用这种方式引导儿童，将每个新事物都纳入到已有的知识中，如果可能的话，激发他们的好奇心，这样新事物的出现就像是对已经存在于儿童心中的问题的回答或一部分的回答。

第三节 注意的效果

注意产生的遥远效果很难计算，因而无法记录下来。所有的物种以及个体的实际、理论生活，都涉及其习惯性注意方向的选择结果。在第十四章和第十五章，我们将会对其中的一些结果做出说明。我们每个人都根据自己的注意方式，而选择自己生活的领域。我们知道这一点就够了。

注意的直接结果使我们比在没有注意的情况下更好地感知、思考、辨别和记忆——能感知、思考、辨别和记忆更多相继的事物，也能更清楚地感知、思考、辨别和记忆每个事物，还可以缩短"反应时间"。

对于感知和思考，大部分人会说，受到注意的感觉比这种感觉受到注意前变得更加强烈。但是，这种看法并不清晰，也存在着一些争议。[24]我们必须把感觉的清晰度与它的强度和力度做出区分；而对于某些心理学家而言，注意所能做的顶多就是增加感觉的清晰度。然而，当研究了许多事实后，我们必须承认，当一种感觉受到注意，而另一个却没有，这两种感觉的相对强度在某种程度上是可以改变的。艺术家们都知道如何通过施加其注意的方式，来使得他眼前的景色在色彩上变得更暖或更冷一些。假如需要更暖一些，他就会立刻发现红色从其他事物中凸显出来；假如需要更冷一些，则凸显出来的就是蓝色。同样，当我们想在和弦中听到某个特定音符，或者在乐音中听到泛音，那么，受到注意的那个音，会比之前显得更响亮更显著一些。当我们通过强调第二个或第三个打击声来中断一个单调乏味又无变化的打击声序列，并使之变成一个节律时，那个被我们注意力所强调的打击声听起来也比之前更响亮更显著一些。严密注意会导致视觉后像和双像的可见度提高，我们只将其解释为视网膜感觉的真实增强。这个观点因以下事实而更具可能性，即假如把注意力长时间地集中在一个想象的视觉对象上，它就会展现给心灵之眼非常逼真的鲜明度，并且（在某些天赋极高的观察者的事例中）当它消失后，还会留下一个负后像（参见第十八章）。我们对一个印象所能产生的强度或性质的期待，往往会使我们在实际上没有这种强度或性质的对象身上，非常明显地看见它或听见它。如果面对这样的事实，还认为注意无法增强感觉印象的强度，岂不太过轻率了。

可是另一方面，虽然感觉强度可能会增加，但是它不会把我们的判断带入歧途。这是因为我们能在不同种类的光照下去感知，并指出同一种颜色，也可以在不同距离下感知，并听出同一种声音；因此我们好像也能以类似的方式允许在观察对象时，注意发生量的变化；无论注意带来何种感觉的变化，我们似乎都认为是注意导致的，并仍然将对象感知和思考为同一个对象。

"无论我们对所观察的对象增加多少注意的紧张度,灰色的纸不会看上去更浅,钟摆的声音也不会因此而听起来更响。没人能通过这种方法,使得灰色的纸看起来是白的,或钟的敲击声听起来像大锤子敲打得那么响——相反地,当自己的意识活动转移到那个事物上时,人们都能感受到这种增加。"[25]

假如不是这样,我们就无法通过对强度施加注意来观察强度。根据斯顿夫(Carl Stumpf)所说的[26],微弱的印象会因为受到一定的观察而变得更强。

"我本来应该听不到微弱的声音,只能听到以最大强度呈现出来的声音,或者至少是随着我的注意而增加其强度的声音。然而,事实上,我能够通过稳定地增强注意,成功地听到一种逐渐减弱的声音。"

假如可以设计出一种方法,我们应该对这个问题进行精确的实验研究。毫无疑问,注意,会使我们通过它而感知和思考到的一切事物的清晰度得到增加。但是这里所说的清晰度意味着什么呢?

清晰度,就它产生于注意而言,意味着将对象从其他事物中区分出来,还有在内部的分解和区分。主要是理智辨别的结果,比如,对不同关系的比较、记忆和感知。注意本身并不能辨别、分析和关联。最多只能说,注意是我们完成这些事情的前提条件。这些过程将在稍后进行描述,因此,在这里我们最好不要对由它们产生的清晰度进行更深入的讨论了。但在这里值得重点注意的是,清晰度并不是注意的直接后果。[27]

无论将来我们能对此得到什么更进一步的结论,我们都无法否认,一个对象一旦受到注意,就将被保留在记忆中。而我们不加注意让其消失的事物,并不会留下任何痕迹。在第六章中(参见第124页后面的内容),我们讨论了某些心理状态是否是"无意识的"问题,或者其实它们不是无意识,只是受到注意,之后通过回忆也无法发现任何痕迹的情况。杜格尔德·斯图尔特说:"注意和记忆之间的联系已经被许多作家论述过。"[28] 他引用了昆体良(Quintilian)、洛克与爱尔维修(Helvétius)的话;并通过一种变得如此不专心而导致自己无法保存任何记忆的心理活动,来详细解释了这种"次级自动作用"的现象(参见第144页以后的内容)。在"记忆"一章,我们将会再次提到这个问题。

在缩短"反应时"这一标题下,对注意引起的效果有很多内容可以进行讨论。对于这个问题,冯特可能比其他任何一位研究者都做了更彻底的研究,并形成了他自己特有的主题,接下来的内容最好尽可能地引用冯特自己的原话。读者应该记得在第三章中,我们已经介绍过关于"反应时"实验的方法及其结果。

我接下来引用的事实也能看成是对那一章的补充。冯特写道:

"当我们以紧张的注意来等待一个刺激出现时,经常会发生这种情况,我们并没有感知到这个刺激,却对另一个完全不同的印象做出反应,而且这并不是因为我们对二者混淆而导致的。相反,在进行反应的那一刻,我们完全意识到自己是在对错误的刺激做出反应。有时,错误刺激甚至可能是某种完全不同的感觉,虽然这不是太常见。例如,在声音的实验中,被试可能会因为意外或实验设计,而报告看到一束闪光。我们不能很好地解释这些结果,只能假设,我们对期待的印象的紧张注意,和负责那个反应的运动中枢的预备神经支配是共存的,因此,最轻微的震荡就足以使神经支配真正地释放出来。这个震荡也许是由任何偶然印象,甚至可能是一个我们从未打算做出反应的印象引发的。当预备神经支配达到一定的强度,刺激和肌肉收缩之间的时间,就可能会小到难以察觉。[29]

"当在印象出现之前有一个事先宣布它即将出现的预告,我们对它的知觉就容易产生。每当几个刺激以相同的间隔依次出现时,就会发生这种情况,例如,当我们用眼睛注意钟摆运动,或用耳朵注意钟的敲击声。这里的每一个敲击声就成了下一个敲击的信号,这样就可以使后者对刺激受到做出准备的注意。当单一预告以某一特定间隔出现在刺激之前,同样的情况也会发生,反应时间总是会明显地缩短……我做了一个关于有无预告信号的反应时的比较观察。要对其做出反应的印象是球掉在"下落器"木板上所发出的声音……在第一组中,没有预告信号;在第二组,将下落器释放球而发出的声音当作信号……下面是这个实验中两组的平均数:

落下的高度		平均值	平均错误	实验序号
25厘米 {	无警告……0.253		0.051	13
5厘米 {	有警告……0.076		0.060	17
	无警告……0.266		0.036	14

"在这一长的实验序列中(预告和刺激之间的间隔始终一样),反应时越来越短,它可能会偶然地缩短到一个极其微小的

数值(几千分之一秒),缩短到零,甚至到负值[30]……我们对这种现象能够做出的唯一解释就是注意的准备。通过这种方法反应时得到缩短;但有时反应时降低为零,甚至变为负值,这个结果可能会令人惊讶。然而,后一种情况,也可以通过我们已经提到过的简单反应时实验里的情况来解释,在那几个实验中,当注意的紧张程度已经达到了极点,我们准备好将去执行的这个动作会逃离意志的支配,于是我们感知了错误的信号。在其他有预告提示刺激出现时刻的实验中,也是如此,注意严密地使自己使用对后者的接收,因而刺激一旦后者真的到来时,就能被完全地感知,并且运动释放也随着这种感知同时发生。"[31]

通常,当印象被完全预期时,注意让运动中枢对刺激与反应完全做好准备,那么仅有的时间损失就是生理上的向下传导。但是,甚至连这个时间间隔也有消失的可能,即刺激和该反应可以在客观上同时发生;更值得关注的是,反应可能在刺激实际呈现之前就得到释放。[32]我们翻回到前面的第321页,冯特在解释这种情况时,是用心灵努力做出这种反应来解释的,即我们可以在感受到自己运动的同时,感受到促使这个运动发生的信号。因为运动的执行必须先于我们对它的感受,所以想同时感受运动和刺激,就必须让运动先行于刺激。

这些实验的特殊理论意义就是,它们提出预期注意和感受应该是一个连续的或同一的过程,因为它们能够形成同样的运动结果。尽管其他例外的观察结果显示,它们的连续性是主观的,但冯特的实验并非如此:在过早反应的时刻,他从未被误导地认为那就是刺激真正出现的时刻。

因为集中的注意加快了感知速度,因此,相反的情况下,刺激的感知也会由于我们等待刺激时出现的阻碍或分散注意的事物而延迟。

"举例来说,假如无规律地交替呈现强刺激和弱刺激,以使观察者永远无法预期某一个特定的强度,对所有各种信号的反应时就增长了——同样平均误差也增多了。我附上两个例子……在第一组中,强的和弱的声音有规律地交替呈现,这样观察在每次都能提前知道声音的强度。在第二组中,两种声音则是无规律地呈现。

Ⅰ. 有规律地呈现

	平均时间	平均误差	实验序号
强的声音…………………	0.116″	0.010″	18
弱的声音…………………	0.127″	0.012″	9

Ⅱ. 无规律地呈现

	平均时间	平均误差	实验序号
强的声音…………………	0.189″	0.038″	9
弱的声音…………………	0.298″	0.076″	15

"当在呈现一系列强刺激时,意外地插入一个弱刺激进去,时间就会有很大的增加,反之亦然。通过这种方法,我们已经了解到对一个微弱声音的反应时增加到 0.4″ 或 0.5″,而对强声音的反应时则增加到 0.25″。一个以通常方式得到预期,但注意不能提前适应其强度的刺激,要花费较长的反应时,这是人们的一般经验。在这种情况下,区别的原因仅仅是由于这样一个事实,即如果没有注意的准备,感知和意志花费的时间都

将被延长。或许在微弱得刚刚能被感知的刺激那里得到的反应时过长,也可以用这一点来解释,即注意始终倾向于适应那些比最小刺激量大的事物,因此产生了与意外刺激相似的状态……完全出乎意料的印象比先前不知道的刺激的反应时更长。有时,当观察者的注意不是全神贯注地集中在即将呈现的信号上,而是分散了,这种情况也会偶尔发生。我们可以在等间隔刺激的长序列中,有意地突然插入某个观察者并未预期到的短间隔,导致这种情况发生。这种心理效应,就像是感动震惊一样;这种震惊可以从表面上看出来的。那么,对强信号来说,反应时很容易被延长到 1/4 秒,而弱信号将延长到 1/2 秒。如果观察者在实验中并不清楚这个刺激是视觉、听觉还是触觉印象,就无法提前将注意转向任何特定的感官,那么,这种延迟就会轻一些,但依然是很明显的。由于伴随注意的紧张感会在几个感官之间不停地变化,人们同时会表现出一种特殊的不安感。

"当被感知的印象,在性质和强度上都得到了预告,但同时出现了另一个使注意力分散的刺激,就会产生另一种复杂状况。此时,反应时总是会有一些延长。关于这种情况,最简单的例子是,一个瞬间印象,在另一个连续的且有一定强度的感觉刺激的发生过程中,被感知到。这个连续的刺激,与被反应的瞬间印象可以属于相同的感官,或不同的感官。当它们属于相同的感官时,由它引起的反应时的延长,可能一部分是因为它导致了注意的分散,但也有一部分是因为此时要被反应的刺激比其单独存在时更弱,也就是说它变成一种强度微弱的感觉。然而，事实上还存在其他的因素；我们发现，与强度较大的刺激相比，当刺激较微弱时，相伴随的刺激的反应时会延长得更多。我曾经做过这样的实验，在实验中主要的印象，或用来对其做出反应的信号是铃声，我们用带有可移动平衡物的锤子上的弹簧，将铃声的强度划分为不同等级。每一组观察包含两个序列：在一个序列中，铃声是以常规方式被感知的；而在另一个序列的整个实验中，我们用一个精密计时的装置中的一个齿轮去碰撞金属弹簧，而制造出一个有规律的噪声。在后一个序列中，有一半的时间，铃声 A 是中等强度，所以相伴随的噪声在很大程度上使铃声强度变小了，但却不至于把它变得无法分辨。可是在另一半的时间中，铃声 B 的强度非常大，因此它能压过噪声而被清楚地感知到。

	平均值	最大值	最小值	实验序号
A(中等强度的铃声)无噪声…	0.189	0.244	0.156	21
有噪声…	0.313	0.499	0.188	16
B(很大强度的铃声)无噪声…	0.158	0.206	0.133	20

"在以上实验中，伴有噪声的铃声 B 比不伴有噪声的铃声 A 产生的印象更加强烈。因此我们一定能通过这些数据发现干扰噪声对反应过程产生的直接影响。当短暂的刺激和伴随它产生的干扰，指向不同的感官时，这种影响将不会与别的因素相混淆。为了这样的测试，我选择了视觉和听觉。该短暂信号是在黑暗背景下从某个铂点跳到另一铂点的诱导火花。而规律性的刺激就是前面所描述的噪声。

火花	平均值	最大值	最小值	实验序号
无噪声 ………	0.222	0.284	0.158	20

"在使用同一个感官的实验中,人们发现信号的相对强度总是降低的(这种情况自身就是一个延迟状态),在最后观察中的延迟量,使得属于不同感官的刺激比属于同一感官的刺激对注意的干扰更强。实际上,当铃声在噪声中响起来时,我们可以很容易地立即感知到它;但把火花作为信号时,观察者要从噪声转向火花,这就会产生一种被抑制的感觉。这个事实与我们注意的其他特性直接相关。依据我们所使用的感官,注意的努力也会伴随着各种各样的具体感觉。因此,存在于注意过程中的神经支配,对每一个感官来说可能各不相同。"[33]

在做了我们目前没必要引用的一些理论分析以后,冯特给出了一个延迟程度的一览表(如下)。

(1)无法预期印象的强度： 延迟程度
①无法预期的强音…………………………… 0.073
②无法预期的弱音…………………………… 0.171
(2)用与刺激相似的干扰(连续的声音)………… 0.045[34]
(3)用与刺激不相似的干扰(声音和光的交替)…… 0.078

从心灵初步运作而得到的结果来看,整个过程,甚至是回忆、推理等高级思维过程,似乎只要注意力的集中而不是分散和疲乏,就都能更快地完成。[35]

闵斯特伯格（Münsterberg）还做过很多有趣的反应时实验。读者一定还记得我在第三章第 93 页中记录的事实：当一个人把注意力集中在预期的动作时，比集中于预期信号所用的反应时更短。闵斯特伯格发现，当反应必须通过智力运作完成，而不只是简单的反射时，情况也是一样。在这一系列实验中，需要用五根手指来进行反应，并且反应者必须依据不同种类的信号，使用相应的手指来做反应。因此，当一个单词是以主格形式出现时，就使用大拇指进行反应，当以所有格形式出现时，则使用另一根手指进行反应；类似地，形容词、名词、代名词和数字；城镇、河流、动物、植物和元素；诗人、音乐家、哲学家等，都要和与其对应的手指相匹配。因此，当属于其中某个特定类别的词被提到时，就必须是某个与其对应的特定手指做出反应，而其余手指不需要做出反应。在第二个系列实验中，反应是用一个词作为对某个问题的回答，如"说出一种可食用的鱼的名字"等；或"说出席勒（Schiller）的第一部戏剧"等；或"休谟和康德，谁更伟大"等；或先说出苹果、樱桃，还有其他一些水果的名字，然后问他，"苹果和樱桃，你更喜欢哪一个"等；或"歌德最好的一部戏剧是什么"等；或"字母 L 和最美丽的树的第一个字母，哪一个排在字母表中的后面位置"等；或"15 和 20 分别减去 8，哪一个更小"[36]等。即使是在这一系列的反应中，反应者事先把注意力转向答案，还是比转向问题的反应时短。较短的反应时几乎不超过 1/5 秒；较长的则有其 4～8 倍长。

为了理解这个结果，大家必须要记得，在这些实验中，反应者事先总是会用一些常规方法，了解到他将要接收的问题的种类，以及接下来他可能给出的答案范围。[37]因此，他从一开始就把注意力转移到回答问题的过程中，那些和上面提到的整个"范围"相联系的大脑过程，就始终保持着亚兴奋状态，然后就能以最短的时间从这个问题"范围"

中释放出那个特定的答案。相反，当注意集中指向问题，而避开可能的答案时，那么所有这些运动束的预备亚兴奋将不会发生，并且整个回答的过程就必须是在问题被听到后才能开始。所以，反应时延长也就不足为奇了。这是刺激聚合的一个好例子，也是预期注意（即使集中程度不是非常高）使运动中枢提前做好了准备，缩短刺激作用于中枢的时间，当刺激出现时产生特定结果的一个好例子。

第四节 注意过程的亲密性

现在，我们拥有了大量事实，足以保证我们能对这个更深奥的问题进行思考。我们有所了解的两种生理过程，立刻提示我们，它们自身的结合就是对这一问题的完美回答了。我是指：①感官的调节或适应；②与被注意对象相关的观念作用中枢内部的预期准备。

感觉器官和有益于它运作的身体肌肉，可以在感觉注意中（无论是直接的、反射的还是派生的）得到最活跃的调整。然而，我们也有理由相信，即使是理性注意，即对感觉对象观念的注意，也在一定程度上伴随着受对象影响的感官的兴奋。另一方面，如果我们对对象的兴趣是派生于其他兴趣或其他对象在心中的呈现（无论这个对象是感觉的还是观念的），或者它是以其他任何方式与后者联系在一起的，那么就一定会存在观念作用中枢的预期准备。无论将派生的注意归为无意注意还是有意注意，它们都存在这样的准备。因此，总的来说，我们可以自信地得出这样的结论——在成年生活中，我们注意了某个事物，那么，我们对它的兴趣一定是来源于它与其他对象的联系——感官调节和观念作用中枢准备的过程，可能共存于我们所有的注意活动当中。

现在，必须详细地证明两个问题。首先是关于感觉调整与适应。

很显然，当我们注意可觉察事物时，它就会出现。当我们看或听的时候，会无意识地调整眼和耳，还扭头或移动身体；当我们品尝或闻到什么时，也会调整舌头、嘴唇和呼吸来适应这个对象；感知某一物体的表面时，我们就会用适当的方式来调整触觉器官；在这些动作中，除了进行积极性的不随意肌肉收缩外，我们还遏制其他可能会影响我们的动作，如我们会在品尝时闭眼，在聆听时屏住呼吸等。其结果是，注意仍在继续，而器官感受却变得更强或更弱了。这种器官感受，以第236~237页我们已经描述过的方式，与它伴随的对象感受相对应，被看作我们所独有的，同时，这些对象就构成了非我。我们将它当作是对自身活动的感觉，是在我们的感官做出调节之后，从感官来到我们这里的，这和其他任何对象一样。任何对象，只要能直接引起兴奋，都会引起相应感觉器官的反射调节，而这会产生两个结果——第一，该对象的清晰度提高；第二，对相关活动的感受。两者都是"传入"感觉。

但是在理性注意中，我们已经了解到（参见第300页），相似的活动感受也会发生。我认为费希纳是第一个分析这些感觉并把它们与上文例子中的较强感觉进行区分。他说道：

"当我们把注意从某一感官对象转向另一感官对象上时，我们对改变的方向或定位于不同地方的紧张，有一种难以描述的感觉（尽管，这种感觉是完全明确的，并且可以随意再现）。我们的眼睛感受有一种向前的紧张，耳朵则感受到向两侧的紧张，这种紧张会随着注意程度的增强而增强，并根据我们是在认真观看什么，还是在仔细倾听什么，而发生变化，这就是所谓的使注意紧张。当注意快速地在眼睛和耳朵间切换时，这种差异性就会非常明显；不管我们是用触觉、味觉还是嗅觉去仔细地辨认一个事物，感受都会以最明确的差异，将其定位于不同的感官。

"但是，当我现在尝试着清晰地回忆起记忆或幻想中的一个画面时，我有一种感觉，这种感觉与我想用眼睛和耳朵敏锐地领会一个事物时产生的感觉相似；可是，这个相似的感觉在定位上是完全不同的。当我们对一个真实的对象（和后像）施加最集中的注意时，紧张很显然是向前的，此时，当注意从一种感官转换到另一个感官，只不过改变了它在几个外部感官间的方向，头部的其余部分并没有紧张。而在记忆或想象中，情况有所不同，因为此时，感觉要从外部感官中拉回，看起来像是要去头部中由大脑所填充的那个部分避难了。例如，如果我想去回忆一个地方或一个人时，它就会鲜明地出现在我面前，这不是因为我努力使自己的注意力向前紧张，而是与我向后收回注意相对应的。"[38]

在我看来，当我们对记忆中的观念施加注意而感受到的"向后收回"，只要是眼球向外和向上转动所导致的感受，就和在睡眠中一样，而且，这种感受和我们在看一个物理上的东西时眼球的动作恰好相反。在第300页我已经讨论过这种感受。[39]若有读者对这些器官感受的发生有所怀疑，请再次阅读那一整段的内容。

然而，据说人们可以用眼睛的余光注意一个对象，而不需要让眼睛做出调节。教师们就是如此注意着他们似乎并没有在看的教室中的学生们的活动。一般来说，比起男性，女性更多地练习这种边缘视觉注意。这种情况对这个观点，即认为调节运动是注意过程的一部分并且不变地和普遍地发生，提出了质疑。通常，正如大家所知，如果对象位于我们的视野边缘位置，除非它能同时"抓住我们的眼睛"，即它能丝毫不受阻挡地引发旋转和调节的动作，以使其印象集中在视网膜上的中央凹或最具感受性的位置上，否则就无法吸引我们的注意。尽管如此，但我们还是能通过练习，在保持眼睛不动的情况下注意边缘对象。在这种情况下，对象永远无法非常清晰，其在视网膜上成像的位置使得它无法变得清晰，但是（就像每个人都能通过尝试令他自己感到满意一样），与我们做出努力之前相比，我们能更羡慕地意识到它的存在。赫尔姆霍茨所陈述的事实非常引人注目，因此，我将引用他的观察内容。他想把两个同时由电火花照亮的立体画，合并在一个单一的确定知觉中。立体画在暗盒中，通过电火花不时地照亮暗盒。为防止眼睛走神，在每张画的中间位置刺了一个小孔，然后房间的灯光就通过小孔渗透进来，这样在黑暗的间隙，就有一个单一的亮点呈现给每一只眼睛。平行视轴可以将亮点结合成一个单一映象；当眼球有轻微转动时，这个像就会立刻变成两个像，从而得到提示。赫尔姆霍茨发现，当两眼保持不动时，在电火花的一次闪烁中，简单的线条图形就可以被感知为立体图形。但是，当呈现的是复杂图形时，就需要连续许多次的火花闪烁，才能把握它的整体。

  他说："有这样一个有趣的发现，即使我们稳定地注视那个小孔，绝不允许它们结合得像一分为二，但是我们仍能够在火花出现之前，有意地将注意转向黑暗范围内的任一特定部位，使得电火花出现时，只接受来自这个范围的那一特定部分图片的印象。此时，我们的注意完全独立于眼睛的位置和调节，也独立于这个器官的任何已知变化；

并且能通过有意识且有意的努力,使注意朝向黑暗和无差别的视域中的任何被选择的部分。这对将来的注意理论是最重要的观察之一。"[40]

然而,赫林又增加了以下细节。

他说:"当我们注意边缘对象时,必须始终同时注意直接凝视的对象。假如我们让后者从心中溜走,哪怕只是一个瞬间,我们的眼睛都将会转向前者。我们能通过产生的后像或听到的肌肉声音,很容易地了解到这一点。与其将这种情况称为易位,还不如把它称为广泛的分散注意力更为适合。在这种注意力的分散中,最主要的注意力仍然放在被直接观看的对象上。"[41] 也就是直接对其进行调节的对象上。和其他地方一样,这里也有调节,没有了调节,我们将会失去对注意活动的一部分感觉。实际上,那种活动的紧张(在实验中紧张程度非常高),一部分是由于为保持眼球不动所需的不同寻常的强烈的肌肉收缩,而这一过程引起了那些器官中少有的压力感。

但是,假如在这个实验中,我们没有对图画的边缘部分做出物理调节,说它分享我们的注意,又意味着什么呢?当我们的注意"分配"或"分散"在我们一直不想对其进行"调节"的事物上时,又会发生什么呢?这将我们指向了上文提及的第二个特性,即"观念作用的准备"。为注意图画边缘部分所付出的努力,其实就是对图画上的那部分内容形成清晰观念的努力。观念的出现,是为了帮助感觉,使之更加清晰。观念伴随努力而来,而这种方式就构成了在特定情境下注意力"紧张"的其他部分。让我们来看一下,这种强化的想象力、这种内在的再现,这种对注意对象的预期,在注意活动中的出现是多么的普遍。

当进行理性注意时,这个过程就会自然出现,因为此时我们注意的对象是一种观念、一个内在的再现或概念。假如我们能够证明对象的观念构造会出现在感觉注意中,那么它就是无处不在了。然而,当感觉注意达到最高峰时,我们根本无法区分在知觉中有多少来自内部,多少来自外部了。但是如果我们能发现,我们为其做出的准备,始终部分地包含着在心灵中创造出对象的想象副本,心灵就会准备好,就像是在一个矩阵中接受外部印象,这足以支持那个目前还存在争论的观点。

在以上引用的冯特和埃克斯纳的实验中,那种对印象的等待,以及对做出反应的准备,所包含的只是对印象或反应会是什么样的预期想象。当人们不知道刺激,也不知道反应是什么时,时间就会消耗,因为在这种情况下,人们不能提前形成稳定的表象。但是,如果信号和反应的性质和时间被预先告知的话,预期注意就能够完全表现为预期的想象了,正如我们所见(第341页的注释,第373、377页),它就可以模仿实物的强度,或者产生实物的运动效果。我们在阅读冯特和埃克斯纳所描写的章节时,必须将"统觉"和"注意力高度集中"和其他类似术语解释为想象力的等价物。尤其是对冯特来说,名词"统觉"(他非常重视这个词)完全可以用想象力和注意力来替换。这三个词都是表示来自于观念作用大脑中枢内部的兴奋的名称,路易斯的"前知觉"似乎是最恰当的名称。

当想要获取的印象很微弱时,为避免错过它,我们可以用一种较强的形式与它进行预备性的接触,以使注意力更敏锐。

"如果我们希望听到泛音,我们可以在需要进行分析的声音出现之前,轻微地发出我们想听到的音符声……钢琴和风琴在这里都很适合,因为它们都能发出强泛音。首先,敲击琴键的g'(之前已在课本上给出的某个音乐实例);然后,当g'的振动真正停止后,用力地敲击音符c,在音符c中,g′是第三个泛音,并且让你的注意稳定地保持在刚刚听到的g′上;接着,你就能听到g′在音符c中发出……如果你拿一个与某个特定泛音(比如c音中的g′)相一致的共鸣器放在耳边,然后发出音符c,你会发现,共鸣器把泛音g′强化了很多……我们可以通过共鸣器产生的强化,来让裸耳注意它要捕捉的声音。因为当我们慢慢移走共鸣器时,g′也渐渐变弱;但是只要注意曾经指向过它,此时,就能非常容易地把握它,而观察者此时用其未得到帮助的耳朵,就能听到g′那自然的未被改变的声音。"[42]

冯特评论这类实验时,说道:

"当进行仔细观察时,人们会发现,自己总是首先尝试着回忆所要听到的音调的表象,然后才听到它完整的声音。同样的情况还能在微弱或者短暂的视觉印象中产生。用以一定间隔分隔开的电火花来照射一幅画,通常在第一次火花,甚至是第二次第三次火花后,都几乎什么也看不出来。但是混乱的图像却能牢牢地留在记忆中;每多照一次,就使这个印象更加完整;最终,我们获得了一个较为清晰的知觉。这种内部活动的最初动机,常常来自于外部印象自身。我们听到了一个声音,从而通过联想在这声音中觉察到某种泛音;接着,再在记忆中回忆这个泛音;最终,我们在所听到的声音中捕捉到了这个泛音。当我们看到了过去曾见过的某种矿物质时,这个印象唤起了记忆表象,记忆表象又几乎完全与这个印象本身融合了。通过这种方法,所有的观念都需要一定的时间才可以进入意识的中心。而这段时间内,我们经常会发现自己有一种独特的注意感觉……这个现象表明,注意对印象的适应发生了。超出预料的印象带给我们的惊讶,基本上就是取决于这个事实,即在印象产生的时候,注意还没有对它进行调节。调节本身具有双重性,它不仅与刺激的强度有关,也与刺激的性质有关。不同性质的印象需要不同的适应。我们认为,对自身内部注意的紧张感受,会随着那些我们想要感知的印象的强度的增强而增强。"[43]

想用自然的方法去理解上述内容,则需要以这样一种象征形式去理解,即从两个方向对其产生作用的一个大脑细胞的象征形式。当对象从外部刺激它的同时,会有其他的大脑细胞或精神力量从内部去唤醒它。后者的影响就是"注意的适应"。大脑细胞的充分能量需要两个因素的相互协调,不是在对象刚刚出现时,而是在对象出现了并受到注意时,才能被完全感知。

现在,另外几种经验也十分清楚了。例如,赫尔姆霍茨在我们刚刚引证的关于用电火花照映立体图的段落中补充了下面这个观察。

他说道:"对注意在双重映象中的作用而言,这些实验是很有趣的……有些画非常简单,我很难将其看成是双重的,但是,只要我努力清晰地想象它们看上去应该是什么样的,即使照明的状态仅仅是一刹那,我也能够成功将其看成是双重的。注意的影响在此是单纯的,因为眼睛的所有运动都被排除了。"[44]

在另一处[45],他又说:

"当一对很难结合在一起的立体图画呈现在我眼前时,想要让相应的线和点重合,是一件非常困难的事,眼睛的每一次轻微运动,都会使它们相互分离。但是,如果我偶然获得了有关被表征立体图的鲜明的心理表征(直观表象)(这是碰运气的事),那我就能非常确定地将双眼移到那个图形上,而不会让那个图再次分离。"

其次,关于视野竞争,赫尔姆霍茨说道:

"这不是两种感觉之间强度的检验,而是取决于我们是否固定了注意力。的确,很少有现象能如此适合用来探究注意力得以确定的原因。如果只形成先用一只眼睛看,然后用另一只眼睛去看的有意识意图显然是不够的;我们必须对我们期待看到的事物形成非常清晰的观念。然后它才会真的出现。"[46]

442　　图 11-2 和图 11-3 是两幅模棱两可的图画,我们可以提前努力去想象我们期望看到的形状,从而使一种明显的形状转变为另一种。在这样复杂的图画中,某些线条的结合,会组成与图片表面呈现的东西

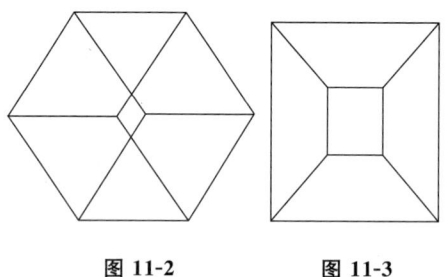

图 11-2　　　　图 11-3

毫无联系的对象，或者事实上，有些对象因为难以觉察，甚至很难从背景中区分出来，所以我们很长时间都看不见它；但是，一旦我们看出来了，就可以借助想象力随意地注意到它。

在这些毫无意义的法文单词"*pas de lieu Rh? ne que nous*"中，谁能立刻认出下面这些英文单词"管好你自己的事（*paddle your own canoe*）"呢？[47]可是，一旦人们注意到这种同一性后，谁又不能再次对其产生注意呢？当我们期待远处即将敲响的钟时，我们心中充满了它的表象，以至于我们时刻都感觉自己听到了那渴望或畏惧的声音。这与被期待的脚步声是一样的。对猎人来说，森林中的每一次动静都被当作是猎物；对逃亡者来说，那声音就是他的追捕者。心中的表象就是注意，正如路易斯先生所说的前知觉，它就是所期待事物的一半知觉。[48]

正是这个原因，人们只能看到他们知道要去分辨的事物。只有不到万分之一的人能独自发现的事物，只要它被指出来后，我们所有人就都能注意到这一事物。甚至在诗歌和美术上，也得有人先来告诉我们，哪些是可以选择的，哪些是应该赞赏的，只有这样我们的审美才能最大限度地"膨胀"，且一直没有"不当的情绪"。在幼儿园的教学中，有一种练习是让孩子们了解一朵花或一个鸟类的标本中，他们可以指出多少特征。对于已经知道的特征，如树叶、尾巴、鸟嘴、脚等，他们很快就可以指出来。但是对于鼻孔、爪子、鳞片等，即使观察了几个小时，他们却仍无法辨别，直到他们的注意被引到那些细节上，此后，他们每次都能够看到了。简而言之，我们平时所看到的事物，都是我们对其形成前知觉的事物，而我们前知觉过的事物，是那些被我们贴上标签，又深印在我们心中的事物。假如失去了这些标签，我们将会在智力方面，迷失于这个世界中。

因此，所有注意活动都涉及有器官调节和观念作用准备或前知觉。贝恩[49]教授和里博[50]教授等权威人士支持一个有趣的理论，兰格（N. Lange）[51]先生更是坚定地提倡这一理论，兰格认为观念作用准备本身就是肌肉调节的结果，因此，肌肉调节可以说是贯穿整个注意过程的本质。实际上，这就是这些学者的理论要诉说的事实，尽管前两位学者并没有使用专业术语进行表述。想要证明这一理论，就需要提出器官调节伴随理性注意的例子，或者提出我们做出运动时思想中的对象。因此，兰格说，当他试着去想象某一个染了色的圆形物体时，他发现自己首先使眼球做出和圆形物体相对应的运动，然后，作为这个运动的结果，想象那种颜色等。

他补充说："让我的读者闭上眼睛，并想象一个有广延的物体，例如一支铅笔。他将很容易注意到，他先是（让眼球）做出对应于直线的轻微运动，通常他还会获得一种对手部神经支配的微弱感觉，好像手已经触摸到铅笔的表面了。因此，在想象某一特定声音时，我们会转向它所在的方位或用肌肉重复它的节奏，或者模仿它的发音。"[52]

然而，认为肌肉收缩永久伴随我们的思想，和兰格先生认为的肌肉收缩本身就产生思想，是两回事。如果思维的对象包括两部分，一个通过运动来感知，而另一个却不是，那么，通过运动来感知的部分，是通过运动的发生而习惯性地先出现，并固定在心中，而另一部分却是运动的单纯附属品而产生于其后。然而，即使在所有的人那里（但我却很怀疑[53]）都会出现这样的情况，它也可能只是一个实际生活中的习惯，而不是一种终极必然性。在本书第二十六章"意志"中，我们会了解到，运动是表象进入心灵前的结果，有时是关于运动部分感受的表象，有时是关于运动对眼睛和耳朵所产生的效果的表象，有时（假如运动最初是反射的或本能的）是关于其自身的刺激或令人兴奋的原因的表象。事实上，否认任何感受性质可以直接以观念的形式产生，并且主张只有运动观念才能使其他观念进入心灵中的观点，与更广泛、更深刻的类推是相互矛盾的。

适应和前知觉就说这么多了。我唯一能想到的第三个过程就是对不相关的运动和观念的抑制。然而对有意注意来说，这似乎是偶然性质，并不是整个注意过程的基本性质[54]，因此，我们不需要再次特别注意。我们现在只需要关注在注意和想象、辨别和记忆之间的紧密联系，然后进行实际推理，最后再转向那些较为思辨的问题上。

这些实际的推理是适宜于教学的。首先，让那些对学业课程毫无兴趣，并且心不在焉的儿童的注意得到强化。这里提到的兴趣，必须"派生"于教师用来和任务产生联系的事物中，如果想不出不那么外在性的东西，奖赏和惩罚也是可取的。里博教授说：

"一个孩子拒绝读书，他不能把自己的注意力集中到那些对他毫无吸引力的字母上；但是他对书中的插画有着浓厚的兴趣。他问道'它们是什么意思？'他的父亲说：'当你能阅读的时候，书本自然会告诉你。'经过几次这样的谈话引导后，孩子放弃询问并开始读书，刚开始比较迟缓，慢慢就会养成习惯，最后他就会迸发出一种需要加以抑制的热情。这就是有意注意的一个例子。人为的、间接的欲望必须移植到自然的、直接的欲望上。阅读本身没有直接的吸引力，但它有一种借用的吸引力，这就足够了。一旦迈出了第一步，这个孩子就进入了一个转动机制。"

我再举一个来自佩雷斯（M. B. Perez）的例子[55]：

"一个6岁的孩子,习惯性的心不在焉,有一天,他坐在自己的钢琴前,重复他的母亲曾经弹钢琴时展示出的陶醉姿态。他的练习持续了一个小时。在这个孩子7岁时,他看到他的哥哥在假期里忙于暑假作业,他走到父亲书桌边,然后坐在椅子上。保姆看到非常吃惊,问他:'你坐在那里干什么?'孩子回答她说:'我在学德语;这并不有趣,但我想给妈妈一个惊喜。'"

在此,有意注意的产生移植到同情的情感上,而不是像第一个例子中移植到私人的情感上。钢琴和德语都不能引起有意注意,但是它们通过借助其他的力量而引发并维持注意。[56]

其次,我们来看一下,年龄稍大时的心不在焉会给我们在阅读或倾听谈话时带来的麻烦。如果注意是由内部再现感觉,那么不仅仅用眼睛阅读,也不仅仅用耳朵倾听,而是在这同时向自己发出看见或听到的词语的声音,这样的阅读和倾听习惯应该能够加深我们对于那些词语的注意。经验证明这是事实,与仅仅听到词语相比,如果我积极地发出那些词语的声音,会让我那恍惚的心灵,更好地集中在某一场谈话或演讲中。我的很多学生也报告说,他们受益于类似的方法。[57]

最后,一个老师希望吸引班级学生的注意力,就要把新颖的素材编制到学生已经对其具有前知觉的知识中。旧的和熟悉的事物能轻易地获取心灵的注意,反过来又有利于新知识的掌握,依照赫尔巴特学派的说法就是构成一种对它的"统觉团"。当然,在具体的情况下要使用哪一种"统觉团",则是一个非常微妙的问题。而心理学只能制定一般的规则。

第五节　有意注意是一种结果还是一种动力

在前面的论述中，当我用从内部对其发生作用的大脑细胞，来象征注意中的"观念作用准备"因素时，我补充了"通过其他大脑细胞或一些精神力量"，但没有确定是哪一个。"到底是哪一个呢"，这个问题是区分不同心理学流派的重要奥秘之一。当我们想到，注意力的转移形成了自我的核心时；当我们认识到，意志不是任何其他东西，而就是注意时（参见"意志"这一章）；当我们相信，我们在自然界中具有自治性，依赖于我们并非是单纯的结果，而是原因时，

某个破坏与神谕的盟约的原则，

从不确定的东西出发不能有原因接着原因产生——

我们不得不承认，注意是否与精神活动有关的这个本原问题，不仅是心理学的问题，同样是形而上学的问题，而且这个问题值得我们不辞辛苦、尽一切努力来寻求答案。实际上，这是形而上学的关键问题，是我们的世界图景从唯物主义、宿命论、一元论转向唯心论、自由权、多元论，或者反过来的转折点。

它又回到自动机理论上了。假如感觉是一种惰性的伴随物，那么大脑细胞当然只会受其他大脑细胞的影响，那么，我们在任何时间给予任何事物的注意，无论是以感觉形式还是"前知觉"的形式，都是纯粹物质法则的必然先定结果。另一方面，如果与大脑细胞活动同时存在的感觉，可以能动地作用于这个活动，并促进或阻碍它，那么，注意至少有一部分是产生感觉的原因。当然，我们并不能因此就确定，

这种发生作用的感受应该在下述意义上是"自由的",即它的量和方向是事先无法确定的,因为它的这些细节很可能都是先定的。如果事实如此,我们的注意力就不会是物质地被决定了,而且也不会在自发的或难以预料的意义上是"自由的"。当然,这个问题是一个纯粹的思辨问题,因为我们无法客观地确认我们的感觉是否对神经过程产生作用;以其中任何一种方式回答这个问题的人,都是基于其他领域而引出的类比和假定。作为单纯的观念,注意的结果理论和原因理论是一样清楚的;并且无论谁想确认哪个观念为真,都必须建立在形而上学或普遍的基础上,而不是在科学或个别的基础上进行。

几乎所有的人都把直接感觉注意看成一种结果。[58]我们的"进化"是为了用特定的适应活动对特定刺激做出反应,这些特定的适应活动一方面在我们内部产生清楚的知觉,另一方面引起上文所描述的关于内部活动的感受。适应性和作为其结果的感觉就是注意。我们没有给予它什么,而是对象从我们内部将它引出。对象具有那种主动性,而不是心灵。

当没有有意努力的参与时,派生注意是一个单纯结果的可能性最大。对象同样是主动的,并且吸引着我们的注意,但这并不是因为自己本身存在吸引力,而是因为它和其他有趣的事物相联系。它的大脑过程和另外一种正兴奋着或倾向于兴奋的大脑过程相互联系,而这种分享兴奋并唤起注意的倾向就是"前知觉"出现的倾向。如果我遭受了侮辱,我不会总是主动想着这件事情,但关于侮辱的思想却处于一种较强的应激状态下,所以当我受辱的地方或是那个使我受辱的人被提及时,我的注意会猛地跳到那个地方,因为我对整个事件的想象重新出现了。当这样的刺激发生时,必须要有器官的调节,并且观念必须使肌肉受到神经支配。因此,如果我们承认,足够有趣的事物是可以唤起并固定任何可能与之相关的事物,那么无意派生注意的整个过程就能得到解释。这种固定就是注意，它伴有一种有活动在进行的模糊感觉；并带着一种让我们认为这些活动是我们自己活动的默许、促进和适应的模糊感觉。

赫尔巴特在用统觉注意这个名称命名我们所描述的变化时，想到的就是这种通过在心中预先存在的内容，使观念和印象得以强化。现在我们就能明白为何恋人轻轻的叩击声就能被听到，这是因为它找到了已提前做好一半激发准备的神经中枢。我们也明白了如何能在噪声中注意到同伴的声音，尽管那些噪声实际上比我们听到的词语声要大，却未能引起我们的注意。那些词语都得到了双重唤起。首先，是由说话者的嘴唇从外部唤起，但在此之前，它们已经由之前的词语而启发的预备过程和所有与谈话"主题"相关的过程的模糊激发，而从内部被唤起；而另一方面，不相关的噪声却仅仅被唤起一次。它们形成的是一个不相关的序列。那么，我们也就可以很容易地解释，为什么学校的孩子在老师们开始讲轶闻趣事时，就会竖起耳朵来听。轶闻趣事的词语会很快地与令人兴奋的对象相联系，这些对象对词语发生反应并将其固定，而其他词语就无法如此。纯化论者听到的语法和我们在第325～326页引证的赫尔巴特的其他例子也是这样的。

即使注意是有意的，它也有可能被认为是结果而不是缘由，是产物而非能动者。注意的事物会依据它们自己的法则出现在我们眼前。注意力并不产生观念；观念在我们注意到它之前就已经存在了。注意只是固定和保持那些常规联想法则带到意识面前的事物。然而，我们只要承认这一点，就会发现，注意本身和关于注意的感受，同无须引起观念一样，也无须固定和保持它们。那些产生观念的联想物会通过自身的趣味而固定注意力。简而言之，有意注意和无意注意在本质上可能是一样的。事实上，当观念内在地非常不受欢迎时，我必须付出

451

很大努力才能注意它,我们会认为这种频繁更新的努力是观念得以把握的真正原因,于是很自然地把努力当作原始力量。事实上,我们只是认真地想把没有注意努力的自发力量当作一种原始力量。我们觉得只要我们愿意,就可以做出更多的努力。而我们努力的量,似乎不是观念自身的固定函数。如果我们的努力是一种结果而非精神力量,那它一定会是观念的固定函数。可是,即便如此,我们还是可以用机械的方式去思考那些事情,并把努力当作一种单纯的结果。

  当心中存在兴趣之间的冲突时,我们就能感觉到努力的存在。观念 A 内在地使我们兴奋,而观念 Z 需要从与某种未来的好事的关系中派生出兴趣。A 可能是我们的爱人,Z 可能是灵魂得以拯救的条件。如果我们能在这种情况下成功地注意到 Z,就一定是付出了努力。A 的"观念作用准备"和"前知觉"一直在主动地进行着,而 Z 则需要持续的有意强化才能使其出现"观念作用准备"和"前知觉"。也就是说,每一个关于 Z 的观念在我们的脑海里闪现出来的相继时刻,我们都能感受到有意强化(或努力)。然而,从动力学的角度来看,这可能仅仅意味着使 Z 获得成功的联想过程是真正较强的过程,并且如果 A 不存在,这个过程就会使我们对 Z 施以一种"被动的"和无阻碍的注意;但是只要 A 存在,就会有一部分的力量将用来抑制与 A 相关的过程。这种抑制使得原本可以作用于流畅思维的部分大脑能量失去了作用。但是,在思想上失去的东西变成了感受,而在本例中就变成了对努力、困难或者紧张的独特感受。

  我们的意识流就是一条河。从整体上看,简单、从容地流动是占主导地位,物体随着引力的牵引而漂流,而无意注意是惯例。但是,经常会遇到障碍物、逆流和阻塞,使水流停止,产生了旋涡,使事物不得不暂时以其他方式进行。如果一条真实的河流可以感受,那么它就会明白那些旋涡和逆流就是努力之所在。它会说："我此时向着最大阻力的方向流动，而不是像往常那样向最小阻力的方向流动。这一壮举是我努力的结果。"确实，努力可能仅仅是被动的指示物，指示着那些正在做出的动作。致动的一直是河流其他部分，它整体向下漂流，并在这个地方迫使一部分向上流。而且，一般说来，最小阻力的方向是向下的，这无法解释它为何有时会向上流。正如我们的有意注意一样。它们被意识流的一些部分瞬间吸引，并伴随一种神奇的感受。但是，那种吸引力，并非这种奇特的感受自身，可能是碰撞产生的过程。如布拉德利（F. H. Bradley）所说，对努力的感受可能是"一种多余的伴随物"，就像锤子落在手指上，手指的疼痛无助于锤子的重量，也无助于结果的产生。因此，那种认为我们注意的努力是原始力量，是一种处于大脑和心灵之外的力量的观点，只是可悲的迷信而已。注意力可能不得不被放弃，就像许多曾被认为是基本能力一样（如语言的幻觉、部落图腾等）。它可能是心理学的赘生物。当我们看到观念之间是如何完美地相互吸引和固定时，就无须注意将观念固定并引入意识了。

我已经尽我所能地对结果理论进行了陈述。[59]它是一个清晰、强大而又完备的观念，和这里所有的观念一样，在没有相反证据存在的地方，是很容易让人信服的。对努力的感觉，可以被当作一种不活跃的伴随物而不是它看上去那样具有能动性。到目前为止，还没有人进行过测试，可以去表明它的确为结果的产生提供了能量（我们大可放心，永远也不会出现这样的测试）。然后，我们就可以把注意力当作多余物，或者"奢侈品"，并且武断地反对其因果效应。当我们这样做时会感到非常骄傲，因为我们居然把奥卡姆剃刀应用于一种"不必要地"增长了的实体上。

尽管奥卡姆剃刀是一个很好的方法，但它并不是自然法则。刺激和联想法是注意活动中必不可少的角色，它们是在没有任何帮助的条件下就可以完美地"上演全套节目的剧团"；然而，它们有时也只能充当"明星表演者"的背景，这个明星表演者不再是它们的"没有活力的伴随物"或"偶然产物"，就像哈姆雷特不是霍雷肖和奥菲莉亚的伴随物或偶然产物那样。如果它是一种原始的心理力量，这个明星表演者就是有意的注意努力。我认为，自然可以进行这样的复杂活动；因此，我认为，在这种情况下，关于她已经这样做了和尚未这样做的观念，是一样清晰的（如果在逻辑上不是一样的"节俭"）。为了支持这一断言，我们不妨设问一下，如果注意的努力是原始的力量，那么它会导致什么呢？

它会让原本会消失更快的观念在意识中保存得更深入更持久。这种延迟，可能只不过是一秒不到的时间，但也已经足够重要了；这是因为在心中会不断地出现各种考虑，若两种彼此联系的体系几乎处于平衡状态，那么，在开始时一秒左右的时间就会决定一种体系是否能够占据领域来发展自身和排除对方，抑或被对方所排除。当它得以发展，它就会使我们做出行动，而这个行动将掌控我们的命运。在第二十六章"意志"中，我们就会发现，有意生活的全部内容，都是取决于相互竞争的观念能获得注意的数量。但是，关于实在的全部感觉，我们有意生活的所有刺激和兴奋，都依赖于这样的感觉，即在它这里，事情总是被决定着，而不是在无数年前就已形成的一系列事件的呆板表现。这种使生活和历史为这种悲剧式的热情而激动的现象，可能不是幻觉。因为我们对机械论支持者妥协并承认这可能是幻觉，因而机械论者也应做出让步去承认这可能不是幻觉。但是，这两种相互对峙的可能观念，都缺乏确切事实去说服人们为其充当仲裁者。

在这种情况下，人们可以让这个问题保持开放化，然后等待启发，或者也可以像最思辨的心灵那样，寻求一般哲学的帮助，来让秤杆倾斜。机械论者会毫不犹豫地这么做，他们不应该反对精神力量的信仰者享有同样的特权。我认为自己属于后者，但是由于我给出的理由却是伦理学的，它们并不适合被引入心理学著作。[60]在这里，心理学的定论其实是无知的，因为相关的"力量"太微妙、太繁多，根本不适合进行细致的理解。而与此同时，轻率至极的唯物主义思辨，用坚称自己为"科学"的奇怪的傲慢态度，让我们有必要回忆一下，注意的结果理论之所以得到确认的推理过程是什么。其实，这是一种类比论证，从河流、反射动作和其他在意识中根本不存在的物质现象，扩展到意识是其本质特征的现象。推理者们认为不需要去考虑意识。因为，对于科学来说，它并不存在，它是无，所以你根本没有必要考虑它。我们无须对这些非常鲁莽的特性进行评论。它费尽心机地证明机械论为真。为了那个理论，我们对现象以及另一些看起来与它们完全不相似的现象进行归纳；并且假定，对自然所产生的复杂事物（即感觉和努力的出现），无须进行科学的认识。他们可能认为这种行为是明智的，但我对它表示怀疑；它无法被确切地认为是与形而上学相对的科学。[61]

第六节　注意缺失

我已经对注意进行了充分的讨论，现在再来讨论注意缺失的现象。

我们不会注意闹钟的嘀嗒声，城市街道的喧嚣声，或房子附近哗哗的流水声；只要工人们待在铸车间和工厂里的时间足够长，那么工厂里的喧嚣声也不会打扰到他们的思维。当我们第一次戴上眼镜，特别是眼镜有一定的度数时，窗户等在眼镜中的明亮反光在视野中混合，这是非常令人烦恼的。不过几天之后，我们就会忽视这些。各种内视表象、飞蚊症等，虽然始终存在，却几乎从不为人所知。衣服和鞋子的压力，心脏和脉搏的跳动，呼吸，身体上某种持久的痛，习惯的气味，口腔的味道等，都是来自其他感官，同样也是在不知不觉中，对不怎么变化的事物陷入无意识中的例子——霍布斯曾经在一个著名的谚语中说过"对同一个东西的感觉和不感觉经常归于同一个东西"。

无意识的起因不只是单纯的感觉器官的迟钝。如果这感觉是重要的，我们就会给予足够多的注意；并且，只要它还没有变得习惯到我们对它的注意缺失已经根深蒂固，如飞蚊症、视网膜双像等那样，我们就还是可以随时通过将注意施加在它身上而注意到它。[62]但即使在已经变成习惯的情况下，人为的观察条件和耐心，也会迅速让我们把握那些我们试图把握的印象。所以，注意缺失是以比单纯感觉疲劳更为高级的条件为基础的一种习惯。

赫尔姆霍茨曾经提出注意缺失的一般规律，这是我们在下一章将要学习的，在此我只稍微提一下。赫尔姆霍茨法则是指，对我们来说不具有作为区别标志的价值的印象，我们都不予注意。这些印象最多只是和它的同类融合在一起，形成一个集合结果。使不同的人声区分开来的上部泛音，只能从整体上将人声区别开来——我们不能区分出那些泛音。形成某种物质特殊味道的必要组成部分的气味，如肉、鱼、奶酪、黄油、酒，并不会作为气味被我们所注意。构成对"湿""柔""韧"等性质的知觉的肌肉感受和触觉感受，并不会以其本质而被分离出来。所有这些都归因于我们形成的那种根深蒂固的习惯，这习惯就是我们会从这些感觉直接到达它们的意旨,而将其本质属性忽略掉。它们已经在心灵中建立了很难打破的联系;它们是这种过程的组成部分,我们很难阻止这个过程,而且这个过程和注意的过程截然不同。赫尔姆霍茨认为,不仅我们,甚至连我们的祖先都已经养成了这些习惯。然而,在我们刚开始提到的磨坊拦河水坝、眼镜、工厂噪声和挤脚的鞋子等情况中,注意缺失的习惯是比较新近的,但是其产生方式倒是能够被追溯,至少是以假设的方式。

那些智力不需要的印象,怎样能脱离与意识其他部分的关系呢?对这个问题,吉·伊·缪勒(G. E. Müller)教授已经给出了一些答案,下面提到的大多数观点都来自于他。[63]他由此开始了论述,"我们一直待在一个工厂或者磨坊里面,久了就会习惯那里面的噪声,出来以后会感觉到好像少了什么东西。出来后的整体存在感受与我们在工厂时的整体存在感受是不同的……一个朋友写信对我说:我房里有一个小闹钟,如果不给它上发条,它就走不完24小时,所以它经常会停下来。在这种情况发生时,我就会注意到它。而当它走动的时候,我却常常注意不到。当这种状况第一次发生时,我会感觉到有些不同,突然觉得一种莫名的不安或空虚感,但又不能说出到底怎么了;只有经过一番思考后才发现原来是由于闹钟停了"。

众所周知,一种没有被感受到的刺激,一旦停止了就会被感觉到。比如,在教堂里睡着的人,会在布道结束时醒过来;磨坊的工人也会在转轮停止时醒来,这些都是针对这个观点的例子。由于落在神经系统上的每个印象都必须将自己送到某处,由此缪勒认为,当某个印象出现在思想中枢正忙于其他事情的时候,可能会因此受到阻碍或抑制而不能进入中枢,甚至可能被传送到较低级的释放通道中。他进一步提出,如果这个过程反复地发生,那么因此而建立起来的附加通道会变得畅通无阻，它也不在意上级中枢在做什么。前面提到了获得性注意缺失，在那里，持续的刺激一开始总是会产生干扰，但是当大脑因为其他事物而处于极度兴奋状态时，对于它的意识才会被释放。渐渐地，这变得越来越容易，最终成为自动化状态。

像这种将阻碍思想的刺激进行分流的附加通路，是不具备任何精确性的。它们会因为有机过程或其他不重要的肌肉收缩而停止。当它们被激起的原因中断时，它们就会停止了，而那些有机过程或肌肉收缩会立刻使我们产生一种某些事物离开了我们的感受（像缪勒说的），或（他的朋友说的）一种空虚感。[64]

缪勒的提示让我们想到了另一个思想。众所周知，当人们努力把注意力保持在困难问题上时，他们会求助于很多无意义的运动，比如，在房间里踱步、打响指、玩钥匙或玩表链、抓头、拉扯胡子、晃动脚等，情况因人而异。沃尔特·斯科特（W. Scott）有一个轶事，当他还是个小男孩时，他剪下了班长衣服上的一个纽扣，那是班长上课时习惯用手指旋转的纽扣，那个男生就是因此而当上了班长。而纽扣没了，班长的背诵能力也因此消失了——毫无疑问，这种行为就应该归因于在焦虑且集中的思想过程中情绪兴奋的释放。它使得那些一旦进入思想中枢，就会使那里更加混乱的神经流得以释放。但它也可以是一种将当下所有不相关的感觉进行分流，并使得注意更完全地集中于内在任务的手段，不是吗？每个人通常都有他自己独特的习惯性动作。于是，在思想集中的过程中，向下的神经通道始终打开着；而且由于这似乎是一条经常（如果不是普遍）得到运用的法则，即偶然刺激倾向于通过已经在释放的通道得到释放，而不是其他通道，因而思想中枢就得以保护，从而避免外界的干扰。如果这就是这些奇特运动的真实的基本原理，我们就必须这样设想，运动的每个阶段所引起的感觉也会立即被下一阶段分流,并有助于保持这个循环过程的正常运行。无论其价值如何,我都提出这一想法;运动自身与持续的注意努力之间是有联系的,这的确是一个真实而奇特的事实。

注　释

1　贝恩在《感觉与理智》的第558页提到了注意,并在《情绪与意志》的第370-374页提出了相关理论。我将在后面阐述这个理论。

2　"教育的第一个也是最重要的且最困难的任务,就是逐步克服心灵的漫不经心的分散,只要感官活动超过智力活动的地方,都会出现这种分散。动物的训练……一定要以唤起注意为基础[参见阿德里安·伦纳德(Adrian Leonard),《论动物的调教》(里尔,1842)],也就是说,我们必须试着让它们逐渐地察觉到它们本不会注意的事物,因为它们总是和很多其他的感知觉刺激混合在一起,其中的每个单独事物只会干扰和使其他事物变得暗淡。儿童最初的情况也是如此。聋哑教育尤其是智障教育的巨大困难,主要是因为我们为了从一般的混乱知觉中成功地将单独事物充分清晰地显示出来,而采用的缓慢且痛苦的方法导致。"[瓦尔茨(Waitz),《心理学教科书》,第632页]

3　《原理》,第一部分,第2章,结尾处。

4　《形而上学演讲》,第14讲。

5　《自然》(1871),第3卷,第281页。

6　如果我们朝处于正常状态下的人很短暂地展示一张纸上的点或笔画,并要求他说出纸上有多少点和笔画,他就会发现,这些对象在他的心灵之眼中被分成了组,而当他在记忆中对一个组进行分析和计数时,其他组就会从记忆中消失。总之,圆点留下的印象迅速变成别的东西。相反,在处于恍惚状态的被试那里,这印象似乎是持续的;我发现只要我将点数控制在20以内,那些处于催眠状态下的人更容易用心灵之眼计算清楚圆点。

7　卡特尔先生用一种更精确的方法重复了杰文斯的实验(《哲学研究》,第3卷,第121页以后)。卡片上画着数目为4~15的短线,把卡片在眼前暴露 0.01 秒。当数量是 4 或 5 的时候，被试完成任务的正确率是 100％的。可是当数量逐渐增多时，被试倾向于低估而非高估那些数目。类似的实验中还采用了字母或数字，也得出了相同的结果。当字母形成熟悉的单词时，认出字母的数目是当字母做无意义排列时的 3 倍。如果这些单词再组成句子，把握词的数目是单词没有联系时的两倍。"这时词语是在整体上被理解的，如果没有这样被理解，那么那些单独的词几乎就不会被理解；但是如果整个句子被理解的话，那么词语就可以得到清晰地理解。"——冯特和他的学生迭泽(Dietze)曾用迅速地重复声音来尝试此类实验。冯特让这些声音相继发出，结果发现被试最多能识别 12 次声音，当那些声响以最佳速度——十分之三秒到十分之五秒发出时，声响可以被辨认和识别的(《生理心理学》，第 2 卷，第 215 页)。迭泽发现，如果一个人倾听时在心里把那些组别再次划分为次级的组，有 40 多个声响可以被识别为一个整体。这些声响就被领会为 8 个每个 5 声响的次级组，或 5 个每个 8 声响的次级组(《哲学研究》，第 2 卷，第 362 页)。——后来在冯特的实验中，贝克特莱尔观察了两个同时消逝着的节拍器击打声的序列，其中一个比另一个多一声击打。最佳持续速度是 0.3 秒，显然，他把 18 声和 18+1 声的组辨别出来了。(《神经病学中心报》，1889 年，第 272 页)

8 《科学评论》，第 39 卷，第 684 页(1887 年 5 月 28 日)。

9 参见沃尔夫(Wolff)，《经验心理学》，第 245 节。沃尔夫关于注意现象的解释大体上是较好的。

10 《弗吕格文库》，第 11 卷，第 429-431 页。

11 《生理心理学》，第 2 版，第 2 卷，第 238-240 页。

12 同上，第 262 页。

13 同上，第 264-266 页。

14 这是贝塞尔(Bessel)最初进行的"人为误差"的观测。一个观测者用赤道仪注意一颗星星跨越子午线的时刻，子午线被一条可见的细线标记在赤道仪上，在其旁边还有其他距离相等的线。"在星星到达子午线之前他看了一下时间，然后，他看着赤道仪，依据钟摆的拍子记录秒数。由于星星很难在钟摆敲击的某个精确时刻穿过子午线,所以观测者为了估计分数,必须注意在它出现之前和之后钟摆敲击的时刻,然后像子午线划分空间一样,来以此划分时间。例如,如果一个人已经数了20秒,在第21秒时,星星从c线移动至a线,而在第22秒时,它又在离子午线bc处,如果ac∶bc∷1∶2,那么这颗星星就是在第21.5秒时穿过午线c的。我们的实验与此类似:星星是指示针,上述线条是刻度,时间移置是有可能发生的,在高速运行下时间位移是正的,而在低速时则是负。天文观测并不允许我们衡量时间移置的绝对量,但上述事实却表明它确实存在,即将所有可能的错误排除后,不同观测者之间仍然存在个体差异,这要远大于在反应时中所造成的误差……有时这种误差甚至超过一秒钟。"(前面所引的书,第270页)

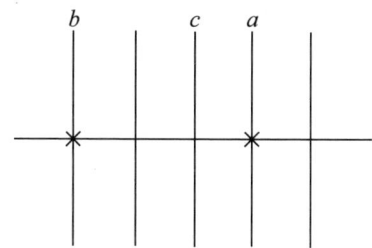

15 《哲学研究》,第2卷,第601页。

16 《生理心理学》,第2版,第2卷,第273-274页;第3版,第2卷,第339页;《哲学研究》,第2卷,第621页以后的内容。——我知道我相当愚笨,但我得承认我感觉这些理论的陈述说明,特别是冯特的,有一点儿模糊。冯·奇希先生认为这种对指针位置知觉的过晚,以及不需要对其特别注意(第622页),这些都是不可能的。不过,情况并非这样。两位观察者都谈论了在正确的时刻看见指针是非常困难的。这与把注意力平均分配在同时发生的瞬间感觉上是截然不同的。铃声或其他信号会引起瞬时的运动感觉,指针则引起连续的运动感觉。对指针的位置进行注意,其实就是在一段无论多短的时间里打断这种运动感觉,然后用一种截然不同的知觉,即位置知觉来取代它。这和对指针旋转的注意方式的突然改变有关;这种改变应该不早也不晚于那个瞬间印象的产生，并确定此刻可以看到的指针位置。这不像同时获得两种感觉并如此感受它们那样简单——那是一个和谐的动作；然而，在我们获得第三种感觉的那一时刻，我们必须终止一种感觉，并将其转化成另一种。这些动作中有两个动作是截然不同的，而三个动作更准确地来说是在相互干预。这使得我们在捕捉瞬间印象的同时"确定"指针位置变得更加困难了；于是我们就选择在印象到来前的最终时刻或其到来后的最初时刻来确定它。

至少这对我来说更具有可能性。如果我们在印象真的到来以前确定了指针的位置，那我们对它的感知就过晚了。但是，为什么当印象出现得缓慢且简单时，我们就在其到来之前确定它，而当它出现得迅速且复杂之后，我们就在其出现之后确定它？为何在某些情况下时间移置并不会发生？可以作为解释的答案是，如果在印象之间恰好有足够的时间来使注意充分适应这些印象和指针的（在冯特的实验中是1秒），那么它就能同时开展这两个过程；在空闲时间过多的时候，注意力就遵循自己的完备法则，并且在其他印象到来之前做好注意指针的准备，就能立刻注意到它，因为那是最容易做出动作的时刻，而稍后的印象，将干扰再次对它的注意；而在空闲时间不足时，瞬间印象（被当成更确定的资料）会被首先注意到，而指针则会在稍后得到确定。在过早的时刻注意指针，其实就是对一个真实事实的注意，在很多其他有节律的经验中都有相似现象。比如，在反应时的实验里，一个刺激有规律地呈现的序列中，当刺激时而没有出现时，观察者也会做出好像刺激出现了的反应。在这里，就像冯特曾在某些地方看到的那样，我们觉察到自己做出动作，仅仅由于我们内部做好了准备。"确定"指针就是一种动作；所以我的解释与其他地方得到公认的事实相吻合；但冯特关于那些实验的说明（假如我理解它）要求我们相信，如冯·奇希那样的观察者可能会连续地，并且是无一例外地在响铃以前获得铃响的幻觉，而在这之后觉察不到真实的声音。我怀疑其可能性，并且在其他实验中，我找不到类似的情况。这整个过程都值得被重新做一遍。冯特应该在其探究事实方面的耐心而得到最高荣誉。在他的早期著作(《人类和动物心理学讲义》,第 1 卷,第 37-42 页,第 365-371 页)里面,关于那些事实的说明仅仅是诉诸意识统一性,可以说是非常粗糙的。

17　需要注意的是,永恒的兴趣是基于我们直接、本能地感兴趣的特定对象与关系。

18　赫尔巴特,《作为科学的心理学》,第 128 节。

19　汉密尔顿,《形而上学》,第 14 讲。

20　《心理生理学》,第 124 节。这与那个经常被人们引用的士兵觉察不到自己受伤的案例相类似。

21　卡特尔教授做了有关反应时会通过将注意力分散或有意集中注意力而缩短的程度的实验,我们将在后面进一步讨论这些实验。有关后者的一系列实验,他说,"一般情况说明,注意的紧张——即中枢处于某种不稳定平衡态——可以保持一秒钟"。(《心灵》,第 11 卷,第 240 页)

22　《生理光学》,第 32 节。

23　爱尔维修说,"天才只不过是一种持久的注意力";布冯(Buffon)说,"天才,仅仅是持久的耐心";居维叶(Cuvier)说:"至少在精确科学中,构成天才的是不可战胜的健全智能的耐心。"并且切斯特菲尔德(Chesterfield)也观察到"对一个单一对象的稳定的、不分散的注意力是一个卓越天才的可靠标志。"(汉密尔顿:《形而上学》,第 14 讲)

24　参考,例如,乌尔里奇(Uiric),《身与心》,第 2 卷,第 28 页;陆宰,《形而上学》,第 273 节;费希纳,《心理物理学修订》,第 19 卷;G.E. 缪勒,《关于感性注意力的理论》,第 1 节;斯顿夫,《乐音心理学》,第 1 卷,第 71 页。

25　费希纳,前面所引的书,第 271 页。

26　《乐音心理学》,第 1 卷,第 71 页。

27　关于清晰度是注意的基本成果这一点,比较陆宰的《形而上学》,第

273 节。

28　《原理》，第一部分，第 2 章。

29　《生理心理学》，第 2 版，第 2 卷，第 226 页。

30　冯特用反应时的负值表示反应动作发生在刺激前的情形。

31　前面所引的书，第 239 页。

32　读者不要觉得这个现象会经常发生。如埃克斯纳和卡特尔这样经验丰富的观察者，都否认在他们的个人经验中出现过这样的情况。

33　前面所引的书，第 241-245 页。

34　应该补充说明的是，卡特尔先生（《心灵》，第 11 卷，第 33 页）发现，让两个练习过的观察者在一个有干扰噪声的环境中重复冯特的实验，对光或声音的简单反应时，都几乎不能觉察地延长了。而高度有意地集中注意力，会平均减少 0.013 秒的反应时（第 240 页）。在等待刺激到来的过程中进行心算加法，反应时延长最明显。关于其他不太仔细的观察，参见奥博斯坦纳，《大脑》，第 1 卷，第 439 页。卡特尔的否定结果表明，人可以在多大程度上从其他人会受干扰的刺激中转移他的注意力。——巴特尔斯（A. Bartels）(《注意力转移研究》，塔尔图，1889）发现，作用于一只眼睛的刺激，有时会阻碍，有时会增进随之迅速而来的作用于另一只眼睛的极其微弱的刺激。

35　参见冯特《生理心理学》，第 1 版，第 794 页。

36　《实验心理学论文集》，1889 年，第 1 卷，第 73-106 页。

37　至少，他始终可以使其发声上的神经支配与释放点接近。赫尔·莫尔说，头部肌肉紧张是针对回答施加注意所拥有的特征。

38　《心理物理学》，第 2 卷，第 475-476 页。

39　我不得不说，我完全意识不到费希纳所阐述的那种皮层的特殊感觉毫无意识，不同感觉器官里对紧张注意的感觉，仿佛仅仅是肌肉感觉，这种肌肉感觉，是在运用这些不同感觉器官时，经某种反射活动让属于这些感觉器官的肌肉开始活动而造成的。有人可能会问，在对某件事的努力回忆中，紧张注意的感受和哪一种特别的肌肉收缩相关联？在这个问题上，我自己的感受给了我确定的答案：它清楚地到我这来，并非是头内部的紧张感，而是作为对头皮内紧张与收缩感，伴随对整个颅骨由外而内的压力，这个压力，必定是头皮肌肉收缩而造成的。这非常符合德国人流行的"集中精力"等观点。在曾经患过的一场病的过程中（在这场病中我无法忍受对丝毫持续思考的努力，而且对该问题并没有理论偏见），每当我尝试思考，头皮肌肉，尤其是枕骨部肌肉，就会产生很大程度的病态感受（同上，第 490-491 页）。在马赫教授早期的著作里提到过，我们通过注意把复杂乐音分解成它的元素的方式以后，他说道："在某人说我们在声音中'寻求'的时候，这不只是一种言语图解。这种细心聆听的寻求，明显是身体活动，和眼睛在注意观察时的情形相同。如果遵从生理学的倾向，我们不把注意看成任何神秘的事物，而仅仅把它看成是身体倾向，那么我们会很自然地，到耳部肌肉那可以改变的紧张中去寻求它。同样，一般人所谓的注意观察，也是把他们自己还原成对光轴的适应和调整。……由此，我认为这应该是一个很可信的看法，即概括说来，注意发生的场所就存在于身体机制中。如果神经是在某些特定的通道中运作，其本身就是其他通道闭合的机械基础。"（《维也纳会议报告》，《数学—自然科学卷》，第 48 卷，2，第 297 页，1863 年）

40　《视觉生理学》，第 741 页。

41　《赫尔曼手册》，第 3 卷，第 1 册，第 548 页。

42　赫尔姆霍茨，《声音的感受》，第 3 版，第 85-89 页（英译本，第 2 版，第 50、51 页，第 60-61 页）。

43　《生理心理学》，第 2 卷，第 209 页。

44　《视觉生理学》，第 741 页。

45　第 728 页。

46　《通俗科学演讲》，英译本，第 295 页。

47　在"*Gui n'a beau dit , qui sabot dit , nid a beau dit elle?*"的诗句（某天

有一个人意图用该诗句来使我迷惑)中也是同样的。

48 尽管我对陆宰所指出的关于感官疲劳的解释不满,我还是要在注释里提到他在其《医学心理学》第431节中所列出的一系列实例。"静静地躺着,注视着墙纸的图案,时而为背景,时而为更清楚、更近的图案。很多单色旋转线条构成的蔓藤纹路,一会儿让我们感觉是由一种,一会儿又让我们感觉是由另一种连接着的线性系统所构成,而我们都没有给予这整个过程任何注意。莫里什(Moorish)图案巧妙地展现了这一点;而如下图这样简单的图案,也能够极好地展现它。我们有时把它看成两个叠加的大三角形,有时把它看成六条边上立着三角形的六边形,有时把它看成通过角相连接的六个小三角形……这是在幻想中常常发生的情况,即在我们注视一幅画的时候,忽然它的某一特征会非常清晰地凸显出来,尽管其光学特性与意义都不能提示有任何动机能这样唤起注意……一个人在进入昏昏欲睡状态的过程中,周围所有的事物都交替暗淡了,然后又忽然明亮了。那些旁观者的交谈在这时仿佛隔得非常遥远;然而过一会,它又成了令人惊恐的声响,使我们惊醒",等等。以我所见,仿佛所有人都曾对这些变化注意过,我们能通过观念作用中枢(它的法则是始终变化)的不稳定的平衡来说明。我们把一组线条看成对象,把另一组线条看成背景,前者马上就成为我们看到的。此种概念变化不需要逻辑动机,依据营养方面的偶然事件,脑束间互相的放射"就如同正在燃烧的纸片上的火花",这样就足够了。发生在睡意中的变化,更是出于上述理由。

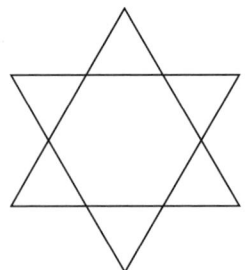

49 《情绪与意志》,第 3 版,第 370 页。

50 《注意心理学》(1889),第 32 页后面的内容。

51 《哲学研究》,第 4 卷,第 413 页后面的内容。

52 参见兰格上述引文,第 417 页,在那存在着通过视野竞争引发的对它的看法所进行的另外的证明。

53 很多学生在我的要求下,利用出现在想象中的字母进行了实验。他们对我说,他们无须通过眼睛去追随其外观轮廓,就可以在内部看到有颜色的图案。我的视觉观察力不佳,所以一直在做很多运动。在我的书出版以后,马里莱尔(M. L. Marillier)有一篇文章(《关于注意机制的评论》,《哲学评论》第 27 卷,第 566 页,这篇有关明显内省力的文章出现于我完成正文以后),已和里博及其他人有争议,他认为在和注意的关系里,感觉表象并不依赖运动表象。我十分乐意把他视为我的支持者来引述。

54 费里尔(《大脑的功能》,第 102-103 节)和奥博斯坦纳博士(《大脑》,第 1 卷,第 439 页后面的内容)把它视为基本性质。迄今为止,有关这个课题最彻底、最令人满意的处理方法来自缪勒教授,他的著作(《关于感性注意力的理论》,莱比锡,1874)在有关学识和敏感性方面都是专论的典范。我十分愿意引述该文章,然而他文中的德语表述方式使我无法进行引述。还可以参考路易斯,《生命与心灵的问题》,第 3 集,问题 2,第 10 章;施奈德,《人的意志》,第 294 页后面的内容,第 309 页后面的内容;斯顿夫,《乐音心理学》,第 1 卷,第 67-75 页;卡彭特,《心理生理学》,第 3 章;1886 年 7 月《大脑》中卡皮(Cappie)的论文《充血理论》;1890 年 10 月《大脑》中萨利的论文。

55 《三岁至七岁的孩子》,第 108 页。

56 《注意心理学》,第 53 页。

57 这种重复,并不能将提及的东西交给智力,它只是不会使思维徘徊到另一种状态。智力有时可能会在句尾或句中出现,这些词语在智力到出现前只是纯粹的语词。参见上述引文的第281页。

58 请注意,我正说出所有可能支持结果理论的话,因为,尽管我自己倾向于原因理论,但我也不想去贬低对手。实际上,一个人可以利用直接感觉注意现象,从最初就站在反对结果理论的立场。他认为注意引起了如眼睛的调节运动,而不仅仅是这些运动的结果。赫林特别对此进行强调:"注意位置的变化引起和控制了由一个注视点到另一个注视点的移动。作为注意转移及我们努力使对象变得清晰的结果,当一个最初被间接看到的对象吸引我们的注意时,眼睛相应的运动随之立即发生。注意的游离必定包括注视点的游移。其目标在其运动开始之前就已存在于意识之中,并且为注意所把握,这个点在整个可视空间中的位置决定了眼睛运动的方向和量。"(《赫尔曼手册》,第534页)在此我并不坚持此观点,因为很难辨别注意和运动谁先出现(我认为赫林在第535-536页和第544-546页给出的理由很不清晰),还因为即使对对象的注意确实率先出现,它也可能是刺激和联结的一个单纯结果。我们可以将马赫关于看的意愿就是空间感受自身的理论,与赫林这方面的理论进行比较。参见马赫的《感觉分析论文集》(1886),第55页后面的内容。

59 布拉德利的"特殊的注意活动是存在的吗?",《心灵》,第11卷,第305页,以及利普斯,《基本事实》,第4和29章,对此做出了类似的阐述。

60 当我们讲到"意志"那章的时候,有关这个问题的讨论将会更多。

61 想要辩护内部活动的原则,参见詹姆斯·沃德先生精致的论文,《心灵》,第12卷,第45页,第564页。

62 我们必须承认,在这项努力还未成功之前会有一点时间的逝去。当我还是个孩子时,我睡在托儿所的一个屋子,那里面有个声音很大的滴答作响的钟,我记得自己曾不下一次地在倾听它的滴答声时,突然意识到自己竟然长时间地没有意识到它的存在;后来,它又突然以一种几乎惊人的响度被我意识到。——德尔博夫曾这样描述过,他睡在农村的一个靠近磨坊用拦河水坝的地方,在夜间醒来时他以为水停止了流动,然而从开着的窗户向外看,却发现它在月光下流淌着,就在那个时候,他又听到了流水的声音。

63 《关于感性注意力的理论》,第 128 页。

64 我已经开始对这个问题进行实验研究,即在车间里机器的喧嚣声停下来后,那些工人们的任何可以测量的功能是否发生了变化。截至目前,就脉搏、呼吸或手的握力而言,还没有发现任何恒常的结果。我希望做更深入的调查(1890 年 5 月)。

第十二章

概　念

第一节　相同性的感觉

关于两种对事物的知识，我已经在第八章的第 170～171 页进行过阐述，即相识的知识和相知的知识。这两种知识建立在同一个基本的心理特质之上——"心灵意义的恒定性原则"，也可以将其表述为："相同的事物可以在意识流相继的各个部分中获得思考，并且，其中一部分知道自己与其他部分指代着相同的事物。"我们也可以这样去理解，即"心灵一直能够想要，并且知道它想要，思考相同的事物"。

相同性的感觉是思维的主心骨和支柱。我们在第十章已经了解到，人格同一性非常依赖于这种相同性的感觉，而我们当下的思想会在记忆中搜寻到一种与此刻相同的温暖和亲密的感觉。一些哲学家们认为，这种对认识主体的同一性感觉是使世界融为一体的唯一工具。很显然，对认识对象的同一性感觉也会发挥同样的统一功能，即使丧失了对主体的同一性感受。如果我们没有一遍遍地思考相同外部事物的意图，如果我们对正在这样思考没有感受，那我们人格同一性的感觉就不会对构建经验世界有多少帮助作用。

但是，要注意的是，我们最开始只是从心灵结构的角度来探讨相同性感觉，并非是从世界观的角度。我们是在做心理研究，而不是哲学研究，因此，我们并不关心事物中是否真的存在相同性，以及心灵对它的假设是否真实。我们的原理只能断定，心灵始终在运用相同性观念，如果失去它，心灵的结构将会与之前大不相同。总之，"心灵能够意指相同者"这个原理的意义是真实的，但它未必适用于除此之外的所有事物。[1]心灵必须认为相同者在之前就可能是存在的，这样我们的经验才能成为它真正所是的那个事物。因为，没有心理学意义上的相同性感觉，就算我们总是能看到外部世界的相同性，也依然毫无所得。此外，因为这种心理学意义上的相同性，外部世界才能变成一条连续的流，我们才可以感知到重复的经验。即便现在，世界还是这样的一个地方，在这儿，相同的事情从未并且将来也不会发生两次。也许我们所指的事情已经发生彻底的改变了，可我们却对此一无所知。但在我们自身的意义上，我们没有被骗；我们的目的是去思想相同者。我将这种原则命名为心灵意义的恒定性法则，并强调它的主观性，也证明了将其作为心理结构最重要的特征这一做法是正确的。

我们不需要假定所有心理活动都是按这种方式发展的。在蠕虫与珊瑚虫的意识里，虽然一直也有相同的事实影响着它们，但相同性感觉却似乎很少出现。而我们却像蜘蛛那样，在自己织的网上来回跑动，觉得自己在反复研究同一个事物，并以不同方式去思考它。也就是说，最能看出事物间同一性的人，就会拥有最具哲理的心灵。

第二节　概念的定义

概念作用具有使我们能够识别某种完全独特且持久的谈话主题的功能，这种功能的媒介物就被称作概念。但是"概念"一词通常被用来指代谈论的对象本身；这种宽泛的说法使得讨论的内容变得更含糊不清，所以，我将避免使用这种表述方式，而用"心灵的思考状态"或其他类似的说法来代替。"概念作用"一词是清晰明确的，它既不表示心理状态，也不表示这种心理状态所意指的东西，而是指这两者间的关系，即心理状态表示某种特定事物的功能。我们可以清楚地看到，一个心理状态或相同的心理状态可以作为许多概念的媒介物，能够意指某一特殊事物，又能够意指许多事物。假如它具有多重的概念作用，我们就可以称之为复合概念作用活动。

人类可以思考一些精神以外的现实存在的事物，像蒸汽机；也可以思考一些虚构的事物，像美人鱼；还可以思考纯粹的理性存在者，像差别和非实体。但无论我们怎样思考，概念作用都只会针对那个东西而并非任何其他东西——"并非任何其他东西"的意思是除那个东西之外，尽管它可以是除了那个东西以外的其他很多东西。世界为我们呈现了很多事物，而注意为我们的思想选择了其中一部分，并且牢牢地抓着它，不会产生任何困惑，每一个概念作用活动都来源于这一过程。[2] 当我们不确定某个对象是否和某个意义相同时，我们就会感到困惑；因此，从整体上说，概念的功能不仅要求思想说"我是指这个"，同时还要说"我不是指那个"。[3]

因而，每一个概念作用都永远地保持着自我，绝不会变成另一个。心灵也许会在不同时间改变它的状态与意义；它可能会舍弃某个概念作用而使用另一个,但是我们不能从任何可理解的意义上认为被舍弃的概念作用变成它的后继者。一张纸,刚刚还是白的,现在,我看着它被烧成了黑色,但"白色"的概念作用并不会也随之变成"黑色"。相反,"白色"作为一种不同的意义,在和客观的黑色进行比较时,让我断定黑色代表着纸张的变化。除非它存在于那里,否则我应该只会说"黑色",而无法理解更多。所以,在不断变化着的评价和物质事物中,概念作用的世界、我们有意进行思考的事物都是持久不变的,正如柏拉图的理念世界。[4]

有些概念是关于事物的,有些是关于事件的,还有些则是关于性质的。不管是事物、事件或是性质,一旦这些事实被选中,并贴上了与其他事物进行区分的标记后,都可以为了辨认而得到充分思考。简单地称之为"这个"或"那个"就可以了。如果要用专业术语来表达的话,即一个主题能够仅通过其外延,而不需内涵,或少量的内涵,就能被我们思考。但关键在于,它能够被我们识别为谈论的对象;如果只是为了这个目的,就没有必要对它进行完全表征,即使它是一个可以被完全表征的事物。

从这个层面上说,智力等级非常低的生物也能拥有概念。只要它们可以再次识别相同的经验。如果珊瑚虫的意识中曾闪现过"嘿!又是那东西!"的感觉,那么它也会是个概念的思想者。

但是,我们思想中的大多数对象不只是被识别,而且还可以得到表征。它们要么是被感知或想象的事物或事件,要么是以某种积极的方式而获得理解的性质。即使我们对一件事物的本质没有直观的熟知,但只要我们知道任何它的关系,任何与其相关的事物,就足以让我们从意指的事物中赋予其个性并将其区别出来。我们发现很多谈话的主题都是有疑问的或者仅仅是用它们之间的关系进行定义的。当我们思考某个事物时，有关该事物的一些事实必定是成立的，但我们并不知道当它真正被实现的时候会是什么样子。所以我们思考永动机。这是一个完全明确的探究——我们总是能够分辨出真实机器提供给我们的是否与这个词所代表的意义吻合。事物天生的可能性或不可能性，和这种以有疑问的方式进行思考的问题并不相关。"圆的方""黑白的事物"都是明确的概念；从概念的角度来说，它们恰好代表着某些自然界永远也不会让我们感知到的事物，这只是一个很偶然的巧合。[5]

第三节　概念作用是不可变的

一个真实的谈话主题，有时会被认为是纯粹的"那个"或"那个……"，而有时又被认为具有更多的细节，这一事实被许多作者用来证明概念作用自身是可以繁衍和自我发展的。黑格尔哲学的追随者们认为，概念作用"发展自身的意义""使它隐含的内容变得明确"，还能"转换成其对立面"，总而言之，它完全失去了我们认为它应该保持的自我同一性。我们当作多边形的图形现在却像是合并在一起的三角形的总和；到目前为止都叫作13的数字最后被认为是6加7，或是质数；一个诚实的人现在被人们确信为是一个无赖。这些观点的变化却被那些思想家们当成是概念作用内部的演变。

这些事实的确是真实存在的，知识的确会因理性的内部过程和经验的发现而得以增长和改变。当这些发现是经验的时，没有人会推断这种起推动作用的能动者，这种推动知识发展的力量，只是概念作用而已。大家都承认是这种力量使我们持续不断地去接触事物，从而使事物在我们的感觉器官上留下印象。我们就是通过这样的方式发现了苦涩的士的宁是致命的等。这里我想要说的是，那些认为新知识只来源于思想的观点，其事实也与此基本相同。对概念作用的自我发展加以谈论，是对这种情况进行陈述的极为拙劣的方式。就如同在有关经验的例子中认为，不是新的感觉，而是新的概念作用，才是发展必不可少的前提条件。

我认为，如果我们对所谓的自我发展进行研究就能够发现，在任何情况下都会有新的事实表明，原始的概念作用内容与之后新思考到的内容之间是相互联系。这些新的概念作用内容总是以不同的方式出现。每一个概念作用都是由注意在最开始先将感觉经验的连续体撕开，然后将其暂时孤立起来，以使它成为一个单独的主题。无论心灵单独思考它们中的哪一个，它们都会用某种方式提示我们那个被撕开的连续体的其余部分，以使概念作用能以相似的方式去发挥作用。这种"提示"其实就是我们后面提到的观念联想。但是它常常是一种激励，可以激活心灵，比如，增加一些线条，打破数字组合等。无论它是什么，它都会把新的概念作用带进意识中，而意识也许会特别注意新的概念作用和旧的概念作用之间是否有关系，当然，意识也有可能没有特别注意这些。例如，我对于等距线段有概念作用，而它们相交的概念不知从何处也进入了我的大脑，突然间，我同时思考了它们的相交与等距，并觉察到两者无法同时成立。我认为"那些线是不可能相交的"，而"平行"这个词又突然进入我的头脑。"它们是平行的"我会接着这样认为……我们是以原初的概念作用为出发点，而外来的概念作用是被各种心理原因推着向前发展的；接着，就是两者的相互比较和结合；最终，以作为结果的概念作用结束；后者也许就是理性的或经验的关系。

对于这些关系，人们可能会认为它们是第二级的概念作用，而心灵是它们的发源地。在第二十八章中，我将用大段内容来证明心灵在产生这些关系时所具备的创造力和多产性。然而，心灵中没有一个概念作用本身，可以像我批判的那种观点声称的那么多产。当和弦的几个音符同时奏响时，它们的结合让我们产生了一种新的感受。这种感受取决于心灵用特定方法对声音的组合做出反应，没有人会认为，是合音中的某个单一音符，自身"发展"成为其他音符，或形成了那和谐的感受。概念作用也是如此。没有哪个概念作用能发展成其他的概念作用。但是，如果我们同时思考着两个概念作用，那么，二者的关系就会进入意识中，从而形成第三个概念作用的内容。

我们以发展为"质数"的"13"为例。事实上，我们是把完全无变化的13的概念与那些2、3、4、5和6的不同倍数的概念作用进行精细的比较，从而断定它和这些概念作用完全不同。这种差异是一种刚刚被确定的关系。为看上去更简洁，我们才把它称作原初13的性质——质数的性质。我们将在下一章看到，如果不去考虑事物之间的审美与道德的关系，那我们在审查概念作用时只能了解到一个重要关系，即比较关系，也就是它们之间有无差别的关系。等式 $6+7=13$ 的判断，表明了我们相继思考并进行比较的两个对象，即左边是 $6+7$，右边是13，而两者间是相等关系。而等式 $6+7>12$，或 $6+7<14$ 的判断，也以同样的方式表明了两个理想对象的不相等关系。然而，如果有人说 $6+7$ 的概念作用可以形成12或14的概念作用，是一个不合理的说法，那么，很显然，认为 $6+7$ 的概念作用形成了13的概念作用也同样不合理。

12、13、14的概念作用，都是由心灵的单独活动——摆弄它的材料——而形成。在比较两个理想对象时，如果我们发现它们是相等的，那么，其中一个对象的概念作用可能是关于整体的，而另一个对象的概念作用则是关于所有部分的。依我之见，也只有在这种特殊的情况中,"一个概念作用发展成另一个概念作用"的观点才可能是合理的。可是,即使在这种情况下,整体的概念作用也没有发展成部分的概念作用。我们先来看一下作为整体的对象的概念作用。它首先是为将来的思想指向并识别出一个确定的那个。这里所讨论的"整体",可能就是那些很难把每个部分分开的机械性难题之一。在这种情况下,没有人会认为我们在解决难题后所获得的更丰富、更复杂的概念作用,是直接来自于它原初的粗糙的概念作用,因为我们都知道,这是我们努力做实验的结果。的确,先前的思想和后来的思想所指代的是同一个难题,它们的概念功能是一样的,是同一个概念作用的媒介物。但是除了作为这个单调的、没有变化的概念作用——"同一个难题"——的媒介物之外,后来的思想还是我们通过人工试验认识到的其他概念作用的媒介物。当那个整体是数学的而不是机械的整体时,情况也是一样的。假如有一个多边形的空间,我们把它切成三角形,然后断言它就是这些三角形。这个试验(虽然通常是用手中的铅笔完成的)可以采用独立想象来完成。我们把一开始被想象成多边形的空间保存在心灵之眼中,直到我们的注意力在内部来回游走,最终将其切割成三角形。三角形是一个新的概念作用,是这一新操作的结果。但是我们一旦想到它们,并把它们与我们最初并一直想象成多边形的空间进行比较,就会发现它们恰好与那个多边形的面积相符合。我认为,先前的和后来的概念作用是关于一个并且是同一个空间的。但是一旦将先前的和后来的概念作用进行比较,心灵就会不由自主地发现两者之间的关系,但是用"旧的概念作用发展成新的概念作用"来表达这种关系,真的太差劲了。新的概念作用一定是来自于新的感觉、新的运动、新的情绪、新的联想、新的注意活动以及与旧概念作用新的比较中,而不是来自于其他方式。内在的多产性并不是概念作用所具备的发展方式。

因此，在我坚持认为概念作用心理学并不是用来处理连续性和变化时，我希望人们不要指责我过于草率地将这些谜团抛诸脑后。概念作用形成了一类在任何情况下都不会发生变化的实体。它们可以完全消失；也可以就如它们本来的样子存在；但是它们没有处于这二者的中间。它们构成了一个本质上并不连续的系统，并且把本来就不断变化着的感觉经验过程转变成一种停滞的、僵化的状态。"变动"自身的概念作用，在心灵中的意义是绝对不变的：它始终不变地表示那个事物——变动。从现在开始，我们可以不再考虑关于概念变动的学说，也不必对其多加注意了。[6]

第四节 "抽象"观念

现在，我们不得不转向一个无法宽恕的错误。有一些哲学家认为，思考着的心灵无法将联系着的事物拆开，即使是暂时的也做不到。唯名论的观点是，事实上，我们从未对一个经验的部分元素形成任何概念作用，当我们思考一个经验时，总是被迫想着它的整体，正如它出现时那样。

我对于中世纪的唯名论不发表看法，而是从贝克莱开始进行论述。据说是他重新发现了这个学说，而他反对"抽象观念"的声明也是哲学文献里最常被引用的段落之一。

他说："事物的性质或形式从未真正独立地存在过，也无法与其他部分分开，它们是混合在同一对象中的，大家对于这个观点是一致认同的。但是，我们又了解到，心灵可以单独思考每种性质，或把每种性质从和它结合在一起的其他性质中抽象出来，再进行思考，因此，心灵也可以通过这种方式构建抽象概念……我们也是通过这种方式获得了人的抽象概念，或者，你也可以称之为关于人性或人的本性的抽象概念；在这个概念中，当然就包括了肤色，每个人都是有肤色的，但它不仅仅是白色、黑色或者任何一种特别的肤色，因为没有一种特别的肤色是全人类所共有的。这个概念中还包括身材，但它既不是高挑的身材也不是矮小的身材或中等身材，而是从所有这些身材中抽象出来的某种东西。其余的性质也是如此……其他人是否拥有这种神奇的抽象概念的能力，还是让他们自己回答吧，而我真的发现自己拥有这样一种能力，我可以想象或表征出曾经感知过的事物的观念，还可以用各种方法将它们组合和分离……我可以把手、眼睛、鼻子从身体中抽取或分离出来，然后分别思考它们。但是，无论我想象什么样的手或眼睛，它都必须具有特殊的形状与颜色。同样，我自己形成的关于人的观念，它必须是个白人、黑人或黄褐色人；必须是笔直的或驼背的；必须是高的、矮的或中等个子的人。通过思想的任何努力，我都无法设想上述的抽象观念。同样，我也无法离开运动的物体，形成一个既不快也不慢、既不是曲线也不是直线的抽象运动观念；这种情况应该适用于其他任何抽象观念。我相信，大多数人都会认同我的观点。大多数头脑简单或文化水平不高的人从不会说自己有抽象观念。人们认为这些抽象观念很难，没有经历苦难和学习是不会获得的……现在我很想知道，人们会在什么时候克服这些困难来获得这些抽象观念，从而为交谈提供帮助。这肯定不会发生在成年以后，因为在那时他们似乎意识不到这种辛苦，所以这仍然发生在他们的童年时代。形成抽象观念是非常辛苦的，因此，对于年幼的孩子来说，这是一项艰难的任务。除非孩子们把无数的矛盾联系起来，在心中形成抽象的一般观念，并把它们附加到他们使用的每一个普遍名称上，这些孩子才能在一起闲聊他们的糖果、拨浪鼓以及其他的小物品,你不觉得这样的事很难想象吗?"[7]

贝克莱的这段话勇气可嘉,但是,这个观点在下述所有人都了解的事实面前,就站不住脚了。这事实就是,我们可以意指肤色但并不针对某一特定颜色,或意指身高而不针对特定高度。詹姆斯·穆勒在他的《分析》一书关于分类的一章中,勇敢地对这一观点表示赞同;但在他儿子约翰·穆勒身上,唯名论的呼声却变得十分微弱,以至于虽然"抽象概念"被当成一种传统形式而遭到批判,但他使用的观点却是羞于以真名示人的概念论。[8]概念论认为心灵可以脱离世界上的所有东西而按其意愿地思考任何性质或关系,并且仅仅意指它。当然,这是我们曾经承认的学说。约翰·穆勒说:

"一个概念的形成,并非一定要将人们认为构成概念的属性和其他同属一个对象的属性分开,然后使我们可以撇开其他属性来单独思考这些属性。事实上,我们从不以任何方式将其作为单独事物来假设、思考或认知,相反,我们认为它们是在和其他属性联合在一起的过程中才形成了对单独事物的观念。虽然,我们只是把它们当作更大集合体的一部分来意指,但我们确实可以把注意力集中在它们上面,而忽视与之相结合的其他属性。当注意力能够持续集中,而且集中程度较高时,我们也许会对其他属性暂时处于无意识状态,并且在短时间内,我们的心灵中只会出现关于那个概念的构成属性……因此,从严格意义上说,我们并没有一般概念,只有关于具体对象的复杂观念;但我们能够专一地注意这一具体观念的特定部分,而且使这些部分能独自确定之后由联想过程而唤起的思维过程；并且可以进行一系列与之相关的思考和推理，就像我们可以撇下其他部分来单独思考它们那样。"[9]

这是穆勒的陈述，也是一个很有趣的例子，因为他虔诚地坚守自己的观点，却一一承认其反对者的全部要求。关于心灵拥有"抽象观念"这个观点，我目前尚未了解到任何比我在上文中所表述的更加完善的论述了。因此贝克莱式的唯名论是不成立的。

目前为止围绕这一问题所进行的全部讨论的基础是一个错误的假定，想要揭穿它其实并不难。这种假定就是，只有观念和人们认识的事物完全一样，认识才会发生，而唯一能被人们所认识的事物，就是有观念可以与之相似的事物。并不只有唯名论者才会犯上述错误。一切认识都只能由认识者的相似性而得到认识，这已经被每个学派的学者明确地当作格言了。实际上，这就相当于说，观念必须是它所认识事物的一个复本[10]，即它只能认识它自己。或者，简而言之，从知识这个词的严格意义上来讲，它想拥有自我超越的功能，是不可能的了。

而现在我们的一些直率陈述，比如说关于认知关系的终极性以及思维"对象"与纯粹"主题"或"话题主旨"（参见第207页后面的内容）间的差异，与任何上述理论都相违背。随着本书的进展，我们还会找到更多机会来否定它的真理性。为了认识一个实在，想意指它，"关于"它，心灵唯一要做的就是指向一个遥远的心理状态，而这个心理状态要么作用于这个实在，要么就是和这个实在相似。只有一类思想，能貌似合理地被称为与其对象相类似，那就是感觉。构成所有其他思想的材料都是符号性的，而且思想迟早会被一个与之相似的感觉终止，它也正是通过这一点来证明自己与这个主题有关。

然而，穆勒和其他人都认为，思想必须是它所意指者，并且意指它之所是。如果思想是一个完整的个体的照片，那么它不可能只意指其中的一个部分而忽略其他部分。在此，我不对那些极端错误的描述心理学发表任何意见。这种描述心理学包含于一个这样的陈述中，即我们唯一能够进行心理描写的事物，必须是各方面都能得到确定的个体。本书的第十八章将对此展开讨论，这里就不做赘述了。因为，即使我们头脑中的表象是具体的个别事物，也绝不能由此断定，我们的意义也是如此。

我们的意义感是思想中一个非常特殊的因素。它是心灵的短暂的和"过渡性"的事实，内省很难转向它，将它孤立并留下，从而加以研究，就如同昆虫学家用针将一只昆虫整个固定起来一样。在我用过的一些术语(有些笨拙)中，它属于主观状态的"边缘"，是一种"对趋向的感受"。这种感受在神经系统上的对应物就是许多太微弱和太复杂到难以追踪的出现着和逝去着的过程。一个几何学家面对他眼前一个确定的图形，他明白自己完全可以思考无数其他的图形。虽然他看见的是一些具有特定大小、方向和色彩等的线条，但他并没有意指任何一个这样的细节。当我在两个不同的句子中都使用"人"这个字时，我两次发出的是同样的声音，我的心灵之眼中出现的是相同的画面。但是，我所意指的是两个完全不同的对象。因此，当我说"琼斯(Jones)是多么了不起的人啊！"时，我头脑中很清楚地知道，我所意指的人不是拿破仑·波拿巴(Napoleon Bonaparte)，也不是史密斯(Smith)。可是，当我说"人是多么了不起的东西啊"时，我也清楚我所指的人，不仅仅是琼斯，还包括了拿破仑·波拿巴，还有史密斯。这种附加的意识是一种非常积极的感受，将原本单纯的噪声和图像转化为可理解的内容，而且还以非常明确的方式决定思想的后续者，即后面的词语和表象。我们从本书的第九章了解到，表象本身，那核子，在思想中的作用是最不重要的。因此，我们的"边缘"理论，只要涉及心理学，就能为唯名论与概念论的争论提供一个满意的回答。我们必须赞同概念论者，即认为将事物、特性、关系或任何其他的要素，从它们出现于其中的全部经验中孤立和抽象出来去思考它们的能力，是思想最无可非议的功能。

第五节　普　遍

抽象之后，当然就是普遍了！"边缘"学说让我们相信其中一个，同样也让我们相信另外一个。个别概念作用在应用上，会局限于单一情况的某个事物。而一般或普遍概念作用则是一整类事物，或这一整类事物中的某个事物。一个抽象性质的概念作用本身，既不是普遍的也不是个别的。[11]如果今天早上，我从冬天的景色里把"白色"抽象出来，是一个完全确定的概念作用，是一个我可能再次意指的具有自我同一性的性质；然而，因为我并没有明确将它限定于这场特定的雪，从而使它个别化，而且根本没有考虑过它是否可能适用于其他事物，所以它只能是所谓"那个"，如布拉德利先生所说的——一个"不固定的形容词"，或者是从世界的其他部分中脱离出来的一个主题。在这种情况下，它就一定是单数——我已经"挑出它"了；之后，如果我将它的应用普遍化或个别化，思想就转向意指这种白色或所有可能的白色，那么实际上我意指的是两个新事物并形成了两个新概念。[12]这种意义上的转变与心灵之眼中可能存在的表象的变化无关，而只与围绕这个表象的关于其适用范围的模糊意识有关。这种模糊意识，我们已经

474　在本书第189～201页给出了非常确定的解释了。但是，那并不是否定其存在的理由。[13]

但是，唯名论者和传统的概念论者在这些简单事实中，找到了能解决他们由来已久的争论的素材。他们都认为一种观念、感受或意识状态在实际上只能觉知各自的特性；而且双方都认为，这样的观念或意识状态是完全确定的、单一的和短暂的事物；这样的事物如何成为永恒或普遍事物的知识媒介物，对他们来说是无法想象的。"要认识普遍，它必须是普遍的；因为只有相同者才能认识相同者"等。像认识者和被认识者这种相互矛盾的事物是无法得到协调的，因此只能双方都牺牲一个以保护另一个。唯名论者通过否定被认识者是真正的普遍而"制服"被认识者；概念论者则在意识流中和其他感受性事实同质的，正在消亡的一个片段的意义上，通过否认认识者是心理状态，来放弃认识者。他们发明了纯粹理智行为或自我，并将其作为普遍知识的媒介，人们认为它们的功能是近乎奇迹般的，也是非常令人敬畏的，如果有人想要去解释它、将它普遍化或者还原到低级术语，这些人简直就是在亵渎神明。起初，更高级的本原是被当作普遍知识的媒介物而引用，而现在它是所有思想过程必不可少的媒介，因为人们认为"每一个思想中都包括一个普遍因素"。同时，唯名论者并不喜欢纯
475　粹行为和令人敬畏的本原，对这种虔诚态度不屑一顾，他们认为我们不应该觉得自己曾经瞥见过普遍，这是错的，而且迷惑我们的正是那一群"个别观念"（它们可以因听见一个名称而被随时唤起）。

当我们查阅两类学派中任何一类的书籍时就会发现，在关于普遍和个别的混乱中，我们无法辨别作者何时在讨论心中的普遍，何时又在讨论客观的普遍，二者很奇怪地混合在一起了。比如詹姆斯·费里尔（James Ferrier），他是最著名的反唯名论者。可是，谁能聪明到能

从下面这些他说的话中，计算出他从被认识者跨越到认识者的次数，以及他把从其中一方发现的属性归于双方的次数呢？

"思想就是从单一或个别跨越到观念（概念）或普遍……观念是必不可少的，因为没有观念，就不会产生思想。它们之所以具有普遍性，是因为它们彻底除去了具有单纯感觉现象的特殊性。想要领会这种普遍的本质绝非易事。或许达成这一目标的最好方法就是将普遍和个别进行比较。一个感觉、一个感觉现象始终都是它所是的那个个别，这并不难理解。也就是说，就它严格的特殊性来说，它是完全不可思想的。在被思想的活动过程中，一些多于个别的东西出现了，而这些东西不能还是个别了……十个个别并不比一个个别更容易被思想……思想中总是会出现附加的东西，在很大程度上来说，它是其他个别存在的可能性……这种不确定的附加物就是普遍……这种观念或普遍无法在想象中被勾画出来，因为它可能会立刻还原为个别……并不是因为我们的能力不够完美或存在局限，才无法对一种观念形成图像或表征，相反这其实是智力所固有的一种天然的特性。认为一种观念或普遍可以成为感觉或想象的对象，这是自相矛盾的。所以观念与表象是完全对立的。"[14]

唯名论者从他们的角度来看，他们承认一种准普遍，那是一种我们认为它好像是普遍，但其实它不是；在关于他们解释为"数量不定的个别观念"的观点中，也同样出现了在主观与客观观点之间的摇摆不定。读者根本无法辨别所谈及的"观念"是指认识者还是被认识者。

作者本身不做这种区分。他们想要从心中得到某种与心外相似的东西（不管有多模糊），他们认为当这种情况发生后，就不会有疑问了。詹姆斯·穆勒说：[15]

"人，这个词，我们认为最初是适用于一个个体的，它最初是和那个个体的观念相联系，而且拥有唤起关于那个个体的观念的能力；然后它又适用于另一个个体而且得到唤起他的观念的能力；如此一个接着一个，直到它与无数个体相联系，并获得了不加区分地唤起无数个体观念的能力。发生什么了？的确，它只要一出现就会唤起无数个体的观念；并且把这些个体观念紧密地联系起来，形成一种复杂观念……可是下面的也是事实：当一个观念因自身所包含的观念的多样性而在程度上变得复杂时，它自己必然也会变得不清晰……毫无疑问，这种不清晰就是那个观念曾经看起来很神秘的主要原因……因此，'人'这个词并不是一个拥有简单观念的词，就像实在论者认为的那样；但是完全没有观念的词，也不像（更早的）唯名论者认为的那样；它可以通过不可抗拒的联想法则唤起无数观念，把它们塑造得非常复杂和独特，却不会因此而变成无法理解的观念。"

贝克莱提到过[16]：

"一个词并不是通过变成抽象的一般观念的标记而成为一般观念的，它其实是通过许多个别观念——这些观念的任何一个都能不加区分地提示给心灵——而变成一般的。一个观念从自身的角度看是个别的,而当它可以代表其他所有同类个别观念时,就成为一般观念了。"

"象征"并不意味着认识;"成为一般观念",也并不意味着觉知一般事物;"个别观念",更不是个别事物——处处都使人们小心翼翼,生怕求助了知道这个事实;处处都可怜无助地尝试,试图让它以"观念"的一种存在方式偷偷地混进来。如果要思考的对象被设定为某一类别中的无数个真实的、可能的成员,那么只要我们能得到足够的观念,然后在心中将那一类别中的每一个成员的存在集中一小段时间,那么对于知道或意指这一类别中的一个成员而言,就有一个等价物了;那么它们的数目会变很大,使得计算会产生混乱,因而我们也不清楚是否这一类别中所有成员都得到了满意的计算。

当然,这是毫无意义的。一个观念并不是它本身所知道的内容,也不知道观念本身是什么;一大群相同"观念"的复本,以不变的形式重复出现或"以不可抗拒的联想法则形成一个观念",和一个类别中的"所有可能成员"的思想是不一样的。我们必须用绝对特殊的意识来意指那个。其实把贝克莱、休谟和穆勒的一些与观念有关的观点翻译成有关大脑的术语,并让它们去代表一些确实存在的事物,是很容易实现的;从这个意义上讲,我认为这些作者的学说不像其对立的学说那么空洞,那些学说把普遍概念作用的媒介当作灵魂的纯粹行为。假如每个"观念"代表一个特殊的初生神经过程,那么这些初生神经过程的集合就可能拥有一个与意识相关的心理"边缘",这个"边缘"应该就是普遍意义了,或者它意味着被使用的名称和心理图像应该意指那个类别的所有可能个体。大脑过程的每个特殊因素在灵魂中都必须有一个特殊的关联物。一个有像人这个词的范围无限所指的思想，应该有一组过程与之对应；一个由个别所指的思想，应该有另一组过程与之对应；一个有那同一个词的范围的有普遍所指的思想，也应该有第三组过程与之对应。与任何一组过程相对应的思想，其自身总是一个特殊的和单一的事件，关于它对其特殊神经过程的依赖，我目前根本无法解释。[17]

478　　每个概念作用——无论它是关于什么的——都是心灵的不变所有物，与这个事实相比，概念作用到底意指单一事物、一整类事物或仅
479　仅是一个没有定义的性质，只是一个细节问题而且毫无意义。我们的意义是由单一、个别、无限和普遍以各种方式混合而成的。如果我们用相同方式对待单一个体，当这个单一个体在我们心中和世界的其他事物区别并分离开来时，它就能获得和它可能拥有的最纯粹最具普遍适用性的性质（比如存在）一样程度的思考。[18]不管从什么角度来看，认为普遍概念作用具有压倒性和神奇性质的观点还是让人感到惊讶。一般来讲，更值得崇尚的知识应该是关于更值得崇尚的事物的，有价值的事物都是那些具体的和个别的事物，那么，为什么从柏拉图和亚里士多德开始，哲学家们都竞相嗤笑个别知识而崇尚一般知识呢，这真
480　让人感到费解。普遍性质的唯一价值就是帮助我们通过推理去认识有关个别事物的新的真理。其实，相对于将意义扩展到一个类别的所有个别事物上而言，将其限定在一个个别事物上则需要更复杂的大脑过程；而且，无论被认识的事物是一般或个别，知识的奥秘都是一样巨大。因此，传统的普遍—崇拜只能被称作情感的过度沉溺，一种哲学上的"洞穴偶像"。

　　似乎没必要再补充以下论断了（可以从本书第 177～183 页推论出来，而且一直隐含在我们的观点中），即任何事情都只能在完全不同

的意识状态中,才能被思考两次。因此,我的扶手椅是我对其拥有概念作用的一个事物;我昨天知道它,并且再见到它时我认出来了。可是,如果今天我把它思想为昨天看见的同一把椅子时,关于它是昨天那把椅子的概念作用很显然就成为思想的一个附加因素了,那么,思想的内部结构也会因此而改变。简而言之,同一个事物应该被同一个思想的两个相继副本认识为相同的,这在逻辑上是不可能的。因为实际上,我们用来意指同一个事物的思想之间是有很大差异的。此时,我们是在某一情境中去思想一个事物,可是在其他时候,我们又在另一情境中去思想它。此时,我们用明确的表象去思想它,可是在其他时候,我们又以符号的形式去思想它。有时候,我们对某一事物同一性的感觉只涉及思想的边缘,而有时却涉及核心。我们永远都不能将思想分解,然后认为其中的一个部分能让我们知道它代表的是什么主题,可是,我们总是知道我们心中存在哪些主题。内省心理学在这里必须得认输了。因为主观生活变化得太精细,内省这种粗糙的方法根本无法去捕捉这些细节。内省心理学必须为以下事实作证,即不同的主观状态,的确能构成相同事物得以被认识的媒介物,并且还必须否认所有与此相反的观点。

普通"观念"心理学一直认为,相同的被认识事物的媒介物必须是相同的再现心理状态,再次拥有同一个"观念",不仅是两次意指相同事物的必要条件,还是充分条件。然而,再现这种相同观念,就彻底否认了关于事物的重复知识的存在。它可能只是简单地回到从前的状态,在这段时间间隙里没有获得任何东西,甚至完全没有意识到那个状态以前曾经存在过。这不是我们的思维方式。因为我们通常是完全明白自己曾经思想过现在正在思想的事物。主题的连续性和持久性是智慧的本质。如果我们认出了某个旧问题以及旧方法,我们会在不改变主词的前提下，用谓词去改变、改善和替换另一个。

这就是人们所谓的，思想在于做出判断。一系列的判断可以都是关于同一个事物的。促使人们持续思想的基本实践条件是，持续思想会使我们对相同事物做出更好的判断。[19] 在一系列判断中，会有各种新的操作应用于这个事物，也会产生各种新的结果，然而主题从来不曾消失。一开始，我们只是拥有这个主题，然后对它进行一些操作；最后，我们用更加丰富、更加真实的方式重新拥有它。就这样，一个简单的概念作用被复杂的概念作用替换了，可是，我们完全明白这两个概念作用都是关于同一事物主题的。

拥有和操作之间的差异，在心理世界和物质世界一样地自然。就像我们可以手拿一块木头和一把刀，但什么都不做。我们的心灵也可以仅仅觉知某个事物的存在，却既不注意它，也不进行辨别，既不寻找它的位置，也不考虑它，不去比较它，不去喜欢或讨厌它，不推断它也不清晰地辨认我们是否曾经遇见过它。但与此同时，我们知道自己可以停止这种失神和无感觉的状态，迅速地恢复自己的活动，寻找它的位置，进行分类、比较、考虑并做出判断。所有这些活动，全都是我们在刚开始内省活动时就假定的东西：实在（即超出想象之外的实体）和思想，以及二者之间的认知关系。思想操作那些呈现给感官的材料，其结果就是将经验发生的秩序变得完全不同，成为被思考的世界的秩序。比如，不存在这样一个光点，我选中它并将其定义为鹅卵石，但是，它并不会就这样与单纯在时间和空间上临近的事物分开，并且因自然界的宽广而与其在物理上分开的那些事物一同被思想。比较一下在物理书中出现的情况（作为逻辑上的次属法则）和我们在自然状态下亲知这些事物的情况。概念图式就是一个筛子，我们用它来收集世界的内容。很多事实和关系由于太细致或太无关紧要而被这个筛网过滤掉,从而没有进入任何概念作用中。然而,只要我们抓住了某个物理事实,并将其识别为与以前思考过的某一事物一样,那么这个事物就会被留在筛网中,它所依靠的那个概念作用的谓词和关系也就是它的谓词和关系了。换言之,它受筛网而支配。这就是霍奇森先生所说的把知觉的世界秩序转换为概念的世界秩序。[20]

我们将在第二十二章中看到,这种转换是如何通过主体兴趣而始终发生着,我们还会看到,用来处理可感觉经验的概念作用是如何成为目的论的工具。思考、确定和紧紧把握意义的整个功能,如果离开这个事实,则没有任何意义,因此,思考者是一个带着偏爱意图和个人目的的造物者。其实,有关概念这一问题,还有很多东西可以探讨,但就目前来说,这些已经足够了。

注　释

1　哲学上有另外两个"同一性原理"。本体论同一性原理声称每一个真实事物就是它本身,即 a 就是 a,b 就是 b。而逻辑同一性原理则认为,曾经对一个判断的主语为真者,就永远对那个主语为真。本体论原理是重言式的自明之理,而逻辑学原理有更多内容,它暗示主体是不随时间而改变的。心理学原理也暗示了可能无法实现的事实:思想的连续性可能并不存在;即使存在,后面的思想也可能不思想前面的思想;即使思想到前面的思想,它们可能也无法回想起其中的内容;即使回想起了内容,它们可能也没有把它当作与其他事物是"同一者"。

2　我们会在后面的章节中看到,受到心灵关注的不同事实材料之间的确存在确定的关系。我们将其称为先验的或自明的关系。通过对这些事实材料的简单考察就能感知到它们;而且,一次考察就能使我们确信那些材料之间一定存在着关系。为改变这种关系,我们就要使这些事实材料发生改变。材料的"一致性和充分性的保证"只能是心灵关注客观事实,并如其所愿的意指那个内容的能力。心灵从经验中为自己"建构"永久理想对象的权利，对很多人来说（很奇怪）都是一种障碍。罗伯逊教授在《不列颠百科全书》（第9版）中写了一篇清晰的、有启发性的文章"公理"，其中说道，只有当运动进入了理想对象的构造中（如同在几何图形中那样），我们才能够"使终极关系在无论何种情况下都成为对我们而言它们必须是的那个东西"。事实上，他做出了退让，支持了从"在时间上相继的主观事件"中抽象出的数的概念，因为这些数的概念同时也是"依赖于我们有意去决定的主观意识流的能力的建构"活动。另一方面，"被动感觉的内容可以超出我们的控制而无限变化"。如果这种内容确实发生变化，就我们可以继续思想和意指它变化之前的性质而言，情况又会是什么样呢？我们可以从不可重复的被动经验中"制造"出理想对象，就如同从可以重复的主动经验中"制造"理想对象一样。当我们把对象放在一起并比较它们时，我们是在发现它们之间的关系而不是制造关系。

3　参见霍奇森，《时间与空间》，第46节。陆宰，《逻辑学》，第11节。

4　"虽然一个人在发烧时会觉得糖是苦味，而这糖在其他时间里是产生甜味的，但这个人意识中对苦的观念仍是像他只尝了胆汁一样明显。"（洛克，《人类理解论》，第2卷，第11章，第3节。请完整阅读第3节！）

5　大自然为我们呈现了许多黑色圆形的东西，以及与其相反的白色方形的东西。但是，大自然拒绝实现的组合，可以通过假定的形式在我们心中清晰地存在，正如那些它可以实现的组合，会通过正表象的形式在我们心中清晰地存在一样。实际上，当皮肤上的两个太接近以至于无法区分位置的点，其中一个受暖的金属碰触，另一个受冷的金属碰触，这时，大自然可以实现一个温暖的冷东西的组合。人们一般就会感受到暖和冷处于同一个客观位置。在相似条件下的两个物体，一个锋利而另一个钝，可能会被感知为一个锋利的钝东西。若我们通过光学技巧，使得一种颜色看起来像是透过另一个颜色而被看到的，那么，同一空间就可能出现两种颜色——在是否占有相同的空间和瞬间的意义上，是否任何两种属性都能兼容，这仅仅取决于自然物体和我们感觉器官的真实特性。从逻辑上看，不同性质的任何一种组合都是可以想象的，并且能够提供给思想非常清晰的意义。我之所以做出这些评论，是因为某些作者(如斯宾塞,《心理学》,第 426-427 节)有意混淆了不可想象的事物和不可清楚想象的事物。除非我们一开始就设想一些事物,并意指它们,否则我们又怎会知道哪些是我们不能想象的事物呢?

6　在哲学问题上,论证很少会发生转变;有些人发现他们对一个问题有了与之前不同的看法,但是他们宁愿说自己是对同一个概念作用拥有两个不同版本,也就是说其中一个是从另一个中发展出来的,而否认是对同一个事物有两个概念作用。这还是得取决于我们怎么去定义概念作用。我们把它定义为心理状态所以以思想它以前思想过的同一个事物的功能。假如两种心理状态中的一个确实思想着另一个思想过的东西,那么它们就是同一概念作用的两个版本,仅此而已。而假如其中一个要思想另一个没有思想过的东西,那么它们就是两个不同的概念作用。如果其中一个思想着另一个思想过的全部甚至更多的东西,那么针对那个更多的部分,它也是一个不同的概念作用。在最后一个情况中,一种意识状态有两种概念作用,每种思想都会根据自己的意愿,在向它开放的概念功能中选择其中一个,在其他思想中确定自己为思考者,以及在怎样的程度上去确定。"我曾经意指过相同的 A",它说,"现在我要再次意指它,像以前那样把 C 而不是 B 作为它的谓词(诸如此类)。"所以,在这一切过程中都完全没有变化,只是概念作用的分解和结合。复杂的概念作用作为新的心理状态而产生,有些功能与之前的功能相同,有些则不同。那么,任何一个改变了的观念,都带有一部分先前的概念作用的新版本(但是,绝对同老版本相同)和一部分全新的概念作用。这种区分在任何情况下都非常容易出现。

7　《人类知识原理》,引言,第 10 节,第 14 节。

8　"拘谨的观念论",拉比尔(Rabier),《心理学》,第 310 页。

9　《汉密尔顿研究》,第 393 页。也可以参考《逻辑学》,第 2 卷,第 5 章,第 1 节和第 4 卷,第 2 章,第 1 节。

10　例如,"事物的知识必须意味着心灵在事物中发现了自己,或事物的知识和心灵之间的差别通过某种方式消除了"。(凯尔德,《康德哲学》,第 1 版,第 553 页)

第十二章　|　概　念

11　传统概念论的学说认为抽象必须是普遍，即使是现代独立作家类似于杜威教授(《心理学》，第207页)这样的人也遵守这种传统："心灵抓住某一方面……抽象它或孤立它。这种对某一元素的把握，概括出了抽象的东西……在引出这个内容时，注意使它成为意识的独特内容从而使它普遍化；它不再被认为是在和对象的联想中得到思想，而是独立地被思想；它是作为一个观念或指向心灵意指的东西；而意义永远都是普遍的。"

12　里德，《智能》，第3章：白色是一回事，这张纸的白色是另外一回事。

13　布拉德利先生说，概念作用或"意义""包含了内容的一部分，而这个部分被心灵孤立、固定了，并且是离开标记的存在而得到考虑。添加且求助于另一个真实主题是不对的；因为在思想时却无判断的地方，在我们否定的地方，那个描述并不适用"。这看起来和我们的观点相同；对被考虑对象的一个或所有主题(即它的个别性或普遍性)的应用，形成了一个新的概念作用。然而，我无法完全肯定布拉德利先生会一直坚信这个基础。参见他的《逻辑学原理》的第1章。我支持的原理在罗斯米尼(Rosmini)的《哲学体系》[托马斯·戴维森(Thomas Davidson)作序，第43页，伦敦，1882]中得到有力的支持。

14　《希腊哲学演讲》，第33-39页。

15　《分析》，第8章。

16　《人类知识原理》，引言，第11节，第12节。

17　引用第224页提到的《心灵》中那篇文章的一小段，可以补充说明正文的内容。

"为什么我们不可以站在概念论者这边，说某个词的普遍意义的确有与其相对应的某种心理事实，而同时又赞成唯名论者的观点，认为所有心理事实都是主观感受的改变，为什么我们不把这种事实称为一种'感受'？简而言之，意指人类的人和仅仅是一个单纯噪声的人或单独意指约翰·史密斯(John Smith)的那个人，是完全不同的感受。区别不仅仅是把那个词看作普遍的，那么它就包括了高尔顿这个人的'混合'表象了。很多人认为，这些混合的或者赫胥黎教授称之为类属的表象就是概念。可是，就它本身而言，一种模糊的事和一件清晰的事同样是个别的；而无论是清晰的还是模糊的表象，它们的类属性质都依赖于它带着其表征功能一同被感受。这种功能就是神秘的附加，是被理解的意义。但是它并不是施加于表象的东西，没有纯粹的理性活动在超感觉的和半超自然的层次上存在。我们可以将它图解为是和意识流的其他片段相联系的。它就是被模糊感受到的很多其他即将发生的表象之间的关系的斑点、边缘或晕轮，但并没有清晰地处于焦点上，这一点我们已经在前面（第9章）很清楚地陈述过了。"

"如果表象出现时没有边缘，那么它仅仅只是表现了一个简单特性、事物或事件；假如表象是带着边缘出现的，它就会被明确地当作普遍事物，或处于一个关系图式中的事物。思想和感受的区分，在最后的主观分析中，将自身还原为'边缘'的出现和缺失。而反过来，在最后的生理学分析中表象很可能会将自身还原为并非那些其释放形成了思想的确定核子（实质性成分）——在这个例子中，是它无意中唤起的词语或表象——基础的其他脑回路亚兴奋状态的出现和缺乏。"

"这并非如柏拉图主义者认为的，是被称为表象和感觉的某一主观事实以及被称为智力活动的其他事物间的对比；前者是盲目的正在消失的东西，甚至不知道自己的存在；而后者则在对其认知范围的神秘综合中将两极结合起来。事实上，这是两个方面的对比，几乎所有心理事实都可以从中得到考虑，即主观结构和认知功能。在前者中，最高和最低级都是感受，是整个流的过程中的一个带有独特信息的片段。使它变得独特的就是它的敏感的身体，它的心情，或者它在经过时感受起来的方式。在后者中，最低级和最高级的心理事实，都能将一些真实事物当作其内容，尽管真实的事物就如同没有位置、没有日期的疼痛的性质，是一个不带关系的事物。从认知角度来看，所有的心理事实都是智力活动。从主观角度来看则全都是感受。如果我们愿意承认那种经过着的、逐渐消失的东西和清晰的、较为持久的东西一样，是那个流的真实部分；如果我们承认边缘和晕轮，还有那些其对象还未命名、只是认知的发生、只是前兆或方向觉知的未得到清楚表达的知觉，其实和清晰的想象、命题一样，都是独特的思想；如果我们让模糊的东西重新获得心理学上的权利，那么问题就没有那么难以解决了。"

"于是我们就明白了，当前感受和知识的对立是一个相当错误的问题。如果每一个感受同时也是一点知识，我们就不应该再说，心理状态是以认知性质的多少区分的；它们只是在知道的多少和对其对象领悟的事实的多少上，有所区别。对大的关系图式的感受是一种知之甚多的感受，而对一种简单性质的感受则是知之甚少。不管是知之甚多还是知之甚少，知道本身，无论在何种情况下都是相同的本质，且都是真正的知道。通过其对象而得到区分的概念和表象，其内在性质都是一样的，都是感受方式。其中的一个作为个别，不再被认为是一种被自然接受的相对较低级的实体；而另一个作为普遍，则被赞美为一种持久的，应受到崇拜而不是被解释的奇迹。作为主观事物的概念和表象，是单一和个别的。它们都是那个流的一些片段，发生了又很快消逝了。如果把普遍性这个词应用到有限的心理或身体结构上，就失去了意义。只有把它们应用到它们的使用、意指或是对它们能揭示的对象的指称上时，才会产生意义。对普遍对象的表征，与我们对其知之甚少以至于我们只能用'哈'这个感叹词来表达的对象的表征是一样的，都是个别。我们要用同一个标准对二者进行衡量，给它们相同的尺度，无论是崇拜的或是蔑视的。"（《心灵》，第 4 章，第 18-19 页。）

18　霍奇森，《时间与空间》，第 404 页。
19　比较霍奇森的《时间和空间》第 310 页那个经典段落。
20　《反应哲学》，第 1 章，第 273-308 页。

图书在版编目(CIP)数据

心理学原理/(美)威廉·詹姆斯著;方双虎等译. —北京:北京师范大学出版社,2019.3(2024.3重印)
(心理学经典译丛)
ISBN 978-7-303-24181-1

Ⅰ.①心… Ⅱ.①威… ②方… Ⅲ.①心理学理论 Ⅳ.①B84-0

中国版本图书馆CIP数据核字(2018)第209971号

图书意见反馈　　gaozhifk@bnupg.com　010-58805079

XINLIXUE YUANLI

出版发行	北京师范大学出版社 www.bnupg.com
	北京市西城区新街口外大街12-3号
	邮政编码:100088
印　　刷	北京盛通印刷股份有限公司
经　　销	全国新华书店
开　　本	148 mm×210 mm　1/32
印　　张	48.25
字　　数	1203千字
版　　次	2019年3月第1版
印　　次	2024年3月第4次印刷
定　　价	298.00元(全3册)

策划编辑:关雪菁	责任编辑:关雪菁　齐　琳
美术编辑:王齐云	装帧设计:谢作涛
责任校对:陈　民	责任印制:马　洁

版权所有　侵权必究

反盗版、侵权举报电话:010-58800697
北京读者服务部电话:010-58808104
外埠邮购电话:010-58808083
本书如有印装质量问题,请与印制管理部联系调换。
印制管理部电话:010-58805079

心理学经典译丛

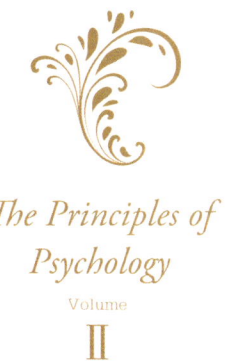

The Principles of
Psychology
Volume
II

心理学原理

第 2 卷

［美］威廉·詹姆斯（William James）◎ 著
方双虎 等 ◎ 译

北京师范大学出版集团
BEIJING NORMAL UNIVERSITY PUBLISHING GROUP
北京师范大学出版社

第十三章

辨别与比较

大家都知道，我们中的有些人拥有比其他人更灵敏的感官，而有些人则拥有比其他人更敏锐的心灵，他们能"对事物做出细微的区分"，在多数人只能领悟到一个意义的地方，他们却能领悟到两个意义。很早以前，洛克就认为人的辨别能力具有个体差异，并将其进行区分。在这里，我们引用洛克的话作为本章的导言：

"人们会在自己心中发现另一种能力，即在心灵所拥有的观念之间进行辨别和区分。仅仅对事物拥有混乱的感知是不够的：只有当心灵对不同对象及其性质形成非常清晰的知觉后，它才能拥有知识；尽管对我们产生影响的事物和现在一样，一直不停地运动着，但心灵始终在思考着。天赋真理的很多普遍性命题，其证据和确定性也依赖于这种将一个事物与其他事物区分开的能力；因为人们忽略了这些命题获得普遍认同的真实原因，而将其归因于天赋的一致性印象。然而，它其实是依赖于心灵的清晰辨别力，心灵正是因为拥有这个能力，才能将两个观念感知为相同或不同。后面将进一步讨论这个问题。

"人们无法精确识别各种观念,有多少是因为感官的迟钝或者缺陷造成的,有多少是因为理解不敏锐、缺乏运用或者没太注意而导致的,又有多少是因为天生性情轻率和急躁而产生的呢,我并不打算在这里对此多做探讨:我们只需要注意一点,即这是心灵在其自身中能反省与观察到的操作之一。它对于心灵的其他知识能产生很大影响,因为,如果这个能力变迟钝了,或我们没有合理地利用它来对事物进行区分,那么,我们的观点就容易被混淆,理性与判断就会被干扰或误导。如果说,心智敏锐是取决于一种随意调动记忆中的观念的能力,那么,我们看到一个人比另一个人拥有更精确的判断力和更清晰的智力,主要的原因就在于那个人可以保持清晰的观念,并能在差异极其细微的情况下对事物进行精细区分。因此,我们或许能对下面这种众所周知的现象进行解释了,即机智敏锐和记忆迅速的人,为何无法同时拥有最清晰的判断力和最深刻的理解力。这是因为,机智在于将许多观念集合起来,并快速将各种具有相似性和一致性的观念集中在一起,然后在想象中把它们组合成一些令人满意的图片和使人愉快的景象。与此相反,判断则在于将只有细微差异的观念进行精细区分,避免它们被与之相似或雷同的事物所误导,而造成混淆。这是与隐喻和暗示完全相反的一种发展方式,机智之所以能娱人和动人,就是因为隐喻和暗示的作用,只有这样,机智才能生动地打动想象,而它之所以能被人们接受,是因为人们一眼就能发现它的美,不需要再依靠思想去检查其内在的真理与理性。"[1]

然而，洛克的追随者们在迈向其导师指出的前景的路上太慢了，而且他们过于忽视对辨别力的研究，因而，人们几乎可以这样认为，即作为一个学派的英国古典心理学家，几乎没有认识到辨别力的存在。对他们而言，"联想"是可以包括一切的心灵能力。马蒂诺（Martineau）博士在他对贝恩的评论中，对洛克学派的片面性做了重要评论。他说，洛克学派认为：

"人类的心理历史'不断地形成新的复合物'，'联想''结合''融合''不可分解的联系'都表示由多种材料到某个统一结果的转变。因此，针对这一过程的解释，需要两个条件：第一，真实地列举出原始的要素，第二，对联系法则的正确陈述。就像在化学中，我们首先会看到一些简单元素的列表，然后才是这些元素的合成法则。如今我们发现，联想主义心理学家只满足了第二个条件。他们对元素的编目，以及简单元素和复合元素的区分标准，都没有形成一致意见。心理单元是不固定的，比如，哈特莱称为一个印象的事物，可能被穆勒当作半打或更多印象。对此，现代大师们倾向于在先师选择好的路上越来越往后退。例如，哈特莱将单一对象（比如说一个橙子）对我们产生的当下影响当作个别感觉，将其留下的痕迹当作是个别'感觉观念'。而他的现代信徒则将前者当作多种感觉的集合，并认为后者是高度复合的。'关于对象的观念'并非它们的基本起点，而是重复和经验的复杂结果之一；而且，它一直都被认为能够显著地表明习惯性联想的融合力量。詹姆斯·穆勒认为：

"我们将所谓外部对象观念的形成,追溯到这一重要的联想法则上,即一定数量的感觉观念,总是同时被接收,似乎它们结合在一起了,而且总在同一性观念下被谈论。因此,就有了我们所定义的树、石头、马、人的观念。当我们使用树、马、人的名称,也就是我所说的对象的名称时,我只不过是,我也只能是在表达自己的感觉;所以,实际上我仅仅是将那些处于某种结合状态即共存的特定数量的感觉进行了命名。特殊的视觉、触觉与肌肉感觉是指颜色、大小、粗糙度、硬度、光滑度、味道、气味,它们和关于这些感觉的观念结合在一起,好像形成了一个观念,我将其定义为树的观念。"[2]

贝恩先生认为:

"对于同一种作用,外部事物经常会通过多种感官来影响我们。海边的鹅卵石呈现在我们眼中的是形状和颜色,而我们把它放在手中,用另一种感官——触觉来再现有关形状的印象。把两块鹅卵石碰撞在一起,会产生一种特别的声音。想要将这个印象保持下来,就必须拥有这些不同作用的联想。这样的联想一旦成熟和稳定下来,就会变成观念,即我们对鹅卵石的理性认识。我们再来看看有机世界,摘一朵玫瑰花时,我们的眼睛和手获得一样的效果即形状效果,还有色觉和触觉效果,以及嗅觉和味觉的新效果。这些性质之间的整合需要一段时间,从而让我们拥有一个持久的玫瑰花表象。当我们完全拥有这个表象后,任何一个特有印象都会促使其他印象的重现;它的气味、形状和多刺的花茎的感觉——每一个印象都能使其完整印象呈现出来。"[3]

"客观知识开始于印象的多样性,然后到达统一性。我们认为,这一推论顺序是对心理历史的完全倒置。哈特莱不关注对象对我们产生作用的途径的多样性,而且认为作用就只会通过一种途径。我们认为他的观点是完全正确的……即便是现在,生活教会我们很多分析方面的经验,这些都与我们能确定对环境和自己的态度相对应,接着,印象中的多样性感觉渐渐消失了,我们也不知不觉地进入了完整意识;例如,我们对始终存在于耳中的噪声、存在于眼睛中的亮光和所穿衣服的重量的单独注意都消失了,虽然它们都对我们的感受起到了作用。只要这个法则受到认可,就一定会远远超越哈特莱的理论。每个对象在显现其性质之前,必须将自己完整地呈现出来,不仅如此,连我们周围的环境都必须通过凸显和变化,帮我们把一个又一个对象与其背景分离开来;甚至是我们和与我们构成强烈对比的世界在进行自我分离时,也一定要发生在我们发出的力量和接受的力量之间产生冲突之后。举个简单的例子:当我们第一次看到一个红色弹子球弹回来时,这个小球会留下一个关于自身的心理表征,所有它同时呈现给我们的信息都在这个心理表征中不加区分地共存着。然后,再让一个白色小球出现;现在(而不是之前),我们会感受到一种属性正在分离,通过对比的力量,某个颜色呈现在前景中。如果我们再用鸡蛋来代替白色小球,那么这一新的差别会把形状从之前的休眠状态带入注意中。因此,一开始只是一个与其周围环境分离开来的对象,对我们来说,先是变成一个红色对象,接着又变成一个红色圆形的对象……所以,并非个别被给予的属性聚到一起,将自己整合成一个集合物的对象,而是对象本来就在它们那里,它只是从自己的整体中将这些属性逐个分离出来,然后进入我们的知识中。在分解的过程中,核心部分并不会失去其实质性的性质和名称;而那些差异则是以形容词的形式进行表示的简单属性。所以,我们不得不相信是对象拥有这些性质,而并非对象就是这些性质;并且我们永远无法真正相信,一些松散的属性可以融合成一个事物。我们并没有感受到原始整体的分裂,并且被分解成其相继呈现出来的性质。其实它还是残留了一个存在,组成它的基本实体,与那些呈现出来的性质相对应,而后者仅仅是其现象谓词。如果不存在自我和世界、对象和环境、属性和对象之间这种持续地分裂过程,抽象活动就寸步难行;也就没有任何性质能获得我们的注意;并且,即使我们有一万个感官,它们也只能在一种意识中聚合或相遇。然而,如果这真的是事实,那么认为感觉会自己组合为一个集合物,并成为我们思想的对象这一观点,就完全颠覆了自然秩序;在同时性存在领域中,这一理论是直接对真理的颠倒。在获得经验的同时,智力得到训练,但是智力并非通过联想而是通过分解,并非通过将许多印象合而为一,而是将一个整体由多种印象展现出来,从而得到训练。真正的心理学历史应该用分析的而不是综合的术语来进行解释。确切地说,那些被这一体系看作极为复杂、是由无数元素集合而成的关于实体、心灵、原因和空间观念的最终结果,其实就是意识残留下来的简单元素,它们的稳定性不会受现象经验的干扰。"[4]

其实，真正的情况是这样的，经验通过联想和分解而得到训练，而心理学必须要用综合和分析这样的术语来进行描述。原始的可感知整体，一方面被我们的辨别注意力而分解，另一方面，它可能会和其他整体结合起来或通过我们的运动，从而将感官从某处带到另一处；新对象的出现也会代替最初给我们留下印象的那些对象。休谟的"简单印象"与洛克的"简单观念"都是抽象的东西，从未在经验中获得实现。经验，最初向我们呈现的是具体对象，这些对象模糊地与世界上的其他部分（正是这些部分使得对象包含在时空中）连接起来，而且潜在地被划分为内在元素和部分。这些对象被我们分解了又再结合。我们必须用这两种方法处理它们，才可以获得更多知识。因此，我们很难确定哪种方法更具优势。然而，因为传统的联想主义用来进行建构的元素——"简单感觉"，都是高度辨别的产物，所以，我们应该先讨论分析注意和辨别能力这个主题。

我们对对象任何部分的注意都是一种辨别活动。我在第404页已经对那种人们常常不自觉地陷入无区别状态的方式进行过描述，即使是面对已经能够辨别的对象，人们还是会出现这样的情况。有时，氯仿、一氧化二氮这类的麻醉剂会使辨别力产生更彻底的短暂丧失，尤其是对数字的辨别力，几乎是完全丧失；某人看到了光亮，听到了声音，但是他完全无法区分那光亮或声音具体是一种还是多种。只有当事物的一部分被辨别出来，而且每一个部分都是某种特定辨别活动的对象时，我们才能重新艰难地感受到那个对象的原始统一性。我们关于对象构成的意识太过于显著，使得我们很难相信它曾经完整地出现过。然而这种观点是错误的，我们不得不承认的事实是：不管从多少数量的感觉中产生了多少数量的印象，当它们同时处于还未曾经验过它们的心灵上时，心灵就会把它们融合成一个单一整体。这里的法则是：

一切可以融合的事物都将融合，除非必须，否则没有事物会分离开来。在本章中，我们必须研究使得印象分离开来的到底是什么东西。尽管这些东西如果通过不同的神经进入，可能会分离得更容易一些，但是不同的神经并不是它们得到分辨的无条件基础，这一点我们马上就会明白。一个婴儿，如果同时受到眼、耳、鼻、皮肤以及内脏的感觉困扰，他会把所有这一切感受为一种巨大的涌动而吵闹的混乱；在生命的尽头，我们会把所有事物定位于空间，因为，在同一时间受我们注意的所有感觉，它们原来的广度和深度都会融合到同一个空间中。除此之外，没有别的理由可以解释，为什么"我看到的以及触摸到的手和我当时感觉到的手在空间上能刚好重合"[5]。

的确，当一些我们从未注意的对象的细节出现在我们眼前时，我们会禁不住感叹："当初怎么会忽略这些细节却依然可以感受到那一个对象，或得出结论：它似乎是一个连续体，一个充实的东西？这其中应当存在裂缝的，可我们却未曾察觉；所以，我们必定是看见或者听到了那些细节并从中获得启发；它们曾经就像现在这样，也作用于我们的心灵，只不过是无意识地，或者至少是没有注意地。我们最初没有分析的感觉，实际上就是由这些基础感觉所构成，我们最初迅速做出的结论，实际上也是基于这些中间推论，只是我们一直没有注意到这些事实的存在。"这就是本书第195页所论述的致命的"心理学家的谬误"，即心灵的次级状态以某种方式含蓄地知道，心灵的高级状态对同一主题所明确知道的一切。毫无疑问，那被思想的事情是同一个，可是它却在两种完全不同的心理过程中被思想了两次，一次是作为完整的统一体，另一次是作为被辨别的各个部分的集合。这并非一个思想的两个版本，而是对同一事物的两种完全不同的思想。其中任何一种思想本身都是一个连续体，一个充实的东西，它不需要另一个思想来填补它的裂缝。就如同我坐在这儿，思想着对象，并做出推论，而这些推论在以后会得到分析，会被清晰地表达，并得到充分地辨别，在我此刻只注意着一个事物的地方，呈现出许多的事物。然而，现在，我的思想对自己很满意，它四处游荡，并未意识到自己忽略了什么，它以为自己获得了最伟大的辨别力。我们在某处终止了对世界的分析，也不再注意到差别了。我们终止时的最后单元，就是我们的存在的客观要素。狗的客观要素和洪堡的不一样，有实际经验的人的要素和形而上学者的也不一样。但是，可以感受得出来，狗和有经验的人的思想是连续的，而洪堡或是形而上学者的思想则充满了裂缝与缺陷。然而，它们作为思维是连贯的，只是作为事物的镜子时，高级的心灵发现了它们充满遗漏。一旦这些遗漏的事物被发现，那些没有被注意到的差别显现出来时，其实不是旧思想的分裂，而是新思想代替了它们，这些新思想对同一个客观世界做出了新的判断。

第一节　间接比较的理论

当我们对某个元素进行辨别时，我们可以把它和它缺席的情况、它不在那里的情况进行比较，而不用管那里到底存在什么；当然，我们也可以对后者进行考虑。我们将前一种的辨别力称为存在辨别，将后一种称为差异辨别。差异辨别的特点就是，它会产生一个事物比另一个更大或更小的差异的感觉。我们可以把各种差异放入各个系列中，如音乐的等级或颜色的等级。经验的每一部分都能够把它的资料放置在均匀排列的等级中，从最低级到最高级，并且，任何资料都可以是几个等级中的一项。一个特定音符，既可以在音调等级中处于高级，也可以在响度等级中处于低级，而在悦耳性的等级中处于中间部位。想要完全确定一个色彩,就必须确定其在性质、纯度(不含白色)、饱和度和明度的等级中的位置。或许,它在某一方面是低位,但在另一方面它又是高位。在任何这样的序列中,一项一项地观察,我们就能意识到每一级的差异都等于(或大于或小于)上一级,同时我们还能意识到我们是在相同的方向上进行着,与其他方向不同。这种对连续增加的差异的意识,其实都是智力活动的基本事实。当我们一项一项地向前进,我们就会知道有更多相同种类的差异的存在,并且我们知道,走得越远,我们到达的项和开始的项之间产生的裂缝就越大。序列中任何两个项之间的差异,都大于任何两个中间项之间的差异,也大于一个中间项和一个端点之间的差异。比大声更大声,就是比那些较低的声更大的声;比远更远,就是比那些比较近的更远;比早还早,就是比较晚的更早;比高还高,就是比较低的更高;比大还大,就是比较小的更大;简单说来,比多还多,就是比较少的更多。这就是心灵在产生持续增加的感觉过程中所涉及的伟大的间接比较综合理论。在第二十章中我们将看到,这一理论在所有高级理性运作过程中势不可挡的作用。

第二节　所有的差异都是构成上的差异吗

在统一序列中,一个差异似乎都是一个确定的可感知的量,而且每个项都仿佛是上一个项与这个量的和。我们可以在两个不同的具体对象上发现,差异其实是这样的事实:一个对象就是它和另一对象身上具有的相同东西再加上其他东西,或者,它们有一个同一的部分,它们再在这个同一部分身上加上其他不同的东西。两幅来自同一个印版的画,给其中一张加上颜色后,就会和另一个区分开来;两块地毯虽然图案相同，但图案可能由不同的颜色制成。同样地，两种感觉会产生一样的情绪特征，但在其他方面却彼此不同，例如，暗沉的颜色和低沉的声音；或者，两张有同样鼻子的脸，但其他部位并不相同。我们可以这样来解释为何不同音质的乐器能弹奏出相似的音符：它们所共同拥有的一个基本音调与它们中的一个所拥有的泛音得到共存。我先把手放入一盆水中，然后再放入一盆更冷的水中，就会立刻产生一些不一样的感觉，那是在前一盆水中不曾体验到的更广泛、更深入的冷的感觉，如果事实不是这样，那我可以说二者是没有任何差别的。首先"举起"一个物体，然后再举起一个更重的物体，我们的肘关节、手腕和其他地方都会出现新的不同的感觉，从而让我知道第二个物体更重些。在所有这些例子中，每一个不同的事物都会通过两个部分得到表征，一个是它与其他事物共有的部分，另一个就是它独有的部分。如果它们形成这样一个序列：A、B、C、D 等，我们把共同的那部分称为 X，最小的差异量称为 d，则呈现出以下形式：

$A = X + d$；

$B = (X + d) + d$，或 $X + 2d$；

$C = X + 3d$；

$D = X + 4d$；

……

如果 X 本身也是由许多的 d 构成，那么我们可以把这一整个序列的等式解释为，一个不变因素与它自身在不断的变化中组合，再组合；并且可以把所有性质上的明显差别解释为量上的差异。这种还原，对物理学中的原子论和心理学中的心理元素理论来说都是非常完美的。根据这个例子进行类推的话，人们很容易就会做出以下概括，即认为所有差异都是加或减，并认为其实所谓的"差异"辨别，就是伪装之后的"存在"辨别；也就是说，如果 A 和 B 是有差别的，那我们只不过就是在它们中的一个里面分辨出另一个没有的东西。根据这个理论，我们了解到，事物的绝对同一性只存在于某种程度，而绝对非同一性会代替我们通常认为的事物之间存在的那种终极的质的差别；心灵的辨别能力不再被认为是终极功能了，它会将自己分解为纯粹逻辑上的肯定和否定，或者是关于在某个事物中能发现到的特性而在另一事物中并不存在的知觉。

但是，从理论上来说，这个观点是充满争议的。除非我们感觉到的所有差别都在同一方向，且所有对象都能被安排在同一序列中（无论有多长），它才可能是有效的。可是，我们都知道这样的事实，即如果对象在不同方向上都有所区别，那么这都几乎无法得到解释了。我们假设一个对象在某个方向上与其他对象的差异为增量 d，二者在另一个方向上与其他对象又有另一个增量的差异——d'，那么，除去对象之间质上的差异后，我们还应该考虑那些增量之间的质的差异。当然，我们可以反复使用那种方法，即认为 d 和 d' 之间的区别不是质的差异而是构成上的不同，即它们其中一个是与另一个相同的部分再加上一个更高级的增量。但是，当我们想到世界上所有事物都可以相互进行比较，事物之间差异都有无数个方向时，我们就会明白，认为世界上无数的差异得以解释的终极差异增量的自我复合的复杂性，（根据这一理论）可以避免它们中的任何一个被当作终极的种类差异，是根本无法实现的。这是心理元素论，它用坚决不妥协的态度扛起它的全部困难；并且所有的一切都是为了想象中的那种快乐，这种快乐就是可以随意说，世上的事物之间、心灵中的"观念"之间，只有元素的绝对同一性和绝对非同一性，而且非同一性并不存在程度上的差异。

我认为，更明智的做法是远离这种无节制的先验思辨，尊重那些自然现象。这些自然现象把事物间的差异变为一种不可分解的关系，而且是一种包含各种程度的关系。那么，绝对非同一就是差异的最高程度，而绝对同一则是最小的程度，而对差异的辨别力就是我们的终极认知能力之一。[6] 自然现象的确是坚决反对"不存在质的差异"这一观点的。因为，我们可以在某些对象中清晰地感觉到，这些物体的差异仅仅是量上的增加或减少，但在其他对象中，我们也能清晰地感受到情况并非如此。比如，在比较我们对两条线段差异的感受，对蓝黄两种颜色差异的感受，或对左边和右边差异的感受时，是不是右边增加了点什么东西就可以变成左边？蓝色增加了点什么东西就可以变成黄色？如果是，那增加的是什么呢？[7] 如果我们坚持实证心理学，那么就必须承认，简单种类的差异构成经验中元素之间的不可还原的关系，同时还必须否认，差异辨别在任何地方都能被还原成一个单纯信念，即一个事实中出现的元素在另一元素中不会出现。总之，关于一个元素中存在而另一元素中并不存在的知觉，和对质的差异的知觉，是两种完全分离的心理功能。[8]

然而，在坚持这一观点的同时，我们必须承认，无论质的差异有多少，它都不是心灵必须要处理的差异。单纯是构成上的、数量上的或加和减的差异，也是非常多的。[9] 但现在，我们最好不去关注这些量的情况，而是考虑别的情况（根据最不利的计算，发现这些内容还是相当多的），探讨一下人们认识简单种类差异的方式。我们不能解释那种认知，只能去探索它得以发生的条件。

第三节　辨别的条件

那么，我们以简单方式来辨别不同事物的条件是什么？

首先，事物之间一定要存在差异，无论是在时间上、空间上还是性质上。假如上述中的任何一个方面存在足够大的差异，就不会被我们忽视，除非我们根本就没有注意这些事物。大家都一定能从白色的背景中看见黑色的条纹，或者感受到低音音符和紧随其后出现的高音音符之间的差别。在这里，辨别的产生是无意的。可是，当事物之间的客观差异很小时，辨别就不一定会必然发生，甚至需要一定的注意努力，才能进行辨别活动。

另一个支持辨别的条件是，不同对象所引发的感觉并非同时到达，而是一个接一个地相继作用于同一感官。相继呈现的声音比同时呈现的声音更好辨认，用同一只手相继感受两种重量或两种温度，比用两只手同时去感受并进行比较更容易一些。同样，如果使眼睛从一个光亮或颜色转移到另一个，使这两种刺激相继作用于同一视网膜束，会使我们更容易对二者进行比较。人们在使用圆规的两点测试某一块皮肤的局部辨别力时发现，一个接一个地进行刺激比同时刺激更容易让人觉察出刺激的部位不同。当对背部或大腿等处同时施加刺激时，二英寸或三英寸的距离也会让人们感受为是一个点。在嗅觉和味觉的实验中，我们几乎不能比较同时呈现的刺激。相继发生的刺激更容易产生差异结果的原因在于，从一个感觉转换到另一个与之不同的感觉，唤起了一种真实的差异感觉。这种差异感觉有其自身特殊的性质，不管它发生于其中的那个项属于哪个种类，它作为差异的这种性质始终能被感觉到。总之，这就是我在之前（第 188 页）提到过的过渡感觉或关系感觉；只要它被唤起，它和在它发生之前和之后的实质性的项就都留在了记忆中，促使我们进行比较判断。于是我们很快就会认识到，两个项根本无法同时被感知为不同，除非在预备过程中，我们已经相继地注意到了它们，那么，当我们这样做的时候，那种过渡性的对它们的差异感觉就已经被唤醒了。无论意识的领域有多复杂，它永远都不会分解，除非它的某些构成要素发生了变化。现在，我们都很清楚，我们的周围时时刻刻都有许多事物是共存的；可是，这是我们长期接受教育的结果，现在我们所看到的每一个独特的事物，都是通过相继出现从而和其相邻的事物区别开来。而对婴幼儿来说，声音、景色、触碰和疼痛可能形成了一个未经分化的混沌状态。[10]

如果相继感觉之间的差异非常小，那么为了获得最佳效果，就应该使两种感觉之间的过渡尽可能迅速地完成，并在记忆中对二者进行比较。当我们品尝两种口味相似的葡萄酒时，我们无法在第二种酒还留在口中时准确地判断二者差异。声音、温度等也是如此——要进行比较就必须等两种被比较的感觉都到达最后阶段。可是，如果两种感觉之间的差异很大，那么上述条件就无足轻重了，我们还可以把一个实际感觉和一个记忆中感觉进行比较。两种感觉出现的间隔时间越长，它们就越难进行辨别。

直接觉察到的两种感觉之间的差别，并不依靠我们对其中任何一种感觉的识别能力。我能觉察到自己的皮肤受到两个不同的点的触碰，但分不清哪个在上面，哪个在下面。我能感受到两个相邻的音调的差别，但不确定哪个调子更高。同样，我也可以区分两个相邻的颜色，但不知道哪个更蓝或更黄，也无法说出它们到底有什么不同。[11]

有了对差异的直接感觉，我们就肯定不会再把完全不同的情况相混淆了，在此，我们推断两种事物一定不同，是因为我们对其相当了解，才可以将它们分门别类。当两个经验发生的时间间隔过长，经常会发生这样的情况，即我们的判断更多地受前一个经验留下的记忆指引，而并不是受它真实的表象或复本的指引。我感受到今天的阳光不如上星期某一天的强，因为那天我用非常耀眼来形容它，而今天却不会这样说。我知道现在比去年夏天舒服好多，因为现在我能做心理学研究而那时却不行。我们常常致力于比较这些感受（我们的想象力在当时并不亲知这些感受的性质）——例如，快乐或痛苦的感受。我们都知道，要让这种感觉的生动表象出现在想象中是非常困难的。联想主义者可能会空谈，认为快乐的观念会让人快乐，而痛苦的观念也会让人痛苦，但是人类的纯粹感觉是刚好相反的，他同意荷马的观点，即认为对已经结束的痛苦的回忆也是一种快乐，他也同意但丁（Dante）的观点，认为在不幸的时候去回忆过去幸福的时光，是人生最悲惨的事情。

通过这种不完美的方式回忆起来的感受，必须在我们对它了解的基础上，和当前或最近的感受进行比较。这样我们就能通过思考很久以前的经验，来识别经验。用某种标准的等级来界定那个经验是思考它的最好方法。如果我知道今天温度计上指示的是 0°C，而上星期天是 32°C，那么我就可以确定今天更冷一些，并且还知道到底比上星期天冷多少度。如果我知道这个音调是 c 调而那个是 d 调，那么我就可以确定 d 调是两者中较高的一个。

两个事物有所区别是由于其伴随物、结果、名称、种类，或者其标记不同所导致的，这种推论容易使情况变得复杂无比。在科学中，人们通过对结果差异的注意，而得出一个与此前知道的所有原因都不同的新假设。科学通过这种方式为我们提供例子。但是，无论这类推断性辨别需要多么烦琐的步骤，它们终究会在发现差异的直接直觉之处结束。我们推断出 A 有别于 B 的最后依据在于，A 是 m，B 是 n，而 m 与 n 肯定是不同的。我们先不考虑 A 和 B 这些复杂情况，回到标记 m 和 n 处，来研究对它们之间差异（如果它们都是简单项）的不可分解的知觉。

我之前说过，在它们相继出现的过程中，它们之间差异的冲击会被我们感受到。当我们在 m、n 之间不停转换时，就能反复感知到那个差异；当那个冲击太小以至于我们很难感知到时，我们就会通过这样的反复去发现它（至少要变换我们的注意）。然而，差异除了在 m 和 n 之间转换的瞬间被感知以外，它好像还会被感受为被结合或吸收进第二个项中，第二个项也一直感受到自己"与第一个项不一样"。在这个例子中，很显然心中的"第二项"不是简单的 n，而是个复杂的对象；而且它们的序列也不是简单的"m"——"差异"——"n"；而是"m"——"差异"——"不同于 m 的 n"。但是，呈现出这三个单独对象的单独思想，是意识"流"的三个普通部分。

大脑和思想的实际结构，导致我们无法在紧接的顺序中获得特定的 m 与 n，并保持它们的纯粹。如果保持纯粹，就意味着没有对它们进行比较。而对我们而言，有一种尚未被理解的机制，使得差异的冲击不可避免地在它们之间被感知到，因此，第二个对象并非纯粹的 n，而是不同于 m 的 n。[12] 这并不是自相矛盾的说法。在这种情况下，人们会认识到 m 和 n 是处于相互关系中的，所以并不矛盾。就像在其他的情况下，人们也会认识到 m 或 n 的简单特性一样。然而，它曾被认为是自相矛盾的，人们曾经用一个并不属于意识流的精神能动者去解释它，所以，这里有必要做进一步说明。

人们会发现，我对这一事实的解释只是对发生的事实作了描述：每个感受（或者思维）都认识到某些事物，如果有一个前面的感受先行，那么后面的感受不会比它认识到更复杂的事物了。我没有解释这种认知顺序。总有一天，人们会发现这种解释（我真诚地希望）是依赖于大脑条件的。在这一天到来之前，我们只能把这个顺序作为一般规则的特殊情况：大脑所经历的每一种经验都会在其中留下某种变化，而这种变化是决定后来的经验是什么的一个因素（见第 232-236 页）。如果有人否认这一法则，在他拿出证据之前，我保持沉默。

感觉论者和唯灵论者都以对这些事实进行歪曲解释为出发点（他们的观点是，心灵一定以某种方式包含了它所认识的内容）。他们都认为，不管以何种方式认识 m 和 n，心灵中肯定包含了它们各自完整的作为独立实体的小复本。这些关于 m 和 n 的纯粹观念相继地出现。感觉主义者认为它们是独立的，从而可以得到辨别。詹姆斯·穆勒认为："拥有不同观念和拥有辨别观念是一个意思；不同的和被辨别是完全一样的。"[13] 而唯灵论者说："得到辨别！是由什么而得到辨别的？的确，m 的观念和 n 的观念在头脑中是各自独立的。但正因如此，它们中的任何一个都无法将自己区别于另一个，因为那样做，就必须去感知另一方，并因此而暂时变成对方，而这样二者就会混淆在一起，从而失去自己的独特性。观念的独特性和关于独特性的观念并不是一个意思，因为后者是一种关系。只有在本质上和全部感受事实相对立的关联本原、自我、灵魂或主体，才能以相同的方式呈现给两个观念，并将它们结合起来，同时保持其独特性。"

可是，如果我们认可这个简单事实，即"m"曾在之前出现过，那么心中就绝不会存在有关"n"的纯粹观念；"与 m 不同的 n"的感受本身就是一种完全独特的思想脉冲，那么，这场有趣争吵的基础就不复存在了，任何一方都没有可供争辩的东西。当然，这种结局应该受到欢迎，尤其是像现在，因为这个结果是我们自然地、朴实地阐明事实而得出的。[14]

现在我们可以把简单的无意识辨别的产生方式总结如下：①辨别的媒介物是拥有关于两个比较项及两者之间差异的认识思想；②对人类心灵而言，唤起这种思想的必要充分条件是，一个被辨别项应该尽可能比另一个项得到认识的思想和感受要快；③认识第二个项的思想，也要认识两者之间的差异（或者，在较难的情况中，连续地为认识那差异的思想所接续）以及差异存在于其中的两个项。

然而，后一个思想并不一定就是有差异的那些项，也不一定要包含那些差异。人的思想可以认识和意指各种各样的事物，而并不需要那些事物真实地进入思想中——例如，距离、未来和过去。[15]心中正在消失的项消失了；但是，由于这个项是那个特定的项而非其他事物，因此在消失的过程中，它留下了某种特定的影响，这种影响会以独特的方式决定后面的思想脉冲。无论后来发生的是什么意识，它都一定要认识这个已经消失了的项，并将其视作与此时存在的项有所不同的事物。

对相继感受的简单事物的无意辨别问题，我们的讨论已经到达了尾声。我们无法把这个问题看得更深，所以，现在我们必须停止这个话题，转而去讨论更复杂的辨别问题。

第四节 分析的过程

首先，是对在同一时刻感觉到的印象的辨别！我们考虑一个事实的最初方式是，将其设想为很简单的事情，但后来会慢慢学会将其感知为复合的。为方便起见，我们就把这种认识同一个事实的新方式称为分析。很显然，它是人类所有心理过程中最经常发生的活动之一，所以让我们来仔细研究一下它发生的条件。

我认为我们可以放心地在开始就将以下基本原理提出来，即所有在心灵留下的印象都是不可分析的，它的各个元素也无法分离地被感知到。如果一群属性，永远不会变化，而且不会在其他地方发生，那么它们的组成部分也永远无法区分开来。如果所有冷的东西都是湿的，而湿的东西都是冷的，如果所有硬的东西都能刺痛皮肤，而且只有硬的东西才会刺痛皮肤；我们还能区分冷和湿，硬和刺痛吗？假如所有液体都是透明的，而只有液体才会透明，那么我们如何去用不同的名称指代透明和液体呢？假如热度是地表上方位置的函数，一个东西的位置越高，它的热度就越高，那么只用一个词语就可以同时表示热和高了。实际上，我们的确有很多的感觉，其伴随物几乎从不变化，我们也相应地发现，我们无法从整体中将那些伴随物分析出来，如膈膜的收缩、肺的扩张、某些肌肉的收缩与某些关节的转动。对于呈现在我们眼前对象的不同距离来说（在眼睛的普遍使用中），眼球的聚焦和眼睛对近处物体的适应性调节，总是密不可分地联结在一起（这里没有我们即将提到的人为训练），它们无法被单独地感知到。我们知道这种感受群体的产生有很多原因，所以我们用"融合""结合""综合"等来构建有关感受自身组合的理论。可是，我们还没有对它们做过直接的内省分析。当我们讨论情绪的时候，会发现一个明显的例子，任何情绪都有它的"表情"，如快速的呼吸、心跳加速、满脸通红等。这些表情引起了身体的感受，因此，这些身体感受必定伴随着情绪。那么我们就不能把情绪单独当成一种精神状态，或者把它从上述的低级感觉中进行分析。而事实上，人们也无法证明它是以一个独特的心理事实而存在的。我强烈怀疑它的存在。但那些坚信它存在的人只能选择等待，直到他们发现目前还没有出现的个体病例，在这样的病例中，病人有情绪，但他的身体可能因为完全瘫痪而无法表达情绪，也可能因为完全的感觉缺失而无法感受情绪，等到那时，这些人才能证明自己的观点。

总而言之，如果一个对象以多种方式（a，b，c，d）同时作用于我们，那么我们就得到了一个独特的整体印象，之后，我们的心灵才会发现它的一些个体特性，而这些特征就成为那个对象出现的标志；在更多经验的帮助下，它才能被分解成 a，b，c，d。接下来我们可以对这一点进行讨论。

如果我们之前就认识过对象的某个性质或要素 a，或者说，它曾经以其他方式已经成为被我们熟知的单独对象，那么，我们的心中就会对它形成了与 b，c，d 相分离的清晰或模糊表象，那么 a 这个要素就可以从整体印象中被分析出来。要分析一个对象，就是要单独地注意它的每一个部分。在第十一章中我们曾了解到，注意一个事物的条件之一就是我们要在内部形成有关该事物的独立表象，这种表象就好像是要迎接那个即将被接收的印象。既然注意是分析的条件，而单独想象又是注意的条件，所以，由此可知，单独想象也是分析的条件。只有一些我们单独熟知并且可以单独想象的成分，才可以在一个整体感觉印象中被辨别。这个表象就好像在营救自己的同伴那样，从原本的复合物中分离出来，并强化对它自己的感受，与此同时，也抑制和阻碍了关于其他成分的感受。因此，对意识而言，这个复合物被分成了各个部分。

在第十一章中，我们曾经证明了注意力涉及内部再现，而这也能证明上述观点。例如，当我们寻找房间内的一些东西或在图书馆内找一本书时，如果我们想要更容易地找到它，除了要知道它的名字外，还必须在心中拥有一种关于它的外观的清晰印象。如果一个人从来没有亲自尝过阿魏，那么"乌斯特郡调味汁"中阿魏（植物树脂，以前用作镇痉药）的味道就不那么明显。一个艺术家必须非常熟悉蓝色，才能在一种"冷"色中，分析出弥漫于各处的蓝色。我们实际上看见的颜色都是混合颜色，即使是最纯的原色里面也带有白色。我们从来没有看见过绝对纯粹的红色、绿色、紫色,所以也就无法从所谓的原色中分辨出这些颜色来了,因而,原色就被认为是纯色。——读者还记得在演奏乐器的过程中,一个泛音只有通过预先发出自己的声音,才能在它的和声中被注意。在那时,充满泛音的想象力在复合乐音中听见了与之类似的声音。赫尔姆霍茨对这个例子中的难点进行了进一步的解释(我们前面引用过他对这种观察的解释),他所解释的方式非常漂亮地证明了我想确定的重点。他说:"乐音感觉的终极简单元素,即简单乐音,几乎从未被单独听到过。即使这些可以制造出它们的乐器,就像共鸣箱前的音叉,在受到了很强的刺激后,也只是产生似真似假的很弱的高位泛音……所以,能在我们的记忆中留下关于这些简单乐音的确切表象的机会是少之又少。可是,如果我们并不能确定或清晰地知道其构成要素,那么相应地将复合物分析为要素的过程也就会变得不明确。假如我们无法确定能在多大程度上把听到的乐音归于其和音,那么,我们就不能确定哪些是属于那些泛音的。所以,一开始我们就必须要确定需要对其单独区分的个别要素是可以听见的,这样才能获得相应感觉的全新记忆,而这整个过程,我们都必须精神集中并且不受任何干扰。可是我们没有因为多次重复实验而感到稍微轻松一些,如同我们将音乐和弦分解成个别音符时拥有的那种感觉。在那种情况下,我们经常能听到个别音符,却几乎听不到一些简单的乐音,或者说,我们从来没有听过简单乐音组成的复合声音。"[16]

第五节 抽象的过程

很少有实在的元素能在完全独立的状态下被我们感知。在一个复合现象 abcd 中,要素 a 最常发生的情况是,相对于 bcd,它的强度从最大变化到最小；或者，它似乎在其他复合物（如 aefg 或 ahik）中也和其他性质联系在一起。这两种不同的感知 a 的方式，都能在适合的条件下，使我们感受到它与其伴随物之间的差异，并把它选中——当然不是绝对地，而是近似地——从而分析那个复合物。于是，我们把这种挑选的过程叫作抽象，而那些被分离出来的要素就是抽象物。

首先，谈一下相对力量和强度的变化情况。假设有三个复合物等级：Abcd、abcd 与 abcD。在观察这些复合物时，我们的心灵会受它们之间差异的冲击，并且这种差异会连续增加，其增加的方向被感受为一个独特的种类。比如，从 abcd 到 Abcd 是关于 a 的增加，从 abcd 到 abcD 是关于 d 的增加，而且这两种不同方向的差异给我们的感受也是不同的。我并不是指，这个有关 a 方向和 d 方向之间的辨别，会抽象地给予我们一种有 a 或 d 的真实直观。但它使我们设想或假设每一个性质，并将其定义为某个方向上的极端。例如，"干"葡萄酒与"甜"葡萄酒是不同的，且各自形成一个序列。我们在吃糖的时候能尝到单纯简单的甜味，那么我们在喝葡萄酒时就能将这种甜味分析出来。但是，没有人尝过单纯的"干"味，当然，它一定也是在"干"的方向上的极端；并且，假如我们的确曾尝过它，或许就能将其当作抽象概念的原型。用这种方法，我们在用舌头感受肉的同时，也形成了对于肉的味道的观念，除了感受到水果的酸性以外，我们也形成了关于水果味道的观念等。我们还可以将身体的触觉抽象为一种与身体温度不同的东西，我们甚至可以感觉到肌肉收缩与肌肉扩张的区别，或者一块肌肉收缩和另一块肌肉收缩的区别。就像我们用三棱镜来做实验，在保持眼睛调节固定不变的条件下，通过改变眼睛的焦点，我们就能体会到对眼睛集中的感受和对眼睛调节的感受在方向上是不同的。

但是，与和一种性质相伴的其他性质的多样性相比，这个性质的强度变化对我们要将它抽象化没有提供太大帮助。此时和一种事物结合，彼时又和另一种事物结合的事物，倾向于与这两个事物分离开来，并且成为心灵抽象沉思的对象。这就是所谓的通过变化着的伴随物而进行分离的法则。这条法则所导致的结果就是，心灵对某个性质进行了这样的分离与抽象，那么每当心灵再次碰到这个性质，就能将其从整体中分离出来。虽然我从未发现有哪位心理学家曾在心理学历史上给予这一法则应得的地位，但是它仍然获得了普遍的认可。斯宾塞先生说："如果要素A在这里和B，C，D一起出现，在那边又和C，F，H一起出现，在其他地方又与E，G，B一起出现……那么，通过经验的增加，这些性质在有机体内产生的印象就会分离，而这些在有机体内的印象，就和那些在环境中的性质一样，都是独立的，因此，最终一定会产生一种离开特殊物体而认识性质本身的能力。"[17]

在我之前引证过的段落中，马蒂诺博士的话进一步表明了这一点："当我们第一次看到一个红色弹子球弹回来时，这个小球会留下一个关于自身的心理表征，所有它同时呈现给我们的信息，都在这个心理表征中不加区分地共存着。然后，再让一个白色小球出现。现在，而不是之前，我们会感受到一种属性的分离，通过对比的力量，某个颜色就呈现在前景中。如果我们再用鸡蛋来代替白色小球，那么这一新的差别会把形状从之前的休眠状态带进注意中。因此，一开始只是一个与其周围环境分离开来的对象，对我们来说，先是变成一个红色的对象，接着又变成一个红色的圆形对象。"

为什么那个性质和不同整体的重复组合，会使它中断和任何整体的联系，仿佛独自进入意识中，这仍旧是个谜。人们可能会设想各种相伴物的神经过程是相互压制或抑制对方的，只有那个共同项的神经过程能明显地活跃着。斯宾塞认为，共同项比其伴随物得到更多的重复这一事实本身，就给予它一定程度的强化，使得对它的抽象随之发生。

这看起来似乎是合理的，但仔细检查就会发现漏洞。因为当其伴随物发生了多次变化后，经常重复的特性就不一定能最先被注意到；更有可能发生的是，引起注意的是所有伴随物中最新的成分。如果一个男孩只见过单桅帆船和纵帆式帆船，那么，在他对"帆"的看法中，他可能永远无法清楚地认识被纵向悬挂的帆的特性。当他第一次见到横帆的船时，他才有机会去把纵向悬挂的方式看成是一件特别事件，并将其和对"帆"的一般看法区分开来。然而，那更有可能没有成为男孩的意识形式。他注意到的，可能只是横向悬挂这一新颖的和例外的性质而已。他回家后会提到这种帆，但永远也无法有意识地说出那个更常见的特性到底是什么。

这种抽象方式可以得到广泛实现，因为在我们所生活的这个世界中，元素无所不在而且一直改变着其伴随物。但是，从另一方面来说，抽象永远都是不完全的，我们对复合物的分析永远无法做到完美，因为没有一个元素能单独地呈现在我们眼前，所以我们无法在心中用一种完全纯粹的方式去处理复合物，从而获得有关它的任何一个成分的表象。颜色、声音、气味以及广延、强度、努力、高兴、不同、喜欢、和睦、不良行为、意志力甚至是意识本身这种更正式的经验元素，都是和其他事物混合在一起的。所有一切都被放置在同一世界中。但是，随着我们讨论过的这些事物的变化和改变，我们在对每一个元素和其他元素相区别的方向上形成了一个比较好的观点，就是将方向当作一个极端，并继续用个别事物来意指。许多元素如热、冷、颜色、气味等这类简单感觉元素中，方向的极端都能被触及。并

508

且在这些例子中，我们能够对想要抽象的事物形成精确的知觉。但是，这只能是一种近似，从数学的严格意义上来讲，所有我们抽象出来的特性都是不完美的。从根本上说，这个过程是一个概念作用过程，并且在任何地方，甚至是在简单感觉特性的领域内，都和我们通常由以获得关于抽象的美德、完美的幸福、绝对的权利等诸如此类看法的过程是相同的：对复合物之间差异的直接感知，在想象中将差异的方向延伸至一个理想的终端，确定对那些终端的看法并将其作为永久讨论的主题。

关于抽象和抽象导致的分析，我就谈这么多了。

第六节　通过练习来提高辨别能力

在目前为止我们探讨过的例子中，我都将差异设想得很大，并将持续的辨别看作是无意的。可是，并不是所有辨别都是无意的，有些辨别是非常困难的，甚至有不少人从未做到过。而德·摩根（de Morgan）教授却认为，不是知觉辨别而是概念辨别才会如此，他曾这样风趣地写道：

"在受过教育的群体中有大量无逻辑能力的人，我不了解是大部分还是少部分，可能一群人里面有六个，另一个群里有半打，反正这些人都没有进行区分的能力，我们也无法让他们接受区分的存在，他们也从未尝试去动摇某个区分。对他们来说，这些都是回避、借口、逃脱、漏洞等。他们会根据惩罚偷羊者的规定去绞死一个偷马的人；如果你狡辩说马与羊是有区别的，他们就会取笑你。"[18]

如果一个人对辨别获得的结果有个人或实际兴趣,那么他的头脑在察觉差异的方面会非常清晰。羁押犯本人不可能忽略马和羊之间的差异。辨别方面的长期训练和练习能和个人兴趣达到一样的效果。这两种机制都会使一些细微的客观差异,对心灵产生一些只有存在大量差异的情况下才能带来的效果。让我们深入地了解它们的运作方式——从练习与习惯开始。

在运动技能领域,我们都普遍认同"练习造就完美"这一说法。可是,运动技能在一定程度上依赖于感觉辨别。打台球、步枪射击和紧绳舞,都要求人们对细微的感觉差别有精确的辨别能力,而且还要有对这些差异做出准确肌肉反应的能力。在纯粹的感觉领域,各类商品的专业采购员和测试者都向人们展示了他们出众的辨别力。有人能通过品尝区分一瓶陈年马德拉葡萄酒的上半瓶酒和下半瓶酒,有人可以通过触摸桶里的面粉来识别小麦是生长在爱荷华州还是田纳西州。失明的聋哑人劳拉·布里奇曼(Laura Bridgman)通过这种方法来提高触觉能力,使得自己能在一年后辨认出曾经和她握过手的人;据说她还有个不幸的妹妹茱莉亚·布雷斯(Julia Brace),曾在哈特福德救济院工作,茱莉亚·布雷斯能用她受过良好训练的嗅觉,将各个同院病人洗过的被单区分开来。

因为这是很常见的事,所以几乎没有心理学家认为有必要解释它。他们大概是觉得练习必定能提高辨别能力,所以就让这个问题不了了之。他们最多会这样说:"我们可以用注意力解释它,因为我们对习惯性的事物施加了更多的关注,所以被我们注意的东西,就能获得更细致地感知。"这个结论是正确的,但太过笼统,在我看来,我们还应该再精确一些。

我们可以发现,每当经验使辨别能力提高时,至少有两方面独立

510

的原因。

首先，我们能感知到其差异的项附着于异质关联物身上，这些异质伴随物有助于我们区分那些项。

其次，那种差异会让我们注意到相同种类的更大差异，而这将有利于我们注意到那种差异的存在。

让我们先来考察第一种原因。假设有两个复合物，每个复合物都含有十个元素。我们假设，二者中没有哪一个复合物的某个元素与另一个复合物中的对应元素之间有足够大的差异，能使我们在对这两个元素进行单独比较时，将二者区分开来，让这种不可感知的差异量等于1。但是，这两个复合物其实可以通过很多不同方式加以区别；虽然每个差异可能无法被单独感知，但整体差异（等于10）却可以给感官足够的冲击了。总而言之，增加任何差异中"点"的数量，就像在任何一个点上增加差异的量一样，都能给我们的辨别力产生有效的刺激。两个嘴巴、鼻子、眼睛、脸颊、下巴和头发都只存在细微差别的人，和两个长得一样的人但其中一个有假鼻子和另一个没有，这两种情况都不会使我们产生混淆。二者唯一的区别就是，我们可以很容易地说出其中一种情况中的差异，而另一种情况却做不到。

那么，现在有两样东西 B 和 C，当把它们进行单独比较时，二者是不能区分的，但是它们可能会各自附着在自己的关联物上，而对如此形成的复合物作为一个整体来进行判断，就显得非常清楚了。通过练习能提高辨别能力的部分原因是：分别受不同项影响的不同关联物之间的附加差异，强化了那些项之间的原始轻微差异。假设 B，C 是两个项，如果 A 和 B 结合，C 和 D 结合，那么 AB 和 CD 之间可能就会表现出明显的差异，虽然 B 与 C 本身并没有多大的差异。

下面来探讨一下，如何学会区分红葡萄酒和勃艮第酒呢？人们可能会在不同的场合喝过这些酒。当我们第一次喝红葡萄酒的时候，我们听说了这种酒的名字，而当时我们正在某个宴会上吃东西。下次我们再喝这种酒时，当感受到这种酒的味道时，我们就会模糊地记起当时发生过的事情。而我们第一次品尝勃艮第酒时，我们对它的第一印象是，它是一种红葡萄酒；但是又不完全与之前的酒一样，似乎少了点什么，而此时，我们得知它叫勃艮第红葡萄酒。下次再经历这样的事情时，它们之间的区别仍然不那么确定，我们会问自己"现在我喝的酒到底是哪一种呢"，然而，最终，红葡萄酒的味道让我们清楚地回想起它的名字——"红葡萄酒，我在某个晚宴上喝过"等；而勃艮第红葡萄酒的味道，又会使我回忆起它的名字以及另一场宴会。只有当我们回忆起品尝每种味道的不同场合时，我们才能确定地辨别出这两种味道。不久之后，除了酒的名称之外，晚宴以及环境中的其他部分就会在我们的意识中渐渐模糊；但是，每种酒的味道和名字我们却会记得越来越牢固，直到最后，每种酒的味道都能立即且自然地让我们想起它的名字。名字的区分比味道的区分更大，并且帮助我们把味道的距离拉得更大。这样的辨别过程存在于所有的经验中。牛肉与羊肉、草莓与覆盆子、玫瑰与紫罗兰的香味都附着在不同的关联物上，而这些附着物，强化了本就存在于它们身上的那个差异。

　　读者也许会说，这与我们对两个事物之间的差异产生感受并没有关系。这只不过是固定和确认了那些项，也就是将其实质化了。但是，我们应该感受到，被我们感受为其差异的东西，尽管我们还无法给那些项命名，也不能以其他方式将其识别出来。

　　我对这个问题的回答是，差异一直都是具体的，只是通过我们对那些项的识别使得这些差异更实质化。例如，有一天我出门的时候，察觉到刚才飘落的雪花样子很怪异，和我们平常见到的不一样，我暂时把它叫作"云母状"雪花；对我而言，在做这件事的同时，它和其他雪片之间的区别在我脑海中变得更加清晰和确定了。"云母状"这一词的其他含义，把那天的雪花与普通的雪花区分开来，甚至强化了前者的特殊形状。我认为，人们应该普遍认为，对我们感受差异的方式所导致的效果，是因为使这个差异得以存在的那些项的命名。因为我自己也承认，我们很难确定地表明，命名或以其他方式识别任何难以区分的项，对它们最初被感受为有差异来说是非常重要的事情。[19]

我只解释了其中的一部分，当然是不够完整的。下面以通过练习来改善我们对皮肤位置的辨别能力来进行举例。和手掌接触的圆规两脚之间，必须要有半英寸的距离，才能不被误认为是一个点。但是，在用圆规练了大约一小时后，即使它们相距不到四分之一英寸，我们也能把它们辨别为两个点。如果皮肤上的两个区域不断被触碰，在这种经验中，我们的解释就能完全站得住脚了。假设在皮肤上有 a，b，c，d，e，f 一行点，如果 a 和 f 之间的位置差异感非常强烈，以至于同时接触这两点时，我们可以瞬间辨认出来；但是 c 和 d 之间的差异感受，一开始太过微弱了，因而无法达到这个要求。如果我们先把圆规的两脚放在 a 和 f 上，然后逐渐缩小圆规的开口，当圆规的两脚靠近 c 与 d 的位置时，一开始被我们识别出来的那种强烈感受便依然存在；因为 e 点和 f 点很接近，并且很相似，以至于一旦它被唤起，f 就一定会在心中出现。类似地，d 会召唤 e 或更远一点的 f，通过这种方式 c-d 就不仅仅是 c-d，而更倾向于是 abc-def——变成一个可以感知到的不同印象。但在实际情境中，训练会以一种并不系统的方式进行，并且我们最终可以学会辨别 c，d，而不需要这些点中的某一个和 ab 之间的任何持续的联系，以及另一个点和 ef 之间的任何持续的联系。沃尔克曼的试验能够说明这些。他和费希纳因切尔玛克（Czermak)关于盲人皮肤的辨别力是正常人两倍的观察而受到启发,想以实验来证实练习在他们自己身上产生的作用。他们发现,即使只有一次实验,原来能感觉出来的两点间距离就能缩短一半甚至更多;有一些(尽管不是全部)被提高的感受性可以维持到第二天。但他们也发现用这种方法对皮肤的一定部位进行训练,不仅使得身体对侧的相应部位辨别力提高了,而且也提高了相邻部位的辨别力。在某一次实验刚开始的阶段,圆规两点之间的距离必须和帕里斯线一样长,才可以在被试的小指尖上被辨别出来。但是他们发现,通过练习其他手指,小指间可以辨别的距离变成原来长度的一半了。[20]在胳膊和手的不同点之间也存在这种关系。[21]

显然,如果我们刚开始提出的建议不能被应用,那就应该寻找另一个原因。

明确的实验现象是什么呢?在两点之间的距离大于将它们感知为两点所需的最小距离之前,那两点原本的位置并不确切,而对那两点感受的差异也没有被确切地感受到。我们最初对其的感觉是迟钝的,然后会猜测是两个点,接着就确切地感受到是两个不同的点,最后是两种不一样的感受,和带有确定空间距离的处于两个不同位置的点。实验中,我们在某些部位能瞬间到达最后的知觉阶段;而在其他一些部位,我们就只能到达最初阶段;而各种中间部位则处于二者之间。但是,只要在辨别力比较强的地方察觉到两点的表象,按照它本来的样子存入我们的记忆中,它就会帮助我们在那些可能将它们遗漏的地方发现其相似物,这就如同刚刚被我们听到的一个"泛音"有助于我们在复合音中找到它一样(参见前面的第 439-440 页)。模糊的两个点,通过被吸收到刚才感觉过的确定两点的表象中而变得清晰。它因后者而得到解释。任何差异都是如此,就像其他各种印象一样,我们在想着要寻找哪样东西、它的性质是什么时,当我们心中带着这样清晰的表象来迎接它时,它就更容易被感知。[22]

通过不同种类的关联物对那些项进行强化,和用过去的差异——与现在的差异在方向上相同,但是在量上更加显著——来补充记忆,这两个过程是我对训练能产生的效果可以做出的唯一解释。两个过程所做的其实是同一件事:使小差异如同大差异那样对我们产生影响——而大差异应该就像这样对我们产生影响,这个事实依然无法得到解释。从原则上讲,这两个过程应该足够用来解释所有的情况了。但我还不能确定这两个过程是否真的足够了,是否还有其他我们没有发现或没有分析到的因素。

第七节　实际兴趣限制辨别能力

我记得我在第408页中,将个人兴趣和练习一样当作是辨别力的促成因素。但个人兴趣是通过注意起作用的,而且不是通过任何直接或特殊的方式。我们把注意力放在它上面,并且寻找有实际意义的差异,通过找到它我们得到了很多好处,即刚才所解释过的好处。然而,如果我们对一种差异没有实际兴趣,而我们将一种特质从它的复合整体中分析出来后,什么都没得到,那么我们就会对它形成不注意的习惯,到最后甚至对它没有任何感觉。赫尔姆霍茨是第一位对这些事实进行评论的心理学家,他赋予了这些事实应有的重要性。因此,引用他的原话是最合适不过了。

他说:"在很多例子中,不同种类的感觉或者身体不同部位的感觉会同时存在,我们习惯了在感知到它们的同时,就能认出它们的不同,并有意地将注意指向它们其中的一个。如此,我们就能在瞬间意识到我们所看到的、听到的以及感觉到的东西；也能辨别手指或脚趾所感觉到的东西，无论是压力、温柔的抚摸或温热的感觉。视觉亦是如此。事实上，正如我在下文中想要努力说明的那样，在我们对其是复合的形成一种明确认识时，例如，通过反复多次的经验，我们发现，当下的所有感觉是许多单独的刺激同时作用的结果，而当每一个刺激在唤起同样被我们熟知的个别感觉时，我们就能轻易地将不一样的感觉区别开。"

我们发现，这不过是对我们法则的另一种陈述。我们的法则是，我们唯一能从复合物中选择的个别成分，是那些我们用一种不同的形式对其拥有单独知识的成分。

"这令我们想到，在很多不同的感觉于同一时刻被唤起时，将它们个别区分开来是件再容易不过的事了，这是心灵与生俱来的能力。

"因此，当不同的音符共同进入我们的感官时，我们能分别听到这些音符，是很自然的事情；我们还希望，这些音符只要有两个是同时出现的，我们就可以分别听见它们。

"可是，当我们开始研究一些特殊知觉，就像感官生理学想要彻底弄清楚上述的区分条件能否产生时，情况就大不相同。此时我们才明白，想要区分两个不同的类型或等级，我们必须对这种感觉产生意识。这种意识的较低级情况是，我们在这种意识中，只能在自己对外部事物及过程所形成的概念中感受到上面提及的感觉的作用，并且这些感觉的作用有利于我们更加确定那些概念作用。这种情况的发生不需要我们去确定，也不需要我们有能力去确定，到底应该把知觉中的哪种情况归于感觉的哪一个特定部分。在这样的情况下，上面提及的感觉印象是综合地被感知到的。当上述的感觉作为我们内部兴奋起来的感觉总体中的一部分而被我们辨别出来时，我们就到达了一个较高的等级。这时，感觉就是被分析地感知到了。这两种情况需要我们仔细地去辨别。"[23]

517　赫尔姆霍茨所说的被综合感知的感觉，根本没有得到辨别，而只是和其他同时发生的感觉共同被感知到。他用以下事实来证明这一观点，即如果有一些事情的发生使某种感觉的外因发生改变，那么我们对整体的判断也会随之发生改变。[24]下面的几页内容摘自一个较早的版本，阐述了综合知觉和分析知觉的具体情况：

"练习和经验，在感官活动中所起的作用比我们想象中的更大。感觉只是当它在帮助我们正确判断周围世界的时候，才有重要性，我们为区分它们所进行的练习，也就只能达到这一目的。可是，我们太倾向于认为，我们能立即意识到感觉的所有成分。产生这种偏见的原因在于，我们的确能够立即且轻易地意识到感觉中对那些实际目的（为了这些目的，我们想要认识世界）有影响的所有对象。在我们生命中的每一天、每一个小时，我们都在为实现这个目的而练习我们的感官，也因为如此，积累了很多经验。可是，即使是这些的确和外部世界相对应的感觉范围内，人们也能感受到训练和练习的作用。众所周知，画家对颜色和亮度的辨别比没有受过专门训练的人要更细致和迅速；那些在外行人听起来根本不存在的音调和乐音，却能被音乐家和乐器制造者很容易地、很确定地感知到；甚至在稍微低级一点的烹饪业与品酒业，人们也必须经历长期的比较习惯，才能成为这个行业的大师。然而，当我们的研究只依赖于器官的内在条件，与外部事物及其产生的作用完全不适应，使得我们对提供外部世界的信息产生不了有价值的感觉时，我们会更加惊奇地发现练习的作用。近期，感官生理学让我们熟悉了很多这类现象，其中部分现象是由理论的思辨和质疑而产生的，还有一些是由像歌德和浦肯野（Purkinje）这样在观察方面很有天赋的人所发现的。这些所谓的主观现象很难被发现，只有当我们的注意力集中到它们身上，它们才能被观察到。即使人们已经了解到之前观察者是如何描述它们的，想要再次观察它们依然非常困难。这是因为，我们在挑选出这些主观感觉方面没有受过太多训练，而且，这些主观感受会阻碍我们对外部世界进行观察，所以我们平时接受的训练是与此相反的，这会导致我们将注意从主观感受那里转移。只有当这些主观感觉变得极其强烈，强烈到阻碍了我们对主观世界的观察时，我们才会去注意它们；或者，在做梦和精神极度兴奋的状态下，它们也会开始形成幻觉。

"我来给大家举一些生理光学中的著名例子。我们的眼睛都会有飞蚊症，它是一些纤维、细粒等在玻璃体液中漂浮，而将影子投射在了视网膜上，在视野中形成运动着的小黑点。当我们集中注意地看着如天空那样的宽阔、明亮又空白的表面时，这些小黑点就非常容易出现。很多没有把注意力放在这些东西上的人，在他们的眼睛出现某种疾病时，他们的注意力会被指向这个器官的主观状态上来，此时，他们就可能会第一次注意到它们。人们总是抱怨，认为飞蚊症是伴随疾病发生的；这使得患者对这些无害的物质感到非常焦虑，并且非常关注它的所有特征。想让这些患者相信飞蚊症一直存在于他们的生活中，并且所有健康的眼睛都存在这个现象，显然是一件非常困难的事情。我听说，有一位老先生在偶然盖住自己意外受伤的一只眼睛后惊奇地发现，他的另外一只眼睛也彻底失明了；其实，那另外一只眼睛已经持续失明好多年了，只是他一点也没有意识到。

"如果不经过正规的实验，谁会相信当他闭上一只眼睛时，在与那只睁着的眼睛的视野中央很近的地方有一个巨大的空隙，我们把它叫'盲点'，在盲点处他看不到任何东西，但是却用想象填补了这个空缺。马里奥特（Mariotte）通过理论思辨发现了这种现象，并将这个结果在英格兰查尔斯二世的法庭上进行公布，从而引起了不小的轰动。当时，人们用各种不同的方法重复该实验，这几乎成了一种时尚的乐趣。实际上，这个空隙的确很大，七个彼此并肩连在一起的满月的长度都没有它的直径大，一个6英尺①或7英尺的人脸也会消失在其中。在我们平常的视觉活动当中，这个大空隙完全不会被注意到，因为我们的目光不断地转动，当我们对一个物体感兴趣时，我们会把双眼都指向它。因此，在现实中，那些引起我们注意的对象

---

① 1英尺＝30.48厘米。——编辑注

从未进入这个空隙中，我们也从来没有意识到盲点的存在。为了找到这个盲点，我们必须有针对性地盯着一个物体看，然后在盲点附近来回地移动第二个物体，同时努力去注意这第二个物体，但是不改变我们对第一个对象的凝视方向。这和我们的习惯有点背道而驰，因此很难做到。对很多人来讲这根本是不可能实现的。但是，当我们完成这件事后就看见了第二个对象的消失，然后使我们确信那个盲点的存在。

"最后，我们来讲一下视觉双像的问题。当我们的双眼注视着一个点时，所有和这个点在同侧或另一侧的事物都呈现出双像。我们只要稍微观察一下，就能验证这个事实。因此我们可以得出这样的结论：在我们一生中所看到的大多数外部世界中的事物都是双重的，只是很多人并没有意识到，当他们注意到时，会感到非常的惊讶。实际上，我们并不能用双重的方式去观察注意所指向的对象，因为我们的双眼是聚合在这些对象上的。我们平常用眼睛的时候，注意力总是会从给予我们双像的对象那里移开，因此我们很少注意到双像的存在。为了能发现它们的存在，我们必须提供一个新颖的、不寻常的任务给我们的注意力，让它去探索视觉中的侧面部分，不只是像平时那样知道那里有哪些对象，而是要去分析我们的感觉。只有这样才能使双像被注意到。"[25]

"我们在对与一个单一对象相适合的复合感觉进行分析时，和对没有外部对象与之适应的主观感觉进行观察时一样，都会遇到相同的困难。很多声音感觉就属于这一类。小提琴发出的声音（无论我们是多么频繁地听到它的声音），一次次地在我们耳中形成了相同泛音的结合体，那么我们对这个泛音结合体的感受就变成那个小提琴的声音，从而在我们心中留下一个关于小提琴声音的标记。而另外一种泛音的结合也会成为单簧管声音的标记。这样的结合体越是频繁地被听到，就越会使我们习惯于将其感知为一个整体，也就越难以通过直接观察对其进行分析。我认为，这就是为何分析歌声中的音符会这么难的原因之一。对意识知觉而言，很多的感觉都融合在一起并形成一个简单的整体，这大量地存在于所有的感官中。

520　　"还有一些生理光学方面的有趣例子。我们对近处物体的形状知觉，是源自双眼对那个对象形成的两个不同画面的结合体，而两个画面的不同是双眼所处的不同位置导致的，从而也改变了对象的透视画面。在人类发明立体镜之前，人们只能对这个解释进行假设而已，而现在，我们可以随时用立体镜去验证这一事实。我们在立体镜中插入两个平面图像，分别代表双眼的透视画面。这样我们就可以获得对一个单一的有广延的立体图像知觉，就和真实对象摆在我们面前一样的完整而真实。

"现在，我们只要轮流闭上双眼并注意那个点，就可以发现两张图画中的不同（只要这些差异不是特别小）。然而，对透过立体镜得到的立体视觉而言，图片之间的差异可以非常小，小到即使进行非常仔细地比较也很难找出差异。而且，我们平常对物体的观察是不细致的，我们从不会想到那种知觉是两个透视画面的结合体，因为它与那两个平面透视画面的知觉本身截然不同。因此，我们的双眼所产生的两种不同感觉，结合成了与二者本身都不相同的第三种知觉。就好像，不同的泛音融合成某个乐器的声音知觉；也好像我们会采用压住节点的办法，让那些不同的泛音独自发出，从而将在一根弦上震动的泛音区分开来；我们也是通过轮流睁开双眼而将它们各自所成的像区分开来。

"还有一些更复杂的例子可以用来表明，一些感觉的结合体是一个简单知觉的基础。例如，当感知特定方向上的对象时，我们一定要牢牢地记住，我们的某些特定的视觉神经纤维（而不是其他的视觉神经纤维）会受到这个对象产生的光的影响。我们也必须通过眼部和颈部肌肉的感受来正确判断眼睛处于头部的什么位置，以及头部处于身体的什么位置。如果这些感觉过程受到干扰，那么我们对物体位置的知觉就发生错误了。我们可以在眼前放个棱镜，使得神经纤维发生变化，或者把眼球往一边挤压，那么眼球位置也会改变；从这个实验可以看出，要想简单地看到物体的位置，这两种感觉都必须发生。可是，我们无法从对物体的感觉印象中直接得到这些。即使当我们已经做过许多次的实验，而且用各种方式说服自己这就是事实，它仍然无法被直接的内省观察所发现。

"这些有关综合知觉①的例子足以表明，在观察中的注意方向和练习，对感性知觉有着重要作用。现在我们把它运用在耳朵上，当许多的声音同时冲击我们的耳朵时，耳朵的通常任务是，对正在出声的不同发声体或乐器的声音进行辨别，除此

---

① 所谓综合知觉是指，每一个在知觉中都起作用的感觉，都能在整体中被察觉到，并且它们共同决定着那个整体将会是什么，但是注意力并没有被单独地吸引到它们各自身上的知觉。——作者注

第十三章 | 辨别与比较　571

以外，耳朵对分析并没有什么兴趣。当许多人一起说话时，我们想听到他们每个人都说了些什么。当许多乐器和噪声混合在一起时，我们也想知道它们各自发出了什么美妙的音调。任何更深入的分析，例如，将每个音调分析为一个个不同的泛音（尽管它可以由与第一种分析相同的方式和听觉能力来获得），都无法使我们发现比实际出现的声音来源更新鲜的东西，反而会让我们弄错它们的数量。因此，我们在分析声音时，会将注意限定在分析不同乐器的声音上，并且好像刻意不去辨别不同乐器的基本成分，因为我们对后面一种辨别并不熟悉，而对前面一种却是训练有素的。"[26]

说了上面这么多内容后，我无须再对赫尔姆霍茨的这些有趣又重要的事实和反思再做任何评论了。

第八节　辨别反应时

人们已经对辨别所需要的时间进行了实验测试，冯特把它叫作辨别时间。他要求被试(他的简单反应时——见第85页以后——已经事先得到了确定)在分辨出他接收到的两个或更多信号中的某一个信号的瞬间，做出同一种动作。他用一个电流微时测定器，将信号到来的准确时间和运动的准确时间自动记录下来。因为被试在实验之前并不知道将要接收的是哪个特殊信号，而对这个信号的性质进行辨别所需要的反应时间超过了简单反应时间，冯特认为这就是对辨别活动所需时间的测量。他发现，不规则地使用四个不同信号要比只用两个信号的时间更长。在只有两个信号的情况下，三个观察者的平均时间分别是（信号是突然出现的黑色或白色物体）：

0.050 秒；

0.047 秒；

0.07 秒。

在有四个信号的情况下，加入了一个红色和一个绿色的信号，相同的观察者的平均时间是

0.157 秒；

0.073 秒；

0.132 秒。[27]

后来，赫尔·蒂舍尔（Herr Tischer）在冯特的实验室中，用相同的方法又进行了多次精细的实验，在这些实验中需要被分辨的是被当作信号的声音的不同响度。下面我附上他得到的数据，在第一列后面的各列所给出的是不同被试各自的平均结果，首列数字表示在特定反应序列中所预期的可能响度的个数。时间的单位是千分之一秒。[28]

2	6	8.5	10.75	10.7	33	53
3	10	14.4	19.9	22.7	58.5	57.8
4	16.7	20.8	29	29.1	75	84
5	25.6	31	...	40.1	95.5	138

这里有一个很有趣的地方，即巨大的个体差异以及辨别时间随着可能辨别项的增加而快速增长的方式。个体差异主要是由于缺乏对特殊任务的练习，也有一部分是心理状态的差异所导致的。例如一位被试说，实验中有三个声音，他把中间那个声音的表象保存在心里，然后再去比较他听到的声音，是比那个声音更高、更低还是一样。那么，他在三种可能性中的辨别就和在两种可能性中的辨别一样。[29]

卡特尔(Cattell)先生发现用这种方法他无法得到任何结果[30]，于是就采用了冯特之前的观察者运用的被冯特否定的一个方法，冯特将其称为简单选择方法。被试等待信号的出现，当一种信号出现时被试就做出反应，当另一种信号出现时被试不做出反应。反应发生在辨别之后。在被试知道信号是什么之后才能把运动冲动传送至手上。就像卡特尔说的，神经冲动可能是传输到大脑皮层并且激起皮层的变化，同时在意识中形成对信号的感知。这些变化占用了辨别时间(或是知觉时间，卡特尔是这样给它命名的)。然而，神经冲动必须在此时，从皮层向下传送到已经做好释放准备的较低级的运动中枢；(就像卡特尔先生说的)而这也需要一个意志时间。那么整个反应时包括"意志时间"和"辨别时间"。然而，由于占用这两种时间的离心过程和向心过程大致是相同的，而且，用在大脑皮质中的时间，在感知信号和准备承接运动冲动这两个方面也是平均分配的，那么，假如我们把这个时间平均分配到感知(辨别)和意志上，差异就不会太大。[31]而且，我们可以改变感知的特性而不改变意志时间，这样就可以把感知时间的长度问题进行更彻底的探讨。

通过这些理论的指导，卡特尔教授发现，两名被试从没有信号的背景中辨别出白色信号所需要的时间分别是：0.030秒和0.050秒；区分两种颜色需要的时间分别是：0.100秒和0.110秒；从10种其他颜色中辨别出某种特定的颜色需要的时间分别是：0.105秒和0.117秒；区分字母Z和字母A需要的时间分别是：0.142秒和0.137秒；从字母表中辨别出一个给定的字母(直到字母出现才给出反应)需要的时间分别是：0.119秒和0.116秒；从25个其他单词中辨别出一个单词的时间：0.118秒到0.158秒。这些差异是由单词的长度以及被试对这些词所属语言的熟悉程度造成的。

卡特尔教授让人们注意到这样的事实，即辨别一个词所用的时间和辨认一个字母所需的时间差不多："因此，我们并不是单独辨别组成单词的每个字母，而是把单词作为整体来辨别的。现在，人们在培养儿童阅读能力时就用了这个方法。"

他还发现，人们辨别字母的时间会因不同字母而产生很大差异，E 需要的时间特别长。[32]

在描述这些实验的时候，我遵从以前研究者的做法，认为信号性质决定了反应的过程，这与辨别知觉和意志的普通意识过程是同一的。但是，我确信事实并非这样，即使结果是一样的，但意识形式还是大不相同的。读者应该记得我的论点（参见本书第 90 页后面的内容），即简单反应时（人们普遍认为它包含有意识的感知过程）实际上只是测量反射动作。任何一个做出辨别反应的人，都很轻易地使自己相信，这是一种反射，而不像是一种有意操作。我曾经对自己和学生们进行过大量测试，在一系列测量中，期望的信号有两种，一种是在被试的背部或头部皮肤的某处给予触摸，另一种是在被试的视觉范围内的某处给予火花刺激。手必须尽快地移动到被触摸的地方或是有火花的地方。他们准确且迅速地做到了；而地点和运动似乎都是在过了一会儿之后，才在记忆中被感知到的。这些实验的目的是，确定看见发光后的手的运动是直接通过视知觉释放的，还是有一个"运动观念"插入了对火花的知觉和反应之间。[33] 我们一开始反省到的是，没有任何种类的知觉或观念会出现在反应之前。信号来了，才会出现知觉或者观念，而且知觉是回溯性的。我们应该这样假设，对某种确定范围内的可能释放的神经冲动，事先激活了整个神经通路，这样，当特殊的感觉一到来，就会被迅速传递到合适的运动出处，而知觉过程根本来不及被唤起。在我讲过的那些实验中，那些条件是非常有利于速度的，因为信号以及其运动之间的联系几乎是与生俱来的。我们会本能地把手指移向看到的东西或者皮肤上被触碰到的某个点。然而，当运动习惯性地隶属于信号时，就很可能会出现反应的延迟，那么速度就是由练习的频率来决定了。这一点，在蒂舍尔的实验结果中都很好地显示出来了（参见前面的第 524 页）。在这里，最训练有素的观察者（蒂舍尔本人）的反应时是一般观察者的 $1/8$。[34] 可是，进行这些实验的所有研究者的目的都是要确定最短时间。我想我说的话足以使人们确信，这个最短时间并不是我们有意识地了解的辨别，它只是测量出了在实验条件下导致相似结果的东西。然而，认为在结果相似的地方过程也一样，这便是心理学的祸根之所在。如果几何学家说，一个圆的直径和它的半周长是一样的，是因为它们确实终止在同样的两点上。那么，心理学家会轻易地像这样的几何学家那样进行推理了。[35]

第九节　相似知觉

相似知觉与差异知觉实际上是密切联系的。其实，我们注意为差异的唯一差异，以及我们从质的程度进行评估并且在一个等级上进行排列的唯一差异，就是那些我们在同类个体中发现的相对有限的差异。在我寻找一些不能比较的例子之前，我从未想过要对地球引力和墨水的颜色进行比较。同样，橡皮筋的弹性、昨晚睡眠的舒适度以及用遗产做成的一件善事，这些事情都差异太大，所以至今也没有人将它们进行比较。它们之间的关系与其说是差异还不如说是逻辑上的否定关系。要将一些事物看作是不同的，这些事物通常就必须有某个共同的方面，也就是可通约性，这种可通约性和某些共同方面会提示我们，以相同方式处理它们的可能性。这当然不是理论上的必然性，这是一种实际上的和语言上的评论——因为只要你喜欢,任何区别都可以被称为"差异"。

所以,那些唤起差异知觉的事物往往也会唤起相似知觉。人们将为了确定差异和相似分别存在于哪里而进行的分析过程叫作比较。如果我们一开始将一些事物只是当作相同或相似的事物,那么我们将会被它们之间的差异感到震惊。如果我们一开始就把它们看成是不同的事物,那么我们往往也会发现它们是如此的相似。通常所说的差异只是出现在一个属性的不同种类之间。我们用以感知作为属性基础的相似之处的能力,和我们用以感知作为种类基础的差异的能力,都是终极且不可解释的心理天赋。当我们从一个事物转到另一个我们一开始只在量上加以辨别,可是在引起我们注意时,我们就感知到它与前一个事物相似的事物时,我们会感受到相似的冲击;就像当我们从一个事物转到另一个与它并不相似的事物时,所感受到的差异冲击一样。[36]和差异的客观程度一样,相似的客观程度也决定了冲击的大小。相似之处很容易就消失了,相似的基础习惯性地不容易引起注意,因此它完全没有被察觉到。然而,我们会在发现它的地方对同属的事物进行比较,把它们在其他方面的不一致性和不可通约性看作是很多个种类之间的种差。作为"可以被思想的事物"或"存在的事物",即便是香烟的烟雾和一元钞票的价值,都可以进行比较,而"容易腐烂的事物"和"可以享受的事物"就更是如此了。

我在本章中谈到的很多有关差异方面的内容,只要稍作语言上的改变就同样适用于相似性。我们生活在这个世界上,一起执行着这两种功能,在相似中发现差异,在差异中发现相似。要抽象出差异或者相似的基础(不是终极的),就必须将给定对象分析为它们的部分。因此,分析依赖于对被抽象性质的初步的单独亲知,依赖于它所拥有的各种伴随物,我们对此所做出的描述都能在相似心理学和差异心理学中占有一定的位置。

虽然我们把关于有利于相似知觉和对其基础进行抽象的条件的话,都说完了,事情也做完了,但是,那个赤裸裸的事实还是存在:总是有些人比其他人对相似事物更敏感,而且总是能迅速指出相似之处。他们是才人、诗人、发明家、科学家,还有注重实效的实干家。贝恩教授及其前辈、后人都认为感知相似之处的天赋是各个领域的天才所具备的最主要事实。但是,本章节的篇幅已经很长,天才这一问题就最好放到第二十二章去讨论。到时我们还会探讨这一问题带来的实际影响。因此,此处我不会对关于天才的问题或者关于知觉相似之处的能力的问题再多说什么。如果读者认为我对这种能力的论述不充分,认为还应该进行详细的探讨而不是用短短的几页文字带过,那么我在后面的章节中会进行一些弥补。我认为我把相似这一要素放在重要位置,认为它是个体心智活动的基本核心之一,而其他的基本核心要素是辨别、记忆和联想,就已经给了它足够的重视了。

第十节 差别的强度

在本书第489页,我曾谈到更大或更小的差异,谈到我们可以对某些种类的差异进行连续增加式的线性排列。在一个序列中,如果其中一个项与起点的差异越来越大,就意味着两者之间越来越不相似。反之,你会发现它们越来越相似。因此,这类序列中任何一个项的位置与起点的相似与否,都是逆反函数。

斯顿夫教授用距离来表示数列中项的位置。如果项与起点的相似性越低,这个项就离起点的距离越远。这一类型的理想规则序列是,在这个序列中所有成对的相邻两项（相似或差异）的距离是相等的。这是一种均衡渐次变化的序列。这在心理学中也很有趣，即我们能够在感受性的很多领域，毫不费力地通过这种均衡渐次变化的序列来排列这些项。换句话说，相邻两个项的不同对子之间的差异，比如 a 和 b，与 c 和 d，在量上可以是相同的也可以是不同的。[37]在序列中，一个项和另一个项之间的距离是相等的。我们经常用这种方法来排列长度的大小和音乐的音符。接着就是光线和色彩的明暗，我们也可以用可感知的等值差异量来进行排列，这并不存在什么困难。普拉托（Plateau）和德尔博夫都认为人们很容易能确定一个处于偏浅色和偏深色的东西中间的颜色是哪种灰色。[38]

那么现在，我们怎样才能轻易知道项的不同对子之间的差异是否相等呢？说得更简单一点儿，我们怎样才能知道差异的大小呢？斯顿夫教授用一个有趣的方式讨论了这个问题[39]并得出结论。他认为，我们对差异大小的感受和对两个不同对子之间的距离是否相等的知觉，是不能通过简单的心理过程来解释的，这就像差异冲击本身一样，目前我们必须将其视为心灵的无法被分析的能力。那种认为我们对两种感觉之间距离的判断依赖于在心理上往返于各个中间程度的观点，这位才思敏捷的学者是十分反对的。我们当然可以这么做，而且这样做是有用的，比如说，音乐的音程和用数字标记的线条。事实上，要比较判断一种"距离"的量，除了三四个属于同类的印象之外，我们无须其他任何事物。

两个在量上不同的事物之间所有可感知的差异的消失，使得这两个事物在质上是相同或相等的。因此，等同性或质（与量相区别）的同一性都只是极端的相似性而已。[40]

我们在前面了解到（参见本书第 492 页），有人认为两种事物的差异是由它们在某些方面的绝对同一和它们在其他方面的绝对非同一这两个部分构成。可是这个理论不能适用于所有的情况（参见本书第493页）。因此，任何使相似以同一为基础，而否认同一以相似为基础的理论，都必将失败。可能很多人都会以为两个事物之间的相似性，是基于这两个事物在某个属性或某些属性上的绝对同一，与它们在其他属性上的绝对非同一结合在一起。这可能适用于复合事物，但是在简单印象那里却完全不成立。

"当我们在比较一个低音、一个中间音和一个高音时，比如说C音，升f音，a′′′音，我们很快就能发现第一个音比第二个音更不像第三个音。处于音阶同一区域内的cde的情况亦是如此。我们会将其中一个音符称作'中间'音符，就是对这种判断的表述。可是现在同一和非同一的部分是什么呢？我们无法考虑泛音，因为前面提到的这三个音根本就没有相同之处，至少在乐器上是不存在的。如果我们考虑简单音调，那么我们就会将它们判断为一样了，只要我们选择的音调不是太接近……我们不能说因为它们并非一个是声音，一个是气味，一个是颜色，它们都是声音，所以这就是同一之处。因为，同一个属性是以相同的方式出现在它们当中，而比第二个音符更不像第三个音符的第一个音符，如果根据我们批判的理论来说，就比其他两个拥有较少的同一性了……因此，如果把所有可能的相似个例都说成是部分同一和部分非同一的结合体，是非常不切实际的，而且，在所有的个例中去寻找同一的部分也只是白费功夫。"[41]

因为所有的复合性相似都是建立在简单性相似的基础上的,根据前一段的开头处的命题,我们可以这样说,我们不能将相似当作是同一的一种复杂情况,而是将其当作是相似的一种特殊情况。相似和差异才是我们感知的终极关系。实际上,我们所知的所有感觉和对象中,没有两种感觉或对象,能在严格意义上是同一的。我们只是将那些没有被感知到差异的感觉和对象称作同一的。另外,我们的确拥有绝对同一的概念,但是,这个概念和其他所有概念一样(参见本书第508页),是由沿着连续增加的特定方向到达最大可能的极端,而形成的一种理想化的建构。它和人们拥有的其他持久意义在理想化的智力建构中一同发挥重要作用。可是,它并未帮助我们从心理学角度去解释我们该如何感知简单事物间的相似性。

第十一节 对辨别感受性的测量

莱比锡的费希纳教授是一位学识广博、才思敏捷的学者,他在1860年出版了名为《心理物理学纲要》的著作,他想要确立并解释一个法则,他称之为"心理物理法则"。他认为,这个法则表明了心理世界与物理世界之间最深刻也是最基本的关系。它所表达的是我们的感觉的量和这些感觉的外部原因的量之间的关系。对这个公式最简单的表达就是:当我们从一个感觉转向另一个与比它更强的同一类型的感觉后,感觉强度的增加与这些感觉的产生原因的对数成正比。费希纳的这本著作开辟了心理学研究的新篇章,在精细性和透彻性方面,没有其他文献能与其媲美,但是拙见以为,此书在真正心理学意义上的成果微乎其微。心理物理法则的争论推动人们对感觉辨别展开大量观察,也使得对这些观察的讨论日益严格。它还阐述了当特殊的观察不相同时，获得平均结果的最好方法；除此以外，别无其他。然而，它也算是科学史上的一页篇章，因此有必要在这里向读者对此做些说明。

费希纳的思想早已被人们进行过通俗的阐述。我没有新的东西要说，因此只在此引用一个现成的解释。我引用的是冯特在1863年出版的《人类和动物心理学讲义》中所给出的解释，但是我从中做了些删节：

"我们从来都不能说一个感觉要比另一个强多少或者弱多少。我们也无法判断太阳比月亮明亮一百倍还是一千倍，大炮比手枪的声音响一百倍还是一千倍。我们所拥有的感觉测量能力，只能使我们对相等、'更多'和'更少'做出判断，因此，我们无法判断出'多了或少了多少倍'。所以，当我们要确定感觉强度的时候，我们所拥有的自然测量能力几乎就和没有测量能力一样。虽然它能使我们知道，与外部物理刺激相一致、相伴随的感觉增大了或减小了，但是，我们并不知道，感觉是以与刺激相同的比例变化，抑或变化得更慢或更快。总而言之，依靠自然感受性，我们根本就无法得知将感觉和外部原因联系起来的法则。为了发现这个法则，我们必须首先找到一个精确测量感觉的方法；我们必须能肯定：一个单位强度的刺激可以引起一个单位强度的感觉，两个单位强度的刺激可以引起两个单位、三个单位、四个单位强度的感觉等。但是这之前，我们首先必须知道一个感觉比另一个感觉强烈2倍、3倍或4倍意味着什么……

"我们能迅速学会如何精确测量空间的大小，因为我们只需对照着一个空间来测量另一个空间即可。可是，对心理性质的测量要更加困难……但是，想要实现精确测量心理性质的大小这一大胆计划，第一步就是要测量感觉的大小……假如我们所有的知识都局限于感觉随着刺激的出现而出现，随着刺激消失而消失，那么我们就不会有任何收获了。然而，我们仅凭直接的肉眼观察也能得出一些事实，而这些事实至少以普通的方式向我们提示，感觉伴随外部原因而变化的法则。

"众所周知，在静谧的夜晚，我们会听到在白天嘈杂的环境中所听不到的声音。钟表优美的滴答声，空气穿过烟囱的声音，房间中椅子发出的噼啪的声音，还有很多其他轻微的声音都会被我们听到。同样地，大家都知道，在街道混乱的嘈杂声或者是铁轨的喧嚣声中，我们不仅可能听不到身旁的人所说的话，甚至连我们自己的声音也可能听不到。夜空中最亮的星星，在白天却消失不见；尽管我们能在白天看到月亮，但它却比夜晚时暗淡了许多。每个感知过重量的人都知道，如果手里已经有一磅的重量，再加上一磅的话，立刻就能察觉到前后的差异；但如果是在一百磅上加了一磅，我们就一点儿也感觉不到差别……

"钟表的声音、星星的亮光和一磅的重量都是对我们感官的刺激，而且是外在的量保持不变的刺激。这些经验教会了我们什么呢？很明显只有一点，那就是：同一个刺激会根据它所处的环境，而被感知为更加强烈还是更加微弱或完全不被感觉。那么，我们感受到的变化依赖于环境中的哪种改变呢？我们通过认真思考这个问题发现，这种环境的变化在任何情况下都是同一个类型。对我们的听觉神经来说，一只钟表的嘀嗒声是微弱的刺激，当它单独呈现时我们可以清楚地听到，但是，

第十三章 | 辨别与比较　583

如果加上白天马车轮子的滚动声和其他嘈杂声,我们就听不出来了。对于眼睛来说,星星的亮光是一种刺激,但是如果将这个亮光与日光这个强烈刺激放到一起,我们就感受不到这个星光了,尽管当它与暮色这种微弱刺激在一起出现时,我们可以清楚地感觉到它。对于皮肤来说,一磅的重量是刺激,当在原始刺激的基础上添加了和它一样重的刺激时,它便能够被感知得到;但是,当它与比它重一千倍的刺激结合在一起时,我们就感受不到它的重量了。

"因此,我们可以确定一个普遍的规则,即一个刺激要想被感受到,如果相应的感官之前已受到的刺激很小,那么它就得更小;如果那个之前受到的刺激较大,那么它就得更大。以普通方式,我们可以大体地认识到刺激与它所引起的感觉之间的联系。它至少表明,依赖法则并没有原来所预期的那么简单。最简单的关系很显然是,感觉应该是以与刺激相同的速度增加,即如果1个单位强度的刺激引起1个单位强度的感觉,那么2个单位强度的刺激将引起2个单位强度的感觉,3个单位强度的刺激引起3个单位强度的感觉等。然而,假如这个最简单的关系是普遍适用的,那么,一个刺激被加到先前较强的刺激上和加到先前较弱的刺激上所引起的感觉量的增加应该相同,举例来说,星光在日光和夜空中应该一样的明亮。但这并不符合事实,因为星星在白天是看不见的,它们给感觉的增量我们也无法注意到,然而,同样增量添加到夜空中,我们的感受会产生很大差异。所以,感觉强度的增加并不是与刺激的量成比例的,而是要慢得多,这是十分明显的。那么问题在于,当刺激的增加变得很快时,感觉的增加变得更小,这二者之间到底成何种比例呢?仅凭我们的日常经验无法回答这个问题。

我们需要精确测量各种刺激的量以及感觉本身的强度。

"但是，我们还是能从日常经验中获得如何进行这些测量工作的一些提示。测量感觉的强度是不可能的，这点我们已经知道了，那么我们只能测量感觉的差异。经验告诉我们，同等的外部刺激差异却可以引起相当不同的感觉差异。但是，这些经验又告诉我们一个事实，那就是，同样的刺激差异在一种情况下可能感觉得出来，而在另一种情况下却丝毫感觉不出来，比如，在原来的一磅重量上再加上一磅就感觉得出来，但如果加在一百磅的重量上就感觉不出来了……从任意一个刺激强度起，我们开始注意它能产生的感觉，然后看刺激增加到多少还能使感觉保持不变，我们就能最快获得观察结果。如果我们要用一些绝对总量在变化的刺激进行观测，那我们也就必须选择一些使我们能对更多产生刚好可以觉察到的感受的刺激增加量。在夜空中被刚好感知的光亮，不需要接近星光的亮度；但是，如果想在日光中看到它，就必须要比现在亮得多。我们现在对所有刺激的可能强度进行观测，并且注意能使得每一个强度的刺激刚好被觉察到的感觉变化所需的增加量，如此，我们就能得出一个序列，这个序列能清楚表达那个刺激的增加引起感觉变化的法则……"

通过这种方式进行的观察，在光、声音和压力感觉方面是比较容易实现的……我们就从后一种情况开始讨论：

"我们发现了一个出人意料的简单结果。不管在实验中这些重量的绝对值是多少，对原有重量刚好能被感知到的增加必须与它成绝对相同的比例，必须是它的相同比值……根据一些实验的平均值来看,这个比值在1/3左右,也就是说,不管皮肤已经受多大的压力,只要加上或减去原来的重量的1/3的量,我们马上就能感觉出重量增加或减少的变化。"

接下来,冯特描述了在肌肉的感觉以及对热、光和声音的感觉中,差异是怎样被觉察的;他对第七讲(前面的引文就来自于这一讲)这样总结道:

"我们由此发现,我们能对其刺激进行精确测量的器官,都遵循一个相同的法则。无论它们辨别的精密度多么的不同,下面这个法则都适用于它们,即为引起感觉的增强所必需的刺激的增加,与总刺激保持不变的比率。不同感官中这一比率的数值可以呈现如下:

  光感觉……………………1/100

  肌肉感觉…………………1/17

  压力感觉…………………1/3

  温度感觉…………………1/3

  声音感觉…………………1/3

"这些数据和我们期望的精确测量还相差甚远。但是,至少它说明了不同感觉的相对辨别感受性的一般观点。这个以简单形式揭示感觉与刺激关系的重要法则在特殊个例中是成立的,这是生理学家恩斯特·海因里希·韦伯(Ernst Heinrich Weber)首先发现的。古斯塔夫·西奥多·费希纳(Gustav Theodor Fechner)最早证明了这一法则适用于所有感觉领域。心理学界认为,他是第一个从物理角度对感觉进行综合研究,因而把精确感受性理论的最初基础归功于他。"

对费希纳所说的韦伯定律，我们就说这么多了。由这个法则所导致的感受性理论的"精确性"在于一个假定事实，即它提出一种由数字表征感觉的方法。每种感觉的单元都是增量，即当刺激增加了，我们就刚好能感觉到这个增量。所有给定感觉所包含的单元总数，都包括了从没有这种感觉到拥有当下大小的这种感觉时，可以被觉察到的增量总数。我们无法直接得到这个数字，但是我们有韦伯定律，就可以借助于它为其函数的物理刺激，来获得这个数字。因为如果我们知道要多大的刺激可以引起一个刚好能被感知的感觉增量，以及这个刺激的多少百分比的增加，就会持续引起刚好可以被感知的感觉增量，这实际上就只是一个复利计算的问题，即从我们在任何时候所使用的刺激总量里计算这类增量，换言之，计算它可以引起的感觉单元的量。这个数据与刺激总量之间的关系，和用掉的时间与本钱加上累积复利之间的关系是一样的。

举例来说：假如刺激 A 不够产生一种感觉，而 r 是 A 的一个百分比，我们必须把它加到 A 上才能得到刚好能被感知的感觉，那么我们就称这一感觉为感觉 1，然后我们就可以得到以下一系列与刺激相应的感觉量：

感觉 0＝刺激 A；
感觉 1＝刺激 A$(1+r)$；
感觉 2＝刺激 A$(1+r)^2$；
感觉 3＝刺激 A$(1+r)^3$；
……
感觉 n＝刺激 A$(1+r)^n$。

在这里，感觉形成一个算术序列，而刺激形成几何序列，二者的各项之间是相对应的。以这种方式相对应的两个序列中，算术序列中的项是几何序列中项的对数。普通对数表中列出了从零开始的传统算术序列，这样我们就可以确定（假定这些事实都是正确的），感觉是以与它们各自刺激的对数完全相同的比例而变化。那么，我们就可以用随感觉的特殊种类变化的恒定因数乘以刺激的对数，去计算给定感觉的单元数量（设定感觉单元等于大于零的刚好可感知的增量，刺激单元等于使其可以产生的刺激的增量 r）。如果我们把刺激叫作 R，常数叫作 C，我们就得到公式：

$$S = C \log R$$

费希纳把这个公式叫作心理物理公式，而我认为这仅仅是费希纳自己的推理而已。

这个公式能在多个方向上进行数学方面的拓展，而且还引发了艰难的讨论。我很高兴自己没有参与其中，因为他们是对数学和形而上学方面的内容感兴趣，而无关心理学。[42] 在后面的几页中，我会从形而上学的角度来谈谈他们所进行的讨论。同时我们必须认识到，在任何有关感觉的研究中，还从未有人使用任何方式得出的数据来验证理论或获取新的结论。简而言之，对感觉进行数据测量的理念，仍旧是一种未经实践检验的关于可能性的单纯数学思辨。然而，在有关这个问题的讨论中，人们偶然发现了很多有关辨别的特殊事实，这些倒是在本章中值得一提。

首先，我们会发现，当两种感觉的差异到达可分辨性的界限时，我们时而分辨得出来，时而又不能。由于内在感觉性会产生变化，因此如果不计算多次测量的平均值，我们就无法获得感觉的最小可觉察增量。偶然误差会增加或减少我们的感受性，那么使用平均数就可以使它们消失，因为，超出和低于平均值的数值会在总体中相互抵消，而正常的感受性，如果它是存在的（由恒定因素而不是偶然因素引起的），就一定能显示出来。人们已经对获得平均感受性的最佳方法进行了细致且充分的研究。费希纳讨论了如下三种方法。

最小可觉差法（The Method of Just-discernible Differences）。在一个标准感觉 S 身上不断地增加刺激量，直到你能够清楚地察觉到感觉增量 d；然后再从 S+d 的开始往下减，直到你能明显察觉到感觉的减小[43]，并把这个减小的差异量叫作 d′，那么最小可觉差就是 $(d-d')/2$，费希纳将这一数值与原始感觉量 S（或者 $S+d-d'$）的比值称作差别阈限。如果韦伯定律具有普遍适用性，那么这一差别阈限就是个恒定分数（不管 S 的值是多少）。这一方法在应用上的困难是，我们时常难以确定是否有东西被添加到 S 上。还有，如果我们简单地使用我们从未怀疑或弄错的最小的 d，那么我们得到的就是一个比理论值更大的最小 d。[44]

当然，当最小可觉差大，那么感受性就小，反之亦然；也就是说，感受性与差异阈限成负相关。

正误法（The Method of True and False Cases）。由于一系列实验中会出现偶然误差，所以一个感觉可能比另一个稍大一些，但是却被当作相等的，而有时甚至会当作更小。也就是说，在比较两个感觉的差异时，我们有时会判断正确，有时也会判断错误。

"如果这一差异越大，那么在减少错误判断的同时，正确的判断的数量会增多；或者，用分数的方式来表示，那么分母就是全部判断数量，而分子是正确判断数量，这个分数就会越接近 1。如果 m 是比较刺激 A 和刺激 B 而得到的性质的比率，那我们可以再找一对刺激，a 和 b。当比较这一对刺激时，就会得出正确与错误判断的相同比率了。"[45]

如果这是可行的话，就证明 a 与 b 的比率与 A 与 B 的比率相等。这样也就可以证明，只要每一对刺激中两个刺激的比率相同，那么即使它们是一对弱刺激和一对强刺激，都能对我们的辨别感受性产生相同的影响。这样说来，韦伯定律的确得到了证实。费希纳用这种方法来确定自己在重量上的差异辨别能力。他记录了自己不少于 24576 次的判断，并通过计算得出结论，即在重量大约为 500 克时，他对相同重量物体的相对增量的辨别力不如重量大约为 300 克时好。但是，过了 500 克后，这种辨别力又开始增强，一直到 3000 克（这是他实验时所用到的最大重量）。

平均差误法（The Method of Average Errors）。这种方法是先给定一个标准刺激，然后再呈现另一个与之完全相等的同类刺激。一般来说，此时会有误差出现，而且当辨别感受性变小，这个误差会变大；反之亦然。误差之和，不管正负与否，除以它们的总数，就得到了平均误差。费希纳认为，这个平均差通过修正后就成了辨别感受性的"倒数"。若是韦伯定律成立，那么不论辨别感受阈限的绝对大小是多少，它都应该与刺激成恒定比例。

我们可以用这些方法来处理最小可觉差，而德尔博夫和冯特曾经用冯特所说的中等分层方法对较大的差异进行了实验，我们称这个方法为等距法。

等距法（The Method of Equal-appearing Intervals）。这个方法是在一个系列中安排三个刺激，第一个和第二个刺激之间的间隔必须与第二个和第三个刺激的间隔相等。乍一看，这种方法与前面的方法并不存在直接的逻辑联系。其实，我们用前三种方法比较的是在刺激等级的不同区域，同等可感知的刺激增量；而我们用第四种方法，能够比较那些同样大小的感觉增量。但是，曾经被我们注意为一种增量的东西，未必在此后一直表现为同样大小。相反，对于一个已经很大的刺激而言，它的感觉增量也会显得大得多。

加倍刺激法（The Method of Doubling the Stimulus）。这个方法曾被冯特的合作者默克尔（Merkel）使用过。他试图使一个刺激成为另一个刺激的两倍，然后测量两者之间的关系。我在前面所做的评述对这种情况也是适用的。

方法就介绍到这儿。观察结果也是因人而异。在此我还要做点补充，首先，说一下对光的辨别感受性。

沃尔克曼、奥波特（Aubert）、马森（Masson）、赫尔姆霍茨与克雷佩林（Kraepelin）通过第一种方法发现，数据在原刺激的 1/3 或 1/4 到 1/195 之间变化。如果光线比较强，那么得到辨别的是较小的分数增量，可是如果光线微弱或极其强烈时，得到辨别的就是较大的分数增量。这就是说，当光线微弱或极其强烈时，人的辨别感受性低，而光线适中时，辨别感受性则最好。因此，它是光线强度的函数。它在这个强度的范围内保持不变，而且就这一点而言，韦伯定律对光的适用性得到了证实。虽然没有得到确定的数据，但是，默克尔通过方法 1 发现，韦伯定律在刺激（以他自制的单位）为 96～4 096 的范围之内是适用的，但当时没有做超出这一范围的实验。[46] 科尼希（Kònig）和布罗德洪（Brodhun）用方法 1 进行的测量涉及范围最广，并且适用于六种颜色的光。这些实验（显然是在赫尔姆霍茨的实验室里进行的）的范围从强度 1 开始，一直到它的 10 万倍。强度为 2 000～20 000，韦伯定律都是适用的，但在这个范围以下和以上，辨别的感受性就慢慢下降了。对光的所有颜色来说，辨别增量都是一样的，都是在刺激强度的1％～2％(据表格)。[47]德尔博夫用第4种方法证明，韦伯定律适用于一定范围内的发光强度。他已经发现，中介两种光线之间的那种光线，其强度就是那两种光线强度的几何平均值。但是，莱曼(A. Lehmann)和后来的奈格里克(Neiglick)在冯特的实验室里发现，对比效应对以这种方法进行的实验产生了很大影响，因此德尔博夫的结论就未必是正确的了。默克尔后来进行了重复实验，他发现，被认为处于中间的那种光线的客观强度并非处于中间位置，也并非是几何平均数。来自两个数字的差异很大，但是来自中间数字或两个极端强度的算术平均值最小。[48]最后要提的是，自远古时代起，星星一直被假定以等距差异的"量级"来进行排列，后来，人们使用光度计去测量星星的亮度，并进行了主客观测量的对比研究。贾斯特罗(J. Jastrow)是这一研究领域的新秀。他以皮克林(Pickering)的哈佛光度表作为基础进行研究并发现，当我们从低水平的量级跨到高水平的量级时，每一个量级的平均强度与位于它下面的那一量级的平均强度的比率是降低的，所以，如果我们认为等距法与韦伯定律有直接联系，就等于是对韦伯定律的背弃。[49]

对声音强度的辨别不像光强度那么的细致。困难就在于对声音刺激的客观强度的测量。早期的研究结论是，可感知的刺激增量大约是刺激的1/3。默克尔用最小可觉差的方法得出的最新结论是，在韦伯定律适用的强度范围，即20～5000的默克尔自制单位内，它大约是3/10。[50]在这个范围以下，这个分数增量就会变大，而超过这个范围的实验他还没有进行测量。

而我们在压力和肌肉感觉方面得到的结果有很大的分歧。韦伯用最小可觉差法发现，在用同一只手分别提起两个重量时，人们可以察觉出 1/40 的重量增量。当把手搁在桌上时，然后再将重物置于其上时，增量可以被识别的分数就大得多。他似乎用两对不同的重量就证明了他的结果[51]，并用这个发现了他的"定律"。赫林的实验室所做的从 250 克到 2750 克的 11 个重量的实验表明，最小可感知增量的范围是从 250 克的 1/21 一直到 2500 克的 1/114，而到了 2750 克时，可觉差又上升到 1/98。默克尔最近做了非常细致的实验，先用一只手指压着天平的一端，然后用 25 克到 8020 克不等的物体。结果表明，当重量在 200 克到 2000 克的情况下，手指不动时能感受到大约 1/13 的恒定分数增量，当手指运动时，能感受到大约 1/19 的恒定分数的增量。超过或低于这个范围，人的辨别力就会降低。辨别力在重量压在 1 平方毫米的表面时，比 7 平方毫米的表面上更大。[52]

对温度和味道人们也做了类似的研究，结果与韦伯定律基本一致。然而，这里的刺激单元就更难确定了，我就不给出数据了。在冯特的《生理心理学》第三版第一卷第 370～372 页中也许会有关于这方面的结果。

眼睛对长度的辨别也在一定的程度上符合韦伯定律。读者可以在 G. E. 缪勒的《视觉》一书第二部分第十章中找到这方面的数据。贾斯特罗教授根据一种方法，可以称其为等距法的变形，而对我们判断棍子的长度进行了一些实验，结果表明，判断的长度和实际长度并非成对数比，而是正比关系。这与默克尔用这种方法做的关于重量、光和声音的实验结果类似，但与贾斯特罗自己对星星亮度的研究结果不同。[53]

假如把这些事实当作一个整体来回顾，我们就会发现，并非添加到印象中的任何固定的量，都能使我们注意到的印象有所增加，那个量取决于原来的印象的大小。增量其实就是原有印象的一个确定分数。而且，这个分数在我们探讨过的感觉的整个强度范围内几乎是一个恒定的常数。超过或低于这一范围的话，这个分数值就会上升。这就是韦伯定律，它表明了具有实际意义的经验性概括，而且没有涉及任何理论，也没有寻求对感觉自身的绝对测量。

一、对韦伯定律的理论解释

在对韦伯定律的理论解释中（也就是下述假定），我们发现了费希纳的独创性。这些假定是，①可感知增量是种感觉单元，而且在一个等级中的各个部分中都是一样的（用数学符号表示，$\triangle s = \text{Const.}$）；②所有感觉都由这些感觉单元组成；③唤起这个单元的是一个恒定分数形式的刺激增量的原因是，我们遵循着一个关于心物联系的终极法则，即我们感受到的量和这些感受的对象的量成对数相关。看起来费希纳在这样的终极"心理物理"法则中发现了一些不为人知的奥秘。

这些假设都很容易被推翻。首先，实验中对刺激增量做出反应的那些心理事实并非增大了的感觉，而是对感觉增大的一种判断。而被费希纳称作的"感觉"的东西是在心中呈现为光、温度、重量、声音、身体的受作用的部分等客观现象。费希纳即使没有公开，也默默假定了对增量的判断是基于一个简单的事实：感觉单元的增量呈现给了心灵。所以，当我们在对大的差异或大项之间的差异进行判断，与对小的差异进行判断相比，这个判断本身就是一个在数量上较大的心理事实了。可是，这些观念真的很荒谬。让注意最紧张的判断（如果这可以作为判断"大小"的标准），是对最小的事物和最小的差异进行判断，这也是最难的一种判断。但是认为一个判断比另一个判断大，是没有任何实际意义的。而且，就算我们撇开判断不谈，只讨论感觉，我们也已经发现，我们根本无法赋予（参见第六章）认为感觉是单元的结合这一观点任何清晰的意义。从内省的意义上来说，我们对粉红色的感觉确实不是对鲜红色感觉的一部分；对电弧光的感觉中似乎也不会包含对一支脂油蜡烛的感觉。复合物包含了很多部分；而一个复合物所包含的部分可能是另外一个复合物包含部分的两倍或三倍。可是，当我们面对光或者声音这类简单的感觉特性时，当我们说现在的光或者声音是刚才的两倍或三倍时，尽管我们所说的似乎与之前讨论复合物时是一样的，但事实上它们并不一样。我的意思是，假如我们将那个性质的各种可能程度排列成一个连续增加的等级，那么，较强等级和强弱等级之间的距离、间隔或者差异，就与较弱等级和起点之间的距离、间隔或者差异一样。我们测量的是关系和距离，而非费希纳所假想的那些性质自身的合成。当然，如果对象是一个可分对象，那么一个大的对象可以在小的思想中得到认识。内省还表明了，在大多数的感觉中，我们对增加印象的判断其实伴随了一种新的感觉，而这是费希纳的公式中所忽视的一个事实。[54]

但是，除去这些先天的困难，即使我们假设感觉的确包含添加上的单位，费希纳认为所有相同可感知的增量都是相等大小的增量，也是一种武断的设想。一个添加到小感觉中的小的增量，为什么不能和一个添加到大感觉中的大的增量那样，具有可感知性呢？在这个问题上，韦伯定律恐怕就不能适用于增量而只能适用于感觉了。我们对两个感觉中的单元差异的注意，依赖于这两个感觉处于固定的比率中。但是差别本身直接依赖于它们各自的刺激之间的比率。有固定数量的单元被添加到刺激中，又有固定数量的单元被添加到感觉中，那么假如刺激以一个特定的比率增加，感觉也会以同样的比率增加，尽管它的可感知性是遵从对数法则增长的。[55]

如果 Δ 表示我们感觉的最小差异，那我们的公式就应该是 $\triangle s/s =$

Const，而不是费希纳的 $\triangle s =$ Const。我们的这一公式采取了和费希纳完全不同的理论方式，去解释韦伯定律的所有现象。[56]

现在看来，费希纳的整个理论构建不仅是主观臆断，而且还极不可信。他将掩盖韦伯定律效果的一些未知法则与韦伯定律混合在一起，去解释韦伯定律不适用的那些部分对韦伯定律的背离。这就如同在任何现象中都找不到任何法则，只要一个人有充分的智慧能创造足够多的其他共存规则来与之交叠并使其失去效力。就有关费希纳的理论来说，这场讨论最终是没有结果的。只有韦伯定律适用于适当范围内的经验概括是真实的；我们对加在大的刺激上的增量，比对加在小的刺激上的增量注意得少，除非它对于那个刺激来说也是那么大。

二、韦伯定律可能是纯生理学的定律

对于这种情况，有另外一种说法，刺激的整体并没有帮助我们产生"更多"的知觉。对事物的这种情况的解释是物理方面的。这种效果的丧失发生在神经系统。假如我们的感受得以产生是源于刺激更加难以使其增长的神经分子的一种状况，那么感受自然是要以一种比刺激更慢的速度增长了。大部分的刺激作用是用来克服阻力的，小部分则用来引起感受状态。韦伯定律就是神经机器的一种摩擦力定律。[57]如何理解这些内部的阻力和摩擦力其实是个思辨问题。德尔博夫将其认为是疲劳。伯恩斯坦（Bernstein）和沃德则认为是辐射。最新的一种，很可能也是最"真实"的一种假设，是由艾宾浩斯（Ebbinghaus）提出的。他认为，感觉的强度取决于单位时间内被分解的神经分子的数目。任何时候都只有一定数量的神经分子可以被分解。其中大部分分子都处于一般的不稳定状态，有一些是基本稳定的，还有一些已经接近分解。最小的刺激只影响那些将要分解的分子；因为它们数量很少，因此，由添加特定数量的刺激而来的感觉效果也相对较小。中等的刺激影响分子的大部分，但随着刺激量的下降，它们能影响的分子数量也就越来越少了。而最后的刺激增量到来之时，中等分子都已经分解掉了，所以它们只能去影响剩下的一些相对来说难以分解的分子，从而引起比较小的感觉增量。(《弗吕格文库》, 45, 113)

我们的确可以按照这样的方式来解释韦伯定律(如果它曾得到过解释)。费希纳的测算公式，和认为它是终极"心理物理法则"的观点依然是"洞穴偶像"(如果这个偶像真的存在过)。费希纳的确是一位理想的德国学者，他朴素又精明，既是神秘主义者又是实验主义者。他朴实又勇敢，忠于事实同时也忠于他的理论。但是，这样一位慈爱的老人，如果能耐心地将他的奇思异想奉献于科学，并在一个充满各种注意对象的世界中，让未来所有学生辛苦地研究他自己的著作的同时，还要研究那些更加枯燥无味的反驳他的著作，是一件非常可怕的事情。想要这糟糕文献的人还是能找到这种东西的，其实它也有"训练价值"，但我其实在脚注中也不愿提到它。它唯一有意思的地方在于，在坚定地痛批费希纳的理论使其销声匿迹之后，他的批判者总是希望可以振奋起来，将最先对这些问题进行过解释，并由此确立了心理学为一门精确科学的不朽光荣，归功于费希纳。

   "'于是每个人都颂扬起公爵来，
   是他赢得了这场伟大的战斗。'
   '但是最后有什么成果呢？'
   彼得金问。
   '哦，这我可说不清，'他答道，
   '不过这曾经是个伟大胜利呢！'"

注　释

1　《人类理解论》，第 2 卷，第 11 章，第 1、2 自然段。

2　《分析》，第 1 卷，第 71 页。

3　《感觉与理智》，第 411 页。

4　《哲学与神学论文集》，第 1 集，第 268-273 页。

5　《心灵》，第 10 章，第 527 页的蒙哥马利；利普斯，《精神生活的基本事实》，第 579 页后面的内容；还请参见本书第 19 章。

6　斯顿夫（《乐音心理学》，第 1 卷，第 116 页后面的内容）试图证明，当我们要确定最小单位时，认为所有差别只是构成差别的观点，必然会导致我们在辨别判断上的倒退。在我看来，在他那独特的推理中，好像忘记了心理元素理论中的终极单元。我认为完全的倒退未必是对笃信这个理论的障碍，尽管我完全接受斯顿夫的推论，而且当发现自己能与这样一位格外清晰的思想家观点一致时，我十分高兴。在我看来，瓦勒（Wahle）在《科学哲学季刊》中的责难似乎没有任何说服力，因为作者没有区分明显为复合事物的相似与明显为简单事物的相似。

7　那种把有质的区别的原因看作是实际上在量上有所区别的信念（如蓝色由许多以太波引起，而黄色由较少的以太波引起）一定不能与结果自身在数量上有所区别的感受相混淆。

8　G. H. 施奈德先生在年轻时写的小册子（《辨别》，1877）中试图表明，没有明确存在的感觉因素，也没有其间具有差异的真实性质，但是我们称之为感觉的东西，只不过是各种差异的总和，是很多差异得以展开的地点或起点。他将其称之为"差异感情结"。在本书的第 17 章中，我们会讲到"相对性原则"的不合理应用，这可以算作对心灵要素理论的一种平衡物。这种观点认为，只有真实的感觉存在，并完全否认真实感觉之间存在差异关系。

9　参见斯顿夫，《乐音心理学》，第 1 卷，第 121 页；以及詹姆斯·沃德，《心灵》，第 1 卷，第 464 页。

10　处理这种情况的通常做法是，把它叫作自身相互分离的感觉的融合结果。可是，就像后来大量事实说明的那样，这一说法是纯粹的神话。

11 "我们经常是先在一个感觉或一组感觉中模糊察觉到一种差异，然后才能指出不同者有何种确切的特性。如此，我们才能在一道熟悉的菜肴中品尝出一种奇怪的或者是异常成分或味道，或者在一个熟悉的曲调中发现一个音调，但一时间也说不清那个干扰者是什么样的。所以，我们或许可以说辨别是人类智力活动的最早也是最原始的模式。"(萨利，《心理学大纲》，第142页；还请参见施奈德，《辨别》，第9-10页)

12 就像前面说的那样，如果差异很小，那我们可能需要在与 m 不同的 n 被清楚感受到之前，先获得不仅是 m 还有 n 正在消逝的阶段。在这样的情况下，人们一定会体验到四种连续的感受(若我们能够把这一连续体分开)：m，差异，n，有别于 m 的 n。这一细微的复杂化丝毫不能改变这种情况的基本特征。

13 J. S. 穆勒，《人类心理现象的分析》，第2章，第17页。还可参见第12、14页。

14 这里存在的障碍只有一个，即人们往往顽固地认为：要比较两个事物或两种特性，就必须有与它们完全相同的副本保存在心灵中，并且能够相互比较。对这样的看法所做的第一个回答就是，用经验的方法"进入你心里看看"。当我意识到现在提起的重物不如刚才的重时；当我感到现在的牙痛不如一分钟之前那么强烈时。我批评的那些作者们会承认，在心中被比较的两个事物，一个是真实的感觉，一个是记忆中的表象。这些作者们一致同意，记忆中的表象比感觉更弱。但是，在这些情况下人们却认为它更强；这就是说，仅仅就对它的表征而言才得到认识的对象，被断定是更强的一个。这不会使人们改变对独立的表征性"观念"在心中相互比较，或通过自我来相互比较这一观点的信念？我们不能认为，那个使我们感到比刚才的疼痛想象更疼的对象，是我们在之前进入当下时所感受到的对差异的冲击的向下性质的回忆。因为那个冲击肯定是包含了不同的性质，它出现于两个项之间，其中第二个项有所减少或增加；人们可能会认为，如果模糊地记得过去的项，对冲击的记忆是增加或减少了，有时就可能会让我们建立起一种本来并不会被感知到的关系。但是，人们不能指望对这种冲击的记忆能强过对呈现出来（上面的例子中作为表象和感觉）的两个项的真实比较，并把较弱的事物当作较强的事物。于是又出现第二种回答：假设心灵的确通过对自己的表征两种实在的两个观念进行比较，那么比较两个实在的意义又是什么呢？同样的难题依然在那里。观念还是必须被认识；并且，随着注意在两者间来回转移，过去必须和以前一样与现在一起被认识。假如到最后，你只能说你的"自我"既不是关于 m 的观念，也不是关于 n 的观念，却仍然能认识和比较这两个观念，那为什么不让你那既不是事物 m 也不是事物 n 的思想脉冲，直接去认识和比较它们呢？这仅仅是一个如何能最少地人为地命名事实的问题。自我主义者将它们命名为对两个观念进行"结合"或者"综合"的自我，以此来进行解释，可是，这并没有比将它们命名为认识两个事物的思想脉冲更清楚。

15 我担心很少有人会由于我的话而改变自己的观点，所有学派的思想家们都固执地拒绝承认认识一个事物的无中介功能，他们还顽固地用那个事物来代替它。比如，在唯灵论哲学最近的发表作品中（鲍恩的《心理学理论导论》，1887，发表于这一写作的前三天），最前面的一些话中有这样一句："什么能够记忆？唯灵论者说，心灵能够记忆。心灵可以跨越年限和身体的发展流程，将过去收集起来并始终带着它。"（第 28 页）。哦，鲍恩，看在上天的分上，为什么你不说"认识它"呢？假如我们的心灵不能对过去做什么的话，那就把过去带在身边吧。

16 《乐音感觉》，英文版第 2 版，第 65 页。

17 《心理学》，第 1 卷，第 345 页。

18 《悖论集成》，第 380 页。

19 我所提供的解释有这样一个预先假定，即一个模糊得无法让心灵注意到它自身产生任何直接影响的差异，却能足够强大到不让它的"项"唤起相同的关联物。在许多的观察中情况可能就是如此。所有"无意识"推理的事实都是证据。我们感觉一幅画"看上去"像是某个艺术家的作品，可是我们却无法说出那些能够用来区别的典型特征。我们看见一个人的脸，认为这人诚实可信，但我们又拿不出任何确切理由。下面从赫尔姆霍茨那里引用的感知觉事实将对此提供更多例子。这里有另外一个很好的例子,也许读者读完空间知觉这一章后会更容易理解。拿两张立体幻灯片,每半张幻灯片上都有 a 和 b 一对点,但是让两张幻灯片上 a 之间的距离都相等,而 b 之间的距离在幻灯片 1 上比 2 上近。现在我们设距离 ab＝ab‴,距离 ab′＝ab″。接下来,相继从立体角度看这两张幻灯片,直接凝视 a(即让 a 落在两个中央凹或者是最清晰的视觉中心上)。两个 a 看上去是一个,b 也可能是这样。但现在幻灯片 1 上看上去单一的 b,似乎比 a 近,同时,幻灯片 2 上的 b,看上去比 a 远。但是,如果图是正确的,b 和 b‴ 一定会影响到"汇合"点,在中央凹右面与之距离相同的点,b 在左眼,b‴ 在右眼。b′ 和 b″ 也一样。汇合点是其感觉不可能被辨别的点。但是,由于在这两个观察中它们产生了关于距离的相反知觉,而且激起相反的运动趋势(因为在幻灯片 1 中,当我们从 a 看到 b 时产生会聚,而在幻灯片 2 中则分散),于是出现了这样的结果——尽管我们无法区别两个过程的差异,这两个过程还是可以分别与感觉上和运动上不同的关联事物相结合的。参见唐德斯(Donders),《眼科学文库》(1867),第 13 卷。他的论文基础是,我们察觉不出复合图形中某个特定成分的视像会落在哪只眼睛上,但是我们知道,这些视像对整体知觉的影响在两只眼睛中是不一样的。

	a b	a b′
幻灯片 1	● ●	● ●
幻灯片 2	a b″	a b‴
	● ●	● ●

20　沃尔克曼,《对先天和后天的看法》等,《莱比锡会议报告》,《数学-物理学分卷》,第 10 卷,1858 年,第 67 页。

21　同上,表 I,第 43 页。

22　利普斯教授解释盲人触觉辨别的方法(去掉了其中"神话的"设想),在我看来与这里讲的是一致的。他认为,较强观念与较弱观念的融合,并把较弱观念提到意识的临界值上,融合的倾向和观念的相似性是成比例的。参见《基本事实》,第 232-233 页,以及第 118、492、526-527 页。

23　《乐音感觉》,英文第 2 版,第 62 页。

24　关于这一点,请比较本书第 5 章第 130-133 页的内容。

25　当人斜着眼睛看东西时，双像就会出现在视野的中心。事实上，大多数斜视者有一只眼睛看不见，或者几乎看不见。长期以来，眼科医生认为，有只眼睛看不见是由于斜视者对双像的主动抑制造成的。换句话说，就是斜视者自己执意不想用这只眼睛而导致的。这个解释在最近几年遭到了质疑。对这个问题的简短解释概述，参见沃兹沃思（O. F. Wadsworth），《波士顿医学和外科学杂志》，CXVI，49（1887年1月20日），还有后来德比（Derby）与其他人的回答——威廉·詹姆斯。

　　26　《声音的感受》，第3版，第102-107页——读过前面第5章的读者此时无疑会说，在这些段落中，这位著名的生理学家陷入了被我们证明为是对事实的错误解释中。但是，在把知觉对象、知觉的根本条件和会被对象的几个部分或被几个根本条件——只要它们分别起作用或者分别受到注意——所唤起的感觉混淆在一起，在假定对于其中任何一种事实为真，其他种类的也一定为真的方面，赫尔姆霍茨并非比大多数心理学家更粗心。他认为，假设每个根本条件或对象的部分存在于那里，则感觉也一定在那，只不过是以一种"综合的"（我们无法把这些与前面讨论过的那些作者称为是"无意识"的东西加以区分）状态存在。我不会重复前面章节中那些足够详细的论证（参见第129-133页），我只想说，他所谓的"许多感觉的融合"，事实上是通过许多根本条件的合作产生的一种感觉；知觉无法辨别的事物（当它是综合的时候）并非已经存在却没有被挑出来的感觉，而是一种被我们认为比已有的感知更加真实的客观事实——关于立体物体的两个画面，很多谐音，而不只是一个画面和一种音调的声音，至今我们还不为所知的眼球肌肉状态，等等。这些新的事实，都是直到第一次被发现的时候才在我们有意识的状态中得到认识，这些意识状态又将它们判断为由之前得到实现的相同事实所决定的。赫尔姆霍茨说的那些关于阻碍和促进分析的条件，也适用于将对象分析为——通过新感觉的产生——它们的元素，和适用于将聚合的感受分析为一直被认为隐藏于其中的基本感受一样的自然。

　　读者可以把这种批评应用于陆宰和斯顿夫的下述段落中，我之所以引用这些段落，是因为他们出色地表达了与我对立的观点。但我认为，他们似乎都犯了心理学家谬误的错误，把以后对感受到的事物的知识，混淆到对感受这些事物的原始解释中去了。

陆宰说："这一点是毋庸置疑的，即不同刺激对不同感官或者对相同感官的同时冲击，会迫使我们进入一种混乱的一般感受状态中，我们在这种状态中的确不会有意识地对不同印象进行清晰的辨别。尽管这样，我们也不能就此推出，在这样的情况下，我们对观念内容的真实同一体能够形成清晰的知觉。更确切地说，我们的意识状态是在于①这样的意识，即意识到我们无法将事实上的确不同的两个事物分离开来，以及②对由刺激的同时冲击对身体造成的干扰的一般知觉……并不意味着这些感觉相互融合了，只是我们无法区分这些不同的感觉。当然，这也并不意味着，它们之间有所差异的事实一直完全没有得到感知，而是说我们无法确定这些差异的量，也无法理解不同印象之间的其他关系。任何一个人，如果他同时被灼热的高温、耀眼的光亮、喧闹的噪声和恶心的臭味所困扰，他肯定不会把这些不同的感觉融合为带有能被感知到的单一内容的单一感觉；这些感觉在他心中一直保持分离的状态，只不过他无法脱离其他感觉而只察觉到其中的一个感觉。然而，接下来，他会有种不舒服的感觉——我在之前提到过的，这是他完整心理状态的第二种成分。因为任何一个在意识中产生确切感觉内容的刺激，在某种程度上也是一种干扰，并因此需要那种神经力量；而这些微小变化（它们不像由它们而产生的意识内容那么多样化）的总和，引起了那种一般感受，当它添加到对区分的无力上，就使我们错误地相信感觉是缺乏多样性的。可是，只能用这样的方法，我才想到那种有时被说成是我们全部训练开始的状态，那种本来是简单的，而后来又被分离为不同感觉的状态。在没有真正多样性存在的地方，分离活动就不会产生差异；这是因为，没有任何事物能把它引向它要建立差异的地方，或预示它将要给予它们的广度。"（《形而上学》，第 260 节，英译本。）

斯顿夫这样写道："在意识中或（如果人们愿意称无法被辨别的东西为无意识的）在灵魂中，总是有很多共存的无法被辨别的感觉。但是，它们没有融合成一个简单的性质。当进入一个房间时,同时感受到气味和温暖的感觉,而没有特别注意其中任何一个感觉,那么这两种感觉性质并没有形成一个全新的简单的性质,这个简单性质其实在注意开始分析的那一瞬间,就首先变成了气味和温暖……在这种情况下,我们就会有一种无法确定和无法命名的感觉整体。而当我们把这种整体感觉进行分析后,我们将那个没有得到分析的状态引向记忆中,并将其与之前我们发现的元素进行比较,后者(我认为)可能会认为是包含在前者中的真实存在的部分,而前者就是后者的总和。举个例子,当我们清晰地感知到对薄荷油的感觉内容一部分是味觉,另一部分是温度觉时,情况就是如此。"(《乐音心理学》,第1卷,第107页)

我想说的是,我们感觉薄荷味这样的客观事实,其实包含着一些其他的客观事实,有香味,或者好闻的味道,还有清凉的感受。我们没有根据认为形成后来的复杂感觉跟以前的感觉状态有什么相同之处,更不用说后者包含在前面的感觉状态中。

27　《生理心理学》,第2卷,第248页。

28　冯特,《哲学研究》,第1卷,第527页。

29　同上,第530页。

30　《心灵》,第11章,第377页后面的内容。他说:"我显然在进行辨别的同时又做出了动作,如果我避免这种情况的发生,而是等到有了清晰印象后再做出动作,那么我就不仅在简单反应上添加了知觉,而且把意志加入简单反应当中去。"——这样的论断足以让我们怀疑所有这些测量的心理学价值。

31　《心灵》,第11章,第3页。

32　对于用此方法测定辨别时间的其他因素,参见克里斯(V. Kries)和奥尔巴赫(Auerbach),《生理学文库》,第1卷,第297页后面的内容(这些作者得到的数字小得多);弗里德里克(Friedrich),《心理学研究》,第1章,第39页。布科拉《轻快的旋律》的第9章对这一主题做出了详尽的解释。

33　假如是这样,那么,对火花的反应就会慢于触摸的反应。这些研究被放弃的原因是：人们无法将视觉实验条件和触觉实验条件之间的差别,缩小到插入的运动观念在后者中恰好有可能出现的程度。其他差异无法被排除。

34　我没有引用蒂舍尔所给出的非常不熟练的个体情况的数据。这些个体之一的辨别时间比蒂舍尔自己的辨别时间长了22倍！《心理学研究》,第1卷,第527页。)

35　比较利普斯在《精神生活的基本事实》的第390-393页的有相同批判性结果的精彩的那一段。——我让我的书稿保留着兰格和闵斯特伯格的成果发表之前写成的样子,这在第67页和第337页中引用到。当预期注意指向可能的反应而非刺激时,它们的"缩短了的"和"肌肉的"时间,构成了我所说的最小反应时,而且我在书稿中说的全部都与他们的结果完美保持一致。

36　参见萨利,《心灵》,第10章,第494-495页；布拉德利,同上,第11章,第83页；博赞基特(Bosanquet)：同上,第11章,第405页。

37　如果在两组项中都含有一个相同的项,例如,比较a-b与b-c,就更容易做出判断。就像斯顿夫所说(《乐音心理学》,第1卷,第131页),这种比较之所以容易很可能是因为,如果加进了第四个项,我们就会不自觉地去做交叉比较,a和b与d作比较,b与c作比较,等等。这样我们的注意力就从应对其进行单独判断的关系上转移了,这让我们感到很困惑。

38　德尔博夫,《心理物理学原理》(巴黎,1883),第64页。斯顿夫的《乐音心理学》,第1卷,第125页中的普拉托(Plateau)。我曾注意到在氯仿药物的作用下对特定差异"距离"的奇特扩大现象。例如,门前经过马车时马铃的叮当声以及马车本身行进时的隆隆声,对我们的普通听觉而言,会很容易汇成准连续的声音,而声音又似乎很遥远,因此需要一种面对不同方向的心理能力,才能从一种声音转向另一种声音,就好像源自不同的地方。我倾向于根据确定的数据进行猜想,关于差别和相似的根本哲学,必须要建立在致醉经验的基础上,尤其是一氧化二氮气体的致醉,这种气体会让我们直觉到在清醒状态察觉不到的微妙的东西。参见布拉德（B. Blood），《麻醉的启示和哲学要旨》（阿姆斯特丹，纽约，1874）。并参考《心灵》，第 7 章，第 206 页。

39　前面所引的书，第 126 页后面的内容。

40　斯顿夫，第 111-121 页。

41　斯顿夫，第 116-117 页。我做了些删节，删掉了一个观点非常敏锐和结论性的内容，这样我的书读起来不会显得过于复杂。我将其放置在此："我们能进行这样的概括，只要一些感觉能被认为是一个序列，那就一定会有关于简单相似的知觉。证明：假设一个序列中的所有项，比如音调性质 c d e f g，都有某个共同的东西——无论它是什么，我们称它为 X；然后，每一个项的不同部分不仅组成成分各不相同，还必须自成一个序列，其存在是我们以序列的形式理解最初那些项的基础。这样，我们得到的不是最初的序列 a b c d e f……而是相等的序列 $X\alpha$, $X\beta$, $X\gamma$……我们得到了什么呢？问题马上出现了：我们怎样知道 $\alpha\beta\gamma$ 是一个序列的呢？根据这个理论，这些元素自身必须由一个共同的部分和一些不同的部分所组成，不同的部分又组成一个新的序列，如此下去永无止境。这太可笑了。"

42　对费希纳公式做出最重要改进的是德尔博夫在其《关于感觉测量的研究》（1873）的第 35 页中提出的和埃尔萨斯（Elsas）在其《论心理物理学》（1886）这本小册子的第 16 页中提出的公式。

43　倒过来做是为了使反向的偶然误差适于相互的差异中和。

44　从理论上说，这个数值应该与我们得出的感觉增量之和除以总感觉量而获得的数值相等。

45　德尔博夫，《心理物理学原理》，1883 年，第 9 页。

46　《哲学研究》，第 6 卷，第 588 页。

47　《柏林科学院会刊》，1888，第 917 页。其他观察者，如多布罗（Dobro）、沃尔斯基（Wolsky）和拉曼斯基（Lamansky）发现不同颜色之间存在着极

48　参见默克尔的表格,上述引文,第 586 页。

49　《美国心理学杂志》,第 1 卷,第 125 页。下降率小而稳定,并且我不能充分理解贾斯特罗教授说他的数字证实了韦伯定律是什么意思。

50　《哲学研究》,第 5 卷,第 514-515 页。

51　参见缪勒,《论心理物理学的基础》,第 68-70 节。

52　《哲学研究》,第 5 卷,第 287 页以后。

53　《美国心理学杂志》,第 3 卷,第 44-47 页。

54　参见斯顿夫,《乐音心理学》,第 397-399 页。"一种感觉不能当作是另一种感觉的倍数。如果能的话,我们就可以从一种感觉中去掉另一种,并只感觉余下的部分。每种感觉都是以一个不可分割的单元呈现出来的。"冯·克里斯(V. Kries)教授在《科学哲学季刊》,第 6 卷,第 257 页以后非常清楚地表明,认为较强感觉是由较弱感觉组成这一说法是荒谬的。它们是作为质的单元而相互区别的。还请比较塔内里(J. Tannery),见德尔博夫《心理物理学原理》(1883),第 134 页后面的内容;沃德,《心灵》,第 1 卷,第 464 页;陆宰,《形而上学》,第 258 节。

55　布伦塔诺,《心理学》,第 1 章,第 9 页,第 88 页以后。——默克尔认为,用等距法得出的结果显示,我们对大的间隔进行比较时所用的法则与我们由以注意到刚好可感知间隔的法则不一样。在前面的情况中,刺激形成了一个算术级数(根据他的数据来看是非常粗糙的),而后面的情况中却形成了一个几何级数。反正我是这样理解这位大胆果敢的实验家,但是作为一个敏锐的作者,他就有点儿模糊了。

56　这就是默克尔用方法 4 所进行的实验证实了(如果我理解正确的话)的那个公式。

57　埃尔萨斯,《论心理物理学》(1886),第 41 页。当天平的秤盘上放了东西且在平衡状态下,必须往一个秤盘中加上更大比例的重量来使横杆出现倾斜。

第十四章

联　想[1]

550　　聊完了"辨别",现在来说说"联想"吧!实践表明,有些辨别力是可以得到提高的。为了解释这一点,我在上一章中已经指出,事物间的差异需要进行辨别,而事物间的"联系"也要进行区别。众所周知,人类知识的进步必须坚持"两手都要抓"的原则,即整体分解为部分,部分又综合为整体,并且在头脑中形成新的事物。因此,分析与综合便是持续不断交替运作的心理活动。一种的出现是在为另一种做准备,就像一个人走路,两条腿交替使用,要想步伐协调、正常行走,缺了哪一条都不成。

　　人在思考的时候,一连串的意象和想法会一个接一个不停地出现,"八竿子打不着"的两个事物在头脑里相继浮现。乍看之下会觉得这"八竿子打不着"的东西出现得很唐突,惊诧过后,如果我们仔细审视,便会发现这看似无关的背后却隐藏着千丝万缕的联系,而这些联系既自然又合情合理——这些既奇特又难以捉摸的意识流自古以来就令人神往,它的神奇、它的无处不在让人们根本无法将视线从它身上挪开。同时,意识流也向哲学界发起了挑战,哲学家们需要用一些更加简单易懂的措辞来阐明意识流的形成过程，好让意识流不再神秘。哲学家们面前有一个必须先克服的难关，就是找出那一个个冒出来的想法中间到底有什么联系，而联系的根源又在哪里？只有先解决这个难题才有可能解释清楚这其中的连续性和共存性。

不过，歧义出现了：所说的是哪种联系呢？是想到的事物之间的联系，还是想法之间的联系？这两种联系完全是两码事，只有先确定了到底是哪种"联系"，我们才有希望找到联系的"根源"。我们的脑袋里所能"想到的事物之间的联系"浩如密林，不可能简简单单几句话就说得清楚。各种"想得到的事物"的联系都能想得出来，比如说共存性、连续性、相似性、对比性、矛盾性、因果性、方法和目标、种类、部分和整体、物质和性质、早与晚、大和小、地主与佃户、主人和仆人等。天晓得有多少种，简直不胜枚举！要想把这么多"关系"的种类缩得小一些，唯有一种简化的方法，就是像康德和雷诺维叶（Renouvier）所说的"知性范畴"。[2] 人们沿着一种"范畴"往下走，想法在一种"范畴"里深入。所有的"范畴"都具有逻辑性，都有"理性联系"。"范畴"能把一个个单独的东西融合成一个连续体。如果这就是我们所寻找的各种想法间的"联系"，那本章到此就可告一段落了。按照这种说法，头脑中的事物之所以能够跳来跳去、换来换去，原因就在于这都属于"理性行为"，一种事物跳到另一种事物是因为所谓的"理性联系"。就心理学的研究目的而言，这样的说法就相当于一句"空话"。实际上，这不就等于简单地告诉人们说，"事物之间是有联系的，人的思路是随着事物间的联系而推进的"。

然而事实上，人的思路只是偶尔随着事物间的联系展开，而所谓"理性转换"也与真正的"理性"相距甚远。如果是纯粹的理性思维在推动着我们这辆"思维列车"，那为什么有些列车跑得快，有些跑得慢呢？为什么有些列车在空旷的平原上行驶，有些却奔驰在景色宜人的大地上？为什么有些列车翻越崇山峻岭，深入宝藏之地，有些却途经阴暗沼泽，陷入茫茫黑暗之中？为什么有些列车脱离了轨道，驶进无边荒野，沦入癫狂之境？为什么我们多年以来苦苦研究某个科学难题，想要解决某个实际问题，结果却是一场空呢？——是我们脑中的"思维"不愿告诉我们解决方法吗？某一天，当我们在街上走着，脑袋里也没琢磨什么问题，可为什么答案却不知不觉、在不经意间跑到脑海中？难道是面前路过的女士头上的帽子花带告诉我们的？或者是其他一些根本没察觉到的东西帮助我们找到答案的？如果"理性"可以解决这一切的话，又为什么不早点儿出现呢？

思维受外界条件影响，这一点毋庸置疑。然而，习惯的黄金定律（三折其肱、积习难改）在理性上似乎站不住脚。思维的真相是：阅历的多少与是否能够掌握住思维的方式无关，即使没什么阅历，也能越来越了解思维。这种有悖常规的论调看似天方夜谭，但却是思维的部分精华所在。理性思维只是成千上万种思维方式中的一种而已。谁能数得清自己一天当中有多少愚蠢无聊的幻想、光怪陆离的臆测和风马牛不相及的念头？谁敢拍着胸脯说，自己的那些偏见和荒谬念头只是偶尔冒出来而已，大部分的想法和观点既清晰又合理呢？的确，我们的头脑中有个控制系统，就像高高在上的仲裁者，会挑选并留下更好的想法和建议，最后把那些有疑问的、含混不清的东西都扔掉，不留下一丝痕迹。然而，思维和仲裁者是不一样的。无论是有价值的想法还是无价值的念头，它们的产生根源似乎是一样的。思维产生了好与坏、明智或愚蠢，后来才有所谓的仲裁者的挑选。仲裁者（我们应该想什么）与思维的关系就如同伦理和历史之间的关系一样。除了黑格尔派的历史学家，谁会假惺惺地说"行为动机"本身就足以诠释欧洲的政局变化呢？

　　思维依赖于若干机械条件的制约，这些条件至少决定了思维进行比较、选择和决断所需的内容或材料的顺序。洛克和近期一些欧洲大陆心理学家发现，必须借助机械过程才能解释思维紊乱、预处理障碍和理性受抑，这个发现很有启发性。他们是在"习惯定律"（即接近联想）中找到的这一事实。然而，这些学者们万万没想到，自己煞费苦心钻研出来的这个"过程"，除了能产生头脑中的一些观念和顺序，也会产生别的一些东西（促进思维的习惯联想和阻碍思维的习惯联想或许都出于同一个机械过程）。这样一来，哈特莱提出，习惯足以解释所有思维联系。他这样做就无疑让自己一头栽进了联想问题的心理学旋涡中，只从单一的角度去研究理性联系与非理性联系。尽管他的论点还有些缺陷，但他仍试着就心理状态本身来探讨其间的联系，而不考虑其间可能存在的客观联系。为什么一个人刚刚思考过A，接下来就会想到B，又为什么想到A时必定同时想到B？针对这些现象，哈特莱想要通过大脑生理学来解释。在一些关键问题上，我相信他走对路了，但他没进行"辨别"。因此我提议从"辨别"这个角度来修正他的观点。

　　然而，纵观心理学界的各种学说，在"心理联想"这个问题上都犯了一个大错——我们的思维由一些恒定不变而且不断重复的"简单观念"组成。这些"简单观念"的组合问题正是"联想理论"需要解释的。在第六章和第九章，已对简单观念学说和神秘的心理原子做了详尽的说明，接下来，我们需要保留"联想主义"学说所发现的事实真相，而不是用联想存在于"观念"之间这样根本站不住脚的条条框框来压制阻挠。

　　联想本身表示的是一种"果"，存在于"想到的事物"之间。它是个

"有形之物"，而不是个观念。我们理应探讨客观事物间的联想，而不是观念之间的联想。联想也是一种"因"，存在于大脑的处理过程之中。它由某种特定方式联结而成，决定接下来该想到什么东西。现在，我们先来看看一些常识，再做最后的结案呈词吧。

在神经系统低级中枢的运动规律这个问题上，学术界没有争议。一系列的重复运动以固定的顺序轻松运作，第一个唤起第二个，第二个唤起第三个，以此类推，直到产生最后一个。这种运作习惯一旦形成，可能就会变成自动的。所以，和思维有关的事物也是如此。有些人听了一首曲子，虽然只听过一次，却能准确地记住它的旋律。学校里低年级的学生，坐在自己的位置上，通过听高年级学生反复背诵，就能不经意间学会许多希腊语的名词、形容词或动词的词形变化。所有这些都不需要主观努力，不用考虑单词怎么拼写。一些孩子在游戏中会使用押韵的顺口溜，就像下面这句："Ana mana mona mike, Barcelona bona strike"。孩子们用这种方法"数数"。这个例子大家都很熟悉，正好说明听到的顺序和记忆顺序一致。

关于触觉的例子要少些，不过，习惯用某种固定方式洗澡的人，应该都熟悉这样一种情况：用海绵清洗全身时，海绵挤出的水流在肌肤上，让接下来习惯性要洗的那个部位先有了麻酥酥的感觉。根据我们的经验，味觉和嗅觉都没有形成习惯。就算它们形成习惯了，我们也会怀疑它们能否像其他感觉那样将顺序再现。然而，在视觉上，我们认为，再现事物的顺序受习惯的影响很大，就像记忆声音受习惯影响一样。房子、田野、高楼、图片和人都是我们非常熟悉的，只要我们想想它们的任一组成部分，它们的完整样子和各个细节便会清晰地涌现在脑海中。背诵时，有些人还没发出声音，就已看到那些单词一个接一个，按顺序出现在头脑中。有报道说，某个国际象棋选手，是个受过训练、能同时下几盘棋的盲棋手,当他比赛后,晚上躺在床上时,比赛时的每盘棋都按照顺序一个一个地出现在他眼前,所有的棋路都清清楚楚。在这样的事例中,显然视觉呈现能力率先且自发的高度投入促进了固定顺序的再现。

联想既在不同感官之间发生,也会在相同感官之间产生。视觉和听觉互相联系,也和嗅觉、味觉相关联,按照同样的顺序,共同组成对外界事物的反映。触觉能再现视觉、听觉和味觉,是经验将它们联系在一起。事实上,我们所感知到的组成现实世界的"客观事物",如树、人、房屋、显微镜,只不过是各种事物属性的集合体而已,这些属性通过同时发生的刺激联合在一起,如果其中一个属性被唤醒,则其他的属性也随之被唤醒。如果让一个人在一间黑屋子里四处摸索。摸到火柴,他马上会想起火柴的样子。摸到桌上的橘子,橘子金黄色的外皮和香味就会立刻出现在他的大脑中。当我们的手碰到橱柜的把手或者脚踢到煤桶时,橱柜又大又光滑的黑色外形和煤桶不规则而且黑乎乎一团的形象就会在脑中闪现,唤醒了对这些物体的认知。当我们在黑夜里用手指触碰小提琴时,脑海中便轻轻回响起小提琴的声音。摸到挂在屋子里的衣服或布帘时,把摸到的感觉(触觉)和头脑中衣服或布帘的外形(视觉)一联系就明白摸到了什么。众所周知,气味能让人回忆起曾经发生的一些事,或许好几年前,这种气味总是伴随着某些习惯行为,此时在脑海中突然闪现的意象引起了大量想象的情绪特征,形成一个流行的心理学话题:

"失去的不再来,失去的不再来!
曾经的呼吸,悄悄的低语,那壮美的离别,
凄凉的甜蜜,都已远去。"

第十四章 | 联 想

如果我们想不出火车一节节车厢相连的样子和它前进的速度，就听不出那是火车行进的嘈杂汽笛声。如果没有回忆，我们就无法从拥挤人群中找出熟悉的声音，就想不起来他的名字和长相。将所经验过的听觉与视觉印象进行关联的例子很多，但最为人所熟知且最重要的便是语言。有人给小孩子一个从没见过但却新鲜美味的水果，并告诉他，"这是无花果"。抑或是当孩子望向窗外，叫道，"好有趣的马呀"，便有人告诉他，"这是斑马"。小孩子学认字时，我们不仅要让孩子看字母的形状，也要不断重复告诉他字母的发音。随着年龄的增长，当孩子再次看到无花果、斑马或某个字母时，他便可以认出来，而且叫出名字（这些名字是第一次听到，一直念念不忘的）。相反，如果头脑中没有这些事物的形状，他就叫不出这些东西的名字。[3]

第一节 联想的迅速性

阅读能更好地提供实例来证明视觉与听觉相结合的情况。"视"和"听"总是相伴而生，只要看到了某样事物，我们就可以完整而且形象地再现出它的声音。我发现自己在两分钟内能认出600个字母，脑中每秒产生五个视觉和听觉间的联想（更不用说别的相关过程）。如果是读完整的单词，那我的速度会更快。瓦伦丁（Valentin）在他的《心理学》一书中提到，一页2 629个字母的书，他读完只需花费1分32秒。在这个实验中，阅读一个字母要1/28秒，但由于字母组合成了完整的单词，这样就形成了直接与单一听觉印象相结合的单一视听组合印象，因此就没必要认为每个声音中包含着28个单独的联想了。然而，这些数据足以充分表明：一个真实的感觉能极其迅速地唤醒习惯性联想。这二者进入脑中的速度之快是你我都注意到的不争事实。

最近，一些从事时间测量的心理学家正试着用更精细的方法来研究这个难题。高尔顿通过一个简单的仪器发现，看到一个从未见过的词，我们能在5/6秒内产生一种联想"观念"。[4] 随后，冯特通过测量发现，由实验助手读出的单音节词给联想提供了"线索"。实验中，被试一听到让他产生联想的声音就按反应键。刺激和反应的时间间隔（称作反应时）都用计时器记录，四个被试的总反应时分别是 1.009 秒、0.896 秒、1.037 秒和 1.154 秒。为了得出产生联想所需的精确时间，我们应该把简单反应时和辨别反应时（冯特称之为"统觉时间"）减去。这些时间都必须测量后减掉。这个时间差异被冯特称为联想时间，这四个人的联想时间都不相同，各自的总时间分别为 706 毫秒、723 毫秒、752 毫秒和 874 毫秒。[5] 最后一个被试的联想时间最长，因为他（美国心理学会主席霍尔）是美国人，对德语词的反应自然就比对本国语的反应慢些。冯特教授从"Sturm"这个词联想到"Wind"，其时间间隔只有 0.314 秒，这是实验中最短的联想时间。[6] 后来，卡特尔先生做了一个很有趣的实验，测量看到字母与认出字母名字之间的联想时间。他说："我把字母粘在一个旋转的鼓上，然后测量当字母通过隔板缝隙时，被试能以多快的速度把字母大声地读出来。"

"当一个字母或多个字母一起经过隔板缝隙的时候，人的阅读速度是有变化的，念出单个字母仅需要 0.5 秒。当两个或多个字母同时呈现时，"看"和"认出名字"的过程相重叠，被试在"看"一个字母的同时便会看下一个字母，因此阅读速度更快。参加实验的 9 个被试中，当 5 个字母同时出现时，有 4 名被试阅读速度较快，但加上第六个字母以后速度不再加快；有 3 个被试在加上第五个字母以后速度停止加快，有两个被试加了第四个字母后停止加速。此项实验表明,当一个概念处于中心位置时,其余两个、三个或四个另外加上去的概念就会出现在意识背景中。第二个字母出现的时间缩短了 1/40 秒,第三个缩短了 1/60 秒,第四个缩短了 1/100 秒,第五个缩短了 1/200 秒。

"我发现,如果单词和字母之间没有联系,那当我们阅读(诵读,越快越好)这些词所组成的句子以及字母所构成的词时,需要花费一倍的时间。在造句、组词时,不仅'看'和'认出名字'的过程是重叠的,而且被试只要动动大脑就可以识别一整组的单词或字母,只要努力一次就可以把它们都念出来,因此阅读单词和字母的速度事实上只受制于发音器官的最高运转速度。在大量实验的基础上,笔者发现,阅读那些没有组成句子的词,每个词要 1/4 秒,而读那些组成句子的词[出自斯威夫特(Swift)写的一段文章],每个词要 1/8 秒。一个人读外语单词的速度与他对该语言的熟悉程度成正比。打个比方,如果作者尽可能以最快的速度阅读,那么读一个英语单词需 138 毫秒,法语需 167 毫秒,德语需 250 毫秒,意大利语需 327 毫秒,拉丁语需 434 毫秒,希腊语需 484 毫秒,这些数据是指阅读每个单词需要的毫秒数。还有其他一些实验同样有力地证实了这些结果。被试并不知道自己阅读外语要比母语慢,这就解释了为什么外国人语速显得非常快。这种测试一个人对语言熟练程度的简便方法也可用于学校的考试中。

"我们也用同样的方法来测量人识别物体颜色和图片所需的时间,以及对这些颜色和图片进行命名所需的时间。研究发现，识别颜色和图片的时间是相同的（都是1/2秒），是识别单词和字母所需时间的两倍左右。我做的其他的一些实验表明，我们识别单一的颜色或图片用的时间，比辨别单词或者字母用的时间要少，但是命名时间反而要长。这是因为相对于单词和字母，概念和名称之间的联想很常见，已达到自动化的程度，而对于颜色和图片，我们必须付出主观努力去挑选合适的名字。"[7]

在之后的实验里，卡特尔先生研究了不同种类联想所花费的时间，词与词之间的线索和反应。从某种语言中的一个单词想到另一种语言中与之对应的单词，从一个作家的名字想到他的写作风格，从城市的名字联想到所在国家的地理位置，从一个作者的名字想到他的作品等。所有这些实验均表明，均值间的差异非常之大，同时，这些实验也揭示了一个有趣的现象，即在不同类型联想中存在着某些恒定差异。如：

从乡村到城市，卡特尔先生的联想时间是 0.340 秒。
从"季节"到"月份"，卡特尔先生的联想时间是 0.399 秒。
从"语言"到"作家"，卡特尔先生的联想时间是 0.523 秒。
从"作家"到"作品"，卡特尔先生的联想时间是 0.596 秒。

有两个研究者对八个不同类型的联想进行了实验，平均联想时间分别是 0.420 秒和 0.436 秒。[8] 产生如此差异的原因无疑在于被试对于用作线索的单词以及这些不同种类的联想的熟悉程度大不相同。

"例如，B 是一名数学老师，C 是一名文学家。B 和 C 都知道 7+5

=12，但是 C 要多花 1/10 秒才能得出结果；B 和 C 也都知道但丁是一个诗人，但 B 比 C 要多花 1/20 秒才能想到。这些实验赤裸裸地揭示了人类心理活动的方式，人们在惊讶之余难免有些不高兴。"[9]

第二节 接近律

除去时间因素，我们讨论过的所有客观事实都可以简单地概括为下面这句话：共同经历过的事物在头脑中联系起来往往会形成联想，所以当我们想到其中一个事物时，也会想到另外的事物，而且这些事物排列或并存的顺序与以前相同。我们称这种联想规律为接近律。[10]

沃德将这一过程称作连续联想[11]，而冯特把它称为外部联想（我们需要与相似性联想中的内部联想相区别）[12]，或许这两种称法比接近律更合适，但为了尽可能不脱离传统，我仍选择继续使用"接近律"这个名字。其实，不管起什么名字，它仅仅表示一种心理习惯现象罢了，最平实的解释是把它视为神经系统习惯规律的结果；换句话说，它源于某种生理原因。神经中枢能协调感觉和运动过程，将感觉和运动连接起来的神经通路因而具有更强的渗透性，如果这是一条不争的事实规律，那么这条规律同样可应用在"观念中枢"，以及它们的"连接通路"身上。[13]部分中枢之间是一荣俱荣一损俱损，它们之间的联系十分紧密，紧密到仅从一个兴奋点便可以扩散到整个神经系统中。如果兴奋频繁发生，重复的兴奋点很多，那么完全扩散的概率就很高。如果之前所有的点被一同激起过，那么现在只需激发其中某个单一的兴奋点或者一组兴奋点，便能同步扩散到整个系统当中。但是，如果原始印象是连续的（比如说希腊语中动词的变化），以一种既定的方式来激发神经束，那么，现在只须激发其中一个，这些印象就会以那种既定的方式相互唤起，而不是采用别的方式。

还记不记得，我们之前讨论过神经通路中的增加张力和刺激聚合问题（参见第82页后面的内容）。因此，我们肯定会认为，在这些"神经束"以及别的什么地方，某个特定位置上若干张力的累积可能会激发起神经活动，而单一的张力无法真正激发神经活动的释放。例如，假设地点 M 与其他 4 个地点（K，L，N，O）在功能上具有连续性，而且地点 M 分别与这四地相关联，构成了四种不同活动。那么只要唤醒K，L，N，O 中任何一个，便可间接唤醒 M。但是，如果唤醒 K 的刺激非常微弱，微弱到只能增加张力而不能让其完全释放，那么此时的 K 只能稍微增加一点 M 的张力。可如果 L，N 和 O 的张力同时增加，那么这四个点联合起来的张力就会很强大，足以唤醒 M 的真正释放。同样地，通过之前的经验，我们发现如果 M 和其他四处之间的通路十分微弱，那么只有这四个当中刺激最强的那个才能唤醒 M，稍微弱一点的都不能唤醒 M。但如果这四个点都受到适度的激发，那么它们的联合作用或许足以完全唤醒 M。

在以往的思想或经验中，由于事物相互接近，关系贴切，形成了有关事物联想的心理规律。事实是，神经电流在大脑中最容易通过最常用的传导通道来传播。笛卡尔和洛克是偶然发现这种解释方法的，而现代科学还没有对此进行修正。

洛克说："习惯决定人们理解问题时的思维习性，也能决定人的意志和行为。看起来就像一列列生机勃勃的列车（洛克的意思与我们所理解的神经过程如出一辙），这些列车一旦开动，就会按照惯用的步调前行，如果列车在平坦的道路上奔驰，自然而然行驶得非常顺畅。"[14]

哈特莱更加深入地研究了这一心理规律。在他看来，事物充分呈现后产生的感觉神经流是种"振动",而当事物没有呈现出来时,产生事物观念的神经流是"微振"。哈特莱还用公式化的表述对心理联想的原因进行了概括。他说：

"A,B,C等任何一种振动(彼此间多次相互联系),控制着相对应的微振(a,b,c等)。振动 A 单独出现,便能够激发b、c等微振。"[15]

显然,如果真有类似于上述说法的神经习惯定律,那我们在外部经验中获取的接近、共存、连续则一定会或多或少地出现在我们的思想中。如果 A,B,C,D,E 是一系列外部感觉,且引起了连续"观念"a,b,c,d,e(A,B,C,D,E 可能是一些事件或是连续体验过某个物体的属性),那么之后,我们一感觉到 A(a 也被唤醒),"观念"b,c,d,e 就会随之被唤醒(甚至在 B、C、D、E 出现之前就已被唤醒)。换句话说,上一次感觉的顺序再次发生时,人们可以事先预料,而且心理顺序会复制外部世界的顺序。当我们再次遇到同一件事物时,神经流从这个事物所在的大脑区域通过神经通道进入与它之前一同出现的其他事物的大脑区域,所以我们便会想到所有之前和这个事物一同出现过的其他东西。这些都是物质规律作用的结果。

如果联想仅是一系列连续发生事物的联想,那么在本章开头,我对"想到的事物之间联系"和"想法之间的联系"之间所做的区分就没什么意义了。"想到的事物之间的联系"和"想法之间的联系"都具有伴随性或连续性。既然"事物"和"观念"是平行的,那么就可以采用相同的描述方法了,比如说,邻近的事物容易再次被人同时想到,也可以说成是邻近的观念容易再次被人同时想到。

现在说来，如果这些例子足以反映所有的联想，那我所做的区分无非就是吹毛求疵、卖弄笔墨罢了。但事实上，我们不能如此简单地看待"联想"。尽管外部体验不断变化，但我们始终倾向于在不同联系中发现相同之处，因此，同样一个外部事物可以让人想起原来与它相联系的某个现实的东西（仅仅是想起其中的一个，或是联系最为密切的那个），这种联想规律或许可以探究到一些联想的本质，但也只是浮光掠影、浅尝辄止而已。现在大多数联想论者都是"接近律"的拥护者。可是，就算有事物 A，他们也不能提前说出 A 能联想到什么，只有在第二个物体呈现后才能说出来。联想论者必须得找出其他规律来补充接近律，如相似律、对比律，只有这样才会有能力去发掘联想的真相。

第三节　联想的基本规律

接下来，我想说，联想的基本规律唯有神经习性定律。大脑半球中的某个基本处理过程往往会唤起以前某个时刻曾被唤起过的另一个基本处理过程，而思维的所有材料都是用这种方式进行处理。然而，运行中的基本处理过程的数量，以及它们能随时有效唤醒其他事物的特性，决定了整个大脑运作的特点，同时也决定了当时的思维内容。因此，我们将产生的事物称为接近联想的产物、相似联想的产物、对比联想的产物，抑或是其他一些联想类别的产物。不过，每种产物的产生过程都可以解释为暂时运行的大脑基本处理过程在习性定律的作用下而产生的数量变化，因此心理上的接近性、相似性等无非是这个基本规律的衍生物罢了。

我已简要阐明了自己的论点，接下来会更仔细地解释清楚，同时，也会说说与神经习性规律共同作用的某些干扰因素。

首先，假定下面这条规律是我们进行下一步推断解释的基础：当两个基本的大脑处理过程同时活动或相继活动，其中一个过程再次进行活动时，就会激起另外那个过程。

但事实上，由于不可避免的外因作用，每个基本过程都与许多其他过程相联系，被激起的次数也不尽相同。问题在于被激起的到底是哪些？当 a 出现后，是激起 b 还是 c 呢？我们必须做进一步的假设，但假设必须基于神经组织的张力以及刺激聚合，尽管单个刺激本身并不完整且具有隐秘性，但合在一起便产生聚合的效力。[16] 如果除振动区域 a 外，它的另一个振动区域 d 也处于亚兴奋状态，但 d 先前是与 b 一起被激发的，而不是与 a，那么现在是 b 而不是 c 这个过程被激发。总之，我们可以这样说：

"脑皮层上任何指定点的活动量，等于所有其他点向这一指定点释放兴奋倾向的总和，这种倾向与下列三项成比例：①每个被激发的点与原来的点共同兴奋的次数；②这些点兴奋的紧张度；③对立点的缺乏，这些对立点与原先的点没有功能上的联系，但可能会接受兴奋的释放。"

按这种方式来介绍看起来很复杂，但却可以将这一基本规律最简化。现在，我们仅从一系列自发性思想和观念入手，比如说幻想和冥思中产生的思维和观念。稍后再讨论指向某种结果的有意性思维。

我们引用《洛克斯利田庄》(*Locksley Hall*)中的两句诗来整理一下我们的观点：

"I, the heir of all the ages in the foremost files of time,"

"For I doubt not through the ages one increasing purpose runs."

当我们凭记忆背诵这两句诗中的一句，背到"ages"时，另一句跟着"ages"就出来了，可以说是从"ages"中出来，而并非出于我们的记忆，也不会把词语的含义扰乱。这是为什么呢？因为"ages"后面的那个词的大脑处理过程不仅受到"ages"的激发，而且受到"ages"前面所有词的激发。这时，"ages"本身处于大脑活动最强的时期，可把兴奋释放到"in"或"one"中。在"ages"之前的那些词（它们的紧张度远不如ages）就会把兴奋释放到许多曾经联系过的词当中去。然而，当"I, the heir of all the ages"这句话在脑海中浮现时，最后一个词处于最兴奋的状态，而其他词处于兴奋的衰退阶段，但大脑必须接受释放兴奋最强的这一行中所有的词。所以，接着被唤醒的词是"in"，而不是"one"或其他什么词，因为唤醒"in"的不仅是"ages"，还有那些处于兴奋衰退阶段的词。这便是我们在本书第195页称作"边缘"的例子。

然而，假如此句中某个靠前的词，比如说"heir"，它与某些大脑区域有着非常紧密的联系，而这些大脑区域却和这首诗毫无联系——比方说，某个背诵者正战战兢兢地等着一份遗嘱的公布，这封遗嘱可能会使他成为百万富翁，那么，当他背到"heir（该词含有继承人的意思）"一词时，原本诗词的释放通道可能会突然中断。他对这个词的个人情绪会导致自己特殊的联想，这样的联想就不再是这个词与诗中其他词相联系而产生的联想。可以说，背诵者突然想起了自己的个人情况，这首诗便也一同失去了意义。

我每年都要花时间去记住大量学生姓名，他们的姓名按字母表顺序排列。因为学生选择坐在固定的位置上，所以我可以喊出他们的名字。然而，每当新学年开始没多久时，我在街上碰见一位学生时，虽然看到学生的脸却想不起他的名字，可如果想起这个学生的座位，同桌的脸孔，这个学生的名字在名单中的大致位置，然后，结合所有这些相关信息在脑中进行联想，最终脑中便能蹦出这个学生的名字。

一天，一位父亲请客，他打算向客人们炫耀他的蠢儿子上幼儿园之后取得的长进。于是他拿了一把刀竖在桌子上，问儿子："好孩子，你把这叫作什么？"儿子说："一把刀。"不管父亲怎样转变问法，儿子都坚持这样回答。后来父亲想起来在幼儿园里老师讲垂直问题时，用的是铅笔，而不是刀，于是父亲便抽出一支长铅笔，照样扶直竖立在桌子上，儿子总算说出了他父亲想听的答案："它叫作垂直。"所有与幼儿园里的经验相关的事物必须与这些事物产生的效果重新进行组合，才能把"垂直"这两个字重新激发出来。

在"复合联想"一章里，贝恩教授已把这种心理顺序叙述得很详尽了，在此便不再赘述。[17]

完全重整

若不受任何外界因素的限制，复合联想定律的理想效果就是令我们注意到许许多多具体的回忆内容，连绵不绝且事无巨细，无一疏漏。举个例子，假设我们开始回想某次宴会的情形。若将宴会中发生的点点滴滴打个包，我们能回忆起的便是期间发生的第一件具体的事。所有有关这件事的细节组合起来后便唤醒下一件事，并以此类推。比如说，a,b,c,d,e是基本的神经区域，受到了晚宴中最后一个活动的激发，我们把这一活动叫作 A；l,m,n,o,p是在寒冷的夜晚步行回家的神经区域，我们将这一活动称之为 B。因为 a,b,c,d,e 都通过它们原有的途径把兴奋释放到 l 上去，所以 A 的思维一定能唤起 B 的思维。同样，它们也会释放到 m,n,o 和 p 上。由于 B 中，m,n,o,p 区域是一同振动，所以都会激发另外一个活动。

图14-1中的线条代表 A 向 B 各个区域的兴奋释放，以及 B 被完全唤起以后产生的复合影响强度。

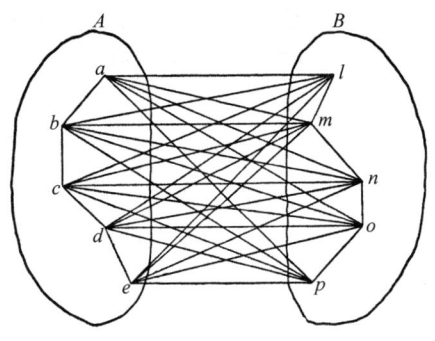

图 14-1

汉密尔顿最先用"重整"这个词来定义所有的联想。从某种意义上讲，我们刚才描述的那些过程都可以被称为重整，这是因为，如果没有受到阻碍，这些过程就必然导致思维中过去经验内容的大规模复原。通过这种完整的重整工作，没有什么东西会逃得出去，除非有些新而强的感觉干扰存在，或者某个基本的大脑区域倾向于单独把兴奋释放给某个大脑异常部分。我们所举的第一个例子里，那首《洛克斯利田庄》中的"heir"一词就有这样的倾向。

至于这些倾向怎样构成的，我们待会儿再仔细探讨。如果所有的过去经验现在没有出现，过去的情景一旦出现，就会从头到尾极其细致地将自己展露出来，除非有外部的声音、视像或触感的干扰，而将思路转移。

我们把这一过程称为完全重整。至于该过程是否以绝对完整的形式发生，还是个问号。但是，我们都承认，在某些人的头脑中，思绪的完全重整显得尤为突出。像那些喋喋不休的老妇人，像那些缺乏想

571 象力的漂亮女人，她们既说不出细节又分不出主次，像那些做事刻板、不知变通的人，还有一类人，只要他们的思想突然出现鸡毛蒜皮的小问题就会转不过弯，这几类人都是我们所熟知的。喜剧文学从这类人中获得了大量的素材。莎士比亚所刻画的朱丽叶的保姆就是一个经典的例子，英国小说家乔治·艾略特（George Eliot）所描写的乡村角色以及狄更斯所描写的几个小人物都是非常好的例子。

也许奥斯丁（Austen）女士的小说《艾玛》中的贝茨小姐（Miss Bates），同样被刻画得非常成功。下面，我们来看看奥斯丁是怎么描写她小说中的人物：

"贝茨小姐哭着问道：'奈特利（Knightley）先生，你是从哪里听到这个消息的？'你会从哪里听到这种话？因为我接到科勒（Cole）夫人的信还不到五分钟——不，不可能比五分钟多——或者至多十分钟——因为我已经带好帽子，穿好短褂，正准备出去——我只不过跑下去和帕蒂（Patty）重复了一遍关于猪肉的事——那时简（Jane）正好站在过道里——简，是不是呀？——因为我的母亲担心我们找不到腌猪肉的大锅。所以我就说我要跑下去看看，简说：'我代你去吧，好不好？我看你有点小伤风，况且帕蒂打扫厨房到现在还没结束。'我回答道：'噢，亲爱的'，刚说完，那封信就到了。有位霍金斯（Hawkins）小姐，我只知道她来自巴斯。但奈特利先生，你怎么会听到这些呢？因为科勒先生告诉他夫人的时候，他夫人立刻坐下来写信给我。一位叫霍金斯的小姐——"

我们每个人都有完全重复过去某个整体经验的时候。到底是哪些时候呢？是那些曾经发生而现在已经消失的，但我们仍能回忆起的情绪性片段——是那些过去的情感中蕴含的个人喜好，而如今已今非昔比。在这种时候，以往经验中的任何细节，不管多么细微，都会让过去的画面更加完整，而且会把现在与过去进行全方位对比，产生更明显的反差效果，这样的对比就形成了思考中的个人兴趣点。

第四节　一般联想或混合联想

　　这个例子有助于我们理解，为什么通常我们自发的观念并不遵循完全重整规律。在回想过去经验的时候，我们思想中的各种成分不会用相同的思考方式来决定下一个想法应该怎么样。总有某种成分，比其他诸项更具有优势。在这种情况下，特殊暗示或联想就常常有别于那些常用的方式，它倾向于激活那些外在的联想，导致思路的偏离。这就如同在原先的感觉经验中，我们的注意力自行集中在眼前情境中的少数几种景象上，因而，等我们再次看到这些景象时，就会出现侧重，就是说有几项要比其余几项具有更重要的地位。在大多数自发性的想象中，事先并不容易判断受到强调的部分是什么。从主观上来看，我们所说的"优势项"就是我们最感兴趣的东西。

　　如果用生理学方面的专业词汇表述"兴趣规律"，就是：在激发大脑其他区域的大脑活动上，某一种大脑过程总比与之相伴的其他大脑过程有优势。

　　霍奇森先生[18]说："重整有两个恒定的过程。一个是消耗、侵蚀、腐化的过程；另一个是更新、发展、形成的过程……再生的事物不会长时间存在意识里而不改变状态，它总要衰退、腐蚀，并逐渐变得模糊。然而，事物当中令人感兴趣的那个部分会坚持抵制这一趋势，它们不肯让整个事物就这样逐渐腐化下去……事物中存在这种不平衡——有些部分不能引起我们的兴趣，就趋于衰退；其他部分可以引起我们的兴趣，就抵制衰退——当这种不平衡持续一段时间后，最终形成一个新事物。"

如果各部分的兴趣都分散得很均匀（像刚刚提到的情绪记忆中，对于所有往事，我们具有相似的兴趣），那么这条规律就要改变了。有些人兴趣的种类很少，而且兴趣强度也很低，他们最不愿意遵循这条定律——有些人缺乏审美天赋，平凡而缺少个性，所以他们只会在局部和个人经验的刻板顺序中转来转去，周而复始，永远不会脱离此境。

573　　然而，绝大多数人会比这类人组织得好，我们的思想总是反复无常，总是不停地换新方向，而这些新的方向是由兴趣来引导的，并且兴趣会出现在被唤起的每个复杂的表现方式中的某些侧重面上。所以我们常常发现自己在临近的时间内会想到两件事，但其实它们在时间和空间上是完全分开的。如果我们不能仔细地回想当时的思考步骤，便不能看出自己是如何依从霍奇森规律，自然而然地一步步走过来。就拿我自己来说，1879年的某一天，当我抬头看着家里的钟，就想到当时参议院新近通过的合法币制议案。时钟还让我想起了修理过它的钟表匠。钟表匠又让我联想到珠宝店，因为我最近在那里见过他。珠宝店让我想起，我在那里买过衬衫纽扣，而扣子是金的，因此我又联想到黄金价格及最近金价下跌等问题。由金价再想到美钞价值和金币价值相等这件事，再推到美钞能推行多久的问题，又想到贝尔德的提案。这一串想象个个都呈现出不同的兴趣点，而这些引起思路转折的兴趣点其实并不难寻找。钟表的声音暂时引起了我的兴趣，因为现在它的声音很美妙，但曾经坏掉的时候发出的声音就很难听了。要不然的话，这座钟只能让我想到当初是哪位朋友送的，或者与钟有关的一千个情境中的某个情境。珠宝店让我想到买纽扣一事，因为金店里的事物，唯独纽扣是我当时唯一想要的。因我对于纽扣的兴趣以及它的价值，我便挑选它作为联想的要素，以此类推，最后联想到议案上去。"我怎么会往那上面想的呢？"每个在联想时提出这个问题的读者接下来定会做的一件事情便是，找出当中一个个密不可分的兴趣点，探究自己为什么会有这一连串的想法。人们脑中的联想观念自行发生时，就是依据这样的心理过程。我们可以称之为一般联想或混合联想。

霍布斯给出了另外一个例子，摘自他的一篇文章，这个例子经常被引用，已经成为经典了，如下：

"当谈到当前国内战争时，有什么比问（有人这样问过）罗马钱币的价值更离谱的呢？然而，我能够连贯地想出这个问题的前因后果。因为想到战争，便想到把国王交给敌人；想到把国王交给敌人，便想到把耶稣也送过去；接着又想到了三十个便士，就是背叛的代价，并且很容易就会想到邪恶之类的问题。因为思维很迅速，所有这些都是一瞬间想起来的。"[19]

在兴趣的作用下，一部分正在进行的思维占了优势，让自己独有的联想支配接下来的想法——我们能否决定哪些联想是应该被激活的呢？因为这类联想很多，正如霍奇森所说的那样：

"处于消退事物中的'兴趣点'可以自由地与任何事物或者与任何事物的部分相组合，这样的组合曾经发生过。曾经组合过的所有部分都可能重新回到意识上来，有一个必须要回来，但是哪一个呢？"

霍奇森回答说：

"答案只有一个：就是之前最习惯与它们组合在一起的那个。这个新事物立刻在意识中自我构建，并将自身的组成部分排列在原先事物残留部分的周围，一个部分接着一个部分涌现出来，把自身排列在原位置上。这个过程一开始，原先的'兴趣'便开始在这个新的结构上动工，抓住其间的兴趣部分并且将注意力集中在上面，同时将其余部分剔除。整个过程不断重复并且变化无穷。我大胆地提出这种说法，并认为这是对重整过程的最完全最真实的解释。"

在限制"兴趣"向最常用的通道中释放兴奋这一问题上，霍奇森的解释肯定不是十全十美的。虽然出现频率的确是再现的决定性因素之一，但不可能总是再现那些出现频率最多的联想事物。比如我突然喊出"swallow"（吞咽、燕子），如果读者是一个鸟类学者，就会想到"燕子"；如果是生理学家或咽喉病理学家，就会想到"吞咽"。如果我说单词"date"（枣、枣椰树、年代、时期），一个水果商人或一个阿拉伯旅行家听了，就会想到棕榈树上的果实；如果是通读历史的学生听了，就会想到公元前或公元后的种种年代纪数。如果我说"bed"（床）、"bath"（浴室）、"morning"（早晨）这三个单词，听的人就会想到每天早起洗漱之事，因为早晨梳洗和这三个词经常联在一起，这三个名称联在一起就会使听者往梳洗上想。不过，我们往往会忽略频繁的转换联想。在看到戈林（C. Göring）的《批判哲学体系》一书时，我最常想到的是书中提出的观念。自杀观念从来没有与这本书联在一起。但最近一次我看到这本书时，心中会突然想到自杀这个概念。这是为什么呢？因为我昨天收到一封来自莱比锡的信，信中说，这本书的作者最近溺水自杀身亡了。接着,我的思维唤醒了各种联想,既唤起了最新的联想,也唤起了最惯常的联想。这样的体验太多了,不胜枚举。如果我们今天早晨会见过一位朋友,现在提起这个朋友的姓名,便会想起早上见面时的情形,而不会回想起与这个人相关的较久远的琐事。如果现在有人提起莎士比亚的剧本,碰巧我们昨晚读了《理查二世》,大脑中自然会有这个剧本的痕迹,而不会扯到《哈姆雷特》或《奥赛罗》上去。大脑特定区域的兴奋,或者具有特殊模式的一般性兴奋,都带有某种不稳定性或高敏感性,要经过几天后才能消失掉。只要这一兴奋还在,再加上某些原因的激发,那些大脑区域或刺激模式所有的活动便很容易被唤醒,而这些原因在平常或其他时候未必能激发到它们。所以,经验的新近程度是决定思维再现的一个重要因素。[20]

和习惯性和新近性一样,原先经验是否生动鲜活,也可能影响记忆的再现。如果我们曾目击过死刑的执行过程,后来听人们谈起这一过程,或自己在书中读到有关死刑的事件,就会回想起那一特殊场景。所以,即使只在少年时期经历过一次,却到老都能回想起来,原因就在于它们的刺激性特别强,或感受到的情绪强度特别大,我们在思想中把这个经验当作典型或实例,用来说明每个发生的事件,即便这些事件与这些经验的联系很微弱。如果一个人小时候曾与拿破仑有过交谈,那么以后,听别人谈起伟人、历史性事件、战争、王位、命运轮回或大洋中的孤岛,他就会想起那次纪念性的会谈。如果读者突然看到面前纸上有个"齿"字,只要他过去的印象被唤醒了,那么100次中有50次是他过去治牙的痛苦印象。每天他都会接触牙齿,用它们来咀嚼食物,今天早上他刚刚刷过牙,吃了早饭,用牙签剔过它们。即使次数更少,相隔更久远,但由于情感上强烈得多,他还是会立刻联想起之前治疗牙齿的情形。[21]

还有第四种因素可以帮助我们探寻记忆再现的过程,即再现的观念和心境之间情感的一致性。快乐时或忧郁时,同样的事物会产生不同的联想。事实上,当我们情绪低落时,要强打起精神往快乐上想是很难办到的。风暴、黑暗、战争、疾病、贫困和死亡,不断地折磨着抑郁症患者。而对于那些乐观的人,当他们兴致高昂时,不可能始终都处于不祥的预感和忧伤的思想状态中。他们的联想会在瞬间从忧伤中跳到鲜花和阳光、春光和希望中。当我们阅读北极旅行记或非洲旅行记时,会让人对险恶的大自然产生恐怖感;如果换另一个时间去读同样的内容却会唤起读者对人类不屈不挠的能力和勇气的热忱思考。亚历山大·仲马(Dumas)的小说《三个火枪手》,洋溢着快乐的生气和活力,其他小说很少能比得上。然而当一个人晕船晕得厉害,且情绪低落时(我本人可以证明确有这种情形存在),书中的凶残暴虐和大肆屠戮令主人公阿索斯(Athos)、珀索斯(Porthos)和爱瑞米斯(Aramis)产生自我罪恶感,也唤起读者惨淡悲凉的情绪。

习惯性、新近性、生动性和情绪一致性,都是导致思维中"兴趣部分"被分离出来,唤起某种特别的情形再现的原因。我们可以有把握地说,在大多数情况下,接下来的再现必定源于习惯性、新近性、生动性和情绪一致性当中的某个。对于任何一个未完成的联想,如果将以上四种特征运用其中,我们简直可以预测目前思维中正在进行的联想将是后面思维中的重要组成部分。事实上一连串的再生表象接踵而来时,还是有相当数量落到了所定的规则范围之外,尽管如此,我们还是要承认再生表象中仍有许多并不遵循什么规则。就拿前文(参见前面的第 450 页①)所列举的钟的例子来说吧,我曾在该珠宝店购买

---

① 英文原书中是 586 页,疑为作者笔误。——译者注

过金链，而且日子还近些，价格也较贵，为什么联想到该商店时我联想到的是纽扣而不是金链呢？这两者中哪一个更能引发兴趣联想呢？珠宝店能让人们同时联想到金链和纽扣。神经流从珠宝店所在的区域转入纽扣所在的区域，而不是转入金链所在区域的原因应该是因为纽扣通道在那个时刻更加开放，或是由于它的"营养"发生了某种变故，或是由于从整体上看，大脑的早期下意识过分紧张干扰了心理平衡，从而导致纽扣通道没有金链通道稳定。无论是谁都有类似的经历。因此，从某种程度上来说，正确的看法是，即使在与完全重整最接近的普通混合联想中，到底兴趣部分的哪个联想物会出现多半是出于偶然。我说的偶然，是相对于我们的智力而言。毫无疑问，它们与人的大脑有关，但大脑本身如此精细复杂且变幻莫测，真的很难分析。

第五节　相似联想

578

在部分或混合联想中，我们一直把处于消失中的思维里的兴趣部分看得相当复杂，复杂到这一部分本身就能构成一个具体的事物。例如，威廉·汉密尔顿说他自己在想到本·洛蒙德后，发现自己又联想到了普鲁士的教育制度，因为他曾经在本·洛蒙德山上遇到一位德国人，所以他就从本·洛蒙德山想到德国人，然后再想到普鲁士的教育制度。本·洛蒙德的兴趣部分，就像他经历的那样，是决定他产生一系列观念的一个部分，这个部分就是某个特定的人的复杂印象。但现在我们假定，那个引起我们注意和兴趣的东西，可以将完全重整转变为部分重整。同时我们假定它能够进一步进行自身提炼，对经过的一部分思维进行强调，导致其他部分变得很小，不再成为一个具体事物，而只能是一种抽象的属性或特点。接着，我们再设想，这个被强调的部分仍能一直长期留在意识中(或者用生理学的术语表达,就是继续它的大脑过程),即使该对象上的其他部分都消失了。那么这个幸存下来的小部分将以其独特方式引发人们的联想,就像我们刚刚看到的那个例子,这种新的思想对象和已消退的思想对象将处于一种相似关系之下。这两种思想就变成了相似联想的例子。[22]

在这里产生联系的相似事物,或者在头脑中相继出现的相似事物,我们称之为复合物。我们的经验证明情况总是一贯如此。像一些简单的"观念",其属性或性质并不会告诉我们它们之间的相似性。除非我们脑中确实有目标,比如要叫出某种色彩的名称,我们在想到一种蓝色时是不会想到另一种蓝色或者其他色调的,但有了这个目的,我们就会通过目的、名称和色彩三者相结合的"混合"联想,想到其他深浅不同的蓝色。但是一开始并不存在单纯特性上的倾向,可以唤起头脑中的相似事物。

在第十三章"辨别与比较"中,我们知道两种复合物共享一种性质或几种性质,尽管它们其他的性质可能没有什么共同之处,我们也会认为这两个复合物是相似的。比如说,月亮和煤气的火焰相似,又和足球相似,但煤气火焰和足球却不相似。所以,当我们说两个复合物体相似的时候,应该指明什么方面相似。就发光这方面而言,月亮和煤气火焰相似,其他就没有相似了;就圆形这方面而言,月亮和足球相似,此外也没有相似之处了。而足球和煤气火焰无相似之处,也就是没有相同点,也没有相似属性。所以复合物的相似性就是指部分相似,若两种现象显现同一种属性,此外便没有其他公共属性,那么这两个现象也相似。现在我们回到与之相关的记忆再现上来。如果想到月亮之后,接着就想到了足球,然后想到了X先生的铁路,因为月亮的圆形属性从其他属性中分离出来,周围围绕着足球新的伴随属性——这些新属性富有弹性、有皮革的坚韧表面、能够快速移动以适应人的反复无常的变化；但如果足球的诸多属性中，快速移动这一属性能够在头脑中保持的话，也会从它自己的伴随属性中分离开来，用新的属性围绕自己，就会想到"铁路大王"、涨涨落落的股票行情，还有类似的内容。

通过我们所谓的普通混合联想，可以完成从完全重整到相似联想的逐渐过渡，这个逐渐过渡可用下列的示意图表示，图 14-2 表示完全重整，图 14-3 表示混合联想，图 14-4 表示相似联想。每个图中 A 表示过去的思维，B 代表将来的思维。在完全重整中，A 的所有部分对 B 唤起的力量是相等的。

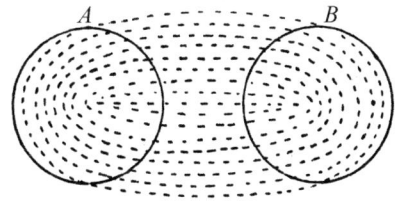

图 14-2

在混合联想中，A 的大部分是不发挥作用的，只有 M 这一部分分离出去唤醒 B。

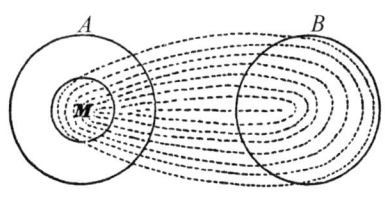

图 14-3

在相似联想中，受到注意的 M 部分比前一例子中的 M 要小得多，它激活它的新的联想物后，并没有自行消退，而是一直和这些新的联想物一起活动，就成为两种观念中的相同部分，这时，两个事物就相似了。

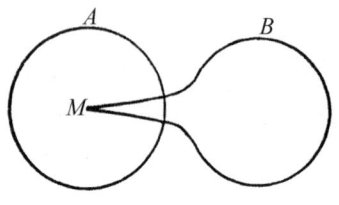

图 14-4

为什么即将逝去的思维中的单个部分要从与其他部分的协作中分离出来并且独立发挥作用呢？为什么其他的部分保持着不活动的状态？对于这些神秘的事实，我们只能确定它的存在却无法对其进行解释。也许有一天，我们可以对神经活动的规律进行更为精细的观测研究，能发现事实真相；也许神经活动规律不能完全解释清楚，我们就需要借用意识本身的动力反应来解释，但目前我们还无法进行这方面的探究。

概括地说，我们能看出三种联想之间的差异降低了它们大脑区域中的一种简单差异，这个大脑区域支持着正在运作中的思维，这种联想能有效地唤醒后来的联想。但是无论联想大小怎样，这个有效部分参与运作的方法是相同的。组成下一个事物的部分在每种情况下都能被唤起，这是因为这些部分的大脑区域与那些正在进行中的事物或者运作部分的大脑区域一起被不断地唤起。神经元之间的基本生理习惯规律是最终动力。它的运行方向和转变形式，无论是完全重整、混合联想还是相似联想，都是由不知名的规则或决定性条件所决定。这些条件通过"开和关"发挥作用，有时可以把引擎速度定在半速，可以挂上车厢，或者不挂车厢。

我无意中发现了上面讲到的最后一点，可以算是相似联想的一个好例子。我常思考观念发展的偏转问题。如今，从霍布斯的时代到现在，英国的著书人喜欢用再现的列车这种说法。这个词带有特别明显的强调意味，从我复杂的思维中就突显出来，并且让我联想到了关于铁路的许多细节。然而，只有那些大脑区域受到了两方面的影响——一方面是火车的影响，另一方面是思维活动的影响，这些有关火车在头脑中的运作细节才会变得明朗。我们之所以对单词"火车"（train）印象深刻，极可能是因为关于铁路的大脑区域受到了前几页中提到的例子的激发，这个例子是关于铁路大王、股票市场和足球的。

显然，这个例子说明形成想象所需要的所有因素有多么复杂。多数情况下，试图把那些因素从数例中找出来是不明智的。从上个例子中我们可以看出，相似联想形成的关键是一个明确具体的单词"火车"（train），让我们无法分析，但这并没有影响我们对这段文字的理解。让我们来看一些例子。白哲特（Bagehot）先生说，由于远离正常自然的状态，野蛮人的头脑充满怪异的迷信思想，这个例子与我们刚才想到的例子非常相似。当詹姆斯·斯蒂芬（James Stephen）爵士将性质相同的观念，即前后一致的问题比作一个划船人，这个划船人在划船的同时，眼睛却看着另一边，而且他通过船尾与他身后的东西保持一条直线来掌握船的方向，这里面的前后连接就更难进行分析了。这种微妙也存在于霍尔姆斯（Holmes）博士的习惯用语中，他说，口头传播的故事会随着一个人接一个人的相传而产生相当大的内容偏差。洛厄尔（Lowell）先生对德语句子的描述——墨守成规，盲目固执地坚持过时的目的。最后，我们实在感到疑惑的是，人们说淡蓝色是女性的标志，血红色

582

则是男性的标志。如果偶尔听到某个朋友说，有家人说话像墨水纸的声音，虽然这样的形象还是感觉得出来没有什么不妥，但要分析起来可是最费劲的了。高雅的诗人喜欢用一些深奥冷僻、意想不到的词语，如爱默生（Emerson）所说，这些诗人邀请我们去他们人迹罕至的家其实是在温柔地折磨我们。

在之后的这些例子中，我们必须这样认为，相似的事物中存在着完全相同的部分，而且，这完全相同部分所在的大脑区域处于积极运作之中，但是本身还没有完全从活动中分离出来，形成明确的"抽象观念"的条件。即使通过细致的研究，我们也无法看到一种联想再现的中心与另一种联想再现的中心之间的转接。然而，在一些大脑中，这样的转接模式是极为普遍的。有些大脑思维与完全重整紧密联系，而另一些大脑思维则迅速发散在毫无规则的相似想象中。如果我们能够搞清楚导致这两种结果的物理上或化学上的差异，那么这会成为一项重大的生理学发现。为什么在后面一种相似想象的头脑中，大脑活动往往集中到一些细小的点上，而在另一种完全重整的头脑中，大脑活动却进入到广泛的区域，这些我们都无法猜测。不管这样的区别到底是什么，但它可以把天才与凡人区分开来。到了第二十二章，我们需要再重新讨论这一点。

第六节 自主思维中的联想

迄今为止，我们都是在假设一个事物引发另外一个事物的过程是自发的。"意象"这架列车按自己的意志随意地行驶，目前在"习惯"这一孤寂的山沟里跋涉前进，颠簸跨越整个时空。这就是所谓的遐思，也可称为冥想，但它并不是构成我们大部分观念的事物。我们的观念被一个明确的目的或有意识的兴趣所引导。像德国人所说，我们朝着一个确定的目标思考或反思。在下结论之前，我们有必要检视一下意象列车里发生了哪些变化。我们将这个思考的过程称为自主思维。

从生理学上来说，我们必须假定所谓的目的，是指人们思维中有明确性的大脑过程，促使我们坚持自己的行动。一般情况下，我们大部分的思考并非纯粹是漫无目的的遐思，而是围绕着某个主要的兴趣或主题，这个兴趣或主题与大多数意象都有关联，偶尔离题之后，我们也会迅速地回来。这个兴趣是由持续活跃的大脑区域来支持的。在我们已经研究过的混合联想中，每个事物中的一部分形成我们思维连续转接的中枢部分，这些部分大多通过与某个意识中已有的一般兴趣产生联系来确定自己的兴趣。若我们把 Z 称作一般兴趣的大脑区域，如果 a，b，c 出现了，且 b 与 Z 有更多的联系，多于 a，c 与 Z 之间的联系，那么 b 将成为对象的核心部分，将唤起它独自所有的联想。这是因为，Z 的活动增加了 b 脑区的能量——由于先前 Z 与 a，c 之间缺乏联系，因此 Z 的活动不会影响 a 或 c。举个例子，如果我在饥饿时想到了巴黎，我可能便会认为巴黎餐馆已成了思维的核心，等等。

但是，无论是理论上和还是现实生活中，都存在更强烈的兴趣，不管是行为上的还是认识上的，都表现出某种我们想要的成效。在这种兴趣的影响下，我们产生了一系列的观念，这些观念通常构成了以获得某种结果为目的的"方法性思维"。如果结果不能立即启示"方法"，接下来的思考便需要动动脑子了。问题的解决过程是一种最典型而又最为特殊的自主性思维。结果表现为某种外部行为，方法大部分由实际的动作过程组成，引发了诸如走路、说话、写字等活动。如果结果首先只是想象的，那么在实施操作过程时，方法因而也同样只是幻想罢了。对方法的探究或许能构成一种新的结果，这种新的结果有着非常独特的特性，这种结果在我们获得之前便已强烈渴求，甚至在想象的事物还不是很清晰的情况下便已经迫切渴求了。这样的结果真是令人费解啊！

  当我们试图回忆那些被遗忘的事情时，或者为我们的直觉判断寻找理由的时候，会出现这样的情况。我们的这种愿望朝着自以为正确的方向努力，但又看不见自己走向哪里。简而言之，具体内容是我们联想再现的一个决定性因素，无论是有还是没有这个具体内容一样都会对联想起到确实的作用。缺少内容不是单纯的空缺，而是个让人费神的空缺。如果我们从大脑活动方面来解释为什么即使只是某个潜在想法，但仍然会产生效用，那么我们就得相信，其中的大脑区域一定被激发起来了，但只是以最低的限度或者潜意识的方式。举个例子，一个人绞尽脑汁去回想上个星期发生的事，那么这个过程是怎样的呢？尽管这个想法的联想物都存在，但这些联想物就是拒绝唤起这个想法。我们认为它们已进入大脑机能区，因为他能隐约地想到一些事。话都已经快到嘴边了，但最后还是失败了。我们无法猜测是什么阻碍了刺激的释放，是什么让大脑刺激无法生长、无法变得鲜活。但是在针对"愿望"和"快乐"的研究中，我们发现，初生的刺激自发地增强，但又受到了一些原因的限制，最后形成强有力的心理刺激并且对愿望起到决定作用。疑问、诧异、好奇心也都是按照这种大脑运作方式而形成。回想已遗忘的事物与寻求已知结果在方法上最大的不同，是后者没有成为我们经验的一部分，而前者已经成为我们经验的一部分了。如果先学习回忆遗忘事物的规律，我们就能更好地对未知事物进行自主的探索。

  遗忘之物就好似事物中间的缺口。如果遗忘之物是某个想法，那么我们就会隐约知道这个想法出现时，我们当时待在什么地方，又干了些什么？我们努力回想与这个想法有关的方方面面，但所有的细节最终也无法指向一个明确的、完整的事物，原因就在于这个被遗忘的想法缺乏鲜明的特征，它与每个细节之间的联系组成了之后的"主要兴趣"。所以，我们不停地在脑海中搜寻细节。寻找、不满意、继续找……每个细节都发出成串的联想，形成了众多试探性的猜测。其中有些很快就能看出来是没什么联系的，也就没了兴趣，很快就从意识中消失了。有些细节则与其他的细节产生了联想，同时也与那个遗忘的想法产生了联想。当这些联想一起活动的时候，我们就有一种"热乎"的奇怪感觉，就像玩捉迷藏时听到有人说话。我们抓住这种联想不放，提高注意力，因此我们成功地回想起有关事件。我们终于想起来是在饭桌上讨论起这个话题，我们的朋友 J. D. 也在场，我们谈论了什么话题，最后，我们还聊了一些趣事，这还跟一句法语有关。现在，所有这些加在一起的联想，自发地按照意志各自呈现出来。而这个意志要做的就是去加强和延长与相关事物的联想，而忽略其他的联想。注意力在期盼的事物周围绕圈圈，联想物越积越多，多到可以让神经过程中组合起来的张力突破障碍，神经流便涌进了等待已久的大脑区域。随着期望的潜意识内容变得清晰，大脑终于感到如释重负了。

我们可以粗略地用图 14-5 表示整个过程。把被遗忘的事物称作 Z，刚开始与之相关联的事物称作 a, b, c，还有在最后唤起 Z 时起到作用的是 l, m, n。图中的每个圆圈（圈中以不同字母标示）都表示思考一个事物的大脑过程。

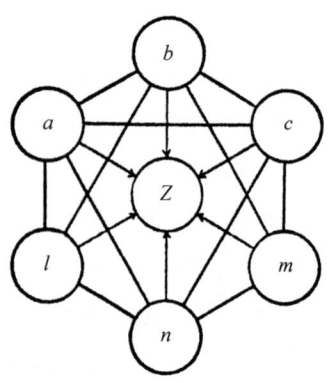

图 14-5

起初，Z 中的活动仅呈现一种紧张的状态，但随着 a，b，c 中的活动逐渐发散到 l，m，n 上去，而且所有这些过程都与 Z 发生了联系，各自的活动组合都发散到 Z 中，这在图中用向心箭头表示，所有这些活动都有助于 Z 中的张力突破阻力，并将 Z 完全唤醒，使之活跃起来。

尽管 Z 一开始的张力未释放出来，但当 a，b，c 唤醒 l，m，n 时，Z 也或多或少地参与了这项活动。如果没有 Z 的这种紧张状态，与 Z 相联系的事物聚合起来的速度就会降低。然而，如上所述，事物的回忆遵循大脑自身的规律，而思考者自己要做的只是去识别这些事物的相对价值，并抓住其中的一部分，而其他部分就不用管了。这就如同丢了一样什么东西，我们不能直接把它找回来，而是在这样东西可能出现的地方来回找，并且相信这个东西会突然出现在眼前。我们相信，只要我们的注意力不离开搜寻的地方，那么最后这个事物该出现的时候必定会出现。[23]

现在，我们来谈谈为了得出结果我们所用的方法。在图 14-5 中，

结果用 a, b, c 来表示，这是暗示发散的起点。而且，在这个例子中，思考者所做的只是主动舍弃一些无关的联想，从而快速地指向关联性更强的联想——我们把这些相关的联想称为 l, m, n。l, m, n 最后都聚合在一起，全都发散到 Z 当中去。从心理学角度来说，这个兴奋的过程相当于问题解决的过程。这种情况与上一种情况的唯一区别在于，在这里，Z 没必要与最初的事物相联系而产生初始的次兴奋。当我们回想一个已忘却的名字时，我们必须以这个名字为中心进行一系列的联想，这是因为，我们回忆到过去某个时候认出了我们要的东西，就会产生特别的感觉。然而在这里，似乎思维丰富与否不过就是我们事先预测的东西多不多。它立刻能将裂缝填满、完成塑形，而且产生裂缝的情感品质和填满裂缝的情感似乎是一样的，都是神经区域不同程度的刺激所致。相反，在解决问题的过程中，不可能这么快就找到解决的方法。我们似乎事先清楚它与所知之物之间的关系。它一定有某种因果关系、某种结果、具有两个事物间的共同属性或者是一种共存，等等。简而言之，我们知道关于它的很多东西，但我们并没有真正了解它（参见第221页"相识的知识"和"相知的知识"），用霍奇森先生的话说："对于我们事先想要寻找的事物，从某种意义上说，我们只了解其次要意图，从另一种意义上说，我们并不了解其首要意图。"[24] 我们之所以具有要产生某种想法的直觉，是由于我们能够识别出这里产生的关联与我们原来在头脑中已经存在的关联是相同的，而这个识别判断的过程是相当缓慢的。事实上，我们每个人都知道，在意识到某个事物与其他事物之间的联系之前，头脑中就已经形成这个事物了。再次引用一段霍奇森的话：

"自主回忆和推理的运作模式是相同的……但是推理过程

比回忆多了一些功能，即对所产生的印象的比较和判断的功能……回忆的目的是用一种曾经填补过空缺的印象去填补空缺，而推理也使用印象填补空缺，只是前后的印象有着某种时间或空间上的联系。"

说得再明白一点儿，就是它与围绕在缺口周围的信息有明确的逻辑关系，而这些缺口曾填补过空缺。在我们了解相关事物的具体特性以前，我们对事物其实一无所知。如果你读过第九章的内容，相信你一定对这种一无所知的感觉并不陌生。

从猜想报纸上的不解之谜到制定一个帝国的方针政策，所有解决问题的过程都是这样，无一例外。遵从大脑的规律，自然便会产生恰当的观点：

"唯一能对此进行控制的办法就是努力把这个让人很不舒服的空缺放在意识中。[25]……需特别注意以下两种情况：一是人的意志无法唤起印象，但能拒绝和选择自发重整所提供的内容。[26]但是，自发重整运作顺畅就会导致选择加快，推理过程便产生了唤起的印象，而这些印象一开始就是有针对性的。这些印象在被唤起以前是看不到的，出现以前也不会被唤起。还有用一种最简单的说法，即推理什么也不是，只是注意而已。"[27]

我们的目的并不是为了对不同等级的精神追求进行详细分析。在我们所做的科学研究中，这可能是最充实的一个例子了。有人从事实开始寻找这一事实的产生原因，或者从假设开始寻找证据来证明假设。不管是哪种情况，他都会把问题放在脑子里不停地考虑，唤起一个接一个习惯的或相似的联想，直到找到一个满意的。然而，这个过程可能需要花费几年的时间。研究者往往没有可以直接找到结果的规则可循，然而，如果按章办事，联想的速度便能得到提升，回忆往事的时候也是如此。举个例子，我们在努力回忆某个想法时，我们或许事先设定了目标，然后不停地在可能与之有联系的各类情境中搜寻，并且相信只要搜寻到了正确的情境，便能回忆起当初的那个想法。为此，我们搜遍所有与之关联的情境，搜寻记忆中与我们交谈过的人，或者一本一本地回忆最近读的所有书。为了记起一个人，我们可能会列出一张含有各种街道名称或职业类别的清单。这张清单中的某些条目很可能与我们需要的线索有关联，可能会暗示或帮助我们怎样做。如果没有如此系统的程序和做法，这个条目将可能永远不会出现。穆勒对这种联想的积累进行了科学研究，在《实验调查的四种方法》中进行了系统的分析。通过"求同法（或契合法）""差异法""剩余法"和"共变法"（我给不出比这些更接近的定义了），我们能把遇到的各种情境都列成清单，然后在头脑中反复思考，我们要找的原因很可能就冒出来了。但是，这些清单对于最终的"发现"起到的作用只是"预备"，而非"引起"。大脑区域必须主动地发出兴奋，而且最后要找对路，否则我们还是要在黑暗中摸索。有些大脑区域中发出兴奋的次数要比别的区域多，对此我们无法解释——对这些事实我们肯定不能视而不见。即使我们在用穆勒的方法把遇到的事实内容都分列成清单，我们还是受到头脑中相似性自发运作过程的限制。一个事实可以通过相似联想让人很快想起另一个事实，但除此以外，那些与我们要找的内容相似的事实又是怎样组合到一起的呢？

第七节 相似律不是基本律

以上就是我对联想所做的分析，首先是三种类型的自发联想，接着是自主联想。我们注意到，被唤起的事物与唤起它的事物之间存在着某种逻辑联系。这个规律必须满足一个条件，就是在消退事物的大脑过程中，有些成分通过习惯联想唤起了另一大脑过程中的某些成分，而这个另外的大脑过程导致事物最后浮现在我们眼前。这种唤醒过程是一种运作机制，也是一种因果作用力，自始至终都在我所说的相似联想中发挥着重要作用。事物之间或者思想之间的相似性（如果在它们之间存在相似性的话）并没有这样的因果作用力，不能把我们的思维从一处带向另一处。这样的相似只是个结果而已——是普通的因果作用力正好以某种特定的或指定的方式发生效用而产生的结果。但是一般的学者认为物体相似性本身就是一种"力"，与习惯相协调，且不依赖于习惯，好像能够从头脑中提取出物体。这是一种很不明智的看法。只有两个物体确确实实地出现了，它们之间才会有相似性。无论是在生理还是心理领域，把这样的相似性作为产生另一事物的"力"全是一纸空谈。[28]相似是事物产生以后，我们的大脑所感知到的一种关系，就如同大脑在事物与联想到的事物之间所感知到的优越性、距离、因果关系、容量、实质与偶然的关系或对比关系一样。[29]

尽管如此，还是有些有才能的学者，他们不仅仅坚持把相似联想作为一个明确的基本规律，而且把它作为最基本的规律，并且试图由相似联想推导出接近联想。他们的推理如下：目前的印象 A 唤起了过去的接近联想物 B 产生的观念 b，而这个过程之所以能成立是因为这个 A 首先唤起了它自己以前的意象 a，a 直接与 b 产生联系，因此这个过程就是 A-a-b，而不是简简单单的 A-b，A 与 a 就是相似物了。如果不通过先前的相似联想，就不会有接近联想。这里做出的最重要的假设是，每个进入大脑的印象都需要唤起自己以前的意象，只有借助这个意象，印象才能被察觉和感知，只有通过这个意象的中介作用，印象才能与脑中的其他事物建立联系。虽然很多人支持这个假设，但为这个假设找出一个合理的解释却很难。第一次碰到这一假设时，我们正在研究失语症和心理失明（参见第 50 页后面的内容）。但我们发现没有必要用视觉和听觉的意象去解释视觉和听觉的感受。相反，我们当时一致认为，只要唤起听觉以外的意象就能理解听觉上的感受，唤起视觉以外的意象就能唤起视觉上的感受。在记忆、推理和感知觉这几章中，我们会遇到同样的假设，但这一假设又一次因为缺乏根据而遭到我的反对。从本质上看，感觉过程 A 和观念过程 a 占用相同的大脑区域。当外部刺激出现时，这些大脑区域与感觉 A 一起振动，直接将刺激释放到通路中，到达 B，而当没有外部刺激作用时，它们仅仅与观念 a 一起振动。A 过程必须借助更弱的过程 a 才能进入这样的通路，就等于说我们需要借助蜡烛才能看到太阳。A 取代了 a，完成 a 能做的一切或者更多。在我看来，较弱的过程与较强的过程共存这种说法，不大容易让人理解。因而我认为这些学者的观点都是错误的。他们给出的唯一似乎正确的证据就是：A 与 a 能同时存在，是因为 A 令我们有熟悉的感觉，但是不能唤起以前的接近联想物。在下一章中，我将仔细探讨这种情况。而在这里，我认为，相似律是基本律的说法并不让人信服，并且我仍然相信共存联想或顺序联想才是基本的联想规律。

对比也被当成联想中的一个单独的"力"。但是，将事物的再现与头脑中已经存在的事物进行对比，要解释这一点并不难。事实上，目

593

第十四章 | 联 想　647

前的一些学者不是把对比联想当作相似联想，就是把它当作接近联想。对比总是以属性的相似为前提，它仅仅是被对比的事物的两个极端，是黑与白的对比。既不是黑与酸的对比，也不是白与痛的对比。凡是能够再现相似事物的机制同样也能再现相反事物和中间之物。此外，我们平时讲话中也常常出现大量的对比，如年轻与衰老、生与死、富有与贫穷等，就像贝恩教授所说，"每个人的记忆中都有对比"[30]。

我想，你现在会觉得，要想更深地理解观念的产生次序，必须得先掌握大脑生理学。再现的基本过程不过是一种习惯规律而已。心理学家并没有真正地从细胞群入手去研究我所假设的刺激扩散问题，或许他们永远不会这么做。而且，我们所用的模式是直接分析事物的基本成分，并且只是通过类比的方式扩展到大脑中去。而且这种模式也只有融入大脑中时才能代表因果关系。在我看来，心理素材的呈现顺序是由大脑生理决定的。

某些大脑过程偶尔比其他大脑过程占有优势，这种情况也是有可能发生的。如果我们承认大脑组织具有这种不稳定性，那么有些区域兴奋的释放就比其他区域更快更强烈。这种优势的位置时不时由于某些偶然原因而改变，给我们留下一张完美的大脑运作图，展示了相似联想是多么的复杂多变。关于梦的研究证实了这个观点。在处于睡眠状态的大脑中，兴奋扩散通常所需的大量通路减少了，仅有少部分可通行，我们的大脑中先后产生了一连串稀奇古怪的事物——就像"燃烧纸片时的火星"一样。无论从哪里开始燃烧，都发出耀眼的火星。

对兴趣点的注意和意志力的作用仍然存在。这些活动很快与大脑中的某些部分建立了联系，并且通过强调和停留的方式使它们之间的联系成为唯一唤起的联想。如果有反机制论的心理学说存在的话，那么这一学说必须在这一点上来全力捍卫自己的观点，即所有东西理所当然受制于大脑规律。无论在哪，我都会坚持自己在主动注意和心理自发性这一问题上所持的观点。但是，即使有这样的心理自发性，也肯定不会直接产生观念或者突然唤起观念。自发性的力量只限于在联想机制已经唤起或将要唤起的事物中进行选择。如果能够对其中的任何一个事物进行强调、增加其数量，或延长一秒钟的停留时间，那么自发性就可以完成人最想做的所有事情。这是因为，自发性通过对某个事物的强调来决定下一步的联想，从而决定联想的方向。用这样的方式，自发性就能确定人类的思路，也能确定人类的行为。

第八节　历史上有关联想的各种见解

在结束本章之前，我们来简要地回顾一下历史上有关联想的各种见解。[31]亚里士多德好像已找到了相关的事实和解释原理，但他没有扩展他的观点。后来，霍布斯对这一问题进行了深入的讨论。他首先对我们思想的连续性问题进行了阐述。霍布斯在《利维坦》一书的第三章写道：

"通过最后所得的结果，或者一系列的思想，我明白了思想之间的连接问题，这叫作心理话语（与文字上的话语相区别）。当一个人在思考的时候，他的下一个想法并非像它看起来那么偶然。一个想法与紧随着的另一个想法之间并非没有联系。而是我们没有想到、没有正式形成整体或部分的感觉，因而我们缺乏从一个想象向另一个想象的转变，也就从来都没在我们的感觉中留下相似的印象，原因就是这样。所有的想象都是我们头脑中的活动，想象的残留部分就在我们的感觉中。那些感觉中一个紧接一个的活动，在感觉后也继续在一起，前面的大量内容重新涌过来，占据了显著位置，后面的内容随着思维的发展跟了上来，就好像在水平桌面上的一滴水，我们的手指可以将它引到桌子的任何一个地方。但是，在感觉中，这样那样的事物随着原来已感觉过的某个相同的事物先后出现，我们在想象的时候，自己也不确定接下来会想到什么。只有一点是肯定的，那就是想象出来的事物与原来相同的事物有过联系。这样的思维序列或者心理话语分两种：一种是非控制性的，没有计划，而且不稳定，这一种当中没有情感性思维来支配和引导接下来的思维内容，不像期望的目标、范围或者情感……第二种则比第一种稳定，受到某种期望或者计划的调节。这是因为我们期望或者害怕的时候获得的感觉很强烈而且持久，或者，如果会停留一段时间的话，很快就会恢复。有时，这样的感觉太强烈了，我们会难以入睡或从梦中醒来。从期望中出现了思维方式，思维方式产生出我们想要的东西。从思考我们想要的东西，又产生出相关的思维方式，就这样下去，一直到我们开始发挥能力做出行动。在强烈的感觉作用下，期望的目标就进入了我们的头脑，为防止思维失去方向，就很快又将思维纳入了相应的线路。这个过程是由希腊七贤中的一位智者发现的，他向其他智者指出了这一思维规律，只是他提出的思维规律现在已经过时了。也就是说，就像引导你思维的东西能够帮助你达到目标一样，在你所有的行为中，经常观察常有的行为，就能知道结果会怎样。

"可调节的思维序列可以分为两种：一种是在有了想象中的结果时，我们去寻找产生这一结果的原因和方法，这是人和动物都有的。另一种是在想象任何事物的时候，我们寻找可能产生的所有结果，也就是说当我们知道某个事物的时候，我们会想象用它能做些什么。迄今为止，除了我们人类身上有这种思维，我还没有在动物身上发现任何类似于后者的迹象。这是一个生物界少有的奇特现象，生物除了像饥饿、口渴、性欲和愤怒等感觉外不会有其他的情感，总体来说，心理话语受到计划的支配就会寻求某种结果，或者说，形成一种创造能力，用拉丁语讲就是智慧和灵巧。我们可以从原因中搜寻某种结果，目前的或以往的；或者，我们也可以从结果中搜寻某种目前或以往存在的原因。"

继霍布斯之后，休谟提出了一个最为重要的见解：

"因为所有简单的想法都可以被想象区分开来，也可以以它想要的方式重新组合在一起，这种能力的运作很好解释，只要不受一些普遍规则的支配，这种能力放到哪儿都自始至终是几乎不变的。如果这些观念完全是松散的，相互没有联系，那还是有可能把它们结合到一起。但是，如果简单观念中缺乏某种联合的纽带，某种连接特性，使一种观念能引出另一种观念，那么，相同的简单观念也不可能自然地组成复杂观念的（像通常那样）。观念之间的这一组合原则并不意味着这样的联系就不可分。这是因为这一组合原则把想象排除在外了。我们不能做出这样的结论,认为没有这样的联系,我们的意识就不能把两种观念组合起来。人的思维能力是最自由的,但我们认为这种能力并非十分强大,到处都有。这种能力还可以解释为什么语言之间存在着很大的相似性。在某种意义上,人的天性向每个人都指明了简单观念,而且这些简单观念都非常适合组成复杂观念。产生联想所需的特性,同时也是意识用以连接观念的方式,它一共有三种,即时间和空间上的相似联想、接近联想和因果联想。

"这些品质在观念之间建立了联想,而且它是通过一个观念引入另一个观念来实现。对于这一点,我想已经没有证明的必要了。在思维的过程中以及在思维变化中,我们的想象可以毫不费力地从一个观念转到相似的另一个观念上去,而且,就想象来说,仅这个特性本身就足以成为一种充分的连接纽带和联想环节。同样明显的是,在头脑中转换事物的时候,感觉需要按照惯常的方式去做,将这些事物一个接一个地摆放出来,这样一来,想象就必须按照惯常的做法用相同的思维方法,在时间和空间的各部分中跑动,来认识这些事物。至于连接问题,这是由因果关系来决定的,我们以后会有机会对其进行透彻的研究,目前就不深究了。我们非常清楚地看到,没有什么关系能比因果关系在想象中产生更强大的联系,并且使观念更容易地相互连接起来……因此,这些就是我们简单观念的组合原则或者联结原则,而且为想象中的不可分联想提供了产生条件。在我们的记忆中,观念是通过不可分联想而结合在一起的。这是一种吸引力,就像自然界中的引力一样,它在人的心理世界中同样起着非同寻常的作用，而且呈现出多种多样的形式。这种吸引力到哪儿都很管用。但是，几乎没人知道引力从何而来，也就把它当作人类的一种天赋特性来看了。我只是装着不想去解释它。"[32]

然而，休谟研究的并不比霍布斯多，他没有继续往下去探寻他说的那种引力效果，哈特莱[33]和詹姆斯·穆勒[34]宣传了联想的概念，以联想思想为基础创造了具有影响力的观念联想流派。两位学者在所有重要概念和心理运作上对联想进行了细致入微的探究。一些关于思维功能的内容被删去，他们只研究思维的联想原则。普里斯特利（Priestley）说：

"除了感觉原则这条简单的规律，没有什么可以把人塑造成现在的样子……我们内心所有的欢乐和伤痛，所有的记忆、想象、意识和推理现象，以及每种其他的心理倾向和心理活动，都只不过是观念联想的不同模式和事实而已。"[35]

一位有名的法国心理学家里博，把休谟的联想规律与万有引力之间的比较进行了转述，他接着说：

"值得注意的是，这样的发现来得太晚了。联想规律是我们心理生活中真正基本的，不能再简化的现象事实。这显然是我们最容易注意到的。这一规律是我们所有行为的基础，而且无一例外。不仅梦、幻想、好奇心，还是最为抽象的推理判断，都离不开联想规律，压制这一规律无异于压制思维本身。然而没有一位古代的作者可以理解这一点，因为他们不能认真地将亚里士多德和斯多葛学派理论中散乱的语句组建成关于联想理论的清晰观点。我们必须把这些想法的初始研究归于霍布斯、休谟和哈特莱。心理活动基本规律的发现包含着他们的研究发现，也有后来其他人的研究发现。这样的发现来得晚了，而且看起来又如此简单，着实让我们吃惊。

"可能没有必要去问这种解释方法是否比当前的机能理论更好。[36]据我们所知，这一理论其扩展性使用最显著的方面在于把智力现象分类，把不同的分开，把相同的组合，然后取一个共同的名字，把它们归结于同一个原因。因此我们就能区别智力的不同方面，如判断、推理、抽象、知觉等。这种方法最先被用在物理学中，热量、电流、引力这样的词被用来说明一些物理现象是什么原因造成的。如果一个人因此记住了不同的机能只是已知现象的不明原因，那么它们仅仅只是区分事实与说法的最方便的方法。如果人们不陷入一些普遍错误中，即目前人们认同或不认同的实物或创造物的真实存在的普遍错误，因而形成了一些自己的公开观点，那么，我们就认为用机能来进行分类是无可厚非的，就与合理的程序规则和好的自然分类规则一样。那贝恩先生的方法又比机能的方法好在哪里呢？后者是一种简单的分类方法，而前者是一种解释方法。在心理学领域，不管是把智力因素归结于某种机能，还是联想规律，都是根据我们思维的方式，在物理学上也发现了同样的不同之处，即把现象归结于五六种原因，从运动中得到引力、光等。

654 心理学原理 | The Principles of Psychology

我们无法用机能理论来解释这些现象，因为它们中的每一种机能仅仅像体内的胀气声一样，除了表示现象本身以外，什么也干不了。相反，这种新的理论告诉我们，不同的智力过程仅仅是简单规律的不同方面，想象、演绎、归纳、感觉等方式可以相结合，而机能的不同仅仅是联想的不同。这就解释了所有的智力因素，当然不是按照形而上学追求终极和绝对理性推断的方式，而是用了寻求间接原因和直接原因的物理学方法。"[37]

简要地说，所有的心理活动都是由联结在一起的感觉印象组成的。没有经验的读者也许很高兴能有这样简要的方式来说明复杂现象。

记忆，是一种与过去有关的当前表象的联想。期望也是这样，是一种用未来代替过去的联想。幻想是无时间顺序的表象联想。

信念是非常有活力且强大的表象联想，表象是与一些目前感觉有关的坚定的联想，所以只要我们能感觉到，表象就存在于我们的大脑。

判断是事实观念的转换，通过联想，一个命题转换到另一个相似的命题。[38]

推理是对"有特征的事物本身就是其所有物的特征"这句话的认识。在具体情况中，特征或中间项总是与其他各项产生联想，这样就形成了一个连接纽带，把各部分间接地连在了一起。一种感觉经验通过另一种感觉经验与第三种感觉经验产生联系，而第三种感觉经验又与其他感觉经验有关联，这样相同的转换可以用来解释情感现象。当高兴或受到伤害时，我们就会表达这种情感，这种情感与感觉产生联系。从另一个人那里听到同样的表达，就会再现这种感觉，我们会一样同情别人，也就是开始忧伤，或者乐意跟他在一起。

其他社会情感、仁慈、责任心、抱负等，都是以相似的方式通过转移出现的，这种转移由于得到了社会服务方面的奖赏，有着身体上的愉快体验。因此，这些情感有了转移后就与社会服务行为有了联系，而奖赏的连接纽带就不需要了。当吝啬鬼将身体上的愉快体验与花钱的联想转移到了钱本身上面，那么花钱这一连接纽带就可以不要了。

恐惧是把身体上的伤害与对恐惧事物的联想转移到了对恐惧事物的观念上面，而这种恐惧的具体特征却被去掉了。这样，用不着清楚地去想象狗如何咬人，我们就害怕上狗了。

爱是愉快的感觉经验与某种对象的观念之间的联想，这种对象能够提供这样愉快的感觉经验。当愉快的感觉经验转移到了对象上面，经验本身就不会明确地感觉到了，于是就形成了爱。

意志是有关肌肉运动的观念与运动带来乐趣这一观念的联想。运动开始时会自动发生，产生意料之外的愉悦。这种感情与运动连接在一起，只要一想到乐趣，运动的观念就产生了。当运动的观念在头脑中变得很清晰时，就会产生运动的行为活动，这就是意志行为。

对这一学派的哲学家来说，从经验的角度来解释这样一个联想概念比什么都容易，就像解释无穷概念那样省事。

"从这里，他看到联想规律的普遍表现——这条规律告诉我们，想到一个事物会自然联想起过去经验中与之紧密结合的另一个事物，而没有别的内容。如果我们感觉不到空间上的其他点，那么我们对空间上的任何点都没有感觉。如果不知道其他时间点，我们对以前任何的时间点都不会知道。这条永恒的联想规律让我们难以想象时间或空间的任何一点。然而很明显，在想象中没有对观念强烈的领悟，我们就无法认识它的其他方面。这样，两个观念中最初的和固有的特性才能够通过联想规律得到解释。我们可以看出，假如时间和空间有止境的话，我们将不会像现在这样去构想什么观念了。"[39]

在联想主义心理学的这些例子中，最后一个是例外，也没表达清楚，但已经足以满足我们目前的需要了。哈特莱和詹姆斯·穆勒[40]改进了休谟的观点，用了一条简单的联想规律，即接近律或习惯律。哈特莱忽视了相似联想，詹姆斯·穆勒明确地在一篇关于求知欲的文章中反驳了这个原则：

"我相信大家会发现，即我们习惯于看相似的东西，当看到一棵树时，我们一般会有很多感觉，不仅是一棵树。同样，我们会把一只绵羊看成很多只，把一个人看成很多人。我想，我们可以把相似联想归为频率联想（即接近律），相似联想就成了其中的一个特例了。"

赫伯特·斯宾塞先生目前仍旧在尝试着建立一种不需要相似联想的心理学理论[41]，在好奇心这一章中，他努力去解释两个观念之间的联想，他认为，对第一个事物的感觉与某个时间点有关，只要一想到这个时间点，那么我们就会觉察到这个时间点上的内容，第二种观念也就出现了。然而贝恩和穆勒及当代很多心理学家仍然把相似和接近作为联想中不可简化的规律。

贝恩教授的联想理论受到了普遍的认同，被认为是英格兰学派中对这一问题表述得最好的理论。相同和不同的感知觉、记忆力，接近和相似这两种联想，都被贝恩作为智力的构成因素。他的书写得很用心，用叙述性的观点来说明问题，因而也很有启发性。但是，我粗略地看了他写的东西后，却很难认为那些论述具有很高的解释价值。在贝恩以前，相似联想在英国学术界就没被当回事，只是到了贝恩这里才得到了最充分的阐述。下面引用的一段就很有启发性，是从许多都很不错的段落中挑选出来的：

"我们可以有相似的形式而用途不同，也可以有相似的用途而形式不同。如果只看外表，一条绳子能让我们想起其他的绳子和带子。但如果要看用途的话，它可能使我们联想到铁索、木柱、铁梁、皮带或者其他东西，尽管外表不同，但都是服务于同一目标。如果仅被物体的感官外表所吸引，想起其他的用途就更加困难了。另一方面，我们会对工具的某种效用非常敏感，对它外表的注意就会少很多。我们应当尽快根据当前物体的用途回忆起过去见过的物体，尽管在其他环境中存在各种各样的物体。当思想集中于一种动态环境时，我们就不能觉察到一匹马、蒸汽机和瀑布之间的区别。这些东西的多样性毫无疑问能在很长时间内让我们看不到它们有什么相同的地方。但对头脑愚笨的人来讲，这些东西里面根本就不可能有什么相同之处。善于钻研的人就能发现机械动力上的单个特征，从互不关联的事物中找出这些东西中共有的方面，要把这三个看似如此不同的事物放到一起去，聪慧的头脑和互不关联的事物就必须在相似再现的脑力协作下才能完成。从这样的例子，我们可以看出：在善于发明创造的头脑中，已有的机制是怎样产生新的适应性变化的。一开始，人在头脑中想到流水有与人力和畜力完全相同的特点，也就是能够克服惯性和阻力使物体产生运动的特点。而且，看到瀑布就想起了与此相似的动物的力量，这就为原动力这一类别添加了一个新的动力源，只要条件许可，瀑布这种动力可以替代其他的动力。对于具有现代意识，熟悉水轮和竹筏的人来说，两者之间的相似性是极其明显的。但是，如果我们把自己放回到以前的意识状态，流水给我们留下的印象是晶亮美丽的，也会汹涌咆哮，时常还会有破坏性，我们也许很容易就认为瀑布与动物肌肉力量绝不会产生出明显相同的效果。毫无疑问，当人有了新的思维能力，就能考虑事物的自然属性而不为其表面现象所蒙蔽，而且还大大发展了辨别能力，这样就有可能进行对比了。我们把同样的例子再往前推进一层，来看看蒸汽机的发现，或蒸汽作为机械动力的扩展使用情况。在很长的时间内，在一般人看来，蒸汽就如同天上的云朵，或者就像水沸腾时从壶里涌出来，发出了咝咝的声音，在几英寸的范围内形成卷曲的雾团。我们或许有时候也会看到水蒸气把水壶盖子顶了上来。但是，我们要等多长时间才能正好一起碰到风刮、水冲和动物肌肉的拉拽这些现象呢？这三者之间的差异太大了，用如此微小而且有限的相似特点不足以将它们联系起来。但是，有人就能在头脑中把这些东西联系起来，还能找出相似的结果。这样的相似性以前别人也能发现，但却没有得出过同样的结果。这样睿智的头脑肯定在这个或那个方面表现得出类拔萃，居于千千万万人之上，我们现在正努力为这些出众的头脑寻找解释的理由。瓦特（Watt）的智力具备了寻找动力这个共有相似点所需的所有因素——对事物的机械性质（先天的或后天的）具有高敏感性，拥有丰富的学识和精通的业务能力，能够透过事物的表面效果而看到本质部分。具备所有这些才能对很多人来说不仅是可能的，而且他们很可能确实有这样的本事，在能力上高人一筹。他们会很自然地在某种程度上接受机械方面的教育。这一动力上的发现并没有在更早的时候完成，这说明完成发现还需具备其他的因素，不能靠日常条件。而且，这一突出的能力也显示了人有总体相似的辨别能力，以及在差异和伪装中发现相似的倾向性。这一论断就是对事实现象的解释，而且在蒸汽机发明者的智力特点上也是说得通的。"[42]

目前霍奇森博士关于联想问题的解释是最全面的，也是最好的，而且他是用英语来阐述的。[43]所有的学者或多或少的都带有原子论观念的痕迹。在德国，赫尔巴特[44]和他的追随者们对这一假设性理论领会得更彻底，如果不排斥，他们就能把这种理论发展到极致，使之更具合理性，据说，目前这些人在自己国家里的地位几乎是至高无上的。[45]对赫尔巴特而言，每一个观点都是永久存在的完整体，而能否进入意识是由个体自身的偶然性决定的。只要它成功地进入意识层次，就把其他旧的观念排挤出去。但这种做法就阻止了后来的其他观念进入意识中去。联想的大多数特殊情况都可以用这种努力和抑制的机制来解释，这种具有独创性的解释方式很了不起，分析十分透彻，超越了英国学派。然而，这个成果也是值得怀疑的，这个理论里面一些因素有着人为造成的痕迹。而且我必须承认，善于言辞的赫尔巴特用了一些难懂的术语，有"总体表象"及其"抑制"和"抑制积累""下降""提升"和

"漂浮"，还有"融合"和"表面"，这些都让人难以理解。很遗憾地说，赫尔·利普斯（Herr Lipps）是一位刚刚崭露头角的德国心理学家，做事有条不紊，在他的观念理论中展露出了他出众的天赋、学识和敏感性，但结果却让人感到惋惜。[46] 在我看来，这种精心制作的理论构建仅仅是一种负担和障碍，对科学来说没有益处。[47]

法国的拉比尔（M. Rabier）先生在关于联想的这一章中[48]，对待这一问题比其他人都有魄力，而且看法尖锐。尽管他的观点简短，但我认为他的观点非常合理，仅次于霍奇森的看法。

在上一章中，我们已经讨论了联想在提高辨别力方面的作用。在下一章中，我们将会看到大量关于联想的证据，这些证据都能说明联想在其他方面所起的重要作用，接着我们就会欣然承认，不管联想原则在陈述上有多模糊，在任何科学领域中没有几条分析原则能比这条联想原则有更强的适用性，但是这已经难以明确地阐述了。我们努力去把这条原则阐述得更明确些，避开因果问题中常有的混乱状况和尚不明确的关系问题。这样做并不会导致我们看不见那些心理学家的巨大作用，而且，他们也不会感到有什么混乱状况存在。从现实角度看，当有人推翻了原子观念论，又提出观念之间的接近和相似也只有在联想完成后才能出现，如果这时有人自我吹捧说，联想心理学已经受到了沉重的打击，那么，这种做法真的是对他人的一种诋毁。[49] 尽管一方面你把"观念"转换成了"对象"，另一方面又转换成了"大脑过程"，联想主义心理学的这一整体理论依旧存在，对其中的因素及其运作的分析都是结论性的，用新的说法来讲是如此，用传统的说法来讲也是如此。

注　释

1　本章提出的理论和很多内容最初发表在《大众科学月刊》1880 年第 3

期上。

2 比较雷诺维叶在他的书中对联想主义的批评,《论类别批判:逻辑》,第 2 卷,第 493 页后。

3 除非这个名字出自某个说得很快的句子,这时候的印象就来不及出现了。

4 在研究中,他认为使用线索会占用人的心理时间。这部分的运作是悄然进行的,不容易被注意到,不会干扰人的思维,但我还是要把这部分指出来。而且,这部分的存在就相当于一个过于抽象的观念,我们无法马上把它合理地勾画出来。我们很难很快理解"马车"这个词的概念。这是因为马车的种类太多了——两轮的、四轮的、敞篷的、封闭式的,而这些马车又处在很多不同的位置。面对如此多样、无法合而为一的马车,我们的意识就开始迟疑了。但是,如果我们只说是兰道四轮马车,那么,我们的心理联想就能很快完成。(《探索》,第 190 页)

5 《生理心理学》,第 2 卷,第 280 页后面的内容。

6 对实验中用单词唤起联想的有趣评论,参见高尔顿,同上,第 185-203 页;以及乔茨肖德(Trautscholdt)在冯特的《心理学研究》第 1 卷第 213 页中的评论。

7 《心灵》,第 6 卷,第 64-65 页。

8 这个数值要比上面冯特得出的数值小得多。卡特尔先生没有就这一差异说明原因。冯特注意到,他所得数据的平均值是 0.720″,正好与他实验(参见下一章"时间知觉")中的时间间隔长度相等。时间间隔的数据是重新测过的,不会有差错。而且,按照韦伯所说的,他得出的这个平均值与腿快速晃动所需的时间也是一致的。"这不是没有可能的",他又说,"这是平均联想时间的心理常数,也是对时间间隔最正确的测定结果。这一常数受到了平常身体活动的影响,而这些身体活动也决定了我们如何细分节奏性的长时间段。"(《生理心理学》,第 2 卷,第 286 页)这些联想关系的建立是尝试性的,这样做对心理学家来说并没有什么不妥之处,只要他们能知道这些平均值出自不同的人,实验条件也不同,而且数据并不真实,相互之间也没有可比性。卡特尔先生的数据把冯特精心研究的结果整个否定掉了。至今具有重要理论意义的联想时间测量都是由冯·奇希在精神病患者身上做的(门德尔,《神经病学中心报》,1885 年 5 月 15 日,第 3 期,第 217 页)。在三个精神病患者当中,一个患有递进性脑瘫痪症,一个患有顽固性迫害躁狂症,一个正处于普通躁狂症的恢复当中。他们的简单反应时几乎是正常的。但是,恢复期精神病患者和脑瘫痪症患者的联想时间不到冯特正常数据(0.28″和 0.23″而不是 0.70″,也比卡特尔的数据小)的一半,而那个患迫害妄想症的病人所用时间是正常人的 2 倍(1.39″而不是 0.70″)。这位病人的联想时间是脑瘫痪症病人的 6 倍。冯·奇希的看法是,反应时间短与思维能力减弱有关系,病人无法保持清晰而又一致的思维过程。他认为,反应时间长是与病人对单调事物的持续关注(妄想)有关的。玛丽·沃利茨基(Marie Walitzky)(《哲学评论》,第 28 章,第 583 页)继续冯·奇希的研究,进行了总共 18 000 次测量。她发现,在瘫痪性痴呆病人中,联想时间会增加,而在精神错乱病人当中,联想时间会缩短。精神错乱病人的选择时间反而增加了。

9 《心灵》,第 7 卷,第 67-74 页。

10 比较贝恩的连续联想律:"行为、感觉和情感状态是同时发生的,或者靠得很近,它们一起发展,相互协调。当其中任何一个到后来出现在意识中时,其他两个就会出现在观念中"(《感觉与理智》,第 327 页)。再比较哈特莱的论断:"任何感觉 A,B,C,如果与一个足够大的时间数产生相互的联系,就能够有能力控制相应的观念 a,b,c。这样,任何一个作为感觉 A 的东西,只要单独表示出来,就能够唤起意识中的 b,c,也就是其他的观念。"(《对人的观察研究》,第 1 部分,第 1 章,第 2 节,属性 10)文中的句子与这些表达有所不同,讲求客观的看法。在我们的思维中,进行联想的是事物,而不是事物的客观特性。

11 《不列颠百科全书·心理学卷》,第 9 版,第 60 页,第 2 栏。

12 《生理心理学》,第 2 版,第 2 卷,第 300 页。

13 对于这习惯上的困难,我们还是要看新的通路一开始是如何形成的(参见前面的第 81 页)。经验显示,只要这些可察觉的感觉共同作用,或紧挨在一起，那么就会在神经中枢之间形成新的通路。孩子看到一个瓶子，并听见别人把瓶子叫作"牛奶"，以后他看到这个瓶子就会想到这个名称。在这里，两个神经中枢单独受到了外部的刺激，一个是视觉的，一个是听觉的，并产生了连续的或者同步的兴奋。但是，我们现在不能马上知道，为什么这样的兴奋会导致神经中枢之间通路的产生。我们只能对此做出假设。对产生神经通路的特定模式的假设，只要能与研究中的联想事实相吻合，都是可以接受的，不管这样的假设怎样令人费解。闵斯特伯格（《实验心理学论文集》，第1卷，第132页）认为在由外部引发兴奋的神经中枢之间不会形成神经通路。因此，所有接近的联想只存在于同时发生的经验之间。沃德（在上述引文中）认为，与此正相反，联想只能存在于连续的经验之间。"同步呈现事物的联想可以分解成连续事物的联想……我们很难找到这样的例子，即我们注意到了相联系的事物，而我们对此的注意却是不连续的。事实上，我们在同一时间用心去关注的所有事物都已经被联想到了。"我处在这些极端的看法之间，不在文中做定论，只是把接近联想看作是对连续或者同步呈现事物的联想。关于如何解释神经通路的形成这样的生理学问题，我们最好往后挪到"意志"那一章，到时候，我们会用更明确的方式来处理这一问题。我们在这里意识到这一问题的重要性，也就够了。

14 《论文集》，第2卷，第33章，第6节。休谟和洛克一样，只用这一规则来解释不合理的或者障碍性的心理联想：

"在想象中，解剖大脑是件容易的事情。这可以解释为什么按我们的理解，兴奋总是进入它们的接近区域，并唤起其他的观念。我在解释观念的关系时，可能已经讲过这个优点，后来就没去管它，但是现在我必须用它来说明这些关系中出现的错误。我认为，意识天生就具有激发自己想要的任何观念的能力。意识将精神分派到大脑某个区域，将观念放在那里。这些精神准确无误地跑入正确的区域，搜寻属于观念的那个部位，最后总是能把观念激发起来。然而，兴奋的运动有时不是直接的，一会儿拐向这边，一会儿拐向那边。因为这个，兴奋进的是接近区域，激发的是相关的观念，而不是意识一开始想要的观念。我们不是一直很了解这样的变化，但还是继续同样的思维连接，使用相关的观念来进行判断推理，就像是我们所要的观念一样。这就是我们哲学中的诸多谬误所在。如果时机合适，我们能想象到这样的问题，也容易指出来。"

15　前面所引的书，属性 11。

16　参见第 3 章，第 82-85 页。

17　我强烈建议学生去读他的《感觉与理智》，第 544-556 页。

18　《时间与空间》，第 266 页。比较柯勒律治（Coleridge），"真正切实而又普遍的联想规律是这样的：不管是什么能使总印象中的某些部分比其他部分更生动清晰，它将决定意识来回忆它所喜欢的那些部分，而不是在同时或连续条件下去回忆同样联系在一起的其他部分。但是，意志本身通过对注意的限制和增强，可以任意地将任何事物变得生动清晰"。（《传记文学》，第 5 章）

19　《利维坦》，第 1 部分，第 3 章开头。

20　我指的是几小时的新近性。高尔顿先生发现，和晚些时候的经验相比，人更容易回想起童年和青少年时期的经验。参见高尔顿先生在他的《人类才能及其发展研究》一书中第 191-203 页对实验饶有趣味的描述。

21　对于其他的例子，参看瓦勒的《科学哲学季刊》（1885），第 4 卷，第 144-417 页。

22　为了和大家保持用法上的一致，我继续使用相似联想这一标题。读者会注意到，我的命名方式不是从头到尾都基于同一原则的。完全重整隐含着神经过程，相似是头脑中感知到的一个客观联系，而普通或者混合联想只是说明直接意义的词。整体回忆、部分回忆和集中回忆都是比较好的说法。由于集中回忆表示的含义与相似联想表示的含义几乎一模一样，我想最好还是舍弃掉现在通行的说法，用集中联想这个旧词。

23　霍布斯对这一过程描述得比谁都好："有时候，人会找他丢失的东西。他在头脑中回想，他是在哪个地方，什么时间丢的东西，然后从一个地方到另一个地方，从一个时间到另一个时间地往前推想，来搞清楚在什么地方什么时候，那样东西还在他那里。也就是说，要找到某个确定的、有限定范围的时间和地点后才能开始实施一种搜索方式。接着,他又把这些同样的地方和时间在脑子里又匆匆过一遍,弄清楚是做了什么事,或者是其他的什么原因致使他把东西丢了。我们把这个过程叫作追忆或者回归意识。有时候知道了一个确定的地点,他就在某个范围内找。他在脑子里跑遍了这个范围的各个部分。同样,当一个人丢了件首饰,他会将房间都扫一遍。或者,让狗把这个地方搜一遍,直到把东西找到。也有人要先看一遍字母表,然后再选词作诗。"(《利维坦》,第165卷,第10页)

24 《实践论》,第1卷,第394页。

25 同上,第394页。

26 对霍奇森来说,所有的联想都叫作公正复原。

27 同上,第400页。比较贝恩,《情绪与意志》,第377页。"从头脑中出来的内容都是杂乱的,只有结尾部分才能看出条理性,而且这时候在头脑中经过的想法也是恰当的。意志力量可以让人保持注意力,或者进行积极的搜索。一有合适的想法从头脑中出现,这个想法就会像野兽飞扑猎物一样跳进意识中。"

28 关于相似原则的论述,参见布拉德利,《逻辑学原理》,第294页后;拉比尔,《心理学》,第187页后;波尔汉,《哲学评论》,第2册,第1卷,第458页;拉比尔,同上,第460页;皮隆(Pillon),同上,第2卷,第55页;鲍恩,《心理学理论导论》,第92页;沃德,《不列颠百科全书·心理学卷》,第60页;瓦勒,《科学哲学季刊》,第4卷,第426-431页。

29 麦考锡(McCosh)博士只有在将相似放到他所说的相关定律下面时才显示出逻辑性。根据他的相关定律,只有到我们已经发现了事物间的相似性以后,一个观念才会引出其他的观念(《心理学:认知能力》,第130页)。这位作者提到的关系是统一性关系、整体与部分的关系、类似关系、空间关系、时间关系、数量关系、活动属性关系以及因果关系。如果我们把从事物间感知出来的关系作为这些事物出现在意识中的原因,那么相似当然不占有唯一支配的地位了。

30 贝恩,《感觉与理智》,第564页后;J. S. 穆勒:《人类心理现象的分析》的注释 39；利普斯，《精神生活的基本事实》，第 97 页。

31　详细内容参见汉密尔顿，《里德》，附录 D** 和 D***；以及法瑞(L. Ferri)，《心理学会》(巴黎，1883 年)。还有罗伯逊在《不列颠百科全书》中的论文《观念的联想》。

32　《人性论》，第 1 部分，第 4 节。

33　《人之观察》，伦敦，1749 年。

34　《人类心理现象的分析》，1829 年。

35　哈特莱，《人类意识理论》，第 2 版，1790 年，第 27 页。

36　这里的当前是指在法国——威廉·詹姆斯。

37　《当代心理学分析》，第 242 页。

38　普里斯特利，前面所引的书，第 30 页。

39　贝恩的心理学评论，J.S. 穆勒，《爱丁堡评论》，1859 年 10 月 1 日，第 293 页。

40　J.S. 穆勒，《人类心理现象的分析》，第 1 卷，第 111 页。

41　《感觉关系的联想性》，选自《心理学原理》，第 1 卷，第 259 页。把每一种感觉与先前体验过的同级别、同顺序、同种属和同物种的联合当成相同种类是不可能的。斯宾塞将这种联想称为(第 257 页)"唯一的感觉联想过程"，与相似联想的过程差不多。

42　《感觉与理智》，第 491-493 页。

43　参看他的《时间与空间》，第 5 章；以及他的《实践论》，第 53-57 节。

44　《作为科学的心理学》，1824 年，第 2 节。

45　里博教授在他的《当代德国心理学》一书中对赫尔巴特和他的学派，还有贝内克(Beneke)和他的反对派之类人物都作了很好的说明。参见斯托特(G. F. Stout)在 1888 年出版的《心灵》中两篇关于赫尔巴特心理学的论文。莫雷尔(J. D. Morrell)的《精神哲学概述》(第 2 版，伦敦，1862 年)在很大程度上追随了赫尔巴特和贝内克的观点。我了解到，其他的英文版书还没有这么做的。

46　参阅他的《精神生活的基本事实》第 6 章各个地方，特别是第 106 页后,以及第 364 页。

47　那些理论当中最为烦琐累赘的恐怕是施泰因塔尔(Steinthal)的东西,出现在他的《心理学导论》一书的第 2 版中(1881 年)。还可参见葛洛戈(G. Glogau),《施泰因塔尔的心理公式》(1886 年)。

48　《哲学教程》,第 1 章;《心理学》,第 16 章(1884 年)。

49　我想布拉德利先生已经对这种类似诋毁他人的事感到愧疚,他当然是用了圆滑巧妙但显然是长篇累牍的方式对那些理论进行了攻击。参见他的《逻辑学原理》,第 2 卷,第 2 部分,第 1 章。

第十五章

时间知觉[1]

在接下来的两章里，我要来聊聊内部知觉或时间知觉的问题，谈谈对一天当中所发生事情的知觉，尤其是发生在过去时间内的知觉。这种知觉有个名字，叫作记忆。要记住一件过去的事情，我们的"观念"中必须要有"过去"这一概念。我们将在第十六章"记忆"中了解到：许多事情之所以被我们认为是过去的，并不因为事物本身的固有性质，而是因为它们与那些能够让我们想到过去的事物有联系。但这些事情是如何成为过去的呢？那么这些事物又是怎样触及过去的呢？"过去"又是从哪里开始的呢？这些将是本章中需要读者思考的问题。我们将发现，每个人对于过去一直都有一种独特的感觉，我们的每种经验都受到过去的影响。把一件事当成过去就是把这件事放在一些事物当中，或者放在一些事物排成的序列中，而这些事物在此时此刻受到了这件事的影响。这就是过去这一概念的起源，记忆和历史都是在这个概念上建立起来的。在这一章里，我们将单独来探讨一下当前的时间知觉。

如果意识是由相互分开的感觉和印象组成，"那么，我们就只能对眼前一瞬间出现的事物有所了解,除此以外我们一无所知。只要我们的感觉一停止,那些事物就将永远消逝;而我们似乎从来就没有过去……我们无法获得任何经验……即使我们的观念能够成串地连接起来,但也只是在想象中,我们还是不能获取知识。按照这种说法,一个观念可以连接另一个观念,但也就仅此而已了。每个连续的意识状态只要一停下来就消逝得无影无踪。而那些瞬间的意识状态便成了我们的全部"[2]。

然而,在这样的情况下,如果我们头脑中的机制能够按照合理的顺序来产生成串印象的话,我们或许还是能以合理的方式行事的。虽然唇边只有不经意蹦出来的几个单词,但演讲依然可以正常进行;虽然没什么根据,但我们依然可以制定出合理的政策。我们的意识像萤火虫一样发出微弱的光,仅仅照亮它驻足的地方,其他地方则是一片漆黑。在这样的条件下,人们开始怀疑是否还可以拥有高质量的生活,但这并非绝对不可能。

我做出这种天马行空的假设,目的是想用对比的方式来开始探讨我们真正的本质特征。我们的感觉不会这样狭窄偏小,意识的范围也不会缩到跟萤火虫的照明范围一样。意识流的其他知识,不管是过去的还是将来的,近的还是远的,总是与我们目前的知识混合在一起。

接下来我们将会看到,简单感觉是抽象的,我们头脑中所有具体的意识内容都是对复杂事物的再现。这种复杂事物的再现中有一部分是对过去事物的反映,而且,或许还略微预示着有事物即将进入意识中。事物从意识中消退的速度很慢。如果目前在头脑中想的是 ABC-DEFG,那么接下来想的是 BCDEFGH,再往下是 CDEFGHI。过去的东西就是这样接二连三地慢慢消失掉,而未来的东西进入意识中来填补空缺。旧事物缓慢消失，新事物接踵而至，这便是记忆和期望的胚芽，是时间知觉的回顾和预期。新旧事物使我们的意识川流不息，具有连续性。如果没有这个连续性，意识就不能称作意识流了。[3]

第一节　能被感知到的现在具有持续性

现在每个人都来试试看，不要去抓住时间，而是去留意一下此时此刻。这时，最令人困惑不解的问题就产生了。"现在"在哪里？我们抓住"现在"，但在碰到"现在"之前它就已经不见了，其实它在形成的那一刻就消失了。霍奇森先生曾说过这样一句话："我正张口说话，但说话的时间却已经远去。"只有当"现在"进入了一个生生不息的组织时，只有当这个组织拥有着更为广阔的时间区域时，才能理解到什么叫作严格意义上的现在。实际上，"现在"是一个完全理想化的抽象概念，仅凭感觉是觉察不到的，而且不习惯哲学思考的人恐怕永远也想不出来。对现在的深思令我们坚信，现在肯定是存在的，但这种存在却无法成为我们直接经验的一部分。唯一能成为直接经验的是克雷（E. R. Clay）所说的"似是而非的虚假现在"。他的原话是这样说的：[4]

> "经验与时间的关系问题一直没有得到深入的研究。我们把时间关系中的事物说成是现在的，但是这段材料中涉及的时间与我们哲学上所说的连接过去和将来的现在还是有很大的不同。材料中所说的现在实际上是过去的一部分，是刚刚成为过去的时间，它被错误地以为是介于过去与将来之间的那部分时间。我们把这个时间叫作似是而非的现在，把已经成为过去的过去叫作明显过去。对听歌的人来讲，在一首歌中，一个小节

的所有音符都能属于现在；对观看流星的人来讲，一颗流星发生的所有变化也都能属于现在。在这些时间段结束的瞬间，这里面的各部分都不能算是过去。时间被认为与人类的理解力有关，包含四个方面，即明显过去，虚假现在，真实现在以及未来。去掉虚假现在，就剩下三个……并不实在的东西：实际上并不存在的过去，不存在的将来，以及连接过去和将来的——我们一直待在虚假现在的谎言中。"

简而言之，我们在现实中认为的现在并不是像锋利的刀口一样，有清楚明确的界限，而是一个马鞍，有一定的宽度可以让我们安坐在上面，并且以此为基点我们可以向前或向后两个方向观看。[5] 只有把这个单元时间当作这个时间块的各个部分时，我们才能感觉到从头到尾的连续关系。我们不是先感觉到开头，然后再感觉到结尾，从连续的感觉中推断出各个时间段；而是从总体上感觉这个时间段，它的两端是包含在里面的。经验从一开始就是个综合而非单一的材料；虽然我们在回顾时很容易将经验分解，并且从头到尾把它们区分开来，但是对于感知觉来说，其组成的各要素是不可分离的。

当我们研究空间知觉时，我们会发现，空间与时间在这方面是很相似的。时间中的日期与空间中的位置是相对应的。虽然我们可以在头脑中通过想象遥远的位置来构建一个庞大的空间，就像我们现在想象着把连在一起的日子延长，去构建一个更长的时间段一样，但是，我们对空间和时间的最初经验一直是个单元整体，随后对这个整体中的各个部分进行区分。如果不从一开始就区分哪些是时间部分，哪些是空间部分，那么以后再想辨别它们之间的不同就难上加难了，也没有区别时间顺序与空间位置的念头了。

我们或许有过这样的经验：明知一个很大的空间里放满了东西，但是我们并不清楚这些东西的具体位置。因此，当很多印象以极快的速度在头脑中相继出现时，虽然我们知道这些印象分别在头脑中待了一段时间，而且知道它们并不是同时出现，但是，我们也许还是搞不清哪个出现在前哪个出现在后，我们在判断时也许还会混淆实际的顺序。在复杂的反应时实验中，信号刺激、动作反应以及仪器的嘀嗒声都以一个极快的顺序出现，我们一开始会感到非常困惑，搞不清楚它们的具体顺序是怎样的，但它们出现的"时间"的确不同，在这一点上，我们从未怀疑过。

第二节 估计短暂时间的精确度

接下来，我们要仔细地探讨一下时间知觉当中的某些情况，以此作为我们得出结论的前提。很多的事实材料都来自耐心细致的实验，其他一些则是来自寻常经验。

首先，我们注意到持续时间与空间知觉之间存在显著差异。时间知觉的范围要比空间知觉的范围窄得多。举例来说，和眼睛相比，时间知觉只能算是个"近视眼"。只要看一眼，眼睛就能看见几杆、几英亩[①]甚至几英里[②]的距离，这几杆、几英亩甚至几英里的距离随后又被细分为无数个能被明确识别的部分。在持续时间方面，时间知觉一次能感知到的时间段，由很多组"秒"组成。在这些时间单位中，能够继续细分的少之又少，几乎为零。从目前来看，最多也就能细分成四

[①] 1英亩=4046.8564224平方米。——编辑注
[②] 1英里=1.609344千米。——编辑注

十个可清楚识别的部分。我们实际中运用最多的时间段——分钟、小时、天数——都受了空间方面的影响，被象征性的构思，空间可以延伸几百英里甚至几百英里以上，由精神上的附加物组成，这已经超出大多数人实际感觉能力的范围。要"理解"四分之一英里的长度，我们只需往窗外看一眼就能知道。虽然这种感觉可能部分依赖于系统的联想，但是，这一过程似乎瞬间就能完成。而要理解一个小时的长度，我们就得不停地数着："现在！—现在！—现在！—现在！"每一个"现在"都是一个独立的时间片段，而这些时间段总和的精确数目却无法在我们的头脑中形成一个清晰的印象。

我们一次能够清晰地感受到多少个时间片段呢？片段的时间越长被感觉的越少，越短则越多，如果它们以一种混合的方式呈现，而且每一个组合都包含着更小的片段，那么能感觉到的数量就最多。

听觉是能把时间段分得最细的一种感觉。几乎所有关于时间知觉的实验工作都是通过声音敲击进行的。当我们在头脑中对一连串的声音进行组合归类时，究竟能组多少，才不会将它与更长或更短的声音相混淆呢？

我们会很自然地避免使用单调的声音串，而把这些声音串变得有节奏。我们不知不觉地加重第二个音、第三个音，或第四个音，或用更复杂的方法把原有的声音串拆开。每当我们用带节奏的方式来处理这些声音时，我们能分辨出来的声音串就比原来的长，也不会产生混淆。

举例来说，每句诗的变化都是有"规律"的。重复出现的重读和降调会让我们感觉出哪里少了一个音节或是哪个音节重复了，不同诗句组合在一起，形成诗节，然后我们可能会这样评价另一节："第二节和第一节有很明显的差异"，但当我们以节的形式来比较两段不同的诗句时会发现根本无法比较。然而这些诗句的叠加很快就达到上限，不能再往上加了。在音乐方面，如冯特[6]所说："一段旋律可以轻易地包含 12 种不同声音强度的变化（12/8 拍），而节奏性的组合则可能会包含 6 种旋律，乐段可以划分为 4 段，某些独特的为 5 段［或 8 段？］。"

冯特和他的学生迭泽（Dietze）都曾尝试用实验方法测定个体能够立即且清楚意识到的连续印象的最大阈值是多少。

冯特发现[7]如果 12 个音带有一定的节奏，而且相互之间的间隔在 0.3 秒到 0.5 秒，那么，我们在头脑中就可以把它们当成一个合在一起的声音簇，这样就能很清楚地分辨出来。这样一来，清楚识别 12 个音的总时间为 3.6 秒到 6 秒。

迭泽[8]给出的数据要比冯特给出的数据大。准确感觉敲击声的最理想的时间间隔是 0.18 秒到 0.3 秒。如果把 40 个音分组处理，分成 5 组，每组 8 个，或者分成 8 组，每组 5 个，那么，我们就能把这些音全部记住。而且，只要这 40 个音再次出现，我们可以毫无差错地把它们指出来。如果只能把两个音放在一起组成对子，而不允许进行其他的组合，那么我们从头到尾一次能明确感觉出来的最大量是 16 个音。[9]实际上，我们根本就不可能不用组合的方式，哪怕是那种最简单的组合方式。这一过程所需的时间是 40 乘以 0.3 秒，也就是 12 秒。这个数据就是我们能够清楚并且立即意识到的实时距的最大阈值。

没有内容填充的最大时间段，或叫作空时间段，似乎有着同样的客观范围。埃斯特尔（Estel）和迈勒尔（Mehner）都在冯特的实验室工作。他们发现，这一数据的变化在 5～6 秒到 12 秒，也许还要大一些。这种差异来源于后天练习而非先天遗传。[10]

这些数据也许能够用来粗略地表示一个很重要的内容，也就是我们在前几页中谈到过的，即克雷先生所说的虚假现在。另外，虚假现在的前后边缘都已渐渐消失，它的核心部分可能就是刚刚消逝的 12 秒或更少。

如果这个时间就是人能一次清晰感觉出的最大时距，那么，最小时距又是多少呢？

当时间间隔减小到五百分之一秒时，埃克斯纳仍能清晰地听到沙伐音轮发出的两次连续的咔嗒声，或者两次连续的电火花的噼啪声。[11]

相比之下，眼睛就没有耳朵那么灵敏了。当两个相邻的电火花快速连续地落在视网膜中央，如果时间间隔小于 0.044 秒时，埃克斯纳认为，它们便不能被当作是连续的视像了。[12]

上述实验中只呈现了两个连续的印象，这种情况下我们比较容易感觉到它们之间的间隔。霍尔用改进后的沙伐音轮进行实验，可以改变碰撞次数和时间间隔。[13]

"为了更好地觉察它们之间的间隔，就必须用四个或者三个声音，不能仅用两个声音。当两个声音很容易区分开时，如果使用间隔时间相等的三个或四个声音，被试通常声称听到了两声或三声。如果观察可以如此简单明了就好了，为了使产生的非连续感觉始终处于稳定的状态，就要增加声音串中的撞击声音，至少要达到十个到二十个。"[14]

若两个印象产生于不同的感觉器官，那么对这两个印象间的时间间隔的认知就会变得不太准确，而且也会对判断哪种印象率先出现产生影响。埃克斯纳发现[15]能感觉出的最小时间间隔（单位：秒），如下：

从视觉到触觉——0.071
从触觉到视觉——0.053
从视觉到听觉——0.16

从听觉到视觉——0.06

从一只耳朵到另一只耳朵——0.064

意识到时间间隔是一回事,而辨别出某个时间间隔比另一个时间间隔长还是短就是另一回事了。通过实验的方法,可以精确测量两个时间间隔的长短,我们也掌握了大量的实验数据。然而,问题在于,我们没法感知这两者之间最细微的差异。

当时间段本身很短时,这种差异就会微乎其微。埃克斯纳[16]一看见信号(火花)就尽可能快地用脚做出反应,他注意到所有的这些反应在他自己看来不是快了就是慢了。因此他认为,与平均值相比,他的反应存在着1/100秒或慢或快的偏差。这里的平均值是0.1840秒。霍尔和贾斯特罗用仪器来研究声音间隔问题。在两个同样为4.27秒的相等间隔之间,加入一个中间间隔,这个间隔可以比两端的间隔小,也可以比两端的间隔大。"这些声音听个两三遍,被试还是听不出中间间隔比两头的间隔长还是短,只有听了四次或更多次(重复这个序列),被试才能判断出这个插入间隔是长还是短。在两个不变的或相似的间隔中间加入一个变化的间隔,有助于得出正确的判断,但如果在两个不一样的间隔中加入的话,判断就很容易出错。[17]在这个实验中,当中间间隔与两边的间隔相差1/60时,三个被试都做出了正确的判断,当相差1/120时,他们就出错了,但错得不多。这里就可以得出人能感觉出的最小绝对差异值为0.355秒。"

当然,这种最小绝对差异量会随着相比较的时间间隔的增长而增加。有人已经开始尝试去确定这两者间的比率关系。根据费希纳的"心理物理定律",这种比率应该是恒定的。然而,许多研究者发现事实并非如此。[18]与此相反,在判断的准确性和出现错误走向上出现了有趣的上下波动,而这种上下波动取决于用于比较的时间段的数量。所有对这个问题进行过实验的研究者都已经注意到这点,下面会对此给出一个简短的描述。

首先，在关于时距实验的每张表中，都会有维尔罗特所说的"无差别点"，即人们能做出最准确判断的时距（既不会比实际值长也不会短），若是低于或高于这个时距，做出的判断便非常容易出错。[19] 这个时距会因人而异，但所得的平均值明显是恒定的，如表 15-1 所示。[20]

通过听觉测定出的时距，无差别点的平均值（以秒为单位）为：

表 15-1

冯特[21]	0.72
考勒特（Kollert）[22]	0.75
埃斯特尔（大概）	0.75
迈勒尔	0.71
史蒂文斯（Stevens）[23]	0.71
马赫（Mach）[24]	0.35
布科拉（大约）[25]	0.40

奇怪的是，这些数据呈现出这样一种循环：在众多实验者中，他们最容易捕获、重复的时距是 3/4 秒。更奇特的是，埃斯特尔和迈勒尔都发现，与 3/4 秒时距的一半相比，这个时距的倍数更能被人们准确重复[26]；另外，格拉斯（Glass）发现时间每增加 1.25 秒，都会出现一个固定的周期。我们的时间知觉似乎存在一种类似周期性或节律性增强的东西，而这种周期的长短也因人而异。

我们的时间知觉与其他知觉一样，似乎都遵循对比原则。埃斯特尔的研究较为清楚地证实了这一点，即如果前面的时距较长，那么后面的时距听起来就会比实际的短，反之亦然。

和其他知觉一样，时间知觉也能通过练习而有所提高。迈勒尔认为，自己与其他实验者之间所有的差异几乎都是这一原因造成的。[27]

当空时距不超过一秒或两秒时，实时距（有咔嗒声）听起来要比相同时间长度的空时距长。[28]然而，当空时距超过一秒或两秒时，情况就会完全相反。这是不是让我们想起有关视距的规律呢？按照这种规律，可能会出现这样一种情况，即某个声音很响亮，且时距短，听起来比实际长；某个声音很轻，且时距短，听起来就会比实际短。在用声音来比较时距时，我们必须注意要保证声音响度是一样的。[29]

正如音乐一样，不同时距会引发某种特定的情绪体验。快节奏带给人匆忙感，慢节奏则产生悠闲感，而这两种感觉都与人们不同的心境相一致。费尔罗特在听过节拍器发出的每分钟40～200拍的一系列敲击声后发现，这些敲击声能很自然地划分为从"非常慢"到"非常快"七种。[30]每一种都是由许多一定速度连续在一起的时距构成。实际上，这是一种定性而非定量的判断——一种美学上的判断。那些速度适中的中间类型，即费尔罗特所说的"恰当"，是由0.62秒为一组的时距构成，费尔罗特认为，这便是人们所谓的"舒适"。[31]

在音乐中，节奏（时间和重音感）和旋律完全不是一码事。用指尖敲击几下桌面，这便是节奏了。

第三节 我们对空时距无意识

虽然我们通过打拍子的方式来划分时间，可以准确地知道时间流走了多少，但是，乍看起来，这样的划分对时间知觉来说未必是绝对必要的。让一个人闭目而坐，隔绝尘嚣，心无旁骛地感受着时间，如醒着的人一般，正如诗中所说，"午夜时分，聆听时间流逝，一切皆如白驹过隙"。在类似情形下，我们的头脑中似乎没有思考的内容，如果有的话，我们能注意到的也只是一系列空时距的萌发，它在内在感知的作用下不断增长。事实果真如此吗？这个问题很重要，因为如果事实真是如此，那么我们对"空洞时间"的感知就会显得不同寻常——空时距本身就是一种恰当的刺激；如果事实并非如此，那么在上述经验中，我们对于时间飞逝的所有知觉一定是来自于时间的内容，来自于记忆中的内容（这记忆中的内容曾在某个时刻出现过，现在可对这些内容做出判断）。

620　　只要稍作一些内省，我们就能发现后一种是正确的。没有了感知的内容，我们既不能凭直觉感知时距，也无法判断时间的延续。就像闭上眼睛时，四处一片漆黑，只有模糊的光点胡乱地纠结在一起。我们永远都不能脱离明确的外部印象，我们始终沉浸在冯特所说的那一片共同意识的薄暮之中；我们的心跳、呼吸、注意的起伏以及在想象中闪过的只言片语，便是在这片薄暮中体验到的。而现在，所有这些过程作为一个整体而出现时，均显得自然有序，而且能为我们所觉知。呼吸和注意的起伏协调一致，变化起落；心跳也一样，只不过相对而言短促得多；言语亦不是孤立的，而是有组织地连接在一起。简言之，有时我们的脑中可能空无一物，但是我们还是能感觉到某种形式的变化过程，赶都赶不掉。伴随着对过程和节奏的感知，我们也意识到时间持续的长短。对变化的意识是我们感觉到时间流逝的主要依据，但是没有任何证据可以证明"空洞时间"本身的变化能充分唤醒对这些变化的觉知。这些变化必须拥有某种具体的形式——内外界可觉察到的序列、某种注意或意志过程。[32]

621　　现在，我们将时间知觉与空间知觉进行对比。空间知觉最初的形式无疑是一些表面的感觉层面的运动，这种运动起初只是一种整体感觉，只有当我们的辨别能力更进一步时，才能将这种运动分解为各种
622　元素——身体运动所需的各个连续性运动部位。但运动是一个变化，一个过程，所以在时间和空间的领域当中，我们首先看到的不是单独的元素而是它们的组合，不是独立的单元而是成形的整体。整体存在的条件或许是元素，但只有先感知整体，才能认识元素。

在看着空洞时间流逝的时候——这里必须阐明的是，此后提到的"空洞"是一种相对的感觉——我们可以用节拍表示出来。当我们说："嗒！嗒！嗒！"或者数着"又一下！又一下！又一下！"我们就感觉时间开始往前走了。这种由多个时距单位构成的组合，我们称为时间流动的离散法则。然而这种离散性的产生仅仅是由于认知这种连续性行为呈现出了离散现象。这种感觉跟其他任何感觉一样都是连续不断的。所有的连续感觉都可以用拍子来表示。我们注意到，"又一下"是有限度的，它是在逐渐消逝或已消逝了。根据霍奇森的观点，感觉就像一把刻度尺，知觉就像一台刻度机，它们度量出时间的长短。就像我们听到某个平稳的声音，我们会用不连续的节拍把这个声音表示出来，（听的时候）连着说"相同！相同！相同！"

数了几个节拍以后，我们便已经记不清节拍的数量了。唯一能精确知道节拍数量的方法，就是数数、看钟或者其他一些象征性的概念。[33]当时间超过数小时或几天时，这种概念就完全是象征性的了。我们将这些数量仅仅看成一个名称罢了，或者匆匆掠过其中一些特殊的日子，并没有假装去想象其间的时距究竟有多长。和公元10世纪相比，公元1世纪离我们更遥远。历史学家尤其会有这种感觉，时距越长越意味着更多的日期与事件，有更多错综复杂的事物出现。基于同样的原因，大部分人会直接认为过去两星期要比过去的一个星期长。但是，严格来讲，在这种情况下，可能根本就没有可供比较的时间直觉。这里只用日子和事件来代表时间，期间内容的丰富与否象征着时间的长短。我们敢肯定，即使进行比较的时间只有一小时左右，情况也是如此。这与空间上的数英里是一样的道理，我们总是用测得的数字对它们进行相互比较。[34]

接下来，我们自然要讲一讲在评估时间长度时一些常见的变量。

第十五章 | 时间知觉　681

一般来说，一段丰富多彩、趣味十足的时间在当时会显得很短，但在回忆时却显得很长。而另一方面，一段空洞乏味的时光似乎很漫长，但在回忆时却变得很短。一个星期的旅游观光在记忆中看起来就像三个星期那么久；而卧病在床的一个月在记忆中则短如一天。回忆里的时间是长还是短，显然取决于这段时间里的记忆内容是否丰富多彩。众多的对象、事件、变动，众多的细节都会使回忆时的视野更为广阔。空洞、单调、乏味则令时间显得更短。冯·霍尔特(Von Holtei)的《流浪者》一书里描述了一个叫安东(Anton)的流浪汉返乡时的感受。

"七年了，"他大声地说，"我离开这已经七年了！我经历了这么多事情，这七年就像七十年一样。现在一想起来就感到头晕目眩，怎么都不像是真的。可是，当我再次站在教堂的塔楼上眺望故乡时，似乎觉得自己只离开了七天而已。"

因此拉扎勒斯(Lazarus)教授[35]用记忆内容丰富与否的理论来解释这两种相反的错觉：

"离开村子那天的情景，形形色色的事物就像图片一样，一桩桩、一件件，全都浮现在他的脑海中——似狂风暴雨一般呼啸而过，绵延不绝，不以时间为序，不考虑时间的先后，而是以各种各样的方式联系在一起，唤起他颠沛流离、动荡不安的流浪生活的印象。这些印象在脑中混乱地交织在一起，翻卷着，跌宕着。第一个印象可能来自第一年，接下来可能是第六年，很快又转为第二年，又回到第五年、第一年等，直到这段时间看来有70年那么长，直到他因眼前的种种而感到头晕目眩。接着他内心的那双眼睛不再定睛过去。他看着村子，尤其是那座教堂的塔楼，眼前所见勾起了他对往事的回忆，意识几乎完全被这些所充满。往事与眼前所见相比较，似乎近在眼前，一切如故，仿佛其间只隔了一个星期的时间。"

随着我们年龄的增长，同一段时间会显得更短——数天、数月、数年都是如此。数小时是否也是如此还不清楚，而数分钟，数秒钟却有保持不变的迹象。

"人们回忆过往时，常以 5 年为一个单位，其实只需要回忆最后的那个 5 年就行了。它会发现这最后的 5 年是回忆中过得最快的一个 5 年。让一个人回忆他最后的 8 年或 10 年的学校生活，他会觉得如一个世纪般漫长。然而真正将一个世纪与最后的 8 年、10 年相比较的话，后者则短如 1 小时。"

以上是保罗·詹尼特（Paul Janet）教授写的一段话。[36] 他的这种解释并不能消除人们心中的疑惑。他认为，一个人生命中某个阶段的一段时距与其生命的全部时间是成比例的，具有规律性。一个 10 岁的孩子感觉一年是他生命的 1/10，而对一个 50 岁的人来说则是 1/50，同时，他整个一生似乎都维持这样的长度划分。粗略来看，这种说法的确有些道理，但它不可能是一种基本的心理定律。可以肯定地说——至少有很大一部分是肯定的，即年龄越大感觉时间越短，这是因为我们记忆内容的单调，以及由此产生的对往事的简单化回顾。年轻时，每时每日我们都可能获得一种绝对新鲜的体验，既可以是客观的也可是主观上的。形象的理解力和优秀的记忆力，使得我们对那段

第十五章 | 时间知觉　683

时间的回忆就像一段快速而有趣的旅行，丰富多彩，回味无穷。但是随着时光的流逝，其中一些过程转化成了"例行公事"，很难再引起我们的注意。多少个日子在回忆里变得平淡无奇，每一年都是同样的空洞和消沉。

626　　回忆里时间明显缩短。无论当时填充时间的内容是多么充实，如果我们不注意时间本身，那么这些时间都会随着日子一天天逝去而变短。没有停顿的、充满激情的一天，在不知不觉中消失了。相反，满是等待、失望的一天，看起来却是如此的漫长。烦闷、倦怠、枯燥和无聊这些词都可以用来表示对漫长时间的感觉，不管是哪种语言，其中必定都可以找到近似的词语。无论何时，我们都能在某一段空虚的时间中感到无聊、单调、无味，我们越来越关注时间本身的流逝。另外，当我们期待、预备某件事，但最后什么也没有发生时，等待的时间就会变得空洞，而这些经历如果反复出现，就使得我们越来越关注时间本身的长度——哪怕是一点点。[37]闭上眼睛静静地等待他人告诉你一分钟已经过去，这一分钟空闲时间的长度似乎令人难以置信。你将自己卷入这段时间的内部，就像身处海上航行的冗长的第一周一样，你惊奇地发现，历史就是经过了无数个冗长的时期才走到今天。这一切都是因为你过于关注每一段时间本身的流逝，而且你对时间的关注容易受到这种微小的连续细节的影响。对整个经历的厌恶源于它本身的枯燥乏味。要获得愉快的经验，刺激是必不可少的，但在空虚时间中，空洞的时间本身便是一种刺激，虽然这种刺激微小至极，但却是我们唯一可以获得的。[38]沃尔克曼说，烦闷的感觉是对当下时间的抗议。

627　　空间意识的变化也是如此。我们丢了东西，按原路返回去找，留意脚下的每一步，希望找到丢失的东西，这条路看起来就会比其他路长。同样的距离，与根本不考虑长短，便扬长而过相比，用脚一步一步丈量着前行，后者的距离便会感觉比前者要长。通常，相比于只注意空间本身的容量，注意该空间内物品的数量会让人产生空间更加宽敞的感觉。[39]

我并不是说评估事物时产生的不同都可以归因于内容是充实有趣还是简单乏味。不论是随着年龄增长时间越来越短，还是由于无聊而使时间延长，这两者都可能存在着深层的原因。如果这个原因存在的话，那么唯一的方法便是弄清楚为什么我们总是能感知时间。要研究这个问题，虽然希望不大，但还是让我们继续努力吧。

第四节 对过去时间的感觉就是目前的感觉

如果有人问："我们为什么能感觉到阳光，听到爆炸的声音？"我们会回答说："因为一些外力（太空光波或者大气光波）刺激了我们的大脑，唤起了大脑中的变化，从而产生了对光或声的知觉。"再补充一点，光和声音都不会复制、反映大气波或空气波，只不过是大气波或者空气波象征性的表示。赫尔姆霍茨认为只有一种情况能使这种复制产生：

> "我们的感觉是对现象的时间延续，它能真实地反映外部的客观现实。不管是在感觉还是在外部事件中，都存在同时性、继时性以及同时性或继时性的定时循环。就像我们对事件的感知一样，事件发生在时间里，因此后者的时间关系能为我们提供一个前者时间关系的真实拷贝。之所以先看到闪电，后听到雷声，正是因为声音传到人身上的时间要比大气中的电光到达人身上的时间晚。"[40]

在寻求这种反映的过程中，个体体验着一种几乎可以说是本能的驱动力，做出猜测性的结论，认为自己终于揭开了认知的秘密，用俗语来说就是"羊毛是短的"。了解事物的顺序和持续时间是件再自然不过的事了。外力的连续性在我们的大脑中烙上了连续的印记。大脑的连续变化完全被相应的意识流的连续变化而精确复制。意识流在感觉到它本身的同时，一定也感觉到了自身状态中的时间联系。但由于它们是外界时间关系的复制，所以我们肯定也知道这些时间关系。也就是说，这些后继的时间关系唤醒了他们自身的认知，换句话说就是：思想之外的那些变化中的时间存在是我们的思想感知时间的充分条件，而这些时间变化又会影响思想本身。

遗憾的是，这种观点太粗糙了。虽然我们能把外界连续性想象为一种能在大脑中形成印记的力量，把大脑的连续性想象为能在思想中留下印记的力量[41]，但是在思想成为连续性的变化以及思想知觉到本身的连续性之间，存在着一道长长的鸿沟，一道如同我们对任何情形中主体和客体的知觉之间都存在差异一般的鸿沟。感觉的连续性，无论是感觉之中还是感觉本身，都不是一个连续性的感觉。而且，对我们连续的感觉而言，一个对它们自身连续性的感觉是附加上去的，这必须作为一个额外的事实得到感觉本身的特殊处理，这些处理必须将我们所说的外部时间关系毫无改变地转换为感觉本身的内部印记。

我在本章开头便指出，要理解过去，首先必须知道什么是现在，并且知道"现在"这个时间的位置。因为清楚地理解这一点非常重要，我就再啰唆地重复一次吧。沃尔克曼对此已经做了极好的阐述：

"对于时间观念的源起是什么这个问题，人们的答案可能是'一系列观念'，这些形形色色的观念从最初的那一个开始，一个比一个清晰。但我们首先必须反对这样一个观点：连续的观念并不是连续性的观念，因为思维中的连续性并不是连续性的思维。如果观念 A 紧接着观念 B，我们的意识能从这一个转换到另一个。而 B 在 A 之后出现，对我们的意识来说是一个不存在的事实，因为这个'之后'既不在 A 里也不在 B 里，更不可能在 C 里。只要观念 A 和观念 B 存在，这里 B 跟着 A 的想法就不存在了。简而言之，如果更敏锐地看待这个问题，我们就能得出一个完全相反的结论：如果要把 A 和 B 作为相继出现的两个观念再现出来，那么它们必定是同时再现；如果我们要先想到一个再想到另一个，那么我们必须同时想到两个。"[42]

如果用一条水平线来表示我们思维的真实时间流，那么对于这一时间流或者其长度的任一部分——不论是过去、现在、将来的——如果有思想，就可以在水平线的某个点上用一个垂直的凸起线段标志出来。垂直线的长度表示某个事物或内容，在本例中，表示时间流到了垂线那一刹那，我们所想到的时间。詹姆斯·沃德在《不列颠百科全书·心理学卷》第九版第 64 页，很好地阐述了这个问题。他说：

"如果把连续性比作一条直线的话，我们可以把同时性比作与第一条线成一定角度的另一条直线；空洞时间——或者说没有宽度的时间长度，我们可以说——仅仅是一个抽象的概念。现在，我们用前面的那条直线来代表时间，并用另一条直线来代表我们对时间的直觉，在这里，就像对远景的透视一样，我们受制于一个平面上的线条,而这些线条与实际线条的实际深度成一定角度。在一连串的事件中,例如一连串的感觉,ABC-DE……B的出现意味着没有A和C,但是这个序列的出现则包括了两个或更多的ABCD以不同方式同时出现。在现实中,过去、现在和将来在时间上是不同的,但是在表述的时候,这些差异所对应的直觉却是同时存在于意识中的。"

因此,过去的事物对目前的意识有着某种透视投影作用,就像野外风光在照相机镜头上留下影像一样。

正如我们之前看到的,由于我们对时距的清晰直觉最长不会超过12秒(而我们最大模糊直觉时间也不过一分钟左右),我们必须假设这个时距的长度通过大脑机制中一些非常稳定的特征在意识的每个短暂瞬间被稳定地描绘出来,而这些特征与意识联系在一起。大脑机制的这种特征,不管它是什么,一定就是我们能够感觉到时间的原因。[43]因此这种稳定感知到的时距几乎很难超过"似是而非的现在"——就像我们前几页所说的那样。它的内容是不断流动的,事件快速地向前发展着,就像它们之前消退一样的迅速,每一个事件的时间系数从"还没有"或"基本还没有"转变成"刚刚过去"或"已经过去"。同时,那个似是而非的现在,即直觉到的一段时间,持久地存在着,就像瀑布上方的彩虹一样,它本身的品质并没有随着事件的流动而改变。每一段事件在消退时,都保留了能够重现的能量;并且在重现时,原来具有的时间段及相邻的时间段都会重现出来。然而,请注意,当一件事情在"似是而非的现在"的尽头完全终止之后再次重现,作为一件刚刚过去的事,它与"似是而非的现在"中的直接感知完全不同。一个人也许缺乏再现记忆,不过他仍然具有时间感,只是他的时间感很有限,只有几秒钟，而且很快就过去了，但这几秒钟以前的时间他怎么都记不起来。我在本文中提出"再现"，是因为我所说的对象是拥有再现能力的人类。这样记忆就散落在一些标了日期的事情上——在意识中先后有序的排列的日期。[44]事件的日期仅仅是现在之前或之后的关系，或者说过去或将来的一种关系。我们在标识某些事情的日期之时只是简单地在过去和未来两个维度上波动，因而在空间上我们简单地认为英国在东部，而查理斯敦则位于南部，但我们又能精确标识一件事情的日期，通过把它放在一件过去的事情和一件未来的事情之间，就像我们能准确地知道英国和查理斯敦隔着多少英里一样。[45]

正如我们先前所说的一样，这些不管是模糊还是精确标记日期的事物和事件从那时起成为更大时间范围的标识和象征。根据想起的事件多还是少，我们想象它们代表的时间是长或短。但所有构想出的时间的最初模板和原型是似是而非的现在，也就是我们能直接并且连续感觉到的短时距。

第五节　时间知觉的大脑机制是怎样的

现在要问，我们对时间的这种感受性究竟与大脑机制的哪些成分有关呢？我们已经知道，它不可能只与大脑过程的时距有关，它一定与出现在每次大脑过程中的某个因素有关，这个因素肯定与其相关联的情感之间有着难以解释的联系，而神经活动的其他因素与其各自的心理产物之间的联系同样神秘莫测。与时间有关的因素到底是什么呢？研究者们在这一问题上做出了种种猜测，你可以在下面的注释中一一查看。[46]我从他们的研究和事实当中进行提炼，得出了简要的结论，只是这个结论尚未成熟。

神经系统中的"刺激叠加"现象证明了在每次刺激后都留下一

些隐藏活动,这些隐藏的活动在刺激停止后仍然存在,慢慢地逐渐消失(参见前面的第 82-85 页)。这一事实的心理学依据是我们能感觉到刺激消失后的"后像"。对于视觉后像而言,开始的时候我们没去注意这样一个物体,但我们还是能够说出后像中的特征。声音消失后的几秒钟内,我们可以"回听"这个声音,并理解其意义。然而,过了一分钟,钟的回音或问题的回音就没有了,当前的感觉将这个回音逐出去,我们就回忆不起来了。故对当前事物的感觉总是混合着几秒钟之前存在的所有其他事物的正在消失的回音。为了将这种感觉储存在神经系统中,大脑过程每时每刻都在互相重叠、累加。在这个累加中,那些微弱的都是处于逐渐消失的过程,但就在不久之前它们仍处于最活跃的状态。这种重叠的数量多少决定了我们对时距长短的感觉。时距中出现什么样的事情取决于这一重叠过程采用什么样的机制。我们对大脑活动的本质知之甚少,就算某种感觉只是单调的重复,先前的活动也并非立刻停止,而是逐渐消退(这一消退活动与当前的活动共同存在)。时距和事件共同构成了我们对虚假现在及其内容的直觉。[47]我并不准备详述为什么这种直觉来源于大脑过程的联合。我关注的重点是身心结合的基本形式。

我已假定大脑加工过程都是感官过程。积极注意的过程(详见注释 45 中沃德先生的描述)会留下类似的逐渐消退的大脑过程。如果心理过程是一个抽象的概念,那么接下来我所讲的将是一个复杂的问题。同时,在解释感觉过程时,冯特的一席话能使我的解释更加清晰。众所周知,冯特及其他人已经证明,每一个对感官刺激的感知都要占据一个可估计的时间。当两个不同刺激——

光和声——同时或几乎同时给出,我们很难同时去注意它们,而且可能会错误地判断它们之间的时间间隔,甚至会混淆它们之间的顺序。根据他对这种刺激实验的结果,冯特得出这样一个法则[48]:要想确定它们的顺序必须要具有以下三个条件:

"那就是,同时性、连续的转变以及不连续的变化这三个条件,只有第一个和最后一个能被意识到,而第二个则永远不能感觉到。同样,当我们感觉不出两个印象是同时出现的时候,我们就会注意到两种印象之间有个或长或短的空洞时间,而这个空洞时间与一个观念的消退和另一个观念的出现相对应……这是因为,我们的注意会在两个印象中平均分配,这两个印象就组合成了一个总的感觉(而且能够让人同时感觉到)。或者,我们的注意受到调整而让其中的一个事件马上被感知到,而第二个事件则滞后一段时间才被感觉出来。在这段滞后的时间内,对第二个事件的注意程度达到最高,而对第一个事件的注意就减少了。在这种情况下,这些事件被感觉成连续的两件事——也就是说,通过时间间隔把两个事件分开来,注意不足以同时分配给两个事件来获得明确的感觉……当我们急于从一件事去感知另一件事时,两者之间的一切都消失在共同意识萌芽之前。"[49]

有人可能会将这称为时间的不连续性法则,称为我们难以马上就能注意到的感知对象。每种知觉都需要一个独立的大脑加工过程,而当某一种大脑加工过程处于顶峰时,其余的则不得不处于一个疲惫的或者被压抑的状态。如果我们关于时间知觉的理论成立的话，那么从主观上讲，空洞时间就肯定出现在两种感觉之间，不管这两种感知对象在客观上是多么接近。这是因为，根据这一理论，时距感不管在哪里出现，也不管是出于什么原因，它就是不同阶段大脑加工过程发生重叠而产生的直接结果。

说说概念性加工过程吧：假设我想到创世纪的时候，然后想到基督时代，接着又想到滑铁卢战役，所有这一切都在几秒钟之内想起。这些事情发生的时间都离虚假现在很远。然而我思考这些事情的过程全都发生了重叠。那么，虚假现在里面都有些什么样的内容呢？里面只有思考这些很久以前事情的连续行为，而不是很久以前的事情本身。因为这种一闪而过的想法可能是一件很久以前的事，所以刚才想到的也可能是另一件很久以前的事。当我们在记忆中重现一件很久以前的事，并把它与其发生的年代联系在一起的时候，这种重现和联想就跨越了虚假现在。这个虚假现在的内容无论在主观上还是客观上都成了我的直接经验，其中某些可能还同时代表着其他很久以前的经验。

虚假现在以及刚刚知觉到的过去里所包含的直接经验的数量，可以用来测量我们的记忆容量。埃克斯纳将此记忆称为"基本"记忆，里奇特称之为"初级"记忆。[50]这种由重叠引起的感觉便是包含了众多经验的时距。事件的数量多就意味着经验的数量也多，原先的时距长度就是现在的时距长度。但我们对较长的时距并没有直接的"现实感觉"。我们对于相同的实际时间会产生不同的知觉差异，原因或许在于印象消退的速度差异，这种差异导致了大脑重叠加工过程的复杂程度，而意识状态随着大脑活动的变化而变化，并且与意识状态的改变是相一致的。但是，不管我们把一段时间看得有多长，我们任何时候直接感知到的客观长度绝不会超过我们讨论过的"基本记忆"的范围。[51]

我们有充分的理由相信,人们在直接感知到的时距数量方面大不相同,在处理时间段内各种事件的精细程度上也有很大的差异。冯·拜尔(Von Baer)在计算这种差异对改变人的天性所产生的影响上作了许多有趣设想。[52]假如我们能够在一秒钟内,直接注意到 10 000 种事物,而不是现在仅有的 10 种;假如我们能在一秒钟内持有 10 000 种印象,那我们的生命将缩短 1 000 倍。我们的生命还不到一个月,也不可能感觉到季节的更替。如果在冬天出生,我们会坚信夏天就像所认为的石炭纪时的天气一样炎热。有机体的运动会变得很慢而无法被我们的意识感知,以至于我们看不到有机体的移动。太阳始终悬在天边,月亮也不再有阴晴圆缺等。现在我们换一个相反的假设,假设在一定的时间里,我们仅仅只能获得现在的千分之一的感觉,而相应地寿命就会增加一千倍。春夏秋冬的变迁似乎在一刻钟内完成,蘑菇和迅速生长的植物破土而出,顷刻就长成了;一年生的灌木长大并枯萎,反复之间就像永不停歇的温泉一般上下翻腾。我们看不见动物行走奔跑,它们的行动像射出的子弹和炮弹那样迅疾。太阳像流星一样从天边滑过,留下一条火红的尾巴,等等。这种想象(除了超人的寿命)的情况只可能在动物王国里出现,人类世界绝对不可能出现这样的情况。

斯宾塞先生说[53],"蚊子的翅膀每秒振动一万次到一万五千次,每一次振动都牵涉到独立的神经活动,每一次这样的神经活动或神经中枢的变化都被蚊子感觉到,就像人们能感觉到手臂的挥动一样。如果事实果真如此,用多种动作测量某个特定的外界变化所占用的时间,相比用一种动作测量,会显得长得多"。

在吸食大麻后会出现明显的时间延长的奇特幻觉。一句话还没说完，前面开头的部分感觉已经是很久以前说的了。走进一条很短的小巷，但看起来却像永远也走不到尽头一样。造成这种差异的原因或许是由于冯·拜尔和斯宾塞所说的"短期存在"。如果我们对连续事物的辨别能更精细一点，原先只能注意到某个过程中的一个阶段，现在便可以注意到10个。如果在相同的时间内事物消失得比以前快10倍的话，我们的虚假时间或许和现在的主观时间一样长，有着相同的时间感觉，期间的连续事件也同样清晰可辨。然而，从先前结束的地方开始，现在所包含的9/10的真实事件便已经丢失。它们已沦入记忆库中，被贴上了时间标签，任意地再现。我们能清楚回忆我们说过的话的开头部分，每一个字都以平常1/10的速度出现在脑海中。这种现象与我们用显微镜观察物体具有相同的道理，虽然我们在同一片视野中所看到的客体数量减少了，但所看到的每一客体却占据了更大的空间，并且使看不见的部分变得异常的遥远。

在其他情况下，连续事物没有进一步细分，加工过程迅速消失。这里，虚假现在的长度明显缩短了。意识逐渐缩为一个点，失去了时间和地点上的所有直觉。记忆的快速活动代替了快速鸟瞰。我自己在极度疲惫的情况下，就会出现类似的情况。长期患病也会产生这种感觉，偶尔也会伴有失语症。[54] 在这样的情况下，没有办法去想象大脑发生了什么样的变化。但是，我们必须承认，在某种程度上，老年人和年轻人在时间知觉上可能存在差异，兴奋和倦怠时的时间知觉也大不相同。年龄和情绪状态都是产生差异的原因，并且比我们之前所说的原因更加直接。

然而对于刚刚发生过[55]的事件，我们的时间知觉是长还是短，并不是因为这些事情已经过去，而是因为它们留下了事情的加工过程，而这个过程正是属于现在的。不知何种原因，对于这些过程，意识仍然会通过虚假现在的感觉来对其做出反应。在这个反应过程中,有一部分意识正在消失,或已经消失成了过去。上帝在给亚当造了一个肚脐眼之后——从未有过的出生象征——立即造了一个有大脑的人,在这个大脑里有和普通大脑一样的"消退"过程。被造好之后第一个真实的刺激会另外建立一种加工过程,这些加工过程可以相互重叠,这样,这个新造之人在生命的最初阶段就有了一种感觉,一种知道自己已经活了很短的一段时间的感觉。

现在总结一下,我们常说,经常会意识到某一种时距——虚假现在——长短不一,从几秒钟到不超过一分钟,这个时距(所包含的内容有先有后)就是对时间的最初直觉。长时距是通过相加而知觉到的,短时距是通过相减而知觉到的,部分时间则是界限模糊的,我们总是习惯性地、象征性地去这样思考。康德认为,对客观时间的直觉是一个无限的必然连续体,但他的这一说法缺乏论据支撑。我们真正具有直觉的原因并不是大脑加工过程或心理变化所持有的时距。这个时距是直觉的对象,每一刻都会被意识到,它一定是由于某个始终属于现在的原因造成的。这个原因可能是不同波动状态大脑加工过程的同时呈现,因此时间直觉在数量和细分程度上都会产生一定范围的变化。

注　释

1　本章引自《思辨哲学杂志》,第20卷,第374页,几乎未作任何改动。
2　詹姆斯·穆勒,《人类心理现象的分析》,第1卷,第319页。
3　"在看待意识这一问题上,我认为,如果我有意识,我就无法摆脱一连串不同的感觉,或者让它们不要留在自己意识中。对两种次一级的感觉,不管是同时出现的,还是先后出现的,都会产生感知,成为完整的感觉。这就是意识的最小单元,且这个最小单元具有持续性。然而,尽管在分离开来的时间内,我们说不清哪部分先出现,哪部分后出现,时间期限还是与这个最小单元无法分离。……我们不需要知道具体感觉产生的顺序,谁第一个,谁最后一个,也不需要知道这种顺序的意义。但是,在任何人为独立分开的最小单元中,我们对时间上先后出现的事物有基本的知觉,能感觉到变得越来越弱、越来越强,也能感觉到强弱之间的变化……"

"其次,我认为记忆的基础就包含在意识的最小单元中。记忆最早在这个最小单元中出现时,就如同感觉出现时一样。组成最小意识单元的各个变化或差异都是单一知觉的基本成分。虽然这些部分都是同时进入意识中,但还是有先后的,一个在前,一个在后,这就是记忆的基础。事实上,意识的最小单元就是感觉中的差异或变化。这是对记忆,也是对单一知觉的最终解释。意识的最小单元中有先后的感觉,也就是说,所有的意识都是有时间顺序的,或者说,时间就是感觉的形式,就是感受性的形式。我们用粗略的而且很通俗的方式把时间过程分成过去、现在和将来。但是,严格来讲,现在是没有的,我们用某个不可再分的时间点或者时刻来划分,就只有过去和将来。这个时刻,或者时间点,就是严格意义上的现在。不确切地讲,现在是时间过程中的经验部分,至少包含着最小意识单元,这个最小单元中的瞬间变化就是当前的时间点……如果把这样的瞬间变化当作当前的时间点,那么我们就会很清楚地知道,意识的最小单元包括两部分,一部分是消失的次级感觉,另一部分是出现的次级感觉,一个是记住的,一个是想象的。这两者的开头和结尾都没有明确的限定,很容易从其他的刺激中融入其他的最小意识中去。

"时间和意识进入意识的最小单元时并没有分得很清楚,我们需要仔细思考才能搞清楚。我们问自己:意识的最小感觉点是什么?这个最小感觉点就是我们所说的当前时刻。通常来讲,这个时间点太小,不好用,因而在实际使用中就拉长到几秒钟,甚至几分钟。再接下去,我们就自己定时间长度,可以是当前的一小时,或一天,或一年,或一个世纪。

"但是,通常使用的这种思维方式会影响很多人,甚至是那些具有哲学头脑的人。这些人谈起时间来好像时间就是个数据材料,跟尺子一样被标上了刻度,可以放到当前的时间段中去。"(霍奇森,《反映哲学》,第 1 卷,第 248-254 页)

"时间再现与空间再现存在一致性。这是由于头尾之间的一定量的时间必须放到一起时才能呈现出来。一个连续的观念过程从一个点向着另一个点流动,的确是要占用时间的,但并不能再现这一时间。这是因为,这个观念过程可以用其中的一个部分换成另一部分,但并不能一下子控制得住整个连续的过程。这一过程的两端,即开始和结尾对于时间知觉来说同样是至关重要的,而且也必须清楚明了地一起呈现出来。"(赫尔巴特,《作为科学的心理学》,第 115 节)

"现在假设有同样的敲击声以相同间隔接连在意识中出现。当第一个敲击声音结束,我们头脑中就留着这个钟声印象,直到第二个敲击声音接上来。然后,我们通过相似联想规律把第一个敲击声音再现出来,同时又遇到后面接上来的敲击声音……这样,简单的声音重复就提供了时间知觉的所有要素。第一个敲击声音(通过联想再现出来)就是开头,第二个声音就是结尾,而那个在头脑中持续的印象就代表这个间隔的时间长度。在感觉到第二个敲击声音时,整个时间知觉马上产生了,因为那时它的所有元素都同时呈现在一起——第二个声音、第二个声音在大脑中的印象以及重现的第一个声音的印象。但是,在同样的过程中,我们会注意到,一开始只有第一个声音,到了后来,就只有声音的印象留在头脑中了。这样的意识就是时间的意识……在时间意识中,并不存在观念的连续性。"(冯特,《生理心理学》,第 1 版,第 681-682 页)请注意,在这个假设中,声音的持续和印象的再现是两个同时发生的过程。而且,冯特只是尝试去分析对时间知觉的"表述"问题,而不是去解释时间知觉的产生方式。

4 《选择》,第 167 页。

5 洛克用了一种模糊的方法指出,人们对时间段的感觉来自对连续观念的思想(《论文集》,第 2 卷,第 14 章,第 3 节;第 15 章,第 12 节)。里德公正地对此评论说,如果有 10 个连续的部分要占用一段时间,那么每个部分必须都要占用其中的一部分时间,否则这个时间段就会包含一些没有占用时间的部分,那是不可能的……因此,我的结论是,每一个单个的间隔或者部分中都有一个时间段,这些时间段加起来就构成了总的时间段。在这样的时间

第十五章 | 时间知觉 697

段中,每个基本部分都必须有自己的时间段,就像在一个空间当中,其中的每个基本部分也必须占用一定的区域一样,这是最清楚不过的了。我们必须注意的是,在这些占用时间段的部分中,或者说,在连续观念的那些单个的间隔中,观念就不连续了,但我们认为它们是占用时间段的。因此,我们可以有把握地下结论,在意识中存在时间段的概念,但并不存在连续的观念(《智能》,论文3,第5章)。在朱弗罗伊翻译里德作品的书中,罗耶·科勒德(Royer Collard)加了《片段》一文,他在文中说:"我们不寻求连续时间,我们没有找到它,继承前时间,时间的概念之前的概念,因此它是完全独立的事实吗?是的,这是完全自制的。"

6 《生理心理学》,第2卷,第54、55页。

7 同上,第2卷,第213页。

8 《哲学研究》,第2卷,第362页。

9 计数的方法自然是不允许的。计数会产生符号上的概念而不是直接对整个一连串的声音产生直觉上的反应。用了计数的方法,我们可以把任何长度的声音串,包括开头部分已经消失了的声音串,还有根本就没有感觉出来的声音串,都放在一起进行比较。计算声音呈现的数目和仅仅把它感知为不连续是完全不同的两回事。在后一种情况中,感觉出声音缺乏连续性只要意识到声音之间的空时间段就行,而在前一种情况中,计算声音呈现的数目则要在这些声音之间进行快速的联想活动,就和处理很多数字一样。

10 埃斯特尔在冯特《哲学研究》中的论述,第2卷,第50页;迈勒尔,同上,第2卷,第571页。在迭泽的实验中,偶数的敲击声比奇数的更容易被我们听到,敲击声的速度对听觉有很大的影响。如果声音之间的间隔超过了4秒钟,就不可能把这些声音串感觉为一个连续体(参见冯特的《生理心理学》,第2卷,第214页),而更容易把它们感觉为许多孤立的声音来计算。根据观察,时间间隔在0.11~0.21秒时,人们的知觉判断变得模糊。有人发现当敲击声的间隔听起来在0.18~0.30秒时,这种连续的比率对于感觉长时间序列最有用。第4、6、8、16个序列比10、12、14、18个序列更容易被我们分清,我们很难清晰地掌握后者。在奇数中,3、5、7是最容易被感知的序列，其次是9、15，最困难的是11、13，而17则是不可能被感知的。

11　两次电火花的精确时间差是0.00205秒，当这个时间差降到0.00198秒的时候，电火花的两次噼啪声就被看作是单一的声音，而且两个声音似乎是同时出现的，声音也比以前响。这两个间隔的时间差只有7/100000秒，对此，埃克斯纳说，我们的耳朵和大脑是相当有效率的器官，能够察觉出如此细微的客观差异。参见《弗吕格文库》，第6卷。

12　同上，第407页。当两个电火花的距离非常近，形成的光圈交叉在一起时，它们看起来就像是一个电火花从第一个位置移向第二个位置；而当它们的时间间隔接近0.015秒的时候，我们无法分辨它们的移动方向，就无法清楚地看见它们。当一个电火花落在视网膜的中央，而另一个落在视网膜的边缘时，这时产生连续感觉的时间间隔必须达到0.076秒。

13　霍尔和贾斯特罗，《旋律的研究》，《心灵》，第6卷，第58页。

14　然而，虽然很多声音之间的时间间隔极短，但还是能感觉出有大量的声音并不连续。格伦哈根（《弗吕格文库》，第6卷，第175页）说，人的舌头对每秒钟10000次的电击并没有产生连续的感觉。冯·威提奇（Von Wittich）（同上，第2卷，第329页）认为对人的手指进行每秒1000~2000次的击打会被感觉为不连续的。另一方面，普莱尔（W. Preyer）（《超越感觉能力的极限》，1868年，第15页）的研究显示，手指对每秒36.8次触碰的感觉是连续的。与此相似，马赫（《魏纳会议报告》，第1部分，第2章，第142页）得出的次数是36。勒莱尼（Lananne）发现，手指重复触碰的总次数低于22。这些不连续数据的价值是值得怀疑的。在视网膜上，最多每秒20~30次印象落在同一点上可以感觉为不连续。而声音以每秒略高于30次的速度出现时，我们的耳朵可以把这些声音刺激全部转换成音乐旋律。即使这样，当声音以"敲击"出现时，速度达到了每秒132次，耳朵还是能感觉为不连续的。（赫尔姆霍茨，《声音的感受》，第3版，第270页）

15　《弗吕格文库》，第6卷，第428页；赫尔曼，《生理学手册》，第2卷，第1册，第260-262页。

16　《弗吕格文库》，第7卷，第639页。泰格斯泰德（Tigerstedt）重新验证了埃克斯纳的实验数据，发现他的结论是言过其实的。按泰格斯泰德的说法，两个实验者几乎总是能够正确察觉出 0.05 秒或 0.06 秒的反应时差异。当这个差异下降到 0.03 秒时，他们在一半的时间内都能判断正确，但是当差异在 0.03 秒和 0.06 秒之间时，他们就常常察觉不出来了。布科拉(《时间法则》，米兰，1883 年，第 371 页)发现，经过大量的信号快速反应练习后，他直接估计出了他自己在 10 个实验中的反应时间量，误差在 0.010 秒到 0.018 秒之间。在 6 个实验中，反应时间在 0.005 秒到 0.009 秒之间。在一个实验中，反应时间为 0.002 秒，另外 3 个实验中，反应时间为 0.003 秒。

17　《心灵》，1886 年，第 6 卷，第 61 页。

18　马赫，《魏纳会议报告》，1865 年，第 1 部分，第 2 章，第 133 页；埃斯特尔，在上述引文中，第 65 页；迈勒尔，在上述引文中，第 586 页；布科拉，前面所引的书，第 378 页。费希纳费了很大力气来证明，只有以这些实验者的数据推出的其他定律才能将他的定律推翻。但是，在我看来，他这样做只不过是带着痴迷的孤注一掷而已。(参见冯特的《哲学研究》，第 3 卷，第 1 页)

19　在无偏估计点向上和向下的误差上，参加实验的德国人和美国人之间存在奇特的差异。这一差异也许是疲劳造成的，因为美国人在实验中用的方法容易产生疲劳。德国人在无偏估计点以下用的时间长，而在无偏估计点以上用的时间短。在史蒂文斯的实验中，7 个美国人参加实验，结果却正好相反。德国人使用的方法是先被动地听，然后作判断。美国人的方法是主动用手的动作重复听到的内容。在迈勒尔的实验中，还发现了第二个无偏估计点，大约 5 秒。这个数值以上的时间都被认为是太长了。格拉斯在这方面的研究是最前沿的(《哲学研究》，第 4 卷，第 423 页)，他发现，除了 0.8 秒，所有的时间都被估计得太短了。他找到了一些最大的相对准确值(分别是 1.5 秒、2.5 秒、3.75 秒、6.25 秒)，认为他的研究能粗略地证明韦伯定律的正确性。在格拉斯的论文中，"最大值"和"最小值"是可以互换的，所以他的文章就不好理解。

20　维尔罗特和他的学生发现，实验得出的无偏估计点的值有 1.5～4.9 秒那么大（参见《时间观念》，1868 年，第 112 页）。在大多数这样的实验中，参加实验的人听到声音后隔了一小会儿，然后用手的动作进行重复，并作记录。冯特并不接受维尔罗特的数据，认为他的数据是错误的，还提供了有关的证据（《生理心理学》，第 2 卷，第 289、290 页）。然而，应该说维尔罗特的书中所讨论的是一些很重要的问题。

21　《生理心理学》，第 2 卷，第 286、290 页。

22　《哲学研究》，第 1 卷，第 86 页。

23　《心灵》，第 6 卷，第 400 页。

24　在上述引文中，第 144 页。

25　前面所引的书，第 376 页。我们会发现，马赫和布科拉的数据大约是剩余约数的一半。但是，应该注意的是，布科拉的数据没有多大价值，他的研究观察并不适合这个特别的无偏估计点。

26　埃斯特尔的实验数据使他认为所有的倍数都有这样的特点。但是，迈勒尔认为，只有个别的倍数呈现出平均误差减小的特点。因此，0.71、2.15、3.55、5、6.4、7.8、9.3 秒这样的数据误差是最小的。参见《哲学研究》，第 2 卷，第 57 页，第 562-565 页。

27　特别是第 558-561 页。

28　冯特，《生理心理学》，第 2 卷，第 287 页；霍尔和贾斯特罗，《心灵》，第 6 卷，第 62 页。

29　迈勒尔，在上述引文中，第 553 页。

30　他很谨慎地说，在这些声音区限之间的可辨别差异数要比 7 大得多。（《时间观念》，第 137 页）

31　第 19 页；第 18 节，第 112 页。

32　我将这部分内容保留了《思辨哲学杂志》（1886 年 10 月）出版时的样

子。从那以后，闵斯特伯格在他精心创作的《实验心理学论文集》(第 2 卷，1889 年)中就清楚地说明了可察觉的变化是什么，而且通过这一变化，我们就能测量流逝的时间。他认为，当两个印象开的时间不超过三分之一秒时，这个时间就是第一个印象在记忆中消失的时间。这时候，第二个印象就取代了第一个印象，我们就能感觉出两者之间相隔有多远了(第 29 页)。他认为，如果时间比三分之一秒长，我们就要去依靠肌肉紧张和放松的感觉，而这样的感觉虽然我们很少去直接注意，但我们还是一直能够感受到的。这些感觉主要是在肌肉上面，我们的感觉器官通过肌肉来对信号做出反应。有些肌肉在眼睛和耳朵里，有些在头部、颈部，等等。我们在这里判断两个时间间隔相等时，在从头到尾的每个时间间隔内，我们先感到非常相似的肌肉放松，随后这些肌肉就紧张起来。我们要重复时间段时，我们先被动地听一段时间，然后就努力使我们的感觉保持听时的样子。然而，这些感觉本身只有在时间间隔很短的时候才能管用。这是因为，在刺激的结尾处，预期中的紧张状态很快达到了最高峰。对于长的时间段，我们就要考虑呼吸中吸入与呼出的感觉。当呼气时，我们体内所有其他肌肉的紧张程度开始有节奏地降低，而在吸气时，情况正好是相反的。因此，我们发现，要重复一个几秒钟长的时间间隔，要做的就是能够让前后两个时间间隔在呼吸的变化上达到数量上的一致，并与感觉器官相协调。闵斯特伯格仔细地研究了他自己的呼吸变化。呼吸变化是多样的。他总结了自己的经验后认为，无论他将吸气过程用短暂的停顿分成了 6 个部分，或者认为这 6 个吸气部分仍是连续的，无论是在吸气的紧张状态或呼气的放松状态，或者在吸气和呼气的紧张状态中突然加入了放松状态，也无论我们注意的是头部的紧张还是注意了躯干和肩部的紧张，在所有这些类似的情况中，他都不知不觉地努力使自己在第二时间段的呼吸状况和紧张状况，简单地说也就是所有的主观状况，与第一时间段的状况一模一样。不管他是比较两个时间段，还是再现一个相同的时间段，他都是这样做的，而且无一例外。闵斯特伯格用实验证明了自己的观测结果。在实验中，实验助手给实验者听一段两头刺耳的声音，实验者必须把这一时间段尽可能精确地重复出来。给实验者的唯一限制条件是，实验者不能因为测量目的而改变自己的呼吸。于是就发现，当实验助手随意发出信号时，实验者的判断准确率就大打折扣了。而当实验者仔细观察了实验者的呼吸状况，并且使原来的开始时间与他重复的开始时间相吻合，长度也完全相同时，实验者的准确率就高。最后，闵斯特伯格就信心十足地去解释维尔罗特、埃斯特尔、迈勒尔、格拉斯等人之间的差异。他认为，这些差异都是没有使用相同的测量方法造成的。有些人的呼吸快一些，有些人的呼吸慢一些，有些人把呼气的过程分成了两个部分，而有些人不是这样，等等。测量的客观时间正好与呼吸中的自然时间段相一致时，就会达到周期的最高峰，这样测量的准确性就提高了。

33　在这方面如果有人还想得到更多的例子，那么他可以在钟面上找到一个。平常他往往想到钟面上的空间而不是这些空间所代表的时间周期。当他发现钟所指的时间比他认为的时间慢了半个小时，他不会让钟的指针把这半个小时重新走一遍，而是用手指把指针拨过这段时间，放到他认为正确的位置上。(斯宾塞，《心理学》，第336节)

34　对这个问题，我能想到的反对意见是：①一些人在不看钟的情况下对白天或黑夜的一个小时做出判断的准确性；②一些人在某个特定时间醒来的能力；③在精神恍惚状态下对时间知觉的准确性。这些人看起来似乎保持了一种对时间流逝本身的无意识记录，但是这一点只有在证明了当时没有任何生理过程时才会被接受。对这段时间的感觉可以用来说明流走了多少时间，这样我们就能推断出时间的长短。我们很难去质疑这些生理过程的存在。我的一个朋友是个聪颖睿智的人，很长时间他一直很想知道为什么一个星期中的每一天对他来说都很特别。街上马车的辘辘声没有了，他很快就知道这是星期天了。院子里晾着衣物，在天花板上留下白色的光影，他知道那是星期一了。星期二是什么原因我忘记了，而且我的朋友从来没有记起星期三之后的日子。对我们大多数人而言，可能一天中的每一个小时都伴随着相关的内部或外部的标志，正如一个星期中的星期几的标志一样。尽管如此，我们还必须承认我们在睡眠和恍惚状态中时间知觉的能力会得到很大的提高，仍然是一个未解之谜。我一直为我能日复一日地在同一个时间准时醒来感到困惑。如果这个习惯是偶然开始的话，那么我的感觉输入与睡眠无关。在床上躺了很长的一段时间后，我在不知道时间的情况下突然醒来，而且在接下来的几个星期里都会在相同的时间醒来，似乎有某种内部的生理过程在准时地运行。

据说，痴呆者有时候也有着非凡的时间判断能力。我有一份有趣的手稿描述了一个痴呆女孩，里面讲道："她几乎准时在某时需要食物或其他需求，她的午餐一般在中午12：30提供，而如果那个时候没人给她送吃的她会尖叫。根据英格兰的习俗，戒斋日或者感恩节吃饭时间会推迟，在这两天她会从她平常吃饭时间开始大声喊，直到有人送食物来。然而，第二天她又会在12：30准时要求吃饭。她在一天有任何细微的需求，第二天的相应时刻也会有相同的需求。如果在星期三下午4点给她一个橘子，那么在星期四的下午她会有相同的期待，而如果没有人再给她水果的话，她会间断地叫上两三小时。星期五下午的4点也会出现相同的情况，但时间要短一些，这种情况会一直持续两三天。如果在某个特定的时间，她的一个姐妹突然来看望她，第二天的同一时间她一定会发出尖锐的叫声来呼喊她的姐妹，等等。"要想进一步了解这些鲜为人知的内容，请参见普瑞尔（C. Du Prel），《神秘主义哲学》，第3章，第1节。

35 《谈话与演讲的理想化问题》，1878年，第219页（评论文章《时间与时刻》）。

36 《哲学评论》，第3卷，第496页。

37 在一个音乐会或演讲中出现停顿时感觉到的空闲时间是最强烈的。设想一个站在讲坛上的牧师，或一个讲台边的教授，他们在讲话过程中出现了停顿，或者是一个指挥家让所有的乐器一下子都停止演奏（就像有时故意那么做的一样)。这时候，我们时刻都等待着演讲或演奏继续下去，而在这样的等待过程中，我们比其他任何时候都能清楚地感受到这样的空闲时间。换个例子来说，在一段复调音乐中，一组基音伴随着优美的旋律，突然一个单音出现了，是个长音，而其他的声音都没有了……这时候，这个音就会显得非常的长。为什么？因为我们希望能听到有其他的乐器声音伴着这个音，但这些乐器声音却没有出现(赫尔巴特，《作为科学的心理学》，第115节)。比较闵斯特伯格，《实验心理学论文集》，第2卷，第41页。

38 当遭受一晚上的疼痛时，我们会感觉这段时间特别长。我们期盼着疼痛停下的那一刻，而这一刻却没有到来。但是，对这种经验的反感不能说成是倦怠或者枯燥，就像对空洞冗长的时间感到讨厌。疼痛带来的讨厌能丰富我们对那天晚上的记忆。正如拉扎勒斯(Lazarus)所说(前面所引的书，第202页)，我们感受到的是疼痛的漫长时间，而不是漫长时间的疼痛。

39 就这些时间估计的差异问题，参见罗马尼斯在《心灵》第3卷，第297页的《时间意识》一文；萨利，《幻想》，第245-261页，第302-305页；冯特，《生理心理学》，第2卷，第287、288页；还有引用拉扎勒斯和詹尼特的文章。在德国，赫尔巴特的继承人们探讨了这样一个问题：将沃尔克曼的《心理学教科书》第89节的内容与这部分的注释3作比较，这个注释是给其他作者做参考的。林德纳(Lindner)(《经验心理学教科书》)以亚历山大大帝的生活(33年)为例，也有同样的效果。这似乎告诉我们，一段时间里面发生的事情多，这段时间就肯定长。英联邦的情况也与此类似，等等。

40 《生理光学》，第445页。

41 从时间本质上讲，连续性不是作用力。我们对连续性作用并没有作详细讨论，而详细探讨了连续性的内容。惯性定律不能解释时间是任何事物的近因这种假设。

42 《心理学教科书》，第87节；也可参见陆宰，《形而上学》，第154节。

43 是感知的原因,而不是被感知的事物。

44 沃尔克曼(《心理学教科书》,第 87 节)说,"'不再有了'和'还没有'是很好的时间感觉,而且我们也就是通过这样的感觉来知道时间的"。严格来讲,我们对时间本身的感觉未必如此,但是作为时间段的一个基本内容,我们对事件中的时间感觉的确是如此的。

45 我们用英里来表示距离就如同用年来表示时间。我们乘汽车旅行时,看到一连串的不同景色在我们眼前经过。当这些景色在记忆中重新出现时,它们会由于内容重叠而以同样的顺序呈现出来。我们就认为这些景色相互间都是前后排列的。而且,我们可以在看到眼前的景色后回忆出很多看到过的景色,从中估计出我们经过的空间距离。

经常听到有人说,儿童在搞清楚昨天和明天以前,对所有的时间概念都是模糊的,这是因为他们的时间知觉要比空间知觉发展得晚。但是,再模糊也不会超过他们对空间延展概念的模糊,空间延展问题已大大超过了儿童空间知觉的范围了。最近,我听到我四个孩子中的一个对客人说,他在农村"足足待了 1 个星期"。而事实上他在那儿待了 3 个月,客人因此就很惊讶。于是,孩子纠正说,他在那里待了"12 年"。这孩子曾经问别人,波士顿是否与剑桥相隔 100 英里,这时他犯的错误跟前面是一模一样的。他认为,如果相隔不是 100 英里的话,那就是 3 英里。

46 大多数这些解释都简单地给我们这样一些信息:根据这些印象引导我们在一段持续的时间里标注它们的日期,换句话说,让我们指定它们的顺序。尽管如此,人们并没有解释为什么它们应该有时间顺序。赫尔巴特所谓的解释只是对时间知觉的简单描述。他说,当一个时间序列的最后部分出现在我们的意识中时,我们会想着第一部分,于是整个序列就马上在思维中再现出来了,但是会在相反的方向上变弱(《作为科学的心理学》,第 115 节;《心理学教科书》,第 171、172、175 节)。与此相似,德罗比什(Drobisch)补充说,一个时间只有在另一个时间序列消失后才能出现,这句话更清楚地表明这类解释的错误本质(《经验心理学》,第 59 节)。瓦尔茨解释说,我们试图努力使我们的感觉与我们的期望相一致,但我们做不到,我们的时间意识就是由这种努力引起的,这个解释也犯了相似的错误(《心理学教科书》,第 52 节)。沃尔克曼的解释带有虚构的色彩,认为过去的印象能使现在的印象从意识中走出来,但又被现在的意象拉回到了意识当中等,这个解释也犯了同样的错误(《心理学》,第 87 节)。但所有这些解释有个共同之处,即对不同事件的大脑活动必须同时进行,并且以不同的强度,才能形成时间知觉。后来的学者更精确地表达了这一思想,例如,利普斯认为,"感觉产生后就进入了意识,然后就开始衰退,进入到印象中,最后消失掉。如果 a 和 b 两个事件同时进入大脑活动过程,或者一前一后,它们衰退的时间将是相同的,或是不同的。两者之间的差异与一开始出现时的前后时间差异相对应。这样一来,意象中就存在特征方面的差异,我们的头脑就会把这样的差异转换成时间上的差异了。在客观的时间关系和头脑中的时间关系之间,只存在这样的时间差异,中间没有别的东西存在"(《精神生活的基本事实》,第 588 页)。利普斯因此把这两个事件称为"时间标记",并且立即明确地补充说,在人的心灵中,强度顺序向时间顺序的转化整个儿就无法解释(第 591 页)。古耶(M. Guyau)(《哲学评论》,第 14 卷,第 353 页)的解释跟前人的解释没什么区别,只是说法不同。他认为,每个变化都像流星经过一样会在大脑中留下一系列的闪光点。在时间上离得越远的印象,就越容易衰退。这样的印象组合就有了时间段,也就是时间形式,即时间的"基础"。在这个基础上,过去、现在和将来的区别来自我们与生俱来的能动性。正如瓦尔茨所言,未来是我想要的,但还没到来,必须等待。所有的一切无疑都是真实的,只是没有解释。

沃德先生(《不列颠百科全书·心理学卷》,第 65 页,第 1 栏)试图进一步来明确说明"时间标记"的含义。如果放在其他事物中时,我们认为这是个连续性的问题,但同时也是个决定谁先谁后的问题。他说:"a b c d 每个都清楚地再现出来后,我们的注意活动会介入这一再现过程中,我们会留意到事物相继经过时我们的注意变化。在当前的回忆中，我们找不到注意介入上的直接证据，但这样的证据应该是存在的。我认为，在观念流动的倾向中，我们还是能够找到一些间接的证据，这些观念是沿着我们一开始注意到的再现顺序流动的。随着注意的转向，观念就产生了变化，我们对这点是很清楚的。当然，这些变化留下来的东西我们一般说不太容易看清楚了。而这些留下来的东西就是我们的时间标记……但是，时间标记并不能使时间知觉变得生动而又精确。这些时间标记只是给我们提供了一个固定的序列，而遗忘规律可以在一个个观念序列过程中，通过强度的逐渐变化而产生作用，我们把这种作用叫作'时间距离'。强度的变化会使我们将离得远但生动的再现，与离得近但模糊的再现混淆起来。但是，时间标记就能让我们避免这种错误。如果记忆不好，那么这样的错误就会不断发生。但是，在另一方面，如果这样变化的强度很弱而且感觉不出来，那么即使记忆能够确保事件顺序能有原来那样完整，我们也不会像在透视效果好的情况下，对在时间上隔得长久的事情产生远的感觉，对当前发生的事情产生近的感觉。洛克说，我们的观念一个连着一个，就像提灯内部随蜡烛转动的图像。他猜测说，'对于意识清醒的人来讲，观念连在一起的样子都是差不多的'。现在的问题是，将 a 与 b、b 与 c 分开的'距离'是什么呢？我们又是怎么知道意识中的观念是连续的呢？很可能，这就是观念活动留下的东西，我们称之为时间标记，也就是从 a 到 b 的注意活动。"但是，沃德先生并没有把对这个注意活动的感觉看作时间感觉的起源，也没有把这一大脑过程当作直接导致我们产生时间知觉的大脑过程。他随后又说："虽然集中注意并不要占用时间，但很可能一开始并不是当作时间来感觉的，也就是说，感觉成持续'延展'，正如汉密尔顿所说的，感觉成强度。这样的话，如果这一假设是正确的，那么在我们具体的时间知觉中会有某种东西，而这种东西在我们抽象的时间概念中是缺失的。我们生理上感觉到的时间并没有强度的迹象，但在心理上，时间期限主要是个强度的等级，而且现在看来实际上就是一种知觉。"如果我明白沃德先生的意思，那么他的

"起源"指的就是伴随着注意活动的感觉，就像快乐和悲伤一样。从一般意义上来说，这一大脑过程似乎与快乐和忧伤的大脑过程是相似的。这样的理解或多或少算是沃德先生的本意了，因为他曾说过："每个人都知道，什么事物会受到各种快速而又连续活动的干扰，同样也知道，什么事物会因为枯燥单调而厌烦。现在我们知道，这些干扰和厌烦的'感觉'都来自注意活动。一开始注意就处于不断的活动中，先跟 a 在一起，后来这一联系由于 b 的突然出现而中断了，b 强度大而且新颖突出。接着，注意就通过印象的重复再现而保持几乎不变。这种对事物的过度关注和忽视让我们认识到，在现实生活中，如果事物模糊不清，我们自然不会加以注意。但是，最新的实验却使这一事实颇受瞩目。实验证实了洛克关于意识再现中存在距离的观点。在估计较短的时间段时，比如说用节拍器控制的一秒钟或更短的时间，我们发现，在某一段时间内，我们的平均估计是正确的，但在比这一时间短的时间段里，我们估计得过高了，而在比这一时间长的时间段里，我们又估计得低了。我把这种结果当作证据，以此来说明，适应注意或集中注意是需要占用一定时间的。洛克间接地提到了这样一个事实，那就是一系列的经验，比如 a b c d e，在流动的过程中似乎是持续不变的，但在回忆的时候就可能感觉非常的短暂。他说：'在回忆中，我们指的是 a b c d e 等，但现在指的是介入的 t1 t2 t3 等，或者就是最早放入的内容，这些内容的时间标记就是观念变化留下的东西。'因此，他得出结论说：'我们已经有证据可以证明，我们对时间段的知觉最终取决于在头脑中事物活动的强度变化。这些活动在头脑中持续的时间根本就不是我们直接感觉到的时间。'"

冯特也认为，四分之三秒左右的时间间隔，也就是误差的最小值，表明了在时间感觉和头脑中能明确感觉到的一系列事物之间存在着某种关系。"联想时间"就等于这四分之三秒左右的时间。他认为，这个联想时间就是一种内在的标准时间段，我们不自觉地把所有需要再现的时间间隔都与这一标准时间段作比较，将高于标准的时间间隔变短，将低于标准的时间间隔变长（在史蒂文斯的实验结果中,我们认为是用了对照的方法而不是比较的方法,因为用了对照的方法,长的时间间隔会显得更长,而短的就显得更短)。冯特补充说(《生理心理学》,第2卷,第286页):"根据韦伯的观点,这个时间是人在快速行走时,双腿前后摆动大致所需的时间。因此,两种心理上的持续时间感,一种是匀速再现的时间感,另一种是准确估计的时间感,这两种时间感都不可能在身体的习惯运动中形成。而且,我们还要用这种习惯运动按节奏去区分出更长的时间段来。"

最后,马赫给出了一个更加具体的建议,他一开始就合理地指出,我们的确是有时间感的,否则我们怎么能够区分出同一时间发出来的两种不同的声音呢?我们又如何在记忆中把钟的敲击声先后分开呢?除非我们有特定的时间感,并能够加以再现,否则是做不到的。然后他说:"很可能,这种时间感与机体的消耗有关,而这种机体消耗与意识的产生有着必然的联系。而且,我们感觉到的时间很可能是注意作用的结果。当注意处于紧张状态下,我们会感觉时间变长,而在放松的状态下,就会觉得时间短,等等。当我们清醒时,意识器官的疲劳在不断增加,注意的作用也不断加大。我们用的注意越多,获得的相应感觉就在时间上显得离得近些。"马赫认为,在同时发生的事件中出现转换替代的情况,以及睡梦中出现时间颠倒错位的情况是很容易解释的,这些都是由于注意介入两个事物之间而造成的结果,其中的一个事物消耗了绝大部分的注意(《感觉的分析》,第103页后)。马赫的理论似乎更具有参考价值。现在很难说马赫、沃德和冯特在根本上是否一致。值得注意的是,我在文中提出的理论并不是要给出什么解释,而只是作为时间意识"法则"方面的一个基本论断。赫尔巴特带有虚构性质的理论能够解释它。

47 明确地指出"虚假现在"到底有多少秒的时间长度似乎还操之过急,因为这个过程是逐渐消退的。在转变成可以再现和理解的过去以前,能够明确感知的现在就进入变得模糊的近期时间,到达它的边缘部分。但是,有很多事件我们不知道具体时间,无法将一个事件插到其他两个事件当中去,于是我们就会产生这样的感觉，认为这些事件属于离现在很近的过去。这一近期的感觉是种独特的体验，而且可能影响几小时之前发生的事件。这表明这些事件的大脑活动仍然处于受以前的兴奋所调节的状态，仍然处于"正在消退"的阶段，而不是在长的时间段内。

48 《生理心理学》，第2卷，第263页。

49 我把我的文章保留了当初发表时的样子，那是在闵斯特伯格的论文发表以前（参见前面的注释32）。除了最小时间段，他反对用观念过程中消失量的多少来测量时间段，而且在他的论述中专门探讨了肌肉紧张的感觉，而这一点我并没有涉及。然而，我不愿意看到我和他之间在观点上产生冲突。我主要关注的是对时间段作为一种特定事物的意识，而他特别关注的是对这一事物的测量。紧张的感觉就是测量的手段，而所有感觉的交叉活动都能用来测量时间段。产生紧张感觉的区域活动和呼吸活动就形成了经常性的重复感觉，这种重复感觉由于自身的阶段性而分成了明确的时间段，就像码尺上加了刻度标记后分成了很多小段一样。

我们把 a^1，a^2，a^3，a^4 看作是这一感觉中四个连续运动的阶段。如果有四个外部刺激 1，2，3，4，每一个都与其中的一个阶段相对应，那么相互之间的"相隔距离"也感觉出来是相等的，而其他方面并不相等。但是，刺激2的脑活动与正在逐渐消失的刺激1的脑活动发生了重叠，或者刺激3的脑活动与刺激2的脑活动发生了重叠，我们怎么都没有理由认为这种重叠不能提供内容上的特征。这个内容也就是我们所说的"相隔距离"，通过肌肉感觉可以判断出这个内容也是等量的。明确的肌肉感觉能够给我们带来事物的"时间"，也能够对此进行测量。这是因为，前一个阶段留下了正在逐渐消失的感觉，这一感觉与目前阶段活跃的感觉发生了重叠。但是，如果认为这些肌肉感觉是对这一事物的仅有的感觉，那就正好相反了。我不明白闵斯特伯格提出的这种论断。他认为我们的时间知觉是理所当然的，仅仅讨论它的测量问题。

50 埃克斯纳在赫尔曼的《生理学手册》第2卷,第2册,第281页中的论述;里奇特,《哲学评论》,第21卷,第568页(1886年6月);参见下一章第643-648页。

51 我已经单独讨论了逐渐消退的大脑机制这一问题,但阐述得很简单。消退过程很可能在产生虚假现在这一时间段的感觉中起着非常重要的作用。

52 《原因》(圣彼得堡,1864年),第1卷,第255-268页。

53 《心理学》,第91节。

54 "病人记不得一会儿以前刚刚出现的东西。在声音、字母、数字和词语等方面,他的记忆都很差。如果我们用一张带有小孔的白纸覆盖住一段写好或印刷了的词,这样通过小孔只能看到第一个字母,他是能读出这个字母的。如果接下来移动这张纸,盖住第一个字母而让第二个字母露出来,他还是能读出第二个字母,但却忘记了第一个字母,而且也不能把两个字母合在一起的音发出来。"再往下到这个词的结尾都出现这种情况。"如果他闭上眼睛,用一根手指在像小刀或者钥匙这样熟悉的东西上面触摸,他无法把获得的印象组合起来,认出自己触摸的东西是什么。但是,如果把东西捏在手里,他能用几根手指同时触摸到,就可以毫不费力地说出物体的名称。这个病人丧失了将连续的印象组合成一个整体来感受的能力。"[格莱歇(Grashey),《精神病学文库》,第16卷,第672-673页]虽然这种情况出现得不是很多,但很难相信这个病人感觉到的时间不会像他获得的印象那样省略掉一部分。

我经常注意到,自己在睡着了一会儿以后,会夸大自己的时间知觉。这很奇怪。有人在房间里走动或者做些什么,我睡着之前感觉他正好在做着什么(不管是什么事)。接下来他又做了什么把我弄醒了。这前后行为的两个阶段相差不过几秒钟,但对我来说,总觉得前后隔了很长一段时间。我对这种现象做了一种推测性的解释,把前后行为的两个阶段分别叫作a和b。当我清醒的时候,a会在我的感觉中枢留下一个逐渐消退的过程,这一过程会与b出现时b的过程发生重叠。接下来,a和b都会出现在相同的虚假时间中,a

处于虚假时间前面一段的结尾处。但是，睡眠这一突然出现的脑变化猛然中止了 a 的逐渐消退的脑过程。接着 b 出现了，把我弄醒了，a 又出现了。这是确实的情况，但是 a 这时不在虚假时间中了，而是必须从记忆中专门取消掉。这种取消就会让我们感到事情已是很久以前出现的了，这就是错觉的根源所在。

55　为简便起见，我又把未来省略掉了。

第十六章

记　忆

643　　在上一章中，我们探讨了时间知觉。我们发现，时间知觉的长度是有限的，不会超过一分钟。超过了这个范围，我们就进入了广阔的想象时间，构想过去和未来。我们可以在头脑中把所有认为真实的事件都排列起来，形成一个有条理的顺序，并给每个事件都标上一个时间。想象时间与直接感觉到的时间这两者之间的关系，就相当于剧院里舞台后方的布景和舞台后面的真实空间之间的关系。布景上的图画（树木、柱子、街道中的房子等）令人们回想起类似的实物，仿佛这些实物就安置在舞台后方。当我们在用延伸透视方法来观看事物时，只看到其中的一小部分便能想象出剩下的部分。在这一章里，我们要讨论怎样把遥远的过去画到记忆这块画布上，我们又如何能看到记忆深处的内容。

　　思维如流水般一直向前流动，但是其中的大部分都落入了遗忘的深渊中。只有一部分能在流动的瞬间保存下来，有的能保留片刻、几小时或者几天，还有的则留下了难以磨灭的痕迹，永生不忘。我们能解释这里面的差异吗？

第一节　初级记忆

首先要注意的是，一种意识状态要在记忆中保存下来，就必须持续一定长度的时间，这便是我所说的"实体状态"。像语法中的介词和连接词是不能作为独立的成分让我们记住的一样，我们无法回忆起说"怎样"或"虽然"时的感觉。我们意识不到这些"承接词"自身的那个瞬间，因此这也是内省心理学研究的一个难点。

任何意识不到且无法变成实物的思想状态，仿佛属于另一种意识流。不从心理学上看，而从物理学上看的话，这样的意识状态仅属于其自身的意识流，构建成从一个意识片段连接到另一个片段的桥梁，后面的片段不能将其合理地内化，它也无法成为自身经验的一部分，这一点我们已在第十章中谈过。对我们而言，所有的意识状态在心理上的价值取决于我们对这一意识状态的后记忆。只有这样才能将这一意识状态组合到系统中，起到作用，产生某种结果。也只有到了这时候，这一意识状态对我们来说才有意义。因此，我们对自身状态的有效意识是一种后意识，后意识越多，原先状态的影响就越大，外界因素的作用就越持久。一次刻骨铭心的痛苦回忆可能会影响人的一生，但是，里奇特教授说：

> "承受百分之一秒的痛苦算不上痛苦。就我而言，不管这种痛苦有多深，如果只持续百分之一秒的时间，它没有造成影响也不会留下回忆，那么我愿意去承受这样的痛苦。"[1]

这并不是说，意识的瞬间状态不会产生任何实际结果。实际情况

645　远非如此。这样的状态虽然被完全遗忘，但在那一瞬间还是对决定转换思维起着重要作用，而且也必然决定着我们的行为。[2]但是，这样的意识到后来并不能决定思维转换和行为，其内容也不能当作意识重要性的一部分而永久保留下来。这就是为什么我说心理的价值取决于后记忆的原因。

通常，感觉持续的时间比它自身的客观刺激长不了多少。这一现象就是感官生理学上所熟知的"后像"形成的基础。如果我们突然睁开眼睛注视着一个画面，又马上闭上，处于完全黑暗的环境中，仿佛看见一片漆黑中闪烁着幽光。我们可以说出画面当中的细节，而这些细节在眼睛睁着的时候并没有注意到。[3]

从感觉的各方面来讲，一个断断续续的刺激，只要经常有足够的重复，就能产生连续的感觉。这是因为刚刚消失的感觉后像与新出现的感觉融合在一起了。刺激作用相互之间发生了交错重叠，整个导致了感觉意识的增强，而且还很有可能引起时间错觉。这个问题我们在上一章已经阐述过了（参见第 635 页）。

646　埃克斯纳说：

"那些不经意的感觉在常常被人忽略的记忆中留下了短暂的印象。全神贯注的时候，我们听不到钟的敲击声。但是，钟的敲击停止以后，我们或许会缓过神来，能够说出钟敲了几下。在日常生活中，这样的例子随处可见。我们还可以证实初级记忆表象的存在。即使一个人的注意力完全被别的地方吸引，他还是留下了这样的记忆表象。比如说，你叫某个人数一数纸上印了几行字。他数的时候你在房间里踱着步子。等他数完后，问他你刚才站在房间的什么地方。他总是能很明确地说出你刚才在房间里是怎么踱步的。类似的实验在视觉研究中也做过。无论注意力是否已经产生深刻印象，初级记忆表象都是一种非常鲜活的记忆，但是它在主观上完全不同于后像或者幻觉……如果没有受到注意，这种初级记忆表象会在几秒钟的时间内消失掉。即使注意到了最初的印象，记忆表象也很快模糊不清。"[4]

里奇特把这种初级记忆的神经组织的生理基础称作"基础记忆"。[5]而我喜欢用"记忆"这个词来表示这种意识现象。神经组织中发生的种种彰显了物质的可塑性和半惰性，即虽然产生变化，但并不是立即或者完全变化，再也无法恢复到最初的状态。这种状态的改变就是第四章①中"习惯"的生理基础。我认为，要想更准确地表达里奇特的意思，"基础习惯"这个词或许更适合一些吧。基础习惯首先表现出来的是神经运动的缓慢消失，它对意识的最初影响便是所谓的初级记忆。但是通过初级记忆，我们意识到的仅仅是刚刚过去的事物，这种凭直觉获知的"刚刚"与回忆起的"刚刚"并不相同。从回忆本身来看，回忆的事物是完全脱离意识的，只是再现出来而已。它与其他不计其数的事物一起从遗忘的深渊中被带回来，被回忆出来，再被提到意识中，展现在地平线上然后消失在视野之中。然而，初级记忆中的事物并不是这样被带回的；它从未消失过，它存在的时间也未从"当下"离开过。事实上，它是"现在"的尾巴，并不是真正意义上的"过去"。在上一章中，我们了解到能够直接感知的时间部分可延续几秒钟，拥有前后两端，被称作"虚假现在"。只要最初的神经振动还没有消退，所有的刺

---

① 英文原文此处为第五章，疑为笔误——译者注。

激都为我们感知"虚假现在"创造了条件。它们就成为刚刚在我们头脑中出现过的事物。[6]

当我们在一些强烈的刺激下持续几分钟或者几小时，就会在刺激印象的长时间作用下形成某种神经过程，一种挥之不去的意识便由此产生。如果我们很久没有参加体育锻炼了，突然有一天去溜冰骑马，而运动时产生的触觉和肌肉的感觉会伴随我们整整一个晚上。长时间坐在仪器前盯着显微镜中的东西会使观察者变得不耐烦。在手指上绕一根线，紧紧地将它按在衣服上，然后抽走线，虽然线已经被抽走好一阵子，但你感觉它好像还在那儿。这种重新出现的感觉（德国人称之为感觉记忆）拥有一定的周期性。[7]这些感觉表明，神经系统中进行了深层次的重组并且慢慢获得一种新的平衡，转化形成一种更为独特且恰当的记忆现象。关于这一点，我们将在余下的章节中继续探讨。要想回忆起某个已经遗忘的事物，其首要条件是它的初始印象能够保持足够长的时间，长到能够再现。再现的印象与那些被忘在脑后转瞬即逝的最初的后像不同，一旦消退便不能保证能够再被回忆起来。[8]神经物质的惰性要求刺激需持续一定的时间。如果刺激的时间比较短，便无法诱发"变异"，也无法维持与最初的感觉产生时相同的振动模式。就像我开始时说过的，这也许就是为什么回忆一定是"实体性"的意识状态，而非"过渡性"的意识状态的原因。回忆是一些独立的事物，"过渡性"的意识状态却是来去匆匆，转瞬即逝的。

第二节 记忆现象分析

固定记忆，又称为次级记忆，它是一个过去的心灵状态，已经脱离了意识之外，又重新回到我们的知识之中；又或是过去的某件事、某个事实的知识，虽然没有一直想着它，但又意识到自己之前思想过、经验过。

这种知识的初始要素看起来好像是某种印象、某个原始事件在脑中的再现与复演。[9] 许多学者都提出了这样一种假设[10]，即印象再现是回忆的必要条件。但是这种再现显然并不是记忆，它仅仅是一个复本，是另外一件事，与原先的事件毫无关系，只是碰巧相似罢了。今天敲钟，昨天也敲钟，在它坏掉之前或许可以敲一百万次。这个星期，雨水流入排水沟，上个星期也是这样，直到永远。难道就因为它们之间的重复或相似，我们就可以说今天的钟声记起昨天的钟声，今天的流水记起过去的流水吗？肯定不能！有人会说原因在于钟声和排水沟只是物理事物而非心理事实，可是请你千万不要这样认为，因为心理事实（如感觉）经常连续地呈现（哪怕还敲不到一百万次）也会使人记得对方。单纯的重复是不需要记忆参与的。一种感觉被连续复制成很多份，形成多个独立的事件，每个都包裹了一层外壳。昨天的感觉已经逝去，成为过去，今天的感觉也没有必要在未来复苏。因此，要使目前的印象能够代表原先的事物，就必须另外加上一个条件。

这个条件就是形成印象的事物必须是过去的事物。但是，除了思考"事物"与"过去"之间的关系这个方法，我们还有什么办法才能把某个"事物"定义为"过去的事物"呢？我们又是怎样想起过去的呢？在我们的眼中，"过去"到底是什么呢？在上一章"时间知觉"中，我们已经了解到，人们通过从眼下往后倒推的方法来获得对于过去的直觉（即刻的意识），但能够倒推的时间非常之短，不会超过几秒钟。那更加久远的时间是人们构想出来的，而不是感知出来的；这样的时间只是象征性地用名称表示出来而已，如"上周""1850年"；或者因为当时发生的某件事而想起那段时光，如我们是哪一年上的学，哪一年碰到了某件倒霉事。因此如果我们想要记起某个特殊的历史时期，我们必须想到一个名称或其他一些符号，或者与之相关的具体事件，将它们关联起来。想要充分地回忆起过去的一个时期，就必须回忆出标志这个日期的名字和特定事件的内容。把某件事看成是一件发生在过去的事情，就意味着把"哪日/月/年"和"哪日/月/年发生的事情"都考虑在内，简单地说，就是把与之有关联的各种事情全都考虑进去。

然而，即使这样也并不一定就是记忆。记忆不仅仅是为过去的事件注明日期，这个过去还必须是"我的"过去。换句话说，我必须认为我曾直接经历了这一事件。这样的事件必须带来在第十章"自我意识"中常提到的"温暖亲密感"，而这种感觉是"我自己"的切身体验。

对过去时间的整体感知，在过去时间上的某个特定时间、名称（按照它自己的名字或重要内容命名），想象当时发生的事情，亲身经历的事件，这些都是每次记忆所需的要素。

如此一来，我们开始时所说的意识中的"印象"或"复制品"，便不是简单地以一个独立"概念"的形式而存在。至少可以说，如果它作为一个独立的"概念"而存在的话，记忆就不复存在。相反，与记忆共进退的是一个由事件和与之相关的其他事件相结合，并且一起被回忆起来而形成的一个复杂综合体。所有这一切构成一个完整的"对象"（参见第九章第 207 页所做的解释和说明），它是一种完整的意识（参见第九章第 207 页及其后面的内容），而且，它还很可能需要一个更为复杂精细的大脑加工过程来参与其中，这比简单感觉印象所需的大脑活动要复杂得多。

针对我们前面所论述的现象，大部分心理学家已经进行了相当清楚的分析。例如，克里斯蒂·沃尔夫(Christian Wolff)，曾写道：

"假设你曾在教堂见过梅维斯(Mevius)，现在又在提图斯

(Titus)的家里看到了他。我可以说你认出了梅维斯,也就是说,你意识到自己曾经见过他。这是因为,虽然你对梅维斯的感知中混杂了对提图斯家里的感知,但你的想象却产生了他在教堂时的印象,回想起他在教堂时的模样。因此对于梅维斯的'概念'得以再现,这个概念包含了其他一系列感知,比之前包含的内容还要多。这便是为什么我们会觉得以前曾经见过他的理由。当你在提图斯家看到梅维斯的时候,你的想象系统便开始运作,想象他在教堂里的情形,意识到自己在教堂看到他时的心理状态。这样你就知道,自己以前见过他,也就是说,你认出他来了。但是,你之所以认出他,是因为对他的'概念'如今包含了之前见到他时的一系列感知。"[11]

与此相似,詹姆斯·穆勒写道:

"在纪念乔治三世时,我在国会两院发表演讲。首先,我演讲的观点简单明了,想法和概念简洁直观。为了记住演讲词,我必须将所见所闻与自己的观点相结合。这种结合相当紧密,用我自己的力量是无法将它们分开的。他的容貌神态、他的观点态度、他读报的样子和声音……没有这些,我根本无法形成有关乔治三世的概念。如果我们能理解关于感觉记忆的解释,那我们在理解观念记忆的解释时就不会觉得很困难。通过荷马的描写,我非常清楚地记得波吕斐摩斯洞穴的情景,以及尤利西斯(Ulysses)和独眼巨人(Cyclops)的所作所为。在这一回忆中,首先要有观念,或关于事物、行为的简单概念。除此之外,之前还必须有过相同的观念,这一观念和先前的观念紧密结合、不可分割。之前的那个相同的观念是一个非常复杂的观念，包含了目前自身记忆的观念、过去自身构想的观念，以及介于两者之间的一系列意识状态。"[12]

因此，记忆是对某个特定的复杂事物而产生的感觉，并且相信这份感觉。其他感觉或许也包含着这一事物中的所有要素。这些要素在记忆中出现时，形成了特定的组合，这些组合虽然特殊，但是我们并不能把这一观念当作是唯一的，从而排斥其他的观念，并且找一些非比寻常的解释方法。之后讲到"信念"这一章时，我们会知道，任何再现的事物都与我们目前的感觉和情感活动存在着间接或直接的联系，而且往往被认为是真实的。

对我们自身而言，对事物中特定能动关系的感知就是赋予事物真实性。一个只是想象出来的过去事件与回忆出来的过去事件的区别仅仅在于，想象出来的过去事件中是没有特定的感觉关系的。也就是说，想象的过去与当下并没有"触电"的感觉。但是，在别的方面，重新回忆出来的过去和想象出来的过去或许有很多相同之处。换句话说，在记忆中并没有什么独特的东西，也不需要特殊的方法去进行解释。这是由相关联的事物组合起来的一个合成体，感觉、想象、比较和推理作为相类似的综合成分共同组成了复杂的事物。这些综合事物或许能唤起信念，或许唤不起来。记忆对象仅仅是在过去中想象出来的事物（通常是纯粹的想象），只不过附上了信念情绪而已。

第三节　记忆的成因

以上说的这些都是记忆的现象，或是对记忆对象的分析。我们能从中了解到记忆是怎样产生的吗？我们能揭示它的成因吗？

完整的记忆过程意味着要完成两件事：

(1)记忆事实的留存；

(2)记忆事实的回忆、回想、再现，或者记起。

留存和回忆的成因都是神经系统内部的习惯规律，该规律的作用与"观念联结"中的作用是相同的。

在很长时间内，联想主义者都用联想来解释回忆。詹姆斯·穆勒曾对此做出解释。我无法对他的观点进行修正，除非他在用词上将"观念"改成我前面多次提到的"想到的事情"或"对象"。

他说："有一种所有人都熟悉的意识状态，那就是记忆。在这种意识状态中，我们努力想拥有的观念其实并没有进入意识当中。[13]那么我们该如何让这一观念进入意识呢？如果我们没有这个观念，那么我们就会有与之相联系的观念。我们一个接一个快速察看这些观念，希望其中的有些观念能让我们想起我们要找寻的观念。如果找到了这么一个观念，那么这个观念总是与我们所要的观念相联系，这样就可以用联想的方式来唤起想要的观念。我碰到一个老熟人，名字记不起来了，但希望能回想起来。我在脑海中努力回想各种名字，希望其中的某个名字能和这个人有关联。我琢磨着曾在哪里见过他，什么时候认识的他，当时和他一起的那帮我也认识的人是谁呢，他做过什么事，遇到过什么难处？如果我突然想起了任何与他的名字有关的事情，那我马上就能想起他的名字。如果什么都想不起来，那么所思想的一切都只是徒劳。[14]这样的事例还有很多。虽然都是一些耳熟能详的事例，但却是非常重要的例证。我们常常希望自己不要忘记某些事。留存记忆的方法是什么呢？当我们希望将某种记忆长存脑中时，到底该怎么做呢？其实，每个人的做法都一样，那就是，努力在想要记住的事物与某种感觉、观念之间构成某种联系，人们预知到这种感觉、观念会在脑中浮现，并且会在自己所希望的时间内出现。这种联系一旦建立，已经形成的联系或观念一旦出现，感觉或观念就会唤醒记忆，并且清楚是谁构建了这种联系。举一个平常的例子：有个人，朋友托他办件事，他为了不忘记，就在手帕上打了个结。这该怎样解释呢？首先，受到委托的观念与打结建立了联系。接下来，他预知到自己会经常看到这块手帕，一看到手帕，当然就会想起当时的情境，就算有点儿小出入，也无伤大雅。看到手帕，就会看到上面打的结，于是他就想起受到委托这件事。这样，它们之间的联系便有意识地形成了。"[15]

简而言之，我们在记忆中搜寻已被遗忘的概念，就像在房子里翻箱倒柜寻找一个不见了的东西。我们到处寻找与丢失之物相邻相近的事物，它可能就在什么东西的下面、里面或者旁边。如果这个丢失之物就在与之相邻相近的事物附近，那么很快就能找到它。但是这些相邻事物在意识中只是些联想物而已。因此，回忆机制和联想机制是非常相似的。我们都知道，联想机制只不过是神经中枢的基本习惯规律罢了。

这种习惯规律同样也是记忆留存的机制。留存是一种回忆倾向，不过，也仅仅是种倾向罢了。唯一能证明确有留存的证据是回忆真的产生了。经验的留存，简单说来，就是在过去的环境下，把"再次思考的可能性"或"再次思考的倾向"换个说法而已。任何碰巧获得的线索都可能将这一倾向变成现实，这一倾向有个不变的基础，那就是有规则的神经通路。通过这个神经通路，线索就能在恰当的场合中唤起相应的经验、过去的联想物、个人当时的感觉以及确信它的确发生过的信念等，正如我前面所描述的那样。当回忆"准备就绪"，过去的经验就会立刻被激活；如果回忆还没有准备好，这种激活就会延迟。但是不管它是被立即激活还是被延迟了，其（换句话说，即经验的"留存")条件都是大脑的神经通路,这种大脑神经通路将经验与回忆的场合线索紧密联系在一起。人在睡眠时,这些神经通路是"留存"状态;人在活动时,这些神经通路就是"回忆"状态。

用一个简单的模型(图 16-1)就可以彻底解释记忆的成因。用 n 表示过去的事件,用 o 表示该事件的"背景"(同时发生或出现的事物、日期、自身现状、温暖和亲密感等,这些我们前面已经阐述过了),用 m 表示目前的想法或事实,而这些想法、事实或许已经成为回忆的恰当理由了。M,N,O 分别代表 m,n,o 的神经中枢,这些神经中枢在 m,n,o 运作时处于激活状态。这样 $M\text{-}N$ 和 $N\text{-}O$ 之间确实存在神经通路,用语言来表示的话,就是"事件 n 在记忆中的留存"。大脑兴奋沿着这些神经通路传递开来,为真正回忆起事件 n 创造条件。我们将看到,n 的保持并不是秘密地将某个"观念"藏在无意识状态中,它根本就不是一种心理状态,而是一种纯物理现象,一种形态特征,也就是这些"通路"在神经组织不活动时的状态。我们将发现,对于 n 的留存并不是在无意识状态下将某个"观念"秘密储存起来。它根本就不是一种心理规律,而是一种在大脑组织处于最佳状态下的纯物理现象,一种形态特征,是一种"路径"的彰显。另一方面,回忆或记忆是一种心理物理现象,既有生理的一面也有心理的一面。生理的一面是指现在正在探讨的神经通路的功能性兴奋;心理的一面是指对过去发生事件在意识中重现以及相信自己曾经历过这一事件的信念。

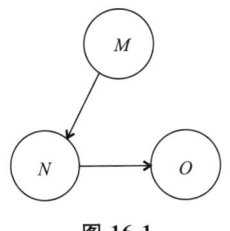

图 16-1

第十六章 | 记 忆 725

借由过去印象形成的习惯性神经通路可以清楚地解释学者们所说的"倾向""痕迹"和"踪迹"等术语,它们都是过去经验在大脑中留下的映象。许多学者在解释神经通路时都含糊不清,很少有人把这种痕迹看成联想的路径。莫兹利博士曾这样写道:

"当过去的观念再次被唤醒时,相同的神经电流就会再现——大脑也意识到这是一种再现。也就是说,大脑意识到这是两个相同的观念。问题亦随之产生:意识的生理基础是什么?这些细胞和神经纤维的组织结构要发生什么样的改变?它们的生理活动要怎样改变才能为产生和再现这样的观念创造条件呢?答案或许是这样的:最初的行为在观念逐渐消失时的确产生了某种后作用,神经元素发生了某些改变,神经回路再次引发相同的活动,这种活动趋势在意识中表现为再认或记忆。事实上,记忆就是当这种生理趋势处于活跃状态,或对再现某个特定心理经验产生影响时的意识状态。为了解其中可能发生的种种现象,我们得做出一种假设,即假设个体的神经元素都拥有自己的意识,假设它们因初次体验而产生某种特定变化;很难去想象,如果把它们放在另外一个情境中,便认不出来,想不起来了。第二次的活动是第一次的再现,并且加上了第一次活动的后作用。假设这样的活动是有意识的,这种加上了后作用的再现便是记忆或回忆。"[16]

在上面这段话中,莫兹利博士所说的"神经元素""细胞和纤维的解剖基础"与图 16-1 中的 N 相对应,而"改变"是指相同元素组合中的内部变化。有一种说法是,只要 N 再次兴奋,人们就能意识到这是一次"再兴奋"。然而,人们只要稍作思考便会知道,这种说法并没有事实根据。这两次兴奋只不过是"兴奋"罢了，产生的意识也只不过是两次"意识"，它们之间没有任何关系。第一次刺激后留下的隐隐约约的"改变"对我们一丁点儿帮助都没有。依据类推法进行分析，这种"改变"只会使接下来的刺激更为顺畅、迅速，人们也许不一定能够意识到这种刺激，也不能把它与过去联系在一起。由于雨水的连续冲刷，排水沟进一步受到磨损，但并不是因为磨损了，排水沟才与之前的阵雨产生联系。心理学（莫兹利博士在接下来的一句话中说，"心理学在这个问题上对我们一点帮助也没有"）使我们至少可以从大脑的角度来做出一番分析。观念产生于大脑，当大脑活动时，就能使我们意识到过去，因而就不会有"神经元素"N 的内部改变。N 是记忆的生理条件，但对于记忆而言是一种外部条件，也就是说，它与我们称为 O 的其他神经元素之间相互关联。这个 O 代表着大脑机制中那些相当复杂的东西，而不仅仅只是记忆的主要事件、时间、周围环境、时间间隔等。这里的"改变"是指 N 和 O 之间联想通路在可塑性神经物质上的构成形式。

　　简而言之，个体内部经验唯一支持的假设就是，受到某个事件激发的脑区域，与在回忆中激发的脑区域之间存在部分差异。如果我们可以在没有任何联想物的情况下再现过去，便根本就没有"记忆"这个说法，只是单纯的想象，想象那个原初体验罢了。[17]事实上，要想区分到底是一个没有明确的"过去背景"的回忆，还是一种纯粹的创造性想象，是件很困难的事情。但是，当印象的保持和回忆的联想物保持一定比例，越来越清晰明确，特点越来越明显，慢慢就成为一种"回忆"。比方说，我走进朋友的房间，看见墙上挂着一幅画。一开始，我脑子里有种奇怪的感觉，"我肯定见过这幅画"，但是并不清楚是什么时候见过、怎么见到的，只是有种似曾相识的感觉。我突然惊呼：

"我想起来了,这是一幅局部临摹作品,原作者是佛罗伦萨美术学院的弗拉·安杰利科(Fra Angelicos)!我记得在那儿见过它!"此刻由这幅画激发起的大脑神经束曾经以相似的方式被激起过,但是这并不是回忆产生的动机,而只是因为随着这种脑神经束的激发,其他神经束也被激发起来了:一边是有关朋友的房屋及其特征,一边是有关佛罗伦萨美术学院的存留印象,还有我当时参观该学院的情境,再加上模模糊糊地记起自己曾度过的那几年。所有这些大脑活动相互作用的结果是,我想起了某个特定事物,也就是,我面前的这幅画。很多年前,在佛罗伦萨美术学院里,我也曾像现在这样观赏这幅画,只不过那是真迹!

泰恩以他一贯的生动方式描述了心理印象逐渐转变成记忆对象的过程。他写道:

"我在街上偶然遇到了一个看起来非常眼熟的人,立马认为自己以前见过这个人。对他的印象迅速退回到过去,在那里摇摆不定,无法立即确认到底在过去的哪个点上。印象就这样持续了一段时间,也萌生了一些新的细节。'我上次见到他时,他是个光头,穿着工服,在画室里画画。他就是住在某某大街的某某人,是一个再普通不过的人。但上次见到他究竟是什么时候呢?不是昨天,不是这个星期,也不是最近。想起来了!他曾说自己正在等待春天的来临。我是在春天来到之前见到他的!但是,具体是哪一天呢?我想起来,就在我遇见他的那天,街上和公车里都插满了棕树枝。那天是棕榈主日!'印象在过去的时间中往返运行,我们沿着过去的线索一路观察,每做一次判断,便会引起一次震颤。当印象与目前的感觉相遇,当印象与再次出现的一大堆潜在模糊印象相遇，它便突然变得模糊不清了。接着，通过细节的补充完善，通过将一天、一周内发生的事情进行概括，印象再次'后退'，今天之前，昨天之前，一周之前，甚至更早，超出了最近回忆里的那些模模糊糊的时间。然后，我想起这个画家所说的话，而他的话再次立刻'后退'，虽然还不知道具体是哪一天，但已经知道那时有绿叶，那时是春天。过了一会了，又想起了新的细节内容，想起了树枝，但是这一次，它没有后退，而是向前推进，推进到某个具体的点上，这个日子就是复活节后的一个星期，狂欢节的前五个星期。通过这两个反方向的作用力，就能把时间定位在一个特定的日子上了。"[18]

第四节 记忆的有利条件

我在前面讲到，记忆中的事件用 n 来表示，当回忆 n 的时候，神经通路 N-O 被激活，为回忆 n 创造条件，并且使之与单纯的想象相区别。而另一方面，神经通路 M-N 为完全回忆 n 提供了线索和机会。因此，记忆是以大脑神经通路的相互作用为条件的，个体记忆力的好坏取决于神经通路的数量和持续的时间。

神经通路的持久性（或不变性）是个体大脑组织的一种生理特性，但神经通路的数量却属于个体内部心理经验。神经通路的持久能力可以被称为固有保持力，或生理性记忆。这种保持力随着年龄的增长而变化，人与人之间也有很大的差异。有些人的意识就像被蜡封住了一样，不能形成印象，与其他事物缺乏联系，而且容易消除。有些人的意识就像果冻，一碰就会发生颤动，但通常不会留下印记。后面这种人在回忆前，必须先把回忆的内容编入自己储存下来的知识库中，他们的记忆不会杂乱无章，而是连贯有序的。相反，还有一些人，能够毫不费力地记住名字、日期、地址、奇闻轶事、闲言碎语、诗歌、引用语和各种各样五花八门的东西，但他们的记忆非常杂乱，造成这种现象的原因自然是由于他们的脑通路中的内容一旦形成，便能够长期保存下来。没有这种高度的生理性记忆，恐怕没有人能记住数目如此庞大的内容。无论从理论上还是从实践上来讲，执着追求的人总是有所成就，不断在进步。还有一些人则把很多时间放在重温那些已经遗忘的东西上面，这样的人只能原地踏步。像查里曼大帝（Charlemagne）、路德、莱布尼茨、沃尔特·斯科特这些各种史书上都有记载的人物，都有惊人的生理性记忆。如果没有这种保持力，他们也许在某个方面有杰出表现，但绝不可能在那么多方面都做得很好，也不可能在当时造成如此大的影响。[19]

但是，对我们所有人来说，一生中总有一段时间我们在获取知识经验方面会处于相对平衡的状态，头脑中旧的神经通路消失的速度与形成新的神经通路的速度一样快，在一星期内忘掉的内容与新学习的内容一样多。这种平衡状态也许会持续许多年。白发苍苍的时候，这种平衡就会反方向打破，即忘掉的比学到的多，甚至什么都学不了。大脑通路变得稍纵即逝。在几分钟的谈话中，问一个同样的问题，答案重复了五六遍都记不得。但童年时形成的神经通路却显示出较高的保持力，年老糊涂的人依然能回忆出自己早年的生活，而后来的事情却忘得一干二净。

说了这么多关于神经通路持久性的问题，现在来聊聊神经通路的数量吧！

很明显，大脑中像 M-N 这样的神经通路越多，意识中回忆出 n 的线索或机会就可能越多，这样总体上 n 的记忆就越快越准确；回忆越频繁，神经通路就越多，结果也就越能顺利回忆出想要的东西。用心理学的术语来讲，意识中与一个事物相联系的其他事物越多，对这一事物的记忆就保持得越好。每个与之相联系的事物都会成为一个吊钩，紧紧勾住这个事物，能够在它从意识层面往下沉的时候重新把它勾回到意识中来。这些钩子形成一个联系网，共同构建了整个思维网络。"好记性的奥秘"就是将头脑中想要保持的每个事物间构成各种各样的联系。但是，除了尽可能多地思考头脑中存储的内容之外，与事物形成联系到底意味着什么呢？简要地说，如果两个人的外部经验相同，固有保持量也相同，那么，那个常常思考已有经验，并将各种经验编织成一个系统的人就是记性最好的。这样的例子随处可见。大多数拥有好记忆力的人，是因为他们能把所要回忆的东西与大脑中原有的东西联系起来。那些学习成绩不好的大学生运动员，在说起各种体育技艺和比赛结果时，却有着令人瞠目的丰富知识，甚至是一本体育统计数据方面的活辞典。原因就在于他们在头脑中不停地重温这些内容，并进行比较和归类。对于他们而言，这并不是一些庞杂零碎的东西，而是一个系统，相互间都能联系在一起。商人也是这样来记住各种价格，政治家也是这样来记住对手的演说和得票数。他们表现得很博学，让外人吃惊。其实，原因很简单，就是因为他们常常思考"专业内容"，思考的量大，自然就记起来了。达尔文和斯宾塞都在各自的书中讲到良好的记忆，他们都认为良好的记忆力并不与中等程度的生理性记忆相矛盾。如果一个人在幼时就给自己布置任务——证明进化论，那么，在他头脑中，相关的材料就会很快集中起来，像一串串葡萄一样连在葡萄藤上面。这些材料与理论之间建立的联系会像葡萄藤一样紧紧缠绕，这样，意识能识别的联系越多，人就越博学。理论学家或许不会存在杂乱无章的记忆，如果有的话，也非常少。他根本不会去注意无用的信息，即使听到了，也很快就忘记。博学中蕴含着无知，隐藏在各种联系网的缝隙中。我想，那些与学者和专家打过交道的人都会很乐意分享一下这方面的例子吧！

在一个系统中，每个事物都通过某种思维关系与其他各个事物建立联系。其结果是这个系统中，每个事物都因与其他事物间的联系而保持下来，而且几乎不可能忘掉。

我们一直说，死记硬背是种蹩脚的学习方式，现在终于知道原因了。我说的死记硬背是指平时根本不学习，然后用填鸭的方法，打算在考前的几个小时或几天之内将知识点全都塞进记忆里。这些在数小时之内学得的东西，只学了一次，只为了一个目的，因而不太可能与大脑中的其他事物形成很多联系。这些脑活动很少能进入神经通道，因此相对来说就不太可能被再次唤醒。用这样简单的方式进入记忆中的事物最后都会被迅速遗忘掉，这是几乎不可避免的结果。但是，与此相反的是，如果同样的内容是一天天逐步获得的，在不同的上下文中重复，在各式各样的关系中思索，与外部世界产生了联系，经过了反复的深思熟虑，那么这些内容就进入了一个系统中，与系统内的其他成分形成联系，可以向很多通路敞开，等待连接，这样就能在头脑中长久留存，成为意识的一部分了。这就是为什么要求学校要奉行"知识需要应用"的根本原因。当然，死记硬背并非不人道。如果这种方法能产生预期的学习效果，那么它说不准还是一种最好的学习方法呢。但问题是这种方法并不会带来好的预期效果，相信学生自己应该最清楚这个中理由。

第五节 一个人的固有保持力是不变的

现在，我们都很清楚，记忆力的好坏依赖于各个记忆对象间联系的紧密程度。文化不能改变人的固有记忆保持力。固有保持力是一种心理特征，这种保持力一旦形成，便永不改变。当然，人们在身体健康时的固有保持力与身染病痛时的并不一样。根据观察，当人在头脑清醒、精力充沛的时候，记忆保持力比劳累、生病时好。因此，可以说，一个人的固有保持力会随着健康状况上下波动，一切对健康有益的东西对记忆也都有好处。甚至可以说，所有有利于大脑的智力训练对提升记忆力也有好处。但是，除此之外，也没什么其他的可说了，显然，这和大多数人认为的很不一样。

人们通常认为，系统性的反复练习不仅可以加强练习当中特定内容的记忆，还可以增大记忆容量。常见的例子是，反复背诵新单词，会记得更快。[20]如果这是真的，那么我刚才所说的就是错的，所有以神经通路为基础的记忆理论都需要重新修改。我认为，反复练习有助于提高记忆的说法并不正确。就这一问题，我曾仔细询问过几名资深演员，他们都否认练习会产生上述那种差异。练习只是提高了他们学习的系统性而已。头脑中充斥着大量不同的声调、重音和手势；新单词唤醒了新的联想和判断，它进入了一个已有的网络当中（如商人脑中的价格、运动员大脑中储存的"比赛结果"），也就更容易回忆出来。但是，个体固有的记忆能力并没有得到丝毫的提高，反而随着年龄的增长而衰退。这个例子很好地证明了"越动脑子，记忆越好"。与此相似，当学生反复地背诵练习之后，确实取得了进步，然而，我敢肯定,这种进步通常只表现在特定学习内容的学习方式上(如由于兴趣增强了、受到了更强的启发、属于同一类别、给予更多的关注等),而根本不是因为人生理上的保持力提高所致。

纽约的霍尔布鲁克(M. H. Holbrook)博士写了一本书,名叫《如何提高记忆力》[21],这本书很实用,也颇具道理,但书里面就出现了我上面所讲的错误。作者没有区分一般的生理性保持力和针对特殊事物的保持力之间的差异,而是认为这两种保持力可以通过相同的方法得到改善。

他说:"我目前正在治疗一位常年罹患失忆症的病人。他并不知道自己的记忆力衰退得很厉害,直到我跟他说了,他才明白。于是,他很努力地去恢复自己的记忆力,并取得了一定成效。他采用的方法是每天做两小时的记忆练习,早上一小时,晚上一小时。他遵循我的指导,不管学什么,都全身心地投入,这样所学内容就在大脑中留下了清晰的印象。每天晚上,他都要回忆白天经历的所有事情。第二天早上,再开始新一轮的学习。他听到的每个名字都要写下来,并且清楚地记在头脑中,然后再努力把它们回忆出来。每个星期都会选出十个人名,并且记住这些人名。他每天学习一首诗,再加上《圣经》里的一节经文。他还要记住书中有趣的部分是在哪一页。这些方法我都用在他身上,还用了其他的方法,一起来慢慢地恢复他的记忆力。"[22]

很难相信这个可怜老人的记忆力会得到提高,那些整天要求关注、重复的内容,那些政治家的名字,那些《圣经》中的经文等,都不过是一些特定的内容,是医生的要求而已。霍尔布鲁克在别处引用了一位记者兼政治家梭罗·威德(Thurlow Weed)的话,说到了增强记忆力的方法。

"我的记忆就像个筛子,什么都留不住。我什么都记不住,日期、名字、约会、样貌,什么都从我脑子里跑光了。我曾对我妻子说:'凯瑟琳,我当不了成功的政治家,因为我什么都记不住,而好的记忆力是成为政治家的首要前提。'我妻子说,我必须进行训练。所以,我那天下班以后,就一个人独自坐着,花了15分钟时间努力去回忆一天中发生的主要事件。开始的时候我几乎什么都记不住,甚至想不起来早上吃了什么(现在当然能回忆起来了)。经过了几天的训练,我能记得的东西比开始的时候增多了,能把事情更加细致、准确、生动地回忆出来。大约两个星期后,凯瑟琳说:'干吗自个在那回忆每天的事情,不如说给我听听?说出来会更有意思,如果我对你说的感兴趣,那么就会对你的记忆产生促进作用。'我觉得我妻子说得很有道理,于是就养成了口头回忆的习惯,就这样一直坚持了差不多五十年的时间。每天晚上,上床前的最后一件事,就是告诉她这一天中发生的每件事,有的是发生在我身上的事情,有的是跟我有关的事情。慢慢地,我能回忆出早饭、中饭和下午茶吃了什么,见过什么人,说过什么话,记得自己写的评论文章,并能说出文章的概要。我几乎能说出我曾收发的所有信件,以及信件中使用的词语。走路时、骑车时的所见所闻,统统都告诉她。我发现我的训练效果一年比一年好,而且,我不仅没有感到厌烦,反而把每天的复述当成了一种乐趣。这种方法有助于培养出众的记忆力,我从中受益匪浅,并将这种方法推荐给所有希望提高记忆能力的人,还有那些希望有所成就的人。"[23]

威德先生在经过了 50 年的艰苦训练后，对过去经验的掌控能力与原来相比的确是大大提高了。为了能在晚上回忆出来，他留意白天发生的每件事，采取不同的方法，集中精力做每件事，到了晚上进行复述，而且做得一天比一天好。他在每件事上花的心思比别人多，因此这些事情在他头脑中保留的时间也就比别人长。但是，我敢断言（虽然我知道，在别人眼中，要否定一个有理有据的事实是多么的愚蠢），同样一件事，即使不特别留意，也不去思考，它也会保留在记忆中，而且记忆效果与 50 年的训练相比没多大区别。他只是用了一种比较好的方法来注意和记录他的那些经历，但他的生理性保持力并没有丝毫的改善。[24]

667　记忆力的改善在于记忆习惯方法的改变。

668　传统的记忆方法分为三种，机械法、独创法和审慎法。

机械法包括增强法、延长法和复述法。现代社会，教导孩子如何认字时，会把每个词写在黑板上，通过眼看、耳听、嘴说和手写这四种渠道来学习，这是一种改进了的机械方法。

审慎法只是一种逻辑方法，即系统性地思考和处理需要记忆的东西，将这些东西进行分类、解析等。所有的科学研究都采用这种方法。

独创法中的很多方法在产生时都被冠以机械法之名。用了这些方法，就有可能把那些无关联的事物、名单、数字等完整地记下来，而这些东西数量巨大，种类繁多，用自然的方法根本记不住。独创法通常有一个通过机械学习而建立起来的架构，意识可以安全持久地保存在这一架构中。通过各种稀奇古怪的类比，与这个架构中的其他内容建立联系这样的方法，就可以与所要记住的东西形成关联，自然有助于回忆。其中最著名，也是用得最广的一种方法是数字—字母法。例如，要记住数字，就要首先形成一个数字—字母表。在这个数字—字母表中，每个数字都能用一个或几个字母来表示。数字就转换成一些能拼成单词的字母。这样的单词可能还会让人联想到包含这个数字的某个事物。如果只是单独出示数字，人们不一定能一一记住，然而通过这个方法，单词记住了，数字也记住了。

"最常用的数字—字母方法是这样的：
1，2，3，4，5，6，7，8，9，0.
t，n，m，r，l，sh，g，f，b，s，
d，   j，k，v，p，c，
         ch，c，   z，
         g，qu.

我们来简要地看一下这种方法是如何应用的。假设我们要记住声音的传播速度是每秒1142英尺，我们就要记住t，t，r，n这几个字母和它们的顺序。在这些字母中填入元音，组成一个词组，如'tight run'，想象一个人在拼命地奔跑，为的就是能赶上声音的速度。几天以后，当你开始回忆，注意不要把声音的速度与光的速度混淆，也不要去想是否能跑到每秒3 000英尺。"[25]

皮克(Pick)博士及其同事们用的方法颇具系统性，即通过一个中间概念来连接两个需要回忆的观念，这个中间概念受第一个概念启发，又接着启发第二个概念，如此这般延续下去。因此，

"假设我们要记住以下一系列概念：花园、头发、看守、哲学、铜等我们会用这样的方法把这些概念组合起来：花园、植物、植物的绒毛、头发、头发、帽子、看守、看守、警觉、研究、哲学、哲学、化学、铜等。"（皮克）[26]

大家都知道，记忆效果的好坏与以下几个方面有关：
①时间上的远近；
②注意的程度；
③重复次数的多寡。

时间上的远近影响记忆的效果，这一点毋庸置疑。两件同样重要的事情，在时间上离得较远的那个就容易被遗忘掉。年老以后，童年的记忆会变得很牢固，而日常的事情却很容易遗忘。这是因为，日常的事情重复得少，也都是一些琐碎之事，而童年的记忆却在我们的一生中多次浮现。在其他条件都相同的情况下，时间上越接近就记得越牢，一生都是如此。我能想到的唯一一个例外就是，发生在特定时期的那些莫名的童年记忆，这些记忆显然并非出于内在兴趣和需要，而是因为这些记忆是当时那个时期当中唯一能记起来的事情了。每个人或许都能记住自己幼年时期一些零星的片段，曾经站过、坐过的地方，房间里的灯管，父母的教导等。在漫长的童年时期，却唯独记得那些儿时情境，或许是因为它所具有的特殊意义，是一段现在已经不可能再经历的历史了。想起一次后，我们很可能会接二连三地再次回味。最终，这些回忆在我们的心中根深蒂固。

我们之所以特别关注某段经历多半是由于经历本身的生动有趣。众所周知，在其他条件都相同的情况下，我们更容易回忆起那些给自己留下了深刻印象的生动之物。一个让人震撼的印象就如同在大脑皮层上留下了印痕一样,深深印在脑中,但这也会导致一些病态的错觉。"一位遭到强盗袭击的妇女,在那之后把所看到的每个男人,包括他的儿子,都当成想要杀死她的歹徒。还有一位妇女看到她的孩子被马碾过,别人无论怎样跟她说孩子没死,她还是认为孩子死了,即使孩子就活生生地站在她的面前。某次争吵中,有位妇女被人称为'窃贼',之后,她就认为每个人都在谴责她偷东西[埃斯奎罗尔(Esquirol)]。还有一位妇女在巴黎公社期间看到街道发生了火灾,躁狂病发作,六个月以后,神智依然不清,总是看到自己被火焰包围[卢易斯(Luys)]。像这样的事例还有很多。"[27]

有关注意和重复的记忆效果,我讲的不如泰恩好,这里就引用泰恩的原话:

"我们在比较不同的感觉、印象或观念时发现,在是否能够回忆起这些事物的问题上均存在着众多差异,不可同日而语。其中大多数都被遗忘了,一生不会再出现。例如,几天前我驾车经过巴黎,虽然看到了好几十张新面孔,但现在一个也想不起来。然而,在非常状况下,如躁狂症突然发作或麻醉剂生效时,就有可能想起他们的样子。另一方面,感觉也具有再现过去的能力,而且不会破坏或丢失原来的内容。通常来讲,虽然时间会削弱或损害我们最强的感觉,但是,这些感觉还会重新出现,和以前一样完整,强度也一样,一个细节都没丢失。博埃斯蒙特(M. Brierre de Boismont)看到了一个孩子得了脱发病的样子,心里大为震慑,他说:'虽然五十五年过去了,但还是看到那孩子的头发一根根脱落下来的样子。'就我自己而言，虽然已经过了三十年，但我仍然清晰地记得第一次看露天剧场演出时的情形。从第三排包厢看过去，剧院的主体部分就像一口庞大的井，红彤彤的，闪闪发光，人头攒动。剧院下方的右手边有一个狭小的舞台，两个男人和一个女人，他们和我一样个头小，一边做着手势，一边不停地进进出出。令我吃惊的是，其中的一个小个子跪了下来，亲吻了女士的手，然后就退到屏风的后面去了。这时另外一个小个子怒气冲冲地冲上来，扬起了胳膊。那时候我七岁，不明白当时发生了什么，只知道那个深红色天鹅绒装饰的金碧辉煌的'井'很拥挤、刺眼。一刻钟之后，我就迷迷糊糊地睡着了。

"每个人的记忆中都有些相似的陈年旧事，但相似中又蕴含着不同。那个最初的印象，总是在脑中浮现，或是恐怖惊悚，或是稀奇古怪，或是与现实生活格格不入。这就是我们常说的'印象深刻'，我们被深深地吸引，无法去想别的东西，无法再有别的感觉，第二天可能还在想着它，赶也赶不走，就算干扰也无济于事。这种落差的力量使得童年的印象根深蒂固、无比清晰，这些普普通通的事物也让人感觉不普通。如今，我已看过很多大型的演出厅和设施完备的剧院，进去后我已不可能再有那种被吞没的感觉，也不会在庞大又令人炫目的井里面感到迷糊了。一个小孩子在即将被推进手术台的那一刻会特别的恐惧焦躁，但对于一个整天和看病求医打交道，生理心理上都经受了很大痛苦的六旬老翁而言，已经不会那么恐惧了。

"无论是有意注意，还是无意注意，做法都差不多。事物或者事件的印象都能得到再现，但回忆的完整性取决于我们对这个东西、这件事注意程度的多少。日常生活中，我们时时刻刻都在实践着这种规则。我们在专心读书或热烈交谈时，忽然从隔壁传来歌声，我们不去理会，模模糊糊听到歌声，但是不知道具体唱了些什么。如果我们停止阅读或交谈，集中精神去搜寻从外面传来的声音，闭上眼睛，静心聆听。此时，歌声再次响起，我们就立即侧耳倾听，全神贯注。如果歌声美妙动人，我们的情绪就会更加激动和振奋，陶醉在歌声之中，甚至达到忘我的境界。在这几分钟里，灵魂已经飘远，所有的思想都跟随着音乐一起舞动……

"这种暂时超越了意识之外的状态为解释再现的持久性和完整性提供了依据。感觉在印象中再现，印象的再现受感觉的影响。既然第二次只不过是第一次的再现，那么第一次里的事物就会在第二次里重新出现。所以，一生中，所有的印象都要不断地参与其中，而一开始就投入最强力量的印象会在斗争中打败对手、存活下来，遵守着重复定律。这就是最初印象再现的原因，一开始不间断的重复，后来常常重复，最后不再重复，新的印象取代原来的，开始新一轮的重复，而他的对手们已经圈好了自己的地盘，蓄势待发，等待着江山轮到自己手中。

"持续再现的第二个原因是自身的重复。大家都知道，要学一样东西不仅需要认真地加以思考，还必须进行重复思考。用通俗的话来讲，就是印象重复了很多次后，就会更深地而且也更准确地印刻在记忆中。我们就是用这样的方法记住了语言、歌曲、诗歌或散文、技术术语、科学原理和其他一些平常的事情。看到葡萄干果冻的形状和颜色时,就会想到它的味道。闭上眼睛品尝味道时,就会想象出这种果冻红彤彤的颜色和那微微颤动、鲜鲜亮亮的样子。这个形象在大脑里不断重复,愈加鲜明。不管是吃饭、喝水、走路,或是运用其他感官,或是进行其他活动时,一切皆是如此。人和动物在日常生活的每时每刻都在贮存清晰而又容易再现的印象,这些印象在过去经验的交汇点上产生,现在又由于经验的重复而再现。

"如果我想从图伊勒里花园到万神庙去,或者从书房走到餐厅,脑子里就会首先想起每个转弯角处的那些花花绿绿的物体,这些东西可以为我指路。否则我会在屋子里转悠两个小时,在城里待上三天。十年之后,这些印象会变得模糊,脑子里一片空白。有时会消失无踪,我就不得不去寻找,否则就会走丢了。印象的新特质也源于首次印象。每种感觉都希望在印象中复苏,重复两次的感觉,复苏的可能性就多了一倍,也就是说,第二次所给予的注意与第一次一样多。但是通常不会出现这种情况。因为在第二次,我们对该事物的兴趣已大大降低。然而,如果出现了其他情况,能够重新引起我们的兴趣,或是意识让我们对它加以关注,那么,再现这一印象并且使其更加完善的可能性便随之大幅提高。"[28]

然而,如果我们过于频繁地碰到这种情况,如果其间的环境过于复杂多样,那么,即使这一印象能够保留下来,即使再现条件很便利,它也不能形成一个独特的"背景",也不能回到过去的特定时间中去,也就无法具体地描述出来。我们能识别它,却记不住它——和它

相关联的事物过于复杂,如同迷雾一般。斯宾塞认为,没有人能记住这样的印象。他说:

> "人不明白看到的东西其实还有反面,不晓得视觉印象的改变意味着已经产生了一定的距离,不知道所看到的运动体其实是个动物。如果问一个人他是否记得太阳会发光,火会燃烧,铁是硬的,他肯定会认为你脑子有病。尽管这些和我们的经验息息相关,而且非常熟悉它们的类别,也不会被视为记忆。听到一个似曾相识的陌生声音,我们会说,'我记起来了,这是×××的声音';但是听到熟人的声音时,我们就不会这样说了。童年时记住的措辞,到了成年就会一下子浮现。"[29]

在很多情况下,通路过多,形成的联系也过于繁杂,互相妨碍,这样意识接触的都是些边边角角的东西,或者只是感觉到好像有着某种联系。即使是某种明确的"情景"刚刚被唤起,但结果也是这种情况。接下来,就会觉得这件东西似曾相识,话都到了嘴边,却说不出来到底是什么时候,在什么地方见到的。新产生的大脑兴奋能够影响到意识,这种影响是通过一种紧迫感来实现的,其中较强的兴奋会让我们明确地感觉出来。这一点在我们记忆名字时就能明显地看出来。这个名字就在意识的边上,窸窣作响,微微颤动,但就是不肯出现。这样想不出,但又有蛛丝马迹的联系就是再认的边缘,这个边缘围绕在经验的周围,令我们产生熟悉之感,但又搞不清究竟是怎么回事。[30]

每个人都似乎有这样奇怪的体验——现在所处的情境仿佛从前经历过,比如说以前也曾在同样的地方,对同样的人,说过同样的话,等等。这一"先验感"被当成神秘之物,引起了众多的猜测。威甘博士认为，这是由于大脑两半球的活动相分离所造成的。其中的一个半球进行意识活动的时间要比另一个半球晚一些，但两者处理的内容是相同的。[31]坦白地说，我认为把这种现象当成神秘之物是有点儿过分了。我曾在自己身上多次成功地解释了这一现象，这种现象属于记忆的一种情况，由于印象模糊不清，过去的某些情形就会重新浮现出来，而其他的情形则没有出现。一开始进行时间上的识别时，过去一些与现在情况不同的部分不会全部出现，我们能得到的是目前的情况，还有与此相关的一些很笼统的情况。拉扎勒斯教授是位很中肯的研究者，他用同样的方法解释了这一现象。[32]而且，值得注意的是，只要过去的内容完整又明确，这种神秘感马上就会化为乌有。

第六节　记忆的精确测量

近期，德国在研究记忆的精确测量问题。艾宾浩斯教授在两年多的时间里，对记忆保持和再现的能力问题进行了大范围的日常观察研究。他背诵了成串的无意义音节，每天都测试自己的记忆情况。读一遍后他能记住的音节不超过七个。然而，他读了 16 遍以后能记住 12 个，读了 44 遍后能记住 24 个，读了 55 遍后能记住 26 个。记忆这些无意义音节所用的时间都是以第一次能够无差错地背出整串音节所用的时间为准。[33]一个包含 16 个音节的音节串，第一天串读数遍后，第二天继续读，直到能够记住。这时候，他发现，第二天学习同样音节时节省的时间秒数与第一天学习遍数成正比例（这里的正比例指的是在相当有限的范围内，具体参阅本文[34]）。要记住一定长度的无意义音节，如果不进行大量的重复阅读，艾宾浩斯能够准确无误记牢的时间不到 24 小时。在遗忘这些诸如无意义音节的事物过程中，一开始遗忘的速度要比后来遗忘的速度快得多。艾宾浩斯对第二遍学习所省下的时间进行了测量。粗略地讲，如果第一遍学习音节串所需时间是一千秒，重新学习所需的时间就是五百秒，这两遍之间的时间差是原来的一半。用相同的方法进行测量，有一半内容是在最初的半小时内遗忘，过了一个月，只遗忘了五分之四。这样的结果我们是能预料到的，但无法预料到遗忘的比例数。艾宾浩斯说：

> "遗忘一开始很快，最后很慢。这些结果是在一定试验条件下测定的，而且也是针对特殊个体的，但我们还是对此感到吃惊。学习了一小时后就停下来，这时遗忘会非常快，要想再现出原来的音节串，就必须重新学习原来一半以上的内容。8小时以后，原来2/3的内容就要重新学习了。但是，渐渐地，遗忘的速度就放慢了，甚至过了很长一段时间，遗忘的内容只是微乎其微。24小时后只记住原来的1/3，6天以后记住1/4，一个月后还有原来1/5的内容保留在记忆中，而且重新学起来会比刚开始时快得多。"[35]

但是，在艾宾浩斯的研究结果中，有一个最为有趣的结果，但这个结果引发了一个问题，即观念的回忆是否由它前面紧接着的观念来实现，一个观念是否可能回忆起另一个没有直接联系的观念（二者之间无任何间接的心理联系）。这一问题在"观念联想"的运作方式上具有重要的理论意义。艾宾浩斯的尝试是独创性的，也是成功的。他的努力带来了两种观点，初看起来这两种观点并不能证明什么，也经不起直接的实际考验，但其中的一个观点是成功的。他的实验最后显示，观念不仅与它后面的观念有着直接的"联系"，其他的观念也穿插其中，而且这个观念与它附近的所有观念都有着直接的联系。他首先测量了记忆音节串所需的时间，然后测量了记忆中间带有间隔的音节串所需的时间。我们用数字来代替音节，如果第一个数字串是1，2，3，4，…13，14，15，16；那么第二个数字串就是1，3，5，…15，2，4，6，…16，等等，以此类推，变化多端。

现在，我们来学习第一串数字里的1和3，但是只能用1引出2，2引出3这样的顺序来学习，如果去掉2，就会断掉1和3之间的联系。记忆第二串数字花费的时间与记忆第一串数字的时间差不多，就好像从未听到过第一串数字一样。另一方面，如果1对2、3均有直接影响，那么，即使去掉了2，影响依然存在；熟悉第一串数字的人应该能更迅速地学习第二串数字。后一种情况在实际生活中确有发生。艾宾浩斯发现，即使一开始时用七个媒介将音节隔开，结果还是能回忆出这个音节。这是因为在按顺序学习时速度变快了，起初建立起来的联系得到了加强，而且这个联系中也包含了与音节串中的其他内容之间的联系。当我们说到神经"通路"，并毫无顾忌地使用这个词的时候，最后获得的那些结果就应该让我们在使用这个词的时候变得谨慎一些。大量事实证明，联想比意识更加复杂，神经通路可以在不产生意识的情况下，发挥出意识的作用。[36] 显然，1通过2到达3的这条通路使1到3(有意识地去掉2)这个通道得到了加强和拓宽——1-2-3这条通路周遭的内容的力量过于薄弱，无法让2成为一个明确的事物。

沃尔夫(Wolfe)，在再认实验中，采用了振动金属簧片这一方法：

"这些簧片在两个低八度音阶上震动两次，在三个高八度音阶上震动四次，发出了不同的音。在实验的第一个阶段，先选择一个音，这个音持续一秒钟，然后响起第二个音，第二个音可以与前面的相同，也可以不同(震动4次、8次或12次)。

被试要做的就是判断第一个音与第二个音是否相同,以显示他能否识别出相同的音。如果判断出来是不同的,则要说出第二个音比第一个音高还是低。当然,两个音之间的时距是很重要的一项因素。做出正确判断的次数,以及两个音震动速度的最小差异量,这二者之间的比值就是准确测量声音记忆所需的数据。似乎,人说出两个音是否相同要比说出两个音是否不同容易些,虽然在这两种情况中,记忆的准确性都相当高。原有声音和重复声音之间时间差的影响值得我们深思。某些实验中,这两个音之间的时间差是不同的,有的时间差在1秒到30秒,有的在1秒到60秒,还有的在1秒到120秒。一般情况下,时间隔得越长,正确再认的概率就越小。遗忘的过程在开始时非常快,然后渐渐慢下来……这一规律有很多变形,有的看似一成不变,实则变化无常。也就是说,记忆似乎是有韵律的,下降以后,稍稍恢复,然后逐渐消失。"[37]

声音记忆的周期性反弹现象是承认声音再现存在一定比率这一论点的一个重要因素。

第七节　遗忘

在智力的实际运用过程中,遗忘和记忆一样发挥着重要作用。

洛克在自己最满意的一本著作的扉页上写道:

"的确,有些人的记忆力非常强,甚至堪称奇迹。但是,记在我们头脑中的观念还是在不停地被遗忘掉,即使是那些印象最深、记得最牢的内容,也依然如此。如果长时间不去复习,不去思考这些曾留有深刻印象的内容,记忆就会慢慢模糊,最后消失殆尽。这样一来,儿时的回忆,青年的记忆,往往会随风消逝,留下的是一座座记忆的坟墓,虽然那些用黄铜和大理石雕刻而成的墓碑还在,但上面的铭文却因岁月而销蚀。留在意识中的那些印象也渐渐褪去了色彩,如果不去恢复更新,便也不复存在了。我们的生理构造和本性多少与这有些关系,性情秉性的不同也会产生一定的影响。对一些人来说,记忆就像刻在大理石上的碑文;对另一些人来说,记忆就像写在一堆乱石上的文字;还有一些人,记忆对他们来说就如同写在沙子上的文字一样。虽然人的生理结构有时的确能影响记忆,但是我在这里就不做进一步地探究了。我们经常发现,某种疾病会抹去意识中所有的观念,而持续几天的高烧会擦掉意识中的所有印象,也能把这些印象变成模糊一片,而这些印象原本可以像刻在石头上的碑文一样长长久久。"[38]

遗忘与记忆相结合的特殊混合物只是意识的一种选择性行为罢了。选择是心理活动的主干,就像船中的龙骨一样。在记忆中,选择的作用是显而易见的。如果我们记住了每样东西,在多数情况下,这就等于什么也没记住。这是因为,我们得花好长的时间才能从记忆中将过去的某个东西搜索出来,花费的时间几乎和这段逝去的时间一样长,记忆也就永远没有办法与思考保持统一步调。因此,所有的回忆时间都要经过里博教授所说的"缩略过程",即省去其中的大量内容。

"当现在沦为了过去,我们的意识状态也就消失不见了。几天的回顾之后,就已经所剩无几,甚至空空如也。大多数的意识状态因缺乏内容而遭到了毁灭性的破坏,再也不能复原了,而与生俱来的持续性也随之而去。残留的意识状态在时间的长流中一片空虚混沌。这一削减的过程,也就是之前提过的缩略过程,就能预先假定这一'空虚混沌'。如果要回忆很久以前的事,我们就不得不走过一串长长的远离当下的路,这条路太长了,长得以至于不可能回忆出什么。这样,我们就得出了一个看似矛盾的结论,即记忆的其中一个条件就是遗忘。如果不能遗忘大量的意识状态和内容,我们就什么也记不住。除了某些特殊情况之外,遗忘并非是记忆的疾病,而是一种健康状态,也是一种生命状态。"[39]

在遗忘的过程中,有很多不规则的变化,这些变化至今还没能做出解释。第一天忘记的事情能在第二天就能想起来。有些东西我们费了很大的力气去回忆,却是一无所获,决定放弃之后,却又鬼使神差地想起来了,就像爱默生说的,"轻轻地,它来了,好像从未刻意寻找过"。以前的经历已经忘得一干二净,但是罹患了某种脑部疾病或者经历某种意外事件后就常常会重新想起来。这些疾病和意外事件似乎拓展了潜在的联想通路,就像摄影师用显影液把底片上的图像显示出来一样。对于这样的情况,人们最常引用的是柯勒律治(Coleridge)的话:

"在德国的一个罗马天主教小镇上,有位年轻妇女,她既不会读也不会写。有一次,她发烧了,按那些教士的说法,是中了邪。有人听见她用拉丁语、希腊语和希伯来语说话。她说的胡话被人记录了下来,写了满满几页纸。这些胡话,单个句意明确、合乎语法,但彼此间并无关联。在她说的希伯来话中,很少涉及《圣经》里的内容,大多数似乎都是希伯来语的对话,作假是完全不可能的。这位妇女很纯朴,她这样的情况无疑是因发烧而引起的。很长时间都没有人能对此做出解释,只说是魔鬼附身才会这样。最后,这一谜团被一位物理学家解开。这位物理学家调查了这位妇女的个人历史。费了很多周折后才发现,在她9岁的时候,有位上了年纪的新教牧师收养了她。这位牧师是一位了不起的希伯来学者,她一直就住在牧师的家里,直到他去世。经过进一步地打听,发现老人有个保持了很多年的习惯——在家里通向厨房的一条过道上来回地走,并且独自大声朗读书上的内容。他读的书被找了出来,其中有些书是懂希腊语和拉丁语的神父们写的,还有一些是希伯来语的著作。这个年轻的妇女摘录了其中许多章节,供睡觉前阅读,相信这便是后来之事的根源所在。"[40]

682 通常,被催眠了的人在恍惚中把所有发生的事全都忘记了,但后来,却又在恍惚中记起来了。这就像"双重人格"中的情况一样,一种人格中的记忆在另一种人格中根本找不到。在前面的章节中,我们已经看到,感受性常常会随着人格特点的不同而发生变化。我们也晓得皮埃尔·詹尼特先生的理论,他认为麻醉能引起健忘症(参见前面的第363页)。某些情况下确实如此。某些功能性脑区域和其他一些区域出现了脱节，因此这些区域的意识与大脑其他部分的意识分离开来，用到了感觉和观念上面。詹尼特先生用不同的方法证明，他的病人在麻醉时忘掉的东西到了有感觉的时候就能记起来。例如，他用电击、针刺等方法暂时恢复他们的触觉，然后让他们拿起不同的物品，如钥匙、铅笔，或者让他们做些特定的动作，如画十字。麻醉重新起作用的时候，他们就记不得这些物品或动作了。他们说："他们手里什么也没有，什么事都没做。"等。然而，第二天，他们的感觉恢复了，就能完好地记起当时的情形，说出手里拿的什么东西，或者做了什么动作。

所有这些病理情况都表明，回忆的范围或许比我们认为的要广，而且在某些情况下，表面的遗忘并不能证明在其他条件下就回忆不出来。然而，"什么都不会忘记"这种说法也同样言过其实。在实际生活中，尽管偶尔会有些小小的插曲，但绝大多数发生的事情实际上都已经被遗忘。有人说，"只要有条件，什么都能回忆出来"，这种说法明显带有先验论的色彩，缺乏足够的事实根据。威廉·汉密尔顿爵士引用了德国作家施密德（Schmid）的文章，并采纳了他的观点。他认为，就意识而言，知识是一种"自发能量"。

> "这种能量一旦被确定下来，就会很自然地持续下去，直到被其他因素排除掉。这里的'排除'是指意识在被动状态下的情况……但是，这一心理活动（认知行为）并不是被动的，而是一种看不见的自主的能量。因此，如果曾有的认知再一次受到破坏，一部分的自我就必须分离开来，或被排除掉。所以说，这里最难解决的问题并不在于心理活动是如何持续的，而是在于如何消失的。"[41]

相信这一观点的人或许会很高兴。现在还没有其他令人信服的观点，当然也没有生理学上的合理解释。[42]

当记忆开始衰退，名字是最先开始遗忘的。回忆事物的名字始终要比回忆它的共性和类别困难些。

这是因为，与许多熟人的名字之间的联系相比，共性和名字之间产生的联系要多得多，这样的记忆就会更加有条理。如果是家人、朋友的名字，那么也会同样有条理，回忆起来也会很顺畅。[43]"条理"意味着无数的联系，联系的次数越多，回忆通路也越多。同样道理，形容词、连接词、介词和主要的动词，这些在语言中构成系统的语法结构的词，是遗忘得最慢的。卡斯摩尔（Kussmaul）[44]就这一问题做出了敏锐的评判：

"一个概念越具体，它的名字就忘得越快。这是因为，关于人和物的观念与它们名称之间的连接并不紧密，不如这些观念与它们的主要内容（如内部活动、情境和特点）之间的连接那么紧密。我们能很容易想象人和物，却想不起它们的名字。他们的感觉印象要比其他的符号印象（名字）更重要。在另一方面，抽象概念只有通过那些可以说明其稳定特点的词语才能被人所认知。这就是为什么与实词相比，动词、形容词、代词、副词、介词和连接词与我们的思维结合得更紧密的原因。"

我曾在第二章里面谈到过一种叫作失语症的疾病。病人在用到某个事物的时候，如说出一个词，这个词就在意识中消失了，病人说不出来，因此这种病很能说明记忆现象。我们或许会听不懂，或者说不出，但只要两样都不缺，我们就能很好地掌握词汇。如果这两样都有，但是在大脑中连接听和说的通路没有了，我们就会陷入困境。

"失调性"和"遗忘性"失语、"词聋"以及"连接性失语"都是词汇记忆缺失的实际表现。因此，正如里博所言，与其说我们是有记忆的，还不如说我们有着各种不同的记忆。[45]对个体来说，视觉、触觉、肌肉和听觉上的记忆都是相互独立开来的，不同的个体可以将这些记忆发展到不同的水平。通常，一个人在哪些方面兴趣大，他在哪些方面的记忆就好。但是，在某方面辨别感觉性高的人，同样这方面的记忆就好。耳朵很差的人就不太可能有很好的音乐记忆，眼睛不好的人也不太可能记得住看过的东西。在下一章中，我们将看到人与人之间想象力的差异。[46]显然，记忆的机制是个庞然大物。

高尔顿先生在他的著作《科学的英格兰人》[47]中，饶有兴趣地归纳了记忆类型中的个体差异。有些人擅长语言文字上的记忆，有些人擅长记忆事实和数字，还有人擅长形式记忆。大多数人认为，需要记忆的内容必须首先得到合理地消化吸收才行。[48]

有趣的是，就我所知，佛顿（R. Verdon）先生是第一个对此给予特别关注的作者。我们能够让记忆开始工作一段时间，去记住事物，然后再把记忆和事物分开来。

"当个体需要运用知识的时候，他们常常会记得又快又好。但他们不再需要的时候，记忆的痕迹就会快速而且大范围地消退。很多小学生把课文背出来后就全忘掉了，很多律师处理完特定的案件以后都不再记得其中的细节。一个孩子学了荷马的三十行诗句，背得滚瓜烂熟，但背完很快就忘了。第二天早上，他背不出连续的五行诗句。一个律师也许花了一个星期掌握了制作齿轮的秘密，到了下一个星期，也许他只记得齿轮支架的结构了。"[49]

这一情况的根本原因尚未可知，但这一事实的存在应该使我们感到，记忆所涉及的神经活动的确是非常微妙深奥的。佛顿先生补充说：

"将记忆的内容用完后就开始遗忘，注意力也从此减退，我们不再去想它了，有了一种解脱的感觉。因此我们或许会得出结论，即能量在某方面得到了释放。如果……注意力没有减退，我们就把记忆的内容留在意识中，这种解脱感就不会产生……而且，我们也很清楚地知道，解脱感产生以后，记忆的内容就不会跟原来一样在意识中妥善保存，要去记住它还真的不是件容易事。"

这说明，在记忆那些需要回忆的内容时，我们并不是像自己所认为的那样对记忆的主题一无所知。

佛顿先生说："实际上，有时我们在头脑中记住一件事并不是靠直接去注意到它，而是通过把注意力放在与这件事经常发生联系的事物上面来记住。我们把这件事转换成了生理语言，就是说，把注意力放到一个部分中，这一部分处在所需记忆事物所在的区域或通路上，或者靠得很近，建立起很好的连接，因而那些记忆的区域就能保存得细致完好。"

这也许是我们能得到的最为恰当的解释了。要记住一个事物，就必须在头脑中将最低量的连续刺激送入这一事物所在的通路，而且，这一事物必须在意识的"边缘"连续出现。要遗忘这一事物，就必须取消刺激，意识不到这一事物的存在，过了一段时间后，连通路也消失了。

记忆中一个十分奇特的现象是，主动重复要比被动重复的记忆效果好。我是说，比如我们在背书时，当快要全背下来时，更好的办法是先别看书，等一等，先把内容努力回忆一遍，然后再看。如果用回忆的方法把一些词想起来，那么下一次背时就能记住了。如果这时候不进行回忆而直接去看书，那么我们很可能下次背时还是离不开书本。背诵就是构建前一组大脑词语加工过程到后一组加工过程之间的神经通路：图 16-2 中的 1 和 2 就是我们说的两组加工过程，背诵的时候，1 到 2 之间的神经通路便形成了，后来也会使用到这一通路。当我们用眼睛来刺激 2 时，尽管也能形成 1-2 之间的通路，但是，实际情况表明，不借助眼睛的帮助，能量直接从 1 释放到 2 会使二者之间的通路更为深刻、持久。而且，当没有眼睛的协助时，在能量从 1 释放到 2 之前，大脑就已经处于紧张状态。努力回忆 2 时大脑的那种紧张感觉便是这一说法的有效证明，而且这种紧张感也会使释放过程更强烈，通路也变得更加深刻。有个类似的理由无疑可以用来解释这一熟悉现象，那就是我们对于自己的理论、自己发现的事物、自己构建的组合、自己的发明（简单地说，就是对我们自己头脑中产生的"观念"）的记忆效果要比别人告诉我们同样内容的记忆效果好上一千倍。

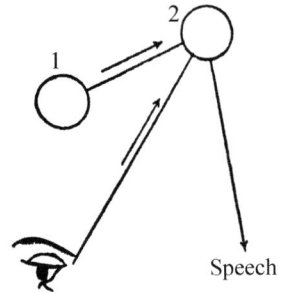

图 16-2

结束这部分时，我想谈一下有关记忆的形而上学观点。根据这本书中的假设，思想与大脑活动是同时进行的，而思想是对现实的认知。整个这一关系我们能够以经验的方式写下来，但是要承认，现在还无法进行解释。不管是哪一种意识，哪一种知识，大脑都需要产生能够认识理解的意识，而这本身便是个未解之谜。感觉只能意识到特性，而思维意识到的是复杂系统，感觉和思维一样都存在众多谜团。然而，从柏拉图的传统哲学体系来看，问题就并非如此了。感觉意识带有半物质性和非认知性，这一点我们不必奇怪。相关意识则与此相反，而这里面的奥秘无法用语言来表示。例如，莱德教授在自己的一本著作中[50]很好地阐释了记忆保持和再现对大脑通路的事实依赖性。他说：

> "在感知的研究中，心理物理学能够在科学解释方面做出不少贡献。他能够告诉我们什么样的刺激会产生什么样的感觉特性；它能提出关于刺激量与感觉强度关系的原理，它能研究在不同刺激的共同作用下，不同感觉组合的形成规律；它还能说明意识中的感觉和认知的时间关系，以及这种时间关系是如何与刺激时间的客观关系保持一致。但是，在精神活动中，不同的感觉实际上在意识中是合在一起的，因而心理物理学并不能提出物质方面的解释。另外，大脑加工过程是没法想象的，人们都知道它是客观存在的，并将其视为意识统一活动的物质基础。因此，我们应该，甚至应该更加相信，在记忆层面上，生理学完全无法为意识记忆提供解释，也就是说，现在急需为记忆寻找解释方法……记忆活动的本质在于：后像是曾经某段时

间某个认知物的印象,或者说,记忆印象是曾经某段时间认知到的印象,但无法准确记得自那以后到底过了多久。这样一来,我们就会得出这样一种相反的看法:当某个记忆印象出现在意识中的时候,我们认为它与原来的某个特定事物相似,就认为这一印象属于这个特定事物。原来的事物不存在,就永远都无法再现出来。更荒谬可笑的是认为传导器官或者中枢器官中存在的相似印象或活动就能解释意识记忆的活动。其实,意识对这种相似性一无所知,更不知道什么神经印象和加工过程。还有,如果不知道记忆活动是如此的复杂难解,我们也绝不会知道在时间上分离的两种印象和活动是如此相似。这是意识方面的问题。我们的经验联系和知识积累都要依靠意识,意识的时间段和意识的产物代表在某方面相似的过去经验。[51] 就是意识中的这种特殊要求构成了记忆活动的本质,而这一本质致使记忆不能全部解释为相似印象的保持或再现。这一本质也使意识记忆成为一种精神现象,对这种现象的解释要从神经过程和神经条件中产生,我们并非发现不了事实,而是绝对不能用想象来处理。当我们谈到记忆的物质基础时,我们必须承认,科学完全找不出我们能认可的物质过程,这一物质过程与特殊又神秘的意识活动相关,能够连接现在与过去,而且这一物质过程还构成了记忆的本质。"

在我看来,这一段话有些扰乱人思路的意味。他将难点放错了地方。一会儿他承认感觉论者的观点,认为我们思维的物质材料是再现的独立感觉,这些感觉的"组合"就是知识。如果只能产生知识,那么唯一的谜团就是意识"活动"能带来什么的问题了。一会儿他又认为，这种"组合"不是知识，因为相联系的因素必须"要求代表"原来的事物，而原来的事物与再现的事物并不一致。结果这些观点就形成了混乱的谜团，无法让学术界满意。为什么不把谜团都放到大脑加工过程产生知识这一更大的谜团中去呢？这个谜团与我现在坐在桌边写作时感觉到的谜团并没什么不一样，与我一年过后回忆自己当初的写作这一谜团也没有什么两样。心理学所能做的就是确定那些大脑加工过程究竟是什么。从很不完善的程度上说，写这一章就是为"确定大脑加工过程究竟是什么"打响第一枪。但是，对于"再现印象"和"代表"，还有"用同一活动组合"的表达，我就不说什么了，因为这样的表达并不能说明问题，只是拐弯抹角地说出一个简单观点罢了——满足某些大脑条件就能认识过去。对我来说，直截了当地说反而最好。

以往关于记忆的观点，还有其他一些书籍和文章可供参考，其中有一篇不错的专论文章，篇幅不长，是波恩汉姆（W. H. Burnham）写的，发表在《美国心理学杂志》第一卷和第二卷上。可供参考的书籍有：凯伊（D. Kay）的《记忆是什么，如何提高记忆力》(1888年)，以及法斯（F. Fauth）的《记忆》和《教育学研究》(1888年)，等等。

注　释

1　《人的智力》，第32页。

2　因此，里奇特教授并没有资格这样说（《哲学评论》，第21卷，第570页）："没有记忆就没有可意识的感觉，没有记忆也不会有意识。"他在其他场合也不能这么说。他能说的是："没有记忆就没有从外部感知的意识。"就外部感知的意识具有持续性这一问题，他举了一个很好的例子。"啊！谁没有经历过痛苦和忧伤，没有因为心爱的人去世而感到巨大的悲痛？在这样大的伤痛中，呈现出来的时间就不是一分钟、一小时或者一天，而是几星期或者几个月了。这种痛苦的记忆将不会从意识中抹去，它不一定出现，但一直就不消失，并与其他各种各样的感觉并存。而这些其他的感觉一起出现在意识中时，就会伴着这份持续的伤痛，我们目前都能感觉到。我们需要很长的时间才能忘掉这份伤痛，把它放到过去的时间中去。"(同上，第583页)

3 这是一种初级的正后像。按照赫尔姆霍茨的说法，1/3秒是接受光刺激产生正后像的最佳时间长度。超过这个时间，眼睛进入过多光线会使情况变得复杂，形成普通的负后像和补后像，并引起相应的变化。如果最初的画面很清晰很生动，注意的时间也长，这些负后像和补后像就会持续好几分钟的时间。费希纳把这种瞬间的正效应命名为记忆后像(《心理物理学》，第2卷，第492页)。他还指出了记忆后像的如下特征，以便与普通后像区分开来：(1)产生记忆后像的原先事物必须受到注意。如果原先事物由多部分组成，那么只有受到注意的部分才能出现记忆后像。这种情况在一般的视觉后像中是没有的。(2)就像在不同记忆中一样，对记忆后像的注意是内在的而不是外在的，而在观察普通后像的时候，注意是外在的。(3)对记忆后像来说，短时间注意原先的事物要比长时间注意的效果好，而对普通后像来说，长时间注意的效果好。(4)记忆后像的颜色不可能是原先事物颜色的补色。

4 赫尔曼，《生理学手册》，第2卷，第2页、第282页。

5 《哲学评论》，第562页。

6 里奇特说："现在时间有一定的长度，而且长度是可变的，有时会很长，包含感觉带来的影响(回应，也就是后像)占用的所有时间。例如，如果神经所受的电击带来的影响持续十分钟，那么对于这次电击来说，这个现在时间就是十分钟。从另一方面来讲，弱一些的感觉只有较短的现在时间。但是，在每种情况中，要产生有意识的感觉(我认为是能记住的感觉)，就必须持续一定的时间，至少需要几秒钟的时间长度。"我们在上一章中看到，对于能够直接感觉到的时间，或者虚假现在，我们很难发现这样的时间往回可以延伸到什么限度。里奇特先生给出的数据似乎太大了。

7 费希纳，《心理物理学》，第2卷，第499页。

8 如果刺激时间太短，初级后像本身不会产生应有的效果。卡特尔先生

(《心理学研究》,第 3 卷,第 93 页后)发现,光的颜色必须落到眼睛上持续 0.00275 秒到 0.006 秒才能被眼睛识别出来。字母表中的字母和熟悉的单词则需要 0.00075 秒到 0.00175 秒(事实上这是极短暂的时间间隔)。有些字母,比如说 E,识别所需的时间就要比其他字母长。1871 年,赫尔姆霍茨和博格斯特(Baxt)发现,当一个印象的后面紧接着另一个印象,后面的印象就会抑制前面的印象,阻止它被后面的意识发现。在实验中,第一个刺激是字母表中的字母,第二个刺激是个发亮的白色圆盘。"两个刺激之间的时间间隔在 0.0048 秒时(我摘抄于莱德的《生理心理学基础》第 480 页的摘要),这个圆盘上一丝光亮都看不到;当时间间隔在 0.0096 秒时,字母在弱光中出现;当时间间隔增加到 0.0144 秒时,有一两个字母能部分地认出来;当间隔为 0.0192 秒时,物体识别起来就比前面的要清楚;在 0.0336 秒时,四个字母可以很好地识别出来;在 0.0432 秒时,能清楚地识别出五个字母;在 0.0528 秒时,所有的字母都能识别出来了。"(《弗吕格文库》,第 4 卷,第 325 页后)

9 当我们象征性地或仅仅是概念性地回忆过去时,的确不需要复制原先的事件。概念性的认识并不需要具备与原来相同的印象(参见第 370 页后)。但是,由于所有的概念性认识表示的是直接感觉出来的认识和认识的结果,因此我就把这一复杂的情况进行概括,只讨论在意识中对过去能直接产生印象的记忆,或者我们说能够直觉的记忆。

10 例如,斯宾塞,《心理学》,第 1 卷,第 448 页。那些相信需要足够印象的人又怎么来解释我们记得某件事没有发生过呢?怎么解释我们记得没有给手表上发条,记得没有锁门,等等?对于这些没有发生过的事情的记忆,解释起来是非常困难的。当我记得我没给手表上发条时,上发条的印象就会出现在我的头脑中;而当我记得给手表上过发条时,上发条的印象也一样会出现在我的头脑中。这里面一定存在着印象感觉方式方面的差异,感觉方式的不同导致了这两种情况出现了不同的结果。当我记得我上了发条时,这块手表是和过去相关的时间和地点连在一起的。当我记得没上发条时,过去时间和地点还是连在一起,但与手表相脱离了。关于事物之间联系的感觉是个最难处理的关系问题,关于事物之间没有联系的感觉也同样不好处理。这两种关系都涉及非常复杂的心理过程，我们搞清楚了才能认识它们。这些心理过程与单单是印象的出现与否有很大的不同。一些粗糙拙劣的书中讲的就是这样简单的印象出现与否的问题。

11 《经验心理学》，第 174 节。

12 《人类心理现象的分析》，第 1 卷，第 330-331 页。穆勒认为，我们记住的各种各样的事物，包括自己本身，都以独立的观念形式进入意识中，但是这些观念很快就"都聚成了一个整体"。"唤起的观念紧密连在一起，即使里面情况非常复杂，也会呈现为一个整体的观念，而不是多个不同的观念。"（第 1 卷，第 123 页）这一与事实有出入的说法并不妨碍他对记忆对象做出准确的描述。

13 参见第九章，第 251 页。

14 贝恩教授在穆勒这一段落的注释中补充说："如果能提出复合或者合成联想的规律，那么这一过程就能得到最好的解释。有了这样的规律，联结上的很多微弱联系或许就能替代单个强大而又持久的联系。"

15 《人类心理现象的分析》，第 10 章。

16 莫兹利，《心之生理学》（伦敦，1876 年），第 513 页。

17 对这一观点勉强能提出异议的唯一事实根据是我们熟悉的情况。当我们觉得时间过得很单调，产生厌倦的时候，我们会感觉在这段时间里前后没有什么联系。例如，我们闭着眼睛坐下，平稳地发出元音，像这样，a-a-a-a-a-⋯⋯，发声的时候只想着这个音。在整个实验中没有事情发生，但在实验结束的时候，你会发现前后在时间上相隔很远了。我认为，实验过程中注意力高度集中一点儿都不会破坏记忆的条件。如果在现在的瞬间时间后面往回去再现前面的时间，这时候的时间就总带有不同的联想物，而且都标上了时间。这样，这个时间就是我刚才呼吸的时间，或者是我停顿之后做动作的"最初一刻"，或者是"与此很接近的一刻"，或者是像现在这样朝前看而非朝后看的时候，或者可以用一个数字简单地再现出来并产生某个没有明确时间的象征性印象。对于我来说，当做完一件事没多久以后，我不能凭直觉辨别出这件事中的不同时刻，但是我知道，它们都是"虚假现在"的后面部分，一起融合成这类事件的单一概念，多少能够清楚地感觉到这件事持续的总时间，而这种感觉是建立在对连续思维活动的自动估计上的。就因为有了这样的估计，我们才认为实验中的各个时刻始终是相同的。这没几秒钟的时间就构成了虚假现在，对连续时间的直觉就在这个时间范围内。我们对实验中的各个时刻形成了初级记忆意象，但是，这些时刻不是从过去中回忆出来的，我们对这些时刻的认识与所说的记忆并不相同。（同上，第646页）

18 《论智力》，第1卷，第258-259页。

19 并不是说固有保持力能使人变得伟大。除了固有保持力以外，伟人还必须具备巨大的热情和过人的勤奋。弱智者有时会有惊人的发散性记忆。德罗比什(《经验心理学》，第95页)曾描述过一位在他那里做检查的年轻人。这个年轻人在说话和语言方面存在障碍。"如果允许他用两三分钟的时间仔细阅读八开本页面上的文字，他可以把上面的所有单词都拼写出来，就像那张纸打开来放在他眼前一样……用来测他的是一篇我刚拿到手的法学论文，用拉丁语写的，我检查过，不会有作弊的情况发生。这篇文章他以前从没见过，文章的主题和语言他都不懂。他很快地读完(在内心读)了这页文字，也在纸上来回跳着看，测验结果并不比用儿童故事类素材的效果差。"德罗比什解释说，这种情况似乎是视觉印象("初级记忆"，同上，第643页)的持续性超乎寻常的表现。但是，他补充说，这个年轻人"把书页上的文字记了很长时间"。亨克尔先生(W. D. Henkle)在《思辨哲学杂志》1871年1月刊(第6卷，第6页)中谈到了一位几乎失明的宾夕法尼亚农民(与一些超自然记忆的经典案例一起)。他能记得42年前任何一天是星期几。他还能说出在那段时间的15000天当中每一天的天气如何，他当时又在干些什么。可惜的是，像这样惊人的记忆力居然就没找到比这更有价值的用处！

这些案例说明，一个人的超强记忆力无须与他的其他心理能力产生明确的联系。具有高度智力的人并不常忘事，即便是些微不足道的事。我所知道的一位最有才的人就有这样的记忆力。他从来不用笔记东西，但凡是听到的东西他都记得很清楚。他记得所有纽约朋友的旧地址，以前他们住哪条街，门牌号是多少。而这些东西连那些朋友自己都记不住了。他们已经搬走很长时间，早忘了。他说，如果他30年前见到一只苍蝇，30年后他还能把这只苍蝇认出来。顺便说一下，他是一位昆虫学家。有个例子可以说明他的发散性记忆。有一次在俱乐部里，有人把他介绍给一位上校。他们谈到了年龄的话题，上校让他猜猜自己的年龄。他看着上校，说出了他出生的准确日期，把所有人都惊呆了。他之所以能说得那么准是因为几天前他曾看到一份部队登记材料，他随便翻了翻，上面有姓名、出生日期、毕业晋升情况等。当他得知这个上校的名字后，那些数据不用经过考虑就不自觉地在他脑子里跳出来了。这样的记忆当然是一笔无价的财富。

20 艾宾浩斯，《记忆》，1885年，第67页，第45页。一个人可能听过别人这么说："在学校里，我一直就学不好诗歌，所以我的记忆力很差。"

21 《如何提高记忆力》或《让人永记不忘的自然方法和科学方法》，本书由医学博士霍尔布鲁克所著，纽约（出版年月不详）。

22 第39页。

23 前面所引的书，第100页。

24 为了验证我在文中提出的观点，我曾进行过研究，看看每天一定量的背诵诗歌训练能否缩短不同形式的诗歌的学习时间。在连续8天的时间里，我学了维克多·雨果（Victor Hugo）的《森林之神》的158行诗，总共花了$131\frac{5}{6}$分钟。这里要说明的是，我已经有很多年没背诵过什么了。然后，我每天花20分钟时间学习《失乐园》，用了38天时间学完了第一册的全部内容。训练结束后，我回到雨果的诗歌上来。我学了他的另外158行诗（与前面的分法相同），用了$151\frac{1}{2}$分钟的时间。换句话说，在训练前，记忆雨果的诗每行所用的时间是50秒，训练后每行所用的时间是57秒，这与普遍认可的观点正好是相反的。但是，我在学习雨果的第二部分诗的时候，感到已经很累了。我想，这或许能解释为什么学第二部分诗用的时间比前面的长。所以，我就找了另外几个人来重复这个测试。

波恩汉姆博士学习《往事》中的16行诗，花了8天时间，每天用时14~17

分钟，平均 $14\frac{3}{4}$ 分钟。然后，他用席勒翻译的德文译本进行练习，每天学习 16 行，连续学习 26 天。学完后，他再回过去学习《往事》中的诗，学习量与前面一样。他发现，他最多用时 20 分钟，最少 10 分钟，平均 $14\frac{27}{48}$ 分钟。他担心这次练习的外部条件没有上次好，于是就等了几天，使两者条件尽可能完全一样。结果是最少用时为 8 分钟，最多为 $19\frac{1}{2}$ 分钟，平均 $14\frac{3}{48}$ 分钟。

乔恩(E. S. Drown)花了 16 天的时间用维吉尔(Virgil)的诗进行自测，后来又花了 16 天时间用斯科特的诗进行训练。在训练以前，用的平均时间为 13 分 26 秒，训练后，平均时间为 12 分 16 秒。(16 天的时间对测试来说实在太长了，都可以写出专门用于测试的诗歌来进行训练了!)

鲍德温先生花了 15 天时间来进行测试，每天用 10 行诗测验，而练习时用了一首完全不同的诗，共 450 行。然后，他在前一诗上又花了 15 天的时间进行测试，每天测 10 行诗。平均结果是：训练前时间为 3 分 41 秒，训练后为 3 分 2 秒。(评价同上)

皮斯先生(E. A. Pease)用《国王的田园诗》来测试自己，而训练用的是《失乐园》。6 天的平均结果是：训练前为 14 分 34 秒，训练后为 14 分 55 秒。伯纳姆先生指出，要完全消除诗歌训练中的练习效应，就应该采用艾宾浩斯无意义音节的方式来测试自己。这样不管诗歌属于哪类，都不存在类比问题。我找了两个学生去做这样的实验。很不幸的是，这次的实验记录给弄丢了。但是，结果发现，经过训练后，第二次记忆无意义音节所用的时间大大地缩短了。然而对我来说，与记忆诗歌相比，记忆无意义音节时存在更多的快速适应效应。不过我想进行进一步的实验，并在别的地方把结果公布于众。

我的一个学生认识一位牧师，这位牧师通过背诵布道的内容而使记忆得到了大大改善。我给牧师写了信，希望能得到证实。从他的回信中可以看出，他记忆力增强是由于学习方法的改变造成的，而不是通过练习使他的固有保持力得以提高而造成的。我把他的回信附在这里。"说到记忆，除了生病的时候，我的记忆力每年都有提高，就像体操运动员的肌肉一样。20岁以前，我用三四天的时间来准备一小时的布道，20岁以后，就用两天、一天或半天时间准备，现在只要进行专心仔细的阅读就行，边阅读边慢慢分析。但是对我来说，记忆是最具物质性的一种智力，人的健康状况与记忆有很大的关系。但人在记忆方法上还是有很大的不同。我以前都是一句句地记。但现在我先进行整体把握，然后进行初分，再进行细分，接着再一句句地记忆。"

25　皮克(E. Pick)，《记忆和它的医生们》，1888年，第7页。

26　这种方法在埃文斯(Wm. L. Evans)的一本名为《记忆训练》(1889)的书中有详细的介绍。

27　波尔汉，《心理活动和精神元素》，1889年，第70页。

28　《论智力》，第1卷，第77-82页。

29　《心理学》，第201节。

30　霍夫丁(Höffding)教授认为，缺乏连续的联想物可以用来证明，联想过程与即时的识别并没有关系。在即时的识别过程中，我们对事物有很强的熟悉感，但回忆不出以前事物出现时的时间和地点。他对这一过程的解释是，我们感到熟悉的事物A唤起了原有的那个印象a，没有那个原来的印象，我们就不会感到熟悉。这里的熟悉性是由于头脑中两个相似的活动A和a的相互接合而产生的(《心理学》，第188页；《科学哲学季刊》，第13卷，第432页，1889年)。这一解释很受瞩目，里面的识别现象已是最简化了的。在冯特的实验室里所进行的实验(沃尔夫，见下文，第679页；莱曼，《哲学研究》，第5卷，第96页)中，要求被试说出在几个非常相似的感觉印象(声音、色彩)中，哪一个与刚才已经呈现出来的印象是相同的。在这里，我们看不出在刚才兴奋的脑区域中已经消失了的活动一定要与新印象所在的脑活动相结合，这样才能给予这一脑活动特定的痕迹，从而将这个感觉形象从其他事物提供的感觉印象中分辨出来。但是，这样直接的识别只用很短的时间，我们做不到。几分钟的时间通常是至关重要的，因此我们搞不清楚经常性的识别过程，比如认出以前曾见到过某个人的脸，都是在这样简单的脑活动过程中进行的。当我们把类别与事物联系起来的时候，时间的作用就小得多了。莱曼博士能够在头脑中给灰色的各种层次标上名称和数字，与他人相比，他能非常好地识别出各种灰色层次，而且记得很牢。这是对连续联想物的回忆，有数字或者名称，能产生识别过程。当经验变得复杂时，由于先前联想物的存在，整个事物的每个成分都含有其他成分。这样每个成分都可以在自己内部唤起其他的成分，同时，外部的事物也会从外部唤起这些成分。因此，当我们碰到熟悉的事物，我们就感到期望得到了满足，这种感觉在艺术情感中是个很重要的因素。即使不存在唤起外部联想物的"一点点倾向"（其实肯定是存在的），这些部分当中彼此联系的内部活动还是能使那些熟悉的内容明确地区分开来。

　　一种活动进入一个旧区域与形成一个新区域是有区别的，这点可以用内省来证明。比如说，在几年前，我曾去过一个屠宰房，猪可怕的惨叫声给了我强烈的印象。当我看见屠夫那张沾满血迹的脸时，虽然已经好久没去想它了，但我马上认出来这张曾给我深刻印象的脸。那些肮脏灰暗又发红的木屋、泛紫色的活动地板，那些气味，那些厌恶的感觉，还有所有的细节，一句话，所有这些马上涌进了我的头脑中，变得熟悉起来。再举个例子，当我去回想一个雕刻作品的时候，如放在布鲁克王公（Rajah Brooke）传记前面的肖像图，我只能记得其中部分的内容。但是，当我放下书，看着他本人真实的脸时，我马上就有了一种熟悉的感觉，这张脸与我一直在努力回忆的脸是相同的。这种外部联系因素存在于经验的什么地方呢？在这两种情况中，我们肯定会觉得，当外来无关联想物受到最大抑制的时候，回忆似乎也会很清晰。屠夫的脸让我想起以前那些脏兮兮的墙壁，想到这些又让我想起那些呻吟的猪，然后又想到屠夫的脸，就像我刚刚经历过一样清晰，没有一点与过去不一样的感觉。与此相似，当我打开书说，"啊！就是这张脸！"时，我对布鲁克王公面孔的印象特别深刻，所有不重要内容，无论是现在的还是过去的，都从我的头脑中清除出去了。但是，在这里，想到鼻子就想到眼睛，想到眼睛就想到嘴巴，想到嘴巴就又想到眼睛，所有这些过程都牵涉到连续联想的通路，这是我在本书中所坚持的观点。因此，尽管霍夫丁教授是位心理学家，我尊敬他，但我并不同意他的观点。我认为即时识别的现象只有通过回忆和与过去意象的比较才能够进行解释。从讨论的事实中，我们也看不出有什么其他的根据可以将我们以前反对的观点再恢复过来（同上，第592页）。这一观点认为，"感觉"是通过过去的自身印象而被意识所接纳的。实际上，它是被连续联想物所接纳的，或者说，如果连续联想物太弱，不能成为重要的部分，那么，感觉的神经流就会进入以前的但仍是"温热"的通路中，这样感觉起来就与冷区域中的神经流不一样了。然而，我也同意霍夫丁的观点，认为莱曼博士的实验（其中的很多实验）并不能证明他要确立的观点。实际上，莱曼自己认为，我们是通过与过去的自身印象进行比较而识别出感觉 A 的（在上述引文中，第114页）。对于这一点，我是怎么都不能同意的。

31　《心灵的双重性》，第84页。后来的普罗克特(R. H. Proctor)先生也坚持相同的论点。他列举了几种情况，很费劲地跟我自己提出的解释进行和解。参见《知识》杂志，1884年11月8日出版；里博，《记忆缺失》，第149页后。

32　《民族心理学和语言学》，第5卷，第146页。

33　《关于记忆的实验研究》，1885年，第64页。

34　同上，第23节。

35　前面所引的书，第103页。

36　所有那些我们给不出明确理由的论断都能用来说明这一规律。在"知觉"这一章节中，我们能找到无数的例子。在比奈对几个歇斯底里患者所进行的细致研究中，就能找到病理方面很好的说明。这些患者的手的感觉缺失了，他们看到自己用双手做事情却感觉不到自己在做。有人要求他们把手藏到一个屏幕后面，眼睛看另外一个屏幕，并说出投射到这一屏幕上的任何视觉图像。屏幕上出现了数字，这些数字都与感觉缺失的手受到抬举、抚摸等的次数相一致。然后出现的是彩色的线条和图形，这些都与画在手掌上的线条和图形相一致。再往下屏幕上出现的是手或者手指本身。最后是放在手里的东西。但是放到手上面的东西怎么都感觉不出来。所有这些现象都说明，在自身无法意识的情况下，一个观念是怎样从内部产生联想作用的。病人基本上没有皮肤上的感觉，但是还能唤起感觉中的视觉联想物。

37　我在这里引用了沃尔夫论文的摘要部分，此论文刊登在1886年11月

19日出版的《科学》杂志上,其原文参见《心理学研究》,第3卷,第534页后。

38 《人类理解论》,第2卷,第10章,第5页。

39 里博,《记忆缺失》,第46页。

40 《传记文学》,1847年版,第1卷,第117页(引自卡彭特的《心理生理学》,第10章。还有其他的一些案例,但遗憾的是都不全,就像这个案例一样,与"心灵研究"严密的要求相比,也还是不完善的)。参见里博,《记忆缺失》,第4章。她在恍惚状态下表现出的外语单词等方面的知识,或许可以用记忆中的兴奋来解释。在《美国心灵研究会论文集》中,我提到过一个患有歇斯底里癫痫病的女孩。她不知不觉地用长诗写下了《英古德斯比传说》,而她的父母说她"从来没读过"。她当然是读过或听说过的,只是从来都没有理解过。至于那些用拉丁语和英语两种语言来描写大海蛇的那些诗句,这个女孩写起来也是不知不觉的。这里面的原因我还没能找出来。(参见《美国心灵研究会论文集》,第553页)

41 《形而上学》,第2卷,第212页。

42 参见德尔博夫,《睡眠和梦》,1885年,第119页后;佛顿,《健忘症》,《心灵》,第2卷,第437页。

43 参见默瑞(A. Maury),《睡眠和梦》,第442页。

44 《言语障碍》,引自里博,《记忆缺失》,第133页。

45 前面所引的书,第3章。

46 "一般来说,在数字方面记忆力好的人都是最善于处理数字的,他们对数字之间的关系和数字对事物的关系非常熟悉。"(默瑞,《睡眠和梦》,第443页)

47 第80-91页。

48 至于其他的例子,参见汉密尔顿,《形而上学》,第2卷,第219页;胡贝尔(A. Huber),《记忆力》,第36页后。

49 《心灵》,第2卷,第449页。

50 《生理心理学》,第2部分,第10章,第23节。

51 为什么不说知道呢?——威廉·詹姆斯。

第十七章

感　觉①

讨论完内部知觉，现在来说说外部知觉吧。接下来的三章要讨论的是一直以来我们所认识的现实世界，以及它所包含的空间和物质。首先，我们要讨论的是感觉。

第一节　感觉和知觉的区别

在大众的眼中，"感觉"和"知觉"这两个词并没有多大的区别，在心理学上，它们的意义也有相通之处。二者都是我们认识客观世界的过程，通常情况下，它们都在接受传入神经的刺激后才会产生。知觉总是包含着感觉，将其作为自身的一部分。没有了知觉，感觉也不复存在。因此，它们是不同的认知功能，而非不同种类的心理事实。对象性质越简单（如"热""冷""红色""噪声""痛"这样互不关联的感受），感觉就越"纯粹"。相反，对象的联系越多，对象具有的"减轻""定位"

---

① 从本章开始是《心理学原理》（英文原版）的下册，边码（即原著的页码）也是从 1 重新开始的。有些页码相距很近，是因为有些页的注释内容很多，中文稿将注释放置在每一章的最后。

"测量""比较""分配"等功能越多，我们越倾向于称这种心理状态为知觉。而对于那些联系较少的客体，我们则声称感觉在发挥着主要作用。

那么，如果从分析的观点来看，感觉和知觉的区别仅仅在于感觉对象或内容的简单与否。[1]感觉的功能是知道一个事实，而知觉的功能是认识[2]一个事实，只是这种认识的程度相当复杂。但在感、知觉的过程中，我们把事实看成是直接呈现的外界事物，这使得它们区别于"思维"和"推理"，思维和推理的对象并不以这种直接机械的方式出现。生理学上，感觉和知觉都不同于狭义上的"思维"，"思维"事实上是外围的神经流参与了感知觉的活动。在知觉中，这些神经流会唤醒大脑皮层广泛的联合加工和重复加工。但当感觉单独产生或只带有一点知觉时，相伴随的重复加工只停留在很低的水平。

这一章里，我将要探讨与感觉尤为相关的一些普遍问题。接下来的知觉那一章也是如此。我将会完整地讲述，所有生理学书籍中有关特殊感觉观点方面的分类和发展史，找出它们的合理之处，合理、恰当地对待各种观点。[3]

第二节 感觉的认知功能

纯粹的感觉是抽象的。当成年人谈论起自己的感觉时，无外乎两种情况：一是指确切的对象，即像硬、热、痛这样简单的性质或属性；二是对于这些对象的想法，认识到它与其他事物之间存在些许联系。因为我们只能思考、探讨已知事物之间的联系，我们就必须假设思想当中存在某种功能，借着这种功能，我们首先认识到事物的自然属性，并以此区分事物。这种功能就是感觉。正如逻辑学家们总是指出，话语中的实词并不等于词语间的关系，它们之间是有区别的；心理学家们也承认，看到词语、事物的意思与认识它们之间的关系并非一回事。前者的功能是感官上的，后者是智力上的。人类早期的思维几乎全是出于感觉，只是一连串的"那个""这个"，只是一个个话题，并未涉及其间的关系。用孔狄亚克的话来说，当我们第一次看见光，不能说看见光，而应该说我们就是光。之后所有的视觉信息都是由这次经验所带来。即使我们不幸在看到光的那一刻就失明，只要我们的记忆依旧存在，我们就会保留关于这一事物基本特点的认识。在盲人培训中心，教导盲人学习什么是"光"时，用的方法和普通学校一样，都是反射、折射、遗像、以太理论等。但受到最优质教育的先天性失明学生仍比不上那些没受过什么教育的未失明学生。他们永远无法知道第一眼看到的光是什么样子，而这种感官信息的缺失是任何书本教学都无法代替的。所有这些无疑都表明了我们经常把假设的感觉作为一种经验元素，即使是那些很少强调它的重要性的哲学家也很重视感觉所带来的信息。[4]

4

但问题是大部分支持这种观点的人，都认为感觉是思维的一个组成部分，并且用传统的原子感觉论来解释，而这一传统的感觉论恰恰是我们经常抨击批评的对象。

5

以牙痛为例。我们一次又一次地感觉到它，总在相同的现实条件下感觉到它。因此，我们可以假设在头脑中有这样一个特别的口袋，只有牙痛这种感觉才能够装进去。当这个口袋装满时，就会感觉到牙痛；无论我们的思维中出现哪一种牙痛，这个口袋也一定是全满或半满的，与此同时，思维中余下的部分都将被或多或少地填充。于是，这就充满了悖论和神秘色彩：如果牙痛的信息被关进这个独立的意识口袋，它又如何与其他事物一起被感知以及如何将其他事物一起带进一个人的观念中呢？这个口袋不能意识到其他事物，意识的其他部分又无法意识到牙痛。与其他事物一起意识到牙痛一定是个奇迹，而且

第十七章 | 感 觉　771

这个奇迹一定有个代理。这个代理一定是一个主体或"过时的"自我——关于这一点我们在第十章中已经讨论过。随后，感觉论者和唯灵论者之间开始了一轮漫长的口舌之争，从我们决定保留原有观点到开始接受心理学的观点，再到将简单的牙痛或是哲学体系作为基本的事实。这些是客观存在，是"心理状态"，通过心理状态能够认识客观存在；"感觉"这种心理状态其实很奇妙，能将简简单单的疼痛变成一种想法，了解其中相关联的事物，构成一个体系。[5] 但是，我们却不能假设对同一种牙痛，不同的心理状态会意识到不同的东西，因为它们或多或少都会有最初的疼痛感。情况正好相反。就像里德所说，痛风以前是种痛苦的感觉，但是想到这原本痛苦的痛风已经成为过去，便会产生一种愉快的感觉，现在的心理状态已经与早先的大不相同。

感觉，开启了人们认识事物的第一扇窗，接着又被认识事物的各种其他的思维方法所替代。洛克的主要学说的确是正确的，只不过用词上稍显晦涩，他说：

> "尽管存在大量的考虑，在考虑的过程当中，不同的事物会被拿来作比较，事物之间存在众多的联系；然而这些全都是关于'感觉''反省'这些简单的观念[6]，我认为这便是获取信息的全部来源……我们从感觉和反省中获得的简单观念是思维的边界；超出这个边界，不管思维怎么努力都不可能有什么收获；也不可能在研究那些观念的性质和潜在原因中有任何发现。"[7]

在弄清大脑与意识之间的关系以前，这些观念的性质和潜在原因不可能被揭示出来。现在我们所能说的唯有，感觉是意识发生的第一环节。感觉先于知觉出现，感觉的出现并不需要心理事实，一个神经

流就足够了。没有神经流,什么都不会产生。再一次引用洛克的话:

> "要创造、构架思想中的某个新观念(即感觉[8]),并不是依靠想得快、想得多,也不是依靠最大限度地提高智力、增强理解力……我可以让任何人想象一种从未尝到过的味道,或构架出一种他从未闻到过的气味;当他成功时,我们便能推理出一个盲人能产生色彩感觉,一个聋子能分辨不同的音色。"[9]

大脑就是这样构造的,才使得神经流按照某一种方式运行。有些意识会随着所有神经流而运行,但只有在新的神经流进入时,才会有感觉特性;并且仅在意识直接接触外界现实时才出现。

这种接触和所有概念性信息有着很大的不同。从概念上看,一个盲人可以知道天空是蓝的,我也可以知道你的牙痛。你可以去打破砂锅寻到底,也可以去挖掘最终的结果。但倘若他没感觉到蓝色,我也感觉不到牙痛,我们知道的关于这些事实的信息就会显得空洞残缺。一个人只有曾感觉过蓝色、体验过牙痛,才能使有关这些事情的信息变得真实而有说服力。若感觉既无始也无终,那么概念系统就像一座没有桥墩的桥梁。感觉中的事实,就像桥墩中的石头。感觉是坚固的岩石,是思维的起点和终点。我们的目标是用所有的理论寻找这样一个终点——首先构想一个确定的感觉在何时何地会出现,接着才产生这种感觉。直到找到了这个终点,我们才会停止探索。寻找中的失败消除了我们的自负。只有当你能从自己的理论中推断出一种可能的感觉,并随时随地在我需要这个理论的时候呈现给我,我才能相信你的想法是正确的。

纯粹的感觉只可能在生命最初才有。对于有了记忆,储存了众多联系的成年人就不可能有纯粹的感觉。在感觉器官形成印象之前,大

8　脑已进入深度睡眠，此时意识实际上并不存在。即使是刚出生几个星期、几乎一直在睡眠中的婴儿也不例外。这就需要给感觉器官一个强烈的刺激才能打破沉睡不醒的状态，在新生儿的大脑中这产生了一种完全纯粹的感觉。然而，经验在脑回上留下它"不可想象的印记"，感觉器官所传递的下一个印象产生了某种脑反应，在这个脑反应中，上一个印象所残余的部分也起到了作用。另一种感觉是"结果"，这也是一种较高级的认知。复杂的感觉不断增长一直到生命的结束，两种连续感觉不会作用于同一个大脑，两个连续产生的观点也不会完全相同（参见本书第九章第230页后面的内容）。

　　婴儿获得的第一感觉是这个"世界"。后来他认识到这个世界无非是由一个简单的、不断扩大的、蕴意日增的胚芽，通过不断积累和堆叠，从最初阶段的不值得记忆发展成如此庞大、复杂的系统。在意识刚刚萌芽之时，他只晓得"这里、那里"，有时甚至连"这、那"都傻傻地分不清，最好只用感叹词"lo!"来表示。婴儿接触的物体中包含了所有的"理解范畴"，它已具有客观性、统一性、实质性和因果性，而之后任何一个事物或体系都具有这些感觉特性。年轻的认知者遇见并迎接他的世界，知识奇迹般地突飞猛进，就如同伏尔泰（Voltaire）所说，犹如从婴儿的一无所知发展到牛顿的最高成就一样。第一个感受性经验产生的物理条件是来自许多外围器官的即时性神经流。后来，一个令人困惑的事实是——这些神经流使得我们感知到许多事物，并且还包含着人的本质。[10] 由于神经流的变化，它们控制了大脑路径，其他的
9　思维伴随着其他"对象"出现，被理解成现在的"这"的"相同的事物"很快成了过去的"那"，许多不明事物浮出水面。第十二章和第十三章已经介绍了这种发展原则，这里不做过多解释。

第三节　知识相对论

许多读者或许都厌烦认识论，我只能说，虽然我也挺厌烦，但为了弄清楚"感觉"这个词真正意味着什么，以及对它的真实看法，认识论却是不可或缺的。洛克的学生针对感觉做了一些根本没必要的研究，我不同意他们的研究结果，并且再次坚称，感觉"聚集在一起"并不能使大脑更有智慧。柏拉图早期的学生曾很不情愿地承认了感觉的存在，但他们仍将其视为尘埃，视为属肉体的、非认知的、邪恶的东西。[11] 他近期的追随者似乎想否定感觉的存在。新黑格尔（neo-Hegelian）的作者认为唯一真实的是"联系"，没有具体项目的联系，或项目相当特殊，纠结成一团的联系，或在不断变化的联系。

"除了我们已经考虑到的由联系构成的全部真实的属性之外，我们并没有发现什么遗漏的。""把一个事物的联系抽走之后就什么都没有了……没有联系的事物是根本不存在的。"[12] "单独的感觉是不真实的。""认识到联系是组成观念的'本质'，他们的理论便有可能站得住脚。"

以上言论出自于已故的格林教授[13]，这些话可能会让人感到惊奇，它并非感觉论者们相信的所谓的"知识相对论"。如果他们能看懂格林的言论，他们就会表示赞同。他们说，感觉彼此之间的联系才是"本质"，谁的内容都不完整：

"例如，黑色只有在跟白色对比的时候才能被感觉到，或至少能感觉到一个浅一些，一个深一些；同样，一个音调或某个声音只有当相对于另一个声音或在安静时才能被感觉到；在初始状态下嗅觉、味觉、触觉也是如此，可以这么说，当刺激持续出现时，所有的感觉消失了。第一眼看上去好像感觉本身以及事实都是始终如一的，但是仔细观察的话会发现，它们两者都不是。"[14]

12 普遍相对论中有两个主要的事实获得了广泛的认可。

心理事实1：我们许多真正意义上的知识实际上是事物之间的联系——在成人生活中，即便是最简单的感觉，我们也习惯于用分类的方式理解。

心理事实2：我们的感觉和大脑肯定有变化和停止的时期，否则我们将无法感觉和思想。

这些事实都没法证明我们的意识是否能完全感知事物的性质。这当然不是心理事实，因为我们喜欢将事物进行联系和比较，这并不会改变比较得出的内在性质或特征，也不会完全放弃固有特性。这肯定不是心理事实，因为我们感觉或注意一个属性的时间长度与我们感觉到的该属性的内在结构无关。此外在许多实例中时间都是相当长的，例如神经疼痛的感觉。[15]这些事实不能证明相对论，相对论很轻易地被其他事实推翻。至今我们还不知道(用贝恩教授的话说)"任何事物本身，仅是它和另一个事物的区别"。如果这是正确的，我们整个广博的知识体系就会坍塌。如果我们感觉到的只是C和D音阶或c和d音阶之间的区别，但在音调上是相同的，那么C和D、c和d就是相同的；没有了实词，语言照样行得通。但是贝恩教授的学说并不严谨，他自己也没有再花时间完善这个虽然流行却并不清晰的学说。[16]在这个

13 学说的拥护者心中，这是依据生理法则，所做出的最佳描述。

第四节　对比法则

我先来说说这个法则最关键的地方,然后再谈谈对于心理学来说最重要的部分。[17]

[现在,我来说一说对比现象,你不要仅仅把它与视觉联系在一起,它其实还有更深层次的地方值得我们去探究。因为同时对比和继时对比经常发生,所以这是两种比较容易观察到的对比。对比现象常常被人忽略掉。根据一般的经济规律,我们通常选择有意识地注意那些对自身有益的事物,或是有实际用处的事物,忽略剩下的那些。正如,双像、飞蚊症等对于人们来说已经见怪不怪了,因此常常会忽视它们的存在,其实,如果不仔细看的话,它们还是挺难区分的。只要多留点心,我们就会很容易发现对比律的存在。通常情况下,一个物体的颜色和亮度总是明显影响同时看到的或紧接着看到的其他物体的颜色和亮度。

如果我们先看一会儿物体的表面,然后再看其他地方,第一个物体表面的互补色和相反的亮度就同第二个物体的色彩和亮度混合了,这是继时对比。视觉器官的疲劳可以很好地解释这一现象,刺激持续作用的时间越长,对这种特定刺激的反应就越来越困难。长时间凝视某一点时,这种变化尤为明显。视野渐渐变暗,变得越来越不清楚,最后,如果经过充分地练习能完全保持眼睛稳定不动,形状和颜色的微小差别可能会全部消失。如果我们现在将视线移向别处,负后像就固着在前一个结构上,与我们所看到的其他事物的感觉相混合。只有当眼睛一动不动时,这种影响才非常明显。然而,影响是一直存在的,即使视线在不同点之间徘徊,每个感觉或多或少都受到之前经历的影响。因此，同时对比里肯定会出现继时对比，情况也就更加复杂了。

视觉作用不仅受到其他刚经历过的感觉的影响，还受到所有那些同时发生的经历的影响，特别是视网膜上的认知部分，这就是同时对比现象。在同时对比中，就和继时对比一样，也包括颜色和亮度的对比。亮的物体在周围较暗时显得更亮，在周围较亮时显得较暗。两种邻近的颜色混在一起将发生变化，两者相互补充。灰色表面与彩色表面相邻，后者会对前者进行色彩补充。[18]

15　　视觉的同时对比现象非常复杂，很难从与其伴随的其他现象中分离出来单独进行观察。然而，如果想要使研究更为准确，就必须单独进行观察。忽视这个原则会导致在观察时出现许多错误。正如大家所知，如果允许眼睛像平常一样四处看，继时对比的影响和产生的视觉补充一定会存在。避免这种现象的唯一方法是，让眼睛充分休息后，再去看着某一点，并观察旁边的区域对原先盯着的那块区域所产生的影响，发现其中的变化。这样便能够确保纯粹的同时对比。但即使是这样，纯粹的同时对比也只能持续一会儿。对比区域出现后，同时对比立即达到最大值，如果继续凝视，同时对比开始迅速消退，一会儿便消失殆尽。长时间稳定地注视任一区域，视网膜由于持续受到刺激而变得模糊，这期间的变化也和刚才所描述的一样。如果一个人继续注视同一点，这个区域的颜色和亮度会慢慢分散，与邻近区域的颜色和亮度混合，这样就是"同时性诱导"，而非同时对比。

在分析同时对比现象时，我们不仅一定要认识和消除由凝视导致的时空改变、同时性诱导以及继时对比的影响，还要考虑到其他的影响因素。在有利环境下的对比效果是非常明显的，对比现象也总是在不能集中注意力时发生。虽然有了对比定律，但是由于各种干扰因素的存在，使得对比现象通常不是特别的明显，干扰因素对于现象会起到粉饰的作用。例如，当所注视的地面有许多可区分的特征时——自然的质地、平坦的表面、错综复杂的地形等——对比效果就不明显了。这并不意味着没有对比作用，而只是因为最后的感觉被其他更强烈的感觉所侵吞了，这些更强烈的感觉牢牢抓住了人的眼球。在这样的背景下，模糊的负后像——毫无疑问是由于视网膜的变化——可能变得不清楚了，微小的色彩差异也无法感知到了。例如，羊毛衫上一个模糊的点或油漆，远远地看过去，很容易发现这个污点，但是当近距离查看时，肉眼根本分不清羊毛衫的材质和污点的材质，反而找不到这个污点了。

导致对比效果不明显的另一个原因是狭窄黑暗的中间区域，它就像一道黑边，一个物体的阴影轮廓。这个区域干扰了对比，黑和白吸收了许多色彩而使得它们自身无法清晰地显现，这道黑边将两个区域隔开，从而使得二者无法明显地相互影响。即使两种相差无几的颜色也可能由于这个中间区域的存在而导致感知失败。

第三种原因是对比区域的颜色太弱或太强，或者是两个区域在亮度上差别太大了。后一种情况很常见，亮度对比干扰颜色对比，使得颜色对比变得难以觉察。因此，亮度相同的两个区域的颜色对比最为明显。但是颜色太深也不好，因为黑暗的对比区域过分吸收了诱导色而变得更暗以致不能明显地出现对比。如果颜色太浅，情况也是一样。

因此，为了获得最好的对比效果，对比区域应该是相邻的，不被阴影或黑线分隔，有同样的质地、相同的亮度和适中的颜色。这些条件不可能总是存在，干扰作用几乎存在于所有的事物中，导致对比效果不太明显。如何才能消除这些干扰、创造良好的对比所需的条件呢？形形色色的实验层出不穷，各种各样的理论也应运而生。

其中，有两种试着解释对比现象的理论——心理学理论和生理学理论。

这些理论中，心理学理论最先占据主导地位，其中最著名的拥护者是赫尔姆霍茨。这个理论认为对比是一种"欺骗的判断"。日常生活中，感觉之所以有用只是因为它给我们提供了现实的知识和信息。在感觉发生时，我们首要的关注点是在于识别对象，根本没有时间精确地估计它们的亮度和颜色。我们没有办法去掌握阴影中对比效果的变化，只能选择忽略，也无法准确判断亮度或色调。当物体相互接近时，"与那些充满着不确定性的知觉相比，与必须依靠记忆才能做出判断相比，我们更倾向选择那些一目了然的、确切的区别"[19]。就像我们看见一个中等个头的人，当他站在一个矮人旁边时，就显得比实际上高。与显著不同的二者相比，当二者区别很小时，这种欺骗反而更容易出现。在数量方面，相比判断多种区别，在判断单个区别时更可能出现欺骗。有许多关于对比的例子——梅耶（Meyer）实验、镜像实验、彩色阴影等，在这些实验中，白点被彩色包围，产生了对比。根据赫尔姆霍茨所述，"一个有色光源或一种有色的透明覆盖物在整个视野内展开，观察发现，竟看到了白点"[20]。因此，我们相信因为有了前面的颜色，才看到了后面的。

"颜色是物体的特性，能为人们识别物体提供帮助，因此它对人们而言至关重要……在判断物体的颜色时，我们已经习惯排除颜色和亮度的变化。我们有很多机会去研究物体在不同背景中呈现出相同的颜色——在阳光灿烂的日子、在蔚蓝的天空下、在多云的天气里、在落日余晖中、在摇曳的烛光里，周围物体在进行着有色反射。我们在不同的照明条件下看见了同样颜色的物体，我们掌握了在不同照明条件下物体颜色概念是如何形成的，物体如何变成了白色。既然我们关注的只是物体恒定的颜色，那么我们根本无法意识到那些需要判断才能发觉的特定感觉。所以，当我们透过一个有色覆盖物观察物体时，就不知如何是好，不知怎样区分这种颜色是覆盖色还是物体本身的颜色。实验中提到，因为这种'欺骗'的存在，覆盖物不完全着色时也发生了同样的情况，结果产生了颜色错觉，将互补色看成是覆盖部分的颜色。"[21]

我们认为自己通过有色覆盖物看到了互补色——因为这两种颜色重叠时产生了白色。然而，如果白点被识别为一个独立的物体，或者是与另一个白色物体相比较，那么我们的判断就不再是欺骗，也不会产生对比。

"只要对比区域被识别为彩色背景中的一个独立部分，或通过对轮廓的恰当描绘而将其看成是一个单独的区域，对比就会消失。物体空间位置的判断和材料独立性都对它的颜色起决定性的作用，对比颜色的产生并不是通过感觉行为而是通过判断行为。"[22]

简言之，对比中颜色和亮度的明显改变是由于感官刺激和感觉的恒定不变，但是感觉没有发生变化的判断是错误的，这就引起了亮度或颜色知觉的变化。

该理论的反对者认为所有对比情况都是纯粹地依赖于视觉器官末

端的生理反应。听觉便是一个很好的例子。通过原创的实验和对实验程序的严格把控,他发现了心理学理论的错误之处,并建立了自己的理论。他认为每种视觉都和神经器官的生理过程息息相关。对比产生的原因并非是由不受意识控制而导致的错误观念,而是网膜某部分的兴奋——随之产生的感觉不仅依靠自身的光亮,还依赖于网膜的作用。

"光线作用于网膜,导致这个心理生理过程像平常一样被唤醒,它不仅依赖这些光线,还依赖与视觉器官相联系的整个神经组织状态和物体本身的状态。"[23]

当有限的视网膜区域被外界刺激唤醒,视网膜的剩余部分,特别是紧密接邻的部分,也趋向于发生反应,并以这种途径产生与直接兴奋部分相反的亮度和互补色的感觉。一个灰点单独呈现,然后通过对比再次出现,两次灰点的亮度相同。赫尔姆霍茨主张神经过程和相应的感觉是保持不变的,只是解释上有所不同;赫林主张,神经过程和感觉自身是变化的,而且"解释"是一种直接的意识,这种意识与视网膜的变化相联系。前者认为对比的本质是属心理学的,而后者认为对比的本质完全是属生理学的。之前关于对比色不再明显的例子中——在一个有许多不同特征的平面上,在一个有黑边的区域上,等等——正如我们所看到的,心理学理论将这些归因于在这些情况下我们把较小的色块判断成表面独立的物体,而不再是一种"欺骗的判断"——认为它是在有色平面上。另一方面,心理学理论主张对比效应的确存在,但条件是:颜色和亮度的变化极其细微,难以觉察。

两种理论都有理有据、掷地有声,似乎都是正确的。然而,赫林通过后像实验有力地证明了，视网膜上某一部分的变化确实改变了与其相邻的部分，而这在"判断欺骗"的情况下是不可能的。[24]仔细审视对比后发现，对比现象一定是因为这个原因产生的。所有这些实验都显示，心理学理论的拥护者们在进行实验时没有做到考虑充分。他们没能排除继时对比的影响，忽略了由凝视导致的变化，也未能对上述各种不同的变化给出合理的解释。即便是最著名的同时对比实验，如果我们细究起来的话，也很容易在当中发现这些问题。

这些研究中，最为著名且最易操作的是梅耶的实验。在一块有色背景上放上一块灰色纸片，再在两者上面覆盖一张透明白纸，接着就会发现灰点呈现出了对比色，即背景的互补色，并透过盖在上面的纸发出白色的光。对此，赫尔姆霍茨是这样解释的：

> "如果背景是绿色的，那么盖在上面的薄纸自身就会显现出浅绿色。如果纸张的质地不会对它底下那块灰色纸片产生明显影响的话，我们相信透过浅绿色纸呈现出来的是玫瑰红色的微光，目的是最终能形成白色光。但是，灰色点受到自身的限制，它是作为一个灰色客体而存在，附着在表面上，既独立于浅绿色的背景，又与其保持一致。"[25]

可以采用一些措施让对比色消失，比如在灰色块边缘描上黑边，或者在薄纸上放上另一块同样亮度的灰色纸片作为对比。在这两种情况下都不会出现对比色。

赫林[26]明确表示赫尔姆霍茨的解释是错误的，并对干扰因素做出了其他的解释。首先，为避免错误地认为是通过有色中介才看到灰色，我们可以这样来安排实验：把一张灰色纸片裁成一些五毫米宽的

第十七章 | 感 觉

长条，灰条与灰条之间未被切断，而是通过边缘连接在一起，相隔的距离是相同的（整个看起来就像一个烤肉架）。把它放到一个有色背景上——以绿色为例——再在上面盖上一张透明白纸，最后用一个黑色边框把连接灰色条的边缘覆盖起来，现在就只能看到相互间隔的绿色条和灰色条了。我们会发现灰色条呈现出强烈的对比色，而且，由于它们所占用的空间与绿色条是同等的，所以我们不会傻乎乎地去相信之所以看到灰色是因为通过绿色中介的缘故。同样，如果我们用灰色和绿色编织成一个篮子一样宽窄的条，再在上面覆盖一张透明的纸，也有同样的效果。

这是为什么呢？如果这种对比现象是生理原因导致的真实感觉，而不是判断上的错误，当描出灰色块的轮廓时，我们会意识到那是一个独立客体，这个时候对比色会消失吗？首先，这个问题没什么技术含量，只要做个实验，答案自然就出来了。即使加上黑色轮廓，对比色通常也还是可以看得很清楚。第二，对于为什么会产生影响，也有很多合理的解释。同时对比总是在两个区域的分界处最为明显，但现在一个狭长的黑色线条将这两个区域分隔开来了，因为对比，使得原来颜色并不饱和的最初区域的白色得到增强，而黑色和白色的对比色仅在最理想的条件下才能看出来。描绘轮廓甚至会让微弱的颜色差别消失，就像我们看到的，如果在灰色背景上放一小块浅色纸片，用透明的纸盖上并描出它的轮廓，可能差别就消失了。因此我们发现：造成这种颜色干扰的不是把对比区域当成独立个体的这一认知，而是许许多多完全可以解释的生理上的干扰。

同样，这一点还可以通过在薄纸上再放一张灰色纸，将它与下面的那张进行对比来证明。为避免由于纸的亮度不同造成干扰，第二张纸片应尽量和第一张相同，可以用同样薄度、同样灰度的纸。然后从两张纸上小心裁剪出两个十厘米宽的正方形。为了彻底避免使情况复杂化的继时对比出现，我们必须谨慎预防在这之前的任何有色光刺激引起的视网膜兴奋。实验可以这样来安排：把那张薄纸放在一个由四只脚支撑起来的玻璃面上，再把第一张灰色纸片放在纸片下面。再在玻璃上面两厘米到三厘米的地方用金属线固定第二张纸片。两张纸片除了边缘其他都相同。现在将目光锁定在两张纸片上，眼睛不要转动，这样我们看到的是两张纸片间隔着一个狭窄的缝隙。现在在玻璃下面插入一块有色背景（如绿色），我们会发现两张纸片都立刻显现出对比色。如果上面那张纸显示的不是很清楚，那可能是它的亮度、黑边、质地、纹理等因素造成的。尽管上面的纸片较亮的边缘颜色浅一点，较暗的边缘出现阴影，会起到一定干扰，但如果眼睛的调节够精准，是不会发生实质性变化的。长时间的凝视会弱化对比并最终诱发同时对比现象，导致纸片与背景难以区分。由于继时对比的影响，移走绿色背景后两张纸片都会变成绿色。如果自由转动眼睛的话后一种现象就不会出现，但对比仍然会很清晰并且越来越强烈。当赫尔姆霍茨发现下面那张纸片的对比消失时，很显然是因为那时他凝视了。这个实验可能会因为错误放置了上面的色块，或者因为边界亮度不同，或者因为其他的不均衡而受到干扰，但不管怎样，都不会是心理学理论上所解释的是因为将它看成了一个放在有色背景上的独立体。

还有其他一些例子也能显示出心理学理论在解释对比方面的不足，实验中常用的道具是转盘，转盘能有效地演示出对比现象，它能够消除所有背景的不均衡，并呈现出一个完全均质的平面。在一个白色盘上放置几种有色扇形，中间用狭窄的黑色区间隔开来，这样当盘转动起来时，白色与色块的颜色以及黑色混合，形成一个不太饱和的有色盘，并出现一个灰色环。灰色的出现是因为周围区域的对比。赫尔姆霍茨对此解释道：

"所呈现出的对比色的差异比实际差异要大，可能是因为当这个差异单独出现时，人们的注意力会集中到它身上，因而会比与其他颜色一起出现时更令人印象深刻，也可能是因为表面各种不同的颜色被误认为是由于阴影投射、颜色反射、色彩或灰尘混合而发生改变的背景色。事实上，若想在一块绿色表面上形成一块灰点，红色必不可少。"[27]

在转盘上涂上不同饱和度的绿色和灰色同心圆，就能证明这种解释是错误的。这种情况下不再有背景色，而且差异也不再只是一个，而是很多，但对比仍然出现了。之前赫尔姆霍茨提出来用来证明自身观点的事实也很轻易地推翻了他的理论。他声称，如果背景色很深，或者灰色环被黑色圆圈隔开，对比就会被弱化；若在有色区域上方放上一块白色纸片的话，是不会出现对比的；而且当灰色环与这样一块纸片相对比，其对比色会完全消失，或者消失一部分。赫林指出了他的理论错在什么地方。在理想条件下，描上黑色轮廓的确会形成一定的干扰，但不太可能让对比消失，它提高了区域饱和度，若想避免因为提高明度对比而造成的干扰，就需要一个颜色深点的灰色背景，对比色便很难被察觉。使用白纸可以产生一个完全不同的结果，当白纸刚放到有色区上面时，对比的确出现了，如果仔细凝视它，纸片和圆环的对比色都会很快减弱，原因之前也已经解释过了。为了观察的精确度，可以通过这样的实验安排来避免继时效应的影响：首先放好白纸片，然后在纸片与玻璃之间放上一个灰色屏幕，让眼睛先放松，然后转动转盘，盯住纸片，然后移走屏幕。对比立刻就出现了，而且还能精确地观察到由于继续凝视而消失的过程。

再简要说说其他一些关于对比的例子吧。所谓的镜子实验包括这样几个步骤：呈45°角放置一面绿色镜子（其他颜色也可），再将两个白色平面一个水平放置，一个竖直放置，形成一个角。两个白色平面上各有一个黑点。竖直放置的平面上的黑点透过玻璃看呈现深绿色，另外一个平面上的点通过玻璃表面反射到人眼，因对比而呈现出红色。这样的实验安排可能会让我们忽略了绿色玻璃的存在，而认为是直接看到了一个带有绿色点和红色点的平面。在这个实验中，并不存在"欺骗的判断"，并不是因为有色中介才造成我们看到红、绿色点，也就是说心理学理论的解释在这里不适用。在所有类似的实验中，只要通过注视的方法排除连续对比，这种对比就会马上消失。[28]

同时对比是心理原因造成的有力证据是"有色阴影"，长久以来，这一观点盛行不衰。无论何时，当一个不透明的物体两边受到不同颜色的光的照射，都会形成有色阴影。当一边的光源是白色时，它的阴影是另一边光源的颜色。而另一边色光的阴影颜色则是两块区域重合部分颜色的补色。现在如果我们用一根内壁是黑色的管子，通过它去看有色阴影，这样周围的区域就不在视线内，然后移走有色光，这时候会发现虽然造成对比的环境已经撤销，但阴影仍呈现出颜色。心理学家认为这是"欺骗的判断"导致颜色的有力依据。然而，透过管子依旧能看到颜色的存留可以很简单地解释为是强光的照射造成视网膜疲劳的缘故，当移走有色光后，伴随着视网膜平衡功能的逐渐恢复，颜色也会慢慢消失。在小心避免继时对比的前提下，无论是直接观察，还是通过管子看，同时对比现象都不会在移走有色背景后持续存在。心理学适用于解释有色阴影现象。[29]

如果有一小块区域的照明强度保持稳定的状态，并且被一大块亮度不断变化的区域包围，后者亮度的增强或减弱会导致前者亮度发生相应且明显的变化，但大的区域看上去似乎并没有变化。埃克斯纳认为：

"这种感官错觉表明我们通常会认为自身视野中优势区域的亮度是恒定的，因而将优势区域与较小区域亮度的差异归因于是后者亮度发生了改变。"

然而，结果表明，产生变化的原因并不是由于错觉，而是视网膜真实的变化改变了感觉经验。视网膜中有一片区域被大块的光亮区所点亮，而这片区域的兴奋性会由于视觉疲劳而大幅度降低，即使增强亮度，但与兴奋性没有降低时的亮度相比，前者还是逊色得多。对比效应因视网膜周围情况的变化而发生改变，而这一片小的区域则会因对比效应的变化而变化。[30]

上述的例子清楚地表明是"生理过程"而非"欺骗的判断"导致了颜色对比。但这并不意味着，判断眼前的有色物体时，颜色知觉不会受到"判断"某种程度的影响。对眼前物体的错误判断确实会导致我们对颜色的错误知觉。因此，沃尔·克里斯特（Vou Kriest）[31]说：游走在被白雪覆盖的常绿林里，想着透过树枝的间隙，他可以看到布满松树的深蓝色的山峰，上面覆盖着皑皑白雪，明亮的阳光照耀四方。然而，实际上，他真正看到的仅仅是附近树上白雪，洒落在树荫下。[32,33]

这种错误毫无疑问是心理原因引起的。是一个针对眼前真实事物的细微迹象，从不同角度进行联想的复杂过程而导致的对表象的错误分类。在后面的章节中会详细介绍这种错觉。但是用这样的方式去解释光的对比产生的错觉，肯定是错误之举。这种错觉立刻就可以调整过来，然后我们就会去思考它是怎么变成这样的。可能是不充分注意引起的，也可能是因为我们获得的是一个模棱两可的印象，两种解释都行得通。但没有哪个观点与简单的颜色对比相似，颜色对比毫无疑问是立即唤醒的感觉现象。

我用了很长的篇幅详述了颜色对比，因为我得解释清楚为什么反对某某观点：感觉是永恒不变的心理事物，拥有更高级的心理机能。感觉论者和唯理论者都同意这种感觉的存在。总的来说，感觉论者认为感觉引发了更高级的心理机能；唯理论者认为，两者之间通过思维原则相联系。我本人主张感觉并不拥有高级的心理机能，也不是随着高级心理机能而产生。引起感觉的事物的确存在，而高级心理机能也知道这一点。但是就像这些事物的信息取代了已知的信息，高级心理机能也取代了引起感觉的事件，当它出现时，就像是瞬间大脑状况的直接产物。另一方面，有关对比的心理学理论认为，在意识的相关活动开始自行处理感觉并将其安置到应有的能满足自身的位置之前，感觉一直存在并保持自身不变，对此，其他人持同样的观点。冯特明确指出相对论"不是一个感觉法则而是一个知觉法则"，并且知觉这个词暗含着更高的智力自主性。[34]这种考虑事情的方式属于哲学范畴，将感觉信息看成天生的附属物，将"与之相关的一切"看成是精神性质的、不受约束的。瞧！如果能使它们彼此更好地联系起来的话，精神甚至可以改变感觉事实本身固有的属性！但是这并不能表明，（在不考虑改变感觉可以使他们之间的联系更为紧密的情况下）这种联系就像感觉一样，是意识中的"内容"，是"客体"的一部分。为什么要强制性地将前者归为认识的主体而将后者当成认识的客体呢？无论在什么情况下，这种认识主体都是与脑环境下的一个特定反应相对应的某个特定的认知冲动。所有的对比案例都告诉我们，在条件改变时，同样的事物可能会给我们带来不同的感觉。因此，我们必须小心取证。

除对比现象外，还有许多其他的事实可以证明当两个物体同时作用于我们时，对其中一个物体单独出现时的感觉会变成另一个不同的感觉。将一部分皮肤蘸一下热水，会让我们感觉到热度。将更多的皮肤浸入热水中，尽管水的温度相同，但热的感觉更强烈了。任何一种感觉的产生都必然需要一个特定的强度和相当数量的刺激。当菲克和温顿利（Wunderli）通过卡片上的一个洞将手伸入水中，只有一小块皮肤接受到刺激时，他们都不能通过触觉识别温度。与之类似，物体有一个最低颜色度。它们投射到视网膜上的成像必须达到一定程度，否则根本不会产生色觉。与之相对，外在形象强度越大，主观成像范围也越大。我们在第十九章会接着讨论这种现象。当亮度增强时，视觉上整个屋子是放大了还是缩小了，取决于我们是升高了还是降低了照明灯的高度。用"欺骗的判断"来解释所有这些现象，显然是件很困难的事，我们需要对为什么会产生这种感觉的客观原因进行一一推理，推断出哪个是错误的。对此，韦伯的观察案例最为简单：在前额放一块硬币，凉硬币感觉比热硬币重一些。萨伯迪（Szabadföldi）发现，一个加热到122°F的小木块通常会让人觉得比温度没它高的大木块更重。[35]霍尔发现，以相同速度分别在皮肤上移动重物和轻物，感觉上，重物的移动速度比轻物要快。[36]

布洛伊勒（Bleuler）和莱曼几年前注意到了一些人身上发生的怪异品质，即眼睛、皮肤等所形成的印象都伴随着清晰的声觉。[37]这个现在常常被人们提及的现象，有时称为颜色听觉。不久前，威尼斯艺术家厄班茨奇（Urbantschitsch）已经证明这种情况只是一个普遍原则的极端例子，即我们的感觉器官会影响到其他的感觉。[38]将一个色块放在一个较远的位置，使它不能被立即辨认出来，通过厄班茨奇的耐心观察发现，当音叉在耳朵附近响起的时候，色块能被辨认出来。但有时情况相反，声音会使视野变暗。当听到音叉的声音时，视敏度会增加，所以因距离太远而不能被识别的字母也能看清。厄班茨奇对实验进行调整，发现结果仍然一致，当在眼前呈现各种色光时，原本听觉上受限制的声音也能被听到了。在看到光或听到声音时，嗅觉、味觉、触觉、温度觉等也都有所波动。虽然个体受影响的程度和种类各不相同，但几乎每个人都会受到某些方面的影响。这个现象多少让人想起了费利（M. Féré）所发现的感觉动力发生效应对肌肉收缩强度的影响，我们将在之后的章节讨论这一效应。其中最熟悉的例子是疼痛感会因为噪声或光而增强，恶心的感觉会随其他相关感觉的增强而增强。无论遭受哪种形式的痛苦，人们都会本能地去寻求平静和黑暗。

可能所有人都会同意这些现象的形成源于生理因素：这肯定是因为最初感觉的大脑加工被强化了或者是被其他的神经流改变了。肯定没有人会在这里引用心理学的解释。在我看来，所有关于多元刺激的心理反应的案例，也都与此类似，其实，生理学理论都是最简单也最完美的解释。红色光与绿色光同时呈现使我们看到了黄色，三个等级的音阶使我们听到一个和音，这并不是因为红色感觉和绿色感觉或者三个音阶输入我们大脑后，"结合"或者"通过相关活动被结合"成黄色与和音，而是因为大量的光波和空气震动产生了直接与黄色或和音相对应的新的皮层反应。即使事物的感觉性质进入我们的最高级的思维中，情况必定也是如此。当几种感觉不能持续存在时，它们就消失了。它们会被更高级的思维，一个不同的心理单元所取代，而这个高级思维一样能够了解相同的感觉性质。

第六章所列出的法则似乎在这种新的关系中得到了证实。在众多的感觉中，你不可能只建立起某一种思维或感觉；只有直接通过实验，我们才能知道当大量刺激同时出现时，我们会察觉到什么。

第五节　感觉的向外投射

我们常常听到这样一种说法，认为我们的感觉在最初出现时是主观的、内部的，然后经由我们某个特别的行为而"引渡"或"投射"，这才得以呈现在外部世界。莱德教授的著作中写道：

> "感觉……是一种心理状态，这种心理状态的场所便是——如果有的话——思想。这些感觉从纯粹的心理状态转变为身体外围的物理过程，或是投射到身体外围的事物特性，感觉是一个心理活动。或许更应称之为心理结果[以上内容摘自卡德沃思（Cudworth）][39]，因为它是经过一个长时间的、复杂的发展过程所达到的理想结果……在感觉现象的研究中有两个重要阶段（或者说是两个'划时代'的成就）值得我们关注。一个是'定位'，也就是一个转移过程，即复合感觉从纯粹的意识状态转变成一种过程或环境，这个过程（环境）发生在人体某个较为明确的固定点或区域；另一个是'向外投射'（有时称'奇异感知'），是将感觉视为一种客观存在（'客观'意味着最详尽的感觉），位于一定范围之内、相互联系的事物特性，离身体或多或少还有段距离。"[40]

我认为这种说法毫无根据，它认为我们的感觉最初是脱离现实内容的，而对于这一观点，我实在无法苟同。[41]当我从背面看着书架时，我无法构建观念，只能去想象，想象自己可能从中获得的感觉，但并不包括我现在所知觉到的外在事实。"最初感觉事物时，我们是当成主观的或精神的东西来感觉"，这种说法迄今为止还无法证实是否正确，这样一来，与之相反的说法似乎是正确的。我们最早出现的、最本能的但发展还不完善的意识是客体意识。反映出现之后，我们才意识到内心世界。然后我们使其越来越丰富，甚至破坏了我们最初所认识的那个唯一的外部世界，而变得理想化。但是主观意识在刚出现时却不能够意识到自己是主观存在的。即便是"痛击"，起初也是被客观地感觉成空间中的某种能引发动作反应的东西，最后它会被定位在身体的某个部位，而非大脑中。

"一个感觉，若无法唤醒神经冲动，也没有对外界产生影响，那对于生物体而言，这个感觉很明显一点用也没有。按照进化论的观点，这样的感觉不会得到发展。因此每种感觉最初都涉及有意识生物的某些外部的、独立的东西。无论何时，根足虫（根据恩格尔曼的观察）在碰触到外部躯体时，总会缩回它们的伪足，即使这些外部躯体和它们是同类，情况依然一样。但当碰触自己的伪足时，就不会有这样的收缩。所以这些低等生物也已经能感知外部世界——尽管缺乏先天因果概念，并且有可能对外部空间并没有清楚的意识。而实际上，我们所坚信的一些存在于我们之外的东西并非来自于思维，而是来自于感觉，就像我们坚信自身的存在一样……如果我们观察新生动物的行为，会发现在任何情况下他们都是将最初的感觉当作单纯的主观兴奋。这样我们就更容易把这件神奇的事情解释成是因为它们利用了自己的感觉（适应和遗传的作用），这种感觉源自其天生的对外在世界的直觉……我们不应该把最初纯粹的主观感觉作为起点去探寻它是如何获得客观意义的，相反，我们必须从拥有客观的感觉开始，自我反思，后者为什么会成为物体的影响，起初短暂且直接的客观现实是怎样变成一个遥远的过去。"[42]

33　还有一个比否认感觉的客观性更为常见的问题就是这样一种假设，即感觉本身是位于身体内部的，它们是通过一种次级活动而被投射到了外部。泰恩认为，只要感觉本身在起作用，那么这个次级判断就是错误的。感觉只是偶尔碰巧投射到了一个真实的物体，所以根据
34　泰恩所说，也许我们可以将这一结果称为"真实的幻觉"。[43]首先，一直以来在心理学文献中，都将感觉当作在末端器官或神经中枢中指代同一个或同一种伴随物质印象的事物，这是它的先决条件，而在这里我指的感觉是心理事实而非物理事实。但明确表示感觉是心理事实的人仍然会将其置于物理范畴内，并且依旧觉得它是客观存在于特定的神经通道中，当这些神经受到刺激时就会引起感觉的出现。他们还进一步认为感觉会将自身安置于它产生的地方，或者是将最初主观意识到的地方当作栖息地，然后为了能够出现在其他地方才不得不被移走。

　　以上这些内容看起来特别晦涩难懂。正如我在前面章节中所言（参见本书第八章第 214 页），意识藏身于某某地这一说法挺不靠谱的。意识与大脑保持着一种动态关系，与所有事物存在着认知关系。根据这种观点，我们或许可以说感觉和大脑处于同等地位（如果我们愿意的话），根据另外一种观点的话，我们或许可以说感觉存在于任

何一个被认知到的地方。另外，还有一种假设，即认为感觉与大脑最初是在同一个位置感知自身或其对象的。然而，这种假设毫无根据而言，也没有任何先验概率或经验事实可以用来说明这样的做法能够构建感觉最初的认知功能。

那么，我们从哪里感知到原始感觉的对象呢？

一个波士顿的新生儿，他能感觉到烛光照亮了卧室，能感觉到尿布别针，但感觉不到哪一个物体是位于西经 72°北纬 41°的，他感觉不到自己正位于房子的第三层，他甚至无法清楚地获得屋子里其他物体同时作用时的感觉，不清楚是来自于左边的感觉，还是右边的。简言之，他对世界上物体间的空间关系一无所知。烛光透亮，疼痛侵袭，但照亮的是哪里，哪里在痛？对于这些，一点儿概念都没有，也无法进行位置的区分。这些感觉发展得较晚。儿童最初感知到的"空间"，是属于他自己的空间元素，这种空间会伴随他一生。经过记忆和后天的经验，他会了解到空间里许多一开始并不知道的事物。但最终还是会有这么一些地方，被他定义为"感觉所在之处"。并且对于"在哪儿"这一问题，他最初唯一可能的答案是"那儿"，接着，他能说出某个感觉的名字或是与第一次体验到的感觉相似的那种感觉，也能够识别地点。空间只意味着我们所有可能感觉的集合。不存在其他的复制空间，也不可能给原本的"零空间"创造出一个感觉空间。它们为我们的大脑带来了空间和位置关系，自此之后，便无法再进行派生。

通过自己的身体，这个孩子后来会简单地了解到针刺痛的地方在哪里，以及许多其他曾经或正在感受的类似这样的感觉是在什么位置。这时可以说他在自己的身体上定位疼痛，也可以说他在疼痛感上定位自己的身体。这两个都是正确的：疼痛感是他所说的身体的一部分。正因如此，外部世界对这个孩子而言，只是意味着一些感受到烛光或其他类似感觉的地方。他会从蜡烛定位外部世界,也会在外部世界中定位蜡烛。再强调一次,这两个行为他都会进行,因为蜡烛是他所认为的"外部世界"的一部分。

我认为这个说法是正确的,我也相信通过"空间知觉"一章的详细解释,将使得这一说法更具有说服力。但是这种知觉的后期发展太复杂,导致了这些简单的原则很容易被忽视。之所以复杂的其中一个原因是在于物体的运动,我们最初感觉到的物体会被分成两部分,一部分保持在原来的地方,另一部分随着其特质或属性移动。然后我们会比较它们之前的位置和现在的位置。如果我们不动,对它们之前位置的感觉就不变;但我们自己移动了,感觉也随之改变。"它们曾经的位置"不再是最初真实的感觉了,而是一个我们仅仅认为有可能的感觉。由这些可能的感觉组成的系统会逐步代替越来越多的真实感觉,"上"和"下"变成"客观"的概念,"东"和"西"变得比"右"和"左"更"准确"等。最后对物体的定位通过其与某些想象出来的固定的坐标系的关系,比通过它与我们身体的关系或者与他们的空间最初所定义的物体的关系,更为"真实"。现在,对我们原始定位的修正是一个很复杂的事,它包含了所谓的"转移",由此感觉会被推得比最初出现时的位置远。

我们在进行感觉中的对象位置推测时,所表现出来的多变,是其他任何事物都比不上的。一只苍蝇的嗡嗡声可能被误以为是远处的汽笛;或不注意看时,在某一瞬间,苍蝇本身可能会造成是远处的鸟儿的错觉。同一个物体看起来是更近还是更远,这取决于我们是通过望远镜的哪一端去看。我们的视觉过程是始于对视网膜上的感觉成像进行适当的距离调节。一个婴儿会想去抓住月亮,但后来他会将这个感觉设定到一个不可触及的距离上。有一个曾被引用过很多次的例子,即"一个先天失明的年轻人",切斯尔顿(Chesselden)先生把他的白内障治疗好了,据病人报告说,当他第一次能看见时,他根本无法判断任何距离,并且觉得任何他看到的东西(他是这样表达的)都像是用自己的皮肤碰触到的一样。据描述,其他一些先天失明的病人,在通过外科手术的治疗痊愈后,会把他们的手靠近自己的眼睛来感觉第一次看到的东西,并且在发现没有发生碰触时才渐渐摊平了手。很多人从这些事实得出结论:我们最初的可视对象似乎是与眼睛直接接触的。

但是,触摸到的物体也可能是受到模糊情境的影响。

如果拉起头上一根头发,我们可以根据受力后的头部偏离的方向非常准确地感觉出拉力的方向。[44]但是拉的感觉并不位于手指握住的那部分的头发,而在头皮自身。这似乎在说,我们的头发根本不具有一个触觉器官的功能。但在有触须的生物中,一些哺乳动物的胡须就是触觉器官,感觉被投射到发丝本身而非发根,这一点不容置疑。当胡子作为一个整体,或者头发作为一个整体被触摸时,我们自身可以做到这样。我们可在距皮肤一段距离处察觉到这种碰触。

当身体上一些牢固的"零部件"被触摸时,比如说牙齿和指甲,我们感觉到的是它们自身的位置,而不是更深层的神经末梢所在的位置。然而,如果牙齿松动了,我们会感觉到空间上分开的两处,一处在根,一处在顶端。

这个例子中坚硬的部分与表面并未有机结合,只是偶然的联系,这种转变是在一瞬间。我们可以用一根棍子的一端在空中或墙上写出字母,就像用我们的手指那样。用这样的做法我们也能感觉到棍子的顶端所描绘出的轮廓的形状和大小,就像没有用棍子而是直接用手指尖描绘出来所感觉的一样。类似的,绘图之人的直接感觉似乎来自于他的笔尖,外科医生的感觉来自于手术刀的刀尖,武士的感觉则来自于穿透敌人皮肤的剑端。当站在摇晃的梯子中间时,我们不仅能感

第十七章 | 感 觉 797

觉到我们的脚在圆木上，还能感觉到梯子的脚与地面的碰撞。如果我们摇晃锁住的铁门，我们会感觉到手所在的地方在晃动，而铰链和锁的那一头是静止的，并且我们似乎是在同一时间感受到这三者的。[45]而所有这些例子中的接触点都是皮肤，肤觉有时是来自于直接作用于其表面的物体，有时是来自于一段距离之外的物体。

我们会在"空间知觉"那一章学习到，我们对自身运动的感觉主要源于关节旋转的感觉。有时候把注意集中在我们的手肘上，我们能感觉到关节自身的运动。但同时，我们总是会意识到指尖在空气中描绘出的路径，而这些手指本身在物理性质上并没有被运动改变。敲打手肘下的尺骨神经，该处和手指都会产生感觉。冰冻手肘会让手指产生疼痛。电流通过皮肤或者更为特别的（比如视觉神经）感觉的神经管道，引发神经束穿过之处的感觉。正如大家所知，被截掉腿或手臂的人，会有已经失去的手或脚还在那儿的错觉。虽然不是经常有这样的感觉，但可能偶尔会发生。有时候这是埋藏在断肢的神经管道受到电刺激的结果。

> "不久前我用感应电流治疗一位肩关节脱落的病患，并且没有告知我的病人可能出现的结果，"米切尔医生说道，"她已经有两年感觉不到手臂了。当电流作用于臂丛神经时，她突然大叫起来，'哦，手，手！'并且尝试抓住手臂。我用魔法制造的幻影很快就消失了，但是没有比这个更让人惊叹的了，事实也确实如此。"[46]

四肢残缺的类型各种各样。脚通常是触地的，或是根据假肢的位置而定。有时候失去手臂的地方手肘看起来是弯曲的，手被固定在胸前位置。又有些时候，四肢的位置显得很不自然，手掌似乎是从肩膀上直直地长出来的，或者脚与残存的腿上的膝盖在同一水平上。还有些时候，四肢的位置是模糊的、模棱两可的，比如威尔·米切尔医生的另外一位病人：

> "他在11岁的时候失去了腿，然后他就向记忆中脚的位置逐步靠近，最后到了膝盖处。当他戴上假肢后，很快就恢复了原来的状态，现在也不会觉得腿短了，除非某些时候他谈及或想起了假肢和失去的腿。当注意到这些部分的时候，他会感到不适，会有活动的主观感觉和脚趾移动的不适感。伴随着这些感觉刹那间的恢复，对脚的感觉会被错误地安置在膝盖上。"

所有诸如此类的事件都很容易使我们认为，感觉可能会因环境的诱导而从其产生的地方（如大脑附近或者身体表面）转移到较远的地方；然后，（在电刺激下）转移后又重新回来。但是稍加分析就会发现这个描述并不准确。

我们每个感觉的客观现实（即宽阔性、空间特性，这两个性质是客观内容的最原始部分）最初会到达我们，在刚开始时与其他的感觉并无关联。当我们第一次睁开眼，我们获得的关于一个物体的视觉印象是它的位置，但这个位置与其他物体无关，也不能用其他已知位置鉴别。目前，我们只是"知道"有这么个位置而已。即使后来我们知道这个位置是在我们"前面"时，也只意味着我们了解了一些关于它的信息，换句话说，就是与其他位置相一致的，叫作"前面"，这是由我们的手臂、手或者头和身体的某些感觉给予的。即使已经通过头、手和身体获得了一些信息，但在我们获得视觉经验的那一瞬间，我们也难以知道任何关于它们与这些刚看到的物体的关系，无法立即定位。物

第十七章 | 感 觉 799

体的位置是怎样与这些感觉区域的位置相统一的，这个问题只有后期经验才能告诉我们。在下一章，我们将具体了解后期经验是怎样通过辨别、联合、选择以及其他大脑连续工作机制来完成这些的。因此，婴儿想抓住月亮并不意味着他所看到的东西未能提供给他后来所知道的距离的感觉，只是说明他还不知道以视觉呈现的触觉或手动的距离是什么。[47]而一个刚做完白内障手术的人将远处的东西摸索着靠近他的脸，也只说明了相同的事。不管怎样，由于他生理感觉的不足使得他缺乏所有正常的不同距离的视觉信息。他的视觉是单眼的（一次只对一只眼睛手术），没有了晶状体，一切都失去了焦点；他感觉到畏光，流泪，还有其他眼球自身常有的疼痛感，眼球的位置他早已通过触觉了解过了。那么，新的感觉所激发的第一个触觉反应与器官本身的触觉位置有关系吗？若真像保罗·詹妮特教授所说，他们仍然会用唯一知道的触觉语言表达，那这可真是件稀奇的事。"被触摸对他来说意味着在没有先做出动作的情况下接收一个印象。"他的眼睛现在获得了这样一个印象，所以他只能说物体正在触摸它。

"他所有的语言都来自于触觉，但却应用到了视觉上，这让我们以为他观察的方式与我们不同，而实际上，不同的只是谈论这些相同经验的方式而已。"[48]

在不考虑任何来自他第一次被察觉到的中枢的"投射"的情况下，其他感觉迁移的例子也同样很好解释。但可惜的是细节很复杂，只有在进入下一章时才能完全弄清楚。我们会看到我们通常会从感觉中选择某些作为事实，而将其他的降格为"信号状态"。当我们获得一个我们认为指向事实的信号时，奇怪的是这个事实（这时它自身根本不需要是一个感觉，而只需要是一个想法)非常有趣，甚至能让人产生幻觉，可能会使相对不怎么有趣的信号黯然失色，并将我们的注意完全从后者转移。因此，旋转关节时所产生的感觉是某种信号，通过大量其他感觉，比如触觉和视觉，我们开始意识到整个手臂的动作。而这个手臂的动作就是(我们所认为的)关节神经以这样的方式受到的刺激，并且它的位置比关节的位置重要得多，因此我们对后者的感觉被取代了，所以说，前者进入我们的知觉，同时运动的感觉似乎扩散到了我们的每根手指和脚趾。但通过注意力从整个肢端的暗示转移，我们完全可以很好地觉察到同样的感觉，就像被集中到了某一点上一样。我们可以用不同部位的关节的触觉和视觉形象来识别它。

我们对棍子的一端顶着地面时的感觉也是如此。当棍子的一端碰触地面时，我们所体验到的手的特殊的运动(不是一个方向，而是自由移动)对我们来说是早已知道的视觉和触觉对象的信号。我们认为"地面"就在那儿，是它带给我们这种运动的感觉。于是我们说感觉来自地面。地面的位置似乎就是它的位置；不过同时，因为非常相似的实际原因，我们认为另一个视觉和触觉物体，也就是"手"，它的位置也一定是我们所在感觉的位置。换句话说，我们将一个物体或感觉对象 A 与另外一个已知物体 B，或者两个已知的其他物体 B 和 C 搞混淆了，我们把它的位置等同于它们的位置。但所有这些例子中，都没有 A 从其原始位置的"投射"(就像哲学家所说的"引渡"一样)；没有远离其他感觉的原始位置，也没有将其驱逐出来的物质"中枢"的存在。这其实是在告诉我们，A 与其他感觉之间的位置关系最初便已经明确，无论它是在 B 和 C 之外、B 和 C 之间，还是 B、C 内部，情况都是一样。但是我们刚刚知道 A 时，它不在 B 和 C 之外，也不在 B 和 C 内部。简单讲它和它们毫无关联。我们说所获得的感觉"在脑子里""在眼睛中""在皮肤下",其实是一种"非初级"的感觉。这些都属于次级知觉,是定义感觉位置的方式。他们包括了无数的联系、辨认和想象,结果也融入了很多的犹疑和不确定。[49]

如此,我推测"向外投射"理论是不正确的。这个理论的假设让人很困惑,该理论假设,引起一种感觉的身体过程也一定是感觉的位置[50],但感觉在这个意义上是没有位置而言的。经验将它们快速联系在一起,它们很快成了彼此的位置,但这并不会扰乱任何一个感觉的原始位置。尽管我们的感觉无法像这样子进行自我分析,但是在它最早出现的时候便已经知道了后来的所有性质,这些性质最后是在客观、外化、程度的名义下进行提取和构思的。毫无疑问这些最后被人类意识获取的概念具有主观性、从属性。[51]

注 释

1 有些人会说,我们从未见过一个真正简单的物体或内容。我对感觉的定义并非要求绝对的简单,而是相对的、最大限度的简单。不管怎样,有必要在这里提醒读者不要去做那些惯常的推论。一是因为我们已经慢慢学会了分析多种性质,所以我们应该能得出这样一个结论:在意识中不存在不可分解的感觉。二是因为感觉的产生过程是多重的,所以我们应该将感觉看成是混合在一起的主观事实。举个例子,对一个孩子来讲,柠檬的味道最初出现时是一个单一的性质。后来他知道自己所尝到的味道牵扯到了许多刺激和神经,他还学会分别去感受酸、冷、甜和柠檬的芳香等,以及所有这些性质的不同强度——有各种各样不同强度的性质,且数量非常之大,并且每一种都被提取、分类和命名等,所有这些基本感觉都是由最初的"柠檬的味道"分解而来的。以此来证明后者从来都不是看上去那么简单。我早在第6章(参见本书129页后面的内容)就已经批评过这种推理了。这个小孩大脑感受到的简单的柠檬味道,与他长大后分析这个味道完全是两种不同的情况。从主观上考虑，大脑的这两种状态是两种完全不同的事实。后来的意识状态说，"这与早先觉察到的那个简单味道（或液体）是同一个"，但这两种意识状态本身并不相同。这仅仅是一个例子，一个了解更多有关同一主题事物的例子罢了。不过，必须坦白地说，很多这样的主题都不能进行分析。以不同的颜色为例，一个人在绿色中看到了黄色和蓝色，仅仅意味着当绿色遇到这些其他颜色时，他看到了相似关系。某人在其中看到了抽象的"颜色"仅仅意味着他看到了它与所有其他被称为颜色的相似性（相似性本身不能用相似物中隐含有同一个抽象元素来解释，就像本书第388~389页之后介绍过的那样）。一个人在绿色中看到的抽象的灰白度、饱和度和纯度意味着还有其他一些相似性。它们都是这个特殊绿色的外部测量，有关它的知识，随机的观点，正如赫尔巴特所说，而不是它的构成元素。比较迈农（Meinong）发表在《科学哲学季刊》，第12卷，第324页的论文。

2 参见本书第八章第221页。

3 如果想学习比马丁的人体论更为全面的知识，我推荐伯恩斯坦的《人类的五种感觉》（全球科学系列丛书），或者是莱德的或冯特的《生理心理学》。最全面的汇编是赫尔曼的《生理学手册》第3卷。

4 "我们假定感觉是知觉的信号或者诱因"（索思，《苏格兰哲学》，第89页）；"我们假设，它们之所以存在只是因为如果没有它们，就无法解释直接存在于意识中的复杂现象。"（杜威，《心理学》，第34页）即使是最反对"感觉"的格林教授，也只能极不情愿地承认感觉是一种假设性的存在，"知觉以感觉为前提"（《当代评论》，第31卷，第747页），也可参见他在《伦理学导论》上发表的言论，第48-49节——从生理学上来看，感觉与重生/组合过程可能是彼此独立的，各自经历自身的兴衰成败。直接受感觉器官刺激的部位占据优势地位，思维带有感觉特性，但不同于感觉方向中的思维。方便起见，我们称距离那个方向最远的思维为感觉，称反方向最远的那个为概念。我们无法拥有纯粹的感觉，同样也无法拥有纯粹的概念。我们最纯粹的智力状态包含着一些身体感觉，正如我们最迟钝的情感也包含一些智力成分一样。常识和普通心理学对此的表述是，意识状态由不同的成分组成，一个是感觉，另一个是概念。然而，我们这些相信每个意识状态都是一个整体（第 276 页）的人不会这样说，我们会讨论意识状态的感觉特性或智力特性的程度以及它的功能。赫林的观念更接近真理。在有关视知觉的文章中，他写道："我们现在所掌握的知识水平还不足以断定最初和最终的视网膜成像可以引起相同的纯粹感觉，但这种经由练习和经验所获得的感觉最终的解释定会不同，它被精心组织成为一个与刚开始不同的知觉。根据仅有的数据，一方面，视网膜上物理成像的次数是相同的；另一方面，意识的合成状态是不同的。对于第三个事物，也就是在视网膜成像和神经成像之间的纯粹感觉，我们一无所知。如果我们希望能避免所有假设的话，我们只能说，从开始到最后，神经器官对同样的刺激有着不同的作用。这样一来，意识也就不同了。"(《赫尔曼手册》，第 3 卷，第 1 章，第 567-568 页）

5 然而，即使像贝恩教授那样的学者也不认为感觉能知道任何事情。"很明显，大部分最为严格的感觉形式是没有界限的。尽管有必要进行一些前期的准备，但纯粹的心理状态（即罪恶感）就是一个边界。""不知道罪孽深重"是否就是贝恩教授所说的意思。

6 洛克认为感觉的简单观念就是指各种感觉。

7 《人类理解论》，第 2 卷，第 23 章，第 29 节；第 25 章，第 9 节。

8 《心理学原理》编者注释——威廉·詹姆斯插入。

9 在上述引文中，第 2 卷，第 2 章，第 2 节。

10 "到目前为止可以确定的是，我们的意识可以在同一时间拥有很多感觉，就像有很多感觉岛屿一样，根据纯粹感觉的基本原则，每个有机体的瞬间状态只产生唯一的一个感觉，然而它的组成部分和外在表现却可能有很多……这并没有对最初的意识整体造成任何影响，单一感觉的各种支流是在有机体之外而非内部，是在有几种感觉属性的外部物体里，而非是有多种感觉功能的有机体的内部……因此，多种因素的联合使得整体得到扩充，但多重性是由整体内部各种未知变量的分离导致的。真实的事物并非合成的产物，而是异化过程的残留物。"(马蒂诺，《宗教研究》，1888 年，第 192-194 页；也可参见布拉德利，《逻辑学》，第 1 卷，第 2 章）

11　接下来的这些言论都来自反感觉主义者的文章：

"感觉是一种单调、令人困惑并且愚昧的从外部干扰心灵的知觉，我们靠它来觉察其自身的改变和运动，并注意到周围存在的独立个体，但是弄不懂它们到底是什么，也看不穿它们的本质，它们本来究竟打算成为什么，如普罗提诺（Plotinus）所说，对知识的使用不如身体的使用那么恰当。对心灵来说，靠情绪认知到的东西是不能控制、征服的，也就是说，只能是知道、明白罢了。因此，阿那克萨戈拉（Anaxagoras）在《亚里士多德》中明确地表达了在'征服'这一概念下的知识与智力的本质。因此，自意识理解了这一切后，它就应该从混合的情绪中解放出来，结果正如阿那克萨戈拉所言，也许它能够了解、控制并征服它的对象，既征服了，也理解了。同样，皮斯（Pieus）在《感觉和记忆》一书中，也讲了去忍受和被征服：一个人去了解、去控制……感觉受到外界物体的妨碍，就像打了败仗一样屈服在它们之下……因此，感觉就是一种对灵魂中被动部分的催眠性的觉知（这个被动部分就像睡着了一样），并对其作出具体的反应……来自身体的能量和心灵中某些沉寂或昏睡的部分与它混合在了一起。混合的知觉，或处于半梦半醒的心理状态下的知觉很容易把人弄糊涂。它既不确定又混乱，还会阻碍思考。这和自由、清晰、平静、令人满意的、能够唤醒思考的智力部分的能量大不相同，也就是我们所说的知识"等（卡德沃思，《论永恒不变的道德与自由意志》，第3卷，第2章）。马勒伯朗士（Malebranche）和提奥多（THÉODORE）也持有相似的观点——"哦，哦，阿里斯特（Ariste）！上帝知道痛苦、愉悦和其他的感觉。但他感觉不到这些东西。他知道痛苦，因为他知道痛苦所包含的东西会让人的心灵发生改变。他知道，因为这都是他手所造（我可以来证明），并且他知道自己在做什么。总之一句话，他知道，是因为他的知识没有边界。但他感觉不到它，因为如果感觉到了他就会不开心。知道疼痛，但并不去感觉它。阿里斯特——那是真的。但是去感觉它就是去知道它，不是吗？提奥多——不是，因为至少上帝感觉不到它，但却完全了解它。如果你认为感觉到痛苦并不是知道痛苦，如果你同意，不清不楚就是没有事实根据的知道——总之就是不知道它的本质；用更精确的话说，是根本就不知道。比方说，感觉到痛苦是感觉到自己不开心,但对于是我们自己还是我们存在的形态造成了我们不开心却不得而知……让感觉、想象和激情都沉寂下来,你将会听到来自于内部事实的纯粹声音,我们自身那既清晰又有理有据的回答。永远都不要把来自比较观念的证据与碰触、刺激你的感觉是否鲜明混为一谈。我们的感觉和感情(情绪)越生动,它们所流露出来的就越模糊。我们的幻觉和幻觉所呈现的事实越可怕、越适合,就越容易将我们引入歧途。"(《关于宗教和形而上学的探讨》,第3版)上帝的"无穷喜乐"与"无喜"其实是一致的,出于谨慎,马勒伯朗士和提奥多没有试着对这一点进行解释。

12 格林,《伦理学导论》,第 20 节,第 28 节。

13 《休谟导论》,第 146 节和第 188 节。很难弄清这个羸弱、勤奋的"信徒"到底想说些什么。有时它似乎代表相关事实体系。在他的文章中"心理学家的谬误"(参见本书第 152 页)无处不在,已知事物、认为自己知道这个事物,并在此基础上了解更多的内容,这其中的混淆使他无法阐明所要表达的意思。然而,相比较而言,文章中还有一些其他言论,比如"自我意识的苏醒是一个全新的开始,除非智力做出决定,否则没有什么能够进入智力的'晶体层'范围内。为了感觉的感觉对思维来说什么都不是,为了思维的感觉是由思维来决定的。因此,对于思维世界来说,感觉无'真实'可言"(爱德华·凯尔德,《康德的哲学》,第 1 卷,第 393-394 页)。格林还说,"那么,当疼痛感或愉悦感与靠近火堆这个行为建立了联系,不管怎样,构成这种联系的那个部分就是一种简单的感觉,难道我会不接受这种联系吗?答案无疑是否定的。""最简单的知觉形式——我们认为知觉是我们第一眼所看到的、第一次所触摸到的事物的认知——既不是感觉,也不包含感觉。"(《当代评论》,第 31 卷,第 746、750 页)"纯粹的感觉其实只是个说法而已,并非实际存在。""纯粹的感觉不是由思维构成,在事实世界和可能会面临各种经历的宇宙中没有一席之地。"(《伦理学导论》,第 46 节和第 50 节)——我已经在《心灵》中对这个课题做了比较全面的描述,第 10 卷,第 27 页后面的内容。

14 斯顿夫,《乐音心理学》,第 1 章,第 7-8 页。霍布斯说了这样一句话,"恒常才有感觉,而停止就没有感觉",这句话一般被认为是关于这个学说最早的陈述。J. S. 穆勒的《汉密尔顿研究》，第 6 页；贝恩的《感觉与理智》，第 321 页；《情绪与意志》，第 550 页，第 570-572 页；《逻辑学》，第 1 章，第 2 页；《心与体》，第 81 页都有关于这个学说的论述。还有 J. S. 穆勒的《人类心理现象的分析》，第 2 章，第 11-12 页。

15　只听一种音调的话，我们可以听上半小时。但感觉之间存在显著的差异，嗅觉和味觉似乎很快就会让人觉得疲乏。

16　汉密尔顿和斯宾塞提倡"信息的相对性"，然而一般人常常会将我们讨论的问题与这种学说混淆，这根本是两种完全不同的学说。这种学说认为，我们的信息并非是与物体相联系的，而是与我们自身相关的。这与我们讨论的"对象的信息是否包含绝对关系，是否由各种各样的关系组成"这一问题无关。

17　接下来括号里的内容，到 562 页为止都是出自我的好友/学生德拉巴尔（E. B. Delabarre）之手。

18　这些现象与温度觉的对比现象十分相似（参见普莱尔，《生理学文库》，第 25 卷，第 79 页之后）。这里的继时对比是通过这样一个事实表现出来的，即一个温暖的感觉会因为刚刚在这之前所体验到的冷的感觉而变得更加温暖；如果之前感受的是温暖的话，冷的感觉也会变得更冷。如果将一根浸过热水的手指和另外一根浸过冷水的手指一起放到温水里，同样的水温，浸过热水的手指会觉得凉而浸过冷水的会觉得热。在同时对比中，皮肤任何部位的温觉都有诱导其邻近部位产生冷觉的趋势，反之亦然。如果我们将手掌放在两块约一寸半面积的金属表面上，中间间隔四分之三寸，在它们之间的皮肤明显会暖和一些。所以同样地，如果放上温度较低的物体，会让一个跟手掌温度相同的小物体显得热些，如果用一个暖和的物体触摸它边上的皮肤，它就会显得凉一点。

19　赫尔姆霍茨，《生理光学》，第 392 页。

20　在上述引文中，第 407 页。

21　在上述引文中，第 408 页。

22　在上述引文中，第 406 页。

23 赫林，赫尔曼的《生理学手册》，第3卷，第1期，第565页。

24 赫林的《光感原理》——在他所做的实验中，接下来的这个实验（第560页之后）可以说是最典型的一个，"从深灰色的纸上剪出两条3～4厘米长、半厘米宽的纸条，将它们放在一块背景上，该背景一半是白色一半是深黑色，将纸条放在界线的边上，一边一条，保持平行，并且与边界线至少间隔1厘米。盯住边界线上的一点，保持半分钟到一分钟的时间。一个纸条看起来比另一条要亮许多。闭上并遮住眼睛，负后像就出现了……两张纸条亮度的差异在后像中通常要比直接看到的大得多……这种纸条亮度的差异不会随着两块背景亮度的改变而增强或减弱……在两块背景的亮度差异完全消失的阶段，两张纸条的后像差异仍然很明显，一张比黑色背景亮，另一张比黑色背景暗，而两半上的亮度是相同的。这便不再是对比作用所引起的结果了，因为对比的条件不存在了，换句话说，就是背景的亮度是一样的。这证明了两张纸条后像中为什么会有亮度差异，其原因一定是自身的视网膜相应部位的兴奋状态的差异，据此可进一步表明在刚开始观察的期间，这些视网膜部位都受到了不同的刺激，因为不同的后续效应需要这里有不同的作用……一开始的实验中，客观上相同的纸条会呈现不同的亮度，是因为视网膜相应部位的确受到了不同的刺激。"

25 赫尔姆霍茨，《生理光学》，第407页。

26 赫林，《生理学文库》，第41卷，第1页后面的内容。

27 赫尔姆霍茨，在上述引文中，第412页。

28 赫林，《生理学文库》，第41卷，第358页后面的内容。

29 赫林，《生理学文库》，第40卷，第172页后面的内容；德拉巴尔，《美国心理学杂志》，第2卷，第636页。

30 赫林，《生理学文库》，第41卷，第91页后面的内容。

31 《视觉感受及其分析》，第128页。

32 《心理学原理》编者注释——威廉·詹姆斯插入。

33 以上内容（第554-562页）为德拉巴尔先生所著。

34 《生理心理学》，第1册，第351页，第458-460页。冯特的论述最能体现相对论法则的空洞性。其中著名的一般法的关系常被引用来解释韦伯定律和对比现象以及许多其他问题，然而，它只能被定义为一种趋势，一种感觉所有事情都相互联系的趋势！保佑它的小心脏吧！但是当一般法的关系并没有感觉到它们之间的关系时，为什么还能改变事物呢？

35　莱德，《生理心理学》，第 348 页。

36　《心灵》，第 10 卷，第 567 页。

37　《光感的强制周期声音》，莱比锡，1881 年。

38　《弗吕格文库》，第 42 卷，第 154 页。

39　《心理学原理》编者注释——威廉·詹姆斯插入。

40　《生理心理学》，第 385 页，第 387 页，在本书中可以看到与贝恩《感觉与理智》一书中第 364-366 页相同的论述。

41　不论是公开的还是隐匿的，我们尤其要避免只通过描述简单感觉的性质和它们结合模式的方法去解释感觉所呈现的空间性。位置和空间的扩展构成了物体的特性，而不仅仅只是感觉或大脑意向。因为感觉既不在我们自身之外也不具有"展开"这个词的性质。（莱德，在上述引文中，第 391 页）

42　里尔，《哲学批评》，第 2 卷，第 2 册，第 64 页。

43　《智力》，第 2 部分，第 2 卷，第 2 章，第 7 节、第 8 节。比较以下观点："结果是当某种感觉器官感知到某个物体通常的存在条件，离我们或多或少还是有些距离，经验使我们对这一距离有熟悉感，我们就将这种感知定位在这一距离上——实际上，这是听觉和视觉作用的例子。听觉神经末梢的端点在耳蜗的深处，而视觉神经末梢位于眼球最内侧的凹陷处。但是，在一般情况下，我们绝不会将对声音和色彩的知觉定位在这些地方，反之，我们将它们定位于我们身体之外，通常是与我们保持适当距离的位置上……因此，我们所有的颜色知觉都被投射到我们的身体之外，包括或近或远的物体，如家具、墙壁、房屋、树木和天空等。这也是为什么我们接下来对它们做出反应时，不会将它们归入我们自身的原因。它们与我们是分离的，到目前为止我们看到的也不同。当从神经表面投射出来时（其他大多数事物都位于这块神经表面），它们与其他事物以及和我们自身的联系纽带尚未建成……因此，我们错误定位了所有感觉,红色被定位在扶手椅上,刺痛感被定位在指尖上。所有这些定位都是由大脑的感知觉中心来完成的,它们却被定位在身体之外的其他地方,它们每个都被分派到了一个明确位置上。"(第 2 卷,第 47-53 页)——叔本华也说:"视知觉也同样如此。即刻获取的数据资料限于视网膜接收到的感觉信息,当然这些信息事实上也是包罗万象的,而本质上是再现亮、暗、色彩以及阴影的印象。这种感觉完全是主观的,它存在于组织内部和皮下。"(叔本华,《充足理由律的四重根》,第 58 页)这位哲学家接着逐一列举是什么智力使得原本主观的感觉变得客观了:(1)它使底部朝上;(2)它从双倍减少到单个;(3)它将平面改成立体;(4)它投射在离眼睛还有一段距离的地方。另外,"感觉是我们所说的感知印象,因为到目前为止它们和我们自身的状态一样进入我们的意识,尤其是神经器官。当我们做出了对它们之外的外部物体的描述时,我们称之为知觉。"(赫尔姆霍茨,《声音的感受》,1870 年,第 101 页)——再者,感觉总是在心理中枢完成,但它在边缘器官的兴奋部分呈现出来。换句话说,人能意识到神经中枢的现象……但是人们把它看作是在边缘器官完成的。这种现象依赖于感觉自身的经历,在这种经历中,有主观现象的反映和一种知觉部分的趋势,这种趋势是来应答由外界原因唤醒的精神状态,原因在于,后者是和前者相联系的[塞吉(Sergi)的《生理心理学》(巴黎,1888),第 189 页]——我所知道的最清晰、最具体的那一段是在李普曼的《客观视线》(1869),第 67-72 页,但可惜它太长了,不适合引用。

44　韦伯的装置证实了这一点,该装置使另一个人将头牢牢地贴合支撑物,于是对牵引力方向的觉察消失了。

45　陆宰,《医学心理学》,第 428-433 页;利普斯,《精神生活的基本事实》,第 582 页。

46　《神经损伤》(费城,1872),第 350 页之后。

47　在现实中,它可能仅仅意味着愿望的一种永不满足的运动,甚至是在他意识到对自己接触的某个物体无能为力之后产生这种愿望。

48　詹妮特在课程上给出的问题案例的参考书目中有一篇很好的批判性文章,《哲学评论》,第 7 卷,第 1 页之后。也可参见迪南(Dunan),同上,第

25 卷，第 165-167 页。阿伯特（T. K. Abbot）的《视觉与触觉》(1864)第 10 章中也讨论过这个问题并且有过类似的解释。

49　在截肢案例中，失去的韧带及脚的中间部分和缩短的位置也显示了这一点。很容易明白为什么假肢也会产生脚的幻觉。但是我承认我解释不了为什么是在半道上。

50　这个令人困惑的假设长期以来都是个谜——我们是怎样利用视网膜中上下颠倒的画面来确认事物的正确方向。我们的意识应该会自然地保存图像，还会感觉图像的位置与空间中其他物体的关系。但事实是图像既不是存储仓，也不是其他什么东西，而是直接的意识。我们关于它的概念都是新近得知的。外部物体会被立即赋予某些特性，这些特性都与之后的其他感觉密切相关。"底部"是我们通过触觉了解到的，后来，我们会认为这就是我们的脚。"顶部"是看到别人的头部，明白这是我们的头。贝克莱很久以前就已清楚了这一点（参见他的《视觉新论》，第 93-98 页和第 113-118 页）。

51　为了掌握充足的理由，读者一定要看下一章。他可能会反对现在给出的这种概括性的解释，在婴儿的直接视野中，从开始就相对地定位所出现的各种事物。我认为，如果一旦有了区别，它们就将按照定位出现。正如这篇文章中提到的，它们是一种感觉内容的组成部分，并非单独经历的感觉。我们的所有感觉最终都会在成熟的"世界"中找到"位置"，这个"世界"不过是一种想象的事物，以一种有序的、系统性的方式将一种感觉添加在另一种感觉上，在视野模式下创造出了一个假想的物体。为了证明我的文章，我参考了里尔的书，在第 565 页引用了里尔一书的第 57-60 页的内容；也参考了佑普斯（Uphues）的《知觉和感觉》(1888)，特别是导论和第 51-61 页。

第十八章

想　象

感觉一旦形成就会改变神经系统的结构,因此,当原先的外部刺激物消失时,感知到的东西会再次出现在大脑里。如果没有外界事物的直接刺激,任何一种感觉都不会在大脑中重现。

即使丧失视觉、听觉很多年,盲人和聋哑人仍然可以梦见光明和声音[1],但天生耳聋的人无法想象声音是什么,天生失明的人也无法勾勒心理图像。洛克有句话是这样说的,"大脑构建不出任何一个全新的简单的概念"。所有概念的原型一定来自于外界刺激。大脑再现原先感知过的事物原型副本的能力称为幻想或想象。当副本真实存在时,想象被称作"再造想象"。当来自不同原始刺激物的元素被重组并形成一个新整体时,想象则被称作"创造想象"。

后像属于感觉而不属于想象,所以最直接的想象现象应该是在本书第十六章第647页中所提到的延迟图像(德语中叫"感内存")——一些异常经验在发生后的几小时内不断出现在大脑中,挥之不去。人们通常把这种现象划归为想象,然而这其实是联想过程中可能产生的感觉经验的心理图像。

当这些图像周围的环境具体到足以形成一个时间段，那么它们恢复时，就形成了记忆。我们在第十六章中已经学过了机械记忆。当心理画面随机自由组合，而且没有精确地创造出旧日的组合，我们就真正实现了所谓的想象过程。

第一节　我们的意象常常模糊不清

普通心理学一般认为，想象中物体的每一个可感知、可辨别的组成部分都是通过想象自身分离出来的物象而呈现，而一个完整物体的想象则是由"一串"或"一群"物象所构成。我们有充足的理由来推翻这一观点(参见本书第九章第 276 页后面的内容)。一个想象的物体，不论有多么复杂，都只是某个能意识到其所有品质特征的观念里的一个瞬间想法。如果我用平常方法来探讨各种各样的"联合"观点，那么，只是为了方便大众而已，并不是对心理学原子论的妥协让步，相信读者们也都明白这一点。

休谟是原子论的伟人。他不仅认为最初印象产生于感觉器官，按他的观点来看，观念是最初印象的复本，复本的数量众多，观念之间无任何方式的联系。休谟不是通过观察，而是通过先验推理来证明上述观点的，如下所述：

"在任何程度的确切理念形成之前，大脑是不可能形成数量和质量的概念，这承认了在外界事物的数量和质量的程度没有达到一定水平时，感觉中不会出现事物。换句话说，即大脑里不会出现印象[2]。印象紊乱有时仅仅是由于印象过程的模糊和不稳定性造成的，而无关大脑接受任何印象的能力，并不存

第十八章｜想　象　813

在程度或份额的差别。那是一个形式上的矛盾,甚至是一种最直白的矛盾,即到底有没有完全相同的事物。不管印象是否真实,既然所有观念都来源于印象并且只是印象的摹本,那么必须承认观念和印象之间是有关联的。印象和观念仅仅在强烈程度和生动程度上存在差异。上述结论并不是说,生动程度不同,观念就不同,观念是不会受生动程度影响的。事实上,观念(印象的摹本)就是一种较微弱的印象。印象是强烈的,它必须达到一定的质量和数量方可。"[3]

人只要稍加自我省察就会发现这是个错误的观点。休谟的错误在于,在没有掌握事实细节之前,就形成整体的印象。休谟的论述其实表明了,一个人会因为先验理论而对显而易见的事实视而不见。值得一提的是,一般来说,将休谟的经验主义奉为"圣经"的心理学家,心中更容易产生一种"罪恶感",一种因无视事实而产生的"罪恶感"。唯灵论者早就已经准确描述了"意识"的基本事实。就目前我所了解,休谟的学生中,在泰恩和赫胥黎之前,无人愿花心思反对老师的观点。赫胥黎教授在研究休谟的理论时,直言不讳地提出如下观点:

"当复杂的印象或者观念像记忆一样再造出来时,复本可能永远无法精妙绝伦地展现出原型的所有细节。这几乎是异想天开。没有人拥有如此好的记忆力,也就是说如果他只观察了某物一次,那么第二次的检验是无法显示出自己所遗忘的那些细节。因此,可以说几乎所有人的记忆都只是大致轮廓,而不是原始事物的相片——其突出特征是显而易见的,但附属次要的特征则是模糊的、没有代表性的。

"如果现在有一些彼此间或多或少有些差异的复杂印象——例如要求我们每次说出 10 个印象,其中 6 个是相同的,4 个是互不相同的——成功地在头脑中呈现,我们可以很容易地看出结果的本质特征。那 6 个相同印象的重复会增强某个复杂观点的 6 个相关元素,因此会获得更加鲜明的印象。而 4 个互不相同的印象不仅无法比第一次呈现时更好,而且根据联想率,他们将趋于瞬时呈现,并且相互抵消。

"思考混合图像形成过程中所发生的事情,就可以理解这种心理操作过程。例如,用相同的照片感光板接收 6 个模特的脸部图像,获取一个肖像需要用 1/6 的时间。最后的结果是,6 个图像中相同的部分被强烈地呈现出来,而那些不同之处则显得模糊不清。因此,6 个图像中可能产生了与特殊特征相对立的普遍特征。

"如此说来,我们单一复杂印象的观念在某种程度上是不完整的,从另一个角度看,那些大量相似的复杂印象也是不完整的;也就是说,它们是普遍的,并不特殊。因此我们正在讨论的印象观念,严格说来,不是印象的复制品;然而,同时,它们也可能独立存在于大脑语言区。

"普遍的观念形成于若干类似却又不完全相同的各种复杂经历中,这种经历被称为抽象的或笼统的观念。贝克莱试图证明所有的一般笼统观念无非就是具有某种术语的特殊观念,使一般总体观念具有了更广泛的意义,让人们能够在一些场合回忆起与之类似的其他个体。休谟认为,这是'近些年来,文坛

第十八章 | 想 象 815

最伟大、最有价值的发现之一',并努力去证明它是'毋庸置疑的'。

"我也许会大胆质疑他的目标能否成功;但这是一个深奥难解的课题;我本身对他的这个结论表示满意,尽管贝克莱的观点很大程度上适用于这些在获得语言之后形成的一般总体观念,以及一切更加抽象的概念,然而可感知事物的一般总体观念可能仍然需要某种'指示',且可以独立存在于语言之外。一个人在梦里看到房子、树木及其他容易辨认的事物,但这些却使我想起远在天边的另一个真实物体,一个被没有良好聚焦的魔术灯笼罩的画面。向我走来的身影可能是模糊不清的,而我们周游各国所遇场景的每一个特征也是模糊的;山的轮廓并不清晰,河流也没有明显的河堤。简单地说,它们是过去许多关于人、山、河流的印象的一般总体印象。一个致力于研究一些新物种标本的解剖学家,经过一段时间后,标本的形状和结构终于生动起来,观念有了清晰可见的轮廓,变成一种白日梦。但是这些形象的呈现是一般的而非具体的。它不是任何一类动物的复本,但多少具有这一类动物的共同特点;毫无疑问,无论是尚未学话的儿童还是聋哑儿童,对感官对象所产生的类别观念都是一样的。"[4]

模糊的意象是"抽象的观念"吗

我要批判的仅有一点,就是赫胥黎教授从普遍概念的意义上,认为"抽象或一般概念"等同于这些普通的意象。泰恩的观点更为真实,他写道：

"几年前，我在英格兰克佑区花园里第一次看见南洋杉。我沿着花坛散步，观察这些奇怪的植物，它们有着坚硬的树皮，结构紧凑又袖珍的鳞片状深绿色树叶，它们以突兀粗糙的耸立之态矗立在非常轻柔鲜嫩的草坪上。如果现在问起这段经历给我留下了什么印象，首先，我会记得南洋杉的代表性特征是'可感知'；实际上，我几乎可以准确地描述那个植物的形态和颜色。但现在的印象和以前的感觉之间存在一个不同点，那就是，它是以前的(感知觉的)即时重复。我刚刚所描述的那些内在相似点是模糊的，而我过去的感觉是精确的。可以肯定的是，我看见每个南洋杉后就产生一个令我兴奋的清晰视知觉。自然界中没有完全相同的植物。我观察了大概有20棵或30棵南洋杉，毫无疑问，每一棵树都有不同于其他树的大小、粗细以及树杈的钝角(或大或小)，有的枝叶甚至伸出了树干，且各自的结构形式也不同。因此，我的二三十个视觉感受是不同的。但是，这些感知觉没有一个能够完整地保存下来，二三十个重现是相互抑制，从而打乱了将它们凝聚在一起的相似点，于是相似之处就这样被混淆在一起了，而我目前的表征仅仅是它们残留的印记。前一晚所经历的一系列相似事实或者个别事件就储存在大脑中，成为大脑的产物，或者不能说是产物，而只是一些碎片罢了。次日，我们回忆大量的经历时，只剩下四五个还算清楚，它们自我淡化只给我们留下了单一且毫无色彩的模糊表征，作为各种恢复知觉的不同要素，进入了一个缺乏活力且不完美的抑制状态。但这种表征不是一般的、抽象的观念，而是观念的附属品，如果可以的话，我认为它就如同（金属）从矿石中被提炼出来。对于表征，尽管只有轮廓，但也是一个清晰个体的可感轮廓。但是我的抽象观念是关于整个类别，它不同于单个的表征，而且我的抽象观念是相当清楚和确定的。既然拥有这个抽象观念，我就能够从呈现在我面前的各种各样的植物中轻易地识别出一棵南洋杉；它不同于我拥有的一些独特南洋杉的复杂的和不固定的表征。"[5]

换言之，一张模糊的图片和一张清晰的图片同样都只是一种单一的心理事实，而大脑用其中一张图片去代表某一类别的事物则是一种新的心理功能，它需要一些意识功能的修正，而不是仅仅感知某一图片是否确切清晰。也许我会因想不起某个远方友人的样子而难过（心理意象变得模糊），可这并不妨碍我想起他这个人。我脑中所存留的某个人的样子，可用来表征所有的人。这是一种心理功能，是意识的传递作用，印象周遭的"边缘"关系要么变得清晰，要么变得模糊。这一点，我之前已经解释过了（参见本书第十二章第473页以后的内容，特别是第十二章的注释17），要不是它所具有的特殊意义，我是不会再提起的。

我们对以前感知到的经验的观念或印象要么清晰、丰富，要么灰暗朦胧、不完整。每个人对明确性和完整性的把控程度均不相同，这种不同可能与贝克莱和洛克所争论的抽象观念有关。贝克莱曾说：

"在我们对于'三角形'的一般笼统的概念中，三角形必须既不是斜面，也不是矩形；既不是等边，等腰，也不是等面积，但所有这些条件无法同时存在。"贝克莱说："如果有人真能在头脑中绘制出这里所描述的三角形观念，就没必要再去争论什么了，我也不会这样白费力气。我希望，读者能十分肯定地告诉他自己到底有没有这样的观念。"[6]

直到最近几年，哲学家们才推测，在所有个体意识当中存在一种典型的人类意识，这种人类意识在全世界都通用，也就是"想象"。然而，最近的诸多新发现使我们认识到这一观点完全是错误的。它们是"想象出来的东西"，而不是"想象"，我们有必要对其进行细致的研究。

第二节　想象的个体差异

1860年，费希纳成为这一研究领域的第一个有所突破者。费希纳天生具备了卓越的主观观察能力，在他的《心理物理学纲要》第十四章中，他用视觉记忆画面对视觉后像进行了最为细致的比较，并结合了其他几个人对视觉记忆画面的解释而得出最终结论。[7]结果显示，存在明显的个体差异。他写道："用统计的方法研究这个课题一定会非常有趣，没早点按这种方法来研究，是我的一大憾事。"

费希纳的愿望由高尔顿先生完成了，他在1880年发表的著作可以说是为"描述心理学"开创了一个新纪元。

高尔顿说："早期进行的都是一些尝试性的工作，在这里，没必要向读者一一赘述。研究调查全面开始之后，我向大量群众发放了一定数量的问卷。设计问卷是一件最困难的任务，问题不允许有歧义,不能太复杂,并且要覆盖所有调查领域。在这些方面我尽自己最大的努力,也没忘记最重要的部分是去激励被调查者自由地、详细地做出回答,并且紧扣主题。事实证明,设计问题远比回答问题更具指导意义,更生动有趣。

"第一个关于心理意象的亮度、定义和色彩的系列问题集,设计如下:

"'在你回答反面那页纸上的问题之前,先想一些具体的客观事物:假设这是一张餐桌,你今天早上曾在这里吃早餐,仔细思考呈现在你脑海中的画面。

"'(1)亮度——印象模糊还是清晰?它的亮度和真实的场景相似吗?

"'(2)定义——同一时间,为所有事物下的定义是否都清晰明确?与真实场景中的定义相比,不管什么时刻,在这个地方所做出的定义是否都更加'浓缩'?

"'(3)色彩——陶瓷、烤面包、脆皮面包、芥末、肉、西芹的颜色,或者是桌子上的任何东西,都相当清晰、自然?'

"早期的调查结果使我很震惊。我在此之前已经开始询问科学界的朋友,因为他们关于视觉能力的回答可能最为准确。小说家、诗人也不断地间接提到,这些视觉特征在每一种语言的词汇中都留下了持久的标记,而且为它们提供了一些素材,使梦和病人常见的幻觉得以建立。

"令我吃惊的是,我发现大部分初次被询问的科学家都争辩说,他们并不了解心理意象。我以为每个人都应该知道'心理意象'的正确含义,他们却觉得我的这个想法很古怪,简直是幻想。色盲并不知道自身存在的缺陷，不了解色彩的本质，然而，与色盲相比，这些科学家对于色彩本质的了解其实高明不了多少。他们在心理上也存在缺陷，只是自己没有意识到而已，并且理所当然地认为那些说他们有缺陷的人是在胡说八道。我的一个受调查者的来信就很充分地阐明他们的心理态度。他写道：

"'这些问题预先表示了对'思维之眼'命题的赞同，也赞同能看见'意象'……这指向一些最初的错误……仅仅是一种修辞手法，我能把对场景的回忆描述为用'思维之眼'看见的'心理意象'……我没看见它……无非就是一个有适当压力的人在一定压力下会重复索福克勒斯文字的人。记忆拥有它，等等。'

"我的一个朋友为我询问了法国协会的成员，得到的结果也极为相似。

"而另一方面，当我与普通大众交谈，就出现了完全不同的情况。大人小孩、男男女女都声称自己经常看到'心理意象'，而且'心理意象'相当清晰，色彩斑斓。我一直在追问、盘问，并声称自己无法相信，可他们的话反而越加显得真实。他们仔细地描述自己的意象，当我明显地表现出疑惑时，他们反而会觉得很惊讶。如果我在大白天同一个坚持怀疑现实视觉的盲人夸夸其谈，描述眼前的场景如何如何，那么我就会和那些人说的一样。这次愉快的经历使我消除疑虑，重新开始做科研人员的调查，并且很快发现了一些我所寻找的零散例子，虽然不像在其他地方那么丰富。后来我将其扩散到朋友圈，通过他们的帮忙获得回复……从不同性别，各年龄段，最后几乎从所有文明程度不同的国家的调查者那里获得了答案。

"我也收到了英美两国各种教育机构的答复,老师向学生们充分解释了这次调研的意义所在,使得学生们都兴趣盎然。这次回馈的优点在于'普查',这是我的其他数据正好缺少的,因为我无法推测出后来的研究者能否随机抽取人群。事实上,我知道他们当中的一些人不承认所拥有的能力,其他的一些人达到的程度不够,以至于不能真正地用一种使自己满意的方式表达他们的经历,从而一点儿反馈也没有。然而,在男学生的回馈和与我通信的被调查者的回馈中都发现了相当多统计学上的相似点。可能还要再补充一点:它们和我从别处获得的口头信息一致。这是从不同来源得到的答案,其有效性不言而喻,从整体上看,它们的外部信度因交叉测验而得到很大提高(我可以举一两个有趣的例子进行划分)。被调查者为给出精确答案所做出的努力使我确信:准确、可信的回答这个心理学问题,其实,这件事比我预想的要容易得多。许多人,特别是妇女和聪明的儿童,乐于自省,总是尽全力解释自己的心理过程。我认为自我剖析时产生的愉悦必定是获取快乐的一个强有力因素,据说很多人在神父面前忏悔时都会得到这种快乐。

"有两个结果需要我们密切注意:一个是通过统计学方法去洞察别人的心理过程的能力,先验主义反对者们已经证实了这一方法的可能性;而另一个是,有一类参与科学试验的人,他们的视觉再现能力很弱。无论如何解释,后面这个结果是毫无疑问的。我自己的结论是,对某个清晰的心理画面的认知(做了充足的准备)与对一些高度概括的习惯和抽象思维的习得是完全相反的两件事,尤其是当推理的步骤是用词汇来象征时,更是如此。一个努力思考的人拥有看见心理画面的能力,但不常常使用这种能力的话,能力也是会消失的。最高级的思维不是丢失,而是退居次要位置,在适当的场合随时备用。然而,我敢肯定地说,失去的能力似乎是被其他有用的概念模式取代。我认为这主要和早期的肌肉运动感觉有关,不但是眼球,而且和肌肉有关。一个声称自己完全没有能力看到心理画面的人,却仍然能够对他们看到的东西描述得栩栩如生,并且表现出自己好像拥有生动视觉想象的天赋。他们也能够成为国家皇家学院级的画家。[8]

"认为清晰视觉伴随着清晰视觉记忆的观点是错误的。我手上有很多例子,就'清晰视觉'和'清晰视觉记忆'提出了很多看法;其中,至少有一个,可以证明对直线、正方形等的轮廓和精确判断并没有伴随着视觉能力。幻想时(梦)也没有视觉能力的出现。还有一些例子表明,视觉能力非常强,但同时,梦却是稀薄、微弱的,几乎不存在。一个朋友告诉我他的梦还不及清醒时的想象力的百分之一。

"想象力和鉴别力没有必要混合在一起。一个在研究形而上学这一问题上颇具盛名的作家肯定地对我说,他能异常迅速地识别面孔,一看就知道之前有没有见过,但是却无法清楚地想起、描绘出那人的样子。

"有的人具有将单一知觉进行整合的力量,超过眼睛所能看到的东西……

"我发现有些人能够用一种所谓眼神接触的方法,同时看到一个实体周围的形象。许多人或许也能做到这一点，但无法形成一个整体的形象。一个杰出的矿物学家肯定地告诉我，他非常熟悉结晶体，并且能够同时想象出结晶体的各个面。我自己也有这方面的能力，就容我简单说说吧。它偶尔在梦中出现，更确切地说是在噩梦中出现，但是在这样的情况下，我意识到，只用一个单一的感知便能获得各个层面的信息。我的心中有双眼睛，而'它'似乎就在其中，并且拥有一种向心力。

"很多情况下，这种理解力实际上可以通过间接的方法获得。心理快速扫视想象的房间中所有的周围环境，这是一个比较常用的技术，也留下了一些疑问：它是否能在同一时间被观察到。一些人在看物体时有这样一种习惯：他们好像可以将客观物体看作半透明的；因此，如果他们通过想象，也假想出一个地球，就可以同时看到南北两极，却无法观察到赤道部分。他们也可以仅仅通过心理扫视便观察到一个想象的屋子里的所有房间，墙和地板仿佛都是玻璃做的。四分之一的人有场景回忆的习惯：不是从他们观察到的角度，而是站在远处去回忆，想象他们自己是心理舞台上的演员。通过这样或其他一些类似的方法，很多人拥有了看客观事物的整体的能力，而不仅仅是其某一侧面的能力。

"意象的发生地点大不相同。绝大多数人都难以确切说清意象的地点，有的人看它就在眼前，而有的人则认为它离实际还有一段距离，有一种非自然的力量。但我相信，要获得这种力量并非特别困难。这个力量就是在一张纸上快速构建一个心理画面并且在当下将其迅速掌握，以至于仅用一支笔就可以勾勒出整个画面。我回头再谈这个问题。

"意象通常不会因为总是想着而变得强烈；第一个印象通常是最有力的，但也会有例外。有时心理位置观，无论是真实的，还是想象的，都与位置感（指南针所指向的方向）紧密联系在一起的。关于这种强烈方向感倾向，我从不同人那里获得了既全面又奇特的信息。在其中一两个案例中，我有理由相信它与地理的理解能力有些关联。

"女性的视觉化能力比男性好，而学龄男孩也高于成年男子，但只是高那么一点点。大量研究表明，成年以后，视觉化能力似乎并没有随着年龄的增长而减弱，反倒增强了；但是随着年龄的增长，若想形成抽象思维，却越加困难，在我调查过的人群当中，这种现象实非罕见——的确变弱了。有理由相信，某些小孩的视觉化能力确实很强，这些小孩似乎花了多年时间来辨别主、客观世界。当然，语言和书本学习往往会使这种能力变得迟钝。

"视觉化能力是一种与生俱来的能力，与其他天赋一样具有遗传性。我有大量的证据可证明，这种遗传性特别的强烈，特别是那些独特又罕见的特质，更是如此……这种遗传性通常会从两三个或者更多的兄弟、姐妹、父母、儿女、叔叔、阿姨和表亲中发现。

"既然家庭成员之间在这种天赋上表现各异，我们或许可以设想，在不同的种族之间，天赋也各不相同。事实也确是如此。我不想以文明国家为例，因为他们的天赋受教育的过多影响，以至于无法用普通的方法来评估。然而，我还是要说说法国人，他们的视觉化能力好像特别高超。他们在预先安排各种各样的仪式和义卖会中表现出特殊的能力,在战术、谋略方面也颇具天赋,能清晰地预见结果。他们在技术上的发明创造表现出的天赋,拥有令人叹服的语言表达能力。他们用来描述这种能力所用的词是'figurez-vous',或者可以说是'呈现给自己的图片',这似乎彰显了他们的主要认知模式。而我们所用的则是'想象'这个含糊不清的词。

"有的人弹钢琴或发言时,会在心中默读乐谱或手稿。一个国会议员的例子令我确信:有时候,发言时的犹豫、卡壳是因为被演讲稿(原先删掉的词和修正部分)的意象所困扰。他无法将其忽略,所以只能艰难地努力去解读它。

"有些人会在心中把所说的每个词都'描绘'出来,他们倾向于视觉等价物而非词语的声音。他们经常将其大声朗读出来,仿佛这些词写在一张长长的纸条上(想象的),就像未上发条的电报器材一样。"

如果你去读高尔顿先生的《人类能力的调查》第 83~114 页[9],你会发现更多细节。多年来我一直在收集学生的自我视觉想象描述,从中发现了许多证据,可用以证明高尔顿先生文中所报道的全部变量(以及一些特殊癖好)。我从最后的两个案例中摘选了一些片段,来作为例证。当事人的表亲是一位著名科学家的孙辈。其中那个视觉化能力颇佳的人说:

"今天早上的餐桌既灰暗又明亮;当我睁开眼睛看着这些东西,并且努力去思想,眼前这些东西反而越发看不清。当我闭上眼睛去想，它就变得既清晰又明亮。——所有的东西立刻变得清清楚楚，而当我专注于某一个东西时，它就更加清晰。——我对色彩的回忆能力胜过其他事物；举个例子，如果我打算回忆一个用花纹装饰的盘子，那么，我可以准确回忆起它的色调，等等。在桌上的任何事物的颜色都非常生动。——我的意象范围几乎没有限制：我可以看见一个房间的四面墙，我也可以清楚地看见两个、三个、四个，甚至更多房间的四面墙，如果你问我任何一个事物的特征，或者要求我说出椅子的数量等，我都能毫不犹豫地回答出来。——我用心记住的越多，我'看到的'东西就越多。甚至可以在背诵之前看到，可以慢慢地逐词逐句地口述出来，只是我的头脑被意象占据，根本意识不到自己说了什么，也不知道那是什么感觉，等等。当我第一次发现自己这样做的时候，我还以为这是因为自己并没有完全掌握这些文字；但我自己确信，确实看到了一个'画面'。我想这就是事实的最强有力的证据。如下：

"沿着段落看下去，我可以看到每一行的头一个单词，而且，只需看到这头一个单词，我便可以想起整句话。如果词与词之间对齐排列，会比间隔排列更容易产生上述的结果。例如：

都……

所有……

有……

什么……

谷神星……

有了……

花……

由于……

（喷泉四）……"

视觉化能力不佳的人说：

"我形成心理意象的能力好像来源于学习别人的意象，这既有缺陷又有些怪异。好像我记住的任何特殊事件的过程并不是通过一系列的清晰的意象，而是一种全景画面，如同透过厚厚的迷雾所感受到的模糊的印象。——闭上眼睛时，脑中无法获得任何人的清晰意象，尽管几年前我可以做到，但这种能力好像已逐渐消失了。——在我最为生动清晰的梦中，梦中所发生的事情就像真的一样，我经常被模糊的'心理视力'所困扰，看不清东西。——对于那个早餐桌的问题，我无法给出明确的回答。所有东西都是模糊的。我说不出自己看见了什么。我数不清有多少张椅子，但我碰巧知道有十把。我看不见事物的细节。——主要的问题是，在普通印象中，我不能准确地分辨出看到了什么。就我所能回忆的图片来看，色彩大致是相同的，只是颜色被冲淡。或许我唯一能明确看见的颜色，就是桌布的颜色。如果我能记住桌布的颜色，或许就能想到墙纸是什么颜色。"

一个视觉想象力很强的人很难明白那些没有这种能力的人是怎样

思考的。毫无疑问有些人没有被赋予视觉想象[10]的能力，他们会告诉你，他们看不到餐桌，只记得有这么个餐桌，以及餐桌上有什么。这种认知和记忆无疑是依靠言语想象发生的，这已在本书第九章第265-266页解释过了。

近几年关于失语症的研究（参见本书第二章第54页）证实了，在想象方面，个体差异十分显著。同时，在失语症的不同案例中，组织损伤和症状之间的差异非常清楚。一些个体惯常的"思维材料"（如果可以这样称呼的话）是视觉上的；另外一些人的"思维材料"则是听觉的，关于声音的，或者是运动的；大多数人可能是多种类型材料平衡地混合在一起。因类型不同，同一位置上大脑的局部损伤对不同的人有不同的影响。在某个人身上，它使那块常用的大脑区域失调；而在另一个人身上，它可能只影响一个不重要的区域。沙可教授在1883年发表了一个极有重要指导意义的案例。[11]

> 病人是一位名叫X先生的商人。他出生于维也纳，受过高等教育，精通德语、西班牙语、法语、希腊语和拉丁语。发病初期他去找沙可教授，沙可让他当场阅读《荷马史诗》。他能从《伊利亚特》第一卷的书中的任何一段开始毫无停顿地用心背诵后面的诗句。他熟悉维吉尔和贺拉斯。出于工作需要，他也掌握了足够多的现代希腊语。自沙可认识他起的一年内，他拥有超强的视觉记忆能力，并且乐在其中。他一想到某人或某物，那些人或物所具有的特征、形状和颜色就清楚地浮现在眼前，好像就站在面前一般。多年来，他写了很多不同语种的信件，当他试着回忆这些信件中的某件事或者某个数字时，信件的所有内容，连同那些无规律的、删掉的内容也全都浮现在他

眼前。在学校背诵文章时，他翻开脑中出现的文章，逐字逐句地阅读。在做计算的时候，大量的数列浮现在脑中，他用心里的这双眼睛在这些数列中搜寻，演示算术的多种运算方式。他一想到话剧中的某一段情节，整个场景、舞台、演员和观众就出现在面前。他曾经是一个非常棒的旅行者。他在美术上也颇有造诣，他过去常常画一些可以愉悦自己的场景，而他的记忆也能被精准地带回那个完整的场景当中。如果他想到一段对话、一句名言、一次约会，那么地点、人物和整个场景都会浮现在他的脑海中。

他的听觉记忆却一直存在问题，或许称不上是问题，只是不如视觉记忆那么好罢了。他对音乐毫无鉴赏力。

59　　在他接受检查的一年半之前，在出现了职业焦虑、失眠、没胃口等症状后，突然有一天，他注意到病痛在他身上造成极不寻常的变化。极度困惑以后，新旧状态之间产生了强烈的对比。每件事看起来都如此新奇、陌生，起初他以为自己肯定是疯了。他紧张又易怒。尽管他清楚地看见所有事情，但他还是彻底失去了对形状和颜色的记忆。明白了自己的实际状况之后，他安下心来，知道自己的神智还是正常的。很快他发现自己能用一种新的记忆方法来做事，他现在能清楚地描述自己在新旧两种状态下的不同。

他每次为了生意回到 A 地时，就好像进入了一个陌生的城市。他惊讶地看着纪念塔、房屋和街道，就好像他从未见过。然而，他的记忆会渐渐恢复，发现自己有了宾至如归的感觉。当要求他描述城镇主要的公共场所时，他回答说："我知道它就在那儿，但却想象不出来，什么都记不得。"他以前常常画 A 地的港口。今天，港口的轮廓都画不出来。要求他画一个尖塔，他想了想，说它是一个方塔，画了四条粗线条，一条表示地面，一条表示塔顶，另外两条是两边墙。要求他画一个拱廊，他说："我记得它包含半圆形的拱弧，其中两个相连，形成一定角度，构成一个拱形，至于它长成什么样，我确实想象不出。"他按要求画出的一个男人轮廓像是一个小孩画的；而他已经承认自己是通过观察旁观的人来描绘的。同样，他画的树也是奇形怪状。

就像他记不起 A 地的港口一样，他想不起妻子与孩子们的面孔，甚至有时候妻子和孩子就在旁边，仍会感到陌生。他忘记了自己的面容，有一次在镜中见到自己的影像时，竟把它当作陌生人一样与之交谈。他为自己对色觉的丧失感到怨愤不已。"我知道我的妻子有着黑色的头发，但是，就如我回忆不起她的人与特征一样，我也无法回想出她的发色。"这种视觉遗忘症的影响力甚至延伸到他的童年时光——诸如父亲的大宅这类东西，他都遗忘了。

除了这种在视觉想象上的缺损以外，他没有其他方面的异常。现在每当他要从自己的信件中寻找什么，他总是像别人一样，需要在大堆信件中翻找，直到找到为止。他只能回想出《伊利亚特》的第一章节的小部分诗句，并且需要"摸索着"去阅读荷马、维吉尔和霍勒斯。如今他必须得喃喃低语才能把数字相加。他清楚地意识到必须帮助自己摆脱这种听觉想象上的困境，而他也确实在为此努力着。那些他现在回想起的词语和表

第十八章｜想　象　831

达内容似乎在耳中回响,从而产生一种崭新的感觉。如果他想记住什么,比如一连串的词组,他得大声朗读数遍才能让耳朵留下印象。而后来,当他满腹疑虑地重复事情时,脑中浮现的却是发音朗读之前的内部听觉。这种感觉前所未有。他能够流利地使用法语,却声称自己不能用法语进行思考,因此必须将其翻译成母语(西班牙语或德语)才能理解。他的梦不再是视觉方面的,而仅仅是词语,且通常是西班牙语。言语视盲在一定程度上影响着他——他身不由己地受到诸如希腊字母一类事物的困扰。[12]

如果这个病人从一开始就有这种类型的听觉想象,那么很显然,无论他的视觉想象中枢受到什么样的损伤,都不会对他的实际生活造成太大影响。

"这种听觉类型,"M. A. 比奈[13]说,"似乎比视觉类型更加罕见。这种类型的人用声音语言作为思考的媒介。记忆一篇文章时并不需要看书本,而是记住词语的音感从而在心理上留下印记。他们靠耳朵来推理和记忆。他们以言语的形式重复图像的名字,并增加了不包含图像信号的声音。想象时,同样采取听觉方式。'当我写一幕场景的时候',勒古韦礁(Legouvé)对斯克里布(Scribe)说,'我听,而你们看。我每写一句话,角色的声音就在我耳边激荡。''你也在这个剧场里,你的演员们在行走,在你眼前用动作饰演着他们的角色;我是一个聆听者,而你是一位观赏者。'——'没有比这更真实的了,'斯克里布说,'你知道我是在哪儿写作的吗?是在一块花坛的中央。'很显然,一位渴望在某一单独领域有所建树的听觉敏感者,就如同一位单纯的视觉想象者一样,会显露出惊人的记忆力。——例如,莫扎特听了两遍西斯廷教堂演奏的《怜悯》后就显示出非凡的记忆力;失聪的贝多芬(Beethoven),仍能创作并在内心重复他惊世骇俗的交响曲。另一方面,听觉类型的人像视觉想象类型的人一样,处于危险的境地。因为,一旦失去听觉想象,他会因缺乏资源而完全崩溃。

"那些患有听觉幻想症的人,以及受到躁狂症折磨的人,都有可能属于这种听觉类型;并且,若某种特定想象力类型占主导作用,则可能会导致幻觉或神志不清。

"动作类型——可能是所有类型中最有趣却鲜为人知的一种。这种类型的人(法语是'es moteurs',用英语表示的话,高尔顿先生建议称之为"运动型")[14]可能在记忆、推理和一切智力操作中都运用这种运动想象。为了理解这个重要观点,我们只需记住下面这点,即我们所有的感觉,尤其是一些比较重要的感觉如视觉和触觉,包括眼和肢体运动这些要素,它们是一个整体;而且,如果在我们实际观察某一物体时,物体的运动是一项必要因素,那么当我们在想象中观察同一物体时,其运动也同样必不可少(里博)[15]。例如,我们手中握着一颗球,这一复杂印象,是将触觉、眼部肌肉调节、手指移动以及这些部位肌肉感觉的视觉进行综合所产生的印象。当我们想象这颗球时,它的"观念"一定包括肌肉感觉的想象,就像包括视网膜以及体表感觉一样。它们构成了很多运动意象。如果之前没有认识到它们的存在,那是因为我们对肌肉感觉的认识相对较晚。在过去的心理学研究中,它从未被提及,对感觉的了解也仅限于五种。

"有些人,当他们用手指去勾勒一幅画的轮廓时,就能更好地记住它。勒科克·德·布斯博德朗(Lecoq de Boisbaudran)将这个方法运用在他的艺术教学中,使学生习惯于靠记忆作画。他让学生们想象自己利用一支铅笔在空中勾勒出画的轮廓,从而迫使他们将肌肉感觉与视觉记忆联系起来。高尔顿引述了一个令人惊奇的确凿事实。孟克里夫上校经常观察北美地区的印第安青年,发现他们偶尔会在自己所管辖的地区闲逛,并且对展示出来的版画很感兴趣。其中一个人小心地用刀尖刻画着《伦敦新闻图鉴》上某幅画的轮廓,并说这样能使他在回家后将其更好地刻出来。在这个例子中,肌肉运动想象强化了视觉想象。这个年轻人就是一个运动想象型的人。[16]……当某个人的肌肉运动想象被破坏,他就丧失了关于运动的记忆,并且有时更奇怪的是,他还会丧失运动的能力。病理学上有很多关于运动性失语症、失写症等案例,这里举一个失写症的例子。一个受过教育会写字的人,因为脑损伤突然丧失了这种能力。他的手与胳膊丝毫没有瘫痪或麻痹的迹象,但他却不能书写。这种能力的丧失源起何处?他坦言:自己再也不知道如何写字。他遗忘了拼写字母的记忆,也丢失了手臂移动的那种记忆,失去了以前书写时指导他的手腕做出动作的运动想象……而其他患了失读症的病人,能准确地运用这些运动想象弥补其他缺陷……这类病人即使他能清楚地看到,也不能诵读眼前呈现的字。这种视阅读能力的丧失，在一定时间内可能是病人面临的唯一麻烦。这类人经常发现自己使用了一种巧妙却费时的方法去完成分段阅读：用手指追踪字母来理解意义。在这种情况下发生了什么呢？手如何能够代替眼睛的作用？运动想象为这个问题提供了答案。也就是说，如果病人能借助手指来阅读，是因为追踪字母使他能获得书写时的部分肌肉印象。一言以蔽之，病人是利用书写来阅读的，沙可说：书写感觉同视觉一样能使人感受到书写的内容。"[17]

法国作家把所有的盲人归属为"触想型"与"动想型"两种类型，像劳拉·布里奇曼这样失明又失聪的人只能通过触觉与动觉材料来想象。一个年轻患者在弗朗兹（Franz）医生的帮助下治愈了白内障，当给他呈现不同的几何图像时，他说自己"直到有意识地看见指尖运动所产生的感觉，就如同他真的接触到那些物体时，他才能对诸如正方形或圆盘类的东西形成图像观念"[18]。

维也纳的斯特里克（Stricker）教授，对运动想象形式的分析别具匠心，并针对学生们都很熟悉的两篇学术专题论文作了细致的分析。[19]他既回忆自身的运动，也回忆身体某些部位的肌肉感觉，而这些部位正是对运动产生一定影响，或者是接下来将要运动的部位。例如，想象一个士兵行军，就好像促使自己想象跟在这个士兵后面齐步走的感觉。如果他压抑双腿所产生的"同感"，并把所有注意力集中在这个想象的士兵身上，那么，这个士兵的形象就会变得呆板。一般而言，任何物体的想象运动，在他自己的眼睛或者自己的肢体运动失去感觉后，似乎都会这样。[20]清晰的语言运动在他的精神生活中占主导地位。

第十八章　想　象　835

"如同前一个事例，实验结束后，我开始描述实验的进展，我发现自己首先再现的是词语，这些词语与不同观察细节的认知有关。言语在我的观察中颇为重要，因此只要是观察，我都会用语言来描述。"[21]

大多数人在被问到以哪种方式想象词语时，都会回答"以听的方式"。直到真正深入研究这一问题时，他们才发现很难确定在发音上占主导地位的到底是听觉器官还是运动器官。斯特里克提出了一个好方法，即将这道难题提升至意识层面：半张着嘴，然后想象含有唇音或齿音的单词，比如"bubble""toddle"。在这种条件下你的意象清晰吗？大多数人首先想到的是"thick"，也就是需要双唇分开发出的音。张开嘴的时候，许多人不能清楚地想象出这些词；另一些人则需要做一些准备性尝试后才能完成。这个实验证实了我们的言语想象是如何依赖于唇、舌、咽部、喉部等实际感觉的。

"当我们回忆某个词或句子留下的印象时，如果不大声说出来，我们会感觉到相应器官的兴奋，就像马上要涌出来一般。发音部位——咽喉、舌头、嘴唇都明显地兴奋起来；事实上，被压抑着的发音就是我们回忆的材料，是一种思维的表现，一种言语的观念。"[22]

在斯特里克的实验中，张开的嘴不仅会妨碍我们真实清楚地发出唇音，而且还使我们无法想象它们所发出的音，这就像耀眼的光辉使人们无法想象黑暗是什么。如果一个人的听觉想象很弱，那么发音想象就可能是构成言语思维的全部材料。斯特里克教授说，在他自己的例子中，听觉想象没有进入他所思考的词语中。[23]然而，像大多数心理学家一样，他将自己的个人特点设定为一个准则，并认为言语思维是一种正常且普遍的独特运动表象。除了作者强调的发音想象或感觉外，我实际上还具有对元音及辅音的听觉想象。而且，我发现大多数学生在重复他的实验后，都得出了这个结论。张开的嘴首先便是个拦路虎。然而，这个困难很快就消失了。想着某个元音，同时发出另一个元音时遇到的这种困难，也会慢慢消失。但是很多人的听觉想象比他们通常意识到的更差，而发音言语想象则更精确，这可能是真的。斯特里克教授自己就拥有听觉想象，他能够想象乐器演奏的声音和某个朋友的特殊嗓音。针对听觉、触觉与运动想象之间的差异进行一项大规模统计调查，其效果可能还不如高尔顿对视觉想象的调查那样有成效。像斯特里克一样有能力的观察者所做的一些独特的专题研究，能够为当下盛行的各种学说带来更有价值的信息。[24]

一些人的触觉想象很敏锐。当我们受到局部损伤或看到其他人受伤时，触觉想象最为生动。那个地方可能马上由于想象而产生了刺痛的感觉——也可能完全不是想象，而是真的受伤，身上起了鸡皮疙瘩，皮肤红肿，或者是其他一些引起肌肉收缩的情况，是真真切切感到了疼痛。

说到想象力，就不得不提起这样一位作家[25]，他说过，"一个受过教育的人告诉我，有一天在他进家门时受到了一些惊吓，因为他的一个孩子的手指在关门时被夹到了。在他感到恐惧的同时，发现自己的同一根手指也有剧烈疼痛的感觉，而且连续疼了三天"。

这位作家区分了不同的触觉想象，而这或许是大多数人都切身体会过的。

"我可以很容易地在自己所希望的任何一块皮肤上产生想要得到的感觉。不过，由于需要延续这种感觉的心理作用，我只能将它原有的持续感觉唤醒，比如热觉、冷觉、压力觉。然而，我回想不了诸如刺痛、切割或重击等造成的短暂感觉，因为我无法想象这种感觉突发前所需的强度。通过之前的感觉，我可以使任一处皮肤兴奋；而且这种感觉是那么的真实，不管我愿不愿意，我都不得不把手放到那个部位，就好像真有一个刺激作用在我的皮肤上。"[26]

梅耶对于自身的视觉想象做出了十分有趣的解释。参考他的解释，我们可以做出更深一步的研究，去了解不同个体间想象力的差异。

梅耶说："多次试验之后，我成功地将随意唤起主观视觉感受变为一种可能。无论昼夜，我都是闭上眼睛来进行实验。起初非常困难。第一个成功的实验中，整张画面都是明亮的，而阴影部分则发出一种不那么亮的浅蓝色光芒。在后来的试验中，我发现物体变暗了，而边缘的地方变亮了，或是看到在一块暗区域中有一个很亮的边框。这些图就像夜晚时用磷在黑色墙面上画的图，而不是黑板上的粉笔画，尽管磷会显现出超越画的界线的光亮蒸汽，而我画的边线上没有。例如，如果我要想象一张面孔(不一定是某个特定的人的脸孔),我会看见一个侧面的轮廓呈现在黑色背景上。当我试着重复老达尔文的实验时,我只看见模块的边缘犹如黑色背景上的光亮线条。然而,有时,我真能看到模板是白色的,而边缘是黑色的;它是在一个灰白的背景上。无论是光亮区域中带有黑色边界的白色模板,还是黑色区域中带有白色边界的黑色,我都可以在二者间随意变换,而且随时都可完成。经过长期实践……这些实验获得了更大的成功。现在我几乎能够在眼前回想起任何令我愉快的物体,就好像它是随着想象出现的,并且都是以它原本的颜色和亮度呈现。我几乎一直是在一些有点忽明忽暗、时常模糊易变的背景中看到的。即使是那些很熟悉的面孔和他们真实的头发颜色与脸颊的光泽,我也能很清晰地回想起来。很奇怪的是,这些我看到的脸孔多半是侧面,然而他们以前都是(在之前摘录的文章中)[27]一张完整的脸。在此列举了这些实验的最终结果:

"(1)这些画面出现后不久便突然消失不见或变为另一幅画面,我不能阻止这个变化。

"(2)当出现的颜色并非完全是这个物体的颜色,我便无法控制它。例如,一张面孔一直以它的原色出现,从不显现为蓝色;另一方面,有时候我能把一件红色的衣服变换为蓝色。

"(3)我有时能想象出没有物体的纯粹色彩画面,它们占据了我整个视野区域。

"(4)我时常无法想象某种并不熟悉的,仅仅是幻想中的虚构事物,并且我所想象出的往往是我所熟悉的,或者是与我所熟悉的事物类似的物体。例如有一次，我试着想象一个手持黄铜剑柄的警卫，但却出现了一个配长剑的警卫，而后者是我更为熟悉的画面。

"(5)大多数主观物体出现时，特别是一些闪闪发亮的物体，如果迅速地张开眼睛则会出现负后像。例如，有一次想象一副银马镫时，当我注视了它一会儿之后睁开眼睛，我发现，负后像保留了很长一段时间。

"在我闭上眼安静地躺着时，这些实验的成功率最高。我不能忍受周围有噪声，因为这样使视觉没有了必要的强度。现在这种实验对我而言易如反掌，以至于我很惊讶为何当初总是无法完成。我感觉好像每个人都能顺利地完成这个实验。其中最重要的一点是，定向注意，并排除一切干扰印象以获得足够深刻的形象。"[28]

当梅耶睁开双眼时，想象中的负后像是一种尽管罕见却极具趣味性的现象。据我所知，目前只有一则公开报道的消息曾提过与此类似的经历。[29]看来，在这种情况下，与想象相对应的神经活动一定是真实感觉的整个神经束，其中甚至包括视网膜。这一点引出了一个新的问题，也正是下面我们要探讨的问题。

第三节　形成想象的神经活动过程

人们普遍接受的观点是，形成想象的神经过程与想象的事物被大脑感知到时的神经过程没什么不同，只是前者的程度比较轻微罢了。

贝恩教授写道：

"首先，当一种感觉扩散时，神经流通过大脑内部，向支配表情与运动的器官传播——那种持续的感觉，在向外部传递兴奋后逐渐平息，它同样也是一种神经流的持续扩散，可能强度变弱了，但其他方面便没什么分别。打雷过后，雷声仍然遗留于耳朵与大脑中，它所经过的神经循环过程，和真正的声音所经过的过程是一样的。我们没有任何理由去相信，在这种自我维持的条件下，印象会改变它的位置，或传递到保留它本身特殊性质的新循环中。在刺激后活动的每个部分，都一定已被刺激所驱使，只不过强度更大。由于只有强度上的差异，刺激事实发生之后，感觉的存在形式必须与事实正发生时的存在形式一样……现在，我们假设当驱力停止，而印象还在，回忆的时候，我们该如何看待那些单纯由心理原因产生的印象，以及那些没有'因'的印象？当面临嗅觉或声觉复苏时，大脑的工作机制是怎样的？合理的解释似乎只有一个。这种更新的感觉就如初始感觉一样以相同的方式占据了同一部位，而不会是其他部位，或用了其他什么方式。假想将我们大脑内现有的知识转移给第一个思辨者，那么这会是他唯一能做出的假设。如果那种感觉不是发生在相同器官上，那么过去的感觉应该在哪里体现出来呢？只有以这种方式，它才能保持其一致性；而以不同的方式体现出来的感觉当然会完全不同。"[30]

贝恩教授在文章中没有明确所谓的"相同部位"仅仅是指大脑内的

第十八章　想　象　841

相同部位,还是也包括那些原始感觉的外围部位。他接下来给出的例子几乎全是有关运动想象,在这些例子中,"观念"的确伴随着某种微弱的运动,因此可知,外围器官确实受到了影响。这是我们应该料想到的。所有的神经流都在大脑内流动,并且流入肌肉系统,运动观念也会以其特有的能力来完成这一过程。但问题依然存在:神经流能够回流吗?如果视觉中枢被"联想"激活,想象出一个视觉物体,那么这种神经流也会传入视网膜吗?会产生与高级通道相适应的兴奋吗?换句话说,外围感觉器官能因上文所说的原因而兴奋,还是只能从"无刺激"产生兴奋?外围器官在想象中也会兴奋吗?贝恩教授的事例中几乎没有提到这一点,他只提到:

> "可能要等到皮肤真正感到刺痛、出现红肿,我们才会认为手受到了重击。注意力集中在身体的某一部位时,例如大脚趾,就会倾向于在那个部位产生一种真切的感觉,对此我们只能假设是一个复苏的神经流流过那里,从而产生了一种错觉,是一种通过对无刺激而产生的感觉进行模仿而产生的内部效果……(参见曼彻斯特的布雷德先生关于催眠的著作)"

以个人经验判断,所有这类感觉都在动态流的基础上连续不断地侵入皮肤而产生肌肉收缩,当发生大范围的肌肉收缩时,就产生了"鸡皮疙瘩"。除非皮肤上发生了一些真实的变化,否则无论多么拼命想象,我也从未能在皮肤上获得过感觉。这说明了一个事实:在想象的条件下,外围感觉器官兴奋,直接导致想象的情况即便存在,也是极为少见的。关于想象,通常我们自然认为通路的位置纯粹是在大脑中,而忽略了感觉器官。现在,我们将得出这个结论的理由简述为:

(1)在想象中，通路的起始点肯定是在大脑。现在我们了解到神经流通常以某种路径在神经系统中流动，而在这些案例中，如果要使外围感觉器官兴奋，神经流不得不回流。

(2)在想象事物与真正感知到的事物之间存在一个所谓绝对的可觉察到的区别。人们不会把想象与真实感觉弄混，哪怕想象再生动，哪怕真实感觉再微弱，也不会混淆。真实感知的物体具有可塑的现实性和客观存在性，而这正是想象事物所缺乏的。另外，正如费希纳所言，想象中的注意力就好像是回到了大脑，而感觉（包括后像）中的注意力则直接进入了感觉器官。[31]这两种通路似乎是属于不同种类，而不仅仅是同一种类量的"多或少"的问题。[32]如果听觉只是一种强烈的想象，而想象是一种微弱的感觉，那么就必须得在经验上有一条分界线，否则我们就不能分辨到底听到了一个微弱声音还是想象出了一种强烈感觉。把一个当前感觉与一个过去的想象相比较时，要记住，我们经常会认为想象出来的更强烈（参见本书第十三章的注释14）。如果想象只是感觉通路中的一个微弱兴奋，那就无法进行解释了。

针对以上解释，还存在一些反对意见：针对(1)：梅耶和费利的负后像已证实了信息流回至视神经。因此它能够回流，并能回流到一切想象中，即便这种回流很弱。[33]

针对(2)：这些所谓的区别不是绝对的，而当感觉轻微到刚好能被感知时，感觉与想象之间很难区别。晚上，听到远处的时钟发出微弱的报时声，我们的想象也会产生同样的节奏和声音，这时常常很难辨别哪一声才是时钟发出的最后一声。当一个婴儿在屋子里较远的房间啼哭时也是如此，我们无法确认他是否一直在哭，或者这声音是出于我们的想象。有的小提琴演奏家把这一现象，运用在渐弱的结尾上。在声音已经极弱的时候仍继续做出拉琴的样子，而实际上却是小心翼翼地不去碰触乐器。听众们在想象的作用下感觉到音乐声渐渐淡出。这种现象不仅仅是只发生在听觉领域：

> "如果我们轻轻地用手指触碰水面，我们经常以为感受到了那一瞬间的湿润。不安的病人认为自己已感受到了外科医生的手术刀，尽管当时手术刀离他还远着呢。"[34]

视知觉在这方面的例子特别多，在这些例子当中，由于大脑的解读，相同的事物会被看成不同的事物。在下面两章中将会列举很多这样的事例，并且在第十九章会叙述其他感官中与之相似的幻觉。综上所述，这些事实使我们不得不承认，想象的物体与直接感知的物体之间的主观差距并没有前人认为的那么绝对，并不像之前所认定的那样，事实上，大脑皮层上关于想象与感觉的这两种通路没有分离过。外围感觉过程似乎不大可能与想象有关，但是也不能武断地否认它是由大脑皮层所唤起的。

想象通路能够传递进入到感觉通路中。换句话说，真实的感觉也可以源自于此。当我们开始学习"外部知觉"章节中的幻觉时，我们就会发现这无疑是极其罕见的事例。但是，现在我们必须承认，通常情况下这两种通路是不会相互转化的，而且我们必须探究其原因，以下这两点中必有一个是原因：

(1) 感觉通路与想象通路的存在区域不同；

(2) 在同一位置，它们所具有的神经流强度是正常情形下其他皮层区域所不能唤起的，并且它还能产生外围所需的神经流。

几乎可以确信（参见本书第34~35页后面的内容），想象过程与感觉过程之间的区别更多地取决于强度而不是位置。在对人类进行观察的研究中，找不到事实来支持关于思维中枢与感觉中枢位置不同的假设，这种假设或许仅存在于低级动物中。在枕骨受到损伤后，会导致感觉上的失明，而不仅仅是对视觉物体意象的缺失。如果在皮层下有原始的视觉感觉中枢，这些案例中的病人仍能感觉到光明与黑暗。因为他们没有保存已经失去了一半的印象，所以我们必须假设在皮层下没有任何形式的视觉中枢，并且躯体四叠体与其他低级的视觉神经中枢是对眼肌运动起反射作用的器官，与意识视觉无关。而且，没有事实依据可以证明在枕骨皮层中有一部分是与感觉相联系的，而另一部分则仅仅是与概念或者想象有关。如果要证明的话，用视觉中枢和其他中枢之间的传导失调来解释或许要好一些（参见本书第35页）。在严重的偏盲病例中，病人的想象以及对光的感应都消失了，消失得如此彻底以至于他根本不知道自己身上到底发生了什么。要让一个人意识到自己完全看不见右边的视野，就必须先使他意识到右边视野的存在，但问题是这些病人都是通过医生的口才发现视觉上出了状况，而且只知道自己的眼睛有一些问题而已。你不知道的东西就无所谓失不失去；他们一点儿都不怀念失去的那一片视野，可能是由于他们丢失了对那一片区域的观念、记忆与感觉。盲人是能够看见黑暗的。但一个连视觉都不晓得的人是再也看不到黑暗的，这种黑暗是由于损伤的大脑区域与视网膜相联系而产生的，就像用后背的肌肤来看，却看不到黑暗一样。在那一片区域中，他什么也看不到，他不能想象出自己应当在那儿感受到的光亮，因为那个特殊"地方"的存在概念已经从他的思想中被切除了。[35]

如果我们承认感觉和想象是来自大脑皮层中同一中枢的活动，我们就能得出一个非常适合的"目的论"解释，即它们为什么应该能在这些中枢的不同通路上传递，以及为什么这个能让我们感知物体真实感觉的通路，通常只由外周流入的神经流唤起，而不是由周围皮层。简言之，我们发现了无论感觉通路多么强烈，都必须与所有的想象通路分离的原因。这原因正如闵斯特伯格博士观察到的：

"假如没有这种特殊的机制,我们就不能区分现实与虚幻,行为无法与事实相符,而是会变得既别扭又愚蠢,那样我们也就无法活下去了……由大脑机制对环境的自然适应可推论出,我们的思想与记忆就是感觉的复制品,只不过强度大大降低了。"[36]

从机械论来看,概念和感觉过程之间的间断意味着,当概念达到最高强度时,会有一道只有一个新的动力才能将其突破的阻力。来自外周的神经流就是所需要的新的推动力;阻力被克服之后发生的就是感觉过程。我们可以假设,后者处于一种全新的更激烈的神经物质的瓦解中,它比其他任何时候都更深地迸发出来。

现在我们要怎样想象阻止这种瓦解发生的"阻力",如何在这么长的时间内达到这种强度?它必定是一种内在阻力,源于神经分子本身的某种凝聚力;或者就是一种由于其他皮层的细胞而产生的外部影响力。当我们开始研究幻觉过程时,我们就会发现,这两种因素都必须要考虑进去。大脑细胞中的内部分子达到某种程度时,形成一种凝聚力,很可能导致突然流入的破坏性能量的分散。进入到边缘的神经流一开始就具有这种能量。如果能在中枢积累起来,来自周围皮层区域的神经流便也能达到这种程度。但是在清醒的状态下,每个中枢都通过联想通路与其他中枢相联系,因此这种积累不可能发生。重新向外流的皮层神经流激活了下一观念,细胞的紧张水平没有上升至更高的爆发点,那么爆发点一定要由外围的快速神经流而获得,否则就不会出现。

注 释

1　贾斯特罗教授对盲人进行了调查,统计数据证实如果这些人都在5~

7岁之前(包括5岁或7岁时)失明,视觉中枢就会衰退,而且视觉梦境和想象也不复存在。如果在7岁以后失明,视觉想象似乎可以永远存在。参见贾斯特罗教授于1888年1月发表在《普林斯顿研究》中的那篇关于《盲人之梦》的有趣文章。

2 对于休谟而言,印象就意味着感觉。

3 《人性论》,第1部分,第7节。

4 《赫胥黎论文集》,第6卷《休谟》,第92-94页。

5 《论智力》,第2卷,第139页。

6 《原理》,导言第13节,可与上段引用的段落比较,第469页。

7 费希纳记录的后像和想象表象的不同点如下:

后　　像	想象表象
感觉是抑制的	感觉受制于我们的自发性
看起来是非物质的、空想的	更多是身体上的
轮廓是清晰的	轮廓是模糊的
是明亮的	比后像中最暗的颜色更暗
是无色的	有鲜活的色彩
是持续的	不间断消失且通过意志努力来恢复,但最后无法恢复
不能有意地改变	能按意愿而改变成别的内容
原型的准确复制	不能违反原型出现时的必要规律——例如,不能立刻想象出一个人既站在前面,又站在后面。想象必须和这个人有关
闭着眼睛比睁着眼睛更容易获得	睁开眼睛比闭上眼睛更容易获得
似乎跟随头或眼睛的移动而移动	不必跟随头眼运动
它们出现的范围似乎是黑暗的、收缩的、平的、靠在眼睛前,且画面没有立体感	在三维空间里,领域是广阔的,且物体的上、下、后都可以进行想象,都一样容易
观察后像时,注意好像直接向前指向感觉器官	在想象时,注意感觉起来好像向后指向大脑

第十八章 | 想　象　847

最后，费希纳说，我们是不可能同时注意到后像和想象表象，即便它们是相同的物体或是希望能合并的物体。费希纳认为所有这些不同点都是真实的，但是它们中的许多并不适用于其他人。它们是一种观察的类型，读者们需带着足够的耐心去反复观察。它们也可以是一种普遍的假设，如果我们在一个远距离的屏幕上放映，后像看起来变大了，如果在近一点的屏幕上放映，又变小了，然而心理图像上却没有这样的变化。

8 我擅长素描，对绘画、雕塑、建筑、装饰方面有很大的兴趣，对艺术也很敏感。但是我是一个完全缺乏想象的人，我发现自己已经不能在头脑中重现曾仔细观察过的画面——威廉·詹姆斯。

9 参见1884年1月的《普林斯顿研究》中麦考锡和奥斯本(Osborne)的文章。1878年12月28日的《旁观者》，第1631、1634页；以及1879年的1月4日、11日、25日和3月18日文章中的一些关于快速提高想象力的好例子。

10 下文是我的一个学生的报告："我不能在脑海里形成任何关于桌子的想象画面。在多次尝试以后，我仅仅获得了一个模糊的表面，没有任何事物在它上面或者是与它有关的。我看不见任何颜色的变化，看不见明确的面积范围，用肉眼看不清它的方位，不知道它的大小。对于单词'狗'我存在同样的问题，我不能在头脑中看见它。即使看见了，也无法确定眼睛是否跟着它。"

11 7月21日的《医学进展》。威尔布兰德的案例是我从德国报道的《苦难意识》(1887)中节选下来的。

12 这个有趣的病人在写给沙可的信中还补充说，他的性格也因此发生了变化，"我原本是一个非常容易接受新事物、热情且富有想象力的人。现在却变得安静、冷漠，而想象力也不行了……对于愤怒或悲伤，我变得不像以往那样敏感。不久前我失去了亲爱的母亲，但是这种丧亲之痛却远不及我在脑海中看见她的面貌和她遭受痛苦时的感觉，更不及当我在想象中目击她作为一名家庭成员而过早离去的影响"。

13 《推理心理学》，1886年，第25页。

14 《心理学原理》编者注释——威廉·詹姆斯插入。

15 我自己的视觉化能力非常糟糕。单纯从视网膜的角度看，即使是一个单一的字母我也很难回想起来。我必须得在脑海中描绘这个字母的轮廓，才能使其留下一点点清楚的印象。在询问很多人以后，其中大多数是学生，我发现大约一半的人都说自己在用心识记字母时不存在这种困难。很多人说他们一次能够识记一个完整的词，尤其是像"dog"这样的短词，并不需要将一个个字母连成一串看——威廉·詹姆斯。

16 毫无疑问，在现代基础教育中，黑板被频繁地使用，孩子们能够通过各种可能的渠道——视觉、听觉和运动觉等来学习单词。

17 法尔热（Farges）在《大脑》第 7 卷第 545 页中报告他发现了一种有趣的相似病症。

18 《哲学学报》，1841 年，第 65 页。

19 《语言概念的研究》(1880) 和《思想运动的研究》(1882)。

20 斯特里克教授承认他已在实践中成功做到用眼动行为替代脚动的方法来想象人走动的情形。

21 《思想运动的研究》，第 6 页。

22 贝恩，《感觉与理智》，第 339 页。

23 参见《语言概念的研究》，第 28、31 章，第 49-50 页。对斯特里克的反驳，参见斯顿夫，《乐音心理学》，第 155-162 页和《哲学评论》，第 20 卷，第 617 页；也可参见波尔汉，《哲学评论》，第 16 卷，第 405 页。斯特里克在第 1 卷，第 18 章，第 685 页回复了波尔汉。波尔汉在第 1 卷，第 19 章，第 118 页进行了反驳。斯特里克报道说，在调查的 100 人中只有 1 人在安静地想象字母 M、B、P 时嘴唇没有任何感觉，并且 60 人中只有 2 个在阅读时意识到没有在心中发音（第 59-60 页）。

24 我们必须承认，一些人在感觉的任何方面都缺乏活跃的独立想象力。我的一个年轻聪慧的学生，坚决地否认在他思考时他的脑中会出现任何东西，我也为这种情况感到很困惑。我本人确实没有过如斯特里克教授所描述的那种活跃的初始运动或动觉想象。当我试着在脑海中描绘一排士兵行进的样子，我所得到的是一条腿先动，另一条腿后动的静止的场景，这些场景既不完整又很短暂。特别是我通过重复维克多·雨果描写团队防线的文字，试图刺激我的想象。当实验开始进行时,无论他们是否正确,我都相信自己瞬间所看到的事物。

我似乎真的看到了运动,但只是瞬间一瞥,而且是模糊、不确切的印象。开始所有的意象都好像完全落在视网膜上。然而,我认为期间有迅速的眼动,尽管它们会引起轻微到几乎不能被察觉的感觉。我的腿绝对没有移动。实际上,这种唤起阻碍了我对士兵的想象。通常,我的视觉意象非常昏暗、暗淡、短暂、紧缩。虽然根本不可能从中得到什么,但我能够很好地将其中的内容各自区分开来。我的听觉想象远不足以复制原型。我没有味觉和嗅觉想象。尽管触觉想象非常清晰,但是对想象中的大多数物体而言,它很少发挥作用。我所有的想象都不可用语言表达,因为我无法构建想象的事物与语言之间清晰的联系,只能用点头、调整呼吸来表示某个具体的单词。总的来说,在我头脑中关于运动的模糊意象或感觉——那些我所思考的各种各样的部分,或者是与通过咽和鼻孔实现的呼吸运动一同存在或者是象征即时的存在,无疑组成了有相当分量的思维材料。我很怀疑自己之所以说不出清晰的话是否完全是因为我内省注意较差,我肯定它起到了一定作用。其他条件不变时,注意所需支撑的内部意象较弱导致注意相应较差。

25　乔治(Geo)、赫尔曼(Herm)、梅耶,《神经生理学研究》,1848年,第238页。其他案例参见图克(Tuke),《心理对身体的影响》,第2章、第7章。

26　梅耶,前面所引的书,第238页。

27　《心理学原理》编者注释——威廉·詹姆斯插入。

28　梅耶,前面所引的书,第238-241页。

29　参见费利,《哲学评论》,第20卷,第364页。约翰内斯·缪勒(Johannes Müller)认为这种在眼睛睁开后一段时间内浮现于眼前的幻觉似的后像,似乎属于自发的幻觉范畴(《生理学》,伦敦,1842年,第1894页)。无法辨别冯特在《人类与动物心理学讲义》第387页中的语句是否指的是他的亲身经历,很可能不是。不用说,像我这样的初级观察者根本无法得到这样的后像。我在学生的报告中同样一无所获。

30　贝恩,《感觉与理智》,第338页。

31 同上，第 2 卷，第 50 页的注释。

32 康丁斯基（V. Kandinsky）[《幻觉领域的干预和临床试验》（柏林，1885），第 135 页]坚持认为，即使假的幻想多么的生动（想象过程可能产生的最强烈的结果）（参见本书后面的第 20 章），也没有可以象征的外部客观存在，而且可以将这些意象从真正的幻觉和客观认知中分离出来。

33 催眠状态下的幻觉似乎也能回流。对催眠状态下的实验者进行暗示，告诉他们有一张画了个红十字的纸，让他将目光固定在纸的某一点上，并试图移走那个想象中的十字，这样不久他就会告诉你他看到了一个"蓝绿色"的十字。这个结果的真实性受到质疑，但是似乎没有其他比这更好的原因可以用来反对比奈的解释（《动物磁性》，1887 年，第 188 页）。继帕里诺（M. Parinaud）之后，比奈基于对实验的信念，一度相信正常的负后像的定位区是在大脑中枢的视觉区而非视网膜。这个实验如下：用一只眼，凝视白色背景上的一个色点。然后闭上这只眼睛，用另一只眼睛来看一个单色背景。不久就会出现那个色点的负后像（《推理心理学》，1886 年，第 45 页）。但德拉贝尔先生已证明了（《美国心理学杂志》，第 2 卷，第 326 页）这种后像不是由更高级的脑活动过程引起的，事实上是因为闭上眼睛，视网膜通路会在一定时间影响意识，使得物体投射到睁开的那只眼的可视区域内。比奈告诉我，他是因为受德拉贝尔先生的影响而改变自己的原先看法。

然而事实依然是，如果赫尔（Herr）、梅耶、费利以及被催眠的实验者的负后像是由于传入视网膜当中的传入神经流，那么它只是神经流中的一个特例。将来可能还有其他的解释方法。我们也只把它当作一种悖论记录下来。塞吉在感知觉上的理论几乎不经慎重考虑（《生理心理学》，第 99、189 页）。塞吉的理论近来在《哲学评论》第 29 卷，第 70 页（1890 年 1 月）上得到了龙勃罗梭（Lombroso）和奥图伦希（Ottolenghi）一致的认同。

34 陆宰，《医学心理学》，第 509 页。

35 参见比奈在《哲学评论》中的一篇重要文章，第 26 卷，第 481 页（1888）；杜福尔（Dufour）于 1889 年 11 月 8 日在瑞士法语《医学评论》上的论文，引自 1890 年《神经病学中心报》第 48 页。

36 《意志行为》，1888 年，第 129-140 页。

第十九章

事物知觉

第一节 知觉与感觉的比较

在本书第十七章第 7 页中，我们了解到纯粹的感觉是一种抽象物，在成人的世界中，是不可能有纯粹的感觉。影响感官的事物特性远不止那些：因过去经验而形成的器官组织使得大脑半球的加工过程得以唤醒，导致观念的产生（意识中，通常被称为感觉所启示的"观念"）。这些观念中最初的那个便是可感知的事物特性。感觉到某个特定事物的意识被称为"知觉"。[1] 这种对事物的意识差不多是完整的，它或许仅仅反映的是事物的名称和其他本质属性，又或是事物间多方面微弱的关系。要在"贫乏"的意识与"丰富"的意识之间画一条清晰的界限，似乎是件不可能办到的事。因为在我们对事物有了第一种粗糙的感觉后，所有的意识就会变成是对事物的联想，这些联想相互影响，成为同一个联想体系的产物。在较为直接的意识里，较少的联想过程参与意识；在较远的意识里，较多的联想过程参与意识。

不同于感觉，知觉是与感知的事物相联系的具有更多联想事实的意识：

> 当视线从正在书写的纸张上移开时，我看到了屋子里的桌椅板凳，包括它们的形状和位置。透过窗户，我看见了树木、草地、牛儿、马儿和远处的丘陵。它们有自己特有的大小、形状和位置。和颜色一样，这些细节都是眼睛获得的第一手信息。然而，哲学认为，通过眼睛，我们只能获得色彩感觉，除此之外，其他什么都感觉不到……那么，我们是如何通过眼睛获得物体大小、形状和距离的准确信息呢？只有借助于联想。由于物体的图像、形状与大小的不同，它的颜色也是不同的。但是色觉和所谓空间、图像以及距离的感觉经常被整合起来，作为整体感觉的联合体，因此色觉从未脱离空间、图像和距离的感觉而单独被感知，它们紧密地联合在一起。不仅不能将它们分开，而且还是实实在在地看见它们。所谓的形状视觉、距离视觉表面看来只是一个简单的感觉，但事实上它却是一个复杂的意识状态，它是一连串先前的色觉，以及一连串的想法所带来的结果；通过联想将它们紧密地联系在一起，它们看上去不是一种观念，而是一种感觉。

詹姆斯·穆勒[2]的文章中清楚地阐明了视觉理论，而贝克莱首次将这种学说列入心理学必不可少的组成部分。贝克莱把视觉比作一门语言的字词，对思维来说，是为获得说话者意思而被传递的符号和事件。根据贝克莱的理论，正如词语的发音和它们表示的意思没有内在关系一样，我们的视觉与我们意识到的事物之间同样没有内在联系。

这些事物是可触摸的。它们的固有属性，比如形状、大小、质量、坚实度、位置，通过触碰就可获知。但是这种可见的信号和实质上的意义是通过长期的习惯"紧密地缠绕、混杂和合并在一起，并且经过长时间语言的使用和深思，这种偏见已深深地扎根在我们的意识中"[3]。因此我们认为，无论是用触觉还是视觉来观察整个物体，都是一个不可分割的动作。

78 　　大脑的感觉过程和复制过程的联合赋予了我们知觉的内容。每个具体特定的客观物体是许多感觉属性的综合体。我们在不同的时间感知这些感觉属性。其中有些特性更加稳定、有趣，在现实中更加重要，所以，我们把这些特性看作事物必不可少的组成成分。一般来说，主要要素是形状、大小、质量等。其他不稳定的属性，我们把它们看作次要的或无关紧要的属性。我们称前一种特性为实体，后一种为现象。当听到声音，就说"是一辆马车"，但是这个声音本身并不是马车，它是马车最微不足道的存在证据之一。真正的马车是可感觉的，或者是又可感觉、又可看见的事物，声音唤起了这些事物的想象。因此，当我眼前有一幅褐色的画面，线条不平行、角度也不同，我把它看作又大又结实的方形胡桃木书桌，但其实这幅褐色的画面并不是桌子。仔细观察它时，它一点也不像桌子。它是一种对三个侧面的扭曲了的透视，这三个侧面都是我从整体上所知觉到的，是未失真的形状。当我意识到它的名字时，我便意识到了它的特征，背面、方角、尺寸、重量。联想到名字当然仅仅是由于习惯，对背面、尺寸、重量、方角等的感知也一样。

　　正如里德所说，自然界很吝啬，它不会赐给我们一种特殊的本能，凭着这种特殊的本能，我们可以凭经验和习惯很快就能产生知识。重现的景象、联系与当前知觉到的有名字的事物连接在一起，这些是我实际感知到的桌子(复杂的客体)的组成部分。婴儿必须要经过长期的眼睛和耳朵的感观教育，才能知觉到成人们知觉到的物体，每一种知觉都是后天习得的。[4]

用萨利的话来说，知觉也可以被定义为如下所述的心理活动过程，"思想通过一种伴随或重现的感觉来补充感觉印象，实际的感觉与重现的感觉的所有集合趋于一致，或者被整合在一个知觉对象的体系中，即对在特别空间位置或区域中的物体的直接理解或认识的活动过程"[5]。

每个读者都有大量关于描述此类心理活动的例子，没必要将这些例子一一写下来，否则就太枯燥乏味了。在下一章"空间知觉"中我们将讨论一些非常有趣的例子，因为在我们对形状和方位知觉中，很难去断定我们对物体的感觉究竟有多少是由于过去经验的重现引起的，又有多少是由于眼睛的第一感觉引起的。因此，在本章的其余部分，我仅补充说明一些关于知觉过程的通则。

第一点是萨利说的"统一"或"整合"，将当前的感觉与没有的感觉进行"整合"，仅仅是一种表现出来的感觉。从大脑的角度来分析，萨利的意思是，感觉器官引起的活动过程进入到各种各样的路径当中，而习惯已在脑半球中形成；我们的意识并非与那些简单的过程相关联，而是与更为复杂的过程相关。结果就表现为对更复杂的物体的意识，是整个事物的意识，而不是在末梢神经(外围神经)上留下印象的简单物体，或它的少量属性或特性。只要这种意识的客观内容没有明显的变化，它就一定具有意识流当中的每一部分所保持的统一性。我们只能说这些，我们当然不应该去说别的心理学家以前说过的话，不应该把知觉看作明确的精神实体的总和，也就是在现有的感觉上加上很多过去的想象，通过一个无法描述的方式"整合"在一起。像我常说的，知觉只是一种心理状态，或者是一种虚无。

将感觉过程的心理结果与知觉过程的心理结果进行比较并非难事。体会一下令人印象深刻的那部分便可看出两者间的显著差异，在高级心理状态下，它可以与再现部分一起被认知。我们可以看到它们的感觉属性发生的变化。我曾经引用过这样一个例子：当一个人反反复复地读"Pas de lieu Rhone que nous"时并未意识到与"paddle your own canoe"的发音相同；当我们理解了它的意思，它的发音发生变化。我们通常在听到语言的时候也就理解了其意思。然而，有时候联想的发散会被抑制一段时间（思维被其他的想法所占据），同时留在耳中的语言仅仅只是对声音感觉的回响；然后，通常会突然明白这些语言的意思。但是在那个时候，人们也许常常会惊讶于语言知觉的改变。如果我们只听到而不理解其意思，我们自己的语言听起来也会很陌生，就好像在听一门外语。声音的抑扬顿挫、怪异浊音、辅音不停地出现，这些声音虽然进入了耳中，但根本没办法理解，形成不了什么概念。法国人说英语时，发音就像 *gazouillement des oiseaux*；以英语为母语的人自然不会有这种印象；许多英国人在说俄语时也是这样。我们会意识到德语中那些强有力的音调变化、爆破音和喉音，而德国人自己反而意识不到这些音。

这可能就是为什么当我们长时间复述一个独立的单词后，它反而变得异常陌生。你不妨来读一读本页随便哪个字，很快你就会怀疑这个字的意思是否就是自己一直所使用的那个意思。就像一只玻璃眼，不带任何心思地一直盯着，身体的确在这儿，但是灵魂已经飞远。用这种新的注意方式，感觉处于暴露的状态，结果就会被弱化。我们之前从不用这种注意方式，我们习惯性地在看到字的时候就知道其意思了，然后快速地转移到句子的其他字上。简而言之，通过一群联想物，我们理解它的含义，并因此能够感知到它在语境中的意思，而不是单独存在时的意思。

倒立看风景时，感觉也会发生变化，这是众所周知的事，这种倒立的方式会使知觉在一定程度上受到阻碍。简而言之，距离变化和其他空间测定变得不确定，再现或联想的过程逐渐衰退，与此同时，颜色会变得更加丰富多样，明暗对比也更加显著。当我们把一幅油画底部朝上颠倒放置时也会出现同样的状况。我们丢失了大部分意义，但是作为补偿，我们对色彩和阴暗的重要性有了更鲜明的感受，而且能够意识到它们显示出的感觉平衡或协调上的所有欠缺。[6] 正是如此，如果我们躺在地板上抬头看一个在我们后面说话人的嘴，在我们的视网膜上，他的下嘴唇落在了上嘴唇一贯的位置，有了这种不同寻常的位置移动，一切都变得生动起来，这种移动之所以给我们留下了深刻的印象，是因为（联想的过程被不寻常的现象打断）我们认为它是一种纯粹的感觉而不是感知到的熟悉物体的一部分。在后面的章节中我们会见到更多这种例子，目前的例子已足以证明我的观点。当物体的特性在我们感官上留下深刻的印象时，我们便感知到了这个物体；但像这种对物体特性的感觉并不是一直作为一个成分存在知觉中。感觉是一回事，而知觉是另一回事，两者不能同时发生，因为产生它们的大脑机制不同。它们可能很相似，但它们的思想状态完全不同。

第二节 对明确且可能之物的知觉

知觉的主要大脑机制是已经形成的联想路径，因感觉印象而迸发出光辉。如果某一感觉和该事物的特性紧密地联系在一起，那当我们感觉到这个事物时，一定也能知觉到这个事物；这样的事物可以是我们熟悉的人、地点等，看一眼就能认出、叫出。但是当感觉不只和一个实体相联系，残余特性的两种差异便会出现其一，知觉就会摇摆不定；我们最多可称其为对"某个可能的事物"的知觉，一个通常使我们产生感觉的事物。

在这些模棱两可的例子中，有件事颇为有趣：知觉很少会失败，会产生"一些"知觉。这两种有差异的联想不能相互抵消，也不能相混合而变得模糊，我们通常是先对一个对象进行系统性的理解，然后再对另一个进行理解。换句话说，大脑加工过程引起所谓的"图形意识"。如果将通道完全展开，它们将以一种系统的方式展开，保持一贯性，启动特定物体的思维场合，而不仅仅是众多要素的大杂烩。罹患失语症或者打瞌睡时，即使一半的大脑功能已经丧失，但这种图形意识的法则仍然有效。一个人在大声朗读过程中如果突然感到有困意就会读错，但是错的不是几节音节的发音，而是犯下诸如以下的错误：他会将"sovereign"读作"supper-time"，将"opposite"读作"overthrow"，或用单词构成一些想象出来的措辞，而不是书上白纸黑字写着的句子。失语症也是如此。当病情不严重时，失语症患者一般是用完全错误的词来代替正确的。只有在身体器官受到严重损伤时，才会变得口齿不清。从这些事情可以看出联想的纽带是多么微妙，大脑通道中的各种联系是多么微妙且强烈。一旦同时兴奋，将会带动整个系统的振动。一小组元素，"这个"，是 A 和 B 两个系统共有的元素，可能会触动 A 或者 B，偶尔决定下一步骤（见图 19-1）；如果从"这个"到 B 的这个点稍稍优于从"这个"到 A，那么这小小的优势将会打乱整个 B 系统的平衡。这股涌流首先将会全面传入那一点，接着传入 B 的所有通道，不断地增加会使传入 A 变得越来越不可能。在这种情况下，思维与 A 和 B 相互关联，虽然二者很相似，但还是不同的事物。然而，如果"这个"很小，那么那些相似点就会存在于一些非常有限的特征中。

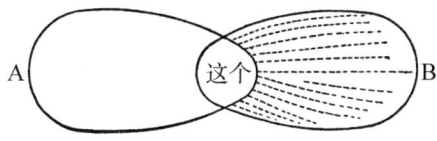

图 19-1

因此，最模糊的感觉也会引起对确定事物的知觉，只要它们与那些经常被唤醒的事物相似即可。事实上，如果感觉难以言表，为了不至于联想到一个客观事物，感觉必须强烈而清晰。癫痫的预兆、球状的灯、让人激动的美景、耳边的轰鸣声，电流经过头部引起的感觉，这些感觉如此强烈，以致不能成像；而较弱的感觉可能会使人联想到客观事物。许多年以前，在读过默瑞（A. Maury）的著作《睡眠和梦》之后，我开始第一次观察那些总是微弱地冲击思维的想法、视觉等；它们不与意识流的主干联系，但只要密切注意它们，便能够进行分辨。例如，一匹马的头、一卷绳、一个锚，都是我在写后面几行字时所自然产生的想法；解释这些的方法通常是"微妙的联想纽带"，或者根本无解。但在记录下许多这样的想法之后，我多次惊讶地发现，只要一闭上眼睛，刚看到的一些明暗物体的后像仍然留在视网膜上，明显带出了某种"观念"。我之所以说明显，是因为尽管想法有着视网膜上后像所没有的细节，但想到的物体的一般形状、大小、位置与后像的是相同的。我们可能永远不会知道视网膜上的后像在决定一连串思维中到底起什么作用，从我个人的经验来判断，我认为它并非无关紧要。

第三节 错　觉

为简洁起见，现在我们把图 19-1 中的 A 和 B 看作物体而不是大脑的加工过程，并且进一步假定 A 和 B 都可能激起我们称之为"这个"的感觉，但是实际上能激起感觉的只有 A 而 B 不可以。如果"这个"表示 A 而不是 B，结果就是获得一个正确的知觉；如果相反，"这个"表示 B 而不是 A，那么结果就是一个错误的知觉，用专业术语来说就是错觉。但是无论知觉正确与否，过程都是相同的。

请注意，在每种错觉里，错误的东西都是推论而来的，并不是直接给予的。如果"这个"单独被感知，那么就没什么问题了，它只是被联想所误导。举个例子，假如是视觉，它可能联想的就是一个可触觉的物体，但内在的触觉经验却证明它并不在那儿。古代的怀疑论者曾多次解释过这所谓的"感觉的谬误"，严格意义上来说并不是感觉的谬误，而是理解力的谬误，它错误地解释了感觉到的内容。[8]

说了这么多"前情提要"，现在来更进一步地认识错觉吧。它们主要归于两个原因。错误地知觉物体是因为：

（1）尽管它不是真正的原因，但它是"这个"的习惯性的、根深蒂固的或最有可能的原因。

（2）思维暂时被关于那个物体的想法完全占据，因此在这个时候的"这个"特别容易具有暗示性。接下来，我会列一些标题，每个下面都简要给出几个例子。第一个标题比较重要，因为它是所有人都有的"错觉"，而且要想消除这种错觉，唯有依靠丰富的经验。

一、第一种类型的错觉

最古老的例证之一出自亚里士多德的事例：两根手指交叉，夹住一个豌豆、笔杆或其他小物品转动。感觉就像是两个物体在转动（见图19-2）。格罗姆·罗伯逊（Groom Robertson）教授对于这种错觉，给出了最佳的解释。他观察到如果物体先接触食指，再接触中指，那么这两个接触似乎来自于不同的空间点。尽管食指较短，但它的触感要好一点儿；尽管中指较长，但它的触感差一点。"我们之所以觉得有两个，是因为我们认为它们属于两个不同的空间组成部分。"这两个手指之间的接触面一般不相连，而且通常从不接触同一个物体；因此，在接触同一个物体时，就像是在两个空间，出现了两个同样的物体。[9]

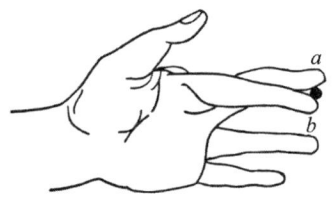

图 19-2

错觉的例子还有许多，之所以产生这样的错觉，是因为我们总是用"寻常的方式"来解释视觉，来解释不寻常事物的视觉。立视镜就是一个例子，两只眼睛各看一幅图画，并且两幅画有少许差异，右眼看到的图画要比左眼看到的图画稍稍向右边偏移。图画通过立体物投射到眼睛上也表现了这种相同的差异。我们用寻常的方式对感觉做出反应，然后感知一个立体的事物；如果调换图画，我们知觉到的是一个凹陷的物体外形，因为凹陷的轮廓会投射出这些不同的图像。惠特斯通（Wheatstone）使用的反影镜使我们能够看到立体物，并且用一只眼睛看到另一只眼的图像。如果它是一个凹陷的立体物，我们会知觉到它的凹陷，但是别的方式并不行。例如一个人的脸，在反影镜中绝不会是凹陷的；由于对不同物体的反应是没有规律的，所以一些看起来是凹陷的，而一些则不是。知觉过程本身是真实的，总是尽可能以明确的、图像的、与事实相符的方式对感觉做出反应。将脸孔与凹陷结合违背了我们联想的习惯。因为同样的理由，做一个脸部的凹雕，又或对纸板面具的内部进行绘制是件轻而易举的事；它们看上去是凸出的而不是凹陷的。

用眼睛判断事物方位的感觉包括我们用手去触摸事物时获得的启发。图像在视网膜上的位置，眼球活跃活动的位置，通常都与对外部事物所在的确切位置的感觉有关。我们知觉到的是常规的位置，视觉被人为地挪到空间的不同部分。棱镜通过这种方法使光线偏离，然后将空间上 a 点物体的图像投射到视网膜上；并用同样的方式（不用棱镜）将空间上 b 点的图像也投射到视网膜上。因此我感觉到了 b 点的物体而不是 a 点的。如果之前只有一只眼睛带上棱镜，那么我们这只眼睛只看到 b 点的物体，用另外一只眼睛看到在它右侧的 a 点的物体；换句话说，我们看到了重影。如果两只眼睛都带上了角度朝向右的棱镜，当我们试图去触摸这些物体的时候，手会摸向所有物体的右侧；并且这种对它们位置的虚幻感会一直存在，直到产生新的联想。当移掉棱镜的时候，会立刻出现相反的错觉。眼球位置的被动或无意的改变受思想的控制并不比受棱镜的控制多，所以在距离和运动知觉中，我们自觉地将它们不列入考虑的范围之内。用手指按压一只眼球使其处于一个紧张的位置，物体也随之移动而改变位置，就像使用棱镜时一样。

无论何时，眼球无意识的运动都会引起物体运动的奇妙错觉，我们在下一章会学习到最初的运动视觉是由影像在视网膜上的移动造成的。然而，这种错觉既不与物体相关也不与眼睛相关；这种明确的相关出现得相对较晚，而且遵循一些简单的规则。在下列两种情况下，我们认为物体是运动的：（1）每当我们获得视网膜上的运动感觉时，却认为眼睛是静止的；（2）每当我们认为眼睛是运动的时候，却没有获得视网膜上的运动感觉。相反，在下列两种情况下我们会认为物体是静止的：（1）每当我获得视网膜上的运动感觉时，认为眼睛也是在运动的；（2）有时我们既不认为眼睛是运动的，也没有获得视网膜上的运动感觉；因此，对物体运动状态或静止状态的知觉取决于我们所构建的眼睛运动的观念。现在有许多种刺激使我们的眼睛无意识地移动，如果我们看瀑布、河流、铁轨上的火车或者从同一方向的从我们面前经过的任何人，我们的眼睛也会跟着移动；而且旁边的人能够注意到我们眼睛的这种移动。如果物体一直向我们的左边移动，我们的眼睛会跟随着引起我们注意的物体，无论它多么小，也会跟着，直到它从视野中消失。然后眼睛再快速地移回右边，注意一个新物体，再次跟随到左边，并且像这样无限持续下去。这样使眼睛来回移动，缓慢地无意识向左移动与快速地自主转回右边相互交替；在物体停止后，这种移动也会持续一段时间，或者将眼睛转至一个新的物体，这样就会产生物体在向相反方向移动的错觉。因为我们没有意识到我们的眼球在缓慢地向左自主移动，并认为视网膜上的运动感觉是由所见物体向右运动引起的，然而眼球的这种快速的自主向右移动，被我们解释为是去追随和盯着那些已经在向左运动的物体。

　　眼花时会产生类似的眼动，也带来了同样相似的结果。站着不停地旋转最容易造成眩晕，它是头和身体在空间里运动的一种感觉，现在的研究几乎都认为这是内耳中的半规管受到刺激导致的。[10]当我们停止旋转后，好像依然反方向持续旋转几秒，物体似乎也按照先前的方向继续旋转，实际上片刻前我们的身体确实在转动。究其原因，是因为正常情况下我们的眼睛通常倾向于维持自身的视野；如果我们突然向左转头，眼睛很难跟上。它们会因为惯性在眼眶中向右转动。尽管我们错误地认为头在向左转动，但结果也是眼睛向右转动——旋转后出现头晕现象的人身上可以观察到这一现象。由于这些转动是无意识的，它们引起的视网膜上的运动感觉自然被归结为所见的物体导致的；而且通过眼睛间歇性地自主向左转动，我们会不时地将它们从最右边的位置恢复到反射运动带动到的位置上，仅仅是为了确保和增强向左旋转的视野印象：我们似乎是周期性地从左侧追随和越过它们。这所有现象会在几秒钟后逐渐消失，而且如果我们自主地将眼睛定在一个给定点上，那么大多数情况下这些现象会消失。[11]

眼花，也就是所说的客观运动的错觉，有时是由脑疾、醉酒、麻痹等所引起的。人们醒来时，一只眼睛的肌肉是松弛的。如果错误地感知视网膜运动的方式，有目的性的眼睛转动将不会产生预期的结果。关于这样的事例，我们将会放在以后的章节中讨论。

有一种相反的运动错觉，是每个人在火车站常遇到的。习惯上，当我们向前移动，我们的整个视野在视网膜上会向后移动。当我们坐在运动着的有窗子的马车、汽车或轮船上时，窗外所有可见的静止物体都令我们产生了向相反方向移动的感觉。因此，每当我们有了这种窗外的所有可见物都向一个方向移动的感觉时，当我们用常规的方式来反应，我们感知一个静止的视线区域，这些感觉其实都是我们坐在车内通过自身的移动而获得的。当车站里停着另一辆与我们坐的火车并排的火车，我们向窗外看去，只看到对面的这辆车，对面这辆车稍作停留后开始缓缓移动，我们会误认为是自己乘坐的火车在移动，而对面那辆车则是静止不动的。然而，如果我们瞥一眼窗外车站的其他地方或另一辆火车，我们自己在运动的这种错觉就会立即消失，并且会知觉到是对面那辆火车在运动。这又是一次从我们的感觉中得出的推论。[12]

赫尔姆霍茨对另一种运动错觉做出了解释。通过快速行驶的火车的车窗向外看，绝大多数的路边的物体、房子、树木等会显得很小；这是因为我们一开始感觉它们离我们很近，这种感觉上的距离近是因为视觉上它们快速地向后平行移动。如上所述，当我们向前移动时，所有物体就会向后移动；但是它们越近，这种明显的移动也就越快；相对快速的向后移动与距离近紧密联系在一起，以至于当我们看到它们时就会觉得它们离我们很近。但是因为视网膜图像的尺寸是有限的，所以越靠近物体，对它实际大小的判断就会越偏小。因此火车移动得越快，树木和房屋看起来就越近，而它们看起来越近，也就看上去越小。[13]

其他错觉是由于"集中感"。当我们的眼球集中注意看任何东西时，接近感或许越强。只要不是非常远，当我们集中注意力看它们时，它们会显得越来越靠近。因此当我们感觉到自己的眼睛聚焦时，客观事物或许正在接近。内部矫正肌肉引起聚焦，大多数人的内部矫正肌肉比较弱；而且眼球完全处于被动位置，尤其是有遮盖物看不见东西时，眼球所在的这个位置就是平行的，或只有轻度的偏差。让一个人先用双眼看某个近物，然后用卡片或书遮住一只眼；可能你将会发现被遮住一只眼时看到的有一点儿偏外。移开遮蔽物，你会发现看到的事物又和原先一样了。与此同时，另一只眼睛看到的也与开始一样。因此，对大多数人来说，用一只眼睛看物体之后，再用双眼看，物体会显得近一些；而且如果将这两个顺序调换，物体就会显得远一些。而对于外部矫正肌肉不发达的人,这种错觉可能会恰恰相反。

视网膜上图像的大小是产生众多错觉的温床。通常,越接近物体,视网膜上的图像越大,但是这种由接近物体而引起的感觉同样也可以由事物自身尺寸变大,但距离不变引起。视网膜图像的变大是一个模糊不清的迹象。望远镜可以放大月亮,但是大多数人会告诉你,透过它看到的月亮更小,但是更近更亮。他们把放大解读为靠近的标志;对靠近的认知实际上使他们颠倒了联想的感觉,这种感觉通过用所有接近我们的物体都明显变大,用想象把物体缩小到它实际的尺寸的这种夸张定势来解释靠近;同样地,在剧院望远镜可以将舞台拉近,但并不能放大舞台上的人。

众所周知,地平线上的月亮看起来更大,这是联想和概率导致的结果。云雾里的月亮,看上去比挂在高空时更模糊、更昏暗;在田野、树林、灌木树篱、河流以及类似的空间看月亮,这些没有阻隔的空间,使我们更好地认识月亮的大小。所有这些因素都会使靠近地平线的月亮看起来离我们更远,而且因为视角的扩大,我们会认为它的体积更大,我们就是如此感知它的。当它直接从一些熟悉的大型物体后面升起来的时候,就会看起来特别大,一幢房屋或一棵树因距离太远,从角度上来看并不比月亮本身大。[14]

感觉的适应也会造成对大小的错误知觉。通常当一个物体接近时,我们会让自己的眼睛去适应;在这些情况下,物体会在视网膜上呈现一个较大的图像,但是我们认为物体是保持不变的,顾及这一点,我们认为整个眼睛的感觉仅仅是由于靠近了物体。当我们不去适应这些,视网膜上的图像同时变小了,造成这种现象的原因可能是由于物体后移了。然而,当我们带上凸透镜,而且渐渐适应时,视网膜上的图像是变大而不是变小;这就是当物体后移时会发生的情况。尽管对于物体的后移感到摇摆不定，但因为事物尺寸的明显变大可以作为靠近的标志（时时也是这样解释的），我们因此能知觉到这样一个物体。阿托品使肌肉的调节功能瘫痪，一服药便会令肌肉松弛，不再僵化。当我们看一个已知近物时，就不得不自主调节以便适应，好像它近了很多；但是由于视网膜上的图像并未随着这种成比例的靠近而放大，我们就认为它一定比平时小了。这便是所谓的显小症，奥波特说自己看到的人明显只有照片大小，但是这种小又使得这个人看上去离得很远，而实际距离只是两英尺到三英尺，而他看上去是背对着房间的墙壁。[15]我们在随后一章中会再次提到这种变化。[16]

　　富兰克林夫人最近描述了一种以前从未意识到的最奇特错觉，并且做出了极其敏锐的解释。画一对交叉线（如图19-3），将它们放在眼前的水平面上并看着它们，在这样的距离闭上右眼看线1，并且闭上左眼看线2，看上去像一条垂线的投影；现在用双眼看这两条线的交点，你会看到第三条线像大头针一样垂直于这两条线所在的平面。对于这种错觉的解释非常简单，但都是些间接性的佐证，因此还是看看富兰克林夫人是怎么解释的吧。[17]两条线的射影与视网膜上的点在相同的行上，这一点得到了满足，并且那条错觉引起的垂线是唯一能够投射这样图像的物体。将这个实验换个花样：

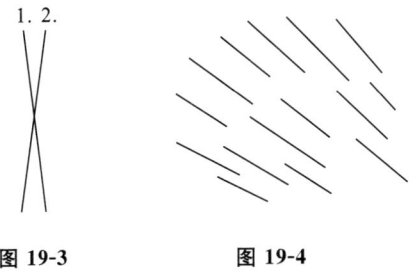

图 19-3　　　　　　　**图 19-4**

在图 19-4 中，所有直线都过同一个点，虽然有些麻烦但用一只眼睛看这个点——只需拿着纸，这样闭上一只眼，另一只眼既不向右也不向左倾斜看着所有的线；过一会儿，可以想象这些线条是垂直于这张纸的平面。……这种错觉（富兰克林夫人说）[18]，我觉得完全是源于心理作用，当位于平面上的任何一条线穿过一只眼的视垂线的顶点，并且只用这只眼看时……我们没有好办法能得知它是如何垂直于那个平面的。实际上现在这个平面上的任何线，大多数都是垂线；因此我们特别倾向于认为在这样一个平面上我们知觉到的任一条线都是垂线。但是能立刻看到很多条线，将这些图像全投射到垂线的顶点，这种情况几乎从没发生过，除非它们全部都是垂直的线条。因此当这种情况发生时，我们更倾向认为在我们面前的是一组垂线。

换句话说，和往常一样，我们看到的是最可能的物体。

这些事例可以作为第十九章第 86 页提到的第一类错觉的例子，当然我还可以引用很多其他的事例，但是一一列举像万花筒和回转画筒、透视画和魔术师的魔法一样的事例既冗长又乏味。基于生理学的考虑，第十七章"感觉"中探讨了很多其他种类的错觉，而且严格地说，联想的过程与错觉的出现没有关系。

二、第二种类型的错觉

我们现在回头看看第十九章第 86 页划分出的第二类错觉。在这类错觉中我们知觉到的是一个错误的物体，因为我们的大脑充满了对它的想法，只要与它有联系，哪怕再微小，都会感觉到，就像当一列火车停下就会给我们一种真的在我们面前的感觉。这里有一个熟悉的例子：

"一个猎人，在打山鹬时看到了一只鸟，大小、颜色和山鹬差不多，飞了起来并飞过茂密的树叶，他没有时间去观察大小和颜色之外的特征，他通过推断得知了这是山鹬的其他特征，但是之后发现自己射的竟然是一只画眉，这令他十分不快。我也曾做过这样的事，而且几乎无法相信这只画眉是我开枪射的那只鸟，因为我心理上对视知觉的补充是如此完整。"[19]

这样的情况同样出现在游戏中对待敌人、鬼魂以及类似的事件中。任何在黑暗中等待并强烈期待或害怕某个物体的人，将会把任何突然的感觉都归咎于那个物体的出现。在"我是间谍"游戏中躲避追捕者的逃犯，在午夜快速穿过森林或教会墓地的迷信的人，在森林中迷路的人，与情郎晚上秘密约会的不安的小姑娘，都会出现使他们心脏剧烈跳动的视觉和声音的错觉，直到这些恐惧被消除。漫步街头时，一天二十次想象自己的情人，想得都出神了，这个时候，他仿佛看到情人的帽子就在眼前。

校对者的错觉。我记得在波士顿的一个晚上，我在等一辆从奥本山（Mount Auburn）开来的汽车载我去剑桥大学，当时看得很清楚是这个名字；后来才知道标志牌上写的是北大道（North Avenue）。这个错觉是如此逼真，以至于我几乎不敢相信是我的眼睛欺骗了我。而所有的阅读都或多或少地以这种方式完成。

"读小说或报纸时，为了要理解句意，必须得看清楚每一个单词、每一个字母，阅读速度自然不会快。一半以上的单词来自于他们的大脑，而另外一小半来自于这一张张纸。如果不是这样，我们能单独地知觉每一个字母吗，熟知的单词出现的印刷错误就永远不会被忽视。孩子们的思维未成熟到能看一眼就能理解单词，如果印刷错误的话，孩子们也会读错；确切地说，读得正确与否依赖于印刷的正确与否。对于外语，尽管用同样的字母印刷，我们依然会读得很慢，这是因为我们不能理解，或者不能迅速地认识这些单词。但是我们却更容易注意到印刷的错误，由于这个原因，拉丁文、希腊文印刷得较好，希伯来文作品比德文作品印刷得更正确，因为更容易校对。我的两个朋友，一个懂得希伯来语，而另一个几乎不懂，然而后者在一所德国大学预科学校里教希伯来语；当他请前者帮他批改学生的作业时，结果却是他能比他的朋友找出更多的小错误，因为后者可以把单词作为整体来理解，并且速度极快。"[20]

由于类似的原因，众人对于个体特征的证词通常都是错误的。一个人目击了一起犯罪或事故过程，会在脑中留下印象。然后站在罪犯的面前，尽管他可能不在事发现场附近，但根据罪犯的形象立刻就指认出谁是罪犯。与此类似，灵媒的通灵术"物化治疗"都是骗人的：在一个黑暗的房间里，一个男人看见一个穿着薄纱长袍的人，并且这个人低声地对他说自己是他姐姐、母亲、妻子或孩子的灵魂，然后掐他的脖子。黑暗、先前的景象和期望同征兆一起充满了他的头脑，所以他才能知觉到这一切，这点不足为奇。如果深入研究，这些骗人的通灵术会给心理学上的知觉理论提供最宝贵的资料。在催眠的恍惚状态中，可以很容易地感知到任何暗示的物体，从恍惚中清醒过来后也可以或多或少地感知某些物体。似乎在适宜的条件下，一些没有精神恍惚的人也有类似的暗示。这种暗示感受性在低级的感觉中比在高级的感觉中要强烈。一个德国观察家写道：

"我们知道，每个人对淡淡的气味或味道都有不同的理解，同样的感觉现在被称为这个，而下一刻又被称为那个。假设房间中有一种怡人的花香：一个访客闻到了它的香味，并且试着分辨是什么花香，后来越来越觉得那是玫瑰的芳香——直到最后，他发现一束紫罗兰，然后恍然大悟，这是紫罗兰的香味，并很惊奇自己怎么可能会想到玫瑰。味道的感觉也是如此。烹饪方式常常会掩盖住肉的独特味道，一开始，你可能会认为是鹿肉，并信誓旦旦地保证，但最后别人告诉你那是羊肉，于是你又尝出了羊肉的味道。——通过这种方式，可以让人尝到或闻到他想要的味道，只要他预先确定了我们所期待的设想，并且告诉他：'那尝起来难道不就像……吗？'或'那闻起来不像……吗？'据说一个人用这样的方法欺骗了所有的同伴：在一次聚餐中，说肉'变质'了，几乎所有随大流的人都闻到了实际上根本不存在的腐烂的味道。

"在触觉上，这种现象就没有那么明显，因为我们离物体如此之近以至于我们对它的感觉从来都是完整的；但仍然可以举出有关这种现象的例子。摸一摸布料的表面，所获得的触感使人确信它是天鹅绒的，然而事实上有可能只是一块长毛布料；或者一个人不能确定他穿的是羊毛袜还是棉袜，他试着通过脚上的触觉去确定；他意识到是棉的还是羊毛的，取决于他内心想的是哪一种。当我们手指的触觉因寒冷而变得有点迟钝时，会出现许多这样的现象，更容易把触知到的物体与其他物体弄混。"[21]

权威人士曾经怀疑这种可以歪曲感觉印象的想象力是否存在[22]，然而毫无疑问的确是存在的。在过去的两周内，我总是被书房中的一种淡淡的且难闻的气味所困扰。这样的困扰最初是由于楼梯间炉煤气的泄漏引起,这似乎成了我印象中的一种知觉定势,因为在火炉被修好后的数天内,我又闻到了"同样的气味"。这次其实是放在桌上的一双从商店买来的天然橡胶鞋发出的气味。它又持续困扰了我好几天,但事实上家中的其他成员和访客都没有闻到任何难闻的气味。在过去的这段时间,我一直不能确定这个气味是想象的还是真实的;最后它渐渐变弱消失了。每个人都能给出与此类似的有关嗅觉的例子。家里的管道破裂,修理工不负责任地摆弄了一下,我们以为他修好了,也付了钱,但是好多天过去了,鼻子一直闻不到漏气的味道。至于房间的通风或暖气设备,我们倾向于感知一些我们认为应该感知到的事物。如果我们认为通风装置关闭了,我们就会感觉房间里很闷人;一旦发现它是开着的,这种憋闷的感觉就会消失殆尽。

下面说一个非常极端的例子:

"一天,一个处于一种极度兴奋状态的病人来到我的办公室。来时乘坐的马车散发出的恶臭使她深受其苦,她断言这种味道很可能是某个坐过这辆马车的患有重病的人身上散发出来的。毫无疑问她受到了很严重的影响,因为她脸色苍白,同时伴有呕吐、呼吸困难以及其他一些身体和心理上的症状。我费了很大的力气和很长时间才使她平静下来,她离开时,仍觉得这种气味与她以前闻到的气味不一样,而且非常难闻。离开我办公室不久后,我恰好看见她正在街角等车,于是我们一起上了汽车。她立刻告诉我闻到了自己曾在其他汽车上闻到的难闻气味,并与之前有同样的症状,这时我就指出这种气味是马房中的稻草散发出来的,她很快也觉得是,当她对气味特征有了其他的认知时,先前出现的不良反应立即消失了。"[23]

触觉也是一样的。所有人一定都感知过触觉发生变化的情况：黑暗中，人们一旦接触到潮湿的或者毛茸茸的东西，一阵反感、恐惧之后，才会平静下来并且识别出是某种熟知的事物。即使在台布上小到如面包屑一样的土豆粒，我们潜意识中会以为它是面包屑，当我们捡起时，由于想象的作用会感到一阵恐惧，和原本该有的感受大不相同。

重量或肌肉的触知是一种感觉。汉弗莱·戴维（Humphry Davy）曾向某人展示他刚发现的金属钠，有谁听说过这件事吗？那个人说，"我的天呐！它多重呀！"这就是他对金属的概念，明明是个非常轻的物质，但他却将这种感觉歪曲了。

在听觉中，也有很多类似的幻觉。我曾说过，若声音非常微弱，心理上会产生幻觉，如远处的钟声（参见本书第十八章第71页）。但是，即使当更强的声音感觉出现，人们开始回忆这些声音是从哪里来时，也定会产生不同的见解，回忆中的声音特质已经产生了变化。前几天一个朋友坐在我的房中，突然时钟发出了浑厚而低沉的声音。"喂！"他说，"听花园里手风琴的声音"，然后他惊讶地发现声音的真正来源是时钟；多年以前我自己也有过这种类似的错觉。一天夜里，我正坐着看书，突然听见堆满东西的阁楼发出一种非常可怕的声音，断断续续，我到大厅去听，却又没有声音了；然而当我回到房间坐下时，又有声音了，声音低沉、有力而惊悚，来自各个方向，就像正在上涨的洪水或是可怕暴风的前兆。声音似乎从四面八方涌来，我惊恐万分。我再次走到大厅，它又消失了。第二次回到房间，我发现它不过是睡在地板上的苏格兰猎犬的呼吸声。当我一旦知道它是什么，我试着让自己认为它是一个不同的声音，但再也不能听到之前所听见的声音了。

在德尔博夫和里德谈到的趣闻中，可能也是这种情况，尽管他们自己没有这样说明。里德说：

"我记得有一次躺在床上，听见了自己的心跳声，吓了一跳；但我以为是有人在敲门，并且不止一次起床开门，后来才知道是自己的心跳声。"(《调查》，第4章，第1节)

德尔博夫的故事如下：

"一天晚上，著名的资保者比耐登(P. J. van. Beneden)正和朋友沿着绍丰泰恩附近的一座郁郁葱葱的小山散步。'你听见没有，'他的朋友说，'山上有打猎的声音。'比耐登听后觉得是猎犬追猎物的声音。他们一直仔细地听，并期待看到一头鹿从旁边跳过；但是猎犬的声音既没有减弱也没有增强。最后他们问从那经过的一个农民，这么晚谁还在打猎。但是他指着他们脚旁的水坑回答道：'那边小动物发出的声音就是你们听到的声音。'原来那里有许多Bombinator igneus(拉丁语，一种蟾蜍)……这种蛙类在求偶的季节会发出银铃般的叫声，更准确地说是清脆的叫声，……忧郁而单纯，怎么听都不像正在追猎的猎犬发出的声音。"[24]

我们在研究"空间知觉"时已经表明，视觉预示着两种错觉的产生。视觉可以展现同一物体时刻变化的印象，除了视觉，没有哪个感觉能做到这一点。没有哪个感官像视觉一样立即把感觉视为单纯的信号，也没有哪个感官像视觉一样能唤起对事物的记忆，而且对后者的

（事物）知觉如此迅速。我们知道我们感知到的"事物"往往是一些缺失感知对象的物体，通常另外一种视觉图像，这种视觉图像在我们的脑海中已经成为一种现实存在的标准，并且正是这种视觉图像的不断削减，成为一些更"真实"的形态，从而将某些人带入了一个思维误区，认为首先领会的这些感觉生来就没有什么样式。[25]

有关偶发的视觉错觉的例子太多，列举两个就足够了。一个是我自己的往事：当时我正躺在船舱里听着水手们用磨石磨甲板的声音，当我转头朝窗户看时，我清楚地感觉到船长进了我的屋子，站在窗户前，观察在甲板上工作的人。他的进入、他专注的观察，像个树桩子般地站着令我感到惊讶，我一直看着他，想知道他会站多久；最后我跟他说话，但是他却没有回应我，我从床上坐起来，才发现原来我把挂在窗户边的帽子和外套当成是船长了。这个错觉是有根据的，船长是一个长相奇特的人，我见过他。但是当错觉消失后，我发现有意识地将帽子和外套看成他反而非常困难。

接下来是我从朋友海特（Hyatt）教授那里听到的故事，是一个并不奇特的例子：

"1858年的冬天，我在威尼斯，产生了一个有些奇怪的错觉，现在我说给你听听。我非常清楚地记得当时的详情，因为我经常讲述这个故事，并且尽量再现当时的真实情况，一点也不夸张。当时，我和母亲一起旅行，在旅馆预定了房间，这家旅馆位于一座古老的宫殿内，我的房间宽敞而华贵，如水般明亮的月光倾泻下来。我记得自己站在一个有窗帘的窗前，想象着浪漫的景观和古老故事里骑士佳人风流轶事的余韵，甚至想象着在这个房间中可能会发生的爱恨情仇。那个夜晚是如此的美好，许多人在狭长的小道、街道上散步,边走边唱,而我躺在床上听着人们哼唱的小夜曲,最终进入了梦乡。我开始意识到某个人正在俯身向我靠近,我的呼吸因此紊乱,这种令人不舒服的感觉把我弄醒了。当我睁开眼,我看到在我的床右侧上方大约一英尺或十八英寸的地方有一个用帷幔包裹的头,我看得清清楚楚,就像我以前看到活人一样清晰。我心中充满恐惧,这是以往没有遇到过的。这个头在月光的笼罩下被一块长长的黑纱盖着,脸苍白而美丽,身上穿着天主教的修女常穿的白色袍子。我的头发似乎都竖起来了,额头上出的汗足以证明我的恐惧。我躺了一会儿,渐渐战胜了恐惧,我决定抓住这个幽灵。它依然在那,我用手去触碰它,它却立刻消失了,然而我一倒向枕头它又出现了。在我第二次、第三次抓这个头,它没有出现之后,我知道了这个鬼并不是真的存在,而是取决于我睡觉时头部的位置。如果把头转向清醒时候的位置,眼睛向左或向右看,幽灵就会消失,而如果回到睡觉时的位置,它又出现了。通过这些试验我明白了,是想象引起了错觉,而想象又受到了月光照射花边窗帘的视觉角度的影响。如果我相信了最初的恐惧并蒙上了头,可能我会相信幽灵的存在。我当时的感受就是这样,一点儿都没有夸张。"

第四节 知觉的生理过程

前面说了这么多,都是为了证明知觉的一般规律。知觉的一部分是源于对我们眼前的物体的感觉,而另一部分(可能是大部分)则来自我们自己的大脑(引用拉扎勒斯的话)。

追根究底,这只是通常情况(也是最简单的情况),神经中枢影响感觉印象，为了记录过去的个人经历，大脑半球在神经中枢影响感觉印象时也起到了配合作用。当然，这种阐述事实的方式实为模糊不清，任何持有现代"观念理论"的人都不会满足于这种模糊不清，他们描述知觉过程的方法更加趋向于详细具体。他们认为，感觉唤醒了过去与之相关的其他感觉"印象"，"自我"将这些印象与当前的感觉"融合"或"结合"成为一个新的产物，形成知觉的对象等。结果，真真假假难以区分，特别是提不出与这个过程相对立的理论时，一切的反对便显得过于吹毛求疵了。然而，如果这种印象的观点无论是发起、聚集还是融合都是虚构的（我们一贯如此认为），除非把它当作一种比喻，否则我们为什么对它还抱有想法呢？如果我们能这样理解，一切就迎刃而解了。但是，如果我们试着给它一个准确的定义，那么我们所发现的全是大脑的反应路径，它承载着先前经验且使我们可能感知的事物，即之前情况中最常唤起的反应。

104

不用妄加揣测，我们可以在上述观点上精进一步，可以从生理原因去探讨，即为什么物体的感受特性发生了变化？而不单单只是一种感觉，为什么知觉为一个事物？所有的意识都好像依靠大脑皮层细胞内某种缓慢的处理过程，意识流流动得越快，唤醒的感觉就越少。如果区域 A 与区域 B 紧紧连接在一起，以至于每个流进 A 的意识流立即流入 B，我们不会强烈意识到区域 A 令我们感觉到的物体类型。相反，如果区域 B 没有如此多的输出渠道，在流到其他部分之前兴奋感会长期停留在那里，而且我们能够强烈意识到区域 B 令我们感觉到的物体类型。把这放大到理想的最大化，我们可以说如果 A 不阻止意识流向前流动，并且如果意识流在 B 结束，那么，不论是什么引起意识流，我们都不会获得 A 特有的对物体的意识；相反，会得到 B 特有的对物体的感觉。而且即使 A 与 B 之间的联系更少时，真相也是如此，而且流进 A 的意识流会给我们一个更强的 A 特有的对物体的意识。换句话说，就像和联想成正比的是惯性一样，联想的事物的特征趋向于代替正在被意识的事物；或者更简单地说，就如同与经验多少成正比，它可能会被直接感觉到。在所有这样的经验中，从受影响的细胞到那些与联想的想法相关的通道都被打开了。实际上人们把一个在墙上或天花板上正在变模糊的圆形后像看成了一个椭圆形，把一个十字状的正方形后像看作斜边的等。因为只有在把后者的视觉图像联系起来的过程中，内部的意识流才会停止（参见下一章）。

当我们指出里德和赫尔姆霍茨主张的原则错误时，我们必须记住在处理视觉时，真正的感觉从来不会因过去经验的启发而改变。

我尚未提到的一类错觉提供了额外的佐证：当我们想要完成一个动作而由于某种原因没有完成时，除非身体局部不动的感觉非常强烈，否则我们倾向于觉得动作已经真实地发生了。这通常发生在被麻醉的运动部位上。让病人闭上眼睛，握住他被麻醉的胳膊不动，并告诉他，把他的手举到了头部，当他睁开眼睛时会惊讶地发现并没有进行这个动作。所有关于麻醉病例的报告似乎都提到了这种错觉。斯腾伯格（Sternberg）曾于 1885 年[26]写过一篇有关这种课题的论文，他认为有目的性的移动与动作的感觉是同一回事。如果你读了本书的第二十五章，你就会明白斯腾伯格的观念是错误的，但他提出了运动觉中引起幻觉的强度问题。斯腾伯格做了下面这个实验，我发现此实验至少在一半的受试者身上是成功的：将你的手掌放在桌子的边缘，最大程度弯曲食指，然后尽力保持弯曲。其他的手指不能这样做，如果我们不看这只手指，我们会认为它在动。他从埃克斯纳那里引用了一个相似的口腔实验：将某个坚硬的橡胶或其他无凹凸的阻碍物放入白齿中用力咬：你会感觉口腔动了并且门牙间彼此靠近了，尽管事实上这些动作并没有发生[27]；我们在第十七章第 41 页已经讨论过，指尖横穿通道的视觉暗示，就是关节产生运动感觉的地方，这是联想事物的部分幻觉力量的另一个例子。我们都知道，做过截肢手术的人仍能感觉到他们失去的脚等。这是特定能量法则的必然结果，因为如果与脚相关联的中枢区域能引起任何一个感觉，它必然能引起脚的感觉。[28]但奇妙的是，许多这样的病人都希望脚能动，并且当他们这样做的时候，就清楚地感觉到动作的发生。用他们自己的话说，他们能够"控制"或"摆动"失去的脚趾。[29]

在这些各种各样的例子中，我们分析的材料都与日常生活不可分割。在所有可能的经验中，运动意愿与位置改变的感觉保持高度的统一、相互关联，很难想象会有比它们还要统一的事物了。从我们最早直立行走的祖先追溯到今天，脚的移动肯定伴随着移动它们的意志；不管到什么地方，应该都会发现习惯的作用。如果在同一时间没有其他相抵触的感觉的话，这种意志的过程应该融入感觉相应的控制过程中，而且应该最大限度地唤醒那种感觉。当意志没有达到相应作用时，大部分人会产生一种抵触的感觉。我们分辨出肢体中哪个部位没有发生变化，哪个部位有抵触感。但是麻醉中的人和截肢的人都不能用脚来纠正感觉，因此想象力发挥了作用。

第五节　统　觉

从赫尔巴特时代开始，德国心理学已经针对统觉进行了大量的研究。[30]即将出现的想法或感觉通过已经存在于大脑中的意识团被"统觉"化了。我们描述为"知觉"的过程很明显是一个统觉的过程。所有的认知、分类和命名也是如此，通过这些最简单的联想，所有关于知觉对象的深层次想法也都是统觉的过程。我自己不用统觉这个概念，因为它在心理学发展史上承载了太多不同的意义[31]，而且广泛使用的"心灵反应""解释""构想""同化""策划"或者简单的"想法"，这些词都能完美地反映出赫尔巴特学说的意义。因此，用超出知觉的范畴去分析统觉，实在是没什么价值，它们的变化和等级实在太多了，数都数不清。"统觉"，一个我们曾作为联想来研究的综合性名称，是已有经验使人们联想到的事物。也就是说，统觉需要一个人依赖于路易斯所说的静态心理条件、性质和观念，换句话说，就是取决于他的习惯、记忆、教育、过去的经验和当时的心境。我们将这些称为"统觉集中"，这是一种很便利的说法，但我们还是没有办法真正地了解大脑中到底发生了什么。总的来说，我倾向于路易斯先生曾用过的一个专有名词"同化"。[32]

施泰因塔尔（H. Steinthal）教授详细分析了统觉的过程，可能有点儿烦琐[33]，然而，他对于统觉的分析还是常被人拿来引用。他以一则连环画上的趣闻开头：

"在火车的包间内，六个互不相识的人坐在一起热烈地交谈着。遗憾的是其中的一个人要在下一站下车。剩下几个人中的一个说，从各方面来说自己很喜欢和陌生人交谈；这样的场合下他习惯于既不问伙伴们是谁，做什么的，也不必告诉别人自己是谁，做什么的。另外一人随即说如果他们每个人都回答他一个完全不相关的题目，他就能看出他们是干什么的。于是他从笔记本中撕下五页纸，在每页中分别写了一个问题，然后发给每个伙伴并要求他们把答案写在下面。当看过他们写的答案，他对第一个说，'你是一个科学家'；对第二人说，'你是一个军人'；对第三个人说,'你是一个语言学家';对第四个人说,'你是一名记者';对第五个人说,'你是一个农夫'。所有人都承认他的判断是正确的,随即他出去了,留下这五个人在那。每个人都想知道别人的问题是什么,他们一看,都是同样的问题,问题是:'破坏本已产生之物的东西是什么?'

"对于这个问题,科学家回答的是'自然力';军人回答的是'战争';语言学家回答的是'克洛诺斯'①;新闻工作者回答的是'变革';农民回答的是'野猪'。在我看来,这则趣事即使不是真事,至少也是经过巧妙编排的。记者接着说:'这其中有个玩笑。每个人回答了他想到的第一个事物[34],而那恰恰是最接近他生命中所追求的事物。每个问题都是个钻空的实验,答案则使别人能了解我们内心的窗口……我们都是如此:我们都能分辨出牧师、军人、学者、商人,不仅仅是通过他们的外表和体态,而且可以根据他们所说的内容及其表达方式。通过他们的兴趣和他们表现兴趣的方式,通过他们谈论的话题,通过他们考虑事物、判断事物、设想事物的着眼点,我们可以猜测人们的社会地位。简而言之,就是通过统觉的方式……'

"每个人都有一部分与他本身和兴趣有关的想法,另一部分则是跟社会相关。每个人都有他自己的关于植物、宗教、法律、艺术等的想法,并且特别是关于玫瑰、史诗、布道、自由贸易之类的。因此每个人的心理内容,即使是文盲和孩子,也都是由大量的知识'群'或'集合'组成。其中每个'集合'存在于更大的'集合',这个'大集合'同样包含其他'集合';每个集合内包含更小一

---

① 希腊神话众神之王。

点儿的集合……对事物的知觉,例如一匹马……是在这两个方面之间的过程:一方面是在我们眼前出现的马的图像;另一方面,是我们曾见过的所有马融合交织而成的画面和念头……是两个因素或推动力之间的过程:其一,在这一过程前就已存在的并且是思想上一个已有的东西(也就是一组想法、概念);另一个仅仅是呈现到思想上的,而且是直接附加的因素(感觉印象)。前者统觉后者,后者被前者统觉。由于它们的结合,就出现了统觉的产物:知觉到的生物被当作一匹马。前面的因素相对于后面的来说更加活跃,具有优先权;而随后而至的因素则是附加的,被动的……因此,我们可以将统觉定义为两种相反意识群的运动而产生的认知。

"先决因素是活跃的,附加因素是被动的,但这只是相对正确的。尽管先决因素起的作用更大,但新的观察改变、充实了统觉的思想,统觉的过程就会很容易在新的观察中发生。一个小孩到目前为止只见过四角的桌子,但他能将一个圆形的物体当作桌子,通过这可以丰富统觉群。鉴于他先前对桌子的了解,得到桌子的新特征就是它不一定是方的,也可能是圆的。在科学发展的历史中,一些新发现在发生时,同时被统觉;换言之,将这些发现与我们的整个知识系统相连接,继而改变整个系统。然而,原则上,我们必须承认,虽然这两种因素都是活跃、被动的,但先决因素总是这两个中最为活跃的。"[35]

施泰因塔尔的解释清晰地呈现出了心理学概念与逻辑学概念之间的差别。逻辑学概念是不可改变的,但"事物的概念"往往在使用时发生改变。科学的目标就是将概念完善、准确到我们不需要去改变的地步。在倾向保持不变还是倾向变革概念之间，每个人的心里都在无休止地斗争。我们的教育一直在保守与创新之间妥协。每一种新的经验都必须用旧的思想处理。最重要的一点就是找出改变最少的名称来吸收这些知识。某些玻利尼西亚本地人，第一次见到马，叫它们猪，因为这是最接近的称呼。我的两岁孩子玩了一个星期我给他的第一个橘子，并称之为"球"。他把第一次看到的完整鸡蛋称作"土豆"，因为他已经习惯于见到被打进玻璃杯的鸡蛋，以及已经去皮的土豆。一个折叠起来的小螺丝起子，他会毫不犹豫地称之为"坏了的剪刀"。当新的经验出现时，几乎没有人能轻易地造出新的名称。我们中的大多数人变得越来越被我们熟悉的旧概念限制，并且越来越不能用旧概念去同化新概念。简而言之，守旧主义将我们推向不可避免的终点。违背我们已建立起来的"统觉"习惯的物体通常是一点也不会被重视，或者，如果在某些情况下我们迫于争论而肯定它们的存在，二十四小时之后这个肯定就会好像根本没有过，并且未能同化的事实的每个痕迹也从头脑中渐渐消失。实际上天才仅仅意味着拥有用非常规的方式感知的能力。

在另一方面，从嗷嗷落地到生命终结，最令人愉悦的莫过于新旧事物的同化，直面那些破坏我们所熟知的一系列概念的事物。当它出现时，就像一个伪装的老朋友，我们看穿它身上的异常，揪出来。成功同化实际上就是一种智力上的愉悦，对它的热烈追求就是好奇心。在同化之前，新旧事物之间的关系令人疑惑。到目前为止，我们对于完全不了解、无测量标准的事物既不感到好奇也不感到惊讶。[36]在达尔文的航行中，印第安人对小船感到惊讶，但对于大船却习以为常；我们唯有先了解一部分，才能激励我们去了解更多。越精致的纺织物成色越多，但对于大多数人而言，它就像空气、水和土地一样，是唤不起任何想法的绝对存在物。一个雕版印刷品或者一段铜盘上的铭文都很美,这都是理所当然的;但是如果我们观赏一幅同样完美的钢笔画,我们了解画这样一幅画的难度,我们便会惊叹于画技的高超;一位赞赏院士画作的太太对这个院士说:"这真的只是用手完成的吗?"

第六节 知觉是无意识推理吗

有一个广为流传的观点(由叔本华、斯宾塞、哈特曼、冯特和赫尔姆霍茨等人主张,后来引起了比奈的注意,开始了一场辩论)[37],认为知觉应该被称为一种推理行为,或多或少存在无意识和自主完成的情况。起初,这个问题似乎只是说说而已,它取决于推理这个词的涵盖面有多广。如果当前的信号每一次都使我们联想到一个不在场的事实,进而做出推论;如果我们每一次都由推理得出结论,那么知觉毫无疑问就是推理。只是从中未发现任何无意识的部分。现有的信号、临近的事物,以及二者之间的关系,这一切都是光明正大的,不需要有什么间接观念。然而,对该问题持赞成观点的大多数人提出了一个更为复杂的假设:他们认为知觉是一种间接推理,而且还是无意识的。当这种我称为"这个"(参见本书第 611 页)的感觉被感知时,他们认为某种类似于下面的程序正在大脑中运行:

"这个"是 M;
但 M 又是 A;
因此"这个"是 A。[38]

现在,似乎没有确凿的根据可以来假设大脑中存在这种额外迂回的过程。将"这个"分类为 M 本身就是知觉的一个表现，而且如果所有的知觉都是推理，那么就需要早先的三段论，并且无限地往回追溯。唯一摆脱这种循环的方法就是用变化的方式来表示这个过程，即：

"这个"就像那些；
那些是 A；
因此"这个"是 A。

三段论的大前提是没有接近联想，没有命名，暗示的仅仅是没有名字的相似图像，是相似的过去感觉，在这个过去的感觉中，A 的特征习惯性地结合在一起。但是还是这个问题，承认这种回忆的事实根据又是什么呢？我们意识不到这种过去的印象，各种形式的联想概念（作为大脑中旧的思维路线的基本事实结果）使得这些印象在解释现象时显得多余。由于"这个"的大脑进程，符号 A，已经和整个 A 物体的过程一起被反复地唤起，从一个到另一个的直接启发通道已经建立。尽管可能存在迂回路线，从"这个"到"那些"，然后从"那些"到"A"（这种路线导致的结果和"直接"路线产生的结果一样），然而没有任何依据可用来推测它们现在已经贯穿在一起，尤其当表面迹象都指向着另一种方式时，更是如此。在明确的推理中，这样的路线无疑是贯穿的；在知觉中，它们十有八九是关闭的。因而到目前为止，知觉被称为某种推论，它和推理在心理学上都属于较高层次的联想过程，而且在生理学上都遵循大脑的习惯规律。因此，将知觉称为是无意识推理是一个没什么用的比喻，是将两个不同的事物弄混了。

再谈一点后我们可能要暂时丢下知觉这个主题。汉密尔顿先生认为他发现了一个"伟大的规律"，并且认为这是长期被心理学家们完全忽视的规律，它其实既简单又普遍，即"知识和情感，知觉与感觉，尽管总是共存的，却总是彼此成反比"。汉密尔顿认为知觉和感觉是进入一种意识状态的两个共存的成分；斯宾塞在他的基础上进一步改善，认为它们是意识的两个相互排斥的状态，而不是一个单独状态的两个成分。正如汉密尔顿和斯宾塞两人在这个讨论中阐述的那样，如果感觉意味着愉悦感或痛苦感，那么，毫无疑问，无论怎样表述这个规律，都是正确的；强烈意识到愉悦或痛苦经历的头脑，事实上不太合适去观察并分析出它的外部原因。[39]然而除了愉悦和痛苦以外，这个规律看起来是事实的必然结果，意识状态越是集中，这个规律就越管用。感受某种色彩或聆听某个音符时，与仅仅将其视为整体特征中的一个部分相比，前者的感觉更强烈，注意程度也更高。知觉状态下大脑兴奋更加扩散，与感觉状态下表现出来的单独的强兴奋相比，或许有些不协调；因此我们要回到之前对知觉与感觉过程所做的区分，再看看第十九章第80、81页给出的例子。[40]

第七节 幻 觉

我们已经知道，在正常的知觉和错觉之间没有界限，二者的过程完全相同。我们最后讨论的几种错觉或许可以称为幻觉，现在要讨论的错误知觉也通常被称为幻觉。[41]人们通常认为幻觉与错觉的区别在于：错觉中，确实有客观事物的存在；而幻觉中，则根本没有客观刺激的存在。然而，我们立刻就会看出，在幻觉中不存在客观刺激这一说法是错误的，因为幻觉只不过是知觉过程中的比较极端的情况而已，次级大脑反应完全和产生这一行为的外界刺激不成比例。幻觉常常突然出现，对主体具有强迫性，但是它们都有着不同程度的客观性。前面这种错误必须加以提防，它们经常被当作是心理表象被错误地投射到外部。但是一旦一种幻觉是完整的，它就远不止是心理表象而已；严格地说幻觉是一种意识的感觉形式，和那种有实际对象的感觉一样真切，只不过这个感觉对象恰巧不在那里罢了。

程度轻一点儿的幻觉曾被称为假性幻觉，直到近几年才将假性幻觉和幻觉清楚地区分开来。下面，康丁斯基博士描写了它们之间的区别：

"不仔细询问病人，我们可能会混淆他的假性幻觉和幻觉；然而，患者本人拥有清晰的意识，哪怕他是个傻子，他也知道不可能分得清这两种情况，至少在视力范围内没办法鉴别。当视觉的假性幻觉产生时，患者会感到自己处于和主观觉察到的形象完全不同的状态中，与此同时他发现自己正受幻觉支配。后者本身是真实存在的，相反地，前者是一个主观现象，个人通常把它视为上帝的恩赐，或者是魔鬼的引诱……如果他通过自己的经验了解到真正的幻觉是什么，他就不会把它误认为是假性幻觉。为了清楚地表明二者间的区别，我来举一个具体的例子吧：

"N. L. 博士……有一天突然（从一面墙中央凹陷的地方传来）听见一个相当洪亮并且令人难忘的声音对他说：'改变你的民族忠诚。'他了解这意味着他唯一的希望就是停止对俄国沙皇的忠诚，他思考了一会儿什么样的忠诚是更合适的，就下定决心成为一名英格兰属民；与此同时，他在假性幻觉中看到一个正常大小的狮子迅速地把它的前爪搭在他的肩上，他能真实地感受到这些爪子造成的局部疼痛（完全是触觉的幻觉）。然后来自墙上同样的声音说道：'现在你有一只狮子——现在你将会成为一方之主'，随即他想起了狮子是英国的国徽。就如后来所描述的，呈现给他的狮子非常清晰而鲜活，但他仍然有意识，他认为看到了这只动物，不是用他的肉眼而是心里的眼睛看到的（在恢复后，他称此种幽灵为'有意义的可塑的猜想'）。因此，即使他感觉到了脚爪的接触，他也没有感到恐惧……正如他恢复后所描述的，有着狮子这样一个完整的幻觉，病人应该会感到十分害怕，而且很可能会尖叫或逃跑，如果它是一个简单的幻象，他当时就不会把它和令他十分信服的客观事实的声音联系到一起。"[42]

从普通的记忆图像和幻想图像来看，假性幻觉的不同在于更加鲜明、细致、具体、稳定、迅速、自发，从某种意义上来讲，产生它们时我们本身活动的所有感觉是缺乏的。康丁斯基博士有个病人，在吸过鸦片或大麻之后，就经常会出现假性幻觉和幻觉。由于他有很强的肉眼观察能力，而且又是一个受过良好教育的内科医师，所以他就能容易对比这三种现象。投射于外的假性幻觉（通常不超过视力的界限，大约一英尺）缺乏客观现实的特征，而幻觉却有这种特征；但和想象画面不一样的是，它不可能随意的产生，人类所听见的大部分"声音"（不论是否引起幻觉）都是假性幻觉；尽管其特性与一个人自己发出的内心言语的特性完全不同，它们仍被认为是"内心"的声音。我认识两个人，他们只要静下来聆听自己内心就能听到意想不到的话语；这些都是妄想癫狂症的最普遍症状，并且到最后会变成活灵活现的幻觉。这种幻觉相比较来说在零散状态下最常发生，并且某些人最易出现这种幻觉。从埃德蒙·格尼统计的幻觉人数的结果可以显示出，大概来说，至少每十个人中就有一个人在他生命中的某个时候会出现生动的幻觉。[43]下面举一个健康人的例子，以便帮助读者了解什么是幻觉：

"当我还是一个十八岁的小姑娘时,一天晚上我和一位老者进行了一段非常激烈的争论。我是如此愤怒以至于我一边谈话,一边竟拿起客厅火炉上的一根象牙制成的针,把它折成许多段。谈到中途,我非常想知道与我非常亲密的哥哥的意见。我转过头,看到他坐在客厅中间桌子的另一头,抱拢双臂(他平时极少做出这种姿势),但是令我惊愕的是,我从他嘴角流露的讽刺神情感知到他并不同情我,也不站在我这边。惊讶之余,我冷静下来,争论也不了了之。

"过了几分钟,我有了空闲想找哥哥说话,可他已经走了。我询问他是什么时候离开房间的,但别人告诉我他根本没来过。我并不相信,认为他进来一会儿就走了,是没有人注意到。大约一个半小时后他来了,告诉我由于有事要忙,那天晚上他的确从未走进这所房子,我才相信他没来过。如今,他仍健在。"

还有另一个事例:

"我记不清到底是1873年还是1874年3月的一个晚上,我在病床前照料母亲。大约晚上八点,我到餐厅去泡杯茶。我从餐具柜拿了杯子走到桌子跟前,桌子另一边的火炉烧得正旺,我看到一个大约三十岁的军人以标准的军姿站在那里,双手放在身体的两侧,黑色锐利的眼睛直盯着我。他戴了一顶有竖立羽毛的小帽子,服装样式也是军人的类型。给我的印象他不是像一个幽灵、鬼或任何怪异的东西,仅仅是一个活生生的人。但是盯了足足一分钟之后,我意识他是没有生命的,因为他既没有转动眼睛也没有移动身体,而且走近他时我可以看到更远处的火。我理所当然非常害怕，但没有跑出房间。我感到不知所措。然后，我快速跑出去，问大厅里的护士是否看到了什么。她说什么也没有看到。我走入母亲的房间，又聊了约一个小时，但没提到刚刚发生的事以免她激动，最后慢慢全都忘记了。回到餐厅也没有想到那会儿发生的事，但是再次从餐具柜走向桌子准备再泡杯茶时，我不经意地看了看火炉，再次看到那个军人站在那儿。这一次我完全被吓傻了，匆忙地从房间跑出来。我叫来父亲，但他到时却什么也没有看到。"

有时引起的不止是一种感觉。以下就是这个例子：

"应你的要求，我冒昧地写下这封信，让你知道我在1888年10月30日那一天的经历。

"1888年10月30日那天，我在教书的地方，正做着日常工作，坐在屋中演算三角公式。我每天都在期待听到我妻子分娩的消息，因而头脑中很自然地会想起与她有关的事。顺便说一下，她在离我大约五十英里远的地方。

"然而，当时我脑中并没有想她或者那件我期待的事情。正如我所说，我正在演算数学公式，并且整晚都在计算三角公式。大约十一点钟，我坐在那儿埋头演算正弦和余弦、正切和余切、正割和余割，我非常清楚地感到有人拍了一下我的左肩并且轻轻地摇了摇我，好像什么人试图通过其他方式引起我的注意，但失败了。我没有起身，只是转过头，却看到妻子站在我和门之间，穿着和我大约五周之前最后一次见到她时完全一样。我转头时，她说：'这是小赫尔曼（Herman）'；还说了很多的事情，但这是我唯一能回想起来的她说的话。为了确定我不是在做梦,我从椅子上起身,掐了掐自己并朝着妻子走去,然而在我起身时她立刻消失了。我不记得这持续了多久,但是我知道我是清醒的,身体也是健康的。她的触摸非常清楚,人影非常逼真,站在离门大约三英尺远的地方,门是关着的,而且一整晚都没开过。声音也是我妻子的声音,即使我不转身也没看到她,我也能听出那是我妻子的声音。音调是会话式的,恰恰就像她真的站在那儿说着同样的话。

"再说说我自己,正如我前面说的那样,我身体健康,以前从未生病,以后也没有,连头痛也没有得过。

"在遭遇上面描述的经历后不久,我晚上下班,像平时一样安详地一觉睡到天亮。我没有特别地思考前一天晚上的奇怪景象。尽管我有时会想起,我也没告诉任何人。第二天早晨我起床后,不记得梦中的事物,但是我有一个强烈的念头,即在电报收发室一定有我的什么东西。我试图摆脱这种感觉,因为我知道这是不可能的。由于无事可做我就出门散步,而且为了摆脱上面所说的念头,我从电报收发室旁边走开了。然而当我继续朝前走时,这个念头越来越坚定。我转身走进了这个我打定主意不会去的电报收发室。当我到所说的办公室时遇见的第一个人是电报操作员,他跟我很熟,他说:'你好,老伙计,我收到一封你的电报。'电报上说我的老婆生了一个重九磅的男孩,并且一切都好。现在我对上面叙述的事件根本无法解释,我之前从未有过这样的经历。我不相信鬼魂说,一点儿也不迷信,对'心灵感应''潜意识思考'等了解也甚少,但是我对我叙述的内容确信无疑。

"我要补充一点,至于我听到的'这是小赫尔曼'等,我们早就决定如果是个男孩就给他起名为赫尔曼——也是我自己的名字。"[44]

幻觉有些时候包含着普遍知觉的改变,以便显得更像是在做梦。下一个事例是由一个 43 岁的男性提供给我的,他之前从未有过类似的经历。

"当天上午我坐在桌边读'忠诚的军团'传单时,一件我从未经历过的非常奇怪的事发生了。它相当真实,真实到我花了几分钟时间才从中恢复过来,在我看来就像是直接进入另外某个世界,除了晚上做梦,我从未经历过这样的事。当然我是非常清醒的,但这只是感觉。我正好坐在那里,津津有味地阅读传单,然后发现自己身处一座高楼的顶部,这个高层建筑非常洁白、有光泽、干净,还有一扇宏伟的窗户在我坐的位置的右边。通过这扇窗户我看到了一幅不可思议的全新景色。我以前从未在这种大自然的光芒、色彩和圣洁中体会这种壮丽的无限延伸的感觉。我迷失了三分钟后,恢复了过来。也就是说坐在另一个世界,我为了分清哪些是梦境哪些是现实而犹豫了三四分钟。坐在那儿,我忘记了对 C(作者过去所住的城镇)[45]微弱的感觉……首先慢慢变淡消失了,然后我记起了我曾住在 C……可能我是回去了;慢慢地,C……回来了,我再次发现自己坐在桌边。那几分钟里,我一直在判断自己到底在哪里,整个过程十分可笑。但是整个经历相当的愉快,有着一种灿烂、洁净而明亮的感觉,我估计它持续了 7~10 分钟。"

因发热引起的精神错乱而产生的幻觉是一种假性幻觉、真幻觉和错觉构成的混合体。鸦片、大麻和莨菪那些东西所产生的幻觉在这方面就与它们类似。下面这个关于大麻所致癫狂的活生生的例子是由一个朋友提供给我的：

"我正在看报纸，突然，神经错乱的征兆使我无法把注意力集中在报纸的文章上。我直接躺在沙发上，在我眼前出现了许多双人的手，它们摆动了一会儿，旋转然后变成汤匙。同样的动作重复着，物体变为车轮、玩具锡兵、灯柱、扫把以及无数其他荒谬的东西。这个过程持续了大约十分钟，在此期间我敢说见到了至少上千种不同的物体。这些旋转的图像与现实生活中出现的不一样，但是有那种在看过某些刺眼的物体后能看见的二次图像的特征。与我同处一屋的人的一点点暗示都足以唤起被联想物体的影像；在没有暗示的情况下，出现的都是日常生活中的普通事物和许多不真实的异形物，它们完全无法形容，好像是大脑的创造物。

"症状的特性快速地变化，一种波浪似乎要淹没我，我开始意识到自己的脉搏跳动得非常快，我拿出表来，试图通过意志力来计算心跳，一分钟135次。

"我可以感觉到每一次脉动都渗透到我的整个身体，而且出现了一种奇怪的抽搐，意识也无法使之停止。

"有一段时间明显神志清醒，当时我似乎可以看到自己的内脏，听到自己的心脏跳动。我感到莫名的恐惧，有一种我将不会从鸦片的作用中恢复的感觉，紧接着是一种对实验有着浓厚兴趣的感觉，一种我从未经历过的最新鲜的、最刺激的感觉。

"我的思想处于一种极度敏感的状态,任何想到或联想到的地点都如同现实一样准确无误地显现。我一想到在斯塔法岛的巨人岬,就立刻站在芬格尔山洞的入口。四面都是巨大的玄武岩柱,同时巨大的波浪在裂缝中穿过,悄无声息地在岩石柱上溅开。突然一阵咆哮,'Ishmaral'一词在洞中回荡。在这个引人注意的词语清晰地发出的时候,巨大的玄武岩柱变为旋转的缝衣针,我大声笑道:'这也太荒谬了。'

"(在这里我要说明一下'Ishmaral'一词似乎是常常出现在我的其他幻觉中,因为我记得此后我频繁地听到这个词。)接着我处于一种轮回的状态,任何我想到的动物或事物都能控制我的思想。我想到一只狐狸,于是我就立即变成它。我可以清楚地感觉到自己是一只狐狸,可以看到我的长耳朵和毛茸茸的尾巴,而且通过深入洞察可以感知到我的整个生理结构就是一只狐狸的。突然视点改变了,似乎定位于嘴的后面,我从分开的嘴唇向外看,看到了两排尖尖的牙齿,咔嚓一声闭上嘴,就什么也看不到了。

"接下来我又变成了一个炸弹,我可以感受到自己的尺寸、重量和密度,随后体验了被一个巨大的炮射击,俯瞰地面,在像阵雨般的碎铁片中爆炸、落下的感觉。

"我变成无数其他的事物,而且它们中的许多事物都太荒谬了,以至于我无法想象是怎么联想到它们的。例如,我是一个小陶瓷娃娃,深藏在一瓶橄榄油底下。下一刻是一颗扭曲的糖果,然后是密封在一个旋转棺材里的骸骨,以及无数个类似的东西。

"在这种精神错乱即将结束之际,旋转的影像再次出现,我被大脑里每隔一会儿就显现的异物弄得焦虑不安。那是一个双面娃娃的影像,有一个圆柱形的身体,逐渐缩小为一个点,就像一个陀螺。

"它的头上戴着花冠，主色是绿色和褐色，背景是蓝色。双面娃娃的侧面轮廓的印象也总是一样，身体上的装饰物也一样。从药物的作用中恢复过来后，我自己无法准确地描述这些异常的可怕的事物是如何出现的。但是在这之后的经历中我总是见到这种幻影，并且能够认出它们构成成分的每个细节。这种感觉就像去参观某个被长久遗忘的地点，那景象已在记忆中褪色，但是一看到就立刻熟悉起来。

"药物的作用持续了大约一个半小时，我一直就像喝醉了一样头昏脑涨，但是经过十小时的睡眠我恢复了正常，可还是在一段时间内无法把注意力集中在工作上，第二天多数时候也是这样。"

第八节 产生幻觉的神经过程

像这些异常的感知颠倒的例子数不胜数，就不再一一赘述了。现在，我们来探讨一下，到底是什么样的生理过程导致了这一现象。毫无疑问，它一定是由来自神经中枢内的刺激组成，这些神经中枢在正常知觉中是活跃的，并且在种类和程度上与通常需经诱导的真实的外部对象保持一致；这个独特过程当中的电流源自感觉器官，在正常情况下，用其他方法似乎都无法产生这种电流。在本书第十八章第72页，我们发现外部传入电流唤醒的神经中枢有可能与那些凭空想象中使用的神经中枢相同，并且意识的感觉生动性很可能与这个过程被激发的集约度相关联。回顾那一章并查阅最近在第十九章第103页后面所说的，我现在继续分析在幻觉中最可能产生的东西，以便完善我的知觉过程理论。

我们知道（参见本书第十八章第75页），这些细胞在皮层上被临近的细胞刺激，功能却没有达到最强的原因很可能是细胞通过联想通路互相自由放电。在第二十五章的末尾我们将回顾这一概念，并做出更准确的分析，我们可用它来解释与意志相关的某些现象。这种观点认为，沿着这些路径向前行进的放电速度太快了，以至于任何神经中的内部张力都不能积聚到最大爆破点，除非这种兴奋的电流比大脑皮层不同部位互相提供的电流更大。来自神经末梢的电流是唯一能克服细胞超观念的反抗电流，并且造成与情感品质相联系的强性分裂。然而，如果向前的放电停止，某些细胞内的张力就会达到爆发点，即使这种能使它们兴奋的影响仅来自于临近的皮层部分，也会产生这种现象。在空桶的底部凿一个洞，斜靠着一个支撑物，在它装满水时就会被打翻；倾斜表示处于休息状态的神经中枢，倒进桶里的水代表的是自然刺激的电流，然后桶底部的漏洞代表传导兴奋给其他联想细胞的途径。现在，让其他两个容器拥有向它提供水的功能。一个容器代表邻近的皮层细胞，它可以倒出从漏洞中漏出的一样多的水，因为容器供水的原因，这个桶从未被打翻。一股水流通过它并在其他地方发挥作用，但是桶本身除了代表被激发了的设想的活动以外，其他什么也不是。然而另一个容器代表着体表感觉器官，尽管有漏洞而且一会儿就被打翻，它仍然提供了丰富的水源使这个容器迅速注满，接着桶被打翻。换句话说是引起了感觉活动，但是很明显，如果这个漏洞被塞住，打翻这个桶，缓慢水流的供应也会停止。

为了把这个应用于大脑和思维，如果我们采取了用ＡＢＣＤＥ这种顺序联合在一起的过程，并且假设流经它们的电流是通畅的，在任何地方强度都非常小，或许到 E 会暂停。但是在 C 和 D 之间，电流在任何地方一旦被阻塞，过程 C 的电流强度就会增大，并且有可能爆发，从而在思想中产生一种感觉而不是一个想法。这似乎是解释某些幻觉的最好方法。事实上在这种单一法则下，我们有一系列的事实可以用它来进行解释，这个法则就是，意识状态的强度表现与它的联想成反比。我们思想停止的地方被清晰的影像所占据。我们所说的大部分词语根本没有时间去唤起影像，它仅仅能唤起接下来的词语。但是当说完一句话时，影像就会在心灵的眼睛前出现一会儿（参见本书第九章第 243 页）。无论何时，联想的过程再次因无意识而减少和阻碍时，就像在睡眠中、虚弱状态中或昏迷状态中，我们发现部分尚且存在的意识的强度会相应地增加。一些被默瑞称为"入睡前似醒非醒状态的"幻觉[46]是入睡过程的伴随物。一系列的面孔、风景等从心灵的眼睛前闪过，开始是一种想象，然后是假性幻觉，最终是形成梦的完全幻觉。如果我们把联想的路径当作排水的路径，一个接一个地关闭这些路径所导致的大脑渐渐麻痹就像用木塞堵住桶底的孔一样，并使得那些系统中的仍然活动的细胞的活动更加强烈，因为电流没有消失，水平一直在上升，直到最后完整的知觉爆发。

　　临睡幻觉通常被解释为被剥除了平常还原的观念。在睡眠状态中，感觉正在消失，据说，大脑中没有其他更有力的东西能将想法与现实事物充分地比较。平常，我们想象的事物很少，是因为我们的感觉要与始终存在的主观事实相对比。然而，这种观点假设，没了这些感觉，"印象"立刻投射到外部世界，看上去就像现实一样；因此，这也可用来解释梦中的错觉。从某种程度上来说，这种解释确实反映了一些事实。[47]但却无法解释为什么梦中的幻觉如此的生动、完整。这个想象的过程一定不仅仅是相对的（至少这些案例是这样[48]），而是绝对的，要比其他时间更强烈。事实上，它不是一个想象的过程，而是真实感觉的过程。就此一点可以得出以上观点是错误的。

126　修林斯·杰克逊博士对癫痫发作的解释已被业界公认为权威，它涉及了像我前面提到的那些原则。在癫痫中意识的丧失是由于最高级的大脑活动疲倦了且脱离正常轨道，通常被其他方面抑制的次级组织（更多是本能的）得到了加强。因此，唯一的结果是从抑制状态释放出来，表现为无意义的、疯狂的行为，且经常伴随着攻击行为。[49]

127　同样地，正当我们进入入睡的那个临界点时，肌肉抽动或者痉挛，或许是由于高级中枢产生的抑制突然消失，爆发点拉力增强（在某些低级运动中枢）而导致的。

不管其他条件如何，有一个条件是明摆着的。当神经中枢和其他神经中枢之间正常的联系路径出现了问题，在第一个神经中枢的任何活动都会有增强的倾向，一直强到内部阻力被克服，完整的感觉过程爆发出来。[50]因此当大脑其余部分的迟钝阻碍了细胞的溢出时，脑细胞的大量活动就会产生强烈的意识，而这些脑细胞通常只会引起很微弱的意识。如果一个轻微的体表刺激刺激了睡眠中意识的神经中枢，梦中的感觉会非常强烈。许多关于梦的书籍都记载了大量轶事趣闻。例如，当默瑞睡着的时候，他的鼻子和嘴唇被一根羽毛搔痒，他梦到他脸上贴上了狗皮膏药很难受，扯掉后，撕裂了他鼻子和嘴唇上的皮肤。当笛卡尔被一个跳蚤咬了，他就梦到被一把剑刺穿。一个朋友告诉我，几天前他在椅子上打盹，前额的头发被吹动了，他立马就梦到有人打了他一下。我还可以引用很多例子，但这些已足够了。[51]

128　用此方法，我们似乎可以对某些幻觉做出解释。无论何时脑皮层的兴奋在联想路径中的正常向前传导被抑制，参与脑中枢任何意外的自发活动或体表刺激（无论在其他时候怎样不充分）产生了一个强度完备的感觉过程。

被催眠的受试者身上人为产生的幻觉似乎需要一定程度神经末梢的兴奋。只要其自发意识在继续，大脑就会处于睡眠状态，"导磁体"会唤醒某个此类电流注入它自身的脑皮层过程（这个电流可能来自神经末梢），产生对于所联想事物的清晰的主观认知。因此，你用手指着纸上的一个点，称之为"整体的假定照片"，那么，你的被试将会看到一张整体的照片而不是这个点。这个点给了它外表的客观性，被联想的整体概念给了它形式，然后用一个透镜来扩大这个点，用一个棱镜或通过轻碰眼球使其成为两个，在镜子中反射它，把它倒过来，或者把它擦去，这时这个受试者将会告诉你这张照片被放大了，加倍了，反射了，翻倒了，或者消失了。在比奈看来[52]，这个点是一个被用来把客观性给予你，使你产生联想的向外的基准点，没有它，后者只能在个体的思想中产生一个概念。[53]比奈认为，来自神经末梢的基准点被运用在很多地方，不仅运用在催眠的幻觉上，而且运用于精神病产生的幻觉。后者通常是单方面的，也就是说，病人听到的声音是来自于某一侧的耳朵，或看到的形象仅仅是某一只睁着的眼睛看到的。许多类似案例已清楚地证明，内耳中的由疾病引起的刺激，或是眼睛中液体的不传导，都是这种电流的起始点，这个电流是患者的听觉或视觉中枢所产生的奇特观念的产物。以这种方式产生的幻觉是错觉，并且根据比奈的理论，幻觉必须起始于神经末梢。这种理论将幻觉和错觉简单地归类于生理学的范畴，也就是说，这种类型属于正常的感知。据比奈所说，在每一个案例中，无论是感知、幻觉还是错觉，周围神经的电流能使我们获得清晰的感觉。它可能只是一个电流的痕迹，但这个痕迹已经足够激起最大程度的或者是超观念的过程，因此，被感知的物体将有外在性的特征。这个物体的本质是什么，将完全取决于能激起过程的特殊系统的路径。在所有案例中，事物的部分来自于感觉器官，其余的来自于大脑。但是我们不能通过内省来区分这两部分，我们得出的唯一结论是大脑以一种正常的方式对印象做出反应。梦中也是如此，比奈所说幻觉中也是如此，我们只能说，大脑是以一种反常的方式做出反应。

比奈的理论确实可以解释许多病例，但当然并非全部。棱镜不能一直重叠假象[54]，闭上眼睛时，假象也不总是消失。哈克·图克（Hack Tuke）博士[55]提供了一些神智健全的正常人的例子，他们的幻觉具体而真实，与比奈所做的测试不相符。针对为什么皮层过程的强度被认为是局部病态活动引起的，就像是由于特殊的本质引起的，埃德蒙·格尼先生[56]给出了许多不同的解释。对于比奈来说，皮层的不正常或单独活跃部位决定将要出现的事物的本质，同时体表的感觉器官独自给予的强度足够使它体现投射真实的空间。但因为这种强度毕竟只是一种程度，我们还是不清楚为什么在一些罕见的条件下，上面讨论的程度不是仅仅靠内部原因获得。在那个案例中，我们有某些源于中枢的幻觉，又有源于末梢区域的幻觉，也就是比奈理论唯一认可的幻觉种类。因此，从整体上看源于中枢幻觉。另一个问题是，它们存在的频率又是多少。那些不止影响一种感觉的幻觉的存在是中枢起源论的争论焦点。假定看到的事物起源于外部世界，那么打个比方，听到的声音一定来自视觉领域的影响，一定是起源于中枢。

偶尔会有一些幻觉案例，如一生中仅看到一次的面孔（迄今为止似乎是最平常的那种），这是任何理论都难以详细阐述的。这种幻觉通常非常完整，而且很真实，与真实事件同时发生，如所见之人的事故、死亡等，使这种现象更加复杂。在大量实验的实证材料的基础上，第一个真正有关幻觉全方位的科学研究是由埃德蒙·格尼先生开始的，由心灵研究会（the Society for Psychical Research）的其他成员继续研究；在国际实验心理学协会的主办下，调查获得的统计数字现在已应用于一些国家，人们希望通过共同的努力最终获得更多具体的成果。人们慢慢开始研究梦游和精神恍惚等现象，只有进行宽泛的比较研究才能真正获得建设性的成果。[57]

在幻觉中，体表感觉器官所起的作用与我们在研究想象时发现的一样模糊不清。这些事物看上去是不透明的，并隐藏在它们投射的背景中。然而，从这一点并不能推断出视网膜确实参与到影像的形成过程之中。视觉中枢中存在一个相反的过程，它能够阻碍外在事物在视网膜上留下的影像被感知到，这在心理学上相当于通过虚构形象将它们隐藏。到目前为止，由梅耶和费利报道的心理图片的负后像和由比奈报道的催眠幻觉的负后像和其他后像是视网膜参与到影像形成过程的唯一证据。但是，在有其他方法来解释后像的成因之前，我们必须承认，可能存在从视觉中枢的神经传入体表视觉器官的离心电流，而这样一个电流出现的过程似乎与事实相悖。

第九节　知觉一时间

已有许多实验者对知觉过程的时间进行了研究。一些人称它为知觉时间，一些人称它为选择时间，一些人称它为辨别时间。结果在第十三章中（参见本书上册第 523 页后面的内容）已经给出，读者可作为参考。罗曼尼斯博士对时间进行了测量，发现了一个非常有趣的变化。他发现[58]：

"不同个体间的阅读速度有着惊人的差异；当然阅读蕴含着

庞大的错综复杂的知觉过程,包括感觉上的和智力上的。但是如果我们选择那些已习惯于大量阅读的读者,我们认为在他们进行的练习数量上,他们都是同等的。因此,他们在阅读速度上的差异可以公平地归因于他们形成一连串复杂的知觉过程的速度差异,而不是由于通过特殊练习提高阅读技能的偶然性差异。

"我的实验关键是从书中找一个简短的段落,而且读者从未看过。这段文章简要记载了一些事实,并用铅笔在边缘做了标记。在读者打开这本书之前,用一张纸盖住这一页。告诉读者被纸盖住的段落是在这页的什么部分,然后,我突然用一只手移走了这张纸,另一只手按下计时器,只给20秒来读这一段,一旦时间到了,我再次把这张纸迅速地盖在那一页上,然后把这本书给下一个读者,就这样重复下去。同时,第一个读者,将这本书给别人之后,写下所有自己记得的部分,其他的读者也一样。

"正如我所说,用这种方法进行的一系列实验结果显示,不同个体的阅读速度有着惊人的差异,他们都已经习惯泛读。也就是说,差异可能达到4:1,换句话说,在给定的时间里,一个人的阅读速度可能是另一个人的4倍。此外,阅读速度慢和理解文章看上去没有什么关系,相反地,在给定的时间里尽可能地集中注意力去理解,阅读速度快的读者通常比速度慢的读者能理解得更好,并且我发现最快的读者同样也可以很好地理解。进一步地说,在智力工作当中,知觉的速度和智力活动是没有联系的;因为我已经在科学、文学领域的名家身上进行了实验,结果发现,他们中的大多数阅读速度都很慢。"[59]

注　释

1　"知觉"一词的定义多种多样。从历史评论的角度，参见汉密尔顿的《形而上学演讲》第2讲第96页。汉密尔顿认为，知觉是对外在物体的意识（同上，第28页）。斯宾塞把知觉定义为一个对关系或部分表象意识状态和典型意识状态之间的关系的辨别，这种意识状态必须熟知它们自己所涉及的关系（《心理学》，第355节）。

2　《人类心理现象的分析》，第1卷，第97页。

3　《视觉理论》，第51页。

4　这个训练过程在听觉方面尤其明显。因为对婴儿来说，所有突然的声响都是一种惊吓，房子里和街道里发出的熟悉噪声会使他们惶恐不安，直到他们了解发出这些声音的物体，或者是由于经常听到那些声音而变得麻木。

5　《纲要》，第153页。

6　参见赫尔姆霍茨，《生理光学》，第433、723、728、772页；斯宾塞，《心理学》，第2卷，第249页的注释。

7　压迫眼球、大脑充血、吸入麻醉剂等或多或少会产生幻觉。这些例子可以证明，感觉器官微弱的刺激通过大脑转变为有图像的物体。这是个事实，但却无法解释得清楚。成像的过程可能与视网膜的特性有关，然而到目前为止视网膜的特性还没有被研究出来。当眼球长时间的受压，漂亮的图案一个接着一个出现，都可用来当作墙纸。歌德对花的幻觉的解释非常有名，只要他闭上眼睛、低着头的时候，视觉中就会出现花，"花开出新的花朵，周围环绕着有颜色的或绿色的叶子，不是天然的，而是想象出来的，非常对称，可以作为玫瑰雕刻的样式"等（引自缪勒的《生理学》，巴利译，第1397页）。这种强化和z字形的图案，是一种常见的视觉功能性障碍，源于视网膜的特性（稳定性、强制性、可遮盖其他客观事物）——这就是为什么我认为，注释中的整个现象到底是否与知觉中的大脑因素有关仍然存在疑问。我从泰恩的《论智力》(第1卷，第61页)一书中抄录下拉扎勒斯教授翻译的一个有趣的观察，从中发现了后像的相同效果。拉扎勒斯为由体表刺激造成的理想图片的变化起了一个名字,叫"幻视"。"在一个晴朗的下午,我在瑞吉的卡尔斯巴德的房屋顶上看见一个被群山环绕、屹立在巨大山面中间的岩石,从上面看,就像一座皇冠。我用肉眼和小望远镜交替来看,但是无法用肉眼来区别它。6~10分钟的时间里,我一直注视着这些山脉,随着它们高度和坡度的变化,山的颜色在紫色、棕色和深绿色之间变换。当我停止观察转身离开,在我因漫无目的而感到疲惫时,我看见一个未在场的朋友(我记不得眼睛是睁着的还是闭上的),他就像一个尸体出现在我面前……我立刻问自己为何会想起那个朋友。几秒之内,被打断的思绪得以恢复,而且发现,为什么会想起他,其实是有原因可循的。但是除此之外,他像一个尸体一样出现,这是怎么回事?这时,不知是为了让自己不再疲劳还是为了好好地思考,我闭上眼睛,立刻发现在很大程度上,整个视野充满了像尸体一样的色彩,一种浅绿色的发黄的灰色。我立刻想到我需要解释一下,并尝试去回忆其他人的形象。事实上,这些形象也像尸体一样出现在我面前,就像我想象的一样,有的站着,有的坐着,都是尸体一样的颜色,那些我期望见到的人并没有都像可感觉到的幻影一样出现在我面前,并且当我再一次睁开眼睛时,我没有看到幻影,不管怎样只看到了颜色不确定的非常模糊的一帮人。我想知道人的幻觉是怎样被周围的视觉世界影响的,如何呈现出周围物体的视觉色彩,他们的踪迹如何追寻,他们的脸和衣服是否是相同的颜色?也许是太迟了,也许是沉思和质问的影响太大了,突然所有都变得很苍白,并且本应多持续出现一段时间的主观现象也消失了。这是很正常的,与联想理论相符,产生的内部回忆已与视觉后象联系起来。过度的视觉神经末梢兴奋,我的意思是当注视山的颜色时,视觉长时间的注视间接引起了主观持续的感觉,即补充色的感觉。并且我的回忆,与这种主观感觉混合在一起,变成我所说的像尸体一样的幻影。"

8 参见里德,《智能》,论文 2,第 22 章;比奈,《心灵》,第 9 卷,第 206 页。比奈指出,荒谬的推理总是一个其他感觉的对象,而不是这里的"这个"。视觉错觉通常是肌肉感受性和触觉的错误,并且错误知觉到的物体和纠正它的经历在这些例子中都是可触知的。

9 相反的错觉是很难发生的。在正常情况下,a 点和 b 点是相联系的,对我们来说是在相同的空间。因此可能这样假设,当同时触摸时,就像使用一对卡尺,我们只能感觉到一个物体,而事实上我们感觉到两个。可以这样解释,把一个物体放置在未交叉的手指中,总是能唤起两个接触的感觉,当手指挤压在一起时我们感觉到它们之间有一个物体。当手指交叉时,与它们相对的 a 点和 b 点同时受到挤压,我们获得类似单一感的错觉,也就是说,我们感觉到一种令人疑惑的双重感。

10　浦肯野、马赫和布鲁尔(Breuer)对眩晕的感觉做出了解释。我发现聋哑人(听觉神经的半圆形管道或整个听觉神经一定是紊乱的)对眼花和转圈不敏感(《美国本体论杂志》,1882 年 10 月)。

11　在这些例子中,这种无意识持续的眼动不是产生错觉的唯一原因。也有原有视网膜运动感觉的真实负后像,我们在第 20 章中会看到。

12　就目前我所知道的,我们在火车站从未有过这种相反的错觉,并且相信当它静止时另一辆火车在移动。

13　赫尔姆霍茨,《生理光学》,第 365 页。

14　贝克莱,《视觉理论》,第 67-69 页;赫尔姆霍茨,《生理光学》,第 630-631 页;《哲学评论》,第 26 卷,第 49 页。

15　《生理光学》,第 602 页。

16　在这些阿托品的案例中,直肌的压力似乎与犹豫不决的判断有关。无论我们何时协调,内部的直肌都会收缩。当协调作用的神经支配过度时,他们眯着眼看时会产生双重视觉。单个地来看,当我对阿托品的协调作用施压时,我们内部直肌的收缩需要一个相应过度的外部直肌的收缩来中和,但这是物体后退的一种标志。

17　《美国心理学杂志》,第 1 卷,第 101 页后面的内容。

18　《心理学原理》编者注释——威廉·詹姆斯插入。

19　罗马尼斯,《动物的心理进化》,第 324 页。

20　拉扎勒斯,《灵魂的生命》,1857 年,第 2 章,第 32 页。在普通的演讲中,我们所听到的有一半的词都是由大脑提供的,我们可以理解我们熟悉的语言,即使说的话离我们比较远且语调又低。然而在这种情况下我们无法理解不熟悉的语言。在国外的剧院，如果我们没坐在一个好的位子，我们很难理解其对话；并且在国外让我们大多数人感到苦恼的是当地人不仅说得非常快，而且声音又低沉又模糊。来解释这些声音的意义，并不会像我们熟悉的母语一样，模糊的暗示不能当成提示的线索。

21　梅耶，《神经生理学研究》，第 242-243 页。

22　赫尔姆霍茨，《生理光学》，第 438 页，这个问题不久将在第 20 章"空间知觉"中得到详细的讨论。

23　泰勒(C. F. Taylor)，《感觉和疼痛》(纽约，1882)，第 37 页。

24　《心理物理学述评》，1883 年，第 61 页。

25　比较沃尔克曼在他的《新光学研究》，第 139 页的论文"对先天和后天的看法"以及赫尔曼《生理学手册》第 3 卷第 13 章中赫林的论述。

26　《美国心灵研究会论文集》，第 253-254 页。我已试着去解释这 140 个失去双腿者的意识变化。其中，一些人充满狐疑地按要求去感觉他们失去的腿，他们要么只是偶然能感觉到失去的腿，要么在腿疼时或仅当他们试着去移动或当不停地想时才感觉到它。当他们不注意时，这些感觉会回到残肢上。每种程度的意识，从完整持久的幻觉到一些无法从普通想象中区分的幻觉，都是这些病人失落感的表现。确实，我很少见到一个看似更真实的观念，这种观念认为想象和感觉的区别不过是同一过程中逼真度的不同。许多病人说他们不能区分真的感觉和想象出来的双腿。

27　《弗吕格文库》，第 37 卷，第 1 页。

28　不是所有的病人都有这种错觉。

29　我应当说在几乎所有的例子中，意志作用都会使残肢的肌肉收缩。

30　赫尔巴特，《作为科学的心理学》，第 125 节。

31　比较兰格(K. Lange)在《关于统觉》(普劳恩，1879)第 12-14 页，斯塔德(Staude)在冯特的《哲学研究》第 1 卷第 149 页以及马蒂在《科学哲学季刊》第 10 卷第 347 页后提出的历史观点。

32　《生命与心灵的问题》，第 1 卷，第 118 页后面的内容。

33　参见他的《心理学导论和语言学》，1881 年，第 166 页后面的内容。

34 我的一个同事在读完这个轶事趣闻后思考这个问题,他告诉我,几天以前他回复了哈佛大学就学校工作人员投票表决的"扣留在晚上上课不遵守规定的毕业班学生的学位"的问题。

35 在上述引文中,第168-171页。

36 教育最好的方法就是把新知识与已有的好奇心联系起来,采用已知的知识来吸收它的本质。因此将远的陌生的东西和熟知的东西比较的好处是通过已知的例子来弄明白未知的,把学生的个人经验与教学联系起来……如果一个老师要解释太阳到地球的距离,可以这样问"如果在太阳上有人朝你开炮,你应当怎么做?"学生可能会回答"躲开",老师却说"不需要那样做",你可以静静地走到屋里睡觉,再次起来,你可以一直等到你确定的那一天。你可以学一门技术,等长到我这么大时,只有到那时炮弹才接近你,你可以跳到一边,看,这就是太阳到地球的距离。(兰格,《关于统觉》,1879年,第76页——一个吸引人却冗长的研究)

37 叔本华,《充足理由律的四重根》,第4章。斯宾塞,《心理学》,第6部分,第9、10章。哈特曼,《无意识哲学》,第7、8章。冯特,《实验心理学论文集》,第422页后;《人类与动物心理学讲义》,第4、12章。赫尔姆霍茨,《生理光学》,第430、447页。比奈,《推理心理学》,第3、5章。在这个问题上,冯特和赫尔姆霍茨对他们以前的观点进行了较多的更改,参见本书第6章注释24。

38 当不是所有的M,仅仅一部分的M是A时。换句话说,M是未普及的,结论可能是错误的。如果真实的知觉是有效的三段论,那么感知错觉就是逻辑上的谬误,他们就会从不周延的中项得出错误的结论。

39 参见斯宾塞的《心理学》,第2章,第250页的注释,用生理学上的假说来解释这个事实。

40 这儿又有一个好例子,来自赫尔姆霍茨的《生理光学》,第435页。

我们很熟悉一个人走路的样子。我们把它当作一个联系的整体,并且特别注意它特质中最突出的部分。为了感受一个人走路时垂直的侧面的晃动,需要十分集中注意力,同时需要选择一个观看点。我们必须在背景中选择与他的头部位置比较合适的点和线。但如果用天文望远镜（使看到的事物颠倒过来）来看，在远处行走的人，他的跳动和摆动是多么剧烈呀！现在再看身体的摇晃和步法的许多细节都不存在问题。但是，另一方面，它的整体特点，无论是轻盈的或不灵活的，高贵的或优雅的，都比站直不动时更让人难以感知。

41 错觉和幻觉都必须从幻想中区分开来。幻想无须涉及感觉到的事物的错误知觉，尽管经常会涉及。例如，我们可以有宗教幻想、医学幻想，对自己重要的幻想，关于其他人性格的幻想等，精神病人的幻想可能会具有某些典型的形式，通常很难解释。但是许多情况下，它们是病人发明的用来解释他们异常机体感觉的理论；在其他情况下它们是听觉和视觉的幻觉。克劳斯顿（Clouston）博士（《精神疾病的临床经验》，第 2 讲后）给出了下面特殊的幻想，这些幻想是在研究 100 位忧郁症的女性患者身上发现的。这些幻想如下：

一般性的迫害	穷困
普通猜疑	被警察跟踪
被毒害	惹人厌的
被谋杀	接近死亡
被密谋反对	接近灾难
被诈骗	灵魂出窍
宣扬反教	没有胃、腹部
怀孕	没有内脏
气管里卡了一块骨头	既没有胃、腹部又没有大脑
丢钱	被寄生虫覆盖
无法生活	写关于她的信
她不会康复	财产被偷
她将被谋杀	孩子被杀
她将被活烹	盗窃
她将被饿死	腿是由玻璃制成的
肉被煮沸了	头上有角
头被砍下来	被氯仿麻醉

孩子们发高烧	害怕被绞死
谋杀在周围发生	被人骂
吃食物是不对的	被幽灵控制
在地狱	成为一个男人
被邪恶诱惑	机体突变
被邪恶控制	来自体内的昆虫
犯了难以原谅的罪	被强奸/有生殖器疾病
未知力量在起作用	变成一条鱼
她的身份	死亡
着火	犯了灵魂自杀的罪

42 康丁斯基,《幻觉领域的干预和临床试验》,1885年,第42页。

43 参见《美国心灵研究会论文集》,1859年12月,第7、183页。国际实验心理学协会现在负责人口普查,并且本书作者就是美国的普查代理。

44 这个例子被迈尔斯先生定义为非幻觉。在接下来的一封信中,作者告诉我在孩子出生前5小时就有了视力。

45 《心理学原理》编者注释——威廉·詹姆斯插入。

46 《睡眠和梦》,1863年,第3章,第4章。

47 泰恩在他的著作《论智力》第2卷第1章中很好地解释了这种现象。

48 当然,情况并非总是如此,因为活跃的细胞是被睡眠状态自身所压制。

49 为了很好地理解杰克逊(Jackson)的理论,可以参见他于1884年在《英国医学杂志》上发表的"克鲁尼亚演讲",同时还可以参考他对默西埃发表的关于抑制论文的评论(《大脑》,第11卷,第381页)。

泰恩很好地描述了在唤醒过程中影像丧失活力和入睡时获得活力的情形。他写道(《论智力》,第1章,第50、58页),当白天累了坐在椅子上,用一个手帕蒙住一只眼睛就可以了,另一只眼睛的视力逐渐地变得模糊,直到闭上。可以说所有的外部感觉无论如何都渐渐地消失或停止。而另一方面,在完全清醒的状态下,微弱而快速的内在想象变得强烈、清楚、多彩、稳定和持久,还伴随着一种扩张和舒适的感觉，心中有一种物我两忘的状态。根据以往的经验，我知道自己即将入睡，而且我不能扰乱刚刚产生的想象，我处于完全被动的状态。几分钟后，场景变得完整，建筑物、风景、路人慢慢从眼前经过，偶尔会有一种无可比拟的清晰形式和完整性。睡意袭来，我不再知道我所生活的真实世界。许多次，就像默瑞那样，我曾使自己在这种状态下的不同时刻被轻柔地唤醒，并能够说出它的特征。这个看上去像外在物体的强烈想象是微弱想象的强有力延续，这些微弱想象在不久前被我当成森林的碎片、某个房舍、某个人，当我闭上眼睛就可以模糊想象到，并在一分钟之内以完整的细节展现在我的面前，从而变成一次完整的幻觉。然后，用手把我拍醒，我感到画面在衰退、失色并消失，出现的物体逐渐缩小，最后变成了阴影……在这样的情况下，我常看到在过去的一段时间里，表象变得苍白，画面慢慢消退并最终消失。有时，一睁开眼睛，某个风景片段，某件衣裙，似乎仍然飘浮在铁炉或黑色炭盆上。梦中事物在眼睛睁开后会持续一段时间，这并不罕见。我听到过很多类似的案例。（缪勒，《生理学》，巴利译，第945页）

50 我说的是正常路径，因为幻觉与一些遗留的联想路径是不一致的。一些被催眠的病人不仅对暗示给他们的物体产生幻觉，而且会放大和实现。但是这个路径看上去非常的狭窄，理应使幻觉变得难以置信的"约简"也没有出现在被试的脑海中。总之，思维的路径越窄，每个意识就越生动。在一般情况下，整个大脑可能在任何活跃的中枢神经的排放上发挥作用。当排液以任一方式减少时，它可能使这个活跃过程更剧烈。

51 默瑞给出了一个数字，在上述引文中的第126-128页。

52 比奈的一个非常重要的实验，一开始发表在《哲学评论》(1884)，第17卷。同时也完整地出现在他和费利的著作《动物催眠》(全球科学系列丛书) 第9章。纸上没有点也没有其他能看见的标记，他看到整张纸发生的变化影响实验者对画像做出判断。

53 在一个被催眠的病人身上，区分是因联想的事物所产生的真实感官的幻觉，还是仅仅与信念结合的想象是件非常困难的事。我非常惊讶，这些被试说他们看到空白纸上的图片的轮廓很模糊。另一方面，你会听到他们说，你给他们看的一朵真花和你向他们描述的在真花旁边的一朵想象的花并没有区别。当你告诉他们有一朵想象的花时，他们一定会指出那朵真花，有时他们会说这是不可能的，有时会指向那朵想象的花。

54 只有在第二天，在三个被催眠的女孩中，我未能用棱镜重叠假象，当然它不可能成为一个发展完整的幻觉。

55 《大脑》，第11卷，第441页。

56 《心灵》，第10卷，第161、316页；《活者的幻觉》，1886年，第1卷，第470-488页。

57 在格尼先生引用的著作中包括大量这类真实的案例。

58 《动物的心理进化》，第136页。

59 我知道有关知觉最好的例子是在詹姆斯·萨利（James Sully）先生写的《幻想》（全球科学系列丛书）一书中。关于幻觉的文献有很多，格尼的、康丁斯基的（已经被引用）和克雷佩林在《科学哲学季刊》（1881）第5卷中撰写的论文，这些是近期完成的最系统的研究。所有关于治疗精神疾病的书，如艾尔兰（W. W. Ireland）博士的著作《大脑上的瑕疵》（1886）和《穿越象牙门》（1890），提供了许多这方面的信息。格尼先生完整地引用参考了这些文献。还有个重要的文献是迈尔斯先生发表在《美国心灵研究会论文集》（1889年，第522页）的《苏格拉底这个精力过剩的人》。

第十九章 | 事物知觉 911

第二十章

空间知觉[1]

第一节 原始空间知觉

在听觉、触觉、视觉和痛觉中,我们习惯于从其他的感觉成分中区分出一些较强的感觉。我们认为暴风雨的回声要比石笔发出的尖锐声响得多;进入一盆热浴水中皮肤的感觉要比大头针刺痛皮肤的感觉更强烈;在脸上产生的轻微的犹如蛛网一般的少许神经性疼痛,似乎远不如重度烫伤、绞痛或者腰痛所带来的不适感强烈;一颗孤星看上去要比正午的天空小很多。近代的科学研究已经证明,人的眩晕感或主观位移感都与内耳半规管的刺激有关,而在这种眩晕感或主观位移感中,空间特征是非常明显的。至于"肌肉感觉"能否直接地给我们带来空间位置上的信息,这在心理学研究范畴中仍是一个有争议的话题。一些研究者甚至将我们全部的空间感觉都归因于"肌肉感觉"的协助,而其他人却不承认"肌肉感觉"有任何的空间特性。在这些情况下,我们最好暂且搁置,不去考虑它。然而,我们必须承认,乍看之下，似乎大腿肌肉的抽搐比眼皮或者面部小肌肉抽搐更容易被人感觉到，而且这些区别似乎在于大腿肌肉的感觉本身。

在嗅觉和味觉中，感觉成分的重大差异似乎不那么突出，但并非完全不存在。一方面，有些味道和气味不及烤肉或者葡萄干布丁这些味道复杂；另一方面，也不如麝香或者夜来香那样浓烈。酸的类别不同，叫法也不同，这似乎说明对大众而言，有限、狭窄的事物的确存在，而其他味道和气味在他们的印象中却是更大更广。

源于内部器官的感觉极其丰富。充实与空虚、窒息、心悸和头疼都是这方面的例子。当然，我们身体状态处于恶心、发烧、严重嗜睡或疲劳时，空间意识依然存在。可以感觉到立体空间知觉的所有内容，与任何局部的悸动、压力或不适相比，前者感觉到的更多。然而，皮肤和视网膜是在空间成分中最为重要的器官。视网膜所产生的广阔的感觉范围不仅超过了其他任何器官的感觉范围，而且错综复杂，其复杂程度无与伦比，借着它，我们的注意力可以进一步细分，并能觉察到它是由同时共存且彼此平行的更小的部分所组成的。[2] 耳朵的感觉强度比皮肤大，却不能进行细分。[3]

目前，我的第一个论点是，原始的空间感觉是每一种感觉中都可辨别的要素，虽然这个要素在某些方面比其他要素发展得更好，但在这其中有关空间的所有准确知识都是我们后来通过辨别、联想和选择等过程交织而获得的。在这一点上，詹姆斯·沃德称其为"空间感"[4]，它也会像强度一样成为每一种感觉的要素。后者的每个要素都将会成为一种可以辨别但却不可以分离的感觉特质的组成成分。与空间感一样，这个要素作为一种完全特殊的感受，除了其自身的条件是难以描述的以外，它也不能在实际的经验中与一些感觉的特质相分离，它是伴随着这些感觉特质的，所能获得的只有这些感觉要素了。

现在必须要指出的是：迄今为止所说的广度，是指沿着两个方向向外扩展。它的范围是如此的含糊不清，以至于在这个问题上，既无法得知表面面积，也不知道深度是多少，"容量"或许是表达广度最好的一个词语了。大致观察一下就会发现，不同种类的感觉大体相同，彼此之间，都会涉及容量问题。这表明不论在哪个现象中发现的空间特质都是相同的，只是由于不同性质的因素，例如温暖和气味，所以才会表现出不相称。生来眼盲之人声称当他们视力恢复时，他们对出现于眼前的巨大物体诧异不已。弗朗兹医生是这样描述那位已经治愈的白内障患者："他看到的一切远远大于他通过触觉所获得的构想。能移动的，特别是有生命的物体看起来会更大。"[5] 响亮的声音会带来这个东西特别大的感觉。在一个狭小的空间里一颗炮弹爆炸所带来的感受是难以想象的。一般来说，声音似乎占据着我们和刺激来源之间的所有空间。而且，在某些情况下，声音是没有确切声源的。例如，蟋蟀的叫声、风的呼啸声、海浪的咆哮声或远处火车的鸣笛声。

视觉领域里有着相同的次序。正如赫林所说，"发光"的物体，令我们产生的知觉是"与表面颜色相比看起来更宽广。一块炙热的铁看起来就像通体透亮到可以看穿到里面去，火焰同样也是如此"[6]。一团发光的雾、一缕阳光都以同样的方式影响着我们。正如赫林所极力主张的：

"我们必须从表面感觉中辨别出宽广的感觉，同样也必须从朦胧的感觉中区分出清晰的感觉。例如闭着眼睛的人所看到的黑暗就是一种宽泛的感觉。我们看到的不是像墙一样的黑色表面，而是一个充满黑暗的空间，即使当我们成功地看到这个黑暗被一个黑墙终结了，但在这堵黑墙的前面，黑暗的空间依然存在。当我们睁开双眼发现自己置身于一个完全黑暗的房间里时，也会出现同样的情况。这种黑暗的感受也是界限模糊。对于宽泛的感受有明显界限的一个例子，就是观察一种放在玻璃杯中的清澈有色液体，酒的黄色不仅在玻璃杯的边界面能看到，而且这种黄色的感觉充满了整个玻璃杯的内部。我们和事物之间的那些所谓的空间在白天看起来似乎与晚上有很大不同。逐渐增加的黑暗不仅存在于事物中，而且还存在于我们与事物之间。以至于最后会完全地覆盖、独自充满这个空间。如果我朝一个黑色的盒子里看，我会发现里面乌黑一片，这不只是因为盒子黑色的面或壁。明亮房间里的一个阴暗角落里充满了黑暗，它不仅在墙壁和地板上，而且还存在于它们所包含的空间。每一种感觉都存在于我们经历过它的地方，如果在某一宽敞空间的每一点上我都能立刻感受到它，那么它就是一种宏大的感觉。一个透明的绿色玻璃立方体能给我们空间的感觉。相反的，一个刷成绿色的不透明立方体只能给我们表面上的感觉。"[7]

当我们改变注意的方向，头脑中会有一些类似于运动的感觉，它似乎同样涉及了三个维度。如果我们闭上眼睛思考从房顶到地下室的高度，从我们的前方到背后的距离，从我们的右边到左边的距离时，我们会获得一些比观念强烈得多的感觉——一种实际存在的感觉，也就是说，头脑中的一些东西好像移向了另一个方向。我相信费希纳是第一个公开评论这些感觉的人，他这样写道：

"当我们将注意力从某一感觉事物转移到另一些感觉事物时，我们会因为方向的改变而产生一种难以形容的感觉（尽管同时它

第二十章｜空间知觉 915

是一种完全确定的且可以随意重现的感觉），或局部紧张（电压）。随着我们注意程度的增加，我们感觉到我们眼睛的张力更大，耳朵更侧向一边，这些都会因为我们仔细看、认真听的程度而发生变化，因此我们称之为注意的紧张状态。当注意在耳朵和眼睛之间快速摆动时，就能清晰地感觉到不同。这种感觉自身的局部化最明显的区别在于各种不同的感觉器官，我们希望通过触觉、味觉或嗅觉来辨别出一个事物。

"但是现在，当我试着生动地去回想记忆中或想象中的一幅图片时，我会有一种感受，这种感受和我力图用眼睛或耳朵敏锐地去领悟某一事物时的感受极为相似，并且这种相似感觉在每个地方都不同。当处于对实际物体视后像注意的最高点时，这种紧张状态会显著提高，而且当注意力从一种感觉转变成另一种时，仅仅只是改变了感觉器官中的注意方向，而大脑中其余的部分是免于紧张，这种情况在记忆中或想象中是不同的。因为此时这种感觉从外部感觉器官中完全消失，好像躲避在大脑中活动的那部分。例如，如果我想去回忆一个地方或一个人，它会在我的脑海中鲜明地呈现，这并不是因为我增强了注意，而是因为注意的比例，也可以说是我降低了注意的比例。"[8]

费希纳所描述的由虚拟的半圆形通道构成的感觉是可能会出现的[9]，这些感觉无疑表明了方向变化上的最为微妙的感知力。此时此地，这些变化不再被视为在外部世界中发生，它们占据了头脑中某一模糊的内部空间。[10]

皮肤本身存在着一个投射到第三维度的模糊形式，这种形式被赫林称之为注意。

"对热量的感觉并不只是局限在皮肤的表面,通过空气的传播,热量的感觉也可能会或多或少由皮肤表面向周围的立体空间延伸……我们能够通过前后摆动手掌、关注温暖感觉的波动来确定黑暗中发热物体的位置。然而,这种感觉只是一直停留在手的附近,却并不能完全准确地推断出发热物体的位置。"

当我们用舌头探测口腔的内部空间时,会感觉口腔比看起来大很多。新拔掉的牙齿留在牙龈上的洞和松动的牙齿在牙槽里晃动的感觉都很怪异。一只嗡嗡响的蚊子撞击耳鼓产生的响动通常会被认为与蝴蝶产生的撞击声一样大。迄今为止,对鼓膜的空间感知能力的研究非常的少,尽管这个研究主题可以很好地解决很多问题。如果我们用纸卷成一个头部尖尖的小东西,将这个东西从外耳插入,慢慢接近鼓膜,这个东西的存在所带来的强烈的发散性感觉会让我们很震惊,抽出这个东西,会使我们产生一种清晰且开阔的感觉。这种有深远影响的感觉是否由于作用在远处神经上的实际辐射所引起,这一点已经不重要了。我们现在考虑的不是空间感受所产生的客观原因,而是它的主观变量,而且实验表明,同一物体向内部传入的信息多于传向耳朵外皮的信息。鼓室中的空气压力会在鼓膜上产生一种惊人的感觉。我们通过捏住鼻孔、闭上嘴巴以及呼气作用来迫使空气流经耳咽管这样的方式来增加气压;我们同样也可以在闭上嘴巴、捏住鼻孔的情况下,通过吸入或吞咽的方式来减小气压。无论以上哪种情况,在大脑中都会产生一个巨大的球状的立体感觉,它似乎一定是来自于某种器官的影响,这一器官比鼓膜大得多,但表面大小不会超过一个小指的指甲。

此外,鼓膜在外部的大气压力下所显示出的差别能够被人们感觉到，但差异太小就不行了，感觉到的不过是噪声。如果读者闭着双眼坐着，将某个固体，如一本厚厚的书，静静地靠近他的脸，他很快就会察觉到物体的存在和位置——拿开物体时也一样。第一次做这个实验时，笔者的一位朋友能毫不犹豫地将放在耳边的三种不同形态的固体——木板、格子窗框和筛子辨别出来。现在，由于这一感觉从来没有被普通人当作一种感知方法，我们可以假设它的可知性首次得到人们的关注。它属于必要感觉，不具备什么教育意义。但是这种感觉品质是巨大的模糊三维空间中最清晰明白的一种——当我们平躺着获得广阔蓝天的整体印象时其中大多数都是视觉的感受品质。当一个物体被带到耳朵旁边时，我们立即关闭了这种感觉。相反，当物体被移开时，我们会突然感到我们外周的透明、空旷和开放。并且任何一个努力观察的人都会承认这种感觉包含着一种模糊的无法测量的第三维。[11]

读者们会注意到，在所列举的实例中，绝大多数的感觉似乎与感觉器官的大小没有什么关系。耳朵和眼睛是相对较小的器官，然而它们却带给我们大量的感觉。在特殊的感觉器官范围内，感觉的多少与器官的大小之间缺乏确切的比例。一个物体在视网膜的外侧面比在视网膜的中央凹处看起来要小，要证明这一点很容易，只需保持两个食指平行且相距数英尺，单眼注视，视线从一边转到另一边。结果，那个没被直接注视的手指将会缩小，而且无论手指的方向在哪都会是这样。舌头上的一片碎屑或者一个小口径管，感觉上似乎比将它们放在手指间时要大。如果等距的两点（如坚硬的罗经方位仪或剪刀尖）在皮肤上划过就如同真的划两条平行线，这两条线的间距在有些地方会显得比在其他地方要远一些。例如，如果我在脸上水平地划出两条线，使嘴唇在两条平行线之间，那么实验中的人将会感到似乎它们在嘴巴附近开始分叉并把嘴巴包含在一个清清楚楚的椭圆内。同样地，如果我们将罗经方位仪的针尖分开一两厘米并在手腕和手掌上方的前臂上划出两条平行线，使它们的最终点落在相邻的两个手指上，那么就会感觉到这是一条直线但很快地又分成两条，而且这两条线在手腕的下方分得更开，而在掌中又开始有所收缩，最后又快速地向指尖岔开来。图 20-1 和图 20-2 中的虚线描绘了罗经方位点的真实路径，实线部分则是感受路径。

此外，相同长度的皮肤会根据刺激的强度来传递一种更强烈的感受。如果卡片的边缘压着滑板，那它的两个末端的距离看起来将会比用圆规量出来的间距短。[12]

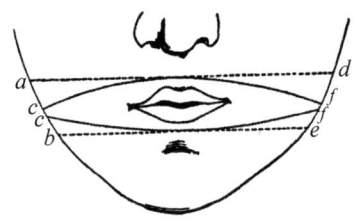

图 20-1（韦伯之后）

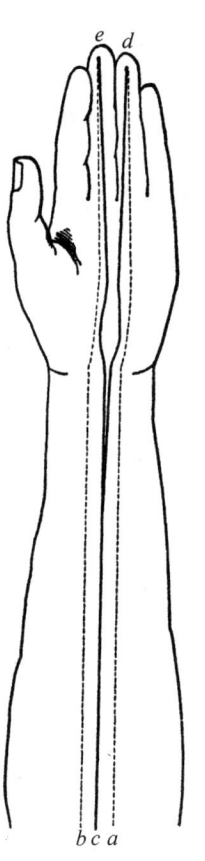

图 20-2（韦伯之后）

眼睛中的强烈的神经刺激看起来会增加感觉的量及其显著性。如果我们交替地增加或降低空气含量，整个房间及房间内的所有物体似乎也会交替地扩大或缩小。如果我们用一块灰色玻璃盖住一张纸的一半，透过玻璃看到的纸，明显比不透过玻璃看到的纸要小，而且玻璃的颜色越深差别越大。当一个不透明物体被限制在视网膜前，把它覆盖的那一部分的局部光线过滤掉，那么投射在不透明部分上的物体看起来可能仅有投射在不透明部分之外的区域中影像的一半大。[13]这种逆效应似乎是由某些药物和麻醉剂引起的。吗啡、阿托品、海洛因以及冰毒会降低皮肤的敏感性，以至于感觉到的差异比实际的更小。印度大麻会导致一般感受力的异形歪曲。在它的影响下，某个物体看起来要么急剧地放大，要么奇怪地缩小。有时候一个单独的部分都会改变它与其他部分间的比例，如某个物体的背部完全看不到，就好像它后面仅是空洞一样。比较近的物体将会后退一大段距离，一条很短的街道呈现在眼中也会有一种无边无际的视觉效果。乙醚和氯仿偶尔也会产生相类似的结果。德国的生理学家潘侬（Panum）说，当一个小男孩因为神经痛而用乙醚使其麻醉时，他会眼前发黑，出现耳鸣，房间中的物体在他眼中会变得非常的小并且非常的远。他也提及他的一个教会朋友，挣扎着保持清醒，却只是徒劳，仍看见传教士变得越来越小，越来越远。有一次，我自己也在氯仿麻醉开始发挥作用时观察到同样的物体后退的现象。在各种不同的脑部疾病中，我们也发现了类似的混乱。

我们能够改变生理条件，使得不同感觉之间可感知的最大程度发生重大变化吗？引起这种结果的一个因素无疑是唤醒感觉的外界刺激所同时引起兴奋的神经末梢的数量。当大量的皮肤神经被唤醒或大量的视网膜表层被照射时，我们的感受要比只有较少神经表层被刺激时强烈得多。由两个罗经方位点引起的单一感觉，尽管它看起来很简单，但它感受起来要比由单个罗经方位点引起的感觉更大更钝。触摸一个顶端尖尖的东西，会意识到这个东西很尖锐。如果读者闭上一只眼会发现这张纸要比双眼都睁开时小很多。看月亮时也是如此，最新发现表明这一现象与视差无关。切斯尔顿先生记载了一个接受白内障康复手术的男孩发生的事——当他的第一只眼睛做完手术之后，他说"他看到的所有事物都特别大"，但是当他的第二只眼睛做完手术之后,他说:"对这只眼睛来说这个物体起初会显得很大,但是不像第一只眼睛看到时的那么大。当他用两只眼睛看同样的物体时,他觉得这个物体看起来要比单独用第一只痊愈的眼睛看时大两倍,这便是我们的发现。"

相同表层的某些部分的感觉的延伸范围要大于其他部分,某一表层的感觉顺序要先于另一些(如视网膜先于皮肤),从某种程度上来看,这也许可以解释为同一因素的作用。从解剖学的角度来看,大部分空间感觉表层(视网膜、舌头、指尖等)都是由异常浓密的神经轴提供的,而这些异常浓密的神经轴必须向表层区的每个神经元提供大量的神经末梢。但是感觉范围的变动程度与神经纤维的数量之间可能仅仅遵循一个大致的数值比例规律。用两个耳朵听到的声音比用一个耳朵听到的声音大,但不到两倍。当同一表层在不同情况下处于兴奋时,上述列举的感觉的变动显示了这种感觉是多种因素的必然结果,其中解剖学上的因素是唯一主要的因素。不同情境使感觉空间矛盾频现,为了将相互协作的因素分配好,人们已经提出了许多巧妙的假设。以后我们会详细分析这方面的例子,但这里我必须提前公开承认,许多因素是无法一起分析的。[14]

第二节 空间次序知觉

到目前为止,我们已经可以确定,或者需要确定的是,空间是一种模糊的存在,形式和特性都模糊不清,它与我们其他每一种感觉都有着不可分割的联系。我们举出有关这种外延因素变化的众多例子,是为了弄清楚其严格的感受特性。正如以往经验所显示的那样,读者中很少有人可以通过附加的智力因素来解释这种变化。几乎在所有的例子中,它看起来似乎都是一种奇特的神经兴奋过程的直接心理效应。当所有神经过程在放弃它们所放弃的空间方面都达成一致时,对于心灵而言,会出现一种浩瀚无垠的感觉,至少一开始时是无序部分或分支部分占主导地位的感觉。

别对空间无序这一概念感到吃惊。一个没有顺序的空间可能与一个没有空间的顺序一样。[15]而且原始的空间知觉的确是无序的。在被大脑清楚地领悟之前,首先感知的空间可能包含的次序一定会经过一套相当复杂的智力活动之后才会进入那些空间。在它们通过所谓"合成"的方式来形成我们对客观世界的真实空间的认识之前,那些大量的原始感觉必须通过意识以及意识合成进行判断和再分。在这些操作中,想象、联想、注意和选择起着决定性的作用。尽管在感觉的空间数据中它们无处添加任何新的材料,但它们却能搅乱、篡改这些数据,并将现实的事物隐蔽在想象的事物之后,这一点不足为奇。有些作者已经深入了解到感觉材料是没有一点空间价值的,但智力的分析可以提供它自身资源以外的空间特质。

就我们自身来说,我们已经发现我们所有的感觉(尽管还没有建立起联系,也没有进行区分)都辽阔无边,接下来的问题是:我们该如何管理这些在一开始的时候呈现出混乱的空间,使其变成一个我们现在所知道的有规则有秩序的空间世界。

起初,我们没有理由去假定有感觉的生物都可以意识到多个感觉空间,并且这些感觉空间每一个都有自己独特的内容。另外,我们也不能仅仅因为它们数量众多,就认为它们彼此间应当具有明确的空间关系,应当位于特定的顺序位置上。即使是我们自己身上的感觉,也能够发现这一点。没有特定的空间顺序,不同的感觉也可以在我们身上共存。附近小溪的声音、雪松的气味、令我惬意的早餐带来的舒适感以及我对这篇文章的兴趣,所有这些都清晰地存在于我的意识中,但各自之外或彼此之间却什么都没有。它们的空间是混合的且大多数充斥着同样模糊的客观世界。甚至是不同的空间特征，我们也能在其中发现一些相似之处。如果我只考虑我们主观的和实体的感觉，那么当我们躺着或坐着不动的时候，我们就会发现自己很难清楚地感觉到背部的长度或者从肩膀到脚的方向。通过不懈的努力，我们可以成功做到公平地把我们的注意力分配到身体各处，然后通过一种单一的途径来感受身体的真实形状。但是在一般情况下，意识会高度注意某些部分，而其余部分则被意识忽略。而且，我们对于它们位置的相对顺序的认知是那么的含糊不清而又模棱两可。显然，在意识中有序地安排众多感觉空间，需要的不仅仅是单独存在的一些物体，那么进一步的情况是怎样的呢？

如果大量的感觉广度被知觉为彼此并列以及处于明确的顺序中，它们的感觉广度必定表现得更为宽广，就可以立刻、轻易地进入意识当中。我认为从这可以看出，通过纯粹感觉难以正确估算一个人的身体形状，其原因在于，很难将其感知为一个整体。这种困难与瞻前顾后很相似。当我们意识到自己的头部时，对于双脚却变得无意识，并且，时间连续性因素进入我们的自身感知中，使后者由直觉活动向理解活动转变。当我们要处理的客观空间太大而无法通过某一现象进行全面理解时，这一建设性的因素仍然有着很高的地位和相同的重要性。一个城镇中商店的相对位置被许多曲折的街道分隔开，因此必须从已完全掌握的连续的数据中去建构，结果要么是更加模糊，要么是不那么模糊了。

有一种感觉，它从广阔的、包络众多的空间中被区分出来，而这正是"被知觉为一种明确的空间顺序"的必要条件。在所列举的第一个例子中，空间次序感是一个辨别力的问题，但又不仅仅是辨别力的问题。若是这样，共存的景物与一致的声音都需要采用网状结构的顺序，哪怕它们原本是杂乱无章的。无论是什么空间被区分后都将表现为拥有一个更大空间的小空间，这的确是真实的，但这不过是最基础的顺序。它所处的空间位置会变得很精确，其他情况依然会接着发生。研究它们会变成什么的最好方法是暂停一会，先分析一下"空间次序"这一词语所表达的含义。

空间次序是一种抽象的术语，它涉及图形、方向、位置、大小和距离几个方面的明确知觉。从庞大的总体中挑选这些知觉中的任一知觉，是为了使总体有次序。而把总体细分为大量的明确知觉，是为了以完全有序的方式理解总体。那么，这些知觉分别是什么呢？首先，所有人能够马上毫不犹豫地说出感觉特质，正如它们自身所在的庞大的总体一样。以图形为例，一个正方形、一个圆形和一个三角形以三种不同类型的印象放在与眼睛的距离最佳的位置上，每一个都如此特殊以至于如果它被撤回，我们也能认出它。当修女院的病人的白内障被治愈后，呈现给她一个立方体和一个球体，尽管她不能说出哪一个是立方体，哪一个是球体，但她却能够立刻知觉到它们形状的不同，并且说它们是不同的图形。直线也是这样，如果我们能看到视野中的所有直线，除了我们识别力的独特影响外，很难相信垂直直线与水平直线对我们的影响是没有差别的。而且当再次被呈现时，即使我们可能还不知道"垂直"这个名称以及它的含义，也不会觉得二者对我们的影响类似。角度也是这样，一个钝角以一种与锐角不同的方式迅速影响着我们的感觉。线段也是这样，它是一种单一的感觉——一条直线连接两个有距离的点的感觉，延长直线，你的感受及随之被感知的距离也会发生改变。

一、空间关系

聊过了距离和方向，现在我们进入了空间关系的范畴中，并且立刻遇到了一个新的观点，该观点使所有的联系都与感觉或想象的事实不同。在柏拉图学派的心理学中，关系是一种纯思维的能量，就这点而论，它与通过感知获得的感觉信息是无法比较的。

因此，我们可以料想到这一学派的弟子会说出这样的观点："假设你对每一条线和每一个角都产生一种单独的具体感觉，那么是什么引起这些感觉的呢？你仍然需要解释方向和距离的次序；你仍然需要陈述这些被感知到的图形的大小关系；在你被告知已经将次序引入到你的空间之前，你需要限定它们各自的位置。若非经过相关的思维活动，这些结论一个都无法成立，那么依据纯感知力来解释空间的尝试几乎在一开始就宣告失败。例如，位置从来就不是一种感觉，因为它自身没有实质的内容。它只能通过地点、直线或其他图形以及外在的坐标来获得，并且它自身也从来不可能是感觉材料、直线或地点的元素。若我们承认思考本身可以破解空间之谜，那么，这种思考就是一种值得尊崇但又深不可测的神秘事物。"

这种处理问题的方法具有简略的优点。尽管，这让我们变得不那么着急，但我们仍想通过耐心地思考这些空间关系是什么来弄明白我们能否得到更深入的了解。

"关系"是一个词义灵活多样的词语。它有很多不同的具体意义，以至于它作为一种抽象的一般概念使用时可能很容易使我们的想法模糊不清。当我们不得不使用这个词时，我们必须确保它在特殊的应用领域中的精确含义，进而避免产生模棱两可的情况。目前我们必须处理空间关系，而且也别无选择。大多数的"关系"与它们所关联的那些词的次序完全不同。例如，相似性的关系可能会同样地从茉莉和夜来香之间，或勃朗宁(Browning)先生与斯托里(Story)先生的诗文之间获得。关系就是它自己，既不是芳香，也不是诗意，哪怕那些否认它所有感觉内容的人也会承认这一点。但是，正如在数量方面，两个数字的关系是另一个数字，在空间领域中的关系也是与之相关联的相同次序的事实。如果后者出现在视野范围中，前者肯定是两者之间的其他片段。当我们说到两点之间方向的相互关系时，我们只是指将这两点连接起来的直线感觉。直线就是关系，感受到它你就感受到了关系，理解了它你就理解了关系。在你想象到直线的时候，不需要进一步做什么，关系就在你面前建立起其全部内容。所以，两条直线的方向关系与两者之间的封闭空间形状的独特感觉是一致的，这通常称为角的关系。

如果这些关系是感觉，那么就是位置关系。一条垂直线的顶端与底端两点间的位置关系就是那条直线，此外就没其他的了。一个点与其下方水平线之间有很多潜在的位置关系。其中一种位置关系与其他位置关系相比较而言最为重要，即所谓的距离。由点到线的那条垂直线段就是理想的、真实的感觉。[16]在水平面上从两端开始相交于一点的两条线，给我们一个三角形的独特感觉。右和左、上和下都是彼此互异且与其他事物的类属也互异的纯感觉。像所有的感觉一样，它们只能被指出来却不能被描述。如果我们拿一个正方体，并标示出上面、下面、前面和后面。目前仍没有任何词语能让我们向其他人描述哪个是左面，哪个是右面。正如我们可以说出这个是红色而那个是蓝色一样，我们只能指着说这里是右面，那里是左面。彼此相邻的两个点，一个点始终受到另外一个点的感觉影响；相反，另一个点也受到这个点的感觉影响。这同样适用于任一线段的两个端点。[17]

因此，除数量之外，其他所有的空间关系都与单纯的感觉对象没什么差别，这一点似乎毋庸置疑。但数量似乎超出了这一狭窄领域。我们在时间、数字、强度、质量以及空间之间或多或少会建立关系。然而，这些关系要形成一种特别的简单空间知觉是不可能的。我们必须承认这一点：数量关系是普遍的并存在于意识的许多范畴中，而我们知道的其他关系则是特殊的且只存在于空间中。当我们的注意从一条短的线段转向一条长的线段，从一个小的斑点转向一个大的斑点，从一束弱光转向一束强光，从苍白之蓝转向深蓝，从进行曲转向轻快舞曲时，伴随着这些转变，人类意识的综合领域中产生了一种特殊差异的感受，我们称为"更"的感觉——更长、更贵、更亮、更沮丧、更有动力。这种"更"的转变感觉一定在所有这些不同的附属方面都与它自身完全相同，或者我不应该在每种情况下都给它冠以相同的名字。当我们从一条短的垂直线穿过到一条长的水平线，从一个小的矩形到一个大的圆，以及从那些形状相同的图形中穿过时，我们都会有这种感觉。但当形状是相同的时候，我们的关系意识较为清晰，并且，在进行分析性注意的练习时，我们先注意的是某条线或某个形状的"部分"，然后才注意到"整体"。接着，整体的"更"可以作为空间的一个独立成分突显出来而且是可以想象的。当我们能够把一条线段或形状叠置在另一个上面时，我们就能获得它所带来的相同的感觉。"更"的这种精确测量的必要条件已经导致有些人认为感觉自身是从最初所有情况下的叠合经验中唤起的。这或许不是一个绝对正确的观点，但是对于我们目前的假设而言，这种观点无关紧要。感觉空间是彼此之间相互精确测量的。占据着某个部分的物体形状，其各个部分必须直接或间接地彼此叠放，此时，大脑一定能获得一种瞬间显著叠加的感觉。甚至当我们只感觉到一个细节被模糊地放大或缩小时，头脑中一定快速地闪过这一细节以及另一个细节，并接收"更"的瞬间感觉的

152

冲击。

因此，我们似乎已经解释了所有的空间关系，并对它们有了清晰的认识。它们仅仅是对特殊线段、特殊角度、特殊转变形式的感觉，或者是两个形状叠合后产生的特别突出的部分的空间感觉（在更多不同的情况下）。事实上，这些关系感觉的产生就像一位几何学家用铅笔在一个图形上画一条线段来证明两部分图形之间的关系一样，即它们可能只是线段的心理表征，并没有真正地画出来。但是，在任何情况下，关系感觉一旦进入大脑，对空间估计的认知和测量就会被更详细地细分。将这些细分部分带入意识就构成了我们对整个庞大事物的认识，从开始的模糊印象转向对细节认知的全部过程。分得越细，认知就越精细、完美。但由于意识所有的细分都是它们自身的感觉，而"更多"或"较少"的感觉是指即使自身不是一种形状，但至少也是两种形状感觉之间的一种过渡的感觉。因此，与之相反，对于任何事物我们不可以得出"所有的空间认识至少都是感觉的"，或者感觉取决于意识的整体性，或者没有一种新材料元素是源于超感觉的。[18]

对意识的细分将是我们的下一个课题。可以依据它们的位置、大小和形状将意识分为三个方面。

二、定位的意义

目前我们只谈论位置问题。让我们先从一个简单的例子开始，即仅有两个点可接收刺激的敏感表层。首先，两个彼此有空间间隔的并列的两点是什么样一种情况呢？我们务必意识到以下两件事：兴奋的二重性，未兴奋间隔的广泛性。单独的二重性，尽管是必要的，但却不是空间间隔的充分条件。例如，我们可以分辨出同一地方的两种声音、同一杯柠檬汽水中的酸和甜、冷和热，以及皮肤上相同地方的圆的和尖的联系等。[19]这些在特质上对比的感觉越强烈，通过思维辨别二重感觉就越容易。如果我们的两个兴奋点唤醒了相同的感觉特质，那么它们必然会作为一个整体出现在大脑中，根本无法区分，无法进行定位。在背上相距四厘米的圆点不会引起什么不同的感觉，它们俨然融合为一个单一的感觉。然而，间隔小于三千分之一毫米的点在视网膜上被唤起的感觉是如此的明显，以至于我们直接将它们看成两个点。现在当我们从一个点到达另一个点时，两点的差异度在背部提升得较慢，在舌头和指尖上则较为迅速，而在视网膜上则非常迅速。这到底是怎么一回事？我们能发现它们的内在属性吗？

最自然且最直接的答案是它们所处的地点完全不同。心理物理学家把许多成果归功于德国生理学家[20]的这段话：

"感觉从定位开始……每种感觉从一开始就受到空间特质的影响，以至于这种空间特质一点也不像能带来更高水平感觉的外部特征，而被认为是存在于感觉自身的一些内在的东西。"

一旦我们仔细思考这种解释方法，就会发现它存在着自身逻辑上的问题，而且无法解决。假设没有感觉，只有一个曾经被唤醒的单独点，那么有可能形成任何明确位置的感觉吗？当然不可能。只有感知到第二个点的时候，第一个点才能获得上、下、左、右的测定，这些测定都与第二个点有关系。就它被定位来说，每个点被定位只是因为它不是什么，或者说它是因为其他的点才能够被定位。这也就是说，位置不是它的本质特征。虽然一种绝对大的感觉也许是组成任何单独被分离感觉中的一个本质元素，但位置感一定不是。我们所引述的那位作家已经注意到了这个异议，因为他一直说最初的感觉定位似乎

"仅仅存在于自身当中,而非当前意识的表征之中……首先,它们之间没有任何相互关系"。但是,在时间适宜和其他条件满足时,这种"本身"感觉的定位仅仅意味着被明显局域化的感受性或可能性。那么现在,在发达的意识中感受性产生进一步的成果之前,我们能发现这种感受性它自身内部的一些东西吗?

三、局部信号

首先,每种皮肤感觉和内脏感觉好像都来自于自身感觉所在的独特的身体部位,这个部位不可能涉及另一个部位。而且这种感觉本身似乎与位置知觉非常的不同。冯特说[21]:

"如果我们先后用手指和手掌触摸脸颊,且每次使用相同的力,在这种情况下,就会产生两种完全不同的感觉。当我们比较手心和手背、颈前和颈后、胸部和背部时,情况也是这样。总之,将两个彼此相距较远的皮肤部位进行比较的时候,都是这样。此外,通过仔细地观察,即使两者相距很近,我们也能很容易地注意到其在感觉特性方面的不同。如果我们从皮肤表面的一点到另一点,尽管接触的客观本质仍然相同,但我们仍会在自己的感觉中发现存在着一个完美的渐进和持续的变化。即使对身体相反两边上的彼此对应点的感觉是相似的,但却并不相同,例如,如果我们先接触一只手的手背再接触另一只手的手背,我们能够定义一个感觉的质的差异。我们绝不认为这种差异仅仅是想象的,并且也不认为之所以我们获得不同的感觉,是因为我们呈现给自己时,把它们描绘成占据着不同的地点。如果有足够敏锐的注意力并专注于感觉的品质中,我们完全可以从它们中发掘并注意到显著的差异。"

这些局部的差异是否经过连续的渐变而变成对方,我们无法断言。但我们知道,冯特继续说:

"当我们从皮肤上的一点转到相邻点时,它会以完全不同程度的速度变化着。在触觉灵敏的部位,如指尖,两个非常接近的点之间的感觉差异是极其显著的。而在另一些不那么敏感的部位,如胳膊、背部、大腿,只有相距较远的两点之间才可以感觉到差异。"

同样,内部的器官有它们独特的感受性:对肾脏的炎症的感受不同于对肝脏炎症的感受;关节与肌肉的疼痛也是不同的;牙齿的神经性疼痛完全不同于烧伤的疼痛。但非常重要又令人好奇的相似处却贯穿于这些区别之中。内部的疼痛,我们看不到它们的位置,并且除非疼痛的性质显现出来,否则我们无法知晓。胃、肾、肝、直肠、前列腺等,骨头、大脑及大脑皮层等方面的疾病都与它们自身所在的部位有关。神经痛反映出神经的长度。源于颅内的顶叶的、额叶的和枕叶的疼痛位置促使我们得出下面的结论:无论是内部还是外部的相邻部位,仅仅因为感觉共有的特性这一事实,就能获得它们感觉一致的一面,并可作为邻近性的一个标志。而且,在感知中遍及所有可意识到的特性的对比中,这些局部的色素是如此强烈以至于我们认为它们是相同的。作为两个极点,冷热(之间)是比较宽泛的。然而,如果两者都作用于脸颊,则会相互混合并使它们在那方面相同;反之,即使无论何时都发现它是恒冷的,但当我们把它先放在掌心然后再放到脸颊上，冷热本身的差异便出现了，这也保持了这两种体验以前的分离状态。[22]

157 　　现在，让我们回答前面提出的疑问：依据可感知的、固有的位置以及与位置无关的感觉品质自身的改变，这些感觉能力的差异能否构成我们所提到的"敏感性"、在位置方面被感知的条件以及它们从属的部位呢？一排房子的数量，一组单词的首字母，即使在空间上没有本质的密切关系，可是它们在我们知识中却是这样——哪座房子在哪排，哪个词语在字典中的哪个位置。问题是感觉的改变可以成为这种标记或标签吗？这种标记或标签不是以原始的方式而是以一种贝克莱称之为"习惯性联结"的方式去揭示与之相关的刺激点的位置。许多作者毫不犹豫地做出了肯定的回答，陆宰在他的《医学心理学》[23]一书中首次通过构想指定它们是局部信号的这一方式描述了这一感觉。这一术语在德国获得了广泛认同，在谈到"局部信号理论"之后，我一直认
158 为这个理论否认感觉中存在的空间次序固有的确切位置因素，就像有种声音在向我们直接地、没费半点周折地抱怨"我在这儿"或"我在那儿"。

　　情况很可能是，如果这时我们大体上接受局部信号理论，那么我们必须进一步澄清一些深远的问题。如果一个信号让我们意识到它所表示的事物，那么我们必须拥有有关这一事物的其他知识来源。要么这一事物在以往的经验中出现过，这一信号也是以往经验的组成部分而且两者是相关联的；要么它是一种被里德教授称为"自然"的信号，"自然"信号是最早进入人类思维的一种感觉，是从先天能量中唤起，迄今为止依然处于睡眠状态下的对事物的认知。然而，在这两种情况下，信号是一回事，事物又是另一回事。目前在我们涉及的例子中，信号是一种感觉品质，而事物是一个位置。现在，我们已经通过与之

有确定关系的另外一点的存在了解到,某点的位置不仅被显示,而且被创造。如果这个信号能通过机械作用唤起另一点的意识或者唤起两者关系的意识,抑或是两者都能被唤起,那么,它似乎实现了它的功能并向我们揭示了我们所寻求的立场。

但是,我们已经熟悉了这一机制。它与神经系统中的习惯律相似。当敏感皮肤的任何一点与另外一点同时出现迅速交替的兴奋并随后单独兴奋时,将会产生这样一种倾向——它的知觉神经中心会辐射到另外一点的知觉神经中心。主观认为,这就像我们说第一点的独特感觉显示了整个区域的感觉。这个区域内刺激自身的兴奋已经习惯性地连接起来了。

以胃为例。当上腹部受到重压时,当某些肌肉收缩时等,胃部就会受到挤压并且它独特的局部信号与其他被挤压部位的局部信号同时在意识中被唤醒。联合的刺激也会引起一种总体的感觉,而此时胃部感觉就好像在说谎。假设随后因为某种非机械性的原因而导致了胃部的疼痛,它将会因为胃的局部信号而略微改变。通过联合,相同的特殊区域将会再一次发生兴奋。总之,在胃部感受的"某些东西"使我们想到了一个整体空间,也使我们想到了横膈膜和上腹部的感受形成的某个部分,或者对其更为简洁的表述是,它暗示了后面邻近的这些器官。[24]

回到某一表层上的两个兴奋点之间存在非兴奋空间的这一情形。先前经验的一般结果是:当任何一个点受到外部物体的刺激时,这一相同物体也会迅速接触到其他邻近的部分。每个点连同它的局部信号都与点周围的圆形相联系,随着圆形范围的逐渐变大,联系的力度逐渐减弱。每一个点都将唤醒自己的圈子;但当两者同时兴奋时,由于刺激的联合扩散,唤醒将达到最大的强度。现在,联结两个兴奋点的地方是两个圆的共同部分。而且当它的周围被外界的刺激物接触到时，整体的感受也会唤醒相当生动的想象力。大脑接收到了两个不同点的印象以及一条线段的模糊概念。这两点来自于它们局部信号的对比；线段的概念来源于经验已经造成的这些后者的联结。如果没有理想直线唤起我的无间隔感的二重性；如果线段的兴奋是真实的，而不是空想的，那么我们将会以一种单一的扩展客观感觉的形式来拥有线段两端的间隔。在韦伯的著名文章中，他奠定了我们对这些主题的所有正确的认识的基础，也为两个分离点的认知奠定了必要的逻辑，和它们的意识一起，头脑应该发现一个未兴奋的间隔，正如我试图去展示众所周知的经验规律如何导致这种要素的实现。当然，如果整个区域的局部信号只提供很少的性质上的差别，那么该线段可能要通过与它邻近的其他可能的直线来含糊地界定或辨别出这条线的长度和方向。这就是背后发生了的事，在这里意识能分成两个部分，却只能含糊地了解它们各自的距离和方向。

  两点的位置关系就是已经指出的两者之间的间隙或线段。现在，我们要举出一个最简单的例子——单一兴奋点的例子。单一兴奋点如何才能显示自身的位置呢？它不是通过重现任何特殊的直线来显示自身的位置，除非经验能够不断地习惯性地从它开始向它周围的某一点产生或描绘某一直线。现在在背部、腹部、内脏等，没有这种习惯性描绘直线的情况发生。结果就是唯一一次联想是位于整个邻近范围内的。例如，一个点只会让人回想起它所位于的大致区域。的确，通过一个不断建构的过程，我们也能够获得这一点与其他一些特定点之间的距离的感觉。通过强化范围内某一部分的局部信号，注意能够激起环绕这一部分的一个新的圆形范围，而且逐渐地我们可能会使感觉从脸颊向下滑至我们的脚。但是当我们首先接触我们的脸颊时，我们根本没意识到脚。[25]在四肢、嘴唇、舌头以及其他活动部位上，情况是不同的。我们有一种本能的倾向，当某一差别感受性较小的部位被接触时，移动部分器官就会使接触的物体沿着它移动到感受性最强的部位。如果一个物体接触我们的手，我们会在它上面移动我们的手并用指尖去探索它。如果我们的脚底接触了一些东西，我们会把它移到脚趾，等等。因此，这里就出现了从某一器官的所有点到它的感受性顶点的惯常通道的直线。当任一点被接触时，这些线能极其快速地被唤醒，并且它们的唤醒与从接触点到"顶点"的距离的意识是相同的。我认为，当一个人碰触了他的手或手腕的一点时，他一定会意识到这与他平常灵敏度最高的指尖是有关系的。前臂上的点不是关系到指尖，就是关系到肘关节（后者是感受性更强的一个点[26]）。在脚上，感受性更强的点是脚趾，等等。通过唤醒整个身体的一个视觉图像，我们只能认识到一个点与整个身体的关系。这种唤醒甚至比先前考虑的那个纯联结问题的例子更明显。

这提示我们想到眼睛。视网膜上的中央凹以及有关它的黄斑形成了一个敏感的感受性的中心，有助于每一个落到边远位置的影像通过眼球肌肉的一种本能活动移动到中心。直到他们的注意力被某一事件所吸引，很少会有人觉察到在视线的边缘区域来保持明显的影像是多么不可能。我们发现当意志放松的时候，不知不觉地我们的眼睛已经转动，使之进入视觉中心。这就是为什么绝大多数人不能将眼睛稳定地保持在什么都没有的空间中的一个点上的原因。房间里靠墙的物体不可避免地自己就吸引着中央凹。如果我们凝视一面空白的墙或一张纸并持续一段时间，我们总是会立刻在它上面直接地看到一些斑点，起初这些斑点没有被注意到，最后才"吸引住我们的眼睛"。因此无论什么时候，落在视网膜任一点 P 上的图像都会引起注意，与其他任何一个方向相比，它更习惯于从那点移到中央凹。因此通过这个图像描绘出的线并不总是一条直线。当从中央凹到点的方向既不是垂直也不是平行而是斜着的时候，描绘出的线通常是一条曲线，如果方向向上它的凹面就向上，如果方向向下它的凹面就向下，谁都可以验证这一点——在一个黑暗的封闭体内利用一个类似烛光或者星星的发光体来设计一个简单的实验去验证这一问题。先凝视离光源很远的一些点，再让眼睛突然全部转向后者。发光的图像必然会相继落在一系列连续的点上，从第一个被影响的点延伸到中央凹。但是由于视网膜的刺激消失得缓慢，整个系列的点将会一瞬间如同明显的后像那样显现出不同的特点。[27]对于同一个人来说，这些辐射线既不是规律的也不是一成不变的，也不可能对不同的个体同等程度地弯曲。我们不停地在中央凹与每一个视野停留点之间吸引着它们。边缘模糊的对象仅仅只有不被注意到才能得以保持。当我们注意它们时，它们就通过这些活动中的一项活动而变得明显——这导致了某种观点的盛行，即我们可以很明显地立即看到视野里所有的部分。对辐射线不断跟踪的结果是：即使眼球是不动的，每当一个局部信号 P 通过落在它上面的少量的光而被唤醒时，它也会立刻回忆起所有其他点的局部信号出现在 P 点和中央凹之间。它以假想的形式回忆，就像正常的反射活动用生动的形式回忆它们一样，而且伴随着它们回忆的是一个给定的对于它们所处的区域的整条轨迹或多或少的模糊意识。换句话说，没有一道光线可以没有局部信号就落在视网膜斑点上，这向我们揭示了，通过回忆起最熟悉的轨迹的过程，它的方向和距离由中心来决定。因此，中央凹作为一个极地协调系统的起源，关系到通过每个视网膜点所拥有一个不断重复的已经确定联结距离和方向的过程。甚至不用移动眼睛，如果仅仅是 P 照亮了其他一切黑暗的地方，我们应该仍然知道 P 是在高处还是低处,在右边还是在左边,不同于所有其他的轨迹,这让 P 点独自拥有认识的力量。[28]

  并且通过这个我们可以解决我们课题的第一个分歧。我们已经表明,在每种感觉的范围之内,经验需要取得从头开始的空间形式。我们还表明,对于视网膜和皮肤上每一个可感知的总体可能因为注意的程度不同被细分为可感知的部分,这也就是空间,而且也被细分为可感知的部分间的关系,这些部分之间的关系也是可感知的空间。此外,我们看到(参见注释)不同的部分,一旦被辨认,必然落入一个确定的顺序,这是由于它们明确分层的特点以及运动激发了它们固定的持续的时间顺序。但是关于一个可感知的空间与另一个可感知空间的比较测量法,所有的这些没有什么可一直谈论的,或者由于同时总结我们不同种类的简单明显的空间经验,我们可以通过构造我们视为单一的、连续的、真实世界的无限客体空间作为我们结束的方式。这个很难去探究,我们就此打住。

第三节 真实空间感的构造

  这个问题包括以下两个问题:
  (1)各种感觉空间的划分和测量是如何实现的?
  (2)它们是如何相互叠加、融合和消减到一个规模的?简言之,它们的综合体是如何产生的?
  我认为,像刚刚完成的研究一样,我们可以发现:一方面,没有任何资料可以证明感官的单一性;另一方面,有关辨别和回忆的普通智能也可以产生。所以我们应该从我们更复杂的探求中形成这种信念,即假设在任何事实情况下,除了那些我们在心理学所有地方发现的方面：感知，即获取资料；辨别，联结，记忆，重新排列和组合的选择处理，没有其他的精神力量在起作用。

一、原始感觉空间的细分

意识是如何产生空间细分的呢？换言之，空间分辨是怎样产生的呢？在先前的章节中，已经探讨过辨别力这一常规问题。这里，我们只需要研究，在什么情况下，空间分辨在视觉上要比在触觉上好，在触觉上要比在听觉、嗅觉或味觉上好。

首要条件就是，表面上不同的点，它们的内在感觉特质也应该是不同的，也就是说，每一点都应有它独特的标志。如果身体各处的皮肤感觉完全一样，那么全身浸湿和脚部浸湿即使是较小的差别也应该可以分辨出来，但是和脸部浸湿就永远无法区分开。各自的特点是必不可少的，有相同特点的两个点总是会被认为是同一点。我们无法判断它们是两个点，除非我们能够辨别出它们的感知是不同的。[29]就算只有同类的刺激，感觉器官也会分辨出多种多样的刺激——也可以认为是大多数的星状点或罗经方位点，或最好比较两个本身最不敏感的湿面的大小——甚至是谁的局部感受最小。皮肤对一个焦点感知的迅速变化就像沸腾的顶点一样，会比一个同类覆盖物的空间知觉更好。具有精确敏感的中央凹的视网膜拥有这种特性，毫无疑问，这是源于它们细致的构造，如此，我们能够将它产生的所有重大感觉区别开来。在它的周围，本身的差异不会变化得很快，而且我们可以认为分支更少。

但是，只要表面没有因受到刺激而兴奋，那么这些感觉本身几乎没什么差异。仅凭注意这一心理行为并不能使我感觉到它们之间的不同，除非它们是属于身体的不同部位，比如鼻子和嘴唇、指尖和耳朵。若想感知它们之间的差别，就需要加强外界刺激。腹绞痛的范围非常广——俗称"肚子疼"——我们很难区分疼痛是在东北角还是在西南角，但如果用手按一按，就知道哪块更疼。

因此局部的差异需要添加一个外来的感觉来唤醒，从而引起注意。若用这种方式唤醒注意，就会意识到无外援的差异。强烈的欲望就像在地平线上航行，对我们来说可能太过模糊以至于很难注意到，唯有用手指按压那个点，指明方向，我们才能注意到，即使手指拿开后仍然可以觉察得到。但是，只有在表层上分散的点被单独刺激的前提下，这一切才能成真。如果整个表面同时因外在的且同类的刺激而兴奋，例如，身体浸泡在盐水中，那么局部的辨别力是无法进一步发展的。局部的迹象全都同时被唤醒，这一点不假。但是在如此众多的局部迹象中，没有一个因其明确的品质，而表现出与其他局部迹象的差异。然而，如果单个肢体被浸泡，那么干湿两部分的差别就会非常强烈，尤其是在水面上，更为如此。这一局部的迹象引起了注意，给这一部分一种被环绕的感觉。同样，两个或三个湿润点被干燥点分开，或者是触碰皮肤的两三个硬点，都将有助于打破我们对后者大小的意识。在这种情况下，点接受了同类刺激，然而，仍然可以进行区分，并且也可以判断出各种不同的客观刺激物——例如，在皮肤上的方位点或视网膜上的星状点——因为我们已经识别出局部感觉的不同，我们就可断定存在各种各样的外在原因，这一常规性的解释方法无疑是正确的。

局部刺激的能力是帮助人们进行辨别的第二个条件。一个所有部分同时兴奋的敏感的表面只能产生一种大的完整的感觉。这似乎体现在嗅觉表面上，而实际上是一种味觉。同时呈现许多口味和风味时，每一种口味和风味都会影响各自所有器官，其范围非常之广，并与其余部分相互渗透。[30]

170　　数年以前，我便应该毫不犹豫地指出这种辨别力的第三个条件——哪个器官最发达，哪个器官的感觉特质就最多。视网膜就是这样的一个器官。它觉察到的颜色和阴影比肤觉多很多。并且它可以同时感觉到白色和黑色，但耳朵绝不会同时感觉到声音和寂静。但是在唐纳森（Donaldson）、布利克斯（Blix）和戈德施艾德的后期研究中[31]，具体分热、冷、压力和皮肤疼痛点。切尔玛克以及我自己的一些未发表的实验，都表明区别一个热的方位点和一个冷的方位点，与辨别温

171　度相等的两个点同样困难——这使我不愿再多做这样的实验[32]。然而，有一种特别令人兴奋的感觉特质，那就是表面的感觉运动。将这种感受性的基本特质单独分出来进行研究，是最近心理学所取得的一个成就，在这一问题上值得我们多花些时间。

二、表面运动觉

心理学家普遍认为，只有识别出目标位置和终点位置，才会产生运动觉，而且通过身体的移动来不断占据的这些位置，是由不同的时间间隔进行区分。[33]然而事实上，我们只能以这种方式感知到很慢的运动。看看钟面上12点时的指针和6点时的指针，我们断定它已经移动了一定间隔的时间。看看太阳开始在东边，然后又在西边，我们推断它已经从头顶上移过。但是我们只能用一些更直接的方式去推断出早已普遍知晓的内容，并且实验证明，运动觉是一种直接且简单的感觉。切尔玛克很久以前就指出，我们直接看到的一只二手手表上秒针的运动，与当我们把注意力集中在表盘的其他点上时所看到它已改变了位置之间是不同的。在第一个例子中，我们获得了一个具体的感觉特质，而这在第二个例子中是不存在的。如果读者找到自己皮肤上的

一部分——例如，在手臂上能把相距一英寸的两个罗经方位点感觉成一道压痕，并且用铅笔尖在那两点之间描绘出1/10英寸长的线，那么他将会清楚地意识到该点的运动，但对运动方向的意识却是模糊的。在这里，虽然它的起点和终点都是单独的空间位置，但运动觉肯定不是源于前面所学的知识，因为当圆规刺激皮肤时，如果范围扩大了10倍，就不能按照这种方式进行区分。这与视网膜一样。当投射到其外围的部分时，一个人的手指是不能被计算的——也就是说，它们占据的五个视网膜通道都不能通过大脑清楚地理解为5个独立的空间位置——手指的轻微运动是最鲜活的运动。因此可以肯定，我们的运动觉比我们的位置感更敏感，而且位置感不可能来源于运动觉。埃克斯纳[34]因为好奇而进行了一次观察，证明了运动觉的最初形式，并显示出，我们对它比对时间连续性的感觉更灵敏。这位能干的生理学家使两个电刺激一个接一个地快速出现，观察者必须说出是右手先出现反应还是左手先出现反应。当时间间隔减少到像0.044秒这么短时，刺激的时间顺序是无法辨别的。但是埃克斯纳发现，如果刺激在空间上很接近以至于它们的放射圈重叠，那么眼睛感觉到它们的闪光就像是一个单一刺激从第一个刺激点到第二个刺激点的运动，而且在人脑开始疑惑视运动是从右边开始还是从左边开始之前，可能需要至少0.015秒的时间间隔。肤觉实验也得到了相似的结果。

几乎在同一时期[35]，维尔罗特的实验要求被试注意某些持久性的错觉，如下：假设一个人轻轻地画一条越过手指或手腕的线，如果后者是静止的，那么它给我们的感觉好像是器官正向着追迹点的相反方向运动。相反，如果我们的四肢越过一个固定的点，那么这个点看上去正在移动当中。如果读者用食指触摸额头，保持不动，然后转动头部使额头的皮肤经过指尖下面,那么他将有一种不可抗拒的感觉,即指尖是在按头部运动的反方向运动着。因此,在手指相互外展时,其中一些可能在运动,而另一些则仍然静止,但感觉起来就像那些静止的手指在相对于其他部分做分离运动。根据维尔罗特的观点,这些错觉是知觉原始形式的残留物,当产生此种运动觉时,其原因只能是意识的全部内容,并且没有把这些错觉作为一个专门的组成部分来加以区分。当我们的知觉全面发展时,我们可以超越纯粹的相对运动,可以把绝对运动归因于客观总体事物的一部分,并把余下的归因于其他事物。以视觉为例,当整个背景一起移动时,我们认为那是我们自己或我们的眼睛在移动。而且,在相对于背景而言呈现出运动状态的前景事物,都会被人们判定为静止的。但起初,这种辨别力不能做到十全十美。运动的感觉遍及我们看到和接触到的一切事物。任何一种物体和视网膜的相对运动都可以使物体看起来在运动,并且让我们感到自己也在运动。当全部物体都在移动,使我们头晕目眩的时候,每当我们突然抬起头、眼,或是快速来回摇晃头部、转动眼球的时候,我们仍然可以看到整个视野中的事物都在明显的运动,促使眼球产生相同的错觉。即使我们知道事情的真相,但是由于情况特殊,我们的原始感觉依然无法加以遏制。就如同月亮飘浮在云上,虽然我们知道月亮是静止不动的,但是我们仍觉得它在动,甚至比云彩还要快。即使当我们缓慢地转动眼睛的时候,原始的感觉依然占据优势。如果我们仔细回想一下自身经历,那么我们会发现,我们看见的任何物体似乎都在向着我们的眼睛移动。

对这个说法最有价值的贡献者是施奈德(G. H. Schneider)[36],他从动物学的角度来研究这个问题,并且用动物王国的各个分支的实例来进行说明:运动是动物中最容易吸引对方注意力的品质。假死的本能并不是死亡的假象，而是因恐惧而麻木不动，这种假死的本能使昆虫、甲壳动物和其他动物避免被它的天敌注意到。在人类当中也有类似的情况，在男孩们的游戏"我是间谍"中，当搜索者靠近时，他们都会屏住呼吸，保持不动。相反，当我们想吸引远处某人的注意时，我们就会无意识地挥动手臂，跳上跳下，等等。动物"悄悄走近"它们的猎物，以及动物躲避追捕者都以类似的方式展示了它们如何不动声色地"隐藏"自己。在树林中，只要我们很安静，那么松鼠和小鸟就真的会接近我们。苍蝇会停留在鸟类标本和静止不动的青蛙上。[37]另一方面，当我们坐着的东西开始移动时，我们会感觉非常震惊；当一个昆虫不经意地爬过我们的皮肤时，我们会吓一大跳；当一只猫悄无声息地走来嗅我们的手时，我们全身都会痒痒等，这些都表明运动觉本身是多么的令人兴奋。一只小猫会忍不住去追赶一个滚动的球。只要它一动，那些太模糊以至于难以辨认的印象会立即被感觉到。静止中的苍蝇不易被发现——但是它一爬动，我们就能感觉到。一个阴影可能太过暗淡而不被觉察到，但是一旦它移动，我们就能看见。施奈德发现，在我们的直接注视下，一个轮廓清晰的影子在运动时也是可以被知觉的，尽管它的客观强度可能仅仅是静止不动的阴影的一半，尽管它太过微弱，似乎将要消失一样，也依然可以知觉得到。当一个模糊的影子投射到间接的视野中，感知到的运动差异是很大的——也就是13.3：40.7。如果我们将一根手指放在闭着的眼皮之间，那么我们可能无法注意到光线的存在。然而，当我们向前或向后移动手指时，我们就可以觉察到光线。这种视知觉就像在光线辐射中再现视觉条件。[38]

现在有足够的证据说明：在空间辨别的训练中，感觉表面上的运动一定是把我们的表面意识分割成对各部分意识的主要动因。直至今天，视网膜外围区域的主要功能是守卫，当一束光线移向它们，它们会大呼:"谁在那里?"并且命令视网膜的中央凹朝向那个点。皮肤的很多地方也是这样,但是执行相同功能的却是指尖。当然,指尖和视网膜的中央凹各自给皮肤和视网膜的边缘系统留了一些直接感知力。但值得注意的是,这种知觉在皮肤最活跃的部位上最为出色(维尔罗特和他的学生很好地揭示了这一点)。而在盲人那里,盲人的皮肤具有出色的辨别力,在任何物体可能触碰他们的情况下,他们似乎已经形成了根深蒂固的习惯——他们中的大多数都能轻触并移动它,使自己更好地获得共同认识。切尔玛克是第一个注意到这一点的,而要验证这一点其实并不难。物体下方的表面运动(因为刺激的作用)和表面上的物体运动一致。用眼睛或皮肤去探知物体的形状和大小时,这些器官的运动都是持续不断且不可抑制的。每一次这样的运动都描绘出了穿过物体表面的点和线,数百次的印刻后,它们的痕迹会更加明显,并最终促使人们去注意它们。因此,许多心理学家[39]认为,知觉活动中最重要的部分是肌肉,肌肉是它们自己的空间感知器官。对于这些作者来说,并不是表面的感觉,而是"肌肉的感觉",它是物体延伸范围最初且唯一的启示者。但是他们都忽视了特殊强度的肌肉收缩需要表面感知来完成,而且纯粹的印象分辨(撇开任何衡量它们之间的空间问题)在很大程度上依赖于它们所位于的表面的移动性。[40]

三、感觉空间彼此间的测量

之前所说的都是在对辨别力进行解答。现在,我们来说说感觉空间彼此间的测量问题,这将成为我们从多样的空间体验中进行构建的第一步,这个空间就是我们所认为的真实世界的空间。

首先,毫无疑问,我们没有能力精确比较不同感觉的范围。我们口腔感觉到的比手指触碰到和眼睛看到的小,而舌头却要大于后者。

同样的大小，用鼓膜来感觉要比用指尖大，用嘴唇来感觉比用腿部大。这都是直接、即刻的对比，但却模糊不清。那么对于精确的事情来说，我们必须采用其他的辅助方法。

将一个感官表面所感知的内容与其他感官表面所感知的内容进行比较，其关键在于一个表面在另一表面上的重叠，还有外界事物在许多表面上的重叠。因此，我们接下来介绍一下精确的换算公式以及常用的度量法，这样便可以得出数据性结论。

如果我们不将一部分皮肤重叠于另一部分上，或者把一个物体放在两个部位上，我们将无法成功获得自身所拥有的知识架构。对于不同部位来说，最初的大小感觉差异在操作上仍然具有模糊性。对于相同的大小感觉，多大的嘴唇面积相当于多大的前额面积，多大的手指面积相当于多大的后背面积这一问题，我们还是无法确定。

但是，当我们用一个部位去触摸另一个部位的表面时，我们会得到一种直接的、相同的皮肤感觉。当我们用整个手掌和手指接触大腿表面的某一段皮肤，体验到一种直接的感觉时，最初的大小感觉差异被征服了。用指尖沿着大腿画出一条相同长度的线，然后沿着这只手画线，我们会得到一个全新的测量方法。这方法虽然不那么直接，但它首次证实了等价的换算公式。利用重叠的部位和在不同部位描绘相同运动的方法，一个失明的人也能很快地学会把他身体的所有尺寸按照相同比例进行换算。在比较和自己相同，或比自己小的物体时，他同样能轻而易举地利用自己的体积、手掌、脚、肘、跨度、速度、手臂长度等来准确地了解它们的大小。在这些换算中应该注意，当两个固定的相对表面的感觉发生冲突时，其中一个感觉会被选择作为真实的标准，而另一个则会被当作错觉。因此，当指尖塞不进空牙位时，人们就会认为这个空牙位比指尖小，尽管它感觉起来更大些。一般来说，手作为专门的触摸器官，是度量其他部位的，而不是被度量的。通常，正如费希纳所说的，感觉范围降低到更为敏感的部分所感觉到的范围。[41]

用其他的事物表面来探索这个事物的表面，是一个根本不可能达成的事，但是，我们仍然可采用将一个相同的物体先运用于一个物体再用于另一个物体的方式来测量各种各样的表面。当它从一个地方滑向另一个地方的时候(参见本书第 656 页)，我们可以假设该测量物体是渐渐变大或变小的。但是，"尽可能多地简化我们的世界"这一原则促使我们脱离这一假设而进入一个更加简单的原则，即物体通常保持自身大小不变，并且由于我们大多数的感觉被错误影响，所以必须要考虑到知觉恒常性。

在视网膜上，没有任何理由认为投射在不同区域的两个印象(线条或斑点)的大小起初在我们眼中的比例是完全一样。只有当这些印象是来自同一个物体时，我们才能判定它们的大小是相同的。而且，只有当我们认为，物体与眼睛的关系在整体上没有变化时才这样。当物体因移动而改变与眼睛的关系时，即使位于视网膜的相同区域，兴奋的感觉也会因图像变得十分波动。视网膜的监管范围如此之完整，以至于在没有进行重叠实验的情况下就不可能比较不同远近物体的视觉大小。我们事先说不出手指遮蔽到的房屋或树木的范围可以达到多远。关于这些常见的问题，答案各式各样，比如月亮有多大？——答案从一个大马轮到一个薄脆饼——这些答案无不引人侧目。训练一个年轻的制图员最困难的部分是让他学习直接感知视线中不同物体(即最初感觉到的东西)的视觉大小。要做到这一点，他必须恢复拉斯金(Ruskin)所说的"单纯之眼"——仅仅是对颜色斑点的一种单纯的知觉，没有意识到它们的含义。

我们很多人已经遗失了这种单纯。我们从已知的每个物体的所有视觉大小中选择一个作为"真实的"去思考，并且消减其余的，仅将其余的视为一种符号。这个"真实"的大小由艺术的和实际的兴趣所决定，这是最适合于准确分辨远处事物细节内容的方法。我们将正在研究的任何物体都限制在这个范围。比这个距离远的我们认为很小，近的我们认为很大。而且，这种更大或更小的感觉在慢慢消失，其意义更加重要。当我沿着餐桌看时，我忽略了一个事实，即杯碟越远，看起来越小，虽然我知道它们实际上一样大。这便是我们此刻的感觉，其实它仅仅是一种想象罢了。

如果彼此不协调的视觉空间能因此而换算，那么，将视觉空间与触觉空间画上等号自然并非难事。这个等式中，在真实性上占优势的触觉和作为符号象征的视觉——换算是有必要的，这不仅因为更强的视觉大小恒常性，而且还因为触觉对我们生活而言具有更实际的意义。通常，事物仅通过直接接触我们的皮肤才能有益或有害于我们，而视觉仅仅是一种预想性接触。用斯宾塞先生的话来说，"思想的母语"以及"俗语"在与大脑清楚对话之前必须翻译成"上流语言"。[42]

然后我们将会看到，当一个肢体运动时，关节处的感觉被激发起来，以作为四肢穿过路径的信号。但是，这种信号非常迅速。将听觉、嗅觉和味觉的量与这些更有辨别力的感觉画上等号时，它们太过模糊以至于根本察觉不了具体的量。在人们眼中，或许真的是疼痛，然而，疼痛的范围已经沦为所在器官的正常的触觉大小。手指上的伤痛和动脉孔道里的脉动，这两种"感觉"都大于我们认为的"真实感觉"。

我们已经注意到，当我们认为两个感觉印象来自同一或不同的物体时，无论是在实际上还是艺术上，其中最有趣的那个会被判断为

"真实的"。"兴趣定律"贯穿始终——尽管是一个持久性的兴趣，如触觉，它依然会抵抗那种强烈而短暂的感觉，如疼痛，刚才所举的手指发炎就是这样一个例子。

四、感觉空间的叠加

现在，建构真实空间的下一步是：如何把各种各样的感觉空间叠加成一个统一、整体的连续体？因为在人类所有事件的开始时，它们都是不连贯的。

事实上，我们的空间体验最初是一片混沌，我们没有直接从其中抽取的能力。在这些信息的任何明确的感觉中，不同感觉器官的对象共同体验着一切。起初，它们既不是在什么的里面，也不在外面，既不是连续的空间，也不是不连续的空间，无法用言语准确表达。在"辨别"完成它的工作之前，相同器官的不同部分感受到的都是同样的"真事"。我们最多只能说，我们所有的空间经验共同形成了一个客观的整体，并且这个客观的整体是个庞然大物。

现在，即使是我们嘴里的空间，虽然它可以通过舌头被准确地感知和测量，也很难说它与外界有任何确切联系的内在方向和维度。它自己就是一个小小的世界。另外，当牙医在我们的一个牙齿上凿一个小洞的时候，我们感觉到他的仪器的尖端在朝着完全不同的方向钻，钻出的这个洞对于我们的感觉而言，要略大于随后镜子中实际的大小。此外，虽然钻的方向相互之间完全的不同，但是它们都不能以所对应的外界中的方向来确定。因此，牙齿感受性的空间实在是一个狭小的空间，它只能通过进一步地改变容积、确定方向、融化边界，最后作为一个明确的部分嵌入一个明确的整体，才能与外部空间世界一致。尽管由于在共同空间里有这么多不同的方向，但在每一处关节转动时，都应该感觉到它们彼此之间的变化。尽管这也适用于皮肤上、视网膜上的不同轨迹，但这仍然不意味着这些不同表面上的方向感相互之间可进行直观的比较，同样，由半规管的感觉产生的其他方向感也是如此。但是不能由此得出结论说，当它们在一个空间世界时，我们应当立即判断它们彼此间的关系。

如果我们用不自然的手臂姿势"感觉"某些事物，我们就会困惑于它们的形状、大小和位置。现在，让读者躺着并让他的手臂在他的头上方伸展开，他会惊奇地发现自己根本没办法辨别手中之物的空间几何关系。但是，这里所说的几何关系只不过是没办法按照这种方式感知方向和大小，人们只能以一种更加正常的方式去感知。凭直觉可知，这两种方式彼此间无法互相配合。

一个人的视觉系统和触觉指示系统之间的联系相当松散，这一点可以从使用仪器时显微镜技术员学着去翻转他们手上操纵的东西时发现。要想看幻灯片的左边，就必须把它往右拉。但是没几天，习惯就变成了第二天性。因此，当我们在镜子面前打领带、剃胡子时会发现左边和右边是倒置的，并且手的运动方向和看到的方向截然相反。然而这个现象从不会使我们苦恼。仅仅在我们偶尔为他人打领带时，我们才知道有两种视觉和触觉相结合的方式。让一个人首次提笔写下或画出在镜子中看到的手和报纸的图像时，他都会十分为难。但是，短暂的训练过后，在一定程度上可以消除早期生活的影响，这个人就能够写下、画出镜中之像。

如果用三棱镜来说明这个现象则更引人注目。例如，如果佩戴一个有轻微折射光且基座偏右的眼镜，那么每一个物体看起来似乎都向左边移动，往往错误地越过物体去抓它们的左边。但是戴上这个眼镜，不到一个小时的练习就可以矫正判断，直到不再犯错。事实上，这个新形成的联系已经非常紧密,以至于当三棱镜被取下后又会犯相反的错误,生活的习惯被破坏了,手伸向的方向是物体的右边。

只要我们还有直接的感觉,最初的混乱在很大程度上仍会存在于我们的生活中。我们会同时或者相继地感觉到各种各样的物体,感觉到它们的存在。但是,不久,它们之间的次序和联系方面的问题会一个一个地浮现,而我们的直观理解在最后一刻仍是最模糊且不完整的。当我们关注一个,最多两三个物体时,所有其他的感觉就会消退,我们最多只能感觉到——它们仍然在边缘徘徊,而且可以再次以某种方式被感知。尽管如此,我们假设这种混乱最终会以一个完全固定、有次序的方式展开,而且我们也相信它的存在。问题是:这个概念和信念如何产生?这些混乱是如何平息和理顺的?

主要是通过两种方法:人们认为某些经验存在于外部、并肩作战,而另一些经验则是相互渗透,并且占据相同的空间。这样,那些不连贯、不相关的最终也会变得连贯且绝对相关。从细节上看,思想被知觉引导,因此追根求源其实并不难。

首先,遵循经济学的智力定律,我们尽可能地简化、统一、辨识。将可感知的数据聚集在一起,无论是什么样的可感知数据,我们都能够找出它们的方位。每个数据出现的地方似乎也是其他数据待过的地方。简言之,它们变成同一个真实事物的多种属性。这是一条最重要的戒律,是一种最基础的"行为",我们的世界就是按照这种方式进行空间排列的。

一个"事物"是聚合的,聚合便是一个"事物",我们认为,其他感觉都或多或少地具有偶然性,具有外观形态。[43] 从本质上来看,被选定的感觉是最稳定的,实际上也是很重要的,其中最常见的是硬度或重量。但是硬度或重量从来不缺乏触觉本体,因为当我们感到有东西时，我们总能看到一些东西在我们手里，所以当我们知道这个事物的本质时，我们常常看到有一些东西。常见的是形状图形，有时也有温度觉、味觉等。但是大部分的温度、气味、声音、颜色或任何其他的现象都可能强烈地影响我们，我们同时会触摸到、看到一些突然出现的事物。当我们既不看也不接触事物时，气味和声音也会影响到我们，这是事实。但是当我们看到或接触它们时，它们给我们的感觉是最强烈的。所以，在可看见和触摸的空间中，我们可以定位这些特性的来源。然而，我们把它们自身的属性看作以一种微弱的形式溢出去，进入其他事物的空间当中。我们可以察觉到这一切，感觉数据的空间合并成一个空间，由不同的感觉器官组成。这些数据在意识里不会相互取代，但是可以立刻进行整合。当然，它们常常一同变化，达到一个最大值。因此，我们可以肯定，我们头脑中的一般规则是去找出彼此内心的所有感觉，这些感觉与同时发生的经历是有关联的，而且不会干涉对方的感觉。[44]

同一感觉器官上的不同感觉一定会影响对方的感知觉，但并非立刻影响。因此在对方的空间里我们不能找出它们的位置，各种感觉按照外在顺序排列，并排而行，所处的空间比单独一种感觉的空间要大。然而，这个更大的空间是一个物体的概念而不是直接的直觉，而且具有被大脑逐个改造的痕迹。盲人从触觉、运动和听觉经验中形成这个空间，而视力正常的人几乎完全从视觉中形成这个空间。因为视觉的构造是最容易理解的，所以我们先来看看视觉。

每一个视觉感受或视野都是有限的。为了使我们的对象获得一个新的视野，原先的视野就必须消失，但是这种消失可能只是部分的。我们把第一个视野叫作 ABC。如果我们把注意集中在界限 C 上，那么它将不仅不再是界限，而且会成为视野的中心，超出这个范围之外还会出现我们没有见过的新的成分。[45]简而言之就是 ABC 变成 CDE。但是，尽管 A、B 部分都从视野中消失，可是它们的图像却仍然保留在记忆中。而且如果我们认为我们的第一个对象 ABC 是已经存在或根本就存在的话，那么我们必须认为，自从一开始它就已经呈现出来了，也就是说，从 C 开始按一个方向展开，正如 CDE 从另一个方向展开一样。AB 和 DE 永远不会在一个地方合并（如果它们是不同感觉的客体时，它们就可以合并在一起），因为它们永远不会马上被知觉到：我们必须失去一些东西才能去看另一些东西。所以（这些字母现在代表"事物"），我们在一个单一的领域感觉类似的几件事物之后，我们就会开始想象事物的连续领域。它们一定在彼此的外面或旁边，而且我们认为，并列空间肯定会变成更大的空间。简而言之，ABC＋CDE 必须被想象成 ABCDE，要么根本不要去想象。

我们通常可以通过转移注意力的方式，以及转动眼球的方法来恢复视觉中丢失的一些东西。通过不断地改变所见事物的视野，最后，与其他事物之间总会有一个边缘存在，从这个边缘出发，向各个方向展开。同时，与各种各样变化的视野相伴的运动也被感觉到、被记住。而且通过联想，这样或那样的运动逐渐进入到我们的思维当中，从而引入了这样或那样的新鲜客体。渐渐地，也因为这些物体的性质总在改变，我们可以从这些事物性质中提取要素，进行概括，单独思想它们各自的范围，而各种运动的范围仍然是唯一不变的引荐者和联结物。因此，我们越来越认为运动和视觉范围是相互包含的吗？直到最后，贝恩和 J. S. 穆勒也认为它们是同义词，并且表示，"除非它是一种可能的运动，否则'范围'这个词的含义是什么呢？"[46]在这个结论中，我们忘记了（运动可能会表现出本身所固有的可扩展性）我们所想象的抽象可扩展性的视觉展开最初来自于视网膜的感觉。

眼球的肌肉感觉意味着视觉性的外扩,在今后的体验中,这种视觉外扩可能会意味着被触觉和运动所感知的"真正的"容量、距离、长度和宽度。[47]然而,在最后一刻我们看到的人、质量、特征中,所谓的扩展将可能是我们视网膜的刺激所带来的一种感觉。

在视觉剥夺的实验中,建构真实空间的原则也是如此。在侧面外展性方面,肤觉替代了视觉,因此,我们的注意力可以从一个范围转移到另一个范围,并意识到物体在滑动。一般来说,运动的物体是我们的手,而且我们关节运动的感觉总是伴随着皮肤的感觉。但是,肤觉就像是一个盲人用他的皮肤所感知到的感觉。所以,皮肤感觉的大小代表着绝对的或真实的大小,而且关节感觉的大小变成这些感觉的一种标志。举个例子,假设有一个脚趾上长有水泡的盲婴,用他的指尖去触摸他的腿,一碰触到他的水泡时,他就会马上感到一阵剧痛。这个实验使他产生了四种不同的感觉——其中两个是延时的,两个是即时的。第一对是上肢关节处的运动觉,以及腿部和脚部皮肤上的运动觉。这些感觉结合在一起,所在范围得以明确,成为一个客观的空间——腿的空间中,也有手在其中运动。第二对是水泡的疼痛和水泡带给手指的特殊感觉,它们的空间也融合在一起,而且作为每个特殊运动系列(如移动手臂、抚摸腿部)结束的标志,每一个动作的结束都有力地证明了运动的空间。如果在腿的下面还散布着其他的小水泡,那么就会有许多带来强烈感觉的点。这样,空间运动就不仅以整体的形式,而且也会以点到点的形式。[48]

人体以外的空间也是如此。除脚趾以外,关节感也是持续不断的,当婴儿再次触摸脚趾上的水泡时,他会击打另一个使他想起水泡的物体。关节感末端的物体对婴儿来说,意味着一个全新的领域,而且这样的物体在他的经历中增加得越多,他的空间概念发展得就越广。如果在一条新开辟的林间小路上漫步，我突然发现自己身处一个林中空地上，此刻的感觉与我上周以不同方式散步的感觉相同。我相信这两个相同的感觉说明现在身处的这块林中空地就是我上周到达的那个地方，并且推测出我通过两条不同的路径到达了它。对于较为短暂的运动而言，情况有点不同。如果先动一只手臂再动另一只手臂，那么盲童会在手上得到同样的感觉，而且会经常重复其中任一个过程以便再次得到这种感觉。他断定，他通过这两个动作已经触到了同样的物体，而且得出了一个结论，即这个动作会在一个共同的地方终止。从一个地方到另一个地方标志着他通过这种方式在运动，而且随着从一处向一处移动的地方的增加，他建构了对外部世界范围的概念。其实，正常人也是如此，只是他可能获取的连续不断的全景比盲人更加广阔。

第四节　关节中的感觉和肌肉中的感觉

一、关节中的运动觉

我曾提起过关节中出现的感觉。迄今为止，这些感觉都被心理学所忽视，前面几页的描写或许太过抽象、枯燥，但仍有一些人对这种感觉饶有兴致，因此，现在，我再稍微多讲一些细节内容。

在掌关节上轻轻弯曲右手食指时，用指尖的一英寸来衡量我的左手掌心，那么这个一英寸只是我掌心皮肤感觉到的尺寸大小，还是右手的肌肉收缩以及前臂与它的关系？在前面的几页中，我一直在讲空间感觉是一个表面的事情。起初，肌肉感觉被认为是一种空间测量的方式，因此把它放在了次要地位。持这种观点的人有很多，其中最早的是托马斯·布朗的《人类心灵哲学演讲》，最新的是一位不亚于德尔博夫教授的心理学家[49]，他认为，主动肌肉运动的意识和其自身数量的意识都是空间测量的本源。如果这个理论是正确的，那么它似乎遵循两种肤觉，其中一个是大面积的，另一个是小面积的，它们都拥有自己的空间差异，它们并非直接要素，原因仅仅在于，为使各点持续兴奋，大面积的肤觉比小面积的需要更多的肌肉收缩。在这种特别的经历中，与某些肌肉收缩的固定联系可以解释局部皮肤的表面大小，因此这种大小并不是原始数据而是派生出的结果。

在我看来，没有证据表明存在肌肉测量。但是，假如我们考虑关节表面，那么所有的事实都可以通过表面感受力来解释。一位肌肉理论的支持者可能产生的最激烈且最明显的争议无疑在于下面这个事实：如果我们闭上眼睛，伸出食指在空中划动（这种运动一般产生于手掌、手腕、肘或肩关节），我们意识到在各种情况下，最敏锐意识到的确实是通过指尖描绘的几何路径。它感觉到的角度、细节都像眼睛看到的一样清晰，可是指尖的表面并没有获得任何感觉。[50]但是随着每个图形的变化，肌肉的收缩，产生的这些感觉也一样。难道这些后者的感觉数据不能使我们在描绘出的线条中意识到长度和方向吗？

如果我们被诱导着用肌肉感觉去反对知觉提倡者的假设，那么当每一个特殊的肌肉群产生感觉时，我们已经通过依据所画图形的重复经验学习了感觉的空间意义，以至于空间肌肉感觉最后将会成为来自视网膜表面的感觉。我们的对手可能会指出盲人在这个问题上的表现比我们自身都要完美这一事实，这使我们无话可说。如果我们认为盲人最初可能在面颊、大腿或手掌的皮肤表面上描绘了图形，现在可能还记住以前引起皮肤表面感知的每个动作的特定图形，或许可以说：运动知觉的细微程度远远超过大多数皮肤表层的感觉。实际上，我们只有在其差异中才可以感受到描绘的图形,也可以说,一个我们一开始时用手指指尖去描绘的图形,和另一个用另一只手的指尖以同一种方式去描绘的图形都无法完整地被辨认。

肌肉感觉的支持者们的胜利遭遇了滑铁卢,因为我们提出了下面这个观点,关节软骨就像内部表层感觉一样在每一个我们所做的动作中都不可或缺,但后者更为熟练。

为了明确它们在几何学当中起到的作用,我们必须先回顾一些事实。实习医生早就知道,一个皮肤被麻醉的病人对物理电流的刺激是没有感觉的,若被麻醉的四肢有弯曲感或伸展感,那么可能是一种遗留下来的感觉。[51]另一方面,若触觉的感受性被很好地保存下来,我们的运动觉可能就会被损坏。运动觉的虚假感觉在这些情况中不起作用,临床医师清楚地知道,四肢改变位置的运动属于被动型运动。因此,已经找到理论依据的研究者们,排除了关节表面是知觉场所的这种假设。[52]

皮肤发炎令人痛苦不已,这就说明了关节表面很敏感。另外,从举重或对抗阻力的感觉来看,在关节里面或周围,每一种力量的增加都会通过新感觉的开始或旧感觉的增加而将它自己暴露在意识当中。假如考虑到两个关节面相互作用的结构和模式,即使表面敏感,也没有使精细感觉发挥作用的恰当的机械条件,另外,也感觉不到细微的渐渐转动,感觉不到在抵抗关节伸展、弯曲时的压力变化。然而,很可惜,我们没有直接的证据(关节健康的患者突然瘫倒)可以表明当软骨被按压或摩擦时患者体验到的感觉。

据我所知,最早获得直接证据的是莱温斯基(Lewinski),他在1879年发表了一篇文章。[53]他有一位病人,这个人的大腿内侧有一半是麻痹的。当这个病人站起来的时候,他得到了有关他的肢体位置的一个奇怪的错觉,这个错觉在他再次躺下的瞬间又消失不见:他认为他自己是八字脚。正如莱温斯基所说的,如果我们假设关节内侧的那一半与相应部位的皮肤都没有知觉,那么当关节表面在站立行为中相互紧贴时,他应该感到关节外侧的那一半的感觉最强烈。但是,每当他的腿可能形成八字脚姿势时,他都会产生这种感觉。受这个案例的启发,莱温斯基开始检查带有不完整位置感的某些共济失调症患者的脚。他发现,当病人弯曲脚趾并同时向上拉时(关节的表面向下拉),所有的弯曲量感都会消失。相反,当他向下按一个弯曲的脚趾时,病人的弯曲量感就会增加。这显然是因为,人为地增加关节的压力弥补了这个部位的病理性麻木。

从莱温斯基的文章发表之后,戈德施艾德[54]又发表了一个重要的实验研究,这个研究完全证实了我们的观点。这位耐心的观察者利用一种机械装置,使手指、胳膊和大腿的关节被动地旋转,并记录下运动速度和旋转角度。没有产生主动的肌肉收缩。旋转量的最小感觉在所有例子中都出奇的小,远小于除手指外的所有关节的单个角度。作者认为因为这样的位移难以被眼睛发现。旋转四肢的力的作用点,其结果并没有差异。例如,当腿被人用脚跟或大腿抬起的时候,执行围绕髋关节旋转这个动作的同时也会产生一种微妙的感觉。由感应电流产生的皮肤麻醉对知觉既没有干扰作用,也不会对作用在皮肤上的不同程度的压力产生影响。事实上,随着同时出现的压力感被人工麻醉消除,它变得更加明显。然而,当人工麻醉关节时,运动知觉会变得迟钝而且在被察觉之前旋转的角度不断增大。所有这些事实证据都来自戈德施艾德,他提出,我们任何一个器官的运动都会被立刻觉察到,由此可以看出关节表面和关节自身都是感觉的起点。

将这一结果应用在指尖轨迹的例子中,似乎容易遭受非议,我们发现，对于后者的知觉并不支持肌肉感觉理论。毫无疑问，我们通过从关节获得感觉的方式，把指尖局限于其路径的连续点里。但如果是这样的话，你可能会问，为什么我们感觉手指并不在自身的关节里面运动，而是在这样一个完全不同的地方运动呢？还有，为什么我们感觉到的比关节的实际运动要大得多呢？

我将通过另一个问题来回答这个问题："为什么要移动我们的关节？"很显然是为了获得比单调的关节感觉更有价值的东西。那么这些更有趣的感觉主要在移动部位的皮肤上产生，还有些在关节传递的其他部位产生，或在眼睛上产生。随着手指的运动，我们探索所有真实物体的形状，既包括我们自身，也包括外界事物。我们对关节的位置没有兴趣，感兴趣的是某一块皮肤，或者是我们抓住的某样东西。因此，对于我们来说，肤觉和视觉的范围与我们息息相关。即使我们看不到，也感觉不到关节的每一次移动，但是我们看到它与先前的活动范围一致，也具有皮肤活动的记忆，这一切都将作为活动的意义存在于人的意识当中，使大脑放弃目前的迹象而仅仅关注活动的意义。因此，关节感觉本身在这个过程中并没有消失。尽管它的优秀特征隐藏在其更为广阔的联想中，但只要稍加注意，就能觉察到它，以至于在它之前，真正的意识有两种空间知觉。它们在形式上是一致的，但是在规模和位置上是不同的，要么只注意其中一个，要么同时注意两个——它感到的关节空间以及它所意味的真实空间。

关节空间是一种非常好的标示，因为它们能够随外部运动特性的变化而变化（平行变异）。在真实世界中，既没有方向也没有距离，这些是不能通过方向或关节旋转的范围来对比的。关节感觉跟所有的感觉一样都是广泛的。感觉在它们自己之间进行对比，就像不同方向在同一范围内进行对比。如果我把我的手臂伸直到肩膀的上方，那么肩膀关节的旋转将使我产生一种运动的感觉；如果当时我向前摆动手臂，那么这个关节将带给我另一种运动的感觉。我们感觉到，这两种运动发生在同一空间，而且在具体的特征方面不同。为什么不让特殊的性质只存在于一种特殊的方向感中呢？[55]为什么关节感觉不在不同的方向上形成大量运动觉呢？我们无法解释为什么它们会做出推测，因为我们解释不了为什么所有感觉器官都能唤醒感觉。

但是，如果关节感觉有方向、有范围，根据相互的关系，联想的任务是大大简化视觉或肤觉的重要性。让某个关节做 bc 运动，它总能从肤觉中获取绝对的空间价值。然后，相同关节做的更长的 abcd 关节运动，即使它可能永远不会和某个皮肤经验完全联合，但人们仍会认为它的空间价值更大。方向上的差异取决于关节差和皮肤差，多少关节差就等于多少皮肤差。因此，关节差越大，皮肤差就越大。实际上，关节感觉经常充当一个换算的比例图，通过想象，可以任意地将一个实体等同于以其他方式被同时感知到的感觉范围。

当关节感觉本身产生情绪兴趣时——这发生在关节发炎且疼痛的时候——不会引起次级联想，在它所在之处产生运动觉，在其固有范围中产生运动觉。[56]

另外，在同时被了解的另外空间内（即对于眼睛或皮肤），关节感觉的定位通常被称为感觉引渡或感觉的异常投射。在前面的章节中，关于这一主题，我已说了不少，但是现在，我们一定要更加仔细地查看，在这个例子中到底发生了什么。首先，关节感觉的内容是一个物体，而且其本身就是一个位置。对手肘而言，它被放置在某个位置上，所以当看到或握住手肘的时候，手肘已变成意识的另一个物体，连同它的位置一起被人所了解，这个位置就是关节感觉的联合点。因此，"在肘部"感受到的后者是它进入另一个物体位置的一种"投影"，它和在指尖或关节尾部感受到的一样。但是，当我们说"投影"的时候，我们通常在自己的意识中将那一点的概念与这一点的概念进行对比。当我们说关节感觉在那一点上时，在这一点上的又是什么？"这一点"好像是意识为其自己选择的一个观察点，通常在我们的头脑中，但有时也在我们的咽喉或胸部——不是一个严格的固定点，而是来自任何一个部分的区域，这个区域可能发出各种各样的注意行为。从这些区域中"引渡"其实是一种常规，按照这个常规，我们觉察到了北极星的下落、我们自己的声音、我们牙齿的相互接触、我们指尖的倾斜、我们手杖的着地点以及我们肘关节的运动。

但是，因为感觉到了"这一点"和"那一点"之间的距离，所以整个干预空间必须是自己的知觉对象。这个干预空间的意识不是关节感觉在它尽头处的投影。当我们自己的身体组织感觉良好时（就像只在肘部或指尖发生的投影一样），同样地，通过我们的眼睛、我们的探索性活动以及我们对长度的固有感觉，我们都可以感觉到它的范围。当它超越我们身体的极限时，这种固有的感觉就会缺失，但是四肢和手以及眼睛足以使人们感觉到它的存在。例如，对一种来自于肘关节的运动觉进行定位，从离手掌一码处的手杖的那一点开始，当我挥动手杖的时候，我看到这个距离，它的末端引起了我的感觉注意力，就像我的肘部可能吸引它一样。或者，我看不到这个距离，将这只手杖想象成一个连接手臂的物体，因为我已经用另一只手探索了手臂和手杖，或是因为我已经沿着我的身体和脚压住了它们。如果我继续进一步投射关节感觉，那么依靠的就是空间概念，而非独特的空间想象力。我认为，"进一步""再进一步"，这样就可以获得一种远处的象征性的图像。[57]但是，在这个遥远点上"吸收"的关节感觉不过是合并成一个"事物"，这一点在前面的本章第184页说过，所以任何不同的可感知的物体都会立刻引起我们的注意。

二、肌肉收缩的感觉

到目前为止,博览心理学著作的读者们漏掉了"肌肉感觉"的作用,这个词相当模糊地涵盖了所有的固定感觉,包括器官中的运动、位置,甚至用来指从大脑发出的想象的感觉。后面那种感觉其实是不存在的,我们随后会进行解释。我们已经解释了由关节表面的感受性所引起的四肢运动的固定感觉。当伸展、挤压皮肤和韧带时,它们一定会唤起某些感觉。而且我倾向于认为,就像我们拥有的任何一种感觉,肌肉本身的收缩感觉也可能成为建构我们精确的空间知识的一部分。的确,肌肉的作用非常重要,但是,这是因为它们在其他敏感部位上收缩的远期影响,而不是因为它们自己的固定感觉被唤醒。换句话说,在我们进行空间感知时,肌肉收缩只是间接地通过其在表面上的影响起作用。它在皮肤和视网膜的表面产生了一种刺激的运动,它在相互连接的关节处产生了一种表面的运动——到目前为止,这种运动是一种最微妙的刺激表面的方式。有人会怀疑这种肌肉感觉是否起到的是一种次要作用,是一种更为直接的几何知觉的标示,而这种几何知觉与肌肉感觉之间紧密联系,从客观上来看,是收缩的结果。

对于这个观点,解释方法很多。第一,当它们收缩时,这样的器官应该像肌肉一样给予我们感觉,它们的变化与穿越的空间成比例关系,这好像是一个不太可能的推理。就像吉·伊·缪勒所说的[58],它们感觉神经的兴奋必须通过化学的或机械的不断挤压而收缩,而且对四肢伸展的方位来说,这两种情况的兴奋都不是均衡的。与目前实际的收缩相比,肌肉的化学状态更多地取决于先前的工作。而且,与取得的缩短相比,它内部的压力更多地取决于所提供的阻力。因此,真正的肌肉感觉可能只是大规模的紧张或疲劳，而且无法精确地辨别所通过的路径长度。

根据经验，我们发现这个可能性已被许多事实所证实。沃尔克曼发现[59]：

"肌肉的感觉证明了运动的存在，但无法提供任何关于范围和方向的直接证据。我们不知道旋后长肌的收缩比旋后短肌的收缩范围更广。另外，在反方向上的羽状肌肉组织纤维的收缩存在一个事实，这个事实就是肌肉感觉自身并没有提供丝毫的暗示。肌肉感觉是全身感觉的一种，它告诉我们有关内部状态的情况，而不是外部联系的情况，它不属于认知感官的感觉。"

韦伯在他的文章《触觉》中呼吁人们注意这样一个事实，即与那些膈膜一样，大而强的肌肉运动并没有继续作为运动被我们感知。

G. H. 路易斯的观念也是一样。我们将肌肉感觉视为空间运动，这是因为我们已经把同时感觉到的表面运动深深地印在我们的想象中。

"因此，每当我们呼吸时，都会有一对肋骨以及横膈膜的肌肉收缩。自从我们看到胸部扩张之后，我们只能把它作为一种运动来了解。但横膈膜本身是看不到的，因此，一个明白生理学的人才会认为横膈膜是在运动。不但如此，即使当一位生理学家告诉我们横膈膜在每次呼吸的时候都会运动，没有看到它向下运动的每个人都会把它想象成一种向上的运动，因为我们的胸部是向上运动的。"[60]

我自己的亲身经历似乎强有力地证实了这个观点。多年以来，在张开嘴的时候，我已经熟悉了在喉咙那一小范围内产生的一种大而圆滑的感觉，除这种张开嘴特殊的感觉之外没有别的感觉，尽管我经常对它很好奇，但是这种感觉从来不会向我的意识暗示任何运动。读者可能从他自己的经验中准确地了解到我所指的感觉。直到我的一位学生告诉我并不是那样的，我才知道它的客观原因。如果我们在张开嘴的时候照镜子，那么在那个时刻，我们会看到随着它内部肌肉的收缩而出现上颚被悬起的感觉。这些肌肉的收缩以及上颚黏液膜的压迫都会引起这种感觉，最初我感到很惊讶，因为如此小的一个器官能产生这么丰富的感觉。现在我所好奇的是——一旦我用眼睛获得其客观的空间意义时，我就会发现自己可以在心理上把它感知成在小舌位置处的一个物体的向上运动。也就是说，当我了解它的时候，我开始想象小舌的抬起，而且它可以很容易、自然地同化这种想象。总而言之，关于这种感觉的运动意义是我四十年来都无法解释的，但是眼睛的两瞥却令我恍然大悟。在我看来，没有必要进一步证实肌肉收缩这个事实，这只是因为它们不需要像穿越空间的运动那样被直接地感知。

再来说说能使眼球旋转的肌肉收缩。肌肉的收缩再次让眼球旋转。许多人认为这些感觉应该是我们知觉范围的主要部分。根据这些人的观点，两个物体之间的空间仅仅意味着中央凹从第一个物体移动到第二个物体时所需要的收缩量。但是，闭上眼睛并注意它们自身的收缩（即使当眼球在眼睑下转动时，它们仍然与表面的微妙感觉相联系），那么我们会惊讶地发现它们呈现的空间意义是多么的模糊。闭上眼睛、转动眼球，你会发现自己无法精确地辨别再次睁开眼睛时最先看到的外界物体。[61]再者，如果我们眼睛肌肉的收缩与提供给我们的视觉范围有很大的关系，那么我们自然就会产生错觉。当眼球转向一个非常偏的位置时，肌肉紧张的感觉就会变得不匀称，在视野最边缘上的所有离中心的距离似乎都比它们实际上的更远，因为在这种感觉量没有完全超出实际旋转量的情况下，中央凹不能感知它们。[62]当我们把注意力转向身体肌肉时，我们一般会感到同样的模糊感。戈德施艾德发现，感知旋转的最小范围取决于四肢关节的对比，当运动是主动的时候（或由肌肉收缩所引起的时候）和当它被动地被按压时产生的范围一样。[63]当这个关节（单独地）被感应电流麻醉的时候，主动运动的意识明显变得非常迟钝，以至于收缩的感觉不可能成为精确的辨别范围的证据。戈德施艾德从某些结果中清楚地表明（这些结果太过详细，我无法一一列出），它也不会成为粗糙的辨别力。[64]他的结论是，我们在关节的表面只感觉到自身的运动，而且我们肌肉的收缩不可能引起那种感觉。[65]

我的结论是，"肌肉的感觉"必须回到查尔斯·贝尔（Charles Bell）提到的那个不起眼的位置，而且在心理学中，它不再是一种主要的空间知觉器官，长久以来，它都被吹捧得过头了。

在进行一个用眼睛感知空间的精确实验之前，我们必须意识到在盲人了解的空间中我们能发现什么。但是，在我们这么做之前，让我们先看看上一页的结果，然后再一次问自己，要建立一种脱离了原始的、不连贯的有序空间感觉是否需要超出任何在一般思维运作中显示的心理能量。我认为这是显而易见的——允许空间感受性存在于原始知觉中——辨别、联想、加、乘、除、合成一般形象，相似点之间的替代、选择性的加强以及从枯燥细节中的抽取，都能提供给我们空间感觉，而不用任何神秘的"心理化学"的辅助或"合成"的能力去产生在原始感觉资料中不存在的元素。不可过分催促它去面对不可知的尝试，但是要知道，在我们感觉不到的现实空间里，没有界标、没有距离、没有指示点，要么是直接经历，要么是通过另外一种"标示性"感觉进行联想。它将某些感觉降为一种"标志"，将另外一些感觉提升为"重要的现实"，我们理顺混乱的第一印象，并对相当无条理的多样性制定出连续的指令。但是指令的内容仍然与多样性保持一致——两者自始至终都是一种"感觉"。

第五节　盲人是如何感知空间的

　　盲人建构真实空间的方式与正常人不同，其中最明显的不同主要在于整合方法，以及对于从属之物的解析。正常婴儿能够立刻看到整个房间，在看到单个物体之前，他会有辨别地注意。相反地，盲童必须首先将自己慢慢了解的那部分一点点叠加起来，才能在他的脑海中形成这个房间的图像。我们用眼睛可以很快地看到一个辽阔的风景鸟瞰图，而盲人却可能需要在数周的探索后才能渐渐地建构出这幅画面。然而，对于超出我们视觉范围的空间，我们也会陷入和盲人一样的困境。通过在脑海中叠加我们在海上随时得到的印象，我们才会将海洋视为一个整体。纽约和旧金山之间的距离是用"几天的行程"来计算的，从地球到太阳的距离是用地球直径的倍数来衡量的等。对于不能想象出来的更长的距离，只能用一些数字的语言符号表示。但是这些符号会给我们的感知带来一些情绪上的影响。像无边无际的天穹、广阔无垠的海洋这样的表述，将各种"数字计算"都概括为一种想象，形成一种辽阔的感觉。盲人似乎也是如此。大量的感觉在心中自由游走，他们反对死气沉沉的直观自由。因此盲人拥有自己的视野意识。他们更喜欢旅行，特别是和同伴一起。在大草原上能感觉到格外的开阔，在山谷里能感觉到封闭，而且有一个盲人告诉我，他认为自己在山顶欣赏到的风景比正常人还要多。一个盲人走进一间房屋时，他会从嗓音和脚步的回声中直接地获取有关房屋面积以及房间布局的印象。在前面本章第140页中提到的听觉此时对我们有所帮助，然而我们现在还没有弄明白可触知性还有哪些其他形式。盲人作家汉克·利维（Hank Levy）先生在《失明与盲人》（伦敦）一书中对他的感知力作了以下解释：

"不论在室内还是在户外，不论是走着还是停滞不前，虽然我完全看不见，但当我面对一个物体时，我也可以感觉得到，也能说出它是高的还是矮的，是胖的还是瘦的。我也可以觉察到它是一个孤立的物体，还是一个连续的围栏；是封闭的还是露天的；是木制的栅栏，是石砖墙，还是一个快速搭建的篱笆。通常情况下，我感觉不到低于肩膀的物体，但有时却能感觉到特别低的物体。这可能取决于物体本身的性质，或是因为空气的某种反常状态。气流与这种能力可能没有关系，就像风的状态不会直接地影响它一样。听觉与它也没有关系，就像当积雪厚厚地铺满大地时，尽管听不见脚步声，但是物体仍会显得更清晰一样。我似乎可以通过我的面部皮肤感觉到物体，然后立即把这种印象传递给大脑。在我的身体中只有脸具有这种能力，我已经通过实验证实了这一点。堵住耳朵并不会妨碍它，但是如果用厚厚的面纱遮盖住我的脸，就会完全地破坏它。五官感觉与这种能力的存在都没有关系，而且以上提到的情形促使我把这种尚未知晓的感觉称为'面部知觉'。……当我沿着一条街向前走时，我能将商店与私人住宅区分开，甚至能指出门窗等，以及门是关着的还是开着的。由整块玻璃组成的窗户要比由许多小窗格组成的窗户更难以发现。据此可以看出，玻璃是感觉的一种不良导体，或者至少是与这种特别的感觉有关联。当感觉到脸下有物体时，这种感觉好像是从物体到脸的上半部有一条斜线。当和一个朋友漫步在斯特拉特福的森林小道上时，我指着隔开的道路与田野的栅栏说：'这些栏杆没有我的肩膀高'。朋友看了看，认为我错了，它们更高。然而，我们测量后发现，它们比我的肩膀低了差不多3英寸。在做出这个论断时，我离栏杆大约有4英尺远。当然，在这种情况下，面部知觉比视力更精确。当栅栏的下部是砌砖，上部是栏杆时，可以发现一个事实，即两者相交的那行很容易被察觉。高低的不规则以及墙上的凸起和凹陷也能被我发觉。"

利维认为面部感知能力会因烟雾而减退，但却不会因平常的黑暗而降低。以前他可以分辨出云层什么时候遮挡住地平线，但是现在他已经失去了这种能力，而一些他认识的完全失明的人仍拥有这种能力。水蒸气的影响直接表明，物体辐射出的热波动可能是感知的来源。盲人绅士基尔伯恩(Kilburne)是南波士顿伯金斯学院的一名教师，据说他有一种不寻常的能力，而且这种能力也得到了证实，可是，他面部的温觉并不比一般人更精确。他用棉花和油灰把耳朵堵住，在此之前，他一直认为耳朵与这种能力没有关系，但是随着听觉的完全消除，证明他的第一印象是错误的。很多盲人认为他们的耳朵直接与事物有关系。

声音在盲人的心理生活中确实比在我们的心理生活中发挥着更重要的作用。步行穿过一个村庄时，声音由远及近的变化构成了他们主要的快乐。而且在很大程度上，他们对距离和对从一个地方移到另一个地方的物体的想象似乎是通过思考某种声音的响度如何随着位置的变化而改变来形成的。可以确定的是，半规管的感觉对确定方位点和远点的方向有很大作用，这一点，盲人和我们是一样的。我们通过这种感觉接近它们，那么，就会出现很多方向和很多不同的感觉。[66]

无论是哪种理论，唯一的难点都是在于开始接近之后出现的空间方向的延伸。往前翻，我们会看到，"引渡"发生在皮肤的外面，部分皮肤和外部空间必须为了其他的感觉表面而组合成一种物体。对我们大多数人来说，眼睛就是这个感觉表面。而对于盲人来说，这个感觉表面只能是伴随或不伴随运动的皮肤的其他部位。但是双手向各个方向摸索，结果一定是，全身被感觉空间领域包裹。这个领域一定会随着每一个动作的移动而扩大，这些动作就会从伴随着它们的半规管感觉和他们能抓住的大型固体的最远部位中获取它们的空间值（如床、壁板或栅栏）。我们可以假设，通过许多连续离散行为获得的空间知识总会是有点缝隙，也就是说，具有颗粒状的性质。当一个正常人认为空间太大而不能进入单一的视野时，我们习惯于把它们想象为复合体，而且会因为忽动忽停而渐渐变得清晰起来（如想象从这里到旧金山的距离），否则我们会象征性地缩小规模，并想象地图上的距离看起来比我们熟悉的距离大得多。

在询问过很多盲人之后，我倾向于相信，与我们相比，盲人更不常用想象的地图（想象地图的范围缩小了）。也许，我们会自然而然地习惯事物的视觉范围的特殊变化，但是他们却习惯不了固定的触觉范围的特殊变化。当接受过弗朗兹医生手术的一名盲人青年看到放在盒子里的一张肖像时，他非常惊讶于脸居然能够放进这么小的一个空间里；对他来说，这就像把一蒲式耳重的东西放进一品脱啤酒一样不可能。但是，尽管这样，每个盲人都认为，在自己的身体之外感觉到的空间是一个平滑的连续体——形成忽动忽停、颠倒逆转的肌肉痕迹都已从记忆中抹去。换句话说，所有这些经历都具有共同的空间元素映象，而无关紧要的特性都被略去。事实上，在哪里发生，在哪里结束都是十分偶然的事。有可能再也不会在同一位置出现，所以要全神贯注。对盲人来说，即使横穿了一条几里长的路，也不见得会把这一系列自发活动生拉硬拽地弄进脑子里。仅仅在那些有明显行动困难的地方，如登高的台阶、繁忙的十字路口或者失踪的小路，会将不同的动作表象构成一种"想法"。其他地方的空间似乎是连续不断的，连它的组成部分似乎都是可以共存的。但是，我的一位非常聪明的盲人朋友曾经对我说，"思考这样的距离，盲人可能比正常人需要更多的心理损耗和脑损耗"。这似乎表明了持续增长的一个较重要的因素以及盲人观念的建构。

  我们依靠大量的眼球运动和静止来继续自己的视觉探究。但是这些全都会从我们视觉想象的决定性空间领域里抹掉。它们相互抵消。我们甚至可以同时注意左右两边，认为同时存在两半空间。将运动中断从盲人的触觉空间领域中抹去，这种抹去会引起任何更多的悖论吗？当然不会。令人惊奇的是，他和我们一样都会有一种特殊的运动感觉，这种感觉会顽强地坚持到最后。我们和他一样都会不由自主地认为空间就在我们面前，由于理由太明显，在此就不赘述了。一般来说，如果我们认为空间在我们身后，那么我们就必须在思想上反转过来，而且这样做也会让前面的空间消失。但是，与我们讨论过的其他情况一样，在这个过程中个体之间存在很大的差异。在想象一个房间时，有人能立刻想到它所有的六个面。而另外一些人的想法则完全不一样，或者，至少，它们会将这个房间想象成数个连续且互斥的行为（参见本书第十八章第54页）。

第二十章 | 空间知觉　969

威廉·汉密尔顿爵士以及后来的 J. S. 穆勒都非常赞赏并引用了 18 世纪哲学家普拉特纳（Platner）关于盲人空间感受的观点，普拉特纳说：

"认真仔细地观察天生失明的人……已经使我相信触觉本身根本不能为我们提供空间及其延伸的画面……事实上，对于那些天生失明的人来说，给予他们帮助的是时间而不是空间。他们所说的远近只不过是时间的长短……必须通过从某一个感觉到另一个感觉来获得。"

通过我对盲人的观察，如果这个结论并没有出现在迪南（M. Ch. Dunan）于 1888 年在《哲学评论》中发表的有关触觉与视觉空间的文章中，我本不会认为这是个奇特的观念，它应该与其他观点（颜色最初是没有范围的）分为一对。作者引用了[67]三个非常有力的证据，盲人协会的所有会员（原文中没有出现一个人是自己致盲的[68]）都认为盲人只是生活在时间里。迪南自己并不赞同这一观点，他坚持认为盲人和正常人对空间的描述完全不同，并认为我们相信空间对他们和对我们的含义是相似的其实都是上当受骗了，事实上他们中的很多人都只是半失明且仍然能在视觉条件下想象，而且从更进一步的事实来看，他们和我们一样都在谈论视觉条件。但是，仔细思考迪南给出的理由，我们发现他们全都依赖于毫无逻辑的假设。这个假设就是我们通过眼睛，盲人通过手指获得几何形式的感知，两者要么完全一致，要么完全不同。它们不可能有各种各样的相似，"因为它们是简单的概念，而且关键在于，它们瞬间进出大脑，所以一个概念简单的人获取的是它的全部。……因此，由于盲人与正常人的观念形式是不可能完全相同的，因而断定他们与我们的想法在根本上是不同的，也是完全不能简化的"[69]。因此，迪南不难发现，当询问一位仍对漫射光有粗略感觉的盲人时，他会说这种光没有范围。然而，所说的"没有范围"产生了更大的质疑，这不仅意味着没有包括任何特殊的触觉对象，也意味着没有固定在他们的轮廓之内。所以（允许各抒己见）这个结论与我们的观点完全一致。对于漫射光的一种相对停滞的视网膜感觉来说，在触及不同物体时是不会变化的，将会自然地保持一个物体的完全独立性。如果我们习惯性地用"范围"来表示触觉范围，那么没有触觉联系的其他任何感觉都会自然地否认这种感觉的"范围"。可是这与触觉感受的大小始终是相似的。当然，它没有其他触觉的性质，正如触觉对象没有大小以外的其他光学性质一样。各种类比都是在各种感知范围之间获取的。为什么在大多数的语言中"sweet"和"soft"的用法如此相似呢？而且为什么这两个形容词适用于多种感觉的物体。大的声音、浓重的气味、强烈的光线、冷的色调都是这样的例子。它们也没有遵循这样的类比，因为这些相对的感觉必须是综合性的并且在某些组成部分上是相同的。我们在第十三章中了解到相似与差别都是一种基本的关系，在任何情况下他们都没有被分解为绝对相同和绝对不同的内容混合物（参见本书第十三章第 492-493 页）。

　　因此，我认为，断定盲人的空间与正常人的空间是截然不同的这一观点实为肤浅，两者之间有着很深的相似性。"大"和"小"、"远"和"近"，对我们来说都是相似的感觉内容。但对于他和我们自己来说，大小和远近都是很难测量的。例如，他不明白我们说的当物体离开我们的时候看起来会变小，因为他总是把它们想象成不变的触觉大小。不管涉及的两个尺度相不相似，我们都应该希望第一次看见光的盲人能通过他们熟悉的触觉名称来辨别出新的视觉物体。莫利纽克斯

(Molyneux)写信给洛克说:

> "假设一个人生来眼盲,如今他成年了,学会了用他的触觉来分辨立方体和球体。他摸了一个又一个,终于能够分辨出哪一个是立方体哪一个是球体。假设此时盲人能够看见放在桌子上的立方体和球体,值得怀疑的是,在他摸到这些物体之前,他现在是否还能用眼睛辨别出哪一个是正方体,哪一个是球体?"

在《莫利纽克斯的疑问》一书中也有这个问题。莫利纽克斯的回答是"不能"。接着,洛克说[70]:

> "我赞同这个有思想的绅士,我很高兴称他为朋友,而且我的观点是,当这个盲人第一次看见它们时,他并不能说出哪一个是球体,哪一个是立方体。尽管他能通过触觉准确地说出它们的名字,并且通过它们的不同手感来准确地分辨。"

有很多实验证实了这个想法。在切斯尔顿的案例里,做过先天性白内障手术的病人最初不能说出他们看见的物体的名称。切斯尔顿的病人在抓住一只猫后一动不动地看着它,让它坐下,然后对它说:"那么,小猫咪,我再次认识一下你。"这种情况毫无疑问是由于在新的体验中整体的精神紊乱,以及被摘除了晶状体的眼睛所提供的非常不利的知觉条件。大量的患者都像由弗朗兹医生手术的那个年轻人一样聪明,可以立刻说出圆形、三角形和四边形的名字,这个案例证实了视觉和触觉之间的内在属性是相似的。[71]

第六节　视觉空间

当我们开始详细地分析视觉观察的条件时，遇到了一些困难，这些困难使得心理学家求助于新的、半虚构的精神力量。但是我坚信，无论调查多么的严谨，所得出的结论还是与我们目前所得到的一样。如果把这一主题说清楚了，那么整个空间知觉的研究可以说也就告一段落了。另外，如果它验证了我所预言的结论，那么我们将在各种乏味的批评声中立于不败之地。

如果一个普通人被问及他是如何看见东西的，那么他会简单地回答，睁开眼睛看到的。然而，这个简单的答案在很长一段时间里都被认为是不科学的。在看似相同的光学条件下会知觉到什么，关于这个问题有各种各样的矛盾和谬论，这些都会直接引发问题。难题由来已久，为什么我们垂直地看到一个颠倒的视觉图像？为什么我们看不到两个视觉图像？撇开颜色不谈，对比反差和含混不清，都与空间问题没有直接的关系——但是可以肯定的是，相同的视觉印象让我们在不同的时间里看见完全不同大小和不同形状的物体，而且同样可以肯定的是，相同的眼球运动会呈现不同的知觉意义。只要知觉的行为完整且简单易懂，那么就有可能准确判断尺寸、大小和方位，对某些进行视觉修正。而且，这两者之间的联系应该始终如一，这样我们才能做出同样的视觉修正，才总能做出相同的判断。但是如果我们仔细地研究这些事实，我们很快会发现，判断力和视觉限定之间，或者判断力和肌肉限定之间不存在这样的固定联系。判断力似乎产生于视觉、肌肉和智力因素之间的相互整合，而且它们中的任何一个因素都可能偶尔超越其他因素让问题遵从并不简单的规则。

如果我们忽略笛卡尔,那么这个课题的科学研究就会从贝克莱开始,贝克莱在他的《视觉新论》中所分析的特定的知觉就是有关距离或深度的。以一个点在不同的距离上对它的视觉图像的性质没有影响的物理假设开始,因为"线段作为一条线的末端指向眼睛,它只在眼睛上投影了一点——一个不论线段长短一直保持不变的点",所以他总结得出,线段不可能成为一个视觉感受,然而一定是由某些非视觉经验的"习惯"而来的一种理智的"暗示"。依据贝克莱的观点,这种经验是触觉的。他对于这一问题的研究其实是含糊不清的——我们不能责备他,因为他是一个新领域的开创者——但是该理论所有不明确的部分几乎都被他之后那些有所作为的英国心理学家采用,并满腔热情地接纳了,这将有利于我们通过驳斥他有关深度在纯粹的视觉感受方面是不可能被觉察到的这一观点来展开我们的视觉研究。

一、三维理论

贝克莱学派一致认为视觉最初不能衡量体积,如果它完全扩展(他们只是倾向于去承认),那么它也只能是两维的而不是三维的空间延伸。在本章的开头,我们否认了这个观点,并列举事实来证明所有的感觉客体在三维空间里都是庞大的(参见本书本章第 136 页后面的内容)。躺在山顶是不可能让蓝色的空旷山谷进入眼帘的,也不可能在没有感觉的情况下越来越深地投入到只跟它有关的意识感觉模式中:模糊的、跳动的、盘旋的深度和宽度一样,作为它的属性之一不可消除。我们可以人为地夸大这种深度知觉。登上山顶向远处眺望,最远处的地平线尽可能的生动清晰,倒头看也一样。视野将会出现不可思议地增长,远到不能再远时才出现的感觉衰退,实际上,当你抬头时,会发现地平线再次变得清晰起来。[72]

请注意,到目前为止,我还没有说我们对于这一深度或长度的"真实"量的估计。我只是想证实它作为其他两个视觉维度的一种自然的且不可避免的视觉相交而存在。所指的视野一直是一个容量单位。任何事物都应该有它的绝对"真实"的大小,它各个维度的相对大小都是彼此的函数。事实上,最有可能经常发生的是,从深度知觉中获得宽度和高度知觉的绝对度量。如果我们把头伸进脸盆,那么靠近底部的感觉使我们感到侧面范围变小了。与此相反,如果我们站在山顶,那么地平线的距离与跃入眼帘的山脉高度和长度构成比例关系。如前所述,现在我们暂且撇开绝对大小不谈,之后一定会以更详尽的方法继续研究它。我们只使用所看到的三维空间这种方式来获取它们彼此相对固定的价值。

在里德《关于人类思想的研究》一书中,有一部分是"视觉的几何学理论",在这一部分中,他试着研究,当知觉沦为单一的视知觉时会怎样。与贝克莱的观点一样,单一的视知觉不能为三维空间提供信息,他只是根据眼前出现的素材做出解释,可笑地推论出各种奇特的谬论。

相反,现在我坚信,如果他有我们的智商,那么其中里德的理论可以和我们一样明确地给出一个关于我们所接触的外部世界的概念。[73]即使他的眼球固定,不像我们这样转动,也只能起到减缓作用而不能阻止。对于同一客体,在视网膜的不同部位交替出现的横向运动决定了视野的前两个维度彼此相等。通过刺激使他产生不同程度的深度知觉的生理原因,就可以在前两个维度和第三个维度之间建立一种等价性。

首先,依照本书本章第 178 和 179 页上的准则,客体提供的某种知觉被用来代表它"真实"的大小和形状。某种感觉对眼前呈现的"事物"进行测量,然后用这件"事物"再去衡量其他的感觉。在接受同一物体的图像的情况下, 我们不认为视网膜的周边部分与其中央部分有什么区别。这在客体不改变它的间距或方向的情况下是不需要解释的。但是,举一个更复杂的案例,假设对象是一根木棒,首先映入眼帘的是整个木棒,然后旋转其中一端,固定的这一端靠近眼睛。随着这样的运动,木棒将逐渐地变短,离眼睛较远的一端与固定的近的一端之间的横向距离将会越来越小,最终它将被后者遮住,然后再出现在另一个方向上,最后在这个方向上恢复至其原先的长度。由于这一运动已经变成一个我们所熟悉的经验,思维会用其固定的模式来对它做出反应(用所有能收集到的数据),即认为这是一个物体的连续运动,而不是一个物体的变形。现在我们知道,在我们的经验中,离我们较远的一端唤醒的深度知觉比近的一端唤醒的要多得多。但是这种深度知觉有多强烈呢?怎么进行测量呢?在我们已经将木棍的长度定义为特定的视觉图像的长度时,为什么我们还是认为木棍的远端与近端之间的距离与木棍的原长度相等呢?于是,我们发现,特定的深度视觉的量逐渐变成这种量的标志。正如贝克莱曾经说的,距离的测量是暗示和经验的结果。但是仅凭视觉经验也能测量距离,贝克莱错误地否定了这一点。

假设一位上校在阅兵典礼上走在队伍的正前方,并且他走路的路线与正中的队伍直线成直角。他边走边从各个方向检查队伍中间的一队,当他从队伍的一侧逐渐向中间靠拢时,他视野中的人越来越少,直到与中间的那个人并列时,他才会觉得尾部的人离得最远。当队伍没有向他的视网膜投射任何侧面影像时,依据判断,末端的那个人距离他有多远?为什么是队伍原长度的一半呢?而且这个长度是刚才这个队伍的侧面图像所呈现的长度。这位上校现在只是将视觉深度和视觉广度的概念等同起来。如果上校站在队伍的一端静止不动,而队伍却在移动,结果也会相同。用这样的方法,那些只有眼睛而不具备人类的视觉系统的动物也能够测量出它们所在的所有的三维空间。至于我们人类自己,我想,虽然我们也许常常在运动条件下感知到距离(正如贝克莱说的,我们总是这样),但是我们还经常在自己的视觉地图中感知距离,并且总是更自发地去感知。假如不是这样,三个视觉维度不可能给我们相似的、彼此间不对应的感觉。

那么,我们不得不承认距离至少和高度或宽度一样成了一个真实的视觉意识内容。问题很快又来了,严格来说,它们能称为视觉吗?为了准确地回答这个问题,我们争论了很长时间,但是现在必须解决这个困扰我们至今的最大难题。

二、赫尔姆霍茨和里德的知觉理论

正如我们在第十七章"感觉"中看到的一样,知觉是紧随着感觉通道上的刺激之后的心理反应。它的前身是直接的生理联系,而非心理的联结,没有动作的记忆、推理或联想的干扰。因此,假设感觉器官中神经进程与知觉影响之间的联系和有意识的反应本来就是完全一样的,那么相同的进程应有相同的感觉。相反,如果当感觉器官中的进程保持不变时,感觉却发生了变化,原因大概是它不是一种感觉,而是一种更高级的心理产物,变化发生的地点取决于在更高级的大脑中枢系统中所发生的事件。

如今,视野的大小在整个三维空间内变化很大,而我们却没有办法确定是什么样的视觉过程导致了这些变化。头一低,物体就被放大了,从这个视觉现象中我们知道,根本没办法解释得清。一般来说,深度或距离知觉的最大值在决定整个区域表面大小方面上似乎起着首要作用，并且另外两个维度似乎也是这样。如果用前面的例子，我会近距离地观察脸盆，视野的横向伸展会按照我与脸盆之间距离的远近成比例缩小或变大。如果我从山上看，物体看上去很广阔，其高度和宽度与视野的远近是成比例的。但是当问到是眼部的什么变化决定了深度或距离感觉的最大值时，我们发现自己并不能指出它们中的哪一个是完全符合规则的。汇聚、调节、图像的重叠和分离、移动头部时的视差位移、色彩的减弱、轮廓的模糊和已知对象的视觉印象的大小，所有这些进程，都与"远"和"近"的感觉有关。但是在某一时刻这些过程的影响以及它们所形成的感觉，可能在另一个时刻由于客体的其他属性的出现而被颠覆。我们想起过去的经验，判断的距离和形状全都不一样。如果我们像涂纸面具外侧一样涂它的内侧，再用一只眼睛看它，那么眼部就可以调节视差，但却不能让我们清楚地看到它原本的凹凸不平。有关人类脸部形状的知识经验总是胜过它们，所以我们直接地感觉到面具的鼻子比面颊离我们更近。

类似的实验（这些我们稍后会描述得更详细）证明，距离远近的其他器质性表征具有一种同样不稳定的信息输入。每当我们的智力经验判定我们观察到的东西是不合理的，即我们看到的并不是物体的实质时，这些象征就完全失去了它们的意义。

现在，问题又来了：因为视觉的感觉过程是这么容易被智力暗示所否定和颠覆，那么它们有可能是直接的距离知觉吗？因为我们在没有这些视觉感觉过程下所感知到的距离都是从过去的经验中总结出来的，我们应不应该假设利用这些感觉过程所感知到的距离也是从过去经验中总结而来的呢？简而言之，我们应不应该"毫不迟疑"地说出距离一定是一种理性的而不是感性的意识内容呢？每个视觉仅仅作为一个唤醒这个内容的信号,我们的理智是如此的有组织,以至有时它更容易发现这个信号,而有时是另一个呢?

里德很久以前(《调查》,第 6 章,第 17 部分)说:

"一般来说,人们都认为那些由文化所产生的事物在长久不用或遇上其他文化时就会被废弃。另一方面,还存在着另一种争论,即当发现一个相反的文化风格没有削弱这些事物时,我们就不能将这种影响归因于传统风格了,而应该归于自然的规则。"

简单地说,会被遗忘的很有可能是后天学习得来的,唯一不会被遗忘的是本能。

这与赫尔姆霍茨的观点很相似,他通过一段著名的文字证明了里德的观点:

"我们的知觉中没有任何元素是感觉性的,即它们可以被实证否定和颠覆,任何可以被经验所克服的事情都要视自己为经验和习惯的产物。如果我们遵循这个规律,那么只有质量是感觉性的,而几乎所有的空间属性都是习惯和经验的产物。"[74]

在我看来赫尔姆霍茨的这篇文章使他声名狼藉。读者会从中看出它的偏激。因为他否认了距离是一种视觉反应。但是,他把同样的方法扩展到对于尺寸、形状和方向的判断,并且在眼睛里没有找到任何视网膜活动和肌肉活动能和这些物质属性紧密联系。他过分强调了任何光学空间知觉一定有一个理性的来源,以及一份不能用视觉能力来解释的内容。[75]

如果冯特和其他人一样同意赫尔姆霍茨的观点是正确的话,那么,他们的结论与我迄今为止所学习的所有的感觉论都不一致,显然现在轮到我去坚持自己的立场,以抵御这新一轮的攻击。但是有关空间的这一章已经牵涉太多的片段和细节,我想最好把对它们基本原则的反驳保留到下一章,这里,我只想告诉读者,他们的观点是站不住脚的。这当然是一种看起来很傲慢的做法,但如果读者再忍受着看几页,这个问题将会越来越清晰。同时,我可以自信地说,由于我们的大脑通过对同一件事物用不同的方式进行反应而让我们将其感知为这样或那样的事物,所以我们对同一件事物会有不同的感觉。这个事实是一个人(包括斯顿夫[76])能很好地推翻赫尔姆霍茨的质疑,并提出这样一个问题:"如果经验不能这样去改变它们,我们的感觉知觉将会变成什么?"斯顿夫补充说:"在过去经验所引起的想象的影响下,所有依赖于器官特性的错误知觉或多或少都可以得到纠正。"

因此,如果在视觉的空间知觉中(现在我们需要多思考一些细节内容),我们找到的有关相同器质性视觉过程的例子,在不同时间带给我们不同的感觉,由于不同的间接环境能为我们的想象提供不同的客观事实,所以,我们不能同赫尔姆霍茨和冯特这些学院派一样草率地做出推断,即纯粹的、没有周围环境参与的纯属器质性视觉过程是根本不能给我们带来任何空间知觉的。我们必须试着去发现环境是通过什么方法来使空间知觉发生改变的,通过这种方法我们感知到的并不是环境的表面现象,而是它的自然实质。我现在可以提前说,我们要找的方法就是联想——视觉客体并非真实的存在,而是一种习惯性联想,比起其他人正在利用类似幻觉的力量所想象出的感觉,它更加依赖外周环境。但是在得出这个结论之前,我们需要复习一下相关的视觉空间知觉的重要事实内容,这一点十分必要。熟悉德国光学的读者会在下个章节中为他们所一直熟悉的内容进行辩解。[77]虽然既冗长又乏味,但我们还是从这个最重要的案例开始研究吧。心理学家花了很长一段时间去寻找能把可见客体方向距离与它们所引起的视觉印象相联系的简明法则。已经有两种主要理论支撑这一思想,它们分别是"交点论"和"投射理论",它们彼此互不兼容,若越"雷池"半步,就会和事实不符。

三、交点论

交点论始于这样一件事实:两个视网膜的上半部分的印象让我们知觉到下半部分的物体,右半边的印象令我们认为这个物体位于左边,而左半边的印象则令我们认为它在右边。因此一个视网膜的每个象限都作为一个整体与另一个视网膜上对应的象限相似,并且在两个相似的象限内,如图 20-3 中的 al 和 ar,如果这种相似一直存在,由同一物体发出的光同时在这两点留下印象,那么客体会分别出现在两只眼的相同方向上。实验证实了这一猜想。当我平视星光璀璨的拱顶,星星看起来是单个的个体。透视法的法则表明,每颗星星的平行光线一定会同时影响到两个视网膜上位置相似的点。在人为的情况下,更容易出现这种结果。如果我们拿两幅完全相同的画,它们比平时我们在立体幻灯片中看到的图片要小,至少不会更大。如果我们用观看立体幻灯片的方法去观看它,即每只眼睛各看着一副(中间有隔离物将两只眼的目光都限定在眼前的画上),我们将会只看见一幅平面图,它所有的部分看起来是清晰且独立的。[78]刺激两个视网膜上相似的点,两眼都会朝同一方向上看各自的对象,那么这两个事物将逐渐合为一体。

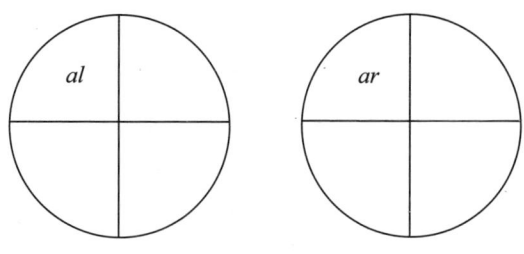

图 20-3

同样的事情可以以另一种方式表现出来。头固定不动，目光汇聚于一块玻璃后面的一个显眼的点，两只眼睛交替闭上，在玻璃上标上一个小小的墨迹，"遮住"暂时睁着的眼睛看到的东西。现在，两只眼都睁开，墨迹看起来只有一个，和玻璃后面的点位于一处。相反，让眼睛聚焦在玻璃的一个墨点上，两只眼睛轮流闭上，我们会发现，左右眼分别盖住玻璃后面的那个实点。现在，两只眼睛都睁着，这些实点和墨点会出现在同一位置，根据视觉注意的起伏性，其中一个点变得愈加清晰。[79]

这个常见现象到底代表了什么？定义物体方向的唯一方法是指向性。大多数人，如果被要求从一张盖住手和胳膊的纸的水平边缘去看一个物体，然后用手指指向它（逐渐抬起来以至于让指尖出现在纸的上方），那么这时，他们会发现手指并没有放在眼睛与物体之间，而是在物体与鼻根之间，而且这无论对双眼还是单眼都适用。赫林和赫尔姆霍茨认为我们是通过处于两眼之间虚构出的"中央眼"来判断方向的，并且"中央眼"的视轴对分了两眼视线的辐合角。根据赫林的观点，两个视网膜的活动就好像在虚构的中央眼处结合了。我们透过彼此的对称点看，而远非所处的真实位置，我们想知道是否被遮掩，是否能同时产生兴奋。

判断物体的单一性必然与同向性联系在一起，而同向性似乎也需要一个共同的来源。这个视线的起源可能存在于双眼之间或其他地方，我们可以通过它来估计所有物体的方向。这就是为什么中央眼是交点论体系的真正的基础部分，以及为什么这个理论的最伟大拥护者赫林如此重视它的原因。

根据几何相似点图像的相同投射原则，那些落在两个视网膜上成几何分离的点的图像应该被投射在不同的方向，因此物体有可能出现在两个地方，或者看起来是两个。把来自一颗星星的平行光线投射到注视着的一个近物，而不是像先前案例中那样平视一个物体的双眼上。如果图 20-4 中的 SL 和 SR 是平行光线，那么它们中的每一条光线都会投射到鼻子一侧的视网膜上。

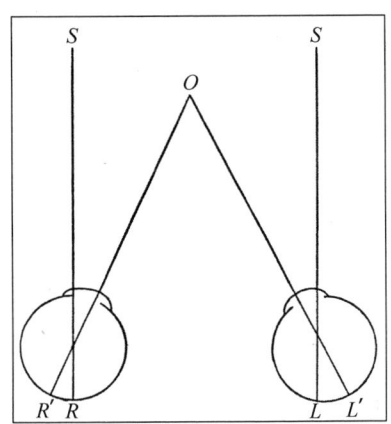

图 20-4

但是鼻翼两侧的视网膜是几何对称的，而不是几何相似的。因此，左半边出现的图像偏向中央眼视线的左边，右半边出现的图像则偏向中央眼视线右边。简而言之，星星将会被看成是两个"同侧的"重影。

相反，如果直接用平行轴看星星，那么O将被看成两个，因为它的图像将会影响两个视网膜的外侧或脸颊两侧，而不是鼻翼一侧。在这种情况下，我们所看到的图像的位置与先前例子中的位置颠倒。现在，原本呈现于右眼的图像将会显示在左边，左眼的图像将会显示在右边——双重图像将会"异侧成像"。

这种推理同样适用于下面情况，得到的结果也是一样：两个视轴方向的客体位置在哪，可令图像不落在不相似的两个视网膜上，而是落在相似的两个视网膜的不相似部分上。当然，与其他例子相比，这里物体投射的方向分离得没有它们厉害，而双图像分离的程度也没有它们那么宽。

很多观测者根据所谓的视轴测定法进行了一些严谨的实验，实验结果证实了这一法则，并表明了两个视网膜上存在单个视觉方向的相应点。如果要再了解一些细节，我们还得多看看其他一些特别的论述。

现在，我们发现了一个重要的结论，如果我们注视一个静止的物体，并且允许眼睛变换方向和汇合点，这个纯粹的几何研究表明，有些位置上的两个图像会在相应的视网膜的点上留下印记，但更多时候是在分开的点上留下印记。前者组成所谓的视野单像区，并且，他们的发现陷入了一道数学难题中，落入眼睛的视野单像区内的客体或客体的某些部分无论何时都不会出现重叠。如果交点论是完全正确的，那么落在视野单像区外的客体必然出现重叠。

这里出现了经验和同一性理论的首个冲突。假如理论是真实的，那么我们应该会对独特视野的双眼单视界的直觉性知识感到苦恼。双眼单视界之外的客体成像即使不是重影，至少也应该是模糊的，而且到目前为止，还没有人找出视野各部分之间的区别。对我们大多数人而言，整个视野看来是一样的，而且我们只有靠偶然的事件，或经过特殊的训练才能捕捉到一瞬间的重叠图像。1838 年，惠特斯通已经在他的关于双眼视觉和立体镜的经典论文中[80]，说明了落在一个客体的两个图像上的不同点根本不影响其在一定限制内看到单一的图像，却对它所呈现的距离有一定的影响。惠特斯通做了一个观察，随后成了很多争论的热点。在这个观察中，他企图表明不仅不同的图像可以融合，对称的图像或相同的点也可以被看成是两个。[81]

遗憾的是，由于自身眼睛的缺陷，我尚且不能通过大量的实验使得在这件事上形成一个坚定的个人立场。然而，对我来说，实验证据表明，我的结论与惠特斯通派的解释完全不一样。我认为，不同的点可能融合，而相同的点是永远不会出现重影的。这里有两个问题，"我们能通过不同的点看到单一的图像吗"以及"我们能通过相同的点看到重叠的图像吗"尽管乍一看它们就像赫尔姆霍茨所说的那样，是表达同一问题的两种方式，实际上这是两个不同的问题。第一个问题的答案是肯定的，而第二个问题的答案则是否定的。

而且赫尔姆霍茨的上述实验并不总是成功的，很多人把他们的手指放在客体和他们的一只眼睛之间，而且经常是右眼。[82]最终发现根据中央眼指向所有方向的同一性理论，我们完全否定了一个客体在任何方向上应该呈现出一定距离这一事实，并且在这方面必须经过辅助假设的帮助才能脱离这种困境，这个假设在赫林和他人的手中已经变得相当复杂以至于很容易沦为批评攻击的牺牲品。尽管，一个简单公式可以简要说明基本现象，但却不足以解释整个视觉认知问题，但是它将会被视为通过相应的点看见相同方向的现象的准则。[83]

四、投射理论

投射理论发展得顺利吗？这一理论承认每只眼睛从不同方向沿着

一条线看物体,即物体通过瞳孔的中央传递到视网膜。两只眼睛的视轴恰好交合于一点,这个点就是它们的汇聚点。每一个被直接注视的客体都是通过这个点看到的,而且这些客体看起来都处于一个恰当的距离上,并且看起来都是单一的物体。很容易证明该理论与同一性理论的不相容:取一个客观的点(如图20-4① 中的O点,当看向星星时),在双眼的不同几何部位上投射它的图像R′和L′并且影响每个视网膜的外半部。依据同一性理论它必定会出现双像,然而依据投射理论它一定是单像,如果只用所提供的每个方向的视线来判断的它的位置,应该不偏不倚地落在与其他视线的交点之上。

实际上,如果投射理论一律有效的话,视域里的每一点都应该单独出现,完全不顾眼睛位置的变化。因为根据这个理论,它可以出现在由两个视线方向所传递到两个视网膜空间中的每一点或者是这些视线的交点上,或就在这个点上。因此对这个理论的反驳恰好就是对同一性理论反驳的另一面。如果是后一理论赢了,那么我们看大多数东西时应该始终是重叠的。如果是投射理论胜利了,那么我们看到的一切事物应该都不是重叠的。事实上我们在同一性理论中很少获得双重图像,而在投射理论中却能经常遇到。

从奥谷尼斯(Aguilonias)开始,投射理论的支持者一直都以物体距离错误判断的结果来解释双重图像,沿着视觉方向的两条线进行投射的后者的图像比后者的交点更近或更远。图20-5清楚地说明了这点。

---

① 英文原文是图50,应为图55(即中文译稿重新编号后的图20-4),疑为作者笔误。——译者注

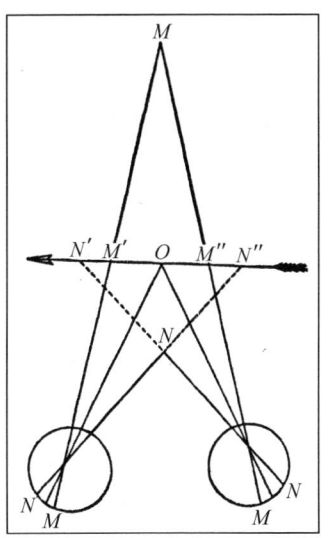

图 20-5

从 O 点来看，与 O 点相比，M 是一个远物，而 N 是一个近物。然后 M 和 N 将把视线 MM 和 NN 射入两个视网膜。如果 N 被判断为和 O 一样远，那么它所成的像必定位于视线方向的两条 NN 线箭头与水平面相交处，或者在 N' 和 N'' 两个地方。如果 M 被判断为和 O 一样近，那么同理它必定会在 M' 和 M'' 上形成两个图像。

事实上，我们真的常常用这种方式错误地判断距离。如果你举起两个食指，将其中一只放在另一只上面，在两只手指的中线上轮流注视它们，那么你将看到未被注视的那个出现了双像的现象。而且无论注视其中的哪一个手指，你都可以发现它看起来比实际上更近些。作为两眼的交点，视觉大小的改变也说明了视觉距离的改变。实际上，在视轴汇合点的距离似乎对位于其他地方的物体产生了一种吸引力。可以说，作为我们最强烈地感觉到的距离，它侵入了我们的整个知

230

第二十章 | 空间知觉 987

觉。如果放在桌子上的两个 50 美分相距一英尺或二英尺，而且眼睛固定于一个放置在中央线上且与硬币和脸之间距离不断变化的笔尖上。在某个距离上，这个笔尖会处于右眼与左边这枚硬币之间，并且也处于左眼与右边这枚硬币之间，此时，两枚硬币合并成了一个，这一枚硬币的尺寸突然缩小，看起来像突然靠近了笔尖一样。[84]

尽管总是存在类似的误差，然而我们都知道 50 美分应该在笔尖的后面，其实我们从未真正地弄错。它也许看起来不够远，但是它仍然比笔尖远。一般来说，我们所知道的物体位置，没有一个会发生该理论所要求的距离合并现象。并且在一些如赫林一样的观测者看来，它似乎不可能出现。如果我看向无限的远处，使我的手指呈双重图像，那么手指仍不像是在无限远处。为了使不同距离的物体看起来是等距的，我们必须采取谨慎的防护措施去使它们在外表上相似，并排除其他可能的外部因素。因此，唐德斯试图证明投射法则：呈现两个相似的电火花，若一个放在黑色背景上且在另一个的后面，则后者看起来像双重的。或者把一根铁棒放在离眼很近的位置以至于它的双重图像看起来像一个被注视的电炉管一样宽，铁棒的顶部和底部被屏幕切割开来（以这种方式来排除透视的可能）等。以上实验中的三个物体看起来都在同一平面里。[85]

所有的观察者都认识到不可能用中央凹看双重图像，再加上在短文中引用了惠特斯通的观察实验的那些权威们否定了他们当时能看见相同点的重合，我们被迫得出投射理论像它先前的理论一样失败的结论，没能为我们所有的知觉制定一条详尽准确的法则。

五、视觉印象是模棱两可的

那么，每个理论都是在干些什么？都为了证明定位是视觉印象的一种固有功能。所提出的其他事实可能表明，视觉印象的知觉功能与视觉印象的固定功能之间相差很多。不久前我们提到，视觉图像的极度模棱两可是一个巨大的启示。盯着太阳以后看向你的指尖会出现太阳的后像，它将比你的指甲还小。如果这时你看向桌面，它将会和草莓一样大；如果你转向墙面，它将会和盘子一样大；如果将视线转向山那边，它将会比一座房子大。然而，它应该仅仅是一个尺寸不变的视觉印象。准备一张如图 20-6 的纸，然后通过直视它一段时间以后得到其中每一个图像的清晰的后像。

图 20-6

如果将十字形的后像投射在一口井的左上半部分，那么它极少像在图 20-7 中出现的一样；如果投射在井口的右上半部分，那么它将像在图 20-8 中出现的一样。用类似方法投射的圆将被扭曲成两个不同的椭圆。如果两条平行线被投射在前面很远的天花板或地板上，那么较远的一端将偏离其原来的方向。而且如果三条平行线被投射到同样的表面上，那么上面的一对看起来将比下面的一对相距更远。给其他的线加上一些线条也会有同样的扭曲效果。

正如佐勒（Zöllner）的模式（图 20-9）里所说的，虽然它们的视觉图像是始终保持不变的，但是当我在长的平行线上画短斜线时，它们的端点彼此靠近。一个相似的平行线的扭曲情况也出现在图 20-10 里。

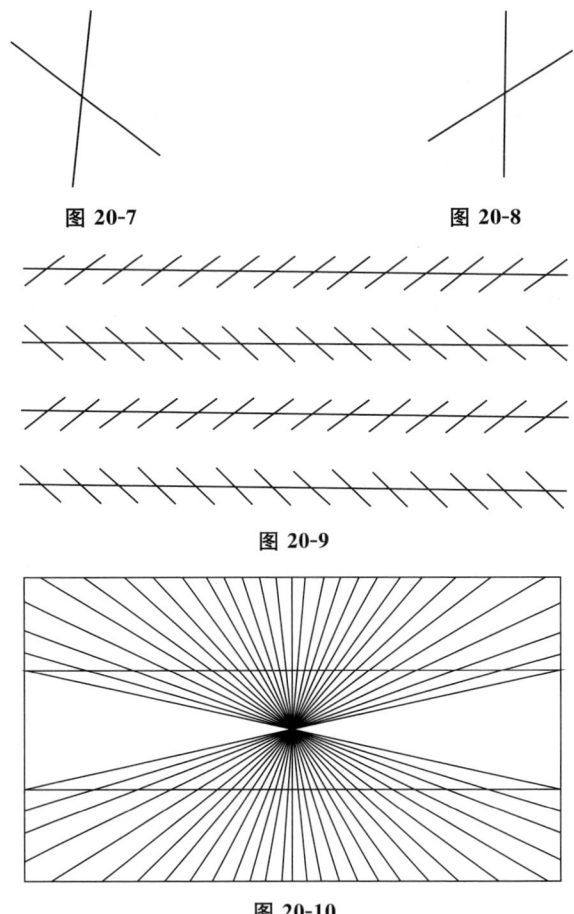

图 20-7　　　　　　　图 20-8

图 20-9

图 20-10

在一个圆里画一个正方形（如图 20-11），正方形的角与圆相交的地方使圆的轮廓呈锯齿状。在同一张图中给其中一个直角画分割线，使它看起来比左边的直角要大些。在图 20-12 中，每一列的最两端的两个点之间的视觉空间在这三列圆点中都是相同的，但是点最多的那一列却看起来更长一些。

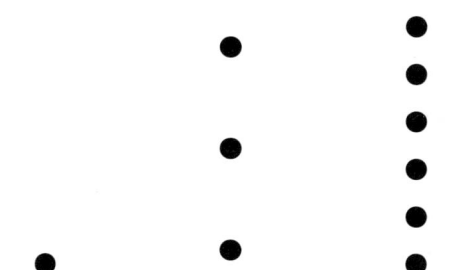

图 20-11

图 20-12

一般情况下，当我们在它们中间增加一些线的时候，在实体镜中的某些看起来是单一的线段会立即出现重影。[86]

234

六、眼动含义的模糊性

这些事实显示了各种视觉印象的空间意义的不确定性。现在，根据眼睛的动作，我们会发现相似的不确定性。当我们的目光追随一个移动的物体时，这种运动是"自主的"；当我们在不停地旋转以至头晕眼花之后，我们的眼睛会来回地摆动，这种运动就是"反射的"；当我们的眼球被手指按压时，这种运动就是"被动的"。现在，在这三种情况下，我们从这些运动中获得了一种它自己影响着自己的感觉。但是协助我们的感觉与客观的知觉是绝不相同的。在最糟糕的情况下，我们可能在静止的视野中看到一个运动的物体。接着，整个视野都在飘移，但或多或少在同一个方向上是稳定的。最后，整个视野突然扭曲或融合。

眼球的汇聚感也可以这样模糊的解释。当物体相距较近时，我们会汇聚视线来看清它们；当离得较远时，我们则是把视轴设定成平行的。但是我们感知到一定的汇聚程度，更确切地说，正在进行的感知活动并不能准确地告诉我们物体的绝对距离。惠特斯通用这种方法来安排他的实体镜，即在汇聚中心没有转移的情况下，视网膜图像的尺寸也可能会改变。或者反言之，在视网膜图像没有改变的情况下，注意中心也可能会转移。他说[87]，若是不改变其尺寸的话，物体在第一种情况中似乎接近或后退了一些；在第二种情况下，物体在不改变其距离的情况下改变它的大小——然而结果恰恰与所期望的完全相反。但是，惠特斯通补充说，"集中注意力"把这些知觉转化成它的反面。当通过可改变眼睛聚焦点的棱镜进行观察时，也同样会产生令人困惑不解的事。他不能确认是靠近呢，是变大呢，还是两者都有，或是两者都没有。另外，我们的判断也以最离奇的方式摇摆不定。我们甚至可以使我们的注视分散，而且物体将不会在特定的距离上出现。当我们通过实体镜观察时，该画面的距离似乎不是确定的。这些以及其他事实已经让赫尔姆霍茨觉得把汇聚的感觉作为距离测量物是非常不精确的。[88]

协调的感觉和以上的情况大同小异。唐德斯已经表明[89]，调节晶状体放大的显著力量几乎完全不依赖于视像的扩大，而是依赖于他们对肌肉张弛的调节。由于它的视像尺寸是增加而不是减小，这表明物体离得更远，我们知觉到的物体应该越大。但是在这种情况下，同样也发生了像上文提到的眼球汇聚中出现的判断摇摆迟疑的情况。这种后退使物体看起来更大，但是这个物体尺寸的明显增大，却使它看起来像是靠近而不是后退。因此这种结果与它的解释自相矛盾。第一次戴上眼镜的每个人都会有意识地怀疑视野是趋近还是退后。[90]

还有另一种发生在有一只眼肌忽然瘫痪的人身上的错觉，这种错觉使冯特声称，在旋转的作用下，恰当的眼球感觉仅仅告诉我们眼动的方向，而没有告诉我们它们的整个范围。[91]由于这个理由，不仅仅是冯特，还有其他许多作者，都认为在这些眼睛局部瘫痪的病人身上的这种现象证实了，存在一种神经支配的感觉，一种外部神经流的感觉，与其他一切不同的感觉相反，它可以向我们提供一定程度的事实细节。

假设一个人某天早晨醒来时，右眼外肌有一半瘫痪，那么将会发生什么情形呢？他需要费很大的力才能转动眼睛去看位于右边远处的物体。有时这种努力会使他觉得好像右边的物体离他的位置比它所处的实际距离远得多。如果将左边健全的眼睛闭起来，并且要求他用手指迅速地触摸位于他右边的物体，那么他会把手伸到物体的右边。这种错觉产生的原因是什么呢？目前，有一种解释是：这是由神经中枢的放电所引起的感觉，用冯特的话来说，即"神经支配的感觉"来支配这只肌力衰弱的睁着的眼睛，强迫它去看那个需要触摸的物体，如果那个物体位于这个人右手方向20°，以前，眼睛没出毛病时，他只需要使出转动30°的力气即可，但现在，眼睛出毛病时，花费同样的力气，眼睛实际上却只转动了20°。然而，他自己却认为自己像以前一样转动了30°；直到养成了新的习惯，他才学会了改变大脑向右边外周神经发射的空间输入。其他学者的观察也都证明了这种"神经支配

第二十章 | 空间知觉 993

的感觉"的存在,这在某些哲学家们的空间理论中占有重要地位,尤其是冯特。另外我想要声明,观察得到的现象绝不能成为从中得出结论的正当理由,而且这种有争议的感觉很可能完全是虚构的。[92] 同时,它表明,视野的易位可以纠正错误和避免进一步的错误,人们不得不承认,输出能量的假想感觉的精确空间输入是模糊不清的,它和我们迄今为止所探讨的视觉一样晦涩不明。

上面这些话绝非随便说说而已,通过它们,消除了每种视感觉可以直接显示空间的可能性。读者不得不承认这些话貌似有些道理,他们很可能想知道我的理论是否能从不利的证据中杀出一条血路。其实还是非常有希望的。迄今为止,很容易证实本章中采用的观点,虽然它同时允许了所有歧义和假象的存在,但唯智主义拥护者们还是对它施加了太多的压力。

七、视觉现实的选择

我们天生就有固定的视空间知觉,但是经验导致我们从中选择一个成为现实空间的唯一持有者,而其他的则承担着标记和暗示的功能。我们已多次强调选择的因素,而它仍然是个待解之谜。如果视知觉模糊不清,现在是一种尺寸、距离,下个时刻就成了另外一种尺寸、距离,那么赫尔姆霍茨、冯特以及其他人肯定不会满意下面这种说法:大小和距离不是这种知觉,它们是超出这种感觉唤起之物以外的东西,其根源邈若山河——根据具体情况,或许是"综合"(冯特),又或是"经验"(赫尔姆霍茨)。如果要求他们明确回答,什么是大小和距离的真正本质,那么他们不仅会避开各自空间理论中含混不清之处,而且他们也会发现,客观空间"所代表的"特性仅仅是某些现在还不存在的视知觉,它们只是当前感觉所暗示之物。

例如，当我们投射长方形后像时，我们看到的墙上的斜十字图形到底是在我们的左上方，还是右上方（图 20-7 和图 20-8）？这难道不就是真实的视网膜感觉本身吗？它是一种想象的感觉，不是感觉到的，它是真实的，而且，从本质和起源上，它依然含有感觉和视网膜的成分——也就是说，如果一个斜十字"真的"出现在我们面前的墙壁上，图像也反射到我们的眼睛里，那么我们应该接收得到这种感觉。这种图像并不是我们现在所说的视网膜图像。当物体位于正前方时，我们的视网膜保留着一个方形十字的形象，但是离墙一定距离的地方，我们确实会看到那种斜十字。我们将这种实际存在的视网膜图像称为"方形"图像。这种"方形图像"只是无数个斜十字图像中的一个，为什么我们偏偏选中它来代表斜十字的"真实"形状呢？为什么那种不存在的和想象中的斜十字图像取代了目前我们感觉到的方形图像呢？当这个客观存在的十字形变化它的位置，并向我们呈现不同的图像时，我们是不是只有在十字形直接地呈现在我们面前的时候才会感觉到其真实形象？解答了这些问题之后，这些并不实际的斜十字图像的感觉怎样能如此成功地替代真实存在的方形的位置呢？

在回答这些问题之前，我们再次确信一下自己所掌握的事实，用以证明我们总是会挑选出某一个视觉图像来组成物体的真实形状和大小。

前面已经谈过物体尺寸的问题，因此在此就无须再述。至于形状，几乎所有物体投射到视网膜上的形状都是透视变形的。方桌顶部总是会呈现出两个锐角和两个钝角，投射到墙纸上、地毯上或者是薄纸上的圆环通常表现为椭圆，平行线将会在远方逐渐趋近，人的身体缩短了，这种从一个形式过渡到另一个的改变是不断延续的。然而，除了这种连续的改变，有一点是非常明确的，这就是我们看见的最简单和最好的物体的形状，它总是发生在我们的眼睛和物体都处在所谓正常位置上时。在这个位置上，我们的头是竖直的，而且我们的视线不是平行就是对称集中的；物体的平面垂直于视平面；如果物体含有许多线条，那么就要尽可能地使其与视平面平行或垂直。在这种情况下我们相互比较各种形状，就可以做出精确的测量和判断。[93]

为什么在正常情况下会有如此特别的卓越性，其实理解起来并不难。第一，在这个位置中，我们最容易掌握手中思量之物；第二，它是给定物体在左右视野中成像的转折点；第三，它是唯一能使对称的图像看起来对称，相等的看起来相等的位置；第四，它通常是眼睛受到旋转视轴干扰最小的动作起始点，而通过这个点，最容易产生不同线条的视网膜图像的叠加[94]以及相同线条的不同部分的叠加，因而通过这些，眼睛能在扫描中获得相对来说较好的测量。所有这些优点使这个位置变得特别突出。视野中没有其他的位置能提供这么多既美观又实用的有利条件。这里我们相信，我们从这个位置看到的正是物体本身，从其他位置所观察到的物体仅仅是相似而已。然而，经验和习惯很快教会我们通过逐渐深入表面而获得真相。而且，它们还教会我们，那些表面现象与实际物体似乎也可能发生奇怪的互换。一个真正的圆可能会变成一个椭圆，一个椭圆又可能在同一方向上变成一个圆，一个直角十字有可能变成斜角十字，一个斜角十字也有可能变成直角十字。

几乎任何的歪曲景象都可能是其他先前印象的衍生物，然而我们必须要知道如何将先前印象合理地解释应用到后面的景象中，我们必须要知道视觉本质——它是一种视觉信号。了解了这些，我们就要去做并且服从经济法则或者简化原则这些主导我们心理生活的东西，当我们只关注"事实"而忽视意识时，意识将会产生一种"信号"，而我们需要这个信号来理解"事实"。每种真实事物的信号是多种多样的,但是事物本身则是单一和固定的。从很多的视觉经验中挑选出一些"正常"的现象来作为我们应该思考的真实。这个挑选过程就是心理学上与言语思维习惯有着相同作用的平行现象,两者都是用稀少且固定的表征代替多样且模糊的表征。

八、我们忽略的感觉

这些有着唤醒其他感觉的功能却往往仅被视为信号的感觉,首先被贝克莱注意到了,并在许多文章中作了如下论述:

"信号,就其本身而言是很少被关注的,而仅仅是由于它们的相关容量以及所标记的事物,它快速传给思维,其目的是立即将注意力投注在所指的事情上。实际上,严格说来,信号是看不到的,仅仅是通过联想和理解而来的,依靠的是单独看见的视觉物体。"(《可见语言》,第12节)

贝克莱错在假设联想的物体不是起初的视觉物体,而是被信号所唤醒的感觉。里德用更为简练的语言表达了贝克莱的原理:

"物体的外表仅仅是一种信号或者标志,思想马上把它转换为它所指的事情,没有对信号做出哪怕一点点的反射,甚至没有觉察到任何事。思想已经养成了一种确定的且根深蒂固的习惯,就是不去注意它们(那些信号)。由于它们快如闪电,而所指的物体则持续地吸引着我们的注意。它们没有名字,尽管当它们通过大脑时,我们能意识到它们的存在,但是它们的变化是如此之快

和熟悉,以至于它完全没有被留意。它们没有留下任何足迹,也不存在于记忆或想象中。"(《调查》,第5章,第2、3节)

如果回顾这些事实,我们会发现里德提到了在极端的忽视(或更极端的形式)和当前完整意识知觉之间的各个阶段。有时完全意识不到后者,有时仅需一点点的策略或努力就可以很容易引导我们发现它的存在,或者换个说法,它揭露了"物体"。有时,目前的感觉被认定为一种客观事物,或者在不改变形状的情况下重塑其特征,然后,它会理所当然地受到思想的充分关注。

严格来说,最深的不注意是那些主观的视知觉,或者是那些根本没有接收外界事物信号的感觉。赫尔姆霍茨对于负后像、双像等这些现象的解释,结果都是令人非常满意的。他说:

"我们仅仅去捕获那些可以简便而准确地应用于理解外部世界的感觉,而习惯于忽略所有就外在世界而言没有意义的那部分。造成的结果是,如果我们需要更加客观的感觉,我们就需要一些特殊的技巧和练习,尽管没有什么比一个人意识到自己的感觉来得更简单,然而,经验显示,我们要不就得拥有浦肯野所说的特殊才能,要不就是通过理论推论或者偶然事件才可能发现客观现象。例如,视网膜的盲点是马里奥特教授通过理论推理的方法发现的。通过类似的方法我发现声学中声音累积效应的存在。在偶然发现的多数个案中是由在感知客观现象方面经过特殊训练的研究者发现的,只有当这种现象达到一定的数量以至于干扰了人们的知觉时,大多数人才会发现它。但是如果它们一旦被发现了,那么对于随后的观察者来说就要容易多了,这些观察者将自己置于合适的条件中,并将注意指向正确的方向去感知它们。然而在许多情况中——例如,在盲点现象中,在音乐的音调中超声与和声的区别,等等——这就需要一系列注意的支持,即使借助于合适的仪器,多数人还是失败了。明亮物体的后像仅在极其合适的条件下才会被多数人觉察,而且看清这种逐渐暗淡的后像需要持续的练习。通常,一些患有眼疾的人突然首次谈到飞蚊症,即他们现在认为,自从得了疾病,玻璃状液中永远都将感染飞蚊症。他们认为飞蚊症有损视力。但事实是,后者仅仅使他们所有视知觉更加敏锐。还有这样一些案例,一个人的一只眼睛逐渐变瞎,而病人完全没有意识到这件事,直到某一天他无意中单独闭上了健康的眼睛时,他才发现了这个情况。

"当首次意识到双眼双重影像时,大多数人都异常惊奇地发现自己以前从没注意过这些,尽管在他们的一生中,只有在观察少数的与聚焦点有着相等距离上的物体才会呈现单像,而在大多数情况下,人们看到的都是重像。

"通常,我们只会注意那些组成外部世界的感觉,因为它们可以对我们日常生活有一定意义,而现在,我们必须学会将注意力转移到这种特殊感知上。只有科学研究者对主观感觉有着一定的兴趣,如果它们被应用于日常生活中,这只会招致干扰。因此,我们在客观观察中达到了极其枯燥和安全的程度,并不是说这些主观现象没有达到被我们关注的程度,而是事实上,我们有着忽略主观现象的能力,这种能力使我们在辨别客观事物时,保持独立的思想而不受其影响,即使有时候它们可能吸引我们的注意力。"(《生理光学》,第 431~432 页)

就算如赫尔姆霍茨所说，当知觉不仅仅是主观的，而变成一个外在的信号时，我们也同样易受影响，就像里德所说的那样，我们可能会忽视它们的本质，只关注它暗示的事物。但是只要他们愿意，每个人都能很轻易地注意到知觉本身。通常，一张纸在我们的眼中都是一纸白色，尽管它的一部分可能处于阴影之中，但是如果我们乐意，仍然能很快将阴影部分也知觉成白色。一个人向我走来，他的身高一般是不会改变的，但是我们可以通过削减我们注意的特殊方式来让他的身高看起来像在改变。艺术家所受的教育不仅仅包括观察到的呈现信号，也包括信号所代表的事物本身。无论持有的看法意味着什么，他们所感即所视，作为线条勾勒的各种色彩的聚集——整个内部比例的视觉图解过程是非艺术家很难弄清楚的模糊概念。普通人的注意忽视了它们的重要性，但是艺术家的注意却转向了它们，并且全身心地仔细研究。"不要按照事物原本的样子描绘，而要根据你所看到的样子"，这是每个老师对他的学生无止境的建议，忘记它的本质就是它看起来的样子，如果将它置于一个被我们称为"常规"的状态，在这种情况下的"标志"感觉和"客观事物"感觉融合了，两者之间没有不同。

九、被抑制的感觉

但是，我们还有一道难题有待解决，一道源于某些特殊情况的难题。这个特殊的情况就是，一个当前的感觉，本应该由外部条件来证实它的存在，但却似乎被它所暗示的事物完全压制或改变了。

这把我们带回到本章第218页所说的内容。这一页引用了赫尔姆霍茨文章中的一段话，其中就谈到了这些特殊情况。他认为，它们完全否定了所有视觉的原始的、本能的空间性；若它真的存在，其自身就有一种内在的和至关重要的空间决定性，那么，我们的感觉很有可能由于这种感觉暗示而被添加和覆盖甚至短暂消失。但是它怎么能使得我们的感觉改变或者完全抑制呢？赫尔姆霍茨认为，实际上，我们的感觉会受到经验暗示的抑制。

"我们还没有一个确凿的例子。通常，在缺乏刺激物的条件下，即使我们能够很好地理解真实存在的物体，洞察错觉产生的原因，我们也无法避免这种错觉。眼球被压或由于视神经入口的牵制而引起的闪光、后像等，仍然投射到它们视力范围的明显部位。就像从镜子表面发出的像，我们仍可以从镜子中看到，尽管我们知道所有这些像没有与外在真正的物体相对应。确实，我们可以从那些没有外部世界参照物的感觉（如很弱的后像和视角内的物体等）中移走注意力，并且一直都不去注意。但是，如果对于任何与外部体验不同的感觉以及脑海中与之相伴的图像，我们不仅有忽视它们的能力，而且还有将它们转变为其对立面的能力时，我们的知觉将会变成什么样呢？"[95]

"根据所有其他经历进行类推，即便知道那是一种错觉，我们也应该期望征服感会持续于我们的知觉中。但事实并不是这样的。当他们相信这些特殊感觉，当他们被迫假设自己基于经验能做出更好的判断时，他们根本不明白原始空间感的设想是可以解释视知觉的。"

上面这些话，只是原文当中的一部分，却有着很重的分量。但是，即使是赫尔姆霍茨这样的权威人物也不应当动摇一个人原本沉着冷静的心。当一个人放弃了抽象的普遍性而去追寻特性时，我认为他将很容易发现，从中根本得不出任何结论。但是，为了方便讨论，我们需要将这些所谓的案例分组。

（1）根据赫尔姆霍茨的观点，颜色知觉和空间知觉都和脑力有关。所谓的颜色的即时性对比，即当两种颜色排列在一起时，其中一种会影响另外一种颜色，这种现象被他解释成一种无意识的推断。在第十七章"感觉"中我们曾讨论颜色对比问题，当时采用的一些方法也可以部分解决我们目前所面临的问题。在我看来，赫林已经明确地证实了那点，当一种颜色置于另一种颜色旁边时，它调节着后者的感知，并不凭借任何微小的心理暗示的效力。而赫尔姆霍茨则认为这是由于刺激使新的神经过程兴奋了，从而使色彩的感觉立即发生改变。这种解释是物理学的，不是心理学的。原始颜色感觉向后来引起的色彩感觉的转化是由于前者产生的物理条件的消逝而引起的，而在新的条件下，产生了全新的色彩感觉。

一个人也可以将视觉器官横向扩散的过程表述为注视多种运动后所发生的对比现象。这里有一些例子：在航道运行的船只上，我们看到船两边湍急的水流，然后将注意力转移到甲板上，一个条状厚木板出现在我们面前，它向着刚刚我们所观察到的水流的相反方向移动着，与此同时在这块条状木板的另一边，另一块木板的运动方向与水流相同。注视瀑布或者是在行驶的火车上看窗外的路面，会产生同样的错觉，这很容易在实验室内用简单的仪器进行证明。如图20-13，准备一个五六英寸宽、长度适中、镶嵌着玻璃的板子，用两个支脚架将这块板子竖立起来。在板背面下方，有两个卷轴，其中一个有曲柄。一捆捆有形状的东西被传

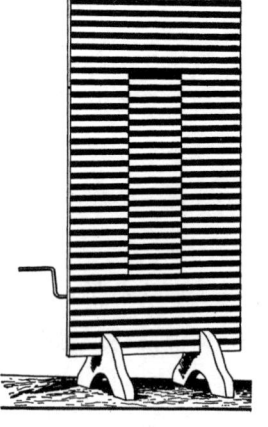

图 20-13

递到卷轴上（它们可以缠绕在卷轴上，以至于保持绷紧而不易滑动的状态），而前板的表面同样被填充物所覆盖，这些都是为了吸引眼球。

现在转动曲柄中心带，使其处于运动状态，与此同时板子的边缘部分仍处于静止状态，过一会向相反的方向转动。随后停止转动曲柄则导致了整个区域内产生向相反方向运动的错觉。

一个绘有阿基米德螺旋线的圆盘（如图20-14），在一个普通的旋转机器上转动，产生了更加令人意想不到的结果。

图 20-14

"如果螺旋线是向圆盘中心方向旋转，那么圆盘表面在转动过程中似乎是在向外扩展，停止后则收缩。然而如果运动方向与圆盘中心的转动方向相反，情况则相反。在前一种情况中，如果观察者的眼睛从转动的圆盘转向任何熟悉的物体——例如，一个朋友的脸——后者看起来像是在收缩或者是某种程度上有很明显的倒退，另一种情况是在螺旋线的反向运动之后，熟悉的物体看起来是在扩展或靠近。"[96]

这些运动错觉的基本形式类似于赫尔姆霍茨在他的《生理光学》中第568～571页描述的那样。在视觉中，从一个锐角到一条直线，任何运动的物体会从感官上扭曲那条直线。如图20-15，在纸上画一条线AB，然后用圆规一步一步地在这条线上面描绘曲线CDE。当这条曲线经过C到达D点时，线AB看起来是向下运动；当它从D到达E点时，这条线看起来向上运动；与此同时，整条线在曲线运动的前半段看起来是在沿 FG 方向向下倾斜；后半段沿 HI 方向倾斜；当曲线经过 D 点，倾斜的改变特别明显。

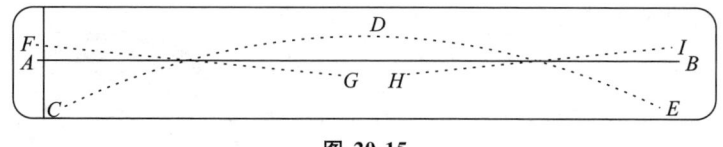

图 20-15

用铅笔画一个点，任何一条穿过这个点的线似乎都在向那个点快速运动。即使其中一个绝对静止，两个物体仍呈现出明显的相对运动，这使我们想起了本书本章第 188 页维尔罗特的那个例子，似乎将我们带回知觉的原始时期，在那个时期，我们还未形成对某种运动感觉的辨别力。如果我们根据佐勒模式(参见本章第 232 页的图 20-9)用铅笔画一个点，眼睛跟着它看，整个图像就会明显出现奇特的动荡景象，赫尔姆霍茨曾仔细地记下这种情况。如果我们目不转睛地注视一个点，对于多数人来说，佐勒图像错觉就会完全消失或者大部分消失，其他的错觉也是这种情况。

现在把这些事实结合起来看，情况表明(有点儿是真的)，目前的刺激以及之前刺激的影响可能改变那些在视网膜或其他视知觉器官上同时发生的过程。在最后提到的案例中，当我们移动的双眼掠过某个图像的某个特定部分时，对于这一部分的感知将会影响调节其余部分的感知，这影响调节即所谓的图形"曲解"。这种解释毫无意义，它只是使事实不被错误地解释而已。有一种错误的解释方法认为，它们都是理性的，不是感性的，它们是第二性的，而非第一性的心理事实。这种曲解的图像被认为是由思维自行想象的，是由于人们错误地持有所知觉的对象并不是我们所直接感觉到的思维定势。这个想象中的图像足够抑制我们对事物的真实感知。但是赫尔姆霍茨、冯特、德尔博夫、佐勒以及其他无意识推断理论的拥护者,在这些无意识假定和推理到底是什么这个问题上彼此意见不一。

相较于图 20-16 中的错觉现象来说,人们一定不会认为本章第 232、第 233 页的图 20-9、图 20-10、图 20-11 中的错觉有什么特殊的了,因为在这里,角度小的角看起来却比大的角要更大一些。在图 20-17 中,对于这种小角度的特殊性,冯特将其解释为一个饱和的空间看起来要比空旷的空间大。然而,根据德尔博夫和冯特的观点,这是因为:相比扫视空旷的空间,我们的眼睛在横扫一个饱和的空间时,需要更强的肌肉神经运动的支持,因为在饱和的空间里,点和线不可避免地要干扰、抑制眼睛运动,这使得我们认为这个过程消耗更多的能量,我

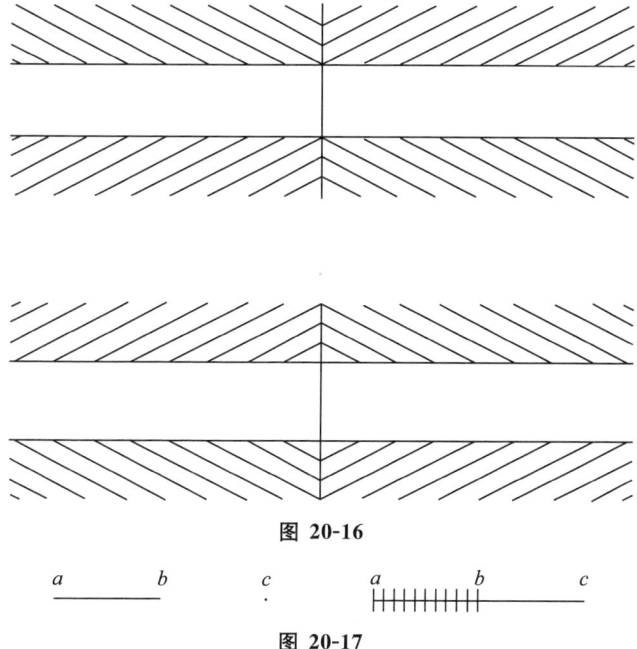

图 20-16

图 20-17

们会以为我们看过了一个更长的距离。[97]然而在前面我们已经证明了肌肉运动在瀑布和螺旋现象中是不起作用的，而且冯特和德尔博夫的肌肉解释理论也很难解释我们前面提到过的圆规线弯曲的现象。我们只能说这些人夸大了肌肉解释理论在解释分割的角和线现象中的作用。我们从来没有这样强烈的肌肉感觉，因为在自然的过程中，我们强迫自己的眼睛不动。但是当眼睛集中盯着图中的一个点时，除了让那部分看起来更大外，大部分人对所有这些图像的错觉都消失了。

而赫尔姆霍茨却提出类比光的色彩和强度，用线段的方向和距离之间的"对照法则"来解释小角的放大错觉[98]，用一些线段切断另一根，使后者看起来比它实际位置更倾斜。我们感觉到线段（被切割的）变长了。当然我们的视觉器官有着天生固有的能力，例如当我们一联想起圆盘进行对比时，它所产生的负后像将会一点点消失。冯特强烈反对这个对比法则[99]，他说通过对比出的小空间应该显得比原样更小，而不是更大。赫尔姆霍茨可能会反驳道（而这个反驳反而对他自己的理论造成致命伤）：如果肌肉解释是正确的，它却与我们皮肤表面所存在的错觉相违背了，在本章第141页中我们了解到了分割的空间在皮肤表面会比完整的空间更短小一些。我们再举一个例子，在一张纸的一面画一条直线，将其分为相等的两半，刺穿两条线段的端点，在其中一条上刺满小孔，然后在这张纸的背面用手指沿着刺穿的孔触摸这两半线段，我们会感觉到没有打孔的那一半摸起来感觉更长一些。即使所有的客观条件都相同，我们对尺寸的感觉在皮肤表面和视网膜上也是完全不同的，这使事情又陷入无法分析的逻辑中。我们可以在赫尔曼的《生理学手册》的第三卷第一章第579页中找到赫林关于佐勒图像的解释。而利普斯[100]则为许多线切割另一条线使得后者看起来比实际情况更向外弯曲这一问题提供了另一个解释。如图20-18所示，他说，如果在线 ab 上画线 pm，我们沿着 ab 线的方向看下去，从 m 点开始，我们的视线会不自觉地偏向 mp 的方向，而我们本身根本就没有意识到我们已经偏离原来的 ab 方向了。这使我们感觉似乎主线 ab 的剩余部分 mb 有点偏离它的原始方向。这种错觉显然是由于两条主线的末端 b、p 看起来很接近的缘故。对于我来说，只要不再用于解释皮肤上发生的情况，这种解释错觉的方法比先前作者给的其他任何解释都更令人满意。

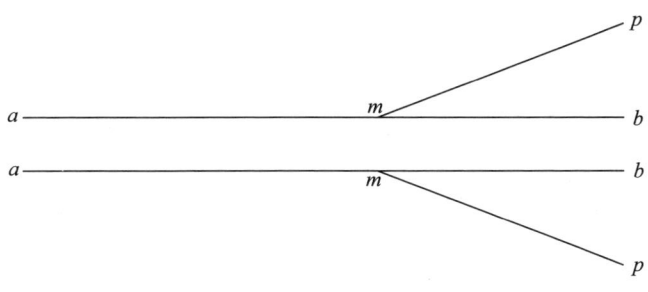

图 20-18

考虑到所有这些情况，我们有理由放弃他的整个错觉理论，因为这一理论与我们当前的研究无关。无论他们能证明什么，也不能证明对于形状和运动的视知觉严格说来不能称为感觉。他们更可能沦落为辐射和颜色对比现象以及维尔罗特的原始错觉运动一流。由此我们知道，尽管我们拥有充足的知识，在我们的经验中，还有很多感知觉并没有留下任何痕迹，它们并不能从我们经验中的空间知觉的外在证据中被我们感知，如果这些知觉的出现频率和实际性能与它现在的稀少和微乎其微处于同一个程度的话，我们早已经将它们定义为真正的空间知觉了。这样我们就可以在以后轻轻松松地感觉到它们了，而这些错觉就像拔了牙一周后就消失的牙孔一样消失无踪。

（2）另一种我们可以忽视的情况是双像。一个彻底的反感觉主义者会否认由于视网膜的不同位置被刺激而看到双像的全部固有倾向，他会说，因为多数人从没有这样的经历，而只是由于他们所看到的所有物体都是单像的这种经验导致他们相信物体就是单一的。"一个双像可以如此轻易地被我们的知识所否认，而不能被称作感觉吗？"一个反感觉主义者可能会这么问。

对此，答案是，双像是感觉的一种，但是它是一种在使用之前需要被区分的感觉资料。一般说来，没有动机，就没有被区别的可觉察特征。[101]那些之后我们需要学着去区分的感觉在一开始时会使我们感到困惑不已。我们已经学会如何区分声音、气味，假设声音和气味现在并不是感觉。一个人学会区分双像的皮毛并非难事，然而，赫林曾经说过，它是一门艺术，一个人不可能在一两年之内变成大师。对于赫林或勒·孔特（Le Conte）那样的大师，普通的立体图像是没有太大价值的，他们并不是将两个图像结合成一个，而是简单地将双像看成是重复线条的相互交叠。沃尔克曼利用添加不同的第二条线的方法帮助我们了解线段的双像。这个案例的效果是和我们先前列举的事例类似的，即由于新线条的加入改变了原先给定的线条的空间价值的案例，除了那些由心理物理规律所引起的线条的融合以及感觉的调节之外，我们也想不出什么原因了。因此，如果在图20-19中，l 和 r 在同一高度上被水平线横穿，从立体的角度来观察，在空间里它们就会作为单一的线条组出现。但是如果水平线在不同的高度，如 l'、r'，就会像 s' 中那样出现三根线。[102]

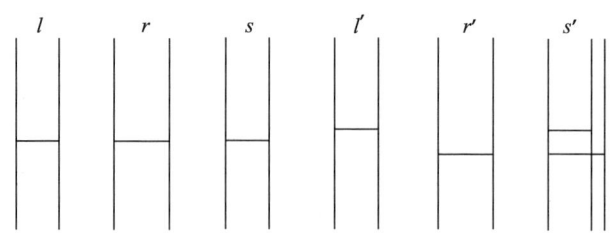

图 20-19

关于双像我们就不多说了。所有事实都证明了沃尔克曼的话[103]，那就是：尽管可能视网膜纤维真的产生了双像的感觉，但是另外的视网膜纤维的兴奋可能抑制先前兴奋的影响，并且阻碍我们区分出双像。然而，更深的视网膜过程，仍然可能将双像传递给我们的眼睛，那时，双像就和我们生活中其他的感觉一样真实了。[104]

(3)在这些被排除的错觉中，除了有缺陷的区分过程和视网膜过程改变所导致的空间知觉的变化以外，还有另外两组错觉让我们感到困惑。第一个是投射到斜面上而被扭曲的后像；第二个和我们眼睛判断距离和大小的不稳定性有关，尤其还包括以幻视著称的错觉。

在本章的第232页描述了第一组错觉，沃尔克曼以他一贯清晰严谨的思维研究了第一组错觉。[105]即使是一堵想象的倾斜之墙，即使只是在画中而已，但如果一个后像投射在上面，它将会因此扭曲变形，使我们以为我们的感觉后像就是呈现在该墙上扭曲的投射图像。因此，当我们的眼睛持续注视着投射在屏幕上的广告牌的直角边框时，它就变回了已经着色的广告牌。这里的后像看起来像是投射到广告牌上的倾斜的图案。这里是同图20-20相反的投射图的现象，真正的斜十字反而看起来像是直角十字。

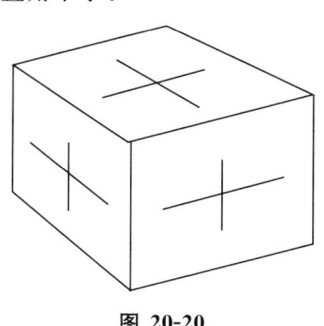

图 20-20

在本章第 231-232 页，同样提及了关于距离和大小判断的不稳定性。无论物体形成的视网膜像的大小是多少，物体都会很自然地被看成它的原始尺寸。例如，一个人慢慢地靠近我们，我们并不会知觉到他的真实尺寸在变大，尽管此时我的一根手指都可以将这个远处的人覆盖起来，但我们永远都会清楚地知道，我们的手指比这个人小。至于距离方面，我们经常可以将近处的物体感知成更远，而将远处的物体感知得离我们更近。当我们用一只眼睛甚至是两只眼睛一起注视一幅人物肖像一段时间以后，这幅平面画就会不可控制地变成一幅立体浮雕。将普通的纸板面具的里层涂得像表层一样，且用一只眼睛观察它，看到的就是凸起的而不是凹陷的。为我绘制这个面具的朋友告诉我，一段时间的注视之后，幻觉是如此的强烈，以至于当时的他很快就不知道该如何刷它了。从中间对折一张名片，使它的两半形成大约90°的角，竖立在桌上，如图 20-21，用一只眼睛观察它。

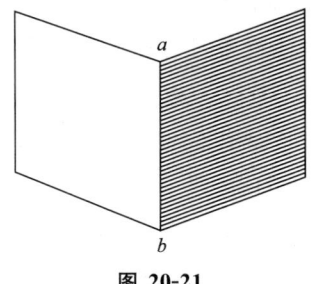

图 20-21

你可以使它的开口看起来像是朝向你，或者是背对着你。在前一种情况中，ab 位于桌面上，且 b 比 a 离你更近；在后一种情况中，ab 看起来与桌面垂直——它似乎确实是这样——a 看起来比 b 离你更近。[106] 再用一只或两只眼睛，注视这个在眼睛的水平线之上或之下的酒瓶或平底玻璃杯的开口（图 20-22）。开口的视网膜像是椭圆形的，但是我们可以用两种方法看这个椭圆，它就好像是一个圆的透视图，这个圆的边缘 b 比 a 离我们更远（在这种情况中我们应该是向下看这个圆的），或者边缘 a 离我们更远（在这种情况中我们应该是通过瓶子的 b 边向上看这个圆）。由于这种注视边缘方式的改变，瓶子在空间里也改变着自身的形状，它看起来或直或偏或偏离我们的眼睛[107]，所有的这些都是由于瓶子放在眼睛的下方或上方而引起的。

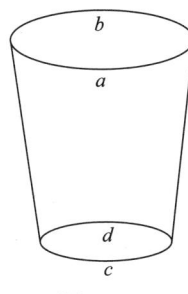

图 20-22

有很多方法可以将平面图看成立体图形，以图 20-23、图 20-24、图 20-25 为例，它们是模棱两可的透视投射，它们每一个都可以使我们想起两种不同的自然物体。在注视轮廓这个瞬间，无论我们清晰构思出的是哪个物体，看到的似乎都是立体的。下面这个小练习能提高我们上下移动轮廓的能力，也就是随意地从一个物体转换到另一个物体的能力。我们仅仅需要注意其中一个有代表性的角度，并想象它是实心的或是中空的——从纸平面向我们靠近或是远离我们——在我们的注视下，整体的轮廓将随着心理暗示即时地改变着形状。[108]

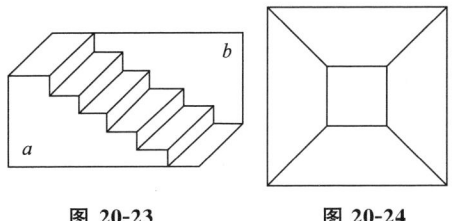

图 20-23　　　　图 20-24

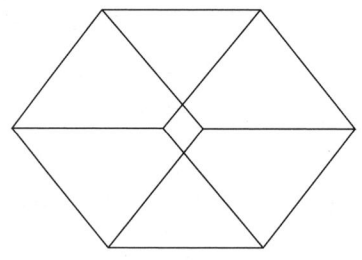

图 20-25

　　这些情况的独特性在于固定的视网膜印象引起了感知模糊。不管是由后像、伪装还是由图解所引起的方式完全相同的视网膜兴奋，我们会立刻把它看成这个物体或那个物体，就好像视网膜像自身并没有实质的空间意义，当然，如果形式和长度是视网膜的原始感觉，那么，视网膜上的倒角就应该不会变成锐角或钝角，而且，直线也不会改变它们应有的相对长度。如果凸现是一种视网膜感受，那么在每一种光学条件都没有改变的情况下，它就不应该往复摆动。这样，无论是以上的哪一条，对否认空间感觉的人来说都应该是他们的最后一站了（也就是说空间感觉否认者的观点是错误的）。[109]

　　必须承认的是，他们的争辩乍看起来好像都是合理的。但是当我们一旦发现视觉信息传递中的模糊性时，否认视觉感受性拥有空间产生的功能是一回事，而公开研究可能产生模糊性的条件就是另一回事了。前一种方式是简单的、广泛的、浅层的；而后者则是困难的、复杂的，但最终会得到很有用的指导。我们自己来试一下吧。在图 20-21、图 20-22、图 20-23、图 20-24、图 20-25 所示的情况中，真实的物体（它的线条在一个平面上彼此相遇或交叉）仿佛已经被我们所看见的想象实体代替。事实上它并没有被看见，而仅仅是非常生动地被想象成了真实的。我们始终都在感觉，然而，事实是我们想到了立方体在那里，但并不是立方体真实存在。为什么这个立方体比另外一个更容易被想到，为什么总体上感知图表、立方体会比感觉平面更容易？这些看来都应归因于概率。[110]我们过去的经验中，这些线条无数次地被立方体投射在视网膜上面，而仅此一次，我们在纸上看见它们是平面的。我们曾经上百次俯视过平行物体、楼梯、玻璃器皿的上表面，而仅此一次，我们是从底下往上面看它们——因此，我们最容易从上面看到立方体。

习惯或概率似乎也控制着凹面错觉和虚幻的面容。除了在凸面上，我们从来没看见过一张人类的脸，因此才会有感觉被压制的情况。因此，同样地，当通过惠特斯通虚拟望远镜观察时，人类的面孔、体态以及其他特别熟悉的表面弯曲的物体，都因为我们对弯曲的固有认识，才不会出现凹面错觉，我们的感知似乎和看特定物体的特定的整个方式结合在一起，当物体完全被想起的时候，它就以一套完满、刻板的习惯方式占据了心理。这就解释了为什么当感知被改变时，转化会变得突然。物体来回运动，从这种事物变为另一种熟悉的事物，而各种不确定的、模糊的和复合的事物都不包括在内，很明显这是因为我们对它们的存在不习惯。

当我们从图解转向现实中真实存在的名片和玻璃杯时，想象的形式似乎完全和真实的情况一样。名片移过来；瓷砖玻璃杯边缘这样或那样倾斜，就像一些内在的弹簧突然被释放到我们眼中似的，在这些变化中真实的视网膜像受到不同的心理分析。但是值得注意的是，补足物和镜像两者可以如此完全地结合在一起，就好像是一体的，以至于我们到头来根本不能区别二者。如果补足物是我们所说的（参见本书本章第237-238页）一套想象的、没有视觉的物体，它们的清晰度似乎一点也不逊色于眼睛从外部得到的感觉。

被倾斜平面的投射而扭曲的后像更加奇怪,因为这个想象的透视物体,放在平面上,看起来不怎么会与前一瞬间被眼睛看见的物体相联系,更多是隐藏和代替它。[111]在所有这些情况中,需要解释的一点是:它是如何实现的?当想象的感觉在活跃性方面次于真实感觉的时候,这些少许的经验证明,它们几乎旗鼓相当。

当我们注意到这些经验所属的那一类别时,谜团就被解开了。它们是明确位于三维空间中的确切"事物"的"感知",我们一直利用它的感觉去定义旁边事物。感觉总是通过观念、名称或事物(参见本书本章第238页)而被理解。视觉迹象的独特性在于非凡的易变性。我们用眼睛追踪事物,从来不怀疑它的物理特征,这些事物会不停地变换它的视网膜像,一个十字形饰物和一个环形饰物在空中摇动,将会经历每个能想象到的角度和椭圆的形状。但是,当我们一直看着它们时,我们会紧紧抓住它们"真实"形状的感觉,这是通过在心里把那些随着独特空间位置的概念一起瞬间接受的图像连接起来而实现的。我们不只知觉到纯粹且简单的十字形和环形,而且还知觉到如何保持着十字形和环形。从我们出生之时,我们就一直在搜索,试图去纠正事物的表面形式,并且通过持续注意的方式来将它们转换到真实的形式。而在其他类别的感觉中这种不断纠正从未发生过。奇怪的是,这样的观念无法抗拒地发挥出它的习惯性纠正效应,即使是当与它结合的物体仅仅是后像时,也会使我们将后者感知为处于一种变化的却是真实的形式之下,这是为什么呢?"真实"的形式也是一种被记忆唤起的感觉,但当我们拥有视觉经验这一联系时,联想起的真实形式是如此司空见惯,习以为常,以至于它抹杀了现实中的新鲜感。

再次,这些情况成了一个特例。在我们不带感情的想象中,某些地方可能会是最生动的一个。这些真实形成的视觉复制品,就是所有情况中最鲜明的了。从低级别的事件中推理，去证明各个级别中都不包含这些极端的情况，这种做法显得非常愚蠢；无论何时，他们回忆习惯和可能的事件时，我们都能清楚地明白为什么这些想象应该比其他任何的更鲜活，而这使得上述做法显得更荒谬了。想象不断重复的出现和再造，会加深神经系统的深沟。深沟和想象用阻力最小的方式一起展开，在任何一点被刺激时，倾向于在动态平衡中使其整体都变得兴奋起来。甚至当真实的刺激不完整的时候，我们也能了解人脸的完整凸面，一个角的正确倾斜，或曲线的正确倾斜度，或两条线的距离。我们的思想就像一个多面体，知觉态度就是各个面。思维被知觉态度磨损，所依靠的便是习惯性的事物，但是只有从其中一个面翻转到另一个时，多面体才能前进。[112]

赫林已经很好地解释了这些习惯性重现从感官上来看为什么如此鲜活的原因。赫林提醒我们，每一种视觉都与神经器官中的物理过程息息相关，他说：

"如果像往常一样，光线对于视网膜的刺激引发了心理物理过程，那么这种过程的形式不仅依赖于光线的自然属性，而且也依赖于和视觉器官相关联的整个神经系统的组成方式，以及它所处的状态。由于这种状态，相同的刺激会大规模地激起不同的感觉。

"神经器官的组成方式部分依赖于先天的倾向性，但在生命进程中，来自眼睛或其他方面的刺激所产生的各种影响也是促使它发展的一个辅助因素。从另一个方面来说，非自愿和自愿的经验、练习有助于明确视觉神经器官的物质结构，并且因此可以作为一种外在刺激对眼膜图像做出反应。视觉中之所以可能有这样的经验和练习,是因为神经物质的再造力或记忆力。器官的每一项特殊活动都会让它更适合于进行一次重复,需要一个更轻微的触觉来使之重复发生。器官就会逐渐习惯这些重复的活动……

"现在,假设第一次体验到由独特的眼膜图像所引起的复杂感觉,某些部分成了注意的特殊对象。在这种感觉经验的重复中,不管外部刺激的性质如何,这部分都将更容易且更强烈地再现。而且当这一过程重复了上百次之后,复杂感觉的各种组成部分引起意识注意的程度却越来越不一样。

"现在,在当前的知识状态下,我们不能断定,眼膜图像首次出现的纯粹感觉与最后出现的感觉完全一样,由于经验的缘故,最后一次,心理会做出完全不同的解释。一方面,我们唯一知道的是,最初和最终的眼膜图像始终是一样的;另一方面,最初和最终的心理感知不同;位于眼膜图像和心理感知之间的纯粹感觉,我们则一无所知。因此,如果我们希望不做出任何假设,那我们就只能这样简单地说:神经器官最后一次的反应和第一次不同,因此,它带给了我们各种不同的感觉。

"但是,眼膜图像不仅重复,而且这种重复会导致规则的形成。与其他图像相比,与接二连三的经验相一致的那部分图像将在神经器官中引起更强烈的反响。因此,它产生的结果是,重复通常是选择性的:与其他部分相比,图像当中反响最激烈的那部分产生的感觉也更强烈。而这又会导致后者很可能会被忽视,可以说是从感知中被淘汰掉。甚至会发生下面这种情况:因为选择而被淘汰的那部分进入不了意识当中,而一种拥有完全不同元素的感觉却进入了意识当中——刺激当中无法客观获得的元素。通过频繁的重复,神经系统中根深蒂固的一组感觉(即有重复的强烈趋势）很容易作为一个整体再生，不仅拥有完整的眼膜图像，而且关键部分也会再生。在这种情况下，我们获得了某些感觉，但刺激的强度不够，无法存在于眼膜图像中，它们之所以存在仅仅是由于神经器官的再造力。这就是互补性复制。

"所以，几个点、几笔不连贯的笔画却足以使我们看见一张人类的脸，如果注意没有专门的指向，我们就无法注意到我们看见了很多实际并没有画到纸上的东西。注意显示，在某些地方，我们原本以为完整的轮廓却并不完整……然而，像其他部分一样，因互补性复制而出现的那部分知觉依赖于神经器官对于眼膜图像的影响，尽管这种影响可能只是间接性的。只要它们一出现，我们就可以称之为感觉，因为它们与那些视网膜上的实际刺激所引起的感觉没什么两样。然而，它们通常不持久，它们中的很多都可能会被更近距离的观察所驱逐，但这并不能证明所有的情况……在单眼视觉中，各部分在三维中分配传送，主要是为了互补重复，也就是对先前经验的重复。当以一种特殊的方式定位一组独特的感觉成为我们的第二本能时，我们的知识、判断、逻辑都不起作用了……事实上，各种各样的事物可能会产生相似的或几乎是一模一样的眼膜图像，比如，一个向三维方向伸展、拥有透视图像的物体。在这种情况下，它常常依赖于小的偶发事件，而且特别依赖于我们的意愿，而不管是否会激起本组或其他组的感觉……我们能看见一个凹雕，像一个模子，凸雕也是如此；无论从左边看，还是从右边看都一模一样。考虑到这些，我们可从它的影子的方向推断其中一个呈现凸起的样子，这个凸起的观念将会指引神经过程到达一个正确的路径上，于是，凸出感就突然产生了……无论何时，眼膜图像都是一种天性，以至于神经器官当中的两个不同的反应模式几乎同时迫近,无论是否认识到这两个反应,它都一定是依赖于一些小的偶然因素。在这些情况下,我们先前的知识经验经常会起决定性作用,并且成功地帮助我们纠正知觉。一想起正确事物本身就是一个很不充分的重复,它有助于将合适的眼膜图像完善成清晰而生动的感觉。但是如果神经系统中还不存在制造出那个被我们判断为正确的知觉对象的倾向,那么即使我们的知识经验努力去唤起这种感觉,那也将是徒劳无功的。那时我们就会知道,我们看见的东西没有与现实相对应,但我们仍然看到了它们。"[113]

请注意,如果不持续地练习再现的物体,是不可能在想象中得到生动图像的。客体对象的角在人们的眼中一直改变着角度,在表面尺寸之间留有间隔,标示出它们的距离。但是,不管通过空间中的什么位置,一个物体的直边也不可能看成是弯的,只有在一望无垠之处,波浪线才可能看起来是直的。因此,将一条直线的后像投射在两个面上,形成一个角,令直线本身有一种"交缠"的感觉,这是不可能的。在房间角落观看:那个后像可能覆盖三个平面的交界之外,但它看起来仍然是直的。沃尔克曼建构了一个投射的复杂表面,如图20-26,但它发现不可能把一个直线后像安置在这个面上,以便改变它的视觉形状。

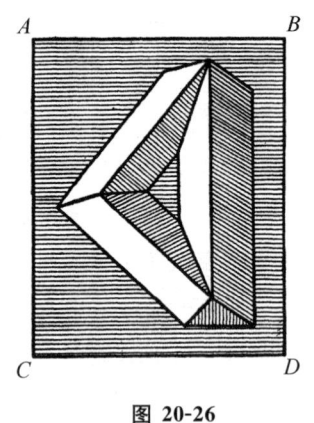

图 20-26

其中一个我们最常看见的位置就是在我们面前伸展开的地面。我们持续不断地练习思考这种透视,不顾视觉透视法而将事物缩短至真实形状。因此，如果以上的解释是真实的，我们应该发现这一习惯已根深蒂固。视网膜的下半部分通常看见分散在地面之物较远的那部分，它应该已经习得了一种通过想象将图像增大的习惯，为的是使它们与那些落在视觉表面上半部分的图像相一致；而且这样的习惯应该很难消失，甚至是在物体的两半与眼睛距离相等的时候也是这样，比如在纸上的一条垂直的直线。德尔博夫已经发现，如果要把这样的一条直线一分为二，我们会把切分点放在大约高出直线长度 1/16 的地方。[114]

同样，一个画在纸上的十字形或正方形，高度看起来大于宽度。而且真的是这样，读者可以通过观察图 20-27 来证实这一点。同样的原因，字母 S 的上半部和下半部，或数字 8 的上下部很难看出来有所不同，但当把它们翻个个儿，倒过来，上面的一半看起来会大一些。[115]

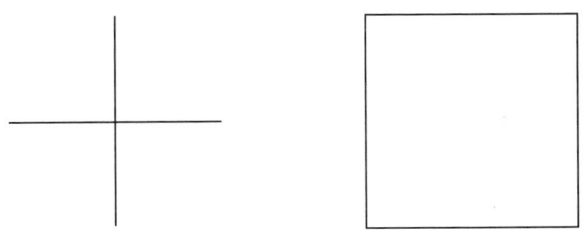

图 20-27

赫林试着用同样的方式来解释我们为什么会夸大角度。我们对直角的研究远多于其他角度。事实上，人类对于直角别有一番兴趣。天性几乎不是产生它们的原因，但我们借助它们来思考空间，并把它们带到任何地方。结果，钝角和锐角总是倾向于被想象成直角透视，特别容易在记忆中恢复成直角。在看图 20-28 所示的三个形状 a，b，c 时，很难不用透视法。至少，会按照透视法缩短直角的形式。[116]

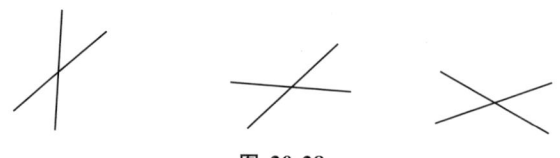

图 20-28

同时,我们对于面前线条的本能感觉模式,无论何时,都会因联想透视而发生扭曲,能够被头脑正确感知,能够从透视概念中抽离出来。不同个体在这种抽象能力上是有差异的。艺术训练能提高这种能力,经过一段时间的训练之后,在估计垂直平分、相对宽度时就不会再犯错。换言之,我们学会了将面前的光学感觉单纯化。[117]

把我们对错觉的研究总结一下,我们会说,它们绝对没有破坏所看到的景象,对于事物的每一种空间判断起初都是眼睛的某种感觉形式。它们仅仅表明了眼睛的特定想象感觉是如何产生的。

只要它们产生了明确的形式,这些感觉似乎都会被视网膜所排斥。眼球的移动在训练我们的感觉上发挥着很大的作用,这是真的。但它们在构建任何一种感觉形式上却毫无用途。它们的功能是通过追查视网膜条纹,来限制激发各种各样的感觉形式。而且要通过不同的视网膜表面部分与相同的实际事物相比较来逐一测量它们,赫尔姆霍茨对于视像领域的测量进行了分析,巧妙地规避了一两个错误,并且这似乎证明,眼睛的运动在使我们产生视网膜的等价感中起到了一定的作用——不同视网膜形式和大小的心理等价,而不是形式和大小本身。叠加是眼动完成这一结果的方式。一个物体在视网膜的外周部分追踪线段 AB,快速移动眼睛,使得相同的物体在中央部分追踪线段 ab,我们立刻判断 AB 和 ab 为等价的。但是,正如赫尔姆霍茨所说,等价判断与感觉视网膜图像本身形式和长度的方式不同:

"视网膜就像是一对圆规,我们运用它的两个角连续到线段的尾端,为的是看看它们是否一样长。关于圆规,我们此刻需要知道的是,它的两角之间的距离是不变的。至于距离是多少以及圆规的形状是什么,这些都无关紧要。"[118]

测量意味着用一个东西来衡量。视觉提供了测量之物,客观事物形成了尺度,运动执行了测量。当然,只有当同一个物体落在大量视网膜的神经纤维束上时,才可以很好地进行测量。当神经纤维束彼此之间呈广角时,几乎是不可能测量的。但视野中有某些特定方向以及特定的视网膜神经束,沿着这些神经束特别容易形成物体滑动的图像。此时,物体就成了这些神经束的标尺,正如赫尔姆霍茨指出的[119],如果在我们的眼中,物体当中最明显的那部分是直的,那么,我们就会认为它所有地方都是直的。

但是,叠加的需要显示了运动感觉本身缺少准确的空间导入。正如我们通过在同一条实线上连续叠加,来比较两个视网膜痕迹的空间价值,我们也可以通过在同一视网膜痕迹上叠加,来快速比较两个实际角度和线段的空间价值。如果通过单纯的肌肉感觉或神经支配,可以立即领会眼睛运动,那么就不需要任何程序了,例如,空间里不同的长度和方向。为了比较视觉痕迹,需要充分留意图像在视觉痕迹中移动时会产生什么样的感觉。而且两条实线也能够通过沿着它们移动的不同的视觉痕迹进行比较。比较不平行的线条就像比较平行的线条一样,都很简单。[120]无论向什么方向移动,运动的量都是一样的。

第七节　总　结

说到这里，我们可以结束这一章的长篇大论了。视觉的真相错综复杂，而且那些在生理视觉方面深入研究的人将会更惊讶于我们一直在删删减减，而没有详细阐述细节。但考虑到那些只见树木不见森林的同学，我先简要重述一下整个论据的要点，然后再转到对历史研究的简短阐述，这样就会让他们轻松一些。

我们所有的感觉都是真实的且无法说明的广泛整体。

对建构空间知觉起作用的感觉，似乎仅仅是皮肤表面、视网膜和关节，我们在产生形式、方向等的感觉时，"肌肉"感觉并没有起到实质作用。

大范围的肤觉或视觉，很快就会被辨别性的注意细分。

运动由于感觉独特的兴奋性而有助于辨别，而这些感觉特性是在表面上移动的刺激所造成的。

细分，一旦进行了辨别，就获得了整个空间中相互之间的明确位置关系。这些关系本身就是对细分的感受。当这些细分不是刺激的活动中心时，这些关系就仅仅是在想象中再现。

各种各样的空间知觉，首先，是彼此不连贯的，而且在早期，它们和细分的部分无论在客观上，还是在形式上，都没有太大的可比性。

空间知觉的训练主要包括两种过程——将丰富的感觉减少到一个共同的感觉，以及把各种感觉加在一起，形成一个单一的、包罗万象的真实空间。

测量和增加都需要借助一些事物完成。

想象的方位被那些现实的、可能的、运动的或静止的事物所占据，我们认为这些事物是我们的"真实"空间的概念——在所有人的头脑中，都是一个很不完整的、很模糊的概念。

对于彼此间空间感的测量主要是通过同样事物连续激发的不同感觉，通过选择某些"真实的"感觉，将其视为"真实的"尺寸和形状，把其他感觉降为一种"符号"而实现的。

因为把同一事物连续应用到不同的空间表面上，运动就显得必不可少了。因此它在我们的空间训练中发挥着重要的作用，尤其是在视觉训练中。从理论上来考虑，物体在敏感表面上运动，以及在物体表面运动，二者都有助于空间训练。但器官能带动表面的自主运动，这大大地加速了结果的产生。

在受过训练的空间知觉中，当前的感觉常常就像赫尔姆霍茨(《生理光学》，第797页)所说的，是一个符号，若要弄清这个符号是什么意思，就得有"理解"的加入。但是理解排斥复制，也从来不在过程中进行创造；它的功用仅限于对先前空间感觉的回忆，那些先前感觉与当前感觉是联结在一起的，可能会被判断为比感觉本身更真实。

最后，这种"重复"在特定视觉形式中可能或几乎与真实感觉一样清晰逼真。

第三个维度形成了空间知觉的一个原始的成分。在视觉中，它被各种各样的辨别进一步细分。更远的细分会经常整个挡住，而且在被抑制时，会缩减整个视野的绝对空间价值。[121]

第八节　历史上的研究

我们先看一个简短的历史概述，在空间知觉的研究中，第一个重要的成就是贝克莱的视觉理论。这一理论确立了两种观点：第一，距离不是意识的视觉形式而是得到视觉符号暗示的一种触觉形式。第二，没有一种性质或观念是触觉和视觉所共有的，优先于下面这样的经验，即一个人可能从一个物体的外表来预期任何有关它的感觉尺寸、形状或位置，或是从对它的触摸来预期它的外表。

也就是说，我们已经证实的，贝克莱已经明确了各种感觉空间最初混乱或半混乱的条件，他给心理学留下了一个问题，"和谐解救"的方式是什么样的，为的是涉足一个相同的广阔世界。

英国的追随者们模仿贝克莱的方式，用各种各样彼此暗示且有联系的观念解决了这个问题，而且很大程度上和我们所做的有些类似。但是或因为他们陶醉于联想理论中，或因为细节的数量，使他们迷失了总的方向。一般来说，他们已经忘了去阐释最原始的空间感觉经验是在什么样的感觉形式下建立起来的，而这一感觉形式在后来和如此多的感觉符号联结在一起。他们不理会洛克大师提出的准则，他们多半仅通过一开始并没有的感觉联想试着解释、发展广泛的多元化本身。首先，他们使广度的本性消散，采取的方法是将原始状态仅仅等同于"同时存在"，然后再把"同时存在"解释为连续，假设它是一个极快的、可逆的连续体。空间知觉的出现不含有任何假设成分。唯一假设的东西是未扩展的感觉和时间。正如托马斯·布朗所说（第二十三篇讲稿）："我颇为赞成颠覆想象的过程，而从广度中测量时间，从时间中获取广度以及广度的最初测量。倾向于完全转变通常信以为真的过程，并且取而代之地引申出对广度中的时间的测量，倾向于从时间中引申出对知识和广度的最初测量。"布朗和穆勒父子都认为视觉、颜色在它们的原始条件下，都被感受为没有广度，而且后者与它们紧紧联系在一起，不可分割。约翰·穆勒说："无论什么都可能是视觉印象通过一个两种颜色的分界线的直线所传达的,我发现,没有任何理由让我们相信,当一种颜色在另一种之外[122]的时候,仅仅通过眼睛,就能得到我们现在所指的概念。"[123]

出于什么原因,广度会与那些未扩展的颜色感觉建立如此不可分割的、紧密的联系呢?从眼球的"扫视和移动"——即从肌肉的感觉中产生。但是,正如贝恩教授所言:如果运动觉带给了我们事物的属性,"它就似乎不再是空间而是时间了"[124]。而且,约翰·穆勒说:"空间观念,本质上是一种时间观念。"[125]那么,空间并非一种基础的感觉,而是用贝恩的话来说:"它是一种特性,它没有别的来源,没有别的意义,只是与不同的(非空间性的[126])原动力和感觉效用相联系。"[127]

这些认为联想不能产生任何东西,只能按照不同的方式把已经存在的事物编织到一起的想法,听起来实在诡异。事实上,英国联想主义学派在标榜自己的理论时,已经言过其实了,他们所信奉的这一空间知觉理论最终只会令人厌恶。确实,有三种可能的空间理论:①压根就不存在感觉的空间性,空间仅仅是一个连续的符号;②在某些特殊感觉中会立即具有延伸性;③有一种从心理的内部资源中产生出来的性质,去遮盖住那些最初并非空间的感觉,具有空间的形式,变得整齐划一。这第三种理论是康德的观点。斯顿夫赞赏地指出,这就是"心理刺激"理论——认为那些未加工的感觉是一种促使心理产生休眠力量的刺激。

在这众多的可能性当中,布朗、穆勒父子和贝恩等人似乎都像羊一样迷失了方向。穆勒父子所提到的"神经化学"正好和冯特所说的"心理综合"是一模一样的,我们将很快明白,这是一个专门为了做联想所不能做的原理——他们持第三种观点,但后来,在某些其他地方又有第一种观点的影子。不可能从联想感觉不包含的事物当中获取联想，不可能不喜欢自发性的心理生产力，他们在可怕的困境中挣扎。萨利先生以一种很模糊、摇摆不定的方式将它们联系到一起。而斯宾塞先生，当然会装作是从与他们不同的事件当中"发展出"这种心理特性，他拒绝将空间性与空间知觉发展而形成的基础感觉相匹配，对此我们一点儿也不惊讶。因此他说（《心理学》，第 2 卷，第 168、172、218 页）：

"广度概念不可能源于一大批神经末端的同时刺激，例如肤觉或视觉，因为这可能会意味着一种它们相关位置的信息——即一个关于特殊广度的、荒谬的先存意念。连续的意识状态之间的关系不能给出关于广度的任何概念。伴随着运动的肌肉感觉与它们相联结的空间和时间概念大不相同。"

斯宾塞依然强烈地抨击着康德的关于空间是由思维自身的资源产生的这一立场。但是他无法否认空间之所以区别于时间是由于知觉的特定影响造成的。

这种前后的不连贯实在可怜。事实上，这些人实际上都是真正的"心理刺激主义者"或者康德主义者。他们口中的空间是超越感官的精神产物。这种观点对我来说完全是天方夜谭。但我们还是来看看，他们是如何坚守自己观点的吧。与其他人相比，叔本华对康德的观点所进行的描述更加气势磅礴、清晰明了，他说：

"一个人肯定会被所有的神明抛弃，他梦想着看到我们所处世界之外的世界，澄清的三维空间，随着时间的流动不可阻挡地前行，每一步都被因果关系所支配——但是所遵循的规则只是，在所有经验之前进行描述——我想，要梦想这样的一个世界必须得超越人类的水平，必须客观真实，同本身没有任何瓜葛，而且，只依靠感觉以及随后的某个行为，它便能进入我们的脑中，并且重建一个和外面一样的复本。这种感觉是多么的窘迫啊！甚至，在感觉的最高级器官中，它都只是特定的感受，只允许有少数几种新变化。它总是严格保持主观性，在它里面没有任何客观性，不像感觉一样。各种类型的感觉都包含在有机体本身就有的过程之中。就其本身而论，它被限制在皮肤内部的区域，因此永远也不可能包含任何皮肤之外或我们自身之外的事物……只有当理解产生于活动，使唯一的形式——"因果律"起作用时，才会发生巨大的变化，主观感觉才会变成客观知觉。理解，就是通过它天生的、优先的、先验的形式，来掌握身体的既定感觉，这种感觉结果一定有某种起因。同时，为了将起因限制在机体外部，理解召集其外在的感觉形式，而大脑中已经有了类似的感觉形式，即空间……正如我一会儿要说明的，在这个理解的过程中，请注意既定感觉中哪怕最微小的特性，这是为了能在外部世界确立一种能够彻底解释它们的原因。但是，进行理解，理论上并非推理，也不是深思熟虑，也不靠词语和概念，而是直觉性的、即时的……所以，理解肯定创造客观世界。由于感觉提供给我们的仅是未加工的材料，因此，它们必须首先通过上述的空间、时间和因果关系的简单形式，精心制作为有秩序的物质世界系统中的实在概念……期望结构清晰，但素材粗糙，从中我们可以看到感觉和知觉中的巨大差别……只有两种感觉符合客观知觉：触觉和视觉。它们在理解的基础上提供了数据，表明了过程，构建了客观

274

第二十章 | 空间知觉　1027

世界。这些数据本身是没有知觉的，是理解的作用。如果我用手按压桌子，我接收到的感觉没有与这个桌子的牢固进行类比，唯有理解参与时，才感觉到这是一个坚固的、不可穿透的、具有硬度的物体。黑暗中，我把手放在一个物体表面上，或者抓住一个直径为三英寸的球，但由于两种情况下，手掌收缩的不同，我的理解建构了物体的形状，对接触的物体产生了感觉，摸索物体而来证实它的结构。如果一个先天盲人拿着一个立方体物体，他手上的感觉会在各个面上和各个方向上都非常一致——除了按压在他皮肤上的那一小部分上的角。在这些感觉中，就其本身而言，是没有任何类似于立方体形状的感觉。但是通过感觉到的阻力，他的理解会立即凭直觉找出原因，推断出这是个立方体。他的手臂在手的感觉保持一贯的这段时间内，进行了探究行为。从这些感受到的阻力和探究行为，他在对他来说是先验的空间里，建构了物体的形状。如果不具备现成的因果和空间观念，那么按照规则，他不可能通过手部连续的感觉构建出立方体的意象。如果我们用一条细绳穿过紧握的手，我们就会由于在手的这种姿势中产生的摩擦和它的持续时间来建构出始终朝一个方向移动的长圆柱形物体。但是运动的观念，从来就不是从手中了解的纯感觉：永远不可能在感觉中存在，也不可能出于感觉。我们的智慧，在所有经验之前，必须自身拥有空间和时间的直觉、运动的可能性，以及因果关系的想法，从而由经验给出的感觉找到原因，并且能将后者建构成为一个移动的、明确形状的物体。手中的单纯感觉、因果关系、物质性和空间中的运动，它们之间的差距是如此之巨大！手中的感觉，即使拥有不同的触感和位置感，在内容上都是太过一致、贫乏，因此不可能从中建构三维空间的概念，也不可能建构出物体彼此间相互作用的概念，广度、不可穿透性、聚合性、形状、硬度、软度、运动等这些属性都不可能建构出来——简言之，也就是物质世界的基础，只有通过空间、时间和因果关系才有可能在头脑中完成。从中可推导出，对外部世界的感知在本质上是一个用脑的过程和理解的工作，感觉仅仅提供了一种场合而已，进而在各种独特情况中解释数据。[128]

我之所以称这种观点为天方夜谭，是因为我脑中对康德的"机械车间"没有一点儿意识，而且认为也没有必要以这种残酷的方式蔑视感觉的力量。我没有精神上产生或创造空间的内省经验。我的空间直觉不是两次而是一次发生的。消极的非延伸性的感觉被其他积极的延伸性的知觉成功取代，但是，色彩感和感觉形式一样可以立刻感觉得到。还有更高级的心理成分在发挥着作用，谁能否认这一点？增加和减少、比较和测量、创造和抽象，它们使空间知觉和智力联系交织在一起。但是，它们在空间系统中获得的元素关系与它们在构成世界的其他任何元素之间的关系是完全一样的。

康德学派论点的本质是"不存在空间"，但是空间——一个无限连续的单元——以及我们对它的认识不可能是一个由叠加和抽象而产生的零碎的感觉事件。显然，答案是：如果存在已知的事情，其开始部分表现为零星建构和抽象，那么它就是世界上无限的、整体的空间概念。如果存在这样的情况，那么，它就是一个概念，而不是直觉。虽然进行了象征性的删减，但大部分人还是要在这种情形下去理解它：如果可能的话，我们一直试着把它变得更加充分。我们只需要把一项感觉广度的意象加给另一个，直到我们累了。大部分人都被迫转变方向，在我们考虑我们身后空间的时候，终止了对身前空间的思考。而且，与遥远的空间相比，临近我们的空间可以进行更加精密的细分。

关于空间理论方面，另有一些杰出的德国学者也是"心理刺激论者"。赫尔巴特的影响最为广泛，他说，"静止的眼睛看不见空间"[129]，他把视觉广度描述为运动的影响与非空间的视觉联结在一起，目的是使后者形成等级次序。这个系列当中的某个既定的感觉可以依序再现联想的概念，而且这种概念可以被当中任何一个以相反的顺序再现。由于这两种完全相对的再现融合在一起，产生了空间的形式[130]——天知道是怎么回事。

反对之声认为顺序是一个类别，空间顺序是这个类别中的一个奇特的种类，如果可逆系列可在空间中并存的话，那么音乐声阶、冷暖度数和所有其他理想系列对我们来说都应该是以广泛的物质聚集形式而存在——但众所周知，它们并非如此，但我们可以用一个空间图表来表征它们的顺序。赫尔巴特学派 W. 沃尔克曼·冯·沃尔克玛（W. Volkmann von Volkmar）明知山有虎，偏向虎山行，尽管他承认音乐的空间并不属于真实世界，但他认为音乐音阶是空间延伸的。[131]我不知道还有没有其他一些像他这样大胆的赫尔巴特派学者。

我们将经常使用的词"局部信号"归功于陆宰。他坚持认为，空间不能直接从外面移居到意识中，但它肯定能被心灵重新建构，而且他似乎认可心灵可以对它最初的空间进行重建，但是为什么感觉本身不是心灵原始的空间重建行为，这一点陆宰未能解释。

冯特毕生致力于空间理论的研究，他在《逻辑学》（第 2 卷，第 457～460 页）一书中有关于这一理论的最简洁和最具有决定性的表述。他认为：

"在眼睛中，空间知觉有某种特定的一贯特征，这表明单一的视觉感受自身并不具有广泛的形式，但是在每一处的空间知觉中，不同的感觉是联结起来的。如果我们假设光感本身具有广泛性，但视觉运动的影响清晰明了，可以在正常的测量错误中追踪得到，这便彻底粉碎了我们的假设。另一方面，如果我们假设，运动和它们的感觉都具有广泛性，我们就作了一个无法验证的假设，因为这个现象迫使我们将影响等同于行为。但我们没有权利漠视视觉，因为没有一种视觉观念可以脱离视觉。如果严谨地表述既定事实，那么就是：空间结构是视觉与运动的联合。"

因此冯特把理论分为"先天的"和"遗传的"，并且称他自己的观点为遗传的理论，为了将这一理论从同一类的其他理论中区分开来，他给他的理论命名为"复杂的局部信号理论"。

"它假设两个局部信号系统之间的关系——以眼睛为例——我们可能认为是……视觉多方面的局部信号系统的测量，这一测量通过运动的简单局部信号系统来完成。在它的生理属性中，这是一个联想性综合的过程：它包括将两组感觉融合为一个，它的基本元素在观念中不再彼此相分离。由于它们全部融合到所创造的结果中了，因此它们在意识上变得难以区分，而且大脑仅仅能理解它们的结果，即空间直觉。这样就得到了一个在心理综合和化学综合之间的特定类比，即由简单的物体产生了一个化合物，而这个化合物对我们的瞬间感知而言表现为一个有新属性的同类整体。"

普通读者读起来或许会一头雾水，这是因为他不了解具体内容。像冯特这样的睿智学者之所以能够对"结合"和"心理综合"做到了然于胸，原因一定在于：与普通读者相比，这些词语在一个博学的大脑中传达了更加丰富的且有积极性意义的内容。可事实恰恰相反，所有词语的功效仅仅在于它的声音和外表。学习起到了作用，并使一个人对原本无法理解的事物更加敏感。冯特的理论是世界上最不周全的理论，它由一个不真实的假设开始，接着用一个没有意义的词语进行纠正。视觉是立体的。假如它不是立体的，那么即使再大限度地与平等的无限动力的感觉结合，也无法理解它们。简言之，冯特的理论仅仅是一个不起作用的断言，依靠的是虚幻的精神力量。[132] 他承认，我们分析不了它的构造，给不出意识中空间性质的起源。但同时，他认为，它的由来是心理方面的，而且不是大脑事实。将某个特性称为感觉特性时，就等于我们自己放弃了分析它的能力，认为它的来源是大脑的而不是心理方面的——也就是说，它是一个基本的心理事件。这不过是可能的事实，到底是不是真的，由读者自行决定。

那么，应该怎样评论赫尔姆霍茨呢？总的看来，我认为这本书是整个科学历程中为数不多的几本伟大的不朽作品之一，我能在其中找到存在的缺陷吗？如果真相驱使我一探究竟，哪怕前方狂风暴雨，我也必然会欣然接受。看来，当赫尔姆霍茨紧跟特定的事实时，他的天赋异禀才会一路顺畅。无论如何，他在纯粹的思索过程中显得最为软弱无力，在视觉这一章，尽管有很多精妙之处，但总的看来还是摇摆不定、含糊不清的。赫尔姆霍茨所坚持的"经验主义"的观点，是我们知觉到的空间决定性在每种情况下都是无意识推论的产物。[133] 而这个推论和从归纳和类比中所得出的非常相似。[134] 我们经常看见的那个在我们面前的形状，它可能已经习惯性地导致了我们现在的感觉。[135] 但是，从本质上来看，随后的感觉不可能是空间性的，或者说，它内在的空间决定性永远不可能被它经常暗示的虚幻的空间决定性所战胜，因为它们出现的频率非常之高。[136] 由于虚幻的决定能上溯到经验的某个暗示，真实的决定肯定也能追溯到这样一个暗示。因此，所有的空间直觉都仅仅是由于经验。[137] 唯一所需的心理活动是观点的联合。[138]

但是，人们可能会问：联合能否在未联合的事物中产生空间性？我们怎么能通过归纳或者分析来推断出我们通常还未了解的东西呢？"经验暗示"能再现出最初并没有的独特经验元素来吗？这就是赫尔姆霍茨的"经验主义"理论必须要进行判断的问题。没有其他理论比这更名副其实地留下了如此难解的一题。

但赫尔姆霍茨确实留下了这道难题。曾有一段时间，他似乎求助于精神方面的神秘力量，并且，似乎将自己归为"心理刺激主义者"。他表示，自己已经在区分那种形式的（空间、原因）经验内容上迈出了关键的一步，而这种形式则是由独特的心理官能提供的。[139] 但是，又一次[140]，在提到感知觉理论将空间上确定的感情直接与某些神经活动理论连接时，他说，最好假设只存在简单的心理活动，而且他列举了观念的联合作为假设的例证。后来[141]，他进一步承认，他发现不了在没有先前经验以便预备产生空间知觉的情况下是如何产生神经过程的，使他的言论得以巩固。最后，简单说来，他提及了触觉可能作为我们空间感知的最原始的材料——这一材料来自于视觉，可能被假定为既定事实。[142]

当然"眼睛人"有权在紧要关头转过头来求助于"皮肤人"，但这不正说明了他仅仅是一个"眼睛人"，而不是一个完全意义上的心理学家吗？换句话说，赫尔姆霍茨的"视觉"这一章和已经公开宣称的"经验主义理论"，并没有回答关于空间意识如何进入大脑这一主要问题。

第二十章 | 空间知觉 1033

它们只是简单地否认了它是和最初的视觉一起进入意识。[143]我们自己已经断言了它在随后就进入我们的意识。但是和赫尔姆霍茨一样,我们没有解释为什么。谁称一个事物为最初的感觉,谁就等于承认找不到它生成的理论。赫尔姆霍茨尽管一直以来都没有一个结构严密的理论,却将他拥有的世界范围内的事物统一起来了。他出色地追踪了复制过程在我们的空间视觉中造成的巨大作用,但除了在触觉方面的寥寥几笔,他从来没有告诉我们它们重复的是什么。他限制自己去否认它们再造了视觉种类的原型。问题相当复杂,对大众科学家而言,那些醒目的词语的作用又是如此神秘,以至于他同样用"生理学的"代替"本能主义",而且用"精神主义"代替"经验主义"(这些同义词是由赫林提供的),现在,他的许多经验主义追随者,可能不会在他的教学中发现任何值得表扬的地方。但是他在写文章时可不是这样,他们为他喝彩,就像他是第二个洛克,因为他在处理另一个"天生观念"的棘手问题上给了致命一击。他们可能想象不到,他的"天敌"赫林,居然是一个现代的学究。

继冯特和赫尔姆霍茨之后,在德国最重要的反感觉论的空间学者就是利普斯教授了。他从一个无空间差别的持续不断且彼此分开的序列中得出的空间推论,是一篇有着绝佳精妙性和逻辑性的作品。然而,他不得不断言那些连续的不同之处首先仅仅形成了一个不需要表现为空间的逻辑序列,并且无论何时,它这样出现的时候,都肯定会被认为是一种"事实",一种源于"精神本质"的"事实"。[144]

利普斯和除赫尔姆霍茨外几乎所有的反对感觉主义的理论家们,都似乎因为混淆而感到羞愧,他们将观念分析与产物的意义混为一谈,然而,沙德沃思·霍奇森(Shadworth Hodgson)已经将这种混淆彻底分清了。举例说,利普斯发现我们思考的每一空间都可以在各个方位被拆合，而且推断出，在聚集的空间表现为感知之前，很多的位置一定都已经通过某些未被阐明的方式先存在于思想之中了。同样，斯宾塞先生把广度定义为"同时存在的位置的关系集合"，他认为"每一个广度的认识都是一种对位置关系的认识"[145]，而且"没有广度的观念能从很多神经的同时兴奋中产生出来，除非有它们相关位置的信息"[146]。正是如此，贝恩教授坚持认为所谓空间的意义在于运动的范围[147]，并且距离和广度不是眼睛感受性的原始属性，同样，因为运动可以被分析为运动者连续运动时占有的位置，学者们（比如，前面引述的叔本华）已经反复否认它可能是一个即时感觉，但是我们已经发现，它在我们所有的空间感觉中，是最即时的。因为它仅仅会发生在一个特定的方向，没有觉察到它的方向就不可能觉察到它——一个最简单的实验就能推翻的规则。[148]这是一个我们称之为"心理学家的谬误"的问题：仅对空间些许了解，就认为已经掌握了一切相关知识，后者需要有前者的心理状态，而且各种虚构过程都要一起来帮忙。[149]同样，可能有人会说，这是因为世界是由各个部分所构成，因此我们只有通过无意识地在脑中将它们概括起来才能完全地认识它。它是我们从先存在的可能性中推论出的现实知识的旧观念，无论它可能形而上学地具有什么样的价值，但是在心理学中它是没有作用的观念。

赫林、沃尔克曼、斯顿夫、勒孔特和斯肯（Schön）的文章对解释我自己的感觉论有所裨益。这些人都允许以广阔的视角来看待经验，但是他们仍给"经验"这一内容遗留了需要思考的问题，而这些恰恰就是所有经验主义者所忘记思考的问题。在我看来，斯顿夫似乎是这些人（即像赫林那样的空间知觉理论家们）当中最富有哲理性的和最渊博的作者，我在很多地方受益于他。同样，我也要感谢詹姆斯·沃德先生，因为他在《大不列颠百科全书·心理卷》中的文章先我所思而思。

各种文字的相关文献真是卷帙浩繁。令我满意的是，为了找到这一主题的视觉部分材料，我查阅了赫尔姆霍茨和奥波特先生关于生理学的视觉文献的目录索引，而且用英语把这些著作一条一条地记录了下来，以便能用一种更全面的方式来对待这一主题。[150]

注　释

1　本章对发表在《心灵》(1887年)杂志上的论文进行了仔细的修订。

2　贾斯特罗教授已经发现，当我们从视觉空间的方面来表述时，我们总是倾向低估被物体的接触所刺激的皮肤的数量，也就是说当被要求在纸上记录皮肤感觉的内容时，我们总是把它记得过小。这显示了眼睛从更小的线中得到与从更大的线中相同的空间感觉。参见贾斯特罗，《心灵》，第11卷，第546-547页；《美国心理学杂志》，第3卷，第53页。

3　在各种声音中，更庄重而缓慢的声音听起来是最有穿透力的，对此，斯顿夫给出了三种解释：(1)与更大的起因结合；(2)当这种声音发出时手上和身体上有更大范围的回响；(3)在一个更远的空间距离中的可听度。他认为这三个原因使我们避免假定在这样的声音感觉中存在一个内在的空间广延感。参见他在《乐音心理学》，第1卷，第207-211页中的评述。

4　《不列颠百科全书·心理卷》，第9版，第46、53页。

5　《哲学学报》，1841年。

6　赫尔曼，《生理学手册》，第3版，第1卷，第575节。

7　在上述引文中，第572节。

8　《心理物理学纲要》，第2卷，第475-476页。

9　福斯特，《生理学教科书》，第3卷，第6章，第2节。

10　费希纳并不了解新近发现的半规管功能，给出一个对这些感受器官活动中心的不同解释。它们可能高度复杂。对我而言，眼球的实际运动对它们有相当大的影响，尽管我几乎很难意识到在头皮部位的奇怪感觉。费希纳接着描述道："紧张性注意在不同的感觉器官中似乎仅仅是一种肌肉感觉，这一感觉是在使用这些不同的器官时,开始处于兴奋状态下,通过一种反射动作而产生的。"有人可能会问,紧张性注意的感觉在努力回忆某些事情时是与什么样特殊的肌肉收缩相联系的呢?关于这一问题,我自己的感觉给了我一个明确的回答:它使我明白,这显然不是一种在头里面的紧张感觉,而是一个在头皮上的拉紧和收缩的感觉,并伴随着一种由外进入到整个头颅之上的压力,毫无疑问这种压力是由头皮肌肉收缩所引起的。正与这句"绞尽脑汁,伤透脑筋"很好地协调起来。在先前的一次疾病中,当我不能承受连续思考时,哪怕是轻微的努力(那时我对这个问题毫无理论偏好),也会使头皮的肌肉,尤其是那些后部的肌肉出现一种完全病态的感受性。(《心理物理学纲要》,第 2 卷,第 490-491 页)

11 这里提及的感觉是一个触觉的而非听觉的感受性,这似乎可以通过作者的一个医学界的朋友的事实来证明,他的两边定音鼓膜都是完全正常的,但其中一只耳朵几乎全聋,而两只耳朵感觉物体的存在和消除却并无不同。

12 在这里,皮肤似乎遵循着一条与眼睛不同的规律,如果一个特定的视网膜神经束被兴奋,首先是一系列的兴奋点,其次再是两个极端点,其间伴随着一个间隔没有被兴奋,这个间隔在第二种情况下似乎要比在第一种情况下少得多。而在皮肤上,感觉到未兴奋的空隙却更大了。读者可以很容易地证实这种情况,通过拿一张名片,把其中一个边剪切成锯齿形,并从相对的一边剪下除两个角之外的其余部分,再比较用这两边刺激皮肤时所产生的感觉。

13 克雷松(Classen),《视觉生理学》,第 114 页;也可参见里尔,《哲学批评》,第 2 卷,第 149 页。

14 在这一点上,以下事实值得注意,即尽管感觉的解剖学条件类似于感觉本身,但这样的相似不能被我们用来解释为什么感觉就应该仅仅是它本身刺激所引起的。唯物论者和唯心论者不厌其烦地告诉我们,我们无法弄明白为什么一个特定的大脑活动过程应该产生红色的感受,而另一个却是生气的感受。但就空间知觉而言,乍看起来它就像是一个对自己的神经条件的一个直接的认知,例如,产生三角形的视网膜局部本身就是一个三角形。但是如果这是真的,我们的感觉就不是一个连续不断的范围。因为这一条件是一些光学神经末端,它仅仅是一个远程的条件而非直接条件。感觉的直接条件不是在视网膜中的过程,而是在脑内的过程。而且就我们所知的任何事物,这一脑内过程可能并不像一个三角形——而且,很可能就是如此——就像它并不像涨红或者生气一样。这仅仅是就空间而言的一个有机条件的巧合,也就是说,在皮肤或视网膜处产生作用的三角形,应该提供一个所观察物体在脑中的表征,而这一物体与由心理观察者所提供的那个是相似的。在任何其他类型的情况下,都没有发生过这种巧合。甚至,我们应该承认,我们在空间中认识三角形是由于我们的兴奋神经末梢对三角形形状的即刻认识,问题变得更难澄清了,因为这一谜团仍然存在,为什么我们的指尖比背部的神经末梢,眼睛上比耳朵上的,以及任何这些部分上比在脑中的神经末梢,使我们对三角形有这样更好的认识呢?托马斯·布朗非常直接地拒绝了"空间形态的感知受神经扩张影响"的观念。如果单独的这个是必需的,我们就应该有平方英寸的和半英寸的,以及各种各样的其他形式,直线的和曲线的,有香味的和有声音的。(《演讲》,第 22 卷)

15 比如,音乐铃声有一个独立于它们的空间顺序或时间顺序的性质顺序。音乐从声调的时间顺序中产生,这一时间顺序搅乱了它们的性质顺序。总的来说,如果 abcdefghijk 等代表一个与它们性质相类似的感觉序列,它们可能会假设在任何空间顺序或时间顺序上,如 defahg 等,性质序列仍然会保持固定不变。

16 所有几何科学都可以说是人类思想对线条所产生的至高兴趣,为了制造它们,我们在每个方向上分割空间。

17 我相信,康德是第一个号召注意这个问题的人,两个相对的球面三角形、一副成对的手套、朝相反方向缠绕的两个螺旋都有同一的内在属性,也就是说通过相同法则下彼此间的相互关系来定义它们的部分,因此它们必须被认为是同一的。他认为,它们相互重叠的不可能性迫使我们分配给每一个可以成对的形状一个自身的特别不同之处,这只能存在于一个外在的标准或它各个部分之间的关系中。这不可思议的差异,仅仅通过右和左的关系被感知，而这是一个即刻直觉的问题。在这最后的几句话中（《未来形而上学导论》，第12节），康德总结道：所有那些我们所说过的上和下、右和左都可以解释为知觉。不过，他错了，错在将关系引进到整个外部空间，并将它视为这些图形对照物存在的必要条件。其实，我们自己身体的关系就已经足够了。

18　在大多数人看来，称一个关系为一个纯粹线条或称一个线条为一个纯粹感觉，这看起来似乎很奇怪。我们可能会很容易地了解到任何大量的关系，假设在两点之间，我们可能会分割连接这两点的线段，然后去辨别它，将它分类，并通过画出或描绘新的线条来发现它的关系等。但是所有这些更进一步的努力在它的最初意图中并没有为我们对关系本身的了解做任何帮助。因此认定，关系是线，仅此而已。它所能体现的东西越少越实至名归，而且事实上我们很容易理解我们当中的大部分人为何会觉得线条好像是比关系更加显而易见的。线条或宽或窄，或蓝或红，在我们的经验过程中，线条是由这个或那个物体制造出来，它因此独立于这些偶然因素中的任何一个。所以，通过把它视为没有任何一点这样的感觉性质，我们可以认为它只能被定义为一切感觉性质的对立面，而且它们必须通过一个"相关思考"的神秘作用才能被纳入到感觉中。这样就可以结束这部分讨论了。

另外，为什么我们开始认为一个空间关系必定是一些不同于一条线或一个角的纯粹感觉的原因在于：在两个位置之间，我们有可能会创造出许多的线和角，或者还能为了满足我们的意愿，创造出无数关系。通常在我们说到"位置关系"时，这些不明确的可能性的感觉，是和我们的话粘着在一起的。而且，它误导我们去假设它们之中没有任何一个单一个体能与单个角或单一线条等同。

19　当暖点和冷点，或圆点和尖点，刺激单个"感觉圈"范围内的皮肤时，常常就会发生这种情况。

20　维尔罗特，《生理学纲要》，1877年，第5版，第326、436页。

21　《人类和动物心理学讲义》（莱比锡，1883），第1章，第214页；也可参见莱德，《生理心理学基础》，第396-398页和斯坦利·霍尔，《心灵》，第10卷，第571页。对由于轻滑过皮肤上的一个点而产生的感觉的解释，疼痛的点、颤抖的点、震颤的点、回旋的点、瘙痒的点、划伤的点、加速的点，沿着表面互相变换。

22 迄今为止，我们所知道的关于解剖学和生理学条件的事实很少。两个主要的假设已经援引到视网膜的情况中。冯特（《人类和动物心理学讲义》，第1章，第214页）呼吁人们注意颜色感受性的变化，即在有色物体的印象从中央凹传递到周围区域时，视网膜上所呈现的变化。颜色变换着，而且变得更暗，并且在特定的方向上比在其他方向上变化更快一些。但是，一般来说这些变化本身是完全无意识的。就像我们看着天空到处都是亮蓝色的，这种蓝色感觉的变化被我们解释为方位差异而不是真实颜色的不同。陆宰（《医学心理学》，第333、335页）在另一方面已经指出一种特殊的趋向，那就是视网膜的每个特殊点不得不引起眼球的运动，把激起兴奋物体的印象从我们所说的点带到中央凹处。每个单独运动的趋势（如每一个实际运动），我们可以假设是一个感受性被联结起来的特殊修改。这一修改用每个点构成了特殊局部着色的图像。可参见萨利的《心理学大纲》，第118-121页。厄尔德曼教授（B. Erdman）(《科学哲学季刊》，第10卷，第324-329页)最近完全否认了每个位置感觉的这些内在感受性的所有证据的存在。虽然他的评论如此激烈，但是却无法说服我。在皮肤上这个感受性是明显的。但我必须得说，在视网膜上它们不是这样的（克里斯和奥尔巴赫），这可能只是在分析上未受过良好训练的辨别力的问题。

23 1852年，第331页。

24 可能颅内痛觉的局部定位是由于它本身是局部迹象彼此间的联结，而不是其周边区域在性质上的相似性（同上，第19页）；虽然在我们想象中联结和相似性本身在这一点上存在着一个共同的神经基础。如果我们假设来自这些皮肤上的每一处感觉神经都和来自皮肤本身的感觉神经在同一个感觉的大脑通道中终结，如果任何一个纤维的兴奋都可以趋向于辐射到整个通道，那么通道中所有纤维的感觉想必都有相似的固有性质，而且在同一时间它们之间是彼此刺激的。因为同一个神经轴在大多数情况下是向皮肤和皮肤下部分提供信息的，这一解剖学上的假设并不是不可能的。

25 除非真正到了脚碰巧自发地感到刺激或者诸如此类事情的时候，不然身体的整个表面总是处于半清晰的意识状态，在这时只需要注意的集中强化，或者一些偶然的内在的刺激，就可以使它在任何时候强烈起来。

26 的确，前臂内部的辨别感受性往往低于外部。当前臂外部被轻按时，其内部常常非常显著地提升到意识状态。这种接触的感受是相当美好的。我们喜欢沿着尺骨方向击打伸肌表面至屈肌表面而不是从相反的方向进行。俯身运动会引起这种顺序的联系，而且这种活动往往会在我们前臂的背面被一个物体抵住的时候更让人沉迷。

27 这些事实首次是由冯特提出，可参见他的《实验心理学论文集》，第140、208页；拉曼斯基，《弗吕格文库》，第11卷，第418页。

28 迄今为止，都是一帆风顺的，但是当我们转而谈到微小的细节时，我们的道路开始变得曲折了，而这些细节是我将要用一段长的注释来加以探讨。当P点使人回想起一条想象中的线通向中央凹时，这条线的感觉是作为一个整体且是含糊不清的。同时，我们假定为实际光线中的一点P，它和这条线有着强烈的区别。P点和假想光线之间的区别是显而易见的——P点是鲜明的而这条线是微弱的；但是为什么P点应该是在线的末尾这个特殊的位置，而不是在其他地方呢——比如说在中间。在这一点上我们也不清楚。

关于后面的这个谜，让我们以光的实际线条为例去整理思路。我们都知道，这条线的感觉是由此产生的，当视网膜上大量的点一起兴奋时，这其中每一个独立的点都能引起一种被称为局部信号的感觉。这些信号中的每一个都是一个小的空间感觉。在它们被同时唤醒时，我们可以很好地假设出一个大空间的感觉作为结果。但是为什么在这个大空间里，"a"总是出现在线的某一末端，"z"在另一端，而"m"在中间呢？因为虽然这条线是一个整体的亮光条纹，但是它的几个成分仍然能在眼睛的选择性注意下突破并且活跃起来。

一个没有批判思维的读者，对事物第一眼不经意的一瞥之后，将会说这儿没有什么秘密，而且想当然地认为局部信号必然是在彼此旁边出现的，每一个都有其各自的区域——没有任何其他可能的方式。但是那些更加贤明的学者们，他们的职责是发现差异并且除去它们，他们将会反省道：这些部分的因素可能会融合进一个更大的空间,而不像一个合唱团里面定位的声音一样每一个都被定位。他将惊叹,在融合进线段后,这些点如何能再次各自成活。当不同的声音结合成某一音调时,"警报器"将不再刺耳。他将回忆起这个事实,即在用一只眼睛闭上观看事物后,我们通过睁开另一只眼来将视网膜的感觉点数量增倍,这个新的视网膜感觉通常来说不会出现在一个已有的视网膜感觉旁边成为它的附属,而只是使已有的图像看起来更大、更接近。为什么在同一视网膜上新视点会产生如此不同的结果呢?

事实上,我们将会发现它们之间毫无逻辑联系:(1)最早期的不相连的局部信号;(2)在该线里有辨别点;(3)该线伴有区别点;(4)可以促进这些区别性事件产生的不同的神经过程。我们将人的局部信号看成是一个非常含糊的并且是模棱两可的创造物。首先它没有确切的位置,过不了一会你会发现它出现在一组成对物的中间,而且有它自己最严密的位置时,并且为它的每一个联系分配空间。怎么可能?我们是要接受以前被我们拒绝的那个荒谬的不合理的观点,承认每个点都有它的确切位置吗?或者必须猜想我们整个的建构已经是靠不住的了,而且我们试图去推想,在联合以外是否有着从未包含的联系的特质?

毫无疑问,真正的困难在这里。而且处理它最快的方法可能是承认它是最根本的,而且是不可解释的。即使位置不是任何一种我们称为局部信号的感受的固有属性,我们仍然必须承认它们中的每一个,都存在拥有位置的可能性,并且这就是为什么当位置信号被安置时,它被放在这里而不是那里的原因。如果仅仅从生理学的角度来解释这个"东西",将它作为一个单纯的神经过程来看待,在某种程度上很容易说当它在单独兴奋时,它是一个"终极的事实",即一个无位置的点将会出现,但是它和其他相似的过程同时兴奋时却没有。分辨性注意是另一个首要的事实,即一条统一的线将会出现。而最终的事实是,当神经过程被刺激与其他过程相结合时,这将推动注意感觉,结果就是一条拥有局部信号的线段有了它确定的位置。

这样,我们就可以通过依赖于心理与神经的无休止的不可推测的关系来逃避解释的责任。目前,我们一谈起生理定位的理由时,就必须在定位发生的情况中，思考该生理过程是如何不同于那些它不存在时的情况，这样对于这个问题我们就做了所有我们可以做的事。这将是无懈可击的逻辑，有了它我们就可以让这个问题终止，并满足于没有自相矛盾的情况，但还剩下一个普遍的心理学疑惑：怎么解释在基本的神经活动背景下产生各种不同的新的意识发生模式呢？

这些无可指责的策略，理论上可能是我们的一部分，让我们来看看是否能将我们的理论再往深处推进一些。在我看来，我们是可以的。为什么观察中我们感觉到的线本身具有特别的形状从而唤醒了我们？我们确实还不能给它一个理由，我们也不能解释选择性注意过程的本质。但是我们能观察以下事实：一条线可能有一个部分将通过注意完全地独立出来，而且那部分可能表现为与其他部分有关，这关系必须是线自身的——因为这些线和部分是唯一可能出现在意识中的东西。此外，我们还可以进一步提出为什么一条线段中的每一个部分都与彼此以一定的不变的秩序相互联系着，并且这个秩序中的每一点都保持在各自特有的位置上。

如果许多这样的局部信号都具有某种性质，这一性质在当信号从一个转移到另一个时就会均匀地提高，我们能将它们分成一个理想的连续序列：具有更多的这种性质的局部信号在具有更少性质的局部信号的上方。它必须将这连续体分成两个部分——除非它确实是存在性质上的最大值或最小值，并且它不是开头和结尾。

然而，这样一种在心理上局部信号的理想序列，和在空间中的线的感觉是不一样的。连续地在皮肤上按压许多点，即使我们很强烈地意识到在按压中力度的等级，却似乎不需要一个理由来解释为什么一条确切的线会出现。我们可能很自然地将它们象征性地在我们的思想中连成一条线，但是我们总能对一条象征性想象的线和直接感受到的线做出区别。

请注意所有这些局部信号的神经过程的特性：即使当连续兴奋时它们并没有给出线的感觉，但是当集中兴奋时，它们确实在空间上给出了真实的线的感觉。它们的总和是那条线的神经过程，它们感觉的总和是对那条线的感觉。而且如果我们开始从线中分离出一些特别的点，并且按照一定的顺序来

第二十章 | 空间知觉　1043

知觉它们，如果不将这些点按照各自固定的空间位置来感觉的话，我们就不可能感知到这个序列。这个范围本身是作为一条线出现的，它的序列必须以线的确定部分出现。当八度音阶中的七个音符一起像一条展开的声音线一样被我们听到，在没有被定位之前是不可能通过其音高识别出每个音符的，不管它是在声音线的两端还是在声音线之间。

但在一个范围内的局部信号的感觉不仅仅是由点的属性的渐变来决定的，我们的运动也会从时间的角度来决定它们。每当一个刺激从皮肤或视网膜上一点传递至另一点时，它以一种完美的、明确的时间顺序 abcdef 来唤醒局部信号感觉，直到"cde"连续被唤醒后才能刺激"f"。这是一个连续性的唤醒，有些时候"c"产生的感觉是在"ab"之后的，有时它也会在"ba"之前，这是由活动的方向来决定的；这样的结果就是我们从不会感觉到 a、c 或 f，除非在过去经历中被唤醒的转换时间顺序的微弱反射存在。局部信号"n"依靠物体的颜色或者音质，半影或边缘来将"bcd"向"f"或"c"的转变，这将依赖于完全不同的音质。一旦承认这个原理，即习惯性转换的再生意识可能改变感觉，即使当没有发生转换时，我们都会非常自然地去承认这个原理。如果这种转换以一种习惯的顺序"abcdef"进行时，而如果 a、c 和 f 是完全独立的，那么 a 被认为是必要的先行者，f 则是后行者，而 c 则是在这中间的。因此，那些更多地以动作而不是局部信号原理去解释空间知觉的心理学家们，将需要一个精确的时间顺序，因为当所有的感觉点都一起兴奋起来的时候，使用动作来解释需要与时间精确对应的位置。然而，没有对"最终事实"的初步承认，即共同兴奋必须感觉像是一条线而不是其他的，就永远没有办法解释为什么这个新的顺序需要一个位置的顺序，而不仅仅是一个想象的序列。自此，我们应该有许多机会去观察运动是怎样参与我们空间测量的，是否这局部信号有它们各自不同均匀变化着的特质，这转换的感觉必须被看成是空间定位的真正原因之一。但是位置信号的渐变是确信无疑的，所以我们相信，我们自己确实拥有两套关于对碰巧能从线中间或任何较大的空间中分辨出来的任何点进行定位的理性方法。

29　比奈(《哲学评论》，1880 年 9 月，第 291 页)认为，对我们来说，当受到相继的刺激时，我们判断位置的差异就像有足够的感觉差异来区分它们在性质上的差异似的。这并不是十分的正确。当刺激连续时，皮肤因感觉明显的区别而可以被分辨出来，但是附近的点仍旧可能在被同时激活的情况下局部结合起来。

30　然而，据说甚至在舌头上，有一个在舌尖酸味和舌背苦味的说法，香料同样影响着其边缘和前端，因为其黏液质的细胞膜的一部分的止血功能，尝起来就像局部化的"贫民窟"，这就是说一旦接触到，会比烤肉的味道还要强烈。因此，猪肉的味道尝起来比明矾或者胡椒更回味无穷。对鼻子来说，某些气味，也是一样的。像醋就是其中的一种，与麝香相比，它似乎在空间上的延伸比沉重的令人窒息的气味更小。这种现象出现的原因是它们的敏锐性，前者发挥着抑制吸入的作用，而吸入肺中越多就会刺激到更多的表面。这种高度和深度的归属对某种音符来说似乎是应得的，不是任何声音的局部化，而是由于伴随歌声低音的有胸腔的震动和咽喉的紧张感。同时，当我们高声唱歌时，喉部的运动肌肉将上颚的细胞膜的黏液质拉上来，并唤醒口腔根部的感觉。

对不完全兴奋规则在本文中的唯一真正的异议是从听觉器官中被发现的。因为，按现有理论来说，以不同音调的声音，耳蜗可能都有着它单独的神经末梢，而且这声音好像都进入一个共同的空间，并且没有必要将它们彼此平行分类。从大多数情况来看，高音感觉上像是在一个在较暗的背景上显得更细更明亮的线条。我在发表于1879年1月的《思辨哲学杂志》上有关空间的论文中，提出听觉神经末梢部分可能是所有的点都在同一个时刻被刺激兴奋起来，如同在没有折光仪器的情况下，整个视网膜都将是明亮的点。另外，我强调，"尽管近些年来提出的有关不同声学终端器官分配到的不同的声波频率的鲜明推测，但我们在这个问题上仍然不是很清楚。而且，就我而言，相对于放弃那些关于耳蜗螺旋器或基底膜假设的原则，我更有信心拒绝与这篇文章之前的原则相违背的听觉理论"。早在1886年英国联合会上，拉瑟福德（Rutherford）教授的听觉理论已经提出一个有选择性的观点，它将使得听觉符合所支持的空间理论，而且不论被证实或证伪，在任何一种情况下，都让我们感觉赫尔姆霍茨理论可能不是听觉生理机制的最后理论。斯提帕诺(Stepano)(《赫尔曼和施瓦尔伯年刊》,第 15 卷,第 404 页,1886 年)报告了一种情况:将一只耳朵中超过一半耳蜗的部分切除后,并没有像在赫尔姆霍茨理论中所说的那样出现对同侧低音音符的盲听现象。

31　唐纳森,《心灵》,第 10 卷,第 399、577 页;戈德施艾德,《解剖学和生理学文库》;布里克斯,《生物学杂志》;莱德,《生理心理学基础》,第 2 部分,第 4 章,第 21-93 节。

32　我在 9~10 个人中作了实验,对每个人作了详细的观察,来研究在区分两个相似或不相似的尖端时的区别,所选取的尖端是:(1)两个大的指针头,(2)两个螺旋头,(3)一个指针头和一个螺旋头。螺旋头的距离是从它们中点开始测量的。我发现当尖端提供多种感觉特性时[比如在(3)中],这有利于去辨别,但比我预期的影响要小。事实上,这个差异可能要实施 20 次以上才可以被察觉。但是,如果在这其中有一点被赋予旋转的移动,而另一个保持不变,这两个重叠的点就会比以前更加明显。为了观察这个现象,我以一副常规的钝了一个尖端且可活动的腿是被一个金属杆所代替的圆规为例。它在任意时候,都是通过与其连接着的牙医钻孔机器而转动的。圆规的两个尖端被以一定的距离刺激在皮肤上,目的是使它们被感觉为只有一个印象。

33　这就是我所说的"心理学家的谬误"的另一个例子。

34　《维也纳皇家科学院学报》,第 72 卷,第 3 期,1875 年。

35　《生物学杂志》,第 12 卷,第 266 页,1876 年。

36　《科学哲学季刊》,第 2 卷,第 377 页。

37　埃克斯纳试图展示与运动知觉相适应的视觉连接结构。

38　施奈德(Schneider)试图去解释在印象移动时,为什么感觉皮层会在很大程度上被激活。当被注意后,连续性差异比同时性差异更加敏锐。但是,就视网膜上的一个运动印象来说,我们有一个关于这两种差异的总和;关于它的自然之印象一定可以产生最佳的分辨力。左手手指让这黑色的 B 点移动,比如说,从右边移到左边。在开始的时候,这儿有一个同时存在的反差,即黑色 B 点和白色 A 点的反差,当运动正好发生在右指运动过程中,这种反差是仍然存在的，只是白色的位置和黑色的位置发生了变化。但除这之外，片刻以前还是白色的 A 点现在已经变成黑色了，片刻以前还是黑色的 B 点现在已经变成白色了。如果我们定义每一个单独的反差感觉是"1"，将这种反差之和定义为"3"，它是与状态"1"相对立的。那就是说，假如颜色开始运动，则我们的注意力将会被一个三倍力量吸引到颜色的差异上去。还可参见弗莱施尔（Fleischl），《生理光学概要》，1882 年《维也纳会议报告》，报告 2。

39　布朗、贝恩、J. S. 穆勒和改进方法的冯特、赫尔姆霍茨、萨利等。

40　迪南在 1888 年《哲学评论》上发表的论文《视觉空间与触觉空间》中，引用盲人通过抚摸来获得客观物体的形状，以此试图证明仅仅有表面的感觉是无法知觉到整个物体外围形状的。如果表面是有感知能力的器官，他说，"视力正常的人和盲人都能够通过仅仅用他们的手触摸物体来获得对物体形状或大小的正确认识。这是因为他们可以直接鉴别受影响的触觉表面的数量，而不需任何肌肉感觉的信息。但是事实上一个天生就是盲人的人是不会用这种方法来衡量物体表面的。他能够使用的唯一方法就是通过物体的轮廓来获得对它们尺寸和形状的认知。举一个例子，一个天生失明的人，他当然对书的尺寸一点都不了解，如果你把他的双手放在一本书上，他会通过把这本书抵住他的胸膛这一方法将它置于一个水平面上，然后，把他的两只手一起放在抵着他身体一边的对侧的中端，他将会在摸到书的边缘的时候描绘出它们，然后回答以上的问题。例如，他将能够说出这个物体的长度是多少"（第 25 卷，第 148 页）。我想任何一个想通过用手触摸物体来正确判断一个物体形状和大小的人都会发现一个很大的障碍，这就是他所感觉到的轮廓竟是如此的不完整。但此时，随着手的移动，这个轮廓是如此清晰并可以明显地感觉到。所有对形状和大小的感知就是对轮廓的感知。我们做这个动作和移动我们器官的冲动主要就是对表面形状感知的渴望。当用一些普通的标准对物体进行命名或衡量时,我们就会发现动作是如何产生作用的;但在这种情况之外它们就起不到太大的作用了,因为这个伸展动作是通过肌肉感觉实现的。

41 费希纳(《心理物理学》,第 1 卷,第 132 页)向我们描述了测量肤觉敏感性的等量方法。实验需要用两个圆规,一个用在 A 部分上,另一个用在 B 部分上。在 B 部分上的点必须调整好,这样才可以保证它们与 A 的距离相等。由于 A 是固定不变的,在 B 部分的第二对点必须随着每一次变化而做出很大的改变。虽然两个罗盘上的 A 和 B 之间的关系一样,并且持久不变,但没有哪个实验可以保持几个月不变,天天如此。然而,如果我们每天坚持训练,那么它们的这种差异将会减少,这与我们上文中提出的法则相一致。

42 贾斯特罗教授对这个实验的结果(《美国心理学杂志》,第 3 卷,第 53 页)做出了解释:"我们视觉和其他空间知觉之间的显著差异,它并不使我们混淆,也不经常引起我们的注意。它只能用将所有维度放在视觉等效性的倾向来解释。"但是他并没有就为什么说是"视觉的"而不是"触觉的"给出解释,而且我们必须接着从不同的方面来思考那个被我们一直称作大小的点。

43 利普斯,《基本事实》,第 579 页。

44 口技表演是对这一点的最好诠释。口技表演者是通过张合嘴唇,并且同时将我们的注意力引到一个玩偶、盒子或者其他的什么东西上来表演的。当我们看到物体,会毫不犹豫地将声音的来源定位在这些物体上。舞台上一个对音乐没什么了解的表演者,有时也需要唱歌或者弹吉他、拉小提琴之类的。在我们面前他正在通过动作来表演,同时音乐则从管弦乐队或其他地方传来。但是因为当我们听到的时候我们能看到的是这位表演者,所以我们几乎没有可能分辨出音乐是不是从他所在的地方传来的。

45 尚德(Shand),《心灵》,第 8 卷,第 340 页。

46 详见贝恩的《感觉与理智》,第 366-367 页、第 371 页中的例子。

47 例如,当一个婴儿看着自己的手在移动时,他是在看着一个物体的同时也在触摸另一个物体。这两者都吸引他的注意,而且他将它们联系在一起。但是被触摸的物体的大小更稳定,这就如同整体上,被触摸的物体是更有趣和更重要的一样。因此视网膜知觉便被视为它的信号,而用触觉术语来表示它们的空间值。

48 人们常常用不同的基本空间辨别力的不连贯性作为借口,来否认原始身体感觉具有任何空间知觉。我们最经常听到的莫过于:"婴儿天生是没有空间知觉的,比如说当一个孩子脚趾痛时,他不会将疼痛感归到脚趾上。"这个事实是十分正确的,但是这个解释是完全错误的。事实应该是这个孩子在感到痛时,却不知道他的脚趾在哪,因为他对他的脚趾还没有认识。他还没有将脚趾纳入他能够视知觉的物体之一,他还不知道用手来探索他的脚趾,也没有正常的机体感觉和触觉,还没有足够的兴趣从整只脚的感觉或整条腿的感觉中区分出脚趾的细微的感觉。总之,这个脚趾既不属于他的视觉空间范围,也不属于他的手的动作范围,更不是他腿和脚这一空间中的独立部分。这个小的疼痛空间还不能准确地被意识到。如果疼痛本身就形成了一个小小的空间世界,会发生什么呢?假如这个疼痛与其他空间发生联系,则这个疼痛的空间将成为这些空间的一部分。在每次疼痛发起时,让婴儿感觉到看护者在打他的肢体并且每次看护者的手指触到自己的脚趾上时,就唤起疼痛。让他自己去摸他的脚趾,并且随时让他把他的脚趾放在他手里或嘴里,让疼痛随着腿的移动加剧——所有这一切都在变化着。当这些疼痛的空间被激活的时候将会与其他空间的部位相区分,而且基于这种识别,这些部分与其他部分相区别,而且发展成为一个由很多部分系统地连接而成的整体。

49 为什么视觉感受是延伸的呢?在《哲学评论》,第 4 卷,第 167 页——在这个章节的论证被修正后,我收到了闵斯特伯格的《实验心理学论文集》的第 3 卷,那些精力充沛的年轻心理学家从根本上肯定了(如果在我匆匆一瞥后理解了他们的意思的话)肌肉感觉本质上只是我们衡量方法的一种延伸。这里不能再展开讨论了,我的责任是将人们的注意力吸引到闵斯特伯格

第二十章 | 空间知觉 1049

的著作上来。

50　即使图形可以被画在纸上，而不是在空气里，但是在手指表面上接触的变化也将比被描述的图形本身的特质更简单。

51　详见杜彻尼（Duchenne），《局部的静电》，第727、770页；莱登，《维尔荷氏文库》(1869年)，第47版。

52　奥伊伦堡(Eulenbug)，《神经疾病教程》(柏林，1878)，第1章，第3页。

53　"关于力感"，《维尔荷氏文库》，第77版，第134页。

54　《解剖学和生理学文库》，1889年，第369、540页。

55　迄今为止，我们都只感觉它很熟悉，但除了知道它可能不同于一段时间之前以相同方式体验到的另一方向外，我们对它一无所知。

56　在前面的解释中我几乎没有提到任何关于视觉空间的联系，因为我希望去再现一个盲人与一个正常人共同拥有的一个过程。需要注意的是，关节运动时所暗示给想象的空间以及指尖距离的空间并不代表任何特殊的皮肤区域。正常人的想象是一个可见的路径；而盲人的想象是一个相对一般的图像，这是从许多皮肤区域中得到的，它们的局部信号互相抵消，除了共有的广泛性外什么也不会留下。我们将会发现，当这个通用的空间大小的感觉伴随着它时，它是第一次感受到了不同的地方，它是发生在一个相当大的规模中，即在盲人和正常人之间。

57　在意识中将感觉系统扩大化的想法并没有什么特别。视力是完全包括在内的。在手工艺品制作中，当一个工人使用一个和他惯用的工具不一样的工具，并且突然要求他所有的环节要与新尺寸相适应，或者他必须在一个身体不舒服的位置中执行一个熟悉的动作安排时；当一个钢琴演奏者用一个异常的或宽或窄的琴键进行演奏时；当要求一个人改变他的笔迹大小时——我们就能觉察到意识是多么迅速地加入到这些活动中，好像它原本就是这样的，通过一个经久不变的因素形成一个整体的操作系列，只要在细节上进一步调整就没有任何问题了。

58　《弗吕格文库》，第 45 卷，第 65 页。

59　《光学领域的研究》（莱比锡，1863 年），第 188 页。

60　《生命与心灵的问题》，问题 6，第 4 章，第 45 节。

61　沃尔克曼，前面所引的书，第 189 页。与赫林的理论进行比较：当他闭上眼睛转动眼球时却不能使后像也跟着运动，而且对空间知觉的会聚是没有意义的(《生理学论文集》, 1861-1862 年，第 31、141 页)。赫尔姆霍茨也认为肌肉集合在我们三维感觉中占很小的比例(《生理光学》，第 649-659 页)。

62　参见利普斯，《心理学研究》(1885 年)，第 18 页、第 12-27 页。冯特被认为是最早对眼睛肌肉的作用做出解释的作者(《生理心理学》，第 2 卷，第 98-100 页)。这些结论是我们从特定的几个对线和角度的错误估计中总结出来的。然而在不同的解释中，它们都有着共同的特点。就像我的手写稿拿去印刷后，我拿到了闵斯特伯格的《实验心理学论文集》第 2 卷，里面记录了很多空间测量的实验及其结果，作者认为，这些已经证实了肌肉紧张感是影响视觉广度的主要因素。像闵斯特伯格每天工作 3 小时，持续一年，而且这其中一半的时间是比较在不同位置上眼睛所看到的线条的长度。由于他那 20000 次严谨的观察，所以我们应该带着崇敬来看他的实验结果。简要地说，提到"我们对于尺寸的判断依赖于我们瞥过所要判断的距离时眼球肌肉对动作的感觉强度的比较，同时这也糅合了一些光感的作用"(第 142 页)。这个结果是在一些特定的持续性错误的基础上总结出来的：闵斯特伯格发现间隔是在目标物的左边还是右边或者其他更加复杂的位置上，并不会影响被试对此间隔的判断。他承认他不能细致地解释所有错误，而且他还指出"之所以会产生这些令人称奇且很难被合理解释的结果，是因为我们不能分析出我们所接受的复杂感知觉的组成要素"。但是他并没有怀疑这种复杂感觉的基本事实是"当眼睛定住时，眼睛的移动和位置知觉在我们对空间知觉的评估判断中起着决定性的作用，以至于这错误被解释为移动感觉的疲劳和记忆复制"(第 166、167

页）。

当你还没有经历过别人经历过的事情时就去怀疑他的观点是很冒昧的，而且有一些观点让我在评论闵斯特伯格的结论时有一些迟疑。比如说，他发现一个常有的趋势，即低估右边的间隔，同时会高估左边的间隔。他精妙地解释了其中的原因，这是我们可以轻松地以从左往右的顺序的阅读习惯造成的，当我们从右往左阅读时，我们是沿着曲线而非直线来看的。由于我们是沿着直线来测量间隔的，从右向左测量比其他方式花费了更多的肌肉努力，所以在我们视野左边的间隔，我们通常会更高地估计它的真实长度。现在我是比闵斯特伯格的读书时间还要长的读者了，但我认为这个理论有一个明显的错误，因为在我看来右边的间隔通常会比实际长度更长一些。在以后的实验中，闵斯特伯格固定头部并透过所戴的凹透镜来观察。当眼睛不再通过眼镜的中心，而是通过眼镜的边缘来观看时，发现了一些错误并不是因为视网膜上图像的变形而造成的。简而言之，那些将我们体验到的长度改变归因于肌肉收缩的推测，我认为可以用来当作对闵斯特伯格的实验结果的解释，而且这有可能都超过了他自身的智慧。另外，我呼吁大家在这些理论被其他的观察者所证明以前暂停对它们的评论。我不怀疑我们视觉广度的感觉可能会被所伴随的肌肉感觉所改变。在本书第17章的第28-80页，我们介绍了许多案例，其中一个神经过程的感觉效应被另一个所改变和干预。我不知道为什么来自肌肉或者眼睑的电流与视网膜图像同时进入人的加工系统，却不能让视网膜成像更大；或者用同样的方法，刺激表面范围更大的会使这表面的色彩看起来更鲜艳，或者如果它是一个皮肤表面的话，使它的热度更强烈一些。但这是一个生理学的方法，而且这个"大"的获得毕竟只是因为视网膜的成像而已，如果我弄懂了闵斯特伯格的意思，那就与这完全不同了：这个"大"的感觉获得是属于肌肉感觉，而且几乎和视网膜没有任何联系，这是我所否定的。

63　《解剖学和生理学文库》，1889年，第542页。

64　同上，第 496 页。

65　同上，第 497 页。戈德施艾德认为我们的肌肉甚至不能给我们一种抵抗性的感觉，这也取决于关节的表面，而且其中起关键作用的是肌腱。同上，第 541 页。

66　当我们在回忆一个人时，所有的中心都围绕一个确凿的外部形象，这一形象由他的外貌、身高、步伐等组成。在盲人中，涉及的却是与此不同的关于他声音的记忆（迪南，《哲学评论》，第 25 卷，第 357 页）。

67　第 25 卷，第 357-358 页。

68　《心理学原理》编者注释——威廉·詹姆斯插入。

69　第 135 页。

70　《人类理解论》，第 2 卷，第 9 章，第 8 节。

71　《哲学学报》，1841 年。在阿伯特的《视觉和触觉》一书中，对于这些案例有着精彩的讨论。很显然，积极性的例子比消极性的例子更重要。一个智力低下的农民诺艾（Noé），他被洛桑市的杜福尔医生（《医治的天生盲人》，1876 年）描述成是由纳威尔（Naville）和迪南诊断为智力低下的农民，这个农民甚至不能分辨第一眼见到的物体是运动的还是静止的（第 9 页）。

72　那些与增强的深度知觉相联系的生理过程是很难被发现的。它与受视网膜影响的部分好像没什么关系，因为即使不把头颠倒过来，而只是翻转这张图片（例如通过平面镜或三棱镜反射），好像并不能导致它的发生；它与眼睛交感轴的旋转也无关，尽管这也许可以通过夸大两个视网膜图像的不同而提高视觉能力（参见 J.J. 缪勒，"车轮旋转和深度尺寸"，《莱比锡科学院报告》，1875 年，第 124 页）。因为独眼人可以像正常的双眼人一样获得它。我不知道它与瞳孔的改变或任何可查明的眼部肌肉拉伸有任何联系。在获取图像中，当我们往后猛扭转头部养成较高的敏锐性时，比当我们向前扭转养成低级敏锐性时，距离的估计要夸张得多。通过小三棱镜是不会使眼睛产生细微变化的。对我和所有我要求去重做这个观察的人来说，这结果是如此的明显以至于我不能理解：那曾通过扭转头部仔细检查视觉的赫尔姆霍茨，怎么会忽视了这一点(参见他的《生理光学》，第433、723、728、772页)。我禁不住在想任何一个能解释深度知觉的人，都应该会同时将注意力放在解释它的基本构造上。

73　在《弗洛利普的注释》(1838年7月)，第133条，给出了一个详细的解释，这有一个爱沙尼亚女孩的相片，她叫伊娃·劳卡(Eva Lauk)。那时她只有14岁，出生时既没有手也没有腿，在相片下注有："根据她母亲的描述，她智力发展速度和她的兄弟姐妹一样。特别的是，她能够对物体的大小和距离很快地做出正确的判断，尽管她没有用到手。"(叔本华，《作为意志和表象的世界》，第2章，第44页)

74　《生理光学》，第438页。赫尔姆霍茨关于"质量"的守恒正如我们对物体尺寸、形状、空间的判断一样，在被判断为智力产物和非感觉产物上是平等的。在其他方面，他将颜色看作如智力产物一样。

75　这里不需要指出赫尔姆霍茨关于产生空间智力过程的本质持什么观点，因为我们将在后面看到，他对此也是有所犹豫的。

76　前面所引的书，第214页。

77　构成距离感的生理过程是什么呢？在开始一个新的主题之前，我们先把这个问题搁置一旁。由于独眼人有距离感，但在测量的远近时不如正常人准确，他们不能像正常人一样依靠双眼视差在完全相异的图像之间形成联系。当人们合上眼睛，会看到一个后像，然而当靠近或远离变化的集合物时，常常看不到这个后像，所以不能简单地说，它是由聚合感构成的。由于同样的原因，它似乎与适应感不同。我们扭转头部时，近物和远物之间视差运动显然不同，而这种不同并不能构建距离感。因为这种不同可以很容易通过实验再现(背景中一个可视点的运动)，而且也不会产生任何错觉。最后，显然，视觉中的微弱、暗淡、细小本身并不是距离感，但就大家熟悉的事物本身来说，却是暗示距离感的信号。

但是，某个确定的最大距离值是瞬间产生于视觉区域的。不管这个值是什么，这种随着刚刚列举的过程而产生的感觉，会最大深度的成为距离远近的位置信号。它们帮助我们细分、测量距离值，但是它本身被感知为一个单元、一个整体的距离值，这取决于整个视觉区域的广阔范围，因此，它仿佛是个无底洞，而问题依然存在，即距离感的神经过程是什么。

两个视网膜中的各个点存在着某些天生的距离值，它们之间相互作用，赫林就通过这种相互作用来解释距离的远近，他似乎愿意承认，原本应该固定出现的相关距离的空间绝对值并没有固定出现，但每一次都是通过"最广泛的言语经验"来决定的（《生理学论文集》，第344页）。他称这个瞬间被固定下来的空间为"核心点"。这整个空间的绝对值依赖于核心点的绝对距离，而"核心点"取决于观察者个人的判断。"通过核心点局部区域的交替变化，视觉空间的内部关系却没有变化；从整体来看，这个空间是一个固定的单位，所以说，要观察者自己移动。"（第345页）在任何假定的时间里，到底是什么构成了核心点本身的局部定位呢？除了"经验"之外，即高级大脑和智力的过程，包括记忆，赫林并没有继续探索其原因。

斯顿夫是另一个曾深刻地意识到这个问题有多么难的感觉论作家，他认为，最初的距离感必须有一个直接且有形的前例，表现为"伴随接纳过程而出现的器官变化，或视觉神经的特殊能力中直接发生的器官变化"。然而，和赫林的观点比起来，他认为，固定位置的绝对距离是最初、立即获取的，而且是生理性的，并不是与这个位置有关的其他事物的相对距离。他认为，广泛地说，这些最初出现在所谓"平面"上。不管这个平面的距离如何，它都被认为是我们最初的感觉现象，是一个恒定的事实，易于上下浮动。如果我对他的理解是正确的话，他并不是很武断地去做决定，而是更倾向于以前的观点。他和赫林一样，都倡导在"经验"的名目下的大脑的高级联想过程，在既定的时间里，一定会产生距离感。

赫林和斯顿夫的理论由萨利先生（《心灵》，第3卷，第172-176页）和阿伯特先生通过他的《视觉和触觉》(第 96-98 页)一书向英国读者传扬。他给出一个理论,这个理论对我来说是如此的模糊,以至于我只想就其中一小部分来说说。简而言之,它好像是通过调焦来使视网膜感觉中的距离有一个固定的波动。除了这三位作家以外,我便一无所知了,除了潘依,他可能曾尝试将距离定义为某个任意程度的直接感觉。在我们完整的距离判断过程中,直接感觉的比例减少到一个非常小的值。

利普斯教授在他格外敏锐的《心理学研究》(第 69 页后)中,像费里尔一样,对"贝克莱的评论"(《哲学遗迹》,第 11 章,第 330 页后)进行辩论。在逻辑上,我们通过眼睛来判断与任何事物的距离都是不可能的,由于一个看得见的距离仅在看见的目标之间,而且其中一个目标是从眼睛开始的,这是眼睛自身,而不是被看见的。与两点之间的距离相似:较近的一个掩藏了较远的一个,在它们之间没有可见的空间,为了看见两个物体之间的空间,那么两者都必须出现在彼此的身旁,这样的话,就可以看见空间了。在其他条件下,它都是不可能被看见的,其结果是仅仅在利普斯所说的表面上正好被看见,而且我们关于第三个维度的知识必须被概念化,而不再是一种感觉上的、视觉性的直觉。

但这个世界里,没有什么言论能够证明某个感觉是实际存在的。这种对深度、距离或远近的感觉是真实的存在的,是一种视觉。利普斯教授所有的解释都证明了,它并非直线性,两个端点之间的表面距离感是完全相同的;总之,有两种视觉,令人难以理解的是,每一种都是由于某种特殊的神经过程。在侧面伸长或展开的情况下,很容易发现,这种神经过程是受光源影响的视觉神经末梢的数量;我们的结论是,如果它是一种伪装,它将更加复杂难懂,还需要继续探索。这两种感觉品质在最初的视觉广度上联合。对于它们不同数量的测量,则遵循测量的普遍原则。我们通过物体发现它们的同类,将他们视为相同的单位,习惯性的彼此转化,以至于我们一开始的时候觉得它们在类型上十分相似。在双目视觉中,位于其中一个眼睛中心线的延长线上的两点，由于较近的掩蔽了较远的点，因此用另一个眼睛看这两点时，它们是分离的。这种现象最后促成了同质性的出现。每一个眼睛事实上都有缩短后面其他视线的视觉效果。在1884年2月8日的《伦敦时报》中，刊登了杜格尔（J. D. Dougal）写的一封有趣的信，他试着用这个原因去解释为什么双眼瞄准很大程度上优于单眼瞄准。

78　正因为如此，将眼镜举高一点或离眼睛远一点，那看起来好像有一块大玻璃在中间。不借助任何工具地看实体镜是一个生理光学学生最大的能力，而且眼睛好的人很容易拥有这个能力，这其中唯一的困难就在于从常常伴随的集中的程度中分离出调节的程度，如果当右眼聚焦右边的图片，左眼聚焦左边的图片时，根据部分图片的大小和距离，视觉轴一定是平行的或者集中在一个与到这个图片平面距离相同的图像上。但不管怎样，对于画面本身的调节是必需的，而且伴随一个远距离集中的近景调节是我们眼睛普通用法中从未有过的。

79　这两个观察数据证实了这个仅适用于在视线方向上且刺激中央凹物体的相同方向法则，观察者在视觉定位方面是熟练的，不管怎么说，这或多或少也证实了远离视网膜中心点的相关法则。

80　这篇发表在《哲学学报》上的论文，包括了自从视知觉研究开始之后兴起的应用方法的起源，英国明智地开创了这个研究的新纪元，但却很快地从研究中退了出来。后来的研究是在德国、荷兰和美国等国家完成的。

81　没有具体报道这个争论，但一些目录参考还是可以的。在惠特斯通的回忆录的第12节里有他自己的实验，如果你支持他的理论观点请参考赫尔姆霍茨，《生理光学》，第737-739页；冯特，《生理心理学》，第2版，第144页；纳格尔（Nagel），《用两只眼睛看》，第78-82页。如果你反对他的理论观点请参考沃尔克曼，《眼科学文库》，第5卷，第2-74页和《研究》，第286页；赫林，《生理学论文集》，第29-45页以及赫尔曼的《生理学手册》，第3版，第1册，第435页；奥波特，《生理学领域：视网膜》，第322页；舍恩

(Schön),《眼科学文库》,第24卷,第1章,第56-65页;唐德斯,同上,第13章,第15页和注释。

82 当我们一直盯着手指看时,如果它是左手手指的话,我们通常将之置于对象与左眼所构成的直线中,而如果它是右手手指的话,则将之置于对象与右眼构成的直线中。用显微镜的人、射手或者是某些比一般人的眼睛要好使的人,他们大多数都是倾向于用一只眼睛,这可能是因为当他们指向烛光时,可以利用投射在他们脸上的影子。

83 强烈支持同一性理论的约瑟夫·勒·孔特(Joseph Le Conte)教授也将后者收录入关于单眼—双眼视觉位置和远—近视觉位置的R对法则中,一方面是视网膜印象的集中,另一方面,虽然结构复杂,但对我来说,是至今我看过的最好的构成视觉基本要素的规范性构思。我们可以从《全球科学系列丛书》的第2卷,第3章,"视力"那卷中找到他的解释。所以我不想再多说什么,但它并没有解决任何我们在同一性理论中指出的难题,也没有解释我们需要继续解决的其他波动知觉的问题。

84 通常来说,由于它在视网膜表面的面积是一个恒定的数值,因此在短间距内只能看见一个小的物体。

85 《眼科学文库》,1871年,第17卷,第2章,第44-48页。

86 沃尔克曼,《研究》,第253页。

87 《哲学学报》,1859年,第4期。

88 《生理光学》,第649-664页。后来这个作家更看重"会聚"。《解剖学和生理学文库》,1878年,第322页。

89 《适应及反射异常》(伦敦,1864年),第155页。

90 这些奇怪的自相矛盾的说法已经被奥贝尔称为"次要的"判断欺骗,见《生理光学基本释义》(莱比锡,1876年),第601、615、627页。最好的例子之一是我们第一次通过望远镜看到的一个小型的月亮,实际上它是一个较大的、较明亮的,因此我们更明显地看清它的细节并判断它为更近。但因为我们更近地观察它,所以我们认为它一定变得更小了。参见《夏邦德年度报告》,第 10 卷,第 430 页。

91　《哲学评论》,第 3 卷,第 9 期,第 220 页。

92　参见第 24 章。

93　只有当我们从特例中抽象判断一般的"影响"时才会出现这唯一的例外。观察女士在试穿衣服时偶尔歪着头和斜着眼睛看,或者画家用相同的态度来判断自己作品的价值。

94　叠加的重要性将在后面提到。

95　《生理光学》,第 817 页。

96　鲍迪奇和霍尔,《生理学杂志》,第 3 卷,第 299 页。赫尔姆霍茨尝试着通过眼球的无意识转动来解释这个现象,但是眼球的转动和这个领域已有的解释一样只能解释动作的表面现象。在有窗户的板上,被控制的部分似乎以一种方式移动,而另一部分则以另一种方式移动。

同样的当我们将视线从螺旋物转向墙壁中心区域,视野中心会膨胀或收缩,而边缘部分却做相反的运动或保持不动。在这个例子里马赫和德沃夏克(Dvorak)绝妙地证明了眼睛转动的不可能性。也可参见鲍迪奇和霍尔,《生理学杂志》,第 3 卷,第 300 页。

97　《比利时皇家医学科学院学报》,第 21 卷,第 2 页;《哲学评论》,第 6 卷,第 823-826 页;《生理心理学》,第 2 版,第 103 页。对比闵斯特伯格的观点,《实验心理学论文集》,第 2 卷,第 174 页。

98　《生理光学》,第 662-671 页。

99　《生理心理学》,第 107-108 页。

100　《精神生活的基本事实》,第 526-530 页。

101　同上,第 515 页后面的内容。

102　《眼科学文库》,1859 年,第 5 卷,第 2 章,第 1 页,这里给出了很多例子。

103　《研究》，第250页，也可参见第242页。

104　我忽略了一些从斜视眼的知觉中总结出双像的困难［例如施魏格(Schweigger)、克林(Klin)，《关于斜视的研究》，柏林，1881年；雅瓦尔(Javal)，《眼科学年鉴》，第34卷，第217页］。因为这是一个最独特且解释起来很困难的情形，冯·克里斯(Von Kries)，《眼科学文库》，第24卷，第4章，第117页的重要内容可以支持这种观点。

105　《生理光学的研究》，第5卷。

106　马赫，《感觉的分析》，第87页。

107　埃格，《哲学评论》，第20卷，第488页。

108　洛布(《弗吕格文库》，第40卷，第274页)已经证实了眼睛在观察近景和远景时眼部肌肉适应性的变化决定了浮雕的形式。

109　赫尔姆霍茨强烈反对空间知觉与浮雕的视觉波动有联系，他说："一个人是否应该总结出：如果浮雕感觉存在的话，它也必定是非常微弱和模糊的，以至于和过去经验相比较而言，它是没有影响力的。既然知道在没有它们时，也一样会产生三维空间，我们应不应该在这样的情况下还相信三维空间是可以不依靠它们而产生的？"(《生理光学》，第817页)

110　马赫，《感觉的分析》，第94页。以及本书(《心理学原理》)第612页后面的内容。

111　我应该可以说，我好像总能随意地看到这个呈直角的十字架。但这通常产生于对有眼睛盯着斜面而产生的直角后像的不完全注意。我所看到的这十字架，是从中分离出来并呈现为直角。我能从圆中更好地得出这个错觉，这些圆的后像在被投射的不同空间表面变成各种各样的椭圆，而且不能再轻易地被看成是圆形。

112　在本书第18章第74页，我给出一个为什么想象不像感觉那般生动的理由。请记住，这个原因不能应用于真实地出现在我们眼前的这些事物实际形态的补充性想象上。

113　赫尔曼，《生理学手册》，第3卷，第1章，第565-571页。

114　《比利时皇家医学科学院学报》，第2部，第19卷。

115　冯特尝试用向上移动眼球所需要的相对强烈的运动感觉来解释所有这些错觉——用一个与肌肉有关的研究来证明——结果，所穿过的距离估计得更大。然而，对于利普斯，这足够说明它们全都是运动感觉。在叠成一列的S中，上面的S看起来比下面的S更大；或者是在巨大尖塔上的"气象风标"，这二者都是这种情况。只有一半的相同事物看起来大小不同，这是由于对于按照透视法缩短的习惯性修正只作用于部分在我们面前展开的特别事物上。冯特，《生理心理学》，第2版，第2卷，第968页；利普斯，《基本事实》，第535页。

116　赫林用这种方法去冒失地解释图20-9、图20-10和图20-28中的秘密。毋庸置疑，这些解释是有些冒失了；但当我们固定视线时，会产生一种无法解释的奇怪的错觉中断现象。

117　赫尔姆霍茨已经试着去解释（《生理光学》，第715页）两眼视网膜垂直顶点的明显偏差，它所采用的方法是：在我们前方的正中画一条直线，这条直线的图像分别落在我们的双眼上。这个方法技术含量太高了，我没有能力将它很好地描述出来，还是不明白的读者可参考勒孔特的"视觉"，《全球科学系列丛书》，第198页后。但是，为了那些只看字面意思的读者，我禁不住要说，无论是否有偏差，它们的偏差都是个别性的，且常常出现在不同时间的个体中。因为图像是习惯性地落在两个顶点的目标线上，所以两个顶点的准确关联会阻止偏差的出现。例如，勒孔特测量的位置下至六分之一度，其他则是十分之一度。这表明两个视网膜的感觉具有器官同一性，中央的透视水平线大体上或许可以达成一致，但却无法产生它。冯特在《神经支配》一书中像往常一样进行了解释。（前面所引的书，第2章，第99页后）

118　《生理光学》，第547页。

119　初次在直尺的帮助下画画，我们能用一把短尺画出一条直线，在短尺许可的情况下，我们想画多长就画多长。然后沿着这条线滑动一点儿，再画一遍，等等，如果这把尺是十分直的，那么我们将得到一条直线，如果它有一点儿弯曲，我们将会得到一条曲线。现在，我们不用滑尺了，在视野范围中用线形视觉在最为不同的视觉中心点上留下印象，它会成为一种后像。我们发现，在注视这条直线的方向时，我们自动滑动这条线并延长长度。在某个水平面上，我们能够继续进行这种操作，用任何一把直尺或有些弯曲的尺都可以。但在视觉注意下，即在眼睛的作用下，会发现它有可能在视觉方向的自行滑动中改变方向，这便是赫尔姆霍茨经常仔细研究视觉路线而得出的"方向曲线"。参见《生理光学》，第648页后。

120　参见赫林，在赫尔曼的《生理学手册》，第3卷，第1章，第553-554页。

121　对于我们的头脑而言，整个事物（视力感觉）最模糊部分就是视觉的绝对空间的收缩和伸展。它是一种真实的感觉，自我反省一下，会发现它似乎与运动或其他联想无关。这很容易说成是智力产生的结果，但这到底是什么意思呢？这个领域的领头羊或许可以弄清楚这些难题。

122　《心理学原理》编者注释——威廉·詹姆斯插入。

123　《汉密尔顿研究》，第3版，第283页。

124　《感觉与理智》，第3版，第183页。

125　《汉密尔顿研究》，第3版，第283页。

126　《心理学原理》编者注释——威廉·詹姆斯插入。

127　《感觉与理智》，第372页。

128　《充足理由律的四重根》，第52-57页。

129　《作为科学的心理学》，第111节。

130　《作为科学的心理学》，第113节。

131　《心理学教科书》，第2版，第2卷，第66页。沃尔克曼的第5章包括了关于空间知觉理论的真正宝贵的历史短评。

132　为什么还要说起"遗传理论"呢？当我们开始后一阶段的研究时，像冯特所说的那样："如果我们必须把空间知觉看作一个我们内心和心理组织条件下的产物，那么没有什么可以妨碍我们将它称为一种被赋予了意识的先验功能。"(《逻辑学》，第 2 卷，第 460 页)

133　第 430 页。

134　第 450 页和第 449 页。

135　第 428 页。

136　第 442 页。

137　第 442 页和第 818 页。

138　第 798 页，也可参见《通俗科学演讲》，第 301-303 页。

139　第 456 页，也可参见第 428、441 页。

140　第 797 页。

141　第 812 页。

142　第 797 页底部。

143　缪勒，《关于感性注意力的理论》，第 38 页。

144　《精神生活的基本事实》，1883 年，第 480、591-592 页；《心理学研究》，1885 年，第 14 页。

145　《心理学》，第 2 卷，第 174 页。

146　同上，第 168 页。

147　《感觉与理智》，第 3 版，第 368-375 页。

148　参见霍尔和唐纳森，《心灵》，第 10 卷，第 559 页。

149　还有其他一些关于混淆的例子，萨利先生说，"除了某个特定的距离以外，还存在一个可以普遍适用于一切距离的假设是不合理的"(《心灵》，第 3 卷，第 177 页)；冯特说："一个不确定的定位，它在等待着经验给它一个真实空间的参照物，这和定位概念相矛盾，它意味着要有一个明确的空间位置作为参照。"(《生理心理学》，第 1 版，第 480 页)

150 贝克莱，关于视觉新论的论文；塞缪尔·贝利，《贝克莱视觉理论的评论》，1842 年；J. S. 穆勒对贝利的评论，《论文和专题演讲》，第 2 卷；费里尔对贝利的评论，《哲学遗迹》，第 2 卷；贝恩，《感觉与理智》，"智力"，第 1 章；斯宾塞，《心理学原理》，第 6 部分，第 14、16 章；J. S. 穆勒，《汉密尔顿研究》，第 13 章（最好的解释是所谓英国经验主义的观点）；T. K. 阿伯特，《视觉和触觉》，1861 年（第一本全部是记录事实的英语书，阿伯特先生一直在研究视网膜感觉）；费舍（A. C. Fraser），对阿伯特的评论，1884 年 8 月的《英国北方评论》，另一些评论在 1866 年的《麦克米兰杂志》中；萨利，《心理学大纲》，第 6 章；沃德，《不列颠百科全书·心理学卷》，第 9 版，第 53-55 页；沃尔特（J. E. Walter），《空间和物质知觉》，1879 年——我可能也比较喜欢罗伯逊教授、沃德先生等人在《心灵》杂志第 13 卷中的讨论。——本章的内容是对 1879 年 1 月《思辨哲学杂志》（第 13 卷，第 64 页）《空间感觉质》论文的修订和补充。

图书在版编目(CIP)数据

心理学原理/(美)威廉·詹姆斯著；方双虎等译. —北京：北京师范大学出版社，2019.3（2024.3重印）
（心理学经典译丛）
ISBN 978-7-303-24181-1

Ⅰ.①心… Ⅱ.①威… ②方… Ⅲ.①心理学理论 Ⅳ.①B84-0

中国版本图书馆CIP数据核字(2018)第209971号

图书意见反馈　　gaozhifk@bnupg.com　010－58805079

XINLIXUE YUANLI

出版发行	：北京师范大学出版社 www.bnupg.com
	北京市西城区新街口外大街12-3号
	邮政编码：100088
印　　刷	：北京盛通印刷股份有限公司
经　　销	：全国新华书店
开　　本	：148 mm×210 mm　1/32
印　　张	：48.25
字　　数	：1203千字
版　　次	：2019年3月第1版
印　　次	：2024年3月第4次印刷
定　　价	：298.00元（全3册）

策划编辑：关雪菁	责任编辑：关雪菁　齐　琳
美术编辑：王齐云	装帧设计：谢作涛
责任校对：陈　民	责任印制：马　洁

版权所有　侵权必究

反盗版、侵权举报电话：010－58800697
北京读者服务部电话：010－58808104
外埠邮购电话：010－58808083
本书如有印装质量问题，请与印制管理部联系调换。
印制管理部电话：010－58805079